KARL VORLÄNDER

IMMANUEL KANT
DER MANN UND DAS WERK

KARL VORLÄNDER

IMMANUEL KANT
DER MANN
UND DAS WERK

Dritte Auflage

mit einer Bibliographie zur Biographie
von Rudolf Malter

und einem Verzeichnis der Bibliographien
zum Werk Immanuel Kants
von Heiner Klemme

marixverlag

Lizenzausgabe mit Genehmigung der Felix Meiner Verlag GmbH, Hamburg
für Marix Verlag GmbH, Wiesbaden 2004
Sonderausgabe nach der 3. erweiterten Ausgabe von 1992
Umschlaggestaltung: Thomas Jarzina, Köln
Titelabbildung; Archiv für Kunst und Geschichte, Berlin
Gesamtherstellung: GGP Media, Pößneck
Printed in Germany

ISBN 3-937715-37-1

Vorwort zur dritten Auflage

Nicht nur seinem Umfang, auch seiner Art nach nimmt Karl Vorländers Kantwerk innerhalb der biographischen Kantforschung eine Sonderstellung ein: wie kein anderes Werk der Kantliteratur verbindet es die materialreiche Darstellung von Kants äußerer Lebensgeschichte mit einer ausgreifenden Information über die einzelnen Werke des Philosophen sowie über Einfluß- und Wirkungsgeschichte seines Denkens.

Man würde freilich den Wert dieses großen Buches unterschätzen, sähe man in ihm *nur* eine „Einführung": es ist zugleich ein Nachschlagwerk zu Kants äußerer Lebensgeschichte, dem an Materialreichtum keine gleichrangige Publikation auf dem Felde biographischer Kantforschung zur Seite gestellt werden kann. Gerade der Umstand, der Vorländer auf den ersten oberflächlichen Blick hin zum Vorwurf gemacht werden könnte: daß er sich weitgehend auf eine möglichst ins Detail gehende Darstellung des *bloß äußeren* Lebens des Philosophen beschränkt, erweist sich einer sachgerechten Betrachtung als die unabdingbare Voraussetzung für das, was gemeinhin als das eigentliche Ziel aller Biographie angesehen wird: das „innere" Verständnis der Person, der das Werk entstammt, um dessentwillen sie der Nachwelt bleibend ins Gedächtnis gerufen wird. Während Vorländer erst am Ende seiner Monographie — und hier relativ knapp und sehr vorsichtig — dieses „innere" Verständnis der Person Kants zum ausdrücklichen Thema macht, liefern die anderen biographischen Teile des Werkes den Stoff, auf dem eine Persönlichkeitsdeutung (wenn so etwas überhaupt möglich ist) sich gründen und an den sie sich halten muß, wenn sie nicht psychologisch spekulierend über den historisch-konkreten Menschen hinwegfliegen will.

Stellt Vorländers Werk daher schon in seiner Verbindung von Lebensgeschichtsschreibung und Werkexplikation eine einmalige Erscheinung

in der Kantliteratur dar, so ist sie dies in noch höherem Maße als Fundgrube der für eine Persönlichkeitsdeutung unabdingbaren historisch-
biographischen Materialien. Diese Materialien umfassen sowohl die zeitgenössischen Quellen als auch die (bis etwa Anfang der 20er Jahre
erschienenen) historischen Forschungen zu Kants Biographie. Daß
gerade Karl Vorländer die Kompetenz hatte, die schwierige Aufgabe
einer Person und Werk umfassenden Kant-Biographie zu erfüllen, hatten schon seine quellenkritischen Studien zu den ältesten Kantbiographien und seine an Präzision und Konzentration unüberholte, auf den
maßgeblichen Forschungen von Arnoldt, Fromm, Reicke, Schöndorffer,
Sembritzki u.a. aufbauende „kleine" Kantbiographie (4. Aufl. Philos.
Bibl. Nr. 126, 1986) bewiesen. Die hier und in vielen weiteren Kant
betreffenden Schriften von Vorländer erzielten Forschungsresultate sind
in das große Kantwerk, unter Hinzunahme späterer Erkenntnisse, als
Bausteine eingegangen und ließen ein Werk entstehen, das nicht nur Vorländers eigene Kant-Studien zum Abschluß brachte, sondern zugleich
auch einen gewissen Abschluß äußerer biographischer Kantforschung
darstellt.

Die Neuausgabe des umfangreichen Werkes bedarf nach dem Vor-
gesagten keiner besonderen Rechtfertigung als Einführung in das Kant-
Studium und als Standardwerk historisch-biographischer Kantforschung
wird es auch dem in unserer Zeit Kant sich zuwendenden Leser ein hilf-
reiches Instrument zur Einsicht in Leben und Werk des Königsberger
Philosophen sein.

Der Vorländersche Text wurde unverändert übernommen, unter Bei-
behaltung der Seitenzählung (mit Ausnahme der Paginierung des Vor-
worts und des zusammengefaßten und vorangestellten Inhaltsverzeich-
nisses), obgleich die Neuauflage nicht mehr in zwei Bänden sondern
in einem Band gebunden wird. Band I (Erstes bis Drittes Buch, erster
Teil) enthielt die Textseiten 1–430, Band II (Drittes Buch, zweiter Teil)
die Seitenzahlen 1–404.

Die der zweiten Auflage 1977 beigefügten Nachträge und Ergänzungen sind dieser Neuausgabe — mit Ausnahme der unverändert übernommenen „Bibliographie zur Biographie Immanuel Kants" von Rudolf
Malter — nicht mehr beigefügt. Die dort nachgetragene Darstellung zu
„Kants Opus postumum" von Wolfgang Ritzel ist mittlerweile nicht allein

durch neuere Arbeiten anderer Autoren, sondern auch durch dessen eigenes Werk (Immanuel Kant, Eine Biographie, Berlin 1985) sachlich überboten worden; anstelle der dort mitgeteilten bibliographischen Hinweise auf neuere, bis 1977 erschienene Arbeiten zur Kant-Bibliographie etc. ist dieser Neuausgabe ein Verzeichnis der „Bibliographien zum Werk Immanuel Kants" von Heiner Klemme beigegeben, die sowohl über die älteren (von Vorländer berücksichtigten) als auch die neueren (seit 1924 bzw. 1977 erschienenen) Arbeiten zu Kants Leben und Werk Aufschluß geben. — Eine unmittelbare Ergänzung zu Vorländers großer Kant-Biographie bieten die Ausgaben *Briefwechsel* (PhB 52a/b, 3. erweiterte Auflage 1986) und *Immanuel Kant in Rede und Gespräch* (PhB 329, 1990).

Rudolf Malter

Inhaltsverzeichnis

Drittes Buch: Die Höhezeit
Erster Teil:
Die Begründung der neuen Philosophie

Drittes Buch: Die Höhezeit

Zweiter Teil:
Der Mensch

Viertes Buch: Der alte Kant.

Corrigenda zu von Vorländer angegebenen Briefdaten

Bd. I	S. 174	Vorländer 9. 5.1767	richtig 9. 5.1768
Bd. I	S. 255	Vorländer 2. 6.1771	richtig 7. 6.1771
Bd. I	S. 261	Vorländer 16. 8.1787	richtig 16. 8.1783
Bd. I	S. 275	Vorländer 31.12.1775	richtig 31.12.1765
Bd. I	S. 332	Vorländer 17. 4.1786	richtig 7. 4.1786
Bd. I	S. 424	Vorländer an Selle	richtig von Selle
Bd. II	S. 34	Vorländer 23.10.1791	richtig 24.10.1791

Vorwort

Was Gotthold Ephraim Lessing, Wolfgang Goethe und Friedrich Schiller, was Wilhelm von Humboldt, J. J. Winckelmann, J. G. Herder und anderen Geistesgrößen unseres Volkes längst zuteil geworden ist, das besitzen wir von Immanuel K a n t noch nicht: eine umfassende, wissenschaftlichen Ansprüchen genügende und doch für alle wirklich gebildeten Deutschen lesbare Biographie, im Sinne der Darstellung seines Lebens und seines Lebens w e r k e s. Wenn jetzt der Verfasser mit vorliegendem, seit zwölf Jahren vorbereiteten Buche den Versuch einer solchen macht, so will er nicht bloß den Lebenslauf des größten deutschen Philosophen von neuem erzählen, auch nicht nur dessen System darstellen oder über Entstehung und Wirkung seiner Schriften im einzelnen berichten: das alles ist von ihm bereits an anderen Stellen geschehen. Sondern er will zeigen, wie Kants Werk aus seinem äußeren und inneren Leben, aus seiner Persönlichkeit, auf dem Hintergrunde seiner Zeit mit Notwendigkeit hervorgewachsen ist.

Wie weit auch die L e h r e eines Philosophen bedingt ist durch seine Persönlichkeit, wie weit der bekannte Satz Fichtes seine Richtigkeit hat: „Was für eine Philosophie man wähle, hängt davon ab, was für ein Mensch man ist", das ist freilich ein Problem für sich, das hier nicht weiter erörtert werden kann. Der B i o g r a p h jedenfalls muß sie in erster Linie aus dem Leben und der Person seines Helden entwickeln.

Der Plan zu dem Buche stieg in mir auf während der Arbeit und noch stärker nach der Vollendung meiner kleinen Kant-Biographie (‚Kants Leben‘, Felix Meiner, 1911, 223 Seiten), wie das der aufmerksame Leser schon aus deren Vorwort merken konnte. Für die Ausführung boten sich zwei verschiedene Wege dar. Erstens der einer sogenannten „wissenschaftlichen" Biographie mit dem üblichen kritischen und gelehrten Apparat; was nach so mancher dankenswerter Vorarbeit der Kantphilologie in den letzten Jahrzehnten, vor allem der vorzüglichen Ausgabe des Briefwechsels und eines großen Teiles des Nachlasses in der Akademie-Ausgabe (Band X—XVI), durchaus im Bereiche der Möglichkeit lag. Daß ich eine solche wohl hätte abfassen können, glaube ich unter anderem durch meine kritische Quellenstudie über *Die ältesten Kantbiographien* (Ergänzungsheft der *Kantstudien*, Nr. 41, 1918) bewiesen zu haben, die ich — ebenso wie meine Charakterstudie *Kant als Deutscher* (Reichl, Darmstadt 1918) — als Ergänzungen zu vorliegendem Werk anzusehen bitte. Ich habe mich auch in der Sammlung des Materials innerhalb der letzten 14 Jahre keine Mühe verdrießen lassen, habe z. B. eine zweimalige Reise (1912 und 1916) nach dem fernen Königsberg nicht gescheut und bin auch, auf meine diesbezügliche Bitte bei Gelegenheit der Tagung der Kantgesellschaft in Halle Ostern 1914, von manchen Seiten in dankenswerter Weise unterstützt worden.

Allein ich muß diejenigen persönlichen oder Kantfreunde zu meinem Bedauern enttäuschen, die eine solche „wissenschaftliche", das heißt im Grunde doch nur gelehrte Kantbiographie von mir erwartet haben. Gewiß, exakte Erforschung der Einzeltatsachen ist die nächste und unumgänglichste Vorbedingung einer auf Wahrheit und möglichste Vollständigkeit Anspruch machenden Gesamtdarstellung. Aber mein Ehrgeiz ging höher. Ich wollte kein Buch bloß für die Gelehrten liefern, sondern ich wollte den großen Philosophen als Menschen und Denker meinen Zeitgenossen lebendig machen. Ich wollte ein Bild entwerfen, das den alten Kant, wie er lebte und dachte, so weit es einem Nachgeborenen möglich ist, leibhaftig vor unseren Augen wieder erstehen ließe; ich habe ihn daher auch mit Absicht möglichst häufig selbst zu Worte kommen lassen, anstatt mehr oder minder geistreiche Gedanken ü b e r ihn zu äußern. Und, obschon völlige Objektivität für den Historiker und erst recht für den Biographen, den Liebe zu seinem Gegenstand beseelen muß, unmöglich

bleibt und, wäre sie erreichbar, zu blutleerer Farblosigkeit
führen müßte, so habe ich doch auch in der Darstellung seiner
Philosophie den h i s t o r i s c h e n Kant, wie er meinen Augen
erscheint, zu schildern gesucht, unabhängig von allen ,,Schul''-
Rücksichten.

Jenem Lebendigmachen sollte ursprünglich noch eine größere
Reihe zeitgetreuer Illustrationen (Bildnisse Kants aus seinen
verschiedenen Lebensaltern, Porträts interessanter in sein Leben
hineinspielender Persönlichkeiten, Abbildungen der Hauptstätten
seines Lebens und seiner Wirksamkeit, Faksimiles und dergl.)
dienen, die schon im Jahre 1916 zusammengestellt waren; wie
denn überhaupt das Manuskript bereits im Frühjahr 1917 im
wesentlichen fertig vorlag. Der Weltkrieg und seine Nachwehen
haben, wie so manches andere, auch diese Absicht zunichte gemacht. Ich bin meinem langjährigen Verleger Herrn Dr. Felix
Meiner zu Danke verpflichtet, daß er trotz aller Schwierigkeiten
das Buch übernommen und zum Druck gebracht hat, so daß
zur Jubelfeier von Kants 200. Geburtstag (22. April 1924) der
erste Band sicher erschienen sein und der zweite sehr bald nachfolgen wird. Kürzungen mußten freilich noch an manchen Stellen
eintreten, das Wesentliche vom Unwesentlichen geschieden und
der literarisch-bibliographische Anhang auf das Notwendigste beschränkt werden, um das Werk nicht ins Ungemessene anschwellen
zu lassen.

Dem Danke an den Verlag schließe ich denjenigen an die
zahlreichen Gelehrten an, die mich durch wertvolle Beiträge und
Ratschläge in meiner Arbeit unterstützt haben, deren Namen
ich hier nicht sämtlich nennen kann. Vor allem gilt mein wärm-
ster Dank den nie ermüdenden Freunden Arthur Warda und
Otto Schöndörffer in Königsberg, dann Herrn Professor Arthur
Liebert (Berlin), Oberbibliothekar Dr. Max Ortner (Klagenfurt)
und dem inzwischen verstorbenen Geh. Admiralitätsrat Dr. Abegg
(Berlin); weiter den Herren Oberschulrat Gerschmann (Königsberg), Amtsgerichtsrat Goeschen (Merseburg), Gymnasialprofessor
A. Rosikat † (Königsberg), Prof. H. Vaihinger (Halle), Oberbibliothekar Emil Reicke und Fräulein R. Burger (Göttingen)

sowie den Bibliotheksverwaltungen der Universitäten Königsberg, Marburg, Göttingen und Münster für die freie Benutzung ihrer Bücherschätze. Besonderen Dank habe ich auch der Buchhandlung von Gräfe & Unzer in Königsberg zu sagen, daß sie die Wiedergabe des dem Bande beigegebenen Beckerschen Bildes (nach dem für die Festschrift der Königsberger Ortsgruppe der Kant-Gesellschaft hergestellten Farbenlichtdruck) gestattete.

Der Unvollkommenheit meines Werkes gegenüber einem Genius wie Immanuel Kant bin ich mir vollkommen bewußt. Aber ich m u ß t e dies Buch schreiben. Es ist mir, als käme erst mit ihm meine Lebensarbeit an Kant zum Abschluß und zur Krönung. Und ich denke, eine mehr als 4½ Jahrzehnte hindurch geübte Beschäftigung mit dem Königsberger Weisen von der Zeit an, wo in meiner Vaterstadt Marburg Hermann Cohen den 17jährigen Studenten in die Tiefen Kantischen Denkens einführte, bis heute, wo ich selbst an der westfälischen Universität die Philosophie Kants zu lehren die Freude habe, gab mir ein gewisses Recht zu dem noch von keinem anderen unternommenen Wagnis. Wie weit es gelungen ist, das haben nun meine Leser zu entscheiden. Ich hoffe, sie haben, wenn sie das Buch aus der Hand legen, von Kants Geiste einen Hauch verspürt.

M ü n s t e r , 12. Februar 1924

Karl Vorländer

Erstes Buch

Die Jugend

(1724—1754)

Erstes Kapitel

Heimat und Elternhaus

Die heutige Provinz

Ostpreußen

ist altes Kolonialland. Nach der Abwanderung ihrer germanischen
Bewohner zur Zeit der großen Völkerwanderung war sie beinahe
ein Jahrtausend lang im Besitz der nachgerückten slavisch-balti-
schen Stämme: der Preußen und der ihnen stammverwandten
Litauer und Masuren, gewesen. Fünf Jahrzehnte harten Kampfes
brauchte daher der Deutsch-Orden zur Christianisierung und Wie-
dergermanisierung des Landes. An dessen weitere Geschicke: die
zweihundertjährige Unterwerfung unter polnische Lehnshoheit,
die Loslösung des Herzogtums Preußen von der Fremdherrschaft
durch seine Verbindung mit Kurbrandenburg brauchen wir bloß
zu erinnern. Uns interessiert hier nur der durch all diese geschichtlichen Wechselfälle, sowie durch die eigentümliche geographische Lage bestimmte Charakter der Bevölkerung.
Das Deutschtum, das sich mindestens in den Städten tatkräftig
durchgesetzt hatte und von der überdies nicht besonders drücken-
den polnischen Oberhoheit nur leicht beeinflußt worden war,
hatte sich hier schon seit den Tagen der Ordensheere aus allen
deutschen Gauen zusammengesetzt und trug daher ein besonderes
Gepräge, das durch das Zusammenwohnen mit den alteingesessenen Litauern, Masuren und Letten höchstens noch stärker seiner
selbst bewußt ward. Daneben hatten im sechzehnten Jahrhundert
aus den Niederlanden vertriebene Mennoniten, gegen Ende des
siebzehnten französische Refugiés Aufnahme gefunden, waren 1712
Schweizer herbeigerufen worden, um die durch die große Pest
entvölkerten litauischen Landstriche neu zu besiedeln, waren end-

lich zwei Jahrzehnte später protestantische Salzburger in Tausenden von Familien dort ansässig geworden.

Andere Ausländer lockte die geographische Lage des Landes an, die es zum natürlichen Handelsvermittler zwischen den seefahrenden Engländern, Schotten, Holländern und Skandinaviern einer-, den slavischen Absatzgebieten des Hinterlandes, Rußland und Polen, sowie den baltischen Ländern anderseits machte. Blieben diese Angehörigen fremder Völker auch zum größeren Teile Gäste, die nur ihrer Handelsinteressen halber die Ostseeküste besuchten, so nahmen doch manche von ihnen ihren dauernden Wohnsitz im Lande. Mindestens in den Seestädten wie Königsberg, Pillau, Memel treffen wir zu Kants Zeit zahlreiche Engländer, Schotten, Franzosen, Holländer, Dänen an, von den noch zahlreicheren Polen, Litauern und Juden ganz zu schweigen. Kants eigene Familie leitete ihren Ursprung auf schottische Einwanderer zurück.

Eben diese Blutmischung, ja schon der Verkehr brachte in das etwas schwerfällige und selbständige, durch das lange Ringen mit der Ungunst der Natur und des rauhen Klimas zwar tüchtig, aber auch nüchtern und einförmig gewordene Wesen des Ostpreußen, namentlich in der Hauptstadt, einen belebenden, auffrischenden Zug und vermochte so der durch die entlegene Lage im äußersten Nordosten Deutschlands bedingten, durch die lange polnische Herrschaft über das westpreußische Zwischenland noch gesteigerten Gefahr geistiger Isolierung besser entgegenzuwirken. Anderseits führten die lebhaften Handelsbeziehungen zahlreiche ostpreußische, in erster Linie wieder Königsberger Kaufleute nicht nur nach den großen Ostsee-Handelsstädten Danzig und Stettin, Lübeck und Riga, sondern auch weiter nach Kopenhagen und Amsterdam, London und Petersburg. Auch für viele andere Gebildete wurde es allmählich zur Gewohnheit, eine Bildungsreise ins Ausland, d. h. zunächst ins „Reich", aber auch darüber hinaus nach Frankreich, den Niederlanden oder England zu unternehmen.

Infolge aller dieser Umstände hatte sich eine besondere seelische Eigenart in den Bewohnern dieses deutschen Außenpostens herausgebildet. Wohl findet sich auch, nach dem bekannten

Sprichwort, das entgegengesetzte Extrem; aber im ganzen herrscht doch die kritische, sogar gegen das eigene Gefühl auf der Hut befindliche Nüchternheit, der Hang zum verstandesmäßigen Denken, ein mit festem Willen verbundenes trotziges Aufsichselbststehen, die Neigung zu scharfem und kühlem, indes doch mit dem Streben nach Gerechtigkeit gepaartem Urteil vor. Die anders gearteten Naturen, die Herder, Hamann, Zacharias Werner und E. T. A. Hoffmann haben zumeist früher oder später die Heimat verlassen.

Die geistige Bewegung ging hier im allgemeinen freilich langsamer vor sich als in dem lebendigeren Zentrum Deutschlands, den sächsisch-thüringischen Landen, oder den rheinischen und schwäbischen Gebieten; aber sie ging im ganzen auch mehr in die Tiefe. Zwar wurde von den literarisch Gebildeten die bei der Langsamkeit der damaligen Verkehrsmittel doppelt weite Entfernung von Leipzig, dem Mittelpunkte des deutschen Buchhandels, sowie den sonstigen Sitzen geistigen Lebens öfters schmerzlich empfunden. Aber das Land und mit ihm die geistig von ihm abhängenden und genährten Nachbargebiete Livlands, Kurlands und Westpreußens, besaßen doch seit der Reformationszeit nicht bloß einen wirtschaftlichen, sondern auch einen geistigen Mittelpunkt, in dem die ostpreußische Art wie in einem Brennpunkt verdichtet erscheint, in der einzigen großen Stadt Ostpreußens, mit ihrer von dem ersten Preußenherzog 1544 begründeten alma mater Albertina, der

Stadt Königsberg.

Seitdem der Böhmenkönig Ottokar im Jahre 1255 das Schloß, im Jahre darauf die, wie es heißt, nach ihm benannte Gemeinde Königsberg gegründet, hatte die Stadt eine bedeutsame Entwicklung durchgemacht. Genauer gesagt: die drei Städte, die erst in Kants Geburtsjahr (1724) zu einer einzigen vereinigt und bis in den Anfang des 18. Jahrhunderts noch durch Tore voneinander abgesperrt waren, ja im Jahre 1455 einander noch bekriegt hatten: die um das Schloß entstandene A l t s t a d t (gegründet 1264), die seit etwa 1300 östlich davon sich bildende neue Stadt oder L ö b e n i c h t , und die auf einer Insel des

Pregel im Süden erbaute Stadt K n e i p h o f (1324). Von den
Hochmeistern, um Fremde anzuziehen, mit zahlreichen Vorrech-
ten ausgestattet, blühte Königsberg rasch auf, trat in die Hansa
ein, wurde 1457 nach dem Verluste der Marienburg Sitz des Hoch-
meisters, seit 1525 Residenz des evangelisch gewordenen Herzogs.
Durch häufige Einwanderung von Ausländern, die auch während
des hierher nicht gedrungenen dreißigjährigen Kriegs nicht stockte,
immer mehr angewachsen, zählte sie 1706 bereits über 40 000
Einwohner und war so, an Bevölkerungszahl wie an Bedeutung,
die zweite Stadt des am 18. Januar 1701 mit gewaltigem Prunk
hier gestifteten Königsreiches Preußen. Nur vorübergehend durch
pestartige Seuchen geschwächt, erreichte sie — mehr durch Zu-
wanderung von außen als durch Geburtenüberschuß — um die
Mitte des 18. Jahrhunderts die Zahl 50 000, ungerechnet die
starke Garnison nebst deren Familienangehörigen. Für das Jahr
1787 gibt Baczko die Einwohnerzahl auf 55 663, o h n e die
etwa 7—8000 Köpfe zählende Militärbevölkerung, an; die Zahl
der Häuser auf mehr als 4300, dazu gegen 600 Speicher und
1000 Ställe. Um das Ganze, d. h. die drei Städte und die dazu
gehörigen „Freiheiten" und Vorstädte, zog sich seit 1626 ein Wall
mit 32 Rondellen und 8 Toren; übrigens für eine ernstere Verteidigung kaum geeignet, ohne Außengräben und leicht ersteigbar.

Wer damals nicht den Seeweg wählte, sondern mit der Berliner Post in Königsberg einfuhr, gelangte, ohne daß sich schon
von weitem die Großstadt angekündigt hätte, durch das Brandenburger Tor — so nach dem einige Meilen südwestlich an der Heer-
straße liegenden alten Städtchen genannt — in die hintere oder
äußere, dann in die vordere V o r s t a d t , von denen wenigstens
die erstere noch um 1840 fast durchweg aus sehr dürftigen, meist
ein-, höchstens zweistöckigen Häusern bestand. In der noch heute
in ihrer Hauptstraße den alten Namen tragenden Vorderen Vorstadt, der Geburtsstätte unseres Philosophen, die sich bis an den
Pregel erstreckte und häufig unter den verheerenden Bränden der
dort zahlreichen Getreidespeicher zu leiden hatte, waren schon
modernere Bauten dazwischen gestreut. Hier, wo sich der Handel
bereits stark bemerkbar machte, konnte der Knabe Kant, be-

sonders in der Sommerzeit, zahlreiche schwarzbärtige Juden mit
ihren langen schwarzseidenen Kaftanen, hohen Stöcken und breit-
krämpigen Hüten sehen, in lebhaftem Handelsgespräch über die
Waren begriffen, die sie zum Teil selbst aus dem Inneren Polens
den Fluß abwärts geleitet hatten. Außerdem waren wegen des
starken Fuhrverkehrs aus dem „Reich" Gasthäuser niederen
Rangs („Krüge") sehr häufig. Die Vorstadt war zu Kants Zeit
noch von vielen feuchten Wiesen mit ihren Gräben teils umgeben, teils durchschnitten. In einem Viertel derselben, der sogenannten „Insel Venedig", deren Hauptstraße die Klapperwiese
hieß, wohnten schon einzelne Grossisten wie Toussaint, Andersch
u. a. Ihren Abschluß fand die Stadt hier pregelabwärts in der
einst vom Großen Kurfürst gegen die widerspenstigen Städter
angelegten und mit einem Arsenal versehenen, auch als Gefängnis
benutzten „Veste Friedrichsburg".

Die Grüne Brücke, die aus der „Vorstadt" zur eigentlichen
Stadt führte, und die der kleine Kant zu Anfang seines langen
Schulwegs täglich überschreiten mußte, bot eine fesselnde Doppel-
aussicht, nach Westen und nach Osten. Dort die in See stechenden
großen Seeschiffe des Auslandes mit Matrosen der verschiedensten Nationen Europas. Hier pregelaufwärts die aus Polen und
Rußland kommenden langen und flachen Riesenkähne (Wittinen),
hochbeladen mit Getreide, Hanf, Flachs und Matten, die sie
zum Teil aus weit entlegenen Gebieten hergeschafft hatten, um
sie in der großen Handelsstadt gegen Kolonialwaren, Wein oder
Fertigfabrikate einzutauschen: zuweilen bis zu 60 oder 70 an
der Zahl, so daß sie den Fluß fast unsichtbar machten, bis sie
nach 6 oder 7 Jahren ausgedient hatten und als Bau- oder Brennholz verkauft wurden. Auf ihnen, außer dem meist jüdischen
Unternehmer, die sogenannten Dschimken, in Schafpelze gekleidete gutmütige Naturmenschen aus dem Inneren Polens,
welche die Fahrzeuge vor Anbruch des Herbstes wieder heim-
geleiteten.

Hatte Immanuel auf der Grünen Brücke den „alten" Pregel,
d. i. den südlichen Pregelarm, überschritten, so befand er sich
auf der Insel des K n e i p h o f s. Dieser Stadtteil trug ein wesent-

lich anderes Gepräge als die Vorstadt. Denn hier hatten die
altberühmten wohlhabenden Handelsfirmen ihren Sitz. Konnte
sich Alt-Königsberg auch nicht mit den reicheren Hansastädten
Danzig, Lübeck oder Bremen messen, so erinnerte doch die als
die schönste Straße der Stadt geltende Kneiphöfsche Langgasse
wenigstens einigermaßen an ihr heute noch berühmtes Danziger
Vorbild. Leider sind in der letzten Hälfte des 19. Jahrhunderts
nicht nur das hübsche Langgassen-Tor mit seinem Turm, sondern,
bis auf wenige unbedeutende Reste, auch die freilich die ohnehin
nicht breite Straße noch mehr verengenden „Beischläge" (Vor-
treppen mit Eisengeländer und allerlei Verzierungen) der neuzeitlichen Entwicklung zum Opfer gefallen: in dem nüchternen
Königsberg denkt man anscheinend ungeschichtlicher als in der
Stadt an der Weichselmündung. Außerdem beherbergte der Kneiphof noch die schon 1324 begründete „Thum" (Dom)-Kirche, einen
altertümlichen Backsteinbau, nebst den dicht dabei gelegenen
Gebäuden des Kneiphöfschen Gymnasiums und der Universität
(heute Stadtbibliothek): eine der wenigen Stellen Königsbergs,
wo man heute noch still von vergangenen Zeiten träumen kann.
Ferner das noch jetzt den Hauptsitz der städtischen Verwaltung
bildende Rathaus, endlich das unmittelbar am Pregelufer auf
Pfählen erbaute Börsengebäude: so daß hier Kirche, Wissenschaft
und Handel in trauter Nachbarschaft zusammenstießen.

Ging man vom Kneiphof, auf der Krämerbrücke den nördlichen Pregelarm oder „neuen" Pregel überschreitend, in gerader
Richtung auf das Schloß zu, so gelangte man bergansteigend —
dichterische Gemüter haben Königsberg wohl mit der Sieben-
hügelstadt am Tiber verglichen — in die Altstadt, den
Hauptwohnsitz der wohlhabenden Kleinbürgerschaft: der Tuch-
kaufleute, Kürschner, Schmiede und Schuhmacher. Sie dehnte
sich mit ihren zahlreichen „Freiheiten" weit aus und besaß in
älterer Zeit nicht weniger als acht Tore. In der Altstadt im
engeren Sinn lag das Altstädtische Rathaus, zu Kants Zeit als
Gerichtsgebäude verwandt, das Altstädtische Gymnasium, der
Artushof oder Junker- und der Gemeindegarten, hier die Buch-
handlungen und Buchdruckereien. Neben glänzenden Läden be-

fanden sich in den engen Gassen vielfach auch düstere, dunkel angestrichene Häuser mit schwärzlich angerauchtem Gemäuer, die meisten mit Vorplätzen und -treppen versehen.

Im Zentrum und zugleich am höchsten, beherrschenden Punkte der Stadt erhob sich das auch gegenwärtig fast noch unveränderte S c h l o ß , in verschiedenen Jahrhunderten und Baustilen errichtet, mit seinen gewaltigen grauen Mauern, seinen zahlreichen, den weiten Innenhof umschließenden Gebäuden, seinem hochragenden schlanken Hauptturm, nebst den dicken Eck- und Warttürmen, in seinem Inneren den riesigen Moskowitersaal — noch immer einen der größten Säle Deutschlands —, eine besondere Kirche, eine Bibliothek u. a. bergend. In der Nähe des Schlosses begann der weit ausgedehnte S c h l o ß t e i c h , dessen Ufer damals noch überall bis an das Wasser herabreichende Gärten bildeten. Hier herrschte an schönen Sommerabenden, zumal wenn Konzerte oder eine italienische Nacht veranstaltet wurde, in der sonst so nüchternen Stadt bisweilen ein fast venetianisch anmutendes reges Treiben; das ärmere Volk sah dann von der seit 1753 das Wasser überquerenden Holzbrücke bewundernd dem prächtigen Schauspiel, im Winter dem Eislauf, zu. Vom Schloßplatz ostwärts schaute man auf die elegante Französische Straße mit ihren Buch- und Putzhandlungen, Konditoreien und Weinstuben, während nach Süden der Blick auf die rauchgeschwärzten tiefer liegenden Teile der Altstadt fiel.

An diese reihte sich gen Osten pregelaufwärts die dritte der einstigen Städte, der sogenannte L ö b e n i c h t , der Sitz der reichen Bierbrauer mit ihren nicht weniger als 87 Brauhäusern. Die alte Kirche brannte 1764 ab; die neue, deren zierlichen Turm der alte Kant von seinem Studierzimmer aus so gern sah, wurde bald darauf eingeweiht. Das frühere Rathaus war schon zu des Philosophen Lebzeiten ein Privathaus geworden, in dem auch er mehrere Jahre lang gewohnt hat.

An die innere Stadt schlossen sich auch nach den übrigen Seiten verschiedene, seit dem 16. Jahrhundert aus Dörfern, Vorwerken, Gärten usw. nach und nach entstandene Vorstädte an, hier „F r e i h e i t e n genannt. Im Gegensatz zu der dicht be-

bauten alten Stadt, waren dort erst die Hauptstraßenzüge mit
Häusern, Scheunen, Speichern besetzt. Auch sie trugen einen
verschiedenartigen Charakter. Der dem Stadtinneren nahe „Roßgarten" z. B. wies in seinem Beginn stattliche Häuser, Kauf-
läden und Geschäfte auf, während er nach außen hin in Kranken-
häuser, später auch Kasernen endete. Der „Sackheim" mit
seinen Kleinkramläden und Schänken diente besonders den in
die Stadt kommenden Landleuten. Im Gegensatz dazu beherbergte die „Neue Sorge" die ansehnlichen Stadtwohnungen der
Aristokratie. „Tragheim" wieder trug auf seiner an den Schloß-
teich grenzenden Seite vornehme Landhäuser, auf der gegenüberliegenden dagegen bescheidene Wohnungen kleiner Leute.
Die Hauptstraße des „Steindamms" bildete den beliebtesten
Spazierweg zu den Landgütern oder „Hufen" (dem heutigen
Villenviertel Königsbergs) und von da auf den Wall, der sich in
zwei Meilen Umfang mit zahlreichen Vorsprüngen und Buchten
rings um die Stadt zog und zum Teil noch heute wechselnde
Aussichten auf deren Umgebung: Wald, Fluren, Friedhöfe, den
Oberteich, den Pregel und in der Ferne das frische Haff bietet.

Eine Welt für sich endlich bildete die zur Altstadt gehörige
Freiheit Lastadie mit ihren den Pregel entlang sich ziehenden
mächtigen, wenn auch architektonisch unschönen Speichern, Pack-
häusern, Wagen, Kranen, Schiffswerften und Zoll- oder Lizent-
gebäuden. Von den aus dem Haff einfahrenden Seeschiffen wurden am Holländer, von den aus dem Landesinnern kommenden
Flußschiffen am Littauer „Baum", d. i. Schlagbaum, die Zoll-
gebühren erhoben.

So verschiedenartig die einzelnen Stadtteile in ihrem Gepräge waren, so verschieden, beinahe noch mittelalterlich voneinander abgeschlossen, waren auch die einzelnen Klassen der
B e v ö l k e r u n g. Wer aus dem heutigen in das Königsberg
des 18. Jahrhunderts versetzt würde, dem würde vor allen Dingen
in die Augen fallen der Mangel einer eigentlichen A r b e i t e r-
schaft. Wohl gab es zu Kants Zeit schon eine mäßige Anzahl
meist von Ausländern begründeter, zum Teil von „Schutzjuden"
geleiteter Fabriken (der Leder-, Gaze-, Papier-, Tabak-, Seifen-

und Tuchbereitung dienend), in denen um 1800 einige Tausend
Menschen beschäftigt gewesen sein sollen; aber sie wurden doch
sämtlich mehr oder weniger handwerksmäßig betrieben. Zu Ar-
beitern im heutigen Sinne konnte man fast nur die Lastträger
an den Schiffen und in den Speichern am Pregel sowie die Brau-
knechte rechnen. So zählt denn Baczkos genaue Statistik vom
Jahre 1787 neben 7826 Ehemännern, 609 Witwern und 1688 unverheirateten Männern, d. h. S e l b s t ä n d i g e n , bloß 1488
Gesellen, 1788 Lehrlinge und gar nur — 824 „Knechte und Diener"
auf, von denen die letzteren gewiß zum größten Teil auf das
Konto der persönlichen Bedienung fallen. Die B ü r g e r -
schaft zerfiel in G r o ß - und K l e i n bürger. Zu den Groß-
bürgern gehörten in erster Linie die Kaufleute des Kneiphof
und der Altstadt, sodann die Brauherren des Löbenicht. Sie
allein durften Großhandel mit Fremden treiben, ihre Hochzeiten
auf dem Junkerhofe halten, sie stellten die Kirchen- und Stifts-
vorsteher. Zu den Kleinbürgern zählten die Handwerker (darunter auch Kants Vater), die in jedem Stadtteil einen „Gemein-
Ältesten" besaßen. Jede Zunft oder „Kunst" wählte ihren
„Ältermann" auf Lebenszeit oder bestimmte Jahre; jede hatte
ihre besondere Sterbe-, Kranken- und Armenkasse, ja sogar ihr
eigenes Leichengerät. Noch im Jahre 1798 empfingen die Zünfte
vor den Toren der Stadt das einziehende junge Königspaar mit
ihren Fahnen und Musikkorps.

Der A d e l wohnte nur zum Teil und im Winter in der Stadt.
Aber auch, soweit er dort ansässig war, war es kein Hofadel.
Seine Angehörigen fühlten sich mehr als selbständige Vasallen,
denn als Untertanen. Noch im vorigen Jahrhundert sind Namen
wie von Schön, von Hoverbeck, von Saucken u. a. durch den
politischen Unabhängigkeitssinn ihrer Träger bekannt geworden.
Ein Teil war freilich in den militärischen oder höheren Beamten-
dienst getreten.

Damit kommen wir zu einem weiteren, an Zahl bedeutenden
Bruchteil der Bevölkerung: dem M i l i t ä r . Die Garnison umfaßte um 1787 nicht weniger als drei Infanterieregimenter, von
denen jedes gegen 2200 Mann unter Waffen, ungerechnet die

etwa 250 Frauen und Kinder, zählte; dazu noch zwei Füsilier-
bataillone, die Hälfte eines Dragonerregiments und eine Artillerie-
kompanie. Die Soldaten hatten damals noch keine Kasernen,
sondern in verschiedenen Stadtteilen, je nach den Regimentern,
ihre Bürgerquartiere.

  Dem R e l i g i o n s bekenntnis nach war Königsberg seit
den Tagen der Reformation (1525) eine durchaus protestantische
und zwar in der Hauptsache l u t h e r i s c h e Stadt. Luthers
ältester Sohn († 1575) lag in der Altstädtischen, Melanchthons
Tochter, die Gattin des ersten Rektors der Universität Sabinus,
in der Domkirche begraben; im Senatszimmer des alten Kollegien-
hauses hingen die Bilder beider Reformatoren. Ja in dem Sena-
toreneid, den auch Kant hat leisten müssen, fand sich noch eine
härte Stelle gegen alle „Sakramentarier", zu denen nach strenger
Auffassung auch die Reformierten gehörten. Immerhin wurden
diese bisweilen zu Professuren zugelassen, während man den
Katholiken gegenüber exklusiv blieb. Die Reformierten zählten
eine größere „teutsch-pohlnische" und eine kleinere französische
Gemeinde[1]), zusammen etwa 1500 Seelen. Die Zahl der zuge-
wanderten Katholiken war sehr klein; schon seit dem 16. Jahrhundert hielten sie keine Prozessionen mehr ab. Schließlich gab
es noch manche „Stille im Lande", darunter Mennoniten, Herrn-
huter und andere „Separatisten". Größer war die Zahl der erst
seit Ende des 17. Jahrhunderts zugelassenen J u d e n. Sie betrug im Jahre 1787 814 Personen, darunter 57 „Schutzjuden",
von denen jedoch nur ein Teil das Recht zum Ankauf von Grund-
stücken besaß: nur 16 Häuser und 4 Speicher waren in jüdischem
Besitz. Handel mit Roherzeugnissen wie Erlernung eines Hand-
werks waren ihnen untersagt. Die meisten beschäftigten sich mit
Juwelen- und Galanteriewarenhandel oder waren Unterhändler
bzw. Dolmetscher der Polen und Russen; doch zählte zu ihnen
auch eine Reihe ansehnlicher Handelshäuser, welche ausgebreitete

---

  [1]) Bezeichnend für das nüchterne Königsberg ist, daß die Kirchen nicht,
wie z. B. die Danziger oder Breslauer, historische Heiligennamen tragen, sondern
sämtlich nach der Gemeinde als Altstädtische, Kneiphöfsche, Löbenichtsche,
Katholische, Polnische usw. Kirche bezeichnet sind.

Wechselgeschäfte betrieben und die größten Packkammern besaßen.

So konnte man in der, von Kant selbst einmal durch ihre „Weitläuftigkeit" charakterisierten, Pregelstadt ein mannigfach bewegtes Leben wahrnehmen und alle Stufen der Kultur beobachten: von jenen fast noch den Eindruck von „Wilden" machenden polnischen „Dschimken" (s. oben) und den Matrosen und Packknechten am Flusse bis zu den höchsten Kreisen der Geld- und Geburtsaristokratie mit ihren zum Teil, u. a. durch die russische Okkupationszeit (1758—62), doch schon etwas verderbten Sitten. Übrigens fiel dem Reisenden Meerman 1800 die große Anzahl wohlgebauter Männer und schöner Frauen auf, welche letztere sich auch mit Geschmack zu kleiden wußten, „ohne doch das Natürliche und Einfache zu vernachlässigen". In der vorrevolutionären Zeit machte sich, wie überall, die schroffe Trennung der Stände auch in Königsberg geltend und ließ es zu keiner Gemeinsamkeit der Interessen kommen. Sie kam auch in den geselligen Beziehungen zum Ausdruck; so feierten die Großbürger ihre Feste im Junker-, die Kleinbürger die ihrigen im Gemeindegarten, es gab besondere Adeligen-, Kaufmanns-, Offizianten- (d. h. Beamten-) und Studentenbälle. Immerhin waren die großen Kaufleute der Stadt, die meist ein beträchtliches Stück Welt gesehen hatten, im Durchschnitt nicht protzenhaft, sondern zeigten häufig vielseitige Interessen und suchten den Umgang mit Vertretern der Wissenschaft; ebenso, wie wir noch sehen werden, ein Teil des Adels und des Militärs. Hamann und vor allem Kant, geringer Leute Kinder, konnten ohne Zwang in den vornehmsten Kreisen verkehren. Es gab in der Stadt eine Reihe öffentlicher und privater Bibliotheken, wie denn überhaupt von den Königsbergern und Königsbergerinnen viel gelesen wurde, und seit 1743 eine heute noch bestehende gelehrte Vereinigung, die „Kgl. Deutsche Gesellschaft". Auch an Konzerten und Theateraufführungen, seit 1755 in einem ständigen Schauspielhause, fehlte es nicht.

Endlich beherbergte die Hauptstadt des Landes, das dem neuen Königreich den Namen gegeben, noch eine ganze Anzahl

„hoher Landeskollegien": zum Exempel das „kgl. preußische Etatsministerium", bestehend aus einem Landhofmeister, Oberburggrafen, Kanzler und Marschall (alle — wohl noch von der Ordenszeit her — aus dem einheimischen Adel ernannt), die „kgl. ostpreußische Regierung" als oberste Gerichts-, die „Königsbergsche Krieges- und Domänenkammer" als oberste Polizei-, Handels-, Bau- und Finanzbehörde.. Dazu noch viele andere weniger vornehme Behörden — L. von Baczkos Beschreibung des alten Königsberg zählt im ganzen 28 auf! —, von denen wir nur noch das Lizent- oder Zollamt, das Kommerz- und Admiralitätskollegium und das Konsistorium erwähnen.

So ist Immanuel Kant, im Gegensatz zu Lessing, Schiller und Herder, ähnlich dagegen Leibniz und Goethe, in einer der größten damaligen Städte, die einem beweglichen Geiste mannigfaltige Anregung bot, herangewachsen. Und wir begreifen wohl die Worte berechtigten Heimatstolzes, mit denen unser Philosoph, sonst sparsam mit allem Persönlichen, in einer Anmerkung zu der Vorrede seines letzten Werkes, der „Anthropologie", von seiner Vaterstadt spricht, Worte, mit denen auch wir diese Überschau beschließen wollen: „Eine große Stadt, der Mittelpunkt eines Reichs, in welchem sich die Landeskollegien der Regierung desselben befinden, die eine Universität zur Kultur der Wissenschaften und dabei noch die Lage zum Seehandel hat, welche durch Flüsse aus dem Inneren des Landes sowohl mit angrenzenden als auch entlegenen Ländern von verschiedenen Sprachen und Sitten einen Verkehr begünstigt — eine solche Stadt, wie etwa K ö n i g s b e r g am Pregelflusse, kann schon für einen schicklichen Platz zu Erweiterung sowohl der Menschenkenntnis als auch der Weltkenntnis genommen werden, wo diese, auch ohne zu reisen, erworben werden kann."

Das Elternhaus

Immanuel Kants Geburtshaus steht schon längst nicht mehr. Bereits zu des Philosophen Lebzeiten war es einer jener verheerenden Feuersbrünste, die in dem Speicherviertel am Pregel besonders reiche Nahrung fanden, zum Opfer gefallen. Es stand in einer Seitengasse der „Vorderen Vorstadt", durch die heute die elektrische Bahn zum Hauptbahnhof führt. Sie, die jetzt den nüchternen Namen „Bahnhofsstraße" trägt, hieß bis tief ins 19. Jahrhundert hinein Sattlergasse. Denn hier wohnten nach mittelalterlicher Sitte, wie in Danzig, Köln und anderen alten Städten, viele Handwerksgenossen in der nämlichen Straße; daß es gerade in der Vorstadt, durch die der Wagen- und Fuhrmanns- verkehr aus dem „Reiche" ging, für Sattler, Riemen- und Wagen- macher besonders viel zu tun gab, liegt auf der Hand.

Ein solcher ehrsamer Sattler-, genauer Riemermeister, war auch Immanuels Vater, der aus Memel zugewanderte J o h a n n G e o r g   K a n t. Auch dessen Vater, Hans Kant, hatte bereits, nachdem er sich als Handwerksgeselle in „frembden Landen" umgesehen und in Tilsit sein Meisterstück gemacht, in Memel dem Riemerhandwerk obgelegen, während der Urgroßvater 1667 urkundlich als „Krug"-Besitzer, also Wirt, in Werden bei Heyde- krug im nördlichsten Ostpreußen nachgewiesen ist. Wie weit damit die von dem Philosophen selbst für wahr gehaltene[1]) schot- tische Abstammung vereinbar ist, steht dahin. Wenn Kants Großvater wirklich zu den „vielen" gehörte, die „aus Schott- land . . . in großen Haufen emigrierten, und davon ein guter Teil . . . sich in Preußen, vornehmlich über Memel, verbreitet hat", so müßte er jedenfalls viel früher als „am Ende des vorigen" (17.) oder zu Anfang „dieses", d. h. des 18. Jahrhunderts, aus Schottland eingewandert sein, denn er hatte sich nach seiner Rückkehr von der Wanderschaft bereits um 1670 als Meister in Memel ansässig gemacht und, anscheinend nicht lange nachher, eine wohlhabende, einheimische Bürgerstochter geheiratet, die ihm als zweiten Sohn Ende Dezember 1682 Johann Georg, eben den Vater unseres Philosophen, gebar. Während der Großvater

---

[1]) Vgl. Kants Brief an den schwedischen Bischof Lindblom 13. Okt. 1797. Der Philosoph hat noch bis in sein hohes Alter Zuneigung für die von ihm als fleißig und wißbegierig bezeichneten Schotten bewahrt, deren Beharrlichkeit, praktische Klugheit und leidenschaftslose Kühle seiner eigenen Art sympathisch war, wie auch seine Hochschätzung ihres Hauptphilosophen Hume charakteristisch ist. Wäh- rend des Weltkriegs ist denn auch Kant von unseren Gegnern als Schotte, von anderen als Litauer (Kantus litauisch = geduldig) in Anspruch genommen worden.

nun in Memel blieb und dort 1698 eine neue Ehe schloß, aus der
ein Sohn Christian hervorging, wanderte Johann Georg, vielleicht
ebendeshalb, nach Königsberg aus, wo er am 13. November 1715,
also schon beinahe 33 Jahre alt, die 18 jährige Tochter eines
Handwerksgenossen, A n n a R e g i n a R e u t e r , heiratete,
deren Vater, Caspar Reuter (geb. 1670), aus Nürnberg stammte.

„Anno 1715, den 13. November, habe ich, Anna Regina
Reuterin, mit meinem lieben Mann Johann George Kant, unsern
hochzeitlichen Ehrentag gehalten; sind von Herrn Magister
Lilienthal copulirt worden in der Kneiphöfschen Thum (d. i.
Dom-) Kirche." So lautete die Eintragung der jungen Frau in
ein von Immanuels Eltern, der Sitte der einfachen Leute gemäß, ge-
führtes „Haus-", d. h. Gebet- oder Andachtsbuch. Von den neun
Kindern, die sie im Verlauf einer 22 jährigen glücklichen Ehe
ihrem Manne schenkte, haben nur fünf die Eltern überlebt. Das
erste wurde totgeboren, zwei andere starben schon im ersten
Lebensjahre, von einem vierten (einer Tochter) wissen wir nichts
als den Geburtstag. Das vierte in der Reihe, der älteste der am
Leben gebliebenen beiden Söhne, war unser Philosoph.

In der fünften Morgenstunde des 22. April 1724, eines Sonnabends, erblickte er das Licht der Welt. Nach alter Sitte bereits
am folgenden Tage, wurde er — vermutlich in der alten Tauf-
kapelle der Domkirche — auf den Namen E m a n u e l getauft,
der nicht bloß für den 22. April in den alten preußischen Ka-
lendern stand, sondern auch der frommen Sinnesart der Mutter
entsprach. Sie schließt ihre Eintragung in das „Hausbuch" mit
dem frommen Wunsche: „Gott erhalte ihn in seinem Gnaden
Bunde bis an sein seliges Ende um J: C: Willen. Amen." Die
bei diesem Kinde allein aufgeführten sechs Paten lassen auf den
Verkehrskreis der Familie schließen. Es befinden sich darunter
ein Gürtlermeister aus der Vorstadt, ein Gerichtsangestellter auf
dem Sackheim, ein Händler in der Altstadt, eine verheiratete
Frau Barbara Wolffin, eine Jungfer Dorothea Dürrin und ein
(in dem Kirchenbuch der Domgemeinde nicht mitaufgeführter,
demnach wohl bei der Taufe nicht persönlich anwesender) Kupfer-
schmied und Bürger aus Memel, also der alten väterlichen Hei-

mat. Im übrigen scheinen mit der großväterlichen Familie in Memel keine weiteren Beziehungen mehr bestanden zu haben. War doch auch der dortige Großvater, „Meister Kandt der Riemer", bereits acht Monate vor der Hochzeit von Immanuels Eltern gestorben und als wohlhabender Mann „mit allen Glocken, der ganzen Schul und ein Lied vor der Thür" begraben worden und nur noch die Stiefmutter am Leben, im Jahre 1735 aber bereits das Memeler Familienhaus nicht mehr vorhanden.

Ist uns auch nicht viel über die Eltern unseres Philosophen überliefert, so genügt das Wenige doch, uns ein einigermaßen zuverlässiges Bild von ihnen zu geben. Es war ein ähnliches Verhältnis wie bei den Eltern Herders und Schillers: der Vater ein braver, ehrenfester, streng rechtlich denkender Handwerker, der auch von seinen Kindern vor allem Fleiß, Rechtschaffenheit und Wahrhaftigkeit verlangte; die Mutter, vielleicht infolge des süddeutschen Einschlags in ihrem Blute, eine weichere Natur. Sie führte ihr „Manelchen" oft ins Freie, machte ihn auf die Gegenstände und Erscheinungen der Natur aufmerksam, lehrte ihn nützliche Kräuter kennen und erzählte ihm von dem Bau des Himmels, soviel sie davon wußte. Sie war, wie er selbst gegenüber Wasianski, dem Pfleger seiner letzten Jahre, äußerte, „eine Frau von großem, natürlichem Verstande, einem edlen Herzen und einer echten, durchaus nicht schwärmerischen Religiosität"; daneben hatte sie auch ihre Bildung nicht vernachlässigt und schrieb orthographischer als die meisten vornehmen Frauen ihrer Zeit. So oft er von ihr sprach, war er gerührt und glänzten seine Augen[1]). Und die Erinnerung an sie ließ ihn noch in seinen 60er Jahren gegen seinen Zuhörer und späteren Biographen R. B. Jachmann äußern: „Ich werde meine Mutter nie vergessen, denn sie pflanzte und nährte den ersten Keim des Guten in mir, sie öffnete mein Herz den Eindrücken der Natur; sie weckte und erweiterte meine Begriffe, und ihre Lehren haben einen immerwährenden, heilsamen Einfluß auf mein Leben gehabt." Um so wehmütiger

---

[1]) Vielleicht ist es auch aus persönlicher Erfahrung gesprochen, wenn er in der „Anthropologie" (hrsg. von K. Vorländer, S. 260) meint, daß „gemeiniglich Väter ihre Töchter und Mütter ihre Söhne verziehen".

empfand er es, daß er schon als Dreizehnjähriger sie verloren hatte. Körperlich wie seelisch eine zarte Frau, von der er die eigene Konstitution „bis auf die eingebogene Brust", wie auch die Gesichtszüge geerbt zu haben meinte, starb sie, erst vierzig Jahre alt, am 18. Dezember 1737. Wie der Vater im Familienbuch vermerkt, an einem „hitzigen und giftigen Flußfieber"; nach des Sohnes eigener Erzählung gegenüber Wasianski hätte sie geglaubt, sich an dem Bett einer am typhösen Fieber erkrankten vertrauten Freundin angesteckt zu haben; die Krankheit habe sich durch ihre Einbildungskraft erhöht, und nach kurzer Zeit sei sie gestorben.

Zwischen den beiden Gatten herrschte die ganze Zeit ihrer Ehe hindurch das innigste Verhältnis, die größte Eintracht, auch in Beziehung auf die Erziehung der Kinder, denen sie selber in sittlicher Hinsicht das beste Vorbild gaben. „Nie, auch nicht ein einziges Mal", äußerte Kant wiederholt zu seinem Biographen Borowski, „hab' ich von meinen Eltern irgend etwas Unanständiges anhören dürfen, nie etwas Unwürdiges gesehen " Und in dem Entwurf zu jenem Briefe an Bischof Lindblom (S. 15 Anm.) rühmte noch der Greis, daß „meine beiden Eltern (aus dem Handwerksstande) in Rechtschaffenheit, sittlicher Anständigkeit und Ordnung musterhaft, ohne ein Vermögen (aber doch auch keine Schulden) zu hinterlassen, mir eine Erziehung gegeben haben, die, von der moralischen Seite betrachtet, gar nicht besser seyn konnte, und für welche ich bei jedesmaliger Erinnerung an dieselbe mich mit dem dankbarsten Gefühle gerührt finde." Beide Eltern gehörten — den Anstoß gab wohl Frau Regina — zu der damals in Königsberg sehr verbreiteten p i e t i s t i s c h e n Richtung. Sie war jedoch bei ihnen nichts äußerlich Angewehtes, sondern gab ihrem ganzen Tun und Lassen das Gepräge. Das beste Zeugnis gibt auch hier der in religiöser Hinsicht später so anders denkende Sohn, der noch in seinem Alter einst zu seinem Amtsgenossen Rink meinte: „Man sage dem Pietismus nach, was man will. Genug! Die Leute, denen er ein Ernst war, zeichneten sich auf eine ehrwürdige Weise aus. Sie besaßen das Höchste, was der Mensch besitzen kann, jene Ruhe, jene Heiterkeit, jenen inneren Frieden, der durch keine Leidenschaft beunruhigt wurde. Keine Not, keine Verfolgung setzte sie in Mißmut, keine Streitigkeit war vermögend, sie zum Zorn und zu Feindschaft zu reizen."

Einfach genug wird es in dem elterlichen Hause hergegangen sein, das wir uns — wie die meisten Häuser der kleinen Leute in der Vorstadt — einstöckig, vielleicht auch mit aufgesetzter Dachstube, ohne Unterbau, den Flur gleich verbunden mit der nicht besonders abgeschlagenen Küche, links oder rechts eine große Stube, daneben die Schlafkammern, zu denken haben. Einen Gesellen oder Lehrling mag Meister Kant zeitweise beschäftigt haben; mehrere schwerlich. Gab es doch noch im Jahre 1787 im Königsberger Riemergewerbe neben 13 „Herren und Meistern" nur 14 Gesellen und 9 „Lehrbursche". Und daß das Geschäft von Kants Vater schon in den 30er Jahren nicht sehr geblüht haben muß, geht aus der Tatsache hervor, daß er seine geliebte Frau 1737 „still", d. h. ohne die übliche Leichenbegleitung durch singende Schulkinder, und „arm", d. h. auf Armenkosten beerdigen lassen mußte. Die Gewerke der Riemer und Sattler waren damals noch getrennt, und jedes hielt eifersüchtig auf seine Gerechtsame; darunter hatte, bei ausgebrochenen Differenzen, auch Meister Kant erheblich zu leiden. „Dessenungeachtet wurde selbst bei der häuslichen Unterhaltung dieser Zwist mit solcher Schonung und Liebe in betreff der Gegner von meinen Eltern behandelt und mit einem solchen festen Vertrauen auf die Vorsehung, daß der Gedanke daran, obwohl ich damals ein Knabe war, mich dennoch nie verlassen wird" (Kant zu Rink).

Von der Knabenzeit im Elternhause wissen wir sonst kaum etwas, da der Philosoph später nur sehr selten davon zu erzählen pflegte. Die Sattlergasse führte, zwischen Getreidespeichern der Großhändler hindurch, nach der „Insel Venedig", einem auf allen Seiten mit Gräben umgebenen viereckigen Platze. Hier und auf den „Holzwiesen" am Pregel mag Immanuel als Knabe oft gespielt haben. Eine von den wenigen Überlieferungen aus seiner Kinderzeit bezieht sich auf die Geistesgegenwart, mit der er sich, als er einst einen solchen Graben auf einem ins Rollen geratenen Baumstamm überschreiten wollte und ins Wasser zu fallen drohte, dadurch rettete, daß er einen Gegenstand jenseits des Grabens fest ins Auge faßte und dann gerade darauf los lief. An seinen fünf Geschwistern (zwei weitere starben früh, noch ehe sie das erste Lebensjahr vollendet hatten) wird er wohl kaum Gespielen gehabt haben. Denn die älteste Schwester Regina war fünf Jahre älter, während die drei ihm folgenden Maria Elisabeth, Anna Luise und Barbara drei, bzw. sechs und siebeneinhalb Jahre jünger als er waren. Sein einziger Bruder Johann Heinrich aber erblickte das Licht der Welt erst, als Immanuel bereits im zwölften Lebensjahre stand.

Die erste Schule, die der kleine Immanuel besuchte, war die in der Hinteren Vorstadt, etwa sieben Minuten von seinem Elternhause gelegene Elementarschule beim St. Georgen-Hospital, einem schon 1329 von den Altstädtern gegründeten Stift für alte Leute, die sich darin einkaufen mußten. Sie hatte nur e i n e n Lehrer, zugleich Kantor und Organist an der noch aus vorreformatorischer Zeit stammenden Kirche, der die Kinder im Lesen, Schreiben, etwas Rechnen und „Christentum" unterrichtete; Schulgeld wurde indes auch hier, ausgenommen von den Allerärmsten, entrichtet. Wer weiß, wie lange Immanuel diese Schule besucht haben würde, hätte nicht ein besonderer Umstand eine glückliche Wendung herbeigeführt.

Seine Mutter besuchte als fromme Christin mit ihren älteren Kindern oft die Bet- und Bibelstunden des Doktors der Theologie F r a n z A l b e r t S c h u l t z , welcher der Sache des Pietismus einen gewaltigen Aufschwung gegeben hatte, seitdem er 1731 als Konsistorialrat und Pfarrer an die Altstädtische Kirche in Königsberg gekommen war. Dieser für die Entwicklung des religiösen und geistigen Lebens in ganz Ostpreußen bedeutsame Mann, von dem wir bald noch mehr hören werden, wurde auf seine eifrige Zuhörerin aufmerksam, besuchte öfters das Handwerkerhaus in der Sattlergasse und lernte so auch den aufgeweckten kleinen Immanuel kennen. Er redete den Eltern zu, ihn studieren zu lassen und zu dem Zweck in das erst vor wenigen Jahrzehnten begründete Gymnasium Fridericianum zu schicken, dessen Leitung er (Schultz) selbst demnächst übernehmen sollte. Der Mutter ward damit gewiß ein Lieblingswunsch erfüllt, aber auch der Vater war gern bereit, dem begabten Sohne eine bessere Ausbildung zu geben, als er selbst sie genossen hatte. So trat bald nach Ostern 1732 der achtjährige Knabe in das heute noch als „Friedrichskollegium" bestehende Collegium Fridericianum seiner Vaterstadt als Schüler ein.

Fragen wir, ehe wir ihn in diesen neuen Lebensabschnitt begleiten, nach dem Anteil der Eltern an des Sohnes Eigenart, so müssen wir uns sicherlich hüten, zu viel Vererbtes anzunehmen. Zunächst ist natürlich alles abzuziehen, was seine philosophischen Anlagen betrifft. Dagegen verdankt er dem Elternhaus, nach Blut und Erziehung, doch offenbar eine ganze Reihe höchst wertvoller persönlicher Eigenschaften: die strenge Rechtlichkeit, die ihn unter anderem auch, selbst während der Zeiten größter Dürftigkeit, vor Schuldenmachen bewahrte, die Gewissenhaftigkeit in der Arbeit, die unbedingte Wahrhaftigkeit, die Einfachheit und Regelmäßigkeit der Lebensweise, die Ordnungsliebe, z. B. in bezug auf Kleidung und Haushaltführung, die ihm, im vollsten Gegensatz zu seinem Landsmann Hamann, zeitlebens eigen blieb; vielleicht auch den Unabhängigkeitssinn, der den bescheidenen Handwerker seinen Ältesten während der ganzen Schulzeit aus eigenen Mitteln unterhalten ließ. Der Erinnerung an die bei aller Einfachheit tüchtigen Eltern entstammt wohl auch der bürgerlich-demokratische Grundzug seines Wesens („Vor dem braven Manne nehme ich den Hut ab"), der ihn von allem äußerlichen Vornehmtun, „Complimentieren" und Zeremonienwesen fernhielt, auch als er später in den vornehmsten Kreisen verkehrte und die äußeren Formen der feinen Gesellschaft beherrschte. Daß ihm neben solchen Vorzügen vom Elternhause her auch eine gewisse Kleinbürgerlichkeit, ein Mangel an freierem Sichgehenlassen in der äußeren Lebensführung, das wir gern an großen Männern wahrnehmen, haften geblieben ist, wollen wir damit nicht leugnen.

Zweites Kapitel

Im Fridericianum (1732—1740)

Der neue Geist, der mit Leibniz und seinen Nachfolgern in die deutsche Philosophie einzog, hat die Universitäten erst nach und nach, noch später, erst in der zweiten Hälfte des 18. Jahrhunderts, die G e l e h r t e n s c h u l e n ergriffen. Zu der Zeit, während der Immanuel Kant zum Jüngling heranwuchs, beruhte die Gymnasialbildung des deutschen Protestantismus noch immer auf der durch Melanchthon begründeten eigentümlichen Verbindung von Christentum und klassischem Altertum: nur daß jenes völlig in kirchlicher Dogmatik, dieses in scholastisch-rhetorischem Betrieb erstarrt war, einem Betrieb, der nichts anderes als möglichste Fertigkeit im mündlichen und schriftlichen Gebrauch der lateinischen Gelehrtensprache im Auge hatte.

Eine Opposition gegen diese Verknöcherung ging (merkwürdig genug) zuerst aus einer Verbindung zweier so entgegengesetzter Strömungen wie des Pietismus und des Rationalismus hervor, verbunden freilich nur, um sich nach einiger Zeit wieder zu trennen. Beide waren sie einig im Kampf gegen die erstarrten Formeln des dürren und trockenen Verstandes und der Buchstabengläubigkeit, aus denen der Rationalismus die denkende Vernunft, der Pietismus das fromme Gefühl zu befreien strebte. Die nämliche Verbindung, die sich in Halle um 1723 schon gelöst hatte, — damals sah der fromme Francke in Wolffs Vertreibung eine Erhörung seiner Gebete um Erlösung von dieser großen ,,Macht der Finsternis'' — wiederholt sich nun etwa ein Vierteljahrhundert später in Königsberg.

Auch hier war um die Wende des 18. Jahrhunderts das kirchlich-religiöse Leben in theologischer Dogmatik und trockenen

Formeln fast erstickt. „Wer die Jugend hat, der hat die Zukunft!", so dachte wohl auch der fromme Holzkämmerer Theodor
Gehr (geb. 1633), als er, nach dem Vorbilde des Halleschen Waisen-
hauses und mit Unterstützung eines von dort verschriebenen
Studiosen, am 11. August 1698 in seinem Hause auf dem Sackheim eine anfangs nur aus 4 Mädchen und 2 Knaben bestehende
Privatschule eröffnete, die sich rasch hob und trotz zahlreicher,
heftiger Anfeindungen der „Winkelschule" seitens der Vertreter
des Bestehenden — der schon vorhandenen beiden Lateinschulen,
des Konsistoriums und der Landstände — am 4. März 1701 von
dem neugekrönten König Friedrich I. die Bestätigung als „Königliche Schule auf dem Sackheim" erhielt. Noch vor dem frühen
Tode ihres Gründers (1705) hatte die neue Anstalt das Glück,
in dem 35 jährigen Dr. theol. Heinrich Lysius aus Flensburg
einen ebenso tatkräftigen wie wissenschaftlich tüchtigen Leiter
zu bekommen, der allen Anfeindungen der Gegner und allen
finanziellen Schwierigkeiten zum Trotz das C o l l e g i u m
F r i d e r i c i a n u m , wie es seit 1703 hieß, in die Höhe zu
bringen wußte und es, als er sich 1729, zwei Jahre vor seinem
Tode, ins Privatleben zurückzog, seinem Nachfolger in blühendem
Zustand hinterließ; das Porträt des energisch dreinschauenden
Mannes hängt noch heute im Konferenzzimmer des Friedrichskollegs.

Nach vierjähriger Leitung durch den früh verstorbenen
Rogall (geb. 1701), unter dem zu der Latein- noch eine „Deutsche
Schule" für künftige Kaufleute und Handwerker und mehrere
Armenschulen hinzukamen, wurde im Jahre 1733 der schon von
uns genannte F r a n z   A l b e r t (Albrecht) S c h u l t z an
die Spitze der Anstalt berufen. Schultz, 1692 in Pommern geboren, hatte während seiner Studienzeit in Halle neben dem
Francke-Spenerschen Pietismus auch die Wolffsche Philosophie
in sich aufgenommen. Mehr praktisch als theoretisch veranlagt,
hatte er 1724 eine Feldpredigerstelle bei einem Reiterregiment
zu Frankfurt a. O. angenommen und es als solcher durch die von
ihm eingeführten Erbauungs- und Katechisationsstunden dahin
gebracht, daß seine Reiter nicht bloß mit Waffen und Pferden,

sondern auch in Bibel, Gesangbuch und Katechismus Bescheid wußten! Seitdem stand er bei dem Soldatenkönig Friedrich Wilhelm I. in höchster Gunst. Der ernannte ihn 1731 zum Konsistorialrat, Theologieprofessor und Pfarrer in Königsberg und übertrug ihm nach Rogalls Tode — und zwar über den Kopf der preußischen Regierung hinweg— auch noch die Leitung des Friedrichskollegs. Schlicht und unscheinbar in seiner äußeren Erscheinung, nach außen ruhigen Wesens, in seinen Predigten mehr durch Klarheit als den bei anderen beliebten rednerischen Aufputz wirkend, war er doch voll inneren Feuers und leidenschaftlicher Tatkraft: eine „geheime Cholera" bildete nach dem Zeugnis eines Zeitgenossen den Grundzug seines Temperaments. An der Universität war er bald nicht bloß die maßgebende Persönlichkeit der theologischen Fakultät, sondern bis gegen 1750 ihr einflußreichster Lehrer überhaupt. Sein Lehrer Wolff soll von ihm gesagt haben: „Hat mich je jemand verstanden, so ist's Schultz in Königsberg," und sein Zuhörer Hippel wollte von seinen dogmatischen Vorlesungen den Eindruck gewonnen haben, „als hätten Christus und die Apostel sämtlich in Halle unter Wolff studiert." Auch seine Wirksamkeit auf dem Gebiete der Schulverwaltung war weitreichend: er ist der geistige Urheber aller im letzten Jahrzehnt Friedrich Wilhelms I. ergangenen Reformerlasse in Kirchen- und Schulangelegenheiten für das „Königreich Preußen", d. h. die Provinz Ostpreußen, gewesen, zu deren Generalinspektor er dann auch 1737 ernannt wurde.

Diesen Mann mußten wir genauer kennenlernen, weil er der Anstalt, in der Immanuel Kant 8 Jahre seiner Jugendzeit verbrachte, auf lange Zeit das geistige Gepräge verliehen hat. Für die engere Leitung freilich hatte er sich, bei seiner weitverzweigten sonstigen Tätigkeit, bereits Ende 1734 einen „Adjunkten" in der Person des seit Ostern 1732 als Inspektor an der Anstalt wirkenden Christoph Schiffert (1689—1765) erbeten und erhalten, der nicht weniger als 33 Jahre seine Kraft ungeteilt dem Friedrichskollegium und den damit verbundenen Schulen gewidmet hat. Von ihm stammt denn auch die 1742 erschienene „Zuverlässige Nachricht von den jetzigen Anstalten des Kollegii

Fridericiani", die ein anschauliches Bild von deren innerem und äußerem Betrieb entwirft.

Als Immanuel Kant im Sommer 1732 in die Lateinschule des Kollegiums eintrat, zählte dieselbe 187, die „deutsche" 292 Schüler; 36 Zöglinge, später mehr — 1734 z. B. 56 — wohnten im Anstaltsgebäude, einem einfachen Bau an der Landhofmeisterstraße, einer Seitenstraße der „Neuen Sorge[1]). Auch ein Teil der 26 an der Anstalt unterrichtenden Lehrer hatte dort seine Wohnung. Jeder Schüler bekam zu Anfang des Schulhalbjahres seinen Stundenplan, der ihm für jedes Fach die ihm zukommende Klasse zuwies. Der kleine Immanuel z. B. wurde nach Ostern 1732 in die 5. lateinische und 5. Religions-, in die 3. arithmetische und 3. kalligraphische Klasse aufgenommen. Ostern 1735 befand er sich in der 3. lateinischen und 2. arithmetischen und kam in die 2. theologische, 3. hebräische und 3. griechische Klasse. Der Unterricht begann jeden Morgen um 7 und dauerte bis 11, nachmittags von 1—4 Uhr. Die Mittwoch- und Samstag-Nachmittage wurden für den „Privatunterricht" in den nicht obligatorischen Fächern: Französisch, Mathematik (!), Musik, Polnisch u. a. freigehalten. Die erste Vormittagsstunde gehörte an fünf, in den obersten Klassen an vier Tagen der „Theologie", d. h. dem Religionsunterricht. Dann folgten täglich von 8 bis 10 zwei Lateinstunden. Auch die letzte Vormittagsstunde diente in der untersten Klasse der lateinischen Grammatik, während von IV bzw. III aufwärts an drei, später fünf Tagen Griechisch getrieben wurde. Nachmittags 1 Uhr begann für die unteren Klassen der Unterricht mit dem weniger kopfanstrengenden Schönschreiben (Kalligraphie) nebst den damit verbundenen

---

[1]) Unter den Anstaltspensionären waren viele Ausländer: abgesehen von zahlreichen pommerschen Landsleuten von Schultz und Schiffert, auch solche aus Brandenburg, Polen, Schweden, Rußland und namentlich den Ostseeprovinzen. Als Kant in der untersten Klasse saß, gehörte dazu auch ein — Negerknabe, den ein Kriegsrat Manitius von einem Schiffszimmermann freigekauft hatte, um ihn im Collegium erziehen zu lassen. Leider wurde das interessante Experiment schon nach einigen Monaten dadurch abgebrochen, daß der Knabe gewaltsam aus der Anstalt entführt wurde. Und da Offiziere dabei mit im Spiele waren, konnte Schiffert ihn nicht wieder bekommen.

orthographischen Übungen, für die oberen mit Geographie bzw.
— Philosophie! Von 2 bis 3 lernten die Kleineren Rechnen,
die Größeren Hebräisch. Den Schluß machte von 3 bis 4 Uhr
wiederum eine — Lateinstunde.

In welcher Art gestaltete sich nun der Unterricht in den
einzelnen Fächern?

Der R e l i g i o n s unterricht war, obwohl der Pietismus
sich eigentlich gegen dogmatische Haarspaltereien wandte, im
wesentlichen doch durchaus dogmatisch. Nur eine der fünf
Wochenstunden der drei unteren Kurse war der biblischen Geschichte gewidmet, die vier übrigen dienten dem Auswendig-
lernen des Lutherschen Katechismus und der zugehörigen Bibel-
sprüche. Höchstens darin machte sich der pietistische Geist
geltend, daß die Lehrer überall, besonders auf den späteren
Stufen, zeigen sollten, „wie alles ins G e b e t zu bringen und
zum Christlichen Leben und W a n d e l anzuwenden sey". In
Tertia schloß der Unterricht für die von hier aus ins bürgerliche
Leben Tretenden mit einer eingehenden Behandlung der „Heils-
ordnung" ab, während die übrigen auf den etwas mehr systematischen Lehrgang der beiden obersten Klassen vorbereitet wurden.
Dort wurden die dogmatischen Sätze des Lehrbuchs erörtert und
mit Bibelstellen „bewiesen", die, wenigstens von den künftigen
Theologen, im hebräischen bzw. griechischen Urtext zu lernen
waren. Danebenher ging eine genauere Einführung in die biblischen Schriften, ihre Entstehungszeit, ihren Hauptinhalt und
ihre Grundlehren, unter Hervorhebung der schwierigsten Stellen.
In II wurde das Neue, in I das Alte Testament behandelt; im
letzteren besonders die messianischen Prophezeiungen aufgesucht.

Dem Religionsunterricht diente natürlich auch das H e -
b r ä i s c h e , dem in der dritten Klasse zwei, in den beiden
oberen gar vier Wochenstunden gehörten. In Tertia wurden,
neben der grammatischen Einführung, einige Kapitel des ersten
Buches Mose Wort für Wort erklärt, in II kam der Rest des
Buches hinzu, in I die übrigen Bücher Mose, abgesehen von
einigen schwierigen Kapiteln, ferner die anderen historischen
Schriften des Alten Testaments, sowie die Psalmen. Einzelne

Jahrgänge sollen sogar das g a n z e Alte Testament durchübersetzt haben.

Aber nicht bloß das Hebräische stand im Dienste der Theologie, sondern auch — das G r i e c h i s c h e, das auf drei (vorübergehend auch vier) Klassen in je drei bis fünf Wochenstunden gelehrt wurde. Der grammatische Stoff war nicht wesentlich anders als heute verteilt, dagegen diente als Lektüre fast ausschließlich das Neue Testament, dessen reines Griechisch wegen der Inspirationslehre als Glaubenssache galt. In Tertia wurden zur Einübung der F o r m e n l e h r e — mehrere Kapitel des J o - h a n n e s - Evangeliums Wort für Wort erklärt! In Sekunda las man Matthäus, Markus und einige paulinische Briefe, in Prima den Rest, der ins — Lateinische übersetzt wurde. Erst kurz vor der Entlassung wurde, falls die Zeit noch reichte, mit den Vorgeschritteneren etwas aus Gesners Chrestomathie gelesen. Von den großen Rednern, Geschichtsschreibern und Philosophen, einem Plato, Thukydides, Demosthenes, ja selbst von Homer bekamen diese bedauernswürdigen Primaner, natürlich auch in den übrigen Königsberger Gymnasien, keine Ahnung. Das hat denn auch unserem Philosophen sein Leben lang nachgehangen. In allen seinen Schriften und Briefen begegnet man keinem griechischen Satze im Urtext.

Das Rückgrat des gesamten Unterrichts aber bildete das L a t e i n mit seinen 16—20 Wochenstunden. Den Anfang der Stunde bildete auf allen Stufen das Einprägen bzw. das Abhören von Vokabeln, später Phrasen. Die Lektüre war bloßes Mittel, anstatt Zweck, des Sprachunterrichts. Jeder Satz der in Tertia mit Cornelius Nepos beginnenden Lektüre wurde Wort für Wort grammatisch erklärt, umgewandelt, erst zuletzt ins Deutsche übersetzt, nach Beendigung jedes Kapitels der Inhalt ausführlich lateinisch wiedergegeben. Erst in Untersekunda wurde der heute mit Recht zum alten Eisen geworfene Nepos zu Ende gelesen und das „Leichteste und Nützlichste" aus Ciceros Briefen begonnen. In „Groß"-, d. i. Obersekunda kam zu den letzteren Cäsar hinzu, der übrigens später zugunsten eines — Neulateiners (Muret) verschwand. In Prima bildete der letztere neben Ciceros

Reden und dem anekdotenhaften Historiker Curtius den Hauptgegenstand; nur vereinzelt kam es auch zur Lektüre einiger philosophischer Schriften Ciceros. Nichts von Livius, nichts von
Tacitus. Welch dürftiges Gesamtergebnis bei so gewaltigem
äußeren Apparat!

Desto mehr wurde von der untersten Stufe an auf R e d e -
fertigkeit in der lateinischen Sprache gesehen, lateinische Gespräche auswendig gelernt, später an den Unterrichtsstoff angeschlossen. In Obersekunda und Prima sollten die Schüler überhaupt, untereinander wie mit den Lehrern, nur lateinisch sprechen!
Daneben das ganze Brimborium von gelehrten Kunstausdrücken,
Tropen und Figuren, Chrien usw. Man begreift Kants spätere
Abneigung gegen alle Rhetorik, wenn man liest, wieviel Zeit und
Mühe diese armen Schülerseelen auf solches Phrasengeklingel von
sogenannten Reden verwenden mußten, die teils nur schriftlich
ausgearbeitet, teils auch wirklich gehalten wurden. Galt doch
ein von den Primanern nach einem selbstentworfenen Programm
veranstalteter Actus oratorius als Ziel und Gipfelpunkt des auf
der Schule Erreichbaren, wie für das auswärtige Publikum der
feierliche Aktus der ganzen Anstalt (s. weiter unten). Schriftliche
Exerzitien und Extemporalien, wie heute, wurden auch geschrieben, jedoch nicht im Übermaß; in den oberen Klassen häufig
in Briefform.

Als interessanterer Teil des Lateinunterrichts erscheint auf
den ersten Blick die p o e t i s c h e Stunde, in besonderen „poetischen Klassen" von Tertia aufwärts gehalten. Zunächst wurde
Metrik gelernt und praktisch eingeübt. Stoff genug bot die umfangreiche Sammlung von Freyers poetischem Lesebuch, das von
Anfang bis zu Ende durchgearbeitet ward. Neben Stücken aus
den Dichtern, die noch heute von unseren Gymnasiasten gelesen
werden (Ovid, Vergil, Horaz) standen auch solche von Catull,
Tibull, Martial, Juvenal und Seneka, daneben auch von Vertretern der spätlateinischen und der neuzeitlichen Schulpoesie.
Das, worauf es ankam, war aber auch hier nicht der Inhalt, sondern die äußere Form. Die Versmacherei wurde geradezu systematisch betrieben, über ein gegebenes Thema par ordre de Mufti

Verse gemacht, anfangs in der Klasse, später auch als Hausarbeit. Bei den Unbegabten mußte wohl auch der Stock nachhelfen. Die Begabtesten kamen bis zur Verfertigung lateinischer Oden in sapphischem oder alkäischem Maß. Kein Wunder, wenn Kant in seinen populären Vorlesungen und Reflexionen gelegentlich auch diese Versmacherei ebenso wie die Lernerei der „phrases" brandmarkt.

Das einzige R e a l e in all diesem Formen- und Formelkram des lateinischen Unterrichts boten die Belehrungen über römische Altertümer, die in Unter- und Obersekunda, aber nur in einer halben oder ganzen Stunde des Sonnabend-Vormittags, gegeben wurden.

Von besonderem d e u t s c h e n Unterricht ist neben alledem kaum die Rede. Übungen in der deutschen Rechtschreibung und Interpunktion wurden, wie schon erwähnt, mit der Unterweisung in der „Kalligraphie" oder „netten Schreibart" verbunden. Im übrigen wurde die deutsche Sprache eben mit und an der lateinischen gelernt. Doch scheint wenigstens die Unterrichtssprache vorherrschend die deutsche gewesen zu sein; wie es denn auch für die damalige Zeit schon einen Fortschritt darstellt, daß die aus den Francke-Spenerschen Anstalten in Halle übernommene lateinische Grammatik von Joachim Lange in deutscher Sprache abgefaßt war. Außerdem hören wir von einzelnen deutschen „Brief- oder periodologischen" Stunden auf den mittleren Klassen, während in Obersekunda und Prima deutsche Briefe mit lateinischen als häusliche Arbeiten wöchentlich abwechselten. Übrigens muß auch die deutsche V e r s m a c h e r e i geblüht haben, wenn uns auch über das Fridericianum speziell keine genaueren Nachrichten bekannt sind. Denn wie viele Gelegenheiten gab es, den lateinischen und den deutschen Pegasus zu besteigen! „Da waren", wie Möller, der Historiker des Königsberger Altstädtischen Gymnasiums, schreibt, „zuvörderst die unaufhörlichen Schulaktus, bei denen schon um der Abwechslung willen Latein und Deutsch, gebundene und ungebundene Rede einander ablösen mußten. . . . Bald starb ein alter Rektor oder Konrektor, bald feierte ein Lehrer seinen Namenstag oder gar

seine Hochzeit, oder er wurde neu introduziert oder empfing den
Doktorhut oder siedelte von einer Schule zur anderen oder ging
in ein Kirchenamt über, und es war eine grobe Verletzung des
Anstands, wenn nicht die Schüler in die Saiten gegriffen und
ihren wahren oder erheuchelten Gefühlen Ausdruck gegeben
hätten."

In seinem rhetorischen Teil führte der lateinische Schul-
betrieb selbst auf die P h i l o s o p h i e , zumal die Logik, hin.
So war denn auch am Fridericianum 1730 für die Primaner eine
besondere „logische" Klasse eingerichtet worden, die sich 1734
in eine „philosophische" verwandelte. In dieser wurden, neben
der Logik, auch die „Historie der Weltweisheit" und „aus der
Vernunft- und Naturlehre und anderen Wissenschaften (!) das
Nötigste" vorgetragen. Auch sollten, in der Regel einmal im
Monat, mit den Fähigeren Disputierübungen, ähnlich wie im
„Theologie"-Unterricht, veranstaltet werden. Es war sogar für
diesen „philosophischen" Unterricht, den Kant zwei Jahre lang
genossen hat, ein besonderer Lehrer vorhanden. Was darin zu
Kants Zeit geleistet wurde, muß trotzdem kläglich gewesen sein.
„Diese Herren", äußerte er später einmal im Gespräch zu seinem
einstigen Mitschüler (später selbst Lehrer am Fridericianum)
Cunde, „konnten wohl keinen Funken, der in uns zum Studium
der Philosophie oder Mathese lag, zur Flamme bringen." — „Aus-
blasen konnten sie ihn wohl," meinte der andere ernst.

Beiläufig gesagt, ist dies die einzige Stelle des Lehrplans,
wo einmal von „Naturlehre" die Rede ist. Erst nach Kants Schulzeit wurde eine besondere „physikalische" Klasse eingerichtet.
Doch war schon 1718 auf dem Dache des Schulgebäudes ein
kleiner (freilich 1765 schon ganz baufällig gewordener) hölzerner
Turm als „Observatorium" angebracht, das erste seiner Art in
Königsberg.

Die Anfänge des realen Elements im Unterricht sind überhaupt erst der pietistischen Richtung zu verdanken. So hatte
Gehr (S. 23) zuerst in Königsberg Erdkunde und Geschichte
als Lehrgegenstände eingeführt. In der G e o g r a p h i e gab
es eine „Vorbereitungsklasse", in die Kant als Quartaner mit

zehn Jahren, und eine „ordentliche", in die er 2½ Jahre später
als Sekundaner eintrat; in Prima wurde dann anscheinend in
der Geschichtsstunde das Ganze noch einmal wiederholt. Das
für die Anstalt geltende Lehrbuch zeigt uns, worauf Wert gelegt
wurde. Am eingehendsten ist die heimatliche Provinz behandelt.
Die politische Geographie überwiegt durchaus, es werden zahlreiche Städtenamen, aber kein übersichtliches Bild eines Landes
gegeben. Die Flüsse erfahren eine äußerst stiefmütterliche Behandlung; Gebirge werden außer den Alpen und dem Jura überhaupt nicht genannt. Die außereuropäischen Erdteile werden nur
ganz oberflächlich beschrieben. Begreiflich genug, daß Kant
später als Dozent eine so minderwertige gymnasiale Ausbildung
durch seine geographischen Vorlesungen zu ergänzen suchte.
Selbst der erdkundliche Lehrstoff wurde übrigens im Friedrichskollegium zum Lateinsprechen benutzt! Anzuerkennen dagegen
ist, daß die Lehrpläne Veranschaulichung des Gelesenen oder
Gehörten durch die Wandkarte, ja auch gelegentliche eigene
Kartenzeichnungen der Schüler empfehlen. Auch die Haupt-
lehren der mathematischen Geographie werden nicht vergessen.

Der Geschichtsunterricht begann erst in Sekunda, da
man vorher — an sich ja ein ganz gesunder Gedanke — erst in
der Geographie „etwas gelernt" haben sollte. In jeder der beiden
Klassen nahm man aber — auf der Sekunda in einem, auf Prima
in 1½ Jahren — die ganze „Universalhistorie" durch. Und das
wollte etwas heißen bei einem Lehrbuch von 865 Seiten allein
für den Oberkurs! Die gesamte Weltgeschichte war eingeteilt in
diejenige — des Alten und des Neuen Testaments, zwischen denen
Christi Geburt die Grenze bildete, und zerfiel in 5 Abschnitte:
1. biblische Regenten- und römische Kaiserhistorie, 2. politische
Völkerhistorie, im wesentlichen eine Aufzählung der übrigen geschichtlichen Reiche und ihrer Herrscher, 3. Kirchenhistorie,
4. Gelehrtenhistorie und 5. chronologische Wiederholung. Und
das nannte man Weltgeschichte! Ob unter solchen Umständen
der Vortrag des Lehrers, wie es gewünscht wurde, dem öden
systematischen Gerippe Fleisch und Blut geben konnte?

Was die M a t h e m a t i k betrifft, so war obligatorisch nur
der in vier Nachmittags-Wochenstunden erteilte Unterricht im
R e c h n e n , der bis zur Regeldetri und Bruchrechnung einschließlich führte und von Befähigteren wie Kant 3 bis 4 Jahre
lang besucht zu werden pflegte. Dann hörte der offizielle Mathe-
matikunterricht auf. Dagegen war für die Weiterstrebenden —
zuerst 1732/33 von Schiffert — ein Mittwoch- und Samstag-
Nachmittag von 1 bis 3 gegebener privater Unterricht in der
,,Mathesis'' eingerichtet worden, in der nach Christian Wolffs
,,Auszug aus den Anfangsgründen aller mathematischen Wissenschaft'' die Elemente der Geometrie und Trigonometrie von —
Theologiestudenten ihren unglücklichen Opfern beigebracht wurden.

Für das ebenfalls dem Privatunterricht der beiden sonst
schulfreien Nachmittage überlassene F r a n z ö s i s c h bestanden
zu Kants Zeit drei Klassen, in denen die Schüler dahin gebracht
werden sollten, ,,einen französischen Autorem ziemlich exponieren
(d. i. übersetzen) zu können''. Indes sind uns gerade über die
Unterrichtsweise während Kants Schulzeit keine näheren Mitteilungen erhalten. — Ebensowenig über den in zwei Abteilungen erteilten und von dem kleinen Immanuel nur drei Jahre
lang mitgemachten G e s a n g unterricht. Daneben sorgte die
Anstalt auf Wunsch — in erster Linie doch wohl für die Internen
— für Unterweisung in Klavier- und Flötenspiel. Polnisch und
Litauisch wurden nur gegeben, wenn genügende Anmeldungen
erfolgten und geeignete Lehrer aufzutreiben waren. Kant hat
daran, soviel bekannt, nicht teilgenommen.

Den Mittelpunkt des Unterrichts, um den sich die übrigen
Fächer nur lose herumgruppierten, bildeten also durchaus das
L a t e i n i s c h e und die R e l i g i o n ; neben ihnen bedeuteten
die Muttersprache, das Französische, Mathematik und Natur-
wissenschaft nichts oder so gut wie nichts. Das aber, was das
Fridericianum von den anderen Lateinschulen der Stadt — dem
Altstädtischen und dem Kneiphöfschen oder Domgymnasium —
unterschied, war der p i e t i s t i s c h e Charakter, der das ganze
Leben der Anstalt beseelte. Bestand doch deren Zweck aus-
gesprochenermaßen darin, daß ,,einesteils die Untergebenen aus

ihrem geistlichen Verderben errettet und das rechtschaffene Christentum ihren Herzen von Jugend auf eingepflanzt, andernteils aber auch ihr zeitliches Wohlsein befördert werden möge". Und lautete doch die grundlegende Bestimmung der Schulgesetze: „Wer die Zeit seiner Jugend wohl anwenden und den Grund seines Glückes auf Erden in der Schule legen will, muß zuvörderst bei allen seinen Handlungen das Andenken an Gott, der überall gegenwärtig ist und vor dem allein ein rechtschaffenes Herz gilt, zu erwecken und zu unterhalten suchen." Deshalb begann und schloß auch, abgesehen von der halbstündigen Frühandacht der in der Anstalt selbst wohnenden Zöglinge, j e d e Stunde mit einem „erwecklichen und kurtzen" Gebet. Dazu kamen allwöchentlich außer zwei weiteren Erbauungs- und Betstunden für die Pensionäre, noch an einem besonders festzusetzenden Tage vorgenommene Katechisationen durch den Direktor und die regelmäßige einstündige Samstags-Andacht, in der außer Gebet und Gesang eine Ermahnung des Inspektors „sowohl was die Studien als gute Ordnung anlanget, als was sonst nötig ist und die Woche über bemerkt worden", erfolgte, die übrige Zeit aber „zur Erweckung gegen den Sonntag angewandt wird". Dieser Sonntag war natürlich erst recht dem Heile der Seele geweiht. Da wurde von 8—9 in der Schulkirche katechisiert, die Vormittags- wie die Nachmittagspredigt angehört und der Inhalt beider sofort abgefragt. Zum Überfluß fand abends eine nochmalige „Wiederholung" beider Predigten statt, wobei man „auf den Seelenzustand der Jugend sieht, die gehörte Wahrheiten auf sie deutet und ihr liebreich andringt". Zu diesem r e g e l m ä ß i g e n Andachtsbetrieb kamen noch die außerordentlichen religiösen Übungen, wie die bereits vier Wochen vorher beginnenden „Vorbereitungen" auf den Genuß des hl. Abendmahls, mit schriftlichen Gebeten (eins ist noch in den Akten erhalten) und Berichten der Schüler über ihren Seelenzustand und mit ihren besonderen Ermahnungs-, Selbstprüfungs- und „Erweckungs"-Stunden. Kein Wunder, daß das Fridericianum im Volksmunde einfach die „Pietisten"-Schule hieß, kein Wunder auch, daß selbständigeren Naturen wie Kant durch solche Überfütterung auch die an sich

durchaus berechtigte Gefühlsseite der Religion vollständig verleidet wurde.

Ein weiterer Übelstand war, daß die etwa 30 L e h r e r
der Anstalt fast durchweg Studierende oder Kandidaten der
Theologie vom fünften Semester ab, zum größeren Teil frühere Zöglinge der Schule, waren. Bei so großer Zahl wurde der einzelne
zwar nicht mit Unterrichtsstunden überlastet — die Älteren erteilten bis zu vier, die Jüngeren 1 bis 3 Stunden täglich —, aber
die Entlohnung war auch kärglich. Sie betrug bloß 10 Taler
jährlich für jede Wochenstunde, weitere Zulagen waren von der
Zahl der Schüler abhängig. Die meisten hatten freilich freie
Wohnung und Kost im Collegium, mußten aber dafür auch dessen
Pensionäre beaufsichtigen, und ein eigenes Zimmer besaß nur
der erste Lateinlehrer. Der Hauptnachteil war doch, daß den
jungen Leuten, wenn sie so früh — Kants Freund Cunde z. B.
im Alter von 18 bis 19 Jahren — ihre Tätigkeit begannen, jede
Lebens- und Unterrichtserfahrung fehlte. Daran konnten schließlich auch die Anweisungen, Ratschläge und Wochenkonferenzen,
die der erste Inspektor mit ihnen abhielt, wenig ändern. Und
so vermochten denn viele, auch wenn sie älter geworden, trotz
aller Anläufe zur Strenge, keine Disziplin zu halten. Im allgemeinen erscheint das von Schiffert in seiner „Nachricht"
empfohlene Verfahren für die damalige Zeit verständig und milde.
Schimpfwörter, sogar die Anrede mit „Du", waren verpönt. Mit
väterlichen Ermahnungen sollte der Präzeptor zunächst aus-
zukommen suchen; falls diese nichts fruchteten, sollte er seinen
Unterricht nicht lange durch die Strafvollziehung unterbrechen,
sondern die Sache dem Inspektor melden, der ihnen dann die
Strafe — körperliche nur bei Bosheit oder offenbarer Faulheit —
zu diktieren werde; helfe auch das nicht, so müsse man den Eltern
die Entfernung aus der Schule empfehlen, „maßen man aus dem
Collegio . . . kein Zuchthaus machen kann". Ob diese vernünftigen Grundsätze in Wirklichkeit immer befolgt worden sind?

F e r i e n , wie sie an anderen Lehranstalten wenigstens zur
Zeit der Hundstage und des Jahrmarktes je 14 Tage lang einzutreten pflegten, gab es in der strengen Pietistenschule über-

haupt nicht. Nur am Oster-, Pfingst- und Christfest-Montag und einen Tag nach der öffentlichen Prüfung wurde der Unterricht ausgesetzt; außerdem ging man bisweilen in der heißesten Zeit des Jahres mit den Schülern oder doch den Pensionären einen halben oder ganzen Tag aufs Land. Die Vorschriften über die Schulaufsicht waren streng. Jeder Lehrer mußte den Eintritt seines Nachfolgers ins Klassenzimmer abwarten. Die Pensionäre durften sich nur von 12—1, 4—5 und im Sommer nach 8 Uhr abends unter Aufsicht auf dem Schulhof „bewegen"; Turnen gab es natürlich nicht. Von 5—7 Uhr nachmittags war, selbstverständlich ebenfalls unter Aufsicht der Stubeninspizienten, Arbeitsstunde. Die Versetzungen in eine höhere Klasse fanden, nachdem zahlreiche Wiederholungen des Gelernten nicht bloß am selben und folgenden Tage, sondern auch zu Ende der Woche, des Quartals und Semesters stattgefunden hatten, jedes halbe Jahr statt; sie wurden, nach den Vorschlägen der Lehrer und eingehenden Prüfungen in den Klassen, vom Inspektor entschieden und verkündet; als besonders schwierig galt die nach U II. Vor Schluß des Semesters wurde in der Schulkirche eine zwei volle Tage dauernde öffentliche Prüfung abgehalten, zu welcher die Zöglinge tags vorher den angesehensten Männern der Stadt sowie den Gönnern und Freunden der Schule gedruckte Einladungen überbrachten; wenn Universitätsprofessoren oder Konsistorialräte kamen, so konnten sie selber Themata stellen oder Fragen an die Schüler richten. Die Prüfung der Sekundaner und Primaner fand in lateinischer Sprache statt. Am dritten Tage hielten die Abiturienten -- damals dimittendi, d. i. zu Entlassende, genannt — ihre Abschiedsreden über ein moralisches oder theologisches Thema, je nachdem mit größerem oder geringerem Schwulst. Meist lateinisch; doch kamen an manchen Anstalten auch griechische, französische, ja selbst hebräische (!) Reden vor. Im Fridericianum wurden sie dann, in sauberer Reinschrift, gebunden und in der Bibliothek aufbewahrt; leider haben sie sich nicht erhalten, sonst könnten wir sicherlich auch eine des dimittendus Kant „bewundern". Daran schlossen sich Deklamationen lateinischer und deutscher Gedichte, die Abschieds- und Dankrede eines der zurückbleibenden Primaner, die Entlassungsrede des Inspektors, zuweilen noch ein Schlußwort des Direktors.

Solcher Art also war die Anstalt, die unser Philosoph von seinem 9. bis zu seinem 17. Lebensjahre besucht hat. Vielleicht infolge des persönlichen Einflusses von Schultz, war er schon im Alter von 8 Jahren, d. h. zwei Jahre früher als üblich, in die unterste Latein-, Religions-, arithmetische und kalligraphische Klasse aufgenommen worden. Nach den alten Schullisten des Fridericianums hat Immanuel Kant — die Namensform schwankt zwischen Kant, Kandt, Cant, Cante und Candt![1]) — die lateinische Quinta in 1½, IV in 1, III und U II in je 1½, O II in 1, die Prima in 2 Jahren absolviert. Wir sehen, daß er jedesmal zu Anfang, infolge der in der Klasse Sitzengebliebenen, einen tieferen Platz einnimmt, dagegen im Laufe des Kursus sich stets an die Spitze emporarbeitet, um als Primus in die nächstfolgende Klasse aufzusteigen. Nur als Abiturient war er von einem gewissen Porsch überflügelt worden, vielleicht weil dieser in höherem Grade als unser Immanuel lateinische Verse „mit wunderbarer Leichtigkeit hinzugießen verstand" (Ruhnken an Kant, 10. März 1771). Griechisch hat er schon mit 10½, Hebräisch mit 11, Französisch mit 11½ Jahren begonnen. Die unteren Klassen hat er sehr rasch erledigt; daß er in Religion und Griechisch auffallend lang in der 2. Klasse blieb, lag wohl daran, daß er für die erste noch zu jugendlich war, und daß der Unterricht in beiden Fächern — hier grammatische, dort inhaltliche Behandlung des Neuen Testaments — verwandt war, zudem damals in e i n e r Hand lag. Aus dem Gesangunterricht ist er, vermutlich seiner schwachen Stimme halber, früh ausgeschieden. Im Schönschreiben ist der Neunjährige vorübergehend einmal in eine tiefere Klasse gekommen, hat sich dann

---

[1]) Die Namensform Cant kam und kommt in Schottland, aus dem ja die Familienüberlieferung die Herkunft des Geschlechts ableitete, öfter vor; dagegen findet sich in allen Urkunden der Name mit K geschrieben. Daher ist die Angabe Hasses, Kant und seine Eltern hätten den Namen anfangs mit C geschrieben und ihn nur deshalb in Kant verändert, weil manche Leute ihn wie „Zant" aussprachen, zweifelhaft (vielleicht auf Neckereien von Mitschülern zurückzuführen).

aber rasch, sogar zur 1. Klasse, wieder emporgearbeitet. Eine saubere und feine Handschrift hat er denn auch, trotz seiner ungeheueren Gelehrtentätigkeit, bis in sein Alter behalten.

Die leichten Erfolge, die unser Kant auf der Schule errang, verdankte er gewiß vor allem seinem Scharfsinn und seinem bis in späte Jahre fortdauernden vorzüglichen Gedächtnis, das ihn bei dem geschilderten Memorierbetrieb besonders begünstigen mußte. Daß er aber auch „fleißig im strengsten Verstande des Wortes" war, hat Borowski von Kants Mitschülern Trummer, Cunde und Kypke bezeugt bekommen; das brachte ja schon der Geist des Elternhauses mit sich. Er braucht darum kein Duckmäuser oder Stubenhocker gewesen zu sein. Dagegen würde seine ganze spätere Art sprechen, auch wenn nicht schon einzelne Stellen seiner Schriften und Briefe darauf hinwiesen, daß er Knabenspiele wie Kreisel, Blindekuh usw. gekannt, daß er öfters am Schusterbrunnen, einem zur Zeit seiner Kindheit leeren Wasserbecken, gespielt, daß er sich, wie wir schon sahen, auf den Wiesen und an den Gräben in der Nähe des väterlichen Hauses herumgetummelt hat. Wenn er einst Borowski gestand, „in manchen Dingen" vergeßlich gewesen zu sein, so waren dies doch solche, „die den Schulfleiß nicht affizierten"; mehr ein Vorzeichen professoraler Zerstreutheit war es, wenn er einmal auf dem Schulweg seine Bücher irgendwo niedergelegt hatte und dann ohne sie in der Klasse erschien. Von seinem guten Betragen zeugt die von ihm selber seinem Schüler Jachmann erzählte Tatsache, daß er und einige Kameraden selbst einem gebrechlichen und „possierlich gestalteten" unter ihren Lehrern stets Aufmerksamkeit, Folgsamkeit und Achtung bewiesen hätten, weil sie in seinen Lektionen viel hätten lernen können. Vielleicht war es derselbe „gute" Heydenreich, der, eben als junger Hilfslehrer in das Kollegium eingetreten, Kants Lateinlehrer in Quinta und Quarta und dann wieder in den beiden letzten Jahren der Prima war, und von dem er noch später mit ganz besonderer Achtung zu sprechen pflegte: er habe durch seine Art der Erläuterung der römischen Klassiker nicht nur die Kenntnisse seiner Primaner erweitert, sondern auch für die Richtigkeit und Bestimmtheit ihrer Begriffe gesorgt.

Wie von dem jungen Lessing sein Rektor gesagt haben soll, er gleiche einem Pferd, das doppeltes Futter verlange, so tat sich auch Immanuel Kant mit gleichstrebenden Schulkameraden zusammen, um mit ihnen privatim solche lateinischen Schriftsteller zu lesen, die ihnen innerhalb der Schulwände nicht geboten wurden. Es waren dies zwei Pommern: der um 1 Jahr ältere David Ruhncke (später R u h n k e n) und der 1 Jahr jüngere Johannes C u n d e, Sohn eines armen Holzwärters, der 1737 gleich in Untersekunda aufgenommen worden war, da Schiffert bald seine „herrlichen Gaben" erkannt hatte. Dies Kleeblatt also trieb — seit Ostern 1739 waren sie in der lateinischen Prima vereinigt — regelmäßige Klassiker-Lektüre, wobei Ruhnken, der Wohlhabendste unter ihnen, gute Ausgaben, einmal z. B. die kostbare Livius-Ausgabe von Drakenborg, anschaffte. Sie träumten sich schon jetzt als dereinstige Gelehrte und entwarfen Pläne literarischer Arbeiten, wobei sie sich im Stile der Zeit mit den latinisierten Namen Cantius, Cundeus und Ruhnkenius bezeichnen wollten. Nur einer von ihnen hat diesen Jugendplan wirklich durchgeführt: David Ruhnken, der ein Semester später als Kant das Fridericianum verließ, aber, unbefriedigt von seinen Königsberger Universitätslehrern, schon zwei Jahre später nach Holland ging und dann Jahrzehnte hindurch als einer der größten Philologen seiner Zeit an der Leydener Hochschule glänzte. Der andere, jener begabte Armenschüler Cunde, rieb sich allzufrüh im Schuldienst auf. Das Friedrichskollegium preßte die schwachen Körperkräfte des jungen Gelehrten „wie eine Zitrone bis auf den letzten Safttropfen aus", so daß er, 1756 als Rektor an die Stadtschule des kleinen Rastenburg gekommen, dort bereits nach wenigen Jahren dahinwelkte.

Von sonstigen Einzelheiten aus Kants Schulleben läßt sich nichts mehr feststellen. Auch er wird als guter Schüler wohl öfters in Zopf, Kniehosen und weißen Strümpfen das untere Katheder betreten haben, in einer Zeit, wo die „Rede-Aktus" in den Lateinschulen so überhand genommen hatten, wie im 18. Jahrhundert, wo z. B. bei der Jubelfeier der Augsburger Konfession 1730 im Altstädtischen Gymnasium 21, im Kneip-

höfschen 24 Schüler redeten, während 1791 — allerdings ein
halbes Jahrhundert nach Kants Schulzeit — im Fridericianum
mehrere Quartaner „Über das Verdienst" sich verbreiteten, ja
gar ein Quintaner (!) eine Abschiedsrede „Von der Nützlichkeit
des Kaufmannsstandes" hielt. Auch er wird an den Leichenbe-
gängnissen der Groß-, Kleinbürger und königlichen Offizianten
(Beamten), namentlich an den von der ganzen Schule begleiteten
„General-Leichen", sowie an den bei Gelegenheit der hohen
Kirchenfeste üblichen „Umgängen", die mit Absingung von
Psalmen und Chorälen, und zum Entgelt dafür der Entgegen-
nahme von Geld und Lebensmitteln aus den vornehmen Bürger-
häusern verbunden waren, haben teilnehmen müssen[1]). Er wird
sich auch als Oberprimaner am 20. Juli 1740 an der Huldigungsfeier zu Ehren des neuen Königs Friedrichs II. beteiligt[2]) und
endlich wenige Wochen darauf als Secundus omnium seine lateinische oder deutsche Abschiedsrede bei der feierlichen Entlassung der Abiturienten gehalten haben.

Wie Hippel bezeugt, wohnte Kant als Gymnasiast nicht im
Kolleggebäude, sondern trotz der weiten Entfernung bei seinen
Eltern. So war er wenigstens nicht, wie die Pensionäre des In-
ternats, dem Zwang der Anstalt auch außerhalb der Schulstunden
überantwortet. Seine Eltern taten für ihn, was sie konnten, zumal da der Vater damals noch soviel verdiente, daß die Familie
durchaus keine Not litt. Sie bezahlten das Schulgeld nicht bloß
für die Pflicht-, sondern auch für die Privatstunden in Französisch und Mathematik, um den geliebten Sohn zu fördern:
während sie sich anderseits doch die taktvolle Art der Unter-

---

[1]) Noch als 73 jähriger in seiner Rechtslehre (Philos. Bibl. Bd. 42, S. 203 f.)
tadelt er, daß „die Pauperburschen die Unzulänglichkeit des wohltätig errichteten
Schulfonds durch bettelhaftes Singen ergänzen müssen". Man erinnere sich an
den jungen Currenden-Sänger Martin Luther.

[2]) Schade, daß sie nicht einige Wochen später stattfand, sonst hätte er
den dem Könige gebrachten Fackelzug und die zum Dank dafür von Friedrich
gespendete Bewirtung der Studenten im Kneiphöfschen Junkerhof mitmachen
können. Er würde allerdings wohl kaum zu denen gehört haben, die, weil sie
nicht mehr imstande waren, allein nach Hause zu gehen, auf des Königs ausdrücklichen Befehl von Wachmannschaften dahin begleitet wurden.

stützung gefallen ließen, die ihnen Direktor Schultz gewährte,
indem er ihnen ab und zu einen Teil des Brennholzes, das nach
der Sitte der Zeit einen Teil seines Gehaltes bildete, unerwartet
und unentgeltlich anfahren ließ. Der religiöse Ton war zwar auch
im Elternhause heimisch, auch hier wurde sicherlich, was zudem
den in der Stadt wohnenden Schülern dringend empfohlen war,
jeder Tag mit Gebet begonnen und beschlossen; aber Immanuel
hatte, bei seiner Begabung, doch mehr Zeit zu Spiel und Erholung.

*   *   *

Versuchen wir nach alledem zu einem Schlußurteil, zur
Beantwortung der Frage zu kommen: Welche W i r k u n g hat
diese achtjährige Schulzeit auf den jungen Kant gehabt? Wir
scheiden dabei die außer-schulmäßigen Einflüsse aus: die des
Elternhauses wie der Stadt. Denn sicher bot die letztere, schon
auf dem täglichen Schulwege, dem Verstand, Gemüt und der
Phantasie des aufgeweckten Knaben und noch mehr des heran-
wachsenden Jünglings die mannigfaltigsten Anregungen, während
ihn von den Versuchungen der Großstadt, abgesehen von der
strengen Schulzucht, schon der Geist des Elternhauses fernhielt.
Das Wesentliche aber war doch die Einwirkung der S c h u l e.
Welches Endergebnis zeitigte diese?

Mag das Fridericianum damals auch seine Blütezeit gehabt,
mag es als die Musteranstalt gegolten haben, welche die ganze
Provinz mit Lehrern und Lehrbüchern versorgte: das Gesamt-
resultat dessen, was sie ihren Zöglingen auf die Universität mitgab, war doch, nicht bloß an unserem heutigen, sondern auch
an Kants eigenem späteren Maßstab gemessen, außerordentlich
dürftig. Das einzige aus der Schulzeit, was er auch später noch
und dauernd als nutzbringend für sich empfand, war die nie in
ihm erloschene Liebe zu den alten Lateinern, besonders den
Dichtern, aus denen er noch in seinem Alter lange Stellen ohne
Anstoß herzusagen vermochte. Was half es ihm aber im übrigen
für seine Gesamtbildung, daß er vom 9. bis zum 17. Lebensjahre
L a t e i n und immer wieder Latein getrieben hatte? Nicht ein-

mal ein klassisches Lateinisch hatte er zu schreiben gelernt, von
einer Einführung in den Geist des Altertums ganz zu schweigen.
Es klingt doch wie selbsterfahren, wenn uns aus einem Losen
Blatt aus dem Anfang der 70er Jahre der Stoßseufzer ent-
gegentönt: „Wollte Gott, wir lernten in Schulen den Geist und
nicht die phrases der Autoren und kopierten sie nicht, so würden
unsere deutschen Schriften mehr echten Geschmack enthalten"
(Ak.-Ausg. XV, Nr. 778). Es ging ihm in dieser Hinsicht nicht
besser als allen berühmten Deutschen, die in den damaligen
Tretmühlen des Wissens ihre Jugendjahre verbracht haben:
Lessing wie Winckelmann, Herder wie Heyne, Hamann wie Nicolai, von deren jedem wir noch stärkere Äußerungen zitieren
könnten. Es paßt auf die damaligen Gelehrtenschulen das Wort,
mit dem beste Kenner der Geschichte des gelehrten Unterrichts
seine Schilderung dieses Zeitabschnittes beschließt: „Um 1740
sind die Schulen auf den tiefsten Stand in der öffentlichen Schätzung gesunken, den sie überhaupt erreicht haben. Was sie trieben,
galt in der Welt draußen nicht mehr, was draußen galt, trieben
sie noch kaum" (Paulsen, Gesch. d. gelehrten Unterrichts I, 607).

Dazu kam nun noch die oben geschilderte Überfütterung
mit dem, was der Seele des Menschen und am meisten der des
Kindes nur in den Feierstunden des Gemüts nahegebracht werden sollte: der R e l i g i o n. Selbst kirchlich gesinnte Männer,
wie Borowski und Rink, welche das Fridericianum einigermaßen
in Schutz zu nehmen suchen, meinen doch, daß Kant als Schüler
„an dem Schema von Frömmigkeit oder eigentlich Frömmelei,
zu dem sich manche seiner Mitschüler und bisweilen aus sehr
niedrigen Absichten bequemten, keinen Geschmack finden
konnte", ja, daß „gerade durch die stete Gewohnheit der Gebets-
und Erbauungsstunden das religiöse Gefühl des Knaben erkaltete
und verkümmert ward". In der Tat, wir können es begreifen,
daß Kant später zu Hippel geäußert haben soll: Ihn überfiele
S c h r e c k e n und B a n g i g k e i t, wenn er an jene Jugend-
sklaverei zurückdächte!

Niemals hat er denn auch in seinen Schriften dankend des
Fridericianums gedacht, niemals, so dürftig es ihm auch

ging, während seiner Universitäts- oder Hauslehrerzeit sich um
ein Lehramt an seiner alten Schule[1]) bemüht. Von seinen Lehrern
hat er zwar den „guten" Heydenreich, wie wir sahen, und zwar
ihn allein rühmend hervorgehoben, aber anscheinend doch auch
zu ihm später in keinem näheren persönlichen Verhältnis mehr
gestanden. Und ebensowenig zu seinem Direktor F. A. Schultz,
den er ja auch nur aus Predigten, Katechisationen und gelegentlichen Besuchen, nicht aus dem eigentlichen Unterricht kannte.
Zwar soll er (nach Borowski) noch in seinen letzten Jahren gewünscht haben, ihm ein literarisches Denkmal errichten zu können;
aber während seiner Studentenzeit kennt Schultz ihn, wie wir sehen
werden, nicht einmal mehr vom Ansehen, und seine erste Schrift
hat der junge Gelehrte nicht ihm, sondern einem anderen Wohl-
täter der Familie, Professor Bohlius, gewidmet.

Nun war die Zeit im Elternhaus und hinter den Wänden
des Fridericianums für ihn vorüber. Im ganzen muß sie keine
angenehme Erinnerung für den späteren Mann gebildet haben.
Sonst hätte er in seinen Vorlesungen über Pädagogik nicht die
Sätze aussprechen können, die ein seiner Kindheit froher Mensch
nie äußern wird: „Viele Leute denken, ihre Jugendjahre seien
die besten und die angenehmsten ihres Lebens gewesen. Aber
dem ist wohl nicht so. Es sind die beschwerlichsten Jahre, weil
man da s e h r u n t e r d e r Z u c h t ist, selten einen eigentlichen Freund und noch seltener Freiheit haben kann." Und
dabei fehlte ihm keineswegs die Empfindung für das, was der
Jugend vor allem not tut, ihm, der kurz vorher die Kinder stets
fröhlichen Herzens und „so heiter in ihren Blicken wie die Sonne"
wünscht. Aber der geistige Druck der frommen und strengen
Anstalt wirkte, zumal bei der pietistischen Gesinnung der Eltern,

---

[1]) Die Abneigung oder mindestens Gleichgültigkeit des erwachsenen Kant
gegen das Fridericianum scheint auf Gegenseitigkeit beruht zu haben. In der
wohlerhaltenen Bibliothek des heutigen Friedrichskollegs finden sich unter der
Rubrik ‚Philosophie' zwar eine ganze Anzahl anderer philosophischer Schriften
des 18. Jahrhunderts — darunter nicht weniger als zehn Compendien von Wolff,
außerdem solche von Descartes und Leibniz, Brucker, Feder, Meier, einzelnes
von d'Alembert, Garve, F. H. Jacobi —, aber k e i n e e i n z i g e von Immanuel Kant!

auch im Hause nach. Dazu kam der frühe Tod der seinem Herzen
besonders nahestehenden Mutter, der Ernst des Lebens, der bei
den anscheinend allmählich schlechter werdenden pekuniären
Verhältnissen der Familie frühe an ihn herantrat.

Jetzt sollte die freiere Zeit des akademischen Lebens für
ihn beginnen. Gegen Ende des Sommers 1740 wurde er mit
zehn anderen aus dem Fridericianum entlassen. Schulzeugnisse,
wie heute, gab es damals noch nicht, und auch eine Gesamt-
charakteristik des Abiturienten, wie sie z. B. von Johann Winckelmann vorhanden ist, hat sich nicht erhalten. Um so wertvoller
ist unter diesen Umständen das Zeugnis seiner Mitschüler —
Schüler- sehen ja manchmal schärfer als Lehreraugen —, das
uns durch den Mund des berühmtesten unter ihnen überliefert
ist, und das zugleich die Eindrücke noch einmal zusammenfaßt,
welche der Geist des „Pietisten"-Gymnasiums unter den klügsten
und urteilsfähigsten seiner Zöglinge weckte. „Dreißig Jahre
sind vorbei," so schrieb am 10. März 1771 der berühmte Philologe
David Ruhnken aus Leyden an Immanuel Kant, „seit wir beide
unter jener zwar pedantisch finsteren, aber doch nützlichen und
nicht verwerflichen Zucht der Fanatiker seufzten. Man hegte
damals von Deinen Geistesanlagen allgemein die rühmliche
Meinung, Du könntest, wenn Du, ohne in Deinem Eifer nachzulassen, weiter strebtest, die höchsten Höhen der Wissenschaft
erreichen."

Drittes Kapitel
Auf der Universität (1740—46)

Lange Mulusferien, wie heute, gab es für die Königsberger Fridericianer nicht. Schon am 24. September 1740 wurde der 16 jährige „E m a n u e l   K a n d t" in die Liste der akademischen Bürger seiner Vaterstadt aufgenommen, wegen seiner Jugend jedoch von dem greisen Rektor und Professor Orientalium J. B. Hahn nicht vereidigt, sondern bloß durch Handschlag auf den vorgelesenen Eid verpflichtet. Jugendliches Alter der angehenden Studierenden war übrigens damals beinahe die Regel, auch außerhalb Königsbergs: fast alle unsere berühmten Denker des 18. Jahrhunderts haben schon mit 16 bis 17 Jahren die Hochschule bezogen; das begann erst seit Einführung der Abiturientenprüfung in Preußen 1787 allmählich anders zu werden. Statt dessen mußten damals die „zu Immatrikulierenden", wenn sie nicht Söhne wohlhabender Eltern waren, die von vornherein ihre Kinder völlig aus eigenen Mitteln erhalten zu wollen erklärten, sich beim Dekan ihrer Fakultät prüfen und von ihm ein testimonium initiationis ausstellen lassen, das denn auch unser Immanuel bei dem philosophischen Dekan Prof. Langhansen mit Leichtigkeit bekommen hat; war doch die von F. A. Schultz entworfene Prüfungsordnung[1] auf einen gewesenen Fridericianer wie zugeschnitten. Die gegen neun Taler kostende Immatrikulation erfolgte bei ihm   n i c h t, wie bei mehreren anderen seiner Genossen, unentgeltlich: ein Beweis, daß die Verhältnisse seines Vaters noch nicht ganz schlecht gewesen sein können, oder aber, daß er seinen Stolz darein setzte, nicht als arm zu erscheinen.

---

[1] Die näheren Bestimmungen s. Vorländer, Kants Leben (1911), S. 15 f.

Die Hauptveränderung in Kants äußerem Leben war wohl, daß er jetzt das Elternhaus verließ, wenn wir auch nicht mit Bestimmtheit behaupten können, daß dies sofort geschah. Um seine Selbständigkeit zu wahren, bewarb er sich auch nicht um Aufnahme in das für ärmere Studierende begründete Alumnat. Hier hätten Ober- und Unterinspektoren seinen Fleiß beaufsichtigt, wie auch sonst die Hausordnung seine Freiheit in jeder Weise beschränkt[1]). Aber er suchte sogar nicht einmal, wie viele andere Studiosen, u. a. auch ein Jahrzehnt später sein jüngerer Bruder, ein Stipendium zu erlangen, das in der Regel doch nur Theologen zuteil ward. Sondern er erwarb sich das Notwendigste zu seinem Lebensunterhalt lieber als Vorlesungs-Repetitor jüngerer oder weniger begabter Kommilitonen „für eine billige Belohnung, die jeder aus freiem Willen gab". So hat er lange mit seinem Freunde stud. jur. Wlömer, mit dem er bis zu dessen Tode (1797) in vertrautem Verhältnis blieb, auf einer Stube gewohnt. Später gab ihm ein jüngerer juristischer Freund Kallenberg „eine freie Wohnung und ansehnliche Unterstützung". Von einem dritten wohlhabenden Bekannten, dem Sohn des Kaplans Laudien aus Tilsit, berichtet unsere Quelle (Kants alter Landsmann und Studienfreund, Kriegsrat Heilsberg), daß er bei den „Zusammenkünften zum Unterricht" die Kosten für die dabei aufgetischten Erfrischungen, d. h. den damals noch ziemlich teuren Kaffee und das dazu gehörige Weißbrot, getragen und Kant auch sonst in Notfällen unterstützt habe. Ähnliches hören wir von seinem Conabiturienten und alten Duzfreund, dem langjährigen Königsberger Arzte Dr. Trummer, der ihm ebenfalls den gewährten Unterricht durch „viele Beihilfe" dankte. Wenn wir dazu nehmen, daß ihn auch ein in der Stadt ansässiger, bemittelter Oheim mütterlicherseits, der Schuhmachermeister Richter, unterstützte, der u. a. die Druckkosten seiner ersten Schrift ganz oder zum

---

[1]) Natürlich waren alle Gelage strengstens untersagt, aber auch weithin schallende Instrumente durften bloß zwischen 12 und 1 Uhr mittags gespielt werden. Näherinnen oder Wäscherinnen durften (um Verführung zu vermeiden!) ihr Zeug nur durch Jungen in das Haus senden, dessen Pforten sich im Sommer bereits um 9, im Winter um 10 Uhr abends schlossen.

Teil getragen hat, und daß auch der Professor der Medizin Bohlius, dem er diese Erstlingsschrift als „Beweistum der Dankbarkeit" für das „besondere Merkmal" erzeigter „Gütigkeit" widmete, „in seiner Kindheit und Jugend ihm und seinen Eltern wohlgetan" (Borowski): so begreifen wir, wie Studiosus Kant, der ja vom Elternhaus her an Sparsamkeit gewöhnt war, sich, ohne besonders zu darben, durch die Universitätsjahre durchschlagen konnte. Zumal in einer Zeit, in der nach einer kgl. Verordnung von 1735 ein Königsberger Student von einer Jahressumme von — vierzig Reichsthalern „vorjetzo notdürftig" sollte „subsistieren" können; wie denn noch 30 Jahre später Ludwig von Baczko, der sich freilich auch mit wenigem zu behelfen wußte, bei einem Organisten bloß 60 Taler im Jahr für Wohnung nebst Heizung und Essen bezahlte. Ja, unser Kant konnte sich sogar — er „behalf sich freilich sehr sparsam", aber „ganzer Mangel traf ihn nie" — schon während seiner Studienzeit eine größere Anzahl philosophischer Bücher anschaffen, die er auch seinen Freunden lieh. Diese halfen ihm dafür nötigenfalls auch einmal mit — Kleidern aus: wenn sich gerade seine Kleidungsstücke beim Handwerker zur Reparatur befanden und er einen notwendigen Ausgang machen mußte, so blieb einer der Kommilitonen tagsüber in seinem Quartier, und Kant ging — in einem „gelehnten" Rock, Beinkleidern oder Stiefeln aus. Hatte ein Kleidungsstück ganz ausgedient, so legte die ganze Gesellschaft zusammen, ohne daß man an Wiedergabe dachte.

Guten Humor hat er also schon damals besessen. Daß er übrigens auch mit anderen Studierenden Verkehr pflegte und für sie auch einzutreten sich nicht scheute, geht aus der aktenmäßig festgestellten Tatsache hervor, daß er in seinem dritten Semester einmal in Sachen eines stud. Hofmann vor dem akademischen Senat erschien, um in dessen Namen von einem dritten Kommilitonen, dem der andere „einen Rock und Weste abgelehnt", die schuldige Summe von 8 Gulden 22½ Groschen zurückzufordern. Dagegen hat er allerdings weder Reiten, Fechten und Tanzen gelernt, wie der junge Lessing, noch gedichtet und geliebelt, wie der junge Goethe in seinem Leipziger Klein-Paris,

obschon es auch in dem damaligen Königsberg an Zerstreuungen
verschiedenster Art nicht fehlte. An ausgelassenen Belustigungen
hatte er keine Freude, noch weniger an „Nachtschwärmereien".
Dafür war die aus dem Vaterhause mitgebrachte Grundstimmung
zu ernst, wie er denn auch selten gelacht haben soll. So wird
er denn auch wohl kaum an der sonntäglichen „Pantoffelparade"
in der Vorhalle der Kneiphöfschen „Thumkirche" teilgenommen
haben, in der die lustigen Studios nach dem Gottesdienst Spalier
zu bilden pflegten, um die aus der Kirche kommenden jungen
Damen durch diese „Zensurgasse" laufen zu lassen: obwohl er
schon damals Hang zur Satire zeigte und seinen Kameraden
die Lektüre der Spötter Montaigne und Erasmus empfahl. Ebenso wie vom Kneipen, hielten ihn auch von dem unter den Königsberger Studenten stark ausgebildeten finanziellen Borgsystem
seine in dieser Beziehung besonders strengen Grundsätze fern,
und durch sein bloßes Beispiel gewöhnte er auch die näheren
Freunde unmerklich an die gleichen Gesinnungen. Seine liebste
Erholung war das eifrig betriebene Billardspiel, das damals vielfach für die Studierenden eine Quelle des — Geldverdienens
bildete[1]). Das Kleeblatt Kant, Heilsberg und Wlömer — beide
letzteren Litauer — hatte es darin zu solcher Geschicklichkeit
gebracht, daß sie selten ohne Gewinn nach Hause gingen, Heilsberg u. a. sogar seinen französischen Sprachlehrer ganz von dieser
Einnahme bezahlen konnte. Das Ende vom Lied war freilich,
daß zuletzt niemand mehr mit den gefürchteten Gewinnern
spielen wollte; worauf sie dann als neuen „Erwerbsartikel" —
das L'Hombrespiel wählten, in dem Kant sich ebenfalls tüchtig
erwies. In seine Studienzeit fiel auch die 200 jährige Jubelfeier
des Bestehens der Albertina, die sich mit zahlreichen Redeakten,
Ehrenpromotionen, Gastereien und Umfahrten vom 27. August
bis Mitte September hinzog und erst im Oktober mit einer Pregel-
fahrt der Studenten auf illuminierten Booten und mit einer

---

[1]) Es war zu seiner Zeit noch nicht die Verfügung der kgl. Regierung vom
10. April 1752 erschienen, wonach den Studiosis nicht mehr gestattet werden
sollte, „daß sie sich in den Coffee-, Wein-, Bier- und Billardhäusern einfinden,
ins Spiel einlassen und dadurch um das Ihrige bringen."

Theatervorstellung von Corneilles Polyeukte endigte. Ob und wieweit sich der nun schon ältere Studiosus Kant daran beteiligt hat, wissen wir nicht.

Nun aber von seiner äußeren Lebensweise während der Universitätszeit zu der wichtigeren Frage: Was bedeuten diese Jahre für seine innere Entwicklung? Zunächst: was bot die damalige alma mater Albertina ihren Zöglingen?

Langgestreckt, altersgrau und niedrig zog sich, wie ähnlich noch heute, die „alte Universität" am südlichen Pregelufer hin, baulich verbunden mit dem Kneiphöfschen Gymnasium: und dem Dom so benachbart, daß „alles wie eins aussieht" (Hippel), ein Symbol für ihr inneres Gepräge zu Kants Studienzeit. Denn hauptsächlich aus kirchlichen Rücksichten, um dem isolierten Protestantenlande im äußersten Nordosten Lehrer und Prediger zu schaffen, war sie vor zwei Jahrhunderten gegründet worden, und von einer höheren Schule hob sich, namentlich in der philosophischen Fakultät, wie wir gleich sehen werden, ihr Betrieb wenig genug ab. Dem gedrückten Eindruck von außen aber entsprach auch ihre Stellung im Staate und ihr geistiger Habitus. Wenn man an das geistreiche Spottwort Kronprinz Friedrichs nach einem kurzen Besuche Königsbergs vom Jahre 1739 denkt, diese Stadt könne „besser Bären aufziehen als zu einem Schauplatz der Wissenschaften dienen", und Müßiggang und Langeweile schienen ihre „Schutzgötter" zu sein: so wundert man sich nicht mehr, daß mit der entlegenen Provinz überhaupt auch die Königsberger „Akademie", wie sie von den Einheimischen gewöhnlich genannt wurde, ein Stiefkind der Berliner Regierung blieb. Ihre Lehrer waren aufs erbärmlichste besoldet: noch im November 1752 bekamen z. B. von den neun Professoren der juristischen Fakultät die drei ersten Ordinarien nur ein geringes, der vierte und sämtliche fünf Außerordentlichen — überhaupt kein Gehalt! Dabei wurden sie von oben noch, wie Schuljungen, zu eifrigerer Erfüllung ihrer Pflichten angespornt. Der Rektor war angewiesen, sich bei den Dekanen nach Fleiß und Unfleiß der einzelnen Dozenten zu erkundigen und das Ergebnis höheren Orts zu melden. Als dem tyrannischen Friedrich Wilhelm I.

einmal auf seine Erkundigung zwei Professoren genannt worden waren, die in den letzten Jahren aus Mangel an Zuhörern nicht gelesen hätten, verordnete der erzürnte König, daß sie „ihres Unfleißes halber entweder an Gelde oder gar am Leibe gestraft würden" (Akten des kgl. Etatsministeriums von 1732). So waren denn die Lehrer der Akademie auf das unwürdige Erhaschen von allerlei Nebenstellen, Halten von Pensionären u. dgl. geradezu angewiesen, zumal da auch die Kollegiengelder nicht viel einbrachten. Denn, wenn Königsberg selbst heute noch in erster Linie Provinzuniversität ist, so war dies damals erst recht der Fall, und wenn sie noch zu Rosenkranz' Zeit (um 1840) nicht mehr als drei- bis vierhundert Studenten zählte, so wurde diese Ziffer ein Jahrhundert früher schwerlich überschritten[1]): 1800 sollen es nicht viel mehr als zweihundert gewesen sein. Zudem galten die Einheimischen, bei ihrer „fast durchgehends großen Armut", mit Recht als schlechte Zahler. Etwas besser stand es mit den Musensöhnen aus dem benachbarten Kur- und Livland; aber von ihnen betrachteten gerade die Bemittelteren die Albertina meist nur als Übergangsstation zu den berühmteren Musensitzen im „Reiche". Kein Wunder, daß unter solchen Umständen hervorragende Lehrkräfte die Königsberger Akademie mieden, und daß unfähige Dozenten die notwendigsten Vorlesungen ungebührlich, zuweilen bis zu vier Semestern, in die Länge zogen: ein Zeichen, daß „der Lehrer seine Wissenschaft sich selbst nicht eigen gemacht und docendo lernen wollte" (Hippel).

Unter den vier Fakultäten aber stand die p h i l o s o - p h i s c h e nicht bloß am äußeren Ansehen, sondern auch bezüglich des wissenschaftlichen Inhalts der Vorlesungen wie des Lernbetriebs am niedrigsten, der Schule am nächsten. Sie war eigentlich nur deren verbesserte, manchmal sogar verschlechterte Auflage. Das ergibt sich schon aus der erst 5 Jahre vor Kants Immatrikulation erlassenen neuen „Lektionsordnung". Von den

---

[1]) In dem Jubiläumsjahre 1744 studierten allerdings in Königsberg 591 Theologen, 428 Juristen und 13 Mediziner, die sämtlich auch der philosophischen Fakultät angehörten oder angehört hatten.

neun ordentlichen Professoren der Fakultät und den dazu gehörigen Extraordinarien setzten die des Griechischen und Hebräischen die Lektüre des Alten und Neuen Testaments fort, und die
der Historie und der „Eloquenz" boten ebensowenig Neues wie
der der Poesie, zumal da die d e u t s c h e Poesie, „als wozu
nur gewisse ingenia geschickt sind", bloß alle zwei Jahre in einem
Semester publice „traktiert" wurde. Auch die beiden Mathe-
matici sollten nur über Arithmetik, Geometrie, Trigonometrie
und Astronomie lesen, bzw. eine Einleitung in die beiden ersteren
Fächer geben. Neues für einen gut ausgebildeten Fridericianer
bieten konnten eigentlich nur der Professor Logices, der jedoch
jedes zweite Semester dasselbe Thema, nämlich abwechselnd
Logik und Metaphysik, und der Professor Moralium, der in der
nämlichen Weise Naturrecht und Moral zu behandeln hatte,
dazu ihre „außerordentlichen" Kollegen, die ihre Zuhörer zu den
Vorlesungen der Ordinarii „präparieren" sollten. Endlich der
Professor Physices, der jedes Jahr theoretische und „Experimen-
tal"-Physik neben- oder hintereinander las.

Und wie sah es mit den augenblicklichen Vertretern dieser
Fächer auf der Albertina aus? Als Ordinarien der Philosophie
waren vorhanden der alte Aristoteliker Gregorovius und der
zwischen Pietismus und Aristotelismus eklektisch einherpendelnde,
zugleich auch der theologischen Fakultät angehörige Kypke,
dazu seit 1735 als Außerordentlicher der vom Halleschen Pädagogium herberufene Pedant Christiani. Für einen frischen, jungen
Studenten wie Kant konnte keiner von ihnen in Betracht kommen.
Besser stand es mit einigen jüngeren Kräften, wie dem Extraordinarius der Mathematik Marquardt, der übrigens zugleich auch
Theologe und wolffianischer Philosoph war, und dem von Hamann
besonders gerühmten Physiker C. H. Rappolt, der um des Er-
werbs willen auch über englische Sprache und Philosophie las,
und von dem vielleicht Kants bekannte Vorliebe für Alexander
Pope stammt. Im übrigen war die Mathematik durch den no-
torisch unbedeutenden Ammon und den Theologen Langhansen,
die Physik durch den braven, aber ebenso unbedeutenden Konsistorialrat (!) Teske vertreten. Noch in Kants letzten Lebens-

jahren fehlten hinlängliche physikalische Instrumente, ein botanischer Garten usw.

Doch wir haben uns noch gar nicht mit der Frage beschäftigt, w e l c h e r Fakultät denn überhaupt der junge Kant sich zuwandte. Im Anschluß an eine Notiz Borowskis hat Schubert einfach angenommen und der gelesenste Darsteller von Kants Leben (Kuno Fischer) es ihm nacherzählt, Kant sei durch den Einfluß von F. A. Schultz der t h e o l o g i s c h e n Fakultät zugeführt worden. Allein schon der verdiente und exakte Kantforscher Emil Arnoldt hatte auf Grund aktenmäßiger Feststellungen diese angebliche Tatsache zweifelhaft gemacht, und jetzt hat Bernhard Haagen endgültig nachgewiesen, daß Kant in keinem der in den Königsberger Universitätsakten befindlichen Verzeichnisse als Angehöriger einer der drei „oberen" Fakultäten angeführt ist, und daß er selbst sich noch 1748 als studiosus philosophiae bezeichnet hat[1]). Für die Einzelheiten dieser von den Kantphilologen bis zum Überdruß behandelten Frage verweisen wir auf die betreffende Literatur und unsere zusammenfassende Darstellung in „Kants Leben". (S. 16—20.) Das, worauf es ankommt, ist nicht die ziemlich untergeordnete Frage, welcher Fakultät unser Held formell angehört hat, sondern die R i c h t u n g seiner Studien. Diese aber ist von Anfang an offenbar keine theologische gewesen. Das Genie geht früh seine eigenen Wege. Mag der künftige Predigerberuf ein Lieblingswunsch seiner frommen Mutter oder seines einstigen Direktors gewesen sein: die erstere war seit mehreren Jahren tot, und der letztere scheint bei seiner weitverzweigten Tätigkeit den früheren Schüler, falls man ihn überhaupt als solchen bezeichnen will, ziemlich aus dem Auge verloren zu haben, da er ihn einst am Schlusse des Semesters nach beendeter Vorlesung erst nach seinem Namen, seinen Lehrern und Studienabsichten fragen mußte. Vielmehr tritt hier ein von den bisherigen Biographen viel zu wenig beachteter Charakterzug hervor, der uns bereits in der äußeren Lebensführung des Studiosus Kant begegnet ist:

---

[1]) Haagen in Altpreuß. Monatsschrift, 48. Bd., S. 553ff., bes. S. 553 f. A. Vgl. auch unser folgendes Kapitel.

die frühe S e l b s t ä n d i g k e i t seines Charakters und seines
Willens. Wir haben ja leider nur wenige Nachrichten über Art
und Gegenstand seiner Universitätsstudien; aber sie weisen alle
nach der nämlichen Seite. Er schlägt schon bald eine seinen
Freunden gänzlich „unerwartete Richtung" ein. Er befolgt
schon früh einen „eigenen Studienplan", der ihnen „unbekannt"
bleibt. Er widmet sich nämlich zu ihrer Verwunderung keiner
„positiven" Wissenschaft; denn es war offenbar mehr ein übermütiger Scherz, wenn er auf jene Frage Schultzens erklärte,
„ein Medikus werden zu wollen". Er war vielmehr der Meinung
und suchte sie auch seinen nächsten (juristischen) Freunden zu
Gemüte zu führen: man müsse von allen Wissenschaften „Kenntnis" nehmen, auch wenn man sie nicht zum Brotstudium er-
wähle. So hat er mit ihnen auch eine ihn interessierende theo-
logisch-dogmatische Vorlesung seines früheren Direktors gehört
und, von diesem verwundert nach dem Grunde gefragt, die für
ihn charakteristische offenherzige Antwort gegeben: „Aus W i ß -
b e g i e r d e."

Was aber mochte denn der Hauptgegenstand des selbst
den Freunden unverständlichen „Studienplanes" dieses sonderbaren Studenten sein, der kein Brotstudium treiben wollte, obwohl nach des Soldatenkönigs Universitäts-Ordnung, die auch
der Nachfolger nicht aufgehoben hatte, „wenig Hoffnung von
solchen zu schöpfen" war, die „ihre Sachen so schlecht treiben".
Der Theologie hatte ihn augenscheinlich die Überladung mit
religiösem Stoff, die ihm auf dem Fridericianum zuteil geworden,
abwendig gemacht. Aber wie war es mit den sogenannten „Hu-
m a n i o r a", die er nach Jachmann „vorzüglich studierte",
d. h. nach seiner eigenen späteren Erklärung in seinem Kolleg
über Logik, demjenigen Teil der Philologie, unter dem man die
„Kenntnis der Alten versteht, welche die Vereinigung der Wissenschaft mit Geschmack befördert, die Rauhigkeit abschleift und
die Kommunikabilität und Urbanität, worin Humanität besteht,
befördert"? Nun, seine „Alten", die griechischen und noch mehr
die ihm von der Schule her vertrauteren römischen Klassiker,
hat er bis in sein Alter geschätzt und geliebt. Gelten sie ihm

doch noch in der Kritik der Urteilskraft (§ 60) als die Propädeutik
zu aller schönen, den höchsten Grad von Vollkommenheit an-
strebenden Kunst, die in ihrer glücklichen Vereinigung von
höchster Kultur mit der kraftvoll-freien Natur schwerlich jemals von einem späteren Zeitalter erreicht werden könnten.
Auch später empfahl er seinen Zuhörern, um wahre Popularität
zu lernen, die Lektüre von Ciceros philosophischen Schriften,
sowie Horaz und Vergil, neben Hume und Shaftesbury. Jedoch sein Innerstes erfüllten auch sie nicht. Schon damals wird
sich in ihm der Gedanke geregt haben, dem er gelegentlich einmal in der Streitschrift gegen Eberhard Ausdruck gibt: was
p h i l o s o p h i s c h   r i c h t i g   ist, könne keiner aus Plato
oder Leibniz lernen, denn ,,es gibt keinen k l a s s i s c h e n
A u t o r   der Philosophie". Ihr Probierstein vielmehr, der dem
einen so nahe liegt wie dem anderen, sei die ,,gemeinschaftliche
Menschenvernunft". Das, was er von ihnen wünschte, konnten
ihm keine trockenen Vorlesungen geistloser Pedanten geben,
die schon bald seinen Freund Ruhnken veranlaßten, den Staub
Königsbergs von den Füßen zu schütteln; das konnte er, der
geschulte Lateiner, ebenso gut, ja noch besser durch fortgesetzte
Privatlektüre erreichen. So täuschte er denn die Hoffnung derer,
die in ihm, wegen seiner Lieblingsbeschäftigung während der
Gymnasialzeit, den künftigen bedeutenden P h i l o l o g e n sahen.
Er vollzog vielmehr, um mit eben jenem philologischen Freunde zu
reden, den Abfall ,,aus den blühenden Gefilden der humanistischen
Studien in — die dürren Steppen der P h i l o s o p h i e".

Kopf und Herz zogen ihn — wie es scheint, schon bald nach
seinem Eintritt in die Universität — zu denjenigen Fächern hin,
die gerade die pedantisch-pietistische Bildung des Friedrichskollegs am meisten vernachlässigt hatte: P h i l o s o p h i e,
N a t u r w i s s e n s c h a f t und Mathematik.

Und nun hatte er das Glück, gleich am Beginn seiner Universitätsstudien einen Lehrer zu finden, der ihm eben auf diesen
Gebieten die wertvollsten Anregungen zu geben vermochte,
und der auch persönliches Interesse für ihn gewann. Es war der
von uns absichtlich bisher noch nicht genannte, seit sieben

Jahren an der Königsberger Akademie wirkende außerordentliche Professor für Logik und Metaphysik M a r t i n   K n u t z e n. Allerdings verband auch er, gleich F. A. Schultz, mit seinem Leibniz-Wolffschen Standpunkt in der Philosophie starke theologische, ja pietistische Neigungen. Allein er zeigte dabei doch eine gewisse Selbständigkeit und größere Tiefe als die meisten Durchschnittswolffianer, war von manchen erfahrungsmäßigen Gedankengängen bewegt und bestritt die materialistischen Gegner wenigstens mit beachtenswerten Gründen. Vor allem aber: jung wie er war — er zählte nur ein Jahrzehnt mehr als Kant und hatte seine Professur schon mit 21 Jahren erlangt —, war er für die zahlreichen zu seinen Füßen sitzenden jugendlichen Hörer ein anregender Lehrer, der, wie später sein großer Schüler, Selbstdenker, nicht „Nachbeter", aus ihnen zu machen suchte. Die Klarheit der Darstellung, sowie die Schärfe und Gewandtheit der Gliederung, wie sie sich z. B. in seinem logischen Lehrbuch zeigt, muß in seinem mündlichen Vortrag erst recht zum Ausdruck gekommen sein. Der fleißige Gelehrte, der, durch allzu starke geistige Anstrengung vor der Zeit aufgebraucht, bereits mit 37 Jahren starb, hielt Vorlesungen über alle Zweige der Philosophie und verwandter Gebiete. Wenn der junge Kant, wie sein Biograph Borowski erzählt, Knutzens „Unterricht in Philosophie und Mathematik unausgesetzt beiwohnte", so fand er eine reiche Tafel besetzt. Er konnte von philosophischen Fächern bei ihm hören: Allgemeine Philosophie, Logik, praktische Philosophie (Moral), Naturrecht, Psychologie, Naturphilosophie, Lehre von den Irrtümern; von mathematischen: niedere und höhere Mathematik, Analysis des Unendlichen, Astronomie; außerdem sich an der von Knutzen begründeten „Physiko-theologischen Gesellschaft" und an dessen Disputierübungen beteiligen. Wohl in diesen oder in den nach der Königsberger Studienordnung von ihm abzuhaltenden „Prüfungs"-Collegien, in denen die Professoren ihre Zuhörer näher kennenlernen und ihren „Fleiß und Attention", wie ihre Auffassungskraft prüfen sollten, war Knutzen, „ein weiser Prüfer der Köpfe" (Borowski), auf die hervorragende Begabung des jungen Studenten aufmerksam geworden und zog ihn in vertrauteren Verkehr. Er lieh ihm aus seiner reichlich versehenen Bücherei vor allem N e w t o n s Werke und, da Kant Geschmack daran fand, auch alle anderen Bücher, die dieser begehrte.

Dadurch ging dem jungen Studenten eine ganz neue Welt auf. Er brauchte jetzt kaum mehr weitere akademische Vorlesungen zu besuchen, die ihm doch nichts mehr geben konnten. In welchem Jahr er damit aufgehört hat, wissen wir freilich bei dem Mangel aller genaueren Nachrichten nicht. Aber schwerlich wird er die ganzen 6 bis 7 Jahre hindurch, die er als „Studiosus" in seiner Vaterstadt zubrachte, beständig Vorlesungen gehört haben, zumal da ein großer Teil derselben sich jährlich, mindestens aber alle zwei Jahre wiederholte. Vielmehr ist zu vermuten, daß er seit etwa 1744/45, wo er mit den Vorarbeiten zu seiner 1746 eingereichten Erstlingsschrift begann, keine oder doch nur ganz vereinzelte Kollegien mehr gehört hat. Nach Kraus, der als langjähriger wissenschaftlicher Vertrauter Kants ein guter Zeuge ist, hätte das Erscheinen des Kometen von 1744, über den Knutzen in demselben Jahre eine Schrift herausgab, in dem 20 jährigen die erste Idee zu seiner berühmten „Naturgeschichte des Himmels" (1755) geweckt; indes läßt sich ein bestimmter Einfluß der übrigens mehr philosophisch-spekulativen als exakt-naturwissenschaftlichen Knutzenschen Schrift nicht nachweisen. Überhaupt wuchs der Schüler allmählich wohl über den Lehrer hinaus. Denn wenn ihm auch das Andenken an den verehrten Mann, der ihn zuerst in Philosophie, Mathematik und Naturwissenschaft tiefer eingeführt, immer „heilig" blieb, so ist doch auffallend, daß er in keiner seiner sämtlichen späteren Schriften ihn mit Namen genannt hat; nicht einmal in derjenigen, in der es am natürlichsten gewesen wäre, weil er mit ihr seine Universitätsstudien abschloß: den „G e d a n k e n v o n d e r w a h r e n S c h ä t z u n g d e r l e b e n d i g e n K r ä f t e".

Wir sind damit zu der

E r s t l i n g s s c h r i f t

unseres Philosophen gekommen, die, schon ihres bedeutenden Umfangs (sie war nicht weniger als 15 Bogen stark), noch mehr aber ihres eigenartigen Gepräges wegen weit stärker, als es bisher geschehen, für die Beurteilung dessen, was uns das Wichtigste an Kants Universitätszeit ist, der Entwicklung seiner wissenschaftlich-geistigen P e r s ö n l i c h k e i t, in Betracht gezogen werden muß. Eingeliefert wurde sie dem Dekan der philosophischen Fakultät zur vorschriftsmäßigen Zensur im Sommersemester 1746; das Datum der Vorrede ist das seines 23. Geburtstages: des 22. April 1747, während der Druck sich infolge noch zu berührender äußerer Umstände bis in das Jahr 1749 hinzog. Sie behandelt die Streitfrage, ob die Größe der bewegenden Kraft dem Produkt der Masse mit der einfachen Geschwindigkeit (Descartes) oder deren Quadrat (Leibniz) gleich sei. Sein Lösungsversuch ist von der heutigen Naturwissenschaft als verfehlt erkannt und bedeutete auch der damaligen Forschung der großen Mathematiker Euler und d'Alembert gegenüber keinen wissenschaftlichen Fortschritt. Aber nicht darauf kommt es an, sondern auf die Kenntnis des 22 jährigen Jünglings, wie er uns aus dieser mit jugendlicher Frische hingeworfenen Arbeit unmittelbar, in lebendigster Anschaulichkeit vor Augen tritt.

elche Züge gewahren wir an diesem Bilde?

Zunächst völlige Abwendung von der geistigen Welt des Fridericianums, an die höchstens einzelne Dichterzitate aus Vergil, Ovid, Horaz oder, aber nur einmal, ein biblischer Vergleich — mit den Zedern vom Libanon und dem Ysop, der an der Wand wächst — erinnert. Anderseits etwas völlig Neues: eine nur durch längere Vertiefung erreichbare nahe Vertrautheit mit den höchsten und verwickeltsten m a t h e m a t i s c h - p h y s i k a l i s c h e n Problemen. Auch mit der Literatur über dieselben. Ohne daß ein absichtliches Auskramen von Gelehrsamkeit zu bemerken wäre, werden nicht bloß deutsche, sondern auch französische, italienische, holländische und englische Gelehrte — die letztgenannten drei Nationen schrieben freilich lateinisch oder französisch — berücksichtigt; auch eine Dame ist darunter, die Übersetzerin Newtons, Voltaires Freundin, die gelehrte Marquise von Chastelet. Selbst das Neueste entgeht ihm nicht, wie die während des Abschlusses seiner Arbeit

(Ostern 1747) erschienene Schrift des Holländers Musschenbroek.
Ferner: er schreibt nicht die internationale Gelehrtensprache,
sondern d e u t s c h. Und zwar ein für die damalige Zeit g u t e s
Deutsch: klare, nicht zu lange Sätze. Auch Stoffgliederung und
Überschriften sind übersichtlich und deutlich; die Beweisführung
allerdings zu weitläufig, wie er selbst an einigen Stellen (z. B.
§ 102) bekennt. Höflich gegen die Gegner, gegen die Marquise
sogar galant, nennt er nach moderner, französischer Weise die
Gelehrten nicht mit ihren Titeln, sondern bloß mit ihren Namen:
Herr von Leibniz, Herr Hamberger usw., nur Wolff wohl auch
den Baron oder Freiherrn von Wolf. Auch die äußere Ausstattung
des Bandes kargte nicht und zeigte guten Geschmack. Deutschen
Zeitgepflogenheiten entspricht eigentlich nur die überdevote
Widmung an den als „hochedelgeborener Herr, hochgelahrter
und hocherfahrener Herr Doktor, insonders hochzuverehrender
Gönner" angeredeten Professor Bohlius und die konventionelle
Überbescheidenheit, mit der dieselbe Widmung von der „schlechten" Schrift und der „Niedrigkeit" ihres Verfassers redet. In
diesen, im Vergleich mit dem Ton der Schrift selbst mehr
heiter - ironisch anmutenden Wendungen hat er sich eben
noch dem später von ihm selbst verspotteten und bis zu
diesem Grade auch nicht mehr geübten üblen Gelehrtenbrauche
gefügt.´
　　Wichtiger ist die i n h a l t l i c h e Sprache, die das Buch —
man kann bei ihrer Ausdehnung kaum mehr sagen: die Abhandlung — führt, von dem uns Heutige an Nietzsche gemahnenden
Motto gegen die „Herdentiere" an bis zum Schlußparagraphen.
Besonders bezeichnend die ausführliche Vorrede, die erklären
will, weshalb er sich mit den größten Denkern der Neuzeit (Descartes, Newton und Leibniz) und den ausgezeichnetsten Gelehrten der Gegenwart (Wolff, Bernoulli u. a.) zu messen, ja
ihnen zu widersprechen wagt. Bekannt und oft zitiert sind die
stolzen Sätze der Vorrede: „I c h h a b e m i r d i e B a h n
s c h o n v o r g e z e i c h n e t, d i e i c h h a l t e n w i l l.
I c h w e r d e m e i n e n L a u f a n t r e t e n, u n d n i c h t s
s o l l m i c h h i n d e r n, i h n f o r t z u s e t z e n": Worte

von solcher Wucht, daß sie, wie Gerland[1]) mit Recht bemerkt, in der Tat nur auf einen ganz neuen wissenschaftlichen Lebensplan bezogen werden können. Aber auch andere Aussprüche verdienen unsere Aufmerksamkeit. So der: daß das Ansehen „derer Newtons und Leibnize vor nichts" zu achten sei, wenn es sich der Entdeckung der Wahrheit entgegensetze (I). Die Wissenschaft kennt kein Ansehen der Person, auch keinen beschränkten Nationalismus, dem etwa „die Ehre des Herrn von Leibniz vor die Ehre von ganz Deutschland" gilt (§ 113): obschon er sich in einem Briefe an einen Unbekannten (vom 23. August 1749) als zu seiner Schrift gerade durch die Wahrnehmung mitbestimmt bekennt, daß bezüglich des von ihm behandelten Problems „die Bemühung der Deutschen . . . eingeschlafen zu seyn scheint". Kein besseres Lob kann man vortrefflichen Gelehrten erteilen, als daß man auch ihre Ansichten ungescheut tadelt. Welche innere Reife, welche geistige Überlegenheit spricht ferner aus den Sätzen des 22 jährigen vom Vorurteil des großen Haufens, der nach dem Ansehen großer Leute redet und Bücher unbekannter Verfasser verurteilt, ohne sie gelesen zu haben! (III.)

Pessimistisch genug für einen Jüngling von dem Alter Kants klingt der dann folgende Ausspruch: das Vorurteil werde so lange dauern als die Eitelkeit der Menschen, d. i., es werde niemals aufhören (IV). Vor dem Richterstuhl der Wissenschaft jedoch entscheidet nicht die Zahl (III, Schluß). Darum bekennt sich der junge Gelehrte freimütig zu der „Einbildung": es sei „zuweilen nicht unnütze, ein gewisses edles Vertrauen in seine eigenen Kräfte zu setzen"; denn eine solche Zuversicht gebe seinen Bemühungen einen „Schwung, der der Untersuchung der Wahrheit sehr beförderlich ist". Die Möglichkeit, selbst einen Herrn von Leibniz auf Fehlern zu ertappen, reize; und ein Irrweg belehrt unter Umständen mehr als das Einhalten der „Heeresstraße" (VII). Gleichwohl ist er keineswegs eingebildet: ein Zwerg an Gelehrsamkeit kann eben in diesem oder jenem Teile der Erkennt-

---

[1]) Kantstudien X, S. 35. Kants Worte finden sich in Abschnitt VII der Vorrede. Auch in unseren folgenden Zitaten beziehen sich die römischen Ziffern auf diese in XIII Abschnitte zerfallende Vorrede.

nis einen im übrigen weit hervorragenderen Denker übertreffen
(V), und ein großer Mann kann seine Aufmerksamkeit nicht
gleich stark nach allen Seiten richten (IX). Bei allem Freimut
der Polemik zeigt er deshalb Ehrerbietung gegen seine Gegner
bis zum Schluß. Und, was wichtiger ist, S e l b s t kritik. Er
weiß wohl: ,,das Urteil eines Menschen gilt nirgends weniger als
in seiner eigenen Sache" (XIII). Auch erklärt er sich bereit,
seine Gedanken ,,wieder zu verwerfen, sobald ein reiferes Urteil mir die Schwäche derselben aufdecken wird" (§ 11). Man muß
selbst in seine vermeintlich sicherste Überzeugung ein ,,weises
Mißtrauen" setzen (§ 113a). Er will auch nichts von Sekten-
oder ,,Parteien"-Eifer wissen (§§ 107, 163).

So ergeben sich aus dieser Jugendschrift eine ganze Anzahl C h a r a k t e r z ü g e , die auch dem späteren Kant eigen
geblieben sind. Aber nicht bloß das. Auch seine spätere p h i l o -
s o p h i s c h e Stellung deutet sich bereits in mancherlei Keimen
an. So wagt er sich schon hier an eine K r i t i k der zeitgenössischen M e t a p h y s i k . Er wendet sich gegen Sätze,
die man ,,in den Hörsälen der Weltweisheit immer lehret" (§ 8)
und spricht das bedeutsame Wort aus: ,,Unsere Metaphysik ist,
wie viele andere Wissenschaften, in der Tat nur an der Schwelle
einer recht gründlichen Erkenntnis; Gott weiß, wenn man sie
selbige wird überschreiten sehen." Das rührt daher, daß die
meisten eine ,,große" und ,,weitläuftige" Weltweisheit einer
gründlichen vorziehen (§ 19). Die Metaphysik muß daher aus
allen ihren Schlupfwinkeln, in die sie sich immer wieder zurück-
zuziehen weiß, herausgejagt werden (§ 91, vgl. 109). Trotzdem
rechnet er sich augenscheinlich nicht zu den reinen Empirikern,
,,denen alles verdächtig ist, was nur den Schein einer Metaphysik
an sich hat" (§ 127). Die letzten Voraussetzungen oder, was
dasselbe heißt, ,,die allerersten Quellen von den Wirkungen der
Natur" bleiben auch nach ihm durchaus Gegenstand der Metaphysik: das hält er dem ,,Geschmack der itzigen Naturlehrer"
entgegen. Er sucht vielmehr, ganz wie später in seiner kritischen
Zeit, eine gewisse M i t t e l stellung zwischen den Parteien einzunehmen, die der ,,Logik der Wahrscheinlichkeiten" am ge-

mäßesten sei (§ 20), und in der das Wahre von beiden Seiten zusammenfällt" (§ 163).

Gewiß bewegt er sich, wie nicht anders zu erwarten, zum Teil noch in den Geleisen der Zeitphilosophie, so z. B., wenn er meint: was e i n f a c h sei, sei schon deshalb nicht bloß schön, sondern auch der Natur gemäß, die eben stets einfach sei, nur einen einzigen Weg gehe (§ 51). Er redet auch in naturwissenschaftlichen Dingen im Geiste von Leibniz und Wolff von Gottes Allmacht, von Gottes „Absichten" und vor allem von seiner Weisheit. Aber er erkennt doch bereits, daß die bloße Berufung auf letztere oft nur eine Ausflucht — ein Grundsatz der „faulen" Vernunft, wie er später gesagt haben würde — sei, zu der man nur greift, wenn die Waffen der Mathematik versagen (§ 98). Auch das ist ein Grundzug seines späteren Kritizismus, daß er auf reinliche S c h e i d u n g der einzelnen Wissenschaftsgebiete, so der Mathematik von der Naturwissenschaft (§§ 98, 114 f., 163), der Mathematik von der Metaphysik (§§ 78, 90 u. ö.), der Naturwissenschaft und der Metaphysik dringt. Und er betont auch hier schon die Wichtigkeit der M e t h o d e. Man muß eine Methode haben, die auf der Erwägung der Grund- oder Vordersätze und ihrer Vergleichung mit den aus ihnen gezogenen Folgerungen beruht (§§ 88, 90). Er „untersteht sich zu sagen", daß „die Tyrannei der Irrtümer über den menschlichen Verstand, die zuweilen ganze Jahrhunderte hindurch gewähret hat", vornehmlich von dem Mangel einer richtigen Methode herrührt (§ 89), die den gordischen Knoten zerhaut (§ 91). Auf den *modus cognoscendi* kommt es an (§ 50): Die von ihm gefundene Methode ist ihm „die Hauptquelle dieser ganzen Abhandlung " (§ 88, 2).

Die physikalische Streitfrage selbst will Kant durch einen Kompromiß entscheiden, indem er das Leibnizsche Kräftemaß den sogenannten „lebendigen", d. i. in „freie" Bewegung übergehenden, dasjenige des Descartes den „toten" Kräften oder „unfreien" Bewegungen zuspricht. Er glaubte damit eine neue Dynamik (§§ 106, 125, 131), ja ein neues „Lehrgebäude" (§ 130) der Naturphilosophie begründet zu haben, während der berühmte d'Alembert in seinem von Kant anscheinend übersehenen

Traité de dynamique schon 1743 gezeigt hatte, daß die analytische Mechanik jenen Streit als einen Wortstreit beiseite lassen könne. Aber darauf kommt es hier nicht an. Gewiß wird der junge Philosoph auch manches von dem, was er bringt, aus seines Lehrers Knutzen Vorlesungen, Schriften, Gesprächen mit ihm empfangen haben, so vor allem wohl die Anregung zu dem Thema selbst, ferner den Hinweis auf Newton (der, um einen Irrtum Kuno Fischers, G. d. n. Ph. V, 160 f., zu berichtigen, einmal mit Namen genannt wird), auch die äußere, der mathematischen Darstellung sich angleichende Form u. a. m. Allein in der Hauptsache ist Kant ganz er s e l b s t. Das gibt ihm jenes starke Gefühl der eigenen Kraft, das wir manchmal fast überschäumen sehen, und das doch schon weiteren Kreisen aufgefallen sein muß, wenn der junge Lessing (Juli 1751) das bekannte spöttische Epigramm gegen ihn schmieden konnte:

> „Kant unternimmt ein schwer Geschäfte
> Der Welt zum Unterricht.
> Er schätzet die lebend'gen Kräfte,
> Nur seine schätzt er nicht".

das er indes schon in der ersten Ausgabe seiner „Sinngedichte" zwei Jahre später (1753) unterdrückt hat.

Wann Immanuel aus dem Verband der Universität auch formell ausgeschieden ist, und wann er die Vaterstadt verlassen hat, läßt sich bei dem Mangel zuverlässiger Nachrichten nicht feststellen; letzteres vermutlich nicht vor Mitte 1747, wo sein Vorgänger in Judtschen (s. folgendes Kapitel) aus seiner Stelle schied. Vorher hatte er noch den Schmerz, seinen Vater zu verlieren, der am Nachmittag des 24. März 1746 in seinem Beisein verschied, nachdem er schon lange schwerleidend gewesen: er starb, wie der Sohn im Hausbuch vermerkt, „an einer gänzlichen Entkräftung, die auf den Schlag, der ihn anderthalb Jahr vorher befiel, erfolgte". Da kein Vermögen vorhanden war, so wurde Riemermeister Kant am 30. März „still", d. h. ohne Leichenkondukt, und „arm", d. h. auf öffentliche Kosten begraben; wahrscheinlich von dem alten Wohnhause aus, denn im Kirchenbuche steht die gleiche Notiz wie beim Tode seiner Frau: Mstr. Kant aus der vord. Vorstadt. Gut muß es in dem Häuschen an der Sattlergasse in den letzten Jahren nicht mehr gegangen sein, denn die eigenhändige Bemerkung des Sohnes in dem „Hausbuch" lautet weiter: „Gott, der ihm in diesem Leben nicht viel Freude genießen lassen, lasse ihm davor die ewige Freude zu Teil werden."

So fesselte den nunmehr 23 jährigen auch der Gedanke an den etwa verlassen und krank zurückbleibenden Vater nicht mehr an Königsberg. Allzuviel Neues hatten ihm die Universitätsjahre nicht gebracht. Der einzige wirklich anregende Lehrer, Martin Knutzen, war ihm in der Hauptsache doch nur der Führer zu einem Größeren, zu Newton, gewesen. An seinem geselligen Leben ist bezeichnend, daß er sich nicht nach den anderen richtet, sondern daß bereits hier e r seinen Kreis beherrscht. Und endlich: mag auch wenig aus seinem persönlichen und wissenschaftlichen Leben während dieser Zeit überliefert sein, das wenigstens steht doch fest, daß er anders war wie die anderen, daß er sich s e l b s t seinen eigenen Weg gesucht hat. Seine Seele hatte einen unverrückbaren Mittelpunkt gefunden, der ihn von seiner Umgebung innerlich unabhängig machte. In dieser Beschränkung ist das Wort wahr, das einer seiner ältesten Biographen von ihm gesagt hat: „Er ward alles durch sich selbst."

Viertes Kapitel

Hauslehrertum und Habilitation (1747—1755)

Die herkömmliche Darstellung, daß Kants Leben sich in vollkommener Regelmäßigkeit abgespielt habe, trifft mindestens für seine jüngeren Jahre keineswegs zu. Das sahen wir schon bei seiner Studienwahl; dasselbe zeigt sich jetzt bei seinem Übergang zum Hauslehrertum. Ein anderer wäre in der Heimatstadt geblieben, hätte sich die dortigen Bibliotheken für seine Studien, den Umgang mit Professoren für sein Vorwärtskommen, den geselligen Verkehr und die sonstigen Annehmlichkeiten der großen Stadt für andere Zwecke zunutze gemacht, hätte schon aus Ehrgeiz auf seine erste Schrift hin die Erlangung der Magisterwürde, des Doktorgrades und damit seine Privatdozentur erstrebt, die ihm nach Borowski die philosophische Fakultät „ganz gerne erteilt haben" würde. Aber nichts von alledem. Er ging aufs Land. Warum?

Der Tod seines Vaters und die damit in Verbindung stehende Auflösung der Familie kann als Grund nicht in Betracht kommen. Denn sein Vater war schon im März 1746 gestorben, im folgenden Sommersemester aber hat Immanuel sicher noch in Königsberg gewohnt, da Studiosus Kallenberg, der ihm nach Wlömers Abgang „freie Wohnung gab", erst am 2. Mai 1746 an der Albertina immatrikuliert worden ist. Ebensowenig die Sorge für seine Geschwister, die er doch an Ort und Stelle gerade besser hätte übernehmen können. Zudem wurde der jüngere Bruder im Hause des Oheims Richter erzogen, die Schwestern aber halfen sich als Dienstmädchen fort oder verheirateten sich. Eher schon seine Dürftigkeit. Aber der hätte er doch auch in der Heimatstadt durch Privatunterricht, „Führung" von reichen oder adligen

Studenten, die vielfach älteren Studierenden anvertraut wurde,
oder schriftstellerisches Verdienst abhelfen können; noch einfacher durch Annahme einer „Schulkollegen-", d. h. Lehrerstelle
an einer der höheren Lehranstalten seiner Vaterstadt, wie sein
Schulkamerad Cunde und später Herder es getan haben. Was
also bewog ihn, trotz alledem Königsberg zu verlassen?

Natürlich können auch wir nur Vermutungen aufstellen.
Mitwirken mochte die Auflösung des bisherigen Freundeskreises.
Nachdem die nächsten Freunde, Wlömer und Heilsberg, die ihm
das äußere Leben erleichtert, ihn verlassen hatten, mußte es auch
den 23jährigen Jüngling einmal hinausziehen aus der Stadt,
in der er sein ganzes bisheriges Leben zugebracht, zumal er kein
Vaterhaus mehr besaß. Allein der Hauptgrund scheint uns doch
ein anderer zu sein: die klare Erfassung der künftigen Lebens-
bahn, die er „sich vorgezeichnet". Er beabsichtigte, sich ganz
der reinen Wissenschaft zu widmen. Das aber hieß für ihn, der
zur freien Schriftstellerei, etwa in Lessings Art, sich weder geneigt noch befähigt fühlte: dem D o z e n t e n beruf. Den Be-
fähigungsnachweis dafür hatte er wohl durch seine naturphilosophische Schrift erbringen wollen; aber er fand, wie so mancher Anfänger, keinen Verleger dafür, und der Beitrag, mit dem
ihm der wackere Oheim Richter beisprang, scheint nur einen Teil
der Kosten gedeckt zu haben. Um das übrige aus eigenen Mitteln
aufbringen zu können, zugleich aber überhaupt sich einen finanziellen Rückhalt für die Zukunft zu sichern, durfte er nicht mehr,
wie bisher, von der Hand in den Mund leben, sondern mußte
eine dauernde Stellung zu gewinnen suchen, die ihm die Möglichkeit bot, etwas zurückzulegen und gleichzeitig auch seine wissenschaftlichen Arbeiten fortzusetzen. Eine solche Aussicht aber
versprach der gerade von den ärmeren Königsberger Studenten
bzw. Kandidaten besonders häufig, ja fast regelmäßig ergriffene
H a u s l e h r e r beruf.

Ist schon im übrigen Deutschland dies oft auf eine längere
Reihe von Jahren sich ausdehnende Hauslehrertum nach Abschluß des Universitätsstudiums für unbemittelte Kandidaten
noch lange Zeit beinahe typisch geblieben — wir erinnern allein

aus dem Kreise der Philosophen an so bekannte Beispiele wie
Fichte und Herbart, Schelling und Hegel —, so wurde in Königsberg diese Gewohnheit durch die wirtschaftlichen, sozialen und
Verkehrsverhältnisse der Provinz und des benachbarten Kurland
noch befördert. Bei dem Mangel an öffentlichen, namentlich
höheren, Schulen in Verbindung mit der Rückständigkeit der
Verkehrsmittel, fühlten sich die adligen Gutsbesitzer, oft aber
auch die wohlhabenderen Landpfarrer und Domänenpächter auf
einen gewöhnlich mit dem vornehmer klingenden Namen „Hofmeister" oder „Informator" beehrten Hauslehrer geradezu angewiesen; und dutzendweise finden sich in Kants eigenem späteren
Briefwechsel die Bitten an ihn, solche zu empfehlen. Weshalb
er verhältnismäßig weit weg von Königsberg auf das platte Land
ging, wissen wir nicht. Vielleicht war es bloßer Zufall, vielleicht
aber war ihm auch ländliche Einsamkeit für die erstrebte innere
Sammlung, im Gegensatz zu der hauptstädtischen Zerstreuung,
ganz willkommen. Völlig ausgeschlossen wäre es auch nicht,
daß die Kants, die durch das Kirchenbuch in Judtschen um 1730
bezeugt sind, entfernte Verwandte Immanuels waren und ihm
durch sie die dortige Stelle vermittelt worden ist. Denn in das
Haus des reformierten Pfarrers Andersch in dem litauischen
Kirchdorf J u d t s c h e n trat der 23jährige im Jahre 1747
als Hauslehrer ein[1]).

Unter der verheerenden Pest von 1709/10 hatte Litauen
besonders gelitten, ganze Dörfer waren verödet, die verwaisten
Rittergüter vielfach in königliche Domänen oder mittlere Bauern-
güter umgewandelt worden. Um neue Bevölkerung ins Land
zu ziehen, verlieh Friedrich Wilhelm I. den vorzugsweise aus
der französischen Schweiz, vereinzelt auch aus Nordfrankreich
und den Niederlanden einwandernden protestantischen Ansied-
lern allerlei Vorrechte. Eins dieser neuen, rasch aufblühenden
Kolonistendörfer war das in der Mitte zwischen Insterburg und
Gumbinnen gelegene Judtschen, von der reißenden Angerap mit

---

[1]) Vgl. über die ganze Zeit in Judtschen Bernhard H a a g e n , Auf den
Spuren Kants in Judtschen in Altpreuß. Monatsschrift (1911), Bd. 48, S. 382
bis 412 u. 528 bis 556.

ihren steilen Ufern umflossen und so nicht ohne landschaftlichen Reiz. Infolge seiner zentralen Lage inmitten der übrigen war gerade Judtschen ihr Vorort geworden und hatte einen besonderen, französisch sprechenden Pfarrer und Richter. Die tüchtigen Schweizer Bauern wahrten ihre Eigenart sowohl in politischer als religiöser Beziehung: sie blieben ihrem reformierten Bekenntnis treu, und sie ließen sich nicht in die Stellung litauischer Scharwerker herabdrücken, sondern zahlten lieber höhere Abgaben, als daß sie die ihnen gewährten Freiheiten aufgegeben hätten. Gegen Übergriffe der Beamten riefen sie freimütig das Urteil der Domänenkammern oder gar des Königs an. „Sie sind die Pioniere eines freieren Bauernstandes in Ostpreußen gewesen" (Haagen). Zur Zeit von Kants Aufenthalt zählte das Dorf etwa 20—25 selbständige Bauernstellen, die ganze Gegend ungefähr 100; dazu kamen noch eine Anzahl sogenannter Köllmer, Handwerker und Instleute. Der junge Hauslehrer hat sich offenbar keineswegs vornehm von ihnen zurückgehalten, nahm er doch zweimal — am 27. Oktober und am 8. Dezember 1748 — eine Patenschaft bei Kolonistenkindern an. Vielleicht hat er, der schon früh zu geographischen und anthropologischen Beobachtungen neigte, hier mancherlei Studien an dem bunt gemischten Volkstum der Gegend gemacht. Denn in der Nachbarschaft gab es auch deutsche Schweizer, Pfälzer, Nassauer, Hessen, Salzburger und vor allem die damals noch auf ziemlich niedriger Kulturstufe stehenden Litauer. Bis in sein Greisenalter hat er ein besonderes Interesse für den letztgenannten „uralten, jetzt in einem engen Bezirk eingeschränkten und gleichsam isolierten Völkerstamm" beibehalten, dem auch seine besten Universitätsfreunde angehörten. Eine seiner letzten literarischen Äußerungen, die aus dem Jahre 1800 stammende ‚Nachschrift' zu Mielckes Litauisch-Deutschem Wörterbuch, galt diesem Volksschlag, den er wegen seiner Freimütigkeit, Offenherzigkeit und Neigung zur Satire liebte. Und wenn er später so energisch für die Aufhebung der bäuerlichen Erbuntertänigkeit eingetreten ist, so hat vielleicht eine Jugenderinnerung an die freien Judtschener Bauern mitgespielt.

An der Spitze der dortigen reformierten Gemeinde, der größten Ostpreußens, stand nun als ihr Prediger seit 1728 der Schlesier Daniel A n d e r s c h. Wider den Willen der französischen Mehrheit hatte auf die Beschwerde des deutschen Teils der eigenwillige Friedrich Wilhelm I. den damals erst 27jährigen Waffenschmiedssohn als Pfarrer eingesetzt und, der widerstrebenden Gemeinde wie der sie unterstützenden ostpreußischen Regierung zum Trotz, ihn, der anfangs kein Wort Französisch verstand, gehalten. „Soll der teusche (= Deutsche) in Jutzche bleib", lautet seine eigenhändige Entscheidung auf die Beschwerde von 118 französisch redenden Familienvätern. Im Laufe seiner langen, bis 1771 dauernden Amtstätigkeit hat der „Deutsche" dann doch verstanden, sich mit seinen Gemeindegliedern besser zu stellen. Nach den Eintragungen seiner freilich nur die ersten sechs Jahre hindurch geführten Chronik zu schließen, war Andersch eine nüchterne, wesentlich praktisch gerichtete Natur. Er legt sich einen Baumgarten an, bewirtschaftet das Pfarrland selbst und hält sich ein eigenes Gespann. Er verkehrt mit den Amtspächtern der benachbarten königlichen Domänen — adlige Familien gab es in der Nähe nicht —, während er mit den lutherischen Kollegen der Nachbarschaft infolge des konfessionellen Gegensatzes auf gespanntem Fuße steht. Zu wissenschaftlichen Interessen fehlten ihm augenscheinlich sowohl Neigung wie Anregung. Dagegen war er bemüht, seinen fünf Söhnen eine gute Schulbildung zu geben, und, da er ein gutes, im Vergleich mit den meisten seiner Amtsbrüder auf dem Lande sogar glänzendes Einkommen bezog, so konnte er ihnen, wenigstens während ihrer jüngeren Jahre, Hofmeister halten.

Unserem Kant war als Lehrer der beiden älteren Söhne schon ein cand. theol. Rochholz (Rocholl?) vorausgegangen, dessen ausgezeichneter Unterricht der zweite, 1732 geborene Sohn später in seiner vita gerühmt hat. Da beide erst im Juli 1747, aus Rochholz' Unterricht entlassen, in das Joachimstalsche Gymnasium bei Berlin aufgenommen wurden, so kann Kant f r ü h e - s t e n s Sommer 1747 die Stelle in Judtschen angetreten haben und nur als Lehrer der drei jüngeren Söhne, die damals im Alter von 13, 11 und 8 Jahren standen, in Betracht kommen. Der jüngste von ihnen scheint früh gestorben zu sein; von den beiden anderen war der ältere, Paul Benjamin (geb. 1734), am 8. Dezember 1748 zusammen mit Kant Taufzeuge, kam Juli 1750 ebenfalls nach Joachimstal und soll später erst Offizier, dann Kaufmann in England geworden sein. Der andere, Timotheus (geb. 1736), besaß in späteren Jahren ein angesehenes Manufakturwarengeschäft in der Kneiphöfschen Langgasse zu Königsberg und starb dort als Kommerzienrat 1818; vermutlich rührt von ihm ein in Kants Nachlaß gefundener Briefzettel vom 13. April 1800 her, der dem greisen einstigen Lehrer Auskunft gibt, in welcher Apotheke „sehr gute Pfropfen" zu erhalten seien. Da im Dezember 1751 in den Judtschener Kirchenregistern schon ein anderer Studiosus — diesmal der Theologie — neben der Frau Pastor als Taufpate erscheint, darf man wohl als sicher annehmen, daß Kant damals seinen Hauslehrerposten bereits verlassen hatte. Möglicherweise geschah dies doch schon Juli 1750, als der ältere Zögling nach Berlin kam. Er würde also (und das müßte zu den überlieferten drei Jahren stimmen) entweder von 1747—1750 oder 1748—1751 als Hofmeister in dem reformierten Pfarrhause amtiert haben[1]).

Vermutlich bald darauf — von einem Königsberger Aufenthalt dazwischen wissen wir nichts — trat er eine zweite Hauslehrerstelle an der entgegengesetzten Ecke der Provinz an. Diesmal war es das Haus eines adligen Rittergutsbesitzers, des Majors Bernhard Friedrich v o n   H ü l s e n auf Groß- A r n s d o r f bei Saalfeld zwischen Elbing und Osterode, in das er eintrat,

---

[1]) Ob er in Judtschen wohl auch einmal auf die Jagd gegangen ist, oder sonst Schießübungen veranstaltet hat? Im § 130 seiner 1749 veröffentlichten ersten Schrift schreibt er: „Ich habe selber befunden, daß bei vollkommen gleicher Ladung einer Flinte und bei genauer Übereinstimmung der anderen Umstände ihre Kugel viel tiefer in ein Holz drang, wenn ich dieselbe einige Schritte vom Ziel abbrannte, als wenn ich sie nur einige Zolle davon in ein Holz schoß." Oder ob er solche Versuche wirklich nur aus physikalischer Wißbegier angestellt hat? Viel Gelegenheit hatte er jedenfalls nicht dazu, denn er fährt fort: „Diejenigen, die bessere Gelegenheit haben als ich, Versuche anzustellen, können hierüber genauere und bessere Proben anstellen."

um den Unterricht der drei älteren Söhne, des 13 jährigen
Christoph Ludwig, des 10 jährigen Ernst Friedrich und des
6 jährigen Georg Friedrich, zu leiten. Neben ihm ist vermutlich noch ein französischer Sprachlehrer engagiert gewesen; wenigstens war ein solcher Anfang 1761 vorhanden;
Kant hat Französisch nur verstanden, nicht gesprochen. Der
ostpreußische Landadel in der Zeit vor der großen Revolution
lebte, wie der bekannte H. von Boyen in seinen Erinnerungen
(I, 24) erzählt, „im allgemeinen noch sehr einfach, aber gastfrei. Für bessere Erziehung seiner Kinder zeigte sich hin
und wieder ein rühmliches Streben; doch kann man nicht behaupten, daß die gnädigen Fräuleins und die Herren Junker
von den gewöhnlich etwas unerfahrenen Hauslehrern beim Lernen
zu sehr angestrengt wurden, darüber wachte die adlige Zärtlichkeit der Frau Mutter." Wahrscheinlich ist auch hier Kants Aufenthalt ein mehrjähriger gewesen. Wenigstens entspann sich mit
der Familie ein noch viele Jahre fortdauerndes näheres Verhältnis:
Zeugnis dessen sind dankbare und hochachtungsvolle Briefe des
Vaters wie der Zöglinge, die den einstigen Hausgenossen noch nach
Jahren „zum Teilnehmer jedes interessanten Familienereignisses
machten" (Rink[1]). Von dem Philosophen selbst ist ein vom 10.
August 1754 datiertes, bereits wieder aus Königsberg geschriebenes Briefchen an den älteren Zögling erhalten, dem er zwei
gewünschte Schulbücher „zur Historie und Latinität" nebst zwei
Bildern für den jüngeren Bruder („HE. Fritzchen") und den
„lieben HE. Behrend"[2]) schickt. Das ganze Schreiben macht
in seiner Lebendigkeit den Eindruck, daß Kant damals das Hülsen-
sche Haus noch nicht lange verlassen hatte. Als „Herr Fritzchen"
sieben Jahre später in Königsberg immatrikuliert wurde, kam
er zu seinem früheren Lehrer, dem jetzigen Magister Kant, in
Pension. Freilich ging er, als echter ostpreußischer Junker, nach
einem Jahre in den Offiziersberuf über, beurlaubte sich aber
noch vor seinem Abschied aus dem Vaterhause „von seinem

---

[1]) Rink, Ansichten aus J. Kants Leben. Königsberg 1805, S. 29.

[2]) Kant bittet, „diesem kleinen feinen Mann immer mit gutem Exempel
vorzugehen". Gemeint ist Bernhard, der jüngste Sohn (geb. 1750).

treuen Lehrer und Vorsorger durch ein dankbares Schreiben"[1]), das dieser unter seinen Papieren aufbewahrte. Später hat er dann selbst dem einstigen Zögling für seine Kinder Hauslehrer von Königsberg aus besorgt (vgl. Kants Brief an G. F. von Hülsen, 1. Mai 1784).

Vielleicht war es doch eine Nachwirkung der von dem früheren Lehrer empfangenen Eindrücke, wenn gerade dieser Georg Friedrich von Hülsen zu den ersten der Rittergutsbesitzer gehörte, die unter Friedrich Wilhelm dem Dritten freiwillig ihre Gutsuntertanen von dem Zwang der Erbuntertänigkeit befreiten. Der Philosoph soll nach dem Zeugnis des späteren freisinnigen Oberpräsidenten Ostpreußens, Theodor von Schön, um 1795 von der menschenunwürdigen Lage der Erbuntertänigen gesagt haben: „die Eingeweide drehten sich ihm im Leibe um, wenn er daran dächte"! Ob er wohl schon als Hofmeister in Groß-Arnsdorf Erfahrungen in dieser Hinsicht gesammelt hat?

Ob Kant nach diesen beiden noch eine dritte Hauslehrerstelle im Hause des Grafen von K e y s e r l i n g - Rautenburg im Kreise Tilsit-Niederung bekleidet hat, ist sehr zweifelhaft. Zu der von uns an anderer Stelle (‚Kants Leben', S. 34—36) dagegen erhobenen Bedenken, auf die wir hier verweisen, tritt noch der oben wiedergegebene Eindruck des Briefes nach Arnsdorf. Vielleicht sind die von dieser dritten „Kondition" redenden Nachrichten dadurch zu erklären, daß Kant in seiner ersten Magisterzeit oder kurz vorher jede Woche ein- oder einigemal mit dem Wagen nach dem zwei Meilen südwestlich von Königsberg gelegenen Truchseßschen Schlosse Capustigall zum Privatunterricht geholt wurde; unter seinen dortigen Zöglingen könnte auch ein Sohn seiner edlen Gönnerin oder Freundin (s. Buch II, Kap. 5), der Gräfin Keyserling, gewesen sein, die eine geborene Truchseß-Waldburg war. Aller Wahrscheinlichkeit nach weilte der Philosoph seit 1754 wieder dauernd in seiner Vaterstadt; denn von dort ist nicht bloß der Brief an den jungen Hülsen datiert, sondern auch verschiedene andere Gründe, die wir weiter unten kennenlernen werden, sprechen dafür.

---

[1]) Rink, Ansichten aus I. Kants Leben. Königsberg 1805, S. 29.

Wir aber fragen: Was bedeuten diese sechs oder sieben Hauslehrerjahre für Kants Empfindungen und für seine Persönlichkeit?
Wir müssen dabei freilich aus unscheinbaren Tatsachen weite
und vielleicht nicht sehr sichere Schlüsse ziehen. Interessant ist
da zunächst die von Haagen zum ersten Male aus dem Staub
der Judtschener Kirchenregister ans Licht gezogene Tatsache,
daß Kant am 27. Oktober 1748 bei der Taufe des kleinen Samuel
Challet — sein Vater war Schulmeister und Kirchenvorsteher —
sich als studiosus p h i l o s o p h i a e hat eintragen lassen. Demnach legte der 24½jährige junge Mann erstens auf den Kandi-
datentitel keinen Wert und hat es zweitens, obwohl in einem
Pfarrhause lebend, vorgezogen, sich als Studiosus der P h i l o -
s o p h i e zu bezeichnen, wie auch schon 1—2 Jahre vorher
bei Einreichung seiner ersten Schrift, für deren Druck er nun
bald die Kosten decken konnte; denn von den 50—60 Talern,
die er nach Haagens Schätzung außer freier Wohnung und Kost
von Andersch bezog, konnte er bei den sicher sehr geringen Ansprüchen, die das Pfarrhaus an sein äußeres Auftreten stellte,
das meiste zurücklegen. Möglicherweise ist er sogar deshalb zunächst lieber in ein einfach bürgerliches Haus gegangen, wo er
zudem nicht fertig französisch zu parlieren und alle möglichen
musikalischen Instrumente — Klavier und Violine, Flöte und
,,Bassettel'' (vgl. Kant an von Hülsen, 1. Mai 1784) — zu spielen
brauchte. Dafür richtete er auch keine üblen Folgen an, wie der
Held von R. Lenzens Drama ,Der Hofmeister', das die Zustände
auf diesem Gebiet in nur wenig späterer Zeit, nach dem Zeugnis
urteilsfähiger Zeitgenossen, recht nach ostpreußischer Wirklichkeit gezeichnet hat. Pflichttreu ist er jedenfalls, wie sein ganzes
Leben hindurch, so auch in dieser Stellung gewesen, und auch
sein Unterricht wird nicht ganz so schlecht gewesen sein, wie
er selber ihn in seinem Alter zu machen pflegte mit der scherzhaften Versicherung, daß ,,in der Welt vielleicht nie ein schlechterer Hofmeister gewesen als er'', oder gegen seinen Famulus
Lehmann: Noch jetzt ,,mache es eine seiner unangenehmsten
Traumvorstellungen aus'', wenn er sich wieder in seine Hof-
meisterzeit versetzt fühle; das Geschäft eines Pädagogen sei ihm

„immer eines der verdrießlichsten" erschienen (Feders Leben,
Natur und Grundsätze, Leipzig 1825, S. 173). So gern wir ihm
glauben wollen, daß es ihm schwer geworden ist, „sich" zu den
Begriffen der Kinder „herabzustimmen", hat er doch den ältesten
seiner Zöglinge so weit gebracht, daß dieser auf dem berühmten
Joachimstalschen Gymnasium sofort in die Prima aufgenommen
wurde. Und in einer seiner vorkritischen Schriften erzählt er
selbst, er habe einmal einem „Lehrling" einen mathematisch-
physikalischen Satz derart klar zu machen verstanden, daß derselbe seine ästhetische Freude daran hatte (,Einzig möglicher Beweisgrund', S. 46). Auch die tiefgegründete Liebe und Hochachtung der Hülsens zu ihm könnte man sich ohnedas kaum vorstellen.

Erwähnenswerte Einflüsse seiner Umgebung auf seine wissenschaftliche oder auch nur geistige Entwicklung im allgemeinen
sind wohl schwerlich anzunehmen: weder bei dem Bauernpastor
noch bei der adligen Familie. Dagegen könnte er in letzterer
wohl zu jener Gewöhnung an feinere Lebensformen den Grund
gelegt haben, die er später auch in der feinsten aristokratischen
Gesellschaft zeigte. Daß er darüber die Hauptsache nicht vergaß, wissen wir aus dem Munde seines Studienkameraden Heilsberg, nach dessen Zeugnis er „in allen Stücken die Rechtschaffenheit und Biederkeit im Umgange jenem Gepränge vorzog und
das Komplimentieren haßte"; wie er denn auch, auf der Rückkehr von seiner Erziehertätigkeit auf Schloß Capustigall, „öfters
mit inniger Rührung an die ungleich herrlichere Erziehung gedachte, die er selbst in seiner Eltern Hause genossen". Auch
die schiefe Stellung des zwischen Eltern und Hofmeister stehenden
Kindes hat er wohl empfunden, wenn man nach Bemerkungen
darüber in seinen Vorlesungen über Pädagogik schließen darf.
Wenn er gleichwohl nach Borowskis, von ihm selbst gebilligten,
Bericht noch im Alter „an die Jahre seines ländlichen Aufenthalts und Fleißes mit vieler Zufriedenheit zurückdachte", so lag
das eben daran, daß er diese äußerlich einförmigen Jahre zu
eifriger w i s s e n s c h a f t l i c h e r A r b e i t benutzt hat. Es
waren Jahre stillen Reifens. Er legte sich „Miszellaneen aus allen

Fächern der Gelehrsamkeit" an, er bereitete die Arbeiten vor
und arbeitete sie vielleicht zum Teil bereits aus, mit denen er
in den Jahren nach seiner Rückkehr in die Vaterstadt (1754 ff.)
in schneller Folge hervortrat.

Zunächst beabsichtigte er im August 1749, nach jenem ersten
von ihm erhaltenen Briefe an einen Unbekannten — der 1922
erschienene 13. Band der Akademie-Ausgabe (S. 1) vermutet den
berühmten Albrecht von Haller —, den er sich zum Rezensenten
wünscht, zu schließen, eine F o r t s e t z u n g seiner e r s t e n
S c h r i f t drucken zu lassen. Er hatte damals nach seinen eigenen
Worten eine solche „in Bereitschaft, die nebst einer ferneren Bestätigung derselben andere ebendahin abzielende Betrachtungen
in sich begreifen wird". Nach welcher Seite diese Betrachtungen
gehen sollten, können wir aus der ja, wie gesagt, erst 1749 erschienenen Schrift selbst feststellen. Er behielt sich darin u. a.
vor, seine Gedanken über die Möglichkeit „vieler Welten" näher
auszuführen, die freilich auch vielerlei Raumesarten voraus-
setzten und deshalb unwahrscheinlich seien (§ 11). Er behauptet
ferner, weitere Gesetze, „nach denen die Lebendigwerdung der
Kraft geschieht", darlegen (§ 131), besonders aber in „einigen
Abrissen" zeigen zu können, wie seine neue Theorie sich mit
Leibniz' Gesetz von der Erhaltung der Kraft und seiner Regeln
„der allgemeinen Harmonie und Ordnung" wohl vereinigen lasse.

Zu den hierdurch veranlaßten physikalischen und philosophischen ‚Miszellaneen' kamen sicher astronomische und geographische hinzu. Die ersteren waren zu seinem großen astronomischen Werk von 1755 notwendig, zu dessen Fixstern-Theorie
ihm die Lektüre einer Anzeige in den Hamburger ‚Freyen Urteilen
und Nachrichten' von 1751 über ein Buch des Engländers Wright
von Durham den ersten Anstoß gab, während er eine Schrift
Bradleys entweder im Original aus den Philosophical Transactions von 1748 oder (wahrscheinlicher) aus dem ‚Hamburgischen
Magazin' von 1752 kennengelernt haben wird; denn auf dem
Lande hatte er die Urschriften selbst nicht immer „bei der Hand",
wie er dies z. B. von einer Abhandlung Maupertuis' in seinem
Werk bemerkt. — Seine weitreichenden naturwissenschaftlichen

Studien sowie der Drang, in weiteren Kreisen bekannt zu werden, mögen ihn auch zum Herangehen an die von der Berliner Akademie der Wissenschaften am 1. Juni 1752 gestellte Preisaufgabe über das Thema, ob die Achsendrehung der Erde sich verändert habe, bewogen haben; hat doch auch Rousseau durch seine Beantwortung einer akademischen Preisaufgabe seinen ersten Schriftstellerruhm erlangt. — Neben den umfangreichen Vorstudien, die, besonders bei Kants Gewissenhaftigkeit, diese Arbeiten erforderten, wird er wohl auch die zahlreichen geographischen Schriften, die er nach der Vorrede zu seinem ‚Entwurf eines Collegii der Physischen Geographie‘ (Ostern 1757) gelesen hat, nicht alle erst kurz vorher kennengelernt haben, zumal dazu neben den großen Werken Newtons, Warens und Buffons auch eine ganze Reihe Reisebeschreibungen, die von jeher sein besonderes Interesse erregten, sowie in Zeitschriften und Akademie-Werken (von Paris und Stockholm) zerstreute Abhandlungen gehörten[1]). Der letztere Umstand freilich wird ihn mit zur früheren Rückkehr nach Königsberg bestimmt haben.

Aus einem anderen Teil seiner ‚Miscellaneen‘, der sich in den von Reicke veröffentlichten ‚Losen Blättern aus Kants Nachlaß‘ (S. 294—302) bis auf unsere Tage erhalten hat, ergibt sich endlich, daß Kant sich um 1754 noch mit einer weiteren, von der Berliner Akademie im Sommer 1753 gestellten, Preisarbeit über den Optimismus von Pope und Leibniz beschäftigt hat: das nämliche Thema, das die beiden Freunde Lessing und Mendelssohn zu ihrer gemeinsam verfaßten Abhandlung: ‚Pope ein Metaphysiker!‘ veranlaßte. Ob er seine Absicht ausgeführt und eine Arbeit zu dem bestimmten Termin (1755) abgeliefert hat? Wir wissen es nicht. Den Preis erhielt jedenfalls ein Crusianer. Kant ist aber 1759 noch einmal auf das Thema zurückgekommen (s. Buch II, Kap. 1).

Wie wir sehen, war seine literarische Tätigkeit zuletzt ziemlich beträchtlich geworden. Auch aus diesem Grunde ist anzunehmen, daß er spätestens im Jahre 1754, nach etwa 6—7jährigem

---

[1]) Über die von Kant benutzten geographischen Schriften gibt genaue Auskunft Gerland in Kantstudien X, S. 28—30.

Hauslehrertum, nach Königsberg zurückgekehrt ist. Hier konnte
er den Druck des großen astronomischen Werkes, das er als seine
nächste Lebensaufgabe betrachtete, und das er schon im Früh-
sommer 1754 im wesentlichen abgeschlossen zu haben scheint,
in die Wege leiten und überwachen. Hier hat er zwei Abhandlungen in den ,Wöchentlichen Königsbergischen Frag- und Anzeigungsnachrichten' veröffentlicht. Zunächst am 8. und 15. Juni
1754 jene Arbeit ,Über die Achsendrehung der
Erde', die er der Berliner Akademie nicht eingesandt hatte,
weil er bescheiden meinte, daß sie mit ihrer rein physikalischen
Behandlung der Sache, ohne die Geschichte des Problems zu
beleuchten, doch auf einen Preis nicht rechnen könne. Und
zweitens, in sechs Nummern vom 10. August bis 14. September,
eine solche über: ,Die Frage, ob die Erde veralte,
physikalisch erwogen'. Auf ihren Inhalt wird noch, gelegentlich
der Darstellung von Kants naturwissenschaftlichen Ansichten
überhaupt, kurz einzugehen sein. Hier kam es uns nur darauf an,
seine eifrige wissenschaftliche Tätigkeit hervorzuheben. Mindestens in seiner Vaterstadt war er dadurch literarisch bekannter
geworden.

So standen denn seiner Promovierung zum Magister
wie seiner Habilitation als Privatdozent der Philosophie
an der Albertina keine Schwierigkeiten entgegen. Zum Zweck
seiner Magister-, wir würden heute sagen: Doktor-Promotion,
mußte er zunächst eine lateinische Dissertation — es war eine
naturphilosophische Abhandlung ,Über das Feuer' — einreichen,
was am 17. April 1755 geschah. Vier Wochen später folgte die
mündliche Prüfung (das Rigorosum), am 12. Juni die feierliche
Promotion im Auditorium maximum, einem langen, aber niedrigen, mit den Bildnissen der preußischen Landesfürsten ge-
schmückten Saale, in d m heute ein' Teil der Stadtbibliothek
untergebracht ist. Vollzogen wurde sie durch denselben J. B.
Hahn als Fakultätsdekan, der ihn vor 15 Jahren immatrikuliert
hatte. Dieser hielt eine ausführliche Rede „Von den Ehren Ti-
tuln der alten Juden [!] bei ihren Akademischen Promotionen:
Rabh, Rabbi und Rabbon", während der neue Magister den ganzen

Akt mit einer Danksagung vom „oberen" Katheder beschloß[1]). Zum Thema seiner vorangehenden eigenen, natürlich auch lateinischen, Rede hatte Kant ein weit moderneres Thema: „Vom leichteren und vom gründlichen Vortrag der Philosophie" gewählt. Er muß doch schon einen geachteten und bekannten Namen gehabt haben; denn, um ihn zu hören, waren besonders viele angesehene und gelehrte Männer der Stadt zusammengeströmt, und während seiner Rede legte nach des selbst anwesenden Borowski Zeugnis „das ganze Auditorium durch ausgezeichnete Stille und Aufmerksamkeit die Achtung an den Tag, mit der es den angehenden Magister aufnahm". Der Text von Kants Rede, der Borowski noch in Abschrift vorlag, hat sich leider nicht erhalten. Dagegen haben wir in der Stadtbibliothek ein Exemplar von Kants „D o k t o r d i p l o m", genauer gesagt der gedruckten Einladung zu dem feierlichen Akt entdeckt, in deren sehr ausführlichem Text es heißt:

Facultas Philosophica
viro iuveni nobilissimo et clarissimo
Emanueli Kant, Reg. Pruss.
Philosophiae candidato dignissimo
Post egregie, in specimine exhibito et examine rigoroso, edita documenta
Doctoris philosophiae seu magistri gradum et insignia
Proxima Jovis die XII. Junii, Natali Brabeutae septuagesima
rite et solenniter conferet

Auf deutsch: Die philosophische Fakultät wird dem hochedlen und hochberühmten Emanuel Kant, aus dem Königreich Preußen, hochwürdigen Kandidaten der Philosophie, nach vorzüglichen, in seiner Abhandlung und bei dem Examen rigorosum gelieferten Proben den Grad und die Auszeichnungen eines Doctors der Philosophie oder Magisters am nächsten Donnerstag, 12. Juni, am 70. Geburtstage des Kampfrichters in gehöriger Form und feierlich übertragen.

Am 27. September desselben Jahres erfolgte sodann, mit der öffentlichen Verteidigung seiner pro venia docendi eingereichten, gleichfalls lateinischen Dissertation „Eine neue Beleuchtung der ersten Prinzipien der metaphysischen Erkenntnis", seine H a b i l i t a t i o n an der heimischen Universität. Das Amt des „Respondenten" versah der Kandidat der Theologie Leonhard; „Opponenten" waren ein Theologie-Student und zwei Rechtskandidaten.

---

[1]) Vgl. die Anzeige in den „Königsb. Frag.- und Anzeigungsnachrichten" vom 14. Juni 1755 (mitgeteilt von Rud. Reicke in Altpreuß. Monatsschrift XVIII, 294).

Zweites Buch

Die Werdezeit

(1755—1780)

Erstes Kapitel

Die Magisterzeit: Erste Periode (1755—1762)
Kant und Newton
A. Persönliches

Dem Leben Immanuel Kants ist oft seine Eintönigkeit vorgeworfen worden. Und in der Tat, an äußerer Bewegtheit läßt
es sich mit dem großer Zeitgenossen, wie Goethe und Winckelmann oder gar Lessing und Schiller, nicht von ferne vergleichen.
Das gilt von seiner Jugend, das gilt auch von den nun folgenden
langen Jahren seiner Magisterzeit. Wenn man wollte, so könnte
man die äußeren Lebensschicksale unseres Philosophen während
dieser anderthalb Jahrzehnte in einen einzigen Satz zusammenfassen: Seine zweimalige Bewerbung um eine Professur bleibt
ohne Erfolg, auf eine dritte verzichtet er freiwillig, er nimmt
eine Zeitlang mit einer kleinen Bibliothekarstelle vorlieb, lehnt
in der Hoffnung auf endliche Anstellung mehrere Berufungen
nach auswärts ab und erhält schließlich als 46 jähriger das längst
verdiente Ordinariat für Logik und Metaphysik in seiner Heimatstadt.

Allein die Bedeutung eines Menschenlebens beruht nicht
auf außerordentlichen äußeren Erlebnissen, sondern auf der Art,
wie der Betreffende sich seiner Umgebung, seiner Zeit, gegenüber stellt, wie er — ganz abgesehen von seinen intellektuellen
Leistungen — seine Persönlichkeit durchsetzt, sein Leben ein-
richtet. Gerade diese I n n e n seite von Kants Leben nun freilich ist, soweit sie nicht in seinen wissenschaftlichen Bestrebungen aufgeht, für diese 15 Jahre nicht leicht zu erfassen. Von
seinen ältesten und zuverlässigsten Biographen beschreibt der
eine (Wasianski), der treue Pfleger seiner letzten Lebensjahre,

im wesentlichen nur diese; der zweite (Jachmann) kennt ihn
aus genauer, persönlicher Anschauung allein während der 80er
Jahre und hat das andere bloß vom Hörensagen; denn der
Philosoph liebte es nicht, viel aus seinen eigenen früheren Jahren
oder gar von seinem Innenleben zu erzählen. Der dritte endlich
(Borowski) hat ihn zwar als junger Studiosus gerade in seinen
ersten Magisterjahren gekannt, ist aber — wenngleich er später
zu der Würde eines preußischen Erzbischofs aufgestiegen ist —
seelisch nicht bedeutend genug, um mehr als die verehrende
Schilderung des einstigen Schülers zu geben. Der Briefwechsel
endlich, für die Zeit bis 1770 nur spärlich erhalten, liefert ebenfalls nicht allzuviel Material. So sind wir vielfach auf Vermuten
angewiesen, wo wir lieber sichere Tatsachen wüßten. Mit diesen
Einschränkungen versuchen wir, im folgenden ein möglichst der
Wirklichkeit entsprechendes Bild des Magisters Kant zu zeichnen.

E i n Gedanke ist vor allem festzuhalten. Anders wie die
meisten unserer geistigen Größen, läßt sich Kant auch schon
in seinen jüngeren Jahren nicht von den Dingen und Personen
seiner Umgebung treiben[1]), sondern geht mit festem Willen, still
und ruhig, auf das selbst bestimmte Ziel los: ,,Ich werde meinen
Lauf antreten, und nichts soll mich hindern, ihn fortzusetzen.''
Das Ziel aber, das er sich gesteckt, war dasjenige, welches er
als das seiner Natur und seinen Geistesanlagen gemäßeste erkannt
hatte: die Stellung eines Professors der Philosophie an der heimatlichen Universität; oder, um es mit den Eingangsworten
seiner ersten Bewerbung um eben dieses Amt zu sagen: seine
,,größeste Bestrebung'' war ,,jederzeit dahingegangen, sich zu
dem Dienste Ew. Königl. Majestät auf Höchst dero Akademie
nach Möglichkeit geschickt zu machen'' (8. April 1756). Darum
hatte nach einem ,,vieljährigen akademischen curriculo'' der alte
Student noch eine siebenjährige Hauslehrerzeit auf sich genommen, darum begann er jetzt mit mehr als 31 Jahren die
dornenvolle Laufbahn eines Privatdozenten an einer Universität,
von der noch in späterer, besser gewordener Zeit sein Kollege

---

[1]) Einer seiner lateinischen Lieblingssprüche lautet auf deutsch: ,,Ich
strebe mir die Dinge, nicht mich den Dingen unterzuordnen.''

Kraus zu sagen pflegte: Professor an ihr zu werden, heiße
zugleich das Gelübde der Armut ablegen. Und zwar Lehrer
der P h i l o s o p h i e. Denn, wie vielseitig auch seine mathematischen, naturwissenschaftlichen und geographischen Studien
gewesen waren: in erster Linie hatte er doch immer die p h i -
l o s o p h i s c h e n Wissenschaften „excoliret" und „zu dem
vornehmsten Felde seiner Bestrebungen gewählet", unter ihnen
aber am meisten wieder Logik und Metaphysik, „derjenigen
vorzüglichen Neigung gemäß, die ich jederzeit zu diesem Teile
der Weltweisheit gehabt habe" (Zweite Bewerbung vom 11. Dezember 1758).

Darum bewarb er sich auch nicht um andere Professuren,
womöglich gar noch in anderen Fakultäten, wie das an den damaligen deutschen Universitäten häufig vorkam und bei der
elenden Bezahlung schließlich zu begreifen war: so daß z. B.
ein Theologe zugleich Mathematiker oder gar Mediziner war.
Auch seine Bewerbung um die unterste „Schulkollegen-", d. h.
Gymnasiallehrerstelle am Kneiphöfschen oder Dom-Gymnasium,
von der einige ältere Biographen berichten, ist nicht sicher. Wenn
sie stattgefunden hat, müßte sie nach Wardas abschließender
Untersuchung in das Jahr 1757 fallen und könnte sie nur aus
pekuniären Erwägungen hervorgegangen sein. Sein jüngerer
Kollege Kraus, der ihn aus langjährigem vertrauten Umgang
in der späteren Zeit kannte, ist sogar so weit gegangen, zu behaupten: es sei ihm nie eingefallen, „um etwas für sich zu bitten
oder zu ambiren (herumzugehen)". Das trifft gewiß in dem
Sinne zu, daß Kant Zeit seines Lebens nie durch Konnexionen
oder gar Schmeicheleien und Bücklinge vorwärts zu kommen,
„Karriere zu machen" gesucht hat. Dagegen wäre es töricht
von ihm gewesen, eine sich bietende günstige Gelegenheit nicht
wahrzunehmen. So hat er sich denn auch bereits Ostern 1756
um das durch den Tod seines einstigen Lehrers Martin Knutzen
seit fünf Jahren verwaiste Extraordinariat für Logik und Metaphysik beworben, das jedoch infolge des ausbrechenden Krieges
überhaupt nicht wieder besetzt wurde. Desgleichen Ende 1758
in einem, nach der Sitte der Zeit sehr untertänig gehaltenen,

Schreiben an die ,,Selbstherrscherin aller Reußen'', d. h. in
Wirklichkeit die russische Regierung in Königsberg, der Ostpreußen von 1758 bis 1762 unterstand, und zwar um die erledigte ordentliche Professur für die gleichen Fächer. Auch diesmal erfolglos. Kant, der sich noch im letzten Augenblick ge-
meldet hatte und von seinem alten Direktor F. A. Schultz unterstützt wurde, kam zwar mit seinem Kollegen, dem außerordentlichen Professor Buck, in engere Wahl; da dieser aber schon
seit 15 Jahren unbesoldet an der Akademie wirkte, wurde er
dem überdies an Jahren jüngeren Mitbewerber vorgezogen. So
war und blieb dieser denn bis zu seinem 47. Lebensjahre der
,,M a g i s t e r'' Kant.

Mit dem Beifall, den seine Vorlesungen fanden, konnte der
neue Dozent zufrieden sein. Die allererste freilich, die er im
Hörsaal des Professor Ordinarius Kypke auf der Neustadt (dem
heutigen Löbenicht), bei dem er auch wohnte, abhielt, geriet ihm nicht
ganz. Der Ruf seiner Gelehrsamkeit hatte eine ,,beinahe unglaub-
liche Menge'' von Studierenden angezogen, die nicht bloß den
geräumigen Saal, sondern auch Vorraum und Treppe füllten.
Das machte ihn verlegen. Er sprach noch leiser, als er es ohnedies schon zu tun pflegte, und verbesserte sich oft. Doch bereits
in der nächsten Stunde hatte er die kleine Schwäche überwunden.
Seitdem blieb sein Vortrag ,,nicht allein gründlich, sondern auch
freimütig und angenehm'', wie Borowski, der selbst als 15 jähriger
Fuchs das Kolleg besuchte, erzählt. Allerdings die ,,beinah un-
glaubliche'' Menge, die sich den Neuen hatte anhören wollen,
hielt nicht aus. Immerhin steht nach erhaltenen Universitätsakten fest, daß mindestens 23 Studierende — 21 der Theologie,
2 der Jurisprudenz, solche der Philosophie gab es offiziell nicht —
Vorlesungen bei Kant in dessen erstem Dozentensemester haben
hören wollen; möglicherweise sind es später auch mehr geworden[1]). Doch wenn auch nicht: der Privatdozent einer schwach
besuchten Provinzuniversität konnte für den Anfang damit zufrieden sein.

---

[1]) Vgl. O. Schöndörffer in E. Arnoldts Gesammelten Schriften V 2, S. 179.

Wir besitzen aus der Feder desselben Borowski weitere anschauliche Schilderungen über die Vortragsweise des neuen Magisters: „Das Kompendium, welches er etwa zum Grunde legte, befolgte er nie strenge. . . . Oft führte ihn die Fülle seiner Kenntnisse auf Abschweifungen, die aber doch immer sehr interessant waren, von der Hauptsache. Wenn er bemerkte, daß er zu weit ausgewichen war, brach er geschwind mit einem ‚Und so weiter‘ oder ‚Und so fortan‘ ab und kehrte wieder zur Hauptsache zurück." Seine Vorlesung war „freier Diskurs, mit Witz und Laune gewürzt", auch wohl mit (in seinen S c h r i f t e n bekanntlich fast ganz vermiedenen) Zitaten und Hinweisen auf interessante Schriftsteller, bisweilen auch Anekdoten, „die aber immer zur Sache gehörten", untermischt. Dagegen suchte er nie, wie manche andere, durch allerlei Späße, Pikanterien oder Sticheleien gegen Kollegen sich wohlfeilen Beifall zu erwerben. „Dem Nachschreiben war er nicht hold. Es störte ihn, wenn er bemerkte, daß das Wichtigere oft übergangen und das Unwichtigere aufs Papier gebracht ward." Immer warnte er vor bloßer Nachbeterei. „Sie werden, das wiederholte er seinen Schülern unablässig, bei mir nicht Philosophie lernen, aber — p h i l o - s o p h i e r e n; nicht Gedanken bloß zum Nachsprechen, sondern d e n k e n. . . . S e l b s t denken, selbst forschen, auf seinen eigenen Füßen stehen, waren Ausdrücke, die unablässig wieder vorkamen." Freilich „war rege Aufmerksamkeit bei seinen Vorträgen nötig. Die Gabe, die vorkommenden Begriffe und Sachen ganz ins klare für j e d e n zu setzen, sie etwa durch Wiederholung in anderen Ausdrücken auch den zerstreuteren Zuhörern doch faßlich zu machen . . ., war Kant freilich nicht eigen." Weil er selbst viel von sich verlangte, so erwartete er auch von seinen Zuhörern geistiges Sich-Zusammennehmen, so daß Hamann in einem Briefe an ihn von 1759 meint, dieselben hätten Mühe, „es in der Geduld und Geschwindigkeit des Denkens mit Ihnen auszuhalten". Die meisten begannen daher auch, weil seine philosophischen Vorlesungen für zu schwer galten, mit seiner physischen Geographie, oder sie hörten, wie selbst der doch gewiß begabte Hippel, vorher den „ganzen philoso-

phischen Kursus" bei einem weniger schwierigen Dozenten, wie
Kants Kollegen Buck. Übrigens nahm er etwaige Zweifel oder
Bitten um Aufklärung in jüngeren Jahren stets freundlich entgegen und setzte dem Betreffenden die Sache, auch wohl auf
einem Spaziergang nach dem Kolleg, gern auseinander. Ja, er
kam in diesen ersten Dozentenjahren den Wünschen „einiger
Herren" so weit entgegen, daß er einige Semester lang für seine
Metaphysik - Vorlesung das gründliche, aber schwerere Kompendium von Baumgarten mit dem leichteren von Baumeister
vertauschte.

Und er las viel, weit mehr als unsere heutigen Privatdozenten.
Gleich im ersten Semester drei Kollegien auf einmal: Logik,
Metaphysik und Mathematik; vielleicht auch noch Physik.
Im folgenden Sommer kam noch die von ihm, als einem der
ersten Universitätslehrer, eingeführte Physische Geographie hinzu, im Winter Ethik usf. Im Durchschnitt hat Kant während
seiner Magisterjahre nicht unter 16 Wochenstunden gelesen,
ja in einzelnen Semestern der 60er Jahre ist diese Zahl auf 26
bis 28 gestiegen! Zu diesen im offiziellen Lektionskatalog angekündigten Vorlesungen traten in manchen Semestern noch Privatissima, zunächst während des siebenjährigen Krieges für
russische Offiziere. Auch beaufsichtigte er gerade in diesen
ersten Jahren häufig vornehme oder wohlhabende Studenten, die
auf den Wunsch der Eltern im selben Hause mit ihm wohnten
und aßen.

Alle diese Arbeit nahm er, wie aus einem Briefe an seinen
Freund Lindner hervorgeht, in erster Linie aus pekuniären Gründen auf sich. Auch wurde sie, besonders die Privatissima, nach
seinem eigenen Zeugnis gut bezahlt, so daß er sogar Anträge,
die ihm nicht zusagten, ablehnen konnte; wie er denn z. B. in
den Jahren 1759 und 1760 eine Anzahl Studierender, die ein
ästhetisches Kolleg mit Übungen „in Wohlredenheit und im
deutschen Stil" von ihm wünschten, seinem Schüler Borowski
überwies, der dann den Unterricht „unter Kants Direktion" erteilte. So blieb unser Immanuel vor eigentlicher Dürftigkeit
und vor dem, was ihm das Schrecklichste gewesen wäre, der

Notwendigkeit, Schulden zu machen, bewahrt. Er selbst hat noch Jahrzehnte nachher, in einem Briefe an seinen Verleger Lagarde von 1790, gegen die „mitleiderregende Beschreibung" seiner äußeren Lage während der Magisterzeit durch einen gewissen Denina energisch protestiert: er habe stets „sein reichliches Auskommen" gehabt, eine Wohnung von zwei Stuben und einen „sehr guten" Tisch bezahlen, ja sogar sich einen Diener halten können. Jene Jahre seien im Gegenteil „die angenehmsten seines Lebens" gewesen. In der Tat hatte er schon 1761 einen eigenen Bedienten, wie aus einem Briefe an Borowski vom 6. März d. Js. zu sehen ist; und auf einer zufällig in seinem Nachlaß erhaltenen Rechnung aus seinen ersten Magisterjahren sind neben drei Gulden für die Magd, einem Gulden für Waschen, sechs Groschen für Butter und drei für die „Perüque", auch $7\frac{1}{2}$ Groschen für — Wein verzeichnet. Auch hat er, im Gegensatz zu Lessing oder Schiller, niemals für den Erwerb zu schreiben brauchen; er hat es, von den offiziellen Universitätsschriften abgesehen, stets nur aus innerem Bedürfnis heraus getan.

An den äußeren und inneren Verhältnissen der Königsberger Professorenschaft hatte sich während der acht Jahre, die zwischen seinem Abgang als Studiosus und seinem Wiedereintritt in den akademischen Körper lagen, wenig oder nichts geändert. Innere Anteilnahme und wissenschaftliche Anregung fand er, zumal da Knutzen nicht mehr lebte, unter seinen Kollegen nur bei sehr wenigen: eher wohl neidische Gegner, die sich durch ihn verdunkelt sahen. Wenn ein Menschenalter später Goethe über das „Hetzen, Werben, Kompromittieren" der Jenaer Professoren, ihren „pfäffischen Stolz" und ihre „verworrene Borniertheit" unwillig sich äußerte, so wird es an der noch beschränkteren und isolierteren Königsberger Akademie der 50er und 60er Jahre kaum besser gewesen sein. So spottet nicht bloß der geistreiche Hamann öfters über die kleinlichen Rivalitäten und Schikanen wie über den Hochmut der Königsberger Professorenkreise, sondern auch zahlreiche Äußerungen in Kants eigenen Schriften über Gelehrteneinbildung und -pedanterie lassen sich ohne üble persönliche Erfahrungen kaum erklären.

Er aber wirkte rein durch die Sache. So schreibt Hamanns Bruder am 16. März 1757 an G. E. Lindner: „Herr Magister Kant lebt glücklich und zufrieden, in der Stille wirbt er die Zuhörer des marktschreierischen Watson und schwächt durch seinen Fleiß und echte Gelehrsamkeit den scheinenden Beifall dieses Jünglings[1]." Neben frohen und erhebenden Stunden — er bekennt selbst später, er habe in jenen ersten Magisterjahren den „ganzen Stolz des Gelehrten in sich gefühlt" — hat Kant indes sicherlich auch trübe durchgemacht, von denen er freilich die Außenstehenden nichts merken ließ. In die Welt seines inneren Gefühls, die uns hierüber aufklären müßte, und die bei so vielen anderen Großen der Menschheit in Briefen oder Selbstbekenntnissen offen vor uns liegt, läßt seine Eigenart uns nur äußerst selten einen Blick tun. Es hindert ihn daran eine merkwürdige Verschlossenheit oder mindestens Kühle des Sichgebens gegenüber anderen, die durchaus nicht identisch ist mit Unbewegtheit des Gemüts, sondern eher von einer Keuschheit des Gefühls herrührt, wie sie der norddeutschen Natur häufig eigen ist. So hat uns denn bloß der glückliche Zufall eines erst neuerdings aufgefundenen Briefes einen Einblick in das Innenleben des „kleinen Magisters", wie Hamann ihn zu nennen pflegte, gewährt und gezeigt, daß er doch nicht der völlig leidenschaftslose, kühle Verstandesmensch gewesen ist, für den man ihn oft gehalten hat. Am 28. Oktober 1759, also nach vier Jahren Privatdozententums, beglückwünschte er seinen Freund und späteren Kollegen, den damaligen Gymnasiallehrer Lindner in Riga, daß dieser sich bei der ihm dort zuteil gewordenen Anerkennung hinwegsetzen könne, „über die elenden Buhlereyen um den Beyfall und die abgeschmakte [sic!] Einschmeichelungs Künste", die in Königsberg „großthuerische kleine Meister, die höchstens nur schaden können, denen auferlegen, welche gerne ihre Belohnung verdienen und nicht erschleichen möchten". Das muß auf jene mißgünstigen und marktschreierischen Kollegen gehen,

---

[1] In einem Briefe, der mir durch die Güte von A. Warda, des Herausgebers der Hamann-Briefe in der Akademie-Ausgabe, zugänglich gemacht worden ist.

die er als geistig unter ihm stehend empfand. Und auch seine Vorlesungen vermögen ihn nicht von einem Gefühl der Bitterkeit
und inneren Leere zu befreien. Wiederholte sich doch der Stoff
immer wieder, und waren seine Zuhörer doch vielfach erst Jüngel-
chen von 16, ja 15 Jahren, so daß gerade ein tiefer Denker wie
er oft genug das faustische Gefühl empfunden haben wird:

,,Das Beste, was Du wissen kannst,
Darfst Du den Buben doch nicht sagen.''

,,Ich meines Theils sitze täglich vor dem Ambos meines Lehr-
pults und führe den schweren Hammer sich selbst ähnlicher
Vorlesungen in einerley tacte fort.'' Manchmal zieht ihn innere
Neigung zu erhebenderer Beschäftigung: ,,bisweilen reizt mich
irgendwo eine Neigung edlerer Art, mich über diese enge Sphäre
etwas auszudehnen.'' Aber — ,,der Mangel, mit Ungestühmer
Stimme sogleich gegenwärtig mich anzufallen und immer wahrhaftig in seinen Drohungen, treibt mich ohne Verzug zur schweren
Arbeit zurück''. Indes, er will von niemandem, auch von den
Freunden nicht, bemitleidet sein. Und so fährt er fort: in Anbetracht des Ortes, wo er sich befinde — er hängt an seiner Heimat — und der ,,kleinen Aussichten des Überflusses'', die er
sich erlaube, begnüge er sich schließlich mit dem Beifalle, mit
dem man ihn begünstige, und mit den Vorteilen, die er daraus
ziehe, um die ganze, sowieso schon ausnahmsweise Expektoration
mit einem Worte zu schließen, das ich ähnlich in keiner seiner
sämtlichen Schriften und Briefe gelesen zu haben mich erinnere,
und das man jedem anderen eher zutrauen würde als gerade ihm:
u n d — ,,t r ä u m e mein Leben d u r c h''. Gewiß nicht
immer, ja vielleicht nicht einmal häufig, wird Kants Selbstbeherrschung sich solchen melancholischen und doch wieder mit
einem überlegenen Humor gepaarten Stimmungen überlassen
haben; aber es ist doch bezeichnend, daß selbst bei einer so
kühlen und verstandesklaren Natur wie Kant Stunden nicht
gefehlt haben, wie sie keinem Genie erspart bleiben, das sich
mit den Armseligkeiten und Kleinlichkeiten seiner Umgebung
abfinden muß.

Der gesellige Verkehr des ,,kleinen Magisters'' scheint sich

in diesen ersten Jahren in ziemlich bescheidenen Grenzen bewegt zu haben. Freilich spricht Hamann in einem Briefe aus dem
Jahre 1759 schon von der „akademischen" und „galanten" Welt,
in der, im Gegensatz zu ihm selbst, Kant sich bewege. Allein
bei dem „Magus aus Norden", der anspruchs- und formlos bis
zum Äußersten war, will das nicht viel besagen. Die wenigen
uns erhaltenen Nachrichten berichten jedenfalls nur von höchst
einfachen Vergnügungen, von einem „bäurischen Abendbrot",
das man zu dreien in dem Krug der Trutenauer Windmühle
(in der weiteren Umgebung der Stadt) verzehrte oder von einem
Zusammensein mit Referendar Wulf, Dr. jur. Funk (1721—1764),
Hamann, Prof. Kypke und Gymnasiallehrer Freytag in Schultz'
Kaffeegarten. Die beiden letztgenannten waren Schulkameraden
Kants; mit Freytag, der seit 1747 am Domgymnasium unterrichtete, 1767 als Pfarrer nach dem benachbarten Kirchdorf
Neuhausen kam und dort 1790 starb, scheint er besonders viel
verkehrt zu haben. Er empfiehlt sich gelegentlich auch durch
seinen gewesenen Schüler Borowski, der dort Hofmeister war,
den „gnädigen Damen des von mir äußerst verehrten Schulkeimschen Hauses". Und er verkehrte natürlich, auch abgesehen
von solchen Studierenden, deren Führung, d. h. „Beaufsich-
tigung" er besonders übernommen hatte, mit seinen augenblicklichen oder früheren Zuhörern.

Ein Zeichen davon, wie sehr man ihn in weiten Kreisen
schätzte, ist das, daß man nach dem Tode eines derselben gerade
von ihm ein Trostschreiben an die trauernde Mutter begehrte.
Diesem Umstand verdanken wir seine im Druck erschienenen,
vom 6. Juni 1760 datierten ‚G e d a n k e n b e i d e m f r ü h -
z e i t i g e n A b l e b e n d e s H e r r n J o h a n n F r i e d -
r i c h v o n F u n k‘. Wichtiger als der besondere Anlaß, der
Tod eines an der Schwindsucht verstorbenen stillen und fleißigen
kurischen Studenten, ist für uns die Beleuchtung, in der hierbei
des Philosophen eigene Sinnesart erscheint. Die „Gedanken"
sind in schwungvoller, fast poetischer und doch die Phrase ver-
schmähender Sprache geschrieben, hier und da durch ein Dichter-
wort von Lukrez, Haller oder Pope gewürzt. Sie zeigen, daß

ihr Verfasser keineswegs des weicheren Gefühls entbehrte. Gegenüber den „rauschenden Freuden" und dem „Getümmel der Geschäfte und Zerstreuungen", in denen die meisten Menschen
ihr Glück suchen, preist er die „ruhige Heiterkeit der Seele",
der nichts Menschliches unerwartet kommt, die „sanfte Schwermut", die in einsamer Stille die Nichtigkeit desjenigen erwägt,
„was bei uns gemeiniglich für groß und wichtig gilt". „Bereit,
sich mit einer christlichen Resignation in den Befehl des
Höchsten zu ergeben", wenn es diesem gefällt, „ihn von der
Bühne abzurufen", wird der Weise, in Gedanken an „seine große
Bestimmung jenseits dem Grabe", bis dahin eifrig seine Pflichten
erfüllen, „vernünftig in seinen Entwürfen, aber ohne Eigensinn, zuversichtlich auf die Erfüllung seiner Hoffnung, aber ohne
Ungeduld, bescheiden in Wünschen, ohne vorzuschreiben, vertrauend, ohne zu pochen".

Durch die russische Okkupation Ostpreußens, die vom
Januar 1758 bis in den Juli 1762 hinein, also volle vierundeinhalb
Jahre dauerte, änderte sich nichts Wesentliches in den Einrichtungen des Landes, insbesondere auch im gewohnten Leben
der Universität: nur daß die Eingaben — auch diejenige Kants,
wie wir sahen — jetzt an die „Allerdurchlauchtigste Großmächtigste Kayserin und große Frau" Elisabeth anstatt an den „Allerdurchlauchtigsten Großmächtigsten König" Friedrich II. gerichtet werden mußten. Besonders der menschenfreundliche
Gouverneur Nikolaus von Korff (Juli 1758 bis Januar 1761)
machte sich durch seine Rechtschaffenheit und Güte allgemein
beliebt. Die russischen Offiziere brachten Geld ins Land; freilich mit dem größeren Luxus, den bald auch die Einheimischen
annahmen, auch größere Leichtfertigkeit, namentlich in geschlechtlichen Dingen. Daneben herrschte jedoch in einem Teile
des Offizierkorps anscheinend ein gewisser Bildungsdrang;
wenigstens wird berichtet, daß unser Magister damals „viele
russische Offiziere in der Mathematik privatim unterrichtet"
habe. Zu einer nicht sicher bestimmten Zeit auch einen polnischen Edelmann von Orsetti, der im Sommer seine Güter bewirtschaftete, im Winter sich in Königsberg aufhielt und durch

seinen Eifer Kant bis in sein Alter unvergeßlich blieb (Wannowski). In seinen Briefen und Schriften ist nirgends von den politischen und kriegerischen Zeitereignissen die Rede, eine Stelle in dem eben erwähnten Trostschreiben an Frau von Funk ausgenommen. Und auch dort sind es nicht patriotische, sondern allgemein-menschliche Gefühle, denen der Briefschreiber Ausdruck verleiht. „Zu einer Zeit, da ein wütender Krieg die Riegel des schwarzen Abgrunds eröffnet, um alle Trübsale über das menschliche Geschlecht hervorbrechen zu lassen", da flöße der gewohnte Anblick von Not und Tod den davon Bedrohten wohl eine „kaltsinnige Gleichgültigkeit" ein; anders, wenn in der „ruhigen Stille des bürgerlichen Lebens" der Tod einem aus dem Zirkel der uns Nahestehenden reiße! So schreibt ein Bürger von Königsberg Juni 1760, d. i. mitten in der Bedrängnis seines Staates durch den Krieg der sieben Jahre, der freilich die meiste Zeit fern von Ostpreußens Gefilden geführt wurde!

Ehe wir uns Kants Schriften während dieser Epoche zuwenden, müssen wir auf seinen Verkehr mit einem der Genannten noch besonders zurückkommen, weil gerade er einen neuen Blick in das innere Wesen Kants ermöglicht: den mit seinem sechs Jahre jüngeren Landsmann J o h a n n   G e o r g   H a m a n n. Schon im Sommer 1756 hatte Magister Kant den damals kürzere Zeit unbeschäftigt in der Heimatstadt weilenden, 26 Jahre zählenden Chirurgensohn flüchtig kennengelernt, und letzterer ihn in einem Briefe an seinen Bruder einen „fürtrefflichen Kopf" genannt, dessen Schriften er zu lesen begierig sei. In näheren Verkehr kamen beide erst 1759 durch zwei gemeinschaftliche Freunde, den aus Königsberg stammenden und schon genannten Rektor Lindner in Riga (der auch in Herders Jugend eine Rolle spielt), und den Sohn eines Rigaer Kaufmannshauses, Christoph Berens. Hamanns Freundschaft mit dem jungen Berens, die auf ihrer gemeinsamen Begeisterung für Deismus und Weltbürgertum begründet gewesen war, hatte durch des ersteren, nach zeitweilig ziemlich leichtsinnigem Leben, plötzlich in London erfolgte „Bekehrung zu Christo" einen Stoß erlitten. Berens suchte nun während seines Königsberger Aufenthaltes den Freund für sich

persönlich und für eine freiere Weltanschauung zurückzuge-
winnen mit Hilfe — Kants. Eine persönliche Aussprache gelegentlich jenes „bäurischen Abendbrotes" blieb ohne Erfolg;
desgleichen ein Besuch beider in der Wohnung Hamanns. Vergeblich suchte der Philosoph letzteren durch Übersetzung einiger
Artikel aus der berühmten französischen Enzyklopädie auf andere
und freiere Gedanken, vielleicht auch zu etwas Gelderwerb zu
bringen. Zwei der ihm von Kant vorgeschlagenen Artikel über
das Schöne und über die Kunst, fand der eigenartige Mensch
zu fad. Der dritte: vom „Scharwerk und den Gehorcharbeitern"
— vielleicht darf man aus diesem Vorschlag auf ein frühes Interesse unseres Philosophen für die von ihm in Judtschen beob-
achteten Verhältnisse der Landarbeiter schließen — sei zwar gut,
liege ihm aber zu fern. Hamanns Ablehnung erfolgte in einem
noch erhaltenen ausführlichen Briefe an Kant vom 27. Juli 1759.
Statt eines ursprünglich verabredeten weiteren „Kolloquiums"
zog nämlich der Magus vor, sein stärkstes Geschütz, das S c h r e i -
b e n , spielen zu lassen. Er ließ an jenem Tage eine gewaltige,
in der Akademie-Ausgabe von Kants Briefwechsel neun volle
Seiten (I, 7—16) umfassende Epistel oder, wie er selbst drastisch
sagt, eine „Granate aus lauter kleinen Schwärmern" auf den
„kleinen Magister" los. Von dem letzteren ist leider kein Brief
aus dieser Zeit an Hamann erhalten. Um so wertvoller sind für
uns die Stellen, an der Kants entgegengesetzte Wesensart in
den Zeilen des geistreich-witzigen Briefschreibers sich wider-
spiegelt. Gewiß trifft dieser das Richtige, wenn er meint, er müsse
Kant „episch" schreiben, weil der Magister die „lyrische Sprache",
die der Geschichtsschreiber des menschlichen H e r z e n s an-
wende, noch nicht zu lesen verstehe. Der Gegensatz beider Naturen tritt ferner in dem ironischen Spott des „Magus" über
den P h i l o s o p h e n hervor. Er müsse beinah darüber lachen,
daß man einen solchen dazu ausgesucht, um eine Sinnesänderung
in ihm hervorzurufen. Möge derselbe auch auf „die Dichter,
Liebhaber und Projektmacher" herabsehen „wie ein Mensch auf
einen Affen", mit „Lust und Mitleiden" zugleich: über gewisse
Dinge solle er sich doch nicht mit ihm einlassen, die er (Hamann)

besser beurteilen könne, weil er seine Autoren „nicht aus Journalen, sondern aus mühsamer und täglicher Hin- und Herwälzung derselben" kenne.

Die Liebesmüh' von beiden Seiten war umsonst: jeder blieb auf seinem Standpunkt. Der Magus wahrte seine Selbständigkeit auch einem Kant gegenüber. „Nicht I h r e Vernunft, nicht m e i n e," schrieb er ihm in einem späteren Brief von Ende 1759, „hier ist Uhr gegen Uhr, die Sonne aber geht allein recht." Die Sonne aber war für den „gläubig" gewordenen Hamann einzig das biblische Christentum, und der Philosophie Amt bestand in seinen Augen bloß darin, ein „Zuchtmeister zum Glauben" zu sein, wofür er selbst Humes Skeptizismus in Anspruch nahm. So reiste denn Berens im Oktober d. J. wieder von Königsberg ab, ohne daß es zu einer Erneuerung der alten Freundschaft gekommen wäre. Für Hamann aber sind beide, Kant und Berens, die unbeabsichtigten Urheber seiner ersten Schrift, der „Sokratischen Denkwürdigkeiten" (Amsterdam 1759) gewesen, die „Niemand", d. i. dem Publikum, und „Zween", d. i. Berens und Kant, gewidmet waren. Die geistvolle und lebendige Auffassung des Sokrates, dem er allerdings auch manche Züge des eigenen Wesens unterschiebt, insbesondere die mystische Auffassung des sokratischen „Genius", spiegelt sich anscheinend noch in Kants spätester Schrift, freilich vorzugsweise in seiner Abneigung gegen diesen „orakelnden" Genius, wieder[1]). Im übrigen tritt die Person Kants in den „Denkwürdigkeiten" ganz zurück; nur einmal wird er, in unbewußter Vorausahmung seines philosophischen Ruhms, mit Newton als „allgemeinem Weltweisen" und philosophischem „Münzwardein" verglichen. Die eigene, im stärksten Kontrast zu der Art Kants stehende Denk- und Schreibweise charakterisiert Hamann in treffender Selbsterkenntnis mit den Worten: „Wahrheiten, Grundsätzen, Systemen bin ich nicht gewachsen. Brocken, Fragmente, Grillen, Einfälle."

Der Philosoph hatte demgegenüber wohl das Gefühl, daß eine Verständigung mit einer so entgegengesetzten Natur aus-

---

[1]) Vergleiche das Register meiner Ausgabe der „Anthropologie" (Philos. Bibl. Bd. 44) unter „Sokrates".

geschlossen sei. Gleichwohl hat er eine in den ‚Hamburger
Nachrichten‘ erschienene Besprechung der Schrift, nach der
„kein Jakob Böhme, kein wahnsinniger Schwärmer unverständ-
licheres und unsinnigeres Zeug reden und schreiben kann, als
man da zu lesen bekommt“ (Hamann), sicherlich weder selbst
geschrieben noch veranlaßt, wie der mißtrauische Hamann eine
Zeitlang argwöhnte. Denn noch in dem gleichen Jahre 1759
besprach er mit diesem ganz freundschaftlich den Plan einer
gemeinsam abzufassenden „K i n d e r p h y s i k“, d. h., wie sich
aus Hamanns ausführlichen zwei Antwortschreiben ergibt, einer
Art Physischer Geographie oder Naturgeschichte für die Jugend,
die von den ersten Elementen des Weltalls bis zu den Tieren
und Menschen führen sollte. Kant, im Gefühl seiner Schwäche
in Sachen praktischer Pädagogik, wandte sich an den in dieser
Beziehung besser beschlagenen Hamann. Dieser traute allerdings — und wohl mit Recht — dem gelehrten Magister, dem
kaum die Studenten im Kolleg zu folgen vermochten (s. S. 83),
nicht zu, daß er sich in die Seele der Kinder zu versetzen, „sich
zu ihrer Schwäche herabzulassen vermöge“. Ein „P h i l o s o p h
für Kinder“ müsse „Herz“ genug haben, der Verfasser einer
„einfältigen, törichten und abgeschmackten“ Naturlehre zu sein
und, was für Hamann die Hauptsache war, „auf dem hölzernen
Pferde der mosaischen Geschichte zu reiten“ sich bequemen!
Das war denn doch nicht Kants Fall. Denn am wenigsten konnte
er, der der Aufklärung auch der Jugend dienen wollte, geneigt
sein, den Unterricht eng an den biblischen Schöpfungsbericht anzuknüpfen. So ist es zu der gemeinsamen Arbeit und zu einem
Schulbuche aus seiner Feder nicht gekommen. Er muß wohl
Schweigen als die beste Antwort betrachtet haben, denn in einem
zweiten Briefe beklagt sich Hamann bitter über Kants Stillschweigen, das „eine Beleidigung für mich ist, die ich ebensowenig erklären kann . . . als Sie meine auffahrende Hitze“. Gekränkt erklärt er: „Es ist Ihnen aber nichts daran gelegen, mich
zu verstehen. . . . Das heißt nicht philosophisch, nicht aufrichtig, nicht freundschaftlich gehandelt.“ Damit scheint eine
längere Pause in dem schriftlichen und mündlichen Verkehr

beider eingetreten zu sein. Wir werden auf das spätere Verhältnis Kants zu dem merkwürdigen Manne noch zurückkommen.

B. Die Schriften

1. Die Nova Dilucidatio (1755)

Die ‚Neue Beleuchtung der ersten Prinzipien der menschlichen Erkenntnis‘ war die erste rein p h i l o s o p h i s c h e Schrift des jungen Gelehrten. Ein solches Thema mußte er schon deshalb wählen, weil er Logik und Metaphysik als sein eigentliches Fach bezeichnet hatte. So erhält man denn auch von ihr schon äußerlich den Eindruck einer offiziellen Universitätsschrift mit ihren Thesen, Beweisen, Erläuterungen und Zusätzen, die er nur an ihrer interessantesten Stelle, bei der Behandlung des Problems von Freiheit und Naturnotwendigkeit, durch die Dialogform lebendiger zu gestalten wagt. Sie ist darum auch nach der Vorschrift der Zeit, die bekanntlich noch tief bis ins 19. Jahrhundert hinein fortgedauert hat, lateinisch geschrieben. Und auch sachlich bewegt sie sich, in der Art der Problemstellung wie in der Weise der Behandlung, im ganzen noch in den Geleisen der zeitgenössischen Schulphilosophie. Trotzdem erinnert sie in manchen Beziehungen an seine Erstlingsschrift. Auch hier nimmt er die Selbständigkeit des eigenen Denkens selbst so berühmten Denkern wie Leibniz, Wolff, Crusius und Malebranche gegenüber in Anspruch. Von Interesse ist besonders, daß er schon hier auch den sogenannten „freien Willen“ durch Naturnotwendigkeit bestimmt sein läßt. Für die verschiedenen Möglichkeiten unseres Handelns müssen in jedem Falle bestimmende Beweggründe vorhanden gewesen sein. „F r e i “handeln heißt nur: seinem Begehren entsprechend mit Bewußtsein handeln; selbst Gott vermag nur das ursächlich Bestimmte vorauszusehen. Weiter wird schon der ganz moderne Grundsatz verfochten, daß in dem Satze von der Unveränderlichkeit des Quantums von Realität in der Welt „Realität“ nichts anderes als „K r a f t“ (heute: Energie) bedeute, weshalb denn auch die Illustration dazu an den Stoßgesetzen elastischer Körper erfolgt. Bereits hier tritt ferner der junge Philosoph gegen diejenige Art von

„Idealisten" auf, die das wirkliche Dasein der Körper bezweifelt. Er vertritt im Gegenteil die Ansicht von der Körperlichkeit aller endlichen Geister und die Bindung aller geistigen Funktionen des Menschen an den Stoff, selbst auf die Gefahr hin, dadurch in den Geruch der „verderblichen Ansicht des Materialismus" zu kommen. Man sieht, daß der „Empirismus" ihm im Blute steckte.

Sein eigentliches Interesse aber gehört in dieser Zeit einem anderen Gebiete. Sein Philosophieren nimmt denselben Anfang, wie die uns bekannte Geschichte wissenschaftlichen Philosophierens überhaupt: es ist N a t u r philosophie.

2. Die Naturgeschichte des Himmels

Bereits in seiner Erstlingsschrift hatte der Studiosus Kant sich an die höchsten Probleme der Naturphilosophie gewagt, die größten philosophischen Autoritäten der neueren Philosophie auf diesem Felde (Descartes, Leibniz) zu kritisieren unternommen. Eine neue „Dynamik" auf Grund einer Verbesserung des Leibnizschen Kraftbegriffs hatte er schaffen wollen: ein Gedanke, der ihn, wie wir sahen, noch weit über die Zeit der Abfassung seiner Schrift hinaus beschäftigte. Aber daneben war in den einsamen Jahren seiner Hauslehrerzeit, in der Pfarrei von Judtschen und auf dem Rittergute des „Oberlandes", ein weit großartigerer Plan in der Seele des Jünglings aufgestiegen: diese Dynamik, dieses Walten ewiger Kräfte aufzuzeigen in der E n t w i c k l u n g d e r W e l t v o n i h r e m U r b e g i n n a n. Er wollte, um es mit seinen eigenen Worten zu sagen, aus den einfachsten materialen Voraussetzungen, nämlich dem „ersten Zustande der Natur", die „Bildung der Weltkörper selber und den Ursprung ihrer Bewegungen", kurz die ganze „Verfassung des Weltbaues", und zwar b l o ß durch m e c h a n i s c h e Gesetze herleiten: „G e - b e t m i r M a t e r i e, i c h w i l l e u c h z e i g e n, w i e e i n e W e l t d a r a u s e n t s t e h e n s o l l!" Daraus entsprang seine in langen Jahren entworfene, im Frühling 1755 an die Öffentlichkeit gebrachte ‚Naturgeschichte und Theorie des Himmels'.

Derjenige Denker, der ihm den Mut zu solchem Wagnis gab, war derselbe, der bereits auf seine Universitätsstudien den nachhaltigsten Einfluß geübt, der ihm schon zu der ersten Schrift die sachliche Anregung gegeben hatte: Isaak N e w t o n. Aber, während die Jugendschrift den Namen des großen Engländers nur einige Male in unbedeutendem Zusammenhange nennt, schreibt er jetzt auf das Titelblatt seiner „A l l g e m e i n e n N a t u r - g e s c h i c h t e u n d T h e o r i e d e s H i m m e l s" den Beisatz: „nach N e w t o n i s c h e n Grundsätzen abgehandelt". Einen „kurzen Abriß der nötigsten Grundbegriffe der Newtonischen Weltwissenschaft" schickt er zu Anfang des Werkes für diejenigen voraus, „die etwa der Newtonischen Grundsätze nicht genugsam kundig sein". Auf Newton will er aufbauen, Newton will er weiter bilden. Durch keine anderen Kräfte als die „aus der Newtonischen Weltweisheit entlehnten" rein mechanischen, gleich gewissen, gleich einfachen und gleich ursprünglichen und allgemeinen Kräfte der Anziehung und Zurückstoßung will er die Welt aus ihrem anfänglichen Chaos ableiten (S. 23, 61)[1]) und so den physischen Teil der „Weltwissenschaft" zu der nämlichen Vollkommenheit bringen, „zu der Newton die mathematische Hälfte derselben erhoben hat" (18). Newton hatte mit der Anwendung seiner großen Entdeckung bei der Entstehung des Planetensystems Halt gemacht. Kant will auch dieses aus ihr zu erklären versuchen.

Welche innere Freude muß der junge Denker empfunden haben, als ihm nach und nach die ganze Größe seiner Entdeckung aufging! Eine Stelle der überhaupt für die Kenntnis des persönlichen Moments besonders lesenswerten Vorrede offenbart es uns. Aus der einfachen und bescheidenen Sprache, hinter der er sonst seine Empfindungen in der Regel eher verbirgt, bricht hier unwillkürlich das persönlich klingende I c h hervor. „Ich nehme die Materie aller Welt in einer allgemeinen Zerstreuung an und mache aus derselben ein vollkommenes Chaos." „Ich sehe nach den ausgemachten Gesetzen der Attraktion den Stoff sich bilden

---

[1]) Die Zitate aus Kant stets nach meiner Kantausgabe (Philos. Bibl.), hier aus Bd. 49 (hrsg. von Buek).

und durch die Zurückstoßung ihre Bewegung modifizieren."
Und so erzeugt sich vor seinen Augen, „ohne Beihilfe willkürlicher
Erdichtungen", bloß in Konsequenz der unumstößlichen Bewegungsgesetze, das ganze Weltsystem. So einfach und so schlicht,
daß es ihm selbst anfangs Verdacht erweckt. Allein er sagt sich
schließlich, daß gerade diese Einfachheit und Regelmäßigkeit
für die Richtigkeit seiner Sache und zugleich für die höchste
Weisheit des Urwesens zeuge. Und so „vermehret sich" seine
„Zuversicht" bei jedem Schritte, und seine „Kleinmütigkeit"
höret völlig auf (12 f.). Er wagt die „gefährliche Reise", auf der
er „schon die Vorgebirge neuer Länder erblickt" (8).

Zwei Einwände macht gleichwohl der kritische Kopf, wie
andererseits die religiöse Gesinnung in ihm, dem eigenen Unter-
fangen: Einwände, die auch für die Ausbildung seiner späteren,
kritischen Philosophie von größter Bedeutung sind. Der erste ist,
daß der von ihm gewählte „Vorwurf" die Kräfte der m e n s c h -
l i c h e n V e r n u n f t übersteige; der zweite: daß seine mechanische Naturerklärung sich nicht mit der R e l i g i o n ver-
trage. Auf die Zurückweisung des zweiten Bedenkens legt er
den Hauptton. Wir dürfen es Kant in der Tat glauben, daß er
seine Untersuchung nicht eher begonnen, als bis er sich „in Ansehung der Pflichten der Religion in Sicherheit sah". Er ist fest
davon überzeugt und versichert es immer wieder, daß gerade
s e i n Lehrgebäude zu einer erhabeneren Gottesvorstellung führe,
daß es die Macht und Weisheit des höchsten Wesens weit schlagender bezeuge, als wenn man willkürliche, unmittelbare Eingriffe der „Hand Gottes" annehme (152 u. ö.). Bei alledem schei-
det er sich jedoch deutlich von denjenigen, die der „herrschenden"
Neigung ergeben sind, die Wunder der Offenbarung mit den
ordentlichen Naturgesetzen in e i n System zu bringen. Er
findet es „vor ratsamer, den flüchtigen Beifall" solcher Entdeckungen dem „wahren" Vergnügen aufzuopfern, das aus der
Wahrnehmung der Regelmäßigkeit der Zusammenhänge entspringt, indem physische Wahrheiten auch durch physische Analogien gestützt werden (112). Er selbst bekennt sich zu einer
M i t t e l stellung zwischen den Extremen auf beiden Seiten:

den Freigeistern und Atheisten von der Art eines Epikur und
Lukrez, welche die Bildung der gesamten Welt einem glücklichen
Ungefähr (144), dem zufälligen Zusammenstoß von Atomen (147)
zuschreiben, und den theologischen Eiferern, die in allem Natur-
geschehen die „unmittelbare Hand Gottes" erblicken und so
„die ganze Natur in Wunder verkehren" (146).

Unwandelbare Kräfte und Gesetze vielmehr, die freilich
„den weisesten Verstand zur Quelle" haben, haben die Ordnung
der Welt bewirkt, die sich auf v ö l l i g m e c h a n i s c h e m
Wege entwickelt hat (148 u. ö.). Der Materie wohnt, bereits von
ihrem einfachsten Zustande ab, das Bestreben inne, sich durch
eine n a t ü r l i c h e E n t w i c k l u n g zu einer vollkommneren Verfassung zu bilden: und zwar durch eine m e c h a -
n i s c h e Veranlassung, nämlich die Schwere. Ausdrücklich wird
schon hier die gewöhnliche t e l e o l o g i s c h e Betrachtungsweise der damals das philosophische Feld noch beherrschenden
Wolffianer abgelehnt, die stets danach fragt, wie alles am besten
eingerichtet sei. Wie erklärt sich dann z. B. das Dasein der anscheinend doch ganz zwecklosen Kometen? In der Tat ver-
zweifelte selbst ein Newton an diesem und anderen Punkten an
einer natürlichen Erklärung der Dinge und glaubte in seinem
frommen Sinn hier einen besonderen „Finger Gottes" annehmen
zu müssen: nach Kant „eine betrübte Entschließung vor einen
Philosophen" (153)! Kant dagegen glaubt auch diese Schwierigkeit durch seine Theorie lösen zu können; wie denn überhaupt
alle „astrotheologischen" Betrachtungen, auch die seines von
ihm hochgeschätzten Anregers Thomas Wright, von vornherein abgewiesen werden. Hier leitete eben den jungen Philosophen der richtige wissenschaftliche Instinkt, mit dem — und
damit wird zugleich auch jenes andere Bedenken betreffend die
„Schwäche" der menschlichen Vernunft erledigt — wissenschaftliche S e l b s t k r i t i k verbunden ist. Trotz der Klarheit,
mit der er selber seine neue „Theorie des Himmels" vor Augen
sieht, macht er keinen Anspruch auf „mathematische Unfehlbar-
keit", sondern nur auf „vernünftige Glaubwürdigkeit" (23 f., 184).
Er verzichtet darum auch absichtlich auf das „Gepränge" der

— in der Schrift von 1747 noch verwandten — mathematischen Methode, sondern will die neue Ansicht nur als „Hypothese" vortragen (59). Trotz seiner Ablehnung unmittelbarer göttlicher Eingriffe in den Lauf der Natur, hält er übrigens noch an manchen Gedanken fest, die Newton mit Leibniz gemeinsam waren, von letzterem bloß mehr in den Vordergrund gestellt wurden: so dem von der Schönheit und ewigen Harmonie der gesamten Schöpfung, und dem von einer ununterbrochenen Stufenreihe aller Glieder der Natur.

Nur einen kurzen Überblick geben wir über den Inhalt des bekannten Werkes. Der erste, sachlich durch die Untersuchungen Wrights und anderer Astronomen stark beeinflußte, Abschnitt des Buches trägt vorbereitenden Charakter. Er führt den Nachweis, daß die Welt der Fixsterne kein wirres Durcheinander, sondern, ebenso wie die der Planeten, ein geordnetes System oder vielmehr eine ganze Reihe von Systemen darstelle, die sich um bestimmte Mittelpunkte bewegen.

Den „eigentlichsten Vorwurf" enthält der umfangreiche z w e i t e Teil. Er entwickelt in seinen beiden ersten Kapiteln zum erstenmal die berühmte, vier Jahrzehnte später von Laplace aufs neue gefundene Theorie über den Ursprung unseres Planetensystems. An den Anfang aller Dinge wird, als der denkbar „einfachste" Zustand der Natur, „der auf das Nichts folgen kann" und als „eine unmittelbare Folge des göttlichen Daseins", ein das ganze Weltall erfüllender Urstoff gesetzt. „Allein zufolge einer ewigen Idee des göttlichen Verstandes" war bereits diese „Grundmaterie" mit dem Streben begabt, „sich durch eine n a t ü r l i c h e E n t w i c k l u n g zu einer vollkommneren Verfassung zu bilden". Schon der 22jährige Jüngling hatte erklärt: die erste Bewegung im All müsse von einer „unbewegten Materie" ausgegangen sein, denn man dürfe keine „unmittelbare Gewalt Gottes oder irgendeiner Intelligenz" voraussetzen, so lange man noch eine Kraft aus der Natur selbst ableiten könne. Die „an sich toten" Elemente, wie sie 1746 hießen, wurden dann „sich selber eine Quelle des Lebens". Bei ihrer von Anfang an vorhandenen Verschiedenartigkeit in bezug auf Dichte und An-

ziehungskraft konnte die allgemeine Ruhe nur einen Augenblick
dauern. Vermöge eben dieser A n z i e h u n g s k r a f t bildete
sich an einem Ort des Universums, zu dem alle übrige Materie
sich senkte, ein Zentralkörper („Klumpen"), der anfänglich langsam durch chemische, dann aber „in schnellen Graden" durch
die sogenannte Newtonische „Anziehung" anwuchs. Dazu, daß
sich aus ihm unzählige Sonnensysteme — und jede Sonne
wiederum mit ihren Trabanten — bildeten, mußte eine andere,
ebenfalls von Anfang an wirkende Kraft, die Z u r ü c k -
s t o ß u n g s kraft, hinzukommen. Sie führte, indem die dem
Mittelpunkt zustrebenden Teilchen sich gegenseitig hemmten,
zu Seitenbewegungen, schließlich, nachdem die sich wider-
streitenden Impulse einander durch Wechselwirkung aufgehoben
haben, zur R o t a t i o n der kleineren Körper um den Zentralkörper, die „Sonne", deren flammende Glut sich übrigens erst
allmählich bildete.

Die folgenden Kapitel (III—VI) des Buches behandeln
astronomische Einzelprobleme, auf die hier einzugehen der Raum
verbietet: die Exzentrizität der Planetenbahnen, den Ursprung
der Kometen, Mond und Saturnringe, sowie den „Halsschmuck"
der Sonne, das Zodiakallicht. Das gewonnene Ergebnis erweitert
sich sodann im siebenten Kapitel zu einem großartigen Gemälde der räumlich - zeitlichen Unendlichkeit des Universums,
wie es auch Lukrez und Giordano Bruno nicht phantasievoller
entworfen haben. Jeder Fixstern ist wiederum das Zentrum
eines neuen Sonnensystems. Eine Reihe von Jahrmillionen vielleicht hat es gedauert, bis die Welt zu ihrem heutigen Zustande
gelangte; denn die Schöpfung „ist nicht das Werk von einem
Augenblick". Und wiederum „ganze Gebirge von Millionen
Jahrhunderten" werden verfließen, binnen deren sich immer
neue Welten, ja Weltordnungen hintereinander bilden werden.
Denn die Schöpfung hat zwar einmal angefangen [wie hier der
vorkritische Kant noch sagt], aber sie wird niemals aufhören.
Gleichwie unzählige Tiere und Pflanzen täglich der Vernichtung
anheimfallen, während die unerschöpfliche Natur anderwärts zahl-
lose andere von neuem erzeugt, so harren vielleicht unendliche

uns heute noch unbekannte Welträume weiterer Entwicklung. Und ebenso groß, wie die Unendlichkeit der Zeit, ist auch die des Raumes. Für sie bedeutet eine Welt, ja eine „Milchstraße von Welten" nicht mehr als eine Blume oder ein Insekt im Vergleich zur ganzen Erde.

Kant ist sich wohl bewußt, daß ihn an dieser Stelle seines Werkes die Fruchtbarkeit des Grundgedankens (er sagt: Systems), verbunden mit der Großartigkeit des Gegenstandes, zu „einiger Kühnheit" fortgerissen hat, und bittet daher die Leser, dieselbe nicht mit „geometrischer Strenge" zu beurteilen. Noch mehr gilt das für und von dem als „Anfang" beigefügten d r i t t e n Teil des Buches, der allerlei Vermutungen über die etwaigen Bewohner der Gestirne äußert. Will er „willkürliche Erdichtungen" auch hier ausschließen, so läßt er doch seiner Phantasie einigermaßen „die Zügel schießen" (167), wenn er nicht bloß von der Wahrscheinlichkeit, sondern einmal sogar von der Gewißheit des Vorhandenseins von Planetenbewohnern redet (171), oder gar ausführt: diese Bewohner, ja sogar die dortigen Tiere und Gewächse müßten aus um so leichterem und feinerem Stoffe gebildet sein, je weiter sie von der Sonne entfernt sind, und eben deshalb auch ihre Denkkraft immer vollkommener werden (175 f.). Und da diese Annahme „nicht weit von einer ausgemachten Gewißheit" (!) entfernt sei, so finde man ein offenes Feld zu „angenehmen Mutmaßungen", z. B. über die Jupiter- oder Saturnbewohner, die einen Newton wie einen Affen ansehen würden (177). Vielleicht sei es unserer Seele bestimmt, dereinst auf anderen Planeten weiterzuleben, wenn auch — damit kehrt er wieder zu nüchterneren Erwägungen zurück — niemand „die Hoffnung des Künftigen auf so unsichere Bilder der Einbildungskraft gründen" werde (185). Das Werk schließt — was wir merkwürdigerweise noch nirgends hervorgehoben fanden — mit einem ganz ähnlichen Gedanken wie ein Menschenalter später die Kritik der praktischen Vernunft: Habe man sein Gemüt mit Betrachtungen wie die vorhergehenden erfüllt, so erwecke der Anblick des bestirnten Himmels in edlen Seelen unnennbare, unbeschreiblich schöne Begriffe, und sie fühlten sich glücklich, daß

sie selbst zu einer Glückseligkeit und Hoheit zu gelangen vermögen, die über alle denkbaren N a t u r einrichtungen unendlich erhaben ist.

Soweit Kant. Es mag nach neueren Forschungen von Menzer und besonders Gerland dahingestellt bleiben, wieviel er seinen
Vorgängern Wright, Buffon, Swedenborg u. a. verdankt, und ob
er seinen Zeitgenossen in der Tat so viel Neues geboten, als man
bisher meist angenommen hat. Ebenso sind manche seiner Auf-
stellungen natürlich von der heutigen astronomischen Forschung
überholt. Das gilt nicht bloß von den Nebenuntersuchungen,
für die der Philosoph selbst „mindere" Beweiskraft in Anspruch
genommen hat, sondern auch von Einzelheiten seiner großen
Nebular-Hypothese, die von einzelnen Modernen sogar als überhaupt veraltet betrachtet wird. Uns liegt allein an der Beantwortung der beiden Fragen: Was bedeutet die Schrift im geistigen
Entwicklungsgang unseres Philosophen? und: worin besteht ihre
heute noch fortdauernde Fruchtbarkeit?

Ohne Zweifel beruht ihr Wert weniger auf streng-astro-
nomischem Gebiet, wenn auch manches, wie z. B. die Berechnung
der Rotationsdauer des Saturnringes, durch die genauen Berechnungen Herschels später in schönster Weise bestätigt worden ist.
Allein, ganz abgesehen davon, daß Kant die modernen Beob-
achtungsinstrumente fehlten, beweist schon das Fehlen jeder
mathematischen Begründung, daß er damit gar keine exakte
Wissenschaft zu geben beabsichtigte. Seine „Theorie des Himmels" wollte p o p u l ä r sein. Daher auch ihr Stil, der eher
an die von ihm selbst später so scharf kritisierte Art Herders
erinnert: die Vermischung mit Gefühlsmäßigem und Poetischem.
So liefern ihm denn auch seine Lieblingspoeten, Pope, der „philosophische Dichter", und Albrecht von Haller, der „erhabenste
unter den deutschen Dichtern", die Motti zu den einzelnen Teilen
seines Buches oder werden sonst beifällig zitiert. Um die dichterische Kraft der Phantasie zu erkennen, die in dem jungen
Kant lebte, lese man etwa das Gemälde des Anblicks einer bren-
nenden Sonne (a. a. O., S. 141). Dann begreift man, wie Herder
noch 17 Jahre später in einem Briefe an Lavater Kants Werk

sein „erstes recht Jünglingsbuch voll Ihrer Ideen" nennt. Der-
selbe Kant, der später nicht nur in der Äußerung persönlicher
Empfindungen, sondern auch im schriftstellerischen Ausdruck
des Gefühls immer zurückhaltender wird, läßt hier noch seiner
jugendlichen Phantasie freien Raum. Wenn er dabei an einzelnen
Stellen weiter geht, als es uns heute für einen philosophischen
Autor erlaubt scheint, so müssen wir bedenken, daß das in der
Zeit lag; kamen doch in den „Kosmologischen Briefen" des berühmten Mathematikers Lambert (1761) noch phantastischere
Spekulationen vor, wonach u. a. die vollkommensten Geschöpfe
auf den — Kometen wohnen sollten!

Das alles tut der Tatsache keinen Eintrag, daß der junge
Kant hier zwei Dinge vollbracht hat, deren Ruhm ihm auch
der strengste Kritiker nicht schmälern kann. Er hat erstens
eine g e n i a l e   H y p o t h e s e   d e r   W e l t e n t s t e h u n g
geliefert, die sich an Großartigkeit und Fruchtbarkeit, Entdeckungen wie der Deszendenztheorie oder der Verwandlung der Energie
kühn an die Seite stellen kann; und er sucht zweitens — darauf
beruht der spezifisch philosophische, genauer methodologische
Wert seines Versuches —, gerade im Gegensatz zu Herder, eine
klare Scheidung von R e l i g i o n   und   N a t u r w i s s e n -
s c h a f t durchzuführen, indem er bei aller Betonung der religiösen Empfindung, die er mit den meisten freieren Geistern
seiner Zeit teilt, auf dem Gebiete der W i s s e n s c h a f t allein
das m e c h a n i s c h e Erklärungsprinzip gelten läßt.

Kants großes Werk ist einem eigentümlichen äußeren Schick-
sal zum Opfer gefallen. Er hatte das zunächst anonym veröffent-
lichte Buch, mit einer der Zeit gemäß sehr devoten Widmung
König Friedrich II. dediziert: nach Borowski, der ihm in jener
Periode persönlich nahestand und deshalb Bescheid wissen muß,
„auf den Rat seiner Freunde" und lediglich in der Absicht, daß
„unter Autorität des Königs in Berlin und anderen Orten nähere
Untersuchungen über sein System veranlaßt würden". Dieser
Zweck ward nun durch einen unglücklichen Zufall vereitelt.
Das Erscheinen des Werkes war zwar im Katalog der Leipziger
Ostermesse (März 1755) angekündigt, indes — während des

Druckes wurde der Verleger bankerott und sein ganzes Vermögen gerichtlich versiegelt. Es erschien nun allerdings bereits 1755 eine kurze Empfehlung des Buches an ,,wohlwollende Leser" in den nämlichen ,Hamburger Freien Urteilen', die auch von der Erstlingsschrift eine Anzeige gebracht; auch wurde es 1756, jetzt mit dem Namen des Verfassers, in Königsberg zum Verkauf angeboten. Aber in weiteren Kreisen wurde es nicht bekannt. Nicht einmal Fachmännern wie Lambert, der in seinen 1761 erschienenen ,,Kosmologischen Briefen" ähnliche Ansichten über den Zusammenhang des Fixsternsystems veröffentlichte, war vor Augen gekommen. Gerade durch Lamberts Schrift fühlte sich Kant übrigens veranlaßt, den Kern seiner Theorie 1763 in seiner Schrift: ,,Der einzig mögliche Beweisgrund zu einer Demonstration des Daseins Gottes" (II, 7 unter dem Titel: Kosmogonie) von neuem ziemlich ausführlich wiederzugeben, bezeichnenderweise unter Weglassung ,,verschiedener etwas gewagter Hypothesen"; wie er denn auch nach Lamberts Tode in allzu großer Bescheidenheit dessen ,,meisterhafter" Arbeit gegenüber die seinige für einen ,,schwachen Schattenriß" erklärte, für ,,bloße Mutmaßungen", die wohl stets Mutmaßungen bleiben würden (an Biester 8. Juni 1781). Und wiederum 27 Jahre später (1790), nachdem inzwischen (1785) der berühmte Herschel, ebenfalls ohne Kants Vorgängerschaft zu kennen, dessen Anschauung sehr nahekommende Ansichten über die Fixsterne, die Milchstraße und den Saturn kundgegeben hatte, beauftragte der Philosoph seinen früheren Schüler und nunmehrigen Kollegen Magister Gensichen mit der Herstellung eines Auszuges aus dem Werk von 1755, den er selbst durchsah, und der 1791 als Anhang einer deutschen Übersetzung von Herschels ,Bau des Himmels' beigegeben wurde. Auch hier hat er auf alles Beiwerk, insbesondere auch auf die phantasievollen Ausführungen des siebenten Abschnitts und des ganzen Schlußteils, verzichtet; ,,das übrige enthalte", wie er Gensichen ausdrücklich erklärte, ,,zu sehr bloße Hypothesen, als daß er es jetzt noch ganz billigen könnte".

Auch Laplace, der bekanntlich 1796 fast dieselbe Theorie über die Entstehung des Planetensystems entwickelte, wie Kant,

nur weit trockener und nicht entfernt mit derselben Gedankenfülle, hat seinen großen Vorgänger nicht gekannt. Erst im 19.
Jahrhundert haben Arago (1842), Alexander von Humboldt (1845)
und Schopenhauer (1850) auf die Theorie Kants hingewiesen,
bis sie dann durch Zöllner, Helmholtz u. a. zu allgemeinerer
Kenntnis kam. Heute ist sie, nach dem neuerlichen Urteil eines
Fachmannes[1]), „Gemeingut der Wissenschaft, das in einzelnen
Teilen vervollständigt und verbessert wird, aber als Ganzes nicht
seinesgleichen gefunden hat".

3. Fragmente zur Naturgeschichte der Erde

Von der allgemeinen Erörterung des Kraftbegriffes, die seine
Erstlingsschrift vollzogen, war Kant zur „Naturgeschichte und
Theorie" des Himmels übergegangen; von da aus schreitet er
weiter, zur Naturgeschichte der Erde fort. Daß ihm dieser
innere Zusammenhang auch vor Augen gestanden hat, dürfen wir
aus dem Schluß seiner Abhandlung über die Achsendrehung der
Erde schließen, wo er von seiner bevorstehenden „Kosmogonie"
schreibt: sie werde „dasjenige im großen oder vielmehr im unendlichen" sein, „was die Historie der Erde im kleinen enthält".
Was er unter der Geschichte der Natur im Unterschied
von der Naturbeschreibung verstand, hat er allerdings
erst in einer späteren Schrift (Von den Rassen der Menschen
1775) auseinandergesetzt: jene, an der es uns „fast noch gänzlich" fehlt, habe zu zeigen, „durch welche Reihe von Veränderungen die Naturdinge hindurchgegangen sind, um an jedem Orte
in ihren gegenwärtigen Zustand zu gelangen", also „die Veränderung der Erdgestalt, ingleichen die der Erdgeschöpfe (Pflanzen
und Tiere), die sie durch natürliche Wanderungen erlitten haben,
und ihre daraus entsprungenen Abartungen von dem Urbilde
der Stammgattung" zu lehren. Wir sehen: ein großartiges Programm! Trotz aller Schwierigkeit müsse man eine solche Geschichte der Natur „wagen", die dann „nach und nach von Meinungen zu Einsichten fortschreiten könnte". Kant selbst hat

---

[1]) Weinstein, Entstehung der Welt und der Erde nach Sage und Wissenschaft. 2. Aufl. Lpz., Teubner, 1913.

gegen Ende der 70er Jahre vorübergehend einmal daran gedacht, zu dem „allgemeinen" Teil einer solchen Naturgeschichte einen Beitrag zu liefern, wenn auch „mehr durch Ideen als deren ausführliche Anwendung". Allein die schwer auf ihm lastende Arbeit an der Vernunftkritik hinderte ihn damals daran. Im Vergleich damit war eben doch die Naturgeschichte, wie er sich ausdrückte, nicht sein „Studium", sondern nur sein „Spiel". Dazu kam ein Bedenken, das er noch 1785 in die Worte kleidet: im Gegensatz zu der in der „ganzen Pracht" eines wissenschaftlichen Systems prunkenden Natur b e s c h r e i b u n g seien von der Natur- g e s c h i c h t e vorerst nur „Bruchstücke oder wankende Hypothesen" vorhanden. In den 50er Jahren indes, wo ihm mit der Idee einer „Naturgeschichte" des Himmels auch eine solche der Erde aufgestiegen war, hat er mutig eine Anzahl „Bruchstücke", d. h. kleinerer Arbeiten zu diesem Thema geliefert, zu dessen Bearbeitung die in jener Zeit vielfach umlaufenden geologischen Theorien Anregung genug gaben. Er hat diese erdgeschichtlichen Studien dann mit Vorliebe beinahe vier Jahrzehnte hindurch fortgesetzt, wie eine Anzahl Aufsätze und noch mehr Notizen in seinem Nachlaß bezeugen.

Schon vor dem Erscheinen seiner Kosmogonie hatte er, wie bereits erzählt, in der heimatlichen Zeitung — an dieser, dem sogenannten „Intelligenzwerk", fleißig mitzuarbeiten, wurden die Professoren und Magister der Akademie von der Behörde aufgefordert — die beiden Aufsätze über die Achsendrehung und das Veralten der Erde veröffentlicht. Von Januar bis April 1756 folgten drei Abhandlungen über das Erdbeben von Lissabon, die das Königsberger Publikum gerade von ihm, der offenbar schon als eine Art Autorität auf geologischem Gebiete galt, begehrte, in derselben Zeitung bzw. ihrem Verlage. Ungefähr gleichzeitig erschien das Universitätsprogramm: ‚Neue Anmerkungen zur Erläuterung der Theorie der Winde' (Ende April 1756). Es schließen sich an der ‚Entwurf und Ankündigung eines Collegii der physischen Geographie' (Ostern 1757), und vor allem die von da an 40 Jahre hindurch jedes Sommersemester sich wiederholenden viel besuchten Vorlesungen über letzteren Gegenstand. Endlich gehören in diesen Zusammenhang die zeitlich freilich sehr viel später entstandenen kleinen Aufsätze ,Über die Vulkane im Mond' (1785) und ,Etwas vom Einfluß des Mondes auf die Witterung' (1794) in der ,Berlinischen Monatsschrift', die wir bei dieser Gelegenheit gleich mit berücksichtigen. Denn wir wollen im folgenden nicht die zufälligen und verhältnismäßig unwichtigen Umstände der Entstehung dieser verschiedenen kleinen Abhandlungen schildern, sondern aus ihnen Kants Gesamtanschauung von der Geschichte des Erdkörpers und seines Trabanten kennen zu lernen suchen, soweit sich dieselbe aus solchen ,,Bruchstücken" zusammenstellen läßt. Wir können das um so eher, da der Philosoph zwar, wie der genaueste Kenner und langjährige Bearbeiter seines Nachlasses E. Adickes ausführt, beständig an Einzelheiten seiner Theorien ,,gemodelt", aber ,,gewissen Grundüberzeugungen . . . sein Leben lang treu geblieben ist".

Kants Theorie von der Entwicklung des Erdkörpers schließt sich unmittelbar an die ,Theorie des Himmels' an. Im Anfang bestand unser Planet, ebenso wie die Sonne, aus einer chaotischen flüssigen[1]) Masse, in der alle Elemente — ,,Luft, Erde, Wasser usw." — miteinander vermengt waren. Sie nahm durch ihre Rotation die Gestalt einer abgeplatteten Kugel an und begann an der Oberfläche allmählich hart zu werden. Inzwischen bildeten sich unter derselben, infolge des natürlichen Aufsteigens der leichteren Elemente, weite, von Luft und Wasser erfüllte Hohlräume, die dann wiederholte Einstürze und infolge deren Gebirge und Täler, abwechselnd mit weiten, jedoch nicht allgemeinen Überschwemmungen hervorriefen. Über die Entstehung der letzteren, von denen eine die sogenannte ,,Sündflut", hat der Philosoph allerdings (nach Adickes' genauen Untersuchungen) zu

---

[1]) Bis etwa 1775 k a l t -, seitdem h e i ß - flüssig gedacht (vgl. Adickes, Kants Ansichten über Geschichte und Bau der Erde. 1911. S. 129 f.). Woher die Flüssigkeit kam, daß sie sich erst aus der W ä r m e entwickelt, hat er erst 1785 erkannt. Das Feuer ist ihm in der Dissertation ,,De igne" (1756) noch ein weiter nicht erklärbares Element, das als ursprünglich elastische Materie allerdings schon die Hauptmerkmale des Flüssigen, leichte Verschiebbarkeit der Teilchen und gleichmäßige Druckverteilung, besitzt. Die mechanische Wärmetheorie existierte eben zu seiner Zeit noch nicht.

verschiedenen Zeiten verschieden gedacht. Nach ihrem Verschwinden stieg nach und nach das heutige Festland aus dem einstigen Meeresboden empor. Die weitere Entwicklung der Erdoberfläche konnte sich nach solchen „Revolutionen" in größerer Ruhe vollziehen. Kants Aufmerksamkeit ziehen naturgemäß in erster Linie Probleme auf sich, die seinem scharf beobachtenden Blicke durch die Natur der Heimat gegeben waren: so die Grenzverschiebungen zwischen Meer und Land, die Bildung der Dünen und Haffe, die Entstehung und Bedeutung der Flußbetten, die er einmal den „eigentlichen Schlüssel der Erdtheorie" nennt; in den 70er Jahren auch die der Wüsten u. a. Im ganzen huldigt unser Denker mehr dem sogenannten Neptunismus (Entstehung durch Wasser) als dem Plutonismus (Entstehung durch Feuer). Vulkanische Ausbrüche scheinen ihm erst später stattgefunden zu haben und haben bloß vereinzelte Berge gebildet; die meisten „kraterähnlichen Bassins" auf der Erde, wie auf dem Monde, scheinen ihm nicht vulkanischen Ursprungs zu sein. Das Innere der Erde ist wahrscheinlich auch jetzt noch ein Chaos; magnetische Kräfte innerhalb desselben verursachen vielleicht die sonst unerklärbaren periodischen Klimaschwankungen der Erde. Zur Erklärung der Erdbeben muß freilich ein in jenen unterirdischen Höhlungen loderndes Feuermeer angenommen werden, das nur auf die Gelegenheit wartet, sich verheerend auf die Erdoberfläche zu ergießen oder sie doch mindestens zu erschüttern. In den Erdbebenaufsätzen des Jahres 1756 spielt naturgemäß das Wirken des Feuers — das ja auch, wie wir bereits sahen, das Thema seiner Promotionsschrift von 1755 bildete — eine größere Rolle. Er hält es für möglich, daß die „Feuerschätze" dieses „Reichs des Vulkan" dereinst der Erde vielleicht ein unvorhergesehenes Ende bereiten; aber das wäre ein Zufall, wie wenn ein Gebäude durch eine Feuersbrunst zerstört wird. Im ganzen neigt er, dem durch Leibniz in die Wissenschaft eingeführten Kontinuitätsgesetz und der eigenen wissenschaftlichen Grundanschauung folgend, der Annahme einer a l l m ä h l i c h e n , in „unmerklichen Stufen" vor sich gehenden Entwicklung zu, die gleichwohl durch beständige Summierung in langen Perioden große Veränderungen hervorzubringen vermag.

Andere Abhandlungen beziehen sich auf ein Thema, zu dem ihm das Königsberger Klima mit seinem häufigen Umspringen des Windes eine günstige Beobachtungsgelegenheit bot: die Entstehung der W i n d e; woran sich Untersuchungen über das Drehungsgesetz der Passate, das Wehen der Monsune, die Feuchtigkeit der Westwinde schlossen. Seine Vorlesungen über physische Geographie, auf die wir in einem späteren Kapitel noch zu sprechen kommen werden, betrachten die Erdoberfläche hauptsächlich in ihrem gegenwärtigen Zustand. Aber, wie auf Vergangenheit und Gegenwart, so richtete sich auch auf die fernste Zukunft unseres Planeten sein Blick. Dem ewigen Werden und Vergehen „aller Naturdinge" nach streng mechanischen Gesetzen ist auch die Erde unterworfen. Sie a l t e r t. Ihr immer stärkeres Hartwerden und die Zunahme ihrer Eigenwärme werden zur Folge haben, daß keine Dünste mehr aus ihrem Innern aufsteigen und so ihrer Fruchtbarkeit ein Ende machen, so daß sie vermutlich auch aufhören wird, bewohnbar zu sein. Ebbe und Flut, ihrerseits durch die Anziehungskraft des Mondes veranlaßt, bewirken gleichfalls durch ihren Reibungswiderstand eine zwar sehr langsam, aber sicher vor sich gehende Abnahme ihrer Rotationsgeschwindigkeit, bis ihre Drehung einst ganz aufhören wird. Die Erde hatte einen Anfang — ein von Ewigkeit her bestehender Erdkörper würde schon „abgespült" sein — und wird auch ein Ende haben; denn Ruhe ist der erste und letzte Zustand aller Bewegung. Zuletzt wird sie mit allen anderen Planeten in den allgemeinen „Senkungspunkt", die Sonne, zurückfallen, aus deren Schoß sie einst „gewaltsam erhoben ward"[1]), um aber vielleicht aus demselben neue Welten erstehen zu lassen.

Auch die zur Naturgeschichte der Erde gehörenden Aufsätze ruhen auf dem Grunde von N e w t o n s Theorie, den gleich die erste Abhandlung und zwar ihn allein zweimal nennt, als den Urheber des „glücklichsten Versuches, den der menschliche Verstand in der Erkenntnis der Natur noch getan hat". Ferner: Kant will in ihnen zwar als „Naturkundiger", nicht als historischer

---

[1]) Aus Herders Kollegheft bei Menzer (Kants Lehre von der Entwicklung in Natur und Geschichte, 1911), S. 75.

Forscher auftreten, sich unmittelbar an die Natur halten und
deren „Arbeit" beschreiben, aber er ist doch alles weniger als
ein Naturforscher im modernen Sinne. Er treibt keine methodisch
geregelte oder gar experimentelle Detailforschung, wie wir es
heute von jedem Naturwissenschaftler fordern, sondern schöpft
seine ausgebreiteten Einzelkenntnisse, wenn wir von Beobachtungen gewisser Naturerscheinungen der Heimat absehen, aus
reicher Belesenheit in naturwissenschaftlichen Schriften und
Reisebeschreibungen jeder Art. Auch in Einzeltheorien zeigt er
sich, auf geologischem Gebiete noch stärker als auf dem astronomischen, vielfach beeinflußt von den Lehren früherer und zeit-
genössischer Gelehrter, unter denen Adickes, der genaueste Kenner
dieser Dinge, vor allem Leibniz, Buffon und Buache namhaft
macht. Allein Kant macht auch gar nicht Anspruch darauf, auf diesem Gebiete ein Bahnbrecher der Wissenschaft zu
sein. Seine Aufsätze wollen mehr zum Nachdenken anregende,
populär geschriebene Betrachtungen für die Leser der Königsberger Lokalblätter und Universitätsprogramme, später der Berliner Monatsschrift sein.

Das Verdienst und das Charakteristische von Kants naturwissenschaftlichen Schriften und Ideen besteht überhaupt nicht
in der Feststellung von Einzelergebnissen oder in exakter mathematischer Begründung und Berechnung, die in der Regel überhaupt
fehlt oder auch gelegentlich in die Irre geht, sondern im Erfassen
und Verkünden neuer, fruchtbarer, geistvoller, zum Teil genialer
Leitgedanken, denen die von anderen übernommenen Einzeltatsachen und -gedanken sich unterordnen, kurz im eigentlich
P h i l o s o p h i s c h e n.   „Mit seltener Kraft der Intuition
durchdringt er die Natur und sucht überall nach großen, durchgehenden Gesetzmäßigkeiten: so entdeckt er bald hier, bald dort
verborgene Fäden des Zusammenhanges" und „vermag Wirkungen wahrzunehmen, an denen andere gebundenen Auges vorübergehen", „entdeckt in dem längst Bekannten ganz neue Seiten", „stiftet zwischen scheinbar Fernliegendem überraschende
Verbindungen" (Adickes, a. a. O. S. 52, 53). Und wie die K r a f t
d e r   S y n t h e s e, die in seiner Kosmogonie zur Herstellung

eines großartigen Gesamtbildes führte, sich, obschon in ver-
mindertem Grade, auch in seinen Fragmenten zu einer Naturgeschichte der Erde offenbart, so tritt uns auch die andere wichtige Seite der dortigen Untersuchung hier wiederum entgegen:
die Abgrenzung der Wissenschaft gegen Theologie
und falsche Teleologie.

Gewiß kommen auch in diesen Aufsätzen, namentlich soweit
sie aus der vorkritischen Periode stammen, teleologische Wendungen von der von der Vorsehung beabsichtigten „Ordnung",
„Schönheit", „Nützlichkeit" der Natureinrichtungen vor. Dagegen
macht sich der Philosoph von Anfang an über jene grobe Art von
Zweckbetrachtung lustig, die z. B. von dem Erscheinen der Kometen
oder bestimmter Planeten allerlei Unheil für die Erdenbewohner
befürchtet; von solchen Grillen habe Newton glücklicherweise
die Naturwissenschaft „gesäubert". Selbst anscheinend so regel-
lose Ereignisse wie die Erdbeben gehen auf mechanische Naturgesetze zurück. Gott steht wohl hinter ihnen, greift aber nicht
in sie ein. Auch moralische Betrachtungen werden, zumal wenn
es sich um ein so verführerisches Thema wie das Erdbeben von
Lissabon handelt, nicht ganz ausgeschlossen. Aber sie beschränken sich doch im wesentlichen auf den vernünftigen Gedanken:
solche traurigen Ereignisse sind keine göttlichen Strafgerichte,
sollen vielmehr uns nur demütig stimmen und daran erinnern,
daß der Mensch „nicht geboren ist, um auf dieser Schaubühne
der Eitelkeit ewige Hütten zu bauen", und uns von dem „sträf-
lichen Vorwitz" abhalten, als vermöchten wir Gottes Ratschlüsse
einzusehen und den Plan des Ganzen zu verstehen, von dem wir
nur ein Teil sind. So ruhige Erwägungen, selbst wenn wir ihnen
heute nicht mehr zustimmen, unterscheiden sich wie Tag und
Nacht von den rührseligen, faden und breitmäuligen Moralsal-
badereien seiner Zeit, von denen Adickes (a. a. O. S. 70 f.) zwei
ergötzliche Beispiele gibt.

Auch auf die biblische „Offenbarung" nehmen nur die beiden
frühesten Aufsätze, je einmal, Bezug. Ein aus seiner ersten Magisterzeit stammender Entwurf über die Geschichte der Erde
in den ältesten Zeiten (Akad. Ausg. XIV, 572 ff.) betont schon:

,,Wenn wir die Geschichte der Erde physikalisch untersuchen
wollen, so müssen wir uns desfalls nicht an die Offenbarung wenden." Die ,,Sündflut" wird in der ,,Physischen Geographie"
zwar noch als wirklich angenommen, aber doch naturgeschicht-
lich umgedeutet, worin er übrigens nur Leibnizens Vorgang in
dessen ,,Protogäa" folgte; sie wird, wie sich Adickes (S. 48) nicht
übel ausdrückt, ,,eigentlich nur honoris causa aufgenommen und
geduldet". Am unzweideutigsten sprechen sich die beiden spätesten, bereits der kritischen Epoche angehörenden Abhandlungen
über das Verhältnis von Religion und Naturwissenschaft aus.
Eine gesunde Naturwissenschaft wird sich keinerlei ,,verborgene
Kräfte" zur Erklärung gewisser Erscheinungen ausdenken. Allerdings ist es unmöglich, eine absolut erste Ursache aller Natur-
veränderungen, beispielsweise der Sonnenhitze, anzugeben. Gleichwohl darf die Wissenschaft nicht aus Verzweiflung zu einer ,,un-
mittelbaren göttlichen Anordnung" als Erklärung ihre Zuflucht
nehmen. Eine solche ,,muß zwar, wenn von Natur i m g a n z e n
die Rede ist, unvermeidlich unsere Nachfrage b e s c h l i e ß e n";
aber das befreit uns nicht von der ,,Verbindlichkeit, unter den
Weltursachen zu suchen, soweit es uns nur möglich ist, und ihre
Kette nach uns bekannten Gesetzen, so lange sie aneinander
hängt, zu verfolgen" (,Über die Vulkane im Monde', Schluß).

4. D i e   ü b r i g e n   n a t u r p h i l o s o p h i s c h e n   S c h r i f t e n

Nur im Vorübergehen sei dreier weiterer naturphilosophischer
Abhandlungen — sämtlich Universitätsschriften — gedacht, die
sich auf speziell p h y s i k a l i s c h e Probleme beziehen.

Von ihnen haben wir die Promotionsschrift D e   i g n e (1755)
schon mehrfach erwähnt. Sie versucht die Wärmeerscheinungen
als Wellenbewegung einer elastischen Äther-Materie zu erklären,
demnach aus der Lagerung und den Kraftverhältnissen kleinster
Teilchen abzuleiten. Die am 10. April 1756 zum Behufe der Bewerbung um eine Professur (s. oben) erforderliche dritte öffentlich
verteidigte lateinische Dissertation: M o n a d o l o g i a   p h y -
s i c a , führt diese A t o m - Theorie weiter. Die Monade (einfache Substanz, ursprünglicher Teil eines Körpers) erfüllt den

Raum und bestimmt so der Nachbarmonade das „Maß der Nähe".
Der Begriff der Undurchdringlichkeit wird zu dem der K r a f t
vertieft, da nur eine solche einer anderen Kraft zu widerstehen
vermag. So überwindet der Philosoph den widerspruchsvollen
Begriff des leeren Raumes. Die Schrift, in der er „Metaphysik",
d. h. Leibnizsche Monadenlehre, durch „Geometrie", d. h. Newton-
sche Physik, zu verbessern sucht, erregte Hamanns besonderen
Beifall. Einer der „Opponenten" war der erst 16jährige Borowski.

Eine neue Weiterbildung der physikalischen Grundbegriffe
erfolgte in dem Osterprogramm 1758: „N e u e r L e h r b e g r i f f
d e r B e w e g u n g u n d R u h e und der damit verknüpften
Folgerungen in den ersten Gründen der Naturwissenschaft".
Alle Bewegung, d. h. Ortsveränderung, kann nur r e l a t i v
sein, in Beziehung auf andere Gegenstände bzw. Bewegungen;
ebenso die Ruhe. Daraus werden die Stoßgesetze abgeleitet.
Kein Körper, gegen den ein anderer sich bewegt, kann als in
absoluter Ruhe befindlich angesehen werden. Es gibt keine besondere Trägheitskraft. Die kurze Abhandlung — es waren nur
acht Quartseiten — erregte bei ihrem Erscheinen viel Aufsehen
und enthält schon wichtige Grundgedanken der erst 28 Jahre
später erschienenen „Metaphysischen Anfangsgründe der Naturwissenschaft". Im Bewußtsein des Neuen, das er mit ihr geleistet, zeigt er denn auch, namentlich in der Vorrede, ein starkes
Kraftgefühl gegenüber aller „Autorität" und dem „einstimmigen
Urteil der Weltweisen". Er würde sich kaum „wider das entscheidende Gutachten des ehrwürdigen großen Haufens" diejenige Freiheit genommen haben, „die durch nichts weiter als
durch — die gesunde Vernunft gerechtfertigt ist". Aber er er-
blicke eine Menge „unternehmender Köpfe" um sich, die gleichfalls „mit dem Gesetze des Ansehens nichts wollen zu schaffen
haben"; und so wage er es darauf hin, seine „Einfälle" zu äußern:
„ob ich gleich weiß, daß diejenigen Herren, welche gewohnt sind,
alle Gedanken als Spreu wegzuwerfen, die nicht auf die Zwang-
mühle des Wolffischen oder eines anderen berühmten Lehrgebäudes aufgeschüttet werden, bei dem ersten Anblick die Mühe

der Prüfung für unnötig und die ganze Betrachtung für unrichtig
erklären werden."

Wir verdanken die als Programmschriften erschienenen Abhandlungen Magister Kants der an sich nicht zu lobenden Zeitsitte, daß in das offizielle Vorlesungsverzeichnis der Universität
die Collegien der Privatdozenten nicht aufgenommen wurden.
So waren diese genötigt, ihre Vorlesungen in besonderen Druckschriften anzuzeigen. Anders steht es mit dem letzten naturphilosophischen Werk aus der vorkritischen Zeit.

Den Abschluß nämlich der in erster Linie dem Nachdenken
über naturphilosophische Probleme gewidmeten Periode seiner
Magisterzeit bildet eine Ende 1762 erschienene größere Schrift, die
nach des Autors eigener Versicherung ein ,,mühsam gesammeltes
Baugerät" war und ,,die Folge eines langen Nachdenkens" darstellte: D e r   e i n z i g   m ö g l i c h e   B e w e i s g r u n d   z u
e i n e r   D e m o n s t r a t i o n   d e s   D a s e i n s   G o t t e s.

Diese Schrift ist nicht, wie man nach dem Titel und dem
ersten, kürzeren Abschnitt vermuten könnte, theologischen,
sondern — wenigstens in ihrem weitaus größten Teile — naturphilosophischen Inhalts. Sie hat zwar die Absicht, ,,vermittelst
der Naturwissenschaft zur Erkenntnis Gottes aufzusteigen", verfolgt aber dabei den Zweck, der ,,n a t ü r l i c h e n   Weltweisheit" bzw. ,,Erklärungsart" ein freieres Feld zu eröffnen. Sie
will das Thema endgültig abschließen, das wir in der Kosmogonie
von 1755 angeschlagen sahen: das Verhältnis von Naturwissenschaft und Gottesglauben; nur daß dort das Hauptgewicht auf
die naturwissenschaftlichen Ausführungen fiel, während jetzt die
Frage nach der Möglichkeit oder Unmöglichkeit der Gottesbeweise
eine größere Rolle spielt. Noch bestimmter wird diesmal die
Grenzlinie gezogen. Immer wieder protestiert der Verfasser gegen
die ,,gewöhnliche" Physiko-Theologie seiner Zeit, die möglichst
viele Naturerscheinungen aus unmittelbaren göttlichen Eingriffen
erklären will und anstatt der natürlichen überall ,,Zweckursachen"
ausfindig zu machen strebt. Ein solches Verfahren bringe die
Philosophie ins Gedränge, setze der Naturforschung Grenzen,
begünstige unter dem Scheine religiöser Andacht wissenschaft-

liche Faulheit, ja mache aller wahren Naturforschung ein Ende.
Wunder, d. i. übernatürliche Begebenheiten, soll man im gewöhnlichen Lauf der Dinge ohne „erheblichste" Ursache nicht annehmen. Gewiß will Kant der Religion keinen Eintrag tun;
aber der Begriff „Gott" bedeutet ihm im Grunde nichts anderes
als: Einheit, Harmonie und Ordnung des Mannigfaltigen.

Selbst die anscheinend „freiesten" Handlungen sind doch
einer „großen Ordnung" unterworfen, wie z. B. die Statistik
der Ehen beweise, wenn auch auf diesem Gebiete noch nicht
alles „gehörig eingesehen" sei. Wir müssen in der Naturwissenschaft — auch in der organischen, wo es schwieriger ist — nach
immer größerer Einheit streben, die in der Notwendigkeit allgemeiner Gesetze besteht. Mit genialer Voraussicht ahnt Kant
hier bereits die E i n h e i t a l l e r N a t u r k r ä f t e, die
erst in unseren Tagen zur wissenschaftlichen Wahrheit zu werden
begonnen hat: daß Wärme, Luft, Elektrizität, ja vielleicht auch
der Magnetismus nur verschiedene Erscheinungsweisen der nämlichen Materie seien.

Die Opposition g e g e n den Dogmatismus der M e t a -
p h y s i k hat sich verstärkt, ist fast schon zur S k e p s i s ge-
diehen. Er vergleicht sie einem „finsteren Ozean" ohne Ufer
und rettende Leuchttürme, mit „bodenlosen Abgründen". Er
will nicht mehr mit fertigen Definitionen arbeiten, mit denen
die Metaphysik es der Mathematik gleichzutun strebt, sondern
solche erst zu finden suchen. Er empfindet Abneigung gegen die
„überfeine Weisheit" der „logischen Schmelzküche". Von den
sogenannten Gottesbeweisen verwirft er sowohl den des Descartes
wie den der Wolffianer, die beide aus bloßen Begriffen das Dasein
Gottes folgern. Aber auch der gebräuchlichste, aus der Zweckmäßigkeit der Welt — von ihm damals noch der „kosmologische"
genannt — sei zwar „schön", aber ohne strenge Beweiskraft.
Nur eine gewisse Form des ontologischen, wonach die Aufhebung
von Gottes Dasein alles denkbare Sein aufheben würde, will er
als „einzig möglichen" Beweisgrund noch gelten lassen. Wenn
nicht, nun, „so schlaget Euch von diesem ungebahnten Fußsteige
auf die große Heeresstraße der menschlichen Vernunft!" Denn,

wenn es auch „durchaus nötig" ist, „daß man sich vom Dasein
Gottes überzeuge", so ist es doch „nicht ebenso nötig", daß
„man es demonstriere". Damit schließt das merkwürdige
Buch.

Die ziemlich umfangreiche Schrift machte den Namen des
Königsberger Magisters zum erstenmal in weiteren Gelehrten-
kreisen bekannt. Moses Mendelssohn pries in den „Literaturbriefen" den Verfasser als „Selbstdenker" und forderte ihn auf,
das dauerhafte philosophische System zu errichten, zu dem der
bescheidene Kant bloß „die ersten Züge eines Hauptrisses" hatte
liefern wollen. Mehrere Theologen entgegneten; in Wien kam
sie auf den Index, während die freier Gesinnten zustimmten.
Jacobi schreibt noch 1786, nach dem Erscheinen von Herders
pantheistisch gehaltenem „Gott", an Hamann: „Mit dem Her-
derischen (sc. Gott) hat uns Kant schon anno 1763 begnadigt."
Der Philosoph aber hatte sie vor allem zum Zweck der eigenen
Klärung geschrieben. Sie schloß für ihn die erste, wesentlich
n a t u r p h i l o s o p h i s c h e Epoche seiner Magisterjahre ab
und bildet, zugleich mit ihren oben zitierten Schlußworten und
ihrer Bevorzugung der natürlichen Vernunft vor allen scholastischen Tifteleien, den Übergang zu der folgenden empiristisch-
skeptischen und zugleich mehr anthropologisch-ethischen Periode
seines Philosophierens.

Zweites Kapitel
Zweite Periode der Magisterzeit (1762—70)
Äußeres Leben: Der „galante" Magister

Um das Jahr 1762 tritt eine Wendung in Kants innerem Leben ein, von der uns deutlich nur eine bedeutsame Randbemerkung von seiner Hand in dem Handexemplar seiner ‚Beobachtungen über das Gefühl des Schönen und Erhabenen' Kunde gibt. Erinnern wir uns jenes merkwürdigen Briefes an Lindner (1759), der tiefe Unbefriedigtheit über die Menschen, von denen er umgeben ist, mit innerem Stolz auf seinen Gelehrtenberuf verband. Diesen von Pedanterie entfernten Stolz des Geistesaristokraten drückt in einfachen, aber unnachahmlich schönen Worten die erste Hälfte der neuen Niederschrift aus: „Ich bin selbst aus Neigung ein Forscher. Ich fühle den ganzen Durst nach Erkenntnis und die begierige Unruhe, darin weiterzukommen, oder auch die Zufriedenheit bei jedem Fortschritte. Es war eine Zeit, da ich glaubte, dies alles könnte die Ehre der Menschheit machen, und ich verachtete den Pöbel, der von nichts weiß." Dann aber nennt er den Namen des Mannes, der einen völligen Umschwung in seinem Wesen bewirkt hat: „Rousseau hat mich zurecht gebracht." Jener „verblendete Vorzug verschwindet. Ich lerne die Menschen ehren und würde mich viel unnützer finden als die gemeinen Arbeiter, wenn ich nicht glaubte, daß diese Betrachtung allen übrigen einen Wert geben könne, die Rechte der Menschheit herzustellen."

Jahr und Tag dieser Wendung vermögen wir nicht, wie es bei Goethe oder Schiller so oft möglich ist, mit Bestimmtheit festzustellen. Wahrscheinlich war es 1762. Vermutlich hat zwar Kant, der ja überhaupt ein starker Leser war, auch schon Rous-

seaus erste Schriften aus den 50er Jahren bald nach ihrem Erscheinen gelesen. Eine solche Kenntnis scheinen z. B. die beiden
Briefe Hamanns an Kant aus dem Jahre 1759 (S. 91 f.) voraus-
zusetzen. Aber einen nachhaltigen Eindruck haben sie damals
schwerlich auf ihn gemacht. Noch das Universitätsprogramm
‚Über den Optimismus' (Herbst 1759) verrät, wenn es auch
gelegentlich das „bündige Urteil" des gemeinen Verstandes über
die subtilen Irrtümer der Schulgelehrsamkeit setzt, nichts von
Rousseauschem Einfluß, sondern geht in den Geleisen Leibnizens.
Nun aber brachte im Sommer 1762 Kants späterer Hauswirt,
der rührige Buchhändler Kanter, den in Frankreich auf den
Scheiterhaufen gekommenen Contrat social aus Holland mit
nach Königsberg, und Ende Juli wurde dort jeden Tag die Ankunft des Emile erwartet. Im Hochsommer 1762 also muß das
Ungewöhnliche und Vielerzählte sich zugetragen haben, daß
Magister Kant, von der Lektüre des soeben erschienenen Emile
gefesselt, einige Tage lang seinen regelmäßigen Spaziergang
aufgab[1]).

Es ist doch wohl nicht ganz zufällig, es kann mindestens
mit jener Wendung zum Allgemein-Menschlichen in Zusammenhang stehen, daß gerade in die 60er Jahre eine nach Zahl und
Art bedeutende Erweiterung seines g e s e l l i g e n V e r -
k e h r s fällt. In Königsberg herrschte ein reges, gesellschaft-
liches Leben. Kant aber kam jetzt in die vornehmsten Häuser
der Stadt. Dazu gehörten zunächst die h ö h e r e n M i l i t ä r s.
König Friedrich hat es bekanntlich der Provinz, obwohl er selbst
nur mangelhaft für ihre Verteidigung gesorgt hatte, zeitlebens
nicht verziehen, daß sie die russische Fremdherrschaft so lange
geduldet; er hat sie seitdem nicht wieder besucht. Anders die
Offizierkorps der zurückgekehrten preußischen Regimenter der
(vgl. Kap. 1) starken Garnison. Sie werden sich im Gegenteil,

---

[1]) Auf diese Bemerkung beschränkt sich Borowski, Kants ältester Biograph, während Jachmann und Wasianski überhaupt nichts davon erwähnen.
Daraus hat sich dann mit der Zeit die bekannte Legende gebildet, die sich
neuerdings selbst in Kühnemanns „Herder" (1912) zu dem „ungeheuren" Ereignis verdichtet hat, daß Kant, „die Normaluhr Königsbergs", „eines Tages im
Jahre 1762 abends um 7 Uhr nicht auf seinem Spaziergang gesehen wurde".

nach den jahrelangen Strapazen des Feldlagers, in den Mauern der lebhaften und volkreichen Stadt besonders wohl gefühlt haben. Mindestens ein Teil von ihnen fühlte aber auch das Bedürfnis nach geistiger Weiterbildung, die durch die rauhe Kriegszeit unterbunden gewesen war. Gefördert wurde dies Streben durch einzelne verständnisvolle Vorgesetzte. So ließ der Chef des Dragonerregiments von Rohr, General (von) M e y e r , gleich im ersten Winter nach dem Kriege (1763/64) von dem durch seine Vorlesungen und Schriften jetzt schon in weiten Kreisen seiner Vaterstadt berühmt gewordenen und dabei auch in den äußeren Umgangsformen gewandten Magister sich und seinen Offizieren besondere Vorträge über Physische Geographie und Mathematik halten, Kant wurde zu diesen Vorlesungen in der Equipage des Generals abgeholt und speiste fast täglich bei ihm. Zu österreichischen Internierten dagegen wird wohl der spätere k. k. Oberstleutnant Freiherr von Dillon g hört haben, der noch nach 27 Jahren, als er an der türkisch-ungarischen Grenze stand, sich der „vielen, sehr angenehmen Stunden" erinnert, die er 1762 in Kants Gesellschaft zugebracht, wo „bei den Herren G. und L., ja in unseren Klubs tausend geistreiche Scherze hervorgekommen, ohne (sc. die) gelehrte Unterhaltungen zu berühren, so für einen jungen Menschen, wie ich damals war, höchst dienlich gewesen" (Brief an Kant vom 2. Juni 1789).

Wichtiger für die Zukunft wurde eine andere Bekanntschaft aus dem Hause des Generals: die des jungen Friedrich Leopold Freiherrn von S c h r o e t t e r , der als blutjunger Dragonerleutnant (geb. 1743) noch mehrere Schlachten des siebenjährigen Krieges mitgemacht hatte und nun die Muße des Friedens dazu benutzte, seinen geistigen Horizont zu vertiefen: eine schöne, männliche Erscheinung mit gebräuntem Antlitz, dunklem Haar und feurigen Augen, energischen Gangs, leicht leidenschaftlich im Ausdruck, dabei doch weich von Gemüt und empfänglich für die Reize der Poesie, der Freundschaft und der Natur. Er trat später in den königlichen Zivildienst und ist erst Oberpräsident der Kammern von West- und Ostpreußen, dann Provinzialminister von Preußen geworden und als solcher an der

Stein-Hardenbergischen Gesetzgebung beteiligt gewesen. Kant blieb in dauernder Verbindung mit ihm und kam durch ihn auch in Beziehungen zu dem Vater und dem jüngeren Bruder Karl Wilhelm, der Jurist und 1803 Kanzler des „Königreiches", d. h. der Provinz Preußen wurde. — Auch General Meyer selbst, der 1775 starb, hörte gern auf den Rat und die Empfehlung Kants, den er hoch verehrte, so daß mancher junge Mann letzterem sein Fortkommen verdankte. — Ein anderer höherer Offizier, der mit Kant gern verkehrte, war der Husarengeneral Daniel Friedrich von L o s s o w , der ihn öfters auf sein Gut bei Goldap im Oberland einlud, sich von ihm ein Fernrohr oder passende Brillengläser dorthin besorgen und bei Besetzungen von Feldprediger- u. a. Stellen des Philosophen Empfehlungen stark in die Wagschale fallen ließ. Von Goldap sind die drei erhaltenen Briefe Lossows an Kant (aus den Jahren 1770, 1774 und 1777) datiert. Auch hat ihn Kant während der Herbstferien 1765 einmal dort besucht, sehnte sich aber aus dem schönen Masurenlande bald wieder nach Hause zurück.

Seine Würde wußte der Sohn des einfachen Sattlers auch in den Kreisen der adligen Offiziere wohl zu wahren. Das bezeugt vor allem der hochachtungsvolle Ton in den Briefen Lossows und einzelne Anekdoten, die über diesen Verkehr erzählt werden. Eine bloß mündlich überlieferte zeigt seine liebenswürdige Menschenfreundlichkeit. Als er einmal bei einem hohen Offizier zu Gaste war, sah er, wie ein junger Leutnant etwas Rotwein vergoß und darüber seinem Vorgesetzten gegenüber sehr verlegen wurde. Kant, der sich mit letzterem über militärische Dinge unterhielt, goß daher eine gehörige Quantität Rotwein auf das weiße Tischtuch und zeichnete mit roten Strichen die Bewegungen der feindlichen Truppen usw. auf, nur um dem jungen Untergebenen über seine Verlegenheit fortzuhelfen. Imponieren ließ er sich selbstverständlich durch bloßen Rang und Titel nicht; er verurteilte z. B. auch das damals außerhalb der militärischen Kreise kaum vorkommende Duell, wenn er es auch als einen Rest mittelalterlicher Barbarei bei einer noch unausgebildeten Verfassung und Gesetzgebung begriff. Ja, in seiner anthropologischen Vor-

lesung sprach er es offen aus: der beim Militärstand erforderte
„Mechanismus" sei so groß, daß die „wirklichen Genies aus dem
Dienste gehen", ein Satz, den ja zu seinen Lebzeiten so berühmte
Beispiele, wie der junge Schiller und Heinrich von Kleist, letzterer gerade infolge seiner Beschäftigung mit Kants Philosophie,
erhärtet haben. Und einen Magister Penzel, der preußischen
Werbern in die Hände gefallen und in ein Königsberger Regiment gesteckt worden war, nannte er gegenüber dessen zeit-
weisem Gönner Hamann einen „niederträchtigen" Menschen,
weil er als gebildeter Mann „seinen Soldatenstand" — allerdings den eines Gemeinen — „bis jetzt so ruhig ertrage".

Auch mit den Spitzen der Z i v i l behörden stand unser
Philosoph in Verkehr. So ist z. B. durch einen Brief Hamanns
an Lindner bezeugt, daß Kant sich für des letzteren Berufung
nach Königsberg gelegentlich seiner „häufigen Besuche" bei v. B.
Exc. (d. h. vermutlich dem Regierungspräsidenten von Braxein)
einsetzen wolle (Weber, Neue Hamanniana, S. 51).

Enger und intensiver aber war des Philosophen Verkehr
mit einer Reihe von Königsberger K a u f l e u t e n. Am nächsten
von allen stand ihm J o s e p h   G r e e n, der schon in jungen
Jahren aus England herübergekommen war und das von ihm
begründete Handelsgeschäft zu hoher Blüte gebracht hatte.
Noch heute steht sein in englischem Stile erbautes, jetzt der
Stadt Königsberg gehöriges Landhaus auf einem bewaldeten
Hügel bei dem Kirchdorfe Juditten, der Geburtsstätte Gottscheds und beliebtem Ausflugsort noch der heutigen Königsberger.
Er war Kant in der Grundsatzmäßigkeit der Lebensführung verwandt, ja noch überlegen, bis zum Spleenmäßigen. Bekannt
ist die hübsche Geschichte, wie der Philosoph einst mit ihm
eine Spazierfahrt nach der Oberförsterei Moditten für den folgenden Vormittag um acht Uhr verabredet hatte. Green, der
bei solchen Gelegenheiten schon um drei Viertel mit der Uhr
in der Hand in der Stube herumging, mit der fünfzigsten Minute
seinen Hut aufsetzte, in der fünfundfünfzigsten seinen Stock
nahm und mit dem ersten Glockenschlage den Wagen öffnete,
fuhr, als er Kant nicht erblickte, ohne diesen fort und hielt, ob-

wohl er ihm nach zwei Minuten auf der Krämerbrücke begegnete, trotz dessen lebhafter Gebärde nicht an, weil das gegen die Abrede und gegen seine Regel war. Der pedantische Engländer, der wie Kant Junggeselle geblieben ist, soll das Musterbild zu dem „Mann nach der Uhr" in Hippels gleichnamigem Lustspiel gewesen sein. Schon 1766 wird er von Scheffner als Kants Freund erwähnt, desgleichen 1768 von dem ebenfalls mit ihm befreundeten Hamann, der bereits 1770 die Übersetzung einer Schrift ‚Über die Gicht' ausdrücklich Green als „dem Freunde unseres Kant" widmete. Darum kann auch die bekannte Erzählung Jachmanns nicht stimmen, wonach Green und Kant sich erst bei einem gelegentlich des nordamerikanischen Unabhängigkeitskrieges (1776—1783) zwischen ihnen entstandenen heftigen Wortwechsel kennengelernt und Freunde geworden wären. Nach Jachmann wäre die Freundschaft zwischen beiden so eng gewesen, daß der Philosoph, wie er ihm selbst versichert habe, „in seiner Kritik der reinen Vernunft keinen Satz (!) niedergeschrieben, den er nicht zuvor seinem Green vorgetragen und von dessen unbefangenem und an kein System gebundenem Verstande hätte beurteilen lassen". Neben anderen Sonderlingseigenschaften besaß Green auch die, daß er nicht bloß gänzlich unmusikalisch war, sondern nicht einmal einen musikalischen Ton von einem sonstigen Geräusch, und Poesie von Prosa an nichts anderem als der verschiedenen Silbenstellung unterscheiden konnte. Das erzählte Kant selbst nach des Freundes Tode in einem Briefe (an Hellwag, 3. Januar 1791), in welchem er „den engl. Kaufmann Hr. Green" ausdrücklich „meinen besten Freund" nennt.

Wohl durch Green lernte er auch dessen Sozius R o b e r t M o t h e r b y kennen, der schon als 14 jähriger um 1750 aus Hull nach der Pregelstadt gekommen war. Seine noch heute in Königsberg lebenden Nachkommen nehmen i h n als den einen Helden jenes Wortgefechts, das beinah zu einem Zweikampf geführt hätte, in Anspruch. Allein auch ihn bezeichnet der Philosoph bereits in einem Briefe vom 28. März 1776 als seinen „sehr werten Freund". Vor allem aber war Motherby

nach Jachmanns ausdrücklichem Bericht nicht Hauptbeteiligter,
sondern bloß „Augenzeuge" jenes Vorfalls; gerade er habe ihm
oft versichert, daß Kant, bei seinem Eintreten für die Freiheits-
rechte der Amerikaner ihm und allen Anwesenden „wie von
einer himmlischen Kraft begeistert erschienen wäre und ihr
Herz auf immer an sich gefesselt hätte". Auch die Geschichte
mit der allzu pünktlichen Wagenfahrt erzählt die Familienüberlieferung der Motherby von i h r e m Ahnen; allein sie paßt
besser zu dem, was auch sonst von der Grillenhaftigkeit des alten
Junggesellen Green berichtet wird, als zu dem taktvollen Wesen
des überdies im Lebensalter um zwölf Jahre hinter Kant zurück-
stehenden Motherby. Von der Fortsetzung beider Freundschaften
bis ins Alter hinein wird noch zu reden sein.

Durch beide Freunde wurde der Philosoph ferner mit dem
ebenfalls eingewanderten schottischen Kaufmann Hay bekannt,
der neben seinem Beruf eine gründliche klassische Bildung besaß;
weiter mit dem Inhaber der französischen Handelsfirma Toussaint
und Laval, mit denen Motherby durch seine Gemahlin, eine geborene Toussaint, verschwägert war. Den Kommerzienrat Toussaint
empfiehlt Kant 1796 dem Elberfelder Kaufmann Plücker, der
ihn wegen eines Königsberger Handelshauses um Rat gefragt,
bei seiner eigenen „Unkunde" in Geschäften, als „wichtigen
und wohldenkenden Mann", durch den er ihm auch weitere
Briefe zugehen lassen könne. Er selbst hatte bis 1798, wie sein
Testament vom 26. Februar d. J. zeigt, sein ganzes bewegliches
Vermögen — damals in beinahe 43 000 Gulden bestehend —
zu sechs Prozent bei der Firma Green, Motherby & Comp. angelegt.

Natürlich verkehrte er daneben auch mit deutschen Kaufleuten: so mit dem gleichfalls seiner Bildung wegen hochgeach-
teten Hüge, dessen durch seinen schönen Park berühmtes Gut
Prilacken zwischen Königsberg und Pillau er öfters besucht hat.
Weiter mit dem aus Pillau stammenden Kaufmann und späteren
„Bancodirektor" W. L. R u f f m a n n (geb. 1737, † 1794), in
dessen Haus, als er jung verheiratet war (um 1766), auch Hippel
verkehrte. Von Ruffmann, der ihn in kaufmännischen Ange-

legenheiten gleichfalls beriet, stammte der einzige Bilderschmuck in Kants Wohnung: ein Porträt Rousseaus.

Ob und wieweit der nähere und entferntere Umgang mit allen diesen Kaufherren in Kants Magisterjahre zurückreicht, läßt sich im einzelnen nicht mehr genau nachweisen, ist ja auch unerheblich. Sicher verkehrte er aber schon in den 60er Jahren, und zwar ziemlich intim, in einem der vornehmsten Kaufmannshäuser der Stadt, dem des Geheimen Kommerzienrats Johann Conrad J a c o b i. In diesem Hause hatte sich eine von den Königsbergern als die „Gelehrte Gesellschaft" bezeichneter privater Zirkel gebildet, dessen Hauptmitglieder, außer dem Ehepaar Jacobi selbst, der Oberstleutnant von Lettow, eine Baronin von Thile, Magister Kant und Münzmeister Göschen bildeten, während die außerordentlichen oder gelegentlichen Teilnehmer, wie Hippel, zahlreich waren. Kants Fürsprache bei dem einflußreichen Kaufherrn verdankte u. a. Hamann seine Anstellung als Sécrétaire-Traducteur beim Akzise-Amt. Den Hauptanziehungspunkt dieses Patrizierhauses jedoch bildete, vielleicht auch für Kant, die bewunderte und elegante Frau des Hauses, Maria Charlotta geb. Schwink. Damit kommen wir auf ein besonderes, bisher noch wenig durchforschtes Kapitel:

Kant und die Frauen

Die Frauen haben keine bestimmende oder auch nur bedeutende Rolle im Leben unseres Denkers gespielt, geschweige denn, daß sie sein Schaffen befruchtet hätten, wie es bei anderen großen Menschen seines Zeitalters: bei Goethe, Schiller, Herder, und von Philosophen bis zu einem gewissen Grade doch auch bei Fichte und Schelling der Fall war. Er ist Junggeselle geblieben wie Plato und Leibniz, Descartes und Hobbes, Locke und Hume. Aber er ist anderseits doch kein galliger Feind des weiblichen Geschlechtes gewesen, wie Schopenhauer, oder vollkommen gleichgültig dagegen, wie Winckelmann. Er beschäftigt sich in seinen populären Schriften, besonders den anthropologischen Vorlesungen und den Entwürfen dazu, sogar recht häufig mit „dem Frauenzimmer". Welche E r l e b n i s s e bestimmten ihn dazu?

Das schöne Verhältnis zwischen ihm und seiner Mutter, die er nie vergaß, haben wir schon kennengelernt. Zu den Schwestern bestanden keine näheren Beziehungen. Sie wurden — wie es noch heute öfters in ärmeren Familien zu gehen pflegt —, damit die Brüder studieren konnten, hintangesetzt, mußten sich als Dienstmädchen verdingen und haben später Handwerker geheiratet. Daß er während seiner Studienzeit Liebesaffären nachgegangen, ist bei seinem Temperament, seinen Neigungen und seiner finanziellen Dürftigkeit wohl völlig ausgeschlossen. Einen gewissen Ton uns heute etwas altfränkisch anmutender Galanterie allerdings hat er sich wohl schon auf der Universität angewöhnt, von der er noch später rühmte, daß sie dem jungen Manne „Schliff" verleihe. So schreibt er, gelegentlich einer leichten Polemik gegen die gelehrte Marquise von Chastelet in seiner Erstlingsschrift: „Die Anmerkung, die ich hier mache, würde gegen eine jede andere Person ihres Geschlechtes das Ansehen eines ungesitteten Betragens und einer gewissen Aufführung, die man pedantisch nennt, an sich haben; allein der Vorzug des Verstandes und der Wissenschaft an derjenigen Person, von der ich rede, der sie über alle übrige ihres Geschlechtes und auch über einen großen Teil des andern hinweg setzt, beraubet sie zugleich desjenigen, was das eigentliche Vorrecht des schönen Teiles der Menschen ist, nämlich der Schmeichelei und der Lobsprüche, die dieselbe zum Grunde haben" (a. a. O., § 113a, II). Aus seinen Hauslehrerjahren in Judtschen und Gr. Amsdorf wissen wir nichts. Anders wäre es, wenn die Nachrichten über seine dritte Hauslehrerstelle bei der Gräfin Keyserling zu Rautenburg eine festere Grundlage hätten. Denn es existiert in der Tat eine von der Gräfin hergestellte, ansprechende Kreidezeichnung unseres Philosophen, die ihn so jugendlich wie sonst kein Bild, d. h. etwa dreißigjährig, darstellt[1]), während sie selbst damals (um 1753/54) 24—25 Jahre zählte. Und sie, die mit 25 Jahren ein philosophisches Werk Gottscheds ins Französische übersetzte, k ö n n t e zu diesen Studien durch ihren philosophischen

---

[1]) Veröffentlicht mit einem ausführlichen Begleitartikel von Emil Fromm, Kantstudien II, S. 145—160.

Hauslehrer angeregt worden sein. Doch das beruht alles auf
bloßen Vermutungen. Ebenso lassen sich aus dem Verschen,
das er am 16. Juli 1757 einem unbekannten Freunde ins Stammbuch schrieb:

Großen Herren und schönen Frauen
Soll man wohl dienen, doch wenig trauen

keine anderen Schlüsse ziehen, als daß er jedenfalls kein abgesagter Feind des weiblichen Geschlechts gewesen ist.

Etwas festeren Boden betreten wir erst mit den 60er Jahren.
Zwar aus seinem bekannten, mehr als fünf Druckseiten zählenden Briefe vom 10. August 1763 an eine der „gnädigen Dames
aus dem von mir äußerst verehrten Schulkeimschen Hause",
denen er durch Borowski das Trostschreiben an Frau von Funk
(s. 88 f.) hatte zugehen lassen, und der er nun auf ihren Wunsch
einen ausführlichen Bericht über die angeblichen Geistererschei-
nungen Swedenborgs übersandte, das 23jährige Fräulein Charlotte von Knobloch, läßt sich auch nur auf seine liebenswürdige Galanterie gegen Damen überhaupt schließen: wenn
er von „der Ehre und dem Vergnügen" spricht, „dem Befehl
einer Dame" nachzukommen, „die die Zierde ihres Geschlechts
ist", durch die Abstattung eines Berichts, der freilich „von ganz
anderer Art" sei, „als diejenigen gewöhnlich sein müssen, denen
es erlaubt sein soll, mit allen Grazien umgeben, in das Zimmer
der Schönen einzudringen". Höchstens noch darauf, daß er dem
Bildungsstreben junger Damen gern entgegen kam, wie er denn
der nämlichen ältesten Tochter des Generals von Knobloch
auch Wielands „Erinnerungen an eine Freundin" zuschickte,
wofür sie sich ihm noch nach Jahren dankbar erwies. Denn nachdem sie bereits seit acht Jahren die Gattin eines Hauptmanns
von Klingspor und Mutter von vier Kindern geworden war,
dankt sie in einem zwar fürchterlich unorthographischen, aber
von naturwüchsigem Gefühl zeugenden Briefe (1772), in dem
sie den „hochedelgeborenen, hochgelehrten Herrn Professor und
werten Freund" um Besorgung eines Hofmeisters bittet, für
seine „Gütige Absicht, ein Junges Frauenzimmer durch angenehmen Unterhalt zu Bilden"; obwohl „bei denen möresten

Menschen eine Lange Abwesenheit die Freundschaft erkalten Läst", sei sie „von der angenehmen gewißheit geschmeychelt, das Sie mein Freund sind: so wie Sie es ehe mahls waren" (Ak. Ausg. X, S. 122 f.).

Das beste Bild von Kants damaligen — und im wesentlichen sich gleich gebliebenen — Anschauungen über das weibliche Geschlecht gibt uns der dritte Abschnitt der ‚Beobachtungen über das Gefühl des Schönen und Erhabenen' (1764). Der 40 jährige Verfasser hebt hier die U n t e r s c h i e d e zwischen den beiden Geschlechtern sehr stark hervor, zum Teil allerdings infolge seines Themas, das den Gegensatz zwischen dem Erhabenen und Schönen in diesem Abschnitt auch auf die Charakteristik der Geschlechter anwendet. Das „Frauenzimmer" hat ein angeborenes stärkeres Gefühl für das Schöne und Zierliche, liebt Scherz und Heiterkeit, Sittsamkeit und feinen Anstand, zieht das Schöne dem Nützlichen vor, hat einen „schönen" (wie w i r einen „tiefen") Verstand. Er macht sich etwas lustig über gelehrte Frauen, sei es, daß sie sich den Kopf mit Griechisch oder mit Mathematik und Mechanik oder mit Schlachten und Festungen oder mit abstrakten Spekulationen anfüllen. Ihre Wissenschaft ist vielmehr „der Mensch, und unter den Menschen der Mann"; ihre Weltweisheit „nicht Vernünfteln, sondern Empfinden". Dem entsprechen auch seine, gewiß nicht ohne Einfluß von Rousseaus Emile zustande gekommenen, Ideen über Mädchenunterricht: Erweiterung des moralischen Gefühls sei für sie wichtiger als die des Gedächtnisses; das wird dann an Beispielen aus dem geschichtlichen, geographischen und Kunstunterricht erläutert. Übrigens hält unser Philosoph das weibliche Geschlecht im ganzen so hoch, daß er ihm sogar vorzugsweise diejenige Art von Sittlichkeit zuspricht, die später Schiller unter dem Begriff der Anmut oder sittlichen Schönheit im Gegensatz zur Würde verstanden hat. „Sie werden das Böse vermeiden, nicht weil es unrecht, sondern weil es häßlich ist, und tugendhafte Handlungen bedeuten bei ihnen solche, die sittlich schön sind. Nichts von Sollen, nichts von Müssen, nichts von Schuldigkeit." Und sein Schlußurteil faßt er dahin zusammen: der Mann soll durch seine Neigung noch mehr veredelt, die Frau durch die ihre noch mehr verschönt werden.

Doch nun vom Allgemeinen zum mehr P e r s ö n l i c h e n. Magister Kant kann unmöglich ganz ohne Gefühl für Frauenschönheit gewesen sein, wenn er in seinen ‚Beobachtungen' redet vom Unterschied von blauen und schwarzen Augen, von Blondinen und Brünetten, von schmachtenden Augen und bezaubernden Mienen, von lachenden und schalkhaften Blicken, von denen ein einziger die „Mannspersonen" in stärkere Verwirrung zu setzen vermag als die schwerste Schulfrage! Oder wenn er von dem h ü b s c h e n Gesicht, das nicht zum Herzen redet, das s c h ö n e unterscheidet, in dessen Zügen sich „ein zärtlich Gefühl und wohlwollendes Herz abmalt". Im allgemeinen scheint er sich s p ä t e r anscheinend mehr für zarte Gestalten ausgesprochen zu haben, wie er denn überhaupt erst durch Winckelmann dazu bewogen wurde, die vollkommenere Schönheit doch dem männlichen Geschlechte zuzusprechen[1]). In den ‚Beobachtungen' zeigt er für b e i d e Arten weiblicher Schönheit Verständnis: „die reizende" sowohl wie „die rührende". Die erstere fessele durch „Munterkeit und Witz in lachenden Augen, feinen Mutwillen, das Schäkerhafte der Scherze und schalkhafte Sprödigkeit". Ein Mädchen darf sogar eine „kleine Närrin" sein, wenn sie nur alberne Aufgeblasenheit vermeidet. Ja selbst Koketterie verurteilt er nicht ganz. Als „Geflissenheit, einzunehmen und zu reizen" an einer „sonst artigen" Person ist sie „vielleicht tadelhaft, aber doch schön und wird gemeiniglich — dem ehrbaren, ernsthaften Anstande vorgezogen". Die rührende Schönheit dagegen flößt eine Empfindung ein, die „zärtlich, mit Achtung verbunden und beständig" ist; weshalb auch viele Damen selbst eine blassere Farbe, die „gemeiniglich eine Gemütsart von mehr innerem Gefühle und zärtlicher Empfindung begleitet", der roten und blühenden vorziehen. Auch findet man, daß hübsche Gesichter, die auf den ersten Augenblick gefallen, nachher uns gleichgültig werden, während andere bei näherer Be-

---

[1]) Vgl. dazu die interessanten Vorlesungs-Notizen bei O. Schlapp, Kants Lehre vom Genie 1901, besonders S. 36, 80 A., 82 f.

kanntschaft immer mehr für sich einnehmen und, indem sie durch immer neue moralische Reize fesseln, sich beständig zu verschönern scheinen (S. 70). Übrigens bricht Kant, als fürchte er, zu viel von seinen eigenen Gefühlen zu verraten, seine Ausführungen über diese Unterschiede mit den bezeichnenden Worten ab: „Ich mag mich nicht in gar zu ausführliche Zergliederungen von dieser Art einlassen; denn in solchen Fällen scheint der Verfasser jederzeit seine eigene Neigung zu malen" (Original-Ausgabe S. 66 f.). Und doch scheint er uns einige Seiten später noch einmal ungewollt sich selbst zu verraten. Er hat vorher von dem Geschlechtstrieb gesprochen, über dessen Natürlichkeit er übrigens stets durchaus gesunde Ansichten gehegt hat, ohne seine Ausartung in „Ausschweifung und Lüderlichkeit" zu billigen. Und nun stellt er in Gegensatz zu dem „einfältigen und groben", aber den großen Zweck der Natur erfüllenden Geschlechtsgefühl denjenigen Menschen, dessen „sehr verfeinerter" Geschmack „einer ungestümen Neigung die Wildheit benommen". Personen von so „delikater" Empfindung würden „sehr selten" glücklich. Sie schafften sich ein Ideal ihrer Neigung und zierten es mit allen edlen und schönen Eigenschaften, „welche die Natur selten in einem Menschen vereinigt und noch seltener demjenigen zuführt, der sie schätzen kann". Es klingt fast wie auf sein eigenes Schicksal gemünzt, wenn er dann fortfährt: „Daher entspringt der A u f s c h u b und endlich die völlige E n t s a g u n g auf eheliche Verbindung" (S. 72).

In der Königsberger Damenwelt, mit der er sicher bei seinem regen geselligen Verkehr bekannt geworden ist, wird Magister Kant Beispiele genug von beiden Typen, dem schalkhaft-heiteren wie dem „zärtlich"-ernsten, angetroffen haben. Vermutlich mehr von der ersteren Art. Denn nach der Schilderung von Zeitgenossen hatten — wir deuteten es schon an — in den Jahren der russischen Okkupation (1758--1762) die russischen Offiziere, ähnlich wie später 1807 die Franzosen, manche Verheerungen in den Herzen und Sinnen der Königsberger Schönen angerichtet. Selbst die Professoren der Albertina waren von der modischen Lockerung der Sitten nicht unangesteckt geblieben. Der Jurist

Funk z. B., mit dem Kant verkehrte und dem er nach seinem Tode (April 1764) das Leichen„gepränge" ausrichten sollte (S. 143), nahm es mit der ehelichen Treue nicht zu genau. Zwar hatte der spätere Professor der Eloquenz Flottwell schon 1741 zur Pflege geistiger Interessen nicht bloß die heute noch bestehende „Deutsche Gesellschaft" ins Leben gerufen, sondern auch im Hause des Rechtslehrers von Sahme eine „Frauenzimmer-Akademie" zustande gebracht, welche die Pflege von Literatur und Musik auf ihr Programm setzte. Allein diese muß im Laufe der Zeit wohl mehr dem Vergnügen bzw. dem Ehefang als der Wissenschaft und edlen Kunst gedient haben. Als Scheffner um das Jahr 1769 seinem Freunde, dem damals 28 jährigen Hippel, zum Heiraten zuredete, entgegnete dieser: „Wenn nur eine vernünftige Frau da wäre! Das ist aber in Königsberg ein sehr seltener Fall. Das S a h m sche Concert ist Sodom, und die Redoute ist Gomorrha, und es hat kein anderes Ansehen, als wenn unsere Mädchen nur dahin gingen wie auf Auktionen, um sich plus licitanti [d. i. dem Mehrbietenden] zuschlagen zu lassen. Oft rufen die Mütter aus, oft die Tanten."

Mag Hippels Bericht nach seiner ganzen Art auch stark satirisch gefärbt sein: an Gelegenheit zum Heiraten fehlte es in Königsberg für Magister Kant sicherlich nicht, auch wenn er an dem Sahmschen Konzert oder an der „Gomorrha" der Redouten nicht aktiv teilgenommen haben sollte. Als Tänzer allerdings können wir uns den „kleinen Magister" nicht recht vorstellen, aber beigewohnt haben wird er dem Tanzen wohl mehr als einmal, über das er gerade um das Ende der 60er Jahre Reflexionen niedergeschrieben hat wie die folgenden: „Der Reiz bei dem T a n z e ist entweder körperlich und beruhet auf der allen Gliedmaßen geziemenden Bewegung" oder „idealisch" und beruht dann auf der „Beziehung, welche die veränderlichen Gestalten auf die Affekte haben". „Der Tanz ist dem Auge das, was die Musik für das Gehör ist." „Der Tanz verliert den Reiz, wenn man nicht mehr dem anderen Geschlecht gefallen will. Darum dauert die Neigung zum Tanz bei geheirateten Männern nicht lange; bei Weibern, bis sie alt sind, weil sie beständig gefallen wollen."

Anscheinend hat sich auch unser Magister von den Reizen eines Königsberger Mädchens von etwas leichterer Art eine Zeitlang bestechen lassen. Wer es war, ist freilich unsicher. Wir haben schon in ‚Kants Leben' erzählt, daß eine gewisse L u i s e R e b e k k a F r i t z, die 1826 als Frau Obereinnehmer Ballath hochbetagt in der ostpreußischen Hauptstadt starb, in ihren späteren Jahren „oft und viel und immer mit stolzem Ruhme" davon zu erzählen pflegte, daß „Kant sie einst geliebt habe". Nun ist aber aktenmäßig festgestellt, daß in der Tat eine 1744 geborene Luise Rebekka Fritz am 18. Oktober 1768 einen Herrn Ballath heiratete, der später zusammen mit Hamann am Lizentamt angestellt war. Und von eben d i e s e m Fräulein Fritz schreibt Hippel November 1768 ziemlich ironisch als von der „weiland Ehr- und Tugendbelobten Jungfer Fritz, deren Ehr' und Tugend schon im russischen Kriege gelitten haben soll", und die nun einen Herrn B. geheiratet habe, der allerdings zunächst besser das Waldhorn zu blasen als eine Frau zu ernähren verstehe. Wir wollen gewiß nicht der Ehre der nachher als verheiratete Dame vielleicht sehr solide gewordenen „Jungfer Fritz" nach anderthalb Jahrhunderten zunahe treten, aber dieser etwas zweifelhafte Ruf der Dame, der freilich für uns nur auf dem on dit des sarkastischen Hippel beruht, stimmt doch ganz wohl zu dem, was Kants Schüler und späterer Kollege Kraus von einer „Königsbergerin" berichtet, die Kant „zu heiraten gewünscht" habe. Der Philosoph selbst habe „darüber einmal" das Wort „fallen lassen", daß „bei näherer Ansicht das Gleißende sehr geschwunden sei, d. h. daß er eine seiner würdige weibliche Seele da nicht gefunden habe". Vielleicht also stammen Kants spätere häufige, übrigens meist verhältnismäßig milde, Urteile über weibliche Koketterie (vgl. z. B. Anthropologie, S. 251, 255, 259) aus eigener Erfahrung.

Schon ehe die 24jährige Jungfer Fritz in den Ehehafen einlief, dem Magister Kant, in diesem Falle, wenn unsere Vermutung richtig ist, glücklich entgangen war, hatte eine cause celèbre, die mit einer anderen unserem Philosophen sehr gut bekannten Dame zusammenhing, die vornehmen Kreise Königs-

berg weit mehr aufgeregt. Sie betraf die F r a u von Kants
Freund, dem Geheimen Kommerzienrat Conrad J a c o b i.
M a r i a C h a r l o t t a J a c o b i stammte aus der reichen
und angesehenen Patrizierfamilie Schwinck und war am 7. Juli
1739 geboren. Schon am 6. Juni 1752, also noch nicht ganz
13 Jahre alt, heiratete sie den damaligen „Bankier und Nego-
tianten" Johann Conrad Jacobi, der 22 Jahre älter als sie war.
Vielleicht war es doch eine Folge dieser allzu frühen Heirat mit
einem bedeutend älteren Manne, daß sie sich in dieser Ehe auf
die Dauer nicht befriedigt fühlte, zumal da dieselbe, wie es scheint,
nicht mit Kindern gesegnet war[1]). Das Ehepaar bewohnte ein
Haus in der Kneiphofschen Langgasse, das sie geerbt hatte,
seit 1764 ein noch schöneres palastartiges Haus, das man dem
Burggrafen zu Dohna abgekauft hatte, in der Junkerstraße. Der
vielbeschäftigte Gemahl ließ der jungen und wohl etwas ver-
wöhnten Frau, in die er verliebt war, vermutlich viele Freiheit.
Sie war die Königin der Bälle und Festlichkeiten in Königsberg,
die, um es mit Hippels Worten auszudrücken, allen „Komödien,
Redouten, Konzerten und Privatbällen" der vornehmen Königsberger „Gesellschaft" den „eigentlichen Glanz" verlieh. So
war es denn nicht eine beliebige Königsberger Dame, sondern
die gefeiertste Schönheit der Stadt, die an einem schönen Sommer-
tage des Jahres 1762 aus ihrem Garten an Magister Kant das erst
durch die Akademie-Ausgabe bekannt gewordene originelle Briefchen schrieb, das der Adressat sich doch wohl zum Andenken
aufgehoben haben muß. Wir setzen es trotz seiner übelen Ortho-
graphie (die den vornehmen Damen der damaligen Zeit eigentümlich gewesen zu sein scheint, die wir ihnen aber bei
dem schlechten Schulunterricht ebensowenig anrechnen dürfen,
wie etwa Friedrich dem Großen oder dem alten Blücher) nach
seinem vollen Wortlaut hierher:

„Wehrter Freünd

Wunderen Sie sich nicht daß ich mich unterfange an Ihnen
als einen großen Philosophen zu schreiben? Ich glaubte sie

---

[1]) Nach Jacobis Tode (1774) wurde sein Universalerbe sein N e f f e
Friedrich Conrad Jacobi.

gesteren in meinen garten zu finden, da aber meine Freündin
mit mir alle alleen durchgeschlichen, und wir unseren Freünd
unter diesem Zirckel des Himmels nicht fanden, so beschäfftigte
ich mich mit Verfertigung eines Degen [Segen?] Bandes, dieses
ist ihnen gewidmet. Ich Mache ansprüche auf Ihre gesälschafft
Morgen Nachmittag, Ja Ja ich werde kommen, höre ich sie sagen,
nun Gutt, wir erwarten sie, dan wird auch meine Uhr aufgezogen
werden, verzeihen Sie mir diese erinnerung Meine Freündin
und Ich überschicken Ihnen einenn Kuß, per Simpatie die Lufft
wird doch woll im Kneiphoff dieselbe seyn, damit unser Kuß
nicht die Simpatetische Krafft verliret, Leben Sie Vergnügt
und Wohl   Jacobin
        auß dem garten d. 12 Juny 1762."

Von der Freundin wissen wir leider nichts. Den Garten, der
hinter den Jacobischen Getreidespeichern in der Nähe von Kants
Geburtshaus lag, und aus dem sie ihm den „simpatetischen"
Kuß nach der im Kneiphof gelegenen Magistergasse schickt,
und seine Alleen scheint der galante Magister offenbar ganz gut
gekannt zu haben; und der Herr Gemahl wird bei der ganzen
Angelegenheit nicht erwähnt. Trotzdem enthält der Brief nichts,
was auf mehr als gute Freundschaft hindeutete; Küsse hatten
in der damaligen Zeit, wie man weiß, weniger zu bedeuten als
heute. Die Anspielung mit dem Uhraufziehen bezieht sich darauf,
daß Kant über die Damen in seinen Vorlesungen zu scherzen
pflegte: „sie brauchen ihre Bücher ebenso wie ihre Uhr, nämlich sie zu tragen, damit gesehen werde, daß sie eine haben; ob
sie zwar gemeiniglich stillsteht oder nicht nach der Sonne gestellt ist." Der ganze Ton des Briefchens ist neckisch und natürlich und sieht gar nicht nach der etwas stolzen und kalten Welt-
dame aus, als die sie auf einem uns erhaltenen Bilde erscheint.
Freilich zählte sie damals erst 23 Jahre.
    Erst 3½ Jahre später stoßen wir in Kants Briefwechsel
wieder auf Frau Jacobi. Sie befand sich im Januar 1766 seit
längerer Zeit zu einer, übrigens ungefährlichen, Augenkur in
Berlin. Ihr Mann, der sie begleitet hatte, war durch unerwartete

schlechte geschäftliche Nachrichten nach Hause gerufen worden,
während sie allein zurückblieb. Kant hat ihr kurz vorher einen
sehr liebenswürdigen Brief geschrieben: „einige reihen in Ihrem
letzten Briffe sind zu schmeichelhaft für mich, als das ich Sie
beantworten könnte." Vielleicht, um sie dafür zu trösten, daß
er sie nicht, wie er ihr — doch wohl im Scherz — versprochen,
von Berlin nach Königsberg zurückbegleiten konnte: „übrigens
mein werter Freünd haben Sie eine ungerechtigkeit begangen
und sind davor abbitte schuldig, das Sie mir die Hoffnung benehmen, in Ihrer gesellschafft nach Königsberg zu reisen." Die
Handelsgeschäfte des Herrn Jacobi scheinen damals wirklich
schlecht gegangen zu sein; denn sie schreibt in diesem Zusammenhang von einem „abgrund von wiederwärtigkeiten" und bedauert
auch Kant gegenüber, daß sie nicht das Vermögen habe, „Ihre
Verdienste (welche keine empfehlungen vermehren können) zu
belohnen und Sie dadurch von allen mühsamen Verbindungen
zu befreien". Doch ihre melancholische Stimmung ist ebenso
rasch, wie sie gekommen, wieder verflogen. Ein „großer Lärm von
Paucken und trompeten, und eine Menge Schlitten, deren führer
Printzen und Grafen waren" (es war der 18. Januar, also Krö-
nungsfest), ruft sie ans Fenster, und so — versäumt sie den Post-
tag! Sie tröstet ihn damit, daß sie ihm durch einen Herrn Kaulke
demnächst Nachrichten über seinen geliebten Rousseau über-
mitteln werde: „man hoft den Herrn Roussau bald in den
Jegenden von Berlin zu sehen, wie auch den Herrn Voltair."
Zwischen ihr und ihrem Gemahl stand nach diesem Briefe alles
noch gut. „Meine Zufriedenheit hängt bloß von seiner ruhe ab,"
schreibt sie sogar im Anschluß an eine Mitteilung ihres Mannes,
daß ihm die Abende, welche er „in Ihrer und des Herrn Mintzmeisters
gesälschafft" zubrächte, die angenehmsten wären. Gerade dieser
„Mintzmeister" indes sollte wenige Jahre später ihr Schicksal
werden. Es war der Pfarrerssohn Johann Julius G ö s c h e n
aus dem Braunschweigischen, ein Verwandter des berühmten
Leipziger Buchhändlers, der, 1740 geboren, seit kurzer Zeit eine
Anstellung an der Königsberger Münze gefunden hatte. Von
hübschem Äußeren und gewandtem Wesen wie offenbar auch

von geistigen Bedürfnissen, gewann er sich bald eine geachtete
Stellung in den gebildeten Kreisen Königsbergs, vor allem auch
die Freundschaft Kants. Trotz ihres bedeutenden Altersunter-
schiedes müssen sich beide Männer ziemlich eng aneinander
geschlossen haben; Hippel nennt sie gelegentlich die „Masco-
pisten", d. h. Kameraden, die Unzertrennlichen und unternimmt
mit beiden, dem „Münzmeister und dem Philosophen", im Herbst
1767 eine kleine Landreise, während eine im Herbst zuvor zu dem
gemeinsamen Freund Scheffner in Gumbinnen geplante ins
Wasser fiel, weil es dem Philosophen zu kalt, dem Münzmeister
zu weit war. Göschen (auch Gösche genannt) verkehrte nun so
nah mit den Jacobis, daß er im Winter 1767/68 sogar mit ihnen
gemeinsam eine Loge im Theater besaß, in die öfters auch Hippel
und doch wohl zuweilen auch Kant gegangen ist. Maria Charlotta übertrug ihre Liebe auf den ihr gleichaltrigen Hausfreund,
der auch seinerseits kein Weiberverächter gewesen zu sein
scheint; „machen Sie ihn ja mit keinem artigen Kinde in Danzig
bekannt, sonst bekommen wir ihn desto später zurück," schreibt
Hippel über Göschen an einen gemeinsamen Bekannten nach
Danzig am 1. September 1768. Inzwischen müssen starke Zwistigkeiten zwischen dem Ehepaar Jacobi vorgekommen sein. Denn
schon im selben Monat kam es zum öffentlichen Bruch. Der
weitere Verlauf der Sache geht aus Hippels Briefen an Scheffner
hervor; wobei allerdings von vornherein zu bemerken ist, daß
der erstere eine recht böse Zunge hatte.

17. September 1768: „Künftigen Montag wird Jacobi von
seiner Frau geschieden. Die Ursache der Scheidung ist ein Ehe-
bruch, den sie nicht allein zugesteht, sondern auch, ohne Zweifel
in der Hoffnung, daß sie Göschen heiraten wird, aus der Ursache
begangen zu haben vorgibt, weil sie geschieden werden und von
einem so nichtswürdigen Kerl, wie sie sagt, loskommen wollte. Hat
G. ihr Hoffnungen gemacht, so ist er strafbar, erfüllt er sie aber
wirklich, so fehlt mir jeder Ausdruck. Sein Name leidet ent-
setzlich, und alle Welt sagt und die Jacobi am meisten, daß
er sie heiraten werde. . . . Er, Jacobi, hat nicht nur alles auf
sich nehmen wollen, sondern bietet ihr noch fußfällig den Ver-

trag an. . . . Die Prinzessin Jacobi ist gefallen. Alle Welt verachtet sie, und die, so durch sie umdunkelt worden, trium-
phieren. . . ." In einem späteren Briefe heißt es: „Die J. ist
auf dem Butterberge [Straße Königsbergs!] und wird auch ohn-
fehlbar ihre Wochen erhalten" [abhalten? K. V.], sie werde jetzt
„mehr verachtet als besprochen". Der Mann verkaufe alle Mo-
bilien und wolle auch gern das Haus losschlagen; sie nenne
ihn jetzt „Vater und Freund". Einen großen Einfluß auf die
Männerwelt überhaupt und speziell auf Göschen muß sie besessen
haben, denn Hippel schreibt weiter: Göschen, der vorher nichts
von der Scheidung gewußt habe, besuche sie, und — „sie besuchen,
sie sprechen und sich von ihr einflechten lassen, ist beinahe
einerlei".

Sie „flocht" ihn denn auch wirklich „ein". Ein Jahr später kam
es zwischen den beiden zum Ehebunde. Selbst vor seinen besten
Freunden hatte der Münzmeister die Sache geheim gehalten.
„Die ganze Stadt spricht: Göschen werde die J. heiraten, nur
Kant und ich sprechen nichts davon, weil er u n s keine Silbe
von dieser seiner Absicht anvertraut hat" (Hippel an Scheffner,
12. August 1769). Daß während der Scheidungssache gegen
Kant (!) und Hippel „manches unverdiente Wort" von dem
Publikum gerichtet wurde, hatte letzterer schon früher erwähnt.
Frau Maria Charlotta trotzte also dem Urteil der öffentlichen
Meinung, verkaufte ihr schönes Haus in der Junker- und bezog
ein weit einfacheres in der Landhofmeisterstraße. Am 23. Oktober
fand, nach nur einmaligem (statt des gewöhnlichen dreimaligen)
Aufgebot in einer Vorstadtkirche, die Trauung im Hause, nicht
in der Kirche, statt. Kant hatte sich entschieden auf die Seite
des verlassenen Ehemanns gestellt und blieb der Hochzeit fern.
„Herr M. Kant, der ein recht guter Junge (!) und mein recht
sehr guter Freund ist und bleibt," schreibt Hippel, „hat soviel
Wunderliches von der jetzigen Frau Münzmeisterin, weiland Frau
Geheimde Rätin, zu ihrem Gemahl gesagt und sich wider diese
Heirat so empört, daß er Bedenklichkeiten findet, sich bei ihr
zu zeigen." Es muß doch noch allerlei dahinter gesteckt haben;
denn vorher heißt es in demselben Briefe und in derselben Sache

von Kant: „Sie wollen mich eben nach dem Herrn Magister
Kant fragen? Das ist ein Lustspiel, bestehend
in fünf Aufzügen, das ich heute unmöglich geben kann."
Schade drum!

Lange hat, im Unterschied von Hippel u. a., Kant sich
von dem einstigen guten Freunde Göschen infolge dieser
Eheaffäre ferngehalten. Jachmann, um 1784/85 Kants Zuhörer, berichtet darüber: „M(ünz) D(irektor) G(öschen) . . . .
machte (sc. nach seiner Heirat) ein angenehmes Haus in Königsberg, das von sehr vielen Fremden besucht wurde. Kant wurde
sehr häufig und sehr dringend hier eingeladen, aber er betrat
nie die Schwelle dieses Hauses, aus Achtung für den ersten Mann,
mit welchem er fortwährend in einem freundschaftlichen Umgange lebte. Er hielt es für unerlaubt und für unschicklich, mit
beiden Männern zugleich in einem freundschaftlichen Verhältnisse zu leben, glaubte den ersteren dadurch zu beleidigen und
dem anderen den Glauben beizubringen, als wenn er sein tadel-
haftes Benehmen gut hieße. Mir ist es bekannt, daß ihn jetzt,
so wie er handelte, beide Männer schätzten und verehrten." Ob
nach Jacobis Tod (August 1774) dieser Grund wegfiel? Jedenfalls erzählt Hamann am 21. November 1786 von einer Mittagsgesellschaft, an der Kant und Göschen teilnahmen. Von
1790 ab ist die Wiederherstellung der alten Freundschaft bezeugt.
Denn am 1. April 1790 schickt de la Garde, der Verleger von
Kants Kritik der Urteilskraft und zugleich ein guter Bekannter
der Göschens, in einem Bücherpaket an Kant unter Einschluß
auch ein „Päckchen" an den inzwischen Münzdirektor gewordenen
Göschen mit. Am 8. Juni 1795 bestellt Kiesewetter durch
Kant brieflich viele herzliche Empfehlungen an den Münzdirektor, dem er bessere Gesundheit wünscht, und Familie. Zudem erzählte einem Urenkel des Ehepaares Göschen, dem gegenwärtig in Merseburg lebenden Amtsgerichtsrat Herrn Reinhold
G., ein bejahrter Oheim, Enkel des Münzdirektors, daß er als
Knabe Kant oft im Hause des Großvaters, auch in Gesellschaften,
gesehen habe. Am 19. September 1795 schrieb der Philosoph
dem einzigen, damals 17 jährigen Sohne des Paares, späterem

Professor der Rechte und erstem Doktor der neugegründeten
Berliner Universität J. F. L. Goeschen, einen seiner Lieblings-
verse ins Stammbuch: Ad poenitendum properat, cito qui iudicat.
Der Münzdirektor selbst aber machte bis zum Tode seiner Frau
nicht bloß eins der gastlichsten Häuser in Königsberg, sondern
stand auch bei vornehm und gering, wie auch bei seinen vorgesetzten Behörden, in bestem Ruf und Ansehen. Mag man über
die Scheidung von dem ersten Manne denken wie man will —
nach unserer Meinung war der Fehler durch die Heirat der noch
nicht 13 jährigen gemacht worden —, jedenfalls hat Frau Maria
Charlotta durch ihre langjährige und nach allem, was wir wissen,
glückliche und mit vier Kindern gesegnete zweite Ehe gesühnt,
was sie etwa verbrochen hat. Sie starb am 4. Januar 1795, überlebt von ihrem seitdem kränkelnden Manne († 7. Mai 1798) und
von dem Freunde ihrer jungen Jahre, dem Magister Kant.

*   *   *

Kehren wir von diesem Exkurs zu des Philosophen äußerem
Leben während der 60er Jahre zurück. Wie wir sahen, wählte
er seinen Umgang am liebsten unter Nicht-Fachgenossen. Denn
er haßte die Gelehrten-Pedanterie ebensosehr wie das Cliquen-
wesen, das sich so leicht in abgeschlossenen Berufskreisen bildet.
Er hat sich auch Zeit seines Lebens nie an offizielle Gelehrte
Gesellschaften, deren mehrere in Königsberg bestanden, oder
an Geheimbünde, wie der Freimaurer-Orden, angeschlossen, obwohl eine Anzahl seiner nächsten Bekannten dazu gehörten.
Er verkehrte vielmehr mit gebildeten Männern und Jünglingen
der verschiedensten Stände. Auch darf man sich die äußere Lebensweise des Magisters Kant keineswegs so streng nach der
Uhr geregelt vorstellen, wie die des späteren Professors. Nachdem er seine Vormittag-Vorlesungen beendet, ging er gern in
ein Kaffeehaus, um eine Tasse Tee zu trinken, unterhielt sich
dabei über die Ereignisse des Tages oder spielte sein beliebtes
Billardspiel. Mittags speiste er in einem guten Gasthaus an
offener Tafel, falls er nicht, was oft genug vorkam, von privater
Seite zu Tisch geladen war; er vermied dabei alle gelehrte Unter-

haltung. Auch die Abende verbrachte er damals noch häufig im Gasthaus oder in Privatgesellschaften in angenehmem Gespräch oder nicht ungern beim L'Hombre, das er, wie wir uns erinnern, schon von seiner Studentenzeit her gut spielte, und das er für eine nützliche Übung nicht bloß des Verstandes, sondern auch in der Selbstbeherrschung und zugleich als das „einzige sichere Mittel, den Kopf von angestrengtem Denken abzuziehen und zu beruhigen" erklärte. Später gab er es auf, weil ihm die Mitspieler zu langsam spielten und er auch die Unterhaltung und den Verkehr mit Männern wie Green jenem bloßem „Notbehelf" vorzog. Ja, der heute von vielen als rigoristisch verschriene Denker konnte sogar — und in gewissem Sinne gilt dies für ihn bis in sein Alter hinein — recht seßhaft und trinkfest sein! Abegg hörte 1798 in großer Abendgesellschaft zu Königsberg den Kriegsrat Deutsch in dieser Beziehung ein nettes Stückchen erzählen, das uns den großen Philosophen auch einmal mit einer menschlichen Schwäche behaftet zeigt: „Kant konnte (nach Tisch) bis abends 7—8 Uhr sitzen bleiben und unterhalten, wenn nur jemand bei ihm blieb. Er war überaus munter, trank gerne Wein, so wie unser einer, und erzählte gar lustig, wie er einmal — d a s L o c h   i n   d i e   M a g i s t e r g a s s e   n i c h t   h a b e n   f i n - d e n   k ö n n e n" [mit dem „Loch" war vermutlich einer der engen Zugänge in diese heute noch ziemlich gut erhaltene Gasse vom Pregel aus gemeint; da er sie in der ersten Hälfte der 60er Jahre bewohnte, so muß die kleine Extravaganz in diese Jahre fallen]. Auch dem Besuch von Konzert und Schauspiel — seit 1755 besaß Königsberg ein ständiges Theater — war er in jener Zeit noch nicht abhold: so daß er manchmal erst um die mitternächtige Stunde nach Hause kam, während er seinen Grundsatz regelmäßigen Frühaufstehens trotzdem durchführte.

Ebenso ist es ein Irrtum, anzunehmen, was in fast allen Darstellungen zu lesen steht, daß Kant so gut wie gar nicht aus den Toren Königsbergs hinausgekommen sei. Das trifft — ganz abgesehen von seinen Hauslehrerjahren, die ihn in zwei entgegengesetzte Ecken der Provinz verschneite — wenigstens für die Magisterzeit durchaus nicht zu. Schon die wenigen Zu-

fallsnachrichten, die uns über diese an sich ziemlich unerheblichen
Dinge erhalten sind, zeigen, daß Kant in seinen jüngeren Jahren jedenfalls kein grundsätzlicher Gegner des Reisens gewesen ist. Er
hat sogar einmal vorgehabt, England zu besuchen, und Ruhnken und
Wielkes laden ihn nach Holland ein (W. an Kant, 18. März 1771);
Frau Jacobi rechnet auf seine Begleiterschaft von Berlin nach
Königsberg. Und, wenn er auch zu diesen großen Reisen nicht
gekommen ist, so ist doch, außer den kleineren Landreisen
mit Göschen und Hippel und dem Besuch bei General von
Lossow (1765) in dem ziemlich entfernten Goldap in Masuren,
auch eine Reise mit Freund Motherby nach Braunsberg zu einer
Familie von Schorn bezeugt, die wahrscheinlich in den Anfang
der 70er Jahre fällt (v. Baczkos Selbstbiographie, Bd. II, S. 13).
Falls vor 1772, so wäre der Philosoph sogar über die Grenzen
des damaligen Ostpreußen hinausgekommen; denn Braunsberg
liegt bekanntlich in dem bis 1772 noch polnischen Ermeland.
Zudem muß man bedenken, welche Anforderungen an den
Beutel und — die körperliche Leistungsfähigkeit für einen
ohnedies schwächlichen Mann wie Kant eine weitere Reise in
damaliger Zeit stellte. Besaß doch noch zwölf Jahre nach seinem
Tode die ganze Provinz Preußen erst — eine Meile Chaussee. Die
Folgen waren Staub im Sommer, Morast im Winter, tiefe Löcher,
Baumstümpfe, Steine überall, infolgedessen steckenbleibende Postwagen usw. Noch im August 1811 spottete der Kant befreundete
Dorow, als er mit der Fahrpost von Königsberg abreiste: der
Generalpostmeister habe die Lederüberzüge über den Wagen offenbar nur deshalb angeordnet, damit „die Vorübergehenden nicht
die Jammergesichter sehen sollten, welche die Mitreisenden über
die durch den fürchterlichen Wagen ihnen zugefügten Torturen
schnitten". Und wie sollte unseren Kant eine Reise nach Berlin
reizen, wenn ihm der viel jüngere Freund und Schüler Marcus Herz
nach seiner Ankunft von dort schrieb: „das ungewöhnliche
Wachen, das fünftägige Fahren und die ununterbrochenen Er-
schütterungen, die man auf dem Postwagen empfindet", hätten ihn
dermaßen angegriffen, daß er mehrere Tage lang unfähig zu der kleinsten geistigen Anstrengung gewesen wäre (H. an Kant, 11. Sept. 1770).

In die nähere und weitere Umgebung Königsbergs dagegen hat er öfters Ausflüge unternommen. So besuchte er mit Green „etlichemal" die sogenannte „Störbude" und die „angenehmen Gegenden um Pillau" (Borowski). Unter der Störbude ist wahrscheinlich ein kleines Haus zu Alt-Pillau zu verstehen, in dem der Stör mariniert und sein Rogen zu „preußischem", bis nach England, Frankreich und Rußland ausgeführtem Kaviar verarbeitet wurde[1]); Kant hat sich vermutlich die Zubereitung an Ort und Stelle ansehen wollen. Der Stör, der sich übrigens — wie heute noch vereinzelte Möven — manchmal bis nach Königsberg verirrte, wurde bei Pillau in solcher Menge gefangen, daß schon Friedrich Wilhelm I. 1725 dem zur Stadt erhobenen bisherigen „Stördorf" Pillau den einträglichen Meeresbewohner als Wappentier gab. So hat Kant nicht bloß, wie in der Seenlandschaft bei Goldap und zum Teil auch bei Arnsdorf, ansehnliche, bis zu 270 Meter Höhe aufsteigende Hügel gesehen, sondern auch mehr als einmal das Meeresbrausen aus nächster Nähe vernommen, wenn er bei Pillau an den Dünen des Haffs oder der Ostsee gestanden hat und durch die dortigen anmutigen Waldungen gewandert oder gefahren ist. Einmal, als er die Rückfahrt nach Hause zu Schiffe durch das Haff machte — sie betrug bei gutem Wetter vier Stunden —, hat er sogar die Seekrankheit bekommen: wie er in seiner „Anthropologie" meint, „durch die Augen", indem er, aus dem Kajütenfenster sehend, bei dem Schwanken des Schiffs selbst bei gelindem Winde bald den Himmel, bald die See bzw. die Uferhöhen mit der alten Burgruine Balga „in die Augen bekam"; wodurch dann nach seiner Ansicht Magen und Eingeweide zu einer „antiperistaltischen" Bewegung von unten nach oben gereizt wurden.

Im allgemeinen zog er wohl dem erhabenen Anblick des wogenden Meeres den idyllischen von Wald, Wiese und kleineren Flußtälern vor. So erzählte er noch in seinen letzten Jahren seinem treuen Pfleger Wasianski „mit fast poetischer Malerei, die er sonst in seinen Erzählungen vermied", gern von der Zeit,

---

[1]) Nach brieflichen Mitteilungen von Herrn Prof. Saltzmann-Pillau an Prof. A. Rosikat-Königsberg.

die er öfters auf Wohnsdorf, dem Rittergute der Familie von
Schroetter, bei Friedland an der Alle zugebracht hatte; wie
sie dann, er mit seinem Gastherrn und dem General von Lossow,
an schönen Sommervormittagen in einer noch heute dort als
Kantlaube gezeigten Gartenlaube an dem hohen Ufer des Flüß-
chens bei Kaffee und Tabak gesessen hätten. Man sieht: er war
mit wenigem zufrieden. Er fühlte sich dort besonders wohl,
weil er da ganz wie zu Hause, nach eigenem Gefallen leben
konnte, und so war dies das einzige Haus in weiterer Entfernung
von Königsberg, das er „sehr oft" und „auf mehrere Tage", anscheinend auch noch in seinen späteren Jahren, besuchte. In
der Nähe der Stadt dagegen lag sein vielleicht liebster Aufent-
haltsort überhaupt: das etwa eine Meile nördlich von Königsberg entfernte Forsthaus M o d i t t e n , mitten im Walde gelegen, der sich auf dieser Seite damals noch bis vor die Tore der
Stadt hinzog. Im Forsthause selbst wohnte Kants Freund, der
Oberförster W o b s e r , gleich den meisten seiner Berufsgenossen
ein Mann von großer Natürlichkeit, gesundem Verstand und
wackerem Herzen. Bei ihm hielt sich Kant während der Uni-
versitätsferien öfters sogar, was bei ihm viel heißen wollte, länger
als eine Woche auf. Dort, in der Stille des Waldes, schrieb er
1764 seine dem größeren Publikum damals wohl bekannteste
Schrift, die allgemeinverständlichen und geistreichen ‚Beobachtungen über das Gefühl des Schönen und Erhabenen'. Hier
konnte er unter „hohen Eichen und einsamen Schatten" sogar
schwärmen von der „ruhigen Stille eines Sommerabends", wenn
„das zitternde Licht der Sterne durch die braunen Schatten
der ·Nacht hindurchbricht und der einsame Mond im Gesichts-
kreise steht" und ihn „allmählich in hohe Empfindungen zog
von Freundschaft, von Verachtung der Welt, von Ewigkeit".
So hat auch der für nüchtern geltende Kant der Zeit des Gefühls und der Empfindsamkeit seinen Tribut bezahlt. Noch
heute zeigt man dem Besucher die Giebelstube des jetzt in eine
ländliche Restauration umgewandelten Forsthauses, in welcher
der Philosoph gewohnt, die alte Linde, in deren Hochsitz er gesessen, unter deren Schatten er seine Schrift geschrieben haben

soll. Nicht weit davon hat man eine schöne Aussicht über das
Pregeltal bis zu dem fernen Haffe hin. Der wackere Wobser aber,
der lange vor ihm starb, blieb ihm so unvergeßlich, daß er bei
der Erinnerung an ihn noch in seinen letzten Lebensjahren warm
und lebhaft werden konnte.

Endlich zog Kant auch die begabtesten unter seinen Zuhörern zu gelegentlichem Verkehr mit sich heran. Öfters geschah
es in diesen seinen jüngeren Jahren, daß er nach dem letzten Vor-
mittagskolleg einen oder zwei Studiosen zu einem gemeinsamen
kleinen Spaziergang aufforderte. Von seinem Verhältnis zu
einzelnen, wie Herder, wird noch besonders zu reden sein. Und
er muß bei der Studentenschaft nicht bloß als geistvoller Lehrer,
sondern auch als Kenner feinerer Sitte geschätzt gewesen sein;
gerade er sollte, wie Hamann im April 1764 an Lindner schreibt,
bei dem Leichenbegängnis des von den Studierenden ebenfalls
sehr geschätzten Professors der Rechte Dr. Funk „das Gepränge
veranstalten". Ob er infolge aller dieser im Vorigen geschilderten
geselligen Beziehungen zeitweise wirklich „durch einen Strudel
gesellschaftlicher Zerstreuungen fortgerissen" war, wie der nämliche, seinerseits freilich ganz abseits vom Strome der Königsberger Geselligkeit lebende Hamann, phantasiereich wie immer,
behauptet, wollen wir dahingestellt sein lassen. Spricht dieser doch
in dem gleichen Briefe (vom 1. Februar 1764) von den zahlreichen schriftstellerischen Arbeiten und Plänen, die der „kleine
Magister" damals in seinem Kopfe trug, und die er, wie wir bald
sehen werden, zum größten Teil auch ausgeführt hat; und entfaltete der nämliche fleißige Magister doch gerade in den 60er
Jahren eine besonders reiche Vorlesungstätigkeit. Immerhin,
wenn man bloß nach der Außenseite urteilte, wenn man sah,
wie er, alle Pedanterie und alle Gelehrtenzopfigkeit verachtend,
gern und gewandt sich in allen Kreisen bewegte, mochte man
ihn wohl den „galanten" Magister nennen. Daß jedoch hinter
dieser weltmännischen Außenseite sich, den meisten verborgen,
eine reiche und tiefgehende innere Entwicklung vollzog, werden
wir jetzt sehen.

Drittes Kapitel
Geistige Entwicklung der 60er Jahre
(Rousseau und Hume)

Wir werfen zunächst einen Blick auf seine Vorlesungstätigkeit während dieser Zeit. Schon quantitativ stellt sie eine
ganz bedeutende Leistung dar. Es hat wohl selten einen fleißi-
geren Privatdozenten gegeben als Magister Kant. Für das Sommersemester 1761 z. B. kündigte er nicht weniger als s e c h s Kol-
legia auf einmal an: von 8—9 Logik, von 9—10 Mechanik, 10—11
Physik, 11—12 Metaphysik (diese vierstündig); nachmittags von
2—3 Physische Geographie (sechsstündig), von 3—4 Arithmetik,
Geometrie und Trigonometrie, dazu Mittwoch und Sonnabend
von 8—9 noch ein „Disputatorium", das er schon 1758 eingeführt, in dem „die in den vorigen Tagen abgehandelten Sätze
polemisch betrachtet" werden sollten; „welches meiner Meinung
nach eines der vorzüglichsten Mittel ist, zu gründlichen Einsichten
zu gelangen". Ja, außerdem erbot er sich noch, auch die übrigen
Mittwoch- und Samstagstunden gratis „Wiederholungen und
Lösung von Zweifeln" widmen zu wollen. Und wenn auch nicht
alle diese Vorlesungen zustande gekommen sein sollten, so hat
doch die Durchschnittszahl während seiner Magisterjahre nicht
unter 16 Wochenstunden betragen. Die wohl mit Rücksicht
auf die schlechte Vorbildung seiner Zuhörer ziemlich elementar
gehaltenen mathematischen Kurse gab er allerdings seit 1763 auf;
dafür kamen aber seit 1767 Naturrecht und „Enzyklopädie der
ganzen Philosophie nebst einer kurzgefaßten Geschichte derselben" (für Anfänger und Nichtphilosophen) hinzu. Metaphysik
las er 1766/67 sechs- bis achtstündig, ebenso anscheinend im
folgenden Winter. Und dabei strengte er sich auch körperlich an.

Während andere Königsberger Professoren „vom Morgen bis
Abend saßen und ihren Mund bewegten, ohne daß sie über ihre
Leibesbeschaffenheiten zu klagen hatten", trug Kant „mit vieler
Anstrengung" vor (Marcus Herz an Kant, 11. September 1770).
Er wollte eben keine Kompendien ableiern, sondern Eigenes
geben, wollte, wie er in der für das Verständnis seiner Lehrweise
äußerst wichtigen ‚Nachricht von der Einrichtung seiner Vorlesungen in dem Winterhalbjahre 1765/66' erklärt, nicht eine
fertige Philosophie eintrichtern, sondern p h i l o s o p h i e r e n
lehren.

Dafür erntete er denn auch die Begeisterung aller begabten
Köpfe und des Enthusiasmus fähigen Gemüter unter seinen
Hörern. So erzählte der spätere Kriminalrat Jensch noch nach
30 Jahren Abegg, wie interessant Kant in seinen Vorlesungen
gewesen sei. Er sei wie in einer Begeisterung aufgetreten und
habe dann gesagt: Da und da sind wir stehen geblieben. Die
Hauptidee habe er sich so tief und lebendig eingeprägt, daß er
nur nach derselben und in derselben die ganze Stunde lebte und
oft auf das Kompendium, worüber er las, wenig Rücksicht nahm.
Der berühmteste seiner Hörer wurde der junge H e r d e r , der
nach einer trüben, in seinem Heimatstädtchen Mohrungen verlebten Jugend mit 18 Jahren nach Königsberg kam, um alsbald
ein begeisterter Verehrer Magister Kants zu werden. Gleich die
erste Vorlesung, in der dieser seine freieren religiösen Ansichten
durchblicken ließ, machte mächtigen Eindruck auf ihn. Seine
glühende Begeisterung machte sich in enthusiastischen Versen
Luft, die man in seinem Nachlaß gefunden hat: „Als ich in
Sklavenketten lag, da kam Apoll — die Fessel weg! mein Erden-
blick ward hoch — Er gab mir Kant!" Und ähnlich zwei Jahre
später: „Die Fessel weg — so sprach Apoll," er schwingt den
„neuen Hut der Freiheit" und — „hörte Kant". Dieser ließ
den begabten, aber armen Studenten, der sich sein Brot durch
Unterricht am Fridericianum verdienen mußte und deshalb nur
wenig Zeit zum Collegienhören hatte, wie er in solchen Fällen
gern tat, unentgeltlich an allen seinen Vorlesungen teilnehmen.
So hörte Herder in den vier Semestern 1762—1764 bei ihm Logik,

Metaphysik, Mathematik, Moral und — mit besonderem Wohlgefallen — Physische Geographie. „Mit gespannter Aufmerksamkeit", teilte nach Herders Tode dessen Jugendfreund und Mithörer, der Kriegsrat Bock, der Witwe mit, „faßte er jede Idee,
jedes Wort des großen Philosophen auf und ordnete zu Hause
Gedanken und Ausdruck... Einst in einer heiteren Frühstunde,
wo Kant mit vorzüglicher Geisteserhebung und, wenn die Materie
die Hand bot, wohl gar mit poetischer Begeisterung zu sprechen
und aus seinen Lieblingsdichtern Pope und Haller Stellen anzuführen pflegte, war es, wo der geistvolle Mann sich über Zeit
und Ewigkeit mit seinen kühnen Hypothesen ergoß. Herder
wurde sichtbarlich und so mächtig davon betroffen, daß, als er
nach Hause kam, er die Ideen seines Lehrers in Verse kleidete,
die Hallern Ehre gemacht hätten. Kant, dem er sie am folgenden
Morgen vor Eröffnung der Stunde überreichte, war ebenso betroffen von der meisterhaften poetischen Darstellung seiner Gedanken und las sie mit lobpreisendem Feuer im Auditorium vor."
Ein ebenso schönes Zeugnis für den Meister wie für den Schüler!

Daß der erstere, trotz der ihm entgegengebrachten glühenden
Verehrung des Jünglings, für dessen Mängel nicht blind war, zeigt
die Überlieferung, daß der Philosoph nach der Lektüre eines
Herderschen Karfreitag-Gedichtes in der Königsberger Zeitung
äußerte: „Wenn das brausende Genie wird abgegoren haben, wird
er gewiß mit seinen großen Talenten ein nützlicher Mann werden."
Die weitere Entwicklung des Verhältnisses zwischen beiden
wird uns noch beschäftigen. In der Königsberger Periode
Herders und der ihr zunächst liegenden Zeit finden sich jedenfalls „bewußte und unbewußte Reminiszenzen an des Lehrers
gedruckte oder ungedruckte Worte zerstreut überall in den
Stücken aus Herders Feder", wie „Herders Lebensbild" (von
seinem Sohne, Erlangen 1846—1848) zusammenfassend bemerkt;
„ja alles, was er von Philosophie besaß, trug im Grunde mehr oder
weniger dessen Stempel." Auch zu seiner damaligen Rousseau-
Begeisterung war er durch Kant geführt worden, desgleichen zu
Hume. Kant hatte ihn „in die Rousseauiana und Humiana
gleichsam eingeweiht, aber zugleich auch durch die Metaphysik

darüber erhoben", wie er wenige Jahre später an Scheffner schreibt
(4. Okt. 1766). Und in seinem ‚Journal meiner Reise im Jahre
1769' ruft er, indem er seine radikalen Reformpläne in bezug
auf den Philosophie-Unterricht entwickelt, begeistert aus: „Ein
lebendiger Unterricht darüber im Geiste eines K a n t s , was
für himmlische Stunden!"

So können wir es wohl begreifen, daß er noch nach drei Jahrzehnten, als sich längst seine Bahnen von denen des kritischen
Philosophen getrennt hatten, in seinen Briefen zur Beförderung
der Humanität (1795) die berühmte dankbare Charakteristik des
einstigen Lehrers niederschrieb, die wir im Wortlaut wiedergeben müssen, weil sie am anschaulichsten und zusammenfassend-
sten die äußere Erscheinung wie die Lehrweise des Magisters
Kant schildert: „Ich habe das Glück genossen, einen Philosophen
zu kennen, der mein Lehrer war. Er, in seinen blühendsten Jahren,
hatte die fröhliche Munterkeit eines Jünglings, die, wie ich glaube,
ihn auch in sein greisestes Alter begleitet. Seine offene, zum
Denken gebaute Stirn war ein Sitz unzerstörbarer Heiterkeit
und Freude; die gedankenreichste Rede floß von seinen Lippen;
Scherz und Witz und Laune standen ihm zu Gebot, und sein
lehrender Vortrag war der unterhaltendste Umgang. Mit eben-
dem Geist, mit dem er Leibniz, Wolf, Baumgarten, Crusius, Hume
prüfte und die Naturgesetze Keplers, Newtons, der Physiker verfolgte, nahm er auch die damals erscheinenden Schriften Rousseaus,
seinen Emil und seine Heloise, sowie jede ihm bekannt gewordene
Naturentdeckung auf, würdigte sie und kam immer zurück auf
unbefangene Kenntnis der N a t u r und auf m o r a l i s c h e n
W e r t des Menschen. Menschen-, Völker-, Naturgeschichte,
Naturlehre, Mathematik und Erfahrung waren die Quellen, aus
denen er seinen Vortrag und Umgang belebte, nichts Wissens-
würdiges war ihm gleichgültig; keine Kabale, keine Sekte, kein
Vorteil, kein Namensehrgeiz hatte je für ihn den mindesten Reiz
gegen die Erweiterung und Aufhellung der Wahrheit. Er mun-
terte auf und zwang angenehm zum S e l b s t d e n k e n ; Despotismus
war seinem Gemüte fremd. Dieser Mann, den ich mit größester
Dankbarkeit und Hochachtung nenne, ist I m m a n u e l K a n t ;

sein Bild steht angenehm vor mir[1])." So steht der damalige Dozent Kant in der Tat beinahe noch größer als der Schriftsteller da.

Herder hat uns soeben die Namen derjenigen Denker genannt, die Kants lebhaften Geist damals am stärksten beschäftigten. Von Newton und den Physikern haben wir schon im ersten Kapitel dieses Buches gesprochen. Daß er sich mit den Urhebern und Häuptern der eben damals erst ihren Glanz verlierenden deutschen Philosophenschule, den Leibniz und Wolff, und den selbständigeren unter ihren Nachfolgern, Baumgarten und Crusius, in seinem Metaphysik-Colleg auseinandersetzte, war selbstverständlich. Die neuen Namen aber, die uns schon wiederholt begegnet sind, lauten: R o u s s e a u und H u m e.

Rousseau

Natürlich hat es nicht erst Rousseaus bedurft, um unseren Philosophen für anthropologisch-moralische Probleme zu interessieren. Solches Interesse war vielmehr auch in seinen bisherigen Schriften und Vorlesungen latent vorhanden gewesen und tritt an manchen Stellen in der ‚Naturgeschichte des Himmels‘, wie vor allem auch in seiner wiederholten Beschäftigung mit den Problemen des Optimismus hervor. Daß es sich schon früh auch auf die physiologisch-psychologische Seite erstreckte, sehen wir aus einem Briefe an Borowski vom 6. März 1761, der von seiner Anwesenheit bei einer chirurgischen Operation sowie von seiner Absicht spricht, demnächst der Operation eines Blindgeborenen beizuwohnen. Aber die entscheidende Wendung trat doch erst durch Jean Jaques R o u s s e a u ein.

Kant selbst hat es bezeugt, daß R o u s s e a u für ihn ein z w e i t e r N e w t o n geworden ist; daß er ihm den Weg zur Erkenntnis der unverstellten M e n s c h e n natur, wie der große Engländer den zum Verständnis der ä u ß e r e n Natur, gewiesen

---

[1]) Selbst noch als bissiger Gegner in der ‚Kalligone‘ (1800) rühmt er gleichwohl des einstigen Lehrers „dialektischen Witz, wissenschaftlichen Scharfsinn, kenntnisvolles Gedächtnis". Kants Vorlesungen seien „sinnreiche Unterhaltungen mit sich selbst, angenehme Konversationen" gewesen.

hat. Wie Newton zuerst in die letztere Ordnung und Regelmäßigkeit verbunden mit großer Einfachheit gebracht habe, lautet
eine seiner Reflexionen, so habe Rousseau „zu allererst unter
der Mannigfaltigkeit der menschlichen angenommenen Gestalten
die tief verborgene Natur des Menschen" entdeckt. Er fühlte
sich schon von der Darstellungsform des französischen Denkers
hingerissen: er müsse, schreibt er, ihn so lange lesen, bis ihn die
Schönheit der Ausdrücke gar nicht mehr störe; dann könne er
ihn erst mit Vernunft übersehen. Weiter bewunderte er Rousseaus
„ungemeinen" Scharfsinn, „edlen Schwung des Genius" und
„gefühlvolle Seele": Eigenschaften, wie sie in so hohem Maße
vereint vielleicht noch nie auf der Welt ein Schriftsteller besessen
habe. Am meisten aber begeisterte ihn natürlich der I n h a l t
von Rousseaus Schriften: das neue Evangelium von der Notwendigkeit einer Wiederherstellung der echten, unverfälschten
Menschennatur. Damals hat er Sätze niedergeschrieben, die niemand dem strengen Kritiker der menschlichen Vernunft so leicht
zutrauen wird, wie den, den man auch dem sozialistischen
Idealisten Saint-Simon zuschreibt: „O h n e E n t h u s i a s -
m u s i s t n i e m a l s e t w a s G r o ß e s i n d e r W e l t
a u s g e r i c h t e t w o r d e n"; oder den anderen, den man
eher von einem radikalen Empiriker erwartet: „Philosophie ist
wirklich nichts anderes als praktische Menschenkenntnis."

Auch seinen Freunden und Bekannten gegenüber machte
er natürlich aus seiner Begeisterung für den Genfer Autodidakten
kein Hehl. Von dem jungen Herder haben wir es schon vernommen; von Freund Ruffmann erhielt er seines Lieblings Bild;
Frau Jacobi erkundigte sich, wie wir sahen, ihm zu Liebe in
Berlin nach Nachrichten über Rousseau und ließ ihm solche auch
durch einen gemeinsamen Bekannten zugehen (Kaulke an Kant,
18. Januar 1766). Aus demselben Jahre 1766 schreibt Scheffner
an Herder: „Der Magister (Kant) ist jetzt beständig in England,
weil Hume und Rousseau da sind, von denen sein Freund Herr
Green ihm bisweilen etwas schreibt" (16. August). Ein andermal
(30. Aug. d. J.) hat Kant Scheffner allerlei Anekdoten aus Greens
Briefen über Humes persönliches Verhältnis zu dem argwöhnischen

Rousseau erzählt. Seitdem finden sich, bis in die letzten Schriften — z. B. die Anthropologie (1798) — hinein immer wieder Spuren Rousseauschen Denkens, mit oder ohne Namensnennung desselben, auf die wir zum Teil noch zurückkommen werden.

Allerdings verehrte unser Denker seinen Rousseau nicht etwa mit der urwüchsigen Leidenschaftlichkeit des jungen Schiller. Seine kühlere Natur wehrte sich instinktiv gegen den Überschwang des Gefühlsphilosophen: wie denn überhaupt Kant sich nie von einer einzelnen Persönlichkeit so stark hat beeinflussen lassen, wie etwa der junge Goethe von Herder oder Spinoza, der reifere von Schiller. Schon in seinen Vorlesungen von 1772 nennt er Rousseau zwar „eins der größten Genies", das jedoch in seine Schriften etwas „Romanhaftes" mische; daher werde „sein scharfer Geist nicht von allen recht eingesehen und die Stärke seiner Argumente bleibt einem Teil seiner Leser unerkannt". Sobald er sich von dem Eindruck seiner „hinreißenden" Sprache befreit, bemerkt er doch hinter dieser schönen Sprache allerlei „seltsame und widersinnige Meinungen", als ob der Verfasser seine „außerordentlichen Talente" und die „Zauberkraft seiner Beredsamkeit" nur dazu habe anwenden wollen, den „Sonderling zu machen" und den Lesern durch die Neuheit seiner Gedanken zu imponieren. Schon Rousseaus Methode sei der seinigen entgegengesetzt: „Rousseau verfährt synthetisch und fängt vom natürlichen Menschen an, ich verfahre analytisch und fange vom gesitteten an."

Wenn er mit Rousseau „die Glückseligkeit des Wilden" erwog, wollte er trotzdem nicht mit diesem in die Wälder zurückkehren, sondern bloß betrachten, was man bei allem Kulturgewinn im Vergleich mit dem Naturmenschen verloren habe; es komme nur darauf an, daß man inmitten der heutigen „geselligen Üppigkeit" ein gesitteter Mensch der Natur bleibe. Auch von einer langdauernden Hofmeister-Erziehung des Einzelnen durch einen Einzelnen wollte er nichts wissen. Es sei unnatürlich, daß ein Mensch den größten Teil seines Lebens damit zubringen solle, einem Kinde beizubringen, wie es dereinst leben soll. Allerdings, damit gute Schulen möglich werden, müsse man vorher

Emile erziehen. Aber Rousseau hätte zeigen sollen, „wie daraus
Schulen entspringen könnten".

Freilich laufe, wie eine erst den 80er Jahren entstammende Notiz aus dem Nachlaß sagt, die „ganze Absicht"
Rousseaus eben darauf hinaus: „den Menschen durch Kunst
dahin zu bringen, daß er alle Vorteile der Kultur mit allen
Vorteilen des Naturzustandes vereinigen könne. Rousseau will
nicht, daß man in den Naturzustand zurück g e h e n , sondern
dahin zurück s e h e n soll" (Ak. Ausg. XV, S. 890). Und so
bleibt Kant doch, wie wir das namentlich auch bei seinen politischen Anschauungen wiederfinden werden, im letzten Grunde
mit seinem Rousseau einverstanden.

Hume

Es könnte auf den ersten Blick als ein Widerspruch erscheinen, wenn wir hier von einer g l e i c h z e i t i g stattfindenden Beeinflussung unseres Weisen durch den leidenschaftlichen
Gefühlsphilosophen Rousseau und den entschiedenen Skeptiker
David Hume reden. Und doch ist ein solcher gleichzeitiger Einfluß nicht bloß, wie wir bereits sahen, unwidersprechlich bezeugt,
sondern er ist auch innerlich verständlich. Haben doch Leute,
die in noch viel schwärmerischerer Weise als der Genfer Denker
auf das Recht des Gefühls pochten, welche die Gefühlsphilosophie
zur Philosophie des Glaubens umbildeten, haben doch Hamann
und später Friedrich Heinrich Jacobi die Skepsis Humes gewissermaßen zur Unterlage ihres eigenen Gedankengebäudes benutzt.
Und, wäre Kant nicht schon von selbst zu Hume gekommen,
so hätte ihn Hamanns Brief vom 27. Juli 1759 auf den schottischen
Denker aufmerksam gemacht. Aber wir wissen aus dem Munde
Borowskis, der von 1755 ab mehrere Jahre hindurch sein Zuhörer war, daß ihm schon damals „Hutcheson und Hume, jener
im Fache der Moral, dieser in seinen tiefen philosophischen Untersuchungen, ausnehmend wert waren", und er beide „uns zum
sorgfältigsten Studium empfahl"[1]). Wir können den ersten weniger

---

[1]) Hutchesons „System der Moralphilosophie" war 1755, Humes „Untersuchung des menschlichen Verstandes" zwar schon 1748, aber deutsch — und

wichtigen Denker beiseite lassen, wie wir es denn — das sei hier
gleich ein- und für allemal bemerkt — nicht als unsere Aufgabe
ansehen, in dieser anderen Zwecken gewidmeten Biographie
j e d e m philosophiegeschichtlichen Einflusse, der sich in Kants
Entwicklung bemerkbar macht, nachzugehen. Zumal da wenige
Denker in dem Maße wie e r ihre geistige Selbständigkeit bewahrt,
fremde Ansichten ihrem Standpunkt bloß angepaßt haben[1]).
Aber Hume bedeutet ihm, wie Rousseau, in der Tat einen Wende-
punkt, mindestens einen kräftigen Anstoß zu der e n d g ü l -
t i g e n A b w e n d u n g v o n d e r a l t e n M e t a p h y s i k,
die in seinen bisherigen Schriften schon vorbereitet war; damit
war dann zugleich auch der Boden zu einer anderen Auffassung
der Moral gegeben.

Wie für Rousseaus Einfluß auf seine moralisch-praktische,
so besitzen wir auch für denjenigen Humes auf seine theoretische
Stellungsänderung eine klassische Stelle. Wir meinen natürlich
den berühmten Satz aus den ‚Prolegomenen' (1783): „Ich gestehe frei, die Erinnerung des D a v i d H u m e war eben dasjenige, was mir vor vielen Jahren den dogmatischen Schlummer
unterbrach und meinen Untersuchungen im Felde der spekulativen Philosophie eine ganz andere Richtung gab." Also: wie
Rousseau ihn praktisch „zurecht gebracht", so hat Hume ihn
aus dem bisherigen theoretischen „Schlummer" geweckt. In
welche Jahre die verschiedenen Einwirkungen des schottischen
Philosophen fallen, auf welche Einzelprobleme sie sich beziehen,
welche Schriften ihm bekannt waren u. a. m., das ist seit lange

---

es ist sehr zweifelhaft, ob Kant englische Schriften zu lesen verstand — auch
erst 1756 erschienen. Wir wissen jetzt durch eine freundliche Mitteilung von
Fräulein R. Burger (Göttingen), daß Kant eine d e u t s c h e Übersetzung von
H u m e aus dem Jahre 1759 b e s a ß, die außer der ‚Natürlichen Geschichte
der Religion' und der Abhandlung ‚Von den Leidenschaften' noch zwei kürzere
Aufsätze über das Trauerspiel und die Grundlagen des Geschmacks enthielt.

[1]) Wir stimmen daher ganz der Annahme Benno Erdmanns (Vorrede zu
Kants Reflexionen I, S. XXf.) bei, daß der Kantische Empirismus der 60er
Jahre vielmehr eine Folge von Kants e i g e n e n Problemstellungen ist, die
durch Newton (und Crusius) bei ihm in Fluß gebracht sind und sich dann mit
Lockes und Humes Gedankengängen begegnen.

Gegenstand mannigfacher Meinungskämpfe unter den Fachmännern gewesen. Wir, die wir nur die großen Linien von Kants philosophischem Werdegang verfolgen wollen, müssen es uns versagen, auf diese mannigfaltigen Untersuchungen (von Kuno Fischer, Paulsen, Vaihinger, Höffding, A. Riehl, B. Erdmann, um nur die Bekanntesten zu nennen) einzugehen. Das Wichtigste dieser Einflüsse wird uns von selbst klar werden, wenn wir seine allgemeine philosophische Entwicklung bis in die 70er Jahre hinein, das bedeutet zunächst die Grundrichtung seiner

Schriften

der 60er Jahre verfolgen.

Gleich die erste derselben, die nach drei Jahren literarischer Pause zu Anfang des Winters 1762 erschienene, vielleicht eine Begleitschrift zu seinem Colleg über Logik bildende kurze Abhandlung über ‚Die falsche Spitzfindigkeit der vier syllogistischen Figuren‘, von ihrem Verfasser als die „Arbeit weniger Stunden" charakterisiert, läßt eine schärfere Oppositionsstellung des Autors, als er sie bis dahin eingenommen, erkennen. Sie richtet sich mit bewußter Schärfe gegen den ganzen logischen Schulbetrieb seiner Zeit. Da er in seinen Vorlesungen „nicht alles seiner Einsicht gemäß einrichten" könne, sondern „manches dem herrschenden Geschmack zu gefallen tun" müsse, so wolle er wenigstens in dieser Schrift begründen, weshalb er die Spitzfindigkeiten der Syllogistik (Lehre von den vier „Figuren" der logischen Schlüsse) nur kurz behandeln werde, um die dadurch gewonnene Zeit zur „wirklichen Erweiterung nützlicher Einsichten" zu verwenden. Dabei „häufen sich die wissenswürdigen Dinge zu unseren Zeiten", es „bieten sich Reichtümer im Überflusse dar", so daß wir am besten tun, allen jenen „unnützen Plunder" wegzuwerfen, mit dem wir uns lieber nie hätten belästigen sollen. Freilich schmeichle er sich nicht, mit seiner kleinen Abhandlung diesen tönernen Koloß umzustürzen. Übrigens sei, auch abgesehen von den Spitzfindigkeiten der Schullogik, die menschliche Erkenntnis „voll unerweislicher Urteile".

Deshalb unternimmt die nächste, im folgenden Sommer verfaßte, aber erst Ostern 1764 veröffentlichte Abhandlung, der ‚Versuch, den Begriff der negativen Größen in die Weltweisheit einzuführen‘ einen Vorstoß gegen die zeitgenössische Schulmetaphysik. Das Prunken mit der mathematischen Methode sei zwar von den Metaphysikern allmählich wieder aufgegeben worden, aber wahren Nutzen aus der evidentesten aller Wissenschaften zu ziehen, hätten sie bisher in törichter Selbstüberhebung versäumt. Einen kleinen Anfang wolle er mit der philosophischen Erörterung der von Kästner vortrefflich mathematisch behandelten „negativen Größen" machen. Von besonderem philosophischem Interesse ist die „Schlußanmerkung", weil ihre Unterscheidung von „logischem" und „Real"-Grund schon die spätere, in den Prolegomenen als „klassisch" bezeichnete zwischen analytischen und synthetischen Urteilen in sich birgt, und weil die damit zusammenhängende Grundfrage: Wie soll ich es verstehen, daß, weil etwas ist, etwas anderes sei? die Vorstufe zu der kritischen Kernfrage darstellt: Wie sind synthetische Sätze a priori möglich? Gerade zu diesen Unterscheidungen und Fragestellungen aber ist Kant offenbar durch Humes Bezweifelung des Kausalitätsgesetzes angeregt worden, wenn er auch seinen Namen hier nicht nennt[1]). Ganz in dem skeptisch-ironischen Ton des Schotten spricht er von den „gründlichen" Philosophen, denen nichts verborgen bleibt, von der „hohen Weisheit" dieser „großen Geister", während er selbst aus der Schwäche seiner Einsicht kein Geheimnis mache, „nach welcher ich gemeiniglich dasjenige am wenigsten begreife, was alle Menschen leicht zu verstehen glauben". Wie etwas aus etwas anderem — von der logischen Identität abgesehen — folge, das möchte er sich gern erklären lassen; indes mit bloßen Worten wie Ursache und Wirkung, Kraft und Handlung lasse er sich nicht abspeisen. So bleibt er hier noch bei dem Zweifel Humes stehen. „Dereinst" werde er das Ergebnis seines Nachdenkens über „die

---

[1]) Daß er ihn gleichwohl im Auge hat, zeigt ein Vergleich mit der Vorrede der Prolegomena (S. 4 meiner Ausgabe, Philos. Bibl. Bd. 40).

Natur unserer Erkenntnis in Ansehung unserer Urteile von Gründen und Folgen" ausführlich darlegen. Dieses „dereinst" erfüllte
sich erst 18 Jahre später — in der Kritik der reinen Vernunft.

Von dem umfangreichsten Werk dieser Jahre, dem ‚Einzig
möglichen Beweisgrund' ist schon im ersten Kapitel dieses Buches
die Rede gewesen.

Ungefähr gleichzeitig mit den drei bisher besprochenen Arbeiten entstand die der Berliner Akademie der Wissenschaften
zur Bewerbung um den Preis von 1763 eingereichte ‚U n t e r -
s u c h u n g ü b e r d i e D e u t l i c h k e i t d e r G r u n d -
s ä t z e d e r n a t ü r l i c h e n T h e o l o g i e u n d M o r a l'.
Kant hatte sich anscheinend erst spät zur Mitbewerbung entschlossen, sein Manuskript infolgedessen „kurz und eilfertig abgefaßt" und „lieber etwas in Ansehung der Sorgfalt, Abgemessen-
heit und Zierlichkeit der Ausführung verabsäumen" als den letzten Ablieferungstermin (31. Dezember 1762) verstreichen lassen
wollen, an dem es denn auch glücklich noch in Berlin einlief.
Den ersten Preis, eine 50 Dukaten schwere, goldene Denkmünze,
trug der Jude „Moses, Mendels Sohn" davon, doch wurde zugleich erklärt, daß das „Memoire" Kants „der Schrift des gelehrten Juden . . . beinahe gleich wäre". [Nach einer Mitteilung
von Kraus hätte die Akademie sogar den ersten Preis Mendelssohn nur „zur Aufmunterung" gegeben, während Kant ihn eigentlich verdient hätte; das soll Sulzer an Kant selbst geschrieben
haben.] Zusammen mit der Abhandlung Mendelssohns (‚Über
die Evidenz in metaphysischen Wissenschaften') und zwei weiteren Preisschriften wurde dann Kants Abhandlung unter dem
oben erwähnten Titel Frühjahr 1764 auf Kosten der Akademie
gedruckt.

Der Titel deckt sich nur teilweise mit dem Inhalt. Die Frage
der Akademie hatte gelautet: „Man will wissen: ob die Metaphysischen Wahrheiten überhaupt, und besonders die ersten
Grundsätze der Theologiae naturalis und der Moral, eben der
deutlichen Beweise fähig sind als die geometrischen Wahrheiten,
und welches, wenn sie besagter Beweise nicht fähig sind, die
eigentliche Natur ihrer Gewißheit ist, zu was vor einem Grade

man gemeldete Gewißheit bringen kann, und ob dieser Grad
zur völligen Überzeugung zureichend ist?" Diese Frage entsprach nicht bloß dem Zeitinteresse, sondern lag auch ganz in der
Richtung der Probleme, die Kants Inneres seit Jahren beschäftigten. Seine Schrift trägt denn auch, mehr als der etwas ver-
schwommene Titel erkennen läßt, methodologischen Charakter. Beinahe schon an den späteren, kritischen Standpunkt
erinnert die Forderung der knapp gefaßten Einleitung nach einer
„unwandelbaren Vorschrift der Lehrart". Denn, daß sie nicht
dogmatisch gemeint ist, beweist schon der Name, der nun folgt:
„sowie N e w t o n s Methode in der Naturwissenschaft die Un-
gebundenheit der physischen Hypothesen in ein sicheres Verfahren nach Erfahrung und Geometrie veränderte". Die Beziehung auf die E r f a h r u n g wird überhaupt kräftig betont:
„sichere Erfahrungsgrundsätze und daraus gezogene unmittelbare Folgerungen" sollen den Inhalt seiner Abhandlung bilden.
Dagegen darf die Philosophie n i c h t einseitig die m a t h e -
m a t i s c h e Methode nachahmen wollen. Die Mathematik verfährt synthetisch, betrachtet das Allgemeine konkret, besitzt
nur wenige unbewiesene Sätze; die Philosophie dagegen muß
analytisch vorgehen, liebt die Abstraktion, ist voll unerweislicher Sätze. Jene kann mit Definitionen beginnen, diese allenfalls damit enden. Analog Newtons naturwissenschaftlicher Methode muß sie vielmehr von „sicheren", wenn auch „inneren",
Erfahrungen, nämlich dem „unmittelbaren augenscheinlichen Bewußtsein" ausgehen und verworrene Erkenntnisse zu klaren Begriffen gestalten. Zu einem synthetischen Aufbau, wie ihn die
Mathematik gibt, ist in der Metaphysik „noch lange die Zeit
nicht" da.

So die beiden ersten Kapitel der für Kants philosophische
Entwicklung überaus wichtigen Schrift. Erst gegen Ende des
dritten wird dann, in einem gewissen Widerspruch dazu, behauptet und in der vierten „Betrachtung" ausgeführt, daß gleichwohl verschiedene unbeweisbare Sätze der Metaphysik ebenso
sicher sein können als die mathematischen. Dazu gehört vor
allem der Gegenstand der natürlichen Religion: Gott, insofern

er als die alleinige Ursache alles Seienden gefaßt wird; während seine „freien" Handlungen (Vorsehung, Gerechtigkeit, Güte) freilich nur annähernde, nämlich moralische Gewißheit beanspruchen können.

Auf die E t h i k war auch schon die Abhandlung von den negativen Größen zu sprechen gekommen, indem sie ein „inneres Gesetz", sei es nun „bloß das Gewissen" oder auch „das Bewußtsein eines positiven Gesetzes", als Grundlage unseres sittlichen Handelns annimmt. Jetzt erfolgt ein weiterer Schritt zur kritischen Ethik hin. Es wird — durch langes Nachdenken sei der Verfasser dazu gekommen — ein „erster f o r m a l e r Grund aller Verbindlichkeit zu handeln" von den „m a t e r i a l e n Grundsätzen der praktischen Erkenntnis" unterschieden und in die Formel zusammengefaßt: „Tue das Vollkommenste, was durch Dich möglich ist."

Doch der Philosoph fühlte selbst, daß sein Denken noch in der Entwicklung begriffen sei. Er schmeichelte sich zwar, wie er dem Sekretär der Akademie (Formey) am 28. Juni 1763 schrieb, „dem Ziele sehr nahe" zu sein, und er beabsichtigte eben damals, seine Schrift „beträchtlich" erweitert herauszugeben, weil er meinte, daß von seiner Methode allein „ein glücklicher Ausgang vor die abstrakte Philosophie zu erwarten" stehe. Allein er hat, trotz der sofort erteilten Zustimmung Formeys, dieses Vorhaben dennoch nicht ausgeführt: offenbar, weil er eben doch seiner selbst noch nicht sicher genug war. In der Moral speziell war er damals noch geneigt, alles auf das G e f ü h l des Guten zurückzuführen, wie der Schotte Hutcheson und andere (er denkt wohl an Shaftesbury) es unter dem Namen des „moralischen Gefühls" begonnen hätten. Jedenfalls müsse erst noch ausgemacht werden — mit diesem Gedanken schließt die Preisschrift —, ob in der Ethik das Erkenntnisvermögen oder das Gefühl „die ersten Grundsätze entscheide."

Zeigten uns die soeben charakterisierten vier Schriften aus den Jahren 1762—1764 den durch Hume und die englischen Moralphilosophen stark beeinflußten w i s s e n s c h a f t l i c h -

philosophischen Standpunkt Kants um jene Zeit, so sind für das
Verständnis seiner P e r s ö n l i c h k e i t von unmittelbarerer Bedeutung die in der Waldesluft von Moditten niedergeschriebenen,
Ende 1763 oder Anfang 1764 veröffentlichten ‚B e o b a c h -
t u n g e n   ü b e r   d a s   G e f ü h l   d e s   S c h ö n e n   u n d
E r h a b e n e n‘. Hier haben wir einen ganz anderen Kant vor
uns als den heute dem größeren Publikum bekannten. Schon in
der äußeren Form. Hier schreibt er in kurzen, leicht verständlichen Sätzen, anmutig, witzig, geistreich, ja poetisch, so daß
der an die Lektüre der schwierigen kritischen Hauptwerke gewöhnte Schiller sogar den Stil „für die ernsthafte Materie etwas
zu spielend und blumenreich" fand (an Goethe, 10. Februar 1795).
In der „mehr mit dem Auge eines Beobachters als des Philosophen" rasch hingeworfenen Schrift herrscht dieselbe heitere
Laune, praktische Menschenerfahrung und ausgebreitete Literatur-
kenntnis, welche die Zuhörer seiner populären Vorlesungen damals und später fesselte. Der angeblich aller Poesie abholde
Philosoph berücksichtigt hier von den Epikern die Homer und
Vergil ebenso wie die Milton und Klopstock, den melancholischen
Young und den ernsten Haller ebenso wie die anakreontischen
und Schäfergedichte seiner Zeit, die sein männlicher Geschmack
mit Recht „gemeiniglich sehr nahe beim Läppischen" findet,
von den französischen Feenmärchen zu schweigen, als den „elen-
desten Fratzen, die jemals ausgeheckt wurden"; er kennt den
Sittenschilderer der Feder Labruyère ebensogut wie den des
„Grabstichels", den Engländer Hogarth. Das rechte Verständnis
für die Schönheit der Volksdichtung fehlt ihm freilich durchaus:
gegenüber dem „Edlen" der Äneis fällt Homer (wie Milton) seiner
Ansicht nach „ins Abenteuerliche"! Bezeichnend ist auch die
Art seines Naturgefühls. Dem Sohn der Tiefebene erregt der
bloße Gedanke an ein Gebirge, „dessen beschneite Gipfel sich
über Wolken erheben", zwar auch ein Wohlgefallen, aber „mit
Grausen" vermischt, wogegen „blumenreiche Wiesen, Täler mit
schlängelnden Bächen, bedeckt von weidenden Herden" fröhlich-
angenehme Empfindungen in ihm erwecken.

Übrigens sind die ‚Beobachtungen‘ im Grunde weniger

ästhetischen als m o r a l - p s y c h o l o g i s c h e n Inhalts. „Die
Ausführung ist bloß anthropologisch, und über die letzten Gründe
des Schönen lernt man darin nichts," schrieb schon Schiller
19. Februar 1795 an Goethe. In der Weise der englischen Moralisten wie Hutcheson, Burke und Shaftesbury werden moralische
und ästhetische Betrachtungen miteinander verbunden. Das Erhabene und das Schöne werden zunächst „am Menschen überhaupt", sodann an den beiden Geschlechtern, endlich an den
verschiedenen Volkscharakteren aufgesucht. Was man gewöhnlich als Kennzeichen Schillerscher Anschauungsweise in angeb-
lichem Gegensatz zur Kantischen ansieht, die Wertschätzung
der s i t t l i c h e n   S c h ö n h e i t gegenüber sittlicher Erhabenheit[1]), findet sich bereits hier. Weitere Keime der kritischen
Ethik zeigen sich darin, daß Mitleid, Gutherzigkeit und Gefälligkeit mit Recht moralisch geringer bewertet werden als wahre
„Wohlgewogenheit" und strenge Gerechtigkeit. „Wahre Tugend
kann nur auf G r u n d s ä t z e gepfropft werden." Freilich,
diese Grundsätze bestehen ihm damals noch — darin ist er mit
Rousseau, Shaftesbury und Hutcheson einverstanden — in dem
Bewußtsein eines   G e f ü h l s: desjenigen von der Schönheit
und der Würde der menschlichen Natur. In der anziehenden
Schilderung der vier Temperamente hat man die Vorliebe, mit
welcher der Melancholiker (gemäßigterer Art) geschildert wird,
auf die Verwandtschaft mit Kants eigener Art zurückführen
wollen, und gewiß stimmen dazu viele Züge der ausführlichen
und fesselnden Charakteristik, die man an Ort und Stelle nachlesen mag. Im allgemeinen neigt Kant sicherlich mehr zum Erhabenen als zum Schönen: er ordnet, wie sein „Melancholiker",
seine Empfindungen unter Grundsätze, nichts Menschliches ist
ihm fremd (dies Terenz-Wort war eines seiner Lieblingssprüche),
er haßte sein Lebtag alle Ketten „von den vergoldeten des Hofes
bis zu den Eisen der Galeerensklaven", ist ein strenger Richter
seiner selbst. Einzelne Züge stimmen jedoch wieder nicht, wie

---

[1]) Ich habe dies Problem näher verfolgt in meinen Aufsätzen über
‚Ethischen Rigorismus und sittliche Schönheit‘ in Philos. Monatshefte 1894,
jetzt in meinem Buche: ‚Kant, Schiller, Goethe‘ (2. Aufl., 1922), bes. S. 90 ff.

z. B. für den heiter-gesprächigen Weisen, als der er uns von allen, die ihn kannten, geschildert wird die gedankenvolle Schweigsamkeit, geschweige denn die wenigstens dem „ausgearteten" Melancholiker beigelegten Eigenschaften der Schwermut, Schwärmerei und Rachbegierde.

Von seiner anziehenden Charakteristik des weiblichen Geschlechts ist schon in dem Abschnitt „Kant und die Frauen" die Rede gewesen. Nicht weniger interessant sind die Streiflichter, die auf den Charakter der hervorragendsten europäischen Nationen fallen, sofern sie „erhabene" oder „schöne" Züge aufweisen; worauf zum Schluß auch ein Blick auf die außereuropäischen Völker, darunter die „Japaneser, Chineser und Negers" geworfen wird. Seine Vorliebe für die Lektüre von Reisebeschreibungen kam ihm hier zu statten. Bemerkenswert für die Schwäche und Einseitigkeit seiner historischen und kunstgeschichtlichen Auffassung, die er mit den meisten Vertretern der Aufklärungszeit gemein hat, ist die überaus abfällige Beurteilung des M i t t e l a l t e r s , das ihm ein Machwerk von „Barbaren" ist, die „einen gewissen verkehrten Geschmack einführten, den man den gotischen nennt, und der auf Fratzen hinauslief": Fratzen in der Baukunst, in den Wissenschaften und Sitten, im Rittertum und Mönchtum, von denen sich das menschliche Genie dann in der Renaissance oder, wie Kant es griechisch wiedergibt, durch eine Art von „Palingenesie" (= Wiedergeburt) glücklich wieder erhob. Wir werden auf Kants Kunstansichten noch in einem Kapitel des 3. Buches zurückkommen und sehen daher hier von weiterer Stellungnahme ab. Zu seinem besonders seit den 70er Jahren betätigten Interesse für die E r z i e h u n g s reform den Auftakt bildet der Schlußgedanke des ganzen Werkchens: es komme jetzt vor allem darauf an, „daß das noch unentdeckte Geheimnis der Erziehung dem alten Wahne entrissen werde, um das sittliche Gefühl frühzeitig in dem Busen eines jeden jungen Weltbürgers zu einer tätigen Empfindung zu erhöhen".

Wir konnten nur eine Blütenlese aus der populärsten aller selbständigen Schriften des Philosophen geben, die viel gelesen wurde und bis 1771 zwei weitere Auflagen erlebte. Sie war u. a.

ein Lieblingsbuch Herders, derentwegen er neben Mendelssohn und
Sulzer, Winckelmann und Burke auch Kant zu den ästhetischen
Autoritäten zählte; Stellen daraus waren seinem Gedächtnis
immer gegenwärtig. Hamann stellte sie in einer ausführlichen
Besprechung Diderots Artikel über das Schöne in der Enzyklopädie zur Seite. Ein anderer Rezensent verglich den Verfasser
mit dem vielgelesenen französischen Charakterschilderer Labruyère;
ein dritter meinte: sie gehöre nicht bloß in das Studierzimmer
der Gelehrten, sondern auch auf die Toilettentische der Damen!
Den letzteren gegenüber hatte sich allerdings der „galante Magister" besonders liebenswürdig bewiesen. Sogar seinen verehrten Rousseau desavouierte er in diesem Falle wegen dessen
„verwegener" Behauptung: daß ein Frauenzimmer niemals etwas
mehr als ein großes Kind werde; e r s e l b s t möchte „um
wer weiß nicht wie viel" so etwas nicht gesagt haben! Unserem
heutigen Geschmack dagegen wird ja die kleine Schrift von 1764
mehr zopfig vorkommen. Der Mann von Welt kann doch die
Gelehrtenstube nie ganz verleugnen, wie denn auch schon Hamann bei aller Anerkennung meinte, daß der Herr Magister eine
„besondere Fruchtbarkeit lebhafter Einfälle einesteils exempel-
reichen, teils scholastischen (!) Witzes zeige". Wir finden feine
und geistreiche oder, wie Goethe sagt, „allerliebste" Bemerkungen
genug, aber wir sehen niemals die Leidenschaft aufflammen, wie
wir es bei dem neuen Geschlecht der 60er und noch mehr der
70er Jahre finden. Die Schrift gehört, wie der literarisch-ästhetische
Geschmack Kants überhaupt, eben noch der älteren Zeitrichtung
an. Genug: wie durch seine Preisschrift in der gelehrten Welt,
wurde Magister Kant durch die ‚Beobachtungen' auch im größeren Publikum bekannt. Er galt seitdem für einen der nam-
haftesten Popularphilosophen. So nennt z. B. der junge Goethe
in einer Rezension für die ‚Frankfurter Gelehrten Anzeigen'
(1773) als die vornehmsten deutschen Weltweisen seiner Zeit:
Sulzer, K a n t, Mendelssohn und Garve.

Wie stark er damals mit schriftstellerischen Plänen schwanger
ging, ergibt sich aus dem schon erwähnten Briefe Hamanns an
Lindner vom 1. Februar 1764. Kant habe, so schreibt dort Ha-

mann, „eine Menge Arbeiten im Kopfe": ein Werk über die „Sittlichkeit", den „Versuch einer neuen Metaphysik", einen „Auszug
seiner Geographie" und dazu noch „eine Menge kleinerer Ideen",
von denen auch Hamann, damals vorübergehend Redakteur der
‚Königsbergschen Gelehrte und Politische Zeitungen', „zu gewinnen hoffte"; sogar eine Z e i t s c h r i f t unter dem Titel
‚Magazin' beabsichtige Kant herauszugeben. Freilich zweifelte
der Briefschreiber stark daran, ob der Magister alle diese Vorsätze
auch werde ausführen können. Sollen wir es bedauern, daß Kant
diese mannigfachen Pläne, insbesondere den des ‚Magazins', zu
dem er vielleicht durch seinen allezeit unternehmungslustigen
Verleger und Hauswirt Kanter angestachelt worden ist, wieder
„ausgesetzt", d. h. verschoben hat, und daß er dann nachher
nicht mehr dazu kam? Ich denke, nein! Denn nur durch seine
allmählich immer strenger durchgeführte Vermeidung geistiger
Zersplitterung und Kleinarbeit ist ihm die Konzentration auf
seine wissenschaftliche Lebensaufgabe möglich geworden.

E i n e kleinere Arbeit „gewann" Hamann in der Tat für
die Kantersche Zeitung: den durch fünf Nummern (vom 13. bis
27. Februar 1764) sich hinziehenden ‚V e r s u c h ü b e r d i e
K r a n k h e i t e n d e s K o p f e s'. Dieser Aufsatz war mittelbar durch einen eigentümlichen Anlaß hervorgerufen worden.
Seit Mitte Januar d. J. hielt sich in dem Amte Kalthof dicht
bei Königsberg eine Art Naturmensch auf, der aus Galizien
stammte und sich Jan Paulikowicz Komarnicki nannte. Bloß
in Tierfelle gehüllt, führte er einen achtjährigen munteren Knaben, seinen jüngsten Sohn Patrick, in ähnlicher Kleidung, außerdem aber eine Herde von Kühen, Schafen und besonders Ziegen
mit sich, weshalb er vom Volke auch der „Ziegenprophet" be-
namst wurde, da er nebenbei noch religiöse Schwärmerei zur
Schau trug. Wartung seines Viehes, Lesen der Bibel und An-
fertigung hölzerner Löffel waren seine Hauptbeschäftigung. Zahlreiche Königsberger, darunter auch eine von dem rührigen Kanter
zusammengebrachte „philosophische Karawane", sahen sich das
Naturwunder an und vernahmen seine biblischen Orakel. Kant,
der auch zu der Karawane gehört haben wird, schrieb auf mehr-

fache Aufforderung ein „Räsonnement" über die sonderbare Erscheinung für die genannte Zeitung. Er fand „für Augen, welche
die rohe Natur gern ausspähen, die unter der Zucht der Menschen
gemeiniglich sehr unkenntlich wird", weit interessanter, als den
„begeisterten Faunus" selbst, dessen Sohn, den ohne jede Kultur
in den Wäldern frei aufgewachsenen „kleinen Wilden", der ihm
als ein vollkommenes Naturkind im Sinne Rousseaus für
einen „Experimentalmoralisten" sehr beachtenswert erschien.

Im Anschluß daran veröffentlichte er dann in den fünf folgenden Nummern die oben erwähnte geistvolle psychologische
Plauderei über die ‚Krankheiten des Kopfes', von der bloßen
„Dummköpfigkeit" bis zur vollendeten Narrheit und vom Blöd-
sinn bis zur Tollheit. Auch in diesen, in ihrem launigen Stil mit
den ‚Beobachtungen' verwandten Artikeln steckt Rousseauscher
Geist. Der „Einfalt und Genügsamkeit der Natur" wird der
künstliche Zwang und der bloße, sittsame oder weise „Schein"
der „bürgerlichen Verfassung" entgegengesetzt. Nur die letztere
brütet alle jene „Gebrechen des menschlichen Kopfes" aus und
bringt es dahin, daß Leute, die „durch eine moralische Empfindung als durch einen Grundsatz mehr erhitzt werden, als es
andere nach ihrem matten und unedlen Gefühl sich vorstellen
können", Phantasten heißen. So werden der gerechte Aristides
von Wucherern, der enthaltsame Epiktet von Hofleuten, der
einfache Johann Jakob Rousseau von den Doktoren
der Sorbonne als Phantasten verspottet und verlacht, die doch
nichts anderes als moralische Enthusiasten sind. Ohne
Enthusiasmus aber „ist niemals in der Welt
etwas Großes ausgerichtet worden". Könnte
diese Sätze nicht ebensogut der junge Schiller geschrieben haben?

Von kaum zu überschätzendem Wert für die Kenntnis von
Kants Lehrweise ist die ‚Nachricht von der Einrichtung seiner Vorlesungen in dem Winter-
halbenjahre von 1765/66', die wir unseren Lesern im Wortlaut zu lesen empfehlen möchten. Auch in ihr zeigt er sich im
Einklang mit Rousseaus Rückkehr zur Natur und Humes Rückkehr zur Erfahrung, um beide zu vertiefen. Auch der öffentliche

Unterricht muß und kann einfach und natürlich gestaltet werden. Erst muß man einen verständigen, dann einen vernünftigen Zuhörer heranzubilden suchen, denn nicht alle können Gelehrte werden; sonst bekommt man bloß frühkluge Schwätzer. Schicken doch „die Akademien mehr abgeschmackte Köpfe in die Welt als irgendein anderer Stand des gemeinen Wesens". Der aus der Schule entlassene Jüngling soll nicht fertige G e d a n k e n , sondern d e n k e n , keine bestimmte P h i l o s o p h i e , sondern, so heißt es wiederum, p h i l o s o p h i e r e n lernen. Anders als in den historischen und mathematischen Wissenschaften, die man auch erlernen kann, muß daher die Methode in der Weltweisheit „zetetisch, d. i. forschend", nicht „dogmatisch, d i. entschieden" sein. Wie er diese Methode in den vier beabsichtigten Privatvorlesungen: Metaphysik, Logik, Ethik und Physische Geographie, durchzuführen gedenkt, setzt der dann folgende zweite Teil des Programms auseinander. Überall will er mit der Erfahrung beginnen und vom Leichteren zum Schwereren fortschreiten, was nebenbei auch noch den Vorteil habe, daß der Zuhörer nicht gleich zu Anfang durch zu große Schwierigkeiten abgeschreckt wird und selbst diejenigen etwas mit ins Leben nehmen, deren Eifer vorzeitig „ausdunste". Denn „jedermann weiß, wie eifrig der Anfang der Kollegien von der munteren und unbeständigen Jugend gemacht wird, und wie darauf die Hörsäle allmählich etwas geräumiger werden"! Die Logik will er in ihrer einfachsten Gestalt als das, was der gesunde Verstand uns vorschreibt, vortragen; denn in ihrem höheren Sinn, als Kritik der gesamten Weltweisheit, kann sie erst am Ende der akademischen Unterweisung stehen. In der Ethik will er Shaftesbury, Hutcheson und Hume zu verbessern und zu ergänzen suchen, und zuerst das, was wirklich g e s c h i e h t , also die Natur, und zwar zunächst die rohe Einfalt des Menschen, studieren, ehe er entwickelt, was geschehen s o l l , indem er die höchste Stufe der physischen oder moralischen Vortrefflichkeit zu erreichen trachtet. Die Physische Geographie endlich will einen „angenehmen und leichten Inbegriff" von dem heutigen Zustande der Erde geben, von jetzt an auch unter Berücksichtigung der „moralischen und

politischen" Geographie der Völker (Adickes bezweifelt freilich
nach den erhaltenen Nachschriften dieses Kollegs die wirkliche
Durchführung des neuen Programms).

Den Höhepunkt und literarisch zugleich den Schluß von
Kants empiristischer und dabei der Skepsis zuneigender Periode
stellte die Schrift des Jahres 1766: ‚T r ä u m e e i n e s G e i -
s t e r s e h e r s , e r l ä u t e r t d u r c h T r ä u m e d e r M e -
t a p h y s i k' dar. Nur andeuten können wir die äußere Veranlassung dieser wiederum für ein allgemeineres Publikum bestimmten, zuerst anonym herausgegebenen Schrift. Der schwe-
dische Spiritist Emanuel von Swedenborg (1688—1772) hatte
durch seine theosophischen Schriften, mehr noch durch die
Berichte über sein Fernsehen und seinen Verkehr mit den
Geistern Verstorbener, viel von sich reden gemacht. Kant
faßte, trotz seiner gesunden rationalistischen Grundstimmung,
doch so viel Interesse für den Wundermann, daß er es sich die
für seine Verhältnisse recht beträchtliche Summe von sieben
Pfund Sterling kosten ließ, Swedenborgs *Arcana coelestia*
(= Himmlische Geheimnisse), „acht Quartbände voll Unsinn",
zu erwerben. Das „ungestüme Anhalten" „vorwitziger und
müßiger Freunde" (und Freundinnen, wie Fräulein von Knobloch)
veranlaßte ihn dann zu seinem im Herbst 1765 ziemlich eilig
abgefaßten kleinen Buch. Für uns sind jedoch, wie für ihn selbst,
nicht die in dem kürzeren zweiten Teil behandelten ‚Träume
des Geistersehers' die Hauptsache, sondern die ‚Träume der
Metaphysik'. Worin bestehen sie?

Das erste Kapitel wirft eigentlich bloß Fragen auf: Was
ist ein Geist? Sind Geister körperlich? Wo im Körper hat die
Seele ihren Sitz? Wie ist die Gemeinschaft von Geist und Körper
zu denken? Wie die „innere" Tätigkeit der Materie? Diese und
andere, noch von der Naturphilosophie unseres 20. Jahrhunderts
umstrittene, Probleme bleiben für Kant F r a g e n , über die
sich Gewisses nicht ausmachen läßt. Er wenigstens mache sich
anheischig, jedem etwaigen Gegner sein Nichtwissen auf diesem
Gebiete zu beweisen. Man kann nun diesen „verwickelten metaphysischen Knoten" nach Belieben „auflösen oder abhauen".

Versucht man das erstere und gibt dabei immaterielle Geister zu, so führt uns die „geheime Philosophie" des zweiten Kapitels bald genug zur Annahme eines ganzen Geisterreiches. Die Gesetze immaterieller Kräfte kennen wir zwar nicht; aber empfinden wir nicht täglich die Abhängigkeit unseres eigenen von einem „allgemein-menschlichen" Urteilen und Wollen? Könnte es also nicht, entsprechend der physischen, auch eine geistig-sittliche Anziehungskraft geben? Und einen ebensolchen Zusammenhang innerhalb der Geisterwelt, der sich auch nach unserem Tode fortpflanzte, so daß Geister mit uns reden und uns in menschlicher Gestalt erscheinen könnten? — Nein, erklärt die ‚Antikabbala' (Kap. 3), das sind eben „T r ä u m e der Metaphysik", von metaphysischen Luftbaumeistern („Träumern der Vernunft") oder von „Träumern der Empfindung" ersonnen. Die Sinnestäuschungen der Geisterseherei aber entspringen krankhaften Gehirnnerven, deren Besitzer man am besten einer Heilanstalt anvertrauen sollte. Trotz alledem, so lautet der „theoretische Schluß" (Kap. 4), verführt auch den Vorurteilsfreiesten „die Hoffnung der Zukunft" zu Spekulationen, die auch Kant „nicht heben kann und in der Tat auch niemals heben w i l l". Denn das Woher? Wo? und Wohin? des menschlichen Geistes ist mit so vielen Rätseln verbunden, daß er sogar „nicht gänzlich alle Wahrheit an den mancherlei Geistererzählungen abzuleugnen" sich unterstehen will. Über dergleichen Dinge könne man auch künftighin „vielleicht noch allerlei m e i n e n, niemals aber mehr w i s s e n".

So ist denn der wichtigste Nutzen der gesamten Erörterung negativer Art. Die Metaphysik muß zur „Wissenschaft von den G r e n z e n der menschlichen Vernunft" werden, die den „Boden der Erfahrung" und des „gemeinen Verstandes" nicht verläßt. Und wie mit diesem t h e o r e t i s c h e n Ergebnis schon die anderthalb Jahrzehnte später erscheinende Kritik der reinen Vernunft vorbereitet ist, so enthält der „p r a k t i s c h e Schluß aus der ganzen Abhandlung" (Endkapitel) bereits die Keime der kritischen Ethik und Religionsphilosophie. Eine die Erfahrung übersteigende Erkenntnis ist unmöglich, aber auch unnötig. An ihre Stelle muß der m o r a l i s c h e G l a u b e treten, der den Menschen „ohne Umschweif zu seinen wahren Zwecken führt". Mag auch „niemals eine rechtschaffene Seele den Gedanken haben ertragen können, daß mit dem Tode alles zu Ende sei", so scheint es unserem Philosophen doch „der menschlichen Natur und der Reinigkeit der Sitten gemäßer zu sein, die Erwartung der künftigen Welt auf die Empfindungen einer wohlgearteten Seele, als umgekehrt ihr Wohlverhalten auf die Hoffnung der anderen Welt zu gründen". Mögen die müßigen und wißbegierigen Köpfe sich gedulden, bis sie dahin kommen! Wir aber wollen, so schließt das Ganze, nach so viel unnützen Schulstreitigkeiten, mit Voltaires ehrlichem Candide „unser Glück besorgen, in den Garten gehen und arbeiten"!

Man würde indes die „Träume" nur halb kennen, wenn man bloß ihren philosophischen Gedankengang im Kopfe hat. Man muß sie selbst lesen, um die Mischung von behaglicher Ironie, keckem Witz und heiterer, ja übermütiger Laune zu empfinden, die der Stimmung siegesgewisser Überlegenheit entspringt[1]). Sie übergießt die große Mehrzahl der Fachgenossen, darunter so angesehene wie Wolff und Crusius, insbesondere auch die „Akademien" mit der Lauge schärfsten Spottes: „Weil dieser Anschlag so vernünftig ist, so ist er jederzeit von gründlichen Gelehrten durch die Mehrheit der Stimmen verworfen worden" (S. 4). Man liebt auf den hohen Schulen „methodisches Geschwätz", weil Montaignes „mehrenteils vernünftiges: ‚I c h   w e i ß   n i c h t' auf Akademien nicht leichtlich gehört wird" (5), während der „akademische Ton ... entscheidender ist und sowohl den Verfasser als den Leser des Nachdenkens überhebt" (21). Seine eigene philosophische Stimmung dagegen und damit die neue Methode schildert er im Anfang des vierten Kapitels in den Sätzen: „Ich habe meine Seele von Vorurteilen gereinigt, ich habe eine

---

[1]) Innere Verwandtschaft zeigt sie in dieser Beziehung am meisten mit den von Kant geliebten derben englischen Romanen von der Art von Butlers Hudibras, während philosophisch der Einfluß Humes am stärksten ist, an dessen Enquiry, wie A. Riehl gezeigt hat, manche Stellen, besonders die Schlußseiten, auffallend erinnern.

jede blinde Ergebenheit vertilgt, welche sich jemals einschlich, um manchem eingebildeten Wissen in mir Eingang zu verschaffen. Jetzt ist mir nichts angelegen, nichts ehrwürdig, als was durch den Weg der Aufrichtigkeit in einem ruhigen und für alle Gründe zugänglichen Gemüte Platz nimmt; es mag mein voriges Urteil bestätigen oder aufheben, mich bestimmen oder unentschieden lassen. Wo ich etwas antreffe, das mich belehrt, da eigne ich es mir zu." Warum sollten auf diesem Wege nicht auch einmal die Philosophen zu einer wissenschaftlichen Einigung gelangen, wie sie die ,,Größenlehrer" (Mathematiker) schon längst besitzen? Daß es in nicht zu langer Zeit dazu kommen werde, meint der Verfasser aus ,,gewissen Zeichen und Vorbedeutungen" schließen zu dürfen, ,,die seit einiger Zeit über dem Horizonte der Wissenschaften erschienen sind" (S. 33).

Drei Briefe: an Lambert, Mendelssohn und Herder
(Ende 1765 bis Sommer 1767)

Zu den Männern, von denen er einen neuen Aufschwung der Philosophie in seinem Sinne erwartete, zählte Kant in erster Linie den berühmten Mathematiker und Philosophen Johann Heinrich L a m b e r t , der, vier Jahre jünger als er, in Berlin als Mitglied der Akademie der Wissenschaften, im übrigen als freier Gelehrter, lebte. Seiner 1761 erschieneren ,Kosmologischen Briefe', die, ohne daß beide voneinander wußten, nicht nur das gleiche Thema wie Kants ,Naturgeschichte des Himmels' behandelten, sondern auch zu einem ähnlichen Ergebnis kamen, haben wir schon gedacht. Nun hatte er 1764 auch sein philosophisches Hauptwerk, unter dem Titel ,Neues Organon' veröffentlicht, in dem er, ähnlich wie Kant, der Philosophie eine feste wissenschaftliche Grundlage zu geben suchte. Er unterschied darin von dem durch die Wahrnehmung gegebenen Inhalt oder Stoff des Denkens dessen Form, die in den logischen und mathematischen Gesetzen zu finden sei: es war der Weg, auf den bald auch Kant gelangen sollte. So war es nur natürlich, daß beide sich einander näherten. Lambert, der Jüngere, suchte zuerst den Weg zu dem ihm, mindestens seit dem Erscheinen des ,Einzig möglichen Be-

weisgrundes' (1763), bekannten Denker. Er gab, wie es, um das
teure Porto zu ersparen, im 18. Jahrhundert häufig geschah,
einem im November 1765 nach Königsberg zurückreisenden Kollegen Kants einen Brief mit, in dem er ohne weitere Umschweife,
,,was durch die Ähnlichkeit unserer Gedankenart vollkommen
entschuldigt wird", gleich auf die Sache selbst los ging. Da sie
beide ja bisher fast auf einerlei Untersuchungen, ohne es zu wissen,
verfallen seien, schlägt er ihm vor, künftig sich durch einen wissenschaftlichen Briefwechsel im voraus zu verständigen. ,,Wie leicht
wird man in den Folgen einig, wenn man in den Gründen eins
ist." Kant bekannte sich in seiner Antwort vom 31. Dezember
1765 durch den ,,Antrag" des ,,ersten Genies in Deutschland"
sehr geehrt und über die ,,glückliche Übereinstimmung unserer
Methoden" sehr erfreut. Er fühlte sich mit Lambert einig in
dem Ekel an dem ,,ewigen Getändel der Witzlinge" und der
,,ermüdenden Schwatzhaftigkeit der itzigen Skribenten", einig
auch in der Überzeugung von der Notwendigkeit einer strengen
philosophischen Methode. Nach ,,mancherlei Umkippungen",
d. h. nachdem er sich während der letzten Jahre in die verschiedensten Standpunkte hineingedacht, um sie als irrig oder berechtigt zu erkennen, glaube er jetzt einer solchen Methode sicher
zu sein. Immerhin müsse er die Ausarbeitung seines Hauptwerkes
,,noch ein wenig" aussetzen. Der üble Zustand der Zeitphilosophie entmutige ihn nicht: ,,ehe wahre Weltweisheit aufleben
soll, ist es nötig, daß die alte sich selbst zerstöre". Er hege im
Gegenteil die beste Hoffnung, daß eben infolge dieser Krisis die
,,längst gewünschte große Revolution der Wissenschaften" nicht
mehr ferne sei.

In seiner sehr ausführlichen Erwiderung vom 3. Februar
des folgenden Jahres schildert dann Lambert seine Methode,
unter Erörterung einer großen Reihe von philosophischen Einzel-
fragen. Von Kant ist eine Antwort erst wieder vom 2. September
1770 erhalten, in der er sein langes Schweigen mit einer von ihm
nicht vorausgesehenen Entwicklung seiner philosophischen Untersuchungen entschuldigt. Dagegen ist uns aus dem schon erwähnten, noch unveröffentlichten Tagebuch Abeggs über seine

Reise nach Königsberg (1798) noch eine Äußerung Lamberts aus dem Jahre 1766 bekannt geworden. Ein Schüler und späterer Freund des Königsberger Philosophen, namens Jensch, ging in jenem Jahre mit Empfehlungen Kants an Lambert nach Berlin. Man habe, so erzählte Jensch am 5. Juli 1798 an Kants Mittagstisch, damals bei Lambert über allerlei philosophische und mathematische Themata gesprochen: da habe sich, als das Gespräch auf ein anderes Gebiet überging, Lambert auf einmal in die Höhe gerichtet, die Augen geschlossen und gesprochen: ,,Was nicht g e w o g e n und b e r e c h n e t werden kann, geht mich nichts an, davon verstehe ich nichts!" Kant stimmte darin noch als 74jähriger grundsätzlich Lambert zu: ,,Es ist schon recht, daß im Grunde alles am Ende auf den Calcul ankommt." Freilich, meinte er, ,,bis es dahin gebracht ist, erfordert es viele vorläufige Arbeit".

Der zweite Denker, der fast um die nämliche Zeit mit Kant in nähere Beziehungen zu treten suchte, war sein siegreicher Mitbewerber um den Akademiepreis von 1763, der damals 36jährige M o s e s   M e n d e l s s o h n. Mendelssohn, einer der Hauptmitarbeiter von Nicolais ,Literaturbriefen', hatte sich schon früher für seinen Königsberger Rivalen interessiert, dessen Schriften über das Dasein Gottes und die syllogistischen Figuren in dieser vielgelesenen Zeitschrift günstig besprochen und ihn so wie Kant noch später gegen Kraus dankbar bekannte, ,,in das Publikum eingeführt". Mendelssohn war übrigens keineswegs in dem Sinne Popularphilosoph, daß er den streng methodischen Betrieb der Philosophie getadelt hätte. Er hatte im Gegenteil gleich in seinen ersten Beiträgen zu den Literaturbriefen (1759 bis 1765) in Wendungen, die ganz ähnlich 15 Jahre später die Vorrede zur Kritik der reinen Vernunft gebraucht, beklagt, daß die Philosophie, einst die ,,Königin der Wissenschaften", jetzt zu den niedrigsten Mägden herabgestoßen sei. Das sei die Folge davon, daß man sie jetzt zur Modeware mache, ,,leicht, faßlich und schön" darstellen wolle; er aber wolle lieber ,,subtil" sein, als der Strenge des Beweises etwas vergeben. In sehr freundschaftlichem Tone muß er wohl an Kant zu Anfang 1766 geschrieben haben; denn dieser beginnt seine Antwort vom 7. Februar dieses Jahres mit den an Lamberts Brief erinnernden Worten: „Es gibt keine Umschweife von der Art, wie sie die Mode verlangt, zwischen zwei Personen, deren Denkungsart durch die Ähnlichkeit der Verstandesbeschäftigungen und die Gleichheit der Grundsätze einstimmig ist." Die von Mendelssohn vorgeschlagene Fortsetzung der Korrespondenz nimmt er deshalb auch, ebenso wie bei Lambert, mit Vergnügen an und sendet ihm zugleich die eben erschienenen ‚Träume eines Geistersehers'.

Näher läßt er sich — und zwar in höchst interessanter Weise — über seinen persönlichen und philosophischen Standpunkt erst in seinem nächsten Briefe v o m 8. A p r i l 1766 aus, der auf Mendelssohns „Befremdung" über den Ton der zwischen Scherz und Ernst die Mitte haltenden ‚Träume' antwortet. Wie er schon in dieser Schrift selbst erklärt hatte, er habe nun einmal „das Schicksal, in die Metaphysik verliebt zu sein, ob ich mich gleich von ihr nur selten einiger Gunstbezeugungen rühmen kann", so hält er auch in dem Briefe an Mendelssohn die Metaphysik an sich, „objektiv erwogen", keineswegs „vor gering oder entbehrlich"; er ist vielmehr, „vornehmlich seit einiger Zeit", davon „überzeugt, daß sogar das wahre und dauerhafte Wohl des menschlichen Geschlechts auf ihr ankomme". Aber er ist ein erklärter Feind der gegenwärtigen, „aufgeblasenen" und „ganz verkehrten" Art von Metaphysik und hält deren „gänzliche Vertilgung" für weniger schädlich als das Fortdauern einer solchen „erträumten Wissenschaft". Dieser heute im Schwange gehende, in „ganzen Bänden" voller Anmaßung feilstehenden Metaphysik müsse das dogmatische Kleid abgezogen und ihre vorgeblichen Einsichten skeptisch behandelt werden. Das sei zwar vorerst nur ein negativer Nutzen, indes er bereite zum positiven vor; die Scheineinsicht eines verderbten Kopfes bedürfe zuerst eines Kathartikon (Reinigungsmittels). Er selbst sei seit einiger Zeit mit dahin zielenden Arbeiten beschäftigt und hoffe auf Mendelssohns Unterstützung.

Wir gehen nicht auf die außerdem in dem reichhaltigen Schreiben enthaltenen Ausführungen über das Thema und den Ton

der ‚Träume' ein. Wichtiger für uns ist das S e l b s t b e -
k e n n t n i s über seinen Charakter, wertvoller um so mehr,
da der Philosoph uns selten so direkt in die Tiefe seiner Persönlichkeit blicken läßt. Gegenüber dem Vorwurf der Zwei-
deutigkeit im Ausdruck erklärt Kant mit einer Wärme, wie wir
sie nicht oft in seinen Briefen finden: „Was es auch vor Fehler
geben mag, denen die standhafteste Entschließung nicht allemal
völlig ausweichen kann, so ist doch die w e t t e r w e n d i s c h e
und auf den S c h e i n angelegte Gemütsart dasjenige, worin
ich sicherlich n i e m a l s geraten werde, nachdem ich schon
den größesten Teil meiner Lebenszeit hindurch gelernt habe,
das meiste von demjenigen zu entbehren und zu verachten, was
den Charakter zu korrumpieren pflegt." Das größte Übel, das
ihm begegnen könnte, aber „ganz gewiß niemals begegnen wird",
würde der „Verlust der S e l b s t b i l l i g u n g" sein, die „aus
dem Bewußtsein einer unverstellten Gesinnung entspringt"[1]).
Und nun, nach dem so gezeigten Mut zur radikalen K o n s e -
q u e n z im D e n k e n, der Verachtung alles äußeren Scheins
und der u n b e d i n g t e n W a h r h a f t i g k e i t vor s i c h
s e l b s t, die Einschränkung, die er gegenüber dem A u s -
s p r e c h e n der Wahrheit macht: „Zwar denke ich vieles
mit der allerklärsten Überzeugung und zu meiner großen Zufriedenheit, was ich niemals den Mut haben werde zu sagen;
niemals aber werde ich etwas sagen, was ich nicht denke." Wir
werden uns noch daran zu erinnern haben.

Der dritte und späteste der drei Briefe ist an seinen früheren
Schüler H e r d e r gerichtet. Das Verhältnis zwischen ihm und
dem als Gymnasiallehrer (später Prediger) nach Riga gegangenen
jungen Manne war zunächst noch ein näheres geblieben. Kant
sandte ihm 1765 die ‚Träume' schon während des Druckes bogen-
weise zu, und Herder besprach sie sehr anerkennend in den Königsberger ‚Nachrichten', forderte auch gelegentlich seine Königsberger Bekannten zu dem Besuch von Kants Vorlesungen auf,
des einzigen, der in seinen Augen kein Pedant gewesen war und ihm
nichts von seiner Eigenart hatte nehmen wollen. Er seinerseits

---

[1]) Die Sperrungen rühren von u n s her.

sandte dem einstigen Lehrer Ende 1766 oder Anfang 1767 seine
‚Fragmente über die neuere deutsche Literatur‘, die eine ganz
neue Art der Literaturkritik übten, auch eine ganz neue Sprache
redeten, die freilich mehr vom Geiste Hamanns als von der
Weise Kants befruchtet war. Die Antwort des letzteren v o m
9. M a i 1767 ist für uns in zweifacher Hinsicht wichtig: einmal,
weil sie uns zeigt, wie unser Philosoph sich zu den Anfängen
der neuen literarischen Bewegung stellte; dann aber auch, weil
er dem früheren Schüler auch über seine eigene philosophische
Stimmung höchst interessanten Aufschluß gibt.

Der Lehrer fühlte nach der Lektüre der ‚Fragmente‘ (in
denen alle möglichen hervorragenden literarischen Zeitgenossen,
nicht aber er berücksichtigt war) wohl schon mit Sicherheit, daß
der einstige glühende Verehrer sich innerlich von ihm gelöst habe.
Er beglückwünscht ihn zu dem bedeutenden literarischen Erfolge,
auf der er als sein Lehrer etwas eitel sein könne. Aber er fügt
dem doch gleich das deutlich ausgesprochene Wort hinzu, daß
die ‚Fragmente‘ „bloß auf Ihrem eigenen Boden gewachsen sind
und derjenigen Anweisung, die Sie bei mir zu nehmen beliebten,
nichts schuldig sind“. Nach der poetischen Probe, aus Herders
Studentenzeit (S. 146), die er noch aufbewahre, habe er gehofft,
daß sich aus ihm dermaleinst ein philosophischer Dichter ähnlich
Pope entwickeln werde. Bei der frühzeitigen Entwicklung von
Herders Talenten erwarte er mit mehr Vergnügen die Zeit, wo
dieser, „nicht mehr so sehr getrieben durch die warme Bewegung
des jugendlichen G e f ü h l s“, mehr philosophische R u h e erlangen werde, die trotzdem der Empfindung nicht zu entbehren
brauche. Eine solche Gemütsverfassung, wie Montaigne[1] und Hume
sie besitzen, sei der Welt zuträglicher als das, wovon Mystiker
träumen (vielleicht eine Anspielung auf Hamann). Er erhoffe
von Herders Genie eine solche spätere Epoche mit Zuversicht. —
Herder antwortete, erst im November d. J., zwar ziemlich bescheiden betreffs seiner Erstlingsschrift, sowie noch mehr des
„dunklen rauhen“ Jugendgedichtes, im übrigen aber seiner Natur

---

[1] Montaigne, dieser „systemloseste aller Denker“ (Cassirer), besaß in
dieser Zeit für Kant besonderen Reiz.

entsprechend, reichlich selbstbewußt. Der 23jährige junge Mann redet den 20 Jahre älteren einstigen Lehrer als „geschätzten Freund" und „liebenswürdigen Philosophen" an. Vor allem aber, er lehnt sachlich Kants milde Warnung ab. Er bedenkt zwar Montaigne und Hume auch mit bedingtem Lobe, aber sein liebster philosophischer Gesellschafter sei Shaftesbury. Er empfiehlt dem Studium des Lehrers diesen und Burke, den er auf französisch haben könne (Kant las demnach wohl Französisch, aber nur mit Schwierigkeit oder gar nicht Englisch). Wider manche von Kants philosophischen Hypothesen und Beweisen hege er jetzt Zweifel. So beginnt sich, wenn auch noch verschleiert durch die wechsel-seitige Freundschaftlichkeit des Tons, die spätere Entfremdung vorzubereiten. Immerhin beabsichtigte damals Herder noch, wie er in demselben Jahre mit einem Gruß für Kant 1767 an Scheffner schreibt, Kants Schriften, die noch nie würdig und ausführlich re-zensiert und auch von Mendelssohn nicht verstanden seien, „in mehrerer Klarheit darzustellen", wozu er dann infolge einer Bürde von anderen Arbeiten und Beschäftigungen nicht gekommen ist.

Auch Kant fühlte sich im Mai 1767 dem früheren Schüler noch so vertraut, daß er ihm freimütigen Aufschluß über die Gärung seiner philosophischen Gedanken und den Inhalt seiner augenblicklichen Arbeiten gibt. Noch stärker, als in dem $1\frac{1}{2}$ Jahre zuvor geschriebenen Briefe an Lambert, betont er hier die völlige Vorurteilslosigkeit seines Verfahrens: „da ich an nichts hänge und mit einer tiefen Gleichgültigkeit gegen meine oder anderer Meinun-gen das ganze Gebäude öfters umkehre und aus allerlei Gesichts-punkten betrachte, um zuletzt etwa denjenigen zu treffen, woraus ich hoffen kann, es nach der Wahrheit zu zeichnen . . ." So habe er denn seit der Trennung von Herder (1764) „in vielen Stücken anderen Einsichten Platz gegeben". Sein Augenmerk sei jetzt vor allem darauf gerichtet, die Schranken der menschlichen Fähig-keiten und Neigungen zu erkennen. In der E t h i k sei es ihm, wie er glaube, „endlich" gelungen, eine fruchtbare Methode und die richtigen Grundsätze zu finden. Er hoffe noch im laufenden Jahre mit einer ‚Metaphysik der Sitten' fertig zu werden, falls seine „stets wandelbare" Gesundheit ihn nicht daran hindere.

Viertes Kapitel
Äußere Verhältnisse
Die letzten Magisterjahre

Trotzdem Kants wissenschaftlicher und Dozenten-Ruf jetzt
weit über die Grenzen seiner Vaterstadt hinausgedrungen war,
war er in seiner äußeren Stellung doch immer noch derselbe: der
Weltweisheit M a g i s t e r. Freilich hätte er 1764 das Ordinariat
für Poesie und Beredsamkeit an der heimischen Universität
mit Leichtigkeit erlangen können; er brauchte nur zuzugreifen.
Denn das Berliner Justizministerium, dem damals die „Unterrichtsangelegenheiten" noch unterstanden, hatte ihn an erster
Stelle vorgeschlagen. Das betreffende Reskript vom 5. August
an die Preußische Regierung in Königsberg begann: „Uns ist
ein gewisser dortiger Magister, namens Immanuel Kant, durch
einige seiner Schriften bekannt geworden, aus welchen eine sehr
gründliche Gelehrsamkeit hervorleuchtet." Erst, wenn Kant
„weder die erforderliche Fähigkeit zu dieser Stelle besitzen noch
solche anzunehmen geneigt sein sollte", solle die Regierung
andere „hinlänglich qualifizierte Subjekte" in pflichtmäßigen Vorschlag bringen. Es ist ein schöner Beweis für die Festigkeit
und Unabhängigkeit von Kants Charakter, daß der 40 jährige
Magister die ihm winkende ordentliche Professur dennoch aus-
schlug, weil sie seinen Gaben und seiner innersten Neigung nicht
entsprach. Als professor poëseos hätte er nicht nur alle akademischen Gelegenheitsgedichte zensieren, sondern auch bei sämtlichen akademischen Feiern als offizieller Universitätspoët auftreten müssen: wie denn der statt seiner gewählte Lindner, noch
ehe er die Stelle wirklich angetreten, ein lateinisches Carmen
zum Weihnachtsfest, und im Januar zwei deutsche zum Krö-

nungsfest (18. Januar) und Königsgeburtstag (24. Januar) ver-
fertigen mußte. Und dabei mußte man vorsichtig jeden Anstoß nach oben vermeiden. Lindners Nachfolger bekam sofort
Verdruß mit der Regierung, weil er über den großen Kurfürsten
die durchaus der historischen Wahrheit entsprechenden Worte
gedichtet hatte: „Der nie zur Rettung langsam, nie zur Rache
träge Sarmatien (Polen) und Suecien (Schweden) betrog" (Hamann an Herder, 11. März 1777). Kant lehnte also die ihm angetragene Professur dankend ab, trat vielmehr bei dem Provinzial-
Minister von Braxein, auf den er Einfluß hatte, eifrig für seinen
Freund Lindner in Riga ein, der denn auch die seit 1762 infolge
des Krieges unbesetzte Stelle im Herbst 1764 erhielt, und empfahl
sich selbst für eine passendere Gelegenheit. Es ging denn auch
von Berlin am 24. Oktober d. J. der Spezialbescheid nach Königsberg, daß man „dessenungeachtet nicht weniger gnädig entschlossen" sei, „den M. Immanuel Kant zum Nutzen und Aufnehmen der dortigen Akademie bei einer anderweitigen Gelegenheit zu placieren . . ."; den dann die Preußische Regierung am
15. November an den Senat der Universität mit der Weisung
weitergab, daß „der sehr geschickte und mit allgemeinem Beifall auf der hiesigen Akademie dozierende Mag. Kant bei erster
Gelegenheit befördert werden sollte".

In eigentlichen pekuniären Nöten kann dieser damals kaum
gesteckt haben, sonst hätte er wohl doch die Stelle angenommen.
Dagegen mögen vorübergehend auch magere Zeiten für ihn gekommen sein. So berichtet Jachmann, er habe sich einmal in
der Zwangslage befunden, seine damals ansehnliche Bibliothek
nach und nach veräußern zu müssen, um einen, vermutlich
während der Hauslehrerjahre angesammelten, Notpfennig von
20 Friedrichsdor — im Grunde ein Widerspruch in sich — nicht
anzugreifen. Auch soll er zeitweise nur einen einzigen und dabei
so abgetragenen Rock besessen haben, daß einige wohlhabende
Freunde, darunter Geh. Rat Jacobi, ihm in diskreter Weise
Geld zu einem neuen anboten. Auch die Stelle in dem Brief
von Frau Jacobi, die wir Seite 134 zitiert haben, scheint darauf
hinzuweisen, daß es damals (1766) ihrem Freunde recht knapp

ging. Allein dieser war ja von Jugend an äußere Entbehrungen
gewohnt und konnte deshalb stolzen Mutes solche freundschaftlichen Anerbieten ablehnen. Er hielt weit mehr darauf, nie im
Leben irgendeinem Menschen auch nur einen Heller schuldig zu
sein. „Mit ruhigem und freudigem Herzen", so erzählte er später
oft in Erinnerung an diese Jahre, „konnte ich immer: Herein!
rufen, wenn jemand an meine Tür klopfte, denn ich war gewiß,
daß kein Gläubiger draußen stand." Und nur notwendige Sparsamkeit, nicht eigentlich „den Druck seiner häuslichen Lage",
wie Jachmann meint, beweist es doch, wenn er einst, als er einem
armen Studenten den größten Teil des Honorars schenkte, etwas
davon behielt, um seine Miete völlig zu tilgen; vielleicht wollte
er damit auch jenen an Pflichterfüllung und Sparsamkeit gewöhnen. Immerhin war er — die einträglichen Vorlesungen
bei den Offizieren scheinen später aufgehört zu haben — auf
den Ertrag seiner Kollegien angewiesen. Und nicht zum wenigsten
deshalb wird ihre Zahl zeitweise (s. Anfang von Kap. 3) so hoch
gewesen sein. Anderseits steht der Nachricht von dem Verkauf
der eigenen Bücherei, die Jachmann doch nur vom Hörensagen
hatte, die auch von Hamann bezeugte Tatsache gegenüber, daß
Kant sich seinerzeit Swedenborgs teures Werk „auf seine Kosten"
aus England verschrieb (Hamann an F. H. Jacobi, 19. Juni 1786).
Immerhin, je länger die Wartezeit sich für ihn ausdehnte, desto
unsicherer mußte ihm auf die Dauer seine „akademische sub-
sistence" erscheinen, wie er in einem Schreiben vom 29. Oktober 1765 an den Oberkurator der Universität, Minister
von Fürst in Berlin, sich ausdrückt.

Es handelte sich in diesem Schreiben um die Bewerbung
um die Unter-Bibliothekar-Stelle an der königlichen Schloß-Bibliothek, die er, unterstützt von
seinem Berliner Gönner von Fürst, denn auch am 14. Februar
1766 erhielt und mehr als sechs Jahre lang bekleidet hat. Wir
haben in ‚Kants Leben' den Verlauf der Bewerbungssache
nach den durch A. Wardas Spürsinn entdeckten Akten genauer
geschildert und sehen deshalb hier von einer Wiederholung ab.
Es war doch nur ein sehr magerer Ersatz für die ihm immer

noch fehlende Professur, der Magister Kant hier zuteil ward. Betrug doch das Fixum für diesen Posten, das an Stelle der früheren „Deputatstücke" an Getreide, Bier, Fleisch, Butter, Käse, Brennholz, einschließlich eines jährlichen „Priesterkleides' (!) getreten war, nicht mehr als — 62 Taler pro Jahr. Dazu hatte er noch einen sehr trägen Vorgesetzten, den Professor Bock, der als Oberbibliothekar 30 Taler mehr bezog, indes die Hauptarbeit seinem pflichtgetreuen Untergebenen aufzuhalsen verstand. Allerdings war die Bibliothek für das allgemeine Publikum nur Mittwochs und Sonnabends nachmittags von 1—4 Uhr geöffnet; aber der Unterbibliothekar hatte auch sonst in den beiden dunklen, trotz ihres Steinbodens auch im Winter ungeheizten, Zimmern, zuweilen, wie es in einer beweglichen Schilderung Bocks hieß, „bei gefrorener Tinte" und „mit erstarrten Händen" zu arbeiten, z. B. eine genaue Revision des gesamten Bestandes vorzunehmen, bei der er von dem faulen Oberbibliothekar anscheinend nur wenig unterstützt worden ist. Überdies war unter Kants Vorgängern, einem alten, abständigen Hofgerichts-Advokaten namens Gorraisky, allerlei Unordnung eingerissen. Unter anderem hatten die Studenten sich daran gewöhnt, die beiden Bibliothekszimmer als „öffentliche Promenade" zu betrachten, Bücher nach Belieben herauszuziehen usw.; ein Bibliotheksdiener aber wurde von dem sparsamen Friedrich II. nicht bewilligt.

Als Nebengrund zu seiner Bewerbung um den unter solchen Umständen nicht gerade verlockenden Posten hatte Kant die ihm erwünschte Gelegenheit bezeichnet, „so viele Hilfsmittel der Wissenschaften bei der Hand zu haben". In der Tat war die in zwei großen Räumen in dem an die Schloßkirche stoßenden Südwestflügel des Schlosses untergebrachte „kgl. Schloßbibliothek" ziemlich umfangreich, besser als die Stadt- und erst recht als die Universitätsbibliothek. Von dem ersten Preußenherzog Albrecht I. 1540 fast gleichzeitig mit der Akademie gegründet, war sie schon von diesem aus seiner Privatbücherei reich beschenkt worden, vor allem mit der heute als Sehenswürdigkeit in der Universitäts-Bibliothek gezeigten sogenannten „Silberbibliothek", d. h. 20 in gediegenes Silber gebundenen Bänden meist theologischen Inhalts. Durch Zuwachs aus den säkularisierten Klöstern, sowie durch Albrechts Nachfolger beträchtlich vermehrt, war sie sodann 1767 dem öffentlichen Gebrauch zugänglich gemacht worden. Sie bestand 1787 aus 16 000 Bänden. Neben einzelnen Kuriositäten besaß sie viele kostbare Bibel-Ausgaben und seltene Drucke, darunter eine Vulgata-Handschrift aus dem 12. Jahrhundert und einen Druck aus dem Jahre 1465; von neueren Anschaffungen u. a. fünf Bände Abbildungen der neuen pompejanischen Funde. Der Philosoph wird sich wohl mehr für die vorhandenen vollständigen Ausgaben der Acta Eruditorum, der Philosophical Transactions, der Schriften der Berliner, Göttinger, Pariser, Petersburger und Stockholmer Akademien der Wissenschaften sowie für die ihm im Interesse seiner geographisch-anthropologischen Vorlesungen wertvollen Reisebeschreibungen interessiert haben[1]). Aber manchmal wird auch sein Blick, von der ledernen Beschäftigung fort, durch das Fenster auf die weithin sichtbare Landschaft gefallen sein. Denn er hatte Sinn für so etwas; den ihn besuchenden Fremden, die sich nach den Sehenswürdigkeiten der Stadt erkundigten, soll er mit Vorliebe die Besteigung des Schloßturmes empfohlen haben, weil man von da die schönste Aussicht über die Stadt und deren Umgegend bis zum Haff hin hatte. So wurde z. B. der berühmte Mathematiker Bernoulli bei seiner Durchreise „von Herrn Prof. Kant und ein paar anderen Herrn nach Tisch auf die Schloßbibliothek begleitet".

Auf dieser Bibliothek hat also Kant sechs Jahre seines Lebens hindurch je zwei Wochennachmittage zugebracht. Eigentlich krank ist er ja, ehe ihn die Schwäche des Alters übermannte, so gut wie nie gewesen, und seinen Dienst hat er sicher, allen Unbilden der Witterung zum Trotz, gewissenhaft versehen. Bezeichnenderweise sind gerade während der Zeit s e i n e r Amtsführung keine Klagen über Nichtöffnung der Bibliothek zur

---

[1]) Manche wichtige philosophische Werke, wie z. B. Spinozas Schrift über Descartes, auf die Hamann infolge des Spinozastreits der 80er Jahre aufmerksam geworden war, suchte man freilich auf der Schloß-, der Akademischen und in allen Privatbibliotheken Königsbergs vergebens.

Winterszeit u. ä. in den Akten zu finden, wie sie v o r und gleich
wieder n a c h seinem Bibliothekariat vorkamen und zu berechtigten Rügen der Regierung führten. Noch zwei Jahre nach
seiner Ernennung zum ordentlichen Professor hat er diesen Posten
bekleidet. Dann, Ostern 1772, erbat er seine Entlassung; weniger
wohl, weil er es als lästig empfand, daß „mehr neu- als wißbe-
gierige Personen die Bibliotheken zu besuchen pflegten" (Borowski), als weil es, wie er selbst in seinem Entlassungsgesuch
sagt, mit der Stelle und den Obliegenheiten eines Professor
Ordinarius, sowie auch mit der Einteilung seiner Zeit sich nicht
wohl vereinigen lasse. Kants Nachfolger wurde ein allerdings
literarisch gebildeter, als Verfasser mehrerer Lustspiele bekannter
— Rechtskandidat, während die Stelle später doch noch einmal
von ordentlichen Professoren, erst dem Physiker Reusch, dann
dem Philologen Kreutzfeld, bekleidet worden ist.

Eine Zeitlang hat Magister Kant gegen Ende der 60er Jahre
auch die Verwaltung einer, namentlich an schönen Bernstein-
stücken und Fossilien reichen, Naturaliensammlung übernommen,
die der reiche Kommerzienrat Saturgus in seinem pregelabwärts,
im Stadtteil Lastadie (Neuer Graben 6—8) gelegenen, durch
eine künstliche Grotte und ein Wasserwerk berühmten Garten
angelegt hatte[1]). In der Hauptsache doch wohl, um sich
einen kleinen Einnahmezuwachs zu verschaffen; daneben vielleicht auch aus mineralogischem Interesse: 1770/71 hat er sogar,
allerdings mehr auf offizielle Anordnung hin, ein vierstündiges
Kolleg über Mineralogie gelesen. Noch in seinem hohen Alter
wußte er Abegg über die Bernsteingewinnung fachmännisch genauen Bescheid zu geben. Da er aber dort jedem fremden Besucher auf alle möglichen törichten Fragen Auskunft geben
mußte, gab er auch diesen Posten nach einigen Jahren wieder auf.

Um 1766 hatte Kant einen für seine wissenschaftlichen Arbeiten und seinen Verkehr nicht ganz gleichgültigen W o h-
n u n g s wechsel vorgenommen. Aus seiner ersten Dozenten-

---

[1]) Ausführliche Auskunft über diese Königsberger Sehenswürdigkeit, das
heute das Zschocksche Frauenstift beherbergende Haus nebst Garten, sowie
seinen damaligen Besitzer gibt O. Schöndörffer in der Altpreußischen Monatsschrift Bd. 53 (1917), S. 140—145.

wohnung im Löbenicht war er, wie wir uns erinnern, in die lang und schmal durch den Kneiphof sich ziehende Magistergasse gezogen. Auf die Dauer jedoch störte ihn hier im ruhigen Studieren der Lärm, welcher von dem nur durch eine Häuserreihe davon getrennten „alten" Pregel mit seinen zahlreichen Lastschiffen und den auf ihnen beschäftigten Menschen herkam. Er zog daher aus dieser in der Nähe der Universität gelegenen und darum wohl seit alters bei seinen Standesgenossen beliebten und zu ihrem Namen gekommenen Gasse in den Löbenicht zurück, diesmal in das ansehnliche frühere Rathaus dieses Stadtteils, das sich jetzt im Besitz des Buchhändlers Kanter befand. Johann Jakob K a n t e r (geb. 1738) war ein jugendlich rühriger, ja fast zu rühriger Unternehmer, eine Art Hans Dampf in allen Gassen, in den Briefen Herders, der nach seiner Ankunft in Königsberg kurze Zeit die Stelle eines Gehilfen in seinem Laden versah, sogar als „Windbeutel und Narr" bezeichnet. Er wollte die Sache recht modern betreiben, begnügte sich deshalb nicht mit dem väterlichen Buchhandel, sondern wurde dazu noch Verleger, Leihbibliothekar und Zeitungsbesitzer, mit Verlagsfilialen in Elbing und dem kurländischen Mitau, ja bald auch noch Lotteriedirektor, Hofbuchdrucker, Gründer einer Papierfabrik und Schriftgießerei. Eine Zeitlang wußte der Vielgeschäftige durch hochgestellte Vermittler sogar Friedrichs des Großen Interesse für seine abenteuerlichen Spekulationen zu gewinnen, bis dieser zuletzt eine Audienz Kanters mit den Worten abwies: „Der hat mich breit genug geschlagen, und ich habe kein Geld mehr übrig für ihn", und ein devotes Gesuch des Ehrgeizigen um den Kommerzienrats-Titel mit der Randbemerkung ablehnte: „Buchhändler, das ist ein honeter Titul". Die halbe Zeit des Jahres war der unruhige Mann auf Reisen. Vor allem ging er stets zu den Leipziger Oster- und Herbstmessen, von denen er dann zur Freude der Königsberger Bücherfreunde, schwer bepackt wie ein Weihnachtsmann mit dem Neuesten, nach Ostpreußen, dem „gelehrten Sibirien", heimkehrte; oft aber auch nach Holland, Wien und den damals noch in sehr lebhaftem Verkehr mit Königsberg stehenden russischen Ostseeprovinzen.

In dem Hause dieses Mannes hatte Magister Kant mindestens acht Jahre — noch 1774 bezeichnet Hamann Kanter als Kants Hauswirt — die linke Seite des zweiten Stockwerks inne, geräumig genug, um darin seine Vorlesungen abzuhalten. Mochte der fahrige und schwatzhafte Mann für seinen so entgegengesetzt gearteten Mieter auch nicht immer der angenehmste Umgang sein, so bot doch die Wohnung im Hause eines so rührigen Buchhändlers und Verlegers für ihn als Gelehrten manche Vorteile, vor allem die Möglichkeit, alle literarischen Neuerscheinungen sofort kennenzulernen; daneben auch die freilich nicht immer angenehme Gelegenheit, interessante Menschen zu sehen. Denn Kanter sah, als freigebiger Wirt und kluger Geschäftsmann zugleich, gern Gäste an seiner Tafel und, wenn vornehme Leute oder literarische Berühmtheiten, wie etwa der Verfasser von ,Sophiens Reise von Memel nach Leipzig', Timotheus Hermes. durch Königsberg kamen, so lud er zu ihnen auch gern seinen allmählich ebenfalls berühmt gewordenen Mietsmann zu Gaste.

In dem Anfang September 1768 eingeweihten neuen Laden, über dessen Eingang ein gewaltiger hölzerner Preußenaar seine mächtigen Schwingen ausbreitete, ging es bald sehr lebendig und zugleich gemütlich, wie in einem literarischen Kaffeehause, zu. Wer von Einheimischen oder Fremden an einem Posttage gegen 11 Uhr vormittags dorthin kam, konnte ein lebhaftes Treiben bemerken. Auf einem großen Tisch waren die Neuerscheinungen des Büchermarkts allen Interessenten zur Ansicht ausgelegt. Sie wie die neuen politischen Zeitungen, standen jedem Besucher, an zwei Tagen in der Woche auch den Studenten, zur unentgeltlichen Lektüre zur Verfügung. Professoren der Universität und andere Gelehrte — der lesewütige Hamann und der junge von Baczko z. B. lernten sich hier kennen — trafen sich an diesem literarischen Sammelplatz; teils um sich zu unterrichten, teils auch um einige Augenblicke anregender Unterhaltung zu verbringen. Man diskutierte, schrieb in Kanters Kontor seine Briefe, veranstaltete Kollekten zu irgendeinem Zweck, ja griff gelegentlich wohl auch bei der Bedienung der Kunden mit zu. Da mag denn auch oft des betriebsamen Buchhänd-

lers Mietsmann, der „hochedelgeborene" Herr Magister und später
Professor Kant, im Laden erschienen sein: von kleiner, nicht
über fünf Fuß hoher, zarter Gestalt, die jedoch einen mächtigen
Kopf mit breiter Stirn, leuchtenden blauen Augen und frischer
Gesichtsfarbe trug. Den Dreispitz hatte er dann wohl in der
Hand, so daß die kleine blondhaarige und weiß gepuderte Perücke
samt dem Haarbeutel, der öfters von der etwas erhöhten rechten
Schulter nach der linken hinüberrutschte, ganz sichtbar war;
um den Hals eine schwarze Binde, während auf der Brust die
feingefältelte Krause aus dem braunen oder schwarz, braun und
gelb melierten Tuche des Rockes und der Weste hervorsah,
denn diese drei Farben paßten nach seiner öfters, auch im Kolleg,
geäußerten Ansicht zusammen. Die Weste reichte nach der Sitte
der Zeit bis über die Hüfte hinab; an sie schlossen sich die gleich-
farbigen, bis zum Knie gehenden Beinkleider, an diese die grau-
seidenen Strümpfe und die mit silbernen Schnallen verzierten
Schuhe. Zur Seite hing der Degen, zu dem ihm vielleicht eine
Dame seiner Bekanntschaft (vgl. den Brief der „Jacobin", S. 133)
das Band gestickt. Rock, Weste und Beinkleider waren mit einer
Goldschnur eingefaßt, die Knöpfe mit Seide besponnen. Seit
Hochsommer 1768 konnte man ihn übrigens ständig, d. h. im Bilde,
an der Wand des Kanterschen Kontors bewundern. Denn in
diesem Jahre saß der Magister einem einheimischen Maler, namens
J. G. Becker, zu einem Ölbild, das dann neben den Porträts
anderer preußischer Literatur-Berühmtheiten wie Mendelssohn,
Ramler, Hippel, Scheffner und Lindner, den Laden zierte.
Es ist das früheste Ölbildnis des Philosophen und stellt den
44 jährigen im Brustbild in natürlicher Größe dar.

Da der kluge Verleger dem berühmt gewordenen Magister
freigebig alle gewünschten Bücher mit in seine Wohnung gab,
zumal seit sie unter einem Dache hausten, so gab der Gelehrte
ihm zum Entgelt seine Schriften in Verlag, zu deren Veröffentlichung er vielleicht mehr als einmal von dem geschäftigen Manne
veranlaßt worden ist. Denn, während er seit der Kosmologie
von 1755, abgesehen von den kleinen Gelegenheitsaufsätzen über
das Erdbeben von Lissabon, nur offizielle Universitätsdisser-

tationen und -programme in verschiedenen Verlagen herausgegeben hatte, erschienen jetzt in rascher Folge bei Kanter alle
die im vorigen Kapitel genannten Schriften, abgesehen natürlich von der durch den Akademie-Verlag gedruckten Preisschrift.
Auch für die von Kanter begründeten ‚Königsbergschen Gelehrten
und Politischen Zeitungen‘, die bei dem Überwiegen rein kauf-
männischer Gesichtspunkte nicht das geworden sind, was sie
vielleicht unter anderen Umständen hätten werden können, hat
Kant gleich im ersten Monat ihres Bestehens (Februar 1764)
den schon besprochenen ‚Versuch über die Krankheiten des
Kopfes‘ beigesteuert; im Monat darauf die erst vor wenigen
Jahren von A. Warda ausgegrabene Anzeige einer Schrift des
gelehrten Magdeburger Pastors Silberschlag über ein im Juli
1762 beobachtetes großes Meteor („Feuerkugel“). Von dem
Schreiben von Rezensionen, dieser von unseren heutigen jüngeren
Gelehrten so häufig geübten Tätigkeit, war Kant kein Freund.
Er hat nur vereinzelte, und diese meist anonym, geschrieben.
Er fühlte sich, wie er einmal äußert, schon an sich nicht recht geeignet dazu, und hatte zudem Wichtigeres zu tun. Ebensowenig
ließ er sich, obwohl an sich ein starker Leser, durch Bekannte zu
dem Studium von Büchern, die außerhalb seiner Interessensphäre
lagen, bestimmen. So beklagt sich einmal Scheffner gegen Herder
über ihn: „Kant ist stets zu faul (!) gewesen, das Gold aus
dem Spanier“ — einem gewissen Huart, für den sich Scheffner
gerade begeistert hatte — „abzusondern.“ Und ein andermal:
„Kant ist zu faul (!), sonst macht’ ich ein kritisches Picknick
mit ihm“ (an Herder, 7. Januar 1767). Die Sache lag tiefer,
und der Grund war sicher nicht die vermeintliche „Faulheit“
Kants; denn die von Scheffner beabsichtigte gemeinsame Rezension sollte — Herders Erstlingsschrift, die ‚Fragmente‘
(s. oben S. 173) betreffen.

Sogar mit eigenen Schriften oder Aufsätzen hörte er, nach
der ergiebigen Zeit von 1762—66, in seinen letzten Magisterjahren
ganz auf, abgesehen von der in den ‚Königsberger Frag- und
Anzeigungsnachrichten‘ von 1768 veröffentlichten, nur wenige
Seiten zählenden Abhandlung ‚Von dem ersten Grunde des

Unterschiedes der Gegenden im Raume', die schon
einen Vorläufer der Inaugural-Dissertation von 1770 darstellt, darum inhaltlich besser im Zusammenhang mit dieser behandelt wird.

Woher dieser Umschwung? Wir können ihn verstehen,
wenn wir uns in seine damalige Lage versetzen. Innere und
äußere Gründe trafen zusammen. Innerlich das Suchen nach
einem festen, endgültigen Standpunkt, den er zuweilen gefunden
zu haben meint, um schließlich einzusehen, daß er sich getäuscht,
daß er sich in immer neue Untersuchungen „einflechte", dazu
die ermüdende akademische Arbeit: so daß ein Aufschub nach
dem anderen nötig wird (Brief an Lambert vom 2. September
1770). Äußerlich der Gedanke, für den bereits in der Mitte der
Vierziger stehenden, noch immer unbesoldeter Magister zu sein,
Aussicht auf die ersehnte philosophische Professur nur durch
den Tod des freilich bejahrten augenblicklichen Inhabers zu erhalten. Es ist wohl kaum ein Zufall, sondern ist den Empfindungen
dieser langen, immer quälender werdenden Wartezeit entsprungen,
wenn Kant sich öfters in dieser Zeit (vgl. Anthropologie § 64)
mit den Gefühlen eines „Adjunkten" beschäftigt hat, der lange
auf feste Anstellung warten muß und schließlich mit einem
Gemisch von Traurigkeit und Freude dem „von ihm verehrten
Vorgänger im Leichenbegängnisse folgt". Dazu kein Band
der Ehe, keine näheren Familienbeziehungen. Kein Wunder, daß
er jetzt auch zum ersten Male über körperliches Mißbehagen
klagt, während er sich in seinen früheren Magisterjahren auch
gesundheitlich besonders wohl gefühlt hatte. Was half es, daß
sein Porträt unter den heimischen Berühmtheiten in Kanters
Laden prangte, daß er mit seinem Kollegen Reusch allein von
dem Berliner Ministerium im Mai 1767 eine lobende Anerkennung
seines Fleißes und der guten Auswahl der Lehrbücher wegen erhielt, daß ihn im November 1769 ein K. R. Hausen in Halle in
eine Sammlung von ‚Biographien berühmter Philosophen und
Geschichtsschreiber des 18. Jahrhunderts in und außer Deutschland' aufnehmen wollte? Auch zu dem Rufe nach Berlin, von
dem Lambert in seinem Briefe vom 13. November 1765 andeu-
tungsweise gesprochen, war es nicht gekommen.

Da traten im Winter 1769/70 zwei ehrenvolle Berufungen von auswärts auf einmal an ihn heran. Die erste, zu Anfang des Wintersemesters, kam von der markgräflichen ansbachischen Universität E r l a n g e n , deren Kurator Minister von Seckendorf durch die Lektüre von Kants ‚Beobachtungen' für den fernen Gelehrten begeistert worden war und ihm nun den ersten speziell für theoretische Philosophie (Logik und Metaphysik) gegründeten Lehrstuhl der kleinen Universität anbot. Fünfhundert Gulden Rheinisch, fünf Klafter Brennholz, hundert Taler Reisekosten standen in Aussicht. Kant wollte „die Gelegenheit zu einem kleinen, aber sicheren Glück nicht übereilt ausschlagen" und sagte deshalb vorläufig zu, im Glauben, die definitive Besetzung der Stelle werde erst später erfolgen. Die Erlanger Regierung jedoch war rasch bei der Hand und fertigte ihm bereits am 23. November 1769 das Ernennungspatent aus. Schon herrschte unter der Erlanger Studentenschaft große Freude über des berühmten Lehrers bevorstehendes Eintreffen und glühten „die heißesten Wünsche für Deroselben baldige glückliche Überkunft", wie ihm am 3. Januar 1770 ein Hofmeister Ziegler schrieb, der ihm zugleich im Namen seiner freiherrlichen Zöglinge ein Quartier von vier Zimmern zur Verfügung stellte. Aber der so sehnlich Erwartete erschien nicht; vielmehr statt seiner ein — übrigens schon, ehe er die offizielle Anstellungsurkunde erhalten hatte, von ihm abgefaßtes — Schreiben, das mit der Bitte um „inständigste Entschuldigung" für die verursachte Mühe die Erklärung verband, daß er sich „die zugedachte Ehre und Versorgung gehorsamst verbitten" müsse.

Ein zweiter Ruf kam im Januar 1770 von J e n a , wohin ihn ein Landsmann und früherer Schüler, der dortige Theologieprofessor Danovius, im Namen und Auftrag der Serenissimi Nutritores zu ziehen suchte. Freilich könnten sie, die „Durchlauchtigsten Herzöge" von Sachsen, die in ihrer Gesamtheit bekanntlich bis November 1918 die Patrone der Universität Jena gewesen sind, nicht mehr als 200 Taler Fixum für die neu errichtete Stelle eines zweiten Philosophieprofessors bieten; aber er könne sich durch Privatkollegia leicht noch 150 Taler hinzuverdienen, und durch eine „Menge Verleger", die „gute Schriften anzunehmen sich um die Wette bemühen und sie gerne (!) bezahlen", noch weitere Einnahmen verschaffen. Zudem könne man in Jena sehr billig leben. Welch erhebender Gedanke für uns Nachlebende, wenn Kant diesen Ruf angenommen und später mit Goethe und Schiller, Fichte und Herder an demselben Orte im Herzen Deutschlands geweilt hätte! Doch das Geschick hatte es anders beschlossen.

Man hatte ihm inzwischen „erneute und viel vermögende" Versicherungen in seiner Vaterstadt gemacht, die diesmal der Erfüllung wirklich nahe schienen, da eine Vakanz infolge des Dahinsiechens des greisen Professors Langhansen aller Wahrscheinlichkeit nach in nächster Aussicht stand. In dem Ablehnungsschreiben an die Erlanger, das einem Charakter von der Art Kants doppelt peinlich war, weil es den „Anschein einer wandelbaren Gesinnung" erweckte, treten auch die inneren Beweggründe, die ihn zu der nachträglichen Absage bestimmten, deutlich hervor. Es ist einmal die Anhänglichkeit an die Vaterstadt, es ist weiter ein „ziemlich ausgebreiteter Kreis von Bekannten und Freunden", es ist drittens seine „schwächliche Leibesbeschaffenheit", die sich jetzt, wo es verwirklicht werden soll, seinem Vorhaben „mächtig entgegenstellen"; und es ist noch mehr als das alles sein „zu Veränderungen, die anderen nur gering scheinen, unentschlossenes" Gemüt, das seine Ruhe nur dort auch ferner zu bewahren hoffte, wo er sie, „obzwar in beschwerlichen Umständen, bis daher jederzeit" gefunden hatte: in der alten Heimat.

Am 15. März 1770 war der greise Langhansen endlich gestorben. Und schon am folgenden Tage reicht Kant sein privates Gesuch an den ihm wohlwollenden Minister von Fürst, drei Tage später das offizielle an König Friedrich II. ein. Es stand diesmal für ihn eine Lebensfrage zur Entscheidung. Übrigens wollte der Philosoph nur eine seiner „Geschicklichkeit und Neigung" angemessene Stelle einnehmen. Deshalb wollte er gerne die durch Langhansens Tod erledigte, mit „guten Emolumenten", freier Wohnung usw. versehene Professur der Mathematik und Theo-

logie einem anderen überlassen: sei es dem Schwiegersohn des
Verstorbenen, Professor der Moral Christiani, wodurch dann des
letzteren „Profession" für ihn (Kant) frei werde; sei es dem
jetzigen Professor der Logik und Metaphysik Buck, der ja schon
verschiedene Jahre Extraordinarius der Mathematik gewesen
sei und „nur bei Gelegenheit des russischen gouvernements"
die damals vakant gewordene Professur für Logik und Metaphysik, „zu welcher ich sonst von der academié alle Empfehlung
hatte", erhalten habe: so daß dann d i e s e Professur ihm
(Kant) verliehen werden könne. Man begreift, daß er jetzt, ganz
gegen seine Gewohnheit, Eile hatte, aus dem Ernst der Stunde,
der auch an verschiedenen Stellen in beiden Schreiben wieder-
klingt. „Ich trete in diesem Frühjahr in das 47ste
Jahr meines Alters, dessen Zunahme die Besorgnisse eines künftigen Mangels immer beunruhigender macht," so schrieb er an
Fürst. Und in der Eingabe an den König: „Meine Jahre, und
die Seltenheit der Vorfälle, die eine Versorgung auf der Akademie möglich machen, wenn man die Gewissenhaftigkeit hinzusetzt, sich nur zu denen Stellen zu melden, die man mit Ehre
bekleiden kann, würden, im Falle daß mein untertänigstes Gesuch
den Zweck verfehlete, in mir alle fernere Hoffnung zu künftigem
Unterhalte in meinem Vaterlande vertilgen und aufheben müssen."

Aber er wurde nun auch durch eine ungewöhnlich schnelle
Erledigung der Sache bald auf immer von den hier geäußerten
Besorgnissen befreit. Schon am 31. März d. J. unterzeichnete
König Friedrich eine Kabinettsorder, die sich für den zweiten
der von Kant gemachten Vorschläge entschied und den Magister
Immanuel Kant „wegen desselben Uns alleruntertänigst an-
gerühmten Fleißes und Geschicklichkeit, auch besonders in den
Philosophischen Wissenschaften erlangten gründlichen Erudition,
zum Professore Ordinario der Logic und Metaphysic bei der
Philosophischen Facultät Unserer Universität zu Königsberg in
Preußen" ernannte: in der Erwartung, daß „Uns und Unserem
Königl. Hause derselbe treu, hold und gewärtig seyn", „die studierende Jugend publice und privatim docendo et disputando
ohnermüdet unterrichten, und davon tüchtige und geschickte

Subjecta zu machen sich bemühen, wie nicht weniger derselben mit gutem Exempel vorgehen" werde, „übrigens auch in allen Stücken sich so betragen und verhalten soll, wie es einem treuen, redlichen und geschickten Königl. Diener und Professori bei ermeldter Unserer Universität wohl anstehet, eignet und gebühret." So hatte Immanuel Kant, nach fünfzehn langen Magisterjahren, endlich die Stellung erreicht, die seinen Gaben und seinen Wünschen entsprach.

Fünftes Kapitel

Der Professor der Logik und Metaphysik
(1770—1780)

Der gesetzlichen Vorschrift gemäß konnte der zum Professor ordinarius Ernannte sein Amt offiziell erst nach der öffentlichen Verteidigung einer neuen von ihm, selbstverständlich in lateinischer Sprache, verfaßten Abhandlung, der sogenannten ‚Inaugural-Dissertation‘ — heute bekanntlich die Bezeichnung für die Dr.-Arbeiten unserer Universitäten — antreten. Kants Arbeit behandelte ‚Die Form und die Prinzipien der Sinnen- und der Verstandeswelt‘; da sie eine wichtige Etappe in seiner philosophischen Entwicklung darstellt, werden wir auf ihren Inhalt später noch zurückkommen. Sein Disputationsakt fand am 21. August 1770 im Auditorium maximum der Universität statt. Zu „Opponenten" hatte er einen Theologie-, einen Rechtskandidaten und einen Studiosus der [freien?] Künste, also offenbar jetzige oder gewesene Zuhörer, gewählt. Wer ihm außerdem von seinen zukünftigen Fakultätskollegen opponiert hat — es mußten mindestens zwei sein —, ist nicht überliefert. Das wichtigere Amt des „Respondenten", d. h. Verteidigers gegen die vorangehenden Angriffe, hatte er einem ihm besonders nahestehenden älteren jüdischen Studenten, namens M a r c u s H e r z , anvertraut. Herz, 1747 in Berlin geboren, war als Kaufmannslehrling nach Königsberg gekommen, hatte sich aber dort, innerem Drange folgend, dem Handelsberufe ab- und dem Studium der Medizin und Philosophie zugewandt und vier Jahre nicht bloß Kants Unterricht, sondern auch seinen näheren Umgang genossen und seinerseits viel zur Bildung seiner Königsberger Glaubensgenossen beigetragen. Unbekümmert um die

Vorurteile einiger orthodoxer Amtsgenossen, von denen einer seiner Befriedigung darüber Ausdruck gab, daß „der Jude" wenigstens an dem der Feier folgenden Professorenschmaus nicht teilnehmen dürfe, empfahl Kant vielmehr Herz, bei dessen bald nach der Disputation stattfindenden Rückkehr nach Berlin, in Briefen an Lambert und Minister von Fürst als einen „geschickten jüdischen studiosum von Verdiensten" und als „einen wohlgesitteten, sehr fleißigen und fähigen jungen Menschen". Wir werden noch von ihm hören.

Unter seinen damaligen Zuhörern war der neue Professor namentlich bei den Kur- und Livländern beliebt, wie auch er diese besonders gern gehabt haben soll. Sie, es waren 17 an der Zahl, überreichten ihm zu seinem Ehrentage ein begeistertes Huldigungspoem von zwölf Strophen, dessen Dichter der durch seine Zugehörigkeit zu den „Stürmern und Drängern" bekannte, später in Wahnsinn verfallene Reinhold Lenz war. Sind die Verse auch etwas überschwenglich, so zeichnen sie sich doch vor Gelegenheitserzeugnissen ähnlicher Art durch wirklichen Gedankeninhalt vorteilhaft aus. Kant wird als „der Menschheit Lehrer" gepriesen, der, was er lehrt, auch selbst übet, dessen Auge sich nie durch äußeren Schein blenden ließ, welcher der in Orden und Kutten stolzierenden Torheit die Maske abriß und zeigte, wie die Wahrheit oft in schlechten Kitteln und verräucherten Hütten wohnt, der Einfalt im Denken, Natürlichkeit im Leben empfahl, der seiner Schüler Wissensdurst gestillt, ohne ihn zu löschen, und der sie von der Todesfurcht befreit habe. Den Schluß bildet das Gelübde, in seinem Sinne leben und auch die Nachkommen erziehen zu wollen, sowie der Ausdruck des Stolzes, daß Kants Genie Deutschland an die Seite von Frankreich gestellt habe. Der Philosoph hat die ihm überreichte Huldigungsgabe in hohen Ehren gehalten. Noch heute ist das vortrefflich erhaltene, auf weißem Atlas gedruckte Exemplar — der Einband aus rotem Samt mit Goldborte, das Innere mit himmelblauem Atlas überzogen — unter den Sehenswürdigkeiten der Königsberger Universitäts - Bibliothek zu sehen.

Der neue Professor der Logik und Metaphysik rückte im Laufe der Zeit allmählich in die üblichen akademischen Nebenämter und Würden ein. Im Jahre 1776 wurde der bereits 52 jährige zum ersten Male Dekan seiner Fakultät, 1780 trat er an Stelle des verstorbenen Moralprofessors Christiani auch als ständiges Mitglied in den aus zehn Professoren bestehenden Senat der Akademie. Zu seinem bis dahin 236 Taler 75 Groschen an Gehalt und „Emolumenten" betragenden Einkommen traten seitdem die Senatorengebühren von 27 Talern 76 Groschen 10 Pfennig jährlich hinzu. Einen Ruf an das akademische Gymnasium in Mitau, der 1775 an ihn erging, abzulehnen, wird ihm trotz dieser mangelhaften Einnahmen nicht schwer geworden sein. Denn er lebte gern in Königsberg.

Zur Begründung eines eigenen Hausstandes ist er freilich auch jetzt nicht gekommen. Manche seiner Bekannten erwarteten es nun. Hippel schreibt in einem undatierten Brief, der aber in den März 1770 fallen muß: „Langhans ist tot und M. Kant kommt als ordinarius Prof. Matheseos an seine Stelle. Eine schriftliche Versicherung wenigstens von Min. Fürst hat er in seinen Händen. I c h b i n k e i n e M i n u t e s i c h e r , d a ß e r s i c h n i c h t a l s B r ä u t i g a m b e i m i r a n s a g e n l ä ß t ; denn man sagt, d a ß e r n i c h t v ö l l i g a b g e n e i g t s e i , diesen unphilosophischen Schritt zu wagen." Und so wäre es denn an dieser Stelle am Platze, von seinen Ehegedanken zu reden; denn wenn sie vorhanden waren, müssen sie spätestens in diese Zeit, die erste Hälfte der 70er Jahre, gefallen sein. Sein Jugendfreund Heilsberg berichtete darüber nach Kants Tod an Professor Wald: „Soviel ich weiß, verriet er zweimal in seinem Leben eine ernsthafte Absicht zum Heiraten, einmal traf der Gedanke eine gut gezogene, sanfte und schöne auswärtige Witwe, die hier Anverwandte besuchte. Er leugnete nicht, daß es eine Frau wäre, mit der er gern leben würde, berechnete Einnahme und Ausgabe, und schob die Entschließung einen Tag nach dem andern auf. Die schöne Witwe besuchte auch Freunde im Oberlande und ward daselbst anderweitig verheiratet. Das zweitemal rührte ihn ein hübsches westfälisches Mädchen, welche

von einer adligen Dame, die Besitzungen in Preußen hatte, als
Reisegesellschafterin mitgebracht war; Kant war mit dieser
artigen, zugleich häuslich erzogenen Person gerne in Gesellschaft;
und ließ sichs oft merken, säumte aber wieder so sehr mit seinen
Anträgen, daß er sich vornahm, einen Besuch bei ihr abzustatten,
da sie mit ihrer Gebieterin sich schon an der westfälischen Grenze
befand. Von der Zeit ab wurde nicht mehr an Heiraten gedacht.''
Noch bestimmter sagt Borowski: ,,M i r s i n d zwei seiner
ganz würdige Frauenzimmer (wem kann an den Namen etwas
gelegen sein!) bekannt, die nacheinander sein Herz und seine
Neigung an sich zogen. Aber freilich war er da nicht mehr im
Jünglingsalter, wo man sich schnell bestimmt und rasch wählt.
Er verfuhr zu bedächtlich, zögerte mit dem Antrage, der wohl
nicht abgewiesen worden wäre, und — darüber zog eine von diesen
in eine entferntere Gegend, und die andere gab einem rechtschaffenen Manne sich hin, der schneller als Kant im Entschließen
und Zusagefordern war[1].''

Das ist alles, was wir außer dem schon in Kapitel 3 Berührten
an einigermaßen Zuverlässigem über Kants Ehepläne erfahren.
Sein mehrjähriger früherer Zuhörer R. B. Jachmann, dem
Kant bei dessen letzten Anwesenheit in Königsberg ,,die wichtigsten Umstände aus seiner Lebensgeschichte'' mitzuteilen versprochen hatte, hat vergebens mehr aus ihm herauszulocken gesucht, indem er unter den 56 Fragen, auf die er Auskunft erbat
(Beilage zu seinem Brief an Kant vom 16. August 1800), auch
drei ziemlich indiskrete über seine Beziehungen zum weiblichen
Geschlecht stellte: ,,33. Hat nicht ein Frauenzimmer das Glück
gehabt, ausschließlich Liebe und Achtung auf sich zu ziehen?
34. Welche Frauenzimmer sind überhaupt zur Bildung in geselligen
Eigenschaften beförderlich gewesen? 50. Was hat zum ehelosen
Stand bestimmt, und ist nie der Wille gewesen, sich zu ver-
heuraten?'' Ging es überhaupt schon gegen Kants Natur, über
solche intime, ihn selbst angehende Dinge sich zu äußern, so hatte

---

[1] Eine sehr hübsche novellistische Einkleidung der ganzen Sache bringt
S c h r i c k e r : ,Aus Immanuel Kants Leben' in ,Kunst und Leben'. Ein neuer
Almanach für das deutsche Haus. Stuttg., W. Spemann (1881). S. 231—262.

der 76 jährige gewiß erst recht keine Neigung dazu. Und so
muß sich Jachmann in seiner Biographie von 1804 mit bloßen
Mutmaßungen begnügen. „Daß Kant in seiner Jugend geliebt
habe, das möchte ich nach seinem Temperamente und nach
seinem gefühlvollen Herzen beinahe mit völliger Gewißheit zu
behaupten wagen. . . . Ob aber seine erste Liebe sich keiner
Gegenliebe zu erfreuen hatte, oder ob seine körperliche Beschaffenheit und sein entschiedener Hang nach metaphysischen Spekulationen und wissenschaftlichen Beschäftigungen ihm anrieten,
der Ehe zu entsagen, dies muß ich unentschieden lassen" (S. 92f.).
Zu den beiden letzten von Jachmann angeführten Gründen,
der schwachen Körperkonstitution und dem übermächtigen Hang
zur Philosophie, kam sicher der in beiden oben erzählten Fällen
deutlich in den Vordergrund tretende ökonomische Gesichtspunkt, den Kant in seinen späteren Jahren auch jüngeren Freunden,
denen er gelegentlich selbst zur Ehe riet, zu beachten empfahl;
denn Wohlhabenheit halte länger vor als Schönheit und Reiz.
„Da ich eine Frau brauchen konnte," soll er als 75 jähriger einem
durchreisenden Besucher scherzend gesagt haben, „konnt' ich
keine ernähren; und da ich eine ernähren konnte, konnt' ich
keine mehr brauchen." Abneigung gegen das Institut der Ehe
an sich, das er vielmehr sehr hochachtete, hat ihn sicher nicht
abgehalten. Gewiß klingt die in § 24 seiner ,Rechtslehre' (1797)
gegebene Definition der Ehe als der „Verbindung zweier Personen
verschiedenen Geschlechts zum lebenswierigen wechselseitigen
Besitz ihrer Geschlechtseigenschaften" fast abschreckend roh.
Aber das ist eine dem „Titel: Eherecht" entnommene j u r i -
s t i s c h e Begriffsbestimmung, die dazu womöglich irgendeinem
ledernen Kompendium der Zeit entlehnt sein kann. Jedenfalls
ist demgegenüber auf die geradezu i d e a l e Auffassung der
Ehe hinzuweisen, die sich im dritten Abschnitt der ,Beobach-
tungen' (1764) findet. Hier heißt es: „In dem ehelichen Leben
soll das vereinigte Paar gleichsam eine einzige moralische Person ausmachen, welche durch den Verstand des Mannes und den
Geschmack der Frau belebt und regiert wird." Wenn im ehelichen Verhältnis bereits „vom Recht des Befehlshabers die Rede

ist", so sei die Sache schon verdorben; denn, „wo die ganze
Verbindung eigentlich nur auf Neigung errichtet ist, da ist sie
schon halb zerrissen, sobald das Sollen anfängt, sich hören zu
lassen". Beide Geschlechter sollen einander vielmehr ergänzen:
der Mann soll mehr auf „Erfahrung gegründete Einsicht", die
Frau „mehr Freiheit und Richtigkeit in der Empfindung" hinzu-
bringen. In „der Blüte der Jahre", meint er allerdings dort,
solle die „ganze Vollkommenheit" des schönen Geschlechts in
der „schönen Einfalt" und einem „verfeinerten Gefühl" an
allem Edlen und Reizenden bestehen; wenn aber die äußeren
Reize nachlassen, könnten die Musen an Stelle der Grazien treten
und der Ehemann der „erste Lehrmeister" sein. Kants Miß-
erfolge sind zu bedauern. Er wäre sicher ein ganz guter Ehemann geworden.

Wenn er später — besonders in seiner Anthropologie und
den Notizen für diese Vorlesung — sich über manche Hausfrauen-
eigenschaften wie Herrschsucht, Schwatzhaftigkeit, Ausschelten
des Gesindes, Gefallsucht u. n. a. mokiert, so sind das halb scherzhafte Äußerungen des alten Junggesellen. Seine sittliche und ästhetische Hochschätzung des weiblichen Elements hat ihn bis in
seine höchsten Altersjahre (B. IV, Kap. 7) nicht verlassen; wenn
auch Äußerungen wie: „eine Gesellschaft ohne Frauenzimmer
ist nicht komplett" oder „der Umgang mit wohlgesitteten Frauenzimmern poliert" zu Goethes bekanntem Spruch im Tasso sich
wie nüchternste Prosa zu reinster Poesie verhalten. Von gelehrten oder gar politischen Frauen wollte er allerdings nicht
viel wissen; für den einzig wahren Beruf des Weibes hielt er
vielmehr den der Hausfrau und unterhielt sich deshalb mit den
Damen seiner Bekanntschaft gern über Mode und Kochkunst,
von der auch er etwas verstand

Im übrigen änderte sich der g e s e l l i g e V e r k e h r
unseres Philosophen durch seine Ernennung zum Professor weniger, als es manchmal in dergleichen Fällen zu geschehen pflegt.
Magister Kant hatte sich durch seine Persönlichkeit und sein
Wissen schon so viel Ansehen und Verehrung erworben, daß die
neue Würde sie nicht erhöhen konnte. Der nahe Verkehr mit

den kaufmännischen Freunden Green, Motherby, Ruffmann, Jacobi (bis zu dessen Tod 1774) dauerte fort, ebenso wie der, freilich vielfach unterbrochene, mit den Akademikern Hippel, Hamann, Scheffner u. a. Wenn der General von Meyer um die Mitte der 70er Jahre starb, General von Lossow selten mehr von dem entfernten Goldap nach der Hauptstadt kam, so traten dafür andere hochstehende Militärs, wie der Gouverneur Graf Henckel von Donnersmarck, General von Brünneck und Oberst Friedrich von Holstein-Beck an ihre Stelle. Im Hause des letzteren hielt er 1772/73 vor einem gemischten Zuhörerkreise Vorlesungen über Physische Geographie, von denen noch eine von Kant selbst durchgesehene Nachschrift existiert. Kants Gesellschaft wurde, nach dem Zeugnis eines Zeitgenossen, von den besten Häusern und den angesehensten Familien um so mehr gesucht, als er mit vollkommenster Rechtlichkeit und echtem Stolz auch eine sehr saubere, ja ansehnliche äußere Erscheinung verband. Ihm gegenüber, ja auch in seiner Gesellschaft, wagte man nie den Anstand zu verletzen. Den unverheirateten Teil der höheren Offiziere kannte er teilweise wohl von der Mittagstafel im Hotel Zornich oder im Russischen Hof der Witwe Gerlach. Bei der letzteren tagte um die Mitte der 70er Jahre die sogenannte Ressource, eine auch von Kant besuchte gesellige Vereinigung von Kaufleuten und Gelehrten, die übrigens allen Gebildeten offen stand und Geselligkeit in höherem Sinne bot. Von seinen Kollegen scheint er auch in diesem Zeitraum keinem besonders nahe gestanden zu haben.

Dagegen gewann ein Aristokratenhaus aufs neue und zwar erhöhte Bedeutung für ihn. Im Jahre 1772 war der kurländische Reichsgraf Heinrich Christian von K e y s e r l i n g aus dem russischen Staatsdienst ausgeschieden und hatte mit seiner uns bereits bekannten geistvollen Gemahlin Karoline Amalie seinen dauernden Wohnsitz in Königsberg aufgeschlagen. In ihrem geschmackvoll eingerichteten Palais am Roßgarten verkehrte bald alles, was Königsberg von Geburts- und Geistesaristokraten besaß, und was von berühmten Leuten die Stadt passierte. Dabei fehlte alles prunkende Mäzenatentum. Selbst der sarkastische Hamann schrieb: „Dies Haus ist die Krone unseres ganzen Adels, unterscheidet sich von allen übrigen durch Gastfreiheit, Wohltätigkeit, Geschmack" (an F. H. Jacobi, 7. Januar 1785). Er, der Graf, jetzt in seinen mittleren Jahren stehend (geb. 1727), hatte in seiner Jugend in Halle studiert, sich früh in fremden Ländern umgesehen, und eine Reihe von Jahren im kursächsischen, österreichischen und russischen Staatsdienst zugebracht. Sein ausführlicher Brief an Kant vom 29. Dezember 1782 zeigt völlige Vorurteilslosigkeit in Standesfragen, gesundes Urteil, praktischen Verstand und Bewandertsein in politischen und wirtschaftlichen Dingen; ein kleines Billet zeigt die bei aller Höflichkeit doch ungezwungene Art ihres Verkehrs, die der Graf auch dem originellen Hamann gegenüber bewies, indem er ihn einmal in seinem einfachen Garten (dem „Hain Mamre") mit seinem Besuch überraschte, mit ihm ein „Schälchen" Kaffee trank und ein Pfeifchen rauchte, ein andermal in seiner Krankheit besuchte und sogar Medizinmittel mitbringt.

Sie, die wir bereits flüchtig kennengelernt haben, Charlotte Amalie aus dem ebenfalls reichsgräflichen Hause Truchseß-Waldburg, hatte schon mit 15 Jahren (1744) den 20 Jahre älteren Grafen Johann Gebhard von Keyserling-Rautenburg geheiratet und ihm zwei Söhne geschenkt. Nachdem sie 1761 ihren ersten Gemahl durch den Tod verloren, hatte sie sich zwei Jahre später mit einem anderen Keyserling, eben unserem Heinrich Christian, vermählt. Die schöne Frau und der stattliche Graf machten schon äußerlich einen guten Eindruck. Aber wichtiger war, daß sie, von Jugend auf geistig lebhaft interessiert, auch in ihren Gesellschaftskreisen in gleichem Sinne zu wirken suchte. Den anschaulichsten Begriff von der Geistesart der Gräfin gibt uns die lebendige Schilderung des späteren Professor Kraus, den Kant im April 1777 als Hofmeister des 18 jährigen Sohnes dort untergebracht hatte. „Die Vertraulichkeit, mit welcher der alte Graf und besonders die Gräfin mit mir umgeht, ist unbegreiflich. Über dem Essen schweigt die ganze Gesellschaft, und sie spricht mit mir allein unaufhörlich, und raten Sie wovon? Vom Euler- und Newtonschen Lichtsystem, von der Edda, vom Aberglauben und

Unglauben, was von beiden schädlicher sei, und von neuen Entdeckungen und herausgekommenen Büchern. Wie kommt sie
dazu? Sie hält sich alle französischen Journale und tut nichts
als lesen.'' Da die Unterhaltungssprache im Hause in der Regel
die französische war, mußte Kraus rasch das Nötigste nachlernen.
Übrigens wurde jeder Gast, vornehm oder gering, mit gleicher
Aufmerksamkeit behandelt.

Daß Kant, der sie von früher her kannte (vgl. Buch I, Kap. 3),
einer der häufigsten und bevorzugtesten Gäste des Hauses wurde,
ist natürlich. Erschien er zur Tafel, so bekam er stets den Ehren-
platz, der Gräfin zur Seite: außer wenn einem ganz Fremden
diese Stelle aus Konvenienzrücksichten eingeräumt werden
mußte. Kant benahm sich als der feinste Weltmann von den angenehmsten Manieren, so daß man, wie von verschiedenen Seiten
übereinstimmend berichtet wird, hier den abstrakten Denker
und tiefen Gelehrten in ihm nicht vermutete. Er wußte ,,sogar
abstrakte Ideen in ein liebliches Gewand zu kleiden, und klar
setzte er jede Meinung auseinander, die er behauptete. An-
mutsvoller Witz'' — den man ihm sogleich an den Augen und
Gesichtszügen ansah — ,,stand ihm zu Gebote, und bisweilen
war sein Gespräch mit leichter Satire gewürzt, die er immer mit
der trockensten Miene anspruchslos hervorbrachte''. Auch in
Abwesenheit ihres Gemahls lud sie wohl den ihr vertrauten Gelehrten ein; sie schreibt ihm einmal: ,,Kant hat bei mir gespeiset.''
Neben ihren wissenschaftlichen und literarischen Interessen
übte sie auch die Malerei praktisch aus. Sie zeichnete nicht
bloß Porträts nach dem Leben — von ihrer Zeichnung des 30jäh-
rigen Kant haben wir schon vernommen — und kopierte Bilder
van der Werffs u. a. in Pastell, sondern malte auch selbst Mi-
niaturen profanen und religiösen Inhalts und wurde deshalb
1786, wohl nach dem Regierungsantritt des neuen Königs,
zum Ehrenmitglied der Berliner Akademie der Künste ernannt.
So besaß denn das Palais auch ein besonderes Gemäldekabinett
mit zahlreichen Originalen und Kopien, besonders von dem
jüngeren Dieterich in Dresden und einer Reihe Niederländer,
darunter Ruysdael, Teniers, Wouvermann, ja sogar einen Rem-

brandt; ferner eine reiche, über tausend Stück zählende Sammlung von Kupferstichen, in der die Medizeische, die Dresdener Galerie, die des Luxembourg und des Palais Royal vertreten waren: so daß es Kant an Gelegenheit, auch seinen Kunstsinn auszubilden, im Palais Keyserling nicht gefehlt hat. Die Bibliothek zählte 4—5000 Bände, besonders geschichtliche und antike Autoren; auch waren eine Anzahl mathematisch-physikalischer Instrumente vorhanden. Kant hat den freundschaftlichen Verkehr mit dem glänzenden und gastfreien Hause bis zum Tode des Grafen (1787) und der Gräfin (1791) fortgesetzt. Sie ist die einzige Dame seiner Bekanntschaft, die er durch eine Erwähnung in seinen Schriften geehrt hat. Er nennt sie in der ,,Anthropologie'' (§ 79), wo er eine kleine aus ihrem Mund gehörte scherzhafte Geschichte erzählt, ,,eine Zierde ihres Geschlechts''.

In seiner Magisterzeit hatte sich Kant, was die Zahl seiner K o l l e g i e n betrifft, um des Broterwerbs willen häufig zu viel zugemutet (vgl. S. 144). Und noch als designierter Professor im Sommersemester 1770 las er nicht in weniger als 22 Wochenstunden über fünf verschiedene Gegenstände. Er fühlte sich denn auch diesen ganzen Sommer über sehr unpäßlich (an Lambert, 2. September 1770) und merkte es an seinem Körper sehr, als nach den kurzen Ferien schon in der zweiten Augusthälfte die ,,überhäufte Last der Kollegien'' wieder einsetzte (an Herz, 31. August 1770). Er beabsichtigte deshalb auch künftig diesen Teil seiner Arbeit etwas einzuschränken. Immerhin hat er doch auch in den 70er Jahren gewöhnlich vier Kollegien oder drei Kollegien und ein Disputatorium oder Repetitorium, im Durchschnitt etwa 14 Wochenstunden, gelesen. Nur selten wohl kam, wie im Sommer 1773 einmal, ein Kolleg wegen zu geringer Zuhörerzahl nicht zustande. Um genügend freie Zeit für seine eigenen Studien zu bekommen, legte er jetzt seine Vorlesungen — und zwar Sommers wie Winters — in die frühesten Morgenstunden, von 7—9 oder 7—10.

Zu seinen bisherigen Kollegien kamen solche über Natürliche Theologie (seit 1774), Pädagogik (1776/77) und vor allem An-

thropologie (1772/73) hinzu. Seine Vorlesung über M e t a -
p h y s i k arbeitete er in diesem für seine philosophische Entwicklung (vgl. folgendes Kapitel) grundlegenden Jahrzehnt in
einem Sinne um, der von „seinen vormaligen und den gemein
angenommenen Begriffen" stark abwich. Es war daher für einen
Anfänger, wie Kant selbst gesteht, schwer, mitzukommen (an
Herz, 28. August 1778). Der junge Ludwig von Baczko verstand sie deshalb auch nicht und suchte nun durch nächtelanges
Studieren von Kompendien dem Verständnis näher zu kommen,
sah aber bald, daß manche Zuhörer noch weniger verstanden
wie er, und fing deswegen an zu glauben, „daß die Leute in Kants
Vorlesungen liefen, um sich ein Ansehen zu geben". Anderen
ging es besser. So erzählt Reichardt, der bekannte Komponist:
„Auch seine Vorlesungen über abstrakte Philosophie erhielten
durch jenen Schatz von Erläuterungen und Beispielen, die ihm
sein Gedächtnis darbot, große Klarheit und Deutlichkeit", im
Unterschied von seinen S c h r i f t e n , die „vielen wohl immer
dadurch so dunkel und schwierig geblieben sind, weil er den
Lesern philosophischer Schriften zu viel zutraute, als daß er
jene hinzuzufügen für nötig erachten sollte". Besser verstand
Baczko Kants Vorlesungen über Naturrecht und Moral; namentlich letztere fesselte seine Aufmerksamkeit.

Das weitere Publikum fand sich vor allem durch die im
Winter 1772/73 von ihm angefangenen Vorlesungen über A n -
t h r o p o l o g i e angezogen. Sein Kolleg über Physische Geographie genügte ihm auf die Dauer nicht mehr zum Ausdruck
derjenigen außerhalb der strengen Philosophie liegenden Gedanken, die sich auf die innere Natur des Menschen bezogen.
So führte er denn neben der ständigen geographischen Sommer-
Vorlesung ein zweites „auf Weltkenntnis abzweckendes" Kolleg
ein, das, wie jenes erstere die N a t u r , seinerseits den M e n -
s c h e n behandeln sollte: eben die „Anthropologie", die er
fortan jeden Winter las. Er wollte dadurch die „Quellen aller
Wissenschaften, der Sitten, der Geschicklichkeiten, des Umganges, der Methode, Menschen zu bilden und zu regieren, mithin alles Praktischen" eröffnen (an Herz, Ende 1773), wie sie denn

auch einen Abschnitt über Pädagogik enthielt. Er beobachtete, wie er selbst sagt, „unablässig" das gemeine Leben, um seine Zuhörer nicht bloß zu belehren, sondern auch anzuregen. Das Kolleg über „Menschenkunde" zählte daher bald zu seinen beliebtesten Vorlesungen und wurde, außer von den Studierenden, auch von Gebildeten aller Stände (Offizieren, Regierungsräten usw.) besucht.

Sein vertrauterer Verkehr mit einzelnen Studierenden nahm jetzt stark ab. Er wurde nicht bloß älter, sondern mußte auch seines großen Werks wegen seine Zeit immer mehr zu Rate halten. So hatte er denn, wie er gegen Ende 1778 Herz schreibt, unter den Hörern seiner „öffentlichen" Kollegien „fast gar keine Privatbekanntschaft". Eher konnte er in dem jetzt eifriger von ihm gepflegten Disputatorium oder Examinatorium bzw. Repetitorium, das er meist Mittwoch und Samstag von 7—8 Uhr früh abhielt, die Teilnehmer persönlich kennenlernen, wie sie ihn. Auf diese Weise gelangte auch der junge K r a u s dazu, der, 1753 geboren, seit Herbst 1770 in Königsberg studierte und schon alle Vorlesungen Kants gehört hatte, ohne ihm doch, wie sein sehnlichster Wunsch war, persönlich näher zu treten. Da wurde er Mitglied des „Disputatoriums" und machte hier einst, seine gewöhnliche Schüchternheit überwindend, dem Philosophen so tief durchdachte Einwürfe, tat so scharfe Fragen, daß Kant ihn nach der Stunde zu sich rief, um ihn genauer kennen zu lernen und von nun an nähere Beziehungen begannen: indem der Professor ihn nicht bloß philosophisch förderte, sondern sich auch für seine persönliche Lage interessierte und ihm u. a. die „Führung" eines jungen kurischen Barons verschaffte, der mit ihnen beiden in demselben Hause wohnte.

Kant war mittlerweile schon so berühmt geworden, daß auch durchreisende Fremde seine Vorlesungen besuchten. So z. B. Moses Mendelssohn gelegentlich eines Königsberger Aufenthaltes am 18. August 1777, nachdem eben die Ferien — vorüber waren. Es kam dabei zu einem merkwürdigen Auftritt, der daher, ehe wir diesen Gegenstand verlassen, noch erzählt sein mag. Mendelssohn, klein von Gestalt, mit einem starken Höcker auf dem

Rücken, bei klugen und gütigen Augen, so daß er „auch das
roheste Herz zum Mitleid erweichen konnte" (Kraus), war ohne
Vorwissen Kants und etwas vor dessen Ankunft erschienen.
„Als er nun", so erzählt August Lewald in seinen Lebenserinnerungen, „in Kants Hörsaal trat und bescheiden an der Türe
blieb, begannen die Studenten zu schnalzen, pfeifen und stampfen.
Mendelssohn nahm mit eisiger Ruhe auf einem leerstehenden
Stuhle Platz und erklärte kurz und artig, er wolle Kants Bekanntschaft machen. Erst Kants Erscheinen beschwichtigte den Lärm,
und bald zog sein Vortrag die Zuhörer auf anderes hin. Als aber
Mendelssohn nach beendetem Kolleg sich eifrig durch die Menge
drängte, um zum Katheder zu gelangen, erschallte von neuem
höhnisches Gelächter. Aber, als der Fremde Kant einige Worte
gesagt, drückte Kant ihm herzlich die Hand und schloß ihn in
seine Arme. Da ging es wie ein Lauffeuer durch die Reihen: „Moses
Mendelssohn! der jüdische Philosoph aus Berlin!", und ehr-
erbietig bildeten die Schüler eine Gasse, als die beiden Weltweisen Hand in Hand den Hörsaal verließen. Kant bedauerte,
die nähere persönliche Bekanntschaft des „seltenen Mannes" nicht
eher gemacht zu haben. „Einen solchen Mann", so schrieb er
zwei Tage darauf, als Mendelssohn wieder abreiste, seinem Schüler
und Freunde M. Herz nach Berlin, „von so sanfter Gemütsart,
guter Laune und hellem Kopfe in Königsberg zum beständigen
und inniglichen Umgang zu haben, würde diejenige Nahrung der
Seele sein, die ich hier so gänzlich entbehren muß, und die ich
mit der Zunahme der Jahre vornehmlich vermisse." Er bedauere,
daß er Mendelssohn in den zwei Vorlesungsstunden, an denen
dieser teilgenommen habe, nicht mehr habe bieten können; infolge der unmittelbar vorhergegangenen Ferien habe er den größten
Teil der Stunden auf eine summarische Wiederholung des vorhergehenden Stoffes verwenden müssen.

Es scheint indes, daß Mendelssohn doch Kant schon eher,
nämlich in der letzten Juliwoche, in seiner Wohnung aufgesucht
hat. Denn Kraus, damals noch Hofmeister in Keyserlings Haus,
schreibt am 29. Juli seinem Freunde von Auerswald: Kant habe
ihn am letzten Sonntag zu sich rufen lassen, um ihm mit

zuteilen, Mendelssohn sei bei ihm gewesen und habe im Auftrage des Ministers von Zedlitz Kant gebeten, ihm einen Nachfolger für den verstorbenen Professor Meier in Halle vorzuschlagen. Der 24 jährige Kraus hielt sich selbst noch nicht für reif genug. Kant meinte das auch, war aber doch so weltklug, seinem begabten Schüler den Rat zu geben, er solle zunächst „etwas Philosophisches ausarbeiten und Zedlitzen dedizieren. Mendelssohn würde es dann mit seinem Ansehen unterstützen und mir, da Meiers Stelle für mich noch nichts wäre, zu einer anderen helfen" (Kraus).

Kant und Zedlitz

Aus unserer letzten Erzählung geht hervor, welchen Einfluß damals freidenkende Geister wie Kant und Mendelssohn auf das Berliner Ministerium der Kirchen- und Unterrichtsangelegenheiten hatten. Die Leitung desselben lag seit 1771 in der Hand des im besten Mannesalter stehenden Freiherrn Karl Abraham v o n Z e d l i t z (geb. 1731), der, wenigstens auf dem Gebiete des höheren Unterrichts, zumal der Universitäten, eine eifrige Reformtätigkeit entfaltete. Da er bereits ein Jahr vorher ins Ministerium berufen war, stammt vielleicht schon eine im Mai 1770 erlassene Anweisung über den Betrieb des philosophisch-philologischen Studiums von ihm, die zugleich auf die Notwendigkeit der Ausbildung in den verschiedenen philosophischen Disziplinen für alle Fakultäten hinwies und die „wahre Philosophie" als eine „Fertigkeit" bezeichnete, „selbst ohne Vorurteile und ohne Anhänglichkeit an eine Sekte zu denken[1]". Eine Fortsetzung dieser Reformbestrebungen bildete der am 25. Dezember an die Königsberger Universität ergangene „Kgl. Spezialbefehl", der die „landesväterliche Absicht" dahin formulierte, „daß auf unseren Universitäten die Köpfe der Studierenden nicht mit nahrungslosen Subtilitäten verdüstert, sondern aufgeheitert und durch die Philosophie besonders zur Annahme und Anwendung wahrhaft nützlicher Begriffe fähig gemacht werden sollen". Im Sinne des aufgeklärten Despotismus wurde dann zwei Crusianern,

---

[1] Ausführlicheres über die im Texte erwähnten Ministerial-Verfügungen s. bei Arnoldt, Ges. Schr. Bd. V, S. 224 ff., 248 ff.

den Magistern Weymann, der 1759 einen plumpen Angriff gegen
Kants Abhandlung über den Optimismus gerichtet und auch
1763 dessen ‚Einzig möglichen Beweisgrund' angegriffen hatte,
und Wlochatius nahe gelegt, sich andere Gegenstände zu ihren
Vorlesungen auszusuchen, da über den Unwert von Crusius' Philosophie die erleuchtetsten Gegner längst einig seien. Denn „so
wenig Wir gewohnt sind, über individuelle Meinungen herrschen zu
wollen, so halten Wir doch für nötig, der Ausbreitung gewisser allgemein nutzenlos befundener Meinungen vorzubeugen"[1]. Auch
wurde der vielfache Gebrauch veralteter Kompendien für die Vorlesungen gerügt, die der Professoren — Kant und Reusch allein
ausgenommen, und Repetitorien und Examinatorien im Kolleg
selber oder in besonders dazu angesetzten Stunden, wie Kant
sie auf eigene Faust bereits eingeführt, allgemein empfohlen.

Am deutlichsten und unmittelbarsten aber gibt sich die
vorurteilsfreie und weitblickende Gesinnung des liberalen Ministers in seinem Brief an den „lieben Herrn Professor Kant"
vom 1. August 1778 kund. Er entbehrt jedes offiziellen Tones.
Nicht der Minister redet hier zu seinem Untergebenen, sondern
Mensch zu Mensch. Wir glauben Schiller in seiner Jenaer An-
trittsvorlesung oder Kant selbst in seinem Vorlesungsprogramm
von 1765/66 zu hören, wenn wir hier aus Ministermund Worte
vernehmen, wie die: „Geben Sie mir doch Mittel an die Hand,
die Studenten auf Universitäten von den B r o t k o l l e g i i s
zurückzuhalten und ihnen begreiflich zu machen, daß das Bißchen Richterei, ja selbst Theologie und Arzneigelehrtheit unendlich leichter und in der Anwendung sicherer wird, wenn der
Lehrling mehr philosophische Kenntnis hat, daß man doch nur
wenige Stunden des Tages Richter, Advokat, Prediger, Arzt und
in so vielen Mensch ist, wo man noch andere Wissenschaften
nötig hat — kurz, dies alles sollen Sie mich lehren, den Studenten

---

[1] Wlochatius brach daraufhin sein Metaphysik-Kolleg mitten im
Semester ab. Von Weymann hören wir, daß später unter seinem Kon-
rektorat und Rektorat das Altstädtische Gymnasium in völligen Verfall
geriet. Hamann schreibt 8. November 1786 von ihm, sein „Ruf und Kopf"
sei so „erloschen", daß es eine „öffentliche Schande" sei.

begreiflich zu machen." Und er weiß sehr wohl, daß es mit „gedruckter Anweisung, Leges, Reglements" — von denen wir auch heute noch mehr als genug besitzen — nicht getan ist, daß sie die Sache vielmehr nur verschlimmern; denn, „das ist alles noch schlimmer als das Brotkollegium selbst". Kants Antwort auf diesen wie auf die anderen Briefe des Ministers ist leider nicht erhalten.

Bei seiner Verehrung für den Philosophen, suchte Zedlitz diesem einen größeren Wirkungskreis zu verschaffen; er fragte am 28. Februar 1778 bei ihm an, ob er ihn dem König als Professor der Philosophie in H a l l e mit einem Anfangsgehalt von 600 Talern vorschlagen dürfe, und, als Kant „mit vielem philosophischen Kaltsinn" ablehnte, bot er ihm nicht nur 200 Taler mehr, sondern suchte ihm auch eindringlich alle Vorteile eines solchen Wechsels vorzustellen. In der Tat hatte alles, was der Minister zur Empfehlung desselben sagte, seinen guten Sinn. Halle lag im Zentrum des gelehrten Deutschlands, hatte ein milderes Klima und besaß eine Anzahl tüchtiger Lehrer, und Zedlitz bemühte sich gerade damals, die ja auch dem Mittelpunkt des preußischen Staates nächste Universität immer mehr in die Höhe zu bringen. Dazu der gewaltige Unterschied in der Höhe des Gehaltes zwischen den 800 Talern in Halle und den nur 236 Talern in Königsberg, dessen geringe Fonds noch nicht einmal Aussicht auf künftige Verbesserung boten. Vor allem aber die größere Wirkungsmöglichkeit bei den dortigen 1000 bis 1200 Studenten, die „ein Recht haben, von Ihnen Unterweisung zu fordern, deren Unterlassung ich nicht verantworten möchte". Ein Mann wie Kant habe die Pflicht, „in einem weiteren Zirkel gemeinnützige Kenntnisse und Licht auszubreiten". „Ich wollte wünschen, daß Leute von Ihren Kenntnissen und Gaben in Ihrem Fach nicht so selten wären, ich wollte Sie nicht so quälen." Ja, auf eine kleine etwaige Schwäche spekulierend, die auch heute noch bei manchen Männern der Wissenschaft, selbst Philosophen, vorkommen soll: wenn vielleicht „Nebenumstände, von denen sich auch der Philosoph nicht trennen kann", Kant „den Titel eines H o f r a t s angenehm machen würden", würde er sich anheischig machen, bei dem König darauf anzutragen. Nun, zu einem „Hofrat Kant" ist es — im Unterschied von dem Hofrat Schiller oder der Exzellenz Goethe — glücklicherweise nicht gekommen. Alle Vorstellungen, alles „Quälen" des Ministers blieb vergebens. Kant verharrte bei seiner Ablehnung. An seine Stelle kam dann ein Popularphilosoph, sein späterer philosophischer Gegner Eberhard.

Leider besitzen wir auch in diesem Falle Kants Erwiderung nicht, aber er hat seine Gründe, vielleicht um so offenherziger, einem Schreiben von Anfang April an Freund Marcus Herz anvertraut, das uns seine Stimmung klar erkennen läßt. Gewiß weiß er sich von Eitelkeit und Gewinnsucht weit entfernt: „Gewinn und Aufsehen auf einer großen Bühne haben, wie Sie wissen, wenig Antrieb vor mich." Aber es erfaßt ihn doch ein Gefühl der Schwermut, wenn er sich einem „Schauplatze" versagen soll, wo er seinen Lebenszweck in weit größerem Umfange verwirklichen könnte: „nämlich gute und auf Grundsätze errichtete Gesinnungen zu verbreiten, in gutgeschaffenen Seelen zu befestigen und dadurch der Ausbildung der Talente die einzige zweckmäßige Richtung zu geben." Daran verhindere ihn nur der „kleine Anteil von Lebenskraft", der ihm, im Gegensatz zu anderen, zugemessen sei. Alles, was er gewünscht, habe er jedoch vom Geschick erhalten: „eine friedliche und gerade meiner Bedürfnis angemessene Situation, abwechselnd mit Arbeit, Spekulation und Umgang besetzt, wo mein sehr leicht affiziertes, aber sonst sorgenfreies Gemüt und mein noch mehr launischer, doch niemals kranker Körper ohne Anstrengung in Beschäftigung erhalten werden." In diese bescheidenen Wünschen entsprechende Lage hatte er sich nun seit Jahren hineingelebt, und so gibt er demselben „Instinkt seiner Natur" Ausdruck, der ihn auch den Ruf nach Erlangen vor neun Jahren nachträglich hatte ablehnen lassen, diesmal bestimmter mit den Worten: „Alle Veränderung macht mich bange." Er glaube diesen Instinkt beachten zu müssen, wenn anders „er den Faden, den mir die Parzen sehr dünn und zart spinnen, noch etwas in die Länge ziehen will". Deshalb danke er zwar seinen Gönnern und Freun-

den für ihre gütige Gesinnung, bitte sie aber, ihm dieselbe dadurch
zu beweisen, daß sie ihm in seiner gegenwärtigen Lage alle Be-
unruhigung abwehrten.

Wir haben Kant selbst ausführlich das Wort gegeben, weil
diese Sätze uns wieder einmal einen tieferen Einblick in seine
seelische Eigenart gewähren. Mögen wir es auch bedauern, daß
er so peinlich, ja ängstlich dem „Instinkt seiner Natur" folgen
zu müssen glaubte, die ihm, wie er meinte, jede Änderung des
gewohnten Lebenskreises verbot, mögen wir es im Interesse der
deutschen Kultur beklagen, daß er die ihm von dem Leiter des
preußischen Unterrichtswesens so dringend ans Herz gelegte
Übersiedlung in das Herz Deutschlands, in die Nähe Weimars,
nicht ausgeführt hat: wir müssen einem so klar sehenden
Kopfe wie ihm vertrauen, daß er selbst am besten wußte, was
ihm not tat, damit er in Ruhe und ohne Störung das große Werk
seines Lebens vollendete. So hat auch sein Freund und Gönner
Zedlitz gedacht: denn er hat ihn von da an nicht mehr „ge-
quält".

Konnte dieser nun auch den Philosophen nicht in seine
Nähe bekommen, so wurde er doch sein Zuhörer. „Ich höre
jezt ein Collegium über die Phisische [sic!] Geographie bei Ihnen,
mein lieber Herr P. Kant . . ., so wunderbar Ihnen dieses bey
einer Entfernung von etl. 80 Meilen vorkommen wird", schreibt
er ihm am 21. Februar 1778; er hatte sich nämlich die Nachschrift eines Königsberger Studierenden verschafft. Da er sie
aber undeutlich geschrieben und vielfach unvollständig fand,
bat er Kant, ihm zu einer sorgfältigeren zu verhelfen, „gegen
die heiligste Versicherung, das Mskt. nie aus meinen Händen
zu geben". Es ist dann noch mehrmals in Zedlitz' Briefen davon
die Rede, und Kant gab ein solches im Anfang des Winters seinem
früheren Schüler Kraus nach Berlin mit. Bald aber sollte der
Minister in Berlin selber, wenn auch nicht unmittelbar, Kantische,
so doch in Kants Geist gehaltene Vorlesungen hören, und
Kantische Gedanken zum ersten Male in der Stadt der Aufklärung verbreitet werden. Es geschah durch den mehrerwähnten
Anhänger und Freund Kants,

Marcus Herz

Da derselbe in diesem Jahrzehnt einer der unserem Philosophen nächststehenden Menschen gewesen ist, so sei es gestattet,
auf seine Persönlichkeit und seine Berliner Umgebung etwas ausführlicher einzugehen.

Herz war nach seiner Rückkehr in Berlin von den Gelehrten, denen ihn sein Lehrer empfohlen, gut aufgenommen
worden. Namentlich Mendelssohn, obwohl philosophisch mehr
dem Wolffianer Baumgarten zuneigend, würdigte ihn seines fast
täglichen Umganges und schilderte ihn in einem Briefe an Kant
vom 25. Dezember 1770 mit den Worten: ,,Er besitzet einen
hellen Verstand, ein weiches Herz, eine gemäßigte Einbildungskraft und eine gewisse Subtiligkeit des Geistes, die der Nation
natürlich zu sein scheint.'' Daß er auch noch später denselben
sympathischen Eindruck hervorrief, bezeugt die aus dem Jahre
1798 stammende, bisher noch ungedruckte Charakteristik seitens
des Theologen Abegg: ,,Ein Mann von mittlerer Größe, in sich
bestimmt, ohne Umständlichkeit und Stolz, sollte man sagen,
in der ruhigen Haltung des Mannes von Welt. Aber je länger
man um ihn ist, desto lieber gewinnt man ihn wegen seines hellen
Verstandes und seiner Freundlichkeit, alles Gute einem zu erweisen und für das Gute seine Teilnahme zu zeigen[1].''

Herz fühlte sich mit seinen vorzugsweise gelehrten Interessen anfangs in dem Berliner ,,Weltton'' nicht recht heimisch.
In der preußischen Hauptstadt lebte damals der Mittelstand in
geistiger Beziehung im allgemeinen ziemlich beschränkt und
philisterhaft dahin, während die reichen Kaufleute sich nur in
Luxus und glänzenden Festen groß zeigten. Die niederen und
mittleren Beamten waren durch die Last der Geschäfte und das

---

[1] Er blieb mit seinem verehrten Königsberger Meister, dessen Bild
über seinem Schreibtisch hing, in Verbindung und betätigte sich auch in
philosophischer (später auch medizinischer) Schriftstellerei, die freilich den
Sinn des Lehrers nicht immer richtig traf, wie dieser von Herz' Wiedergabe seiner Inaugural-Dissertation in dessen ,Betrachtungen aus der
spekulativen Weltweisheit' (158 Seiten, 1771 bei Kanter erschienen)
meinte (K. an Nicolai, 25. Oktober 1773; vgl. den Schluß von Kants Brief
an M. Herz von Ende 1773, Briefw. i, 139).

schmale Einkommen gedrückt. Die hohen Militärs und Zivilisten
standen in Verbindung mit dem Hof, dieser aber entbehrte anregender und geistreicher Gesellikeit, da Friedrich der Große
nur mit wenigen intimen Freunden, besonders Franzosen, verkehrte und sein Neffe und präsumtiver Nachfolger keine tieferen
geistigen Interessen besaß. In der Literatur wurden von den
meisten noch Haller, Hagedorn, Gellert, Ewald von Kleist und
Gottsched bewundert. Am meisten öffneten noch die reichen
jüdischen Häuser ihre Pforten der moderneren, französischen
Bildung und zwar, im Unterschiede von den meisten christlichen
Familien, auch ihren weiblichen Mitgliedern; anfangs nur zum
Zweck der „Conversation" mit Offizieren und Hofkavalieren,
später auch zu ernsterer Lektüre; auch Moses Mendelssohn machte
ein, wenn auch einfaches „Haus". In eins der gebildetsten jüdischen Häuser, dasjenige des aus vornehmer portugiesischer Familie stammenden angesehenen Arztes de Lemos, kam nun auch
Marcus Herz, der mittlerweile selbst ein beliebter und gesuchter
Arzt geworden war, hinein und verlobte sich 1777 mit der noch
nicht 13 jährigen, aber geistig und körperlich frühreifen Tochter,
der schönen H e n r i e t t e. Oder vielmehr sie wurde von ihren
Eltern mit dem 16 Jahre älteren Mann verlobt[1]). Sie schreibt
selbst in ihren Lebenserinnerungen von seinem ersten Bräutigams-
besuch: „Er war 15 Jahre älter als ich, klein und häßlich, und
ich glaube kaum, daß ich damals schon seine Häßlichkeit über dem
geistreichen Ausdruck seines Gesichtes vergaß." Die Hochzeit
fand über zwei Jahre später, am 1. Dezember 1779, statt. Hören
wir sie selbst weiter berichten: „Bald nach seiner Verheiratung
fing er auch an, in unserer Wohnung philosophische Kollegien
zu lesen, zu welchen sich ein sehr gewähltes Publikum einfand.
Diese hatten um so mehr eine förderliche Ausdehnung unserer
Verbindungen zur Folge, als er die tüchtigeren und ihm inter-

---

[1]) Wahrscheinlich hat Herz seine Verlobung oder die Absicht zu derselben auch dem ehemaligen Lehrer mitgeteilt; denn Kant spricht ihm am
Schluß eines Briefes vom 20. August 1777 seine Teilnahme nicht bloß am
„Wachstum" seines „Beifalls" und seiner „Verdienste", sondern auch seiner
„häuslichen Glückseligkeit" aus.

essanteren unter seinen Zuhörern bisweilen zum Abendessen einlud." So wurde das Herz'sche Haus bald eins der angenehmsten
und gesuchtesten Berlins: Marcus zog als berühmter Arzt und
geistreicher Kopf, Henriette, die übrigens auch Physik und
mehrere Sprachen trieb, durch ihre hervorragende Schönheit an.
Beide hatten freilich in literarischen Dingen einen sehr verschiedenen Geschmack: Henriette war begeistert für Götz und
Werther, später für die Romantik, kurz alles, was die Phantasie ansprach, während Marcus Lessings durchsichtige Klarheit
am höchsten stellte. Als einmal Freund David Friedländer, der
ihn 1779 von Königsberg nach Berlin zurückbegleitet, um Erklärung einer dunklen Stelle in einem Goethe'schen Gedichte
bat, wies er ihn an Henriette: ,,Gehen Sie zu meiner Frau, die
versteht die Kunst, Unsinn zu erklären" [Ob wohl Immanuel
Kant auch so gesprochen hätte? Möglich wäre es!].

Doch wir sind durch die schöne Henriette etwas von unserem
Thema abgelockt worden. Seine Vorträge über Kants Philosophie, zunächst über dessen Logik, hatte ihr Gatte schon
über ein Jahr vor seiner Verheiratung, zu Anfang des Winters
1778/79 begonnen. Sehr glücklich schrieb er dem Minister am
24. November 1778 von dem unerwartet großen Beifall, den sie
gefunden: ,,Die Anzahl meiner Zuhörer nimmt täglich zu, sie
ist schon bis auf einige und dreißig herangewachsen, lauter Leute
von Stand und Gelahrte von Profession. Professores der Medizin,
Prediger, Geheimräte, Bergräte." Vor allem nahm auch Minister
Zedlitz daran teil, der sich gern dazu hatte bestimmen lassen,
weil ,,Mendelssohn für Herzens Talent gut gesagt, und auf dessen
Bürgschaft unternähme ich wohl wer weiß was, zumal da ich
weiß, daß Sie für Herzen Achtung haben und mit ihm in einer
Art von Briefwechsel sind" (Zedlitz an Kant, 1. August 1778).
,,Er ist", so teilt M. Herz mit freudigem Stolz dem einstigen
Lehrer mit, ,,immer der erste auf meiner Stube und der letzte,
der hinweg gehet, und hat bisher, sowie keiner von den übrigen,
noch nie eine Stunde versäumt" (an Kant, 24. November 1778).
Auch Biester und Kraus berichteten aus Berlin nach Königs-
berg von dem ,,allgemeinen und ungewöhnlichen" Beifall, den

diese Vorlesungen fänden, und von „dem durchgängigen Ansehen",
das Herz sich dadurch im berlinischen Publiko erworben habe.
Daß Leute wie Hamann ärgerlich an Freunde wie Herder über
die „philosophische Schulfüchserei" in Berlin schrieben, insbesondere darüber, daß zu der „philosophischen Bude", die „Dr.
Herz, Kants beschnittener Zuhörer, aufgeschlagen", auch „der
Mäcen der . . . Acad. und Schulen unseres Landes gehöre"
(21. Februar 1779), bestätigt nur diesen guten Erfolg. Selbstverständlich bereitete derselbe Kant „ausnehmende" Freude; er
lobte besonders die Popularität, „in Ansehung deren m i r bei
einer solchen Unternehmung würde bange geworden sein" (an
Herz, Januar 1779). Gern war er darum auch behilflich, dem
Verbreiter seiner Grundsätze die erbetenen Nachschriften von
verschiedenen seiner Kollegien zu verschaffen. Denn, durch
seinen ersten Erfolg ermutigt, begann Herz nun neue Kurse auch
über andere philosophische Disziplinen in Kantischem Sinne,
so April 1779 einen solchen über Psychologie. Auch diesmal
„versäumte unser Minister keine Stunde" (Biester an Kant,
11. April 1779). Wie Herz, gewann auch Kants damals längere
Zeit in Berlin weilender Schüler Kraus alsbald die Zuneigung
des Ministers und seines Privat-Sekretärs Biester; „in dem Ab-
glanz dieser beiden (sc. Herz und Kraus) erkennen wir Ihr Licht",
schreibt letzterer in demselben Briefe.

So war es denn keine höfische Liebedienerei, wenn Kant
dem Minister von Zedlitz zwei Jahre später die Kritik der reinen
Vernunft widmete, und keine leere Redensart, wenn er ihn in
seiner Widmung nicht bloß als den amtlichen „Beschützer",
sondern auch als den „Liebhaber und erleuchteten Kenner" der
Wissenschaften begrüßte. Sein und seines jungen Kollegen
Kraus[1]) Rat wurde denn auch weiter im Berliner Ministerium,
namentlich bei Stellenbesetzungen, gern gehört oder sogar erbeten. Freilich konnte Zedlitz nicht in allen Personalfragen
bei dem König durchdringen, z. B. in der Besetzung von

---

[1]) Dieser selbst wurde auf Kants Empfehlung im Sommer 1780 von
Zedlitz zum Professor der praktischen Philosophie in Königsberg ernannt
(Hamann an Kraus 28. Juni 1780).

Landpfarreien, weil Friedrich in diesen Dingen, die ihm gleichgültig waren, prinzipiell den Wünschen der Gemeinden, selbst
wenn sie verkehrt waren, nachgab (Biester an Kant, 5. Juni
1785). Zum letzten Male schreibt der einflußreiche Ministerial-
sekretär während der letzten Krankheit des Königs die bezeichnenden Worte: ,,Von Besetzung der Stellen auf Ihrer Universität kann ich Ihnen nichts melden. Wegen des Befindens in
Potsdam ruhn alle Geschäfte. Wir wollen wenigstens diese Zwi-
schenzeit nutzen, um uns nach geschickten Subjekten umzu-
sehn" (Biester an Kant, 11. Juni 1786). Es sollte nicht mehr lange
dauern, und die Herrschaft des aufgeklärten Absolutismus in
Preußen wurde durch die der Dunkelmänner abgelöst.

Verhältnis zu den geistigen und literarischen Strömungen der Zeit: Aufklärung, Erziehungsreform, Genieperiode

Man trifft vielfach auf die Vorstellung, Kant sei in dem Jahrzehnt 1770—80, völlig in Anspruch genommen durch die tiefschürfende Arbeit an der Kritik der reinen Vernunft, von allem anderen, was geistig um ihn herum vorging, unberührt geblieben. Diese Vorstellung ist vollkommen irrig.

Daß ihn zunächst die Probleme der Naturwissenschaften, und zwar jetzt stärker auch die biologisch-anthropologischen, fortdauernd weiter beschäftigten, beweisen nicht bloß die neu aufgenommenen Vorlesungen über Anthropologie, sondern auch zwei — die einzigen — literarischen Veröffentlichungen aus der ersten Hälfte dieses Jahrzehnts. Der italienische Anatom M o s - c a t i hatte in einer Universitätsrede ‚Von dem körperlichen wesentlichen Unterschiede zwischen der Struktur der Tiere und Menschen' zu beweisen gesucht, daß der aufrechte Gang dem Menschen unnatürlich sei und ihm viele Nachteile gegenüber den Tieren bringe. Gerade das Paradoxe an dieser Ansicht fesselte unseren Philosophen, und so veröffentlichte er denn in den ‚Königsberger gelehrten und politischen Zeitungen' vom 23. August 1771 eine längere anonyme Besprechung, in der er „unserem italienischen Doktor" dahin beistimmt, daß in der Tat für des Menschen nächste Aufgabe, die Erhaltung seiner Art, die vierfüßige Stellung die zweckmäßigste gewesen sei, während für die weitere gesellschaftliche Entwicklung die zweifüßige sich als die geschickteste erwiesen habe. Auch im Nachlaß wird Moscati mehrfach erwähnt und aus ihm der Schluß gezogen, daß „der

Mensch im Anfange in der Tierheit gewesen und die Keime derselben noch übrig seien" (Akad. Ausg. XV, Nr. 1387; vgl. 1260, 1498, 1499), ja die Frage aufgeworfen, ob der Mensch „mit dem Gibbon oder Orang-Utang verwandt sei" (Nr. 1521, S. 885).

Eine Weiterführung der Abstammungsfragen gab dann die kleine Abhandlung ‚Von den verschiedenen Rassen der Menschen‘, die er Ostern 1775 der Ankündigung seines Geographie-Kollegs als Begleitschrift beigab. Danach sind alle anscheinend neuen Arten von lebenden Wesen „nichts anderes als Abartungen und Rassen von derselben Gattung, deren Keime und natürliche Anlagen sich nur gelegentlich in langen Zeiträumen auf verschiedene Weise entfaltet haben". Die Einzelheiten seiner Rassetheorie sind heute natürlich veraltet.

Aber nicht bloß die naturwissenschaftlichen Probleme verfolgte Kant auch in jener Zeit weiter, sondern er blieb auch in Berührung mit beinah allen geistig-literarischen Bewegungen der Zeit. Das zeigen sowohl die Nachschriften seiner Vorlesungen wie die losen Blätter seines Nachlasses, die sich auf alle möglichen, zum Teil weit auseinander liegenden, Wissensgebiete erstrecken. Nach dem Zeugnis aller seiner Bekannten war er ein „gewaltiger Leser"; und wenn er sich auch keine größere eigene Bücherei anschaffte, konnte er doch, durch seine beständige nahe Verbindung mit Königsberger wie mit auswärtigen Buchhändlern, neuen Lesestoff haben, soviel sein Herz begehrte.

In näherer Beziehung stand er begreiflicherweise zunächst zu derjenigen Zeitrichtung, die mit ihm im ganzen auf demselben Boden stand oder doch zu stehen glaubte, den Vertretern der

A. Aufklärung

die hauptsächlich in dem schon damals von Hamann als „Hauptstadt Deutschlands" und „Pflegerin der großen Göttin Literatura und des preußischen Geschmacks" bezeichneten Berlin ihren Sitz hatte. Mendelssohn, Marcus Herz, Biester, Lambert haben wir schon erwähnt. In freundlichen Beziehungen stand Kant auch, von seiner Preisbewerbung (1763) her, mit dem Mitglied der Berliner Akademie der Wissenschaften und moralisierenden

Ästhetiker S u l z e r , den er in seinen Vorlesungen und Schriften gelegentlich anerkennend zitiert, mit dem er einige Briefe gewechselt und dem er auch einzelne seiner Schriften zugeschickt hat. Ein ähnliches Verhältnis bestand zu den rationalistischen Theologen Spalding, Sack und Süßmilch. Wohl durch Mendelssohn und durch Herzens Freund David Friedländer, der gleichfalls in Königsberg sein Zuhörer gewesen war, kam er dann auch in Korrespondenz mit Professor Johann Jakob E n g e l , dem Herausgeber der vielgelesenen Zeitschrift ,Der Philosoph für die Welt', die in Erzählungen, Gesprächen, Briefen und Abhandlungen durch verständigen Inhalt und klare Form, ohne die damals weit verbreitete Schönseligkeit und Empfindelei, auf die Masse der Gebildeten zu wirken suchte. Wie sympathisch Engels Art, im Gegensatz zu dem eben damals grassierenden Stil der Kraftgenies, unserem Kant war, geht aus dem Eingang seines Briefes vom 4. Juli 1779 an Engel hervor: ,,Es ist mir so angenehm als schmeichelhaft, mit einem Mann in einige Gemeinschaft literärischer Beschäftigungen zu treten, der unter den wenigen, die bei dem überhandnehmenden Verfall des guten Geschmacks durch echte Muster der Sprachreinigkeit, der Naivetät und der Laune die Ehre Deutschlands noch zu erhalten suchen, sich so vorteilhaft auszeichnet.'' Er gab ihm deshalb auch, und zwar unter Ablehnung jedes Honorars, seine Abhandlung über die Menschenrassen (S. 214) in erweiterter Gestalt zur Veröffentlichung (Anfang 1778) und stellte in dem nämlichen Brief für später eine Fortsetzung in Aussicht. Der Stoff sei reichhaltig und populär, und ,,vor langweilige Wiederholungen des von mir und anderen schon Gesagten, vor windigte Hypothesen oder auch eine scholastische Trockenheit'' brauche Engel ,,sich nicht zu fürchten''. Infolge der drängenderen philosophischen Arbeit ist es dann doch erst 1785 zu dieser Fortsetzung, in einer anderen Zeitschrift, gekommen.

Zu dem eigentlichen Haupte der Berliner Aufklärung, freilich in ihrer flachsten Gestalt, Friedrich N i c o l a i dagegen und seiner, im Jahre 1775 sogar durch einen Beschluß des preußischen Staatsrats offiziell für ,,ein nützliches Werk'' erklärten

‚Allgemeinen Deutschen Bibliothek‘, ist Kant in kein näheres
Verhältnis getreten, obwohl Hamann ihn schon 1763 Nicolais
Freund Mendelssohn als einen Mann empfohlen hatte, „der die
Wahrheit eben so sehr als den Ton der guten Gesellschaft liebt" (H.
an Lindner, 26. Januar 1763). Seinerseits ehrte Nicolai den
Philosophen dadurch, daß er dessen — übrigens nach des Por-
trätierten Urteil nicht besonders gelungenes — Bild auf M. Herz'
Vorschlag vor den 20. Band seiner Zeitschrift setzte; wofür der
bescheidene Kant dankte, nicht ohne zu bemerken, daß er selbst,
der „alle Zudringlichkeit zum öffentlichen Rufe, welcher nicht eine
natürliche Folge von dem Maße des Verdienstes ist, vermeide",
es lieber nicht gesehen hätte (an Nicolai, 25. Oktober 1773)[1]).
Am 26. Februar 1778 verspricht er allerdings dem rührigen
Manne auf dessen besondere Aufforderung, für seine A. D. B.
unter seinen Bekannten Abonnenten werben zu wollen; Mitarbeiter aber ist er an Nicolais ‚Bibliothek‘, die übrigens nur längere
und kürzere Besprechungen aus allen Literaturgebieten, keine
selbständigen Abhandlungen brachte, ebensowenig geworden wie
Lessing.

Zu diesem ihm in Denkart und Charakter verwandtesten
Vertreter der Aufklärung, zu Gotthold Ephraim L e s s i n g,
hat Kant keine persönlichen Beziehungen gehabt. Aber seine
wichtigsten Schriften hat er sicher gekannt. Von seinen Dramen
muß er einzelne, besonders von den Jugenddramen, sogar auf
der Bühne gesehen haben, merkwürdigerweise ohne besonderes
Wohlgefallen. Wohl werde man w ä h r e n d der Vorstellung
durch den „Witz" — wir würden heute sagen: Geist — des Verfassers sehr gut unterhalten, aber am Schlusse derselben habe
man das Gefühl, daß das Ganze ohne rechten Zweck sei. Als
Beispiel wird einmal in einem Anthropologie-Kolleg Theophan,

---

[1]) Ein weiteres Beispiel von Kants Bescheidenheit aus dieser Zeit.
Herder hatte in einem Aufsatze der Kanterschen Zeitung aus dem Februar
geschrieben: „Und Philosophie, die Pflegerin Deutschlands, sie schläft. Ihr
M e n d e l s s o h n und S u l z e r kranken: ihr Liebling, v i e l l e i c h t
m e h r a l s b e i d e, K a n t ruht." Kant aber, der damals bei Kanter
wohnte und das Manuskript vor dem Druck sah, strich die Worte „vielleicht mehr als beide".

der Held des ‚Freigeist‘, angeführt (Ak. Ausg. XV, S. 196 f.
Anm.)[1]). Ein andermal wird dies abfällige Urteil sogar auf den
‚Nathan‘ ausgedehnt, dessen Zweck doch klar genug ist und
Kant, wie man denken sollte, seiner Gesinnung nach hätte sym-
pathisch sein müssen. Statt dessen hören wir zu unserem Er-
staunen aus Hamanns Munde, daß das Drama diesem besser ge-
fiel als Kant! Während der Magus sich an der Lektüre des
‚Nathan‘ „recht weidete“, gefiel das Stück (beim Lesen) dem
Philosophen weit weniger, der es bloß als eine Art zweiten
Teil der ‚Juden‘ — bekanntlich ein Jugendstück Lessings —
beurteile „und keinen Held aus diesem Volke leiden kann.
So göttlich streng ist unsere Philosophie in ihren Vorurteilen,
bei aller ihrer Toleranz und Unparteilichkeit“ (H. an Herder,
6. Mai 1779).

Auch Lessings P r o s a schriften waren Kant nicht fremd.
Wenn er Lessing einen „großen Kenner der theatralischen Regeln“
nennt und anderseits meint, von den „bloß konventionellen“
Regeln des französischen Theaters könne man am ehesten abweichen (vgl. weiter unten über Shakespeare), so hat er sicher
an die Hamburger Dramaturgie gedacht. Und wenn auch er
fordert: „Die Dichter müssen sich gar nicht damit abgeben,
Dinge der Natur zu malen,“ wenn er sich demgemäß gegen die
beschreibende Poesie eines Brockes und seines sonst so geschätzten
Haller wendet, so entspricht das einer Hauptthese des Laokoon.
Auch ein Satz in den Reflexionen: „Urteil des Liebhabers,
Kenners (dieser muß die Regeln kennen), Meisters“ (XV, S. 269)
klingt an Lessing an. Freilich, allzuviel hielt der so oft als trocken
gescholtene Kant überhaupt von ästhetischen Regeln nicht.
„Wenn mir jemand sein Gedicht vorliest oder mich in ein Schauspiel führt, welches am Ende meinem Geschmack nicht behagen
will, so mag er den Batteux oder Lessing oder noch ältere und
berühmtere Kritiker des Geschmacks . . . zum Beweise anführen . . ., ich stopfe mir die Ohren zu,“ weil in diesen Dingen

---

[1]) Vielleicht hat er auch „Miß Sarah Sampson“ gesehen, die in dem
neuerrichteten Königsberger Theater (1755) durch den berühmten Ackermann ihre Erstaufführung erlebte.

eben der eigene Geschmack, nicht Verstandesgründe, entscheiden (Kr. d. Urt., § 33).

Daß er endlich auch mit den theologischen Schriften des großen Aufklärers vertraut gewesen sein muß, hat Emil Arnoldt[1]) in eingehenden Darlegungen gezeigt, die namentlich auf die zahlreichen Übereinstimmungen der „Religion innerhalb" mit Lessingschen Gedanken hinweisen. Die „Erziehung des Menschengeschlechts" erwähnt Kant selbst in seiner Abhandlung über Theorie und Praxis (1793).

Wie hoch er überhaupt seinen berühmten Zeitgenossen schätzte, beweist eine Stelle in seinem Briefe an M. Herz vom 24. November 1776. Dieser hatte in seinem ‚Versuch über den Geschmack' gesagt: „Viel und zugleich Vieles zu umfassen, ist eine Eigenschaft der Lessinge und Kante: eine Eigenschaft seltener Jahrhunderterscheinungen." Darauf erwidert der Philosoph bescheiden: „Der mir in Parallele mit Lessing erteilte Lobspruch beunruhigt mich. Denn in der Tat, ich besitze noch kein Verdienst, was desselben würdig wäre, und es ist, als ob ich den Spötter zur Seite sähe, mir solche Ansprüche beizumessen und daraus Gelegenheit zum boshaften Tadel zu ziehen[1])." Ob er dabei an Lessings spöttisches Epigramm auf seine Erstlingsschrift (S. 61) gedacht hat? „Noch" hatte allerdings sein Ruhm damals den Lessings nicht erreicht, aber bald sollte er ihn überstrahlen.

Anhangsweise sei an dieser Stelle noch der ziemlich äußerlich gebliebenen Beziehungen zu zwei anderen Dichtern der Zeit gedacht: Wieland und Johann Georg Jacobi. Wieland, seit kurzem in Weimar, hatte seine frivolste Periode jetzt hinter sich und wollte in einer neu zu gründenden Vierteljahrsschrift, dem ‚Teutschen Merkur', dem Durchschnittsbedürfnis des damaligen deutschen Mittelstandes entsprechend, für Aufklärung und „feinen Geschmack" in seinem Sinne wirken; entgegen dem Bardenunwesen der Klopstockianer auf der einen, dem Kraftmeiertum und Gefühlsüberschwang der „Originalgenies" auf der anderen Seite. Im ganzen konnte ja eine solche Tendenz Kant

---

[1]) E. Arnoldt, Kritische Exkurse zur Kantforschung (Königsberg 1894), S. 193—268.

nur sympathisch sein. Als Wieland ihn am 25. Dezember 1772
in einem höflichen Schreiben ersuchte, einen Prospekt oder, wie
man damals sagte, ein „Avertissement", betreffend die demnächst
erscheinende Zeitschrift zu verbreiten und Abonnenten dafür zu
sammeln, empfahl er ihm seinen Hauswirt und Verleger Kanter
als Kollektor. Daraufhin wurde der Weimar'sche Hofrat wärmer
und bat in der schmeichelhaftesten Art um Kants Mitarbeit,
„je öfter je lieber". Auch werde er, obwohl er „jede Produktion
des Genies an sich für ebenso unbezahlbar halte als ein Gemälde
von Raphael", Kants Beiträge „besser als irgendein Sosius[1]) in
der Welt" honorieren (an Kant, 1. Februar 1773). Der Philosoph hat sich indes dadurch nicht zu einem Beitrag bestimmen
lassen, erst anderthalb Jahrzehnte später ist es dazu gekommen.
Kant lobt in dieser Zeit einmal den Schwung von Wielands
Perioden (XV, S. 357), rühmt auch später gelegentlich in einem
höflichen Briefe an Wielands Schwiegersohn Reinhold die „un-
nachahmlichen" Schriften seines Herrn Schwiegervaters, konnte
sich aber nicht einmal zur Bewunderung von Wielands berühm-
testem Gedicht, dem ‚Oberon‘, aufschwingen.

Ähnlich gefällig erwies er sich dem Halberstädter Kanonikus
und Damendichter Johann G e o r g J a c o b i, als dieser ihn
am 27. Februar 1774 bat, die Ankündigung seines demnächst erscheinenden „Frauenzimmer-Journals" I r i s in Königsberg zu
verbreiten, mit der Versicherung: das Mädchen Iris werde bedacht sein, „auch mitten in dem Zirkel anderer Mädchen, nichts
der tieferen Weisheit eines Mannes Verächtliches zu sagen, nicht
immer unter Blumen zu spielen". Und, wie die griechischen
Weisen „dann und wann die Damen ihrer Zeit besucht" hätten,
so möge auch der „teuerste Herr Professor" die Iris zuweilen
mit seinem Rate unterstützen. Der ersten Bitte wenigstens kam,
wie wir erst seit einigen Jahren wissen, der gefällige Philosoph
durch eine am 21. März d. J. in dem Kanterschen Blatt veröffentlichte „Nachricht"[2]) nach, die mit dem Satze begann:

---

[1]) = Buchhändler (kommt als solcher bei Horaz vor).
[2]) Aufgefunden durch A. W a r d a und wieder abgedruckt in der
Königsb. Hart. Ztg. 16. Nov. 1909.

„Die Verfasser gelehrter Tagebücher haben bei ihren Planen noch immer keine Rücksicht auf ein Geschlecht getragen, welches durch seinen sich verfeinernden Geschmack und erweitertere Wißbegierde in diesem Punkte besondere Aufmerksamkeit zu erwarten scheint," und ankündigte, die ‚Iris‘ wolle „ebenso den D a m e n die Neuigkeiten zutragen, die sie interessieren, als es M e r k u r bis dahin bei den Männern verrichtet hat". Das Adressieren etwaiger Subskriptionen habe Herr Prof. Kant der Kanterschen Buchhandlung übertragen. Weitere Beziehungen Kants zu dem älteren Bruder Friedr. Heinr. Jacobis sind nicht bekannt.

Viel wärmer, ja mit wahrer Begeisterung, trat unser Philosoph für ein anderes, aus den tiefsten Ideen der Aufklärung entsprungenes praktisches Unternehmen ein: für eine radikale

B. Reform der Erziehung

Wir erinnern uns, wie stark Rousseaus Emil ihn innerlich ergriffen hatte (S. 148ff.). Jetzt suchte man in Deutschland zuerst den Rousseauschen Ideen praktische Folge zu geben. Im Dezember 1774 hatte Basedow zu Dessau, im Einverständnis mit dem dortigen Landesfürsten, eine auf den neuen Erziehungsgrundsätzen beruhende Musteranstalt, das P h i l a n t h r o p i n , gegründet, dem dann eine Reihe anderer an anderen Orten folgten. Basedow selber erwies sich freilich infolge seiner rauhen Leidenschaftlichkeit und seines wirtschaftlichen Ungeschicks nicht als der geeignete Mann dazu und trat daher schon 1776 von der eigentlichen Leitung zurück. Aber andere tüchtige Leute, wie Wolke und Campe, traten an seine Stelle. Was Kant von der neuen Erziehung besonders in religiöser Hinsicht erwartete, und wie er selbst darüber dachte, erfahren wir aus dem ausführlichen Briefe, den er im Auftrage seines Freundes Motherby am 28. März 1776 an Wolke richtete. Es handelte sich um die Anmeldung von dessen kleinem, noch nicht sechsjährigem Sohn für die Anstalt. „Die Erziehung desselben ist bisher nur negativ gewesen, die beste, welche man ihm, wie ich glaube, vor sein Alter nur hat geben können. Man hat die Natur und den gesunden Verstand seinen Jahren gemäß sich ohne Zwang entwickeln lassen und nur alles

abgehalten, was ihnen und der Gemütsart eine falsche Richtung
geben könnte. Er ist frei erzogen, doch ohne beschwerlich zu
fallen. Er hat niemals die Härte erfahren und ist immer lenk-
sam in Ansehung gelinder Vorstellungen erhalten worden. Um
seine Freimütigkeit zu bewahren und jede Lüge hintanzuhalten,
sind ihm einige kindische Fehler auch lieber verziehen worden."
In Sachen der Religion stimme der Vater so sehr mit den Grundsätzen des Philanthropins überein, daß es dem Kleinen „bis itzt
noch unbekannt geblieben, was Andachtshandlung sei". Er
solle solche erst kennenlernen, nachdem die ihm „mit dem An-
wachs seines Alters und Verstandes" allmählich gekommene
natürliche Erkenntnis von Gott ihn zuvor belehrt habe: daß
solche Andachtshandlungen „insgesamt nur den Wert der Mittel
haben zur Belebung einer t ä t i g e n Gottesfurcht und Gewissenhaftigkeit in Befolgung seiner P f l i c h t e n als göttlicher
Gebote". Es ist schon völlig die Auffassung, die Kants Religionsschrift 27 Jahre später verkündet.

Nach erhaltener Zusage meldete Kant am 19. Juni d. J. die
unmittelbar bevorstehende Abreise des kleinen Motherby in Begleitung seines Vaters, „der einen jeden Tag, welchen sein Sohn
außer dem Philanthropin zubringt, vor reinen Verlust hält", an
Basedow mit dem Wunsch der „Erhaltung Ihrer der Welt so
wichtig gewordenen Person und der von Ihnen gestifteten, den
Dank der ganzen Nachwelt verdienenden Anstalt".

Allein er tat mehr. Er tat etwas, wozu der zurückhaltende
Mann sonst nicht leicht zu bringen war: er empfahl das Unternehmen in einem, allerdings nicht mit seinem Namen unterzeichneten, geradezu begeistert geschriebenen Artikel in den ‚Königsberger gelehrten und politischen Zeitungen', dessen Konzept
sich in seinem Nachlaß gefunden hat. Er ist in der Form
einer Anzeige des ersten Heftes von Basedows P h i l a n t h r o -
p i n i s c h e n A r c h i v s gehalten, einer Zeitschrift „mitgeteilt
von verbrüderten Jugendfreunden an Vormünder der Menschheit, besonders welche eine Schulverbesserung beginnen, und
an Väter und Mütter, welche Kinder ins Dessauische Philanthropin senden wollen". Gerade, weil Kant im ganzen eine,

mindestens nach außen hin, so kühle Natur ist — kühler, als wir, die wir ihn lieben, es manchmal wünschen möchten —, wirkt es doppelt stark, wenn er sich einmal so warmherzig, ja enthusiastisch wie in diesem gleichzeitig mit seinem ersten Briefe (28. März) erschienenen und an Basedow gesandten Artikel äußert: „Das, woran gute und schlechte Köpfe Jahrhunderte hindurch gebrütet haben", das „wodurch eine ganz neue Ordnung menschlicher Dinge anhebt", nämlich „die echte, der Natur sowohl als allen bürgerlichen Zwecken angemessene Erziehungsanstalt, das steht jetzt mit seinen unerwartet schnellen Wirkungen wirklich da". „Um deswillen ist es auch der eigentliche Beruf jedes Menschenfreundes, diesen noch zarten Keim, so viel an ihm ist, mit Sorgfalt zu pflegen . . ."; denn „wenn er, wie der glückliche Anfang hoffen läßt, einmal zum vollständigen Wachstum gelangt sein wird, so werden die Früchte desselben sich bald in alle Länder und bis zur spätesten Nachkommenschaft verbreiten". Er trat dann mit lebhaften Worten dafür ein, man solle dem Philanthropin nicht bloß Zöglinge, sondern auch gewandte Lehramts-Kandidaten zuführen, bis dahin aber die Basedowschen Schriften studieren und sich seiner Schulbücher „sowohl in der Privat- als öffentlichen Unterweisung" bedienen.

Das erste öffentliche Examen der Anstalt am 13. Mai, auf das der Artikel auch hinwies, nahm einen guten Verlauf: wenn auch nicht alle geladenen Gäste hatten erscheinen können, u. a. die aus Weimar erwarteten Herren Wieland und Goethe durch eine Krankheit des Herzogs, „dessen Protegés jetzt beide sind", verhindert waren (Rode an Kant, 7. Juli 1776). Trotzdem krankte das Unternehmen an — Geldmangel, und Kant wurde deshalb von Dessau aus gebeten, bei dem reichen Königsberger Kommerzienrat Fahrenheid, der auch fünf junge Leute schicken wollte, womöglich eine Schenkung von „einigen tausend Talern" flüssig zu machen. Kant steckte sich hinter den rührigen Verleger Kanter, und dessen Beredsamkeit brachte es in der Tat fertig, daß Fahrenheid einen Fonds von 2000 Reichstalern zur Salarierung von Kandidaten stiftete, die dort die neue Methode zwei Jahre lang lernen sollten, um sie später in der engeren Heimat

einzuführen; als einen dieser „preußischen Apostel" nahm Kant
seinen begabtesten damaligen Schüler Kraus in Aussicht (Kraus
an Auerswald, 9. Mai 1776), doch gelangte der Plan aus unbekannten Gründen nicht zur Ausführung.

Gleichwohl kam auch unter Basedows Nachfolger Campe
das Institut finanziell auf keinen grünen Zweig. Da veröffentlichte Kant, fast genau ein Jahr nach jenem ersten einen zweiten,
diesmal „an das gemeine Wesen" gerichteten und mit K unterzeichneten, noch eindringlicheren Aufruf in derselben Zeitung.
Kräftigere und begeistertere Worte sind wohl kaum zu dessen
Unterstützung geschrieben worden, als hier von unserem Philosophen. Die bisherigen Erziehungsanstalten Europas sind „insgesamt im ersten Zuschnitt verdorben", weil ihre Methode alter
Gewohnheit und sklavischer Nachahmung unerfahrener Zeiten
entstammt und der Natur entgegenarbeitet; anstatt dessen wir
„in kurzem ganz andere Menschen um uns sehen würden, wenn
diejenige Erziehungsmethode allgemein in Schwang käme, die
weislich aus der Natur gezogen". Deshalb ist es auch vergeblich,
das Heil von einer a l l m ä h l i c h e n Schulverbesserung zu
erwarten. „Sie müssen u m g e s c h a f f e n werden, wenn etwas
Gutes aus ihnen entstehen soll: weil sie in ihrer ursprünglichen
Einrichtung fehlerhaft sind, und selbst die Lehrer derselben eine
neue Bildung annehmen müssen. Nicht eine langsame R e -
f o r m , sondern eine schnelle R e v o l u t i o n (diese Worte
sind auch von Kant gesperrt) kann dieses bewirken." Deshalb
müsse die neue Pflanz- und Musterschule in Dessau, die für den
wahren Menschenfreund viel wichtiger sei als das „glänzende
Nichts auf dem jederzeit veränderlichen Schauplatz der großen
Welt", von allen Seiten und aus allen Ländern Unterstützung
erhalten. Gewisse Angriffe und Schmähschriften des „sich auf
seinem Miste verteidigenden" alten Herkommens könnten dem
Institut nur zur Ehre gereichen. Da indes die „Regierungen
jetziger Zeit zu Schulverbesserungen kein Geld zu haben scheinen",
so wendet er sich zum Schluß an edeldenkende bemittelte Privat-
personen in allen Ländern mit der Aufforderung, auf die von dem
„Dessauischen Edukationsinstitut" herausgegebene Monatsschrift

‚Pädagogische Unterhandlungen‘, womöglich mit freiwillig etwas erhöhtem Beitrag, zu abonnieren.

Es ist rührend, zu sehen, wie der große Gelehrte sich auch im kleinen für die ihm am Herzen liegende Sache einsetzt. So macht er am Schluß des Artikels bekannt, daß man bei ihm selbst von 10—1 Uhr vormittags (also in seinen besten Arbeitsstunden) auf die Campe-Basedowsche Zeitschrift pränumerieren könne; so wirbt er einen ihm näherstehenden früheren Schüler, F. W. Regge aus Tilsit, nicht bloß als Abonnentensammler, sondern auch als Lehrer für das Institut, so steht er mit dessen vornehmsten Lehrern (Campe, Wolke, Ehrmann) in fortgesetztem Briefwechsel. Trotz alledem hatten seine eifrigen Bemühungen wenig Erfolg: er hatte im August nur zehn Königsberger und fünfzehn (wohl durch Regge gewonnene) litauische Abonnenten anzumelden. Die Regierenden waren in diesem Falle übrigens wieder einmal, wie zuweilen auch heute, weitsichtiger als ihre Untergebenen. Man sah von dem anfangs geplanten Rundschreiben eines der Sache günstig gesinnten Provinzialministers an die ostpreußischen Landgeistlichen und Schullehrer schließlich ab, weil — „bei weitem der größte Teil dieses Ordens in unseren Gegenden wider dergleichen Reformationen feindselig gesinnt ist und eine An-empfehlung von ihrem Chef vor einen Zwang aufnehmen würde" (Kant an Campe, 26. August 1777). Mit schmerzlichem Bedauern empfing Kant im Oktober 1777 die Nachricht von Campes not-gedrungenem Rücktritt. „Welche Vorstellung", schreibt er ihm daraufhin am 31. d. M., „muß man sich von der menschlichen Natur oder vielmehr von der äußersten Verwahrlosung derselben machen, wenn das Publikum unserer Zeit es mit Gleichgültigkeit ansehen kann, daß ihm zum Besten vereinigte Männer unter der Last der Arbeiten und Mangel der Unterstützung erliegen müssen."

Allein er verzagt gleichwohl nicht. Er bittet Campe, sich durch baldige Wiederherstellung seiner Kräfte und seiner geistigen Frische, der guten Sache zu erhalten. Ob er nicht zu diesem Zwecke die seit geraumer Zeit erledigte, mit 800 Talern dotierte Stelle eines Oberhofpredigers und Generalsuperintendenten von Ost- und Westpreußen nebst der gleichfalls vakanten Stelle eines ordentlichen Professors der Theologie (400 Taler) in Königsberg annehmen wolle? Es bedürfe nur eines Winkes an den Minister von Zedlitz durch einen von Campes Berliner Freunden, und die erstgenannte Stelle sei ihm sicher: „sie ist die vornehmste geistliche Stelle im Lande und nicht eben mit Arbeit überhäuft und gibt dem, der sie bekleidet, den größesten Einfluß auf die Verbesserung des Schulwesens im Lande." Das Publikum aber werde sich freuen, einen „so berühmten als geliebten" Lehrer zu bekommen. Campe dankte in einem lesenswerten Briefe vom 13. Mai 1778 herzlich für Kants gütiges Anerbieten, glaubte jedoch, bei der durch die Dessauer „Leiden" über ihn gekommenen „großen Entkräftung an Seel' und Leib", das ihm angebotene Amt nicht annehmen zu dürfen und zog sich vorläufig ins Privatleben zurück, um im Kleinen und im Stillen für die neue Methode zu wirken.

Selbst jetzt gab der Philosoph die einmal mit solcher Entschiedenheit von ihm ergriffene Sache nicht auf. Er wollte sogar seine wichtigsten Arbeiten eine Zeitlang zur Seite legen, um etwas für die ‚Unterhandlungen' zu schreiben, obwohl er nicht wisse, ob ihm „die pädagogische Schreibart" gelingen werde (an Campe, 31. Oktober 1777); wozu es dann doch nicht gekommen ist. Und wieder spricht er am 4. August 1778 dem jetzigen Leiter des Philanthropins, Wolke, seinen bewundernden Dank aus, als dem „letzten Anker, auf dem alle Hoffnung der Teilnehmer an einer Sache, deren Idee allein das Herz aufschwellen macht, itzt beruht". Neben dieser unzerstörbaren Begeisterung aber zeigt er in diesem Schreiben auch ein Maß praktischer Weltklugheit, ja, wenn man will, beinahe jesuitischer Schlauheit, die bei dem strengen Weisen fast humoristisch anmutet. Die Redaktion der Kanter'schen Zeitung, „durch welche allein gelehrte Ankündigungen im Publikum verbreitet werden können", lag augenblicklich in den Händen des reformierten Hofpredigers Dr. theol. Crichton, der sich bis dahin nicht besonders günstig über das Philanthropin geäußert hatte; begreiflich genug bei einem Manne, der u. a. eine lateinische Schrift herausgegeben hatte: „ob die Teufel Wunder tun können"! (1763). Begreiflich auch,

daß er und Kant, um des letzteren Worte zu gebrauchen, in ihren
Prinzipien „himmelweit auseinander waren": „e r sieht die
Schulwissenschaft als das einzig Notwendige an und i c h die
Bildung des Menschen, seinem Talente sowohl als Charakter
nach." Diesen etwas eitlen und oberflächlichen, wenn auch sonst
ganz braven, Mann galt es nun ad maiorem Philanthropini
gloriam zu gewinnen; und unser Philosoph führte dies, wie ein
Vergleich seiner beiden Briefe an den Hofprediger (29. Juli) und
Wolke (4. August) sehr ergötzlich an den Tag legt, in recht schlauer
Weise durch. Sr. Hochehrwürden gab er zu verstehen, daß die
Sache viel besser gehen würde, wenn „Sie sich dieser Sache
vorzüglich anzunehmen beliebeten und Ihren Namen und Feder
zum Besten derselben verwenden wollten". Se. Hochehrwürden
könne das um so eher, da jetzt „nach dem Abgange einiger sonst
wohlgesinneter, übrigens aber etwas schwärmenden Köpfe alle
Stellen mit ausgesuchten Schulmännern besetzt und die neue,
jetzt mehr geläuterte (!) Ideen mit dem, was die alte Erziehungs-
art Nützliches hatte (!), in feste Verbindung gebracht" seien.
Das wirkte, indem er ihm auf diese Weise, wie er Wolke einige
Tage später schreibt, „einen Weg ließ, ohne sein voriges Urteil
zu widerrufen, zu einem ganz entgegengesetzten überzugehen";
denn „die, so ihren Beifall verweigern, solange sie nur die zweite
Stimme haben, werden gemeiniglich ihre Sprache ändern, wenn
sie das erste und große Wort führen können".

Mit einem kurzen, aber herzlichen Dankschreiben Wolkes
vom 28. Oktober 1778 schließt der unmittelbare Briefwechsel
über das Philanthropin. Daß Kant jedoch auch in den 80er Jahren
noch als dessen Freund bekannt war, beweisen verschiedene Briefe
an ihn. Noch im November 1788 überweist er dem alten Freunde,
Kriegsrat Heilsberg, „Unterrichtsfragen für Schullehrer auf dem
Lande", und noch später interessierte er sich lebhaft für die
Übernahme eines Königsberger Privaterziehungsinstitutes durch
einen seiner Lieblingsschüler (wahrscheinlich Jachmann).

Ein merkwürdiges Zusammentreffen wollte es, daß Kant
gerade im Wintersemester 1776/77 zum ersten Male, vor 30 Zuhörern, ein 1774 von der Universität „zur Verbesserung des

hiesigen Schulwesens" vorgeschlagenes und dann von der Regierung angeordnetes K o l l e g über p r a k t i s c h e P ä d a g o g i k las, womit die Professoren der philosophischen Fakultät abwechseln sollten. K e i n Zufall war es natürlich, daß Kant als Kompendium — B a s e d o w s „Methodenbuch" zugrunde legte, von dem er sich jedoch durchaus nicht abhängig beweist. Als er wieder an der Reihe war (Sommer 1780), hat er allerdings Bocks ‚Lehrbuch der Erziehungskunst für christliche Eltern und künftige Jugendlehrer' benutzt; aber wohl nur, weil es vorgeschrieben war, denn es steht neben der Kolleganzeige: „auf königliche Vorschrift". Die Zuhörerzahl war diesmal auf 60 gestiegen; er las vom 12. April bis 12. September. Kant hat das Kolleg als ein- oder zweistündiges Publikum noch zweimal in den 8oer Jahren wiederholt angekündigt, aber nicht gelesen, weil das Kolleg fortan dem Gründer des pädagogischen Seminars, Professor Wald, überlassen wurde.

Diese Vorlesung war populär gehalten, wie das ein Jahr vor seinem Tode unter dem Titel ‚K a n t ü b e r P ä d a g o g i k' von Rink herausgegebene Konzept zeigt, eine Fundgrube feiner und treffender Bemerkungen, die neben dem ethischen Idealisten den erfahrenen Menschenkenner, aber auch Verständnis der Kindesseele verraten. Rousseauscher Geist lebt darin bis in viele Einzelheiten, modifiziert durch den Pflichtgedanken der eigenen Ethik. Es wäre eine interessante, soviel wir wissen, noch nirgends gelöste Aufgabe, die Übereinstimmungen und Verschiedenheiten zwischen beiden im einzelnen nachzuweisen[1]). „Der Mensch kann nur Mensch werden durch E r z i e h u n g. Er ist nichts, als was die Erziehung aus ihm macht", und „hinter der Edukation steckt das große Geheimnis der Vollkommenheit der menschlichen Natur". Aber sie ist eine „Kunst, deren Ausübung durch

---

[1]) Bezüglich B a s e d o w s ist es geschehen in der tüchtigen Schrift von Walter S c h w a r z , J. Kant als Pädagoge, Langensalza 1915, der nachweist, daß Kant gegenüber Basedows Glückseligkeitstheorie, seinen vielfach künstlichen Erziehungsmitteln, seiner Bevorzugung des Spiels und Betonung der Religion den strengen Pflichtbegriff, die natürlichen Mittel, den Wert der Arbeit betont.

viele Generationen vervollkommnet werden muß". Die Pädagogik muß daher „ein Studium", der Mechanismus in ihr in „Wissenschaft" verwandelt werden. Ihr Prinzip soll die „Idee der Menschheit" sein. Zwang muß sein, aber er soll zur Freiheit führen. Neben dem Gehorsam sind die Kinder vor allem an Wahrhaftigkeit zu gewöhnen, denn in erster Linie kommt es auf Gründung eines Charakters an. Öffentliche Erziehung ist im allgemeinen der privaten vorzuziehen, darf jedoch nicht einseitig im bloßen Nützlichkeitsinteresse des Staates oder gar der Fürsten ausgeübt werden; sie soll ungefähr bis zum 16. Jahre gehen. Auch die körperliche Erziehung — sogar die Ernährung der Säuglinge — wird ausführlich erörtert. Man liest mit einigem Ergötzen, wie der große Philosoph gegen das „mumien"hafte Einwickeln und gegen das Wiegen der Kleinen, gegen Leitband und Schnürbrust zu Felde zieht. Auch der Wert des Spiels — Kant kennt sie alle, vom Ball, Kreisel und Papierdrachen bis zu dem schon bei den Griechen üblichen Blindekuhspiel — und der Abhärtung wird betont. Von früh auf muß das Kind a r b e i t e n , später vor allem d e n k e n und selbst etwas hervorbringen lernen; mit dem Wissen muß allmählich das K ö n n e n verbunden werden. Die Moralisierung soll man nicht, wie es meist noch geschieht, dem Prediger überlassen, sondern man müßte einen Katechismus dessen, was r e c h t ist, aufstellen, wie es Kant selbst später in seiner Kritik der praktischen Vernunft versucht hat. Auch für rechtzeitige sexuelle Aufklärung tritt der Philosoph ein. Die einzelnen Unterrichtsfächer werden nur kurz gestreift, indes auch hier schon ganz moderne Gesichtspunkte aufgestellt: die lebenden Sprachen lernt man am besten durch den Umgang; die Geschichte ist ein treffliches Mittel, die Urteilskraft zu üben; im geographisch-historischen Unterricht wird Ausgehen von der Gegenwart, sowie Veranschaulichung durch Kupferstiche und Karten empfohlen. Übrigens auch schon Zeichnen und Modellieren. Mit dem Wissen ist ferner das Sprechen zu verbinden, von auswendig gelernten Reden dagegen nichts zu halten. Die Erziehung muß überhaupt alle Gemütskräfte (Sinne, Verstand, Urteilskraft, Gedächtnis) gleichmäßig ausbilden.

Manche Ergänzungen bringen die jetzt von Adickes neu veröffentlichten Reflexionen zur Anthropologie (Ak.-Ausg. XV).
Noch stärker wird dort die Freiheit des Kindes betont: „Das Kind
muß frei erzogen werden", doch „so, daß es auch andere frei läßt";
abgesehen natürlich von dem Zwange der notwendigen Disziplin.
Es muß „das Recht der Menschen achten", „freimütig sprechen
lernen und keine falsche Scham annehmen", nicht genötigt werden, sich zu verstellen. Es soll Abscheu vor der Lüge bekommen,
erst Moral und dann Religion, soll entbehren lernen und doch
„fröhlichen Gemütes dabei sein" (Nr. 1473). Die Sprache, das
Rechnen und das Historische können, nach einem verständigen
Plane „mechanisch erlernt", dagegen Sittenlehre und Religion
„müssen logisch traktiert werden" (1746). Für untersuchungs-
wert erklärt er den „wichtigen Gedanken des Rousseau", daß
die Bildung des Charakters der M ä d c h e n bei der Erziehung
auf das männliche Geschlecht und überhaupt auf Sitten den
größten Einfluß haben würde. „Jetzt werden die Mädchen nur
dressiert zu Manieren, aber nicht gebildet zu Sitten und guter
Denkungsart" (1281). Freilich muß die weibliche Natur
erst noch „besser studiert" werden; bis dahin tue man am
besten, „die Erziehung der Töchter den Müttern zu überlassen und sie mit Büchern zu verschonen" (1290; vgl. auch
1303). — Noch mehr tritt für sein, wie der meisten „Philan-
thropen", Interesse die V o l k s schule zurück. Für diese sollte,
wenn wir von dem wackeren preußischen Landedelmann von
Rochow absehen, erst Heinrich Pestalozzi die Bahn brechen.

Auch im Anthropologie-Kolleg sucht er seine Zuhörerschaft
für die neue Pädagogik Rousseau-Basedows zu begeistern. „Die
jetzigen Basedowschen Anstalten sind die ersten, die nach dem
vollkommenen Plane geschehen sind. Dieses ist das g r ö ß t e
P h ä n o m e n, was in d i e s e m J a h r h u n d e r t zur Verbesserung der Vollkommenheit der Menschheit erschienen ist, dadurch werden alle Schulen in der Welt eine andere Form bekommen,
dadurch wird das menschliche Geschlecht aus dem Schulzwange
gezogen, es ist zugleich eine Pflanzschule vieler Lehrmeister"
(Kollegnachschrift in Ak.-Ausg. XV, S. 792 A.). Ehe man die

ideale „Normalschule" errichten kann, muß man sich eben zunächst mit „Experimentalschulen" begnügen.

Und die „einzige" Experimentalschule, die hier gewissermaßen den Anfang machte, war eben das Dessauische Institut. „Man muß ihm diesen Ruhm lassen, ohngeachtet der vielen Fehler, die man ihm zum Vorwurf machen könnte. . . . Es war in gewisser Weise die einzige Schule, bei der die Lehrer die Freiheit hatten, nach eigenen Methoden und Plänen zu arbeiten, und wo sie unter sich sowohl als auch mit allen Gelehrten in Deutschland in Verbindung standen." Man muß auch in Sachen der Erziehung an dem herrlichen Ideale, das man sich gesteckt, nicht gleich verzweifeln, wenn man es nicht sofort verwirklichen kann und „nur nicht gleich die Idee für chimärisch halten und sie als einen schönen Traum verrufen, wenn auch Hindernisse bei ihrer Ausführung eintreten. . . . Erst muß unsere Idee nur richtig sein, dann ist sie bei allen Hindernissen, die ihrer Ausführung noch im Wege stehen, gar nicht unmöglich. . . . Und die Idee einer Erziehung, die alle Naturanlagen im Menschen entwickelt, ist allerdings wahrhaft" (Einl. zur Pädag., in meiner Ausgabe Bd. 50 der Philos. Bibl., S. 96).

Noch heute können wir auch in pädagogischen Dingen von Kant mindestens eins lernen: den Mut der K o n s e q u e n z. Noch heute, nach mehr als vier Generationen, sind trotz aller Fortschritte in methodischer, technischer und intellektueller Hinsicht seine Grundforderungen, vor allem auf dem Gebiet der ihm besonders am Herzen liegenden religiösen Unterweisung, in unseren öffentlichen Schulen keineswegs durchgeführt. Sie müßten uns zum Leitstern dienen. Mag Immanuel Kant sich auch in praxi, ähnlich Pestalozzi, nicht als ein gewandter Schulmeister im gewöhnlichen Sinne des Wortes erwiesen haben: ein praeceptor Germaniae im höheren Sinne ist er darum doch gewesen.

C. Die literarische Revolution der 70er Jahre (Genieperiode)

Für die neue Erziehung war in fast noch höherem Grade als die Männer der Aufklärung, das j u n g e Geschlecht begeistert, das auf das Evangelium Rousseaus schwur, „Rückkehr zur

N a t u r" zum Lösungswort auf allen Gebieten erhob und von
der Dürre der bloßen Verstandesbildung zu den reicheren Quellen
der Phantasie und des Gemüts zurückstrebte. So waren innere
wie äußere Beziehungen auch für Kant gegeben. Freilich mußte
der in ihm schon gegen Rousseau aufkeimende Gegensatz gegenüber den „Neuesten" um so stärker werden, je mehr sich ein
Teil von ihnen in mystischen Gefühls- und Offenbarungsglauben,
ein anderer in die Überschwenglichkeiten und Wüstheiten der
Kraft- und Original-Genies verlor.

Einen der geistigen Führer der „Sturm- und Drang"-Be-
wegung hatte ja unser Philosoph in nächster Nähe — wir kennen
ihn bereits —: Johann Georg H a m a n n. Wer die Beziehungen
beider, etwa an der Hand von Heinrich Webers ,Hamann und
Kant' (1904) oder des mehrfach edierten Hamannschen Briefwechsels, im einzelnen zu verfolgen sich nicht verdrießen läßt, der
wird ein beständiges Auf und Ab derselben wahrnehmen, wie Hamann selber es gleich zu Beginn ihrer näheren Bekanntschaft vor-
ausgesehen hatte. Kant erwies sich ihm in äußeren Dingen oft gefällig, verschaffte ihm u. a. durch seine Fürsprache die wenigstens
seinen Lebensunterhalt sichernde Stelle eines „Übersetzer-Se-
kretärs", später Packhofverwalters am Zollamt. So fühlt sich
denn Hamann, der jüngere von beiden, mit seinem warmen
und ungestümen Herzen, dem berühmten Landsmann dankbar
verpflichtet und sucht immer wieder mit ihm anzuknüpfen, ohne
daß es doch zu einem dauernden inneren Verständnis kommt.
Sie waren eben beide doch zu entgegengesetzte Naturen. Welcher
Gegensatz schon in der äußeren Erscheinung! Hier der zierliche,
in den Formen der guten Gesellschaft bewanderte, stets korrekt
gekleidete „kleine Magister"; dort der unförmliche, kahlköpfige
und stotternde Hamann, der sein Lebtag zu keinem ordentlichen
Anzug kommen konnte, den nach seinem eigenen Geständnis „die
Unvermögenheit der Aussprache und eine ebenso empfindliche
Gemütsart als Leibesbeschaffenheit zu den meisten öffentlichen
Bedienungen untüchtig" machten. Kants Lebensführung war
auch wirtschaftlich bis ins kleinste geregelt, er war auch in den
Zeiten, wo es ihm knapp ging, stolz darauf, daß er nie das Herein-

treten eines Gläubigers zu fürchten brauchte, und hat es schließlich zum wohlhabenden Manne gebracht; Hamann kam beinahe bis zu seinem Ende aus den Nahrungssorgen nicht heraus und litt doch mit einer Art leichtsinnigen Gottvertrauens, was den schlecht und recht bürgerlich denkenden Philosophen unglücklich gemacht hätte. Kant hat sich schon früh ein festes Lebensziel gesetzt, das er mit Ausdauer verfolgt und auch erreicht, er konzentriert sich in Wissenschaft und Leben; Hamann haftet in beiden an nichts fest, versucht alles mögliche, um unbeständig wieder abzuspringen. Trotz reicher Begabung findet er nicht den inneren Halt in sich selbst, wie Kant, und sucht ihn deshalb „in Christo", wie er denn ausdrücklich das Christentum als eine Religion für unsere Schwachheiten bezeichnet und an Gottes unmittelbares Eingreifen auch in die Kleinigkeiten des täglichen Lebens glaubt.

So fehlt ihm, um nur ein Beispiel aus dem Gebiete der Wissenschaften herauszugreifen, jedes Verständnis für Kants naturwissenschaftliche Anschauung; denn für ihn, den „Magus", wie er sich selbst gelegentlich nennt, ist N a t u r erkenntnis in erster Linie G o t t e s erkenntnis. Recht bezeichnend für die Stellung beider zur Naturwissenschaft ist eine kleine Geschichte, die Hamann selbst seinem Herder wiedererzählt hat. An einem sternenklaren Frühlingsabend kurz vor Pfingsten 1768 sitzen beide mit Green zusammen in dessen Garten. Da regt der Anblick des gestirnten Himmels Kant zu der „Versicherung" an, man könne keine neue wichtige Entdeckung in der Astronomie mehr erwarten wegen ihrer Vollkommenheit; während Hamann sich bewußt wird, weshalb er „den neuen Hypothesen der Sternkunst so gehässig war, ohne sie zu verstehen", „vielleicht bloß", weil sie ihn — „in der Andacht störten, womit ich eines meiner liebsten Abendlieder empfand: Also werd' ich auch stehen, Wann mich wird heißen gehen usw." Sein an sich fruchtbares Drängen auf das Ganze anstatt der Teile, auf das Erfassen des Lebens anstatt der Formeln, der urwüchsigen Natur statt aller Künstelei, entwickelt sich immer mehr zur Abneigung, ja zum Haß gegen alle Vernunft, Aufklärung und auf sich selbst stehende

Philosophie. „Je dunkler, desto inniger", „Entwöhnt vom System müssen wir werden", „Optimus maximus verlangt keine
Kopfschmerzen, sondern P u l s schläge": das sind Kernsätze
Hamanns, zu denen Kants Art in schroffem Widerspruch steht;
ebenso wie dessen Schätzung von Kritik und Methode, während
es Hamann nach seinem eigenen Bekenntnis „wirklich an Methode
und Schule fehlt".

Daß alle Vorzüge auf Seiten des Philosophen, alle Schwächen
auf Seiten des „Magus" seien, wollen wir damit nicht behaupten.
Schärfer als Kant oder Lessing erkannte oder lebendiger fühlte
doch Hamann insbesondere, daß Poesie und Sprache ihre Quelle
nicht in bewußter Reflexion, sondern in der Tiefe der Empfindung
haben. Nicht Kant[1]), sondern Hamann hat Sätze formuliert
wie die: „Poesie ist die Muttersprache des menschlichen Geschlechts, wie . . . Malerei älter ist als Schrift, Gesang älter als
Deklamation, Gleichnisse älter als Schlüsse . . ." „Die Natur
wirkt durch Sinne und Leidenschaften . . . Leidenschaft allein
gibt den Abstraktionen und Hypothesen Hände, Füße, Flügel,
Bildern und Zeichen Geist, Leben und Zunge." Auf diesem Felde
ist Hamann ohne Frage die reichere, Kant die ärmere Natur.

Die. geistige Kluft zwischen beiden tritt aufs neue zutage
in einem vom 6. bis 9. April von ihnen geführten Briefwechsel
über die Aufsehen erregende Schrift eines Mannes, der ihnen
beiden nahe stand. Es war H e r d e r , der sich inzwischen,
nach seinem eigenen Ausdruck, aus einem „theologischen Li-
bertin" (Freigeist) „fast in einen mystischen Begeisterer" verwandelt und von seinem Bückeburger Predigerposten aus soeben
das eigentümlichste und phantastischste Werk seiner Sturm- und
Drang-Periode veröffentlicht hatte: die ‚Älteste Urkunde des
Menschengeschlechts'. Er glaubte eine besonders großartige
Entdeckung damit gemacht zu haben, daß er in dem bekannten Siebentagewerk nur die mosaische Ausdeutung einer
mystischen Hieroglyphe erblickt, von der alle menschliche Kunst

[1]) Wenn er auch in Vorlesungen zu betonen pflegte, daß die Poesie der
Prosa vorausgehe; vgl. Vorlesungen über Menschenkunde S. 150, Metaphysik
S. 8.

und Wissenschaft ihren Ursprung genommen habe, und trägt diese Phantasie mit einem durchaus ungerechtfertigten Selbstbewußtsein unter allerlei prahlerischen Überschriften vor. Seine Polemik richtet sich dabei weniger gegen die Offenbarungsgläubigen als gegen die philologische Erklärungsmethode des gelehrten Göttinger Orientalisten Michaelis und die „dünneste deistische Wasserbrühe" des gesunden Menschenverstandes. Oder, um mit den Worten seines damaligen begeisterten Anhängers Goethe zu reden: Er führt die „hohe heilige Kunst der simplen Natur . . . in dämmerndem, wetterleuchtendem, hier und da morgenfreundlich lächelndem, orphischem Gesang von Aufgang herauf über die weite Welt, nachdem er vorher die Lasterbrut der neueren Geister, De- und Atheisten, Philologen, Textverbesserer, Orientalisten usw. mit Feuer und Schwefel und Flutsturm ausgetilget" (Goethe an Schönborn, 8. Juni 1774).

Diese merkwürdige Schrift seines Freundes Herder nun schickte Hamann, sofort nachdem er selbst sie erhalten und seiner Gewohnheit nach alsbald verschlungen, zu Kant als dem „iudex competens [zuständigen Richter] alles Schönen und Erhabenen" (an Herder, 2. April 1774); wobei freilich Herder sogleich ahnt, daß der „Pontius Pilatus des guten Geschmackes in Preußen" sich „daran stoßen und ärgern" würde. Kants Antwort ist in zwei ausführlichen Briefen vom 6. und 8. April erhalten, worauf Hamann in zwei noch längeren, später als „Prolegomena des christlichen Zöllners Zachäus an den Philosophen Apollonius", veröffentlichten „Antwortschreiben" erwiderte. Uns interessiert nur die allgemeine Art, wie sich der Philosoph zu dem Standpunkt des einstigen Schülers und seines Parteigängers stellt. Kant verlangt im ersten Brief mit ironischer Bescheidenheit nichts „als das Thema des Verfassers überhaupt nur zu verstehen". Hamann möge ihm in einigen Zeilen seine Meinung mitteilen, „aber womöglich in der Sprache der Menschen!" „Denn ich armer Erdensohn bin zu der Göttersprache der a n s c h a u - e n d e n V e r n u n f t gar nicht organisiert. Was man mir aus den gemeinen Begriffen nach logischer Regel vorbuchstabieren kann, das erreiche ich noch wohl." Und am Schluß des zweiten

Briefs äußert er seine starke Befürchtung „vor die lange Dauer des Triumphs ohne Sieg" des „Wiederherstellers der Urkunde", also Herders; denn „es steht gegen ihn ein dichtgeschlossener Phalanx der Meister orientalischer Gelehrsamkeit, die eine solche Beute durch einen Ungeweihten von ihrem eigenen Boden nicht so leicht werden entführen lassen".

Herder war infolge seiner religiösen Wandlung seit 1772 auch mit dem bekannten Züricher L a v a t e r in Verbindung getreten, der damals noch nicht in seine spätere Mystik verfallen war, sondern durch sein Freisein von dogmatischer Dürre wie durch Gemütstiefe und Herzenswärme auch einen Goethe bezauberte. Herder gar sah in ihm einen wahrhaft apostolischen Charakter, eine „strahlenheitere, tatlautere, wirksame Religionsseele". Da der Schweizer nun in Kant einen Freund seines teuren Herder sah, benutzte er einen äußeren Anlaß — den beabsichtigten Loskauf eines aus Leichtsinn preußischer Soldat zu Königsberg gewordenen jungen Landsmannes —, um am 8. Februar 1774 einen Briefwechsel mit Kant, seinem „Lieblingsschriftsteller (!)" seit Jahren anzuknüpfen, der ja nicht ein Philosoph „à la Wolf", sondern „so sehr M e n s c h , M e n s c h ist wie Kant". Er sucht ihn vor allem zur Wiederaufnahme seiner literarischen Tätigkeit zu bestimmen, indem er ihn in seiner aufgeregten Weise, mit vielen Gedankenstrichen und Fragezeichen, also bestürmt: „Sind Sie dann der Welt gestorben? warum schreiben so viele, die nicht schreiben können — und Sie nicht, die's so vortrefflich können? warum schweigen S i e — bey dieser, dieser n e ü e n Zeit — geben keinen Ton von sich? Schlafen? Kant — nein, ich will Sie nicht loben — aber sagen Sie mir doch, warum Sie schweigen? oder vielmehr: Sagen Sie mir, daß Sie reden wollen." Dann bittet er ihn noch um „einige L i c h t g e d a n k e n in mein Menschengedicht — was Sie wollen, ohne Ordnung, Zusammenhang — nur Zeilen — damit ich bald etwas empfange. . . ." Und wieder am 8. April d. J.: „Ohne Schmeichelei seit vielen Jahren sind Sie mein liebster Schriftsteller, mit dem ich am meisten sympathisiere; besonders in der Metaphysik, und überhaupt in der Manier und Methode zu denken!" Dann folgen wie-

der ein halb Dutzend aufgeregte Fragen, ob Kant auch d a s
und das und das in seiner Kritik der reinen Vernunft, auf die
„ich und viele meines Vaterlands sehr begierig sind", sagen werde,
unter anderem der von Kants Denkart ganz abseits liegende, eher
zum heutigen Pragmatismus passende Satz: „daß alle und jede
Beschäftigungen, Schriften, Meditationen, Lesungen Torheit und
Kinderei seien, die nicht präzise Stillungs- und Sättigungs-
mittel menschlicher Bedürfnisse sind." Doch wolle er gern seine
Ungeduld nach dem Werke mäßigen, wenn dies dadurch — was
Kants leider verlorener Brief offenbar angedeutet hatte — „reifer
und entscheidender" werde. „Tausend Schriftsteller führen ihre
Werke nicht bis zum Epoche machenden Entscheidungspunkt;
Sie" — und da hat der Züricher Prophet einmal richtig prophezeit
— „sind der Mann dazu".

Eine starke Ernüchterung wird Lavaters überschäumende
Begeisterung erlitten haben, als er, noch dazu erst nach einem
vollen Jahre, das von Kant erbetene Urteil über seine Abhandlung ‚Vom Glauben und Gebet' erhielt. Es ist in allem Wesentlichen schon ganz der Standpunkt der ‚Religion innerhalb der
bloßen Vernunft', der uns in diesem Schreiben Kants vom
28. April 1775, sowie in einem nachträglich verfaßten Briefentwurf (Briefw. I, S. 171 f.) entgegentritt, und wir werden deshalb an späterer Stelle darauf zurückkommen. Lavater ist
denn auch etwas abgekühlt und dankt erst am 6. März des folgenden Jahres für die „lehrreichen Winke", obgleich — „ich
anders denke in einigen Stücken". Gleichwohl blieb ein freund-
liches persönliches Verhältnis zwischen beiden bestehen. Als ein
früherer Zuhörer des Philosophen, der junge Prinz von Holstein-
Beck, im Winter 1775/76 ein Schreiben desselben nach Zürich
brachte, freute sich Lavater, „jemand zu finden, mit dem ich mich
satt und nicht satt über Kanten sprechen konnte" (Lavater an
Kant, 6. März 1776), während der Prinz seinem einstigen Lehrer von
der interessanten Persönlichkeit und dem neuen physiognomischen
Werk des Schweizers berichtet (an Kant, 14. Dezember 1775).

Damit scheint der Briefwechsel zwischen den beiden so entgegengesetzten Männern eingeschlafen zu sein. Dagegen finden

wir Lavaters Namen noch öfters, und zwar bei aller Gegnerschaft
doch mit Achtung, in Kants Schriften und Nachlaß-Notizen erwähnt. So zogen Lavaters ‚Physiognomische Fragmente' (1773 bis
1776) die Aufmerksamkeit des Philosophen auf sich, wenn er in
ihnen auch bloß „undeutliche und nur in concreto brauchbare Begriffe ohne Regel" fand (XV, S. 393). Deshalb, meinte er in
seinem Anthropologiekolleg von 1785, seien Physiognomen oft
Phantasten, die falsch urteilten, wenn sie einen Menschen nicht
kennten (ebd., S. 705 A.). Von Lavaters ‚Tagebuch eines Beobachters seiner selbst' (1771—1773) urteilte er: „Er ist ein arger
Schwärmer, der oft Dinge vorbringt, die mit der Vernunft gar
nicht zusammenhängen." Gerade durch dies Buch habe er sich
den meisten Schaden getan (S. 664 A.). Und noch in seiner gedruckten Anthropologie von 1798 warnte er vor solchen Selbst-
beobachtungs-Tagebüchern, die „leichtlich zu Schwärmerei und
Wahnsinn hinführen" (§ 4, ed. Vorländer S. 18). Des Zürichers
‚Aussichten in die Ewigkeit' (1768—1778) endlich hat er im Sinne,
wenn er Ende der 70er Jahre schreibt: „Lavater, mit Ideen an-
gefüllt, in welchen ihm Orthodoxe nicht widersprechen können,
schwärmt, indem er sie ganz über den Kreis der Erfahrungser-
kenntnis ausdehnt." Das rühre bei ihm jedoch nicht von Begriffs-
verwirrung oder Schwäche des Kopfes her, sondern von einer
achtungswerten Konsequenz: er verachte diejenigen, welche jene
Voraussetzungen zwar auch teilen, sie aber zugleich mit der Weltklugheit zu verbinden wüßten. Vom „schwärmenden Genie"
könne man „wirklich lernen"; denn „entweder seine Grundidee
ist vernunftmäßig oder die Folgerung ist dreust und unversteckt
und entdeckt dadurch den Fehler in den Grundsätzen, welcher
durch schlaue politische Einkleidung nur würde verdeckt bleiben"
(ebd. S. 406 f.). Auch noch in der ‚Religion innerhalb usw.'
meint er mit Recht, Lavater und sein Freund Pfenninger dächten
wenigstens folgerichtig, wenn sie Wunder auch in der Gegenwart noch für möglich hielten gegenüber denen, die sie nur für
die Zeit Christi gelten ließen (a. a. O., S. 96 A.).

Zwei Jünger des Schweizer Propheten waren zeitweise als
Lehrer am Dessauer Philanthropin angestellt: ein gewisser Ehr-

mann, von dem zwei Briefe aus dieser Zeit an Kant erhalten sind,
und sein berüchtigt gewordener Genosse Christoph K a u f -
m a n n. Dieser zog als kaum 23 jähriger junger Mensch, begleitet
von dem Segen seines Landsmannes und Meisters Lavater, der
ihn gleich hinter Christus setzte, in auffallender Tracht und mit
„naturgemäßer" Lebensweise, durch halb Deutschland und wußte
sich überall — wie in Dessau, so auch bei Karl August und Goethe
in Weimar — einzuschmeicheln. Als er im April 1777 nach Königsberg kam, fesselte er auch dort alsbald nicht bloß den leicht
entflammten Hamann, sondern auch die Gräfin Keyserling und
ihren damaligen Hauslehrer, den jungen Kraus, der ihn als einen
„Apostel des 18. Jahrhunderts" schildert, „auf dem Lavaters
und Hamanns Geist ruht, der im Stillen Kranke heilt, Menschen
schüttelt (wie er sich ausdrückt) und das Christentum, so wie es
zur Zeit seiner Stiftung war, in den Seelen derer, die er dazu ge-
stimmt findet, sie mögen Fürsten oder Grafen sein, zu errichten
sucht". Erst später wurde dieses Kraftgenie, das sich als „Gottes
Spürhund nach reinen Menschen" gab, in seiner Hohlheit, Eitelkeit, Renommisterei und — Schwindelei erkannt.

> „Ich hab als Gottes Spürhund frei
> Mein Schelmenleben stets getrieben.
> Die Gottesspur ist nun vorbei,
> Und nur der Hund ist übrig blieben."   (Goethe)

Kant, der zu Hamanns Ärger noch vor diesem zu dem Wunder-
manne gebeten, auch mit ihm an die Keyserlingsche Tafel geladen
wurde, hat sich jedenfalls von ihm nicht imponieren lassen. Auf
Kaufmann sind vielmehr augenscheinlich die Ende der 70er Jahre
niedergeschriebenen Sätze gemünzt: „Im Umgange (und literarischer Gemeinschaft) nehme man sich vor einem H e i l i g e n
und einem G e n i e in Acht. Der erste als ein Auserwählter
spricht als Richter über andere als Verderbte, der andere als
Orakel belehrt sie insgesamt als Dummköpfe. Wenn er beides
zugleich ist, welches freilich nur selten geschieht, ein Heiliger
aus bloßem Genie, ohne durch langsame sittliche Disziplin es zu
sein, und ein Genie aus Heiligkeit (durch innere Erleuchtung),

ohne durch Fleiß in Wissenschaften belehrt zu sein: so muß er
billig von aller Gesellschaft ausgeschlossen sein und gehört zu
einem Bedlam [= Narrenhaus] auserlesener Geister" (XV, S. 397).
Noch deutlicher geht auf diesen wunderbaren Heiligen und seinen
Wahlspruch: „Was der Mensch will, das kann er" das Wort aus
dem zwölften Paragraphen der Anthropologie: „Was ist aber
von dem ruhmredigen Ausspruche der Kraftmänner, der nicht
auf bloßem Temperament gegründet ist, zu halten: Was der
Mensch will, das kann er? Er ist nichts weiter als eine
hochtönende Tautologie. . . Es gab vor einigen Jahren solche
Gecken, die das auch im physischen Sinn von sich priesen und
sich so als Weltbestürmer ankündigten, deren Rasse aber vor-
längst ausgegangen ist."

So hat Kant, zumal wenn wir noch Reinhold L e n z , der
als sein Schüler 1770 das Ehrengedicht auf ihn (S. 191) verfaßt
und später das bekannte Kraftgenie wurde, hinzuzählen, auch
persönliche Beziehungen genug zu Hauptvertretern des jungen
Geschlechts, der „Stürmer und Dränger", besessen. In weiterem
Sinn dürfen wir zu ihnen ja auch die Stifter des Göttinger Hain-
bundes rechnen, von denen Boie und Dohm im Herbst 1775
mit der Bitte um Mitarbeit an ihrem ,Deutschen Museum' baten,
das als ,Deutsches Nationaljournal' für alle Gebiete der Wissenschaft und des Lebens, insonderheit für Aufsätze über deutsche
Menschen, Sitte und Natur dienen sollte und denn auch zum
rüstigen Vorkämpfer für die Wiedererweckung der Volkspoesie
und des altdeutschen Schrifttums geworden ist. Zur Mitarbeit
ist Kant bei seiner anderweitigen Tätigkeit nicht gekommen,
hat jedoch die neue Zeitschrift offenbar gelesen; wenigstens
machte er im Frühjahr 1771 den ihn besuchenden Hamann auf
einen in ihr veröffentlichten Aufsatz aufmerksam.

Der berühmteste allerdings von allen Stürmern und
Drängern, der junge G o e t h e , fehlt in der Liste derer, die
mit dem Königsberger Weisen in Beziehung traten. Trotzdem
hat dieser sicher von Götz und Werther gehört, höchstwahrscheinlich sie, wenigstens den Werther, auch selbst gelesen. Das läßt
sich schon deshalb annehmen, weil sein früh verstorbener Kollege

Kreuzfeldt, dessen „Opponent" er bei seiner Habilitation war,
die belebende Seele eines jüngeren, für den W e r t h e r wie für
Lavater begeisterten Dichterkreises bildete. Wenn ferner Hamann in einem Briefe vom 18. Februar 1775 „des Herrn Nicolai
Leiden und Freuden über D. Goethe lieben Werther", die der
Philosoph aus dem Laden seines Hauswirts entliehen hatte,
baldigst von Kant zu erhalten wünscht, so hat dieser doch sicherlich auch den von Nicolai verspotteten, aber in ganz Deutschland
verschlungenen Roman selbst gelesen. Würde doch sonst Hamann auch nicht einige Wochen später in einem anderen Schreiben
an Kant von Schwierigkeiten sprechen, die „das ganze Martyro-
logium des lieben Werthers überwiegen". Und G ö t z wurde
neben Clavigo in einem Bande, 'Theater der Deutschen', von
Kanter nachgedruckt, in der Kanterschen Zeitung von Hippel
ausführlich gepriesen. Ein gewisses Interesse des Philosophen
für das Drama verrät auch das in seinem Nachlaß gefundene
Lose Blatt aus den 70er Jahren, auf dem er die Worte „Leben
Götz von Berlichingen" notiert hat, selbst wenn sie, wie Adickes
meint, nicht auf das Stück, sondern auf eine Ostern 1774 erschienene Lebensbeschreibung Götzens gehen sollten (Ak.-Ausg. XV,
S. 690 f. Anm.).

Wichtiger indes als der Nachweis persönlicher Beziehungen
ist der S t a n d p u n k t , auf den sich Kant gegenüber den Erzeugnissen der Genieperiode gestellt hat, auch da, wo er sie nicht
mit Namen nennt. Dafür fließt jetzt eine neue, reiche Quelle
in dem erst seit kurzem vollständig veröffentlichten handschriftlichen Nachlaß zur Anthropologie (Ak.-Ausg. XV); in zweiter
Linie in den natürlich mit größerer Vorsicht aufzunehmenden
Nachschriften seiner Vorlesungen[1]). Kaum abzuweisen ist doch
z. B. der Gedanke an Werthers Leiden, wenn er in seinem Anthropologie-Kolleg die Zuhörer von den Wirkungen der Phantasie,
die „über alle Dinge einen Zauber ausgießt", mit den Worten
warnt: „Die Geschlechtsneigung beruht mehr auf der Phantasie

---

[1]) Leider sind diese noch nicht in der Akademie-Ausgabe erschienen.
Reiches Material gerade für unser Thema gibt vorläufig O. Schlapp, Kants
Lehre vom Genie usw. Göttingen 1901.

als auf der Wirklichkeit; daher muß man sich in der Einsamkeit mit dem Schwärmen der Phantasie über Geschlechtsneigung nicht einlassen; denn erstlich ist es uns unnütz, zweitens ist es ein Übel und der Natur nicht gemäß." Die Wilden seien in dieser Hinsicht natürlicher und nicht so reizbar als wir. Die „herzbrechenden", das Herz „welk" und weich machenden, „empfindelnden" Romane, und sei es selbst ein Werther, waren dem männlichen Kant ebenso zuwider wie dem gleich männlichen Lessing; wie denn überhaupt sein Nachlaß und seine populären Vorlesungen öfters gegen das viele Romanlesen seiner Zeit zu Felde ziehen. Sein Urteil aber über den Götz können wir uns am besten klarmachen, wenn wir uns vor Augen führen, was sich über seine Stellung zu dessen Vorbild, dem großen Briten, ausmachen läßt.

Kant scheint in der Tat einige Schauspiele S h a k e - s p e a r e s , auf den ihn schon die Lektüre von Herders Jugendschriften aufmerksam machen mußte, gekannt zu haben; und zwar, da er ihn im Original schwerlich zu lesen vermochte, aus Wielands Übersetzung (1762—1766). In der ‚Anthropologie' (1798) erwähnt er, obwohl in ungenauer Form, Falstaffs Kampf mit den „fünf Männern in Frieskleidern"; in der ‚Religion' (1793) erinnert die Stelle, die von einer Art „Wahnsinn" spricht, „in welchem gleich wohl Methode sein kann" auffallend an den bekannten Vers im Hamlet, dessen Name auch auf einem Losen Blatt zitiert wird (S. W. XV, S. 875) und mit dessen Charakter die Zeichnung des Melancholikers in den ‚Beobachtungen' (1764) auffallend übereinstimmt, wie Tim Klein in einem interessanten kleinen Aufsatz in den ‚Kantstudien' (X 76—80) gezeigt hat. Der in seiner anthropologischen Vorlesung gebrauchte Vergleich der Zeit mit einem Pferde, weil sie mit einem zum Galgen geführten Dieb galoppiere, für einen Bräutigam im Paßschritt gehe, stammt aus Shakespeares ‚Wie es Euch gefällt'. Auch wird ein so gewissenhafter Denker wie er kaum ohne vorhergehende eigene Lektüre Urteile ausgesprochen haben, wie sie von seinen Zuhörern nachgeschrieben worden sind: „Shakespeare ist ein Kopf von der Art, die man G e n i e s nennt; er hat seine theatralischen Stücke so abgefaßt, daß sie allen Regeln Trotz bieten. Er hat weder die Einheit des Orts noch der Personen beobachtet, nicht aus Unwissenheit, sondern weil seine Einbildungskraft einen weiten Spielraum haben mußte und sich nicht einkerkern ließ." Er meint dann freilich, vielleicht mit Beziehung auf Goethe und andere deutsche Shakespeareaner: ob es rühmlich sei, ihm nachzuahmen, sei eine andere Frage; denn Regellosigkeit sei immerhin ein Fehler. Allein er fährt doch, das Genie rechtfertigend, fort: „Die Fruchtbarkeit des Genies ersetzt ihn wieder. So viel ist gewiß, daß der Zwang der Regeln bei vorzüglichen Eigenschaften des Genies aufhört; denn d a s G e n i e ist d e r M e i s t e r d e r R e g e l n u n d n i c h t i h r S k l a v e." Es verrät den Einfluß Lessings, den er, wie wir sahen, einen „großen Kenner der theatralischen Regeln" nennt, wenn er daran anschließend bemerkt: von den konventionellen Regeln des französischen Theaters könne man am ehesten abweichen (Starkes Ausgabe der ‚Menschenkunde', S. 234 f.). Eine andere Stelle der Vorlesungsnachschriften sagt: „Zum Genie wird Stärke, Klarheit, Mannigfaltigkeit und ein großer Umfang der Anschauung erfordert. Diese Eigenschaften müssen hauptsächlich Dichter und Maler besitzen. Bei M i l t o n und S h a k e s p e a r sind sie vorzüglich anzutreffen" (Schlapp, S. 251 f.). An einer dritten: „Der Geschmack ist nicht das Wesentliche des Genies, er tut nur die Feinheit zu den Erzeugnissen des Genies hinzu, um sie gleichsam zu glätten; das Genie kann sehr rohe Produkte hervorbringen, z. B. Shakespeare; da zeigt das Genie seine ganze Kraft und läßt sich nicht durch das Beispiel einschränken" (ebd. S. 256). Womit die Nachlaß-Notiz zu vergleichen ist: „Das Genie ist roh, der Virtuose poliert. Shackspear" (XV, S. 824). Das Genie aber d a r f roh sein; das Abschleifen nimmt ihm etwas vom Inhalt (ebd. S. 356).

Wir sehen: Kant ist keineswegs taub gewesen gegen die Macht der P h a n t a s i e , die er vielmehr einmal „unseren guten Genius oder Dämon", die Quelle aller unserer entzückendsten Freuden, ingleichen unserer Leiden nennt (XV, 144). Aber freilich, er verlangt ihre „Disziplin". Und ebensowenig unempfindlich blieb er gegen die Allgewalt des G e n i e s . Welche

Stelle er ihm in seinem kritischen Lehrgebäude einräumte, werden wir noch sehen. Besonders viel darüber in seinen einsamen Stunden nachgedacht und in den für den Gebrauch in seinen Vorlesungen bestimmten Reflexionen vieles niedergeschrieben hat er gerade in den 70er Jahren, veranlaßt durch die damals neu auftauchenden „Originalgenies"[1]. Begreiflich genug, daß gegenüber den mannigfachen Ausschreitungen der kraftgenialen Bewegung die kritische und tadelnde Seite stärker zu Worte kommt als die anerkennende oder gar bewundernde. Wir greifen aus dem reichen Material, das uns jetzt durch Adickes' philologisch-exakte Veröffentlichung in größerem Zusammenhange zugänglich gemacht ist, die bezeichnendsten Stellen heraus, bezeichnend für Kants Persönlichkeit, wie sachlich bedeutsam auch noch gegenüber literarischen Erscheinungen unserer Zeit.

Auf Geister wie Hamann und Herder ist es augenscheinlich gemünzt, wenn er um die Zeit ca. 1773—75 schreibt: „Wer allenthalben Anschauungen an Stelle der ordentlichen Reflexionen des Verstandes und Vernunft setzt, s c h w ä r m t. Es ist notwendig, daß er seine Gefühle, Gemütsbewegungen, Bilder, halbgeträumte, halbgedachte Begriffe, welche in seinem bewegten Gemüte spielen, vor die Sachen selbst nimmt, die einer besonderen Kraft in ihm so erscheinen." Daraus folgt: „Je weniger er sich verständlich machen kann, desto mehr schmält er auf die Unzulänglichkeit der Sprache und der Vernunft und ist ein Feind aller Deutlichkeit, weil er nicht durch Begriffe, auch nicht durch Bilder, sondern durch Gemütsbewegung unterhalten wird." Gewiß können alle diese „gefühlvollen" Autoren „Genie haben, voll Empfindung und Geist, auch einigen Geschmack", aber „ohne die Trockenheit und Mühsamkeit und Kaltblütigkeit der Urteilskraft". Anstatt mit dem Verstande eine Seite der Sache nach der anderen

---

[1] Zu der in der Mitte der 70er Jahre sich häufenden Literatur über den bis dahin noch fast unbekannten Begriff des G e n i e s gab wohl auch der Umstand Anlaß, daß die Berliner Akademie d. W. für 1775 als Preisfrage das Thema stellte: „Was Genie sei, aus welchen Bestandteilen es bestehe, und sich darin natürlich wieder zerlegen lasse." Den Preis gewann der R a t i o n a l i s t Eberhard.

sich deutlich zu machen, wollen sie „alle Seiten zusammen-
schauen". Daher ist ihnen auch „alles Mystische willkommen,
sie sehen in schwärmenden Schriften oder überhaupt im Alten"
— man denke an Herders ‚Älteste Urkunde' — „unerhörte
Sachen". Das Neue dagegen [die Tendenz der Aufklärung und
der strengen Wissenschaft (K. V)] „ist ihnen darum eben, weil
es pünktlich ist und ihrem lärmenden Geiste Fesseln anlegt,
kurzsichtig und schaal" (a. a. O. XV, S. 337 f.).

Fast noch schärfer klingt folgende, derselben Zeit entstammende, Niederschrift: „Es ist vergeblich, denen, die nur durch
Begriffe schwärmen, einen überlegenden und bestimmten Vortrag
anpreisen zu wollen. So wie sie diesen annehmen wollten, würden
sie ganz leer sein. Sie müssen sich und andere betäuben, um zu
scheinen, sie wären in der Fülle der Einsicht, welche seichte Köpfe
nur debroullieren dürften. Sie müssen ihr Genie durch Verweilung
nicht erstarren und kalt werden lassen. Einfälle sind Eingebungen
des Genies. Man muß davor warnen, aber sich mit Widerlegungen
derselben, deren sie gar nicht fähig sein, gar nicht einlassen. Wenn
sie sich zu den kalten Forschern herabließen, so würden sie nur
eine sehr gemeine Rolle spielen. Nun können sie als Meteore
glänzen" (S. 339).

Um 1776—1778 schreibt Kant, zu Anfang wohl an Hamanns
Auffassung des sokratischen Daimonion anknüpfend: „Genie ist
nicht etwa ein Dämon, der Eingebungen und Offenbarungen
erteilt. Man muß sonst manches gelernt oder förmlich und methodisch studiert haben, wenn Genie einen Stoff haben soll.
Genie ist auch nicht eine besondere Art und Quelle der Einsicht;
sie muß jederman können mitgeteilt und verständlich gemacht
werden. Nur daß Genie darauf kommt, wozu Talent und Fleiß
nicht bringen würde; wenn aber die vorgegebenen Erleuchtungen
das Dunkle lieben [Kant: amant obscurum] und sich gar nicht
beim Licht wollen besehen und prüfen lassen, wenn sie auf keine
faßliche Idee auslaufen: so schwärmt die Einbildung und, weil
das Produkt Nichts ist, so war es auch gar nicht aus dem Genie
entsprungen, sondern Blendwerk (S. 393). Denn „die V e r n u n f t
ist nicht dazu gemacht, daß sie sich isoliere, sondern in Gemein-

schaft setze. Sie hindert auch alle egoistischen Grundsätze . . .
aus bloßen Empfindungen". Aber freilich, diese „Adeptensprache"
würde auch ihren Wert verlieren, wenn sie — gemein würde;
ist doch ihre ganze Absicht darauf gerichtet, „sich zu unterscheiden"! Und zwar „besteht das Kunststück darin: Brocken
aus Wissenschaft und Belesenheit mit dem Ansehen eines Original-
geistes, Kritik über andere und ein tiefverborgener Religionssinn,
um dem Gewäsche Ansehen zu geben" (S. 392, Nr. 897 und 896);
denn „alle solche Schwärmer sprechen Religion" (ebd. Nr. 897).
Alles Dinge, die mutatis mutandis auch noch auf unsere Zeit
passen!

Das Schönste dabei ist, daß die, welche in „Gefühl und effekt-
voller Schreibart" „am meisten schimmern", s e l b e r „am
leersten" daran sind, ähnlich „Akteurs", die tragische Rollen gut
zu spielen wissen. Das wirkliche Gefühl, so äußert sich der im
Aussprechen der eigenen Empfindung als echter Norddeutscher
keusche Kant, „ist bescheiden und respektiert die Regel und Be-
hutsamkeit, scheuet sich vor das Äußerste und ist sittsam" (S. 347f.).
Aber jene „Meister in Empfindungen" sind selbst o h n e ernstliche Empfindung; sie ist bei ihnen nur ein „Spiel der Einbildung"
(S. 343). Und diesen „Mystikern des Geschmacks und Senti-
ments" (S. 343) geht es mit ihren Affektbewegungen wie den
„Indianern" [Hindus?], „die sich durchkneten lassen und alsdann eine angenehme Mattigkeit fühlen" (S. 348). So schreiben
die neuen Autoren entweder k o p f brechend, indem sie alles
zusammendrängen und durchaus Neues sagen wollen, um recht
gedankenvoll und ein „Original" zu scheinen; oder h e r z -
brechend, indem sie immer nur von zartem Gefühl und starker
Empfindung reden; oder h a l s brechend, indem sie „auf ihrem
Genie wie auf einem kollernden Pferde reiten" oder, in einem
anderen Bilde, „Vernunft und Erfahrung als Steuerruder der Erkenntnis wegwerfen und sich auf den Ozean der über die Welt
hinausgehenden Erkenntnisse wagen" (S. 399). Während die
Philosophie in der Schätzung des eigenen Ich wie in der Schätzung
anderer demütig macht, sieht das „inspirierte" Genie „alles unter
sich, weil es sich über die Region der körperlichen Luft, in der

die gemeinen Pflanzen der gesunden Vernunft aufwachsen, erhoben hat". Es geht ihm, um mit Kant ein letztes, derbes, aber vorzügliches Bild zu gebrauchen, wie einer gackernden Henne oder einer trächtigen Hausfrau. Geschwängert von der „plastischen Natur", gebärdet es sich gebieterisch, hochmütig und trotzig, weil es „unter beschwerlichen Wehen der Einbildungskraft, unter großer Gefahr der gesunden Vernunft uns ein Götterkind gebärt, was lieblich anzuschauen, aber, weil es ätherischen Ursprungs ist, sich augenblicklich in Äther auflöst, nachdem man ihm die Hülle der mystischen Sprache" — „Bilder statt Sachen", die ein anderer erst auslegen muß (XV, 417) — „abgezogen hat" (ebd. 415 f.).

Das Schlimmste aber — und damit war auch der Grund gegeben, weshalb Kant gerade als Dozent gegen die unter anderem Namen noch heute existierende „Geniemode" oder die Modegenies zu Felde zog — ist deren verderblicher Einfluß auf den literarischen Geschmack und das philosophische Denken der Jugend. „Junge Leute haben wohl viel Empfindung, aber wenig Geschmack. Der Geschmack wird verdorben durch den enthusiastischen und begeisterten Stil, desgleichen durch Romane und Tändeleien." Ganz abgesehen von der ebenfalls zu allen Zeiten mit dem Geniekultus verbundenen Erschütterung der Moral; denn auch die „Deklamation wider Moral gehört zur Modesprache der Adepten" (ebd. S. 405). Wir schließen mit zwei aus dem Ende der 70er Jahre stammenden Reflexionen, die den immerhin gemäßigtsten und geistreichsten Führer der „Jungen" mit Namen nennen. „H e r d e r ist sehr wider den Mißbrauch der Vernunft durch bloß abstrakte Denkungsart, da man nämlich das concretum vernachlässigt. . . Aber das Allgemeine ist nicht immer bloß abstrahiert, sondern vieles ist ein selbständig Allgemeines", da nämlich, wo die Erfahrungsurteile selber apriorische Prinzipien bedürfen. „Hier kann das concretum nicht anfangen" (ebd. S. 398). Und: „Herder verdirbt die Köpfe dadurch, daß er ihnen Mut macht, ohne Durchdenken der Prinzipien mit bloß empirischer Vernunft allgemeine Urteile zu fällen."

In diesen zu seiner Selbstverständigung von ihm niedergeschriebenen Sätzen tritt der innerste Grund zutage, weshalb
Kant gegen die neue Richtung, bei aller ihrer Fülle von fruchtbaren Anregungen, vorgehen m u ß t e. Er sah durch Naturen
wie Herder, und gerade bei dessen Geist und Talent desto
gefährlicher und stärker, alle ernste philosophische Methode
bedroht, die eben für immer und ewig in dem rücksichtslosen
„Durchdenken der Prinzipien" besteht. Glaubte er doch gerade
jetzt, zu Ende der 70er Jahre, nach mehr als zehnjähriger schwerster Gedankenarbeit die apriorischen Prinzipien, d. i. notwendigen
Voraussetzungen aller Erfahrungsurteile, endgültig gefunden zu
haben. In dieses letzte Jahrzehnt seines philosophischen Werdens
haben wir ihn nun zu begleiten

Siebentes Kapitel

Die Entstehung der Kritik der reinen Vernunft

Wir haben in den letzten Kapiteln gesehen, daß sich das innere und äußere Leben des neuen Professors von dem des früheren Magisters nur wenig unterschied: dieselbe Art der Geselligkeit und Lebensweise, die gleiche Anteilnahme an allen wichtigeren geistigen Strömungen der Zeit, dieselbe oder noch gesteigerte Lehrwirksamkeit. Nur eins unterscheidet den Kant der 70er von dem der 60er Jahre: die auffallende Lücke in seinem s c h r i f t - s t e l l e r i s c h e n Schaffen. Es steht zwar, wie wir schon sahen, nicht so, als ob er zwischen 1770 und 1780 gar nichts habe drucken lassen; auch beginnt das Zurücktreten seiner literarischen Tätigkeit schon von 1766 ab. Aber, abgesehen von der Pflicht-Dissertation von 1770, erschien in der Tat während jenes ganzen Jahrzehnts nichts Philosophisches aus seiner Feder. Alle Welt wunderte sich, daß der bis dahin so fruchtbare, seit Mitte der 60er Jahre auch in weiteren Kreisen bekannte und beliebte Schriftsteller nichts mehr veröffentlichte. Vergeblich luden ihn die gelesensten Zeitschriften Deutschlands zur Mitarbeit ein. In Königsberg aber erfuhr man, und allmählich verbreitete sich die Kunde davon auch nach dem „Reiche", daß Professor Kant an einem großen philosophischen Werke schreibe. Indes seine früheren Leser suchten umsonst in den Katalogen der Leipziger Oster- und Michaelismesse „nach einem gewissen Namen unter dem Buchstaben K". Es würde ihm zwar, wie er selbst gegen Ende 1773 an seinen Vertrauten Marcus Herz schreibt, ein Leichtes gewesen sein, ihn dort „mit nicht unbeträchtlichen Arbeiten, die ich beinahe fertig liegen habe, paradieren zu lassen". Allein er war „halsstarrig" dazu entschlossen, sich durch keinen „Autorkitzel" verleiten zu lassen, auf einem „leichteren und beliebteren

Felde Ruhm zu suchen", ehe er seinen „dornigten und harten
Boden eben und zur allgemeinen Bearbeitung frei" gemacht,
d. h. durch seinen Neubau „der Philosophie auf eine dauerhafte
Art eine andere und vor Religion und Sitten weit vorteilhaftere
Wendung", dadurch zugleich aber auch „die Gestalt" gegeben
hätte, „die den spröden Mathematiker anlocken kann, sie seiner
Bearbeitung fähig und würdig zu halten". So war er, während
man ihm von allen Seiten Vorwürfe wegen seiner Untätigkeit
machte, in Wirklichkeit „niemals systematischer und anhaltender
beschäftigt", als eben seit 1770 (an Herz, 24. Nov. 1776).

Manchmal mag den innerlich so Beschäftigten auch das
häufige Fragen nach der Fertigstellung seines Werkes empfindlich
und nervös gemacht haben. Darauf geht eine noch ungedruckte
kleine Erzählung, die Abegg auf seinem Wege nach Königsberg
hörte. Einer, der lange vor Herausgabe der Kritik der reinen
Vernunft in Königsberg war und in demselben Hause, wo damals
Kant wohnte, sehr bekannt war, habe berichtet: „Kant war
sehr empfindlich. Wenn ihm, der 20 Jahre an der Kritik arbeitete,
gesagt wurde, daß er dieses Werk doch vollenden wolle, antwortete
er: Oh, man hat gar so viele Störungen in diesem Hause" (doch
wohl dem Kanterschen). „Man gab ihm ein Logis in einem ab-
gelegenen Garten. Oh, da ist mir's zu tot, zu einsam. Aber ein
vortrefflicher Gesellschafter und Mensch war er übrigens." Wenn
auch die 20 Jahre und der abgelegene Garten nicht stimmen,
jedenfalls ein hübsches Stimmungsbild! Zu dieser „Empfindlich-
keit" paßt ja auch gut die von Borowski mit Bestimmtheit überlieferte Nachricht, aus dem Kanterschen Hause habe den Philosophen ein — nachbarlicher Hahn vertrieben, der ihn zu häufig
im Gange seiner Meditationen unterbrach. „Für jeden Preis
wollte er dieses laute Tier ihm abkaufen und sich dadurch Ruhe
schaffen, aber es gelang ihm bei dem Eigensinn des Nachbars
nicht, dem es gar nicht begreiflich war, wie ein Hahn einen Weisen
stören konnte." Also gab Kant nach und zog nach dem Ochsen-
markte[1]).

---

[1]) Gelegentlich dieses Umzuges könnte er die in das Jahr 1775
fallende interessante Aufstellung seines Hausrats vorgenommen haben, die

Wenden wir uns nun der schwierigen Frage der Entstehung von Kants kritischem Hauptwerk zu, so wird der Leser weder erwarten noch wünschen, daß wir ihn in die unter den gewiegtesten Kantforschern noch streitigen Einzelheiten dieses Problems einführen. Wir wollen vielmehr nur in großen Zügen darlegen, wie sich uns die Sache darstellt, alle unsicheren Streitfragen beiseite lassend. Wir werden uns dabei hauptsächlich auf Kantische Selbstzeugnisse stützen und diese in einer Form zitieren, daß jeder, der will, sie sich an der betreffenden Stelle aufsuchen kann.

Zunächst ein Satz aus Kants zu seiner Orientierung niedergeschriebenen ‚Reflexionen‘, welcher einen Rückblick auf seine frühere, relativ d o g m a t i s c h e Denkweise wirft. „Ich habe von dieser Wissenschaft (d. h. Metaphysik) nicht jederzeit so geurteilt. Ich habe anfänglich davon gelernt, was sich mir am meisten anpries. In einigen Stücken glaubte ich etwas Eigenes zu dem gemeinschaftlichen Schatze zutragen zu können; in anderen fand ich etwas zu verbessern, doch jederzeit in der Absicht, dogmatische Einsichten dadurch zu erweitern. . . Es dauerte lange, daß ich auf solche Weise die ganze dogmatische Theorie dialektisch fand,“ d. h. fand, „daß sie sich in Dialektik, d. i. einen Widerstreit der Vernunft mit sich selbst auflöste“ (hrsg. von B. Erdmann, II. Teil, Nr. 3). Und nun die erst im Jahre 1884 bekanntgewordene bedeutsame Mitteilung in einem Briefe an Garve vom 21. September 1798: „Nicht die Untersuchung vom Dasein Gottes, der Unsterblichkeit usw. ist der Punkt gewesen, von dem ich ausgegangen bin, sondern die A n t i n o m i e der r. V.: Die Welt hat keinen Anfang — sie hat einen Anfang; bis zur vierten (sc. Antinomie): Es ist Freiheit im Menschen — gegen den: es ist keine

---

Reicke in seinem Nachlaß aufgefunden hat, mitten zwischen schwierigen philosophischen Untersuchungen: „Schlüssel. Schaff. Tintenfaß. Feder und Messer. Papier, Schriften. Bücher. Pantoffeln. Stiefel. Pelz. Mütze. Nachthosen. Servietten. Tischtuch. Handtuch. Teller. Schüssel. Messer und Gabel. Salzfaß. Bouteille. Wein- und Biergläser. Bouteille Wein. Tobak. Pfeifen. Theezeug. Thee. Zucker. Bürste.“ (Lose Blätter 1894, S. 24.)

Freiheit, sondern alles ist in ihm Naturnotwendigkeit. Diese war es, welche mich aus dem dogmatischen Schlummer zuerst aufweckte und zur Kritik der Vernunft selbst hintrieb, um das Skandal des scheinbaren Widerspruchs der Vernunft mit ihr selbst zu heben[1])." Diese Erleuchtung aber fand i m J a h r e 1769 statt. „Ich sah anfangs diesen Lehrbegriff (sc. den kritischen) nur in einer Dämmerung. Ich versuchte es ganz ernstlich, Sätze zu beweisen und ihr Gegenteil, nicht um eine Zweifellehre zu errichten, sondern, weil ich eine Illusion des Verstandes vermutete, zu entdecken, worin sie stäke. Das Jahr 69 gab mir großes Licht" (Erdmann, a. a. O., Nr. 4). Diese Entzweiung der Vernunft ist ein Zustand, über den zwar „der Skeptiker frohlockt, der kritische Philosoph aber in Nachdenken und Unruhe versetzt werden muß" (Prolegomena § 52). Allein dies „merkwürdigste Phänomen" der reinen Vernunft „wirkt auch unter allen am kräftigsten, die Philosophie aus ihrem dogmatischen Schlummer zu erwecken und sie zu dem schweren Geschäft der Kritik der reinen Vernunft zu bewegen" (ebd. § 50), weil die Vernunft selbst sie aufgestellt zu haben scheint, um die Vernunft in ihren dreisten Anmaßungen stutzig zu machen und zur Selbstprüfung zu nötigen (ebenda § 52 b, Anm.). Woher aber kommen alle Antinomien? Dadurch, daß man „das Unbedingte in der Sinnenwelt sucht" (Refl. 1400), während die Sinne nur auf Erscheinungen, nicht auf die Dinge an sich gehen. Damit sind wir bei dem Standpunkt der D i s s e r t a t i o n v o n 1770 angelangt.

Die Bedeutung dieser Dissertation innerhalb der philosophischen Entwicklung Kants ist von den Fachgelehrten lebhaft umstritten. Die einen (wie Paulsen) wollen in ihr bereits „die neue Philosophie in ihrer jugendlichen Gestalt", die „lang gesuchte neue Methode der Metaphysik" erblicken, rücken sie also ganz nahe an die Kritik der reinen Vernunft heran; während andere sie als noch durchaus v o r kritisch ansehen. Gegen die erstere

---

[1]) Daß das Antinomien-Problem ihn eingehend beschäftigt haben muß, beweisen auch die auffallend zahlreich darüber erhaltenen Reflexionen.

Annahme spricht schon die Tatsache, daß der Philosoph nach
1770 noch ein volles Jahrzehnt angestrengtester Geistesarbeit
gebraucht hat, bis er seine neue Philosophie in der ‚Kritik‘ veröffentlichte. Daß er selber sie anderseits jedoch auch nicht schlechtweg zu seinen vorkritischen, mit seiner späteren Denkart „nicht
mehr einstimmigen“ Schriften rechnet, geht aus dem Umstand
hervor, daß er gelegentlich einer 1797 geplanten Herausgabe
seiner kleineren Schriften schrieb: „ . . . doch wollte ich wohl,
daß nicht ältere als vor 1770 darin aufgenommen würden, so daß
sie mit meiner Dissertation De mundi sensibilis usw. anfange“
(an Tieftrunk, 13. Okt. 1797). Wir haben in ihr eben eine Vorstufe
der Vernunftkritik zu sehen. Von ihr nahmen alle die „mannigfaltigen Untersuchungen“ ihren Anfang, deren „Ausschlag“ die
Kritik bildete (K. an Herz, 1. Mai 1781).

Wichtige neue Ansätze in der Richtung des Kritizismus
sind jedenfalls in ihr vorhanden. Die sinnliche Wahrnehmung
wird, gegen Leibniz und seine ganze Schule, nicht mehr als dunkle
und „verworrene“ Erkenntnis der „deutlichen“ des Verstandes
entgegen, sondern als selbständiges Prinzip neben die letztere
gestellt. Als ihr „Urbild“ erscheint ferner bereits die Geometrie,
die den Raum wissenschaftlich behandelt, wie die Mechanik die
Zeit, die Arithmetik die Zahl. Weiter: Raum und Zeit sind keine
abstrahierten Begriffe mehr, sondern F o r m e n der sinnlichen
Anschauung, denen als Stoff die Empfindung gegenübersteht.
Die Form aber besteht in der Zusammenordnung des Mannigfaltigen in einem „Gesetz der Seele“, einem „inneren Prinzip
des Geistes“. Mithin bietet auch die Sinnenerkenntnis „durchaus
Wahrheit“ und widerlegt den falschen „Idealismus“, der alle
Sinnenwahrnehmung für bloßen Schein erklärt. Noch wichtiger:
die M e t h o d e wird als dasjenige hervorgehoben, das in der
reinen Philosophie „aller Wissenschaft vorausgeht“, ja sie erst
erzeugt. Vergesse man das — und es sei bisher immer vergessen
worden —, so wälze man in alle Ewigkeit den Stein des Sisyphus
(§ 23). Als der wichtigste methodische Grundsatz aber erscheint
ihm eben jene schon durch den Titel gegebene strenge Scheidung
zwischen sinnlicher und Verstandeserkenntnis: während man in

der Regel, z. B. bei der Frage über den Sitz der Seele, beide
heillos vermenge, so daß es aussieht, als ob „der eine den Bock
melkt, der andere das Sieb unterhält" (dasselbe Gleichnis kehrt
in der Kr. d. r. V. wieder). Auch des negativen Nutzens der Verstandesbegriffe, nämlich ihrer Aufdeckung von Scheinbeweisen,
wird bereits kritisch gedacht.

In einer Reihe anderer Punkte ist dagegen der Standpunkt
der Kritik noch keineswegs erreicht. Noch bleibt die sinnliche
Wahrnehmung dem verstandesmäßigen Denken durchaus untergeordnet: sie erkennt die Dinge bloß, wie sie e r s c h e i n e n ,
der Verstand dagegen, wie sie s i n d. Die Verstandesbegriffe
werden bloß negativ, als unabhängig von den Formen der Anschauung, bestimmt, ja an einer Stelle nach der Weise der alten
Metaphysik auf Gott als den Urgrund aller Dinge zurückgeführt.
Ratsamer, als sich auf die hohe See solcher „mystischen" Anschauungen zu wagen, scheint es ihm freilich, sich an der Küste
des unserem Verstande Erreichbaren zu halten (§ 22). Aber es
wird doch noch ein realer Gebrauch der reinen Verstandesbegriffe
auch über Mathematik und Erfahrung hinaus behauptet. In
Sachen der E t h i k steht der Philosoph der kritischen Begründung insoweit schon nahe, als er jetzt ihre ersten Grundsätze
durchaus zur „reinen", d. h. durch reine Vernunft erkennbaren
Philosophie zählt und diejenigen, wie z. B. auch den von Herder
bewunderten Shaftesbury, „scharf tadelt", die den sittlichen Maßstab im Gefühl der Lust und Unlust erblicken. Die Moralphilosophie beruht auf der Freiheit und dem Sollen, die theoretische
auf dem Sein. Allerdings gilt als letztes Kriterium (§ 9) noch
das von der kritischen Ethik abgewiesene Prinzip der Vollkommenheit.

Die Abhandlung, das Ergebnis einer mehrjährigen geistigen
Arbeit, hatte nach außen hin wenig Erfolg. Mochte ihr Charakter
als offizielle Universitätsschrift, die lateinische Sprache und der
ziemlich trockene Stil einer weiteren Verbreitung hinderlich,
mochte, wie Kant meinte, die Nachlässigkeit des Verlegers daran
schuld sein, der nur wenige Exemplare nach auswärts verschickt
und sie nicht einmal in den Meßkatalog hatte setzen lassen: sie

fand zunächst nicht einmal eine Besprechung, und wir begreifen
Kants Verdruß darüber, ,,daß diese Arbeit so geschwinde das
Schicksal aller menschlichen Bemühungen, nämlich die Vergessen-
heit, erdulden müsse'' (an Herz, 7. Juni 1771). Die einzige ihn
zufriedenstellende — anscheinend erst Ende 1771 oder Anfang
1772 veröffentlichte — Rezension schrieb der in der Nähe von
Königsberg amtierende Landpfarrer J o h a n n   S c h u l z, Kants
späterer Kollege. Er erhielt deshalb von Kant schon damals
den Titel des ,,besten philosophischen Kopfes, den ich in unserer
Gegend kenne'' (K. an Herz, 21. Febr. 1772), und ein Jahrzehnt
später, mit einem Dedikations-Exemplar der Kritik d. r. V., das
Lob, daß seine ,,Scharfsinnigkeit unter allen, die über die Inaug.-
Dissert. geurteilt haben, die Trockenheit dieser Materie am besten
durchdrungen und meinen Sinn am genauesten zu treffen gewußt''
habe (K. an Schulz, 3. Aug. 1781). Schulz wurde später sogar
zu einer Art offiziellem Interpreten des Kritizismus. Dagegen
erfüllten Herz' 1771 bei Kanter erschienenen ,Betrachtungen aus
der spekulativen Weltweisheit', die nach dem Ausdruck ihres
Rezensenten in der Allg. deutschen Bibl. ,,in Form eines Schreibens umständlicher vortrugen, was er (Herz) in Ansehung der
Kantschen Prinzipien teils für sich verstanden, teils von seinem
Lehrer gehört, teils auch selbst dabei anzuwenden gefunden'', die
von Kant gehegten Erwartungen nicht. Er fand diese ,,Copey''
seiner Dissertation ebensowenig getroffen, wie sein eigenes Konter-
fei in dem nämlichen Heft der A. D. B. Noch unzufriedener war
er mit den Besprechungen der Herzschen Schrift in der Göttinger
und einer Breslauer ,,Zeitung''. Wertvoller als ,,zehn solcher
Beurteilungen mit leichter Feder'' waren ihm die Einwände, die
er von Lambert und Mendelssohn brieflich erbeten und erhalten
hatte.

Das Wichtigste jedoch war: ihm selbst genügte die eigene
Abhandlung schon bald nach ihrer Veröffentlichung nicht mehr.
Er schiebt die Schuld zum Teil einer ,,langen Unpäßlichkeit'',
die ihn den ganzen Sommer 1770 über ,,mitgenommen'' hatte,
sowie der ,,Eilfertigkeit'' zu, die durch die Notwendigkeit der
Fertigstellung zu einem bestimmten Termin veranlaßt worden

war. Er beabsichtigte daher im Winter 1770/71 einige Bogen hinzuzufügen, in denen er „die Fehler der Eilfertigkeit verbessern und meinen Sinn besser bestimmen" wollte (an Lambert, 2. Sept. 70). Allein Mendelssohns und namentlich Lamberts kritische Bemerkungen, und mehr als das die „innere Schwierigkeit" der Probleme bewogen ihn, diesen Plan aufzugeben und statt dessen ein ganz neues Werk ins Auge zu fassen, das den Titel ‚Die Grenzen der Sinnlichkeit und der Vernunft' tragen sollte; im Juni 1771 hofft er bald damit fertig zu sein (an Herz, 2. Juni 71). Es sollte ihm aber noch oft so gehen, wie er es schon in den ‚Träumen eines Geistersehers' beschrieben hatte, und wie es gerade dem gewissenhaften Denker häufig ergeht: Vor seinen Augen „erhoben sich im Fortschritt der Untersuchung öfters Alpen, wo andere einen ebenen und gemächlichen Fußsteig vor sich sehen, den sie fortwandern oder zu wandern glauben".

Glücklicherweise ist uns ein langes Schreiben Kants vom 21. Februar 1772 an den treuen Marcus Herz erhalten, in dem er einen klaren Bericht über seine philosophische Entwicklung und seine schriftstellerischen Pläne während der letzten 1½ Jahre gibt. Danach sollte das damals geplante Werk sein g a n z e s philosophisches S y s t e m bringen: A. Einen t h e o r e t i - s c h e n Teil: 1. Die Lehre von den Erscheinungen, 2. Natur und Methode der Metaphysik; B. einen p r a k t i s c h e n: 1. Die Prinzipien des Gefühls, des Geschmacks und der sinnlichen Begierde [mithin eine Art Psychologie und Ästhetik], 2. Die „ersten Gründe" der Sittlichkeit [also eine Begründung der Ethik]. Und zwar wollte er den zweiten Teil, in dem er bereits klar zu sehen glaubte, zuerst abfassen. Noch Ende 1773 hatte er diese Absicht und freute sich im voraus darauf (an Herz, Briefw. I, 138).

Indes schon im Februar 1772 hatte er, bei nochmaligem Durchdenken des Ganzen, bemerkt, daß ihm „noch etwas Wesentliches mangele", was in Wahrheit „den Schlüssel zu dem ganzen Geheimnisse der bis dahin sich selbst noch verborgenen Metaphysik ausmacht". Nicht etwa, daß er sich in dem Gedanken hätte irren machen lassen, der bei den von ihm so hochgeschätzten „besten Köpfen" unter den damaligen Philosophen, den drei

Berlinern Lambert, Mendelssohn und Sulzer, am meisten Anstoß erregt hatte, durch den ihnen alle „Realität" verloren zu gehen schien: der Subjektivität von Raum und Zeit. An dieser damals den meisten noch ganz ungewohnten, als verbohrter „Idealismus" erscheinenden Auffassung hat er vielmehr von 1770 an unverbrüchlich festgehalten. Sondern er fühlte, daß in der Dissertation d i e Frage noch nicht allseitig geklärt war: Auf welchem Grunde beruht die Beziehung unserer Vorstellungen zu dem Gegenstand? Für die Sinneswahrnehmungen erschien sie ihm klar: sie werden einfach von den äußeren Objekten affiziert. Ebenso auch in der Mathematik und der Moral, wo unser Verstand bzw. Wille die Gegenstände erst hervorbringt. Anders bei den von den sinnlichen Wahrnehmungen abstrahierenden r e i n e n V e r s t a n d e s b e g r i f f e n. Wie soll, so lautet die neue Frage, mein Verstand „gänzlich a priori reale Grundsätze über die Möglichkeit von Begriffen entwerfen, mit denen die E r f a h r u n g getreu einstimmen muß, und die doch von ihr unabhängig sind?" (Briefw. I, 126). Es ist die Grundfrage der Kritik der reinen Vernunft, die hier aufkeimt: „Wie sind synthetische Urteile a priori möglich?" In der Dissertation standen Sinneswahrnehmung und Verstand, Anschauung und Denken einander noch schroff gegenüber; die Verbindung beider zur Einheit der Erfahrung war noch nicht gefunden.

Ein solcher Standpunkt war aber auf die Dauer unhaltbar. Kant k o n n t e nicht bei ihm stehenbleiben. Und so befindet er sich von da an auf dem endgültigen Wege zur K r i t i k d e r r e i n e n V e r n u n f t. Bezeichnenderweise taucht denn, wie ihr Problem, so auch ihr Name in dem Briefe vom 21. Februar 1772 zum ersten Male auf (a. a. O., S. 126). Ganz abgewiesen wird jetzt jene halbmystische Einmischung des Gottesbegriffes, wie ihn Plato, Malebranche und Crusius für nötig gehalten hätten, um die Übereinstimmung unserer Begriffe mit den Dingen zu erklären. Ein solcher Deus ex machina sei „in der Bestimmung des Ursprungs und der Gültigkeit unserer Erkenntnisse das Ungereimteste, was man nur wählen kann", und habe „außer dem betrüglichen Zirkel in der Schlußreihe unserer Erkenntnisse auch noch den Nachteil, „daß er jeder Grille oder andächtigem oder grüblerischem Hirngespinst Vorschub gibt". 'Auch der Name Transzendentalphilosophie für den Inbegriff „aller Begriffe der gänzlich reinen Vernunft" wird hier zum erstenmal gebraucht. Und für die Einteilung der letzteren sind bereits die K a t e - g o r i e n gefunden, nicht die von Aristoteles „aufs bloße Ungefähr nebeneinander gesetzten", sondern „so, wie sie sich selbst durch einige wenige Grundgesetze des Verstandes von selbst in Klassen einteilen".

Soweit die Mitteilungen des wichtigen Briefes vom 21. Februar 1772. Wie sich von da die Entwicklung der Probleme im Inneren des Philosophen im einzelnen weiter vollzog, darüber lassen sich, bei dem Mangel klarer Selbstzeugnisse, nur unsichere Vermutungen aufstellen. Aber es kommt für den Laien, der sich mit der Persönlichkeit und Lehre des Meisters vertraut machen will, auch so viel nicht darauf an. Gibt uns doch der fertige Bau des Systems, wie er großartig vor uns steht, gerade Denkarbeit genug auf, so daß der Nicht-Fachmann sich nicht danach sehnen wird, auch noch die ihn nur verwirrenden, vielfach verschlungenen Pfade kennen zu lernen, die zu diesem Aufbau führten: selbst wenn eine sichere Erkenntnis derselben möglich wäre. Fragen wir uns eingedenk unseres Hauptzweckes, ein tieferes Verständnis von Kants Persönlichkeit zu vermitteln, lieber: Wie kam es, daß der Philosoph, nachdem er schon auf den richtigen Weg gekommen, statt sein Buch, wie er plante, im nächsten Sommer zu veröffentlichen, noch neun Jahre schwerer Gedankenarbeit gebraucht hat? Und welcher Art war seine geistige Stimmung bei dieser Arbeit?

Er selbst führt als Hauptentschuldigungsgrund für den immer wieder erfolgenden Aufschub der Vollendung in seinen Briefen an Herz fast stets mangelnde Gesundheit an (vgl. Briefw. I, S. 93, 117 f., 129, 136, 184, 186, 197, 216, 224 f.). Zugegeben, daß die aufreibende Gedankenanstrengung, zusammen mit den zunehmenden Jahren und seinen vielfachen anderen geistigen Beschäftigungen, ein langsames Vorgehen notwendig machte: zumal da er von vornherein den heilsamen Grundsatz befolgte, sich die zur Erhaltung der Arbeitsfrische bei seinen Jahren doppelt not-

wendige Erholung und „Intervalle" zu gönnen, unter Umständen
„nur immer die Augenblicke der guten Laune zu nutzen, die übrige
Zeit aber der Gemächlichkeit und kleinen Ergötzlichkeiten zu
widmen" (an Herz, 7. Juni 1771). Allein sein „eingeschränktes"
Wohlbefinden, „wobei der größte Teil der Menschen sehr klagen
würde", hatte er sich doch schon lange gewöhnt, „vor Gesundheit
zu halten", und durch immer strengere Regelmäßigkeit der
Lebensweise die schädlichen Wirkungen zu mindern, sich „soviel
sich tun läßt, aufzumuntern, zu schonen und zu erholen" gesucht
(an Herz, 28. Aug. 1778). Und nach der Veröffentlichung der
Kritik ist doch bei der nämlichen körperlichen Verfassung ein
Werk um das andere seiner fruchtbaren Feder entsprungen.
Der letzte Grund muß also tiefer liegen.

Er beruht auf dem innersten Charakter unseres Philosophen,
seinem unerbittlichen Klarheits- und Wahrheitsdrang, verbunden
mit einer Gewissenhaftigkeit und Gründlichkeit des geistigen
Arbeitens, die nicht eher ruht, als bis sie ihren Gegenstand bis
auf den letzten Grund erschöpft hat, und die dabei auch auf die
bisherigen eigenen Meinungen nicht die geringste Rücksicht
nimmt. „Wir müssen uns immer verbessern," sagte er seinen
Studenten in den Vorlesungen. Und „man muß immer wieder
zweifeln in der reinen Philosophie", schrieb er in sein philosophisches Tagebuch (die ‚Reflexionen'), muß „seine Sätze in
allerlei Anwendungen erwägen und . . . das Gegenteil versuchen
anzunehmen und so längeren Aufschub nehmen, bis die Wahrheit
von allen Seiten einleuchtet" (a. a. O., Nr. 5). Die dazu nötige
Gemütsstimmung beschreibt er in jenem langen Schreiben an
Herz mit den Worten: „Das Gemüt muß in den ruhigen oder
auch glücklichen Augenblicken jederzeit und ununterbrochen zu
irgendeiner zufälligen Bemerkung, die sich darbieten möchte,
offen, obzwar nicht immer angestrengt sein. Die Aufmunterungen
und Zerstreuungen müssen die Kräfte desselben in der Geschmei-
digkeit und Beweglichkeit erhalten, wodurch man in Stand gesetzt wird, den Gegenstand immer auf anderen Seiten zu erblicken
und seinen Gesichtskreis von einer mikroskopischen Beobachtung
zu einer allgemeinen Aussicht zu erweitern, damit man alle er-

denklichen Standpunkte nehme, die wechselsweise einer das op-
tische Urteil des anderen verifizieren." Selten hat ein Schriftsteller wohl eine solche geistige Trainierung so konsequent Jahre
lang durchgesetzt, rein im Interesse der Sache, unbekümmert
darum, daß sie von anderen nicht verstanden werde. Er ist sich
dessen auch bewußt gewesen: „Ich habe einen glücklicheren Ausgang als alle Vorgänger bloß von der Gemütsverfassung erwartet,
in die ich mich versetzte und beständig erhielt, ingleichen von
der Länge der Zeit, welche hindurch ich das Gemüt zu jeder
neuen Belehrung offen hielt, welche Stücke ich zweifele, daß sie
jemals einer vor mir beobachtet hätte." Da er noch „keine großen
Bücher" auf dem Gebiet der Philosophie der reinen Vernunft
geschrieben, habe er auch seine „Eitelkeit" nicht „in die Notwendigkeit versetzt, sie zu verteidigen und bei einerlei Meinung
zu bleiben".

Wir schreiten nun rascher vorwärts, indem wir für den Fortgang des Werkes kurz die wichtigsten Daten aus den Briefen
an Marcus Herz aneinanderreihen. Ende 1773: „Was das (sc. die
Einzel-Ausführung) in Ansehung der Methode, der Einteilung,
der genau angemessenen Benennungen vor Mühe macht und
wieviel Zeit darauf verwendet werden muß, werden Sie sich kaum
einbilden können." 24. November 1776: „Die Materien . . . häufen
sich unter meinen Händen, wie es zu geschehen pflegt, wenn man
einiger fruchtbaren Prinzipien habhaft geworden. Aber sie werden
insgesamt durch einen Hauptgegenstand wie durch einen Damm
zurückgehalten," in dessen Besitz er auch schon zu sein glaubt,
und wovon er nichts mehr „auszudenken", sondern „nur auszu-
fertigen hat". Daß dabei nicht an einen Einzelabschnitt, sondern
an die g a n z e Kritik d. r. V. zu denken ist, ergibt ein Vergleich
mit dem Brief vom 20. August 1777, wo ein ähnliches Bild von
dem „Stein im Wege" gebraucht wird. Es gehört „Hartnäckigkeit"
dazu, einen solchen Plan „unverrückt" zu befolgen; und öfters
haben ihn die Schwierigkeiten gereizt, „sich anderen angenehmeren
Materien zu widmen". Aber von solcher „Untreue" habe ihn
dann immer wieder nach einer bestimmten Zeit entweder die
Überwindung gewisser Hindernisse oder die Wichtigkeit des „Ge-

schäftes" selbst zurückgezogen. Die vier späteren Teile: Kritik, Disziplin, Kanon und Architektonik der reinen Vernunft, stehen ihm jetzt schon fest. Es wird eine „förmliche Wissenschaft" geben, zu der man von den schon vorhandenen philosophischen Systemen nichts brauchen kann, und die zu ihrer Grundlegung ganz neuer technischer Ausdrücke bedarf. Nachdem er die letzten Hindernisse im vergangenen Sommer überstiegen, sehe er nunmehr froh ein freies Feld vor sich.

Am 20. August 1777 ist er sich über die „Idee des Ganzen" klar, die „das Urteil über den Wert und den wechselseitigen Einfluß der Teile möglich macht". Was ihn aufhält, ist jetzt nicht mehr die Schwierigkeit der Sache selber, sondern nur noch die Bemühung, den Inhalt allen Lesern d e u t l i c h zu machen: weil auch das, „was man sich selbst geläufig gemacht hat und zur größten Klarheit gebracht zu haben glaubt", doch selbst von Kennern mißverstanden werden kann, „wenn es von ihrer gewohnten Denkungsart gänzlich abgeht". Aus Hamanns Briefen wissen wir, daß Kant um diese Zeit T e t e n s' neuerschienene ,Philosophische Versuche über die menschliche Natur und ihre Entwicklung' (1776/77) eifrig studiert hat (H. an Herder, 13. Okt. 77), die er nach desselben Hamann Mitteilung noch im Mai 1779 „immer vor sich liegen" hatte (H. an Herder, 17. Mai 79). Aber er fand das allzu weitläufige Werk des feinsinnigen Psychologen doch für den Leser ermüdend und ohne festes Resultat (K. an Herz, April 78). Auch konnte ihm für den Hauptzweck seines Werkes weder Lambert noch Tetens nützen: „Ich beschäftige mich nicht mit der Evolution der Begriffe wie Tetens, . . . nicht mit der Analysis wie Lambert, sondern bloß mit der o b j e k - t i v e n G ü l t i g k e i t derselben. Ich stehe in keinem Wettbewerb mit diesen Männern" (Refl. Nr. 231). Um diese Zeit scheint er übrigens vorübergehend an eine nur kurze Schrift, „die an Bogenzahl nicht viel austragen wird", gedacht zu haben (April 78).

Gegen 1780 muß das Gefühl immer stärker in ihm geworden sein, daß er das solange schon im Kopfe herumgetragene Werk nunmehr endlich an das Licht der Öffentlichkeit bringen müsse, falls er nicht Gefahr laufen wolle, es überhaupt nicht mehr zu vollenden. Er fürchtete: „ein so weitläufiges Geschäft würde mir bei längerer Zögerung endlich selbst zur Last werden, und meine zunehmenden Jahre . . . möchten es mir, d e r i c h j e t z t n o c h d a s g a n z e S y s t e m i m K o p f e h a b e, zuletzt vielleicht unmöglich machen" (an Garve 7. August 1783). Man kann unter solchen Umständen wohl verstehen, daß ihn Freund Hamann bei einem Besuche einige Tage vor seinem 55. Geburtstag „voller Lebens- und Todesgedanken" trifft (H. an Herder, 17. April 1779). Er beschloß deshalb im Sommer 1780, um jeden Preis rasch zu Ende zu kommen und lieber auf Popularität des Stils zu verzichten (an Mendelssohn, 16. Aug. 87). Er strich daher auch die zahlreichen Beispiele und Erläuterungen des bisherigen Entwurfs. „Ich sah die Größe meiner Aufgabe und die Menge der Gegenstände, womit ich es zu tun haben würde, gar bald ein; und da ich gewahr ward, daß diese ganz allein im trockenen, bloß s c h o l a s t i s c h e n Vortrage das Werk schon genug ausdehnen würden, so fand ich es unratsam, es durch Beispiele und Erläuterungen, die nur in p o p u l ä r e r Absicht notwendig sind, noch mehr anzuschwellen . . ." (Vorrede zur 1. Auflage, S. XII). Er schrieb nun, etwa Mitte 1780 beginnend, um mit seinen eigenen Worten zu reden, „das Produkt des Nachdenkens von einem Zeitraum von wenigstens zwölf Jahren i n n e r h a l b e t w a 4—5 M o n a t e n, gleichsam im Fluge" nieder.

Die unter Hamanns Vermittlung mit Hartknoch in Riga angeknüpften Verlagsverhandlungen führten Mitte Oktober zum Abschluß. Der Druck, unter Leitung von Spener in Berlin bei Grunert in Halle, begann zwar etwas verspätet, wahrscheinlich erst Januar 1781, ging aber dann sehr schnell vorwärts. Am 6. April erhielt Hamann die ersten 28 Aushängebogen; Bogen 31—47 trafen am 28. April in Königsberg ein. Da das gesamte Werk 55 Bogen umfaßte, wird es Mitte Mai fertig geworden sein und konnte so noch auf die Leipziger Ostermesse kommen, die am Sonntag Cantate (in diesem Jahre am 14. Mai) begann und vier Wochen dauerte. Am 22. Juli erhielt Hamann von Kant das erste gebundene Exemplar. Die Widmung an Minister von Zedlitz trägt das Datum des 29. März. Während der Ausarbeitung hatte er das Werk anscheinend — im Nachlaß findet sich das Bruchstück eines Entwurfes — Lambert zu widmen beabsichtigt, als Dank für die lebhafte Teilnahme, die dieser Denker Jahre lang seinen Untersuchungen bekundet; Lambert war jedoch darüber hinweggestorben (Oktober 1779).

Mit der Vollendung der Kritik der reinen Vernunft tritt Kant in die Zeit seiner Vollreife und zugleich in die Höhezeit seines Wirkens ein.

Drittes Buch

Die Höhezeit

Erstes Kapitel

Der Kritiker der Erkenntnis

1. Die kritischen Grundmotive (Philosophie als Wissenschaft)

Es kann uns nicht in den Sinn kommen, im folgenden unseren Lesern etwa den gesamten Gedankengang des kritischen Hauptwerkes oder gar den Gesamtbau des Systems in knapper Form vor Augen zu führen. Das ist in unzähligen Darstellungen geschehen; auch wir selbst haben es an anderem Orte versucht[1]). Sondern wir wollen hier nur die Grundmotive, die unseren Kritiker der reinen Vernunft bewegen, in großen Zügen darzulegen suchen. Wir stützen uns dabei vorzugsweise auf seine eigene Erläuterungsschrift, die ‚P r o l e g o m e n a zu einer jeden künftigen Metaphysik, die als Wissenschaft wird auftreten können' (1783), in zweiter Linie auf die Vorrede zur z w e i t e n Auflage der ‚Kritik' (1787): deshalb, weil er in beiden das eigene Werk schon in einiger Entfernung von sich sieht, daher besser „das Ganze zu übersehen", die „Hauptpunkte, worauf . . . es ankommt", zu bezeichnen und „manches dem Vortrage nach besser" als bei „der ersten Ausfertigung des Werkes einzurichten" vermochte (Proleg., Ausgabe Vorländer, S. 11).

Zunächst: Kant ist sich bewußt, mit seinem Werke etwas v ö l l i g N e u e s zu geben, wovon „niemand auch nur den Gedanken vorher gefaßt hatte" (ebd. S. 9), das mithin nicht einfach in irgendeiner der beliebten philosophiegeschichtlichen Rubriken unterzubringen ist: wie es auch heute noch „Gelehrte, denen die Geschichte der Philosophie selbst ihre Philosophie ist",

---

[1]) Geschichte der Philosophie. 2 Bände. Lpz., F. Meiner. 6. Aufl. 1921. — Volkstümliche Geschichte der Philosophie. Stuttgart, Dietz, 1921. 3. Aufl. 1923.

gar zu gerne tun, indem sie Kants Philosophie aus einer Anzahl
von —ismen, von jedem eine Dosis, zusammensetzen. Solchen
Leuten hat schon Kant verächtlich zugerufen: sie „müssen warten", warten, bis „diejenigen, die aus den Quellen der Vernunft
selbst zu schöpfen bemüht sind, ihre Sache werden ausgemacht
haben"; dann wird auch an sie die Reihe kommen, der Welt
Nachricht davon zu geben. Kant fordert vielmehr als Voraussetzung für das Verständnis seiner Lehre eine vorherige vollkommene „Revolution der Denkungsart": eine Wendung, die er,
geringe Modifikationen („Umschaffung", „Änderung" statt „Revolution") mit eingerechnet, in der Vorrede zur zweiten Auflage
auf wenigen Seiten nicht weniger als 14mal gebraucht. Diese
„Umschaffung" seiner bisherigen Denkweise hat zunächst der
naive Mensch mit sich selbst vorzunehmen, indem er jenen K o -
p e r n i k u s - Gedanken, durch den das „bewundernswürdige
Volk der Griechen" die Mathematik, mit dem Galilei und seine
Nachfolger die moderne Physik begründet, auch auf die Philosophie anwendet: daß der Gegenstand sich nach unserer Erkenntnis richtet, nicht unsere Erkenntnis nach den Gegenständen;
mit anderen Worten: daß Wissenschaft durch die Begriffe entsteht, die wir selbst in die Dinge hineindenken.

Philosophiegeschichtlich betrachtet ist das Ancien regime, das
durch die Kantische „Revolution" abgelöst werden soll, die gesamte bisherige, d. h. die S c h u l m e t a p h y s i k. Nicht als
ob er die Metaphysik überhaupt verbannen wollte. Sie ist dem
Menschen vielmehr so natürlich wie das Atemholen, mit seinen
Vernunftinteressen aufs innigste verflochten. Aber was die Metaphysik — Kants eigene frühere Versuche mit eingeschlossen —
bisher geleistet hat, mag zwar „die Leser gut unterhalten, auch
wohl zur Kultur der Gemütskräfte" beigetragen haben, hat jedoch die Philosophie um keinen Schritt weiter gebracht, vielmehr
manchen guten Kopf verdorben. Sie, einst die „Königin der
Wissenschaften", hat denn nachgerade auch allen Kredit verloren; es gilt beinahe schon als Beleidigung, ein großer Metaphysiker zu heißen. Zur alten Metaphysik verhält sich die neue Philosophie wie die Chemie zur Alchemie, die astronomische Wissen-

schaft zur astrologischen Sterndeuterei. Alle Metaphysiker der alten Art — selbst einen Leibniz zählt er dazu, den er noch nicht so vollständig kannte, wie wir heute, sondern wesentlich unter dem Gesichtspunkt der Wolffschen Schule betrachtet — werden demnach „feierlich und gesetzmäßig von ihren Geschäften suspendiert", bis sie die kritische Kernfrage befriedigend beantwortet haben. Meinetwegen mögen sie ihr „Gewerbe" als eine „Kunst heilsamer Überredung" noch fernerhin betreiben, nur als Vertreter der Wissenschaft dürfen sie sich nicht aufspielen wollen. Wer einmal Kritik gekostet hat, den ekelt auf immer alles dogmatische Gewäsche, und er wird nie zu jener alten, sophistischen Scheinwissenschaft zurückkehren. Denn Wahrscheinlichkeit und Berufung auf den gesunden Menschenverstand können nicht als Beweise gelten. Metaphysik muß Wissenschaft sein, sonst ist sie gar nichts.

Damit sind wir bei einem Dritten angelangt. Philosophie muß endlich einmal dem ewigen Wechsel der einander ablösenden metaphysischen Systeme entrissen, zur festgegründeten und dauerhaften W i s s e n s c h a f t werden. Der Kern- und Leitgedanke der gesamten zweiten Vorrede, die nach sechsjähriger Rückschau auf das Werk geschrieben ist, lautet: die neue Kritik des Erkennens muß, im Gegensatz zu dem bisherigen „bloßen Herumtappen", den „sicheren Gang einer Wissenschaft" einschlagen. Nicht weniger als zwölfmal wird das, in dieser und ähnlichen Wendungen, immer von neuem betont. Und die ‚Prolegomena' wollen schon ihrem Titel nach zu einer künftigen Metaphysik führen, ‚die als Wissenschaft wird auftreten können'. Zu einer vollkommenen Wissenschaft aber gehört V o l l s t ä n - d i g k e i t und E i n h e i t l i c h k e i t des Ganzen. Und so „erkühnt" sich schon die erste Vorrede zu der stolzen Behauptung: „daß nicht eine einzige metaphysische Aufgabe sein müsse, die hier nicht aufgelöst, oder zu deren Auflösung nicht wenigstens der Schlüssel dargereicht worden," denn reine Vernunft ist vollkommene Einheit. Wäre es nicht so, „wäre ihr Prinzip auch nur zu einer einzigen aller der Fragen, die ihr durch ihre eigene Natur aufgegeben sind, unzureichend", so „könnte man dieses immerhin nur wegwerfen, weil es alsdann auch keiner der übrigen mit völliger Zuverlässigkeit gewachsen sein würde".

Wodurch ist nun eine solche Wissenschaftlichkeit, Einheitlichkeit und Vollständigkeit der Philosophie erreichbar? Durch ein streng einheitliches Verfahren „nach Grundsätzen", d. h. durch eine M e t h o d e , welche nicht eine schon vorhandene Wissenschaft bloß ordnet, sondern die Wissenschaft stets neu erzeugt. Schon 1765/66 hatte er ja, wie wir sahen, verkündet: er wolle keine Philoso p h i e , sondern philoso p h i e r e n lehren. So nennt er denn auch seine Kritik der reinen Vernunft in der zweiten Vorrede (S. XXII) geradezu einen „Traktat von der Methode". Der gesamte zweite Teil des Buches bezeichnet sich als „Methodenlehre". Und die ‚Prolegomena' sollen — so lautet ihr erster Satz — künftigen Lehrern dazu dienen, die Philosophie als Wissenschaft „selbst allererst zu erfinden".

Diese seine neue Methode bezeichnet Kant mit verschiedenen Namen. Zunächst und wohl am häufigsten als die k r i t i s c h e . Als solche setzt er sie den beiden bisher in der Philosophie üblich gewesenen, die er zugleich bis zu einem gewissen Grade auch an sich selbst erlebt hatte, entgegen: der dogmatischen und der skeptischen. Liest man die Schriften der kritischen Epoche, vor allem die Kritik der reinen Vernunft, so hat man zunächst die Empfindung: die ganze Wucht des kritischen Angriffes richtet sich gegen den Dogmatismus der bisherigen Metaphysik. Ihm wird nachgesagt, daß er lustig darauf los seinen Bau errichte und erst nachher untersuche, ob auch der Grund fest gelegt sei, um dann hintennach, „wie es bei einem übereilten Bau herzugehen pflegt", noch Stützen und Strebepfeiler anzubringen: ungerechnet die „babylonische Sprachverwirrung", die diese metaphysischen „Luftbaumeister" obendrein noch veruneinigt. Kants Idealismus will „beileibe" kein „höherer" sein. „Hohe Türme und die ihnen ähnlichen metaphysisch-großen Männer, um welche beide gemeiniglich — viel Wind ist, sind nicht für mich." Als s e i n e n Platz bezeichnet er vielmehr „das fruchtbare Bathos [= Tiefebene] der Erfahrung". Sein Hauptangriff mußte gegen die Dogmatiker gehen, weil gerade sie, mindestens auf

den deutschen Kathedern, bis 1781 das große Wort geführt
hatten.

Aber wenn er sich auch, anstatt jener himmelanstrebenden
Turmbauten, mit einem bescheidenen „Wohnhaus" begnügen
will, „welches zu unseren Geschäften auf der Ebene der Erfahrung
gerade geräumig und hoch genug ist, sie zu übersehen": so will
er doch ebensowenig von jenem nackten Empirismus wissen,
der in dem aus dem Westen gekommenen S k e p t i z i s m u s
seinen Ausdruck fand. Schwärmt der dogmatische Despotiker,
ohne vorausgehende Prüfung des Vermögens oder Unvermögens
der Vernunft, jenseits der Erfahrung umher, so verfährt die
skeptische Anarchie gewalttätig gegen die Vernunft, löst sich,
folgerichtig zu Ende gedacht, selbst auf und ist daher im Grunde
„gar keine ernstliche Meinung", vielmehr nur als „Zuchtmeister
des dogmatischen Vernünftlers" von Nutzen. Die Skeptiker
gleichen Nomaden, die jeden beständigen Anbau des Bodens
verabscheuen; Kant aber will im Grunde doch gerade den Boden
für jenes einfache Wohnhaus der Erfahrung und die „majestä-
tischeren" sittlichen Gebäude „eben und baufest" machen, will
diesen Boden so tief legen, daß kein Teil sinkt und dann „den
Einsturz des Ganzen unvermeidlich nach sich zieht".

Entspricht der Dogmatismus dem naiven Kindesalter, der
Skeptizismus der „durch Erfahrung gewitzigten", aber noch nicht
zur Reife gediehenen Jünglingszeit der menschlichen Vernunft,
so vollzieht die „gereifte und männliche" Urteilskraft, welche
„feste und ihrer Allgemeinheit nach bewährte Maximen zum
Grunde hat", den Schritt zur K r i t i k. Das Wort Kritik bedeutet seiner griechischen Herkunft nach: S c h e i d u n g,
Sichtung. Scheidung zunächst des Gebietes der Erfahrung vom
Übersinnlichen, und zwar in der Weise, daß nicht etwa eine un-
übersteigliche „Schranke" errichtet wird, welche gewisse Fragen
einfach abweist, sondern daß diese Schranke sich in eine „Grenze"
verwandelt, die auch das jenseits ihrer selbst Liegende mit in
Betrachtung zieht. Und Scheidung zweitens innerhalb des Reiches
der Erfahrung selbst zwischen deren einzelnen Gebieten oder
Wissenschaften, deren Grenzen „nicht ineinanderlaufen, sondern

ihre gehörig abgeteilten Felder einnehmen" müssen. Endlich gehört zu dem Begriff der „scheidenden" Kritik, deren Verfahren von Kant gern mit dem des Chemikers oder auch Mathematikers verglichen wird, noch ein Drittes: Scheidung des „R e i n e n , mit nichts Fremdartigem Vermischten" in der Erkenntnis von dem mit Einzelerfahrungen Vermengten. „Rein" ist das, in dem „nichts von dem, was zur Empfindung gehört, angetroffen wird".

Was ist endlich der G e g e n s t a n d dieser Kritik, mithin der neuen Philosophie überhaupt? Kants Antwort lautet: Die V e r n u n f t. „Vernunft" aber ist in diesem Falle nur der Sammelname für unsere gesamte wissenschaftliche, d. h. mathematische, naturwissenschaftliche und etwaige metaphysische Erkenntnis. Diese also soll „kritisiert", d. i. nicht, wie bei Lambert und Tetens, psychologisch zergliedert, sondern auf ihren wissenschaftlichen Geltungswert geprüft, ihr Umfang und ihre Grenzen untersucht, ihre Bedingungen und Voraussetzungen festgestellt, mit anderen Worten das „Reine" an ihr vom bloß durch die Empfindung Bedingten, Empirischen gesondert werden. Nun bilden den Inhalt der Wissenschaft „synthetische Urteile a priori", oder, ohne Kunstsprache ausgedrückt: Erkenntnis erweiternde, neue Erkenntnis bringende Sätze von unbedingter Allgemeinheit und strenger Notwendigkeit. Die Aufgabe der Kritik, „auf die alles ankommt", und zu deren Beantwortung alle Metaphysiker feierlich aufgefordert werden, lautet demnach: Wie sind solche synthetischen Urteile (Sätze, Erkenntnisse), in modernem Ausdruck: w i e i s t W i s s e n s c h a f t m ö g l i c h ?

Nun heißen die eigentlich und objektiv so genannten Wissenschaften: Mathematik und Physik. So ergeben sich zunächst die beiden Fragen: a) Wie ist reine M a t h e m a t i k möglich? b) Wie ist r e i n e N a t u r w i s s e n s c h a f t möglich? Da aber außer der exakten Wissenschaft auch noch andere Probleme (Gott, Welt, Seele, Freiheit des Willens) sich unwillkürlich und unvermeidlich uns aufdrängen, die man als „metaphysische" zusammenzufassen pflegt, so entsteht die zweite Doppelfrage: Wie ist diese M e t a p h y s i k c) überhaupt, d. i. als N a - t u r a n l a g e, d) wie ist sie als W i s s e n s c h a f t möglich?

Wir betrachten zunächst

2. Kants Stellung zur Mathematik

Im Gegensatz zu Goethe, der kein Organ für sie besaß, schätzte unser Denker schon in seiner vorkritischen Zeit die Mathematik so hoch, daß er sie als „Muster der höchsten Gewißheit" feiert, das die „wahrste Erkenntnis" spende (Dissert. von 1755, § 12), daß er durch sie nicht bloß seinen Verstand geschärft, sondern durch „die Unermeßlichkeit ihrer harmonischen Beziehungen" auch sein Gefühl gerührt findet, auf eine „erhabenere" Weise sogar als durch die „zufälligen" Schönheiten der Natur (‚Beweisgrund' 1763, S. 47 f.). Das Kolleg über Mathematik freilich, das er in seinen ersten acht Magisterjahren für jedes Semester — bloß für Sommer 1759 sind keine Nachrichten erhalten — ankündigte, scheint sich nur mit der, wie wir wissen, auf den damaligen Gymnasien völlig vernachlässigten Elementar-Mathematik beschäftigt zu haben. Aber er regte nicht bloß ihm näherstehende Schüler, wie Kraus, gern zu mathematischem Studium an, sondern hat sich auch selbst bis in seine späteren Jahre öfters mit mathematischen Problemen beschäftigt. Das geht aus seiner Korrespondenz mit Rehberg über die Unmöglichkeit, die $\sqrt{2}$ in Zahlen zu denken (Herbst 1790), aus seinem Briefwechsel mit Johann Schultz, aus seiner Polemik gegen Reimarus (Okt. 1796), sowie aus den 17 erhaltenen ‚Losen Blättern' seines Nachlasses hervor, die kürzlich Adickes mit eingehendem Kommentar im 14. Band der Akademie-Ausgabe veröffentlicht hat. Neben Berechnungen finden sich dort auch eine Reihe sorgfältig mit Lineal und Tinte ausgeführter, manchmal sehr verwickelter, planimetrischer Figuren; aus seinen Altersjahren sind zudem mehrere Zahlenspielereien erhalten, an denen er ja, wie auch einzelne Stellen seiner Schriften zeigen, ein gewisses Gefallen hatte.

Trotzdem würde er — und zwar mit Recht — selbst am ehesten dagegen protestiert haben, daß er ein bedeutender Mathematiker gewesen sei. In seiner mathematischen Polemik mit Kästner-Eberhard bedient er sich der Hilfe seines Fachkollegen Schultz, und noch am 19. November 1796 äußert er gegen Beck,

die von Hindenburg (Leipzig) angeregte Anwendung der Kombi-
nationsmethode auf die Philosophie übersteige seine mathematischen Kenntnisse viel zu weit, als daß er sie auch nur versuchen
sollte. Sein Verhältnis zur Mathematik drückt sich vielmehr
deutlich schon in seiner Abhandlung ‚Von den negativen Größen‘
(1763) aus, in der er erklärt, er wolle dasselbe Problem, das Kästner
vortrefflich mathematisch behandelt habe, seinerseits vom philosophischen Gesichtspunkt aus erörtern. Nur auf die p h i l o -
s o p h i s c h e Wertung der Mathematik kommt es ihm an.
Um die Mitte der 70er Jahre hat er anscheinend sogar einmal
besondere „Metaphysische Anfangsgründe der Mathematik“ oder
eine „Metaphysik der Größenlehre“ schreiben wollen, die u. a.
von „der Größe durch den Grad“, von Einheit und Menge, von
der kontinuierlichen und der „immensurabeln“ Größe, vom Un-
endlich-Großen und Unendlich-Kleinen handeln sollte (Ak.-Ausg.
XIV, 195 f.). Aber er hat eine solche besondere Philosophie der
Mathematik dann doch aufgegeben und nur das Wichtigste davon
in seine kritischen Schriften aufgenommen.

In ihnen preist er die Mathematik als den „Stolz der menschlichen Vernunft“ (Kr. d. r. V., Orig. 492), den „Meister über die
Natur“ (ebd. 753), die evidenteste aller Wissenschaften. Die Prolegomena rühmen sie als „eine große und bewährte Erkenntnis,
die schon jetzt von bewundernswürdigem Umfange ist und“ —
ein Zeugnis seiner Einsicht in die schöpferisch-zeugende Art aller
echten Wissenschaft — „unbegrenzte Ausbreitung auf die Zukunft
verspricht“ (§ 6). Ja, in jeder besonderen Naturlehre steckt,
wie die ‚Metaphysischen Anfangsgründe der Naturwissenschaft‘
(1786) in ihrer Vorrede erklären, „nur so viel eigentliche Wissenschaft, als Mathematik in ihr anzutreffen ist“. Und doch, selbst
die Möglichkeit dieser sichersten und apodiktischsten aller Wissenschaften, dieses „glänzenden Beispiels, wie weit wir es unabhängig von der Erfahrung in der Erkenntnis bringen können“,
muß erst — durch die Transzendental-Philosophie gezeigt werden
(Kr. 761).

Das geschieht in der Lehre von den notwendigen Voraussetzungen der sinnlichen Anschauung, dem ersten Teile der Kr.

d. r. V.: der „transzendentalen Ästhetik". Die Mathematik beruht nämlich nicht, wie die Philosophie, auf bloßen Begriffen, sondern auf reiner Anschauung, in der sie ihre Begriffe unmittelbar darstellt, d. h. konstruiert. Zugrunde aber liegen allen mathematischen Erkenntnissen als „reine" Anschauungen oder „Formen" der sinnlichen Anschauung: R a u m und Z e i t; der erstere als die formale Bedingung aller äußeren Erscheinungen, die Zeit als die Form aller Erscheinungen überhaupt. Lassen wir von unserer Vorstellung eines Körpers alles fort, was zur Empfindung gehört, so bleiben Raum und Zeit immer noch übrig als nicht wegdenkbare Formen unserer sinnlichen Anschauung, wie dies die „metaphysische" Erörterung beider Begriffe darlegt. Den eigentlich durchschlagenden Gedanken jedoch bringt erst die in der zweiten Auflage der Kritik, im Anschluß an die Prolegomenen, hinzugefügte „transzendentale" Erörterung: beide (Raum und Zeit) ermöglichen erst die Wissenschaft der Mathematik. „Geometrie legt die reine Anschauung des Raumes zum Grunde, Arithmetik bringt selbst ihre Zahlbegriffe durch sukzessive Hinzusetzung der Einheiten in der Zeit zustande (Proleg. § 12). Die mathematische Raumvorstellung, dieser „Raum in Gedanken", ist kein erdichteter Begriff, sondern macht den physischen, d. i. die Ausdehnung der Materie, überhaupt erst möglich.

In diesem Sinne ist auch der von den Zeitgenossen des Philosophen an bis heute so vielfach mißverstandene Ausdruck a p r i o r i zu verstehen, aus dem man die Bedeutung des z e i t - l i c h Ersten, des „Angeborenen" gänzlich zu entfernen hat. Wenn Kant sagt: Raum und Zeit sind Anschauungen, die wir „von vornherein" (a priori) haben, so will er damit n i c h t sagen: sie sind uns angeboren. Die Frage, wie und wann die Raumvorstellung in der Seele des Kindes entsteht, interessiert wohl den Psychologen, aber nicht den Erkenntniskritiker. Dieser will nicht die E n t stehung der wissenschaftlichen Erfahrung, sondern ihren fertigen B e stand untersuchen. Das a priori bedeutet nichts anderes als das, was die Grundlage aller Wissenschaft ist: „unbedingt notwendig" und „streng allgemein". — Ferner, damit, daß er alle äußeren „Gegenstände" in menschliche „Vorstellungen" auflöst, will Kant keineswegs die gesamte Sinnenwelt in lauter Schein verwandeln. Er unterscheidet vielmehr seine Ansicht ausdrücklich und sehr lebhaft von der des Berkeleyschen „Idealismus", der in der Tat alles außerhalb der denkenden Wesen Existierende leugne, während e r (Kant) wirkliche körperliche Gegenstände außer uns annehme, von denen wir nur nicht wissen, „was sie an sich selbst sein mögen", weil wir sie eben bloß durch ihre Wirksamkeit auf unsere Sinne kennen. Um Mißverständnisse zu vermeiden, will daher Kant s e i n e n Idealismus künftig den k r i t i s c h e n nennen (Schlußsatz des 1. Teils der Prolegomena).

Seine nächste Aufgabe ist

3. Die Begründung der „reinen" (mathematischen) Naturwissenschaft

Die Z e i t vorstellung leitet unmittelbar über zur „reinen Mechanik" oder „allgemeinen Bewegungslehre", die ja „ihre Begriffe von Bewegung nur vermittelst der Vorstellung der Zeit zustande bringen kann" (Prol. § 10) und ihrerseits den Zusammenhang der Mathematik mit der P h y s i k vermittelt. Wie über Mathematik, so hat auch über theoretische Physik Kant als Magister häufig, nicht weniger als 15mal, gelesen; dazu noch zweimal über die „mechanischen Wissenschaften": Mechanik, Hydrostatik, Hydraulik und Aerometrie. Seit Antritt seiner ordentlichen Professur las er allerdings das Physik-Colleg seltener, hat es jedoch immerhin zwischen 1776 und 1788 noch sechsmal wiederholt; anscheinend, ohne jemals Experimente hinzuzufügen. Physikalische Probleme überhaupt haben ihn offenbar bis an sein Lebensende beschäftigt, wie nicht zum wenigsten das bei seinem Tode unvollendet gelassene Nachlaßwerk über den ‚Übergang von den metaphysischen Anfangsgründen der Naturwissenschaft zur Physik' beweist. Und zwar — das ist auch aus seinem von Adickes (Bd. XIV der Akad.-Ausg.) veröffentlichten Nachlaß zu ersehen — Probleme aus allen Gebieten: der allgemeinen Physik und der Mechanik so gut wie der Optik und Akustik, der Licht- und Wärmetheorie wie des Magnetismus und der Elektrizität.

Hier geht er vielfach eigene Wege. So zeigt er sich durchaus nicht schlechtweg von Newton abhängig. Während er ihm in der Optik im wesentlichen treu bleibt, huldigt er in der Akustik Eulers Undulationstheorie; ja er versucht eigene und neue Erklärungen der Wärme und des Magnetismus durch gewisse Eigenschaften eines durch die ganze Natur verbreiteten Stoffes zu geben. Manche Einzelheiten sind noch für den heutigen Naturforscher als geistvolle Vorahnungen von Interesse. Daß er sich auch für die Anwendungen in der Praxis interessierte, zeigt die erhaltene Korrespondenz mit seinem physikalischen Kollegen Reusch über die Anlage eines Blitzableiters an einer Königsberger Kirche.

Von seinen Schriften gehören diesem Gebiete an die schon in Buch I besprochenen vorkritischen: De igne (1755), Monadologia physica (1756) und ‚Neuer Lehrbegriff der Bewegung und Ruhe' (1758): auch sie nicht eigentliche Fachschriften, sondern die philosophische Seite der Sache behandelnd. Zu einer zusammenfassenderen Arbeit: ‚Metaphysische Anfangsgründe der natürlichen [d. h. hier = auf die Natur sich beziehenden] Weltweisheit' hatte er schon 1765 „den Stoff fertig liegen" (an Lambert, 31. Dez. 1775). Aber erst Ostern 1786, also volle 20 Jahre später, ist sie erschienen. Ehe wir jedoch den Inhalt dieser für die Kenntnis von Kants allgemein-physikalischen Ansichten wichtigsten naturphilosophischen Schrift berühren, müssen wir uns über die allgemeine philosophische Begründung der mathematischen Naturwissenschaft und ihre Stelle im kritischen Systeme klar werden.

Mechanik und Dynamik zusammen heißen, nach dem Sprachgebrauch der Zeit von Newton her, bei Kant: r e i n e oder m a t h e m a t i s c h e Naturwissenschaft. Deren Grundbegriffe und allgemeine Voraussetzungen festzustellen, reicht jedoch die Formenlehre der reinen Anschauung, also die transzendentale Ästhetik, nicht aus. Anschauungen ohne Begriffe sind „blind". Es muß die Lehre vom Erkennen, von den Begriffen des Verstandes, m. a. W. die transzendentale Logik hinzukommen. „T r a n s z e n d e n t a l" nennt Kant, wie bei dieser Gelegenheit

bemerkt sein mag, „alle Erkenntnis, die sich nicht sowohl mit
Gegenständen, sondern mit unserer E r k e n n t n i s a r t von
Gegenständen, sofern diese a priori möglich sein soll, über-
haupt beschäftigt"; entsprechend seiner Voraussetzung, daß die
sogenannten „Gegenstände" in Wirklichkeit nur Vorstellungen
von Gegenständen sind. In die bunte Mannigfaltigkeit der
bloßen Sinneseindrücke kommt Einheit erst durch eine von
Kant „Synthesis" (Zusammenfassung) genannte selbsttätige Handlung unseres Verstandes, die ihren letzten Grund in unserem
Selbstbewußtsein, d. i. dem Bewußtsein von der Einheit unseres
Bewußtseins, findet. Aus ihr, der „ursprünglich-synthetischen
Einheit der Apperzeption", als dem „höchsten Punkt, an den
man allen Verstandesgebrauch, selbst die ganze Logik und nach
ihr die Transzendental-Philosophie heften muß", fließen, von den
Urteilsformen abgeleitet, die „Stammbegriffe des reinen Verstan-
des", von unserem Philosophen mit dem aristotelischen Namen
„K a t e g o r i e n" bezeichnet.

Für die schwierigste Aufgabe der ganzen Kritik hat der
Verfasser selbst die „Deduktion" dieser zwölf Kategorien — Namen
und Einteilung findet der Leser in jeder Geschichte der Philosophie — erklärt. Hier sei nur so viel gesagt, daß der Philosoph
es nicht als seine Aufgabe ansieht, dieselben nach der Weise von
Locke und Hume aus den „Gelegenheitsursachen ihrer Erzeugung
in der Erfahrung" herzuleiten. Die an Stelle solcher „empirischen"
gegebene „transzendentale" Deduktion gründet sich vielmehr auf
die Tatsache der wissenschaftlichen Erkenntnisse, die in der
„reinen Mathematik" und „allgemeinen Naturwissenschaft" un-
bestritten vorliegen. Indem nun die Kategorien oder „reinen
Verstandesbegriffe" die von den Sinnen g e g e b e n e „Erscheinung" zum g e d a c h t e n „Gegenstande" erheben, erweisen sie sich als die „formalen Bedingungen", der „Leitfaden"
oder „Schlüssel" der gesamten Erfahrung (Wissenschaft), die
durch sie überhaupt erst möglich wird.

Allein sie würden „leer", „bloße Gedankenformen" ohne Inhalt und Bedeutung bleiben, falls sie nicht ihrerseits auf die Anschauungen angewandt würden. Will sich das Denken zum E r -

k e n n e n vertiefen, so muß es anschaulich werden; will ich z. B.
eine Linie erkennen, so muß ich sie ziehen. Die Kategorien erfüllen sich mit Inhalt erst in den G r u n d s ä t z e n , auf die
alles Vorige nur die Vorbereitung darstellt. Bildeten die formalen
Bedingungen aller Urteile ein logisches, die darauf gegründeten
reinen Verstandesbegriffe ein „transzendentales" System, so
machen die Grundsätze das System der N a t u r aus, „welches
vor aller empirischen Naturerkenntnis vorhergeht, diese zuerst
möglich macht und daher die eigentliche allgemeine und reine
Naturwissenschaft genannt werden kann" (Proleg. § 23). Die
beiden ersten, „mathematischen" Grundsätze betrachten die Erscheinungen als „extensive", d. h. ausgedehnte, und „intensive",
d. h. Grad-Größen; die folgenden, „dynamischen" bestimmen die
Gegenstände physikalisch als beharrende Substanzen, sich verändernd nach dem Gesetz von Ursache und Wirkung (Kausalität)
und in ihrer durchgängigen Wechselwirkung. Die drei letzten
fügen, als „Postulate" alles Erfahrungsdenkens, dem Vorigen
noch drei methodisch wichtige wissenschaftliche W e r t bestimmungen hinzu: M ö g l i c h ist, was mit den formalen Bedingungen der Erfahrung (Anschauungen und Begriffen) übereinkommt;
w i r k l i c h : was mit ihren materialen Bedingungen (der Empfindung) zusammenhängt; n o t w e n d i g : wessen Zusammenhang mit dem Wirklichen nach allgemeinen Bedingungen der
Erfahrung bestimmt ist.

Mit der Aufstellung der Grundsätze ist die oberste Frage
der Transzendental-Philosophie: Wie ist Natur selbst möglich?
(Prol. § 36) beantwortet. Natur bedeutet: das Dasein der Dinge,
sofern es nach allgemeinen Gesetzen bestimmt ist (§ 14). Wir
kennen jetzt diese allgemeinsten Gesetze: die Grundsätze möglicher Erfahrung sind eben zugleich die allgemeinen Gesetze der
Natur. Die Anwendung dieser Grundsätze auf die mathematische
Naturwissenschaft gibt Kants Schrift von 1786: ‚M e t a p h y -
s i s c h e A n f a n g s g r ü n d e — heute würde man etwa sagen:
Philosophische Grundlagen — der N a t u r w i s s e n s c h a f t'.
Da die besondere Naturlehre nur so viel „eigentliche" Wissenschaft enthält, als Mathematik in ihr angewandt werden kann,

gehören Chemie, Psychologie, Naturgeschichte, überhaupt Naturbeschreibung nicht zur Naturwissenschaft im strengen
Sinne. Um eine solche, mathematisch begründete Naturwissenschaft zu ermöglichen, muß deren Zentralbegriff, der Begriff der
M a t e r i e , philosophisch zergliedert und systematisch dargestellt werden. Materie aber ist, was erst heute von den bedeutendsten Vertretern der Naturforschung ganz erkannt worden
ist, im Grunde nichts anderes als B e w e g u n g . Darum „ist
Wissenschaft der Natur durchgängig eine entweder reine oder
angewandte Bewegungslehre". Die Newtonschen „Grundkräfte"
der „Anziehung und Abstoßung", die auch Kant noch nach der
Weise der Zeit seiner Betrachtung zugrunde legt, sind am letzten
Ende nur ein anderer Ausdruck dieser wissenschaftlichen Grund-
annahme. Im übrigen will Kant schon zu Anfang der 70er
Jahre alle E r k l ä r u n g „der Mathematik und den Erfahrungsgesetzen" selbst überlassen; seine Metaphysik der Natur beabsichtigt nur „gewisse falsche Voraussetzungen der reinen Vernunft" zu beseitigen (Ak.-Ausg. XIV, S. 162; vgl. 174). „Grundkräfte" aber sind „die letzte Zuflucht des Naturforschers", und
mit einer Erklärung gar durch einen göttlichen Willen „gibt er
sein Geschäft auf" (ebd. 223).

Die Schrift von 1786, die schon im nächsten Jahre in neuer
Auflage erschien, zerfällt, dem Schema der Kategorien folgend,
in vier Teile. Der erste, die P h o r o n o m i e (= Bewegungslehre) behandelt die Grundbestimmung aller Materie, die Bewegung, nur als Quantum, hinsichtlich der Zusammensetzung ihrer
Geschwindigkeiten. Der zweite und wichtigste, die D y n a m i k ,
konstruiert die Materie qualitativ aus bestimmt wirkenden
Kräften d. h. Bewegungsgesetzen, so daß in ganz moderner
Weise der Kraftbegriff „jedes Anthropomorphismus entkleidet
und in einen gesetzlichen Abfluß mathematischer Bestimmungen
aufgelöst wird"[1]. Der dritte Teil, die M e c h a n i k , bringt
die Materie in Beziehung zu dieser bewegenden Kraft, leitet die
Newtonschen Bewegungsgesetze ab, fügt die Konstanz der Masse

---

[1] O. Buek, Einleitung zu seiner Ausgabe von Kants Schrift. Philos.
Bibl. Bd. 48, S. XXXIII.

hinzu und verwandelt die Trägheitskraft in das Trägheitsgesetz. Der vierte schließlich, die P h ä n o m e n o l o g i e (= Lehre von den Erscheinungen), behandelt die Materie im Verhältnis zu unserer Vorstellungsweise. Raum und Bewegung bleiben für die letztere stets relativ, der „absolute" Raum ist nur eine Idee.

So wird die M e c h a n i k zum höchsten Ausdruck der exakten Naturwissenschaft, neben der den übrigen Teilen anscheinend keine Selbständigkeit zukommt. Dennoch ist Kant die volle Berechtigung der D y n a m i k neben der reinen Mechanik nicht verschlossen geblieben. Schon in der ersten Hälfte der 70er Jahre setzt er zwar physikalische Erklärung gleich mit Ableitung „aus bewegenden Kräften nach allgemeinen", aber auch diese sind letzten Endes nur „willkürlich angenommen". Und die ersten Ursachen können nicht mechanischer, sondern müssen dynamo-physischer Natur sein, d. h. Bewegung erzeugend, nicht bloß mitteilend (XIV, S. 161 f., 270, 470). Noch deutlicher kommt die Würdigung der Dynamik in den 90er Jahren zum Ausdruck. In dem 1795 geschriebenen Anhang zu Sömmerrings Schrift ‚Über das Organ der Seele' heißt es geradezu: „Wie wäre es, wenn ich statt der mechanischen, auf Nebeneinanderstellung der Teile zu Bildung einer gewissen Gestalt beruhenden, eine dynamische Organisation vorschlüge, welche auf chemischen (sowie jene auf mathematischen) Prinzipien beruht . . . ?"

Doch damit gleiten wir bereits in das Gebiet der organischen Naturwissenschaft, von der erst an späterer Stelle (Kap. 5) die Rede sein wird.

4. Die Überwindung der alten Metaphysik (Ideenlehre)

Mit der Feststellung der Kategorien und der ‚Grundsätze' ist die Zergliederung (‚Analytik') der reinen Vernunft abgeschlossen, das Reich der Erfahrung konstituiert. Wenn der Philosoph erklärt (Kr. 313): „Der Verstand stellt uns die Gegenstände vor, wie sie als Gegenstände der Erfahrung im d u r c h g ä n - g i g e n Z u s a m m e n h a n g der Erscheinung müssen vorgestellt werden," so ist eben dieser „durchgängige Zusammen-

hang" das, was die W i s s e n s c h a f t ausmacht. Man kann
wahrlich das Gefühl freudigen Stolzes begreifen, mit dem Kant
im § 31 seiner Prolegomena die Worte niederschrieb: „Und so
hat man denn einmal etwas Bestimmtes, und woran man sich
bei allen metaphysischen Untersuchungen, die bisher kühn genug,
aber jederzeit blind über alles ohne Unterschied gegangen sind,
halten kann." Mochten auch „dogmatische Denker" das Ziel
seiner Bemühungen zu „kurz" ausgesteckt finden: er hatte dadurch der Philosophie ein sicheres Gebiet gerettet. Freilich über
das Feld der Erfahrung hinaus — das wird er nicht müde, immer
wieder einzuschärfen — haben die Begriffe des reinen Verstandes
keine Bedeutung: „sie dienen" vielmehr, wie er in einem hübschen Bilde sagt, „gleichsam nur, Erscheinungen zu buchstabieren,
um sie als Erfahrung lesen zu können" (ebd. § 30).

Nun könnte man vielleicht meinen, mit dieser seiner Begründung der „Erfahrung", d. i. W i s s e n s c h a f t , hätte Kant
sein Werk abschließen können, um sich, wie es der moderne Posi-
tivismus tut, mit der gegebenen Welt zu begnügen. Allein
Kant ist eben kein Positivist. Er hat vielmehr „das Schicksal, in die Metaphysik verliebt zu sein". Philosophie bedeutet
ihm mehr als bloße Grundlegung von Mathematik und mathematischer Naturwissenschaft, sie ist ihm „die Wissenschaft von
der Beziehung aller Erkenntnis auf die wesentlichen Zwecke der
menschlichen Vernunft" (Kr. 867), die dem Menschen nie und
nimmer gleichgültig sein können. „Der Mathematikus, der schöne
Geist, der Naturphilosoph: was richten sie aus, wenn sie über
die Metaphysik übermütigen Spott treiben? In ihrem Inneren
liegt der Ruf, der sie jederzeit auffordert, in das Feld derselben
einen Versuch zu tun. Sie können, wenn sie als Menschen ihre
letzten Zwecke nicht in Befriedigung der Absichten dieses Lebens
suchen, nicht umhin zu fragen: Woher bin ich? Woher ist das
Ganze?" So schrieb er in sein philosophisches Tagebuch, die
‚Reflexionen' (herausg. von Erdmann II, Nr. 128). Und im Anhang der Prolegomena: „Mathematik, Naturwissenschaft, Gesetze, Künste, selbst Moral usw. füllen die Seele noch nicht gänzlich aus; es bleibt immer noch ein Raum in ihr übrig, der für

die bloße reine und spekulative Vernunft abgestochen ist" (S. 160).
Unser Philosoph ist mithin im letzten Grunde kein Feind, sondern
ein F r e u n d der Metaphysik.

Wie sehr er gerade den ihm am nächsten stehenden Schülern
als ein solcher galt, davon gibt einen überzeugenden Beweis der
an ihn gerichtete Brief des Marcus Herz vom 9. Juli 1771. Wie
aufgeregt ist er, dem Kant „bei so mannigfaltiger Gelegenheit
den Wert der Metaphysik so sehr anpries", über eine Nachricht,
die sein Freund Friedländer aus Königsberg mitgebracht: Kant
habe die „spekulative Weltweisheit" für eine „nutzenlose Grübelei" erklärt, die nur „von einigen Gelehrten in den Studierstuben
verstanden wird"; das einzige einem Gelehrten angemessene Studium sei die Moral für den gemeinen Mann usw. Nun, schon
der nächste Brief des verehrten Lehrers zeigte ihm, wie tief dieser
mit „metaphysischen", d. h. philosophischen Untersuchungen
über die Grenzen der Erkenntnis beschäftigt war. Was Kant
mit jenen Herz so unphilosophisch in die Ohren klingenden Äußerungen gemeint hatte, war nichts anderes als der Gedanke, den
wir noch deutlicher in seiner Ethik ausgedrückt finden werden:
daß das „Interesse der Menschen" dem „Monopol der Schulen"
entgegengesetzt sei (2. Vorr. z. Kr., S. XXXII). Unser Kritiker
erklärt vielmehr nur jener von uns schon mehrfach charakterisierten a l t e n Metaphysik der „Schulen" den Krieg, die sich
durch ihre Tändelei oder Schwärmerei um allen Kredit gebracht
hat. Ihr gegenüber gilt es, eine neue, wahrhafte Philosophie
des „Unbedingten" aufzurichten. Freilich, eine s o l c h e Metaphysik „ist nicht für Kinder und Jünglinge, sondern für Männer";
denn „sie ist eine Art von Revision der Vernunft", und „man
muß die vorhandene schon kennen, um ihre Gültigkeit schätzen
zu können" (Refl. II, 173).

Nun spielten sich in allen metaphysischen Lehrbüchern der
Zeit — auch in demjenigen Kompendium, das Kant selbst seinen
Vorlesungen über Metaphysik zugrunde legte (vgl. Kap. 8) — als
stolze, den exakten Wissenschaften sich gleich fühlende Disziplinen
auf: die „rationale" Ontologie, Psychologie, Kosmologie und
Theologie, also die sich selbst als vernunftgemäß bezeichnenden

,,Wissenschaften" vom Seienden überhaupt, von der Seele, vom Weltall und von Gott. Alle diese Scheinwissenschaften werden durch die Kritik der reinen Vernunft vernichtet. Die der transzendentalen Ästhetik und Logik als dritter Teil folgende transzendentale Dialektik zerstört den der Menschenvernunft als eine ,,natürliche und unvermeidliche Illusion" von alters her anhaftenden Schein, als ob Seele, Welt und Gott wirkliche, sinnliche oder verstandesmäßige ,,D i n g e" wären.

An die Stelle des ,,stolzen Namens einer O n t o l o g i e", die sich anmaßt, eine Erkenntnis aller Dinge überhaupt zu geben, tritt die bescheidenere, aber dafür um so sichere ,Analytik des reinen Verstandes' (Kr. 303), insonderheit die neue Lehre vom ,,Ding an sich". Das vielumstrittene D i n g a n s i c h ist weiter nichts als ein Ausdruck der unserer natürlichen Denkweise anhaftenden Vorstellung eines Etwas, das immer noch übrig zu bleiben scheint, auch wenn wir alle aus uns selbst stammenden Anschauungen und Begriffe abgezogen haben, also eine in Wirklichkeit ,,inhaltlich ganz leere Vorstellung", ein nur hypothetisch angenommenes, unbestimmtes X, ein Gedankending (Noumenon), das ohne sinnliche Data gar keinen Sinn hat, ein bloß problematischer, ein G r e n z b e g r i f f, ein Ding, von dem wir weder etwas Bestimmtes wissen, noch — die Einrichtung unseres menschlichen Verstandes vorausgesetzt — jemals etwas wissen können.

Die Schwester der Ontologie, die ,,rationale" P s y c h o - l o g i e, erklärte die ,,Seele" für ein immaterielles, beharrendes, einfaches und persönliches Wesen, eine für sich bestehende unzerstörbare Substanz. Demgegenüber weist die Kritik nach, daß alle vermeintlich unumstößlichen Beweise für diese Dinghaftigkeit der menschlichen Seele Fehlschlüsse (,,Paralogismen") sind. Der Seelengedanke ist vielmehr für Kant nur eine ,,regulative Idee"; d. h. wir müssen so verfahren, a l s o b eine Einheit des ,,denkenden Subjekts in uns", d. i. aller seelischen Tätigkeiten wirklich vorhanden sei. Die kritische Psychologie bewahrt somit sowohl vor einseitigem Spiritualismus (reiner Geistigkeit), der den Zusammenhang von Leib und Seele nicht erklären kann, wie vor dem ebenso einseitigen Materialismus, der die Vorstellung un-

mittelbar aus körperlicher Bewegung ableitet. Ein verstandes-
mäßiger Beweis der Unsterblichkeit ist unmöglich, da der Begriff
der Beharrlichkeit nur auf die Zeit des Lebens sich beziehen kann,
der Tod aber das Ende aller Erfahrung bedeutet; ebensowenig
allerdings ein Beweis des Gegenteils. Die rationale Seelenlehre
ist mithin eine Scheinwissenschaft, während die empirische Psychologie, wie man heute endlich fast überall erkannt hat, zur
Naturwissenschaft gehört.

Noch deutlicher tritt der natürliche „Widerstreit der reinen
Vernunft mit sich selbst" in der rationalen K o s m o l o g i e
hervor. Es läßt sich mit gleich einleuchtenden Verstandesgründen
scheinbar „klar und unwiderstehlich" dartun, daß die Welt
räumlich wie zeitlich ohne Ende, ins Unendliche teilbar, von
strenger Notwendigkeit und ohne einen höchsten Urheber sei,
wie — von alledem das Gegenteil. Die kritische Lösung dieser
anscheinend unversöhnlichen Widersprüche (‚Antinomien‘) liegt
wiederum darin, daß beide Seiten z w e i verschiedene G e -
s i c h t s p u n k t e menschlicher Auffassungsweise darstellen.
Endlichkeit und Unendlichkeit, Teilbarkeit und Unteilbarkeit,
Naturnotwendigkeit und Freiheit, Zufall und bewußtes Schaffen
eines schlechthin notwendigen Wesens: alle diese Zweifelsfragen,
die von jeher den denkenden Menschengeist beschäftigt haben
und stets beschäftigen werden, sind beide gleich mögliche Standpunkte. So stehen, um nur die dritte, wichtigste und interessanteste Antinomie zu beleuchten, alle menschlichen Handlungen,
als N a t u r geschehnisse, ausnahmslos unter dem Gesetz der
Kausalität. Die nämlichen Handlungen können aber zugleich
vom V e r n u n f t standpunkt aus als „frei" beurteilt werden;
denn „das Verhältnis der Handlung zu objektiven Vernunftgründen ist kein Z e i t verhältnis" (Proleg. § 53): ein Gedanke,
der dann später grundlegend für die kritische Ethik wird (siehe
Kap. 2). Die dritte Antinomie will vorläufig nur zeigen, daß
beide Standpunkte an sich möglich und miteinander vereinbar
sind. „Daß Natur der Kausalität aus Freiheit wenigstens nicht
widerstreite, das war das einzige, was wir leisten konnten, und
woran es auch einzig und allein gelegen war" (Kr. 586).

Auch die vierte metaphysische Schulwissenschaft endlich, die rationale T h e o l o g i e , ist im Irrtum, wenn sie ein „allerwirklichstes" höchstes Wesen als eine besondere, für sich bestehende Substanz bewiesen zu haben meint. Alle die Jahrtausende lang für unumstößlich gehaltenen „Beweise" des Daseins Gottes sind hinfällig. Der sogenannte „ontologische", weil aus dem bloßen Begriff eines Gegenstandes nimmermehr sein wirkliches Dasein folgt. Der „kosmologische" aus der Existenz der Welt, weil man nicht berechtigt ist, von bedingten Ursachen auf eine unbedingte zu schließen. Der populärste unter ihnen, der „physikotheologische" aus der zweckmäßigen Einrichtung der Natur, ist zwar „achtungswert" und erbaulich, hält aber ebenfalls strenger Prüfung nicht Stich und würde überdies höchstens einen Weltbaumeister, keinen Weltschöpfer beweisen. Will man die Einrichtung der Natur aus dem Willen Gottes beweisen, so ist das keine Philosophie mehr, sondern ein Geständnis, daß es damit bei uns zu Ende gehe (Proleg. § 44). Gewiß hat unsere Vernunft das dringende Bedürfnis, ihre Fragen nach dem Warum? der Dinge immer weiter zu erstrecken, bis sie schließlich auf einen „Inbegriff aller Möglichkeit" stößt. Aber ein solcher ist doch eben wieder nur eine I d e e , d. i. eine „notwendige Hypothese", um uns die Verknüpfung, Ordnung und Einheit der Erfahrung „begreiflich" zu machen (ebd. § 55). Man soll aber „den Namen Gottes nicht verschwenden".

So liegt die Lösung der Schwierigkeit in sämtlichen vier Fällen in dem, von Kant gegenüber ihrer Verflachung bei den Engländern und Franzosen wieder zu Ehren gebrachten, Wertbegriff der I d e e . Die Ideen oder Vernunftbegriffe „konstituieren" die Erfahrung zwar nicht, wie die Kategorien und Grundsätze es taten, aber sie „regulieren" sie. Sie heißen daher auch „regulative Prinzipien", „Gesichts-" oder „Brenn"punkte, „heuristische Begriffe", „Richtlinien", die den Verstandesgebrauch vom Bedingten zum Unbedingten erweitern und mit sich selbst durchgehends einstimmig machen. Ideen, wie die des Unendlichen, der Seele, der Freiheit, der Gottheit, sind uns nicht gleich der räumlich, zeitlich und kausal bedingten Erfahrungswelt „gegeben", sondern

durch die Natur unserer Vernunft notwendigerweise „aufgegeben",
wie sie denn auch geradezu „Aufgaben" genannt werden, „um
die Einheit des Verstandes womöglich bis zum Unbedingten fortzusetzen". Sie wollen keine neuen Anschauungen oder Begriffe
von jenseits der Erfahrung liegenden („transzendenten") Gegenständen schaffen oder irgendeine Begebenheit kausal-naturwissen-
schaftlich erklären, sondern nur der gesamten theoretischen Philosophie ihren systematischen Abschluß verleihen. Denn unsere
Vernunft fühlt „ein weit höheres Bedürfnis, als bloß Erscheinungen nach synthetischer Einheit zu buchstabieren, um sie als
Erfahrung lesen zu können". Sie fühlt sich nicht eher befriedigt,
als bis sie von der Mannigfaltigkeit zu möglichster Einheit, wie
sie schließlich nur in der Idee des Unbedingten liegt, vorgedrungen ist.

5. Wirkung der Kritik der reinen Vernunft. Prolegomena Zweite Auflage

Auf einen schnellen Erfolg seines gewaltigen Werkes hatte
Kant selbst nicht gerechnet. Er erhoffte zwar einen größeren Absatz bei seinen Zuhörern (an Spener, 11. Mai 81), aber tiefer
dringendes Verständnis zunächst nur bei „sehr wenig Lesern".
Denn „man kann es nicht erwarten, daß die Denkungsart auf
einmal in ein bisher ganz ungewohntes Gleis geleitet werde, sondern es gehört Zeit dazu, um sie zuvor in ihrem alten Gange
nach und nach aufzuhalten, um sie endlich durch allmähliche Eindrücke in die entgegengesetzte Richtung zu bringen" (an Herz,
Mai 81). Indes scheinen sich unter seinen damaligen Zuhörern
keine hervorragenden Köpfe befunden zu haben, die ihm, der
zudem in seinen Vorlesungen seine neuen Gedanken bisher nur
angedeutet hatte, vollständig hätten folgen können. Und für die
Hörer und Leser des v o r kritischen Kant war die Kluft gegenüber dem neuen System zu groß, sie wurden, wie Herder, zum
Teil sogar seine Gegner. Immerhin rechnete er wenigstens auf das
Verständnis von Männern wie Herz, Mendelssohn und Tetens.
Denn wie er einmal in seinen ‚Reflexionen' (II, 57) sagt, „alle
neuen Theorien, die eine große Veränderung machen, müssen

von jemand anders introduziert werden, der Erfinder hat sie niemals in Gang bringen können." Er meinte zwar, daß seine Lehre die einzige sein werde, „welche, wenn sich die Gemüter von der dogmatischen Hitze werden abgekühlt haben, allein übrigbleiben und alsdann immer fortwähren muß"; aber er zweifelt doch, daß er selbst „derjenige sein werde, der diese Veränderung hervorbringen wird".

Wie stand es nun aber mit jenen drei Männern, auf die er vertraute? Tetens, der überhaupt seit der Veröffentlichung seines Hauptwerks (1777) schriftstellerisch ganz zurücktritt, scheint sich gar nicht darüber geäußert zu haben. Ebenso ließ Marcus Herz anscheinend nichts weiter von sich hören. Mendelssohn aber, schon damals nervenleidend, legte das Buch, als ihn zu stark anstrengend, vorläufig beiseite. Er wagte sich zwar, so oft er „sich schmeichelte, an Kräften zugenommen zu haben", an das „nervensaftverzehrende" Werk, hatte aber die Lektüre auch nach zwei Jahren noch nicht zu Ende gebracht (an Kant, 10. April 83). Ein Pastor Bobrik aus Westpreußen sandte ihm zwar im Spätherbst 1782 Probebogen einer lateinischen Übersetzung zu, aber dieselbe war so schlecht, daß der Philosoph in ihr sich selbst nicht verstand! Umsonst schien die Hoffnung des Verfassers, daß die „erste Betäubung", die „eine Menge ganz ungewohnter Begriffe und einer noch ungewöhnlicheren, obzwar dazu notwendig gehörigen, neuen Sprache hervorbringen mußte", sich nach und nach verlieren müsse (K. an Garve, 7. August 83). Man sah das Werk, wie Kants eifriger Verehrer, sein Kollege Johann Schultz noch 1784 schrieb, „beinahe als ein versiegeltes Buch" an, „das niemand öffnen kann", und das „selbst für den größten Teil des gelehrten Publikums ebensoviel ist, als ob es aus lauter Hieroglyphen bestände"; man klagte fast allgemein über seine fast unüberwindliche Dunkelheit und Unverständlichkeit. Vielfach fehlte natürlich auch der gute Wille. So legte eine der geschätztesten Größen dieser Zeit, der Göttinger Professor Feder, das Buch nach kurzem Durchblättern als ein „dem Genius der Zeit gar nicht angemessenes" zur Seite. Offenen Widerstand wagte freilich auch zunächst niemand. Man ahnte

doch wohl dunkel etwas von der Größe, die hinter dem Riesen-
werke stak, und „beehrte" es deshalb, um Kants eigenen Ausdruck zu gebrauchen, „eine geraume Zeit mit Stillschweigen".

Mit einer Ausnahme. In einer der angesehensten wissenschaftlichen Zeitschriften, den ‚Göttinger Gelehrten Anzeigen' vom
19. Januar 1782 (3. Stück, S. 40—48) erschien eine anonyme Besprechung. Aber sie konnte ihn nur aufs tiefste verstimmen,
denn, wenn sie ihn auch nicht mit gröbstem Geschütz angriff,
so waren doch darin die Hauptfragen und der Zweck des Werks
gänzlich verkannt. Sie stammte, wie sich später herausstellte,
von dem bekannten Popularphilosophen Christian Garve, war
jedoch von dem Herausgeber der Zeitschrift, dem eben genannten
Feder, eigenmächtig verkürzt und verändert worden. Mochte die
Federsche Bearbeitung die allgemeine Tendenz der Rezension,
daß die Kr. d. r. V. ein verfehltes Machwerk sei, auch nicht gerade
verfälscht, sondern nur krasser und hochmütiger ausgedrückt
haben[1]), so war es doch ein eines Gelehrten unwürdiges Benehmen, das denn auch Feder auf die Dauer in Göttingen unmöglich gemacht hat, den Autor aber zu einer öffentlichen Abwehr herausfordern mußte.

Nun hatte Kant ohnehin schon einige Monate zuvor den
Plan gefaßt, die wichtigsten Gedanken der ‚Kritik' in einem
auch Laien verständlichen populären, kurzen „Auszug" darzulegen, weil man das Hauptwerk „zwar durchzublättern, aber
nicht durchzudenken" Lust habe und dasselbe in der Tat „trocken,
dunkel, allen gewohnten Begriffen widerstreitend und überdem
weitläufig" sei (Prol. Vorr. S. 8). Wie dieser Plan durch das
Erscheinen der Garve-Federschen Rezension im einzelnen modifiziert wurde, ist eine Streitfrage der Kantgelehrten, die uns hier
nicht interessiert[2]). Genug, im Frühjahr 1783 erschienen die
P r o l e g o m e n a. Auch sie sind zwar, wie gleich ihr erster
Satz ankündigt, „nicht zum Gebrauch vor Lehrlinge, sondern

---

[1]) Näheres über die ganze Angelegenheit und die dazu gehörige Literatur s. in meiner Ausgabe von Kants Prolegomena (Philos. Bibl. Bd. 40),
Einleit. S. IX—XIII und Anhang S. 149—196.

[2]) Vgl. darüber meine Ausführungen a. a. O., S. XIII—XIX.

vor künftige Lehrer" geschrieben, eignen sich aber auch heute
noch, infolge ihrer leichteren Verständlichkeit, übersichtlicheren
Gliederung und nicht zum wenigsten ihres weit geringeren Umfangs (nur ein Viertel des Hauptwerks) aufs beste zur Einführung
in die ‚Kritik‘[1]).

Doch auch sie führten noch nicht sogleich den gewünschten
Erfolg herbei. Kant klagt Schultz noch am 26. August d. J.,
„fast von niemandem verstanden worden zu sein" und äußert die
Besorgnis, er möchte vielleicht „alle Arbeit vergeblich aufge-
wandt haben". Und auch die ‚Erläuterungen‘ zur Kritik, die
Professor Schultz auf seine Anregung und zu seiner Freude 1784
veröffentlichte (s. Kap. 8), wirkten außerhalb Königsbergs wohl
kaum durchschlagend. Entscheidender ward die rührige Begeisterung, mit welcher der Jenaer Professor Schütz seit Anfang
1785 in der von ihm begründeten Jenaer Allgemeinen Literaturzeitung (näheres siehe unten Kap. 6) für die Sache des Kritizismus eintrat. Seine warmherzige und doch besonnene Besprechung
der Kritik im Juliheft dieser neuen Zeitschrift war die erste, die
dem Werke wirklich gerecht wurde. Von demselben Jena aus
ließ dann der junge K. Chr. Erh. Schmid bald nachher schon
eine ‚Kritik der reinen Vernunft im Grundrisse zu Vorlesungen‘
und zwei Jahre darauf bereits ein ‚Wörterbuch zum leichteren
Gebrauch der Kantischen Schriften‘ in die Welt gehen. Nachdem
so das Eis der Nichtbeachtung und der Wall der Mißverständnisse
einmal gebrochen war, entstand dann eine von Jahr zu Jahr sich
mehrende Literatur für und gegen die neue Lehre. Für unsere
Leser hat es kein Interesse, Namen und Titel aller dieser, zum
größten Teil mit Recht, längst verschollenen Gelehrtenerzeugnisse
zu erfahren[2]).

So ward denn Kants mühevolle zwölfjährige Arbeit nach

---

[1]) Was den Gedankengang dieser und aller in den folgenden Kapiteln
erwähnten Kantischen Schriften betrifft, verweise ich ein und für allemal
auf die Einleitungen zu denselben in meiner Kantausgabe (Philos. Bibl.).

[2]) Dem sich dafür Interessierenden sei in erster Linie die Jugendschrift von Benno Erdmann, Kants Kritizismus in der 1. und 2. Auflage
der Kr. d. r. V. (Leipzig 1878) empfohlen.

langem Harren endlich durch den verdienten Erfolg belohnt.
Während vorher, wenn Rink recht hat, der Verleger das Buch
schon als Makulatur hatte einstampfen lassen wollen (!), so konnte
im April 1786 der Philosoph seinem Anhänger Bering nach Marburg schreiben, Hartknoch habe die erste Auflage „über mein
Vermuten geschwind" verkauft und halte dringend um die Veranstaltung einer neuen an.   Und nun arbeitete Kant, wie ein
Stimmungsbild Hamanns vom 10. Mai 87 (an Jacobi) ihn schildert, „an seinem eigenen System fort, ohne sich um die ganze
Welt zu kümmern, weder was sie tut noch von ihm urteilt; zu verdenken ist es ihm nicht, daß er damit fertig werden will; das
übrige muß sich von selbst finden".   Immerhin erschien die
z w e i t e A u f l a g e erst Juni 1787. Schuld an der Verzögerung
waren nicht nur die zeitraubenden Rektorgeschäfte vom Sommer
1786, sondern auch die Notwendigkeit mancher einschneidender
Änderungen.   Auf das „Wesentliche" bezogen sie sich, wie er in
einem Briefe vom 7. April 86 an den getreuen Bering ausführt,
freilich nicht: Zweck, Kern und Aufbau des Ganzen blieben unverändert. Äußerlich unterscheidet sich die Neubearbeitung von
der ersten, abgesehen von zahlreichen kleineren Zusätzen und
stilistischen Verbesserungen, vor allem durch 1. eine neue, wichtige Vorrede, 2. eine teilweise Neubearbeitung der Einleitung
sowie des Abschnittes über Phänomena und Noumena, 3. eine
völlige Umarbeitung der Abschnitte über die Deduktion der
reinen Verstandesbegriffe und die Paralogismen.   Methodisch
kommt, wie schon in den Prolegomenen, der W i s s e n s c h a f t s -
c h a r a k t e r des Kritizismus, die Beziehung zu den exakten
Wissenschaften, deutlicher zum Ausdruck. Gegenüber dem aus
der ersten Auflage noch nicht ganz geschwundenen Standpunkt
der psychologischen Zergliederung, tritt die transzendentale, d. h.
erkenntniskritische, auf den Nachweis der Möglichkeit und der
Bedingungen wissenschaftlicher Erfahrung gerichtete Methode
immer siegreicher hervor. Daß daneben entgegen dem die Außen-
dinge in puren Schein auflösenden Berkeleyschen Idealismus die
„Wirklichkeit" der „Dinge" hier und da etwas stärker betont
wird, das bedeutet ebensowenig eine Änderung des Grundstand-

punktes, wie die an einzelnen Stellen stärker hervortretende Beziehung auf die ethischen und religiösen Probleme. Um letztere zu erklären, braucht man nicht mit Schopenhauer und Heine, denen viele andere es nachgesprochen haben, zu Verdächtigungen von Kants Charakter, seiner „Anpassungsfähigkeit", zu greifen. Sie werden nicht bloß durch seine von jeher gehegten persönlichen Ansichten, sondern auch durch seine gleichzeitige eindringende Beschäftigung mit ethischen Problemen zur Genüge verständlich. Doch damit kommen wir, sachlich wie biographisch, zu einem neuen Kapitel.

Zweites Kapitel

Die neue Ethik

Kants ethisches Interesse ist von Anfang an nicht minder groß gewesen als sein theoretisches. Und zwar nicht bloß das des Menschen, sondern auch das des Philosophen: er hat ungefähr 28 mal Moral- oder Praktische Philosophie (Ethik) gelesen. Ebenso aber auch das des Schriftstellers. Wir haben gesehen, daß er bereits Mitte der 60er Jahre ‚Metaphysische Anfangsgründe der praktischen Weltweisheit' entworfen hatte. Sie werden verworfen; aber für Winter 1770/71 neue Untersuchungen über die ,,reine moralische Weltweisheit", in der ,,keine empirischen Prinzipien anzutreffen sind", geplant (an Lambert, 2. Sept. 1770). Um 1772 sollen sie einen Teil des beabsichtigten Hauptwerks bilden. Er fühlt sich Ende 1773 gerade über diesen Teil bereits so klar, daß er ihn zuerst herausgeben will und sich besonders darauf freut. Dann tritt er jedoch durchaus hinter die große theoretische Arbeit zurück. Aber alsbald nach dem Erscheinen der Kr. d. r. V. arbeitet er wieder an der schon so lange geplanten Metaphysik der Sitten; eine von A. Warda in Scheffners Nachlaß aufgefundene Vorarbeit zu den Prolegomenen zeigt, daß um diese Zeit, also 1782, die Grundsätze seiner k r i t i s c h e n Ethik schon feststehen. Indes die Vollendung wird noch einmal durch die Abfassung der Prolegomena zurückgedrängt. Anfang 1784 beschäftigt ihn einige Monate lang der Gedanke, seine ethische Schrift in eine Polemik gegen Garves Abhandlungen zu Cicero De officiis oder gegen letztere selbst zu kleiden. Doch, an sich schon kein Freund von Gelehrten-Polemik, kehrt er bald zu dem Plan einer Sonderschrift zurück. Zuletzt noch durch die Druckerei verzögert, erscheint endlich Ostern 1785 die von allen Seiten mit

Spannung erwartete, nur 128 Oktavseiten zählende ‚Grundlegung zur Metaphysik der Sitten‘, welche bereits die neue Lehre in allen Grundzügen verkündet.

Umgekehrt wie bei der theoretischen Philosophie, geht also hier die kleinere und populärere Schrift der größeren, s y s t e - m a t i s c h e n voran. Diese erscheint dann drei Jahre später als K r i t i k d e r p r a k t i s c h e n V e r n u n f t. Vorübergehend hatte der Philosoph den Hauptinhalt der letzteren bereits in die bevorstehende zweite Auflage der ersten ‚Kritik‘ hineinzuarbeiten beabsichtigt. Allein der Stoff wuchs ihm unter den Händen, zumal da er auch verschiedene gegen die Kr. d. r. V. wie gegen die ‚Grundlegung‘ erhobene Einwände mit berücksichtigen wollte. Die im Juni 1787 schon beinah druckfertige ‚Kritik der praktischen Vernunft‘ erschien zu Ende dieses Jahres mit der Jahreszahl 1788. Sie ist übrigens die am wenigsten umfangreiche der drei ‚Kritiken‘ (weit unter ⅓ der Kr. d. r. V., die Hälfte der Kr. d. Urteilskraft umfassend) geblieben.

Als drittes Werk endlich kommt für unsere Darstellung der erst 1797 veröffentlichte zweite Teil der ‚Metaphysik der Sitten‘, die ‚T u g e n d l e h r e‘, in Betracht. Gleichwohl dürfen, ja müssen wir sie hier heranziehen, da sie die A n w e n d u n g von Kants ethischen Grundsätzen auf das menschliche Einzelleben[1]) bringt, übrigens ihrem Stoffe nach sicher größtenteils schon in den Vorlesungen des vorhergehenden Jahrzehnts von Kant vorgetragen worden ist.

1. Begründung der Ethik

Was ist nun, das N e u e, das E i g e n a r t i g e an dem E t h i k e r Kant?

Wie seine Neubegründung der theoretischen Philosophie, so entspringt auch die neue Ethik am letzten Ende den Grundzügen seiner Persönlichkeit: tiefstem Klarheits- und Wahrheitsbedürfnis, männlicher Selbständigkeit, unerbittlicher Folgerichtigkeit: diesmal nur angewandt auf die Welt des Wollens und des Handelns.

---

[1]) Kants Rechts- und Staatsphilosophie wird uns erst in Buch IV beschäftigen.

Auch sie muß einen Grund haben, der auf sich selbst ruht und unerschütterlich ist.

Die Keime dazu waren bei ihm schon früh gelegt, in der reinen Sinnesart des frommen Elternhauses. Auch die stoische Ethik, die er in den Versen seiner oft zitierten römischen Dichter kennen lernte, hat sicher den Jüngling und noch den Mann beeinflußt. Und das Leben hatte diese Grundsätze in ihm neu befestigt. Es war ihm kein bloßes Wort geblieben: das ‚Tu ne cede malis, sed contra audentior ito‘ des Vergil, das ‚Summum crede nefas . . . propter vitam vivendi perdere causas‘ des Juvenal, und das ‚Quod petis, in te est, ne tu quaesiveris extra‘ des Persius[1]). Dazu kam dann der Einfluß Rousseaus (B. II, Kap. 3), der ihn in der Auffassung von der ursprünglichen Würde der Menschennatur bestärkte. Aber sein Innerstes erstrebte einen festeren Grund als den des bloßen Gefühls. Er ruht nicht, bis er seine sittlichen Anschauungen unter einen bestimmten G r u n d - s a t z gebracht hat, der ihm eine feste Regel, die Folgerichtigkeit eines in sich widerspruchslosen Handelns gewährleistet. Die Geburtsstunde dieser neuen Erkenntnis, die „Gründung“ seines „Charakters“, ist ihm für ewig unvergeßlich geblieben. Das zeigt eine Stelle seiner spätesten Schrift, der Anthropologie, in der er sie als „eine Art der Wiedergeburt“ bezeichnet, von einer „gewissen Feierlichkeit der Angelobung“, die man dabei „sich selbst tut“, redet und diesen „unvergeßlichen“ Anfang einer „neuen Epoche“ des Lebens, einer „Explosion“ vergleicht, die dem „schwankenden Zustande des Instinkts“, dessen man „überdrüssig“ geworden, mit einmal ein Ende mache. Nur wenige würden diese Revolution vor dem dreißigsten Jahr versucht, noch weniger sie vor dem vierzigsten fest gegründet haben! (Anthropologie, hrsg. v. K. Vorländer, S. 238).

Aufleuchten sahen wir die neue Ansicht schon gelegentlich in seiner bisherigen philosophischen Entwicklung, und wer will,

---

[1]) Zu deutsch: „Gib dem Unglück nicht nach, sondern tritt ihm um so mutiger entgegen.“ — „Halte es für die größte Sünde, um des bloßen Lebens willen den wahren Lebenszweck preiszugeben.“ — „Das, wonach Du strebst, ist i n Dir; suche es nicht draußen.“

kann sie in seinen Schriften bis 1784 genau verfolgen. Jetzt aber, in der Mitte der 8oer Jahre, kommt sie, frei von aller religiös-kirchlichen Färbung, in der ersten rein ethischen Schrift des bereits Sechzigjährigen, mit der in allen diesen Jahren angesammelten Intensität zum wuchtigsten Ausdruck in dem einen Satze, mit dem seine ‚Grundlegung zur Metaphysik der Sitten' einsetzt: „Es ist überall nichts in der Welt, ja überhaupt auch außerhalb derselben möglich, was ohne Einschränkung für gut könnte gehalten werden, als allein ein g u t e r W i l l e". Ein Satz, wie er in dieser Klarheit und Schärfe noch von keinem Philosophen, ja kaum von einem Religionsstifter bis dahin ausgesprochen worden war. Mag Plato die Idee des Guten poetischer verklärt, mögen die Weisen der Stoa trotziger ihr „Sich-selbst-getreu-sein" und ihre „Selbstgenugsamkeit" (Autarkie) der Welt der äußeren Güter entgegengehalten, mag der „Lehrer des Evangelii", wie Kant den Stifter des Christentums lieber bezeichnet, anstatt ihn mit Namen zu nennen, mag Jesus mit größerer religiöser Wärme die Reinheit des Herzens als das Eine, was not tut, den in Werkdienst versunkenen Volksgenossen verkündet haben: in dieser philosophischen Kraft und Klarheit, in dieser zugleich so einfachen, fast nüchternen Form war das innerste Prinzip der Sittlichkeit noch nirgends ausgesprochen worden.

Unser Philosoph ist sich dessen auch vollauf bewußt. Mit siegesgewisser Entschiedenheit stellt er seine Ethik als völlig neu aller bisherigen gegenüber. Bisher haben alle Philosophen zur Begründung der Sittlichkeit einen a u ß e r ihr liegenden letzten Maßstab angenommen: gröber Denkende den des körperlichen, Verfeinerte den des inneren Glücksgefühls, andere, die damit etwas Besonderes zu leisten meinten, den des sittlichen Gefühls oder moralischen Sinnes. Allein die Begründung der Sittlichkeit hat überhaupt nichts mit Lustgefühlen zu tun. Auch der Wille Gottes, ja selbst das Prinzip der Vollkommenheit genügen dafür als letzter Maßstab nicht. Denn wer will wissen, w a s Gott will, wer bestimmen, w o r i n Vollkommenheit besteht? Deshalb sucht Kant seine Moral von aller religiösen Beimischung immer wieder streng freizuhalten; nicht aus Abneigung gegen die Religion, sondern um der Ethik Reinheit und Eigenart zu wahren.

Und doch will seine Sittenlehre gar nichts Besonderes sein, durchaus nicht etwa eine ganz neue Sittlichkeit lehren, die vorher nie dagewesen wäre. Sie ist sich vielmehr bewußt, im Einklang mit der gemeinen Menschenvernunft zu stehen; nur zu den „kopfverwirrenden" Spekulationen der „Schulen", d. h. der alten und neuen Metaphysiker, im Gegensatz sich zu befinden. Eigentlich könnten, meint Kant, nur Philosophen die Frage, was eigentlich reine Sittlichkeit sei, zweifelhaft machen; in der „gemeinen Menschenvernunft" sei sie längst so sicher entschieden, wie der Unterschied von rechts und links. Darum glaubt er auch in der ‚Grundlegung' noch, von einer besonderen ‚Kritik der praktischen Vernunft' absehen zu können, weil „die menschliche Vernunft im Moralischen selbst beim gemeinsten Verstand leicht zu großer Richtigkeit und Ausführlichkeit gebracht werden" könne. Die Stimme der Vernunft spricht so deutlich, so „unüberschreibar" zu dem Willen selbst des gewöhnlichsten Menschen, die Grenzen zwischen Sittlichkeit und Selbstliebe sind für das gemeinste Auge so scharf abgesteckt, daß nur jene „Spekulationen der Schulen . . . dreist genug sind, sich gegen jene himmlische Stimme taub zu machen".

Nein, ein neues „Prinzipium der Moralität" predigen zu wollen, wie Schopenhauer und Nietzsche es mit so großem Aplomb versucht haben, dazu ist unser Philosoph viel zu bescheiden. „Wer wollte auch einen neuen Grundsatz aller Sittlichkeit einführen und diese gleichsam zuerst erfinden? Gleich als ob vor ihm die Welt in dem, was Pflicht sei, unwissend oder in durchgängigem Irrtum gewesen wäre." Nicht darauf, sondern — was ein Rezensent der ‚Grundlegung' in geringschätzigem Sinne bespöttelt hatte — auf eine neue F o r m e l kommt es an. Auch die Ethik muß dem Wirrsal der einander ablösenden und bekämpfenden Systeme entrinnen, auch sie muß den sicheren Gang einer W i s s e n s c h a f t einschlagen. „Wer aber weiß, was dem Mathematiker eine Formel bedeutet, die das, was zu tun sei, um eine Aufgabe zu befolgen, ganz genau bestimmt und nicht verfehlen läßt, wird eine Formel, welche dieses in Ansehung aller Pflicht überhaupt tut, nicht für etwas Unbedeutendes und Entbehrliches halten."

Ehe wir jedoch zur Ableitung dieser Formel schreiten, gilt es den Boden zu finden, auf dem sich überhaupt das Gebäude einer Ethik erheben kann. Sittenkunde, als welche sie auch heute noch vielfach verstanden wird, kann und will sie nicht sein; diese hat zwar von jeher unseres Denkers lebhaftestes Interesse erregt, aber sie gilt ihm mit Recht als A n t h r o p o l o g i e , d. h. Naturwissenschaft vom geistigen Menschen. Und ebensowenig kann sie sich bescheiden, bloße P s y c h o l o g i e zu sein, welche die seelischen Bedingungen menschlichen Wollens und Handelns zu untersuchen hätte. Wo aber findet sie, wenn anders sie sich nicht an die Erfahrung, an die besonderen Eigenschaften der menschlichen Natur halten will, einen Standpunkt, der ,,fest sein soll, ungeachtet er weder im Himmel noch auf der Erde an etwas gehängt oder woran gestützt wird?" Man sieht, Kant hat sich, wie immer, die Schwierigkeiten seines Standpunktes nicht verhehlt, vielmehr sie eher noch gesteigert. Die Lösung gibt — das geht auch aus den Reflexionen des Nachlasses in zahlreichen Wendungen unzweideutig hervor — die uns aus dem vorigen Kapitel schon bekannte regulative Idee der Freiheit. Neben dem ehernen Gesetze von Ursache und Wirkung, dem alle Wissenschaft des Seienden ausnahmslos unterworfen bleibt, ist ein anderer G e s i c h t s punkt denkbar, der nicht die E r k l ä r u n g der Naturgeschehnisse, sondern ihre B e u r t e i l u n g als Werte betrifft. Das ist der Standpunkt der Ethik, durch den wir uns selbst in eine ganz neue, nämlich zeitlose ,,Ordnung der Dinge" versetzen. Wir könnten, um mit Kants eigenen Worten zu reden, ,,eine so tiefe Einsicht haben, daß wir eines Menschen Verhalten auf die Zukunft mit Gewißheit, so wie eine Mond- oder Sonnenfinsternis, ausrechnen könnten — und d e n n o c h   d a b e i behaupten, daß der Mensch f r e i sei", d. i. daß er sein Handeln nach einer anderen Gesetzmäßigkeit als der ,,des Zirkels" zu beurteilen vermag. E r k l ä r e n läßt sich freilich ein solcher Standpunkt nicht weiter — denn erklären läßt sich nur, was sich auf

Naturgesetze zurückführen läßt, hier aber hört alle Bestimmung nach Erfahrungsgesetzen auf —, sondern nur noch v e r - t e i d i g e n.

Und nun zur Ableitung der „Formel"! Als Grundlage dieser neuen G e s e t z m ä ß i g k e i t des S o l l e n s können selbstverständlich keinerlei subjektive „Maximen", d. h. bloß von dem Einzelnen für seine Person angenommene Grundsätze, sondern nur „praktische Gesetze", d. i. für den Willen jedes Vernunftwesens gültige Grundsätze in Betracht kommen. Nun sind aber alle „materialen" Prinzipien der Sittlichkeit, die irgendeine „Materie", d. h. einen Gegenstand unseres Begehrens, zum Bestimmungsgrund unseres Wollens machen, der Erfahrung entlehnt, mithin zufällig, also für ein unbedingtes Gesetz, wie es eine wissenschaftliche Ethik fordern muß, unbrauchbar. Und, da sie von der Lust- oder Unlustempfänglichkeit des Einzelnen abhängen, fallen sie sämtlich unter das Prinzip der Selbstliebe oder eigenen Glückseligkeit. Ob dabei das Lustgefühl aus grob-sinnlichen oder geistigen Vorstellungen stammt, ist grundsätzlich einerlei; auch das Gefühl der eigenen Kraft z. B. — man denke etwa an Nietzsche! — macht die Sache nicht besser, ebensowenig die Rücksicht auf unsere zukünftige Seligkeit. Gewiß ist auch nach Kant Glückseligkeit das Verlangen jedes endlichen bedürftigen Wesens, aber sie ist ein ganz relativer Begriff; selbst eine allgemeine Einhelligkeit darüber wäre doch nur — zufällig. Demnach bleibt für ein solches Gesetz als einziger Maßstab übrig: seine Fähigkeit, a l l g e m e i n g e s e t z g e b e n d zu sein. Ein Wille, der einzig von dieser bloßen gesetzgebenden Form bestimmt wird, heißt f r e i. Und umgekehrt: für den freien Willen ist jene gesetzgebende Form der alleinige Bestimmungsgrund. Als das „Grundgesetz der reinen praktischen Vernunft" oder S i t t e n g e s e t z ergibt sich mithin, ohne daß wir schon auf den Erfahrungsinhalt Rücksicht zu nehmen brauchten, die Formel: Handle so, daß die Maxime Deines Willens jederzeit zugleich als Prinzip einer allgemeinen Gesetzgebung gelten könne!

Der vielgescholtene „Formalismus" der kritischen Ethik bedeutet indes keineswegs Leerheit des Inhalts, wie ja überhaupt in Kants Philosophie die „Form" keinen Gegensatz zum Inhalt bildet, vielmehr ihn gerade erzeugt[1]). In der Vorstellung einer a l l g e m e i n e n Gesetzgebung liegt vielmehr schon von selbst die Idee der M e n s c h h e i t , die der Mensch „als das Urbild seiner Handlungen in seiner Seele trägt", und der wir „jederzeit", so lange und so wahr vernünftige Wesen existieren, nachzustreben verpflichtet sind. Da wir ferner in Gemeinschaft mit Millionen anderer Vernunftwesen leben, so entsteht in uns naturgemäß der Gedanke einer systematischen Verbindung dieser vernünftigen Wesen durch gemeinschaftliche Gesetze zu einem „R e i c h d e r S i t t e n", in welchem ein jedes Glied nicht bloß Untertan, sondern „jederzeit und allgemein" gesetzgebender freier Bürger ist. Und indem ich den „reinen" Willen durch die Vorstellung jener bloßen Form einer allgemeinen Gesetzgebung selbst erst erzeuge, werde ich, wird der Mensch selbst der Schöpfer des Sittengesetzes „vermöge der A u t o n o m i e (= Selbstgesetz-gebung) seines Willens". Es ist ein „freier Selbstzwang", den er sich auferlegt; daher ist das Joch dieses Gesetzes sanft und seine Last leicht; ja das Gefühl der Freiheit in der Wahl dieses ober-sten Leitsterns macht das Sittengesetz, weit entfernt davon, ihm einen finsteren, harten Anstrich zu verleihen, sogar „liebens-würdig". Indem sich endlich die Idee der Menschheit auf die eigene Person des Selbst-Gesetzgebers zurückbezieht, wird sie zur Idee der „Menschheit i n m i r", d. h. der sittlichen P e r -s ö n l i c h k e i t. Gerade das formale, durch keinen außer ihm liegenden Beweggrund bestimmte Sittengesetz birgt also die reichste Entfaltung in sich: es offenbart dem Menschen am tief-sten sein „eigentliches Selbst", seine „bessere Person", seine W ü r d e , die in der „Freiheit eines vernünftigen Wesens unter moralischen Gesetzen" besteht.

Alle diese Ideen der allgemeinen Gesetzgebung, des Reichs der Sitten, der Autonomie, der Menschheit, der freien sittlichen Persönlichkeit verschmelzen sich schließlich mit dem Z w e c k - gedanken. Denn nicht das Warum?, sondern das Wozu?, die

---

[1]) Vgl. meine Doktor-Dissertation: ‚Der Formalismus der Kantischen Ethik in seiner Notwendigkeit und Fruchtbarkeit.' Marburg 1893.

Ordnung der Zwecke ist das eigentümliche Gebiet unseres Wollens und Handelns. Unterordnung der niederen unter die höheren, der besonderen unter die allgemeineren Zwecke, bis wir zuletzt in endlosem Fortgang zu dem Gedanken eines E n d - oder S e l b s t - zwecks gelangen, der nicht mehr Mittel zu einem höheren ist, sondern in der Vernunftnatur des Menschen selbst besteht. ,,In der ganzen Schöpfung kann alles, was man will und worüber man etwas vermag, auch bloß als Mittel gebraucht werden; nur der Mensch und mit ihm jedes vernünftige Wesen ist Zweck an sich selbst." So wird das Reich der Sitten schließlich zu einem ,,R e i c h   d e r   Z w e c k e", dessen Gesetze ,,die Beziehung ver- nünftiger Wesen aufeinander als Zwecke und Mittel zur Absicht haben". Allerdings ist ein solches Reich ,,nur ein Ideal", aber doch eine ,,brauchbare und erlaubte Idee", deren Verwirklichung wir anstreben sollen. Das Sittengesetz aber erhält jetzt die neue, inhaltsvollere Formulierung: ,,Handle so, daß du die Menschheit, sowohl in deiner Person als in der Person eines jeden anderen, jederzeit zugleich als Zweck, niemals bloß als Mittel brauchst."

Wir haben bisher nur den Gedankengang der   r e i n e n   Ethik, ,,welche bloß die notwendigen sittlichen Gesetze eines freien Willens enthält", verfolgt. Indes eine solche hätte keinen Sinn, könnte sie nicht angewandt werden auf den wirklichen Menschen. Indem sich nun das Sittengesetz an diesen ,,empiri- schen" Menschen mit allen seinen widerstrebenden Neigungen und Gefühlen wendet, kleidet es sich von selbst in die Befehls- form (I m p e r a t i v), und zwar im Unterschied von den be- dingten (,,hypothetischen") Imperativen, die nur ,,Vorschriften der Klugheit" zur Erreichung bestimmter Einzelzwecke sind, in die Form eines unbedingten (,,k a t e g o r i s c h e n") Gebots, das unmittelbar gebietet, weil es auf den unbedingten Zweck des Sittengesetzes geht. In uns Menschenwesen, bei denen jedes Wollen mit einem Gefühl, sei es der Lust oder der Unlust, ver- bunden ist, ruft der kategorische Imperativ des Sittengesetzes das aus Lust und Unlust merkwürdig gemischte Gefühl der A c h t u n g hervor: der sinnliche Mensch in uns fühlt sich im Bewußtsein seiner Unangemessenheit im Vergleich mit der Idee gedemütigt; der moralische dagegen erhoben, ja hingerissen in dem Gefühl, selber der Schöpfer eines solchen Gesetzes seiner eigenen Vernunft zu sein, in der Empfindung jenes unerklärbaren Etwas in uns, „das sich getrauen darf, mit allen Kräften der Natur in dir und um dich in Kampf zu treten und sie, wenn sie mit deinen sittlichen Grundsätzen in Streit kommen, zu besiegen". Er fühlt die Erhabenheit seiner Bestimmung, seinen inneren, über allen „Marktpreis" hoch erhabenen Wert, seine W ü r d e.

Indem nun vermittelst des Gefühls das Sittengesetz Triebfeder unseres Handelns wird, erwacht in uns das Bewußtsein der P f l i c h t. Bekannt und vielfach angegriffen worden ist die unerbittliche Strenge, mit der Kant diesen seinen Pflichtbegriff aller Klugheit- und Neigungsmoral entgegensetzt. Wenn der Kaufmann seinen Kunden nicht übersteuert, wenn ein von schwerem Unglück Betroffener dennoch den Mut zum Weiterleben bewahrt, wenn ein Menschenfreund durch Wohltun Freude um sich verbreitet, so haben diese Handlungen nur dann sittlichen Wert, wenn sie nicht aus Geschäftsklugheit, Angst oder Gutmütigkeit, sondern aus dem Gefühl der Pflicht hervorgehen. „Es ist sehr schön, aus Liebe zu Menschen und teilnehmendem Wohlwollen ihnen Gutes tun", aber das ist noch nicht „die echte moralische Maxime unseres Verhaltens. . . . P f l i c h t u n d S c h u l d i g k e i t sind die Benennungen, die wir allein unserem Verhältnis zum moralischen Gesetze geben müssen". „Die Ehrwürdigkeit der Pflicht hat nichts mit Lebensgenuß zu schaffen, sie hat ihr eigentümliches Gesetz . . . und wenn man beide auch noch so sehr zusammenschütteln wollte, um sie vermischt, gleichsam als Arzneimittel, der kranken Seele zuzureichen, so scheiden sie sich doch alsbald von selbst." Solcher „Rigorismus" Kants ist oft gescholten worden, und doch ist er nur die methodische Konsequenz der reinen Ethik. Um den Pflichtbegriff „ganz rein" zu haben, m u ß t e der Philosoph ihn scharf von allem Glückseligkeitsbegehren sondern; Verzicht auf Glückseligkeit wird damit nicht gefordert, bei unserem besseren Selbst findet er vielmehr von selber Eingang. Nichts anderes sagt die berühmte Apostrophe an die Pflicht: „P f l i c h t! Du erhabener großer

Name, der du nichts Beliebtes, was Einschmeichelung bei sich führt, in dir fassest, sondern Unterwerfung verlangst, doch auch nichts drohest, was natürliche Abneigung im Gemüte erregte und schreckte, um den Willen zu bewegen, sondern bloß ein Gesetz aufstellst, welches von selbst im Gemüte Eingang findet und doch sich selbst wider Willen Verehrung (wenngleich nicht immer Befolgung) erwirbt, vor dem alle Neigungen verstummen. . ." (Kr. d. pr. V., S. 111 f.)

Ja, in dieser Reinheit und Strenge — das führt schon die Grundlegung und noch ausführlicher die populär geschriebene ‚Methodenlehre' des Hauptwerks aus — wirkt sie auf den unverdorbenen Menschen stärker als alle Lockungen oder Drohungen. Nur bei ungebildeten oder verwilderten Gemütern bedarf es, zur Vorbereitung, eines solchen Gängelbandes. Sobald dies nur einigermaßen seine Wirkung getan, muß man das rein moralische Motiv wirken lassen, das allein dem Menschen Charakter, Würde und Seelenstärke verleiht und sich als die mächtigste, ja im letzten Grunde einzig dauerhafte Triebfeder zum Guten erweist. Die Empfänglichkeit dafür, meint Kant, zeige sich schon in der Neigung zum Räsonnieren, d. h. Aussprechen sittlicher Werturteile, die man in jeder Gesellschaft, auch von Geschäftsleuten und Frauenzimmern, ja schon bei Kindern wahrnehmen könne. Diese Neigung sollten die Jugenderzieher sich zunutze machen, um an Musterbeispielen aus den Biographien alter und neuer Zeit die moralische Urteilskraft ihrer Zöglinge zu schärfen und einen guten sittlichen Grund zu legen. Dabei sei jedoch nicht, wie es jetzt so häufig geschehe, das Edle, Großmütige, ,,Überverdienstliche" solcher Handlungen zu betonen — das bringe nur sittlichen Hochmut oder Empfindelei und Romanheldentum hervor —, sondern das einfache Gefühl der ,,Pflicht und Schuldigkeit"; denn nicht auf hochfliegende oder weichherzige Gefühlsaufwallungen, sondern auf festgewurzelte Grundsätze kommt es an.

Den Schluß der ‚Grundlegung' bildete der tiefsinnige Gedanke, daß wir zwar die unbedingte Notwendigkeit des Sittengesetzes nicht zu begreifen vermögen, ,,aber doch seine Unbegreiflichkeit". Der ‚Beschluß' der praktischen Vernunftkritik faßt

noch einmal in schwungvoll erhebender Sprache, wie sie bei
Kant nicht häufig ist, die beiden großen Gebiete, denen er seine
beiden ersten systematischen Werke gewidmet hat, N a t u r und
S i t t l i c h k e i t , zusammen in dem berühmten Worte von den
beiden „das Gemüt mit immer neuer und zunehmender Bewunderung und Ehrfurcht erfüllenden Dingen", das man in die Mar-
mortafel gegenüber seinem Grabmal gemeißelt hat: „D e r b e -
s t i r n t e H i m m e l ü b e r m i r u n d d a s m o r a l i s c h e
G e s e t z i n m i r." Dort der Anblick einer zahllosen Menge
ins Grenzenlose gehender sichtbarer Welten, hier der Einblick in
die unendliche Welt meines unsichtbaren Selbst, meiner von der
gesamten Sinnenwelt unabhängigen Persönlichkeit. Wie dort, so
bedarf es jedoch auch hier eines Newton, der an die Stelle bloßer
Bewunderung oder noch gefährlicherer „Genieschwünge" m e t h o -
d i s c h e F o r s c h u n g setzt; denn „Wissenschaft, kritisch
gesucht und methodisch eingeleitet", ist auch in der Ethik „die
enge Pforte, die zur Weisheitslehre führt". Kant ist ein solcher
Newton der Ethik gewesen.

Aber wenn es zu solcher „Weisheitslehre" kommen soll,
müssen wir von der Begründung zur

2. Anwendung

fortschreiten. Haben wir im Vorigen Kants Neubegründung der
Ethik in so einfachen und knappen Zügen als möglich darzustellen gesucht, so wollen wir nunmehr ihre Anwendung auf das
menschliche, private und öffentliche L e b e n in großen Umrissen kennen lernen.

Der angebliche „Rigorist" oder gar Pedant war in Wirklichkeit, trotz kleiner, in seinem langjährigen einsamen Junggesellen-
und Gelehrtenleben begründeten Schwächen, in allen großen
Dingen ein weitherziger Mensch. Das sehen wir schon an seiner
Begeisterung für der Menschheit große Gegenstände: Politik und
Religion, Sittlichkeit und Erziehung und (bedingt) auch Recht
und Kunst. In diesem Kapitel wollen wir eine Anzahl besonders
charakteristischer Züge seiner P e r s ö n l i c h k e i t s ethik hervorheben, wie sie namentlich seine ‚Tugendlehre' (1797), daneben

natürlich auch mannigfache Stellen anderer Schriften, der Vorlesungen und des Nachlasses bieten.

Vielleicht der kennzeichnendste unter ihnen allen ist seine Forderung unbedingter W a h r h a f t i g k e i t gegenüber sich und anderen. Die Lüge oder vorsätzliche Unwahrheit gilt ihm als der „eigentliche faule Fleck" in der menschlichen Natur, als das größte Vergehen des Menschen gegen sein besseres Selbst, als Wegwerfung seiner Menschenwürde. Bekannt ist seine Verwerfung der N o t l ü g e selbst in dem extremen Falle, daß uns der Mörder fragt, ob unser von ihm verfolgter Freund sich in unser Haus geflüchtet. Immerhin ist zu bedenken, daß er dies in einer Sonderabhandlung ‚Über ein vermeintes Recht, aus Menschenliebe zu lügen' (Berliner Blätter, Sept. 1797) enthaltene Beispiel nur in einer Polemik gegen den Franzosen Benjamin Constant, der die Strenge der Kantischen Ethik angegriffen hatte, verwandt hat und selbst hier unbedingte Wahrhaftigkeit nur für Aussagen fordert, „die man nicht umgehen kann"; wie er auch nicht so pedantisch ist, sog. Höflichkeitslügen wie die Unterschrift „Ihr ganz gehorsamster Diener" u. ä. zu tadeln. Im Nachlaß (XV, Nr. 1225) wird die Notlüge zwar nicht „gerechtfertigt", aber der menschlichen Schwäche halber doch „entschuldigt"; verurteilt dagegen scharf aller Probabilismus, alle „Jesuiterei". Denn vor allem zu bekämpfen ist die Unwahrhaftigkeit gegen sich selbst, die innere Unlauterkeit. Die Falschheit ist das Grundböse. Der bloße Schein des Guten „muß ohne Verschonen weggewischt und der Schleier, womit die Eigenliebe unsere moralischen Gebrechen verdeckt, abgerissen werden." Dagegen kann man — leider, bei der Unvollkommenheit der menschlichen Dinge — vollste Offenherzigkeit nicht als Pflicht von jedem verlangen, sondern bloß volle A u f r i c h t i g k e i t. Man braucht nicht immer alles, was man weiß oder für Wahrheit hält, zu sagen: wenn nur alles, w a s man sagt, wahr ist.

Der zweite Zug, den wir an Kants Sittenlehre wahrnehmen, ist die mit echter M a n n h a f t i g k e i t gepaarte S e l b ständigkeit des inneren Menschen, der Unabhängigkeits- und F r e i h e i t s sinn. Wie diese Eigenschaften auch seine poli-

tische und religiöse Stellung bestimmten, werden wir später sehen;
hier gilt es, ihren Einfluß auf seine sittlichen Anschauungen im
engeren Sinn zu kennzeichnen. „Frei ist der, so nur von sich
selbst abhängt", heißt es in seinen Reflexionen. Und: „Gib
den Leiden nicht nach, sondern tritt ihnen nur um so mutiger
entgegen", lautet, wie wir schon sahen, einer seiner Lieblingssprüche aus dem klassischen Altertum. Seinen Zuhörern oder
Lesern aber ruft er in der ‚Tugendlehre' zu: Werdet nicht der
Menschen Knechte — Laßt Euer Recht nicht ungeahndet von
anderen mit Füßen treten! — Das Bücken und Schmiegen vor
einem Menschen scheint in jedem Falle eines Menschen unwürdig
zu sein — Wer sich zum Wurm macht, kann nachher nicht klagen,
wenn er mit Füßen getreten wird." Oder: „Macht auch keine
Schulden, für die ihr nicht volle Sicherheit leistet — Nehmt nicht
Wohltaten an, die ihr entbehren könnt, und seid nicht Schmarotzer
oder Schmeichler oder gar Bettler."

Wahre Mannhaftigkeit zeigt sich jedoch nicht bloß in der
Behauptung der eigenen Menschenwürde gegen andere, sondern
vor allem auch in der Beherrschung der eigenen Leidenschaften.
Tugend bedeutet moralische Gesinnung im Kampfe, moralische
Stärke in Befolgung seiner Pflicht, „die niemals zur Gewohnheit
werden, sondern immer ganz neu und ursprünglich aus der Denkungsart hervorgehen soll." Sie zeigt sich in der Selbstbeherr-
schung; die Mannhaftigkeit ($\dot{\alpha}\nu\delta\varrho\varepsilon\dot{\iota}\alpha$, virtus) geht so in das
M a ß halten ($\sigma\omega\varphi\varrho\sigma\sigma\dot{\upsilon}\nu\eta$, temperantia) über. So kommt es z. B.
in Geldsachen darauf an, ihrer, wie überhaupt der Glücksgüter,
Herr zu sein, also weder Verschwendung noch Kargheit zu üben;
desgleichen beim Essen und Trinken. Übrigens auch die Kultur
der Leibeskräfte, die Besorgung dessen, „was das Zeug (die
Materie) am Menschen ausmacht", ist Pflicht, weil ohne sie die
Zwecke des Menschen unausführbar blieben. Wie viel auf die
Kraft des Willens für die Gesundheit des eigenen Körpers ankommt, hat Kant nicht bloß an seiner eigenen Person (s. Buch IV,
Kap. 1), sondern auch in seiner berühmten Abhandlung ‚Von
der Macht des Gemüts, durch den bloßen Vorsatz seiner krankhaften Gefühle Meister zu sein', schon im Titel gezeigt. Die

wahre Stärke der Tugend ist nicht der Affekt, selbst für das
Gute, der wohl für den Augenblick glänzt, aber Mattigkeit
hinterläßt, sondern das Gemüt in Ruhe, mit einer überlegten
und festen Entschließung ihr (der Tugend) Gesetz in Ausübung
zu bringen. „Das ist der Zustand der Gesundheit im moralischen Leben."

Die Tugend der Mäßigung geht dann von selbst in die — für
Kants Person wie für seine Lehre zwiefach charakteristische —
einer edlen B e s c h e i d e n h e i t über, die im Theoretischen
zur Kritik und zur reinen Sachlichkeit, auf dem Gebiet des Wollens und Handelns zum Gegensatz gegen allen Übermut und
Eigendünkel, Haß und Neid, gegen Afterreden und Spottsucht
(was einen vertraulichen Scherz nicht ausschließt), gegen Sitten-
richterei und Kastengeist führt, hinleitet dagegen zu jener men-
schenfreundlichen Duldsamkeit des Terenz-Wortes: „Ich bin ein
Mensch; alles, was Menschen widerfährt, das trifft auch mich."
Sie lehrt u. a., wie Kant seinen Zuhörern gegen das Ende seines
Moralkollegs besonders einzuschärfen für angebracht hielt, den
Stand des Gelehrten auch an innerem Wert nicht über den
des Ungelehrten zu setzen. Jeder Handwerker, jeder Bürgersmann, der arbeitsam und treu einen guten Wandel führt und
ordentlich sein Haus bestellt, ist von dem gleichen Werte wie
der Gelehrte. Darin eben hatte ihn Rousseau „zurecht" gebracht.
Ganz im Gegensatz zu der Ethik des Aristoteles, deren höchste
Tugend, die Denkseligkeit, nur bevorzugten Geistern erreichbar
ist, trägt Kants Sittenlehre einen durchaus demokratischen Zug:
Vor dem braven Manne ziehe ich den Hut ab; so daß Paulsen
sie sogar „die Moral der kleinen Leute" nennt, was von ihm
zwar nicht geringschätzig gemeint, sondern der „Herren"- und
„Künstler"-Moral entgegengesetzt wird, aber doch mißverstanden
werden kann.

Obwohl sich Kant nirgends auf Platos vier Kardinaltugenden
bezieht, fehlt auch deren vierte in seiner Sittenlehre nicht: diejenige, die den Übergang von der individuellen zur sozialen Ethik
bildet, die G e r e c h t i g k e i t. In der „Pflichtenlehre" seiner
moralphilosophischen Vorlesung traf er eine für die damalige Zeit

ganz neue Einteilung der Pflichten gegen andere Menschen, nämlich in solche: 1. des Wohlwollens oder der Gütigkeit, 2. der Schuldigkeit oder der Gerechtigkeit. Wohin sich bei ihm die Wagschale
senkt, wird sich der Leser nach allem Vorangegangenen schon
denken können. Das Wohltun der Reichen ist kaum ein Verdienst, es kostet ihnen keine Aufopferung und ist für sie nur eine
Art, ,,in moralischen Gefühlen zu schwelgen''; das Vermögen dazu
ist eine Gunst des Schicksals und der Regierung, ,,welche eine
Ungleichheit des Wohlstandes, die anderer Wohltätigkeit notwendig macht, einführt''. Aber wichtiger als das ist: es kommt
überhaupt nicht sowohl auf Wohlwollen und Gütigkeit, als auf
Recht und Gerechtigkeit für den Menschen an. ,,Wenn nie eine
Handlung der Gütigkeit ausgeübt, aber stets das R e c h t anderer
Menschen unverletzt geblieben wäre, so würde gewiß kein großes
Elend in der Welt sein. Das Elend, das durch Krankheit und
Unglücksfälle verursacht wird, ist lange nicht so groß als das-
jenige, das aus der Verletzung des Rechts anderer entsteht.''
Ja, noch schärfer redete er seinen Zuhörern ins Gewissen: ,,Man
kann an einer allgemeinen Ungerechtigkeit Anteil haben, auch wenn
man nach bürgerlichen Gesetzen und Einrichtungen keinem ein
Unrecht zugefügt hat. Denn wenn niemand die Güter des Lebens
mit Gewalt und durch Ränke an sich risse, so würden keine Reiche,
aber auch keine Arme vorhanden sein.'' Euere ,,wohltätigen''
Handlungen sind demnach nichts anderes als Handlungen der
Pflicht und Schuldigkeit, die aus dem Recht anderer entspringen[1]).

Doch damit sind wir schon bei seinen s o z i a l e n Anschauungen angekommen, die an späterer Stelle im Zusammenhang beleuchtet werden sollen. Nur auf einen allgemeinen Zug
von Kants praktischer Sittenlehre müssen wir noch hinweisen,
weil vielfach fälschlich das Gegenteil angenommen wird. Wie auf
wissenschaftlichem, so war auch auf ethischem Gebiet unser
Denker ein Feind aller Pedanterie und Kleinigkeitskrämerei, die
,,alle Schritte und Tritte des Menschen mit Pflichten als mit

---

[1]) Die letzten Sätze sind einem Bericht Arnoldts über eine Vorlesungsnachschrift aus den 80 er Jahren (E. Arnoldt, Gesammelte Schriften,
hrsg. von O. Schöndörffer 1909, V, 294 f.) entnommen.

Fußangeln bestreut und es nicht gleichgültig findet, ob ich mich mit Fleisch oder Fisch, mit Bier oder Wein, wenn mir beides bekömmt, nähre: eine Mikrologie, welche, wenn man sie in die Lehre der Tugend aufnähme, die Herrschaft derselben zur Tyrannei machen würde" (Tugendl. Einl. S. XVII). Von seiner psychologischen Weitsichtigkeit und Weitherzigkeit, bei aller sittlicher Strenge und Folgerichtigkeit, zeugen die den meisten Abschnitten der Tugendlehre beigegebenen „k a s u i s t i s c h e n F r a g e n", inwieweit etwa doch Ausnahmen von der strikten Regel, z. B. in der Frage des Selbstmords, der Notlüge, des Weingenusses, unter bestimmten Umständen erlaubt sein können. Wir stoßen da auf so nachdenksame Fragen wie die: Ist das vorsätzliche Märtyrertum eine Heldentat? War Friedrich der Große im Recht, wenn er während des siebenjährigen Krieges ein schnell wirkendes Gift bei sich führte? Soll man den Weingenuß „bis nahe an die Berauschung" gut heißen, weil er doch „die Gesellschaft zur Gesprächigkeit und Offenherzigkeit belebt", ja vielleicht sogar den Mut stärkt? Soll man einem Autor, der ein Urteil über sein Werk hören will, die volle Wahrheit sagen? Ist Sparsamkeit eine Tugend? Wie weit soll man den Aufwand seines Vermögens im Wohltun treiben? Wie weit mit Lasterhaften Umgang pflegen? Selbst vor der Berührung heikler Probleme scheut er dabei nicht zurück: Ist der geschlechtliche Verkehr auch ohne den Zweck der Fortpflanzung erlaubt? Und wie weit ist sinnliche Lust mit wahrer, „moralischer" Liebe vereinbar? Schon in der Aufwerfung solcher Fragen bewährt sich der erfahrene und weitsichtige Menschenkenner, der zwar an der Strenge der sittlichen Forderung festhält, aber doch nach seinem Lieblings-Wahlspruche „nichts Menschliches sich fremd sein" läßt.

3. Die Wirkung der ethischen Schriften

Kants war weit unmittelbarer und offensichtlicher als die des theoretischen Hauptwerks. Diese aus der Tiefe des Herzens dringende, darum phrasenlose Begeisterung für die freie sittliche Selbstbestimmung, dieser glühende Eifer für die Veredelung und Wohlfahrt der Menschheit, diese Erhebung über die enge Dumpfheit des damaligen privaten und mehr noch öffentlichen Lebens, diese hohe Lehre des scharfsinnigsten deutschen Denkers, daß der höchste Wert des Menschen nicht auf seinem Kopf und Verstand, sondern auf Herz und Gesinnung beruhe, und nicht zuletzt die sichere Überzeugung, daß dieser Mann seine Ethik nicht bloß lehrte, sondern auch lebte: das alles fand einen mächtigen Widerhall in dem Geschlecht jener Tage, das unter seiner steifen Tracht und vielfach auch äußeren Form eine glühende Sehnsucht nach Freiheit und Natürlichkeit barg. Um nur einige der bezeichnendsten aus der Reihe begeisterter Zustimmungserklärungen[1]) zu nennen, schrieb ihm aus Jena der Jurist H u f e l a n d am 11. Oktober 1785: Der Nutzen seiner moralischen Schriften werde unsäglich sein, da schon die ‚Grundlegung' das Verdienst habe, „die ganze Sittlichkeit zuerst fest gegründet zu haben und alle, so wohltätig für unser Geschlecht, von der Spekulation ab zur Tätigkeit zu rufen." Noch enthusiastischer äußerte sich am 12. Mai des folgenden Jahres der junge Mediziner Johann Benjamin E r h a r d in Nürnberg: „Ihre Metaphysik der Sitten vereinigte mich ganz mit Ihnen, ein Wonnegefühl strömt mir durch alle Glieder, so oft ich mich der Stunde erinnere, da ich sie zum erstenmal las." Und noch überschwänglicher nennt R e i n h o l d in Jena die Kritik der praktischen Vernunft „eine Sonne" gegen sein „schwaches Lämpchen"; das ihm übersandte Exemplar will er seinem noch zu erwartenden Sohne als unveräußerliches Kleinod hinterlassen. Seine Seele hänge an dem Manne, der die Eintracht zwischen Kopf und Herzen in ihm gestiftet, dem er die Ruhe, die seligste Beschäftigung und die süßeste Freude seines Lebens danke, mit einer Liebe, „die so rein und so unauslöschlich ist als das Licht der Erkenntnis, das er in ihr aufgesteckt hat" (an Kant, 19. Jan. 1788). Wenn der Däne B a g g e s e n ihn als „Messias den Zweiten" pries und unter die „Heilande der Erde" rechnete, so wollte das freilich bei dem gefühlsseligen Enthusiasten, der nach seinem eigenen Bekenntnis, was anderen Philosophen bloß gefiel, gleich „in den dritten Himmel hinaufhob", nicht allzuviel be-

---

[1]) Vgl. die Einleitung zu meiner Ausgabe der Kr. d. prakt. Vernunft (Philos. Bibl., Bd. 38), S. XVIII—XXII.

sagen. Stärker wiegt schon die Begeisterung eines anderen dieser
bezeichnenderweise sämtlich der jüngeren Dichter- und Denker-
Generation Angehörigen, J e a n P a u l s , in einem Briefe an
seinen Freund Vogel vom 13. Juli 1788: „Kaufen Sie sich ums
Himmels willen zwei Bücher, Kants Grundlegung zu einer Metaphysik der Sitten und Kants Kritik der praktischen Vernunft.
Kant ist kein Licht der Welt, sondern ein ganzes strahlendes
Sonnensystem auf einmal." Am bedeutsamsten aber, weil philo-
sophisch ernster und innerlich tiefer begründet als alle diese be-
geisterten Gefühlsausbrüche, klingt das Wort unseres S c h i l l e r ,
mit dem wir diese Übersicht beschließen wollen, und das er nach
mehrjährigen Kantstudien, in bewußtem Gegensatz zu „allen
Nebenideen" der „bisherigen Religionairs" [Theologen?] in der
Moralphilosophie und der „armen Stümper, die in die Kantsche
Philosophie hineinpfuschten", am 18. Februar 1793 an seinen
Freund Körner schrieb: „Es ist gewiß von einem sterblichen
Menschen kein größeres Wort noch gesprochen worden als dieses
Kantische, was zugleich der Inhalt seiner ganzen Philosophie ist:
B e s t i m m e D i c h a u s D i r s e l b s t !"

Drittes Kapitel

Kleinere geschichtsphilosophische und polemische Schriften der 80er Jahre

Nach dem Erscheinen des großen Werks der Kritik der reinen Vernunft und ihrer Erläuterungsschrift, der Prolegomenen, fühlte unser Philosoph sich endlich innerlich wie äußerlich freier zur Bearbeitung der mannigfachen sonstigen Probleme und Gedanken, die er in seinem Kopfe trug, jedoch der großen theoretischen Arbeit zulieb alle die Jahre zurückgehalten hatte. Zudem drängte es ihn offenbar, nach so langer Pause einmal wieder zu einem größeren Publikum in allgemeinverständlichen Abhandlungen zu reden.

Für diesen Zweck bot sich ihm nun gerade damals ein vorzüglich passendes Organ in der soeben (1783) von dem Schulmanne Gedike und dem Bibliothekar Biester gegründeten B e r - l i n i s c h e n M o n a t s s c h r i f t, die, im gleichen Verlage wie Nicolais ,Allgemeine Deutsche Bibliothek' erscheinend, ähnlich dieser, nur vertiefter den Kampf gegen alle Rückwärtserei in Religion und Politik auf ihre Fahne schrieb, übrigens auch schon — eine Seltenheit in jener Zeit — die Hebung der unteren Volksklassen durch Unterricht und gewerbliche Genossenschaften ins Auge gefaßt hat. Die Seele des Unternehmens, später auch alleiniger Herausgeber war der 1749 geborene Johann Erich B i e s t e r , seit 1777 Privatsekretär des Ministers von Zedlitz (s. B. II, Kap. 5), seit 1784 Vorsteher der Königlichen Bibliothek in Berlin. Ein kleiner, etwas verwachsener Mann mit schönen Gesichtszügen, wußte er geschickt die berühmtesten Namen der Zeit, soweit sie der Aufklärung dienen wollten, für die neue Zeitschrift zu gewinnen: Moses Mendelssohn, Justus Möser, der Theologe Semler, der Philologe Heyne, die Dichter Ramler und Gleim gehörten zu seinen Mitarbeitern. Mit Kant stand er bereits seit 1779 im Briefwechsel. Drei Jahre später hätte dieser ihn gern für die Königsberger Professur der Eloquenz, verbunden mit einer solchen der Jurisprudenz, gewonnen. Dazu kam es jedoch nicht. Dagegen wurde Kant einer der eifrigsten Mitarbeiter des neuen Organs: von den Abhandlungen, die er von 1784—1797 geschrieben, sind alle, mit einer Ausnahme, in der Berlinischen Monatsschrift zuerst veröffentlicht worden, davon fast die Hälfte (7) in den drei ersten Jahren von deren Bestehen; dazu kommen nur noch drei Rezensionen in der Jenaer Literaturzeitung (1785/86). Wegen der Themen fragt er gelegentlich den literarisch erfahreneren Biester um Rat: „Da ich beständig über Ideen brüte, fehlts mir nicht an Vorrat, wohl aber an einem bestimmten Grunde der Auswahl, desgleichen an Zeit, mich abgebrochenen Beschäftigungen zu widmen, da ich mit einem ziemlich ausgedehnten Entwurfe, den ich gern vor dem herannahenden Unvermögen des Alters ausgeführt haben möchte, beschäftigt bin. . . . So möchte ich manchmal wohl wissen, welche Fragen das Publikum wohl am liebsten aufgelöst wissen möchte" (Kant an Biester, 31. Dez. 1784).

Seine ersten Aufsätze bezogen sich auf ein Feld, auf dem wir ihn noch nicht kennen gelernt haben, die

A. Geschichtsphilosophie

Kant will k e i n H i s t o r i k e r sein. Das geschichtliche Interesse tritt bei ihm hinter dem Vernunftinteresse weit zurück. Wie er einmal meint, daß Vernunftlehrer „gemeiniglich" historisch unwissend seien, so hat er in seiner Rezension Herders (s. u.) von sich selbst, freilich halb-ironisch, bekannt, daß er, „wenn er einen Fuß außerhalb der Natur und dem Erkenntnisweg der Vernunft" setze, sich „nicht zu helfen" wisse, da er „in gelehrter Sprachforschung und Kenntnis oder Beurteilung alter Urkunden gar nicht bewandert" sei. „Ich werde ja meinen Kopf nicht zu einem Pergament machen, um alte, halb verloschene Nachrichten aus Archiven darauf nachzukritzeln," lautet eine Reflexion der 70er Jahre.

Selbst die Geschichte seiner eigenen Wissenschaft nimmt seine Aufmerksamkeit nur sehr bedingt in Anspruch. Er hat Geschichte der Philosophie in seiner langen akademischen Laufbahn als besonderes Fach überhaupt nicht, sondern bloß als sehr abgekürzten Teil oder Anhang eines Einführungskollegs „Enzyklopädie der gesamten Philosophie", und zwar nur in den Jahren zwischen 1767 und 1782, gelesen. Man beachte, wie selten er in seinen Schriften von seinen philosophiehistorischen Kenntnissen Gebrauch macht, wie sporadisch sein „flüchtiger Blick" auf die ‚Geschichte der reinen Vernunft' im Schlußabschnitt seines Hauptwerks ausfällt. Er verlangte von einer Geschichte der Philosophie, die diesen Namen verdiene, nicht eine bloße Geschichte „der Meinungen, die zufällig hier oder da aufsteigen", sondern eine Darstellung „der sich aus Begriffen entwickelnden Vernunft" (Reicke, Lose Blätter, S. 588). Er freute sich deshalb, in dem Verfasser eines Werkes über Platos Staat, Karl Morgenstern, „den Mann zu finden, der eine Geschichte der Philosophie nicht nach der Zeitfolge der Bücher, sondern nach der natürlichen Gedankenfolge, wie sie sich nach und nach aus der menschlichen Vernunft hat entwickeln müssen, abzufassen" und so die von ihm selbst in jenem Schlußabschnitt gegebenen Umrisse auszuführen imstande sei.

Und wie stellt er sich zur geschichtlichen Wissenschaft überhaupt, die freilich zu seiner Zeit noch in ihren Anfängen lag? In der Einladungsschrift zu seinen Vorlesungen vom Wintersemester 1765/66 erscheint sie ihm, falls ihr nicht physische, moralische und politische Geographie als Grundlage dienen, „von Märchenerzählung wenig unterschieden". Die historischen Wissenschaften, zu denen außer der eigentlichen Geschichte auch Sprachkunde, Naturbeschreibung, positives Recht usw. gehören, werden immer wieder, besonders häufig in den Reflexionen, den „eigentlichen" oder rationalen Wissenschaften: Mathematik und Philosophie entgegengesetzt. Ja, im strengen Sinn ist ihm Geschichte gar keine Wissenschaft. Noch im zweiten Abschnitt des ‚Streits der Fakultäten' (1798) wird die Frage: „Wie ist eine Geschichte a priori möglich?" kurzerhand mit der spöttischen Antwort abgetan: „Wenn der Wahrsager die Begebenheiten selber m a c h t und veranstaltet, die er zum voraus verkündet."

Trotzdem will er dem „empirischen" Historiker sein Recht keineswegs verkürzen. Er wünscht sich und seinesgleichen sogar ausdrücklich die Vorarbeit eines historisch-kritischen Kopfs, der aus der zahllosen Menge von Völkerbeschreibungen, Reiseschilderungen usw. die Widersprüche entfernt, das Glaubwürdige herausschält. Selbstverständlich ist historische Gelehrsamkeit durchaus nötig, in diesem Sinne ist der Satz gemeint: „Mathematik, Philosophie und Geschichte müssen immer bleiben" (Ak.-Ausg. XV, Nr. 430). Ihm selbst als Philosophen aber ist es nicht um die Erforschung der historischen Einzelheiten, sondern, ähnlich wie bei der Naturgeschichte der Erde (Buch II, Kap. 1), um die p h i l o s o p h i s c h e Würdigung der Menschheitsentwicklung zu tun. „In der Historie", sagt eine andere Niederschrift der 70er Jahre, „ist nichts Bleibendes . . . als die Idee der Entwicklung der M e n s c h h e i t" und ihres Rechtes. Die bisherige Geschichtsschreibung war meist biographisch oder kosmographisch; sie krankte daran, daß ihre Verfasser „die Ehre der Fürsten in ihrem Heldengeist" priesen und noch „lieber im Lager waren als im Kabinett". Demgegenüber bezeichnet er als s e i n e Methode die „kosmopolitische", als deren Thema die Entwicklung der Mensch h e i t (nicht der Mens c h e n) zur „Vollkommenheit durch Freiheit vermittels der einander entgegenstrebenden Triebfedern der Tierheit vom Minimo der Naturgeschicklichkeit an" (ebd. 1468), also in heutiger Sprache: die Kulturgeschichte, die nicht von „Kriegen und Eroberungen" handelt. Und auch an diese geht er nicht mit dem Auge des Historikers, sondern dem des Philosophen. Sein Blick ist in erster Linie der Entstehung und Fortentwicklung von Religion und Moral, Recht und Staat, ist dem Woher? und Wozu?, mithin den A n f ä n g e n und Z i e - l e n der Menschheitsgeschichte zugewandt.

Natürlich hatte Kant auch schon vor 1784 manches von seinen geschichtsphilosophischen Ideen gelegentlich in seine Vorlesungen, Schriften, Gespräche eingestreut. So hatte z. B. das Programm von 1775 ‚Von den verschiedenen Rassen der Men-

schen' bereits den Satz ausgesprochen, daß „in der Vermengung
des Bösen mit dem Guten die großen Triebfedern liegen, welche
die schlafenden Kräfte der Menschheit in Spiel setzen und sie
nötigen, alle ihre Talente zu entwickeln und sich der Vollkommenheit ihrer Bestimmung zu nähern". Nun ließ ein Gelehrter, der
ihn in Königsberg besucht, in die ‚Gothaischen Gelehrten Zeitungen' vom 11. Februar 1784 die Notiz einrücken: „Eine Lieblingsidee des Herrn Prof. Kant ist, daß der Endzweck des Menschengeschlechts die Erreichung der vollkommensten Staatsverfassung sei, und er wünscht, daß ein philosophischer Geschichtsschreiber es unternehmen möchte, uns in dieser Rücksicht eine
Geschichte der Menschheit zu liefern und zu zeigen, wie weit die
Menschheit in den verschiedenen Zeiten diesem Endzweck sich
genähert oder von demselben entfernt habe, und was zu Erreichung
desselben noch zu tun sei." Diese Notiz war eingestandenermaßen für Kant der äußere Anlaß zu seiner im Novemberheft
1784 der Biesterschen Zeitschrift veröffentlichten ersten und zugleich bedeutendsten geschichtsphilosophischen Abhandlung:

1. Idee zu einer allgemeinen Geschichte in weltbürgerlicher Absicht[1])

Wie schon die Überschrift zeigt, trägt sie rein philosophischen,
wenn man will, methodologischen Charakter. Geschichtliche Ereignisse werden so gut wie gar nicht erwähnt. Gleich die ersten
Sätze führen uns vielmehr sofort in das tiefe Problem hinein:
Wie läßt sich die Freiheit des menschlichen Handelns mit den
ständigen Tatsachen der Statistik, wie der durch menschliche Torheit auf der großen Weltbühne verschuldete „widersinnige" Gang
der Dinge mit der Annahme einer nicht bloß in der äußeren Natur,
sondern auch in der Menschheitsgeschichte zutage tretenden
zweckvollen „Naturabsicht" zusammenreimen? Unser modernes

---

[1]) Ich muß bezüglich des genaueren Inhalts und Gedankengangs
dieser und der folgenden geschichtsphilosophischen Aufsätze Kants wiederum auf diese selbst und meine Einleitung zu der Ausgabe derselben (Bd.
47 I der Philos. Bibl.) verweisen und hebe oben nur das Charakteristische
hervor.

wissenschaftliches Empfinden fühlt sich durch solche teleologische,
ja fast theologisch klingende Wendungen wie „Plan", „Absicht",
„Weisheit" der Natur oder wie es an einer Stelle heißt, „besser
der Vorsehung" gestört; sie scheinen uns den für die Geschichts-
wissenschaft allein in Betracht kommenden kausalen Gesichtspunkt zu verrücken. Allein diese Betrachtungs- und Ausdrucksweise ist von Leibniz her für das ganze Zeitalter der Aufklärung,
wenige Ausnahmen abgerechnet, charakteristisch. Unsere größten
Geister: Lessing und Herder, Schiller und Goethe haben auch
nicht anders gedacht und geschrieben. Ja, Kant erschien sogar,
weil er öfter von der Vorsorge usw. der „N a t u r" als der Vorsehung oder des höchsten Wesens geredet hatte, einem so verständigen und nüchternen Manne wie dem Berliner Schulmann
und Geographen Büsching als „Naturalist" (heute würde man
etwa „Materialist" oder „Monist" sagen).

In der Tat verbirgt sich bei Kant unter der teleologischen
Hülle eine im wesentlichen rein kausal gedachte Entwicklungs-
geschichte der menschlichen Gesellschaft. Der natürliche Widerstreit zweier ihrer Natur anhaftenden Triebe der Neigung zur
„Vergesellschaftung" einer-, des Hanges zur eigenen Isolierung
und damit zur Ehrsucht, Herrschsucht, Habsucht anderseits, ist
es nämlich, der die Menschen aus ihrer ursprünglichen „Rohigkeit" zur Entwicklung der Talente, Bildung des Geschmacks,
Aufklärung, mit einem Worte zur Kultur hintreibt. Es ist derselbe „Antagonismus", der auch heute noch das Verhältnis der
großen Staaten zueinander bestimmt und sie doch schließlich,
um ihre Not zu lindern, aus dem beständigen Kriegszustand,
wenn auch erst nach vielen „Umkippungen" und unvollkommenen
Versuchen, zu einem gesetzlich geordneten großen Völkerbunde
ebenso nötigen wird: wie er den einzelnen Staat zu einer „vollkommen gerechten bürgerlichen Verfassung" führen wird, welche
die größtmögliche Freiheit aller ihrer Glieder gesetzlich durch-
führt (Satz 5). Freilich dies g r ö ß t e Problem der Menschheit
ist zugleich das schwierigste, das sie am spätesten lösen wird,
das verhehlt sich Kant keineswegs. Denn der Mensch ist „ein
Tier, das . . . einen Herrn nötig hat", und aus „so krummem

Holze, als woraus der Mensch gemacht ist", kann niemals etwas ganz Gerades gezimmert werden. Und trotz aller Z i v i l i s a t i o n „bis zum Überlästigen", trotz aller „K u l t i v i e r u n g" durch Kunst und Wissenschaft, sind wir weit davon ab, schon m o r a - l i s i e r t zu sein. Die zur Erreichung jenes politischen Ideals notwendigen Vorbedingungen: richtige Erkenntnis, große praktische Erfahrung und vor allem der erforderliche gute Wille werden sich nur sehr schwer und, falls überhaupt, nur sehr spät zusammenfinden (Satz 6). Indes glaubt unser oft als Pessimist betrachteter Denker sogar für jenes weitere Ideal eines dereinstigen Völkerbundes in unseren heutigen Zuständen allerlei Anzeichen und, wenngleich schwache, Spuren der Annäherung wahrzunehmen (Satz 8). Mit alledem will er übrigens nicht die „eigentliche", wirkliche Geschichte verdrängen oder in einen Roman umwandeln, sondern sein „philosophischer Versuch" will nichts anderes als ein „Leitfaden" sein, der in das „sonst planlose" Wirrsal menschlicher Handlungen Vernunft und Regel, außerdem uns eine „tröstende Aussicht" in eine, wenngleich noch ferne Zukunft bringt.

Interessant ist, daß gerade diese Abhandlung Kants das erste Kantstudium S c h i l l e r s eingeleitet und ihn „außerordentlich befriedigt" hat (an Körner, 29. Aug. 87). Im übrigen ist sie — eine zweite, erweiterte Sonderausgabe, zu der Spener ihn in der Revolutionszeit zu bewegen suchte (an Kant, 9. März 93), hat der greise Denker abgelehnt — leider nicht nach Verdienst beachtet, über die größeren Geschichtskonstruktionen Hegels und seiner Anhänger vergessen und erst neuerdings, besonders von sozialistischer Seite (Conrad Schmidt, Max Adler und mir) wieder gebührend gewürdigt worden. Eins jedenfalls geht aus ihr hervor: die kritische Ethik, die den kategorischen Imperativ des S o l l e n s verkündet, schließt eine kausale Geschichtsauffassung, welche die Dinge nimmt wie sie s i n d , keineswegs aus. Im Gegenteil: gerade w e i l Kant Ideal und Wirklichkeit methodisch zu scheiden weiß, kann er mit einer idealistischen, reinen Ethik eine in der Hauptsache realistische Geschichts- und Sozialphilosophie verbinden.

2. Die Auseinandersetzung mit Herder.

Eben in diesem Streben nach reinlicher Scheidung zwischen Ideal und Wirklichkeit, zwischen naturwissenschaftlicher und sittlich-religiöser Betrachtungsweise mußte er sich nun durch ein gerade damals (1784), im gleichen Verlage wie seine Kritik, erschienenes, Aufsehen erregendes Werk gestört fühlen: durch Herders ‚Ideen zur Philosophie der Geschichte der Menschheit‘. Wir haben zu Ende des zweiten Buches gesehen, wie der ehemalige Schüler von dem einst bewunderten Lehrer sich innerlich gelöst hatte. Seitdem hatte sich der Gegensatz noch vertieft. Herder, der in der Kritik der reinen Vernunft nichts als Formalismus und ‚‚leeren Wortkram‘‘ sah, eiferte den Freund Hamann zu einer Gegenschrift (‚Metakritik‘) wider deren ‚‚Purismum‘‘ an, die freilich nicht zustande kam[1]). In der Tat konnte Männern wie Hamann und Herder, die darin ‚‚ganz einig‘‘ waren, ‚‚daß unsere ganze Vernunft und Philosophie auf Tradition und Überlieferung hinauslaufe‘‘ (Hamann an Jacobi, 29. Okt. 85), der Kritizismus mit seinem vermeintlichen Bestreben, die abstrakte Vernunft von aller Erfahrung und sinnlichen Anschauung loszulösen, nur als ein ungeheurer Irrweg erscheinen. Wie mußte anderseits dem klare und bestimmte Begriffe über alles schätzenden Philosophen zumute werden, wenn er in der halbdichterischen Prosa des einstigen Schülers die Natur mit Gott gleichgesetzt, unbestimmte ‚‚organische Kräfte‘‘ als Grundbegriffe verwandt, sinnreiche Analogien als Beweismittel gebraucht sah! Herders entwicklungsgeschichtlicher Standpunkt hätte an sich sehr fruchtbar wirken können, wenn die ‚‚Reihe‘‘ seiner ‚‚aufsteigenden Formen und Kräfte‘‘ nach streng naturwissenschaftlicher Methode bewiesen und entwickelt worden wäre. Statt dessen bekommen wir jedoch meist nur schöne Bilder vorgesetzt; wie etwa als ‚‚ein-

---

[1]) Nach einer Mitteilung Carolinens an Herder (Herders S. W., Cotta 1830, III, 123) hatte allerdings Herder dem ihn 1783 in Weimar besuchenden Hartknoch auf dessen vertrauliche Mitteilung, Kant führe die Nichtbeachtung seiner Kritik auf Herders Einfluß zurück, erwidert: Kants Werk sei ihm zwar ungenießbar und seine Vorstellungsart zuwider, gleichwohl habe er gegen sie weder geschrieben noch etwas veranlaßt!

zige Philosophie der Menschengeschichte" den unklaren Satz:
,,Der jetzige Zustand der Menschen ist wahrscheinlich (!) das
verbindende Mittelglied zweener Welten" (5. Buch, 6. Abschn.),
oder als Ergebnis des ganzen ersten Teils den noch verschwom-
meneren: ,,Wie die Blume an der Grenze der unbelebten Schöpfung, so stehe der Mensch mit erhobenem Blick und aufgehobenen
Händen da, als ein Sohn des Hauses den Ruf seines Vaters er-
wartend." Mag Herder auch religiös noch so vorurteilslos zu sein
sich bemühen (,,der Menschen ältere Brüder sind die Tiere"), so
sind doch solche Sätze nur Rhetorik, nur P r e d i g t eines, wenn
auch gedankenreichen und freigesinnten Theologen. In der Tat
gesteht er denn auch seinem Hamann, die naturwissenschaftliche
Seite sei für ihn bloßes ,,Beiwerk", ,,Eingehen auf den Modeton
des Jahrhunderts".

Mußte also Kant seine ganze natur- und geschichtsphilosophische, streng ,,durchgedachte" Auffassung durch den Einfluß
des geistvollen und stilgewandten Weimarer General-Superinten-
denten gefährdet sehen, so konnte ihm Schützens Bitte, den eben
erschienenen ersten Teil der ,Ideen' für die neubegründete
,Literaturzeitung' zu besprechen, nur gelegen kommen. Die
,,Sozietät der Unternehmer" triumphierte ihrerseits, daß sie den
berühmten Denker zum Mitarbeiter gewonnen, und wies Kants
Verzicht auf das Honorar, falls die Rezension ,,nicht genehm"
sein sollte, entrüstet ab: ,,mir brachen die Tränen unfreiwillig
aus", schreibt der gefühlvolle Schütz. So erschien die — wohl
auf Kants Wunsch anonyme — ausführliche Besprechung gleich
in den ersten Nummern der neuen Zeitschrift.

Sie suchte, wie es Pflicht eines gerechten Kritikers ist, sich
in den Gedankengang des Autors hineinzuversetzen und dem
Leser durch zahlreiche Zitate (die beinahe zwei Drittel des Ganzen
ausmachen) ein objektives Bild derselben zu geben. Auch ließ
Kant den schriftstellerischen Vorzügen des früheren Schülers,
dessen Autorlaufbahn er ja mit aufmerksamem Auge verfolgt hatte,
volle Anerkennung widerfahren. Er rühmte den ,,vielumfassenden
Blick" des ,,sinnreichen und beredten" Verfassers, seine ,,Saga-
zität" im Aufspüren von Analogien, seine ,,kühne Einbildungs-

kraft", seinen „fruchtbaren Kopf", seine Freiheit im Denken,
ganz abgesehen von „manchen ebenso schön gesagten oder edel
und wahr gedachten Reflexionen". Dagegen vermißte er in
Herders „spezifischer Denkungsart" mit Recht die „logische
Pünktlichkeit in Bestimmung der Begriffe". Statt ihrer nähmen
Gefühle und Empfindungen, „vielbedeutende Winke" statt kalter
Beurteilung, den Leser in geschickter Weise für den „immer in
dunkler Ferne gehaltenen" Gegenstand ein. Er suchte Dinge, die
man nicht begreift, aus unbestimmten, unsichtbaren Kräften, die
man noch weniger begreift, zu erklären; das aber sei Metaphysik,
die Herder doch im Einklange mit der Zeitmode von sich ablehne,
und zwar „sehr dogmatische". So spricht er denn zum Schluß
den Wunsch aus, daß „unser geistvoller Verfasser" bei der Fortsetzung seines Werks seinem lebhaften Genie einigen Zwang auf-
lege, daß er nicht mehr durch Winke und Mutmaßungen, sondern
durch bestimmte Begriffe und wirklich beobachtete Gesetze auf
den Leser zu wirken suche, daß er seine Einbildungskraft nicht
durch M e t a p h y s i k oder bloße G e f ü h l e „beflügeln"
lasse, sondern daß P h i l o s o p h i e, „deren Besorgung mehr
im Beschneiden als Treiben üppiger Schößlinge besteht", ihn
durch eine „im Entwurf ausgebreitete, aber in der Ausführung
behutsame" Vernunft zur Vollendung seines Unternehmens
leiten möge.

Wir haben absichtlich Kants Charakteristik des Gegners so
ausführlich mit seinen eigenen Worten gebracht, weil sie den
Gegensatz beider Naturen ins hellste Licht stellen. Herder hatte
sein gesamtes Fühlen und Denken, sein ganzes Ich in den ‚Ideen'
niedergelegt. Um so mehr fühlte er sich durch die überlegene
Kritik des einstigen Lehrers im Innersten getroffen. In solchen
Fällen wirkt ein eingestreutes laues Lob, zumal wenn es in so
belehrendem Ton wie Kants Schlußermahnung vorgetragen wird,
nur noch aufreizender. So fand er denn dessen Verfahren platt
und hämisch, schief und „umkehrend", ja selbst in Kants ehrlich gemeinter Anerkennung seiner für einen Theologen großen
Vorurteilslosigkeit nur Spott. Und gegenüber jener Schlußbeleh-
rung schrieb er seinen Freunden wutentbrannt: „Ich bin vierzig

Jahre alt und sitze nicht mehr auf seinen metaphysischen Schulbänken."

Die meisten Freunde gossen mit ihrer begeisterten Zustimmung nur Öl ins Feuer. Auf uns wirkt es heute sehr komisch, wenn Herr von Knebel in Weimar in dem Anonymus „so einen illustren Dummkopf, der die Weisheit nach Maß und Elle zuschneidet", einen „gelehrten Esel", eine „lichtscheue Fledermaus" vermutet, der es wehe tue, wenn sie sich nicht „wie der große Vogel des Tages erheben kann!" Wichtiger war die Zustimmung G o e t h e s, der nicht bloß die ersten Kapitel „köstlich" fand, sondern auch zu dem ganzen zweiten Teil „Ja und Amen" sagte, wie er die ‚Ideen' noch 1787 sein „liebstes Evangelium" nennt. Bezeichnend aber ist doch, daß der einzige von Herders Intimen, der zugleich den Königsberger Philosophen persönlich kannte, der sachlich ganz auf Herders Seite stehende H a m a n n den Kritiker in Schutz nahm. „Kant ist von seinem System zu voll, um Sie unparteiisch beurteilen zu können" (an Herder, 6. Febr. 85). Und später: „Kant ist wirklich ein dienstfertiger, uneigennütziger und im Grunde gut und edel gesinnter Mann von Talenten und Verdiensten. In Ihren Ideen sind manche Stellen, die auf ihn und sein System wie Pfeile gerichtet zu sein scheinen, ohne daß Sie an ihn gedacht haben mögen" (desgl., 8. Mai 85).

Im Februarheft von Wielands ‚Teutschem Merkur' trat unter der Maske eines Pfarrers ein ebenfalls ungenannter Kämpe für Herder in die Schranken, über den er bereits vorher in demselben Merkur „eine greuliche Posaune angestimmt hatte" (Schütz an Kant, 18. Febr. 85). Es war der Ex-Barnabit Reinhold, der damals im Hause seines zukünftigen Schwiegervaters Wieland lebte. Kant fertigte den „Pfarrer" alsbald in einem Anhang zum Märzheft der Literaturzeitung ab. Es war ihm leicht, den Vorwurf zurückzuweisen, als sei er ein „orthodoxer Metaphysiker", der „für alle Belehrung durch die Erfahrung gänzlich verdorben" sei und alles seinem „Leisten scholastischer, unfruchtbarer Abstraktionen" anpassen wolle. Freilich suche er die Philosophie der Geschichte „weder in der Metaphysik noch im Naturalienkabinett durch Vergleichung des Skeletts des Menschen mit dem von anderen Tiergattungen" und „am wenigsten" in seiner Bestimmung für eine andere Welt, sondern in seinen H a n d l u n g e n. Reinhold wagte sich nach der scharfen Abfuhr, die er erhielt, nicht wieder hervor und hat sich bald darauf in einen glühenden Bewunderer des kritischen Philosophen verwandelt.

Herder selbst richtete im zweiten, Herbst 1785 erschienenen Teile seiner ‚Ideen' an verschiedenen Stellen, ohne ihn zu nennen, neue Angriffe gegen Kant. Drei Gedanken in dessen ‚Idee zu einer allgemeinen Geschichte' erregten vor allem seinen Widerspruch. Seiner mehr frauenhaft-rezeptiven als männlich-schöpferischen Natur ging erstens gegen den Strich, daß nach Kant der Mensch alles a u s s i c h s e l b s t hervorbringen solle; zweitens der angebliche Gedanke, daß „nicht der einzelne Mensch, sondern das Geschlecht erzogen werde"; und drittens widersprach seiner rein individualistischen Persönlichkeit Kants strenger Staatsbegriff, während er selbst kein anderes politisches Prinzip will, als daß im Staat „jeder das sei, wozu ihn die Natur (?) bestellte". Dem, aus seinem Zusammenhang gerissen, allerdings sehr schroff klingenden Satz Kants, der Mensch sei ein Tier, das einen Herrn nötig habe, hielt er pathetisch entgegen: der Mensch bedürfe eines solchen Despoten nicht, er solle nicht ewig unmündig bleiben. Das glaubte er dem Manne sagen zu müssen, der eben erst die „Aufklärung" als den Ausgang des Menschen aus seiner selbstverschuldeten Unmündigkeit in einer besonderen Schrift gefordert hatte.

Obwohl Kant im Sommer 1785 durch schriftstellerische Arbeiten stark in Anspruch genommen war und außerdem gerade jetzt die herannahenden Beschwerden des Alters deutlicher zu spüren begann, so daß er die Notwendigkeit, „seine Gedanken ununterbrochen zusammenzuhalten" empfand (an Schütz, 13. Sept. 1785), glaubte er doch diesen Angriffen entgegentreten zu müssen. Er übernahm deshalb auch die Besprechung des z w e i t e n Teils der ‚Ideen' und stellte sie sogar (er lieh sich zu diesem Zwecke Hamanns Exemplar) so rasch fertig, daß sie bereits am 15. Nov. erschien. Auch diesmal ging er ausführlich auf den Inhalt ein,

lobte auch wieder die geschickte Auswahl und meisterhafte Gliederung des Stoffs, die zahlreichen sinnreichen Urteile und die
mancherlei Stellen voll dichterischer Beredtsamkeit. Nur habe
dieser poetische Geist die Grenzen zwischen Dichtung und Philosophie zuweilen „völlig verrückt". Herders kühne Metaphern,
poetische Allegorien und mythologische Anspielungen verhüllten
oft — gleich dem Reifrock einer Schönen — den Gedanken mehr,
als daß sie ihn durchschimmern ließen. Der Satz von dem „nötigen
Herrn" sei durch die Erfahrung aller Zeiten und Völker bestätigt.
Die Glückseligkeit des Einzelnen, die Herder den „kostbaren
Staatsmaschinen" vorzuziehen erklärte, sei ein bloßes Schatten-
bild, das jeder sich selbst mache; die Glückseligkeit des bloßen
Genusses der Bewohner von Otaheite (Tahiti) unterscheide sich
grundsätzlich nicht von dem Glücke der Rinder und Schafe. Die
wahrhaft menschlichen Strebens würdigen Ziele seien vielmehr
wachsende K u l t u r und — so schreibt unser Philosoph schon
v o r 1789 — „eine nach Begriffen des M e n s c h e n r e c h t s
geordnéte S t a a t s v e r f a s s u n g". Die Herder so unver-
ständliche „Menschen g a t t u n g" bedeute das Ganze einer unendlichen Reihe von Generationen, die in unaufhörlichem Fortschreiten begriffen sind. Wenn sein Gegner solche Philosophie
als scholastisch („averroisch") ablehne, so solle er selber endlich
einmal nicht in bloßen Worten, sondern „durch Tat und Beispiel" der Welt ein Muster der echten Art zu philosophieren
vorlegen.

Die bei aller Entschiedenheit ruhige, gelassene und ironisch
überlegene Art von Kants Erwiderung steigerte — psychologisch
sehr begreiflich — die Erbitterung Herders nur noch mehr, so daß
selbst Hamanns vernünftiges Zureden nicht verfing. „Ei, ei!",
schrieb ihm dieser am 19. Januar 1786 in seiner drastischen Art,
„mein lieber Gevatter, Landsmann und Freund, daß Ihnen die
Schläge Ihres alten Lehrers so weh tun, gefällt mir nicht recht.
. . . Jeder gute Kopf hat so einen Satansengel nötig, statt eines
memento mori — und die bittere Aloe macht rote Wangen, befördert den Umlauf des Blutes und den Fortgang der Arbeit,
besonders so lange diese noch unter dem Amboß ist. Das dient

im Grunde alles zu Ihrem und des Werkes Bestem, wenn Sie es gut anwenden wollen — et ab hoste consilium. Und das [sc. ein Feind] ist Kant nicht, sondern im Grunde ein guter homunculus. Sind seine Erinnerungen ohne Grund, so fallen sie von selbst weg. Haben sie Grund, desto besser für Sie, ihn noch beizeiten zu entdecken und sich danach richten zu können[1])."

Herder befolgte jedoch diese wohlmeinenden Ratschläge nicht, sondern blieb bis an sein Lebensende bei seiner Verständnislosigkeit und Abneigung gegen die kritische Philosophie. Kant anderseits hatte nunmehr wichtigere Aufgaben zu erfüllen. Den 1787 veröffentlichten dritten Teil der ‚Ideen‘ gleichfalls zu rezensieren, lehnte er ab, weil er seine Kritik der Urteilskraft in Angriff nahm. Dagegen hatte ihn die Beschäftigung mit den Herderschen Gedankengängen noch vor Ende 1785 zu einer kleinen Zwischenarbeit angeregt, die er ebenfalls in der Berliner Monatsschrift veröffentlichte, unter dem Titel:

3. Mutmaßlicher Anfang der Menschengeschichte.

Denn augenscheinlich war es Herders ausführliches Eingehen auf die älteste Schrifttradition über den Ursprung und Anfang der Menschengeschichte, die unseren Kritiker reizte, sich auch einmal mit einer Deutung der ersten Kapitel Mose zu versuchen. Freilich in ganz anderer Art. Im Gegensatz zu Herders gehobenfeierlichem Ton will Kant seine „Mutmaßungen" keineswegs „für ein ernstes Geschäft ankündigen", sondern sie bloß als „eine der Einbildungskraft in Begleitung der Vernunft zur Erholung und Gesundheit des Gemüts vergönnte Bewegung" betrachtet wissen;

---

[1]) In Königsberg hatte Herder außer Hamann kaum Freunde. So schreibt z. B. Kants Kollege Kraus, der doch Hamann als Lehrer und Freund achtete, über die ‚Ideen‘ am 27. Dezember 1787 an Schütz: „Es gilt, die in so vielen, zumal jungen, Köpfen herrschende pantheistische Schwärmerei und den ästhetisch-metaphysischen Bombast, womit Herder sein Publikum als kluger Schalk wissentlich narrt . . ., darzustellen. So viel muß ich Ihnen gestehen, keiner von den jetzigen berühmten Schriftstellern ist mir unausstehlicher als er."

er will eine bloße „Lustreise" wagen, bei der er sich einer heiligen Urkunde als Karte bedient. Er läßt Herders Ausführungen über das Alter der Erde, den Unterricht der „Elohim" und die Lage des Paradieses ganz beiseite und beginnt sogleich mit der s i t t - l i c h e n Entwicklung des Menschengeschlechts (1. Mose 2—4). Die alttestamentliche Erzählung dient ihm nur als Unterlage einer ganz freien Darstellung. So bedeutet ihm die Vertreibung aus dem Paradiese „in die weite Welt" keineswegs eine Strafe, sondern den Übergang aus der „Rohigkeit" eines „bloß tierischen", vom „Gängelwagen" des Instinkts geleiteten Geschöpfs zur Leitung der Vernunft, aus der „Vormundschaft der Natur" in den „Stand der Freiheit". An Mose 1, 4 knüpft er eine Schilderung der einander folgenden Anfangsstufen der Kultur (Jägerleben, Hirtenleben, Ackerbau) bis zu den Anfängen von städtischer Kultur, Kunst und vor allem „bürgerlicher Verfassung". Auch zeigen sich bereits wichtige Gedanken der neuen Ethik: vom wahren Wert des Lebens, vom Menschen als Selbstzweck. Wie wenig „rigoristisch" Kant in Wahrheit denkt, geht aus dem Satze hervor: „die Natur hat gewiß nicht Instinkte und Vermögen in lebende Wesen gelegt, damit sie solche bekämpfen und unterdrücken sollten." Bedeutsam und von hohem Interesse ist die in Anknüpfung an R o u s s e a u erfolgende Entgegensetzung von N a t u r und K u l t u r , namentlich aber der Gedanke ihrer dereinst zu hoffenden Vereinigung, wo „vollkommene Kunst wieder Natur wird, als welches das letzte Ziel der sittlichen Bestimmung der Menschengattung ist". Traurig sind die mit der Kultur verbundenen Übel: so z. B., daß der Kulturmensch erst so spät heiraten und sein Geschlecht fortpflanzen kann, daß er sterben muß, wenn er noch so viel zu leisten imstande, ja vielleicht „am Rande der größten Entdeckungen steht", daß die Ungleichheit der Menschen nicht bloß in bezug auf Naturgaben oder Glücksgüter, sondern auch auf ihr allgemeines Menschenrecht durch die Kultur nicht zu lösen ist, so lange dieselbe — so „p l a n l o s" fortgeht. Allein der Mensch darf und soll bei seiner an sich sehr erklärlichen Unzufriedenheit mit diesen Übeln und Mühseligkeiten, wozu vor allem auch der K r i e g

gehört, nicht stehenbleiben. Auch sie haben ihr Gutes, zumal
er erkennen muß, daß er zum großen Teil selbst daran schuld ist.
Man soll diesem Leben, dessen überlange Fortdauer doch nur
die „Verlängerung eines mit lauter Mühseligkeiten beständig
ringenden Spiels" sein würde, durch H a n d l u n g e n neuen
Wert geben. Dann wird man nicht mehr jene leere Sehnsucht
nach einem in bloßem Genusse verträumten oder vertändelten
„goldenen Zeitalter" empfinden. Man wird erkennen, daß die
Geschichte der Menschheit nicht vom Guten zum Bösen fortgeht, sondern eine allmähliche Entwicklung vom Schlechten zum
Besseren durchmacht, und daß zu diesem Fortschritt „ein jeder
an seinem Teile, soviel in seinen Kräften steht, beizutragen durch
die Natur selbst berufen ist".

Wie durch ein Stahlbad gestärkt fühlt man sich, wenn man
nach der weichmachenden Gefühlsmäßigkeit Herderscher Gedanken diese kraftvollen und männlichen Kantischen Ideen in
sich aufnimmt. Kein Wunder, daß Anhänger Kants, wie Biester,
sie für ein Stück erhabenster und edelster Philosophie erklärten,
die „wahrhaft erbaut und die Seele erhebet" (an Kant, 8. Nov. 85).
Selbst Hamann konnte nicht umhin, nach der Lektüre von Kants
Aufsatz, am 15. Januar, an Jacobi zu schreiben, daß an dieser
„allerliebsten Seifenblase von unserem Kant" auch Herder sich
„sehr erbauen" werde. Und an den letzteren: hier sei der gewünschte Newton der Geschichtsphilosophie im Keime vorhanden.
Der gekränkte Herder aber fühlte sich nicht „erbaut", sondern
wandte sich, wie wir sehen, endgültig von Kant ab.

Einen um so tieferen Eindruck machte die geistreiche Abhandlung auf S c h i l l e r. Als der neuernannte Jenaer Professor
im Sommer 1789 seine Vorlesungen über Universalgeschichte
begann, legte er seiner Darstellung der ältesten Zustände der
Menschheit Kants Aufsatz zugrunde. Und gerade dieser Abschnitt
erschien ihm so wertvoll, daß er ihn unter der Überschrift: ‚Etwas
über die erste Menschengesellschaft' im 11. Hefte seiner ‚Thalia'
von 1790 veröffentlichte, mit der beigefügten ausdrücklichen Bemerkung: „Es ist wohl bei den wenigsten Lesern nötig zu erinnern, daß diese Ideen auf Veranlassung eines K a n t ischen

Aufsatzes in der Berliner Monatsschrift entstanden sind." In der Tat stellen namentlich die ersten Seiten fast nur eine Umschreibung von Kants Gedanken dar, während die folgenden Abschnitte — wo es geht, im Anschluß an die biblische „Urkunde" — die Urzustände der Menschheit in selbständigerer Weise mit poetischem Pinsel malen.

4. Was ist Aufklärung?

Aber Kants geschichtsphilosophisches Interesse ist nicht bloß dem Woher?, sondern auch dem Wozu?, nicht nur den Anfängen, sondern auch den Z i e l e n der Menschheitsentwicklung zugewandt. Daher sein immer stärker werdendes p o l i t i s c h e s Interesse, das freilich erst zur Zeit der großen Revolution seinen Höhepunkt erreichte und darum erst im letzten Buch ausführlicher behandelt werden soll. Zur philosophischen Beleuchtung seiner Zeit jedoch dringt er schon gegen die Mitte der 80er Jahre vor.

Es empfanden damals weite Kreise der Gebildeten das Bedürfnis, sich über das geistige Fazit der Gegenwart klar zu werden. Wir wissen nicht, wer den Namen Aufklärung zuerst gebraucht hat. Aber im Septemberheft der Berliner Monatsschrift 1784 warf der Hauptwortführer der vorkantischen Philosophie in Deutschland, Moses M e n d e l s s o h n, die Frage auf: ‚Was heißt Aufklären?' Seine Antwort lautete im wesentlichen: „theoretische Bildung", neben und gegenüber der „Kultur" als praktischer. Ohne von Mendelssohns Aufsatz zu wissen — sonst wäre er, wie er bescheiden erklärt, von seinem Vorsatze abgestanden —, schickte nun Kant derselben Zeitschrift eine kurze Abhandlung über die nämliche Frage ein. Wenn gefragt werde: „Leben wir jetzt in einem a u f g e k l ä r t e n Zeitalter?", so müsse die Antwort lauten: „Nein, aber wohl in einem Zeitalter der A u f k l ä r u n g." Was aber heißt Aufklärung?

Gleich in den ersten markigen Sätzen der kleinen Schrift zeigt sich der Unterschied von Mendelssohns weicherer Art, indem der Nachdruck nicht auf die Verstandes- oder gar Gefühls-, sondern auf die Willensseite gelegt wird. „Aufklärung ist der Ausgang des Menschen aus seiner s e l b s t v e r s c h u l d e t e n Un-

mündigkeit." Faulheit und Feigheit, Mangel an Entschlußkraft
sind die Ursachen, die den größten Teil der Menschheit zeitlebens
und sogar „gern" in geistiger Unmündigkeit verbleiben lassen.
„Habe M u t , Dich Deines e i g e n e n Verstandes zu bedienen!"
lautet dagegen der Wahlspruch der Aufklärung.

Doch die Befreiung aus jenem schmachvollen Zustand ist
nicht so leicht, wie manche es sich denken. Nicht bloß ist Selbstdenken den meisten unbequem und beschwerlich, sondern unbe-
rufene Vormünder haben auch dafür gesorgt, daß der bei weitem
größte Teil der Menschen, darunter „das ganze schöne Geschlecht",
den Schritt zur Mündigkeit für — sehr gefährlich hält. Einen
entschiedenen Fortschritt erwartet der Philosoph — fünf Jahre
vor 1789! — nicht von einer gewaltsamen Revolution, die für
den gedankenlosen großen Haufen bloß neue Vorurteile statt der
alten schaffen würde, sondern allein von der „Freiheit, von seiner
Vernunft in allen Stücken öffentlichen Gebrauch zu machen".

Vor allem im „Hauptpunkte" der Aufklärung: „in R e l i -
g i o n s sachen", da die Unmündigkeit auf diesem Gebiete am
schädlichsten und auch am entehrendsten ist. Als „Geschäfts-
träger" seiner Kirche und Angestellter seiner Gemeinde ist allerdings der Geistliche die offizielle kirchliche Lehre vorzutragen
verpflichtet; wenn auch nur in der Form, daß er sagt: Unsere
Kirche lehrt dieses oder jenes, bedient sich der und der Beweisgründe, und so dann daraus zieht, was er für praktisch nützlich
hält. Übrigens nur, solange er darin nichts „der i n n e r e n Religion Widersprechendes" antrifft; in welchem Falle er sein Amt
niederlegen müßte. Dagegen muß er als theologischer Gelehrter
volle Freiheit haben zu schreiben, was er will. Auch darf er durch
keine Kirchenversammlung oder Synode eidlich auf ein unver-
änderliches Symbol verpflichtet werden. Ein solcher Vertrag,
der alle weitere Aufklärung verhindern würde, ist „schlechterdings null und nichtig", ja, sollte er auch durch Reichstage und
feierliche Friedensschlüsse bestätigt sein, ein „Verbrechen wider
die menschliche Natur". Denn auf die Aufklärung sogar für die
Nachkommenschaft Verzicht tun, hieße „die heiligen Rechte der
Menschheit verletzen und mit Füßen treten".

Nicht so stark ereifert er sich hier noch für die p o l i t i s c h e Freiheit. Zwar stellt er als Maßstab aller Gesetze auf, daß „das Volk selbst sich ein solches Gesetz auferlegen könnte". Aber er wendet diesen „Probierstein" nur so weit an, daß er bloß das Recht einer freimütigen Kritik verlangt. Er hat bei seiner ganzen Erörterung offenbar den Staat Friedrichs II. im Auge, der nur deshalb jeden nach seiner „Fasson" selig werden ließ, weil ihm diese Dinge höchst gleichgültig waren, solange er politisch unbedingten Gehorsam fand; wie ihn denn auch Kant zweimal mit denselben Worten sagen läßt: „Räsonniert [d. h. kritisiert], soviel Ihr wollt und worüber Ihr wollt, aber gehorcht!" Stolz auf solchen König nennt er das „Zeitalter der Aufklärung" das „Jahrhundert Friedrichs", der zuerst seinen Untertanen, sogar seinen Beamten, volle Freiheit in Religionssachen gelassen und so auch anderen Staaten durch sein Beispiel gezeigt habe, daß für die Ruhe und Einigkeit des Gemeinwesens von solcher Freiheit nicht das Mindeste zu besorgen sei, freilich als „Bürgen der öffentlichen Ruhe" zugleich auch ein — wohldiszipliniertes zahlreiches Heer zur Hand habe. Daß Kants eigene Gedanken weiter gingen, zeigt der Schlußsatz: Die gewährte D e n k freiheit werde das Volk allmählich auch freier im H a n d e l n machen und schließlich auch die Regierung davon überzeugen, daß es ihr selbst nur zuträglich ist, „den Menschen, der nun m e h r a l s M a s c h i n e ist, seiner W ü r d e gemäß zu behandeln".

Ein vorläufiger Abschluß der geschichtsphilosophischen Ideen wird in der

5. K r i t i k d e r t e l e o l o g i s c h e n U r t e i l s k r a f t,

dem zweiten Teile der ‚Kritik der Urteilskraft' (1790), erreicht, die in dieser Hinsicht noch wenig beachtet worden ist, obwohl in ihrem „Anhang" (bes. § 82—84) die schwerwiegendsten Probleme aufgeworfen werden. Ist der M e n s c h , fragt hier Kant, wirklich Endzweck der Natur? Widerspricht dem nicht u. a. die Tatsache der mannigfachen Revolutionen des Erdkörpers mit ihren zerstörenden Folgen (Lissabon 1755!)? Und, wenn trotzdem der Mensch den letzten Zweck der Natur darstellt, was ist

sein letzter Zweck, Kultur oder Glückseligkeit?
Kant antwortet darauf, ähnlich dem Goetheschen Faust des
Ersten Teils: Die menschliche Natur ist nicht von der Art,
,,irgendwo im Besitze und Genusse aufzuhören und befriedigt zu
werden"; deshalb kann nur Kultur, d. h. die Hervorbringung der
Tauglichkeit eines ,,vernünftigen Wesens" zu selbständigem, ,,vom
Despotismus der Begierden" freiem Wollen und Handeln, sein
Endzweck sein. Denn der Wert des Lebens besteht nicht im
Genießen, sondern im Tun: so daß die Lösung des Problems
ähnlich wie beim Faust des Zweiten Teils erfolgt. Wie die Dinge
heute liegen — und das 20. Jahrhundert hat darin bisher noch
keine Änderung gebracht —, wird diese Kultur freilich nur für
eine bevorzugte Minderheit um den Preis erreicht, daß die große
Masse ,,die Notwendigkeiten des Lebens gleichsam mechanisch . . .
zur Gemächlichkeit und Muße anderer besorgt, welche die minder
notwendigen Stücke der Kultur, Wissenschaft und Kunst, bearbeiten und von dieser in einem Stande des Drucks, saurer
Arbeit und wenig Genusses gehalten wird" (Ausgabe Vorländer,
S. 301): nebenbei bemerkt, ein gutes Zeugnis von Kants tiefem
sozialen Blick in einer noch wenig sozial denkenden Zeit. Damit
wachsen die Plagen der Menschheit zu einem ,,glänzenden Elend"
heran und scheint Krieg und Zwietracht vorläufig ,,unvermeid-
lich". Erst das Staatsideal einer ,,weltbürgerlichen" Gesellschaft,
in der ,,die größte Entwicklung der Naturanlagen geschehen kann"
(so schon 1784), wird dem ein Ende machen (S. 301 f.). Denn
der Endzweck der Schöpfung ist doch zuletzt nur der Mensch
als moralisches Wesen; womit die Teleologie auch hier in die —
Ethik einmündet.

B. Zwischen Aufklärung und Glaubensphilosophie
oder:
Der Jacobi-Mendelssohn-Streit

Das ganze philosophisch und literarisch interessierte Deutsch-
land geriet in Aufregung, als Mitte der 80er Jahre durch eine
Mitteilung F. H. Jacobis an Mendelssohn bekannt wurde, daß
Lessing ersterem gegenüber sich einige Monate vor seinem Tode

zum Spinozismus bekannt habe, der damals fast allgemein als mit krassem Atheismus und Fatalismus gleichbedeutend galt. Moses Mendelssohn insbesondere, der übrigens jene Mitteilung schon Juli 1783 erhalten hatte, faßte die Anschuldigung sozusagen als eine persönliche Beleidigung seines verstorbenen Freundes Lessing auf und zog in seinen ‚Morgenstunden oder Vorlesungen über das Dasein Gottes‘ (Herbst 1785) aufs schärfste gegen den Spinozismus, aber auch gegen den Skeptizismus und kritischen Idealismus zu Felde, obwohl er die Werke des „alles zermalmenden" Kant gar nicht selbst gelesen zu haben bekannte. Jacobi seinerseits verteidigte in seinen fast gleichzeitig erschienenen Briefen ‚Über die Lehre des Spinoza an Moses Mendelssohn‘ den Spinozismus als das einzige folgerichtige System aller Begriffsphilosophie, um zugleich den Standpunkt zu verfechten: aus der Gefahr eines blinden Naturmechanismus und Atheismus könne nur ein salto mortale in den G l a u b e n retten, d. i. das unmittelbare Gefühl der Gewißheit, das keiner Beweisgründe bedarf. Auf Kant berief er, der im übrigen den „Kantischen Glauben" durchaus nicht teilte, sich erst, als er wegen seiner Abweisung von Verstandesbeweisen für das Dasein Gottes von dem erbitterten Mendelssohn des Atheismus beschuldigt wurde. Auf Mendelssohns Replik (Anfang 1786) folgte alsbald eine Duplik Jacobis, dazu eine gemäßigtere, zwischen Jacobi und Kant etwa die Mitte haltende Schrift eines jungen Schwaben (Wizenmann). Weiter erschienen verschiedene Anzeigen aller dieser Schriften in der Jenaer Literaturzeitung, und der strikte Kantianer Jakob in Halle bereitete eine Kritik der ‚Morgenstunden‘ vor. Noch verwirrter wurde die Sache dadurch, daß einer der beiden Hauptbeteiligten, der schon lange nervenkranke Moses Mendelssohn, am 4. Januar 1786 plötzlich starb: wie seine Berliner Anhänger behaupteten, aus Aufregung und Ärger über seine christlichen Gegner, insbesondere Jacobi und Lavater. Jedenfalls war inzwischen aus der Fehde der Personen ein Kampf zweier G e i s t e s r i c h t u n g e n geworden: auf der einen Seite die Vertreter der Berliner Aufklärung (Biester, M. Herz, Nicolai u. a.), auf der anderen die Kämpen der Glaubens- und Gefühlsphilosophie (Hamann, Lavater, Jacobi),

aber doch auch die junge Dichtergeneration (Herder, Goethe).
Von beiden Teilen wurde Kant angerufen[1]). Wie stellte er sich
dazu?

Spinozas dogmatische Methode mußte seinem kritischen Kopfe
ebenso widerstreben, wie dessen Pantheismus. So wird es mit
dem Geständnis gegenüber Hamann, ,,den Spinoza niemals recht
studiert zu haben" (Hamann an Jacobi, 3. Dez. 85), wohl
seine Richtigkeit haben. In der ganzen Kritik der reinen Vernunft wird Spinozas Name nicht genannt, auch in sämtlichen
vorkritischen Schriften, soweit wir uns erinnern, nur einmal im
,Beweisgrund'. Und ebenso konnte er ,,Jacobis Auslegung so
wenig als den Text des Spinoza sich selbst verständlich machen"
(Hamann an Jac., 28. Okt. 85). Seine allgemeine Sympathie wie
seine literarische Vergangenheit zogen ihn zweifellos mehr zu den
Berlinern. Anderseits war er aber doch auch über Mendelssohns
Wolffianismus und ,,gesunden Menschenverstand" weit hinaus-
gewachsen und seine eigene Kritik der Gottesbeweise von diesem
beanstandet worden. So dachte er anfangs daran, ,,mit aller
Kälte sich in einen Gang mit Mendelssohn einzulassen", wozu ihn
Hamann natürlich noch mehr ,,aufmunterte" (an Jac., 5. Nov. 85),
gab jedoch diese Absicht bald auf, weil er mit eigenen Arbeiten
zu sehr beschäftigt sei, auch die ,Morgenstunden' nicht unmittelbar ihn selbst beträfen. Er teilte daher nur sein Urteil Schütz
mit, das dieser dann zu einer Besprechung in der Literaturzeitung
benutzte, in der Mendelssohns Schrift zwar mit Achtung behandelt, aber doch als ,,das letzte Vermächtnis einer dogmatisierenden
Metaphysik", wenn auch als deren ,,vollkommenstes Produkt"
bezeichnet wurde.

---

[1]) Es ist interessant, ja amüsant, aus den verschiedenen Briefwechseln
der Zeit zu ersehen, wie sich beide Parteien bemühen, die wichtige Autorität
des Königsberger Weisen auf ihre Seite zu ziehen. Um einen lebendigen
Eindruck davon zu bekommen, muß man die Unmengen von Briefen des
schreibseligen, jedoch nie geistlosen Hamann an seine Freunde, namentlich den im Mittelpunkt des Kampfes stehenden Jacobi, selber lesen. Wir
heben oben nur diejenigen Punkte hervor, die Kants Persönlichkeit und
Lehre näher angehen.

Wie Hamann von der einen, so suchten von der anderen Seite die Berliner ihren vermeintlichen Gesinnungsgenossen immer stärker zum Schreiben zu drängen. So hatte ihn Biester schon am 8. November 1785 gebeten, doch ja „ein Wort über die philosophische Schwärmerei zu sagen". Weit heftiger und aufgeregter drängte am 27. Februar 1786 der alte Schüler Marcus Herz: „Was sagen Sie denn zu dem Aufruhr, der seit und über Moses' Tod unter Predigern und Genies, Teufelsbannern und possigten Dichtern, Schwärmern und Musikanten beginnt, zu dem der Geheimrat zu Pimplendorf" — gemeint ist Jacobi in Pempelfort — „das Zeichen gab? Wenn doch ein Mann wie Sie diesem lumpigten Schwarm [!] ein einziges ernsthaftes S t i l l e d a! zuriefe; ich wette, er würde zerstreut wie Spreu vom Winde." Sachlicher und darum wirksamer äußerte sich acht Tage später Biester: „Freilich wird die Sache der Schwärmerei zu arg in den Schriften der modischen Philosophen; Demonstration wird verworfen, Tradition (die niedrigste Art des Glaubens) wird empfohlen und über Vernunftbeweise erhoben. Wahrlich, es ist Zeit, daß Sie, edler Wiederhersteller des gründlichen und gereinigten Denkens, aufstehen und dem Unwesen ein Ende machen. Tun Sie es doch bald in einigen kleinen Aufsätzen in der Monatsschrift, bis Sie Zeit zu einem größeren Werke finden" (an Kant, 6. März 86). Gleichwohl ließ sich der Philosoph nicht zu einseitigem Losschlagen bestimmen. Auf Herzens aufgeregte Expektoration erwiderte er erst am 17. April ziemlich kühl: „Die Jacobische Grille ist keine ernstliche, sondern nur eine affektierte G e n i e s c h w ä r m e r e i, um sich einen Namen zu machen und ist daher kaum einer ernstlichen Widerlegung wert. Vielleicht daß ich etwas in die Berl. M. S. einrücke, um dieses Gaukelwerk aufzudecken." Auch Biester ermahnte er noch Ende Mai, „jeden kränkenden Angriff auf H(errn) Jacobi zu verhüten".

Stärker scheint auf ihn eine Nachricht aus Jena gewirkt zu haben. Von dort ersuchte ihn der eifrig ergebene Schütz im Februar 1786 um eine Erklärung: „ob Sie nicht Hr. Geh. Rat Jacobi in seinem Buche über Spinoza mißverstanden, wenn er Ihre Ideen vom Raum anführt und sagt, sie seien ganz im Geiste

Spinozas geschrieben"; namentlich aber die damit verbundene
Nachricht: es gebe Männer, „die wirklich sonst gar nicht auf
den Kopf gefallen sind", welche Kant — wie ein Dutzend
Jahre später Fichte — für einen A t h e i s t e n hielten! Um
Mendelssohns Tod willen werde er doch die beabsichtigte Schrift
nicht zurückhalten? So war es denn kein Wunder, daß Hamann unseren Philosophen am 6. März „voll von der Mendelssohnschen Sache", und zwar „weit auseinander in unserem Urteile" fand, und daß dieser sich am 4. April in einer Mittagsgesellschaft bei Hippel so begeistert für Mendelssohns „Originalgenie"
und seine Hauptschrift ‚Jerusalem' äußerte, daß er darüber,
ganz gegen seine sonstige ruhige Art, in einen heftigen Wortwechsel mit dem alten Freunde Ruffmann geriet und sich un-
mutig entfernte. Er beabsichtigte damals auch einen Artikel über
Mendelssohns Verdienste um Christentum und besonders Judentum für die Monatsschrift zu schreiben. Aber soviel er auch für
den M e n s c h e n Mendelssohn übrig haben mochte: dessen
Dogmatismus gab er nach wie vor für ein „reines System der
Täuschung" aus (Ham. an Jac., 25. März 86). Deshalb konnte er
auch am 11. März Hamann durch dessen Sohn sagen lassen, er
habe Jacobis Gegenschrift „mit vielem Vergnügem" gelesen. Und
Hamann glaubte seinen immer wieder besorgt anfragenden Freund
über Kants „Neutralität" beruhigen zu können: dieser halte es
mit Mendelssohn gewiß nicht als Wolffianer, und mit ihm als
Juden nur, insofern er ihm „Naturalist", d. h. Anhänger der
natürlichen Religion zu sein scheine. Ja, als Hamann ihn am
27. Mai besuchte, hatte er nichts dagegen, daß Jacobi sich auf
ihn berufe, und äußerte sich, trotz der ihm etwas peinlichen
Gegenwart seines jüdischen Zuhörers Theodor nach Hamanns
Eindruck „völlig zufrieden" über Jacobis Buch, wenn er auch
Lessings Spinozismus nicht für „so ausgemacht" hielt. Übrigens
werde er sich über die ganze Sache, und zwar rein sachlich ohne
persönliche Polemik, noch öffentlich auslassen.

Zu diesem Entschluß hatte ihn inzwischen noch eine Anregung von dritter Seite gebracht. Sein eifriger Anhänger, der
damals 27jährige Magister Ludwig Heinrich J a k o b in Halle,

fragte am 26. März in einem ausführlichen Schreiben bei Kant an, ob dieser, wie es in den Zeitungen heiße, eine Widerlegung der ‚Morgenstunden‘ vorhabe. Schon stimmten Mendelssohns unbedingte Verehrer ‚‚Triumphlieder‘‘ an, als ob diese Schrift der Kritik einen nicht geringen Stoß versetzt hätte. Letztere werde eben ‚‚immer nur noch durchblättert, aber nicht durchstudiert‘‘; man sehe sie als ein ‚‚großes Tier‘‘ an, das man zwar fürchtet, dem man sich aber nicht anvertrauen mag. Falls Kant sich nicht selbst mit der Beleuchtung Mendelssohns bemühen wolle, ob er dann die Gewogenheit habe, Jakobs Aufzeichnungen darüber durchzusehen. Kant, durch sein Rektoramt und die Arbeit an der Neuauflage der Kritik in Anspruch genommen, war Jakob dankbar, daß er ihm die Mühe abnahm, und schrieb auf Jakobs Bitte eine Art empfehlendes Vorwort, das dieser dann unter der Überschrift:

‚Einige Bemerkungen von Herrn Professor Kant‘

hinter der Vorrede seiner ‚Prüfung der Mendelssohnschen Morgenstunden‘ (Herbst 1786) abdrucken ließ. Der halbe Druckbogen, den Kants kleine Abhandlung einnimmt, stellt zunächst den kritischen Standpunkt in Sachen der Gottesbeweise gegenüber dem Dogmatismus Mendelssohns einer-, Spinozas anderseits fest, um dann dem ersteren zweierlei entgegen zu halten: Philosophische Streitigkeiten, wie die über Willensfreiheit und Naturnotwendigkeit, seien keine bloßen Wortstreitigkeiten; und die kritische Frage nach dem ‚‚Ding an sich‘‘ sei durchaus nicht ‚‚sinnleer‘‘, wie Mendelssohn behaupte. Den Schluß bildet der zuversichtliche Satz: ‚‚Die Sachen der Metaphysik stehen jetzt auf einem solchen Fuße, die Akten zur Entscheidung ihrer Streitigkeiten liegen beinahe schon zum Spruche fertig, so daß es nur noch ein wenig Geduld und Unparteilichkeit im Urteile bedarf, um es vielleicht zu erleben, daß sie endlich einmal ins Reine werden gebracht werden.‘‘ Darunter bloß, wie die Unterschrift eines siegreichen Feldherrn:

Königsberg, den 4. August 1786.

I. Kant.

Inzwischen drang Biester in einem sehr ausführlichen Schreiben vom 11. Juni, das die Antwort auf einen leider verlorengegangenen Brief Kants bildet, von neuem und stärker in den Philosophen. Er machte seine Sache sehr geschickt. Scheinbar Kants Rat folgend, begann er: Persönlich wolle er nicht werden. Auf das Faktum, ob Lessing wirklich Atheist gewesen, ob Mendelssohn sich ganz untadelhaft gegen Jacobi benommen, komme es ebensowenig an als auf eine Lobpreisung der „Berlinischen Denkungsart". „Mag meinetwegen Moses M. und Berlin stehen oder fallen!" Dann folgt jedoch eine heftige Anklagerede. Wichtiger als das Persönliche müsse jedem denkenden Menschenfreund, zumal in „den itzigen Zeiten", wo fanatische Schwärmerei auf der einen, plumper Atheismus auf der anderen Seite halb Europa verwirren, sein, die Ziele der „neuen Schwindelköpfe" und — Kants Ausdruck gegen Herz! — „affektierten Genieschwärmer" zurückzuweisen, nämlich: „die Untergrabung und Verspottung jeder Vernunfterkenntnis von Gott, die Lobpreisung und fast Vergötterung des unverständlichen Spinozistischen Hirngespinstes und die intolerante Anempfehlung der Annahme einer positiven Religion, als des einzig notwendigen und zugleich jedem vernünftigen Menschen zukommenden Auswegs." Und nun, nach diesen klug auf Kants Anschauungen berechneten Wendungen, der ebenso berechnete Appell an den gepriesenen Meister! Da müßten „Männer, die bis itzt das Heft der Philosophie in Händen geführt und vom ganzen denkenden Publikum dankbar als sichere und erfahrene Leiter sind anerkannt worden", sich öffentlich gegen diese wahrhaft gefährliche philosophische Schwärmerei erklären: zumal da der „seltsame Jacobi", dieser „heftige, alles aufbietende Mensch", für seinen Grundsatz: S c h w ä r m e r e i   d u r c h A t h e i s m u s! auch Kant als Zeugen und Genossen anzuführen sich nicht entblöde". Dann folgen nicht bloß sehr persönliche Scheltworte gegen den „arroganten, kindlich eitlen, verächtlich egoistischen" Jacobi, sondern zum Schluß zwei recht unedle Motive, die unseren Philosophen zu dem gewünschten Vorgehen bestimmen sollen. Erstens: Was werde das Publikum denken, wenn Kant sich nicht bald gegen Jacobi erkläre? Werde es nicht auf den Verdacht kommen, er habe sich durch dessen Lobsprüche abhalten lassen? Und zweitens: Im Falle einer wahrscheinlich bald eintretenden „Veränderung" — Anspielung auf den bevorstehenden Tod Friedrichs des Großen — werde es alle Gutgesinnten doppelt schmerzen, wenn man alsdann „mit einigem Scheine" den „ersten Philosophen unseres Landes" und die Philosophie überhaupt beschuldigen könnte, den — dogmatisch-fanatischen Atheismus zu begünstigen!

Wir haben gewiß nicht viel für Jacobis und seiner Freunde sogenannte „Glaubensphilosophie" übrig. Aber den Vorwurf der Beförderung eines dogmatischen und fanatischen Atheismus gegen ihn zu erheben, war geradezu töricht und bloß aus dem Hasse zu erklären, der zwischen den Glaubensmännern Jacobi, Hamann, Lavater einer-, den Berliner Aufklärern anderseits bestand. Es ehrt den Sachlichkeits- und Gerechtigkeitssinn unseres Denkers, daß er sich auch in diesem Falle weder durch Freund noch Feind aus der Ruhe und Unparteilichkeit seines Urteils bringen ließ. Denn das zeigte der noch in demselben Jahre 1786 in wenigen Juliwochen ausgearbeitete und in der Oktobernummer der Berliner Monatsschrift erschienene Aufsatz:

Was heißt: sich im Denken Orientieren?

Mendelssohn hatte in seinen ‚Morgenstunden' geäußert: so oft die Vernunft mit dem schlichten Menschenverstand („Gemeinsinn") in Zwiespalt gerate, müsse sich der Weltweise an letzterem „orientieren", der erfahrungsgemäß in den meisten Fällen das Recht auf seiner Seite habe. Daran knüpft der Titel der Abhandlung an. Kant unterscheidet eine geographische, mathematische und logische Orientierung. Nur mit der letzteren hat es der Philosoph zu tun. Da sei nun der „gesunde Menschenverstand" Mendelssohns ein sehr unzuverlässiges Orientierungsmittel. Habe er doch bei dessen Gegnern, Jacobi und dem noch scharfsinnigeren Wizenmann, zu „gänzlicher Entthronung" der Vernunft geführt. Gewiß entspringt die Annahme eines Übersinnlichen, insbesondere der Begriff eines Urwesens, einem B e d ü r f n i s unserer Vernunft; aber Bedürfnis ist ein Gefühl,

kein B e w e i s. Vergißt man das, so fällt man ins Dogmati-
sieren zurück, wie der „würdige" Mendelssohn. Immerhin aber
baute dieser mit Recht auf die Vernunft als letzten Probierstein
der Wahrheit; denn der auf einem zwar subjektiven und praktischen, gleichwohl aber notwendigen Bedürfnis unserer Vernunft
beruhende reine V e r n u n f t g l a u b e muß in der Tat unser
Orientierungskompaß im Felde des Übersinnlichen sein. Hier-
gegen wendet sich die neue Richtung Jacobis und seiner Freunde,
die damit — soweit gibt also Kant den Berlinern recht — „aller
Schwärmerei, Aberglauben, ja selbst der Atheisterei eine weite
Pforte öffnet". Bei dieser Gelegenheit verwahrt sich unser Philosoph vor allem in einer langen und scharfen Anmerkung gegen den
Vorwurf des S p i n o z i s m u s , der Dogmatismus und Schwärmerei miteinander verbinde, während der Kritizismus allein beide
mit der Wurzel ausrotte, sowie auch dem (der Kritik ebenfalls
vorgeworfenen) Skeptizismus ein Ende mache.

Dann aber wendet er sich — im Gegensatz zu den Berlinern —
nicht bitter und scheltend, sondern mahnend und warnend an die
neuen Philosophen als die „Männer von Geistesfähigkeiten und
erweiterten Gesinnungen", deren „Talente" er verehrt, deren
„Menschengefühl" er liebt. Er mahnt sie, an der D e n k f r e i -
h e i t festzuhalten, ohne die es auch mit ihren „freien Schwüngen
des Genies" bald zu Ende sein würde. Er warnt sie, durch ihre
unbesonnenen Angriffe auf die Vernunft die jetzt noch bestehende
Freiheit des Redens und des Schreibens zu gefährden: „das einzige Kleinod, das uns bei allen bürgerlichen Lasten noch übrig-
bleibt, und wodurch allein wider alle Übel dieses Zustandes
noch Rat geschafft werden kann." Der Grundsatz, den kühnen
Schwung des Genies als alleinigen Maßstab anzuerkennen, führe
notwendig zur S c h w ä r m e r e i , wie „wir gemeine Menschen"
jene famose „Erleuchtung" oder Eingebung von oben nennen.
Damit aber entweder zum A b e r g l a u b e n , d. h. gänzlicher
Unterwerfung der Vernunft unter historische Fakta und vorgeschriebene Glaubensformeln; oder aber zur „F r e i g e i s t e r e i",
d. h. völliger Gesetzlosigkeit im Denken, die dann das Eingreifen
der Obrigkeit und so die Zerstörung aller Denkfreiheit durch

„Landesverordnungen" herbeiführt. So schließt er denn, wenige Wochen, ehe Friedrich der Große ins Grab sank, mit dem das Zeitalter der Aufklärung seinem Ende entgegenging, jetzt nicht mehr mit frohem Stolze auf seine Zeit, wie zwei Jahre vorher, sondern mit dem beweglichen Aufruf: Haltet, wenn anders Ihr Freunde des Menschengeschlechts und des Heiligsten an ihm sein wollt, fest an der Vernunft als letztem Probierstein der Wahrheit; denn eben hierin, d. h. dem Grundsatz des Selbstdenkens, und nicht in einer Summe theoretischer Kenntnisse, wie manche sich einbilden, besteht w a h r e A u f k l ä r u n g! — So mündet Kants Schrift, wenn auch aus Gelegenheitsursachen entstanden, aus in ein erhebendes Bekenntnis zu den stets unverrückt gebliebenen Grundlagen seines eigenen Denkens und Handelns.

Kant dankt Jacobi noch mehr als zwei Jahre später für sein Buch über Spinoza in einem ausführlichen, namentlich religionsphilosophisch interessanten Schreiben. Zu seiner Abhandlung über das Orientieren, bemerkt er hier entschuldigend, sei er „wider seine Neigung" durch die von verschiedenen Seiten an ihn ergangene Aufforderung, sich von dem Verdachte des Spinozismus zu reinigen, genötigt worden. Aber Jacobi werde auch in ihr hoffentlich seinen (Kants) Grundsatz nicht verleugnet gefunden haben, „Männern von Talent, Wissenschaft und Rechtschaffenheit mit Achtung zu begegnen, soweit wir auch in Meinungen auseinander sein möchten". Auch in der Verurteilung von Herders ‚Gott' fand Jacobi sich damals mit Kant zusammen: „Wirklich ist Herders Gespräch, als philosophische Kritik betrachtet, unter aller Kritik und enthält beinah kein wahres Wort." Im folgenden März (1790) ließ Kant ihm sogar ein Dedikations-Exemplar seiner Kritik der Urteilskraft zugehen. Von einem späteren indirekten Zusammenstoß (1796) wird im letzten Buche die Rede sein.

C. Gegen Eberhard

Kant war, wie er selbst oft genug ausgesprochen hat, kein Freund gelehrter Streithändel. Als daher in der zweiten Hälfte der 80er Jahre mit dem Vordringen seiner Lehre auch die lite-

rarische Gegnerschaft sich von Jahr zu Jahr mehrte, überließ er
die Abwehr der Angriffe, soweit es irgend möglich, seinen Anhängern. Er selbst hatte am Abend seines Lebens Wichtigeres
zu tun, als sich in solcher Polemik zu verzetteln; er mußte sein
System zu vollenden eilen. Auch die Rezensionen Herders, die
Abhandlung über das Orientieren, das Begleitwort zu Jakobs
Schrift und die noch zu erwähnende Abhandlung von 1788 ‚Über
den Gebrauch teleologischer Prinzipien' tragen nicht das Gepräge
eigentlicher S t r e i t s c h r i f t e n. Eine solche hat er erst
in seinem 66. Jahre notgedrungen abgefaßt: die gegen seinen
Kollegen Eberhard in Halle gerichtete Abhandlung:

Ü b e r   e i n e   E n t d e c k u n g ,   n a c h   d e r   a l l e   n e u e
K r i t i k   d e r   r e i n e n   V e r n u n f t   d u r c h   e i n e   ä l t e r e
e n t b e h r l i c h   g e m a c h t   w e r d e n   s o l l (1790).

Eigentümlicherweise mußte Kant seine Kritik gerade gegen
diejenige philosophische Richtung am stärksten verteidigen, der
er in seiner vorkritischen Zeit nahegestanden hatte. Es waren
eben die beati possidentes der deutschen Katheder und der philosophischen Literatur bis 1781, die sich in ihrem langjährigen Besitzstand durch ihn bedroht fühlten. Wie sein Freund Mendelssohn,
gehörte auch Johann August E b e r h a r d aus Halberstadt
(1739—1809) der aufklärerischen Richtung im allgemeinen, der
Leibniz-Wolffschen Schule im besonderen an. Von Haus aus
rationalistischer Theologe, hatte er sich zuerst durch seine ‚Neue
Apologie des Sokrates' (1772), in der er mit guten Gründen die
übliche Verketzerung auch der tugendhaften Heiden anfocht und
die entgegenstehenden kirchlichen Lehren angriff, in weiteren
Kreisen bekannt gemacht. Er war gegen die Ränke der rechtgläubigen Geistlichkeit durch König Friedrichs persönliches Da-
zwischentreten 1774 zum Prediger in Charlottenburg, vier Jahre
später, nachdem Kant abgelehnt, zum Professor der Philosophie
in Halle ernannt worden. Als solcher mit Wort und Feder ein
eifriger Verfechter der Leibniz-Wolffschen Lehre, sah er nun
seinen Standpunkt durch den seit etwa 1785 immer mehr um
sich greifenden Kritizismus bedroht. Er gründete deshalb Ende

1788 eine neue, in vier jährlichen „Stücken" erscheinende Fachzeitschrift, das P h i l o s o p h i s c h e M a g a z i n , das allgemach ein Sammelplatz von Kants heftigsten Gegnern wurde. Gleich in den drei ersten Stücken rückte der Herausgeber selbst mit einer ausführlichen Kritik gegen Kants Hauptwerk vor, und bei seiner zwar nicht tiefdringenden, aber flüssigen und allgemeinverständlichen Schreibweise war Gefahr im Verzuge.

Zwar rieten ergebene Freunde, wie Jakob und Reinhold, dem Meister ab, seine kostbare Zeit mit der Abwehr von „Fechterstreichen" der Eberhard u. a. zu vergeuden; Reinhold insbesondere empfahl statt dessen eine in der ‚Literaturzeitung' und dem ‚Merkur' zu veröffentlichenden Erklärung, daß man ihn (Kant) nicht verstanden habe. Indes das schien Kant doch gegenüber dem Nichtverstehen w o l l e n , das er bei seinen Gegnern annahm, nicht genügend. Selten hat sich der im Grunde stets maßvolle Philosoph so erbittert über einen literarischen Gegner ausgesprochen, wie über Eberhard. Im zweiten der beiden Briefe vom 12. und 19. Mai 1789, in denen er Reinhold ausführliche „Bemerkungen" zur Widerlegung Eberhards übersendet, spricht er von der dazu nötigen „ekelhaften Arbeit", die „lauter Wortverdrehungen" zurechtzustellen habe, von der „Seichtigkeit und Falschheit eines bloß auf Ränke gestimmten Autors", denn „Bescheidenheit ist von diesem Manne, dem Großtun zur Maxime geworden ist, nicht zu erwarten". Einen solchen Menschen, „der aus Falschheit zusammengesetzt ist und mit allen den Kunststücken, z. B. dem der Berufung auf mißgedeutete Stellen berühmter Männer . . . bekannt und darin durch Naturell und lange Gewohnheit gewandt ist, gleich zu Anfang seines Versuchs in seiner Blöße darzustellen", sei „Wohltat fürs gemeine Wesen".

Auf Grund der ersten Reihe Kantischer Bemerkungen faßte dann Reinhold, „durchdrungen von dem . . . unwürdigen Benehmen jenes unphilosophischen Schwätzers", den er in Halle kennen gelernt und als „einen wahren Camäleon" befunden habe, sogleich eine Rezension des 3. und 4. Stückes für die Literaturzeitung ab; den Inhalt von Kants zweitem Schreiben wolle er als Corps de Reserve behalten, um auf die unausbleibliche Antikritik des Hrn. E. damit hervorzurücken und seinem Magazin damit den Rest zu geben (R. an Kant, 14. Juni 89). Als jedoch Eberhard und seine Schildknappen mit ihren Angriffen im ‚Magazin‘ fortfuhren, muß unser Philosoph die Sache doch für wichtig genug gehalten haben, um selber einzugreifen und von seinem Vorsatze, „sich in gar keine förmliche Streitigkeit einzulassen", diese „einzige" Ausnahme zu machen. Anfangs wollte er sich mit einem kürzeren Aufsatze begnügen (an Reinhold, 21. Sept.); dann entschloß er sich zu einer besonderen Schrift (desgl. 1. Dez.), die er im Dezember 1789 ausarbeitete, und die Ostern 1790, gleichzeitig mit der Kritik der Urteilskraft, erschien.

Uns interessiert Kants Polemik, die unter Schonung des „berühmten Herrn von Leibniz" und seiner Tochter, der Wolffschen Philosophie, gegen ihren Nachtreter um so schärfer geführt wird, wenig mehr, zumal da der Ton der ziemlich umfangreichen Schrift meist trocken ist. Trotz mancher gelungenen Einzelproben von Witz, Ironie, ja auch boshaftem Spott wird doch der glänzende Stil, durch den z. B. Lessings Streitschriften uns auch für die unbedeutendsten Personen oder Gegenstände zu interessieren wissen, entfernt nicht erreicht. Die noch heute nicht erloschene Bedeutung der Schrift besteht vielmehr darin, daß der Begründer des Kritizismus in ihr, in objektiver gewordener Rückschau auf sein neun Jahre zuvor erschienenes Hauptwerk, über wichtige Punkte seiner Lehre authentischen Aufschluß gibt, wie denn schon Fichte durch sie viel für sein Verständnis der Kritik gewonnen zu haben behauptete. Aus den besonders lesenswerten Schlußseiten spricht die ruhige Zuversicht auf die Fortdauer seiner Philosophie. Schon in dem Briefe vom 19. Mai 1789 an Reinhold hatte er erklärt, die Angriffe der Gegner nicht zu fürchten. „Im Grunde" könne ihm „die allgemeine Bewegung, welche die Kritik nicht allein erregt hat, sondern noch erhält, samt allen Allianzen, die wider sie gestiftet werden (wiewohl die Gegner derselben zugleich unter sich uneinig sind und bleiben werden) nicht anders als lieb sein; denn das erhält die Aufmerksamkeit auf den Gegenstand". Ja, die beständigen Mißverständnisse oder Mißdeutungen könnten sogar dazu dienen, den Ausdruck hier und da bestimmter zu machen. Dem fügt jetzt die Streitschrift die bei aller Bescheidenheit doch siegessicheren Worte hinzu: „Übrigens mag die Kritik der reinen Vernunft, wenn sie kann, durch ihre innere Festigkeit sich selbst weiterhin aufrechterhalten. Verschwinden wird sie nicht, nachdem sie einmal in Umlauf gekommen, ohne wenigstens ein festeres System der reinen Philosophie, als bisher vorhanden war, veranlaßt zu haben" (S. 73 meiner Ausgabe, Philos. Bibl., Bd. 46 c).

Eberhard blieb natürlich, als unfehlbarer deutscher Fachprofessor, unbelehrbar. Er ließ einen Mitarbeiter im zweiten Bande seines ‚Magazins' den Satz schreiben: „Die Kantische Philosophie wird in der Tat in Zukunft einen sehr merkwürdigen Beitrag zur Geschichte der Verirrungen des menschlichen Verstandes liefern." Trotzdem fanden sich anfangs noch manche, die sich „auf Eberhards Gewäsch verließen und ihm treulich nachbeteten", wie sich der Leipziger Professor Born ausdrückte (an Kant, 10. Mai 90), der freilich auch nicht viel anderes getan als Kant treulich nachgebetet hat. Letzterer konnte jedoch jetzt die Weiterführung der Fehde endgültig seinen Anhängern, z. B. dem Hofprediger Schultz überlassen, dem er im Sommer 1790 in zwei Aufsätzen weiteres Material dazu liefert. Kant trug auch äußerlich bald den Sieg davon. Denn seine Streitschrift erlebte bereits im nächsten Jahr eine zweite Auflage, während seines Gegners Magazin schon 1792 einging. Auch das an dessen Stelle tretende ‚Philosophische Archiv' (1792/93) blieb eine Eintagsfliege, der selbst die niedliche Denunziation eines Anonymus nicht aufhelfen konnte: die „Desorganisation" der Philosophie durch Kant finde ihre Parallele in der Desorganisation der Politik durch die französische Revolution. Kant hat sich mit Recht um den Herausgeber und seine Angriffe nicht mehr gekümmert.

Viertes Kapitel

Kant und die organische Naturwissenschaft

1. Die Entstehung des Organischen

Wie hoch Kant die mathematische Naturwissenschaft als
„reine", „eigentliche", allein exakte Wissenschaft auch schätzt,
so klar war es ihm doch von Anfang an, daß sie nur einen Teil
der gesamten Naturwissenschaft umfaßt, daß sie das Problem
des Lebens, die Entstehung und Entwicklung des Organischen
nicht berührt. Und zwar erkannte er schon früh nicht bloß die
Verschiedenheit, sondern auch die größere Schwierigkeit des biologischen Problems. Über die Entstehung der Himmelskörper
hatte er in seiner ‚Allgemeinen Naturgeschichte usw.' (1755) das
kühne Wort ausgesprochen: „Gebt mir nur Materie, ich will
Euch eine Welt daraus bauen!" Betreffs der organischen Welt
gestand er an derselben Stelle bescheiden seine Ohnmacht ein,
auch nur „die Erzeugung eines einzigen Krauts oder einer Raupe
aus mechanischen Gründen deutlich und vollkommen kund"
machen zu können. Während Epikur und andere alte Denker
die „Ungereimtheit" soweit getrieben hätten, den Ursprung aller
belebten Geschöpfe dem „blinden Zusammenlauf" der Atome beizumessen und so „die Vernunft aus der Unvernunft" herzuleiten,
so bleibe man auf dem Felde des Organischen „aus Unwissenheit
der wahren inneren Beschaffenheit des Objekts und der Ver-
wickelung der in demselben vorhandenen Mannigfaltigkeit" gleich
beim ersten Schritte stecken. Aber er meinte damals von der
„Grundmaterie" noch: eben weil sie eine „unmittelbare Folge
des göttlichen Daseins" sei und ihre Eigenschaften und Kräfte
a l l e n Veränderungen zugrunde lägen, müsse sie „auf einmal
so reich, so vollständig" sein, daß die „Entwickelung ihrer Zu-
sammensetzungen" a l l e s in sich schließe, „was sein kann" (119).

Dagegen werden im ‚Einzig möglichen Beweisgrund' (1763)
die physikalischen und die biologischen Gesetze bereits scharf
voneinander geschieden. Erstere weisen eine notwendige, letztere
dagegen nur „zufällige", künstliche Einheit auf. Selbst die Vereinigung verschiedener solcher Einheiten zu einem in seiner Art
vollkommenen Ganzen, z. B. einer Pflanze, ist bloß zufällig und
willkürlich. Freilich möge auch hier mehr „notwendige" Einheit
sein, „als man wohl denkt" (I, 3. Betrachtung). Wie denn überhaupt die Methode der „gereinigten Weltweisheit" mit Newton
den Grundsatz der E i n h e i t d e r N a t u r so sehr wie möglich festhalten müsse (vgl. Buch II, Kap. 1, Schluß). Trotzdem
erweisen sich die allgemeinen, d. h. physikalischen Naturgesetze
zur Erklärung des Baues der Pflanzen und der Tiere als unzulänglich. Die Bildung der Schneekristalle lasse sich allenfalls
noch mechanisch erklären, und der Pflanzenschimmel stehe in
der Mitte zwischen Leblosem und Lebendem. Wie aber steht es
mit der e r s t e n E r z e u g u n g d e s O r g a n i s c h e n,
einer Pflanze oder eines Tieres? Ist jedes einzelne Individuum
unmittelbar von Gott gebaut und nur die Fortpflanzung dem
natürlichen Gesetz der Entwicklung anvertraut (Evolutions- oder
Präformations-Theorie)? Oder sind nur e i n i g e Individuen
unmittelbar göttlichen Ursprungs, die dann „nach ordentlichen
Naturgesetzen" ihresgleichen e r z e u g e n und nicht bloß „aus-
wickeln" (Theorie der Epigenesis)? Kant selbst will sich für keine
der beiden, zu seiner Zeit eine bedeutende Rolle in der öffentlichen
Diskussion spielenden Theorien, die zudem beide das Problem nur
auf Gott zurückschoben, entscheiden. Bei dem derzeitigen Stand
der Kenntnisse sei eine Anwendung rein mechanischer Gesetze
auf das Organische unmöglich. Indes müsse der Natur eine
größere Möglichkeit eingeräumt werden, „nach allgemeinen Naturgesetzen ihre Folgen hervorzubringen".

Die ‚T r ä u m e e i n e s G e i s t e r s e h e r s' (1766) erklären es für schwer, den Unterschied zwischen Leblosem und
Lebendem, d. i. willkürlich sich Bewegendem, im einzelnen Falle
mit Sicherheit auszumachen. Desgleichen sei der Unterschied
zwischen Tier und Pflanze — man denke etwa an den Polypen —

nur relativ. Am besten halte sich die Naturwissenschaft an die uns allein begreiflichen „Bewegungsgesetze der bloßen Materie", wenngleich der Philosoph nicht leugnen will, daß in vielen Fällen tierische Veränderungen „o r g a n i s c h" zu erklären sind.

2. Die Entwicklung des Menschen

Allmählich wendet sich Kant naturwissenschaftliches Interesse mehr dem M e n s c h e n zu. Schon die im 6. Kapitel des vorigen Buchs besprochene Rezension Moscatis (1771) zeigte, daß er vorurteilslos genug war, die Verschiedenheit zwischen Tier und Mensch nicht als eine grundsätzliche zu betrachten. Ihre weitere Anwendung auf den letzteren erfahren die im ‚Beweisgrund' nur gestreiften biologischen Hypothesen in der einzigen längeren Abhandlung der 70er Jahre:

Von den verschiedenen Rassen der Menschen (1775)

In jedem organischen Körper — sei es Pflanze oder Tier (Mensch) — liegen K e i m e , d. h. Gründe einer bestimmten Entwicklung besonderer Teile. Sie heißen A n l a g e n , wenn sie sich nur auf die Größe oder das Verhältnis dieser Teile untereinander beziehen. Eine dauerhafte Entwicklung derselben begründet eine R a s s e . Diese Entwicklung wird nun zwar einer „Vorbildung" und „Fürsorge" der Natur zugeschrieben, nicht dem Zufall oder bloß mechanischen Gesetzen. Indes stecken doch — ähnlich wie in seiner Geschichtsphilosophie (s. Kap. 3) — hinter den teleologischen Wendungen öfters ganz moderne Gedanken. Die Natur „artet" dem Boden an: so haben z. B. die Vögel in kälteren Ländern ein dichteres Federkleid, die Weizenkörner eine festere Hülle (*Anpassung*). Die Beschaffenheit von Klima und Nahrung bringt allmählich einen erblichen Unterschied unter Geschöpfen derselben Rasse hervor (*Vererbung*). Es ist möglich, durch sorgfältige „Aussonderung" der „ausartenden" Geburten zuletzt einen dauerhaften Familienschlag zu errichten (*Selektion*). Allerdings können äußere Dinge, wie Luft, Sonne, Nahrung, immer nur Gelegenheits-, niemals hervorbringende Ursache sein. Sie vermögen wohl das Wachstum und die Erhaltung, nicht aber die Zeugungskraft, den Lebensquell selbst hervorzurufen. Anderseits können Keime auch erstickt werden. Im allgemeinen hält Kant somit hier, wie auch in der zehn Jahre später im Novemberheft der Berliner Monatsschrift veröffentlichten Abhandlung:

Bestimmung des Begriffs einer Menschenrasse (1785)

an der Konstanz der Arten fest. Rasse ist „der Klassenunterschied der Tiere eines und desselben Stammes, soweit er unausbleiblich anerbt". Künstliche Züchtungsversuche bei Hunden und Hühnern, auf deren Gelingen er gelegentlich in seinen Vorlesungen hinwies, erklärt er hier für eine Künstelei, die in das Zeugungsgeschäft der Natur hineinpfusche, ohne doch wesentliche Abweichungen von dem „alten Original" bewirken zu können. Gewisse Keime seien auch in den Rassen „ganz eigentlich angelegt". Die Keime oder ursprünglichen Anlagen selbst werden in der gleichzeitigen Herder-Rezension (s. Kap. 3) als „weiter nicht erklärliche Einschränkungen eines sich selbst bildenden Vermögens" bezeichnet. Auch in dem im Januar/Februar 1788 in Wielands ‚Teutschem Merkur' abgedruckten Aufsatz:

Über den Gebrauch teleologischer Prinzipien in der Philosophie,

der auf die in der gleichen Zeitschrift gegen seine Rassentheorie erhobenen Einwände des jüngeren Forster erwidert, finden wir die gleichen Anschauungen. Wie der ursprüngliche Stamm selbst entstanden sei, das zu bestimmen liege jenseits der Grenzen des dem Menschen möglichen Wissens. Die Entwicklung der Anlagen richtete sich nach den Gegenden, in denen sie vor sich ging, wenigstens in der ältesten Zeit, während später der voll entwickelte Rassencharakter durch Wanderungen in ein anderes Klima nicht mehr verändert werden konnte. Neben der Tendenz zur Einheit und Beharrlichkeit besitzt aber die Natur auch eine solche zur Hervorbringung von Mannigfaltigkeit.

Wir gehen nicht auf die Einzelheiten von Kants jetzt größtenteils veralteten Theorien ein. Bezeichnet er selbst doch in der Abhandlung von 1785 diese Dinge, wie z. B. die Erklärung des Ursprungs der jetzt vorhandenen Rassen, als „Nebenwerk, womit man es halten kann, wie man will". Nur als Kuriosum und als Beweis dafür, zu welchen Phantasien der als so nüchtern angesehene kritische Philosoph gelegentlich geneigt war, sei eine von Menzer aus den noch unveröffentlichten Vorlesungen über Metaphysik wiedergegebene Stelle erwähnt. Es geht doch noch über die denkenden und rechnenden Pferde Kralls (Elberfeld) hinaus, wenn er dort eine Zukunft ausmalt, in der die Tiere Städte bauen (!) und die Menschen überhaupt „das durch die Tiere tun lassen würden, was sie (die Tiere) tun könnten und vor sie (die Menschen) unanständig wäre"[1]. Freilich bei aller Steigerung ihrer Fähigkeiten würden sie nie zu der Vernunft gelangen, die den Menschen dann einen Zustand edler Glückseligkeit bereiten würde.

Dasjenige, worauf für Kant auch hier alles ankommt, ist die philosophische Bewertung und Begründung der Naturwissenschaft, zu deren empirischer Einzeldurchforschung ihm, vorausgesetzt auch, daß er die Fähigkeit dazu besessen hätte, sein großes philosophisches Unternehmen nicht die Muße ließ.

3. Die philosophische Grundlegung der Biologie

An welcher Stelle des kritischen Systems soll die beschreibende Naturwissenschaft ihren Platz finden?

In der Kritik der reinen Vernunft erfährt sie nur nebenbei Berücksichtigung. Eigentlich nur in dem ‚Anhang zur transzendentalen Dialektik‘, der die regulative Bedeutung der Idee (s. oben Kap. 1) auch für die Naturerkenntnis darlegt. Auch die letztere strebt nach systematischer Einheit. Die Naturforscher suchen die Mannigfaltigkeit der Dinge auf eine kleinere Zahl von Einheiten (Gattungen oder Grundstoffe) zurückzuführen. Anderseits treibt sie ein entgegengesetztes Interesse

---

[1] Menzer, Kants Lehre von der Entwicklung in Natur und Geschichte. Leipzig 1911, S. 110. Ob Kant so gesprochen haben kann?

der Vernunft, von den jeweiligen Einheiten zu einer immer größeren Mannigfaltigkeit von A r t e n hinabzusteigen. Und, um „die systematische Einheit zu vollenden", sucht die Vernunft drittens einen stetigen Übergang zwischen ihnen allen herzustellen. So entstehen die drei grundlegenden Prinzipien aller beschreibenden Naturforschung: das der H o m o g e n ë i t ä t (Gleichartigkeit), der S p e z i f i k a t i o n (Sonderung) oder Varietät (Mannigfaltigkeit) und der K o n t i n u i t ä t (des durchgängigen Übergangs) oder Affinität (Verwandtschaft). Alle drei stellen jedoch keine „objektiven Einsichten" dar — solange man sie für solche hält, würde der Streit nicht aufhören —, sondern „bloße" Ideen, regulative Prinzipien, „heuristische" Grundsätze, die dazu da sind, um Ordnung in die Natur zu bringen, die Vernunft zufriedenzustellen und mit sich selbst einstimmig zu machen. Die wenigen Beispiele werden übrigens nicht der Biologie, sondern der mineralogischen Chemie und der Astronomie entlehnt, nur an einer Stelle auch auf die „Charakteristik" der Menschen (Völker-Familien, Rassen), Tiere und Pflanzen hingewiesen.

Eine Reihe wertvoller methodischer Bemerkungen bringt sodann, besonders im Anfang und gegen Schluß, die vorhin erwähnte A b h a n d l u n g   v o n   1788 über die ‚teleologischen Prinzipien'. Zunächst braucht alle Naturwissenschaft „Theorie", d. i. k a u s a l e Forschung, wie die Physik sie bietet. Auch darüber ist Kant mit seinem Gegner Forster einverstanden, daß in einer Naturwissenschaft alles n a t ü r l i c h , nicht etwa theologisch, erklärt werden muß. Aber reicht die kausal-mechanische Erklärungsart auch für die neue, erst noch zu schaffende Wissenschaft der Natur g e s c h i c h t e aus? Auch für sie muß doch ein leitendes Prinzip vorhanden sein, nach welchem das Suchen und Beobachten des Forschers sich richtet, denn Beobachten heißt — „Erfahrung methodisch anstellen"; womit selbstverständlich nicht gesagt ist, daß der Naturkenner, selbst der bedeutende, seine privaten Gedanken in die Beobachtung hineintragen darf. Sogenannte „Grundkräfte" an der Stelle anzunehmen, wo die Erfahrung aufhört, ist ein Abirren von dem fruchtbaren Boden echter Naturforschung in die Wüste der Metaphysik. Wahre

Metaphysik ersinnt nicht solche leeren „Kräfte", sondern sucht die in der Erfahrung wirklichen auf die kleinstmögliche Zahl zurückzuführen. Hier tritt nun die Idee des Z w e c k e s in ihr Recht. Geht doch jeder Anatom und Physiologe von dem Begriff des O r g a n i s m u s oder, wie Kant statt dessen noch sagt: „eines organisierten Wesens", aus, in dem sich alles aufeinander als Zweck und Mittel bezieht. Der Gebrauch dieses teleologischen oder Zweckprinzips ist jedoch streng auf die wissenschaftliche Erfahrung zu beschränken.

So ist das Werk vorbereitet, das allen diesen Erörterungen ihren systematischen Abschluß gibt, die

Kritik der Urteilskraft (1790)

Die eben besprochene Abhandlung von 1788 deutet noch an keiner Stelle an, daß der Philosoph die Frage der Zweckmäßigkeit in der Natur und damit die methodische Begründung der organischen Naturwissenschaft in s y s t e m a t i s c h e m Z u s a m - m e n h a n g e zu behandeln beabsichtigt. Aber aus dem nämlichen Brief vom 28. Dezember 1787, in dem er Reinhold das Manuskript dieser Abhandlung zum Abdruck im ‚Teutschen Merkur' übersandte, erfahren wir, daß inzwischen eine neue, grundlegende Einsicht in ihm herangereift ist. Nachdem er in der Kritik der reinen Vernunft die apriorischen Prinzipien des Erkenntnis-, in der soeben vollendeten Kritik der praktischen Vernunft die des Begehrungsvermögens festgestellt, habe er nun- mehr — was er „sonst" für unmöglich gehalten — auch für das dritte der drei „Vermögen des Gemüts", nämlich das Gefühl der Lust und Unlust, ein Prinzip a priori entdeckt, und zwar in der — T e l e o l o g i e, so daß er jetzt, statt der bisherigen zwei, d r e i Teile der Philosophie unterscheide: theoretische Philosophie, Teleologie und praktische Philosophie, von denen freilich der mittlere am „ärmsten an Bestimmungsgründen a priori" sei. Zunächst hatte er in diesem dritten Teile seiner Vernunftkritik nur die „Kritik des Geschmacks", d. h. das, was wir heute Ästhetik nennen, behandeln wollen. Nun aber fand er ein neues Grundprinzip, das auch die Probleme der Naturteleologie

mitumfaßte, in dem mittleren der drei „oberen Erkenntnisvermögen": Verstand, Urteilskraft und Vernunft.

Die U r t e i l s k r a f t, welche h i e r in Betracht kommt,
ist jedoch nicht mehr die aus der Kritik der reinen Vernunft bekannte, die einem gegebenen Allgemeinen (Regel, Prinzip, Gesetz)
das Besondere unterordnet, von Kant jetzt b e s t i m m e n d e
Urteilskraft genannt, sondern eine andere, „r e f l e k t i e r e n d e",
die zu einem gegebenen Besonderen das Allgemeine erst finden
soll. Sie findet es im Prinzip der „f o r m a l e n Z w e c k m ä ß i g -
k e i t", d. h. „die Natur wird so vorgestellt, a l s o b ein Verstand den Grund der Einheit des Mannigfaltigen ihrer empirischen
Gesetze enthalte". Dies Prinzip umfaßt nun in gleicher Weise
die einander anscheinend so wenig verwandten Gebiete der organischen Naturwissenschaft und der Kunst. Mit der „ästhetischen" Urteilskraft der letzteren, die wir erst im nächsten Kapitel
behandeln werden, wurde verbunden die „teleologische" Urteilskraft der ersteren, die allenfalls auch — „dem theoretischen Teil
der Philosophie . . . hätte angehängt werden können" (Vorrede
S. IX).

Nachdem der Philosoph sich einmal über diese inneren Zusammenhänge klar geworden war — er meinte bei dieser Gelegenheit, die Bewunderung und womöglich Ergründung des „Systematischen im menschlichen Gemüte" werde ihm Stoff genug für
den Überrest seines Lebens bieten —, drängte es ihn, den Gedanken rasch zur Tat werden zu lassen, d. h. seine d r i t t e
Kritik nicht bloß rasch niederzuschreiben, sondern auch möglichst
bald zu veröffentlichen. Der sonst in persönlichen Dingen so
rücksichtsvolle Mann wählte sogar einen neuen, besonders lei-
stungsfähigen Verleger, Lagarde in Berlin, dem er als „erste
und vornehmste Bedingung" auferlegte, daß das Buch rechtzeitig
zur Leipziger Ostermesse erscheinen müsse. Das umfangreiche
Werk (LVIII und 477 Seiten) wurde denn auch wirklich recht
schnell gedruckt: obgleich Kant den ersten Teil des Manuskripts
erst am 21. Januar 1790, Vorrede und Einleitung gar erst am
22. März abgeschickt hatte, dankt Jakob in Halle schon am
4. Mai für das ihm von Lagarde zugesandte (anscheinend aller-

dings noch nicht ganz vollständige) und Salomon Maimon am
15. Mai für sein Dedikations-Exemplar. Und schon im Mai konnte
sich Lagarde einem Briefe Kiesewetters, der die Korrektur besorgt hatte, an Kant zufolge „mit dem Absatze der Schrift sehr
zufrieden" aussprechen.

Der zweite, uns hier allein beschäftigende, etwa zwei Fünftel
des Ganzen einnehmende Teil des Werkes: die Kritik der t e l e o -
l o g i s c h e n Urteilskraft, bedeutet nichts mehr und nichts
weniger als die E i n o r d n u n g a u c h d e r o r g a n i s c h e n
N a t u r w i s s e n s c h a f t i n d a s k r i t i s c h e S y s t e m.
Kant, der philosophisch von der Mathematik und mathematischen
Naturwissenschaft herkam, ist es sicherlich nicht leicht geworden,
die mechanisch-kausale Naturerklärung, wenn auch nur auf einem
Teilgebiete der Naturwissenschaft zugunsten eines „Fremdlings"
in derselben, des Z w e c k s, zu entthronen. Menzer macht auf
ein um 1785 niedergeschriebenes ‚Loses Blatt' (Reicke I, 137)
aufmerksam, das dieser Stimmung deutlichen Ausdruck verleiht:
„Ich habe auch bisweilen zum Versuch in den Golf gesteuert,
blinde Naturmechanik hier zum Grunde anzunehmen, und glaubte
eine Durchfahrt zum kunstlosen Naturbegriff zu entdecken; allein
ich geriet mit der Vernunft beständig auf den Strand und habe
mich daher lieber auf den uferlosen Ozean der Ideen gewagt".
Er sah eben ein, daß die „kunstlose", d. i. rein mechanische
Erklärung nicht zulange, um das Lebendige sicher zu erfassen,
mindestens aber zu „beurteilen". Mögen wir die Entstehung des
Flügels beim Vogel, der Flosse beim Fisch noch so schön mechanisch e r k l ä r t haben, wir v e r s t e h e n sie erst, wenn wir
wissen, welchen Z w e c k sie verfolgen, wie sie als Teile eines
Ganzen wirken, so daß sie eben dessen Werkzeuge oder Organe
werden, und zusammen mit ihm ein einheitliches Ganze, einen
„Organismus" bilden. Es ist der neue Begriff des Zwecks, der
hier eintritt und die Vernunft in eine „ganze andere Ordnung der
Dinge", zu einer besonderen Art von Kausalität „oder wenigstens"
zu einer „ganz eigenen Gesetzmäßigkeit" führt. Der Gedanke
einer Verbindung der Natur nach Zwecken maßt sich nicht an,
deren Erscheinungen zu erklären, sondern ist nur „ein Prinzip

mehr", sie unter Regeln zu bringen, da wo das mechanische
Kausalgesetz nicht mehr ausreicht. Er ist mithin, wie der Philosoph immer wieder einzuschärfen nicht müde wird, kein „kon-
stitutives" Prinzip der Ableitung einer Wirkung von einer Ursache, sondern ein „regulatives" Prinzip der Beurteilung (§ 61),
kurz eine I d e e. Wir beobachten die Naturzwecke nicht eigentlich, sondern denken sie bloß hinzu. Das Individuum, das Organische überhaupt, geht eben nicht restlos in der Mechanik der
Atome auf; ja Kant zufolge wird niemals ein Newton aufstehen,
der „auch nur die Erzeugung eines Grashalms nach Naturgesetzen,
die keine Absicht geordnet hat, begreiflich machen" wird (§ 75).
Und ein organisiertes Wesen hat nicht, wie eine Maschine, bloß
bewegende, sondern b i l d e n d e Kraft in sich. So erscheint
schließlich die gesamte Natur als ein großes System von Zwecken,
dem sich der Mechanismus unterordnen muß: freilich eben nur
als einer Idee, einem Leitfaden, einer neuen Betrachtungsart (§ 67).

Überwunden werden durch diese kritische Fragestellung die
vier dogmatischen Richtungen der Naturphilosophie: sowohl die,
welche eine leblose Materie (Epikur, Demokrit) oder einen leb-
losen Gott (Spinoza), als die, welche eine lebende Materie („Hylo-
zoisten", d. i. Stoffbeseeler) oder einen lebendigen Gott (Theismus)
als wirkende Naturkraft annehmen.

Trotzdem darf bei aller Notwendigkeit der teleologischen Ergänzung derjenige Gesichtspunkt nicht verdunkelt werden, „ohne
den es keine Naturwissenschaft geben kann": der m e c h a n i s c h-
k a u s a l e. Kant erklärt es ausdrücklich für „vernünftig, ja
verdienstlich", bei der Erklärung von Naturprodukten dem „Natur-
mechanism" soweit nachzugehen, als es immer „mit Wahrscheinlichkeit geschehen kann" (§ 86), und als es immer in unserem
Vermögen steht, dessen „Schranken wir innerhalb dieser Unter-
suchungsart nicht angeben können" (§ 78, Schluß). Die größtmögliche Bestrebung, ja Kühnheit in derartigen Versuchen mechanischer Erklärung ist nicht allein erlaubt, sondern wir sind sogar
„durch die Vernunft dazu aufgerufen" (§ 82). Denn beide Arten
der Erzeugung, die mechanische und die nach dem Gesichtspunkte
der Zweckmäßigkeit, widersprechen sich nur in unserer mensch-

lichen Vorstellungsart (§ 82, Schluß, § 80, Anhang); dagegen
bleibt unausgemacht: ob nicht „in dem uns unbekannten inneren
Grunde der Natur selbst die physisch-mechanische und die Zweckverbindung an denselben Dingen in e i n e m Prinzip zusammenhängen mögen" (§ 70, Schluß).

4. Kant und Darwin

An den zuletzt erwähnten Gedanken knüpft Kant eine Hypothese an, die nicht bloß Goethes höchstes Interesse erregte (siehe
unten), sondern um derentwillen auch der heutige Darwinismus
sich auf ihn beruft. Er meint (§ 80): die Übereinstimmung so
vieler Tierarten in einem gemeinsamen Schema nicht allein ihres
Knochenbaus, sondern auch der Anordnung der übrigen Körper-
teile lasse einen „obgleich schwachen" Strahl von Hoffnung „in
das Gemüt fallen", daß hier doch mit dem Prinzip der mechanischen Erzeugung „etwas auszurichten sein möchte". Die Ähnlichkeit der Formen, bei aller Verschiedenheit im einzelnen, lege die
Vermutung an eine Abstammung von einer gemeinsamen „Ur-
mutter" nahe. Der Altertumsforscher („Archäologe") der Natur
könne „den Mutterschoß der Erde, die eben aus ihrem chaotischen
Zustande herausging (gleichsam als ein großes Tier), anfänglich
Geschöpfe von minder zweckmäßiger Form, diese wiederum andere,
welche angemessener ihrem Zeugungsplatze und ihrem Verhältnisse untereinander sich ausbildeten, gebären lassen".

So ergibt sich dann eine ungeheure Stufenreihe, anfangend
von der „niedrigsten uns merklichen Stufe der Natur, der r o h e n
M a t e r i e" über Moose, Flechten und Polypen bis hinauf zu
derjenigen Tiergattung, „in welcher das Prinzip der Zwecke am
meisten bewährt erscheint, nämlich dem M e n s c h e n". Aus
jener rohen Materie und ihren Kräften scheine die ganze Technik
der Natur „nach m e c h a n i s c h e n Gesetzen (gleich denen, wonach sie in Kristallerzeugungen wirkt)" abzustammen. Zuletzt habe
dann jene Gebärmutter „erstarrt, sich verknöchert, ihre Geburten
auf bestimmte, fernerhin nicht ausartende Spezies eingeschränkt",
und sei deren Mannigfaltigkeit so geblieben, „wie sie am Ende der
Operation jener fruchtbaren Bildungskraft ausgefallen war".

Damit scheint unser Philosoph der modernen Abstammungs-
lehre allerdings außerordentlich nahe zu stehen. Er nennt die von
ihm entwickelte „Hypothese" freilich „ein gewagtes Abenteuer
der Vernunft", meint aber zugleich doch, es möchten „wenige
selbst von den scharfsinnigsten Naturforschern sein, denen es
nicht bisweilen durch den Kopf gegangen wäre". Indes er erhebt
selbst alsbald Einwände gegen sie. Er will zunächst nichts wissen
von der generatio aequivoca, d. h. der „Erzeugung eines organisierten Wesens durch die Mechanik der rohen, unorganisierten
Materie"; wie ihm denn überhaupt die „Autokratie der Materie"
ein „Wort ohne Bedeutung" ist. Aber auch von der an sich
denkbaren Erzeugung eines spezifisch unterschiedenen Organischen
durch ein anderes Organisches, z. B. der allmählichen Ausbildung
von Wassertieren zu Sumpf-, dieser zu Landtieren zeige die Erfahrung kein Beispiel. Auch müsse doch für jene „allgemeine
Mutter" eine zur Hervorbringung aller der nachfolgenden Geschöpfe des Pflanzen- und Tierreichs bereits zweckmäßig ein-
gerichtete Organisation angenommen werden, desgleichen sei die
Erblichkeit veränderter Charaktere ohne die Annahme einer ursprünglich vorhandenen, bloß zu entwickelnden Anlage dazu nicht
zu begreifen.

Wir sehen also, daß zwischen Kant und Darwin keineswegs
die enge Übereinstimmung herrscht, die einige eifrige Darwinianer
behauptet haben. Unser Kritizist hält zwar die Deszendenz-
Hypothese für geistreich und an sich nicht unmöglich, hält aber
im wesentlichen an der Konstanz der Arten fest. Hatte er doch
schon in seiner Rezension Herders, der seiner ganzen Natur nach
solchen geistvollen Ideen stärker zuneigte, geäußert, die Annahme
des Entspringens „einer Gattung aus einer anderen und aller aus
einer einzigen Originalgattung oder etwa aus einem einzigen erzeugenden Mutterschoße" würde auf Ideen führen, die „so ungeheuer sind, daß die Vernunft vor ihnen zurückbebt", weil sich
bei ihnen — „gar nichts denken läßt". Die Ableitung aber der
Zweckmäßigkeit aller Organismen aus der natürlichen Zuchtwahl
ist Kant noch nicht aufgegangen: fielen doch die umwälzenden
Forschungen Erasmus Darwins und Lamarcks in seine letzten

Greisenjahre, in denen er die wissenschaftlichen Neuentdeckungen seiner Zeit nicht mehr mit frischem Geist zu verfolgen vermochte. Dagegen hat er nach dem Zeugnis eines modernen Naturforschers, „die Bedingungen, die eine wissenschaftlich begründete Deszendenzhypothese zu erfüllen hätte, mit bewunderungswürdiger Schärfe und Klarheit für alle Zeiten endgültig festgestellt[1])", also auch hier wieder vor allem m e t h o d i s c h - p h i l o - s o p h i s c h e Arbeit geleistet. Schade, daß der große englische Naturforscher, daß Charles Darwin, der selbst mit seiner Theorie auf den alten, auch von Kant angezogenen Grundsatz Natura: non facit saltum (= die Natur macht keinen Sprung) sich beruft, keine philosophisch-erkenntniskritische Durchbildung besaß und so, ganz abgesehen von der den englischen Gelehrten so häufig mangelnden Kenntnis der deutschen Sprache, von Kants Ideen nichts gewußt hat. Wir empfehlen unseren Darwinianern um so lieber das Mahnwort eines der Ihrigen: „Der Gedankengang Kants hinsichtlich seiner Teleologie ist so vorsichtig, so durchaus von allem Dogmatischen entfernt, mit einem Worte so durchaus kritisch, daß er gerade den Naturforschern nicht genug zur Erwägung empfohlen werden kann[2])."

Von den zeitgenössischen Naturforschern stand Kant dem Göttinger Anatomen B l u m e n b a c h (1752—1840), mit dem er auch in Briefwechsel trat, am nächsten. Auch Blumenbach hielt an der Konstanz der Arten fest und betont scharf den Unterschied von Anorganischem und Organischem. An letzterem unterscheidet er einen nur in Organismen zu findenden Bildungs t r i e b , d. i. das Streben, eine bestimmte Gestalt anzunehmen, zu erhalten und wiederherzustellen. Seiner Theorie der „Epigenesis", d. i. Zeugung organischer Wesen als Produkte ihresgleichen, stimmt

---

[1]) Brooks in seiner Abhandlung: ‚Die Stellung Kants zur Deszendenztheorie' (1889, Biolog. Zentralblatt VIII, 641—648), der im Gegensatz zu Haeckel auf diejenigen Stellen bei Kant aufmerksam macht, die g e g e n dessen „Darwinismus" sprechen. Um so bedeutsamer ist sein oben wiedergegebenes Urteil.

[2]) Fritz Schultze, Kant und Darwin. Jena 1875, S. 208. Im übrigen vgl. namentlich die auch heute noch nicht veraltete treffliche Schrift von A. Stadler, Kants Teleologie. Berlin 1874.

Kant auch deshalb zu, weil sie „mit dem kleinsten Aufwand
des Übernatürlichen", abgesehen vom ersten Anfang, den die
Wissenschaft überhaupt nicht zu erklären vermag, „alles folgende
der Natur überläßt": anstatt mit dem Okkasionalismus ein Eingreifen der Gottheit bei Gelegenheit jedes einzelnen Zeugungsaktes
anzunehmen, „wodurch alle Natur, mit ihr auch aller Vernunft-
gebrauch gänzlich verloren geht"; oder mit der Evolutions- (Prä-
formations-) Theorie jedes Individuum als von Anfang an von der
Hand des Schöpfers „vorgebildet" zu betrachten, was grundsätzlich auf ebendieselbe „Hyperphysik" hinausläuft (§ 81).

Die mit dem teleologischen Problem zusammenhängenden
g e s c h i c h t s philosophischen Erörterungen haben wir schon
im vorigen Kapitel kennen gelernt. Andere Paragraphen der
Methodenlehre (§ 83—91 nebst der ,allgemeinen Schlußanmerkung')
behandeln Fragen der R e l i g i o n s philosophie: Physikotheologie, Ethikotheologie, den moralischen Gottesbeweis, den moralisch-praktischen Glauben. Über die letzteren Probleme, die ja
schon in der vorkritischen Zeit sein inneres Interesse erregt hatten,
eingehender, als es in den beiden ersten Kritiken geschehen, sich
auszusprechen, drängte es ihn wohl um so mehr, als er damals
wohl noch keine b e s o n d e r e religionsphilosophische Schrift
plante. Gerade diese Verbindung verschiedener Motive, das
k u n s t philosophische (dem ja der ganze erste Teil des Buches
gewidmet war) nicht ausgeschlossen, in demselben Werke war
dazu geschaffen, der Kritik der Urteilskraft das Herz eines Großen
zu gewinnen, der bis dahin der Kantischen Philosophie eher gegnerisch als freundlich gegenübergestanden hatte.

5. Kant und Goethe[1]

Es ist kein Geringerer als Goethe, der bekannt hat, Kants
Kritik der Urteilskraft „eine höchst frohe Lebensepoche schuldig
zu sein" und die großen Hauptgedanken des Werkes seinem „bisherigen Schaffen, Tun und Denken ganz analog" fand. Die Be-

---

[1] Alle Belegstellen zum Folgenden s. in meinem Buche: Kant —
Schiller — Goethe. Leipzig 1907, 2. Auflage 1923.

tonung der Selbständigkeit und doch wieder wechselseitigen Befruchtung von ästhetischer und teleologischer Urteilskraft, d. h. Kunst und lebendiger Natur, war ihm aus der Seele gesprochen. Und diese Hochschätzung hat bis in sein höchstes Alter gedauert. Noch am 29. Januar 1830 schreibt er dem alten Freund Zelter: „Es ist ein grenzenloses Verdienst unseres alten Kant um die Welt und ich darf sagen, auch um mich, daß er in seiner Kritik der Urteilskraft Kunst und Natur nebeneinander stellt und beiden das Recht gibt, aus großen Prinzipien zwecklos[1]) zu handeln." Ja, noch am 8. Juli 1831, also acht Monate vor seinem Tode, gibt der 81 jährige den Künstlern den Rat, wenn anders sie sich „Natur und Naturell" bewahren wollten, „Kants Kritik der Urteilskraft zu studieren".

Ist in letzterem Falle auch zweifellos deren von uns noch zu besprechender ästhetischer Teil gemeint, so war es doch, wie Gottfried Körner bezeugt, zunächst die t e l e o l o g i s c h e Urteilskraft, in welcher der damals eifrig mit Naturstudien beschäftigte Goethe „Nahrung für seine Philosophie" gefunden hatte; schon im Herbst 1790, da Körners Mitteilung darüber an Schiller vom 6. Oktober d. J. stammt. Das beweisen denn auch die gerade im zweiten Teile besonders zahlreichen Anstreichungen und Randbemerkungen in dem noch erhaltenen Goethe'schen Exemplare des Werkes, über die mir zum erstenmal genau zu berichten vergönnt war[2]), und die den Dichter selbst noch nach 27 Jahren bei erneuter Lektüre des Buches erfreuten. Ich möchte auch hier das Wichtigste herausheben, zumal da es uns zum Schlusse noch einmal eine Reihe bedeutsamer Einzelgedanken Kants in kurzer Überschau vorführen wird.

Zunächst hat der Dichter die erkenntnistheoretische Grundlage des ganzen Werks, die zugleich dessen Titel erklärt, richtig herausgefunden, nämlich: die methodische Bedeutung der Urteilskraft als Mittelglied zwischen Verstand und Vernunft, oder Erkennen und Begehren. Dazu ihre grundlegende Einteilung in be-

---

[1]) Der „Zweck" ist hier in anderem Sinne gemeint. Auch Kant spricht von einer „Zweckmäßigkeit ohne Zweck".

[2]) Kant — Schiller — Goethe, S. 149—151, 280 ff.

stimmende und reflektierende (s. oben S. 350), nebst dem Begriffe
der Zweckmäßigkeit der Natur als einer „subjektiven Maxime"
der letzteren. Ferner: Die Teleologie ist „ein Prinzip m e h r",
die Naturerscheinungen unter Regeln zu bringen, da wo der
Mechanismus des Kausalgesetzes nicht ausreicht. Ein Ding existiert
als N a t u r z w e c k, wenn es von sich selbst Ursache und Wirkung ist und ein Ganzes aus eigener Kausalität hervorbringt
(doppelt angestrichen, ebenso der Satz:) Die Natur organisiert
sich selbst, und in jeder Spezies ihrer organisierten Produkte.
Sehr mußte ihm, dem leidenschaftlichen Beobachter der Natur,
auch Kants Bemerkung behagen: Nur soviel sieht man (sc. in
der Naturwissenschaft) vollständig ein, als man n a c h B e -
g r i f f e n — nämlich durch Beobachtung und Experiment —
selbst machen und zustande bringen kann.

Noch weit mehr aber ergriffen des Dichters lebhafte Phantasie
solche Stellen, in denen, um mit seinen eigenen Worten zu reden,
der „köstliche Mann" „über die Grenzen, die er selbst gezogen,
mit einem Seitenwink hinausdeutet". Dahin gehört vor allem
der durch ein dreifaches Ausrufungszeichen am Rande ausgezeichnete, auch von uns oben hervorgehobene Gedanke aus § 70: ob
nicht in dem uns unbekannten „inneren Grunde" der Natur die
physisch-mechanische und die Zweckverbindung schließlich doch
„in einem Prinzip" zusammenhängen. Freilich wäre, um das zu
erkennen, ein „i n t u i t i v e r" V e r s t a n d nötig, der von der
Anschauung des Ganzen zum Besonderen sich wendet, anstatt,
wie unser „diskursiver" menschlicher, umgekehrt. Für Kant ist
ein solcher „urbildlicher" Verstand (intellectus archetypus) freilich nur eine Idee (§ 77), während Goethe an ihm selbst teil-
haben zu können meint. Es gefällt ihm auch, daß der Philosoph
ein Ü b e r s i n n l i c h e s, als gemeinschaftliches Prinzip von
mechanischer und teleologischer Ableitung, wenigstens für möglich
hält, und daß eine „große und sogar allgemeine Verbindung
beider Gesetze" in den Erzeugungen der Natur mindestens denkbar sei (§ 78); wobei er auch der kritischen Einschränkung zu-
stimmt, daß die Teleologie nicht zur „theoretischen" Naturwissenschaft (Mechanik, Physik), sondern nur zur Naturbeschreibung,

nicht zur „Doktrin", sondern nur zur „Kritik" gehöre (§ 79). Im Zusammenhang damit interessiert ihn natürlich ganz besonders — an dieser Stelle lag noch ein altes Buchzeichen — der § 80 mit seiner Forderung, daß die m e c h a n i s c h - kausale Methode sich soweit zu erstrecken habe, als es nur immer „mit Wahrscheinlichkeit geschehen kann"; und die sich daran schließende, darwinistische Gedanken vorausahnende Hoffnung auf eine vielleicht einmal mögliche Ausdehnung des mechanischen Prinzips; mit dem Schluß, daß die Lösung der Frage ohne die Annahme einer „intelligibelen Substanz" als Urgrundes der Dinge undenkbar sei.

Endlich erregten, wenn auch nicht in gleich starkem Maße, Goethes Teilnahme die bedeutsamsten unter den späteren, die Grenzgebiete der Teleologie berührenden Erörterungen der ‚Methodenlehre': so die Definition des Zwecks und Endzwecks eines Naturwesens (§ 82); die Frage, ob Glückseligkeit oder Kultur des Menschen der letzte Zweck der Natur sei (§ 83); sowie die Schlußausführung dieses Paragraphen, die im Sinne Schillers in der Pflege der schönen Künste und Wissenschaften eine Vorbereitung zur Herrschaft der Vernunft sieht, während zugleich die Übel in Natur und Menschenwelt die Kräfte der Seele „aufbieten, steigern und stählen". Der religionsphilosophische Hauptgedanke, daß erst die m o r a l i s c h e Zwecklehre, mit ihrem moralischen Gottesbegriff, den Mangel der physischen ergänze und „allererst eine Theologie gründe", hat sogar unserem Dichter ein an den Rand geschriebenes o p t i m e entlockt; wie denn auch zwei Seiten später die tiefsinnige Randbemerkung: ‚G e - f ü h l v o n M e n s c h e n w ü r d e o b j e k t i v i e r t = G o t t' folgt. Der letzte Gedanke des Buches, der Goethes Aufmerksamkeit auf sich zog, ist gleichfalls ethisch-religiöser Natur: das höchste denkbare Gut für den Menschen ist zwar die Glückseligkeit, aber nur unter der Bedingung der „Einstimmung" mit dem Gesetze der Sittlichkeit, „als der Würdigkeit, glücklich zu sein" (§ 87).

Wir haben soeben neben Goethes S c h i l l e r s Namen genannt. Und können daher unmöglich an der Tatsache vorbei-

gehen, daß gerade die Kritik der Urteilskraft die beiden Großen
zu dauerndem Geistes- und Freundschaftsbunde zusammengeführt
hat. Wir denken dabei natürlich an das berühmte im Hochsommer 1794 zwischen beiden geführte Gespräch, das von Goethe
noch Jahrzehnte später als „glückliches Ereignis" gepriesen worden ist. Beide, bisher „Antipoden", treffen sich auf der Heim-
kehr von einer Sitzung der Jenaer ‚Naturforschenden Gesellschaft'
und geraten in ein sie beide fesselndes Gespräch über das Wirken
der Natur „aus dem Ganzen in die Teile". Wenn darauf Goethe
sein Lieblingsstück, die Metamorphose der Pflanze, vor dem Auge
des aufmerksamen Zuhörers entstehen ließ, so m u ß t e Schiller,
als „gebildeter Kantianer", ihm entgegenhalten: „Das ist k e i n e
E r f a h r u n g , sondern eine I d e e." Denn „wie kann jemals
Erfahrung gegeben werden, die einer Idee angemessen sein sollte ?"
Goethe machten solche Sätze zunächst erstaunt, dann verdrieß-
lich — es regte sich in ihm nach seinem eigenen Bekenntnis von
neuem der „alte Groll" des Realisten wider den Idealisten —,
und schließlich, bei näherem Nachdenken, „ganz unglücklich".
Für ihn war die „Idee" Kant-Schillers eben — Anschauung:
Ich s e h e sie (die symbolische Pflanze) doch vor mir! Allein
er beginnt doch theoretisch unsicher zu werden. Er ahnt, ohne
es schon klar zu erkennen, daß zwischen seiner „Erfahrung" und
Kants „Idee" etwas „Vermittelndes, Bezügliches" obwalten müsse.
Die deutliche Erkenntnis hat ihm dann, unter Schillers Vermittlung, das weitere Studium der kritischen Philosophie gebracht,
so daß er von einem „steifen Realismus" und einer „stockenden
Objektivität" in stetiger Entwicklung schließlich dazu gelangt,
Schillers Kantisches Glaubensbekenntnis als sein eigenes zu unterschreiben (Goethe an Schiller, 13. Januar 1798) und noch in den
letzten Lebensjahren (11. April 1827) seinem Eckermann sagen
konnte: „Ich ging aus eigener Natur einen ähnlichen Weg wie
Kant. Meine Metamorphose der Pflanzen habe ich geschrieben,
ehe ich etwas von Kant wußte, und doch ist sie ganz im Sinne
seiner Lehre."

6. Ergebnisse

Auch Kant ermangelt nicht der Fähigkeit der Intuition Wir brauchen nur an seine von kühnster Phantasie zeugenden Hypothese von der Entstehung des Himmelsgebäudes oder an seine darwinistischen Vorahnungen zu erinnern oder den noch nicht erwähnten, in den Losen Blättern aus der Zeit von 1773 auftauchenden genialen Gedanken hervorzuheben, daß wie die Quantität der Materie, so auch die des Lebens in der Welt trotz aller Veränderungen immer dieselbe bleibe (Ak.-Ausg. XIV, S. 282 f.). Dazu seine großartige Gabe, das scheinbar entferntest Liegende miteinander zu kombinieren. An der dem echten Wissenschafter nötigen Gabe der Phantasie hat es unserem Denker sicherlich nicht gefehlt. Aber sie führt bei ihm nie, wie bei Schelling oder Hegel und, obwohl in geringerem Grade, doch auch bei Goethe, zum Hineintragen willkürlicher eigener Gedanken in die empirische Forschung. Im Gegenteil, er wird nicht müde, immer wieder als den einzig sicheren Grund und Boden gerade auch der Naturwissenschaft die E r f a h r u n g zu bezeichnen. Charakteristisch für den inneren Gegensatz unseres Kritikers zu seinen spekulativen Nachfolgern ist das gut bezeugte Faktum, daß die nämliche Entdeckung des ersten Planetoiden (1801), welche die Behauptung von Hegels gleichzeitiger Dissertation, zwischen Mars und Jupiter könne es keine Planeten geben, durch die einfache Tatsache Lügen strafte, unseres Philosophen größte Freude erregte, zumal da seine eigenen Vermutungen dadurch bestätigt wurden. Nicht auf den Bahnen von Schellings, Hegels und ihrer Nachfahren hochfliegender Naturphilosophie ist die moderne Naturwissenschaft zu ihren glänzenden Ergebnissen gelangt, sondern auf dem bescheideneren, von Kant empfohlenen und beschrittenen Wege strenger methodischer Arbeit in der fruchtbaren Ebene der Erfahrung.

Damit kommen wir zu dem Kernpunkt des Ganzen zurück. Kants eigentliche Stärke auf dem Gebiete der Naturwissenschaft beruht nicht auf noch so interessanten Einzelhypothesen, sondern auf seiner im besten Sinne p h i l o s o p h i s c h e n Arbeit daran: dem Durchleuchten mit Ideen, aber mehr noch dem Herausarbeiten

des Methodischen, der Scheidung des zu Trennenden und der
Verbindung des Zusammengehörigen, und schließlich der Ein-
ordnung der verschiedenen, zunächst voneinander kritisch zu
scheidenden Zweige und Disziplinen der Naturwissenschaft in das
System der Philosophie überhaupt.

Daß der Schwerpunkt seiner naturphilosophischen Leistung
in der Begründung der mathematischen Naturwissenschaft liegt,
darüber besteht wohl kein Zweifel. Aber auch für die biologischen
Probleme gibt Kants Methode zum Teil heute noch das lösende
Wort. Schon seine Begriffsbestimmung des L e b e n s in den
‚Metaphysischen Anfangsgründen der Naturwissenschaft‘ (1786)
dürfte in dieser Beziehung zu beachten sein.   L e b e n heißt
dort (Kap. III, Lehrsatz 3, Anm.) das Vermögen einer materiellen
Substanz, sich aus einem inneren Prinzip zur Bewegung oder
Ruhe, als Veränderung ihres Zustandes, zu bestimmen. Daraus
folgt, daß alle Materie an sich leblos ist. Der Hylozoismus, die
Lehre von der Beseelung des Stoffes, wird daher ‚‚der Tod aller
Naturphilosophie‘‘ genannt. Denn ein solches ‚‚inneres Prinzip‘‘
kann uns in keiner Erfahrung gegeben werden. Dessen sollten
die modernen Erneuerer des Vitalismus ebenso eingedenk sein,
wie der ‚‚Monist‘‘ Ernst Haeckel, wenn er, seinem sonstigen an-
erkennenswerten naturwissenschaftlichen Radikalismus zum Trotz,
schon seine Protisten mit einer ‚‚Seele‘‘ versieht, oder die Atome
bei ihrer Verdichtung Lust, bei ihrer Spannung und Verdünnung
Unlust fühlen läßt.

Den Begriff der S e e l e hat Kants Erkenntniskritik ebenfalls endgültig aufgeklärt, indem er auch hier den Grundsatz
reinlicher Scheidung verficht, jedem Teile — der Psychologie
wie der Physiologie — das Seine gibt. Bereits in der Kosmogonie
von 1755 wird die Abhängigkeit der Seele vom Körper, durch
dessen ‚‚Gemeinschaft und Einfluß‘‘ sie ‚‚allein alle Begriffe des
Universi‘‘ überkommt, als ‚‚aus den Gründen der Psychologie ausgemacht‘‘ angenommen. Und ebenso deutlich hat er gegen Ende seiner wissenschaftlichen Laufbahn in dem an den Anatomen Sömmerring gerichteten Schreiben vom 10. August 1795 ‚Über das Organ
der Seele‘ seinen Standpunkt gekennzeichnet. Die ‚‚Seele‘‘ des

Psychologen oder Logikers hat überhaupt keinen Raum, ist uns nicht örtlich, sondern bloß „virtuell" gegenwärtig, gehört mithin bloß „für den Verstand". Der Physiologe dagegen hat, ohne seine Aufgabe „mit der Metaphysik zu bemengen", lediglich „mit der Materie zu tun", welche „die Vereinigung aller Sinnenvorstellungen im Gemüt", d. h. hier der Einbildungskraft, erst „möglich macht". Freilich könne Sömmerrings Annahme vom Wasser der Gehirnhöhle als dem „Seelenorgan", das die speziellen Sinnesnerven miteinander verbindet und doch auch wieder sondert, dieses „gemeinsame Organ (sensorium commune)" nur nach seiner chemischen Zergliederung begreiflich machen.

Damit kommen wir zu der von unserem Philosophen im letzten Jahrzehnt seines Lebens besonders eifrig getriebenen Chemie. Obwohl sie nur zum Teil dem Gebiete der organischen Naturwissenschaft angehört, obwohl die intimere Beschäftigung mit ihr erst in seine Altersjahre fällt, berühren wir sein Verhältnis zu ihr doch schon hier, weil es vielleicht das deutlichste Bild seines persönlichen Verhältnisses zur Naturwissenschaft überhaupt gibt. Interesse für die Probleme der Chemie war bei ihm von früh an vorhanden. Behandelten doch die Dissertationen De igne (1755) sowie die Monadologia physica (1756) naturphilosophische Fragen, die mit chemischen Vorgängen aufs engste zusammenhängen. Und Bilder aus der chemischen Praxis hat er zeitlebens gern zu Gleichnissen in seinen philosophischen Schriften benutzt. Aufgewachsen war er natürlich in den chemischen Anschauungen seiner Zeit. Die damaligen physikalisch-chemischen Lehrbücher aber, z. B. auch das von Erxleben, das Kant seinen physikalischen Vorlesungen zugrunde zu legen pflegte, gaben nichts anderes als eine Sammlung von Tatsachen über die chemische Zusammensetzung von Körpern nebst einer groben, nach ganz äußerlichen Merkmalen getroffenen Einteilung derselben in Metalle, Salze, Säuren, Harze usw. Da, wo ein tieferes Eindringen überhaupt versucht wurde, lagen vielfach falsche oder ungenaue Beobachtungen zugrunde. Die neue Auffassung des Engländers Boyle war in Deutschland kaum bekannt, geschweige denn durchgedrungen.

Man hielt sich im wesentlichen noch an die alte halb aristotelische, halb parazelsische Qualitätenlehre. Die Phlogiston-Theorie des berühmten Stahl (1660—1734) beherrschte das Feld. Von einer quantitativen Chemie im heutigen Sinne war noch keine Spur vorhanden. So war es denn durchaus gerechtfertigt, wenn Kant in der Vorrede zu seinen Metaphysischen Anfangsgründen der Naturwissenschaft (1786) die damalige Chemie eher als „eine systematische Kunst oder Experimentallehre" denn als Wissenschaft im eigentlichen Sinne ansehen wollte: weil sie der mathematischen Behandlung unzugänglich sei. Neuerdings bekannt gewordene Nachlaß-Notizen und (freilich weniger beweiskräftige) Kollegnachschriften aus der Mitte der 80er Jahre beweisen nach dem Zeugnisse eines Fachmannes (Ellinger), daß er das damals vorliegende „Tatsachenmaterial in hohem Grade beherrscht", sowie, daß er „die chemischen Theorien mit erkenntnis-theoretischen Resultaten zu verknüpfen sucht". Aber er steht noch im Banne Stahls, den er noch in der Vorrede zur zweiten Auflage der Kritik (1787) als maßgebend auf diesem Gebiete betrachtet. Ja, noch 1793 bestreitet er Lavoisiers neue Lehre von der Zusammengesetztheit und Zerlegbarkeit des Wassers: kein Wunder, wenn wir bedenken, daß auch Männer wie Priestley und Scheele, die Entdecker des Sauerstoffs, sich gegen die neuen Anschauungen des großen Franzosen sperrten. Kurz nachher aber wurde er, anscheinend durch seinen Freund und Kollegen Karl Gottfried Hagen (s. Kap. 8), für das System Lavoisiers gewonnen, denn in einem Brief an Sömmerring vom August 1795 steht er bereits auf dem Boden von dessen Lehre, daß „das bis vor kurzem noch für ein Element gehaltene Wasser in zwei verschiedene Luftarten geschieden sei".

Seitdem machte er „nicht allein den Hauptstoff seiner Gespräche daraus", sondern „zeichnete auch alle diejenigen, besonders Herrn Prof. Hagen, sehr aus, welche seinen Heißhunger nach neuen chemischen Entdeckungen zu befriedigen vermochten"[1]. Freilich die bald darauf folgenden Entdeckungen Richters,

---

[1] Äußerungen über Kant, seinen Charakter und seine Meinungen. 1804 (von Metzger).

Daltons und Berthollets, die ihn überzeugt hätten, daß die
Chemie in der Tat mathematischer Behandlung fähig sei, hat er
nicht mehr kennen gelernt. Dagegen bezeugt sein jetzt von
Adickes neu herausgegebener Nachlaß, daß er sich gerade in den
90er Jahren vielfach Auszüge aus chemischen und naturwissenschaftlichen Werken gemacht hat[1]). Und die letzterhaltene
Niederschrift überhaupt, aus dem Jahre 1800, also des 76 jährigen,
betrifft ebenfalls ein chemisches Experiment: die Schmelzbarkeit
des Platins, wenn es mit Kupferfeile vermengt wird. Ja, noch in
seinem allerletzten Lebensjahre gab er über chemische Gegenstände noch überraschend richtige Antworten (Wasianski, S. 198).

Das Sonderbare und überaus Charakteristische ist nun, daß
der große Theoretiker trotz dieses eifrigen Interesses selber, soviel
wir wissen, n i e ein chemisches E x p e r i m e n t gemacht hat,
sondern sich in solchen Fällen, wie man aus den beiden im April
1800 mit Hagen gewechselten Briefen sieht, an seinen Kollegen,
den Praktiker Hagen, wandte. Er hat, was man heute von jedem
Anfänger in der Chemie verlangt, niemals eine Retorte oder ein
Reagenzglas in der Hand gehabt, besaß allerdings statt dessen
ein riesiges Gedächtnis und ein geistiges Anschauungsvermögen
von seltener Kraft. „Obgleich er nie ein einziges chemisches
Experiment" auch nur „gesehen hatte, so hatte er doch nicht
allein die ganze chemische Nomenklatur vollkommen inne, sondern er wußte auch den ganzen Rezeß aller chemischen Experimente so genau und detailliert anzugeben, daß einst an seinem
Tisch in einem Gespräch über Chemie der große Chemiker Doktor
Hagen voll Verwunderung erklärte: es sei ihm unbegreiflich, wie
man durch bloße Lektüre ohne Hilfe anschaulicher Experimente
die ganze Experimentalchemie so vollkommen wissen könne als
Kant" (Jachmann, S. 19 f.). Mag auch seine theoretische Überzeugung, daß die ganze „mechanische oder chemische Kunst der
Experimente oder Beobachtungen" bloß „technisch praktische

---

[1]) Akad.-Ausg. XIV, S. 484 ff., 502 ff., 521 ff. Ein neu aufgefundener Brief
an Bergrat Karsten (Berlin) vom 16. März 1795 (Akad.-Ausg. XIII, S. 599 f.)
bezeugt das Fortdauern seines uns schon von Buch II, Kap. I, 3 her bekannten
Interesses auch für Geologie und Mineralogie.

Regeln der Geschicklichkeit" enthalte (Kritik der Urteilskraft, Einl., S. XIV), dabei mitgespielt haben: bezeichnend für die Art seiner geistigen Begabung wie für sein Verhältnis zur Naturwissenschaft überhaupt ist sie jedenfalls.

Denn was wir soeben von seinem Verhältnis zur Chemie sahen, gilt für seine Stellung zur N a t u r w i s s e n s c h a f t ü b e r h a u p t. Er war kein Naturforscher im heutigen Sinne. Wohl hat er sich, infolge der Vielseitigkeit seines Geistes und auf Grund seiner riesigen Belesenheit, auch auf diesem Felde ausgedehnte Einzelkenntnisse erworben, hat, solange es ihm seine Geisteskräfte gestatteten, mit Aufmerksamkeit alle Neuentdeckungen verfolgt, sich mit den wichtigsten Theorien vertraut gemacht; und den Hauptgegenstand der Unterhaltung bei seinen noch zu erwähnenden Tischgesellschaften (Buch IV, Kap. 7) bildeten, abgesehen von der Politik, Probleme oder interessante Fälle aus der Meteorologie, Physik, Chemie und Naturgeschichte. Was dagegen bei ihm gänzlich fehlt, ist das dem wirklichen Naturforscher doch auch schon damals unentbehrliche E x p e r i m e n t. Das einzige der Art, wovon wir wissen, ist die fleißige Beobachtung der — in seinem Studierzimmer angebrachten Thermo- und Barometer. Von eigenen anatomischen, botanischen, geologischen, chemischen oder mineralogischen Versuchen dagegen, wie sie andere große Dilettanten, z. B. Goethe, eifrig betrieben haben, hören wir nichts. Eine Ursache mag ja seine, bei reinen Kopfarbeitern so häufige, manuelle Ungeschicklichkeit gewesen sein: „so geschickt zu Kopf-, so unbeholfen in Handarbeiten" nennt ihn Wasianski. So vermochte er auch nicht die von ihm selbst erdachten Instrumente zu konstruieren oder Experimente selbst auszuführen: so daß er dann, da auch seines Dieners Lampe plumpe Hände versagten, geschicktere Freunde wie Wasianski zu Hilfe rufen mußte. Überdies zeigte sich in dem von letzterem berichteten einzigen Falle, der Konstruktion eines Luftelastizitäts-Messers, das nach Kants Angaben verfertigte Instrument zur Betrübnis des Philosophen nicht leistungsfähig. Aber wir können außer einem Falle zu Anfang der 6oer Jahre, wo er der Operation eines Blindgeborenen beiwohnte, auch nicht einmal konstatieren, daß er von anderen angestellten praktischen Versuchen zugesehen hat.

Trotz alledem hat er auf den verschiedensten Gebieten der Naturwissenschaft — der anorganischen wie der organischen — nachhaltige Wirkungen hinterlassen. Wir erinnern an seine große Weltentstehungs-Hypothese (Buch II, Kap. 1). Wichtiger aber für die Entwicklung der modernen Naturwissenschaft haben sich seine grundlegenden m e t h o d i s c h e n Anschauungen erwiesen. Nur auf Grund derjenigen „Erklärungsart", die Kant als das Erfordernis strenger Naturwissenschaft ansieht, der mathematisch-mechanischen, hat sich seitdem die chemische Wissenschaft zu ihrer heutigen Höhe erhoben. Eben die von dem kritischen Philosophen als Voraussetzung geforderte atomistische Hypothese, d. i. die Annahme einer stetig fortgesetzten Teilung der Materie bis herab zu den kleinsten Teilchen, die man sich in gesonderter Existenz vorstellen kann, ist die Grundlage unserer heutigen chemischen Elemente, Atome und Moleküle geworden; womit dann zugleich die Möglichkeit aller denkbaren Kombinationen derselben bis ins Unendliche gegeben ist.

Für die Wissenschaften vom Lebenden aber: Botanik, Zoologie und Anatomie, sei nochmals auf seine grundlegende Definition des Organismus („organisierten Wesens") hingewiesen; für sie und die Mineralogie dazu auf jene drei „regulative Prinzipien" oder Leitgedanken der Gleichartigkeit, der Besonderheit und des stetigen Übergangs. Ohne sie, ohne die aus ihnen unmittelbar folgende Gliederung in Gattungen und Arten ist ein wissenschaftliches Begreifen, ja eine bloße Orientierung in dem unermeßlichen Formenreichtum der Natur undenkbar; sie bilden für den Forscher die Grundvoraussetzung aller wissenschaftlichen Untersuchung, machen eine „systematische" Pflanzen-, Tier- und Gesteinslehre überhaupt erst möglich. Und sie lehren ihn dann weiter, in der Natur nach Gründen und Gesetzen von Formenverwandtschaft und Formenverschiedenheit zu suchen und so immer neue Ergebnisse zu f i n d e n. So bewähren sie sich im eigentlichsten Sinne als „heuristische" Maximen, als „leitende" Ideen.

Es wäre heilsamer für die Entwicklung der Naturwissenschaften zu Anfang des 19. Jahrhunderts gewesen, wenn man den methodischen Gesichtspunkten Kants gefolgt wäre. So aber ließen sich gerade die philosophischeren unter den Naturforschern verleiten, den lockenden Bahnen Schellings und verwandter Geister nachzuwandeln, während die Besonneneren und Nüchternen, abgestoßen von der Willkür dieser philosophischen Romantiker, sich ganz auf die empirische Einzelforschung beschränkten und „Philosophie" für gleichbedeutend mit Irrtum oder Phantasterei erklärten. Erst mit der kritischen Neubesinnung, die im letzten Drittel des vergangenen Jahrhunderts dem Niedergang der philosophischen Spekulation folgte, ging man auch auf diesem Felde wieder auf Kant zurück. Zu den ersten unter den bedeutenden Naturforschern, die aufs neue an den Kritizismus anknüpften, gehörte Hermann Helmholtz, der besonders Kants „fortlaufende Predigt gegen den Gebrauch der Kategorien des Denkens über die Grenzen möglicher Erfahrung hinaus" sympathisch begrüßte und in der unumstößlichen Grundlage des Kausalgesetzes das „Vertrauen auf die vollkommene Begreifbarkeit der Naturerscheinungen" ausgesprochen sah. Noch enger schloß sich sein früh verstorbener Schüler Heinrich Hertz in seinen ‚Prinzipien der Mechanik' (1894) der kritischen Methode an. Von philosophischer Seite hatte zuerst F. A. Lange in seiner berühmten ‚Geschichte des Materialismus' (2. Aufl., 1875) auf Kants Bedeutung für die Naturwissenschaft hingewiesen. Gegenwärtig betont die von H. Cohen und P. Natorp begründete „Marburger" Schule den Erkenntniswert der kritischen Philosophie besonders für die Fundamentierung von Mathematik und Physik. Aber auch die moderne Biologie weist, wenigstens in einzelnen ihrer Vertreter, wieder auf das Verdienst unseres Philosophen hin, dem z. B. Gustav Wolff in seinem ‚Mechanismus und Vitalismus' (1902) eine „weit tiefere Einsicht in das Wesen biologischer Vorgänge" als der „heute noch herrschenden Biologie zuspricht".

So erweist sich denn auch auf diesem Wissenschaftsgebiete Kant zwar nicht als epochemachender Fachmann, wohl aber als der große Anreger, der ins Unendliche fortwirkt. Nichts ist ver-

kehrter, als ihn für einen starren Systematiker zu halten, der den
Inhalt irgendwelcher positiven Wissenschaft jemals als abgeschlossen erachtet hätte: ihn, der keine fertige Philosophie, sondern
philosophieren lehren wollte, ihn, der selbst von der „apodiktischsten" aller Wissenschaften, der „großen und bewährten Erkenntnis" der Mathematik, die schon zu seiner Zeit einen „bewunderns-
würdigen Umfang" erreicht hatte, erklärte, daß sie eine „unbegrenzte Ausbreitung auf die Zukunft verspreche" (Proleg. § 6).

Fünftes Kapitel

Kant und die Kunst

Über Kants Kunst p h i l o s o p h i e liegen wertvolle Untersuchungen vor. Sein Verhältnis zu den einzelnen Künsten dagegen ist überhaupt noch nicht im Zusammenhang dargestellt worden. Vielleicht, weil man gemeint hat, bei dem „nüchternen" Kant könne davon überhaupt keine Rede sein. Wie wenig oder wie viel das zutrifft, werden wir in diesem Kapitel zu zeigen haben. Wie stand er zunächst zur

1. Dichtkunst?

Als Immanuel Kant auf der Universität zum jungen Mann heranwuchs, also in den Jahren stand, wo der jugendliche Geist am empfänglichsten für poetische Eindrücke zu sein pflegt, hatte eben G e l l e r t an Gottscheds Stelle die Herrschaft auf dem deutschen Parnaß angetreten, war die Epoche einseitiger Verstandeskultur durch eine solche der Gefühlsseligkeit abgelöst worden. Der Leipziger Dichter-Theologe stieß unseren Studiosus wohl schon durch seinen geistigen Zusammenhang mit dem im Fridericianum zur Genüge gekosteten Pietismus ab. Aber auch die poetische Wertlosigkeit des über Gebühr berühmten Mannes hatte er wohl bald erkannt. Wenigstens in seinen späteren Vorlesungen schließt er sich dem Urteil eines „strengen Rezensenten" [Lessing?] an: Gellert sei höchstens in der Fabel glücklich, im übrigen kein „eigentlicher" Dichter, sondern ein Pseudopoet. Auch vor seinen Romanen warnte er in den 70er Jahren seine Zuhörer: „Gellert bläht das Gemüt mit solchen moralischen Dünsten und Sehnsüchten auf und bringt den Wahn bei, daß es schon genug sei, wenn man nur solche Empfindungen hat, ohne tätiges Wohlwollen; ja er flößt nicht einmal wahre Empfindungen der Menschlichkeit ein, sondern macht nur, daß wir solchen Charakter bewundern" (S. W. XIV, S. 71 Anm.).

Indes auch der erste wirkliche Dichter, der in dieser Periode der Seichtigkeit aus seiner Umgebung emporragt, K l o p s t o c k , hat selbst in seiner besten Zeit, in der die ersten Gesänge des Messias und die frühesten Oden entstanden, keine nachhaltige Wirkung auf den jungen Kant ausgeübt. Die Einsamkeit seines damaligen Hauslehrertums allein kann der Grund nicht gewesen sein; denn er stand auch während dieser Zeit mit Königsberg in geistigem Zusammenhang. Hätte Klopstock wirklich einen überwältigenden Eindruck, ähnlich dem ersten Rousseaus, auf ihn gemacht, so müßte das irgendwie und irgendwo zum Ausdruck gekommen sein. Statt dessen lehnt er ihn an den Stellen seiner Vorlesungen und seines Nachlasses, die von ihm handeln, überall ab. Auch hier drängt sich wieder Kants Geistesverwandtschaft mit Lessing auf. Genau, wie dieser in den Literaturbriefen die geistlichen Oden des Messiassängers „Tiraden der Phantasie" nennt, so voll von Empfindung, „daß man oft gar nichts dabei empfinde", so gilt auch Kant Klopstock als kein „Dichter im eigentlichen Verstande"; er rühre nur „per Sympathie", indem er sich selber gerührt zeige, „und wenn man seine Schriften mit klarem Blute liest, so verlieren sie viel". Lasse man das Metrum und die Bilder weg, so rühre er den Leser nicht mehr. Beider, Lessings wie Kants, männliche Art wehrt sich gegen die Sitte der Zeit, die innersten persönlichen Empfindungen auf den Markt zu tragen. „Die Bewegung seines eigenen Gemüts hinter der Abschilderung der S a c h e n , die sie erregen, v e r s t e c k e n": das macht nach Kant in Wahrheit den tiefsten Eindruck; deshalb wirkt der Astronom tiefer als die „Andächtigen, welche die Größe Gottes mit Lobsprüchen erheben" (XV, S. 326). Darum kann es auch nicht der G e g e n s t a n d des Messias allein gewesen sein, der ihn abstieß. Denn Milton, den er öfters mit Klopstock zusammen nennt, wird von ihm als Dichter hoch geschätzt; des Engländers religiöse Gestalten waren eben lebensvoller als die schemenhaften der Messiade. Dazu kam Kants persönliche Abneigung gegen reimlose Poesie, die er wohl auch „tollgewordene Prosa" nannte. Er spricht von Klopstocks „ungewöhnlichem", „abgebrochenem", „halb polnischen" (!) Stil. Auf ihn scheint auch folgendes Lose Blatt aus den 70er Jahren gemünzt: „Wenn die Empfindungssprache nur nach dem Lapidarstil abgesetzt ist und in reimfreien Zeilen ohne wirklich Sylbenmaß, so geht die Einbildung sogleich auf Stelzen. Es ist, als wenn man die Grimassen von einem Affekt macht und dadurch sich selbst darin versetzt" (XV, 390f.). Auf Klopstock selbst[1]) oder mit ihm verwandte Seelen. Denn damit ist natürlich auch die gesamte, auf bloße Rührung und Erregung der „Empfindsamkeit" abzielende Poesie, wie sie in Millers Sigwart, im Göttinger Hainbund, in Youngs Ossian und teilweise doch auch im Werther ihre Blüten trieb, mit verurteilt.

Kants Urteil über Shakespeare und die „Originalgenies" der 70er Jahre haben wir schon kennen gelernt (B. II, Kap. III, C). Wir werden ihm zustimmen, wenn er deren Überschwänglichkeiten und Phantastereien zurückweist. Allein es läßt sich nicht leugnen, daß er, seiner Wertschätzung des echten dichterischen Genies ungeachtet, doch für manches fruchtbare Neue, auf das die Hamann, Herder, Goethe zuerst aufmerksam gemacht, kein Auge besessen hat: so z. B. nicht für H o m e r und die V o l k s dichtung überhaupt. Gewiß hält er schon von seiner Gymnasial- und Universitätszeit her viel auf „unsere lieben Alten" und erklärt sie für die „bleibenden Muster des Geschmacks", ohne die kein dauernder Maßstab möglich sei, die unseren Geist zur Humanität kultivieren. Zahlreiche Stellen seiner Schriften und mehr noch seiner Vorlesungen beweisen das. So wird gelegentlich auch Homer als eins der „Genies des Altertums" bezeichnet, aus deren Schöpfungen wir die Regeln abziehen, die im Gegensatz zu den Neueren „immer die Urbilder bleiben werden"; aber doch in einem Atem mit — Cicero und Vergil; ja „Vergil hat mehr Geschmack als Homer" (XV, S. 803)! So bekommt die Bewunderung des

---

[1]) Klopstock revanchierte sich später durch mehrere, zumeist erst nach beider Tod veröffentlichte, gegnerische Epigramme, die man bei Schlapp (a. a. O., S. 175) nachlesen kann.

letzteren einen Zug ins Schablonenhafte: „ein j e d e r hat Ge-
schmack am Homer, Cicero, Vergil usw." Niemals nehmen wir
bei ihm wirkliche Liebe oder gar ein herzliches Entzücken an der
Naturwüchsigkeit und Volksmäßigkeit des homerischen Epos
wahr, wie es bei dem jungen Geschlecht, bei Herder, dem jungen
Goethe und doch auch in Kants unmittelbarer Nähe, bei seinem
Schüler und späteren Kollegen Kraus hervortritt, der als junger
Dozent alsbald ein Kolleg über Homer las. In der Kritik der
Urteilskraft erscheint Homer zwar auch als dichterisches Genie,
aber zusammen mit — Wieland; und in der Anthropologie wird
ihm und den anderen „alten Gesängen bis zum Ossian" sogar recht
nüchtern vorgehalten, daß sie „das Glänzende ihres Vortrages
bloß dem Mangel an Mitteln, ihre Begriffe auszudrücken" ver-
dankten (§ 38). Freilich, woher sollte eine liebende Bewunderung
Homers bei unserem Philosophen auch kommen? Hat er ihn doch
höchstwahrscheinlich nie in der Ursprache gelesen, wie ihm denn
überhaupt, infolge der vertrackten Methode des Fridericianums
(B. I, Kap. 2), die volle Schönheit der griechischen Sprache schwerlich je ganz aufgegangen ist. Wird es doch noch 1776 von Kraus
als etwas Besonderes zur Empfehlung des Philologie-Professors
Kreuzfeld erwähnt, daß dieser — den Homer im Original zu lesen
verstehe!

Aber der eigentliche Grund liegt tiefer. Kreuzfeld, der klassische Philologe, und Kraus, der Philosoph und Nationalökonom,
lasen doch über Shakespeare. Sie gehören eben dem jüngeren
Geschlechte an. Kant dagegen und fast der gesamten älteren
Generation — man denke nur an Friedrich den Großen — geht
das Verständnis für das V o l k s mäßige in der Dichtung so gut
wie völlig ab. Das ist bei unserem Denker um so auffallender,
als es ihm an einem lebhaften Heimatsgefühl keineswegs fehlte,
und er sich auch gar nicht scheute, sich im Gespräch mannigfacher
Provinzialismen zu bedienen, die auch in seinen Schriften für aufmerksame Augen zu finden sind, ja sogar derbe Knittelverse in
seinen Mund zu nehmen nicht verschmähte[1]). Für das schlichte

---

[1]) Daß er überhaupt das Volksmäßige a n s i c h zu würdigen
wußte, geht aus einem seiner allerletzten schriftstellerischen Erzeugnisse,

Volkslied dagegen, das ihm bei seiner ausgebreiteten Lektüre durch
Herders ‚Stimmen der Völker in Liedern' bekannt gewesen sein
muß, für die aus der Tiefe des Herzens emporquellende L y r i k
überhaupt mangelt ihm augenscheinlich das Verständnis. Zwar
spricht er sich gelegentlich gegen die bloßen Reimschmiede und
für die echten Dichter aus. Der wahre Poet „muß geboren werden",
die Poesie ist ein „freies Spiel" der Sinnlichkeit und des Verstandes, die Dichtersprache ist älter als die Prosa (XV, S. 703 f.).
Und wenn er in seinen ‚Beobachtungen' (1764) die Anakreontiker
als „läppisch" abtut, so werden wir ihm recht geben. Auch fehlt
es ihm nicht an feiner Empfindung für stilistische Form überhaupt:
er liebt Mendelssohns klaren Stil, er ist in seinen mittleren Jahren
für denjenigen Rousseaus sogar begeistert. Und mehr als das:
seine eigenen Bilder und Gleichnisse verraten dichterische Kraft
(vgl. Kap. 9). Er nennt auch ein gutes Gedicht das „eindringendste
Mittel der Belebung des Gemüts" (Anthropol., S. 178). Aber
der volle, offene, stürmische Ausdruck des Gefühls, wie er das
neue Geschlecht der 70er Jahre erfüllt, ist ihm unsympathisch,
wenn nicht gar verhaßt. Poeten und Musiker haben ihm zufolge
darum keinen Charakter, weil sie „alles auf Gefühle reduzieren".
Er hat, scheint es, nie etwas von der Wahrheit jenes Satzes verspürt, den der junge Goethe im Götz seinen Franz aussprechen
läßt: „So fühl' ich denn, was den Dichter macht, ein volles,
ganz von einer Empfindung volles Herz!"

Er hat insbesondere wohl nie die ganze Stärke desjenigen
Gefühls in sich empfunden, das von jeher, von dem einfachsten
Wilden bis zu Goethe, der Dichtung den mächtigsten Antrieb gegeben hat: der Liebe. Nach seiner Meinung muß sich ein „Dichter
von Talent" mit Gedichten, die „bloß Spiele der Empfindung
sind, z. B. L i e b e s gedichten", nicht abgeben, weil — „es sehr

---

der 1800 niedergeschriebenen „Nachschrift" zu Mielckes Deutsch-Littau-
ischem Wörterbuch hervor, und noch in die letzterhaltenen Niederschriften
seines Nachlasses (wahrscheinlich aus dem Jahr 1803) drängen sich Strophen
aus den Gleimschen Grenadierliedern und der Luthervers: „Wer nicht liebt
Wein, Weib und Gesang usw." (Reicke, Altpreuß. Monatsschr. XXI,
S. 315).

leicht ist, solche Empfindungen zu erregen, indem schon jeder
von selbst solche Empfindungen hat"! Dagegen — „die T u -
g e n d und derselben Empfindungen in ein harmonisches Spiel
zu bringen, das ist ein Verdienst, denn das ist was Intellektuelles,
und diese anschauend zu machen, ist ein wahres Verdienst". Als
Beispiel führt er dann seines geliebten Pope ,Versuch vom Menschen' an: „Dieses Buch hat gesucht, die Dichtkunst durch Vernunft zu beseelen[1])." Nur so läßt es sich auch erklären, daß er in
seinem ästhetischen Hauptwerk als ein Muster edelster Poesie
den fürchterlich geschmacklosen Vers eines dichtenden Gelehrten
anführt: „Die Sonne quoll hervor, wie Ruh' aus Tugend quillt"
(Kr. d. Urt., § 49).

Damit stehen wir vor der bezeichnenden Tatsache, daß unserem Ästhetiker als Krone der Dichtkunst nicht das gewaltige
Heldenepos, nicht das herzbewegende Lied, nicht das seelen-
erschütternde Drama erschienen ist, sondern — das L e h r -
g e d i c ht. Von den drei Dingen, auf die der Dichter wirken
will: Gefühl, Anschauungen und Begriffe, sei das erste das roheste,
dann komme das zweite, das edelste aber sind ihm die Begriffe,
denen Anschauungen und Gefühle „nur zu Hilfe kommen" sollen,
„ohne sie zu verdunkeln oder zu überschreien" (um 1772, XV,
S. 335). Darum schätzt er von den Alten die Römer mehr als
die Griechen, die Didaktiker mehr als die Lyriker, von dem am
meisten zitierten Horaz die Episteln und Satiren mehr als die
Oden. Auch von den anderen Römern wie: Vergil, Juvenal,
in zweiter Linie: Persius, Ovid, Phädrus, Terenz, zitiert er
hauptsächlich Sinn- und Sittensprüche, die ihm zum Teil wohl
noch als Memorierverse von der Schulzeit her geläufig waren;
konnte er doch noch in seinem Alter ganze Versreihen auswendig. Von den Neueren schätzt er aus dem nämlichen Grunde
den Engländer Pope und den Schweizer von Haller, und eine
Fabel von Voß ist ihm „eine Hekatombe wert" (,Vom vornehmen
Ton', 1796).

---

[1]) So (nach Schlapp, a. a. O., S. 134) in seiner Anthropologie-Vorlesung von 1775/76 der freilich schon 51 jährige!

Neben der Didaktik bevorzugt er die damit ja verwandte
S a t i r e. Selbst des von Schiller mit Recht sehr tief gestellten
Wieners Aloys Blumauer ,Travestierte Äneis' erregt sein Wohlgefallen, wie er denn auch das 26 Strophen zählende humoristische
Hochzeitskarmen eines gewissen Richey, das den Ehestand als
Wehestand schilderte, öfters „mit komischer Grazie" seinen Tischgenossen zum Besten gab; und in seinen ,Losen Blättern' finden
sich, wie Adickes nachgewiesen hat, manche Anspielungen auf
Anekdoten aus dem ,Vademecum für lustige Leute', einer vielleicht von Nicolai herrührenden mehrbändigen Sammlung witziger,
oft recht freier kleiner Geschichten und Späße. Stärker war
natürlich seine Vorliebe für die ernstere Satire. Von den Alten
gehören hierhin wiederum Persius und Juvenal, in geringerem
Maße Martial und Horaz; unter den Neueren, außer Erasmus,
von den Deutschen: der „Spötter" Liskow, der als „Original" ge-
kennzeichnete Lichtenberg, der Epigrammatiker Kästner. Von
Franzosen schätzt er besonders den geistreichen Skeptiker Montaigne, den man im 17. Jahrhundert „das Brevier der ehrlichen
Leute" nannte, den freilich viel unbedeutenderen Fontenelle,
und natürlich auch den großen Bekämpfer der Vorurteile Voltaire; daneben aber auch die derbe Kost eines Molière und sogar
Rabelais: also vor allem den satirischen H u m o r. Im ganzen
waren es doch dieselben Schriftsteller, die nach Karl Justis
,Winckelmann'[1]) überhaupt „den Kindern des 18. Jahrhunderts die
Geistes- und Feuertaufe erteilten": Montesquieu, Buffon, Addison
— Montaigne, Bayle, Shaftesbury und Voltaire — Butler, Cer-
vantes, Pope und Swift: aus denen allen der unnatürlich gewordenen Zeit der Ruf zur Natur, zum Einfachen und Vernünftigen
entgegenschallte. Von den Engländern behagten ihm deshalb
besonders Sterne und Swift, in seiner früheren Zeit auch des alten
Butler derber Hudibras. Und ebenso gern, wie des großen Cer-
vantes ewig jungen Don Quixote, las er von seinen britischen

---

[1]) K. Justi, Winckelmann und seine Zeitgenossen (2. Aufl. 1898),
dessen erster Band in kaum übertroffener Weise in die geistige Bewegung
der Zeit von 1720—1760 einführt. Zu unserem Kapitel vgl. besonders
S. 207 ff.

Zeitgenossen die satirischen Romane Richardsons, namentlich aber Fieldings, dessen Tom Jones er besonders schätzte, und dessen Romane er, weil sie das Laster, anstatt es zu schelten, verspotteten, den Wielandschen vorzog (Abegg, 1798).

Er kannte natürlich — in weit höherem Grade, als gemeinhin bekannt ist — auch andere Dichter. So soll er aus Bürger und Hagedorn längere Stellen auswendig gewußt haben (Jachmann). Er weiß von Petrarkas Sonetten an Laura, er zitiert Ariost, er macht sich nichts aus den von vielen Zeitgenossen bewunderten schwülstig-sentimentalen ,Nachtgedanken' Youngs, der wie Klopstock und Gleim „eine Menge schwacher Köpfe verdorben" habe. Er tadelt Lohenstein, der, anstatt den Gesetzen der Schönheit, denen der Mode gehuldigt, kennt überhaupt die Entwicklung des deutschen Schrifttums vom Schwulst zur Tändelei, von da wieder ins „Schal-Witzige" oder Rührselige (vgl. Schlapp, S. 197 f.). Mit Recht wendet er sich gegen die breit beschreibenden Poeme des Hamburgers Brockes und des sonst von ihm geschätzten Haller. Kein Organ aber hat er für die erhabene religiöse Poesie der altisraelitischen Propheten und des Psalters: entweder infolge der Überfütterung mit Hebräisch und Altem Testament in seiner Schulzeit, oder auch wegen seiner starken Abneigung gegen den bilderreichen „orientalischen" Stil überhaupt, der Hamanns und Herders Wonne war. Aus seinen Altersjahren berichtet Dohm, daß Kant alles, was Jean Paul schreibe, mit der größten Begierde lese (1797), und 1800 teilt er Jean Paul selbst mit, Kant liebe und lobe seine Schriften sehr und empfehle sie bei jeder Gelegenheit[1].

Von unseres Helden e i g e n e n dichterischen Versuchen ausführlicher zu reden, würde ihr Verfasser sich selbst wohl verbeten haben. Die erhaltenen bestehen aus sechs, den Jahren 1770—1782 entstammenden „Denkversen", d. h. gereimten Nachrufen auf verstorbene Amtsgenossen, zu denen Vorschrift oder Sitte ihre collegae ordinarii verpflichtete. Nicht, daß sie eines Kant unwürdig wären. Im Gegenteil, sie lassen uns den sittlichen

---

[1] P. Nerrlich, Jean Paul und seine Zeitgenossen. Berlin 1878, S. 290.

M e n s c h e n Kant höchstens noch lieber gewinnen: sei es, daß
er bei dem Tode des Moralphilosophen „das Gesetz in uns", oder
bei dem eines Juristen den „geraden Sinn" als den besten „Leitstern in der Rechte Dunkelheit" preist, sei es, daß er dem Theologen Lilienthal die schönen Worte nachruft:

> „Was auf das Leben folgt, deckt tiefe Finsternis.
> Was uns zu tun gebührt, des sind wir nur gewiß.
> Dem kann, wie Lilienthal, kein Tod die Hoffnung rauben,
> Der glaubt, um recht zu tun, recht tut, um froh zu glauben."

Aber nur der ethische Gehalt ist es, der uns hier zur Anerkennung stimmt, nicht die poetische Form, deren regelmäßig gebaute,
aber eintönige Alexandriner sich durchaus im Geleise des Hergebrachten bewegen. Noch weniger dichterischen Wert oder gar
Goetheschen Stil[1]) vermag ich in dem niedlichen Gedichtchen
zu finden, das der 79 jährige Greis, nach seines treuen Hausgenossen Wasianski Mitteilung, noch in seinem letzten Lebensjahre, am 17. August 1803, in sein Merkbüchlein eintrug:

Ein jeder Tag hat seine Plage,	Von Dir kann man dann sicher sagen,
Hat nun der Monat dreißig Tage,	Daß man die kleinste Last getragen
So ist die Rechnung klar.	In Dir, Du schöner Februar.

Jedenfalls hat Kant mehr Selbsterkenntnis gezeigt, als seine
uneingeschränkten Bewunderer, wenn er 1764 die Professur der
Dichtkunst ablehnte, auch niemals von jenen auch nach Borowskis Urteil „ganz unbedeutenden Versuchen", die ihm „zu
den Gedächtnisschriften der Universität . . . abgefordert wurden",
das geringste Aufheben gemacht hat. Daß es gleichwohl „die
besten unter allen" gelieferten waren (Wald), wollen wir trotzdem glauben.

Am seltensten hat sich Kant in seinen Schriften über seine
Stellung zum D r a m a geäußert; die wenigen Bemerkungen über
Lustspiel und Trauerspiel in den ‚Beobachtungen' besagen nicht

---

[1]) Es klingt fast humoristisch, wenn F. Jünemann (Kantiana
S. 8) meint, daß er, wäre der Verfasser des Poems unbekannt, „zuerst auf
G o e t h e schließen würde".

viel. Und doch hat er auch auf diesem Gebiete mehr gekannt, als
seine gedruckten Schriften verraten. Wenigstens in seinen jüngeren Jahren „sah er Schauspiele gern" (Borowski). Um 1755 aber
konnte er in seiner Vaterstadt sogar den berühmten Ackermann,
der damals gerade in der Vollkraft seiner Jahre und seines Könnens
stand, mit seiner Truppe spielen sehen; Ackermann hatte in diesem
Jahre das erste ständige Theater in Königsberg errichtet, das er
freilich nach dem Ausbruch des siebenjährigen Krieges übereilt aufgab. Und wenn er sich gelegentlich auf Cato als Beispiel edler
Heldentugend beruft, so schwebt ihm wohl Gottscheds ‚Sterbender
Cato' vor, dessen Titelheld eine Hauptrolle Ackermanns war. Auch
sonst beweisen gelegentliche Bemerkungen der Anthropologie und
noch mehr des Nachlasses über Schauspiel und Schauspielkunst,
daß er öfterer Theaterbesucher gewesen sein muß. So meint er, wie
von den Jugenddramen Lessings (s. Buch II, Kap. 6), auch von
den Lustspielen Goldonis (‚Der Diener zweier Herren'), daß sie
wohl während der Vorstellung durch ihren Witz unterhielten, aber
zum Schluß enttäuschten, weil sie keinen rechten Zweck des
Ganzen erkennen ließen. Ein andermal redet er von dem „An-
lockenden" und „Belebenden" dramatischer Aufführungen (An-
throp., § 60) und empfiehlt, Schauspiele nicht vor der Aufführung
zu lesen, damit man sich nicht die unmittelbare Wirkung verderbe.
Oder von der durch ein Trauerspiel bewirkten Gemütserregung,
die auch körperlich in der Weise wirke, daß der Schmerz schließlich „Beförderung des Lebens", mithin „Vergnügen" hervorrufe:
weil das Gleichgewicht der Nerven zuletzt durch Sattweinen oder
bei Komödien durch Sattlachen wieder hergestellt werde, könne
man sogar, wie er ironisch-paradox behauptet, von einem Vergnügen
„nicht in der Idee, sondern im Magen" reden[1]). Er sucht die Vorliebe der jungen Leute für das Trauerspiel, der Alten für das
Lustspiel psychologisch zu erklären, oder er meint, derjenige
Akteur sei der beste, der ohne Leidenschaft spiele! Von den antiken
Tragikern scheint er Äschylus und Sophokles kaum gekannt zu

---

[1]) G e g e n diesen noch dazu in einer populären Vorlesung gemachten
Scherz glaubt Schlapp allen Ernstes — Schillers Auffassung von dem
moralischen Nutzen der Schaubühne ins Feld führen zu müssen!

haben; Plautus und Terenz führt er nur ihrer Sentenzen wegen
im Munde. Sein Urteil über Shakespeare und Lessing haben wir
schon früher kennen gelernt.

Und wie stand es endlich mit seiner Schätzung der Größten
seiner Zeit: G o e t h e s und S c h i l l e r s? Selbst wenn wir
das Jahr des ersten Erscheinens seines ästhetischen Hauptwerkes
(1790) als Endtermin setzen, so hatte doch Goethe außer seinem
Götz schon die Iphigenie und den Egmont, Schiller außer
seinen Jugenddramen den Don Carlos geschrieben, und als 1799
die dritte Auflage der Kritik der Urteilskraft erschien, waren des
einen Tasso, des anderen Wallenstein hinzugekommen, die ihren
Weg doch wohl auch auf die Königsberger Schaubühne, mindestens
aber zu dem dortigen Lesepublikum gefunden haben[1]), von den
lyrischen Schöpfungen, insbesondere der hehren Gedankendichtung beider, ganz zu schweigen. Hat Kant nun wirklich, um mit
Goethes Ausdruck zu reden, von beider dichterischem Wirken
„nie Notiz genommen" (Goethe zu Eckermann, 11. April 1827)?
Wollten wir Hasses ‚Merkwürdigen Äußerungen Kants, von einem
seiner Tischgenossen' (Königsb. 1804) glauben, so hätte er beide
in der Tat verehrt, denn dieser erzählt (S. 29): „Dichter waren
nicht seine Lieblinge, ausgenommen Haller, dessen Gedichte er
fast auswendig wußte, Wieland, Goethe, Schiller u s w. [sic!]."
Allein diese Angabe des auch sonst recht wenig zuverlässigen
Berichterstatters ist so unbestimmt gehalten, so wenig durch andere, bessere Zeugnisse gestützt, daß sie als Beweis nicht ernstlich in Betracht kommen kann. Wohl hat unser Philosoph, wie
wir aus dem sechsten Kapitel des zweiten Buches wissen, G o e -
t h e s Namen schon seit 1775 von anderen vernommen, und auch
am 14. Juni 1789 meldet ihm sein Anhänger Reinhold aus Weimar
mit Genugtuung, daß neben Wieland und anderen auch „Göthe"
seiner Schrift über die Schicksale der Kantischen Philosophie Beifall geschenkt habe. Aus Jacobis Spinozaschrift (s. Kap. 3,
S. 330) hat er ferner Goethes berühmtes Prometheuslied, wenn
auch vielleicht noch ohne den Namen des Dichters, und das „Edel

---

[1]) Kanter druckte Götz und Clavigo ab, die Kochsche Truppe gab
die Räuber, Cabale und Liebe, Hamlet, Minna von Barnhelm (1785).

sei der Mensch, hilfreich und gut" (als dessen Verfasser Goethe genannt war) kennen gelernt. Aber daß der Philosoph seinerseits Goethes Dichterwerken, abgesehen vom Werther, irgendwelche Beachtung oder gar Zuneigung geschenkt, dafür gibt keine Stelle seiner Schriften, keine auch des bisher veröffentlichten Nachlasses auch nur den mindesten Anhalt. Im Gegenteil, nach dem Erscheinen der Xenien schrieb Frau Elisabeth Stägemann aus Königsberg an einen in denselben Angegriffenen, dem auch Kant befreundeten Komponisten Reichardt, daß Kant, wie sie durch eine gemeinsame Bekannte erfahren, „mit dem unwürdigen Benehmen von Schiller und Goethe höchst unzufrieden, vorzüglich aber gegen den ersteren erzürnt wäre" (Goethe-Jahrbuch 1906, S. 264).

Damit wären wir auch gleich bei S c h i l l e r. Wie der Leser weiß und wir noch sehen werden, war Schiller philosophisch Kants Jünger geworden. Wie aber redet der Philosoph in dem einzigen Briefe, den er nach einem Jahre des Wartenlassens diesem Jünger am 30. März 1795 schrieb, den damals doch schon zu Deutschlands berühmtesten Dichtern zählenden Schiller an? Als den „G e - l e h r t e n und talentvollen Mann", mit dem „die Bekanntschaft und das litterärische Verkehr . . . anzutreten und zu kultivieren", ihm „nicht anders als sehr erwünscht sein" könne! Worauf dann, neben einem kurzen Dank für die Zusendung der „Ästhetischen Briefe" vor allem Bemerkungen über — den Geschlechtsunterschied in der organischen Natur, im Anschluß an eine in Schillers ‚Horen' veröffentlichte Abhandlung eines Dritten, und zum Schluß der freundliche Wunsch, „Ihren Talenten und guten Absichten [!] angemessener Kräfte, Gesundheit und Lebensdauer" folgt. Damit ist in der Tat schlagender als durch irgend etwas anderes seine Unkenntnis oder das mangelnde Verständnis von Schillers Dichterpersönlichkeit erwiesen. Und ebenso steht es mit seinem Verhältnis zu Goethe: nur daß dieser ihm wohl noch fremder und gleichgültiger war (daher sein nach der Stägemann größerer Unwille über Schiller). Es ist bedauerlich, aber es ist so.

Wie haben wir diese leidige Tatsache, die sich nicht wegleugnen läßt, zu erklären? Nun, Goethe wird ihm schon von früher her, durch seine Geistesverwandtschaft mit den Stürmern und Drängern, mit Hamann und Herder, mit dem Spinozismus unsympathisch gewesen sein; von seiner durch den Freundschaftsbund mit Schiller eingetretenen Wandlung hat er schwerlich mehr erfahren. Und wenn Schillers Jugendwerke schon den reiferen Goethe heftig abstießen, so mußten sie bei Kant, bei dessen ästhetischem Geschmack, diese Wirkung erst recht erzielen. Die späteren und schönsten, aus dem Geistesbunde der beiden Dichterfreunde entsprossenen Schöpfungen aber in sich aufzunehmen, war der Philosoph mittlerweile zu alt geworden. Es war eben für diejenigen, welche um die Zeit jener ästhetischen Geschmackswende um 1770 schon im reiferen Mannesalter standen, äußerst schwer, ja beinahe unmöglich, sich in die Denkweise der neuen Zeit hineinzuversetzen. Das gilt für Kants großen Zeitgenossen auf dem preußischen Königsthron, von dem bezeichnenderweise das zweite magere Beispiel stammt, das jener in seiner Kritik der Urteilskraft (§ 49) für einen wirkungsvollen dichterischen Gedanken gibt[1]). Es gilt ebenso für den Philosophen selbst, dessen ganze Kraft zudem gerade damals durch die Erzeugung seines gewaltigen Systems in Anspruch genommen war. Jene Älteren waren eben, um mit Schiller zu reden, bei allem ihrem sonstigen Genie, nicht mehr fähig, „die Natur aus der ersten Hand zu verstehen". Daraus ergibt sich schließlich eine Mißachtung des bloßen Dichters, wie sie bei Kant öfters, am bezeichnendsten vielleicht — weil ungewollt — in einem Briefe vom 27. September 1791 an seinen jungen Anfänger J. S. Beck zum Ausdruck kommt, wo er meint: „daß bloße Mathematik die Seele eines denkenden Mannes nicht ausfülle", sondern noch anderes zur Erquickung und Erholung des Gemüts hinzukommen müsse, „und wenn es auch, wie bei Kaestner, n u r Dichtkunst wäre."

Hat er den übrigen Künsten mehr Interesse entgegengebracht?

---

[1]) Es wird darin der Tod des Weisen mit dem sanften Verschwinden der Sonne im Abendrot verglichen. Friedrichs französische Verse haben unserem Philosophen so gut gefallen, daß er s e l b s t sie — der einzige Fall in seinen Werken — in deutsche Prosa übertragen hat.

2. Kant und die bildende Kunst

Inwieweit besaß er auf diesem Gebiete lebendige Anschauungen? In welchem Maße ist er mit alten oder modernen Kunstwerken bekannt gewesen?

Die Umstände, unter denen er emporwuchs: das bescheidene Häuschen der einfachen Sattlerfamilie, die aller Kunst abgewandte Erziehung des Fridericianums, die unter Entbehrungen verbrachte Studentenzeit, der Aufenthalt in dem ländlichen Pfarrhause in Litauen boten auf dem Feld der bildenden Künste sicher noch weit weniger Anregung als auf dem der Dichtkunst. Gewiß, ein Winckelmann hat sich durch noch widrigere Umstände zum ersten Kunsthistoriker der Zeit hindurchgerungen. Aber Kant hatte wohl von jeher weniger Auge für das Kunstschöne, das er ja auch in seiner Kritik der Urteilskraft unter das Naturschöne stellt. So spricht er z. B. nirgends von dem ästhetischen Eindruck, den seine Vaterstadt auf ihn machte. Freilich bot — und damit sind wir gleich bei der

A. Baukunst

angelangt — Altkönigsberg in architektonischer Hinsicht nicht allzuviel. Die Bauart der hohen und schmalen Häuser war, abgesehen von sehr wenigen, ärmlich und stillos. ,,Im ganzen hat die Stadt keine schöne Architektur,'' urteilt ein Reisender nach 1800. Die ,,Thumkirche'', ein großer Backsteinbau, in deren Chor man jetzt seine Gebeine unterbringen will, hat auch mich nicht begeistern können. Einzig das Schloß wirkt imponierend, aber im Grunde doch auch mehr durch seine mächtige Größe und die daran sich knüpfenden geschichtlichen Erinnerungen, als durch schönes Ebenmaß. Von dem heute berühmtesten Bau Ostdeutschlands aber, der Marienburg, die zu seiner Zeit infolge der polnischen Wirtschaft gänzlich verfallen war, hat Kant offenbar ebensowenig wie andere, etwas vernommen; auch Abegg, der sicher auf solche Dinge aufmerksam war, erwähnt bei seiner Durchreise Marienburg in seinem Tagebuch nur als ,,artiges Landstädtchen'' mit einer Schiffsbrücke. Und auch von den sonstigen gotischen Burg- und Kirchenbauten Ostpreußens spricht

Kant nirgends. Es ist übrigens nicht sicher, ob jene Burg in ihrer heutigen Wiederherstellung sein Wohlgefallen gefunden hätte[1]). Denn der ganze Kunstgeschmack des Mittelalters einschließlich der Baukunst, das G o t i s c h e , gilt ihm als barbarisch, ja „auf Fratzen hinauslaufend" (Schlußabschnitt der ‚Beobachtungen', 1764), weil es „allenthalben Verzierungen anbringen will" (S. W. XVI, S. 110): abweichend von der „edlen Einfalt der Natur", wie er sie in der Plastik und Architektur der G r i e c h e n und Römer verkörpert findet, die allerdings in der römischen Kaiserzeit ins „Prächtige" entarte. Er teilt übrigens diese Geringschätzung, ja Verachtung der Gotik mit den größten Geistern seiner Zeit: Friedrich II., der ganz im Banne des Rokoko befangen, die 1772 wiedergewonnene Marienburg als Magazin gebraucht, mit Klopstock, der das mittelalterliche Viertel Nürnbergs nicht beachtet, mit Winckelmann, der die stolzen Kirchen seines heimatlichen Stendal ganz vergißt, mit Lessing, der die schönsten Muster der Gotik, die er in Kamenz, Meißen und Breslau zu sehen Gelegenheit hatte, keiner Beachtung würdigt. Ja selbst Goethes Begeisterung für die Gotik hängt doch mit dem Sturm und Drang seiner Jugend zusammen und wandelt sich später in Begeisterung für die Antike um. Ob unser Philosoph überhaupt die hehren mittelalterlichen Dome auch nur aus guten Abbildungen gekannt hat? Ihnen könnte er doch die „Idee", den „Plan des Ganzen" nicht absprechen, aus dem ein Bauwerk entsprungen sein muß, wenn es „den Beifall unserer Seele haben soll" (Anthropol.-Vorles. 1775/76, bei Schlapp, S. 139). In seiner Schrift führt er nur die Peterskirche zu Rom, und auch diese nur als Beispiel von Pracht an, wie die Pyramiden als solches von einfacher Größe. Wenn er in den ‚Beobachtungen' zum Schluß die eigene Zeit preist, in welcher der „richtige Geschmack" aufblühe, so hat er freilich dieses Lob später durch eine nachträgliche Bemerkung in seinem Handexemplar

---

[1]) Daß man sich auch als guter Kantianer für ein solches, der Blütezeit mittelalterlichen Rittertums entsprossenes Bauwerk begeistern kann, hat sein Jünger Theodor von Schön bewiesen, der als Oberpräsident der Provinz Preußen die Wiederherstellung der alten Ordensburg zuerst wieder in die Wege geleitet hat.

wieder wesentlich eingeschränkt: ,,Unser Zeitalter ist das Jahrhundert der schönen Kleinigkeiten, Bagatellen oder erhabenen Chimären. Die Alten waren der Natur näher, wir haben zwischen uns und der Natur viel Üppiges . . . Wir tun am besten, wenn wir uns durch die M u s t e r d e r A l t e n leiten lassen: in der Bildhauerkunst und Baukunst, Poesie und der Beredsamkeit, den alten Sitten und der alten Staatsverfassung". Daß er übrigens nicht ohne Interesse, ja von auffallend starker Auffassungskraft für architektonische Gegenstände gewesen ist, zeigt Jachmanns bekannte Erzählung: ,,Er schilderte eines Tages in Gegenwart eines geborenen Londoners die Westminsterbrücke nach ihrer Gestalt und Einrichtung, nach Länge, Breite und Höhe und den Maßbestimmungen aller einzelnen Teile so genau, daß der Engländer ihn fragte, wieviel Jahre er doch in London gelebt, und ob er sich besonders der Architektur gewidmet habe?"

Dasselbe wie von der Baukunst, läßt sich von seiner Kenntnis und Wertung der

B. Plastik

sagen. Hier bot ihm die Vaterstadt noch weniger Anschauungsmaterial: wie denn überhaupt in dem damaligen Deutschland seit Schlüters Tode (1714) auf beiden Gebieten kein bedeutendes Werk entstanden war. Die deutschen Bildhauer verharrten im französischen Rokoko-Geschmack, bis W i n c k e l m a n n auftrat und der Kunst neue Bahnen wies. Aber es zeigt doch den richtigen ästhetischen Instinkt unseres Philosophen, daß er die grundlegende Bedeutung dieses Neuerers bald erkannt und ihn eifrig studiert hat. Von Winckelmanns antikisierender Kunstauffassung zeigt er sich denn auch im Ganzen und, wie Schlapp gezeigt hat, auch im Einzelnen vielfach abhängig. ,,Von Winckelmann stammt Kants Lehre vom Ideal und seiner Beschränkung auf den Menschen und die plastische Kunst, von der Normalidee oder dem Mittelmaß (Polyklets Doryphoros), von der Unbezeichnung und dem idealen Kontur, von der Bedeutung der Allegorie und der ästhetischen Attribute, von der unerreichbaren Mustergültigkeit der Antike, von den Kulturbedingungen der antiken Kunstblüte, von der edlen Einfalt und Gelassenheit des

klassischen Geschmacks und seinem Gegensatz zu der orientalischen und gotischen Phantastik, . . . von dem Vorzug der männlichen vor der weiblichen Schönheit, von der ewige Jugend und
affektlose freie Ruhe ausdrückenden idealen Gesichtsbildung der
griechischen Göttergestalten, . . . von der Funktion der Farbe
in der Plastik". „Von Winckelmann . . . die Notiz von der geistvollen Bildung und den zu langen Beinen des Apoll von Belvedere, von dem Mittel zwischen Feistigkeit und Magerkeit in den
Statuen des Bacchus, dem Torso des Herkules und der Hinweis auf
die schönen Schlangen des Laokoon" (Schlapp, a. a. O., S. 414 f.),
vielleicht auch der auf die reine Schönheit des griechischen
Profils. Es ist hier nicht der Ort, nachzuprüfen, ob wirklich alle
diese Sätze Kants aus Winckelmanns Schriften, insbesondere
seiner berühmten ‚Geschichte der Kunst des Altertums' (1764)
e n t l e h n t sind: genug für unseren Zweck, daß eine weitgehende
Übereinstimmung vorliegt[1]), daß Kant gerade auf dem Felde
der Plastik in erster Linie die Antike als das ewig gültige Muster
ansieht, also eine ausgesprochene Kunstansicht besitzt. Inwieweit
dieselbe freilich — da er Originale nie gesehen — durch die Kenntnis guter Abbildungen antiker Werke unterstützt worden ist,
entzieht sich unserer Beurteilung. In der reichen Kupferstichsammlung des Keyserlingschen Hauses (Buch II, Kap. 5) hätte er
ausreichende Gelegenheit gehabt. Ob und in welchem Maße er
sie benutzt hat? In seinen Schriften weist keine Stelle auf eine
lebendigere Anschauung hin: er nennt außer Polyklets Lanzenschwinger und Myrons Kuh (Kr. d. Urt.) nur einmal beiläufig die
Venus von Medici (Anthropol. 242) und im Nachlaß (XVI, S. 138)
die des Praxiteles. Was seine ältesten Biographen berichten,
läßt wenig erhoffen. Borowski erzählt (S. 175 f.): „Auf Gemälde
und Kupferstiche, auch von vorzüglicher Art, schien er nie sehr

---

[1]) Auch auf die sonstigen Nachweise und Vermutungen Schlapps
und anderer, auf welche deutschen und englischen Ästhetiker des 18. Jahrhunderts (Leibniz, Baumgarten, Meier, R. Mengs, Burke, Hutcheson,
Home, Hume, Shaftesbury, Addison, Gerard u. a.) Kants Kunstansichten
zurückgehen und bis zu welchem Grade, einzugehen, ist hier nicht der
Platz.

zu achten. Ich habe nie bemerkt, daß er irgendwo, auch wo man
allgemein gelobte und bewunderte Sammlungen hievon in den
Sälen und Zimmern vorfand, seine Blicke besonders darauf gerichtet oder eine sich irgend wodurch auszeichnende Wertschätzung für die Hand des Künstlers gezeigt hätte. Außer J. J. Rousseaus Kupferstich, der in seinem Wohnzimmer war, befand sich
nichts von dieser Art in seinem ganzen Hause."

Damit wären wir bei seinem Verhältnis zur

C. Malerei

angelangt. In Königsberg hatte Kant Reproduktionen guter Gemälde, ja selbst Originale zu sehen ziemlich reiche Gelegenheit.
So besaß, abgesehen von der reichhaltigen Keyserlingschen Galerie (S. 198 f.), Hippel in seiner ansehnlichen Sammlung von mehreren hundert Gemälden unter anderen einen Albrecht Dürer (Anbetung der Weisen aus dem Morgenlande), drei Lukas Cranach
(Ecce homo, Luther, Melanchthon), ein Damenporträt von van
Dyk, Gemälde von Vernet, Teniers, Brouwer und anderen, außerdem viele Zeichnungen und Kupferstiche von guten Meistern.
Und der Hofrat von Morgnes unter seinen 250 Bildern einen
Greisenkopf von Rembrandt, Adam und Eva ,,in der Manier
von Michelangelo" und zahlreiche Niederländer. Überdies konnte
unser Philosoph durch seine Bekanntschaft mit dem Keramiker
Collin, den er allsonntäglich an der Mittagstafel des gemeinsamen
Freundes Kaufmann Motherby traf, allerlei Neues aus der Kunst
sehen und erfahren. Collin, selbst ein Königsberger Kind, hatte
in England die Keramik kennen gelernt und 1776 in seiner Vaterstadt eine Fayence- und Steingutfabrik gegründet; er hat auch
Kant mehrfach in Ton abgebildet.

Danach sollte man eigentlich bei diesem bessere Kenntnisse
von der Kunst erwarten, als er sie tatsächlich zeigt. Er kennt
und nennt zwar in seinen Vorlesungen die großen Malernamen,
verwechselt aber z. B. noch in der Anthropologie von 1798 (§ 13)
Rafael mit Correggio und folgt dem Urteil des ,,berühmten Ma-
lers", aber unbedeutenden Ästhetikers Rafael Mengs über diese
und Tizian, ohne sie anscheinend selbst zu kennen. In seiner

Anthropologie-Vorlesung von 1784 gebraucht er die Wendung: Rafael soll (!) Ideale von Menschen gemacht haben, indem er die Natur nicht malte, wie sie ist, sondern wie sie besser wäre. In seinem ästhetischen Hauptwerk kommt überhaupt kein Malername vor! Auch in seinen reichen Nachlaßnotizen über Kunst finden wir, abgesehen von einer das Geburtsdatum des „Genies" Michelangelo betreffenden Bemerkung, nur den bekannten englischen satirischen und Karikaturenmaler Hogarth zweimal erwähnt wegen seiner vorzüglichen Gabe, in seinen Gesichtern den Charakter der Menschen höchst natürlich auszudrücken.

Dagegen zeigt er, wo es nicht auf historische Kenntnisse, sondern auf die Kunst überhaupt ankommt, feines Verständnis. So in einer um 1769—1770 hingeworfenen Notiz, in der Malerei seien „die Anlage (das Faktum)" und die „Disposition" oder das Gruppieren zu unterscheiden, „dadurch es als ein Ganzes in die Augen fällt," wobei „keine Gruppe gut ohne Kontrast" sei. Oder, wenn er den Malern den Rat erteilt, lieber allgemein bekannte Geschichten und Fabeln als „bloße Ideen" zu malen (um 1772); und alle reinen Farben schön findet, „weil das Unvermengte schon Kunst anzeigt" (zwischen 1773 und 1778). Oder endlich in den Vorlesungen (1775/76): „Ein Maler hat immer eine Idee im Kopfe zum Grunde, wonach er malt, obgleich er die Idee selbst niemals erreicht."

Auch zur

3. Tonkunst

hat Kant ein n a h e s , innerliches Verhältnis anscheinend nicht besessen. Allerdings war zu der Zeit, wo er in der Blüte des Mannesalters und zugleich am stärksten im geselligen Leben seiner Vaterstadt stand, Theater und Konzerte besuchte, das heißt um die Mitte der 6oer Jahre, die große Zeit des Oratoriums schon vorüber, Bach und Händel tot, während Gluck eben erst neue Wege in der Oper einzuschlagen begann. Haydn war ein außerhalb Österreichs noch ziemlich unbekannter junger Mann, während Mozart erst als musikalisches Wunderkind die öffentliche Aufmerksamkeit zu erregen anfing, Beethoven das Licht der Welt noch nicht erblickt hatte. Immerhin hatten die Königsberger

öfters Gelegenheit, gute Musik zu hören. Es gab eine größere
Anzahl tüchtiger Virtuosen in der Stadt, von denen namentlich
der nachmals in Keyserlingschen Diensten stehende Kammer-
musikus Goldberg und der Oratorien-Komponist, Violinist und
Musikdirektor Benda († 1792) auch außerhalb Ostpreußens einen
guten Namen hatten. Das Theater veranstaltete neben den Schau-
spiel- auch Opernvorstellungen, wie denn z. B. Abegg gelegentlich des Königsbesuches im Sommer 1798 eine wohlgelungene
Aufführung der ‚Zauberflöte‘ erlebte.

Der bekannte Komponist Joh. Friedr. Reichardt, Sohn eines
Königsberger Musikers, erzählt in seiner Selbstbiographie[1]), zum
Jahre 1767, daß Kant ihn und seinen Vater in musikalischen
Abendgesellschaften getroffen und, da er sich an dem hellen Ver-
stand des 15jährigen Knaben erfreut, dem Vater geraten habe,
ihn von der Musik abzubringen und dem Studium zuzuführen.
Er meint auch, daß der Philosoph „schöne Künste nie geübt
und sie auch nicht besonders geliebt“ habe. Jedenfalls hat er
nie ein Instrument gespielt und besaß auch kein solches in seiner
Wohnung.

Öfteren Konzertbesuch scheint er nur in seinen jüngeren
Jahren gepflegt zu haben. Das letzte Mal wäre es nach Wasianski bei einer Trauermusik zu Ehren des 1786 gestorbenen
Moses Mendelssohn gewesen, die ihn durch ihr „ewiges lästiges
Winseln“, das heißt ihre beständigen Klagetöne, abgeschreckt
hätte. Daß er bei einer solchen Gelegenheit auch andere Empfindungen, so die des Sieges über den Tod oder der „Vollendung“
ausgedrückt wissen wollte, stellt übrigens seinem musikalischen
Empfinden gar kein übeles Zeugnis aus. Nach Äußerungen in
seinen Vorlesungen zu urteilen, hörte er lieber als einzelne Virtuosen ein volles Orchester. Damit stimmt auch, was Wasianski
von einem Besuche Kants und Hippels in seinem Hause am
15. September 1795, um einen von ihm (Wasianski) selbst gebauten,

---

[1]) Teilweise veröffentlicht in der Reichardt-Biographie von Schlet-
terer, Augsburg 1861. Reichardts tiefe Dankbarkeit gegen Kant in philosophischer Beziehung (s. unten S. 393) ergibt sich aus Akad.-Ausg. XIII,
S. 283.

heute im Besitz der Altertumsgesellschaft *Prussia* (Königsberg) befindlichen Bogenflügel zu hören, berichtet: „Ein Adagio mit einem
Flageolettzuge, der dem Ton der Harmonika ähnlich ist, schien ihm
mehr widerlich als gleichgültig zu sein; aber bei geöffnetem Deckel
in der vollsten Stärke gefiel ihm das Instrument ungemein, besonders
wenn eine Symphonie mit vollem Orchester nachgeahmt wurde[1]."
Eine Nachlaßnotiz spricht von der „unwillkürlichen Aufmerksamkeit" auf das „widrige" Stimmen der Instrumente (XV, S. 50). Wenn
er in seiner Jugend gern eine komische Operette ‚Der lustige
Schuster‘ gesehen und in seinem Alter gern der an seinem Hause
vorbei zur Schloßwache ziehenden Militärmusik zugehört haben
soll, so braucht das an sich ebensowenig als ein Zeichen schlechten
Geschmacks aufgefaßt zu werden, wie sein Behagen an derben
volkstümlichen Versen und Anekdoten an sich schon ein unfeines
dichterisches Empfinden beweist. Von Volksmelodien liebte er unter
anderen besonders die des bekannten Rheinweinliedes: „Bekränzt
mit Laub den lieben, vollen Becher" und soll sie „mit der ihm
eigenen kindlichen Offenheit" einst für „das Höchste der musikalischen Komposition — in dieser Gattung" erklärt haben[2].

Indes, mag auch seine Liebe zur Musik keine besonders große
gewesen sein — junge Leute pflegte er vor ihr ebenso wie vor dem
Dichten, frühem Spiel und dem „Umgang mit Frauenzimmern"
zu warnen und noch in der Anthropologie gilt sie ihm als bloßes
„Vehikel" der Dichtkunst und dieser weit untergeordnet! —:
er hatte sich doch mit ihr so weit vertraut gemacht, als es für
einen Philosophen notwendig war. Aus einer Notiz seiner Re-

---

[1] Wasianski, a. a. O., S. 152; vgl. Kants Ankündigung des Besuchs,
Briefw. III, S. 41, über den Flügel auch O. Schöndörffer in Altpreuß.
Monatsschrift 39, S. 617.

[2] In dem Bericht über die 100jährige Geburtstagsfeier Kants in
der Königsberger Hartungschen Zeitung vom 26. April 1824, bei der ein
von Prof. Rhesa nach dieser Melodie gedichtetes Festlied gesungen wurde,
dessen letzte Strophe lautete:

> „Er schlumm're sanft im Hügel der Zypressen
> Hier an des Pregels Rand.
> Singt, Freunde, singt, soll keine Zeit vergessen
> Den teuren Namen K a n t !"

flexionen (XV, Nr. 639) geht hervor, daß er z. B. die Musiktheorie des durch Goethe auch bei uns bekannt gewordenen Franzosen Rameau (1683—1764) — obwohl vielleicht nur mittelbar aus der Polemik Rousseaus und dem Enzyklopädie-Artikel d'Alemberts über den Generalbaß — gekannt hat. Rameaus Ansicht, daß die Harmonie die Grundlage der ganzen Musik und auch die ästhetische Wirkung der letzteren ihr in weit stärkerem Maße als der Melodie zu verdanken sei, schloß auch Kant sich an, wie dies in den erhaltenen Vorlesungsnachschriften öfters hervortritt. Daß er sich überhaupt mit musikalischen Problemen ernster beschäftigt haben muß, zeigt der Umstand, daß er sie in seinem logischen, später seinem Anthropologiekolleg mit feinem Verständnis berührte; und mit solchem Scharfsinn, daß ein moderner Musiktheoretiker ihn als Begründer sowohl der Formal- als der Inhalts-Ästhetik der Gegenwart bezeichnet hat[1]), indem eben sein Begriff der inhaltreichen Form den Gegensatz beider überwindet. Wie in der Malerei der Zeichnung, so gab er auch in der Tonkunst der auf den mathematischen Proportionsgesetzen beruhenden Harmonie und Symmetrie nebst dem Takt[2]) den Vorzug, weil nur diese in zwar subjektive, aber doch allgemeine Regeln gefaßt werden können. Er weiß aber andererseits, daß ein nach allen musikalischen Regeln vertontes Stück uns dennoch ungerührt läßt, falls es nicht durch den Reiz der Töne auf unsere Empfindung wirkt. Denn „in der Musik hat man von den Tönen keine Begriffe, aber wohl Empfindungen" (Nr. 643). Ja, sie wird geradezu als „Spiel der Empfindungen" bezeichnet. Es erinnert beinah an Richard Wagner, wenn er ein andermal meint, ein jeder Ton sei „gewissen Ausdrücken der Leidenschaft ähnlich", während die folgende Bemerkung, daß die Einheit im „Thema" liege, ihn wieder mehr unseren musikalischen Klassikern nähert. Und wenn er die Musik auch hinsichtlich ihrer kulturellen Bedeutung anderen schönen Künsten nachsetzt, da sie nicht auf das Denken,

---

[1]) Marschner in Kantstudien III 19 ff., 206 ff.

[2]) Vgl. auch das hübsche musikalische Gleichnis: „Alle Schönheit in der Natur ist nur die Melodie, und in der intellektuellen Welt ist der Takt" (Nr. 700).

sondern nur, allerdings aufs stärkste (Nr. 282), auf unsere Empfindungen oder Sinne wirke, „Affekt anzeigt" (Nr. 735) — einmal vergleicht er ihre belebende Kraft gar „geistreichen Ge-
tränken" (793) —, so meint doch die Anthropologie (§ 30), daß
sie auch das philosophische Denken durch Beflügelung der Phantasie zu beleben vermöge; freilich nur indirekt, indem sie auch
den Dichter oder Philosophen, der nicht Kenner sei, in eine dem
Erhaschen anregender Gedanken günstige Stimmung versetze.
Ja, er versteigt sich gelegentlich zu der Behauptung, daß un-
musikalische Menschen „oft" auch für einen schönen Stil, für
Poesien und sogar für die Reize der Natur keine Empfindung
hätten.

4. Ergebnisse. Philosophische Begründung der Kunst

Aus allem Vorangegangenen wird der Leser den Eindruck
gewonnen haben, daß es unserem Philosophen keineswegs an Verständnis und Sinn für die Künste gemangelt hat und doch ein
ganz tiefes, innerliches Verhältnis zu ihnen zu fehlen scheint.
Gewiß dürfen wir seiner Zusicherung Glauben schenken, daß ihm
„ein schönes Gedicht immer ein reines Vergnügen gemacht" hat
(Kr. d. Urt.). Allein wir vermissen bei ihm das Gefühl dafür,
daß den Dichtern und den Künstlern der Menschheit Würde in
die Hand gegeben ist, daß, wenn der Mensch in seiner Qual ver-
stummt, ein Gott es ihnen gab zu sagen, was er leide; das Gefühl,
das einen Winckelmann und Goethe nach Italien trieb, sie das
Land der Griechen mit der Seele suchen ließ. Hat Kant doch
nie eine der berühmten Gemäldegalerien Deutschlands besichtigt,
ja nicht einmal die Sammlungen seiner Vaterstadt besonderer Beachtung gewürdigt. Und zu den „schönen" Künsten rechnet der
„elegante Magister" der 6oer Jahre, gewiß zum Erstaunen unserer
Leser, „die Kunst zu möblieren, zu kleiden und zu putzen",
„die Kunst, ein Gefolge in einem Aufzuge oder ein Conseß in
seiner Pracht anzuordnen", sowie die „Feuerwerkerei"; ja auch
der Kritiker der Urteilskraft noch die „Lustgärtnerei" und die
„Farbenkunst"! Gleichwohl muß noch der 6ojährige von der
seelenbefreienden Kraft der Kunst etwas verspürt haben, das be-

weisen die aus einem Anthropologie-Kolleg um 1784 aufbewahrten
Worte: „Die schönen Künste, die Dichtkunst, die Malerei sind
alles Hilfsmittel wider den idealen Schmerz . . . So sehen wir,
daß sie auf verfeinerte Seelen tiefe Eindrücke machen, die für
Seelen, die durch idealischen" — das heißt eben seelischen —
„Schmerz gereizt sind, auch idealische Hilfsmittel haben müssen".

Seine Mängel an Kenntnissen in den einzelnen Künsten hat
er wohl empfunden und zugestanden. Er, der nach Vollendung
der dritten Kritik von seiner M e t h o d e recht apodiktisch zu
reden pflegte, bittet an der Stelle, wo er sich zu den e i n z e l n e n
Künsten zu wenden im Begriffe steht (§ 51, Anm.), den Leser
ausdrücklich, „diesen Entwurf zu einer möglichen Einteilung
der schönen Künste nicht als beabsichtigte Theorie zu beurteilen.
Es ist nur einer von den mancherlei Versuchen, die man noch
anstellen kann und soll." Es steht vielmehr, so scheint uns,
auf dem Gebiete der Kunst ähnlich bei ihm, wie mit seinem Verhältnis zur Mathematik, Geschichte, der Rechts- und den Naturwissenschaften. Auf keinem dieser Einzelgebiete ist er als selbständig Schaffender aufgetreten. Sie alle interessieren ihn —
so sehr ist er nach Begabung und Neigung ganz Philosoph —
nur vom p h i l o s o p h i s c h e n Gesichtspunkt aus. Dagegen
freute er sich, wenn ausübende Künstler, wie sein früherer Zuhörer, der Komponist J. Fr. Reichardt, seine ästhetischen Grundsätze weiter ausführen und ihnen so „mehrere Bestimmtheit und
Ausführlichkeit" geben wollten (Reichardt an Kant, 28. August,
Kant an Reichardt, 15. Oktober 1790). Darum steht es, trotz
aller von uns im Vorigen selbst hervorgehobenen Mängel seines
Kunstverständnisses, wahrhaftig nicht so, daß er „jedem Genius
der Dichtkunst die Flügel abgeschnitten" (Joh. Georg Schlosser,
1797), daß er ein „tonloses Gemüt" besessen hätte (Herders
‚Kalligone'). Dem widerspricht schon seine volle Würdigung des
Genies und der dichterischen Phantasie in der Zeit der 70er Jahre
(Buch II, Kap. 6). Und wenn er, bereits in der zweiten Hälfte
der 60er Jahre, die Poesie „das schönste aller S p i e l e" nennt,
so versteht er schon damals unter Spiel: das „harmonische Spiel
aller Gemütskräfte", das zwar nicht zur „Arbeit" werden darf,

aber „alle die Kräfte und Federn im Gemüte" (Empfindungen, Anschauungen, Gedanken) in Anspruch nimmt, indem sie sie in ein freies Spiel miteinander versetzt, das „zwar eine Absicht hat, aber keinen Zweck" (Refl. 618). Sein feines Gefühl für dichterisches Schaffen bewies er auch in der erst neuerdings (Ak.-Ausg. XV, 901—935) im authentischen Wortlaut veröffentlichten lateinischen Rede vom 28. Februar 1777, bei Einführung seines neuernannten Kollegen Kreuzfeld als Professor der Dichtkunst. Von seinen freilich mehr geistreich hingeworfenen als streng systematischen Ausführungen sind hervorzuheben: der Begriff des spielenden Scheins oder der Illusion als eines Grundelements aller Dichtung, die Gedanken vom Zauber der Sinne, der Hoheit der Dichtkunst, die Unterscheidung zwischen natürlicher und poetischer Liebe (Petrarkas Laura-Sonette), zwischen Dichter und Philosophen, die reinliche Scheidung zwischen Poesie und Logik, die Auffassung von der Aufgabe der letzteren.

Doch wir wollen und können hier nicht die allmähliche Entwicklung seiner ästhetischen Theorie an der Hand des neu veröffentlichten Nachlasses zu schildern versuchen, ebenso wie wir die Darstellung der gelehrten Beziehungen zu seinen deutschen, englischen und französischen Vorläufern auf dem Gebiete der Kunstwissenschaft anderen Federn überlassen müssen. Wir haben ihn in erster Linie immer wieder nur als P h i l o s o p h e n darzustellen. Den überzeugendsten Beweis aber für das Wirken seines philosophischen Genius auch auf dem Felde der Allbefreierin Kunst bildet der erste Teil seines dritten Hauptwerks:

Kritik der ästhetischen Urteilskraft

Die Kunst ist eine Welt für sich, älter als die Wissenschaft, ebenso alt als die Sittlichkeit. Sie steht selbständig neben Natur- und Sittenwelt, die ihr bloß als zu formender Stoff dienen. Diese große Wahrheit hat derselbe Mann erkannt, dessen praktische Kunstanschauung durch die eigene Naturanlage wie durch den Zufall äußerer Umstände eine so geringe Ausbildung erfahren hatte. Und die b e s o n d e r e Art der künstlerischen Gesetzmäßigkeit zu bestimmen, war seine dritte große Denkerleistung.

In der vorkritischen Zeit hatte er rein psychologisch die „Wissenschaft des Schönen" nur für einen „Versuch" gehalten, „die Phänomene des Geschmacks zu erklären". Und noch in der Kritik der reinen Vernunft (1781) hält er eine wissenschaftliche Begründung der Kunst, eine „Kritik des Geschmacks" — den heutigen Namen „Ästhetik" hatte er, wie wir sahen (S. 273), im Anschluß an den antiken Sprachgebrauch bereits für ein anderes philosophisches Gebiet in Anspruch genommen — für unmöglich; denn die Regeln und Maßstäbe des Schönen seien zu apriorischen, das heißt allgemeingültigen Gesetzen ungeeignet (§ 1, Anm.). Erst im Jahre 1787 ist ihm die neue Erkenntnis aufgegangen. Erfreut teilt er am 28. Dezember d. J. Reinhold seine Entdeckung mit. Wie die ‚Geschmackskritik' sich dann mit der Naturteleologie in der ‚Kritik der Urteilskraft' (1790) zu einem Ganzen verbindet, haben wir im vorigen Kapitel (S. 349 f.) gesehen. Jetzt kommt es uns nur auf die erstere an.

Sein Zweck ist auch hier ein rein p h i l o s o p h i s c h e r. Er stellt seine Untersuchung ausgesprochenermaßen n i c h t zur Bildung und Kultur des „Geschmacks" an. Und ebensowenig will er psychologische Zergliederungen geben, wie fast alle seine Vorgänger auf dem Wege der Ästhetik. Seine Frage lautet vielmehr: Wie ist die neue Art von Gesetzmäßigkeit beschaffen? In seinen Worten: Was macht den Unterschied des Geschmacksurteils (z. B. dies Gemälde ist schön) vom Erkennen einer-, dem Begehren andererseits aus?

In der Antwort auf diese Frage wird zum erstenmal in der Philosophiegeschichte für die Welt der Kunst eine besondere Richtung — in damaliger Sprache: ein eigenes „Vermögen" — unserer Seele abgegrenzt: das G e f ü h l. Aber „Gefühl" ist ein vieldeutiger Begriff, den darum Kant bisher bei seiner Neubegründung der Philosophie mit voller Absicht vermieden hatte. Aus zahlreichen Aufzeichnungen, die sich in seinem Nachlaß gefunden haben, geht denn auch hervor, wie er immer wieder damit gerungen hat, das ä s t h e t i s c h e Gefühl, die Lust am S c h ö n e n, von dem sinnlichen Wohlgefallen am A n g e - n e h m e n einer-, dem sittlichen am G u t e n andererseits

deutlich zu unterscheiden. Unser Wohlgefallen an den Werken
der Kunst, so lehrt seine ‚Analytik (Zergliederung) des Schönen‘,
ist, im Unterschiede von dem sinnlichen wie dem sittlichen Gefühl, ohne alles „Interesse" für unser Begehren. Die reine Kunst
hat keinen Nebenzweck, sie will weder reizen noch rühren, ihre
Harmonie ist „Zweckmäßigkeit ohne (einen bestimmten) Zweck".
Das ästhetische Urteil ist ferner, trotz seines subjektiven Gepräges, allgemein, das heißt es „mutet anderen dasselbe Wohlgefallen zu", „sinnt jedermann Einstimmung an". Der ästhetische „Gemeinsinn" besagt, daß jeder mit unserem Urteil über-
einstimmen zwar nicht wird, aber doch s o l l. Das Kunstgefühl
ist daher auch, ebenso wie Wissenschaft und Sittlichkeit, allgemein mitteilbar; dagegen nicht, gleich diesen, begrifflich fixier-
bar, da es aus dem freien Spiel der Gemütskräfte (des Verstandes,
der Vernunft und der Phantasie) entspringt.

Indem nun dieser Gemeinsinn „exemplarische" und doch
bloß subjektive Gültigkeit besitzt, offenbart er sich als eine
„idealische Norm" von dennoch regulativem Charakter, kurz als
die uns (aus Kap. 2) schon bekannte I d e e. Allerdings sind die
ästhetischen Ideen nicht von der nämlichen Art wie die theoretischen. Hießen die letzteren „indemonstrable", das heißt der
unmittelbaren Veranschaulichung nicht fähige Vernunftbegriffe,
so sind die ersteren „inexponibele", das ist auf keine Begriffe
zu bringende Vorstellungen unserer Einbildungskraft, die uns
„viel zu denken" veranlassen, ohne daß doch der sprachliche
Ausdruck sie je zu erreichen oder auch nur verständlich zu machen
vermag. Sie sind Darstellungen des Unendlichen, die eine „unnennbare Gedankenfülle" in sich bergen.

Das erzeugende Vermögen dieser ästhetischen Ideen aber
— so erklärt der angeblich völlig phantasielose und „verknö-
cherte" Kant — ist das G e n i e. „Schöne Kunst ist Kunst
des Genies", und Genie ist „die angeborene Gemütsanlage, durch
welche die Natur der Kunst die Regel gibt;" das „Angeborene"
und die „Natur", deren Eindringen in die Begriffe der Wissenschaft und der Sittlichkeit er so scharf bekämpft, werden hier
also ausdrücklich zu Kennzeichen des schöpferischen Genius er-

hoben. Da das Genie eine freie Gabe der Natur an ihre Günstlinge ist, so läßt es sich nicht nachahmen; Versuche dazu arten in Nachäfferei und Manieriertheit aus. Es gibt auch keine „geniale" Wissenschaft, vielmehr bloß „große Köpfe", wie Kant meint, indem er wissenschaftliche Entdeckergenies von seiner eigenen und Newtons Art unterschätzt, technische Erfindergenies überhaupt nicht berücksichtigt, sondern nur geniale Kunst. Die Schöpfungen des Genies sind „exemplarisch", sind „Muster", auch wenn ihr Urheber selbst nicht weiß, wie die Ideen dazu sich in ihm zusammenfanden. Sie erscheinen uns auch nicht als „Arbeit", als „Handwerk", sondern als „Spiel" (S. 393), sind daher (wie er schon 1755/56 erkannt hat) jedermann verständlich.

Gleichwohl kann das Genie des künstlerischen Geschmacks als Zuchtmeisters nicht entbehren. Dieser erst bringt Klarheit und Ordnung in die Gedankenfülle des Genies, gibt dessen Ideen Haltbarkeit, macht es „gesittet und geschliffen", des allgemeinen Beifalls und einer stets fortschreitenden Kultur fähig. Zur Darstellung dieser Ideen bedarf es als ausführenden Werkzeugs jenes „belebenden Prinzips im Gemüte," das wir „G e i s t" nennen. Endlich gibt das Genie zwar die Fülle des Stoffes und den geistigen Inhalt; das Technisch-Formale aber erfordert „Schule", das heißt „methodische Unterweisung nach Regeln". Originalität ist nicht Regellosigkeit.

Dies in den hier allein möglichen gröbsten Umrissen die Grundbegriffe der Kantischen Ästhetik. Und nun von ihrer Grundlegung zu ihrer A n w e n d u n g! In ihr entwickelt ihr Urheber selbst ebensoviel philosophisches Genie wie Geist und Geschmack.

Der zu seiner Zeit üblichen Einteilung des Ästhetischen in das Schöne und Erhabene folgend, behandelt er zunächst das erstere. Das S c h ö n e erhält das Gemüt in ruhiger „Kontemplation", wir w e i l e n in seiner Betrachtung. Es betrifft eigentlich nur die F o r m des Gegenstandes, die in dessen Begrenzung besteht. Darum liegt auch, wie wir sahen, für unseren Philosophen das Wesentliche der bildenden Künste in der Zeichnung, nicht dem Reiz der Farben; in der Musik in der Komposition, nicht den reizenden oder rührenden Tönen. Rein ästhetisch ist

bloß die „freie", das heißt für sich bestehende Schönheit, z. B.
von Blumen, Arabesken, Musik ohne Text; während die „an-
hängende", das heißt durch einen Begriff (z. B. eines Gebäudes,
des Pferdes, des Menschen), in der Musik durch einen Text bedingte, sich schon mit intellektuellen Begriffen mischt. Der
Naturschönheit gibt Kant vor dem Kunstschönen den Vorzug,
wie auch dem Wild-Schönen, anscheinend Regellosen des englischen Geschmacks vor dem Langeweile machenden Steif-Regel-
mäßigen des französischen. Ein Schönheitsideal — nicht zu verwechseln mit der Normal- oder Durchschnittsidee, z. B. eines
Europäers — ist freilich nur vom Menschen möglich, da nur
dieser den Endzweck seines Daseins in sich selbst trägt. Es besteht im sichtbaren Ausdruck der den Menschen beherrschenden
sittlichen Idee. Insofern kann die Schönheit als „Symbol" der
Sittlichkeit bezeichnet werden (wodurch freilich, im Widerspruch zu Kants Grundprinzip reinlicher Scheidung, die Ästhetik
zu nahe an die Ethik gerückt wird).

Mit dem sittlichen Menschen Kant hängt vielleicht auch die
besonders starke innere Anteilnahme zusammen, mit der er das
E r h a b e n e behandelt. Im Gegensatz zu dem Schönen, zieht
uns das Erhabene gerade durch seinen Geschmack am Form-
l o s e n , Unbegrenzten, Unendlichen, mithin durch seinen Widerstand gegen das Sinneninteresse an. Es ist daher auch nicht,
wie die Empfindung des Schönen, mit einem Gefühl der Lebens-
förderung, sondern eher der Lebenshemmung, jedoch mit „unmittelbar folgender desto stärkerer Ergießung" verbunden. Es
geht nicht aus dem Bewußtsein der Harmonie, sondern eher aus
dem des Kontrastes hervor. Mit Reizen unvereinbar, rührt und
erschüttert das Erhabene das Gemüt, ruft mehr Bewunderung
als Lust hervor, ist deshalb auch in höherem Grad als das Schöne
mit dem moralischen Gefühl verwandt; man empfindet in seiner
Nähe einen heiligen Schauer. Es zerfällt, je nach seiner Beziehung
auf das Erkennen oder das Begehren, in das Mathematisch- und
das Dynamisch-Erhabene. Das M a t h e m a t i s c h - Erhabene
wirkt als das schlechthin Große, „mit welchem in Vergleichung
alles andere klein ist", wie die „Weltgrößen", die das Teleskop

uns zeigt, und umgekehrt als das Unendlich-Kleine, das ebenfalls jeden Maßstab menschlicher Sinne übersteigt. Noch stärker jedoch wirkt das D y n a m i s c h - Erhabene auf den Menschen. Denn jetzt erscheinen ihm nicht unermeßliche Größe und Zahlen, die bloß staunende Bewunderung hervorrufen, sondern die Natur selbst tritt ihm als eine unwiderstehliche Macht gegenüber, die seine Furcht erregt, und der er sich gleichwohl durch seine Persönlichkeit, durch das Gefühl der Erhabenheit seiner eigenen Bestimmung, innerlich überlegen fühlt. Das Erhabene liegt daher auch weniger als das Schöne in den Gegenständen, mehr in unserem eigenen Gemüte. Die Erhabenheit unserer Denkungsart steigert sich einerseits zum Enthusiasmus, andererseits zu der unserem Helden noch erstrebenswerter dünkenden Affektlosigkeit „eines seinen unwandelbaren Grundsätzen nachdrücklich nachgehenden Gemütes". Erhaben ist der Anblick des unendlichen oder wild bewegten Ozeans, erhaben der Anblick des gestirnten Himmels; erhaben aber auch der Heldenmut — selbst im Kriege, „wenn er mit Ordnung und Heilighaltung der bürgerlichen Rechte geführt wird" —, erhaben die Ideen Gottes, des Sittengesetzes und der Pflicht; womit schon die durch Schiller weitergeführte Ergänzung des Ethischen durch das Ästhetische ausgesprochen ist.

Neben dem Schönen und Erhabenen werden gelegentlich noch weitere ästhetische Begriffe, wie das Häßliche (Ekelhafte), das Launige oder Scherzhafte (das Lachen, das Kolossale) und das Naive, beleuchtet und bestimmt. Die Kunst vermag auch das an sich H ä ß l i c h e schön darzustellen, wie die Furien oder den Tod (Kant hat Lessings Abhandlung ‚Wie die Alten den Tod gebildet‘ wahrscheinlich gekannt und gebilligt). Nur das Ekelhafte schließt sie von ihrer Darstellung aus.

Ein n verhältnismäßig sehr knappen Raum, im Vergleich mit den heutigen Lehrbüchern der Ästhetik, nimmt in Kants Werk die Beleuchtung der e i n z e l n e n K ü n s t e ein: von den 264 Seiten des ersten Druckes kaum 20. Und doch Inhaltes genug. Weil die Schönheit der Ausdruck ästhetischer Ideen ist, lassen sich die schönen Künste nach den verschiedenen Arten des Ausdruckes überhaupt: dem Wort, das den Gedanken, der

„Gebärdung", welche die Anschauung, und dem Ton, der die Empfindung wiedergibt, einteilen in: r e d e n d e , b i l d e n d e und die des s c h ö n e n S p i e l s d e r E m p f i n d u n g e n. Zu den „redenden" zählt der Philosoph neben der Dichtkunst auch die — in den damaligen Universitätsprofessuren ja ebenfalls mit ihr verbundene — Beredsamkeit, welche „ein Geschäft des Verstandes als freies und unterhaltendes Spiel der Einbildungskraft ausführt", während umgekehrt der Dichter durch sein freies Ideenspiel dem Verstande Nahrung schafft und dessen Begriffen durch seine Phantasie Leben verleiht. Die bildenden Künste zerfallen in solche der Sinnenwahrheit: Bildhauerei und Baukunst, und die des Sinnenscheins: Malerei, der auch die „Lustgärtnerei", ja in weiterem Sinne sogar die Kunst des schönen „Ameublements", der geschmackvollen Kleidung, der schönen Ausschmückung überhaupt verwandt ist; wie ja auch die Baukunst vom prachtvollen Tempel bis zur Arbeit des einfachen Tischlers sich erstreckt. Zu der Kunst des „schönen Spiels der Empfindungen" gehört außer der Musik auch die (kurz vor dem Weltkriege auf der Kölner Werkbund-Ausstellung eine Rolle spielende) und jetzt von Ostwald mit Vorliebe behandelte „Farbenkunst"; der musikalischen Tonleiter entspricht eine Stufenfolge von Farben, deren jede gleichsam eine besondere Sprache zu uns redet (§ 42).

Diese schönen Künste können sich nun wieder untereinander verbinden. So die Beredsamkeit mit der malerischen Darstellung zum Schauspiel; Dichtung und Musik im Gesang und, wenn die theatralische Darstellung noch hinzukommt, in der Oper; Musik und das „Spiel der Gestalten" im Tanz. Erhabener Inhalt und schöne Form vereinen sich im gereimten Trauerspiel, Oratorium und — Lehrgedicht.

Am höchsten von allen Künsten stellt Kant die D i c h t - k u n s t , weil sie „fast gänzlich" dem Genie ihren Ursprung verdankt, die Einbildungskraft am meisten beflügelt, das Gemüt durch Ideen stärkt und erweitert, mit dem Scheine spielt, ohne doch zu betrügen, und hinter ihrer schönen Form eine Gedankenfülle birgt, „der kein Sprachausdruck völlig gleichkommt". Am wenigsten dagegen hält er von der ihm nicht ehrlich genug dünkenden Kunst der B e r e d s a m k e i t. Man könnte denken, daß schon die ewigen Redeübungen seiner Schulzeit, später die ebenso gekünstelten offiziellen Universitätsreden, die er mit anhören oder gar selbst halten mußte, ihm diese Kunst verleidet hätten. Aber er hat mit seinem Tadel nicht sowohl diese „bloße Wohlredenheit" oder „Eloquenz" im Auge, als die Kunst zu ü b e r r e d e n, „das ist durch den schönen Schein zu hintergehen", wie sie vom Gerichts-, Volks-, Kanzel- oder Parlamentsredner geübt werde. Demgegenüber hält er es mit dem alten, ehrlichen Grundsatz des ‚Pectus disertum facit': klare sachliche Einsicht, Reichtum (nicht Üppigkeit) der Phantasie, reine Sprache, lebhafter Herzensanteil am wahren Guten machen den wahrhaft großen Redner.

Was Reiz und Bewegung des Gemüts angeht, steht der Poesie die T o n k u n s t am nächsten. Denn obwohl sie nur durch Empfindungen ohne Begriffe zu uns spricht, so ergreift sie doch das Gemüt, wenngleich vorübergehend, mannigfaltiger und inniger. Als „Sprache der Affekte" ist sie jedermann verständlich, und durch ihre harmonische und melodische Behandlung eines Themas ruft sie eine „unnennbare Gedankenfülle" in dem Hörer hervor. Hinsichtlich der „Kultur", das heißt Veredlung des Gemüts, dagegen stehen die b i l d e n d e n Künste weit höher als die Musik. Sie sind von bleibendem, letztere nur von vorübergehendem Eindruck; öftere Wiederholung derselben Melodie erweckt Überdruß. Jene leiten von bestimmten Ideen zu Empfindungen, die Kunst der Töne nur von Empfindungen zu unbestimmten Ideen. Von den bildenden Künsten zieht Kant die Malerei vor, teils weil sie als „Zeichnungskunst" den anderen zugrunde liege, teils auch, weil sie „weit mehr in die Region der Ideen einzudringen" vermöge.

Zum Schluß seiner Ästhetik, die von der ‚Methodenlehre des Geschmacks' handelt (Kr. d. Urt., § 60), erhebt sich der Philosoph noch einmal zu einer Gesamtwürdigung der Kunst und des Schönen. Wahrheit ist zwar unumgängliche Vorbedingung der schönen Kunst, aber diese noch nicht selber. Das

Kunstwerk kann nicht wissenschaftlich gelehrt, sondern muß vom
Meister „vorgemacht" werden nach dem Ideal, das ihm vor
Augen steht. Die wahre Vorbildung zur schönen Kunst beruht
nicht auf einzelnen Vorschriften, sondern in der „Kultur der
Gemütskräfte", das heißt in der H u m a n i t ä t, nicht nur
als „allgemeinem Teilnehmungsgefühl", sondern als „Vermögen,
sich innigst und allgemein mitteilen zu können": wie sie in dem
„wunderbaren Volk der Griechen" zu einzigartiger Ausbildung
gelangt ist, welches das schönste Beispiel von der „glücklichen
Vereinigung des gesetzlichen Zwanges der höchsten Kultur mit
der Kraft und Richtigkeit der ihren eigenen Wert fühlenden
freien Natur" für alle späteren Zeitalter gegeben hat. Die wahre
Propädeutik aber zum künstlerischen Geschmack ist die Entwicklung sittlicher Ideen, mit denen „die Sinnlichkeit in Einstimmung gebracht wird". Diese Gründung auf das sittliche Gefühl empfiehlt er auch seinem früheren Schüler, dem Komponisten Reichardt, und hofft zugleich, daß die Grundzüge, die er
(Kant) von dem „so schwer zu erforschenden" Geschmacksver-
mögen entworfen habe, durch die Hand eines so feinen Kenners
wie Reichardt „mehrere Bestimmtheit und Ausführlichkeit bekommen könnten" (K. an R., 15. Okt. 1790). Darum stellt er
indessen keineswegs die Moral ü b e r die Kunst. Er ist überhaupt weit davon entfernt, dem schönen Schein, mit dem uns
die Kunst über die Schwere des Erdenlebens in eine ideale Welt
der Dichtung entrückt, für entbehrlich zu halten; weiß er doch,
daß nicht bloß der Maler, der Baumeister, der Musiker, sondern
auch der Metaphysiker „dichtet" (Akad.-Ausg. XV, S. 703).
„L a ß t u n s", sagt er einmal in einem Kollegentwurf aus der
Mitte der 70er Jahre, „von dem, was nicht in unserer Gewalt
ist, den s c h ö n e n S c h e i n n i c h t w e g n e h m e n,
wodurch uns Menschen beliebt, das Leben hoffnungsvoll, die
Übel erträglich werden" . . . Nur „u n s s e l b s t müssen wir
ohne Verschonen das Blendwerk abziehen" (ebd. S. 687). So
werden Kunst und Sittlichkeit reinlich voneinander geschieden,
jede von beiden auf den ihr eigentümlichen Boden gewiesen.

5. Schillers, Goethes und Herders Verhältnis zu Kants Ästhetik

Damit aber ist er, ist insbesondere seine Ästhetik, trotz der Mängel seiner persönlichen praktischen Kunstanschauung, die theoretische Lehrerin unserer beiden großen schaffenden Künstler, S c h i l l e r s und durch ihn G o e t h e s, geworden. Denn in ihnen, nicht in den unselbständigen Köpfen, die in breiten Kommentaren oder trockenen Kompendien die Hauptgedanken seiner dritten ‚Kritik‘ wiederkäuten oder auch verflachten, sind die wahren Jünger der Kantischen Ästhetik zu erblicken[1]).

Wenn S c h i l l e r s Freiheitsnatur schon der von ihm als theoretischer Kern der kritischen Philosophie bezeichnete Gedanke: „Die Natur steht unter dem Verstandesgesetze", und noch mehr, als Grundgedanke der praktischen, das: ‚Bestimme Dich aus Dir selbst!‘ sympathisch war, so lag ihm, als Dichter, begreiflicherweise doch noch mehr die kritische Ästhetik am Herzen. Die Kritik der Urteilskraft war es, die ihn durch ihren „neuen, lichtvollen, geistreichen Inhalt hinriß" und ihm das „größte Verlangen" beibrachte, „mich nach und nach in seine Philosophie hineinzuarbeiten" (an Körner, 3. März 1791). Noch anderthalb Jahre später steckt er „bis an die Ohren in Kants Urteilskraft" und will „nicht ruhen, bis ich diese Materie durchdrungen habe, und sie unter meinen Händen etwas geworden ist" (an dens., 15. Okt. 1792). D a ß etwas daraus geworden ist, bezeugt die lange Reihe seiner ästhetischen Abhandlungen. Sie alle ruhen auf dem Grunde von Kants Ästhetik. Auch für Schiller bedeutet das Künstlerische eine neue, eigene Welt neben der des Erkennens und des sittlichen Wollens, aus dem freien Spiele beider im menschlichen Bewußtsein entspringend. Er bildet nur Kants Gedanken aus seiner eigenen Denkweise heraus weiter. Der physische Zustand des Menschen, in dem er die Macht der Natur erleidet, und der moralische, in dem er ihr überlegen ist,

---

[1]) Wir haben das in unserem ‚Kant — Schiller — Goethe‘ (Leipzig 1907, 2. Aufl. 1923) in eingehender Darstellung nachgewiesen und geben im folgenden nur einige Hauptergebnisse.

werden nach Schiller zur Versöhnung und Harmonie gebracht durch das ästhetische Gefühl: „der Mensch ist nur da ganz Mensch, wo er spielt". Auch das Schöne ist ein Imperativ, das heißt im Menschen erst zu schaffen. Deshalb ist ästhetische Erziehung des Einzelnen wie der Gesamtheit vonnöten. Denn das Ideal der Menschheit vollendet sich erst in der Schönheit.

Schiller vor allem hat — nicht bloß in seinen Abhandlungen, sondern auch in seiner Gedankendichtung — des Meisters Anschauungen, wenn auch als durchaus s e l b s t ä n d i g e r Jünger, weiten Kreisen des deutschen Volkes vermittelt. Durch ihn ist auch sein großer Freund für die großen Grundgedanken der Kantischen Ästhetik gewonnen worden. Hatte sich G o e t h e schon vorher durch die Kritik der Urteilskraft lebhaft angeregt gefühlt, so wuchs er doch jetzt erst nach seinem eigenen Bekenntnis „ganz mit ihr zusammen", soweit seine „anschauende" Künstlernatur dem Zergliedern, Trennen und Abstrahieren, das der Philosoph notwendig betreiben muß, sich überhaupt zu eigen geben konnte.

Der Denker dagegen, unter dessen Einfluß Goethe bis etwa zu seiner Lebensmitte in philosophischen Dingen gestanden hatte, Johann Gottfried H e r d e r , blieb, durch persönliche Gegensätze noch mehr gereizt, in einsamer Verbitterung beiseite, ja mehr als das: er griff noch in seinen letzten Lebensjahren in seiner ‚Kalligone' (1800) voll giftiger Wut die ästhetischen Grundsätze des einst so verehrten Lehrers an, indem er, am Buchstaben klebend, gerade diejenigen Gedanken Kants bestritt, denen er als Dichter am begeistertsten hätte zustimmen müssen: das interesselose Wohlgefallen, die „tote" Form „ohne Inhalt", die Empfindung ohne Begriffe, die „Zweckmäßigkeit ohne Zweck", die „Überschätzung" des Genies und anderes mehr. Den Spuren Herders folgten dann die R o m a n t i k e r , die dichterischen nicht bloß, sondern auch die philosophischen, wenn sie auch, von Schopenhauer abgesehen, die kritische Ästhetik mehr ignoriert als bekämpft haben. Erst in unseren Tagen hat man einzusehen begonnen, daß der Königsberger Weise über den vermeintlichen Gegensatz von „Form"- und „Inhalts"-Ästhetik erhaben ist, er, wie dessen ganzer Philosophie die Form ja nicht den Gegensatz zum Inhalt bedeutet, sondern den letzteren erst erzeugt[1]), daß er vielmehr auch auf dem Gebiete der Philosophie der Kunst den festen Grund gelegt hat, auf dem die heutige Ästhetik weiter bauen kann: ganz abgesehen von den zahlreichen geistvollen Einzelgedanken und Winken über Kunst, von denen der Leser einen Teil in diesem Kapitel kennen gelernt hat.

---

[1]) Ich habe das in meiner ersten größeren Arbeit nachzuweisen gesucht: K. Vorländer, Der Formalismus der Kantischen Ethik in seiner Notwendigkeit und Fruchtbarkeit. Marburger Diss. 1893.

Sechstes Kapitel
Wirkung nach außen
Die ersten Anhänger und Gegner

Wie merkwürdig es auch scheinen mag, selbst auf einen Kant läßt sich bis zu einem gewissen Grade das Wort anwenden: „Der Prophet gilt nichts in seinem Vaterlande." Gewiß, er ward, wie wir sahen und noch weiter sehen werden, als Lehrer hochgeschätzt und verehrt. Und von dem Schriftsteller wußte man, daß er „draußen im Reich" ein immer berühmterer Mann wurde, und war stolz, ihn zum Landsmann zu haben. Ein junger Graf Dohna-Schlobitten schämte sich, wie sein Hauslehrer am 16. März 1788 dem früheren Lehrer schreibt, „ein Preuß zu sein und Kant nicht zu kennen"; und aus dem benachbarten Kurland teilt des Philosophen Bruder Johann Heinrich ihm schon am 10. September 1782 mit, daß dort die Kritik der „gereinigten" Vernunft „die Stimmen aller Denker besitze". Indes, von einem kleinen Kreise abgesehen, verehrte und bewunderte man ihn doch mehr, als daß man seine Schriften gründlich gekannt hätte. Noch 1798 schreibt der sehr zuverlässige Abegg, gelegentlich seines vielwöchentlichen Aufenthaltes in der Pregelstadt: „Er ist hier allgemein geschätzt und geliebt. Nur weiß der wenigste Teil sein l i t e r a r i s c h e s Verdienst zu erkennen, und man ehrt und liebt also nur den M e n s c h e n in ihm."

Seine eigentliche schriftstellerische Wirkung entfaltete unser Philosoph jedenfalls nach a u ß e n. Charakteristisch dafür ist schon die starke Vermehrung seines Briefwechsels seit Mitte der 80er Jahre. Mag die Erhaltung desselben auch vielfach vom Zufall abgehangen haben, so ist doch bezeichnend, daß von dem heutigen Bestand für den ganzen Zeitraum 1749—1780 auf ein

Jahr durchschnittlich kaum fünf, auf das Jahrfünft 1781—1785
schon je 18, auf 1785—1790 und 1791—1798 gar je 45, auf 1795
bis 1800 auch noch 38, und erst auf die letzten Jahre 1801—1803
wieder fünf jährliche Briefe fallen, die zum allergrößten Teile
mit auswärtigen Adressaten gewechselt sind[1]). Im Unterschiede
zu früher wenden sich jetzt oft ganz Unbekannte aus weiter Entfernung an ihn, und zwar nicht bloß in wissenschaftlichen, sondern — wie in dem Maße vordem vielleicht nur an Gellert —
auch in ganz persönlichen Angelegenheiten.

Den beinahe ausschließlichen Sitz des wissenschaftlichen
Lebens in Deutschland bildeten, damals noch mehr wie heute,
die U n i v e r s i t ä t e n.　Sie kommen daher in erster Linie
für die Ausbreitung seiner philosophischen Lehre in Betracht.
Deren erste und eine Reihe von Jahren vornehmste auswärtige
Pflanzstätte wurde das kleine

Jena

Hier, in demselben im Herzen Deutschlands gelegenen Herzog-
tum, das unserer klassischen Dichtung Heimat und Pflegstätte
ward, befand sich inmitten des Professoren-Kollegiums eine geistig
vorwärts strebende jüngere Generation, die sich um den in den
30er Jahren stehenden Professor der Philologie und Philosophie
Christian Gottfried S c h ü t z gruppierte. Ein beredter Mann
mit feurigen Augen, hatte er sein Haus zu einem gesellschaftlichen Mittelpunkt der aufblühenden Stadt zu machen verstanden,
in dem bald Schiller, Goethe, Wilhelm von Humboldt, später
Fichte, zuweilen auch Herzog Karl August verkehrte. Aber mehr
als das, er rief zu Anfang 1785 im Verein mit einer Anzahl
befreundeter Gelehrter ein vornehmes Rezensionsorgan, die
J e n a i s c h e A l l g e m e i n e L i t e r a t u r z e i t u n g, ins
Leben, in der „nur Männer der ersten Klasse für jedes Fach"
die Neuerscheinungen auf den verschiedensten Gebieten der
Wissenschaft besprechen sollten. Der für die damalige Zeit groß-

---

[1]) Dieser Briefwechsel bildet denn auch die Hauptquelle für die
folgende Darstellung. Um Raum zu sparen, werden wir nur die wichtigeren
Briefe mit Datum und Absender hervorheben.

artige Betrieb imponierte sogar Schiller: „Das Haus heißt in Jena
schlechtweg die Literatur und ist sehr schön und bequem gebaut.
Ich habe mich in dem Bureau herumführen lassen; wo eine un-
geheuere Quantität Verlagsbücher, nach dem Namen der Buchhändler geordnet, auf seinen Richterspruch wartet." Die Zeitschrift zählte nicht weniger als 120 Mitarbeiter, darunter die
besten Namen Deutschlands, denen ein Durchschnittshonorar von
15 Talern für den Bogen gezahlt wurde. Trotzdem machten
Herausgeber und Verleger (Bertuch) gute Geschäfte. Für den
Sommer 1788 gibt Schütz die Auflage auf mehr als 2000 Exemplare an; die Leserzahl schätzt er auf — 40 000, da an e i n e m
Exemplar oft bis zu 50 Personen läsen.

Schütz ist der erste Gelehrte gewesen, der in klaren Worten
auf die bahnbrechende Rolle der neuen Philosophie hingewiesen
hat. Er sicherte sich gleich für die ersten Nummern Kants Herder-
Rezension (s. Kap. 3); er erklärte bald darauf (im März) in seiner
Besprechung der ‚Grundlegung': Mit Kants Kritik habe eine
neue Epoche der Philosophie begonnen, eine Revolution, die freilich erst in ihrem Anfang begriffen sei. Und er selbst gab in
einer 17 Folioseiten füllenden Rezension des kritischen Hauptwerks die einzige Besprechung, die diesem damals gerecht geworden ist.

Den größten Teil der geschäftlichen Arbeit bei der Literaturzeitung besorgte Schütz' Hausgenosse, der junge Doktor der
Weltweisheit und beider Rechte Gottlieb H u f e l a n d , „ein
still denkender Geist voll Salz und tiefer Forschung" (Schiller),
der „auf den ersten Blick die feinste Kultur, Gewandtheit und
Welt vereinte" (Abegg). Dieser — übrigens nicht zu verwechseln
mit seinem durch die ‚Makrobiotik' in weiten Kreisen bekannter
gewordenen medizinischen Vetter Christoph Wilhelm Hufeland,
dem wir auf dem weiteren Lebenswege unseres Philosophen gleichfalls begegnen werden — sandte Kant im Oktober 1785 seine
Erstlingsschrift ‚Versuch über den Grundsatz des Naturrechts' zu.
Seine Scheu vor dem Rezensieren überwindend, besprach der
Philosoph sie im folgenden Frühjahr in der Literaturzeitung in
einem so warmen und dabei doch jede Phrase vermeidenden

Tone, daß der junge Rechtsgelehrte damit sehr zufrieden sein konnte. Hufeland ist es gewesen, der von einer Reise nach Königsberg im Spätherbst 1789 — Schiller die erste Empfehlung des kritischen Philosophen mitgebracht hat. Und umgekehrt steht die letzte Empfehlung Kants an Hufeland, von der wir wissen, in jenem einzigen Briefe vom 1. März 1795, den der kritische an den Dichter-Philosophen gerichtet hat.

Neben Schütz und Hufeland wirkte in ähnlichem Geiste der junge Privatdozent der Philosophie und Theologie K. Chr. F. S c h m i d , den wir bereits als Verfasser eines ‚Wörterbuches zum leichteren Gebrauch der Kantischen Schriften‘ kennen gelernt haben. Er las schon im Winter 1785/86 über die Kritik der reinen Vernunft nach einem Auszug, den er am 8. Mai 1786 dem Meister mit einem bescheidenen Begleitschreiben übersendet. Schmid ist höchstwahrscheinlich auch der „Kantische Theologe" gewesen, von dem sich Friedrich Schiller im Dorfkirchlein zu Wenigenjena am 22. Februar 1790 mit seiner Lotte trauen ließ.

Die Literaturzeitung, die sich durch ihren frischen Ton und ihre gediegene Mitarbeiterschaft rasch einen großen Leserkreis eroberte und auch in Königsberg eifrig gelesen wurde — sie wanderte unter anderem öfters zwischen den beiden „großen Lesern" Kant und Hamann hin und her — hat unstreitig zur Verbreitung der Kantischen Lehre viel beigetragen. Dennoch ging der eigentlich durchschlagende Erfolg im g r ö ß e r e n Publikum nicht von ihr aus, sondern von Reinholds 1786/87 im ‚Teutschen Merkur‘ erschienenen ‚Briefen über die Kantische Philosophie‘.

Karl Leonhard R e i n h o l d , der aus einem Wiener Jesuitenzögling ein rationalistischer Philosoph und Schwiegersohn des Spötters Wieland geworden war, übrigens, wenn wir Schillers scharfem Urteil glauben dürfen, von seiner Jesuitenzeit einen gewissen Mangel an gefestigtem Selbstgefühl und eine übertriebene Ergebenheit gegen Höherstehende beibehalten hatte, auch bei Klarheit des Verstandes wenig Phantasie und Gedankenkühnheit besaß, hatte seinen anfangs herderfreundlichen und kantgegnerischen Standpunkt (s. Kap. 3) inzwischen mit einer begeisterten Kantjüngerschaft vertauscht. Nachdem er 1786 einen Aufsatz

‚Über den Einfluß der Kantischen Philosophie' abgefaßt, ließ er
1786—87 in der Zeitschrift seines Schwiegervaters seine Aufsehen
machenden ‚Briefe' erscheinen. Sie sind allerdings mehr geistreich
als scharf geschrieben; aber gerade, daß sie sich von der Kantischen Schulform frei hielten und mehr die religiös-moralischen
Momente betonten, die auch auf ihn selber am meisten gewirkt
hatten, erwarb ihnen die Gunst des großen Publikums. Er war
nun, wie er am 12. Oktober 1787 dem „verehrungswürdigsten"
Meister bekannte, „radikal" genesen, wollte fortan „eine der
Stimmen in der Wüste" sein, die „dem zweiten Immanuel die
Wege bereiten" sollten!

Der Philosoph, dessen Werke bis dahin noch nicht in das
größere Publikum gedrungen waren, war natürlich seinem begeisterten Popularisator aufrichtig dankbar. Er gedachte in dem
uns schon bekannten Aufsatz ‚Über den Gebrauch der teleologischen Prinzipien usw.', den er auf Wielands Wunsch im Teutschen
Merkur veröffentlichte, zum Schluß des „Verfassers der Briefe"
mit der wärmsten Anerkennung, die zugleich seine eigene Bescheidenheit ins klarste Licht stellte. „Das Talent einer lichtvollen,
sogar anmutigen Darstellung trockener, abgezogener Lehren ohne
Verlust ihrer Gründlichkeit ist so selten (am wenigsten dem
Alter beschieden) und gleichwohl so nützlich, ich will nicht sagen
bloß zur Empfehlung, sondern selbst zur Klarheit der Einsicht,
der Verständlichkeit und damit verknüpften Überzeugung, —
daß ich mich verbunden halte, demjenigen Manne, der meine
Arbeiten, welchen ich diese Erleichterung nicht verschaffen
konnte, auf solche Weise ergänzte, meinen Dank öffentlich abzustatten." Es war kein Wunder, daß infolge so warmen öffentlichen Lobes die Gefühle des ohnehin etwas weichherzig gearteten Reinhold — der nach Biesters Erzählung „weinte",
wenn er vernahm, daß Kants „fromme Lehre" noch nicht allgemein anerkannt wurde –- für den verehrten Meister immer
höher stiegen, während der alternde Philosoph ihm wiederholt
aussprach, daß er von der „Helligkeit und Gründlichkeit" von
Reinholds „Einsichten" diejenige „Ergänzung und lichtverbrei-
tende Darstellung" erhoffe, die er selbst — „es ist schlimm mit

dem Altwerden" — seinen Arbeiten nicht geben könne (K. an
R., 1. Dezember 1789).

Reinhold las von nun an in jedem Wintersemester ein Collegium publicum: ‚Einleitung in die Kritik der reinen Vernunft
für Anfänger‘, das außerordentlichen Zulauf fand. Das erregte
den Neid und Groll seines älteren Kollegen U l r i c h. Dieser,
der nicht lange vorher noch gegenüber Kant selber die Kritik
der reinen Vernunft „bis auf einige Kleinigkeiten" für den „wahren
und einzigen Kodex der eigentlichen Philosophie" erklärt hatte,
verwandelte sich jetzt auf einmal in einen bissigen Gegner der
neuen Lehre. Er griff in seinen zahlreichen Vorlesungen — es
waren nicht weniger als sechs am Tag! — die Vernunftkritik und
die „jungen Herren", nämlich Reinhold und Schütz an, die „mit
dem Kantischen Fieber behaftet" wären und „mit den Kantischen Spitzfindigkeiten Abgötterei trieben", dabei ihren Abgott
aber selbst am allerwenigsten verständen. Eine Vorlesung schloß
er einst mit den klassischen Sätzen: „Kant, ich werde Dein Stachel,
Kantianer, ich werde Euere Pestilenz sein. Was Herkules verspricht, wird er auch halten." — Vorsichtiger und zugleich ängstlicher verhielt sich ein anderer der älteren Herren, namens
H e n n i n g s. Er wollte zwar in der Studienanweisung für die
Anfänger nicht einmal den Namen Kants genannt haben, gestand
aber doch in seinen Vorlesungen zu, daß viel Gutes in Kants
Kritik wäre, nur sei — „das Meiste schon bekannt gewesen".
Schon Anfang 1786 war unter den Jenaer Studenten, die sonst
von Zachariäs Zeiten her im Rufe standen, große Raufbolde und
geringe Verehrer der Wissenschaften zu sein, ein so starkes Interesse für die Kritik der reinen Vernunft erwacht, daß zwei
von ihnen sich duelliert haben sollten, weil einer dem anderen
gesagt hatte, er müsse das Buch „noch dreißig Jahr studieren,
eh' ers verstände, und dann noch andere dreißig, um Anmerkungen
darüber machen zu können".

Wie in Jena, so vermochte auch in

Halle

das ältere Gelehrtengeschlecht in die von ihm verlangte Gedanken-
umwälzung sich nicht mehr zu finden. „Man kann die Kantische

Philosophie in gewissen Jahren ebensowenig lernen wie das Seil-
tanzen", wie der witzige Lichtenberg meinte. Im Gegensatz zu
dem schon im dritten Kapitel von uns behandelten Wolffianer
E b e r h a r d und seinem Gesinnungsgenossen Maaß, der ebenfalls
gegen die kritische Philosophie schrieb, traten dagegen mehrere
jüngere Dozenten mit Feuereifer für dieselbe ein. Einem derselben,
dem uns bereits bekannten jungen Gymnasiallehrer und Magister
L. H. J a k o b (geb. 1759), schrieb denn auch unser Denker: Es
liege in der Natur der Menschen, bei einem Wahne, in dem sie
alt geworden, möglichst lange zu verharren, und man könne nur
„von jungen, kraftvollen Männern erwarten, daß sie sich davon
loszumachen Denkungsfreiheit und Herzhaftigkeit genug haben
werden" (K. an J., 26. Mai 86). Freilich entsprach der rührige,
aber geistig wenig bedeutende Jünger später den auf ihn gesetzten Hoffnungen nicht. Er wirkte zwar, unterstützt durch die
damals noch am Ruder befindlichen Minister von Zedlitz und
Hertzberg, in Vorlesungen und Schriften eifrig für die Sache des
Kritizismus, mit dessen Begründer er in regem Briefwechsel blieb,
gründete auch zu seiner Verbreitung die ‚Philosophischen Annalen‘, erwies sich aber mehr und mehr als ein Typus jener unselbständigen Kantianer, welche die kritische Philosophie schließlich in Verruf brachten, ohne eigene Gedanken und weitschweifig-
ledern im Stil. Dazu ein Vielschreiber, der z. B. in einem Winter
eine Logik und Metaphysik, eine empirische Psychologie und
einen ‚Moralischen Beweis des Daseins Gottes‘ zusammenschrieb.
Auf ihn war, außer einer Reihe noch derberer, das berühmte
Xenion der Weimarer Dioskuren gemünzt: „Wenn die Könige
baun, haben die Kärrner zu tun."

Geistvoller und selbständiger war der junge Jakob Sigis-
mund B e c k (geb. 1761), ein Westpreuße von Geburt, der zu
Kants Füßen gesessen hatte und, mit einem Empfehlungsschreiben
desselben versehen, nach Leipzig, von da 1790 nach Halle ging.
Seine Ostern 1791 dort aufgenommene Vorlesung über Mathematik gewann freilich nur acht Zuhörer, die noch dazu „wahrscheinlich mir nichts bezahlen werden", während sich zu der
angekündigten philosophischen Vorlesung überhaupt niemand

meldete; um sich wirtschaftlich durchzuhelfen, nahm er daher gleichzeitig eine Lehrerstelle an dem bekannten Pädagogium an. Kant suchte den begabten jungen Mann durch Zuwendung von literarischen Arbeiten zu unterstützen. Über den von Beck beabsichtigten Auszug aus des Meisters kritischen Schriften entspann sich dann ein durch die Jahre 1790—94 sich hindurchziehender Briefwechsel zwischen beiden, der nicht ohne philosophisches Interesse ist.

Weit loser war die Verbindung mit dem seit 1779 ebenfalls in Halle lebenden radikalsten, aber auch skandalsüchtigsten und leichtsinnigsten enfant terrible der deutschen Aufklärung: Karl Friedrich B a h r d t (1741—92), der, wegen seiner freien Ansichten aus seiner Gießener Theologie-Professur entlassen, in Graubündten und der Pfalz Philanthropine geleitet hatte und nun in der Saalestadt als origineller Redner, gewandter Schriftsteller und in seinen letzten fünf Lebensjahren auch — Schenkwirt fungierte. Kant hatte in den 70er Jahren wegen seiner philanthropinistischen Bestrebungen ein gewisses Interesse für ihn gehabt. Als ihm Bahrdt jetzt (Ende 1786) sein ‚System des reinen Naturalismus‘ in der Religion zusandte und um seine Freundschaft warb, hielt er sich doch ziemlich zurück und schrieb ihm nur, er würde das Buch gern empfehlen, falls es ebenso wie Bahrdts früheres ‚Sittenbuch fürs Gesinde‘ geschrieben sei, in dem „ohne alle unnötige Einmischung von Mutmaßungen über die G e s c h i c h t e, der G e i s t der christlichen Religion hell und praktisch vorgestellt wird“. Immerhin brachte ihm Jachmann von seiner Reise aus Halle Herbst 1790 nicht bloß von Beck, Jakob, Forster und dem berühmten liberalen Theologen Semler, sondern auch von dem „Dr. und jetzigen Bierschenk“ Bahrdt viele Empfehlungen mit.

Bahrdt war auch der ungenannte Stifter einer geheimen Verbindung der ‚D e u t s c h e n U n i o n‘ oder des ‚Ordens der 22er‘, der seinen im Dezember 1787 erlassenen Aufruf „an die Freunde der Vernunft, der Wahrheit und der Tugend“ zur Bildung eines Bundes, um „die Aufklärung und Bildung der Menschheit zu befördern und alle bisherigen Hindernisse der-

selben nach und nach zu zerstören" auch an Kant sandte. Manche
von den in Aussicht genommenen praktischen Zielen, wie die
Verbindung der freigesinnten Schriftsteller zu einem unabhängigen
Verlag, die Gründung von Lesegesellschaften und dergleichen,
waren vielleicht unserem Denker nicht unsympathisch; aber der
Plan, Einfluß auf Familien und Regierungen, wie auf die Besetzung von Hofmeister-, Sekretär-, Pfarrerstellen u. a. zu gewinnen, war doch recht bedenklich, und gar die Abhängigkeit
von geheimen Oberen (die allerdings in jenem Zeitalter der Illu-
minaten, Rosenkreuzer usw. an der Tagesordnung war), hat
gewiß allein schon genügt, um Kant, den grundsätzlichen Gegner
geheimer Gesellschaften, von jedem Gedanken an den Beitritt
abzuhalten. Übrigens verlor man, als ruchbar wurde, daß Bahrdt
an der Spitze des Unternehmens stehe, bald das Vertrauen zu
der ‚Taler'-Union (um die Korrespondenzkosten zu decken, war
ein im voraus zu entrichtender Taler Beitrag gefordert), und als
der Unternehmer gar deswegen in Untersuchung gezogen ward,
gingen die schwachen Anfänge des Bundes völlig auseinander.
In

Leipzig

war in den 8oer Jahren der einflußreichste und beliebteste Philosoph der auch als Mediziner und als Ästhetiker angesehene Ernst
P l a t n e r (geb. 1744), ein eleganter Redner und gewandter
Schriftsteller, namentlich geschätzt als Verfasser der vielgelesenen
‚Aphorismen' und bis dahin mit Kant nicht ohne Berührungspunkte, besonders in der Erziehungsreform. Aber die zweite
Auflage seiner ‚Aphorismen' (1784) wandte sich nun auch an
zahlreichen Stellen wider „Herrn Kanten". In seinen Vorlesungen
hielt er sich anfangs noch vorsichtig zurück, ging aber allmählich
zu offener „Widerlegung" über und klagte Reinhold, die Kantianer
wollten einen „gar zu argen Skeptizismus" einführen, der alles
von ihm und seinesgleichen gestiftete Gute ganz zu Boden trete.

Dagegen wandten sich auch hier mehrere jüngere Dozenten
der neuen Lehre zu. So der gutmütige, aber nicht bedeutende
K. A. C ä s a r , der sich am 1. November 1787 an Kant
selbst wandte und auch noch 1791 die kritische Philosophie

lehrte. Ferner ein tüchtiger Dozent der Mathematik und Physik mit dem heute berühmt gewordenen Namen H i n d e n b u r g , der aber nur wenig Zuhörer hatte und noch in den 90er Jahren durch Beck mit dem Königsberger Philosophen in Verbindung stand. Weiter seit 1788 der junge und begabte K. H. H e y d e n - r e i c h , ein unruhiger Geist und dabei von schwächlichem Körper, beständig von Schulden bedrängt und vielleicht deswegen später dem Trunke ergeben, der nicht das leistete, was er hätte leisten können, und schon 1801 erst 37 jährig starb. Ein vierter und letzter, F. G. B o r n , besaß einen schlechten Vortrag und ist nur als Übersetzer von Kants Hauptschriften bekannt geworden. Schon am 7. Mai 1786 hatte er sich ihm zu einer Übertragung seiner Schriften in „altes, klassisches Latein" angeboten, damit sie auch in England, Frankreich und Holland gelesen würden. Unserem Philosophen mußte ein solches Anerbieten um so erwünschter sein, als ein früherer, 1782 von einem westpreußischen Landpfarrer Bobrik unternommener Versuch infolge von dessen Unfähigkeit gänzlich mißlungen war. Doch zog sich die Sache sehr in die Länge, da der Übersetzer öftere Vorschüsse von dem Verleger (Hartknoch) beanspruchte, während letzterer über den zu langsamen Fortschritt der Arbeit klagte. Endlich, 1796—98 erschien das Werk in vier Bänden, scheint aber Verbreitung fast nur in den Bibliotheken süddeutscher Klöster und katholischer Lehranstalten gefunden zu haben. Auch Borns 1789 in Gemeinschaft mit Abicht (Erlangen) herausgegebenes ‚Neues Philosophisches Magazin zur Erläuterung des Kantischen Systems' konnte sich nur zwei Jahre halten.

Im ganzen scheint sich doch, nach den Berichten von Kants Anhängern, in der von jeher ziemlich konservativen Leipziger Universität die alte Schule gehalten zu haben. Wie überall, so zeigten sich auch in

Göttingen

der Stadt mit der großen Bibliothek, der Universität der „zitierenden Wiederkäuer", wie Rosenkranz sie einmal übermütig getauft hat, die beati possidentes, d. h. die Fachprofessoren F e d e r und M e i n e r s unfähig, die Tiefe der neuen Philosophie zu

fassen. Mehr Philologen als selbständige Denker, taten sie sich
auf ihre eklektische Vermittlungsphilosophie und ihre zahlreichen
schriftstellerischen Erzeugnisse nicht wenig zugute. Wie stolz
diese hochmögenden Herren auf Andersdenkende herabsahen,
zeigt ein hübsches Geschichtchen, das Voigt in seiner Kraus-
Biographie erzählt. Als Kants Schüler und späterer Kollege
Kraus im Herbst 1779 nach Göttingen gekommen war, erzählte
er in einer Professorengesellschaft, zu der auch Feder gehörte,
Kant habe „in seinem Pulte ein Werk liegen, welches den Philosophen gewiß noch einmal großen Angstschweiß kosten werde".
Da lachten die Herren und meinten: „Von einem Dilettanten [!]
in der Philosophie sei so etwas schwerlich zu erwarten." Kraus
sollte recht behalten. Der früher in der Gelehrtenrepublik einigermaßen angesehene Feder, der übrigens bis dahin mit Kant persönlich nicht schlecht gestanden hatte, erlitt durch die Kantische
Revolution im allgemeinen, sein Verfahren mit der Garveschen
Rezension im besonderen (oben S. 287), wie er selbst in seiner
hinterlassenen Autobiographie sich ausdrückt, eine „Amputation"
seines Autor- und Dozentenruhms. Die Zahl seiner Zuhörer sank
auf ein Minimum; eine von ihm und Meiners 1788 gegen den
Kritizismus gegründete ‚Philosophische Bibliothek' fand keinen
Absatz und ging nach wenigen Jahren ein, so daß er schließlich
sein Lehramt an der Georgia Augusta aufgab und als Gymnasialdirektor nach Hannover zog. Sein Spezialkollege Meiners, der
namentlich in seiner ‚Philologie' (1787) Kants Lehre als puren
Skeptizismus verdächtigt und ihm Sophistik vorgeworfen hatte,
wurde von Kraus in der Literaturzeitung abgefertigt. Meiners
„ganzes Räsonnement" lief, wie Lichtenberg witzig an Bürger
schrieb, darauf hinaus: „Wenn Kant recht hätte, so hätten wir
ja unrecht; da nun aber dieses nicht wohl sein kann, indem unser
so viele gelehrte, tätige und rechtschaffene Männer sind, so ist
sonnenklar, daß Kant unrecht hat. Q. e. d.[1])."

Im Gegensatz zu diesen im alten philosophischen Betrieb erstarrten amtlich bestallten Fachphilosophen, waren die wirklichen

---

[1]) Lichtenbergs Schriften ed. W. Herzog. Jena 1907. II, S. 312 f.

Leuchten der Göttinger Hochschule der neuen Bewegung freundlich gesinnt. So zunächst der greise Mathematiker und Epigram-
mendichter Abraham Gotthelf K a e s t n e r , der, 1719 geboren,
freilich schon zu alt war, um noch völlig umzulernen und Kant
nur riet, die rauhe Schulsprache mit einer populären zu ver-
tauschen. Weiter der auch als Mensch liebenswürdig offene Naturforscher und Anatom B l u m e n b a c h , dessen Kant in seiner
Kritik der Urteilskraft anerkennend gedenkt (vgl. S. 355).
Ferner der Philologe Heyne. Und nicht zum wenigsten der berühmte Satiriker L i c h t e n b e r g , der ihn schon aus seinen
vorkritischen Schriften kannte. Er nannte ihn den „Propheten
aus dem Norden", der „mehr wisse als unsere heutigen Metaphysiker zusammengenommen", meinte nach dem Erscheinen
der Kritik: „Das Land, das uns das wahre System der Welt
(Kopernikus) gegeben hat, gibt uns noch das befriedigendste
System der Philosophie"; und beschloß in dem allgemeinen Teil
seines Physik-Compendiums „Kant gänzlich zu folgen". Als Jachmann im September 1790 dem kränklichen und verwachsenen
Mann Kants Empfehlungsbrief überreichte, da strahlten dessen
geistreiche und lebhafte Augen vor Freude, und er bot sich mit
großer Wärme Jachmann und seinem Lehrer zu allen gewünschten
Diensten an. Das gute Verhältnis zwischen beiden dauerte denn
auch bis zu dem Tode Lichtenbergs (1799) fort. Der Königsberger
schätzte des Göttingers satirische Ader und seine wissenschaftlichen Leistungen, und in des letzteren philosophischen Aphorismen ist der Einfluß Kants deutlich zu spüren[1]). Noch am 1. Juli
1798 gibt dieser dem jungen Fahrenheid einen Empfehlungsbrief
mit an den „verdienstvollen, mir besonders wohlwollenden, öffentlich mich mit seinem Beifall beehrenden und durch Beschenkung
mit seinen belehrenden sowohl als ergötzenden Schriften zur Dankbarkeit verpflichtenden Herrn Hofrat Lichtenberg in Göttingen".
Und Lichtenberg stattet ihm in einem zehn Wochen vor seinem

---

[1]) Vgl. a. a. O., I, S. 221 (Gott und Unsterblichkeit bloß Ideen),
224, 228 f., 231 f. (was wir von den äußeren Dingen wissen), 227 f. (Philosophie als Scheidekunst), 230 (Was heißt mit Kantischem Geiste denken?),
242 (Religion = Moral).

Tode geschriebenen Briefe den herzlichsten Dank dafür ab, unter
anderem mit den Worten, die wir während des Russeneinfalles
in Ostpreußen August 1914 niederschreiben: ,,In Preußen gibts
doch noch Patrioten. Dort sind sie aber auch am nötigsten. Nur
Patrioten und Philosophen dorthin, so soll Asien wohl nicht
über die Grenzen von Kurland vorrücken. Hic murus aheneus
esto!" (L. an Kant, 9. Dez. 98.)

Als ,,erklärten Anhänger und Verteidiger" von Kants philosophischen Grundsätzen in Göttingen bezeichnet Jachmann in
seinem großen Briefe vom 14. Oktober 1790 auch den noch jungen
Dozenten Johann Gottlob B u h l e , der jedoch mehr fleißiger
Philosophie-Historiker als Selbstdenker und ohne jeden Einfluß
war: ,,man hält eben nicht viel von ihm."

Noch fast gar nicht bekannt aber und in der ganzen fast
unübersehbaren Kantliteratur unseres Wissens noch nirgends behandelt ist die interessante Tatsache, daß auch der damals als
Professor an der Georgia Augusta wirkende berühmte Dichter
G. A. B ü r g e r nicht bloß für unseren Philosophen begeistert
war, sondern sogar über ihn — gelesen hat! Bürger, der seit
Herbst 1784 als unbesoldeter Professor Extraordinarius über
Ästhetik und deutschen Stil las und dabei schon Kants Beobachtungen über das Gefühl des Schönen und Erhabenen benutzt
hatte, begann sich seit Frühjahr 1787 eingehender mit Kantischer
Philosophie zu beschäftigen. Die Kritik der reinen Vernunft
wurde nun sein ,,tägliches Erbauungsbuch"; sie erschien ihm
wie eine Offenbarung, als ,,das wichtigste, was je in diesem Fache
geschrieben worden ist". Auch hier tritt wieder der Gegensatz
der jüngeren, lebensvolleren Generation zu den ausgefahrenen
Gleisen der älteren zutage: ,,Die hiesige hochlöbliche philosophische Fakultät ist zwar anderer Meinung; das kommt aber
daher, weil ein Mann wie Kant leicht dreißig solcher philosophischen Fakultäten zum Morgenbrot bei einer Tasse Thee aufzu-
schlingen im Stande ist." Sein Freund Boie fand ihn im Sommer 1787 ,,ganz in Kants Schriften vergraben, über die er im
Winter lesen will". In der Tat las er im Wintersemester 1787/88
ein zweistündiges Publikum über ,Einige Hauptmomente der

Kantischen Philosophie'; auf Lichtenbergs Rat gab er in dieser
unentgeltlichen Vorlesung nur deren Umrisse in klarer und allgemeinverständlicher Sprache. So hatte er denn auch, während
sein Hauptkolleg trotz aller Anstrengungen bloß zwölf, das Pri-
vatissimum seines berühmten Kollegen Heyne gar nur zwei Zuhörer anlockte, die Freude, die Hörerschar dieses Kantkollegs,
in dem er mit Wärme über den „ersten Philosophen auf Erden"
sprach, immer stärker bis über siebzig anwachsen zu sehen, „trotz
der hiesigen antikantischen Katheder". Mag er auch nicht in die
Tiefen Kantischen Denkens eingedrungen sein, und haben sein
leidenschaftliches Temperament und seine dadurch herbeigeführ-
ten Lebensschicksale ihn auch an weiterer und ernsterer Beschäftigung mit der kritischen Philosophie gehindert, so ist er
doch als einer der ersten hervorzuheben, die an deutschen Hochschulen über Kants Lehre gelesen haben. Kant selbst scheint
keine Kunde davon bekommen zu haben; Jachmann hat während
seines Göttinger Aufenthaltes Bürger — der freilich gerade damals sein ‚Schwabenmädchen' freite — nicht besucht. Dieser hat
übrigens noch für 1791/2 ein Kolleg über ‚Die Lehre von den
Quellen, dem Umfange und Gebrauche der menschlichen Erkenntnis nach Kant und anderen neueren Reformatoren der philosophischen Wissenschaften' angekündigt.

Auch auf den kleineren Universitäten verbreitete sich seit
Mitte der 80er Jahre die neue Lehre. So fand sie in dem in der
damaligen „literarischen Welt ziemlich unbekanten"

Marburg

einen ihrer ergebensten Anhänger in dem dortigen Philosophen
Johann B e r i n g , den Jachmann bei seinem Besuche (1790)
als einen ernsten, nachdenklichen Mann gegen Ende der 30er
schildert. Bering stand zunächst mit seiner Begeisterung für die
kritische Philosophie ganz allein. Um so lieber hätte er den
verehrten Meister, wenn auch nur ein Semester lang, selbst gehört.
„Vielleicht gelingt es in der Kürze unseren Aeronauten, ihre
Schiffahrt minder kostbar und gefährlich zu machen, und dann
ist freilich eine Reise von 140 Meilen eine Kleinigkeit" (an Kant,

10. Mai 86). Heute hat sich des Marburger Gelehrten Hoffnung erfüllt, wenngleich das „Kostbare" wie das „Gefährliche" der Luftschiffahrt noch nicht ganz verschwunden ist. Bering hatte die Kühnheit, Vorlesungen über Kants ,Metaphysische Anfangsgründe' und das Handbuch des Jenaer Kantianers Schmid (S. 409) anzukündigen. Das veranlaßte ein Einschreiten der hessen-kasselschen Regierung, die, ebenso wie die preußische nach des großen Friedrich Tod, „der Aufklärung nicht mehr so günstig" war „wie ehedem". Wie Bering vermutet, auf eine Denunziation in der oben erwähnten Psychologie von Meiners hin, erging Anfang September 1786 eine Kabinettsorder, welche Vorlesungen über Kantische Lehrbücher untersagte und gleichzeitig ein Gutachten der philosophischen Fakultät einforderte, ob Kants Schriften nicht alle Gewißheit der menschlichen Erkenntnis untergrüben. So wurde in einem heutigen Hauptsitz des Neukantianismus die Kantische Philosophie verboten: „eine wahre Prostitution", wie der entrüstete Schütz am 23. März 1787 an Kant schreibt. Übrigens wagte der treue Bering das Verbot zu umgehen, indem er anstatt eines K o l l e g s ein — „Konversatorium" über die Kritik der reinen Vernunft mit drei „hoffnungsvollen Jünglingen" abhielt. Gegen Ende 1787 wurde das offizielle Verbot zwar wieder aufgehoben, indes lebte der getreue Verehrer, wie er Jachmann im September 1790 erzählte, noch immer so „ziemlich in ecclesia pressa" hinsichtlich der Verkündung des Kritizismus. Nach Königsberg wäre er immer noch gern gekommen, wäre die Entfernung nicht so groß gewesen: „worüber sich schon mehrere Gelehrte beschwert haben".

Von der heute so gut kantischen Lahnstadt ging damals ziemlich viel a n t i kantische Literatur in die Welt. So trat der als Philosophie-Historiker bekannte Dietrich Tiedemann (1748—1803) in den ,Hessischen Beiträgen' mit ebensowenig Einsicht wie Geschick als Gegner auf. Im Mai 1786 sandte Bering neue Proben des Mitverstandes und Widerspruchs, den er als Kantianer in seiner Umgebung „fast durchgängig" erfuhr. Und im November d. J. erhielt unser Philosoph unverlangt schon wieder drei orthodox-theologische Schriften, die ihn befehdeten.

Er würdigte sie nicht einmal des Lesens, sondern ließ sie durch
Kraus dem „neugierigen alten Mann" zugehen, wie Hamann selber
mit ergötzlicher Selbstironie berichtet. Kant hatte bei der ganzen
Sache bloß das teuere Porto verdrossen, das er für das unfran-
kierte Paket obendrein noch zu zahlen hatte.

An den bücherwütigen Hamann verschenkte er einige Monate
später auch ein anderes, ihm aus Marburg zugeschicktes Buch:
das Dedikations-Exemplar von des frommen J u n g - S t i l -
l i n g , ‚Blick in die Geheimnisse der Naturweisheit‘; in diesem
Falle jedoch fühlte sich sogar der selbst zum Mystizismus neigende
Magus außerstande, „dies Schaugericht zu genießen". Um so
überraschter mußte Kant über den enthusiastischen Brief sein,
den er im März 1789 von dem damals als Professor der Staats-
wissenschaften an der alma mater Philippina angestellten, uns
aus Goethes Lebensgeschichte bekannten Jung-Stilling erhielt. Die
„allgemein verschrieene" Dunkelheit Kants, so hieß es bezeichnenderweise darin, und das Geschwätz der Gegner, als ob er der
Religion gefährlich sei, hätten auch ihn anfangs von der Lektüre
abgeschreckt. Als er jedoch zuerst Schulz' ‚Erläuterungen‘, dann
die beiden Kritiken gelesen, da sei die Hülle von seinen Augen
gefallen; er finde nun apodiktische Wahrheit und Gewißheit
allenthalben! „Gott segne Sie!", so ruft er ihm jetzt begeistert
zu, „Sie sind ein großes, sehr großes Werkzeug in der Hand
Gottes, ich schmeichle nicht". Ja, er geht so weit, ihm zu erklären: „Ihre Philosophie wird eine weit g r ö ß e r e , g e -
s e g n e t e r e und a l l g e m e i n e r e Revolution bewirken als
L u t h e r s Reformation. Denn sobald man die Kritik der Vernunft wohl gefaßt hat, so sieht man, daß keine Widerlegung möglich ist; folglich muß Ihre Philosophie e w i g und u n v e r -
ä n d e r l i c h sein, und ihre wohltätigen Wirkungen werden die
Religion Jesu auf ihre ursprüngliche Reinigkeit, wo sie bloß
Heiligkeit zum Zweck hat, führen; alle Wissenschaften werden
systematischer, reiner und gewisser werden, und die Gesetzgebung wird außerordentlich gewinnen". Ein feines Lächeln wird
die Lippen des Philosophen umspielt haben, als er diese Apostrophe überschwänglichen Gefühles las; er wird sich gesagt haben,

daß es nicht dauern könne. Seine nur in Bruchstücken erhaltene
Antwort geht deshalb auch auf philosophische Fragen gar nicht
ein, sondern nur auf die religiöse und kommt dem ehrlichen
Frommen hierin so weit wie möglich entgegen: ,,Sie tun daran
sehr wohl, daß Sie die letzte Befriedigung Ihres nach einem
sicheren Grund der Lehre und der Hoffnung strebenden Gemüts
im Evangelium suchen, diesem unvergänglichen Leitfaden wahrer
Weisheit, mit welchem nicht allein eine ihre Spekulation vollen-
dende Vernunft zusammentrifft, sondern daher sie auch ein
neues Licht in Ansehung dessen bekömmt, was, wenn sie gleich
ihr ganzes Feld durchmessen hat, ihr noch immer dunkel bleibt,
und wovon sie doch Belehrung bedarf" (Akad.-Ausg. XI, S. 10).
So christlich hat sich Kant sonst kaum irgendwo ausgedrückt!
Trotzdem konnte sich ein dauerndes inneres Verhältnis zwischen
zwei so grundverschiedenen Naturen ebensowenig entwickeln,
wie vordem zwischen Kant und Lavater (B. II, Kap. 6). Spätestens die ,Religion innerhalb der Grenzen der bloßen Vernunft'
(1793) mußte einem Mystiker wie Jung-Stilling, der eine ,Theorie
der Geisterkunde' (1808) schreiben konnte, die innere Kluft offen-
baren, die zwischen ihm und dem Kritiker der reinen Vernunft
bestand. So sagte er sich denn schon 1794 in seinem phantasti-
schen Roman ,Heimweh' von aller ,,Freigeisterei" los und hielt
die Kantische Philosophie, die er fünf Jahre zuvor noch so enthusiastisch gepriesen, für dadurch widerlegt, daß er sie für ein
,,unterirdisches Labyrinth" erklärte.

Aber Kants kategorischer Imperativ übte doch auf manches
begeisterungsfähige Gemüt eine gewaltige Wirkung aus. So
widmete der als lyrischer Dichter bekannte L. Th. K o s e -
g a r t e n aus M e c k l e n b u r g, damals noch geplagter Schul-
rektor in dem schwedisch-pommerschen Städtchen Wolgast, ein
,,Sträußchen Feldblumen", d. h. eine Sammlung seiner Gedichte
(,Rhapsodien', 1790) in einer mehrere Seiten der Akademie-Ausgabe
füllenden ,Zueignung' d e m Manne, ,,der mein moralisches Selbst
mich recht würdigen und dem Idol des wahrhaftig aufgeklärten
und rechtschaffenen Menschen, P f l i c h t genannt, mich einzig
huldigen lehrte", der ,,in seinen Untersuchungen unseres prak-

tischen Vernunftvermögens ebenso liebenswürdig, einfältig und
menschlich-schön erscheint, als er in der Analyse aller Spekulation anfangs furchtbar, abschreckend und grausend [!] erscheinen
mag", und dessen Kritik der praktischen Vernunft man nicht
lesen kann, ,,ohne ihrem ebenso gefühlvollen als tief denkenden
Verfasser um den Hals zu fallen" (an Kant, 1. April 1790).

* * *

Ehe wir Norddeutschland verlassen, sei noch auf den Ge-
heimsekretär R e h b e r g in Hannover hingewiesen, einen feinen
und selbständigen Kopf, der mit Kant über mathematische Probleme
korrespondierte und auch zu Jachmann mit besonderer Wärme
über Kants Ethik sprach. Ferner auf den Professor Hegewisch
in dem damals dänischen K i e l, der seine Anhängerschaft in
einem Aufsatz über den Vorzug der Kantischen vor der Wolffschen Philosophie in der Berliner Monatsschrift (1789) bezeugte.

Von den Beziehungen zu B e r l i n ist schon gelegentlich
seines ersten Schülers Marcus Herz, der Berliner Monatsschrift
und des Jacobi-Mendelssohn-Streites die Rede gewesen. Seit
Herbst 1789 wirkte dort auch der junge K i e s e w e t t e r, den
das preußische Ministerium ausdrücklich nach Königsberg gesandt hatte, um von dort die Kantische Philosophie einzuführen,
eifrig für Kants Lehre (s. B. IV, Kap. 1). Zu dem Kreise von
größtenteils jüdischen Kantverehrern, der sich um Marcus Herz
sammelte, trat gegen Ende der 80er Jahre der scharfsinnige
Salomon M a i m o n, der nach seiner eigenen Aussage ,,die
besten Jahre seines Lebens in den litauischen Wäldern, entblößt
von jedem Hilfsmittel zur Erkenntnis der Wahrheit" zugebracht
hatte und nun durch die Unterstützung wohlgesinnter Glaubensgenossen in den Stand gesetzt war, den Wissenschaften obzuliegen (an Kant, 7. April 89). Kant urteilt, nachdem er einen
Teil des ihm zugesandten Manuskripts gelesen, daß es ,,in der
Tat kein gemeines Talent zu tiefsinnigen Wissenschaften verrate" (an Maimon, 24. Mai 89); ja, daß ,,niemand von seinen
Gegnern mich und die Hauptfrage so wohl verstanden", nun
,nur wenige zu dergleichen tiefen Untersuchungen soviel Scharf-

sinn besitzen möchten wie Herr Maimon" (an Herz, 26. Mai 89).
Angefeuert durch solches Lob, schickte ihm nun freilich Maimon
in diesem und den nächsten Jahren so viel Briefe und literarische
Erzeugnisse seiner emsigen Feder zu, daß Kant nicht mehr antwortete, trotzdem jener ihn durch einen gemeinsamen Bekannten
daran erinnern ließ. — Abseits von den Aufklärern stand in
Berlin noch der langjährige Leibarzt Friedrichs des Großen, Chr.
G. S e l l e , der zwar in verschiedenen Schriften Kants Aprioris-
mus bekämpfte, aber gleichwohl von diesem hochgeschätzt wurde
(vgl. Kant an Selle, 29. Dez. 87; Selle an K., 24. Febr. 92).
Schon halb in Süddeutschland sind wir in

Gießen

der hessen-darmstädtischen Schwesteruniversität Marburgs. Hier
vertraten zu Anfang der 90er Jahre den kritischen Standpunkt
der vorübergehend aus Jena dahin übergesiedelte Chr. E.
S c h m i d (s. S. 288 f.) und ein gewisser S n e l l , dessen Erläuterungen zur Kritik der Urteilskraft Kant in einem Briefe
an Beck vom 4. Dez. 1792 erwähnt, und der wie sein Bruder
(später Gymnasialdirektor in dem nassauischen Weilburg) namentlich Kants Sittenlehre in Form von Gesprächen, Briefen und
einer viel gelesenen ,Volksmoral' zu popularisieren suchte.

Im eigentlichen

Süddeutschland

waren natürlich, schon infolge des Religionsbekenntnisses, stärkere
Widerstände als im Norden vorauszusehen. Allein der Widerspruch erfolgte doch auch aus

a) p r o t e s t a n t i s c h e n

Gegenden. So schrieb in K a r l s r u h e ein Prälat namens
Tittel, Anhänger Feders, eine anmaßende Broschüre ,Über Herrn
Kants Moralreform' (1786). Die anfangs geplante Widerlegung
gab Kant, auf Biesters wie Schützens Anraten, wieder auf und
faßte im Frühjahr 1787 den sehr vernünftigen Entschluß, überhaupt ,,sich nicht selbst mehr mit Widerlegungen zu befassen,
sondern s e i n e n   G a n g   r u h i g   f o r t z u s e t z e n".

Ähnlich wie Tittel stand in T ü b i n g e n der Theologie-Professor Flatt, der in den dortigen ‚Gelehrten Anzeigen‘ — fast jede Hochschule hatte, wie ja auch noch heute, ihre besondere Zeitschrift, anders tat und tut es der Ehrgeiz mancher Gelehrten nicht — des philosophischen Zensoramtes waltete, übrigens sich persönlich durchaus respektvoll gegen den Königsberger Patriarchen verhielt, sich ihm gegenüber z. B. entrüstet dagegen verwahrte, der Verfasser der Schmähschrift ‚Kritik der schönen Vernunft von einem Neger‘ zu sein. Ungefähr ebenso verhielt sich A b e l in Stuttgart (1751—1810), bekannt als Schillers erster philosophischer Lehrer, der Kant am 16. April 1787 seinen ‚Versuch über die Natur der spekulativen Vernunft‘ mit einem ehrfurchtvollen Begleitschreiben zusandte, indes aus einem verschwommenen eklektischen Wolffianismus nicht herauszukommen vermochte; während der Diakonus Brastberger in dem gleichfalls württembergischen Heidenheim vom dogmatisch-gegnerischen Standpunkte aus seine ‚Untersuchungen über Kants Kritik‘ (Halle 1790) abfaßte. — Mehr Beifall fand die neue Lehre an der kleinen Hochschule, die Ende der 6oer Jahre Kant zu ihrem Lehrer gewünscht hatte, dem markgräflich-ansbachischen E r l a n g e n, wo Breyer schon 1785 zwei Vorlesungsprogramme über den „Sieg der praktischen Vernunft über die spekulative nach Kantischen Grundsätzen" veröffentlichte. Hier begann seit 1787 der uns schon als Mitarbeiter Borns (S. 415) bekannte Magister A b i c h t (1762—1810) im Sinne der neuen Richtung zu wirken, der sich am 22. April 1789 mit einer ausführlichen Expektoration an Kant selbst wandte und unter anderem auch eine ‚Metaphysik des Vergnügens nach Kantischen Grundsätzen‘ schrieb. — In dem benachbarten, aus der Lebensgeschichte Wallensteins und Leibnizens bekannten, Nürnbergischen A l t d o r f, dessen kleine Universität erst 1809 mit der von Erlangen vereinigt ward, verfaßte ein Professor Will gutgemeinte, aber schwache ‚Vorlesungen über die Kantische Philosophie‘ (1788).

b) katholische Länder

Daß der Kritizismus in einem so starkkatholischen Lande wie dem damaligen A l t - B a y e r n keine Eroberungen machen

konnte, ist natürlich. So ließ der Ingolstädter Theologie-Professor
Benedikt S t a t t l e r 1788 von München einen in rohem, poltern-
dem Tone gehaltenen dreibändigen ‚Anti-Kant‘ ausgehen, von
dem vier Jahre darauf noch ein Auszug unter dem Titel ‚Kurzer
Entwurf der unausstehlichen Ungereimtheiten der Kantischen
Philosophie usw.‘ erschien. Auf Stattlers Einfluß ist es wohl
auch zurückzuführen, daß die von seinem Kollegen Grafenstein
1790 begonnenen Kant-Vorlesungen bald verboten wurden. Im
übrigen begnügte man sich von dieser Seite mit ohnmächtigem
Hasse, wie er etwa in dem von Borowski als ,,sichere Tatsache‘‘
erzählten Faktum hervortritt, daß die Mönche eines Klosters
ihren — Wächterhund Kant benamsten. Zu weiteren literarischen
Taten war man entweder nicht imstande oder zu — stumpf.

Indes außerhalb der blau-weißen Grenzpfähle war doch der
deutsche Katholizismus jener Zeit von der A u f k l ä r u n g nicht
unberührt geblieben. Voltaires und Rousseaus Büsten waren in
den Gemächern mancher Bischöfe und Domherren zu sehen; bei
den Prälaten der oberfränkischen Benediktinerabtei Banz fand
Semler sämtliche Schriften des Ästhetikers Baumgarten. Ein
Hirtenbrief des Erzbischofs von Salzburg 1782 wollte die katholische Kirche von allen Zutaten und Auswüchsen des Mittelalters
befreit wissen, und 1788 wurde unter seinem Zepter, nach dem
Muster der Jenaer, eine ‚Oberdeutsche Allgemeine Literaturzeitung‘ mit voller Freiheit der wissenschaftlichen Kritik gegründet. Der Fürstbischof von Bamberg-Würzburg lud zur
Jubelfeier der Würzburger Universität (1783) auch die protestantischen Hochschulen ein und dankte seinen Professoren öffentlich,
daß sie die Religion frei von verjährten Vorurteilen behandelten.
Der Kurfürst von Mainz führte in seinen Schulen philanthropini-
stische Grundsätze und Wolffsche Lehrbücher ein, der von Köln
berief an die 1786 von ihm gestiftete Universität Bonn durchweg
Männer der neuen Richtung.

Wir werden im vierten Buch (Kap. 5) von den damit zusammenhängenden Fortschritten der Kantischen Philosophie im katholischen Süddeutschland im Lauf der 90er Jahre noch weiteres
hören. In unserem Zeitraum gehören nur deren Anfänge Seinen

ersten Erfolg errang der Kritizismus an der Universität W ü r z -
b u r g durch den Professor Maternus R e u ß. Dieser begann
bereits 1788 Kants Grundsätze vorzutragen und erhielt im Sommer des folgenden Jahres von Reinhold die Erlaubnis, dessen
Briefe über die Kantische Philosophie — allerdings vorsichts-
halber „von allem Anstößigen gegen den Katholizism gereinigt",
mit Anmerkungen zum Gebrauch seiner Zuhörer herauszugeben.
Ja, im September 1792 machten Reuß und sein Freund Konrad
Stang — und zwar im Auftrage und mit der Unterstützung ihres
B i s c h o f s , des aufgeklärten Franz Ludwig von Erthal! —
die 160 Meilen weite Reise von der Main- nach der Pregelstadt,
um ihren teuren Kant von Angesicht zu sehen. Dieser nahm sie
„über alles Erwarten" freundschaftlich auf und erwiderte ihre
Geradheit und Offenheit mit gleichem Zutrauen. So konnte
Reuß auf seiner Rückreise Reinhold in Jena erzählen, daß die
Metaphysik der Sitten bereits druckfertig sei, und daß „unser
Patriarch eine Schrift über die Harmonie der christlichen und
kritisch-philosophischen Moral unter der Feder habe, auch ein
eifriger Republikaner sei". Die hier gemeinte ‚Religion innerhalb
der Grenzen der bloßen Vernunft' sandte Kant denn auch alsbald nach ihrem Erscheinen dem katholischen Kollegen zu, dessen
Bekanntschaft „jederzeit unter die angenehmsten Erinnerungen
seines Lebens gehören" werde (K. an Reuß, Mai 1793). Leider
starb Reuß schon 1798.

Vielleicht der begeistertste aber von allen süddeutschen Anhängern unseres Philosophen ward der junge Nürnberger Johann
Benjamin E r h a r d (1766—1827), der sich vom einfachen
Handwerkersohn zum angesehenen Arzt und Philosophen herauf-
arbeitete, den Goethe einen „vortrefflichen Kopf" nannte und
Schiller gar in einer ausführlichen Schilderung Körner als den
„reichsten, vielumfassendsten Kopf" bezeichnet, „den ich noch
je habe kennen lernen" (Sch. an Kö., 10. April 1791). Erhard
war, wie die meisten Zeitgenossen, philosophisch zunächst von
Wolff, Sulzer und Mendelssohn ausgegangen, aber schon als
Neunzehnjähriger durch das Studium der Kritik bekehrt, bald
darauf durch die Lektüre der ‚Grundlegung' aufs heftigste ge-

packt worden (vgl. S. 259). Die Kritik der praktischen Vernunft nun gar bewirkte — man lese seinen ausführlichen Bekenntnisbrief an Kant vom 12. Mai 1786 und seine Selbstbiographie — eine „Wiedergeburt" seines „ganzen inneren Menschen", die ihn immer wieder zu „Tränen der höchsten Wonne" hinriß und aus pessimistischen Stimmungen aufzurichten vermochte. Und dabei war er kein weichlicher, sondern sogar ein sehr „dezidierter" Mensch mit einem starken Hang zur Satire (Schiller). Nachdem er den Winter 1790/91 in Jena bei Reinhold noch tiefer in Kants Philosophie eingedrungen und Schillers Freund geworden war, reiste er im folgenden Sommer über Göttingen und Kopenhagen, wo er in Baggesen einen noch enthusiastischeren Gesinnungsgenossen gewann, nach Königsberg, um seinen „Lehrer", seinen „Vater im Geiste" persönlich kennen zu lernen. Die Leichtigkeit, mit der er im Gespräch auf die Gedanken des Meisters einzugehen wußte, machte den letzteren anfangs zweifelhaft, ob er seine Werke wirklich gelesen habe; aber bald verstanden sie sich ganz, und nun verlebte Erhard im vertrauten Umgang mit dem geliebten Lehrer „selige Tage". Es entschädigte ihn für manche spätere Gegnerschaft, daß Kant ihm am 21. Dezember 1792 schrieb, er bedauere, ihn nicht näher zu haben, den er sich „unter allen, die unsere Gegend je besuchten, am liebsten zum täglichen Umgang wünschte". Noch am 16. April 1800 schreibt er als Arzt in Berlin einen warmherzigen Brief an seinen „Vater" und „Erzieher".

Am wenigsten in deutschen Landen fand Kants ernste und tiefe Philosophie Anklang in dem warmherzigen, aber leichtlebigen und denkunlustigen

Österreich [1])

Selbst das Jahrzehnt von Kaiser Josefs freisinniger Regierung hatte Wien der „Stadt der Phäaken" (Schiller), dem „Capua der Geister" (Grillparzer) doch nur ein dünnes Aufklärungs- und

---

[1]) Wir entnehmen den größten Teil der folgenden Tatsachen dem Aufsatze von M a x   O r t n e r ‚Kant in Österreich' im Jahrbuch der Grillparzer-Gesellschaft 1904.

Freiheitsmäntelchen umgehangen (Ortner)[1]. Im November 1786 war Kants Kritik noch in keinem Buchladen der volkreichen Hauptstadt des römisch-deutschen Kaisertums zu haben, und schon die Aufschrift *de Weimar* auf einem Briefe Reinholds an den Barnabitenpater Pepermann erregte Verdacht. Zwei Jahre später war sie zwar in den Läden der Buchhändler und im Munde der Leute, aber es gab doch nur sehr wenige, die sie ernstlich studierten. Sie machte Aufsehen, so berichtete der junge Wiener Dr. phil. Andreas Richter am 22. Oktober 1788 an Kant selbst, bei denen, die ihren alten Schlendrian gewohnt seien, aber diese beschränkten sich darauf, sie zu schelten, ohne sie zu durchdenken. Eben der Umstand, daß er sich „mit niemand in Wien über Ihr philosophisches Gebäude besprechen" könne, treibe ihn dazu, Kant selbst eine Anzahl Fragen vorzulegen. Die Philosophie galt dem Wiener Literatenvolk, darunter auch dem bekannten Travestator der Äneide Aloys Blumauer, als müßige Grübelei finsterer Stubengelehrter. So fühlte sich denn der junge Erhard während seines Wiener Aufenthaltes 1791/92 infolge des Mangels jeglicher geistiger Anregung sehr unglücklich. Wer aus dieser dumpfen österreichischen Luft nach Freiheit strebte, ging eben nach Jena, Halle, Würzburg oder Königsberg, um die neue Philosophie an der Quelle zu studieren: so der ordensflüchtige Karmeliter Tschink, Reinholds ältester Schüler, so der junge Steirer Graf Purgstall und der Kärntner Industrielle Freiherr von Herbert, von denen wir später noch hören werden, so der spätere Dramaturg des Burgtheaters, der junge Josef Schreyvogel, der in seinen Tagebüchern Kant den „tiefsten und reinsten Geist" nennt, „der jemals schrieb und lehrte", und seine Religionsphilosophie

---

[1]) Ortner, selbst Österreicher, möchte als Motto an die Spitze seiner Betrachtungen die Verse seines Landsmannes Graf Wickenburg („Mein Wien", 1894) stellen:

„Ein Glück, daß Kant sich nicht zu uns verloren,
Sonst gings wohl mit der strengen Ethik schief:
In Wien hätt' er ihn sicher nicht geboren,
Den kategorischen Imperativ!
Das Wort: Ich s o l l, stimmt schlecht zum Wiener Triebe,
Der nur uns handeln heißt aus Lust und Liebe."

das unvergängliche „neue Evangelium". Die ‚Religion innerhalb'
galt natürlich in dem Reich des beschränkt-despotischen Franz
des Ersten erst recht als Konterbande; und ebenso, wenn nicht
gar in noch höherem Grade, verfemt und als revolutionär ver-
schrien waren Kants politische Anschauungen.

Trotz alledem sollte auch hier, wie wir noch sehen werden,
wenigstens in einzelnen die neue Saat aufgehen. Und vor allem:
dies Österreich, das seit Luthers Zeiten an den Fortschritten des
deutschen Geisteslebens kaum teilgenommen hatte, das nach dem
Urteil eines Kantianers „ein fünfzig Jahr hinter dem übrigen
Deutschland zurück war", bedeutete nicht — Deutschland! In
diesem letzteren, besonders in dem protestantischen Nord- und
Mitteldeutschland, hatte doch das Aufsichselbststellen des Menschen
in Sachen der Vernunft, und noch mehr fast das sittliche Feuer
von Kants Persönlichkeit, zumal unter dem jüngeren Geschlechte,
mächtig aufrüttelnd gewirkt. Wir können diesen Abschnitt nicht
besser schließen als mit der warmherzigen Schilderung, die kaum
ein Dutzend Jahre später — während Kant noch atmete, aber
sein Kritizismus schon vor den anschwellenden Wogen der Romantik zurückzutreten begonnen hatte — der bekannte rationalistische Theologe Paulus von dieser ersten Ruhmeszeit der Kantischen Philosophie entwirft:

„Wie herzerhebend waren die Jahre der K a n t i s c h e n
M o r g e n r ö t e! Lang angebetete Vorurteile verkrochen sich.
Die Kraft des Denkens erhob sich zu einem für alle Arten von
Despotismus furchtbaren Ansehen! Alle Fächer waren bereit,
sich diesem Szepter, der H e r r s c h a f t d e r G r ü n d e, zu
unterwerfen. Warum? Die Moralität der Menschen war angeregt
worden mit Macht. Alle Tätigkeit wurde geheiligt und alles
Heilige aus der trägen Passivität der Aftertheologie zur Aktivität
aufgefordert . . ." (Paulus an Reinhold, 3. April 1802).

Siebentes Kapitel

Kant zu Hause. Verhältnis zu den Geschwistern Alte und neue Freunde

1. Zu Hause

In demselben Jahrzehnt, in dem er seine großen systematischen Werke veröffentlichte, hat Kant sich auch wirtschaftlich auf eigene Füße gestellt: er kaufte sich zu Anfang 1784 ein Haus und verlegte 1787 auch seinen ganzen Haushalt hinein. Nach Rosenkranz, der in seiner hegelianisierenden Art solche Vergleiche liebt, hätte er es mit der Wohnung gehalten wie mit der Philosophie: er wäre von der Peripherie (Vordere Vorstadt, Neustadt, Magistergasse) allmählich (Kanters Haus, Ochsenmarkt) immer mehr in das Zentrum und zugleich auf die Höhe Königsbergs gerückt. Jedenfalls lag sein nunmehriges Wohnhaus in der Prinzessinstraße oder „auf dem Prinzessinplatz" in der Nähe des Schlosses, also ziemlich in der Mitte der Stadt: frei für sich stehend (wie seine Philosophie!), und doch mit bequemer Verbindung nach allen Seiten. Das Haus stand schon im 17. Jahrhundert und war staatliches Eigentum; es führte damals den Namen „Alte Landkostmeisterei". In den letzten Jahrzehnten des Jahrhunderts war es vom Fiskus dem Feldmarschall Graf Barfus (1635—1704) geschenkt und von diesem für 1000 Gulden an einen aus Frankreich eingewanderten Hugenotten verkauft worden. Die Rückseite stieß an die Gärten, Gräben und Hintergebäude des mächtigen alten Schlosses, so daß die Gegend, besonders in der schöneren Jahreszeit, einen recht romantischen Anblick gewährte. Den Ankauf hatte dem unpraktischen Gelehrten sein Bekannter, der in solchen Dingen bewanderte Stadtpräsident Hippel vermittelt. Der Grunderwerbsakt stammt vom 30. Dezember 1783. Bezeichnend für die soliden finanziellen Grundsätze und zugleich für die schon damals erzielte verhältnismäßige Wohlhabenheit des Philosophen ist die Tatsache, daß er bereits im Juli des Jahres (1784) die ganze Kaufsumme von 7500 Gulden aus seinen Ersparnissen abbezahlt hatte.

Die stille, kurze, nur wenig von Wagen befahrene Nebenstraße, in der einst die Prinzessinnen des herzoglichen Hofes gewohnt haben sollen, hatte er gewiß seiner Studien halber gewählt. Allein wenn er hier auch nicht mehr, wie in der Magistergasse, durch den Lärm des Pregelufers oder, wie bei Kanter, durch das Krähen eines Hahnes gestört wurde — die Musik der vor seinem Hause vorbei zum Königsgarten ziehenden Wachtparade soll er sogar gern gehört haben —, so mußte er sich doch, und zwar gleich in der ersten Zeit, über eine Störung anderer Art ärgern. Unter jenen nahen Hintergebäuden des Schlosses befand sich auch das — Gefängnis, dessen Insassen, anscheinend sehr häufig zur Tages- wie Nachtzeit, ihren mehr oder minder religiösen Gefühlen durch übermäßig lautes Choralsingen Ausdruck zu geben pflegten. Da nun Kants Studierstube gerade nach dieser landschaftlich schönsten Seite hin lag und er doch auch im Sommer deren Fenster öffnen wollte, so empfand er die Störung doppelt unangenehm. Er wandte sich, im Verein mit anderen „Anwohnern am Schloßgraben", bereits im ersten Sommer an das Stadtoberhaupt um Abhilfe gegen die „stentorische Andacht der Heuchler". In einem noch erhaltenen, ergötzlich zu lesenden Schreiben vom 9. Juli d. J. unterstützt er diese Beschwerde mit dem Hinweis darauf, daß das „Seelenheil" der Gefangenen wohl nicht Gefahr laufen würde, wenn „ihre Stimme beim Singen dahin gemäßigt würde, daß sie sich selbst bei zugemachten Fenstern hören könnten (ohne auch selbst alsdann aus allen Kräften zu schreien)". Der „Schütz" (Gefängnisaufseher) werde ihnen wohl auch alsdann das Zeugnis gottesfürchtiger Leute ausstellen, wenn sie zu dem Ton herabgestimmt würden, „mit dem sich die frommen Bürger unserer guten Stadt in ihren Häusern erweckt genug fühlen". Der energische Stadtpräsident half denn auch dem „Unwesen" in der von Kant gewünschten Weise ab. Dennoch scheint der Übelstand nicht ganz abgestellt worden zu sein (Jachmann), und noch in seinen letzten Jahren hielt er sich gegen Hasse darüber auf, wie auch über das sonntägliche Singen in der Kirche, das „nichts als Geplärre" sei. Wie sehr er sich über die ganze Sache geärgert hatte, zeigt, daß er sogar— was er bei so persönlichen Sachen sonst selten tut — an einer Stelle seiner Schriften darauf anspielt. In dem ‚Mutmaßlichen Anfang der Menschengeschichte' (1786) spricht er ärgerlich von „lärmenden Andachten", die den „denkenden Teil des gemeinen Wesens stören" und kein anderes Motiv hätten, als die eigene Existenz „weit und breit um sich kund machen zu wollen".

Kants Wohnhaus besaß zwei nicht allzu hohe Stockwerke, 50 Fuß Länge und fünf Fenster in der Front. Es gehörte dazu ein kleiner Garten, mit dessen Früchten er wohl befreundeten Familien ein Geschenk machte, und von dessen Rosen er gern seinen Tischgästen einige überreichte oder an ihren Platz legen ließ; er trug gelegentlich auch selber eine beim Spazierengehen mit sich. Wohl weil der Garten an der Seite des Hauses lag, die ohne Fenster war, ging er nur selten hinein. Erst recht nicht, seitdem böse Jungen, die mit großen Steinen nach seinem Obst geworfen und ihn selbst beinahe getroffen hätten, nicht den von ihm erwarteten Denkzettel von der Polizei erhalten hatten. Das Wohnhaus enthielt im ganzen acht Räume. Im unteren Stockwerk befand sich auf der einen Seite sein Hörsaal, auf der anderen seit 1787 das Zimmer für die Köchin und die Küche; im oberen auf dem einen Flügel sein Besuchs- und sein Studier-, auf dem anderen ein großes Eßzimmer und die Schlafstube. Von dem Eindruck, den ein Besuch in Kants Haus auf einen Fremden machte, hat ein späterer Tischgenosse, sein Kollege J. G. Hasse, ein so anschauliches und stimmungsvolles Bild entworfen, daß wir nicht umhin können, es wörtlich hierher zu setzen:

„Trat man in das Haus, so herrschte eine friedliche Stille; und hätte einen nicht die offene und nach Essen riechende Küche, ein bellender Hund oder eine mauende Katze, Lieblinge seiner

Köchin (mit denen diese, wie Kant sagte, ganze Sermone hielt) eines anderen überzeugt, so hätte man denken sollen, dies Haus sei unbewohnt. Stieg man die Treppen hinauf, so zeigte sich freilich der beim Tischdecken geschäftige Bediente; jedoch ging man durch das ganz einfache, unverzierte, zum Teil räucherige Vorhaus in ein größeres Zimmer, das die Putzstube vorstellte, aber keine Pracht zeigte. Ein Sofa, etliche mit Leinwand überzogene Stühle, ein Glasschrank mit einigem Porzellan und ein Büro, das sein Silber und vorrätiges Geld befaßte, nebst einem Wärmemesser waren alle die Möbeln, die einen Teil der weißen Wände deckten. Und so drang man durch eine ganz einfache, armselige Tür in das ebenso ärmliche Sanssouci, zu dessen Betreten man beim Anpochen durch ein frohes „Herein!" eingeladen wurde. (Wie schlug mir das Herz, als dies das erstemal geschah!) Das ganze Zimmer atmete Einfachheit und stille Abgeschiedenheit vom Geräusch der Stadt und der Welt. Zwei gemeine Tische, ein einfaches Sofa und etliche Stühle, worunter sein Studiersitz war, und eine Kommode ließen in der Mitte einen leeren Raum übrig, vermittelst dessen man zum Baro- und Thermometer kommen konnte, die er fleißig konsulierte. Hier saß der Denker auf seinem ganz hölzernen Halbzirkelstuhle wie auf dem Dreifuß, entweder noch am Arbeitstische oder schon nach der Tür gekehrt, weil ihn hungerte und er seine Tischgäste sehnlichst erwartete . . ."

Die beiden Tische des Wohn- und Studierzimmers waren gewöhnlich mit Schriften und Büchern bedeckt. Die, wie in allen anderen Räumen, schmucklos weißen Wände waren hier vom Staub und dem Rauch seiner täglichen Morgenpfeife mit einer grauen Schicht überzogen. Als einst Scheffner, während sich der Philosoph mit Hippel unterhielt, mit dem Finger einige Züge hindurch machte, so daß der weiße Grund wieder zum Vorschein kam, rief Kant ihm scherzend zu: „Freund, warum wollen Sie den Altertumsrost zerstören? Ist eine solche von selbst entstandene Tapete nicht besser als eine gekaufte[1]?" Den einzigen Wandschmuck dieses Zimmers[2] bildete das ihm von Freund Ruffmann verehrte Bild Rousseaus. Einen Spiegel gab es nur im Besuchs- und im Eßzimmer, wie denn überhaupt der ganze Hausrat zwar anständig, aber doch bürgerlich einfach war. Die Temperatur mußte während seiner letzten Jahre (Wasianski) stets 75 Grad Fahrenheit (= 25° Celsius) betragen.

Das hinter dem Eßsaal gelegene S c h l a f zimmer hatte nur ein Fenster. Kant schlief, außer in seinen letzten Jahren, stets im Kalten, ja, wie er im Frühjahr 1789 dem ihn zeichnenden Schnorr von Carolsfeld erzählte[3]), seit seiner Jugend stets bei offenem Fenster. So kann die merkwürdige Geschichte, die Wasianski erzählt, wonach das Schlafstubenfenster das ganze Jahr hindurch tags wie nachts durch einen besonderen, bloß hinter Kants Rücken bisweilen geöffneten Holzverschlag verschlossen gehalten wurde (weil Mangel an Licht das Ungeziefer vertreibe!), wohl nur auf eine der Idiosynkrasien seiner letzten Altersjahre gehen. In diesem Zimmer befand sich außer dem Büro, in dem er sein Geld verwahrte, auch seine Bibliothek oder, wie er selbst statt dessen bescheidener zu sagen pflegte, seine „B ü c h e r", deren Regale mit grünen Zuggardinen versehen waren. Es waren bei seinem Ableben nur vier- bis fünfhundert an der Zahl, darunter noch viele Broschüren; denn Kant las zwar, wie Hamann 1785 an Jacobi schreibt, „alles, sammelt aber keine Bücher"; bekam er doch von seinem Buchhändler alle literarischen Neuigkeiten zugeschickt. Als Gensichen nach seinem Tode die Bücherei erbte, fehlten darin sogar Kants vorkritische Schriften sämtlich, von

---

[1]) Auch in Voigts Kraus-Biographie heißt es (S. 199): „Kants Zimmer waren nicht bloß sehr schlecht ausmöbliert, sondern von Rauch und Lichtdampf auch erstaunend schwarz, so daß man mit dem bloßen Finger an die Wand schreiben konnte." — In der von Wasianski aufgestellten Rechnung für die Begräbniskosten des Philosophen findet sich der bezeichnende Posten: „Für A u s w e i ß e n der Stube zum Begräbnistage!"

[2]) Vielleicht n i c h t , wie gewöhnlich angenommen wird, der ganzen Wohnung. Wenigstens versichert eine Tochter des ersten Käufers von Kants Wohnhaus, daß mit diesem ein von Becker gemaltes Ölbild des Philosophen, sowie auch eine darinstehende Büste desselben, in den Besitz ihres Vaters übergegangen sei („Kantstudien" VI, S. 110 f.).

[3]) Nach dessen handschriftlicher Autobiographie (mitgeteilt „Kantstudien" XIV, S. 144).

den kritischen die Kritik der praktischen Vernunft; ebenso einzelne Bände von mehrbändigen Werken. Er hatte sie wohl, wie auch Gensichen vermutet — zumal in seinen letzten Jahren, wo er sie nicht mehr las — verschenkt oder verliehen und nicht wieder bekommen. Die älteren Bücher waren meist mathematisch-physikalischen Inhalts, die neueren zum Teil von ihren Verfassern ihm zugesandte philosophische.

In der Dachstube endlich hauste sein alter Diener, Martin Lampe. Lampe, aus Würzburg gebürtig, war nach längerer im preußischen Heer verbrachter Soldatenzeit bereits in der ersten Hälfte der 60er Jahre in Kants Dienste getreten, und dieser hatte sich so an ihn gewöhnt, daß er ihn trotz seiner Beschränktheit beinahe vier Jahrzehnte als Diener behalten hat. Seitdem sein Herr Hausbesitzer und er damit, um mit Jachmann zu reden, „Haus-, Hof- und Kellermeister" in einer Person geworden war, kam er sich natürlich doppelt wichtig vor, lernte einzelne Wendungen aus den Büchern des Philosophen auswendig und merkte sich manches aus dessen Tischgesprächen, um es — oft komisch verunstaltet — weiter zu tragen. Obwohl er sich in allem Geistigen recht beschränkt erwies, z. B. trotz jahrelangen Besorgens der Hartungschen Zeitung dieselbe zu Kants Ärger immer wieder als „Hartmannsche" Zeitung bezeichnete, schätzte sein Herr ihn wegen seiner jahrelang bewiesenen Treue und Redlichkeit so sehr, daß er einmal in einer Gesellschaft äußerte, er würde es als kein übles Zeichen des Jenseits ansehen, wenn er daselbst seinem alten Lampe begegnen würde. Er überließ dem langjährigen Diener alle häuslichen Angelegenheiten in einem Maße, daß im Jahre 1793 eine ihm von der Frau seines Kollegen Schulz besorgte neue Köchin, die schon in besseren Häusern selbständige Stellungen bekleidet hatte, es zur Hauptbedingung ihres Eintritts machte, daß sie „alles, was zu ihrer Kocherei gehört", selbst besorgen und verwahren und nicht etwa aus Lampes Händen erhalten wollte. Freilich mußte Kant jede Kleinigkeit, z. B. den Küchenzettel, selbst anordnen, da Lampe sich nur auf die maschinenmäßige Ausführung verstand, übrigens manchmal auch durch einen etwas rauhen Ton von seinem sonst gutmütigen Herrn in seine Schranken zurückgewiesen werden mußte. Als Livree trug derselbe einen weißen Rock mit rotem Kragen. Um das sonstige, innere und äußere, Leben des langjährigen Dieners scheint sich Kant auffallend wenig gekümmert zu haben. So soll er erst, als dieser sich eines Tages plötzlich einen gelben Extrarock anschaffte, erfahren haben, daß der alte Bediente am folgenden Tage — zum zweitenmal in den Stand der heiligen Ehe treten wollte, nachdem er vorher schon ohne Wissen seines Herrn — viele Jahre lang verheiratet gewesen war. Abegg wurde die Sache bei seiner Anwesenheit in Königsberg mit folgender Ausschmückung erzählt. Lampe sagte eines Morgens zu seinem Herrn: „Herr Professor! sie wollen es mir nicht erlauben!" Darauf Kant: „So! wer will denn nicht erlauben, oder was wollen sie nicht erlauben?" — „Ach, sie wollen mich nicht trauen, weil es Fastenzeit ist." — „Nun, so will ich an den Minister schreiben!" — „Ja, das hilft nichts, man muß es dem Bischof melden! Wie ich mich vor sechzehn Jahren zum erstenmal verehelichte, mußte ich auch an den Bischof mich wenden." — „So ist Er schon einmal verheuratet gewesen, und er ist katholisch?" — Nach Rink dagegen hätte im Gegenteil Lampes Frau vor der Heirat Kants Erlaubnis erbeten, die ihr freilich nur mit größtem Unwillen erteilt ward, und in späterer Zeit mit ihrer Tochter auch die Reinigung der Zimmer besorgt. Seit der Philosoph eigene Wirtschaft führte, hatte er daneben, wie schon erwähnt, eine besondere Köchin, die, wenigstens die letzte, Luise Nitschin, monatlich zwei Taler Lohn erhielt.

Bei Tische lag die Bedienung natürlich Lampe ob, der, wenn er hinter dem Stuhle seines Herrn herging, zu dessen Erheiterung es niemals versäumte, den Haarbeutel des Philosophen, falls er von der etwas höheren rechten Schulter auf die linke herabgeglitten war, hübsch ordentlich in die richtige Mitte zu legen.

Bis 1787 hatte Kant sein Mittagsmahl noch in einem benachbarten vornehmen Hotel — Gerlach (Englisches Haus) auf der Neuen Sorge oder Zornicht in der Junkergasse — eingenommen. Jetzt richtete sich der 63 jährige einen völlig eigenen Haushalt ein. Um nicht allein zu sein — denn „allein zu essen, ist für einen philosophierenden Gelehrten ungesund" (Anthropologie, S. 221 f.) —, veranlaßte er seinen, ihm damals besonders nahestehenden, jüngeren Kollegen Kraus, an seinem Mittagstische teilzunehmen: Osterdienstag 1787 speisten die beiden Philosophen zum erstenmal zusammen. Daneben behielt er noch die alte Gewohnheit des sonntäglichen Mittagessens bei dem langjährigen Freunde Motherby bei, während er an einem anderen Tage der Woche in der Regel bei Graf und Gräfin Keyserling zu Tische war.

Bereits früher haben wir darauf hingewiesen, daß es falsch ist, in Kant einen Pedanten zu erblicken, der sein ganzes Leben lang einen Tag wie den anderen verbracht habe. Aber er richtete allerdings, je älter er wurde, seine äußere Lebensweise um so grundsatzmäßiger ein; zumal da ihm seine nunmehrige eigene Hauswirtschaft eine solche größere Gleichmäßigkeit erlaubte. Wenn wir daher im folgenden einen Tagesverlauf zu schildern versuchen, dürfen wir behaupten, daß er bei ihm die Regel war.

Ein Tageslauf Kants in den 80er Jahren.

Es hängt wohl mit dem weniger hastenden Leben der damaligen Generation zusammen, daß der Deutsche des 18. Jahrhunderts seinen Tageslauf meist früher begann als der heutige. Jedenfalls in Königsberg war man das Frühaufstehen gewohnt. Einzelne Vorlesungen begannen schon um 6 Uhr früh, um 7 Uhr lud Kants Bedienter am 12. Juni 1798 Abegg ein, um 8 Uhr machte dieser bereits Besuche, wie 12 Jahre vor ihm der neu angekommene Professor Mangelsdorf um die gleiche Zeit bei den höchsten Behörden oder um ½8 Uhr früh, wie am 18. April 1798 Graf Purgstall bei Kant. So ließ sich denn auch Kant, ähnlich wie Friedrich der Große, jeden Morgen, im Sommer wie im Winter, schon um ¼ vor 5 von seinem Lampe aufwecken. „Und wenn ich auch", erzählte noch der 74jährige seinem Gaste Abegg, „manche Nacht gestört werde und gerne länger schlafen möchte, lasse ich mich doch jedesmal zu dieser Zeit wecken: denn sonst würde der Mensch gewiß nachlässig werden." Lampe durfte denn auch nicht eher fortgehen, als bis sein Herr sich erhoben hatte, und war aufs strengste angewiesen, auf dessen etwaiges Ruhebedürfnis keinerlei Rücksicht zu nehmen. Mit Stolz ließ sich der Philosoph gelegentlich einer Mittagsgesellschaft von seinem Diener bezeugen, daß er sich in einem Zeitraum von dreißig Jahren nie auch nur ein halbes Stündchen vorbehalten hätte.

Um 5 Uhr ging er alsdann, im gelblichen Schlafrock, mit einer rotseidenen Binde und mit einer Schlafmütze, über die er noch ein kleines dreieckiges Hütchen setzte, in seine Studierstube hinüber. Und nun begann für ihn die g l ü c k l i c h s t e Stunde des ganzen Tages: indem er sich seinen Tee ansetzte, seine Pfeife stopfte und dann während des Rauchens zugleich zwei Tassen schwachen Tees genoß. Darauf hing er in einer wohltätigen Abspannung seinen „herumschweifenden" Gedanken nach. „Ja, dies ist eine meiner glücklichsten Zeiten," gestand er seinen Gästen Abegg und Pfarrer Sommer am 12. Juni 1798, „hier bin ich noch nicht angestrengt, ich sammle mich nach und nach, und am Ende geht auch während dieser Zeit hervor, was und wie ich den Tag über arbeite. Aber „länger als eine Stunde ist ihm dieser Genuß nicht möglich: er muß t ä t i g sein", sagt ein anderer Tischfreund von ihm. Die Stunde von 6 bis 7 benutzte er noch zur Vorbereitung auf seine Vorlesungen, von denen er an den vier „Haupttagen": Montag, Dienstag, Donnerstag und Freitag von 7 bis 8 im Sommer Logik, im Winter Metaphysik las. Daran schloß sich von 8 bis 9 sein zweites philosophisches Fachkolleg: Moral oder Naturrecht oder „natürliche" Theologie oder — Physik, während Mittwoch und Sonnabend 8 bis 10 für die populäre Vorlesung — im Sommer Physische Geographie, im Winter Anthropologie — festgesetzt und Sonnabend 7 bis 8 für ein Repetitorium des Logik-, bzw. Metaphysik-Collegs freigehalten war. Aus dem Hörsaal in das Studierzimmer zurückgekehrt, arbeitete er sodann, wiederum in Schlafrock und Pantoffeln, an seinen Schriften, bis es Mittag geworden war und er sich, nach der merkwürdig gegensätzlichen Zeitsitte, in das Staats- oder Gesellschaftskleid warf, um in sein nahes Speisehaus zu gehen oder in die Gesellschaft, zu der er eingeladen

war. Von seinen eigenen, erst in den 90er Jahren ständig werdenden Mittagsgesellschaften soll erst später (Buch IV, Kap. 7)
im Zusammenhange die Rede sein.

Ausdauernd, wie bei der Arbeit, war er auch beim Mahle,
nach dem er gern noch bis 4, ja bis 6 Uhr bei einem Glase Wein
sitzen blieb. Ein Mittagsschläfchen gönnte er sich auch in seinem
höchsten Alter nie. Er setzte sich vielmehr absichtlich nach der
Vollendung der Mahlzeit nicht wieder, um nicht einzuschlafen,
sondern begann bald danach seinen regelmäßigen S p a z i e r -
g a n g. Sein Lieblingsweg ging nach der heute nicht mehr bestehenden, an der linken Pregelseite hübsch gelegenen Feste
Friedrichsburg. Er führte über einen Damm, der, im Viereck
angelegt, auf seinen verschiedenen Seiten von der Festung und
von den Gärten, Weiden, Häuser- und Speicherreihen der Vorderen Vorstadt umgeben war, während er seinerseits große, im
Frühjahr und Herbst mit Wasser bedeckte Wiesen einschloß.
Hier konnte er, allen Geräuschen der Stadt entronnen, den Anblick des freien Himmels und des saftigen Wiesengrüns genießen,
nach der anderen Seite den von Fahrzeugen belebten Fluß und
in der Ferne die immer kleiner werdenden Segler auf dem frischen
Haff betrachten, war auch den Spielplätzen seiner Kindheit nahe.
Den im Sommer wegen seiner hohen Bäume, der Aussicht und der
nahen Gärten von den Königsbergern häufig aufgesuchten Spazierweg hatte Hippel an zwei Seiten mit allerlei „englischen Partien",
d. h. im englischen Geschmack angelegten Laubengängen ver-
schönert und ihm Kant zu Ehren den Namen „Philosophendamm" (den heute noch die an derselben Stelle gelegene Straße
und Platz mit Anlagen in der Nähe des Hauptbahnhofs tragen)
oder „philosophischer Gang" beigelegt. Auf ihm sollen, wie er
selbst einmal erzählte, die Hauptgedanken seiner Kritik der
reinen Vernunft entstanden sein. Da ihm jedoch in späteren
Jahren zu viel Bettler und Zudringliche[1]) nachgingen, wählte er

---

[1]) Einmal soll ihn auch ein irrsinniger Metzgergeselle angefallen haben,
den er durch seine Geistesgegenwart mit der gelassenen Frage: „Ist denn
heute Schlachttag? Meines Wissens erst morgen" zur Ruhe gebracht
hätte.

später den zudem seinem Hause näheren Weg auf der gegenüberliegenden rechten Pregelseite bis zum Hollsteinischen Damm
oder Holländer (Schlag-) Baum. In früheren Zeiten hatte er wohl
einen ihm näher stehenden Studierenden, später einen Freund
oder Kollegen zur Teilnahme aufgefordert. In noch späteren
Jahren ging er am liebsten allein, sowohl um besser seinen Gedanken nachhängen zu können, als auch weil er es für gesünder
hielt, durch die Nase als durch den Mund zu atmen. Er ließ
sich deshalb auch nicht gerne anreden oder auch nur grüßen,
sah vor sich hin und blickte fast niemals auf. Obgleich er nach
seiner eigenen Behauptung (zu Abegg) weder große Hitze noch
große Kälte gut vertragen konnte, machte er seine Spaziergänge
doch zu jeder Jahreszeit und bei jeder Witterung. Merkte er,
daß Schweiß im Anzuge war, so blieb er, womöglich im Schatten,
stehen, als warte er auf jemand, der Schweiß ging dann wieder
zurück. Bei trübem Wetter trug er einen einfachen blauen Regen-
rock, wenig darum bekümmert, daß man ihn darin eher für einen
einfachen Königsberger Bürgersmann hielt, als für den großen
Gelehrten. Bei Schnee und Eis ging er vorsichtig den von ihm
selbst erfundenen „Trampelgang", oder ließ sich, wenigstens in
späteren Jahren, von Lampe begleiten. Bei Spaziergängen ins
Freie setzte er sich wohl auch unterwegs auf eine Bank, um
Gedanken, die ihm inzwischen gekommen waren, auf einem
Schreibtäfelchen[1] aufzuzeichnen; denn „mit der Schreibtafel
in der Tasche sicher zu sein, alles, was man in den Kopf zum
Aufbewahren niedergelegt hat, ganz genau und ohne Mühe
wiederzufinden, ist doch eine große Bequemlichkeit" (Anthropol. § 34).

Nach der Rückkehr von dem in seiner besten Zeit mindes-
stens eine Stunde dauernden Spaziergang erledigte er, wenn nötig,
häusliche Geschäfte und widmete dann den Rest des Tages am

---

[1] Ein solches elfenbeinernes Miniatur-Notiztäfelchen des Philosophen, mit einem von ihm selbst notierten lateinischen Büchertitel „Histo-
ria belli Tyrii" usw., mit anderen Kleinigkeiten zusammen in einem silbernen Taschenbesteck aufbewahrt, ist heute noch in der Kgl. und Universitätsbibliothek in Königsberg zu sehen.

Arbeitstische seines Studierzimmers dem Lesen von literarischen
Neuigkeiten, Reisebeschreibungen, naturwissenschaftlichen oder
hygienischen Schriften; nicht zu vergessen die Zeitschriften und
Zeitungen, deren Lektüre zur Erholung und Zerstreuung nach
angestrengter Kopfarbeit er auch seinen Zuhörern empfahl (Anthropol. § 47). Auf die p o l i t i s c h e n Zeitungen stürzte er
sich in aufgeregten und interessanten Zeiten — und an denen
mangelte es seit 1789 ja nicht! — mit „Heißhunger" auch schon
vormittags. Auch waren ihm in diesen Spätnachmittagsstunden
die Besuche von Bekannten am willkommensten, wie auch er
um diese Zeit öfters seine Freunde, besonders Green (s. unten),
aufzusuchen pflegte. Die Dämmerungsstunde benutzte er, wie
die frühe Morgenstunde, gern zu ungestörtem Nachsinnen, sei es
über das Gelesene, sei es über seine Vorlesungen und Schriften.
Er pflegte dabei am Ofen zu stehen oder zu sitzen und entweder
in das flackernde Kaminfeuer zu schauen — „bei einem veränderlichen Kaminfeuer verlieren wir uns in die tiefsten Gedanken"
(Puttlichs Anthropólogie-Heft) —, oder seine Blicke durch das
Fenster über die benachbarten Gärten nach dem Löbenichtschen
Kirchturm schweifen zu lassen[1]). Der Philosoph hatte sich mit
der Zeit so an diesen Ruhepunkt seines Auges gewöhnt, daß er
sich unangenehm gestört fühlte, aıs die emporgewachsenen Pap-
peln des Nachbargartens ihm den lieb gewordenen Anblick ver-
deckten. Der Besitzer desselben, sein früherer Schülır und
jetziger Verleger Nicolovius, tat ihm denn auch auf sein An-
suchen bereitwillig den Gefallen, die Wipfel der Bäume kappen
zu lassen: so daß Kant von nun an wieder bei dem gewohnten
Anblick seinen Gedanken nachhängen konnte. Nach dem Licht-
anzünden setzte er in der Regel seine Lektüre bis gegen 10 Uhr
abends fort. Doch ging er unter Umständen auch vor dem
Schlafengehen noch etwas in seinem Studierzimmer auf und ab,
um über die Arbeiten des kommenden Tages nachzudenken,
allerlei Einfälle auf kleine Gedächtniszettel zu schreiben und dergleichen. Oder er rechnete auch mit der Köchin ab, wie er denn

---

[1]) Es ist der Augenblick, den Professor Heinrich Wolf (Königsberg)
zum Gegenstand eines Bildes gewählt hat.

als solider Haushalter von Zeit zu Zeit seinen Geldbestand aufnahm (Beweis: ein Loses Blatt bei Reicke, S. 89). Jedenfalls bemühte er sich in der letzten Viertelstunde vor dem Zubettgehen,
sich möglichst aller ernsten und anstrengenden Gedanken zu ent-
schlagen, um so bald wie möglich einschlafen zu können. „Ich
gehe", sagte er 1798 zu Abegg, „gewöhnlich mit einer nicht
starren Idee zu Bette, und mit dieser schlafe ich ein. Ich kann
aber auch meiner Phantasie mich übergeben, aber dann macht
sie mir eine schlaflose Nacht. Indessen kann ich ihr auch oft
einen Streich spielen."

Um 10 Uhr ging er dann in sein stets ungeheiztes Schlafzimmer hinüber, kleidete sich ohne Hilfe seines Bedienten aus,
schwang sich in sein Bett und hüllte sich in die Decke: im Sommer eine baumwollene, im Herbst eine wollene, Winters in beide
zusammen; nur bei strenger Kälte kam noch eine Federdecke
hinzu. Mit dem frohen Bewußtsein eines tätig verlebten Tages
gab er sich dann einem im ganzen sehr gesunden und tiefen Schlafe
hin; selbst heftige Gewitter oder Feuerlärm vermochten ihn nicht
aufzuwecken.

2. Familie (Geschwister)

Kant blieb für sich allein, obwohl seine Schwestern in derselben Stadt wohnten.

Von diesen S c h w e s t e r n wissen wir nur wenig. Immerhin ist es uns, unterstützt durch A. Wardas Forschungen in den
Königsberger Archiven, gelungen, wenigstens etwas mehr, als
bisher bekannt war, festzustellen. Am unsichersten sind unsere
Kenntnisse über die älteste, die 1719 geborene Regina Dorothea,
die nach Schubert unvermählt blieb. Sie wird als eins der
fünf nachgelassenen Kinder beim Tode des Vaters (1746) von
Immanuel notiert, erscheint aber dann nicht mehr, zu Anfang
1792 war sie jedenfalls nicht mehr am Leben (Immanuel an Johann Heinrich Kant, 26. Jan. 92). Die zweite, Maria Elisabeth[1])

---

[1]) Der Vorname der Krönert ist allerdings nicht bezeugt. Ich nehme
Maria Elisabeth als wahrscheinlicher an, weil Regina nach Schubert
ledig blieb.

(geboren 2. Januar 1727), heiratete einen gewissen Krönert (Kröhnert), von dem sie geschieden wurde; wohl 1768, denn seitdem erhielt sie „in ihren kümmerlichen Umständen" von Immanuel eine jährliche Unterstützung bis zu ihrem „nach einem langen Krankenlager" im Sommer 1796 erfolgten Tode. Ihren vier Kindern werden wir bei der Besprechung von Kants Testament (Buch IV, Kap. 8) wieder begegnen. Die dritte, im Februar 1730 geborene, Anna Luisa, verheiratete sich mit einem Zeugmachermeister Johann Christoph Schultz und starb kinderlos am 18. Januar 1774. Da bei dem Todesvermerk im Archiv ihr Mann als „wohnhaft im Arbeitshaus" bezeichnet wird, so wird es wohl auch ihnen nicht sonderlich gut gegangen haben. Immerhin hat sie in dem Brief, den sie an ihren Bruder Johann Heinrich ein Jahr vor ihrem Tode schrieb, anscheinend nicht für sich, sondern nur für ihre Schwester, die „unglückliche Krönertin", Unterstützung erbeten. Auffallend ist, daß Anna Luisa unter den „nachgelassenen Kindern" von 1746 im „Hausbuch" nicht verzeichnet ist. Die jüngste Schwester endlich, Katharina Barbara, geboren 15. September 1731, heiratete ebenfalls einen Handwerker, namens Theuer, den sie noch vor Ablauf des ersten Ehejahrs verlor, hinterließ keine Kinder und war, spätestens seit Januar 1792, von Immanuel als Pfründnerin in dem St. Georgs-Hospital der Vorderen Vorstadt (dasselbe, dessen Schule er als kleiner Junge besuchte) „gut versorgt"; wir werden ihr als Pflegerin seiner letzten Lebenstage wieder begegnen.

Sie alle waren rechtschaffene Menschen. Mit Befriedigung schreibt Immanuel am 17. Dezember 1796 an den Bräutigam seiner Bruderstochter, daß „das Blut meiner beiden verehrten Eltern in seinen verschiedenen Abflüssen sich noch nie durch etwas Unwürdiges dem Sittlichen nach verunreinigt" habe. Dessenungeachtet aber und, obwohl er an demselben Ort lebte, hat er mit ihnen alle die Jahre so gut wie gar nicht verkehrt, ja sie „einmal fünfundzwanzig Jahre lang nicht gesprochen" (Jachmann). Auch redete er ungern von ihnen. Gewöhnlicher Stolz kann die Ursache nicht gewesen sein, dafür dachte er zu demokratisch und human; und von hochmütiger Eitelkeit, von der nur Dummköpfe erfüllt sind, war er erst recht entfernt. Dagegen war er allerdings schon seit seiner Studentenzeit aus ihrem Lebens- und Gedankenkreis völlig herausgewachsen; sie hätten sich wenig zu sagen gehabt. Also, wie Wasianski meint: „nicht, weil er sich ihrer geschämt hätte, sondern weil er sich mit ihnen nicht zu seiner Satisfaktion unterhalten konnte". Und in geselliger Beziehung hätte er geglaubt, sie, wie später die einzige Schwester, wegen ihres „Mangels an Kultur" entschuldigen zu müssen. Möglicherweise hat er sich auch darüber geärgert, daß sie in den ersten Jahren seines Professorats größere Ansprüche auf seine Unterstützung machten, als er sie leisten konnte, und sich dann über ihn beklagten. Später half er ihnen nicht nur reichlich, sondern „verkehrte auch mit ihnen"; wie weit dieser Verkehr ging, erfahren wir freilich von dem Berichterstatter (Jachmann) nicht. Den Kindern der Krönertin gab er bei ihrer Verheiratung eine jedesmalige Beisteuer von hundert Talern zur ersten „häuslichen Einrichtung" und ließ die Verwandten in Krankheitsfällen durch einen seiner früheren Schüler, den Dr. med. Jachmann, auf seine Kosten behandeln. Mit Absicht gab er ihnen nicht zu viel, um sie nicht zur Trägheit zu verleiten; blieb ihnen doch überdies die Aussicht auf die Erbschaft seines Vermögens. Nach dem Tode der Krönert überwies er deren Pension den Kindern aufs doppelte erhöht. Bei der Erbteilung am 17. September 1804 waren von letzteren vorhanden: zwei Söhne, beide Schuhmachermeister in ihrer Vaterstadt, eine an einen Schiffskapitän Gelhaar[1]) verheiratete Tochter Maria Dorothea und eine unverheiratete Tochter Luise Charlotte. Die Neffen haben die Unterschrift mit ihrem Namen, die Nichten bloß „durch eigenhändige Bekreuzung" vollzogen.

---

[1]) In einem nur in Bruchstücken erhaltenen, undatierten Briefentwurf (Ak.-Ausg. XII, Nr. 860) erbittet Kant für diesen Neffen von dem Stadtrat Hampus Berücksichtigung bei der Besetzung einer vakanten „Kormeister"-Stelle. Nach einer Bemerkung in dem in Goethes Besitz gewesenen Sedezbüchlein zum 26. Dezember 1802 erwartete er an diesem Tage seine „Verwandten" zum Abholen der ihnen ausgesetzten „Pensionen" in seiner Wohnung. Am 2. Januar 1803 soll „Kröhnert", also einer seiner Schuhmacher-Neffen, „meine Pantoffeln versohlen".

Wir begreifen, daß bei den starken Bildungsunterschieden der Verkehr zwischen Kant und seinen Schwestern nebst deren Angehörigen kein n ä h e r e r sein oder werden konnte. Gleichwohl kann seine spätere Fürsorge für ihr materielles Wohl uns nicht von dem Gedanken befreien, daß hier eine Härte, mindestens eine Kühle des Gefühls vorliegt, die wir an unserem Helden lieber nicht sähen: zumal da es doch von der anderen Seite, wie wir an dem Verhalten der jüngsten Schwester in seinem letzten Lebensjahre noch sehen werden, an wahrer, aufrichtiger Zuneigung nicht gefehlt zu haben scheint. Immerhin ist uns ein völlig sicheres Urteil, bei dem Mangel weiterer Nachrichten, nicht möglich. Viel deutlicher tritt das Verhältnis zu seinem B r u d e r zutage, von dem eine ganze Reihe Briefe aus den verschiedensten Jahren erhalten sind.

Gewiß läßt sich auch hier verstehen, weshalb es zu einem v e r t r a u t e n Verhältnis zwischen beiden Brüdern nicht gekommen ist. J o h a n n H e i n r i c h , am 28. November 1735 geboren, war zunächst durch einen Altersunterschied von beinahe zwölf Jahren von dem älteren getrennt. Ferner: während der für die geistige Entwicklung eines Menschen so bedeutsamen Knaben- und ersten Jünglingsjahre, vom 12. bis zum 20., wurde der früh Waise gewordene, fern von dem als Hauslehrer in der Fremde weilenden Immanuel, im Hause seines wohlhabenden Ohms Schuhmachermeister oder Schuhfabrikanten Richter erzogen, den er nebst der „Muhme" und der „alten, guten Anne" noch am 4. Januar 1778 grüßen läßt. Auf das Fridericianum ist er vielleicht erst später gekommen, denn er wurde für die damalige Zeit ziemlich alt, erst in seinem 20. Lebensjahr, zusammen mit dem noch nicht fünfzehnjährigen Küsterssohn Borowski, zur Universität entlassen. Gleich diesem entschied er sich für das Studium der Theologie, hat auch, im Unterschied von seinem philosophischen Bruder, ein Stipendium bezogen. Als Immanuel 1755 seine Vorlesungen begann, hat Johann Heinrich ihnen nur gelegentlich — sein Mithörer Borowski schreibt sogar: „äußerst selten" — beigewohnt; die Brüder wechselten dann nach Beendigung der Stunde wohl noch ein paar Worte miteinander.

Der jüngere hatte offenbar andere Interessen; denn o h n e
geistige Interessen war er nicht; er kam als Student zweimal
wöchentlich mit Borowski zusammen, um entweder einen klassischen Autor oder ein theologisches Werk mit ihm zu lesen. Im
Jahre 1758 verließ er die Universität und ging als Hauslehrer
nach Kurland, um — nicht wieder in die Vaterstadt zurück-
zukehren. So haben sich beide Brüder, trotz der nicht allzu
weiten Entfernung — es kamen genug Kur- und Livländer nach
Königsberg — nicht wiedergesehen, sondern nur Briefe miteinander gewechselt, und zwar in recht langen Abständen. Die
Schuld daran lag zum weitaus größeren Teil an unserem Philosophen. Immer wieder klagt der Jüngere über die Schweigsamkeit des Älteren; so gleich im ersten erhaltenen Briefe vom 1. März
1763: „Ists denn gar nicht möglich, eine Antwort zu bekommen, bald werde ichs machen müssen wie Gellert mit seinem
faulen Freunde, ich will Dir . . . selbst eine Antwort an mich
aufsetzen, Du darfst alsdann nur Deinen Namen unterschreiben
und ihn so wieder zurückgehen lassen . . .‟ So verliert auch er
schließlich die Lust zum Schreiben. „Jahre sind verflossen‟,
als er am 3. Juli 1773 wieder die Feder ansetzt. Allein e r ist
es doch, der warmherzig wieder beginnt: „Länger kann ich eine
solche Trennung unter uns nicht fortdauern lassen, wir sind
Brüder, die Natur hat Liebe und Vertraulichkeit uns zur Pflicht
gemacht, ich mache ein Anspruch auf Dein Herz, weil das meinige
Dir ganz ergeben ist.‟ Er bittet auch um etwas Mitteilsamkeit
in literarischen Dingen: „Warum soll denn Dein Bruder von Deinen gelehrten Arbeiten nicht eher etwas erfahren, als bis sie ein
jeder im Buchladen haben kann.‟ Darauf muß Immanuel doch
einmal geschrieben haben; denn das nächsterhaltene Schreiben
Johann Heinrichs vom 13. Mai 1775 beginnt mit den Worten:
„Es wird wenigstens ein Jahr sein, daß ich keine Zeile an Dich
geschrieben und keine von Dir gesehen habe. D u wirst mich
sehr und mit Recht getadelt haben.‟

Inzwischen hatte sich im Leben des Jüngeren eine günstige
Veränderung vollzogen. Nachdem er volle 16 Jahre als Hauslehrer seine Füße unter anderer Leute Tisch hatte strecken müssen,

hatte er endlich im 40. Lebensjahre diese „verächtliche Carrière"
aufgeben können und war 1774 als Konrektor an das Mitauer
Gymnasium berufen worden, das mit einer Akademie verbunden
war, an die er im folgenden Jahre auch den Bruder zu ziehen
suchte. Daß für diesen die Ablehnung der Stelle trotz des guten
Gehalts von 800 Talern selbstverständlich war, brauchen wir
nicht erst zu begründen. Wichtiger für das Lebensglück des
Konrektors, seit 1775 Rektors der Mitauer „Großen Schule",
war, daß er um dieselbe Zeit eine zwar vermögenslose, aber liebenswürdige und häusliche Lebensgefährtin in Maria Havemann, der
Schwägerin eines Pfarrkollegen, fand. Es war eine reine Neigungs-
heirat, die beide zu dauerndem Glücke zusammenführte. Trotzdem er seinen ganzen Tag mit Lehrstunden besetzt hatte und
außerdem sein Haus noch „mit Kostgängern anfüllen" mußte,
um ehrlich durchzukommen, fühlte er sich bei den „frugalen"
Mahlzeiten an der Seite seiner Frau „weit glücklicher" als früher
„an den üppigen Tafeln des stolzen Adels". Und es ist in der
Tat die Frage, ob er nicht für sein persönliches Glück das
bessere Los gezogen, ob er nicht Recht hatte, wenn er schrieb:
„Du, mein liebster Bruder, mußt Heiterkeit und Gemütsruhe in
Zerstreuungen der Gesellschaft suchen, Du mußt Deinen kränk-
lichen Körper den Mietlingssorgen frembder Leute anvertrauen.
Ich finde die ganze Welt in der zärtlichsten Freundin meines
Herzens . . . und . . . bin glücklicher als Du, mein
Bruder." Er rät ihm denn auch, sich durch sein Beispiel be-
kehren zu lassen, der „Celibat" habe seine Annehmlichkeit nur,
solange man jung sei; gesteht aber schon in seinem nächsten
Briefe vom 16. August d. J. resigniert: „Einen solch verhärteten
Garçon, wie Du bist, wird ein Beispiel ehelicher Zärtlichkeit
(so wie er es sich in Mitau bei ihm und seiner Mariane ansehen
solle) nicht rühren." Frau Maria Kant schließt sich in einer sehr
herzlichen Nachschrift den Grüßen ihres Mannes an, in späteren
Briefen auch die vier Kinder, die allmählich das Glück dieser
Ehe vermehrten. Immanuel verhielt sich demgegenüber, so viel
wir sehen, fortdauernd kühl; er zeigte dem Bruder nicht einmal die Ablehnung des Rufes nach Mitau an; dieser bittet ihn

am 21. Januar 1776 von neuem, doch nur eine Viertelstunde
einem Brief an ihn zu widmen. Ohne Erfolg; denn nach drei
weiteren Jahren, in denen er nicht das Geringste von ihm gehört, wiederholt er dieselbe Bitte in einem wiederum sehr warmherzigen Brief.

Um so größer war dann die Freude, als der Kritiker der
reinen Vernunft seiner Schwägerin nach vier ferneren Jahren
ein Geschenk mit einem drei starke Bände umfassenden Werke:
‚Die Hausmutter in allen ihren Geschäften' (Leipzig, 1778—79)
machte. Die Sendung traf das Ehepaar auch in glücklicher
äußerer Lage. Johann Heinrich hatte die aufreibende und dabei
wenig einbringende Rektorstelle zu Mitau — bei der er „zeitlebens zur Galeere kondemniert" zu sein meinte (4. Jan. 78 an
Immanuel) — mit einem hübsch gelegenen ländlichen Pastorat
Altrahden, zwischen Mitau und Riga, vertauscht, das trotz des
ausgedehnten Sprengels so recht nach seinem Herzen war, da es
ihm, der sich als „durchweg gesund und stark" rühmt, Beschäftigung mit der Landwirtschaft (Vieh, Pferde und Wagen) bot,
zugleich zur Lektüre Zeit genug ließ, vor allem aber ihn der
ewigen pekuniären Sorgen endgültig enthob. In dem Brief vom
10. September 1782, in dem er eine lebendige „Skizze" seiner
neuen Lage entwirft, schreibt er auch: „Deine Kritik der gereinigten (!) Vernunft hat hier die Stimmen aller Denker." Er
selbst wird sie demnach wohl kaum besessen haben; dafür will
sich seine Frau nach dem von dem „liebsten Herrn Bruder" ge-
schenkten „fürtrefflichen" Werk ‚Die Hausmutter' zu einer
„Professorin in der Wirtschaft studieren".

Wiederum tritt eine Pause von sieben Jahren ein. Wieder
bittet Johann Heinrich, wenn auch resignierter als früher, um
Wiederaufnahme des Briefwechsels: „Wir sind beide alt, wie
bald geht einer von uns in die Ewigkeit hinüber; billig also, daß
wir beide einmal das Andenken der hinter uns liegenden Jahre
erneuern." Dann folgt wieder eine „Skizze" seines einförmigen,
aber zufriedenen Lebens; neben den Amtsgeschäften nimmt ihn
der Unterricht seiner vier wohlgearteten Kinder (dreier Töchter
und eines Sohnes) in Anspruch, die zu Ende des Briefes selbst

dem „verehrungswürdigen Herrn Oncle" und den „geliebten
Tanten" ihre eigenhändigen Grüße senden. Obwohl der Bruder
dringend um eine, wenn auch nur lakonische, Antwort bittet —
gern wolle er das Postgeld zahlen, sollte sie auch nur eine Oktav-
seite einnehmen —, scheint Immanuel auf diesen am 21. August
1789 geschriebenen Brief des Bruders erst am 26. Januar 1792
geantwortet zu haben. Verglichen mit der Herzlichkeit der
Briefe des Altrahdenschen Pastors, karg und kühl. Er entschuldigt sich, daß er ihm seiner „überhäuften Beschäftigungen"
wegen nur in „außerordentlichen Fällen" schreiben könne, und teilt
ihm mit, daß er für ihn und die übrigen Geschwister im Falle
seines Todes brüderlich gesorgt habe: „so, daß, was die Pflicht
der Dankbarkeit wegen der uns von unseren gemeinschaftlichen
Eltern gewordenen Erziehung fordert, nicht versäumt wird."
Zum Schluß bittet er ihn um gelegentliche Nachrichten über den
Zustand seiner Familie. Von seinen eigenen inneren oder äußeren
Erlebnissen, von seinen Schriften kein Wort. Es ist, als ob die
wenigen Sätze geschrieben worden wären, während ihr Überbringer, ein Verwandter von Frau Kant, der dem berühmten
Schwager die Grüße der Familie übermittelte, darauf warten
mußte. Und die Wirkung dieses kurzen und kühlen Briefes im
Pfarrhause von Altrahden! „Es war ein festlicher Tag, an dem
ich einmal wieder die Hand meines einzigen Bruders und den
Ausdruck seines gegen mich wahrhaft brüderlich gesinnten Herzens
sah und mit rechtem Freudengefühl genoß usf." Dann der gerührte Dank für seine Fürsorge, der Stolz auf den Ruhm des
„Weltweisen erster Größe", und wiederum ein höchst lebendiger
ausführlicher Bericht über Weib und Kind. Gewiß ist das Schreiben etwas wortreich — er entschuldigt sich auch zum Schluß:
„Mein Herz riß meine Feder fort" —, aber es ist herzlich und
natürlich: während man sich bei den Worten des älteren Bruders
unwillkürlich an den kühlen Philosophensatz erinnert fühlt, den
er einmal auf die letzte, leer gelassene Seite eines Briefes von
Johann Heinrich schrieb: „Alle Moralität besteht in der Ableitung der Handlungen aus der Idee des Subjekts, n i c h t aus
der E m p f i n d u n g." Ob er wohl die ihm durch einen Freund

des kurischen Pfarrhauses überbrachte „einmütige" Bitte der
Kinder an den „besten", „verehrungswürdigsten", „geliebtesten
Herrn Onkel" nur ein Andenken — „eine Locke von Ihren ehrwürdigen grauen Haaren hätten wir doch sehr gerne, die würden
wir in Ringe fassen lassen und uns so fest einbilden, wir hätten
unsern Onkel bei uns" (19. Aug. 1795) — erfüllt haben wird?
Wir hören nichts davon. Wir besitzen nur noch seine Antwort
vom 17. Dezember 1796 auf die Verlobungsanzeige der ältesten
Nichte (Amalia Charlotte) oder vielmehr auf die Briefe, durch
die ihm dies frohe Ereignis seitens des Vaters und des Bräutigams,
des Kreisgerichtssekretärs Rickmann (1765—1830), mitgeteilt
ward. Dem Bruder berichtet er außerdem kurz von dem im vergangenen Sommer erfolgten Tode der Schwester Maria Elisabeth,
und von den für ihre Nachkommen und für die jüngste Schwester
getroffenen Unterstützungen; etwas wärmer ist das gleichzeitige
Glückwunschschreiben an den Verlobten gehalten.

Am 22. Februar 1800 starb Pfarrer Kant, gerade wie sein
Vater, an den Folgen eines Schlagflusses, der ihn anderthalb
Jahre vorher betroffen, und fast in demselben Alter wie dieser,
im 65. Lebensjahre. Das letzte Buch, in dem er — wie Immanuel
ein starker Leser — noch in der Nacht vor seinem Tode gelesen,
waren Herders ‚Ideen' gewesen, die sein Bruder schon lange unwillig beiseite gelegt hatte. Dagegen stimmten beide Brüder in
ihrer Wertschätzung der alten römischen Dichter überein, die
auch Johann Heinrich mit seinem ebenfalls ausgezeichneten
Gedächtnis gern zitierte; vor allem jedoch in ihrer Wahrheitsliebe, Rechtschaffenheit gegen andere und Freimütigkeit.

Durch geringere Einkünfte und größere Ausgaben in den
letzten Jahren war die Witwe mit den drei noch unversorgten
Kindern in eine, wie sie klagt, traurige wirtschaftliche Lage gekommen. Dennoch half diesmal der um Hilfe angegangene Oheim
nicht sofort. Er hat in diesem Fall, wie öfters, seine Ansicht auf
einem (in seinem Nachlaß gefundenen) Zettel formuliert: „Es
kann nicht verlangt werden, daß ich mich ausziehe, ehe ich mich
schlafen zu legen bereit bin, d. i. daß meine Verwandte schon
in meinem Leben mich beerben sollen. Meines verstorbenen

Bruders Kinder werden nach meinem Ableben schon ihr Teil bekommen. Ich habe noch andere, nämlich hiesige Verwandte, die ich zum Teil schon jetzt, obzwar willkürlich, pensioniere." Er mochte denken, daß der Bruder während der beiden letzten Jahrzehnte besser für die Zukunft der Seinen hätte sorgen müssen. Indes ließ er sich doch durch einen zweiten, flehentlichen Brief der Schwägerin (16. Mai) erweichen und gab seinem Bankier Konrad Jacobi am 19. Juni d. J. den Auftrag, ihr fortan jedes Quartal 50 „Reichstaler preußisch kourant" gegen Quittung zu verabfolgen, also eine recht erhebliche Unterstützung: die volle Summe, die er seit 1786 als Zulage zu seinem Gehalt bezog[1]). Voll heißester Segenswünsche für den wie einen „zweiten Vater" verehrten „Herrn Professor" — denn bei allem Dank trägt das Schreiben einen sichtlich formelleren Ton als die früheren — ist denn auch der Dank der Frau Pastorin vom 19. Juli. Immanuel muß in seiner Antwort ihr den Vorwurf der „Unbesorgtheit" gemacht haben: denn der Verlobte der zweiten Tochter (Minna), ein Pfarramtskandidat Schoen, sucht in seinem Dankschreiben vom 15. Juli durch eine ausführliche Darstellung diesen Vorwurf zu entkräften.

Im Jahre 1802 konnte auch Minna Kant ihre Verbindung mit dem inzwischen als Pfarrer angestellten Verlobten vollziehen. Der noch heute im Besitz der Famiile Schoen (Libau) befindliche, übrigens von fremder Hand geschriebene und von ihm nur unterzeichnete Glückwunschbrief des 78 jährigen Denkers (28. April 1802) ist herzlicher als alle früheren Briefe gehalten, berichtet von seinem äußeren und inneren Zustand und trägt überhaupt einen wärmeren persönlichen Ton (vielleicht weil von Wasianski niedergeschrieben?). Ebenso der im folgenden Jahre an den Verlobten der jüngsten Tochter (Henriette) geschriebene, der l e t z t e von allen erhaltenen Briefen Kants, vielleicht der letzte von ihm abgesandte überhaupt, zehn Monate vor seinem Tode

---

[1]) Nach einer Notiz in seinem S. 17 erwähnten Merkbüchlein zum 20. Dezember 1802 werden die Tags zuvor vom Oberschulkollegium eingegangenen 50 Taler sofort zur Übermittelung an „meines verstorbenen Bruders Tochter" nach Kurland geschickt.

geschrieben (9. April 1803). Die frohe Nachricht von der vorteil-
haften Verbindung seiner Bruderstochter — der Bräutigam war
ein Zollamts-Inspektor Stuart — habe ihm in einem Lebensalter,
„da man nur für wenige Freuden mehr empfänglich ist", ein
„wahres Vergnügen" gemacht. Er erteilt ihnen „statt meines
verstorbenen Bruders" seinen „väterlichen Segen" und zählt sie
von nun an zu den Seinigen.

Ein versöhnendes Licht auch auf das kühle Verhältnis zu
den S c h w e s t e r n wirft schließlich doch dessen Ausgang,
den wir deshalb an dieser Stelle schon vorausnehmen. Als der
Philosoph im Herbst vor seinem Tode immer schwächer und un-
behilflicher wurde, kam der treue Pfleger seiner letzten Jahre
Wasianski auf den Gedanken, die einzige noch lebende Schwester,
die damals im Georgs-Hospital als Pfründnerin lebende Barbara,
zu seiner Unterstützung in das Haus des Bruders zu nehmen.
Dieser war zwar anfangs — wie man erst neuerdings durch eine
der handschriftlichen Bemerkungen Wasianskis zu seiner gedruckten biographischen Darstellung erfahren hat — nur mit
Mühe zu der ungewohnten Änderung zu bewegen, Wasianski
spricht von einer „langsamen und fast schwierigen" Genehmigung
seines Vorschlags; aber nach und nach gewöhnte sich der Einsame doch an ihre Gesellschaft. Die auch bereits 72 jährige, die
sich jedoch noch im vollen Besitz ihrer geistigen und leiblichen
Kräfte befand, ja sogar Lebhaftigkeit und Frische zeigte, ihrem
Bruder übrigens „an Gesichtsbildung und Gutmütigkeit" ähnlich
war, legte ein so bescheidenes und zurückhaltendes Benehmen,
eine bei seiner zunehmenden Schwäche oft sehr schwierige Geduld
und Sanftmut, ja schwesterliche Zärtlichkeit an den Tag, daß
sich die Maßregel Wasianskis als sehr nützlich erwies. Auch
der Bruder selber muß schließlich ihre Anwesenheit angenehm
empfunden haben: wenige Wochen vor seinem Tode gab er (was
er sonst nie zu·tun pflegte) ihr, sowie dem treuen Wasianski,
einen Kuß. Sie stand am Fußende seines Bettes, als er seinen
Geist aushauchte. Und als am Tage des Begräbnisses Kants
Freund Kraus ihr vorgestellt ward und tief gerührt dem guten
Mütterchen die Hand küssen wollte, sie aber nach der seinen

griff und nun Kraus sich ebenfalls weigerte, da „fielen beide sich
in die Arme und weinten um den hingestorbenen Freund und
Bruder heiße Thränen" (Voigts Kraus-Biographie, S. 137). Sie
hat ihren Bruder nur wenige Jahre überlebt. Ihr im Juli 1805
abgefaßtes Testament, in welchem sie ihre letzte Habe den Königsberger Nichten und Neffen vermachte, wurde am 11. Juni 1807
eröffnet; also wird sie wohl kurze Zeit vor diesem Termin gestorben sein.

3. Die Freunde

An die Stelle der Familie war bei Kant schon lange ein Kreis
engerer und weiterer Freunde getreten. Zwar, ob er des höchsten
und hingebendsten Grades der Freundschaft fähig war, der im
völligen Aufgehen in den Interessen des anderen besteht, könnte
bei der spröden Eigenart seiner Persönlichkeit bezweifelt werden.
Gegenüber Abegg äußerten zwei ihm sonst wohlgesinnte Bekannte:
er habe sich „über Freundschaft und Liebe hinausphilosophiert".
Er selbst führte öfters das Wort des Aristoteles im Munde: „Liebe
Freund, es gibt keinen (sc. idealen) Freund!", meint auch einmal: „Es ist doch eine große Last, sich an anderer ihrem Schicksal angekettet und mit fremdem Bedürfnis beladen zu fühlen,"
und erklärt um 1777 für das „Vornehmste": „keinen Freund zu
haben, sondern gleich gut gegen jedermann gesinnt zu sein"
(XV, Nr. 1213). Dahin könnte man auch den eigentümlichen Zug
zählen, den Borowski von ihm berichtet: er habe sich zwar für
lebende Freunde sehr hilfreich und tätig gezeigt, auch nach
kranken sich aufs eifrigste erkundigt, aber nach ihrem Tod sich
nicht mehr gern an sie erinnern lassen. Aber der Fall, den er als
Beispiel anführt, betrifft doch einen Mann (Hippel), der bloß
zu Kants weiterem Bekanntenkreis gehörte. Auch könnte unter
Umständen das von Toten nicht in der Gesellschaft Redenwollen
gerade ein Zeichen tiefgehenden Schmerzes sein, wie es von
Goethe nach Schillers Tod berichtet wird. Wer denselben Abschnitt ‚Von der Freundschaft' in Kants ‚Tugendlehre' (§ 46 f.)
liest, dem obige Sätze entnommen sind, wird vielmehr zugeben
müssen, daß unser Philosoph eine tiefe Empfindung von der

Köstlichkeit wahrer Freundschaft, von ihrer Zartheit, von der „Süßigkeit der Empfindung des bis zum Zusammenschmelzen in eine Person sich annähernden wechselseitigen Besitzes", von dem mit ihr verbundenen „völligen Vertrauen zweier Personen in wechselseitiger Eröffnung ihrer geheimen Urteile und Empfindungen" besaß. Freilich muß sie auf G r u n d - s ä t z e n , nicht auf Gefühlen beruhen, „moralisch", nicht „ästhetisch" sein.

Einen solchen vertrauten Freund scheint Kant in seinem G r e e n besessen zu haben. Wir erinnern an das bereits S. 107 f. von ihm Gesagte. Greens Rechtschaffenheit, Edelsinn und scharfer Verstand ließen Kant über die Sonderbarkeiten in seinem Wesen hinwegsehen. Ihm zuliebe gab er nicht bloß das Kartenspiel, sondern, was viel schwerer wiegt, die gewohnte Tageseinteilung auf. In seinen letzten Lebensjahren war der „englische Kaufmann" durch ein Gichtleiden immer stärker ans Zimmer, zuletzt an sein Krankenlager gefesselt. Da verzichtete der Philosoph — und zwar Jahre hindurch — lieber auf seinen gewohnten Nachmittagspaziergang, als daß er den täglichen Umgang mit dem Freunde entbehrt hätte. Jachmann, der gerade in diesen Jahren Kant nahestand, erzählt folgendes hübsche Geschichtchen von dem Zusammensein der beiden alten Herren und ihrer nächsten Freunde: „Kant ging jeden Nachmittag hin, fand Green in einem Lehnstuhle schlafen, setzte sich neben ihn, hing seinen Gedanken nach und schlief auch ein; dann kam gewöhnlich Bankdirektor Ruffmann und tat ein gleiches, bis endlich Motherby zu einer bestimmten Zeit ins Zimmer trat und die Gesellschaft weckte, die sich dann bis sieben Uhr mit den interessantesten Gesprächen unterhielt. Diese Gesellschaft ging so pünktlich um sieben Uhr auseinander, daß ich öfters die Bewohner der Straße sagen hörte: „es könne noch nicht sieben sein, weil der Professor Kant noch nicht vorbeigegangen wäre[1])." Die Einzelheiten klingen

---

[1]) Auch nach Kraus (Kantiana, S. 60) brachte er bei dem „podagrischen" Green in dessen letzten Jahren täglich einige Nachmittagsstunden zu. Hier erscheint also die in das allgemeine literarische Bewußtsein (u. a. durch Heinrich Heines bekannte Darstellungsweise) übergegangene Vier-

ja etwas anekdotenhaft, die Tatsache im ganzen stimmt. Denn auch Hamann erwähnt nicht bloß schon 1781, jedesmal, wenn er Green besucht, daß er Kant dort getroffen, sondern schreibt auch ausdrücklich am 2. Juni 1785 an Jacobi: „Kant fand (sc. ich) gestern bei H(errn) Green, einem Kaufmann, wo er alle Nachmittage bis 7 Uhr zubringt;" und wieder am 21. Mai des folgenden Jahres: „Sein alter Freund Green, wo er jeden Tag bis Schlag 7 und Sonnabends bis 9 zu Hause ist, liegt so gut wie verrechnet und ist nicht mehr imstande, sein Bett zu verlassen, in dem er allein sich erträglich findet; es geht ihm sehr nahe." Sonnabends, so meldet auch Jachmann, blieben die Freunde, zu welchen sich dann noch der „schottische Kaufmann Hay (s. Bd. I, S. 123) und andere gesellten, zum Abendessen bei Green, das „aus einer sehr frugalen kalten Küche bestand".

Greens Tod, der Ende 1786 oder Anfang 1787 erfolgte, riß denn auch eine große Lücke in Kants Leben. Er bewirkte einen förmlichen Umschwung in seinen Lebensgewohnheiten, indem der Philosoph seitdem keine Abendgesellschaften mehr besuchte, ja sogar „dem Abendessen gänzlich entsagte" (Jachmann S. 82); welches letztere er freilich auch seiner Gesundheit für förderlicher hielt. Nur die Gewohnheit des sonntäglichen Mittagessens bei Robert Motherby behielt er bis zu dessen Tode im Jahre 1799 bei. Überhaupt starben ihm gerade in diesen Jahren eine ganze Reihe von Freunden oder näheren Bekannten dahin. Dem bereits 1788 verschiedenen Grafen Keyserling folgte am 24. August 1791 dessen Gemahlin, 1794 starb auch Freund Ruffmann, 1796 Hippel. Begreiflich genug, daß, als auch Motherby eimal am Rande des Grabes zu stehen schien, der sonst so gelassene Weise traurig ausrief: „Soll ich denn alle meine Freunde vor mir ins Grab gehen sehen!", und daß er sich immer mehr aus dem geselligen Leben außerhalb seines Hauses zurückzog.

Mit diesen veränderten Lebensgewohnheiten hängt es höchstwahrscheinlich zusammen, daß er gerade nach Greens Tode sich den Tisch im eigenen Hause einrichtete. Wie schon erwähnt,

Uhr-Legende (s. Bd. I, S. 290) in einer viel natürlicheren und harmloseren Variante.

bewog er seinen um 29 Jahre jüngeren Freund und Kollegen
Kraus, Junggeselle wie er, mit ihm gemeinsam zu essen. Christian
Jakob K r a u s , der, wie wir uns erinnern, bereits in seinen
Studienjahren dem verehrten Lehrer nahegetreten war, hatte
nach wenigen erst im Hause Keyserling, dann auf einer Bildungsreise ins „Reich" (Berlin, Göttingen, Halle) verlebten Jahren,
1781 als 28 jähriger durch Kants Einfluß die erledigte Professur
für praktische Philosophie bekommen, war also sein Spezialkollege geworden. Er war eine eigenartige und selbständige
Natur, außerordentlich vielseitig und bei seinem außergewöhn-
lichen Fleiß auf allen möglichen Gebieten bewandert. Gleich in
seinen ersten Dozenten-Semestern las er nicht bloß über sein
eigentliches Fach, sondern auch über Homer, Plato und — von
6 bis 7 Uhr früh! — über Shakespeare. Dagegen besaß er, im
Gegensatz zu den meisten so schreibseligen Gelehrten seiner Zeit,
weder Neigung noch anscheinend auch besondere Begabung zur
Schriftstellerei; auch „Vater Kant" konnte ihn nur mit Mühe
dazu bewegen. So hatte Kraus im Sommer 1787 die von Kant
wegen Arbeitsüberhäufung abgelehnte Besprechung des dritten
Teils von Herders ‚Ideen' für die Jenaer Literaturzeitung übernommen. Allein teils weil ihm die „pantheistische Schwärmerei"
und der „ästhetisch-metaphysische Bombast" Herders zuwider
war, teils aus angeborener Schwerfälligkeit des Entschlusses konnte
er sich nicht dazu aufraffen. Es half nicht einmal, daß Kant
selbst, um ihm die Sache zu erleichtern, ihm „allerlei von seinen
Gedanken über den Pantheismus" schriftlich mitteilte, er vermochte sich nun einmal nicht in die Sache hineinzudenken, auch
„in Kants Wege gar nicht zu finden" (Kraus an Schütz, 27. Dez.
87 und 17. Juli 88). Später interessierte er sich vor allem für Ca-
meralia und Volkswirtschaft und verkündete seinen begeisterten
Zuhörern die Lehren des englischen Freihändlers Adam Smith.

Beide Philosophen: Kant, der große Theoretiker und Kraus,
der sich allmählich von der Theorie immer mehr zu den praktischen Wissenschaften hinwandte, bildeten so auch als Vertreter
ihrer Disziplin eine glückliche Ergänzung zueinander. Kant
schätzte nicht bloß das ausgebreitete Wissen, sondern auch den

Scharfsinn des jüngeren Kollegen so hoch, daß er kein Bedenken trug, ihn gelegentlich mit dem großen Kepler zu vergleichen; aus einem Schüler und Verehrer war er allmählich der gleichberechtigte Freund geworden. Wie Kant, war auch Kraus von schmächtiger und kleiner Gestalt, die Züge seines ernsten, trockenen Gelehrtengesichts sind keineswegs schön zu nennen; auch schielte er ein wenig. Es muß ein vergnüglicher Anblick gewesen sein, die beiden Philosophen bei einem ihrer häufigen gemeinsamen Spaziergänge zusammen zu beobachten: in tiefes Gespräch miteinander versunken, der sonst raschere Kraus langsam neben dem Älteren einherschreitend, Kant den Kopf fast beständig zur Erde geneigt und auf eine Seite hängend, seine Beutelperücke fast immer in Unordnung und auf einer Achsel liegend. Öfters gab Kraus Ferienreisen auf das Landgut seines Freundes von Auerswald auf, weil er seinen „alten Lehrer", seinen „trefflichen Vater" Kant nicht allein lassen wollte. Nach Tische blieben sie oft noch lange bei einer Flasche Wein zusammen. Hamann meldet Jacobi am 17. April 1787: „Kants Bedienter begegnet mir, und (ich) erfuhr, daß die beiden Philosophen zusammen speisen seit dem Osterdienstag. . . . Wir fanden also die beiden Junggesellen in einer kalten Stube, ganz erfroren, und Kant ließ gleich eine Bouteille guten Wein von seinem verschriebenen Franz.(ösischen) bringen, den er bisweilen mit einem roten Tischwein abwechselt. . ." Desgleichen am 14. Mai: „Ich überraschte die beiden Philosophen beim Nachtisch, trank nolens volens noch ein paar Gläser Franzwein." Und am 19. April d. J.: „Gegen 6 Uhr (sc. kam) Kraus in vollen Sprüngen von Kant, mit dem er solange zu Tische gesessen." Zwei Tage vorher hieß es — Kraus war ein viel schlechterer Esser als Kant —: „Kraus saß wie ein armer Sünder, hatte kaum die Hälfte seiner kleinen Portion verzehrt."

Kraus ließ sich in manchen äußeren Dingen von Kant beeinflussen. So verzichtete er gleich diesem auf die Gewohnheit des Abendessens und schrieb seinem besten Freunde, dem späteren Provinzialminister von Auerswald, am 23. August 1787 darüber: „Meine neue Kantische Diät, da ich von Mittag zu Mittag nichts als Wasser genieße, bekommt mir sehr wohl, und die Zeit, die ich durch Abschaffung des Abendessens, noch mehr aber die Heiterkeit, die ich dadurch gewinne, ist, wenn sie Stich hält, für mich ein neues Geschenk des Lebens." Einmal läßt er sich sogar von Kant verführen, ein ganzes Oxhoft leichten Weines zu bestellen: „eine Unart, die Kant auf seinem Gewissen hat." Anderseits ließ der in Geldsachen Gleichgültige (er legte z. B. im Unterschied von Kant wenig Wert auf das Honorarzahlen der Studenten) sich doch von diesem zum Vorsatze — künftigen Sparens bestimmen. Auf gutes und vollständiges Mobiliar sah er ebensowenig wie Kant, der sich über Leute, die viel Hausgerät anschafften, lustig zu machen pflegte. Dagegen ließ er sich von dem in der Kleidung sehr viel korrekteren Spezialkollegen einst zur Anschaffung eines neuen Anzugs bewegen. „Als er", erzählt sein Biograph, „bei Kant seinen Tisch genommen und häufiger in andere Gesellschaften kam, ohne daß er daran gedacht hätte, seine schlechten, abgetragenen Kleider durch bessere zu ersetzen, nahm Kant einmal Gelegenheit, das Gespräch auf den Kleideranzug zu lenken und sagte zu Kraus: „Hören Sie, Herr Professor," — so förmlich also standen sie doch trotz aller Freundschaft — „Sie sollten sich doch endlich einmal auch einen neuen Rock machen lassen." Kraus nahm diese Ermahnung des Philosophen sehr gut auf; mit Laune und Witz wurde die Farbe des Tuchs, der Schnitt usw. als eine Sache von der größten Wichtigkeit abgehandelt, und in wenigen Tagen sah Kant unter Jubel und Lachen seinen Kraus neu bekleidet."

Als Kant später mehr Gäste an seinen Mittagstisch lud, zog sich der überhaupt ziemlich eigenartige Kraus allmählich zurück. Er klagte, das lange Sitzen bei Tisch, das Kants Gewohnheit war, behage ihm nicht und entziehe seinen Arbeiten zu viel Zeit. Nach anderen hätten sie sich in späteren Zeiten, zumal da des Jüngeren Abneigung gegen die spekulative Philosophie zunahm, zu oft gestritten, ja „herzhaft herumgezankt" (Abegg), und Kraus deshalb eines Tages Lampe benachrichtigt, er möge ihn nicht mehr zum Mittagstisch bei Kant einladen; worüber letzterer dann sehr betroffen gewesen wäre. Kraus entfernte sich mit der Zeit auch philosophisch von seinem einstigen

Lehrer. Er betrachtete seine auf das Studium der theoreti-schen Philosophie verwendeten Jahre als verlorene Zeit, wollte auch — darin übrigens dem großen Kritiker verwandt — nichts von einer auf einen bestimmten Namen getauften Philo-sophie wissen; es sei zwar sehr nützlich, auch das Kantische System einmal durchzustudieren, aber nur, um dann selbst zu sehen und zu gehen. Jedenfalls blieben aber auch nach Auf-hebung der Tischgemeinschaft beide Männer voll Hochachtung füreinander, die bei Kraus mit Dankbarkeit für Kants Verdienste um sein persönliches und geistiges Wohl, bei Kant mit immer wieder ausgesprochener Bewunderung von Kraus' Geist und Viel-seitigkeit verbunden war. In Gesellschaften saß der eine gern in der Nähe des anderen, und „keine herrlichere Unterhaltung", versicherte Voigt ein Teilnehmer an einem wissenschaftlichen Kränzchen, konnte man sich denken, „als wenn Kant und Kraus in einen gelehrten Disput gerieten". In Kants letzter Krankheit besuchte Kraus ihn öfters, und die wenigen Jahre, die er ihn noch überlebte (er starb bereits 1807), fehlte er nie bei seiner Gedenkfeier. Der innerste Grund, weshalb es bei alledem zu keiner dauernden Freundschaft zwischen ihnen kam, war wohl ihr ver-schiedenes Temperament. Kraus' weicheres Gemüt fühlte sich gleichzeitig auch zu — Hamann hingezogen. Nach dessen Tod schrieb er seinem Freund Auerswald die bezeichnenden Worte: „Kants Kopf kann mir den Verlust von Hamanns Herz nicht ersetzen."

Nächst Kraus stand unserem Philosophen von seinen Amts-genossen wohl der Hofprediger und Professor der Mathematik Johann Schultz (auch Schulz, Schulze geschrieben, geb. 1739, nicht zu verwechseln mit dem Ober-Hofprediger Johann Ernst Schulz) am nächsten. Daß der einfache Landprediger von Löwenhagen seinerzeit als einziger Verständnis für seine In-augural-Dissertation gezeigt (Buch II, Kap. 7), hatte ihm Kant nicht vergessen. Und er wird sich gefreut haben, als der wackere Mann 1775 zum Diakonus der Alt-Roßgarter Kirche in Königs-berg befördert wurde und zugleich den Magistergrad sich erwarb, im folgenden Jahre sogar die zweite Hofpredigerstelle an der

Domkirche erlangte. Ihm sandte er darum auch am 3. August 1781 die Kritik der reinen Vernunft mit der Bitte zu, womöglich „einen kleinen Teil derjenigen Zeit, die Ihnen von Geschäften übrig ist", zur Prüfung und Beurteilung derselben zu verwenden.

Schultz kam erst in den Sommerferien 1783 zu einer zusammenhängenden Lektüre des gewaltigen Werkes, arbeitete aber dann auch gleich eine eingehende Rezension aus, die er sodann auf Anregung Kants zu einer besonderen Schrift: ‚Erläuterungen über des Herrn Professor Kant Kr. d. r. V.' (1784) erweiterte. Für uns besitzt die klar und verständig abgefaßte, aber unselbständige Erläuterungsschrift keine Bedeutung mehr; um so wertvoller war sie für Kant, der sich bis dahin „fast von niemand verstanden" gesehen hatte. Nachdem Schultz zu seinem Hofpredigeramt auch noch die Professur seiner Lieblingswissenschaft, der Mathematik, erhalten hatte, diskutierte der Philosoph auch mathematische Probleme mit ihm (vgl. z. B. den Brief an Schultz vom 25. Nov. 88), beriet und unterstützte ihn in einer mathematischen Polemik mit Eberhard und Kaestner (Sommer 1790) u. ä. Zwei Jahre später geht er ein Manuskript des jungen J. S. Beck (s. I, S. 412 f.) mit Schultz durch, wie denn überhaupt beide den Inhalt interessanter Gelehrtenbriefe einander mitzuteilen pflegten. An Schultz wandten sich öfters Fremde oder Verleger mit Fragen oder Bitten, mit denen sie den vielbeschäftigten Philosophen selbst nicht behelligen wollten, während dieser seinen Adlatus gelegentlich Zeitschriften als Mitarbeiter empfahl. Schultz aber hatte eine solche Verehrung für den großen Denker, daß er unzufrieden war, wenn frühere Schüler, wie Pörschke, sich Abweichungen von den Bahnen des Meisters erlaubten. So kam es dahin, daß der alt gewordene Philosoph gegen Ende seiner wissenschaftlichen Laufbahn gerade diesen unselbständigen, aber unbedingten Anhänger in einer öffentlichen Erklärung an einen Gegner (Schlettwein), 29. Mai 1797, als denjenigen bezeichnete, der seine Schriften so verstehe, „wie ich sie verstanden wissen will."

Auch ihrem Charakter nach müssen beide Männer gut zueinander gepaßt haben. Schultz stand im Rufe eines Menschen von immer sich gleich bleibender Redlichkeit und Güte. „Hofprediger Schultz ist vielleicht der beste Christ in ganz Preußen", meinte ein Mann, der sonst eine recht scharfe Zunge hatte (Duncker) 1798 zu Abegg. Auch in politischer Hinsicht dachte der Schüler ähnlich wie der Meister: „ein offener Republikaner, aber gewiß kein französischer, ungeachtet er die Franzosen immer verteidigt und glaubt, nach dem Frieden werde in Frankreich die Kultur des Bodens und der Menschen, Religiosität und alles Gute wieder emporkommen" (Abegg). Daher trug denn auch der Verkehr Kants im Hause des Hofpredigers, wie es scheint, einen sehr gemütlichen Ton. Nicht bloß, daß die Frau Hofprediger ihn und durch seinen Lampe zugleich auch den „Herrn Geheimrat von Hippel Hochwohlgeb." zur Mittagsmahlzeit „invitiert" (Kant an Hippel, 23. Okt. 1791): sie besorgt dem unpraktischen Philosophen gelegentlich auch eine neue Köchin! Man lese ihren ausführlichen Brief an Kant vom 22. Dezember 1793[1]). Am 15. Okt. 1795 meldet er dem jungen Kiesewetter, den er offenbar in ihrem Hause eingeführt, ihren nach langen Leiden erfolgten Tod. Schultz selbst starb auch bereits 1 Jahr nach Kant.

Zu dem Kreise weiterer Bekannten, mit denen er auf dem Fuße gegenseitiger Einladungen zu Tisch und öfterer gelegentlicher Besuche stand, gehörten außer den schon früher Genannten, Jahrzehnte lang Scheffner und Hippel. Johann George S c h e f f - n e r (1736—1820), in seiner Jugend Offizier und Verfasser der schlüpfrigen ‚Gedichte im Geschmacke des Grécourt', war noch in seinem Alter ein hochgewachsener, schöner Mann mit lebhaftem Auge und scharfen Zügen, dabei einer der geistvollsten Menschen Königsbergs. Noch berühmter wegen seines scharfen Verstandes war Scheffners naher Freund Theodor Gottlieb H i p p e l (1741

---

[1]) Auch mit der Frau O b e r - Hofprediger Schultz scheint unser Held auf gemütlichem Fuß gestanden zu haben. Sie selbst erzählte noch in ihrem Alter Emil Arnoldt von einer scherzhaften Unterhaltung, die Kant eines Sonntagmittags, wo er bei ihr eingeladen war, mit ihr gepflogen. Kant: Nun, Frau Hofprediger, waren Sie heute in der Kirche? Sie: Ja. K.: Gab's denn auch Abendmahl? Sie: Nein. K.: Ach, Gottesdienst ohne Abendmahl ist so, wie Flinsen (ein Schmalzgebäck) ohne Pflaumen (Mitteilung von Arnoldts Freund und Schüler O. Schöndörffer an mich).

bis 1796), der aus einem Theologen zum Juristen, aus einem
„Hofhalsrichter und Kriminaldirektor" zum Stadtpräsidenten und
Polizeidirektor von Königsberg geworden war. In Hippels Charakter mischten sich die auffallendsten Gegensätze: scharfer Verstand
und phantastische Laune. Vorurteilslosigkeit und eine gewisse
Eitelkeit wie anderseits übertriebene Vorsichtigkeit und Geheim-
nistuerei, pietistische Frömmigkeit und sinnlicher Hang zum
anderen Geschlecht (er blieb unbeweibt), Schönheitsgefühl und
Grillenhaftigkeit, ein ausgezeichnetes Verwaltungstalent, dessen
durchgreifender Energie die Stadt Königsberg zahlreiche Fortschritte verdankt, und die Gabe geistreicher Schriftstellerei. Als
Student hatte er zwar bei Kant Metaphysik und physische Geographie gehört, jedoch keinen nachhaltigen Eindruck von ihm
bekommen. Während der 70er Jahre hatte er dann merkwürdigerweise und insgeheim sich Nachschriften von Kants Vorlesungen
über Logik, Moral, Naturrecht und besonders Anthropologie be-
schafft und aus diesen viele Gedanken in die beiden ersten,
anonym erschienenen Bände seiner ,Lebensläufe nach aufsteigen-
der Linie' (1778/79) eingereiht, oder, wie Kant selbst es ausdrückt, „in seine launigten Schriften gemischt", um „durch die
Zutat des Nachgedachten dem Gericht des Witzes einen schär-
feren Geschmack zu geben". Als Kant selbst nach Hippels Tod
(1796) öffentlich der Verfasser- oder doch Mitarbeiterschaft an
den ,Lebensläufen' sowie dem ebenfalls anonym erschienenen Buch
,Über die Ehe' geziehen und zu einer öffentlichen Erklärung aufgefordert wurde, stellte er in einer solchen den wahren Sachverhalt fest. Hippel, der sich „nie mit Philosophie sonderlich
befaßt" habe, hätte eben jene „ihm in die Hände gekommenen
Materialien" als „Würze für den Gaumen seiner Leser" gebraucht,
ohne ihnen Rechenschaft zu geben, „ob sie aus des Nachbars
Garten oder . . . aus seinem eigenen genommen wären". Hippel
habe, trotz seines „engen Umgangs" mit ihm, über diese Sache
nie ein Wort fallen lassen, er selbst (Kant) aber ihn „aus gewöhnlicher Delikatesse nie auf diese Materie bringen mögen"
(Briefw. III, 387). Gleichwohl bestand zwischen beiden Männern
ein fortdauernd gutes Verhältnis gegenseitiger Hochschätzung.

das in seinem letzten Jahrzehnt, wie Kant selbst bezeugt, sogar
zu einem vertrauten Freundschaftsverhältnis führte. Kant nannte
den vielseitigen Oberbürgermeister öfters einen „Zentralmenschen"
oder „Plankopf", dieser den ihm in vielem so entgegengesetzten
Theoretiker, dem er kein Land, kein Dorf, ja nicht einmal einen
Hühnerstall zur Regierung anvertrauen wollte, einen „Meister
der Philosophie", „exemplarischen Philosophen", „treuen Streiter
im Reiche der Vorurteile".

Ein hübsches Beispiel dafür. Hippel hatte sich früher als
einen entschiedenen Demokraten gegeben, 1786 aber von dem
neuen Regenten Preußens in den Adelstand „erheben" lassen.
Während nun andere Bekannte ihre unverdienten spöttischen
Glossen darüber machten, beglückwünschte Kant ihn in fein-
vornehmer Weise zu der „Ihrem Namen beigefügten Distinktion,
welche zwar Ihrer wohlgegründeten öffentlichen Ehre keinen Zusatz verschaffen kann, aber dennoch ein Zeichen ist, daß Sie
künftig in Ihrer Absicht, Gutes zu stiften, weniger Hindernis
antreffen werden, ein Interesse, welches, wie ich weiß, Ihnen
allein am Herzen liegt". (K. an H., 29. Sept. 86.) Hippel aber
tat ihm nicht nur, wo es anging (Gefängnis-Gesang!, Verschaffung
von Stipendien für mittellose Studenten, die der Philosoph empfohlen), einen Gefallen, sondern schrieb ihm unter anderen aus
Danzig, wohin Kant ihm seine Religionsschrift geschickt, folgende
schöne Worte: „Wie sehr ich mich nach Ihrem lehrreichen Umgang sehne, der mir, das wissen Sie selbst, mehr gilt als alles,
was Königsberg hat. . . Nie ging in Königsberg ein Morgen vorbei,
wo mich nicht . . . der Anblick Ihres Hauses und der Gedanke,
Ihrer so großen Wirksamkeit belebte und stärkte. . . So soll es
auch immerwährend bleiben, solange ich sehen kann, und solange
ich durch diese Nachbarschaft beglückt werde" (5. Dez. bzw.
13. Juni 93[1])).

---

[1]) Über H i p p e l vgl. von neueren Schriften besonders die Arbeiten
von Ferd. Jos. Schneider, namentlich die Biographie: Th. G. von Hippel
in den Jahren 1741—81 (Prag 1911). — Über die Plagiat-Angelegenheit
handelt erschöpfend A. Warda, Kants Erklärung wegen der von Hippel-
schen Autorschaft in Altpreuß. Monatsschrift Bd. 41, S. 62—93.

Selbstverständlich pflog Kant, außer den soeben und früher Genannten, noch mit manchem Mitglied der besseren Gesellschaft Verkehr. Als solche werden z. B. der bizarre J. A. Duncker (geb. 1743), der als vermögender Mann seinen Studien und Liebhabereien lebte, der verständige, besonders für städtische Angelegenheiten interessierte F. A. Dorow, der Stadtrat Bertram (der ihn im Mai 1775 zu einer zweitägigen Wagenfahrt nach seinem Gut Wesdehlen einlädt) und andere genannt. Wie ausgebreitet sein geselliger Verkehr war, und welche veredelnde und verfeinernde Wirkung seine Geistesart auch auf diesem Gebiet ausübte, davon gibt ein früherer Schüler aus den 8oer Jahren, F. C. G. Duisburg (derselbe, aus dessen Familie der sogenannte „Duisburg'sche Nachlaß" von Kantpapieren stammt) noch nach 25 Jahren folgendes schöne Zeugnis: „Besonders hat der unsterbliche Kant viel auf die Bildung der Königsberger gewirkt. Er, der in jede Gesellschaft gern eintrat, in jeder Gesellschaft dem Unterhaltungston eine Stimmung zu geben wußte, die angenehm unterhielt und doch auch den Kopf beschäftigte; er, der den Professor und abstrakten Denker an seinem Pulte zurückließ und in der Gesellschaft den aufgeweckten, heiteren, unterhaltenden Mann von Welt produzierte: er gab den Königsbergern eine Verfeinerung, einen Geschmack, eine Tendenz, die sie sehr vorteilhaft unterscheidet" (Reicke, Lose Blätter, S. 3).

Achtes Kapitel

Im Amte
(Kant als Kollege, Beamter und Dozent)

1. Als Kollege

Von seinen Amtsgenossen stand Kant nur mit Schultz und Kraus — und auch mit letzterem, wie wir sahen, nur zeitweise — vertrauter, mit den übrigen nur auf kollegialischem Fuße. Am nächsten wohl mit dem Physiker Karl Daniel R e u s c h , schon seit 1763 Magister und Privatdozent an der Albertina, 1772 Professor, seit 1776 Oberbibliothekar an der Schloß-, später auch an der Universitäts-Bibliothek, daneben noch Vorsteher des akademischen Alumnats und Rendant der Universität. In allen diesen Beziehungen hatte Kant öfters mit ihm zu tun, auch korrespondierte er mit dem fleißigen und tüchtigen Manne über Fachfragen, wi. das Fahrenheitsche Thermometer oder den Blitzableiter an der Haberberger Kirche. Wenn Reusch und seine Familie in der Gegend des holländischen Baums den Philosophen auf seinem Lieblingsspaziergang trafen, so schloß sich derselbe öfters, nach freundlicher Begrüßung, auch unaufgefordert dem von ihm hochgeschätzten Kollegen an, mit dem er dann langsam vorschritt (nach der Erzählung von Reuschs Sohn Christian Friedrich in: ,Kant und seine Tischgenossen', Königsberg 1847).

Weniger nahe stand er den drei übrigen, in den 80er Jahren aus dem „Ausland" nach der Pregelstadt berufenen, zum Teil noch recht jugendlichen Fakultätskollegen. Gefällig hatte er sich nach seiner Gewohnheit auch dem 1782 als Professor der Geschichte und Eloquenz aus Halle gekommenen M a n g e l s d o r f (geb. 1748) gleich bei seiner Ankunft bewiesen, indem er ihm, dessen Möbel auf dem weiten Wasserwege (über Lübeck!) noch nicht angelangt waren, auf seinen Wunsch zwei Betten, Tisch- und „Koffee"-Zeug besorgte, auch seinen Lampe für die dem neuen Amtsgenossen anscheinend sehr wichtigen Antrittsvisiten bei dem Obermarschall und anderen Spitzen der Behörden mitgab. Aber auf die Dauer konnte ihm die selbstgefällige, streberhafte und dabei doch mit innerer Roheit[1]) gepaarte Art des Eloquenz- professors, der bald noch die Professur der Dichtkunst hinzu- übernahm und z. B. zum ersten Geburtstag Friedrich Wilhelms II. (1786) nicht bloß die Festrede hielt, sondern auch ein auf den „großen Gegenstand" verfaßtes Poem verteilen ließ, nicht zusagen.

Im Jahre 1786 kamen zwei weitere Neulinge — zum Kummer der alteingesessenen Preußen — aus dem „Ausland"[2]). Die ordentliche Professur für morgenländische Sprachen erhielt der 27 jährige Thüringer Johann Gottfried H a s s e , ein Zögling Herders; wenige Jahre später auch noch eine theologische Pro- fessur, den Titel eines Dr. theol. und Konsistorialrats. Gegenüber dem Wöllnerschen Regime benahm er sich, wie wir noch sehen werden, wenig mannhaft. Kants regelmäßiger Tischgast, einmal bis zweimal wöchentlich, ist er erst in dessen drei letzten Lebens- jahren geworden und hat als solcher über des Philosophen ‚Merk- würdige Äußerungen' in einem recht unbedeutenden Schriftchen berichtet. — Der letzte der im ganzen nur sechs Fakultätskollegen Kants war der Schlesier Samuel Gottlieb W a l d , der, mit 20 Jahren in Halle Magister geworden, schon als 24 jähriger, wie Nietzsche, die ordentliche Professur des Griechischen an der Albertina erhielt. Ebenso fruchtbar wie der vielschreibende Mangelsdorf und ein noch größerer Streber als er, schwang sich

---

[1]) „Mangelsdorf scheint ein . . . freimütiger, aber roher Mann zu sein, der, wie hier bekannt ist, dem Trunke sehr ergeben ist und auch manchmal seinen Gang ins Bordell nimmt" (Abegg). Über seine Gehalts- verhältnisse hatte er sich alsbald sehr enttäuscht geäußert. Daher auch seine Ämterhäufung (s. oben).

[2]) Daß sich im Anschluß daran eine Art Kliquenwesen bildete, deutet Hamann (an Jacobi, 25. Nov. 86) an: der junge Professor Hasse aus Weimar habe sich „ganz an die Ausländer unserer Akademie: Mangels- dorf, Holzhauer und Hofrat Metzger angeschlossen".

der vielgeschäftige junge Mann rasch hintereinander zum Direktor der kgl. Deutschen Gesellschaft, Oberinspektor des Fridericianums, Professor der Theologie, der Geschichte und Beredsamkeit, Mitglied der geistlichen Prüfungskommission unter Wöllner (1794) und Konsistorialrat auf! Als amtlich bestellter Professor der Eloquenz hielt gerade er, der am wenigsten in Beziehungen zu dem Philosophen gestanden hatte, am 23. April 1804 die offizielle Gedächtnisrede zu Ehren Kants.

Auch von einem näheren Umgang unseres Weisen mit den noch weniger zahlreichen Mitgliedern der anderen Fakultäten ist nichts bekannt. Der freundschaftliche und wissenschaftliche Verkehr mit dem Professor der Medizin und Hofapotheker K. G. Hagen (geb. 1749, vgl. Band I, S. 364 f.), der einen der ersten Grundrisse der experimentellen Chemie (1786) geschrieben hat, gehört erst in die 90er Jahre. Gegen alle Amtsgenossen aber erwies er sich stets, soviel auf ihn ankam, echt kollegialisch, d. h. gefällig, human und zuvorkommend.

2. Kant als Beamter

Seit 1770 war unser Philosoph, nachdem er die erforderliche Zwölfzahl (!) von akademischen Disputationen bzw. Abhandlungen veröffentlicht hatte, in das Professoren-Collegium der Albertina eingerückt. Auch er hatte also den Professoren-Eid schwören müssen, der ihn unter anderem auf das Bekenntnis der lutherischen Kirche verpflichtete, abweichende Meinungen dagegen, wie die der Wiedertäufer und „Sakramentarier", d. h. Zwinglianer zu verwerfen gebot. Freilich war er damit noch nicht Mitglied des akademischen S e n a t s geworden; diesem gehörten nur die vier rangältesten Professoren der philosophischen Fakultät, von den drei „oberen" jedesmal die zwei ältesten, außerdem der jeweilige Dekan der ersteren an. So wurde Kant zwar vorübergehend als Dekan im Sommer 1776 Mitglied, trat aber erst 1780 endgültig in die Zahl der zehn „Senioren" oder Dezemvirn ein. Der Senat hatte die Aufsicht über alle akademischen Angelegenheiten, führte Rechnung über Einnahmen und Ausgaben der Universität, verwaltete und übertrug deren Sti-

pendien und schlichtete etwa entstandene Streitigkeiten. Seiner
Gerichtsbarkeit unterstanden nicht bloß alle Professoren und
akademische Beamten mit ihren Familien, sowie sämtliche Studierende, sondern auch alle — Buchhändler und Buchdrucker
der Stadt, ja „alle diejenigen, welche vormals studiert haben, sich
in Königsberg aufhalten und die Gerichtsbarkeit der Akademie . . .
anerkennen" (Baczko a. a. O., S. 269—71).

Unserem Kant fielen die mannigfachen, oft sehr kleinlichen
Amtsgeschäfte, die ihn von seiner Geistesarbeit abzogen, recht
lästig. Es mag ihm bei den jeden Mittwoch stattfindenden Senatssitzungen öfters gegangen sein wie seinem Kollegen Kraus, der
„nicht leicht eine Senatssitzung ohne Ärger und Unwillen verließ, teils über die Kleinigkeitskrämerei, die darin herrschte, teils
wegen der Geistlosigkeit der Senatsverhandlungen, teils wegen
der Verkehrtheit, wie zuweilen Dinge von Wichtigkeit abgetan
wurden", zumal wenn es obendrein noch zu „inhaltlosem Ge-
zänke" kam (Voigt, S. 327). Ob indes Kants Gleichgültigkeit
gegen Geschäftliches so weit ging, daß er sich „selten die Zeit
nahm, ein Aktenstück der philosophischen Fakultät durchzulesen"
und „nie der Pluralität widersprach", wie Baczko in seiner Selbstbiographie (II, 139 f.) erzählt, möchten wir denn doch bezweifeln;
dazu war schon seine Gewissenhaftigkeit zu groß. Daß er in Angelegenheiten, von denen er etwas verstand, sachgemäß mit-
arbeitete, zeigt der eingehende Briefwechsel mit Reusch in Sachen
des Blitzableiters. Nach Schubert, der zahlreiche Fakultätsakten
daraufhin durchgesehen, trat er für pünktliche Beachtung der
Statuten oder, wo diese nicht ausreichten, des Herkommens ein,
„wobei er jedoch mit liebenswürdiger Schonung aller Persönlichkeiten sich immer in einer musterhaften Sprache wahrster Humanität bewegte"; bei Streitigkeiten spielte er gern den Vermittler. Wo es sein mußte, z. B. gegenüber dem Eigennutz zweier
Kollegen (Mangelsdorf und Holzhauer) gelegentlich eines Haus-
ankaufs für ein akademisches Alumnat, trat er zwar gegen
sie auf, jedoch auch hier maßvoll und rein sachlich, wie ein 1904
von O. Gradenwitz behandelter Fall beweist, der ihn veranlaßte,
in seiner ,Rechtslehre' einen Zusatz über gewisse Stiftungen zu

machen (vgl. Th. Ziegler in Kantstudien XIV, 491—494). Mag
sein, daß er die Entscheidung über leere Formalien lieber solchen
überließ, die darin „routinierter" waren (Briefw. III, 445). Sie
„verlangten manche statutarische Kenntnisse, die er sich nie
überwinden konnte, ihrem ganzen Umfange nach kennen zu
lernen, und eine Art von Geschäftigkeit, in die er sich nie recht
einzuleben imstande war" (Rink, S. 48). Darum machte er
allerdings diese ihm gleichgültigen Dinge „nach der Gewohnheit"
ab. Ebendeshalb verzichtete er auch gern, was seinen Amtsgenossen bekannt war, auf einträgliche akademische Nebenposten,
wie die des Rendanten oder des Alumnatsinspektors. Er überließ
sie mit Freuden seinem verheirateten Kollegen Reusch, „weil
beide dadurch in sehr gute Hände kommen und ich meinerseits
dadurch der Gefahr entgehe, daß mir vielleicht selbst wider meine
Neigung einer oder andere derselben zugemutet werde" (an Jester,
25. Juni 1780).

Ehrgeizige Streberei oder gar Ämtererschleichung seitens
eines Amtsgenossen konnten ihn empören. So in dem Falle eines
Kollegen Köhler, der sich durch eine Reise nach Berlin zu seiner
orientalischen Professur die griechische noch hinzuergattert hatte.
Kant selbst war von jeder Titelsucht entfernt, hat im Gegenteil
über sie und über Deutschland als das „Land der Titel" seinen
berechtigten Spott ergossen. Wie er als Magister über den ihm
in dieser Eigenschaft, von der polnischen Deutschordenszeit her,
zustehenden polnischen Adel nur gelacht haben wird, so war ihm,
wie noch heute jedem auf seine persönliche Würde haltenden
deutschen Gelehrten, sein einfacher Professortitel mehr wert als
ein von eitlen Kollegen begehrter „Schweif von so oder so viel
Akademien, deutschen oder lateinischen Gesellschaften" (Borowski).
Er lehnte den Beitritt zu solchen Gesellschaften ab, schloß sich
nicht einmal der noch jetzt bestehenden ‚Deutschen Gesellschaft'
seiner Vaterstadt an; wie er, nebenbei bemerkt, auch niemals dem
Freimaurer-Orden beigetreten ist, dem doch die meisten seiner
Königsberger und auswärtigen Freunde und berühmten Zeit-
genossen angehörten. Am 14. Juni 1798 äußerte er darüber zu
Abegg: „Ehemals trieb man mit dieser Maurerei allerlei; jetzt

ists wohl nur ein Zeitvertreib und ein Spiel". Und schon aus dem
Ende der 70er Jahre stammt die Reflexion: ,,Alle Brüderschaften
sind Kabalen. Wer Freunde und Macht hat, ist sehr schädlich."

Auf das Titelblatt seiner Schriften setzte er, wenigstens
nach 1781, nur sein einfaches, freilich m e h r sagendes ,Im-
manuel Kant". Wenn er sich in Studentenstammbüchern als
Log. et Met. Prof. Ord., also als ordentlicher Professor der Logik
und Metaphysik, später auch als Mitglied der B e r l i n e r A k a -
d e m i e der Wissenschaften eingezeichnet hat, so ist das vielleicht auf Wunsch der betreffenden Studierenden oder nach der
Sitte der Zeit geschehen. Jedenfalls hat er sich um die von vielen
Gelehrten schon damals begehrte Aufnahme in die Akademie
nicht bemüht, ihr z. B. keine seiner Abhandlungen oder Bücher,
abgesehen natürlich von den Preisschriften, eingesandt. So wurde
er denn deren Mitglied auch erst als 62 jähriger, fünf Jahre nach
der Kritik der reinen Vernunft! Erst nach dem Tode Friedrichs
des Großen, der die Franzosen bevorzugte und den größten Gelehrten seines Landes ebensowenig, wie den Verfasser der Minna
von Barnhelm und des Nathan, dieser ,Auszeichnung' gewürdigt
hat; und zwar — eine Ironie des Schicksals — durch den reaktionären Friedrich Wilhelm II., der die Aufnahme einiger deutschen Gelehrten angeordnet hatte, zusammen mit seinen Gegnern
Herder und Eberhard. ,,Ihm, der sich aus allen solchen Sachen
nichts machte, war das ganz gleichgültig", bemerkt Kraus dazu,
,,aber mich verdroß es und wohl jeden, der diese drei Männer
einigermaßen ihrem wissenschaftlichen Werte nach zu würdigen
weiß." ,,Auch ließ Kant diese Titulatur, die er anfangs einmal
seinem Namen auf dem Titelblatt seiner Kritik beisetzte, weil
er glaubte, daß sie ihn zur Zensurfreiheit berechtigte, hernach,
als er das Gegenteil erfuhr, immer weg."

D e k a n , oder wie er im ,Streit der Fakultäten' sagt,
,,Regent" seiner Fakultät wurde Kant zum ersten Male für das
Sommersemester 1776; von da an, da das Amt unter den sieben
Professoren der Fakultät reihum ging, alle sieben Semester, bis
er sich seit 1794/95 durch andere vertreten und 1801/02 ganz
davon dispensieren ließ. Der Dekan mußte zunächst die Fakultäts-

akten genau führen, wenn er dabei auch für die bloßen Schreibe-
reien einen „akademischen Skriba" zu seiner Verfügung hatte.
Ferner war er an der Zensur aller in Königsberg erscheinenden
Schriften beteiligt, die nicht vor eine der drei „oberen" Fakultäten gehörten; vorher mußte sie von dem Professor, in dessen
Fach sie schlug, nachher noch von dem Rektor Magnificus gutgeheißen werden. Mindestens in einem Fall hat Kant auch einmal von diesem Rechte Gebrauch gemacht. Ein Herr von El-
ditten, der ihm schon am 5. August 1783 brieflich gebeten, ein
von dem Briefschreiber an ihn „abgelassenes" Sendschreiben zu
beantworten, hatte eine, anscheinend mit diesem „Sendschreiben"
identische kleine Schrift über das Fundament der Kräfte drucken
lassen und sich darin die Freiheit genommen, Stellen aus Kants
Brief ohne dessen Erlaubnis abzudrucken. Dieser erzählte Hamann, der ihn bei Green traf: als Dekan habe er zum Glück
die Zensur dieser Schrift gehabt und diesen „Unfug" verboten.

Am lästigsten war unserem Philosophen wohl die Verpflichtung des Dekans, mit jedem Immatrikulanden vor der Zulassung
zur Universität das vorgeschriebene „Tentamen" anzustellen.
Mag auch die Prüfungsgebühr — von jedem 2 Reichstaler und
einige Groschen, von Adligen und Juden das Doppelte! — in
seine Tasche geflossen sein (wir wissen es nicht mit Sicherheit),
es war doch für ihn, der sich so viel wichtigere Aufgaben gesetzt,
eine rechte Last, die ungefähr 70 bis 80 Studierenden, die damals
in jedem Semester neu zur Albertina kamen, in den Schulwissen-
schaften zu prüfen. Mit Unrecht stand er übrigens in dem Rufe,
ein strenger Examinator zu sein. Das war er, wie Kraus bemerkt,
schon darum nicht, „weil ihm das ganze Geschäft zuwider war
und einem solchen Geiste bei seinen Arbeiten zuwider sein mußte."
Allerdings sah er, was ja manchem Schwachkopf unbequem sein
mochte, mehr auf „Talent und Gewandtheit des Kopfes", als
auf zusammengestoppelte Kenntnisse, und einmal ließ er auch
zwei Jünglinge durchfallen, welche die ihnen vorgelegten beiden
Briefe des Plinius nicht hatten übersetzen können. Allein auf
Bitten ihres bisherigen Lehrers gestattete er ihnen doch — wenigstens glaubt dieser es auf ein „gütiges Billet" des Philosophen

hin annehmen zu dürfen —, den Versuch wenige Tage darauf zu wiederholen (Wannowski an Kant, 31. März 1786). Mit großer Heiterkeit erfüllte ihn einst seines Schülers Jachmann Erzählung, daß der gute alte Rektor des Altstädtischen Gymnasiums ihm (Jachmann) und seinen Conabiturienten vor der „Dimission", d. h. Entlassung zur Hochschule noch schnell eine andere Logik hätte beibringen lassen, weil er Angst gehabt hätte, Kant würde sie, die in der Schule „die Philosophie von einem Crusianer und erklärten Gegner Kants gelernt hätten", durchfallen lassen. Über derartige Kleinlichkeiten, die bei manchen akademischen Examinatoren noch heute vorkommen sollen, war Kant natürlich hoch erhaben.

Der Glanzpunkt der damaligen Universitätsfeierlichkeiten war die „R e k t o r wahl". Wir besitzen über Kants äußere Erscheinung bei solchen Gelegenheiten einen hübschen Bericht von einem Augenzeugen, dem Sohne seines Kollegen Reusch (a. a. O., S. 5): „Schon in früher Zeit wurde der Augenblick sorgfältig abgewartet, K a n t zu sehen, wenn er zur Senatssitzung oder zu einem akademischen Akt oder der feierlichen Übergabe des neuen Rektorats, sogenannten Rektorwahl, nach dem großen Hörsaal über den Hof des Albertinum ging. Er war stets sehr sauber gekleidet und sein tief ernstes Gesicht, sein etwas zur Seite gesenkter Kopf, sein regelmäßiger, doch nicht zu langsamer Schritt zogen ehrerbietiges Anschauen bei seiner Erscheinung auf sich. Die helle Sandfarbe seines Kleides, die später einer tieferen bräunlichen wich, darf nicht auffallen: helle Farben waren damaligen Geschmacks und die schwarze den Begräbnissen und der Trauer vorbehalten. Bei warmen Tagen ging er nach damaliger Sitte mit abgezogenem, auf den goldenen Knopf des Rohrstocks gehaltenem Hut, alsdann die feingepuderte Perücke den Kopf zierte. Seidenstrümpfe und Schuhe[1]) gehörten damals auch zur gewöhnlichen Tracht eines wohlgekleideten Mannes. . . . Wenn nach beendigtem Akt des Rektoratsantritts der neue Rektor und die

---

[1]) Ein Paar von Kant eigenhändig bezeichneter Schuhe kamen 1802 in die „Sammlung von Schuhen berühmter Männer" im Grünen Gewölbe zu Dresden.

Professoren, nach Fakultäten geordnet, zum Gottesdienst in die Domkirche sich begaben, pflegte wohl Kant, wenn er nicht selbst Rektor geworden war, bei der Kirchtür vorbeizuschreiten."

Die R e k t o r w ü r d e wechselte ebenfalls semesterweise zwischen den Mitgliedern des Senats, so daß ein Senator der philosophischen Fakultät etwa alle fünf Jahre an die Reihe kam. Außer der Reihe konnte sie außerdem als besonderer Hochachtungsbeweis an einzelne Professoren oder — Studierende von hoher Abkunft übertragen werden. K a n t zu Ehren hat man diese Ausnahme, wenigstens das erstemal, n i c h t gemacht. Freilich hat er sich auch nicht darum bemüht. Im Gegenteil, als er Ostern 1786 zum erstenmal an der Reihe war und von anderer Seite formale Einwände erhoben wurden, mußte ihn erst Freund Kraus durch Ausarbeitung einer scharfsinnigen „Turnus-Theorie" von seinem Rechte und der Notwendigkeit, dasselbe geltend zu machen, überzeugen. „Kant hat sich auf eine sehr edle, philosophische Art dabei betragen, die seinem guten Charakter, den ihm niemand absprechen kann, Ehre macht" (Hamann an Jacobi, 25. März 1786). So stieg er erst im Alter von 62 Jahren zur höchsten akademischen Würde auf: die feierliche Übertragung fand am Sonntag nach Ostern, 23. April 1786, also einen Tag nach seinem 62. Geburtstag statt. Schon am Morgen des „großen" Tages erschien eine Deputation von Studierenden in seiner Wohnung, um ihm — ähnlich wie es 1770 nach Antritt seines Ordinariats geschehen — ihre Glückwünsche in Gestalt eines längeren Gedichtes darzubringen. Kant war freudig überrascht und unterbrach ihren Sprecher, seinen Zuhörer Jachmann, wie dieser selbst erzählt, „mehrere Male durch die Versicherung, daß er ganz außer Fassung wäre". Das von 19 Zuhörern (darunter auch Hamanns Sohn Michel, der auch „seinen Taler und Namen dazu gegeben") unterzeichnete, bei Hartung gedruckte Gedicht drückte in zehn vierzeiligen Strophen die aus Dankbarkeit, Freude und Begeisterung gemischten Gefühle der Schüler gegenüber ihrem „Führer, Freund und Lehrer", ja „unserem Vater" aus, dem „auch im Purpur noch . . . sich immer gleichen Menschenfreund",

„Dessen Herz nach Ehre nimmer geizte,
Nie den Trieb zu niederm Stolz empfand,
Der mit seiner Tugendlehre heilig
Einen Wandel ihr gemäß verband."

Zu dem feierlichen Aktus hatte er sich übrigens eine neue Gewandung machen lassen, weil er vergessen hatte, daß man dabei „schwarz erscheinen müsse". Einige Tage vorher führte er seinen Jachmann ausdrücklich ans Fenster, zeigte ihm eine Tuchprobe, machte ihn auf die drei verschiedenen Farben des melierten Tuchs aufmerksam und ersuchte ihn, ihm ein seidenes Futter auszusuchen, das in diesen drei Farben spielte (Jachmann, S. 110). Der Festakt selbst wurde durch einen sonderbaren Zwischenfall unterbrochen. Als der neue Rektor eben das Katheder bestiegen und seine Antrittsrede begonnen hatte, drängte sich ein geistesgestörter Candidat der Medizin durch die Menge, pflanzte sich neben Kant auf und fing an, eine Ankündigung seiner Vorlesungen laut vorzulesen, bis er „von einer überlegenen Anzahl von Händen von der nicht für ihn bestimmten Stelle bald entfernt wurde".

In das Halbjahr von Kants erstem Rektorat fiel auch ein öffentliches Ereignis schwerwiegender Art: der Tod Friedrichs des Großen (28. Aug. 1786). Schade, daß er selbst die Gedächtnisrede nicht gehalten, sondern sie dem „Eloquenz"-Professor Mangelsdorf überlassen hat! Oder ob sie doch bloß offiziellen Ton getragen hätte? Die Feier war mit einer „Trauermusik" verbunden. Aber in die Landestrauer, die Kant als Rektor der Universität am dritten September zu verkünden hatte, mischten sich schon bald, nach dem Grundsatz: ‚Le roi est mort, vive le roi!' Klänge anderer Art. Insbesondere die Studentenschaft wollte dem bald in seinem „Königreich" (Preußen) zu erwartenden neuen Herrscher eine „solenne Musik" darbringen. Rektor und Senat hielten sich vorläufig zurück. Einerseits dürften, wo „alle Stände sich zu Freudenbezeigungen rüsten", auch sie nicht „müßig sein", anderseits wollten sie auch nicht „durch gehäufte Feierlichkeiten Ew. Königl. Majestät mißfällig" werden (Kant an den Senat am 3. September; an das Etatsministerium am 6. [?] September). Die Sache wurde bald durch die vernünftige Entschließung des neuen Königs entschieden, der sich „geldversplitternde Freudenbezeugungen" zu seinem Empfang ausdrücklich verbat. Zum Ärger der akademischen Jugend, die sich schon auf das Festfeiern vorbereitet hatte und nun durch einen scharfen Anschlag am schwarzen Brett vom 7. September ihre „vorgehabte Musik" „gänzlich verboten" bekam. Zum Ersatz erhielt sie wenigstens für den Haupttag (19. September) der Huldigungsfeier, die im Schloßhof stattfand, 600 Freibillets, während „aller Pöbel durch starke Wachen von dem Schloßplatz abgehalten werden" sollte; auch jedes Senatsmitglied erhielt durch Kant auf Wunsch 4 bis 5 Stück zu freier Verfügung.

Am Vormittag des vorhergehenden Tages wurde Kant als Rektor Magnificus nebst einigen Vertretern des Senats dem König vorgestellt, der Kants mit „bescheidenem, aber edlem Selbstgefühl" (Jachmann) vorgebrachtes „Bewillkommnungskompliment" auf eine Art erwiderte, „die dem Philosophen sowohl als ihm selbst Ehre machte" (Borowski). Noch größere Aufmerksamkeiten erwies dem berühmten Gelehrten der den König begleitende Minister von Hertzberg, der ihn persönlich kennen zu lernen wünschte und, wie Borowski erzählt, „ungeachtet der Menge seiner hiesigen Geschäfte doch in den ruhigeren Abendstunden sich einige Male des Umgangs unseres Kant erfreute". Bezeichnend für den unabhängigen, jedem Großtun mit „hohen" Bekanntschaften abgeneigten Sinn unseres Philosophen, daß er diese Stelle in der ihm vorgelegten Darstellung seines Lebens — gestrichen hat! Am Tage nach der Huldigung der Stände fand noch ein kirchlicher Akt in der Schloßkirche statt, wobei Oberhofprediger Johann Ernst Schultz die „Huldigungspredigt" hielt. Kant hat sich von ihm — zu drücken gewußt. Er schickte an diesem Tage (21. September) schon „praecise 7 Uhr Morgens" seinen Lampe mit einem Brief an seinen Amtsvorgänger, den Juristen Holzhauer und bat diesen, der drei beifolgenden Eintrittskarten in die Schloßkirche sich nebst zwei anderen Kollegen bedienen zu wollen; er (Kant) selbst sei „unpäßlich" und „könne nicht mit".

Am 22. September früh reiste dann Friedrich Wilhelm II.
unter dem Donner der Kanonen wieder ab. „Den ganzen Vormittag dauerte das Schießen, als wenn die Freude über den Abschied lauter sein sollte als die Ankunft" (Hamann an Buchholz,
22. September 1786). Schon drei Tage darauf hatte Kant einer
neuen Untertanenpflicht nachzukommen: die in der Universitäts-
aula stattfindende Königsgeburtstagsfeier mit einer Begrüßungs-
ansprache an die anwesenden Provinzialminister einzuleiten und
mit einem dankenden Schlußwort zu beenden. Ebenso zwei
Jahre später, am 25. September 1788, als er — inzwischen scheint
der Turnus zugunsten der philosophischen Fakultät geändert
worden zu sein — schon nach zwei Jahren zum zweitenmal das
Rektoramt bekleidete. Erfreulicherweise ist der Entwurf zu seinem
Begrüßungs- und Schlußwort bei einer dieser Gelegenheiten erhalten. Wir setzen wenigstens das erstere hierher, um den Philosophen auch einmal in der ungewohnten Rolle des offiziellen
Festredners zu zeigen: „Der Tag, welcher der Welt unseren aller-
teuersten König gab, ist für unsere Universität, ist für jeden
Stand seiner treuen Untertanen, ist selbst für ganz Europa, sofern es einen auf G e r e c h t i g k e i t und M e n s c h l i c h -
k e i t gegründeten und durch M a c h t gesicherten Frieden
liebt, mit Recht ein festlicher Tag. Unsere höchstverpflichtete
Universität wird heute durch ihren Redner ihre ehrfurchtsvolle
und dankbare Gesinnungen gegen ihren allergnädigsten Monarchen
bezeigen. Ew. Excellenzen geruhen in die Glückwünsche dieses
Tages mit froher Teilnehmung einzustimmen und dieser Feierlichkeit durch ihre hohe Gegenwart Glanz zu geben." In dem
ersten Satze verleugnet sich doch der philosophisch-politische
Idealist nicht ganz. Im übrigen hat das kleine Opus unserem
Denker anscheinend keine kleine Mühe gekostet: nach dem vielfachen Durchstreichen, Wiedererneuerung des Durchstrichenen
und ähnlichem zu urteilen, von dem der erste Herausgeber des
Entwurfs (Johannes Reicke) berichtet. Daß die Ansprache in
das Jahr 1788 und nicht, wie die Akademie-Ausgabe annimmt,
auf den 25. September 1786 fällt, ist darum wahrscheinlicher, weil
das dazu gehörige Schlußwort für eine „Wohltat" dankt, wodurch

Se. Majestät erst „neuerlich unserer dem Verfall nahen Verfassung wieder aufzuhelfen huldreichst geruhet haben": höchstwahrscheinlich eine Anspielung auf den am 22. Oktober 1787
von Friedrich Wilhelm II. bewilligten Zuschuß von 2000 Talern
zur Aufbesserung der unendlich dürftigen Professorengehälter.
Kant selber wurde, „zum Zeichen unserer vollkommenen Zufriedenheit" am 3. März 1789 eine Extrazulage von 220 Talern
jährlich zuteil, und zwar auf Anregung „einiger wohldenkenden"
Mitglieder des Ober-Schul-Collegiums durch Beschluß desselben:
„dieser Zug von Gerechtigkeit, wodurch endlich eine lang be-
gangene Nachlässigkeit wieder in etwas gut gemacht wird, hat
alle denkenden Menschen hier außerordentlich erfreut", schreibt
Biester dazu aus Berlin (an Kant, 7. März 1789). Daß sich diese
Gehaltssteigerung unter Friedrich Wilhelm II. und Wöllner statt
unter Friedrich II. und Zedlitz vollzog, läßt sich wohl nur durch
die übertriebene Kargheit des großen Friedrich, zumal der seit
der Russenzeit nicht in seiner Gunst stehenden Provinz Ostpreußen gegenüber, erklären. Der Philosoph dankte in einem,
bei aller Devotion in der Form, doch würdig gehaltenen Schreiben,
in dem er erklärt: er sei „in seinen bisherigen Bemühungen" sich
nichts weiter bewußt, als „seine schuldige Pflicht beobachtet
zu haben".

Zu den wenigen öffentlichen Reden, die Kant als Professor
überhaupt gehalten hat, gehört auch die bei Antritt oder Niederlegung eines seiner beiden Rektorate pflichtmäßig gehaltene über
das Thema: De Medicina corporis quae Philosophorum est, also
über die Behandlung des Körpers vom Standpunkt des Philosophen. Ihr im Entwurf erhaltener Inhalt erinnert vielfach an
seine spätere berühmte Abhandlung ‚Von der Macht des Gemüts
usw.' (1798).

Auch das Rektoramt hat Kant, wohl im Gegensatz zur
Mehrzahl seiner Amtsgenossen, mehr als Bürde denn als Würde
empfunden. Es verdrießt ihn, daß „ein weitläufiges akademisches
Geschäft" — so gleichgültig ist es ihm, daß er es nicht einmal
mit Namen nennt — ihm beinahe alle Zeit zur Herstellung der
zweiten Auflage seiner Kritik raubt (an Jakob, 26. Mai 1786);

ebenso klagt er zwei Jahre später, daß er durch „ungewohnte
Arbeit", nämlich das Rektoramt der Universität, das ganze
Sommersemester hindurch „sehr belästigt" sein werde (an Reinhold, 7. März 1788). Nach Kraus wäre es ihm auch darum wider-
wärtig gewesen, weil er in dieser Eigenschaft „von so vielen
Beispielen von Unredlichkeit Kenntnis nehmen mußte". Daß er
indes, bei seiner strengen Auffassung von Pflicht, das einmal
übernommene Amt mit Gewissenhaftigkeit, Gerechtigkeit und
Würde versehen hat, würden wir als sicher annehmen dürfen,
auch wenn es nicht seine Biographen ausdrücklich versicherten.
Von seiner strengen Unparteilichkeit gibt ein Aktenstück vom
24. Mai 1786 Zeugnis. Er selbst hatte zwei Monate zuvor in einem
Schreiben an die philosophische Fakultät einen seiner besten
Zuhörer, den 26 jährigen jüdischen Studenten Euchel, als „Sprach-
meister" (heute: Lektor) des Hebräischen während einer Vakanz
der orientalischen Professur empfohlen, da derselbe sich sachlich
dazu vortrefflich eigne, auch von theologischer Exegese sich streng
fernzuhalten versprochen hatte. Trotzdem mußte er selbst als
Rektor ihm am 24. Mai einen ablehnenden Bescheid erteilen:
„Wenngleich die erweiterte Denkungsart unserer Zeit manches
anjetzt einräumen würde, was eingeschränktere, dennoch aber
den vormaligen Zeitumständen weislich angemessene Grundsätze
der Vorfahren verboten hatten", so bliebe die Universität doch
„an ihre Statuten gebunden, welche die Freiheit öffentlichen
Lehrens nur einem Magister gestatte, der sich eidlich zur christlichen Religion bekennen könne[1]."

---

[1] Zu diesen beiden Schreiben kommt noch ein in der Akademie-
Ausgabe merkwürdigerweise nicht enthaltenes, obwohl schon in der Altpreuß. Monatsschrift 1882 (S. 310 f.) von L. Friedländer veröffentlichtes,
von Kant als Dekan abgefaßtes Fakultätsschreiben (ohne Datum) aus dem
März 1786, das Euchel zwar auch ein „rühmliches Zeugnis" wegen seiner
Sitten, seines Fleißes und seiner Kenntnisse gab, sich auch „weit entfernt"
bezeichnete, aus intoleranten Gründen ihm sein Gesuch abzuschlagen,
sich jedoch sowohl durch die Universitätsstatuten von 1554 (Zugehörigkeit
aller Dozenten zur Augsburgischen Konfession) als durch den möglichen
Mißbrauch (rabbinische Schriftauslegung) dazu genötigt erklärte; für den
Elementarunterricht im Hebräischen sei überdies durch einen Extra-

Wenn er in diesem Falle, gegen seine eigene innere Meinung, sich dem Zwang der geschriebenen Gesetze unterordnen mußte, so nahm er doch anderseits, wenn er es für recht hielt, die Rechte der Universität selbst gegenüber einer so mächtigen Behörde wahr, wie es die M i l i t ä r g e w a l t in Preußen von jeher gewesen ist. Durch die Bemühung des D. F. A. Schulz waren die Theologen vom Soldatendienst befreit und diese Befreiung dann stillschweigend auch auf die übrigen Studenten ausgedehnt worden; seit 1784 jedoch mit der Einschränkung, daß diejenigen, die nicht durch den Stand ihrer Eltern von selbst befreit waren, einen Erlaubnisschein des betreffenden Regimentschefs beibringen mußten. Am 16. Mai 1786 erhebt nun Kant als Rektor der Universität gegen Oberst Berrenhäuer Protest, der einem bereits von der Universität geprüften stud. Gutowski diesen Schein verweigert hatte. Die Beurteilung der Fähigkeit des Betreffenden könne doch nur der Akademie zukommen. Noch bedenklicher werde das Verfahren der Militärbehörde bei dem geringen Zudrang zum Studium in jetziger Zeit, der vielleicht gerade durch ebendies Verfahren veranlaßt sei und den Staat in Gefahr setze, dereinst nicht mehr die nötige Zahl geeigneter Beamten zu bekommen. Ähnliche Gesichtspunkte machte er dann nochmals am 26. Juli 1791 — er war damals freilich nur Dekan — in einem Schreiben an das preußische Etatsministerium geltend. Statt der früher durchschnittlich 72 kämen infolge der eingeführten strengeren Maßregeln (Abiturientenprüfung) nur noch 43 neue Studierende im Semester zur Universität. Um so bedauerlicher sei die Eigenmächtigkeit des Königsberger Generalmajors und Regimentskommandeurs von Gillern, der zwei Abiturienten der Lateinschule in Lyck, eines Bauern und eines Schuhmachers Sohn, statt sie zur Universität zuzulassen, sofort zum „Depotbatallion" habe transportieren lassen, unter Berufung auf die Bestimmung jener

---

ordinarius und einen Magister gesorgt. Der Senat gab dies Fakultätsschreiben zustimmend an die kgl. Regierung weiter, die ihrerseits selbst (auf Anregung Kants? K. V.) die Aufmerksamkeit des Senats auf Euchel gelenkt, sich mithin — man stand freilich noch unter dem Zepter Friedrichs des Großen! — vorurteilsloser bewiesen hatte als die Universität.

Kabinettsorder vom 21. Juli 1784: daß die Söhne der Bauern und Bürger in kleineren Städten das Gewerbe ihrer Eltern lernen, also nicht studieren sollten. Jene Order habe aber nur den Zudrang Untauglicher zur Universität durch strengere Prüfung verhindern wollen. Solche Willkürakte müßten „ein allgemeines Schrecken in Schulen und bei Eltern" erregen und sie in größte Sorgen bezüglich ihrer Kinder versetzen. Man begreift die starken Ausdrücke des Philosophen, wenn man selbst in eines so vaterländisch gesinnten Mannes wie Nettelbeck Lebensbeschreibung liest, wie damals auch die Bestgesinnten der „heillosen und unmenschlichen Sklaverei" des Soldatendienstes lieber durch die Flucht ins Ausland zu entrinnen suchten; oder wenn Kant selbst einen gewissen, durch merkwürdige Schicksale zum Musketier in Königsberg gewordenen zweiten Lauckhard, einen Magister Penzel, deshalb für einen „niederträchtigen Menschen" erklärte, weil er „seinen Soldatenstand so ruhig bisher ertragen" (Hamann an Herder, 14. Oktober 1776). Im Falle Gutowski hatte übrigens Kant bei dem alten Herrn von Berrenhäuer raschen Erfolg. Die Entscheidung im zweiten Falle ist nicht bekannt.

Daß unser Philosoph bei allem Freimut der Gesinnung doch etwas von dem preußischen Beamten der Zeit Friedrich Wilhelms I. und Friedrichs II. an sich gehabt hat, war in seinem starken Pflicht- und ebendaraus herfließenden Staatsgefühl begründet. Wir werden bei der Darstellung seiner politischen Anschauungen, insbesondere aber bei der Schilderung seines Konfliktes mit dem Ministerium Wöllner im letzten Buche darauf zurückkommen.

3. Kant als Dozent

Zu l e h r e n hatte Kant schon früh begonnen. Wir haben ihn als Repetitor im Kreise seiner Universitätskameraden, als langjährigen Hauslehrer, danach als Magister und daneben noch „Führer", d. h. Beaufsichtiger vornehmer Jünglinge, kennen gelernt. Ob er sich in seiner ersten Magisterzeit — es kommen die Jahre 1755 oder 1757 in Betracht — einmal um die unterste „Schulkollegen-", modern ausgedrückt Studienrats-Stelle am Kneiphöfschen Gymnasium beworben hat, ist bis jetzt unaufgeklärt geblieben. Sollte es geschehen und ein „notorischer Ignorant", wie eine Überlieferung lautet, ihm vorgezogen worden sein, so wollen wir es nicht bedauern. Denn Immanuel Kant wäre für einen solchen Posten bei den damaligen Zuständen des höheren Schulwesens zu schade gewesen: ganz abgesehen davon, daß er sich zum Regenten einer Klasse von ungezogenen Schulrangen wohl kaum geeignet und sich bei seinem schwachen Körper, gleich seinem Mitschüler Cunde (Buch I, Kap. 2) nur vorzeitig aufgerieben hätte; er selbst hat sich für dicsen Beruf später ganz ungeeignet erklärt.

Dagegen war er der geborene a k a d e m i s c h e Lehrer. Auch als solcher ist er uns bereits an verschiedenen Stellen entgegengetreten, und wir haben hier nur noch einige allgemeinere Betrachtungen nachzuholen.

Soviel wir wissen, hat er, ebenso wie seine Kollegen, alle seine Vorlesungen in seiner Wohnung abgehalten[1]). Die Zuhörer saßen an Tischen, auf Stühlen oder Bänken. Freilich war es in den Zeiten seines höchsten Glanzes, eben in den 8oer Jahren, wenigstens in den ersten Wochen des Semesters, oft schwer, einen Sitzplatz bei ihm zu bekommen. „Ging schon um 6 Uhr morgens", schreibt Hamann am 4. Mai 1785, „mit meinem Michel aus, der bei Kant eine Stunde früher, als er liest, einen Platz sich aussuchen muß . . ., so gewaltig ist sein Zulauf." Wer nicht mehr in den Hörsaal hinein konnte, mußte mit dem Nebenzimmer oder dem Hausflur vorlieb nehmen; was für einen lerneifrigen Studiosen um so unangenehmer war, als Kant ziemlich leise sprach. In Pünktlichkeit und Pflichttreue war unser Philosoph ein Muster. Während der neun Jahre, in denen Jachmann sein Zuhörer war, ließ er keine einzige Stunde ausfallen, ja versäumte er nicht einmal eine Viertelstunde; und ähnlich erzählt Kraus aus seiner Zuhörerzeit in den 7oer Jahren, daß er in fünf Jahren nur einmal eine Stunde wegen einer Kopfgeschwulst ausgesetzt habe. Das

---

[1]) So besaß er z. B. um 1770 in seiner Wohnung bei Kanter ein „vorzüglich geheiztes Auditorium", in dem der junge Baczko die auf Kants Colleg folgende Stunde sitzen blieb, weil sein eigenes Zimmer ungeheizt war (L. v. Baczkos Selbstbiographie S. 222 f.).

will um so mehr heißen, als damals das Semester v i e l länger
dauerte als heutzutage. Nach den erhaltenen Fakultätsakten hat
Kant in den 70er und zu Anfang der 80er Jahre im Herbst nur
2 bis 3 Wochen sogenannte Michaelisferien gemacht, Ostern gegen
drei Wochen pausiert; in den späteren Jahren in beiden Fällen
etwa eine Woche länger[1]). Auch besaß er den lobenswerten Vorzug, sein Pensum wirklich zu erledigen. Schon in der Ankündigung seiner Vorlesungen von 1759/60 konnte er mit einem gewissen Selbstgefühl schreiben: „Man weiß schon, daß ich jede
dieser — es waren nicht weniger als fünf — Wissenschaften in
einem halben Jahre zu Ende bringe und, wenn dieses zu kurz ist,
den Rest in einigen Stunden des folgenden nachhole" (was ja
eben wegen der Kürze der Ferien gut anging).

Über seine äußere Erscheinung als Dozent haben wir eine
sehr anschauliche, freilich erst aus seinen letzten Dozentenjahren
stammende Schilderung in einem Briefe des jungen Grafen von
Purgstall an einen Freund (1. Mai 1795): „Stellen Sie sich ein
altes, kleines Männchen vor, das gekrümmt im braunen Rock
mit gelben Knöpfen, eine Perücke und den Haarbeutel nicht zu
vergessen, dasitzt, denken Sie noch, daß dieses Männchen zuweilen seine Hände aus dem zugeknöpften Rocke, wo sie ver-
schränkt stecken, hervornimmt und eine kleine Bewegung vors
Gesicht macht, wie wenn man einem so etwas recht begreiflich
machen will, stellen Sie sich dies vor, und Sie sehen ihn auf ein
Haar. . . . Sein Vortrag ist ganz im Ton des gewöhnlichen Sprechens
und, wenn Sie wollen, nicht eben s c h ö n." Aber, was mehr
wert ist, er war nicht pathetisch oder geziert, sondern natürlich.
Während desselben s a ß er hinter einem niedrigen Pulte, über

---

[1]) Ungeachtet der kurzen Ferienzeiten verordnete die Regierung unter
dem 30. August 1784 auch noch, daß „die sogenannten Ernte-Ferien,
die vier Wochen lang gehalten werden, obgleich weder Lehrende noch
Lernende sich in irgend einer Art mit der Ernte zu beschäftigen haben",
nicht länger denn acht Tage dauern sollten. Rektor und Senat remon-
strierten jedoch gegen diese Einschränkung ihrer geringen Freizeit, und
die Studenten würden im Notfall wohl praktisch gestreikt haben. So
blieb denn diese Verordnung eine von denen, die bloß auf dem Papier
stehen.

das er hinwegsehen konnte. Er faßte gewöhnlich einen in seiner
Nähe sitzenden Zuhörer ins Auge, um aus dessen Mienen zu
sehen, ob er verstanden würde. Darum konnte ihn auch irgendeine Unregelmäßigkeit an dessen äußerer Erscheinung stören,
z. B. die damals erst bei einzelnen aufkommende, als „geniemäßig" betrachtete Mode, den Hals unbedeckt und die Haare
in natürlichen Locken zu tragen, ja selbst — ein fehlender Rock-
knopf, wie er einst nach dem Ende der Vormittagsvorlesungen
seinem Schüler Jachmann erzählte, auch in seinen Reflexionen
als ein Beispiel des Abziehens der Aufmerksamkeit anführt. Er
schloß ebenso pünktlich, wie er kam. Zwischen zwei Vorlesungen
machte er 20 Minuten Pause; wenigstens berichtet das Reichardt
von der Zeit um 1770, wo er zeitweise den ganzen Vormittag
über las.

Als Grundlage für jede Vorlesung war den Professoren der
Gebrauch eines von ihnen zu wählenden C o m p e n d i u m s
vorgeschrieben: ähnlich ungefähr wie in unseren gegenwärtigen
höheren Schulen, denen ja überhaupt der Unterricht der Königsberger Albertina in manchen Fächern noch ähnelte[1]). Selbst ein
im übrigen so frei denkender Minister wie Zedlitz hielt in einem
Reskript an die philosophische Fakultät von 1778 streng auf die
Einhaltung dieser Vorschrift: „Das schlechteste Compendium ist
gewiß besser als keines, und die Professores mögen ihren Autorem
verbessern, soviel sie können, aber das Lesen über Dictata muß
schlechterdings abgeschafft werden." So las Kant seine Logik
nach der ‚Vernunftlehre' Meiers, eines der selbständigeren Wolfianer, Ethik und Metaphysik meist nach dem als ersten „Ästhetiker" berühmt gewordenen Baumgarten, den er wenigstens für
einen guten „Analysten" (Zergliederer), wenn auch nicht für einen
„architektonischen" Philosophen hielt; Naturrecht nach dem Jus
Naturale des Göttinger Rechtslehrers Achenwall, Enzyklopädie
der Philosophie nach dem Grundriß seines späteren Gegners Feder
in Göttingen. Nur für sein Colleg über Physische Geographie war

---

[1]) Kant hat z. B., wie in seiner Ankündigung von 1765/66 zu lesen ist,
mindestens in der Einleitung in seine Physische Geographie, noch den
Globus gebraucht.

ihm der Gebrauch eigener Diktate gestattet, weil darüber kein
„ganz schickliches" Lehrbuch vorhanden war. Aber wie der
selbständige und begabte Lehrer sich stets bis zu einem gewissen
Grade von seinem Lehrbuch frei machen wird, so erst recht
Immanuel Kant, und in seinen späteren Jahren natürlich immer
mehr. „Kant liest", erzählt Graf Purgstall weiter, „über eine
alte Logik von Meyer, wenn ich nicht irre. Immer bringt er das
Buch mit in die Stunde . . ., alle Blätter sind klein von seiner
Hand beschrieben, und noch dazu sind viele gedruckte Seiten
mit Papier verklebt und viele Zeilen ausgestrichen, so daß, wie
sich dies verstehet, von Meyers Logik beinahe nichts mehr übrig
ist. Von seinen Zuhörern hat kein einziger das Buch mit, und
man schreibt bloß ihm nach. Er aber scheint dies gar nicht zu
bemerken und folgt mit großer Treue seinem Autor von Kapitel
zu Kapitel, und dann berichtet er oder sagt vielmehr alles anders,
aber mit der größten Unschuld, daß man es ihm ansehen kann,
er tue sich nichts zugute auf seine Erfindungen." Er beabsichtigte
zwar einmal, seines Anhängers Johann Schultz ‚Erläuterungen
zur Kritik der reinen Vernunft' als Lehrbuch einzuführen, blieb
aber dann doch, wohl aus Bequemlichkeit, bei der alten Gewohnheit.

Was Purgstall etwas humoristisch über den Zustand von
Kants H a n d e x e m p l a r berichtet, ist neuerdings durch
genaue Mitteilungen von B. Erdmann und E. Adickes über das
von ihnen benutzte Kantische Exemplar von Baumgartens Meta-
physica bestätigt worden. Danach war das Buch, wie übrigens
die meisten seiner Handbücher und auch einzelne seiner eigenen
Werke, mit Papier durchschossen, und nicht bloß diese und die
vor dem Titelblatt befindlichen Blätter, sondern auch die Seiten-
ränder des Textes, ja sogar der freie Raum zwischen den einzelnen
Zeilen häufig, oft vollständig, mit sehr kleiner, an Abkürzungen
reicher, jedoch meist nicht undeutlicher Schrift beschrieben.
Selbst die kleinsten freien Plätzchen wurden, namentlich in den
8oer Jahren, nicht verschmäht, um einen Gedanken — manchmal dadurch in 3 bis 4 Stücke getrennt — noch unterzubringen.
Adickes, der genaueste und langjährige Kenner von Kants

Nachlaß, bewundert das scharfe Auge und gute Gedächtnis des
Philosophen, „wenn er sich in den Vorlesungen der 80er und
90er Jahre in dem beängstigenden Wirrwarr solcher Blätter noch
zurechtfinden konnte". Dazu kamen, wenigstens für die Metaphysik der 70er und die Anthropologie der 70er und 80er Jahre,
noch O k t a v z e t t e l , welche jedoch „fast durchweg bloß
Skizzen von Gedankengängen, zwischendurch auch neue Stich-
worte" bieten, „die erst durch die Kollegnachschriften verständlich werden". So mußte Kant selbst „die Verbindungen her-
stellen, mannigfach erweitern, Andeutungen ausführen, Stich-
worte durch Anekdoten, ausgemalte Beispiele oder längere Ge-
dankengänge ersetzen" (Adickes). Oft brachte er auch nur diese
Zettel mit, auf denen er, wie Jachmann es ausdrückt, „seine
Gedanken in kleiner, abgekürzter Schrift verzeichnet hatte".

Über seine Vorbereitung, sein Verhältnis zu den Compendien
und das Verhältnis seiner Vorlesungen zu seinen Schriften hat
sich Kant selber (1796) in einem noch wenig bekannten ausführlicheren Entwurf[1] zu seiner ‚Erklärung' wegen der von Hippel-
schen Autorschaft (Bd. II, S. 35 f.) in interessanter Weise ausgesprochen: „Ich habe viele Jahre vorher, ehe ich mit der Kritik
der reinen Vernunft anhebend, eine neue schriftstellerische Laufbahn einschlug, in meinen Vorlesungen über Logik, Metaphysik,
Moral und Anthropologie, Physik und Rechtslehre den Autor, den
ich mir zum Leitfaden wählete, nicht bloß kommentiert, sondern
gesichtet, gewogen, zu erweitern und auf mir besser scheinende
Prinzipien zu bringen gesucht. Auf solche Weise sind meine Vorlesungen fragmentarisch teils gewachsen, teils verbessert worden,
aber immer in Hinsicht auf ein dereinst mögliches System als
ein für sich bestehendes Ganze, daß jene später (nach 1781) erschienenen Schriften jenen [sc. den Vorlesungen K. V.] fast nur
die systematische Form und Vollständigkeit gegeben zu haben
scheinen mochten." „Den Vorteil hat nämlich der Universitäts-

---

[1] Veröffentlicht von A. Warda in der Altpreuß. Monatsschrift,
Bd. 41, S. 83—85. Wir haben nur die im Original vollständig fehlende Inter-
punktion hinzugesetzt und die Rechtschreibung modernisiert, auch das
Durchgestrichene fortgelassen. Die Sperrungen rühren von u n s her.

lehrer vor dem zunftfreien Gelehrten in Bearbeitung der Wissenschaften voraus, daß, weil er sich bei jedem neuen Kursus derselben auf jede Stunde (wie es billig immer geschehen muß) v o r b e r e i t e n muß, ihm sich immer neue Ansichten und Aussichten teils in der Vorbereitung, teils, welches noch öfterer geschieht, m i t t e n i n s e i n e m V o r t r a g eröffnen, die ihm dazu dienen, seinen Entwurf von Zeit zu Zeit zu berichtigen und zu erweitern. Da kann es nun im f r e i e n P h i l o s o p h i e r e n nicht anders sein, als daß lange vor Herausgabe eines Systems einzelne Sätze samt denen ihnen gewidmeten neuen Bemerkungen von der Feder des nachschreibenden Zuhörers aufgefaßt und, wenn sie, es sei durch Neuigkeit oder Fruchtbarkeit demselben auffallen, in mancher Abschrift herumliefen, weil der Lehrer einstweilen nur fragmentarisch Sätze in die Stellen seines Handbuchs einschiebt, sein System noch nicht zur Reife gebracht hatte und es nur späterhin wagte, mit demselben hervorzutreten."

Kant der D o z e n t war eben ein wesentlich anderer als Kant der S c h r i f t s t e l l e r. Wer bloß den letzteren und zwar, wie es den meisten unter unseren Lesern gehen wird, den der kritischen Epoche kennt und dann über die Schwierigkeiten seines Stiles klagt, der wird erstaunt sein, wenn er eine der wenigen bisher gedruckten Vorlesungsnachschriften — etwa die ‚Menschenkunde‘, (herausgegeben von Starke) oder die ‚Philosophische Religionslehre‘ (von Pölitz) — zur Hand nimmt. Mag auch mancher tiefere Gedanke durch die schwächere Auffassungskraft des oder der Nachschreiber abgestumpft sein, so ist doch der Stil hier viel einfacher, klarer und verständlicher, auch mit zahlreichen Beispielen gewürzt. Mußte der Philosoph sich doch hier auf das Verständnis seiner vielfach noch recht jugendlichen Zuhörer, in den populären Vorlesungen auch auf das der Laien aus den Offiziers- und Beamtenkreisen herabstimmen. Pflegte er selbst doch noch in seinen letzten Dozentenjahren zu sagen: „Ich lese nicht für die Genies, denn sie brechen sich nach ihrer Natur selbst die Bahn; nicht für die Dummen, denn sie sind nicht der Mühe wert; aber für die, welche in der Mitte stehen und für ihren künftigen Beruf gebildet sein wollen." Was wir von dem Stil

seiner ‚Beobachtungen' (1764) gesagt haben, gilt auch für seine
Vorlesungen. Darum wird auch von allen Zuhörern deren Frische,
Lebendigkeit und Geist, ihr Mangel an jeglicher Pedanterie gelobt. „Wenn man einmal dahin gekommen war, seine S t i m m e
zu verstehen," meint Graf Purgstall noch von dem 71 jährigen,
„so ward es einem nicht schwer, seinen G e d a n k e n zu folgen."
Er legte dann die schwierigsten Sachen viel klarer und einfacher
dar, als seine Ausleger und sprach „so leicht und verständlich
und so unterhaltend, als man sichs nur denken kann". Kants
Vortrag schien ihm das Ideal eines belehrenden Vortrags: „so
sollen alle Professoren sprechen, s o soll eine Wissenschaft,
die für den Kopf ist, vorgetragen werden." — „In seinen Vorlesungen war Kant viel geistvoller als in seinen Büchern," erklärt
auch Pörschke, seit 1787 sein Kollege als Privatdozent. Und
dieser Geist gab nichts Gekünsteltes und Gesuchtes, wie es heute
mancher akademische Redner liebt, sondern sein Vortrag blieb
„simpel und ungesucht" (Rink).

Natürlich war der Charakter der verschiedenartigen Vorlesungen je nach ihrem Gegenstand verschieden. Am einfachsten
und allgemeinverständlichsten waren, wie leicht zu begreifen,
seine Vorlesungen über P h y s i s c h e G e o g r a p h i e und
A n t h r o p o l o g i e. „Er schien in allen Weltteilen zu Hause
zu sein, obgleich er nie weiter als bis Pillau, sieben Meilen von
Königsberg, gekommen war. Er war auch unermüdlich im Nach-
tragen alles dessen, was seine ununterbrochene Lektüre Neues
ihm gewährte" (Reichardt[1])). Wenn Adickes nach genauer ver-
gleichender Untersuchung der aus verschiedenen Zeiten erhaltenen
Nachschriften urteilt: Kant habe den zu Anfang seiner Vorlesungstätigkeit (1755) entworfenen Text seines Diktatheftes niemals
systematisch revidiert, sondern sich auf gelegentliche kleine
stilistische und sachliche Verbesserungen beschränkt, so fügt er
doch selbst hinzu, daß er sich an diesen Text nicht sklavisch gebunden habe, da er sich auf sein ausgezeichnetes Gedächtnis verlassen konnte. Diese Tatsache wird durch die Mitteilungen
Reichardts, der nicht bloß den Philosophen um 1770 gehört,

---

[1]) Bei Dorow, Erlebtes und Erstrebtes Bd. IV, S. 5 f. u. ö.

sondern auch später in brieflicher Verbindung mit ihm gestanden
hat, bestätigt und ergänzt: „Sein Gedächtnis zeigte sich dabei
in seiner vollen Stärke. Denn obgleich er die Hefte vor sich
liegen hatte, sah er doch selten hinein und sagte oft ganze Reihen
von Namen und Jahreszahlen aus dem Kopfe her." Da der Druck
aber „eigentlich nur aus seinen Heften" bestehe, so komme
„manches im Drucke selbst auch doppelt vor, und vieles fehlt,
was sein mündlicher Vortrag ergänzte". In den Heften bot allerdings Kant, nach Adickes' neueren Untersuchungen[1]), wenig
Eigenes und schloß sich an vielen Stellen eng an seine Gewährs-
männer — z. B. Büsching in Göttingen, den ersten Lehrer der
Geographie in Deutschland, der schon ein Semester vor Kant
ein geographisches Kolleg gelesen hat — an, die er, ohne sie zu
nennen (wie das übrigens Zeitsitte) oft genug auch in der Form
der Darstellung benutzte und häufig „aus- und nicht selten
sogar abschrieb".

Auf Physische Geographie und Anthropologie gemeinsam
bezieht sich Reichardts Satz: „Dieses war eine besonders angenehme und lehrreiche Vorlesung für junge Leute, durch die unermeßliche Belesenheit in Geschichte, Reisebeschreibungen und
Biographien, Romanen und allen Fächern, die nur je Materialien
zu Beweisen oder Erläuterungen für jene Wissenschaften liefern
konnten." Und für die spätere Zeit (1786—89) bezeugt Rink
das gleiche: „In der physischen Geographie ward sein Vortrag
durch das allgemeinere Interesse des Gegenstandes und durch
sein Erzählertalent, in der Anthropologie aber durch seine eingestreuten feinen Beobachtungen, die er aus seiner eigenen Erfahrung oder aus der Lektüre, wie z. B. namentlich der besten
englischen Romanenschreiber, entlehnt hatte, belebt. Nie verließ
man unbelehrt und ohne angenehme Unterhaltung diese Vorlesungen." Daher waren denn auch, als der Philosoph immer
berühmter wurde, A b s c h r i f t e n dieser beiden Collegien besonders begehrt, wie wir es schon von Minister Zedlitz gehört
haben. Ja es entstand, wie Adickes nachgewiesen hat, ein förm-

---

[1]) E. Adickes, Untersuchungen zu Kants physischer Geographie.
1911; vgl. bes. S. 65 ff., 221, 285 f.

liches Gewerbe, schließlich geradezu ein Handel mit solchen, oft
sehr nachlässig angefertigten und mit abgeschriebenen Stellen
aus Kants Druckschriften untermengten, Machwerken. Von den
zahlreichen, durch den Tübinger Gelehrten mit minutiöser Genauigkeit untersuchten Heften über Physische Geographie kann
nur ein einziges (R) als eigentliche Kolleg n a c h schrift gelten; alle
anderen sind bloße A b schriften, viele davon entweder sicher
oder doch sehr wahrscheinlich von Berufsschreibern zum Zweck
des Verkaufs hergestellt.

Ein anderes Gepräge als diese populären Vorlesungen, in
denen er „allen alles" war, und durch die er am meisten auf
das große Publikum wirkte, trugen natürlich die vor einem
spezielleren Schülerkreise gehaltenen Collegien über die eigentlich philosophischen Fächer. Und unter ihnen wieder die zur
„praktischen" Philosophie gehörigen: Ethik, natürliche Theologie, Naturrecht und Pädagogik, ein anderes als die theoretischen Fächer: Logik und Metaphysik. Der Eindruck seines
m o r a l philosophischen Collegs z. B., in dem er nicht bloß auf
den Verstand wirken wollte, sondern „Herz und Gefühl ebenso
mit sich hinriß", war so tief, daß er einen Zuhörer (Jachmann)
noch nach zwei Jahrzehnten in die begeisterten Worte ausbrechen läßt: „Wie oft rührte er uns bis zu Tränen, wie oft er-
schütterte er gewaltsam unser Herz, wie oft erhob er unseren
Geist und unser Gefühl aus den Fesseln des selbstsüchtigen
Eudaimonismus zu dem hohen Selbstbewußtsein der reinen
Willensfreiheit! . . . Der unsterbliche Weise schien uns dann von
himmlischer Kraft begeistert zu sein und begeisterte auch uns,
die wir ihn voll Verwunderung anhörten." Kein Zuhörer habe
gewiß „eine Stunde seiner Sittenlehre" verlassen, ohne besser
geworden zu sein.

Ähnlich war sicherlich der Eindruck, den die Vorlesungen
über die verwandten Fächer des Naturrechts und der Pädagogik
hinterließen: des N a t u r r e c h t s, das er in seinen Denkversen auf verstorbene Kollegen sogar dichterisch als das „Recht
der Menschen", das ewige „Gesetz in uns" gepriesen hat; der
P ä d a g o g i k, in denen er die neuen Erziehungsgrundsätze in

allgemeinverständlicher Sprache seinen jugendlichen Zuhörern ans
Herz legte. Durch die in den 80er Jahren dreimal von ihm gelesene „Natürliche Theologie" oder „Philosophische R e l i g i o n s -
l e h r e" wollte er vor allem die jungen Theologen zu aufgeklär-
teren Anschauungen führen. Im Winter 1783/84 las er sie, statt
des nicht zustande gekommenen (!) Collegs über Moral, und
zwar, wie Hamann am 20. Oktober d. J. an Herder schreibt,
„mit erstaunendem Zulauf". Ein andermal fanden sich zum Beginn des Semesters für diese Vorlesung nur so wenige Zuhörer
ein, daß er sie schon aufgeben wollte; als er aber hörte, daß die
Anwesenden fast alle Theologen wären, las er sie dennoch gegen
ein geringes Honorar. Denn er hoffte, daß „gerade aus diesem
Collegio, in welchem er so lichtvoll und überzeugend sprach, sich
das helle Licht vernünftiger Religionsüberzeugungen über sein
ganzes Vaterland verbreiten würde "(Jachmann, S. 31 f.). Das
geschah denn auch zu einem guten Teil. Einzelne, besonders
radikale Zuhörer gingen allerdings in ihrem Eifer weiter, als der
behutsame Kant es wünschen mochte. So hatte im Sommer 1785
ein gewisser Schultz als Hauslehrer in Domnau, dem ostpreußischen Schi¹da, öffentlich behauptet und bei der dann, auf die
Anzeige des Ortspfarrers Riedel, vom Consistorium (Oberhofprediger Schultz) eingeleiteten Untersuchung es mit vier anderen
„seines Gelichters" sogar unterschrieben, daß „keine Sittenlehre,
noch gesunde Vernunft, noch öffentliche Glückseligkeit mit dem
Christentum bestehen könne". Er hatte weiter, unter ausdrücklicher Berufung auf Kants Kritik, vor seinen adeligen Zöglingen
wie auch sonst das Dasein Gottes für unbeweisbar zu erklären
gewagt. Daraufhin schritt dann das Konsistorium ein, und die
„Domnauer" hatten nach Hamann, der die ganze Geschichte in
seinen Briefen erzählt, bald „ausgeschwärmt"; Kant aber wurde
durch die Angelegenheit, wie Hamann meint, doch behutsamer
gemacht (Hamann an Herder, 18. Aug., an Lindner, 4. Okt. 1785,
an F. H. Jacobi, 9. April 1786).

Am schwierigsten für den Anfänger, aber am förderndsten
für den wirklich philosophisch Beanlagten waren natürlich die
beiden jedes Semester miteinander abwechselnden Kollegien der

Logik und Metaphysik. Von ihnen wiederum die Logik
leichter, obwohl es ihm auch hier nicht darauf ankam, Formeln
beizubringen, sondern Denken zu lehren. Am tiefsten wirkte sein
sozusagen philosophischstes Colleg: die Metaphysik. Anfänger
forderte er wohl auf, sich erst durch die Vorlesungen seines
früheren Schülers Magister Pörschke darauf vorzubereiten, der
im Sommer 1788 zum erstenmal über Kants Kritik der reinen
Vernunft las und für den folgenden Winter die Fortsetzung dieser
seiner Interpretation ankündigte. Für die Fortgeschritteneren
aber war Kants Unterricht ebenso anziehend wie lichtvoll. Wie
jeder echte Philosoph, dem zugleich die Gabe der freien Rede
nicht versagt ist, gab er keinen auf der Studierstube ausgearbeiteten und dann abgelesenen oder auswendig gelernten Vortrag,
sondern entwickelte seine Gedanken immer wieder neu,
philosophierte also mit seinen Zuhörern. Wie er schon zu Herders
Zeit diese „sokratische" Methode geübt, so auch später. „Eine
besondere Kunst bewies Kant bei der Aufstellung und Definition
metaphysischer Begriffe dadurch, daß er vor seinen Zuhörern
gleichsam Versuche anstellte, als wenn er selbst anfinge, über den
Gegenstand nachzudenken, allmählich neue bestimmende Begriffe
hinzufügte, schon versuchte Erklärungen nach und nach verbesserte, endlich zum völligen Abschluß des vollkommen erschöpften und von allen Seiten beleuchteten Begriffs überging.
Hatte er sich im Eifer einmal zu allzuweiten Abschweifungen vom
Thema hinreißen lassen, so pflegte er mit einem: „In summa,
meine Herren!" abzubrechen, um wieder zur Hauptsache zurück-
zukehren. Natürlich hielt er sich auch nicht an den eng beschränkten Umfang der Metaphysik alten Stils, sondern verbreitete sich z. B. in seinem Collegium metaphysicum auch über
ästhetische Gegenstände, über die er keine besondere Vorlesung hielt.

Am besten aber lernten die Zuhörer ihn und er sie in der
Disputations- oder Repetitionsstunde — etwa unseren heutigen
‚Philosophischen Übungen' entsprechend — kennen. Hier äußerte
er offen seine Anerkennung, anderseits auch seinen Unwillen,
wenn die Herren Studiosi nichts zu antworten wußten. Daß er

dabei ein Feind alles gedächtnismäßigen Krimskrams war, ist
selbstverständlich. Von einem „lebendigen Lexikon" hielt er
nichts. Freilich seien auch solche „Lastesel des Parnasses" nötig,
die, wenn sie gleich selbst nichts Gescheites leisten können,
doch Materialien herbeischleppen, damit andere etwas Gutes
daraus zustande bringen können" („Pädagogik"). Und ebenso
scharf kritisierte er die gelehrten „Zyklopen", die nur e i n
Auge für ihr Spezialfach haben, während ihnen das andere fehlt:
die Selbsterkenntnis der menschlichen Vernunft, „ohne welches
wir kein Augenmaß der Größe unserer Erkenntnis haben".

4. Die Zuhörer

Vom Sommersemester 1775 an bis zum Aufhören von Kants
Lehrtätigkeit im Sommer 1796 ist die Z u h ö r e r z a h l, mit
Ausnahme von elf Semestern, also eines Viertels der Gesamtheit,
in den Fakultätsakten angegeben und von Arnoldt zum erstenmal
veröffentlicht worden[1]). Danach war das Collegium L o g i -
c u m stets die besuchteste seiner Vorlesungen. Von 45 Zuhörern
zu Anfang hob sie sich in der ersten Hälfte der 80er Jahre auf
90 und 100 (wo runde Zahlen angegeben sind, sind sie wohl nur
als ungefähre zu betrachten), um dann langsam wieder herabzugehen, aber erst im letzten Semester, in dem Kant gelesen hat,
unter 50 zu sinken. Dann folgt die M e t a p h y s i k. Hier ist
eine Steigerung schon zu Ende der 70er Jahre — von 30 auf 60 —
zu verzeichnen; doch wohl, weil bekannt geworden war, daß der
Philosoph bald mit einem neuen System herauskommen werde,
und vor allem, weil er aus diesem System vieles, wie wir oben
von ihm selbst gehört, schon in seinen Vorlesungen gab. Im
Durchschnitt bleibt die Zahl hinter der Logik um 20 zurück;
die 1782/83 und 1785/86 erreichte Höchstzahl beträgt 80; unter
50 ist sie nur einmal (1789/90) hinuntergegangen. Von den populären Vorlesungen erreicht die P h y s i s c h e G e o g r a p h i e
ihren Gipfel 1783 mit 69 und 1784 mit 63 Zuhörern, um dann

---

[1]) Emil Arnoldt, Kritische Exkurse im Gebiet der Kantforschung.
1894; jetzt in Ges. Schriften, hrsg. von O. Schöndörffer. Berlin 1909.
Bd. V, S. 240 ff.

rasch wieder auf einen Durchschnitt von etwa 30 zu sinken; während die A n t h r o p o l o g i e etwas gleichmäßigere Ziffern zeigt, ihre Höchstzahl von 70 erst 1791/92 erreicht und auch in dem letzten Semester 1795/96 noch 53 Zuhörer aufweist. Gewiß lassen sich diese Zahlen mit heutigen Besuchsziffern beliebter und berühmter Dozenten nicht vergleichen; indes wenn wir bedenken, daß die Albertina damals überhaupt nur etwa 500 Studierende zählte (erst durch Kants Weltruf hob sie sich schließlich bis 1804 auf 700), und daß die genannten vier Vorlesungen sich a l l j ä h r l i c h — Logik und Geographie im Sommer, die schwierigere Metaphysik und die Anthropologie im Winter — wiederholten, so sind die Zahlen doch nicht niedrig. Zudem ist für die populären Vorlesungen, wie auch Arnoldt meint, wohl nur die Zahl der eingeschriebenen Studierenden angegeben, so daß die Zuhörer aus anderen Kreisen noch hinzugekommen wären.

Bedeutend geringer war die Hörerzahl in den übrigen Privatkollegien. In der E t h i k bewegt sie sich für die 80er Jahre zwischen 39 und 23, im N a t u r r e c h t zwischen 27 und 12 (durchschnittlich 23), in der P h y s i k schwankt sie gar zwischen 34 (1781) und — neun (1783). In der E n z y k l o p ä d i e der Philosophie betrug sie 32 bzw. 30, in der N a t ü r l i c h e n T h e o l o g i e 37; von dem Semester mit dem zufolge Hamann „erstaunenden Zulauf" (1783/84) sind leider keine Zahlen vorhanden. In der P ä d a g o g i k wurde im Sommer 1780 die Höhe von 60 erreicht, während für die beiden noch folgenden Male leider die Ziffern fehlen. Im Examinatorium bzw. R e p e - t i t o r i u m , in dem sich vermutlich nur der Kern der Zuhörer aus den Hauptvorlesungen (Logik und Metaphysik) einfand, betrug die Durchschnittszahl vor 1781 15 bis 20 Teilnehmer, hob sich dann auf 30 bis 50, um von Ende der 80er Jahre an wieder auf die alte Zahl herabzugehen; nur das Semester 1794/95 macht noch einmal eine erfreuliche Ausnahme mit 34. Übrigens ist es selbst einem Kant in vereinzelten Fällen begegnet, daß ein Extrakolleg, wie Naturrecht oder Natürliche Theologie, nicht zustande kam, oder daß ein, freilich von der Regierung zwangsweise anbefohlenes, in l a t e i n i s c h e r Sprache abzuhaltendes „Dis-

putatorium" „nach einiger Zeit von den Auditoribus verlassen"
wurde, wie Kant im März 1780, wohl mit etwas Schadenfreude,
an die Regierung berichtet.

Nun hatten zwar auch andere Professoren einen zuweilen
sogar noch zahlreicheren Zuhörerkreis — Bocks Kolleg über
Pädagogik 1782/83 nicht weniger als 137 —, und wenn Kants
Biograph Jachmann meint, er sei „von seinen Zuhörern fast vergöttert" worden, so geht das wohl mehr auf den engeren Kreis
der ihm Näherstehenden, in deren Namen ihm z. B. am 12. März
1784 der junge Graf Keyserling, „dem stets ein Platz in der
nächsten Nähe Kants aufbewahrt war", eine goldene Medaille
übergab, von der noch die Rede sein wird. Indes, wenn selbst
in dem fernen Jena Anfang 1786 zwei Studierende sich Kants
Kritik wegen duellierten, so werden die Angehörigen der Albertina
erst recht stolz auf den berühmten Denker gewesen sein. Er-
kannten sie in ihm doch nicht bloß ihren Lehrer, sondern mehr
noch ihren Erzieher zur Sittlichkeit, ja ihren älteren Freund.
Denn als Pädagoge aus Rousseaus Schule trat er grundsätzlich
dafür ein, daß man ihnen die akademische Freiheit nicht be-
schneide, so lange sie nicht in Zügellosigkeit ausarte. Er verglich
sie mit Bäumen, die, im Freien aufwachsend, ein kräftigeres
Wachstum und bessere Früchte hervorbringen.

Damit war natürlich keine Billigung so losen Treibens aus-
gesprochen, wie es in einem Briefe vom 15. März 1784 Kants
früherer Schüler, der erblindete Ludwig von Baczko, über seinen
Zögling stud. Schorn dem einstigen Lehrer klagt: Schorn hatte
von ihm die Erlaubnis erhalten, mit einem von seiner „Frau
Mutter" geschickten Taler auf einen Ball zu geben, auf diesem
Ball aber sich von einem anderen leichtsinnigen Vogel „einen
Dukaten geliehen, sich dafür einen Rausch angetrunken und den
Überrest verspielt, nachher sich in eine Kutsche gesetzt und ein
paar Stunden herumfahren lassen", überdies noch seine Uhr
versetzt. Kant meint einmal, in merkwürdiger Zusammen-
stellung: „Junge Leute muß man in Acht nehmen vor frühes
Spiel, Umgang mit Frauenzimmern und Musik" (Ak.-Ausg. XV,
Nr. 1479). Ein andermal: die Universität sei dazu da, den jungen

Mann „geschliffen" zu machen. Am ausführlichsten aber spricht
er sich über Studentensitten auf einem bisher noch unbekannten
Losen Blatte seines Nachlasses (ebd. Nr. 1493) aus, das nach
Adickes in die zweite Hälfte der 70er Jahre gehört.

Dort heißt es, daß der Charakter sich auch „im äußeren Anstand offenbart und durch ihn gebildet wird". „Wo aber ist
mehr Gelegenheit, den g e s i t t e t e n A n s t a n d zu bilden,
als auf der Universität!" Der Student soll sich von der übrigen
Jugend unterscheiden, aber nicht durch „das Instrument der
Streithändel" [d. i. doch wohl den Degen?], sondern durch gute
Manieren und mannigfaltige Kenntnisse. Von „Hindernissen"
zählt er viere auf: 1. das Z e c h e n , „wo keiner den anderen
einschränkt und Sittsamkeit abnötigt"; 2. das S p i e l , „welches
die Börse in Unordnung bringt und durch Schulden zu schlechten
Handlungen nötigt, sich geringschätzig behandeln zu lassen";
3. das scythische (!) oder l ä r m e n d e V e r g n ü g e n , ein
„Rest der Kindheit", worin man „sich mit dem gemeinen Schlag
des schlecht erzogenen Pöbels mengt"; 4. die H ä n d e l s u c h t ,
der vorgebliche „Anstand" eines Händelsüchtigen ist „widrig und
roh", und man schämt sich später der Ehrbegriffe, die man damals gehabt. Er rät seinen Zuhörern — denn es handelt sich
offenbar um Notizen zu seiner anthropologischen Vorlesung —,
„sich und ihre Kameraden nur als eine Reisegesellschaft anzusehen, die bald auseinandergeht und hernach einander wenig
sieht", und durch eine „standhafte Entschließung" bei sich und
ihnen einen „besseren, ganz neuen Ton" anzuschlagen; dasjenige,
„was man aus Gehorsam tun sollte, aus sentiment zu tun", wie
denn Kant den gesitteten Anstand als „äußeres Kleid" der
Moralität auch anderswo würdigt. So würden sie sich und ihrem
Stande einen „Wert" geben, „darin man keinen Nebenbuhler
befürchten darf". Er würde Ursache haben zu „gloriieren",
wenn „ein Collegium, das die Menschheit zu kultivieren dient, eine
Wirkung hätte, die kein Zwang und keine trockene Erinnerung
haben konnten". Zu einem so energischen praktischen Vorgehen
gegen die alten Unsitten der Landsmannschaften, wie Fichte
es in den 90er Jahren in dem allerdings auch viel roheren Jena

wagte, hat er sich freilich nicht entschlossen; er vertraute seiner ganzen Natur nach mehr auf stilles, allmähliches Wirken seiner Persönlichkeit.

Dagegen hatte er an freimütigem und doch gute Manieren verratenden Betragen der akademischen Jugend seine Freude und mißbilligte an einigen studierenden Kaufmannssöhnen, daß sie sich anstatt als Studenten wie „Kaufdiener" kleideten. Er interessierte sich sogar für ihre Aufzüge bei festlichen Gelegenheiten. Wie er einst als Magister ein akademisches „Gepränge" hatte veranstalten sollen (I, S. 143), so ließ er als Rektor bei der Huldigungsfeier zu Ehren Friedrich Wilhelms II. (1786) einen der „Adjutanten" zu sich kommen, um dessen Ausstattung — weiße Uniform mit blitzenden Achselstücken und grünen Streifen — einer näheren Besichtigung zu unterwerfen. Und als akademische Konzerte und Bälle eingerichtet wurden, billigte er das nicht bloß durchaus, sondern nahm sich auch vor, sie einmal zu besuchen, scheint allerdings zur Ausführung dieses Vorhabens nicht gekommen zu sein.

Ärmeren und dabei fähigen Studenten verhalf er gern zu Stipendien, Freistellen im Alumnat, Hauslehrerposten und dergleichen, erließ ihnen wohl auch das eigene Kollegiengeld, z. B. dem jungen Hamann oder Wasianski. Ebenso natürlich nach alter, heute noch bestehender Sitte den Söhnen seiner Amtsgenossen. Als der junge Reusch dem damaligen Brauche gemäß nach Beendigung des Semesters zu ihm ging, um für die Erlaubnis zum Besuche der Vorlesung zu danken und ihm das Honorar von vier Talern für das Privatkolleg in die Hand zu drücken, lehnte er es mit dem Worte ab: Clericus clericum non decimat. Dagegen hielt er bei denen, welche diese geringe Summe bezahlen konnten, auch auf deren Zahlung: nicht aus Geldliebe, sondern aus Grundsatz. Sonst, meinte er, würden die Studiosi verschwenderisch und gewissenlos: „wenn sie den Lehrer verabsäumen und betrügen, lernen sie auch andere Menschen betrügen", und außerdem: „umsonst opfert niemand in der Welt seine Kräfte auf". In seinem Nachlaß haben sich aus einzelnen Semestern Verzeichnisse seiner Zuhörer gefunden, hinter deren Namen ent-

weder ein ddt (= dedit, d. i. „bezahlt") oder ein „will auf Wey-
nacht bezahlen" oder „restiert ein Rl. (= Reichstaler)" oder
ähnliches von seiner Hand vermerkt ist. Und kürzlich wurde
in der Frankfurter Zeitung ein Mahnbrief von ihm vom 1. Okt.
1772 an einem unbekannten Pastor oder Magister, Vater eines
säumigen Zahlers, veröffentlicht, der folgenden Wortlaut hat:
„Ew. Hochwohlehrwürden habe die Ehre hiedurch ergebenst
um die 2 Duc(aten), auf welche ich freywillig das honorarium
von 8 rthlr. dero Hrn. Sohne bey seiner Abreise heruntergesetzt
habe, zu ersuchen. Wir docenten der universitaet sind itzt besonders obligirt, alle alte resta in kurzer Zeit zu berichtigen. Ich
verbleibe sonst mit der größesten Hochachtung

Königsb., den 1. Oct. 1772.   Ew. Hochwohlehrw.
                                                    ergebenster Diener
                                                         I. Kant."

Hatte er schon in den 70er Jahren erklärt, er pflege jetzt
weniger als früher n ä h e r e n , persönlichen Umgang mit seinen
Zuhörern, so war dies natürlich bei der Zunahme seiner Jahre,
Beschäftigungen und Hörer noch weniger der Fall. Er empfiehlt
daher zu Hauslehrern auch Kandidaten, die ihm nicht persönlich
bekannt sind, so z. B. seinem eigenen einstigen Zögling von Hülsen
(1. Mai 1784). Und schwerlich wird er das Ansinnen des Mitauer
Vaters Jäger erfüllt haben, der seinen zum ersten Semester nach
Königsberg reisenden Sohn zwar bloß zu einem „tüchtigen Bauern-
Professor für den Sonntag" ausgebildet zu sehen wünscht, aber
doch von dem vielbeschäftigten Gelehrten verlangt, er solle ihm,
„wenn die Sachen nicht gehen, wie sie sollen, eine kleine Anzeige
machen "(Jäger an Kant, 21. Aug. 1788). Anderseits suchte er
für den jungen T h e o d o r v o n S c h o e n (den berühmten
späteren Oberpräsidenten von Ostpreußen), als dieser im Herbst
1788 im Alter von $15^3/_4$ Jahren die heimische Universität bezog,
um die Rechte zu studieren, auf Wunsch des Vaters die zu hörenden Collegien aus: 1. Philosophische Enzyklopädie bei Kraus,
2. Mathematik bei Schultz, 3. Logik bei Pörschke, als „Vorbereitung zu dem Collegium, welches ich bei ihm (sc. Kant selbst

später) hören sollte", und 4. Anthropologie bei Kant selbst.
Also nicht zu viele und kein einziges juristisches Fachkollegium!
Mit Schultz, der zu trocken vortrug, und mit Pörschke, der „nur
ein geistiges Repositorium gab", war der junge Studiosus weniger
zufrieden, dagegen zogen ihn Kant sowohl wie Kraus „ungemein"
an[1]). — Auch den, im schroffen Gegensatz zu Schoen später als
geistreichen Söldner der Metternichschen Reaktion berüchtigt gewordenen, F r i e d r i c h v o n G e n t z, Sohn eines Berliner
Kriegsrats, der mit einer warmen Empfehlung von — Moses
Mendelssohn Ostern 1783 die Albertina bezog, nahm er wohl auf.
Die Zuversicht, die er nach dessen ersten Semester auf „Geist
und Herz" des „hoffnungsvollen jungen Menschen", den er in
seine „nähere Bekanntschaft aufgenommen" hatte (K. an Mendelssohn, 16. Aug. 83), schien sich zunächst auch zu erfüllen.
Gentz widmete ihm mit Worten tiefster Verehrung ein Jahr
darauf seine Erstlingsschrift, half in Berlin, wo er eine Stellung
im Staatsdienst gefunden, bei der Korrektur der Kritik der
Urteilskraft (1790) und vertrat in der Berliner Monatsschrift
noch im Frühjahr 1791 begeistert die Menschenrechte der französischen Revolution im Sinne Kants gegen Möser und Garve,
machte dann aber eine Schwenkung und wandte sich Dezember
1793 in derselben Zeitschrift g e g e n Kants Abhandlung über
Theorie und Praxis[2]). — Auch für den jungen Ludwig v o n
B a c z k o zeigte Kant, zumal nach dessen Erblindung, viel Teilnahme; er ermunterte ihn zur Schriftstellerei — zunächst dem
‚Versuch eines Kommentars zu Kants Anthropologie' —, interessierte sich für seine Begründung einer literarischen Zeitschrift
‚Tempe', verschaffte ihm die Führung des stud. Schoen (s. oben)
gegen jährlich 100 Gulden und riet ihm zur Gründung eines

---

[1]) Aus den Papieren des Ministers Th. von Schoen. I. Teil, S. 5.

[2]) Näheres s. in meiner Einleitung zu Kants Schriften über Geschichtsphilosophie usw. (Bd. 47 I der Philos. Bibl.), S. XXXI—XXXIII. Vgl.
auch die ‚Briefe von und an Gentz' (1909), Bd.I, S.140, 141, 153, 155 (5. März
1790, wo er die Kantische Philosophie seine „alte Pflegemutter" nennt),
und S. 182. Auch noch 1803 äußert er sich voll Hochachtung über sie
(Bd. II, S. 123).

Studenten-Pensionats. Als Baczko sich später an der Albertina
zu habilitieren beabsichtigte, waren Kant und Kraus trotz seines
Katholizismus anfangs für ihn, gaben aber schließlich doch der,
durch die Hetzereien der Berliner Monatsschrift und Nicolais
verstärkten antikatholischen Stimmung des Senats nach, so daß
er statutengemäß abgewiesen wurde.

Besonders nahe standen dem Philosophen selbstverständlich
diejenigen von seinen Zuhörern, die längere Zeit die Stelle eines
A m a n u e n s i s, d. h. einer Art Privatsekretärs, bei ihm bekleideten. Jeder Senator hatte das Recht zu einem ‚Freitisch‘
im ‚Conviktorio‘ für einen solchen Amanuensis. Kant hatte allerdings auch schon in seiner vorsenatorischen Zeit in E. A. Chr.
W a s i a n s k i einen derartigen Gehilfen, der nach seiner eigenen
Angabe „wöchentlich einige Stunden für ihn schrieb". — Der
Ostern 1783 immatrikulierte Reinhold Bernhard J a c h m a n n,
sein Biograph, hat mehrere Jahre diesen Posten innegehabt: vom
Sommer 1784 an, wo er eifrig an einer Abschrift der ‚Grundlegung zur Metaphysik der Sitten‘ tätig war, bis Sommer 1786[1]).
Er wußte, wie sich aus Hamanns Briefen an Jacobi ergibt, öfters
über die literarischen Pläne seines Meisters Bescheid, über die er
dann auch wohl wißbegierigen Interessenten wie Hamann etwas
ausplauderte; denn er war in solchen Dingen ebenso lebhaft,
„unschuldig und treuherzig" wie der Philosoph, der gelegentlich
seinen Bekannten auch literarische Bestellungen durch Jachmann
machen ließ. Noch in späteren Jahren hatte dieser zu jeder
Stunde Zutritt in das Haus Kants, der ihn „nicht bloß an seinen gelehrten, sondern auch an seinen häuslichen Angelegenheiten teilnehmen ließ" (Jachm., Vorwort, S. VI f.).

Wie schon Marcus Herz ein Lieblingsschüler unseres Philosophen gewesen war, so treten auch später immer wieder j ü -
d i s c h e Studenten als Angehörige des ihm näher stehenden
Kreises seiner Zuhörer auf. Es möge bei dieser Gelegenheit gestattet sein, eine unparteiische Erörterung über Kants

---

[1]) Nach Hamann hätte nicht e r , sondern sein älterer B r u d e r ,
der Mediziner Johann B. Jachmann, diese Stelle bekleidet, wie ich in
Die ältesten Kant-Biographien, S. 20, zuerst festgestellt habe.

5. Stellung zum Judentum

überhaupt hier einzuschalten. Seine allgemeine Beurteilung des Judentums ist, das erscheint nach den heute vorhandenen Zeugnissen unbestreitbar, weit ungünstiger gewesen, als man es nach dem bisher Erwähnten und bei seiner sonstigen Freiheit von Vorurteilen annehmen sollte.

Am ungünstigsten erscheint sie in p r i v a t e n Mitteilungen über diesen Punkt von fast durchaus zuverlässiger Seite. Wir legen keinen Wert auf die Äußerung des wackeren Wasianski, daß er den jüdischen Dialekt scherzhaft nachzuahmen vermochte[1]). Auch auf die Nachricht, die Entfremdung zwischen Kant und Kraus sei durch einen Streit über die Juden entstanden, die Kraus als geistreiche und talentvolle Nation gelobt habe, während Kant behauptet habe, sie hätten „noch kein eigentliches Genie, keinen wahrhaft großen Mann aufzuweisen, alle ihre Talente und Kenntnisse drehten sich um Ränke, Kniffe und Pfiffe, mit einem Worte, sie hätten alle nur einen Judenverstand[2])", geben wir nicht allzuviel, weil sie erst aus dritter oder vierter Hand stammt. Bedeutsamer ist, was wir in Kap. 6 des 2. Buchs (I, S. 217) von seinem abfälligen Urteil über Lessings Nathan hörten. Gerade, weil der zum Antisemitismus neigende Hamann als Berichterstatter unter den dort beschriebenen Umständen ein besonders unverdächtiger Zeuge ist. Das Stärkste aber und bisher noch nicht Gedruckte erzählt der durchaus zuverlässige und auch keineswegs befangene Abegg von einer Mittagsgesellschaft bei Kant am 14. Juni 1798. Als dort die Rede auf die Juden gekommen sei, habe Kant gemeint: „Es wird nichts daraus kommen; solange die Juden — Juden sind und sich beschneiden lassen, werden sie nie in der bürgerlichen Gesellschaft mehr nützlich

---

[1]) Ein drolliges Beispiel steht in Wasianskis P r i v a t exemplar seiner Kantbiographie zu S. 194 (veröffentlicht von P. Czigan, Sitz. Ber. der Altertumsgesellschaft Prussia, 17. Heft. Königsberg 1892). In der gedruckten Ausgabe strich es der zartfühlende Mann.

[2]) Voigts Leben Kraus', S. 132 f. Voigt hält die Nachricht d e s h a l b für zweifelhaft, weil — Kraus „nie in seinem Leben die Juden verteidigte".

als schädlich werden. Jetzo sind sie die Vampyre (!) der Gesellschaft."

Wir würden gleichwohl auf alle diese Privatnachrichten
keinen Wert legen, wenn sich nicht ähnlich ungünstige Urteile
in seinen S c h r i f t e n fänden. Zwar erkennt die Kritik der
Urteilskraft einmal (S. 122) die Erhabenheit der israelitischen
Gottesvorstellung an (,,Du sollst Dir kein Bildnis noch Gleichnis
machen usw."). Aber dieser strenge Monotheismus sei mit einem
,,Wust von Observanzen" vermischt; Mendelssohn habe sich zwar
um die Aufklärung seiner Nation eifrig bemüht, konnte aber ver-
nünftigerweise nicht hoffen, allein sie zu bewirken (,Über den
Gemeinspruch usw.', S. 109). Ja, die gleichzeitige ,Religion innerhalb' (1793) betrachtet den jüdischen Glauben ,,seiner ursprünglichen Einrichtung nach" geradezu als einen ,,Inbegriff statutari-
scher Gesetze", denen moralische Zusätze bloß ,,angehängt" seien.
Im Grunde sei das Judentum gar keine Religion, zu der nebenbei
auch der Glaube an ein künftiges Leben notwendig gehöre, sondern ,,ein bloß weltlicher Staat", zu dem darum auch das Christentum sich von Anfang an, als ,,völlige Verlassung" des Judentums, in schärfsten Gegensatz gestellt habe (S. 144—148). Und
noch der Streit der Fakultäten (1798) bedauert ausdrücklich die
jüdischen Reste im Christentum, nämlich dessen Verbindung mit
dem Alten Testament, wie auch in den Reflexionen (Ak.-Ausg.
XV, 345) sich der Stoßseufzer findet: ,,Wollte Gott, wir wären
mit orientalischer Weisheit verschont geblieben!"

Noch stärker meint schließlich die ,Anthropologie' (ebenfalls
1798), die doch schon als Vorlesung des Philosophen Ansichten
in die Jugend und das breitere Publikum zu tragen bestimmt
war: das Judentum habe im Gegensatz zur ,,reinen Herzens-
gesinnung" Jesu ,,Gebote einer geschäftigen Nichtstuerei" begründet! (S. 38 f.). Und, was am schwersten wiegt, im Anschluß
an den Abschnitt über — Verschlagenheit und Geschicklichkeit im Betrügen führt eine längere Anmerkung (S. 119—121)
aus: die ,,unter uns lebenden Palästiner" seien durch ihren
,,Wuchergeist" in den, was ihre ,,größte Menge" betrifft, ,,auch
nicht ungegründeten Ruf" des Betruges gekommen. Der ,,bei

weitem größte" Teil dieser merkwürdigen „Nation von lauter
Kaufleuten" und „nicht-produzierenden Mitgliedern der Gesellschaft" suche den Verlust seiner bürgerlichen Ehre durch „die
Vorteile der Überlistung des Volks, unter dem sie Schutz finden,
und selbst ihrer untereinander" zu ersetzen. Da die Pläne, dieses
Volk „in Rücksicht auf den Punkt des Betrugs und der Ehrlichkeit" zu moralisieren, doch vergeblich seien, so will er lieber
eine Erklärung dieses ihres merkantilen Charakters geben. Er
sei in der günstigen Lage des alten Jerusalem inmitten der Kara-
wanenstraßen des Ostens begründet und habe sich dann auch
nach ihrer Zerstreuung erhalten, so daß letztere ihnen mehr
Segen als Fluch, nämlich einen größeren Reichtum als jedem
anderen Volk, eingebracht habe: „vorausgesetzt daß Reichtum
ein Glück ist", wie die Handschrift hinzusetzt. — Ein günstigeres
Urteil fällt dagegen, wenigstens für die Zukunft, der ‚Streit der
Facultäten' (S. 96 f.). Zwar teile er nicht den Traum einer allgemeinen Judenbekehrung, die ja auch Mendelssohn in seinem
‚Jerusalem' (1783) scharf abgelehnt habe. Wohl aber hofft er,
daß die jetzt unter ihnen erwachenden „geläuterten Religions-
begriffe" zur Abwerfung des „alle wahre Religionsgesinnung ver-
drängenden alten Kultus" führen werde. Wenn sie dann, nach dem
Vorschlage Bendavids[1]), auch noch die Religion Jesu öffentlich
annähmen, unter Belassung des Rechtes ihrer eigenen Schriftauslegung der Thora und des Evangeliums, so könnten sie „bald
ein gelehrtes, wohlgesittetes und aller Rechte des bürgerlichen
Zustandes fähiges" Volk werden.

Nach alledem erscheint die Stellung Kants zum Judentum
ziemlich klar. In seiner Beurteilung desselben als Ganzen ließ er
sich offenbar durch den damaligen, im allgemeinen recht niedrigen Kulturstand des ö s t l i c h e n Judentums und dessen,
durch die vorhergehende geschichtliche Entwicklung bedingte,
wirtschaftliche Tätigkeit bestimmen, wie er sie gerade in Königsberg, in der Nähe der russisch-polnischen Grenze, von Kindheit

---

[1]) Nach Hermann Cohen (Kants Begründung der Ethik, 2. Aufl.,
S. 496) hat nicht Bendavid, sondern der weiter unten (S. 78) genannte
David Friedländer diesen Vorschlag gemacht.

an vor Augen gehabt hatte. Wer sich ein Bild davon machen
will, in welcher Abgeschlossenheit von aller höheren Kultur die
Masse der polnischen Juden damals dahinlebte, der lese etwa
Salomon Maimons Selbstbiographie. Und wer die damit verbundene religiöse Beschränktheit kennenlernen will, der erinnere
sich der Verfolgung, der freier gerichtete Geister wie Moses Mendelssohn selbst längere Zeit seitens der eigenen Glaubensgenossen
ausgesetzt waren. Hatte doch Kant selbst in früheren Jahren
einen ihm näher stehenden jüdischen Zuhörer, namens Leon (oder
Leo), dem er auf Mendelssohns Empfehlung gern seine „Collegien
und andern Dienstleistungen zugestand", zur Klugheit gemahnt,
weil er durch Nachlässigkeit in Befolgung der vorgeschriebenen Gebräuche Anstoß bei der Königsberger Synagoge erregt hatte (K.
an Mendelssohn, 7. Febr. 1766). Zu seiner Abneigung gegen das
Alte Testament aber hat sicherlich auch die von uns schon im
ersten Buch hervorgehobene Reaktion gegen den diesen Zusammenhang übermäßig betonenden Pietismus seiner Jugenderziehung
beigetragen, so daß ihm neben der poetischen Schönheit anscheinend auch die religiöse Tiefe des Psalters und der Propheten
entgangen ist.

Mag man nun diese seine Beurteilung des Judentums als
Ganzen als Vorurteil bezeichnen, jedenfalls machte es halt an
seiner Schätzung und seinem praktischen Verhalten gegenüber
den e i n z e l n e n jüdischen Persönlichkeiten, mit denen ihn
sein Leben in Berührung gebracht hat. Selbstverständlich erblickte er in ihnen allen nicht den „Juden", sondern den M e n -
s c h e n. Wir haben es bereits an seiner Hochschätzung von
Moses Mendelssohn und Marcus Herz gesehen; wir können das
gleiche an seinem Verhältnis zu jüdischen Bekannten der späteren
Jahre wahrnehmen.

So zeigt er sich in einem Briefe an Mendelssohn vom 13. Juli
1778 für das äußere Fortkommen seines gewesenen Schülers
Aron J o e l besorgt, der zwar „nicht mit so vorzüglichem Talente
als HE. Herz" beglückt war, dessen „gesunder Verstand, Fleiß,
Ordnung des Lebens, vornehmlich die Gutartigkeit seines Herzens"
aber doch „erwarten" ließ, daß er „in kurzem als ein geschickter

und geachteter Arzt auftreten werde". Joel, der erst in späteren
Jahren zum akademischen Studium übergegangen zu sein scheint,
erwarb sich denn auch bald darauf zu Frankfurt a. O. den Doktorhut und wurde 1777 Arzt am jüdischen Krankenhause in Königsberg. — Ein anderer jüdischer Zuhörer E l k a n a , von Hamann
als einer der besten bezeichnet, wurde 1782, anscheinend infolge
geistiger Überarbeitung, geistesgestört, und man beschuldigte nun
Kant, daß er die Eitelkeit des unglücklichen jungen Mannes zu
viel genährt habe. Elkana trat später in Holland oder England
zum Christentum über, scheint von Kant und Schultz zeitweise
mit Geld unterstützt worden zu sein, heckte allerhand verrückte
Pläne, z. B. Süßmachung des Meerwassers, aus und kam 1787 vorübergehend wieder nach Königsberg (Ham. an Jac., 30. Jan. 1787).
— Von Isaak Abraham E u c h e l (geb. 1758), der durch die 1784
von ihm gegründete hebräische Monatsschrift ‚Der Sammler‘
deutsche Bildung unter seinen Glaubensgenossen zu verbreiten
suchte, 1787 nach Berlin ging und dort im selben Jahre wie Kant
starb, ist schon S. 51 die Rede gewesen. — Zu den Unterzeichnern
der poetischen Adresse von 1786 (S. 44) gehörten außer ihm
ein Dr. Goldschmidt, ein gewisser Friedmann, ein wohl der angesehenen Königsberger „Schutzjuden"-Familie angehörender
oder verwandter M. Friedländer, vor allem aber der ebenfalls bereits genannte D. S. T h e o d o r , der nach Hamann zu Kants
„liebsten Zuhörern" zählte, 1798 als Privatgelehrter in Berlin
lebte und von Abegg wie von Pörschke mit Anerkennung erwähnt wird.

Endlich wird in der freilich nicht besonders zuverlässigen
anonymen Biographie von 1804 (Leipzig, bei Weigel, Bd. II,
S. 31, 36 f.)[1]) erwähnt, daß in Kants Altersjahren eine junge
Jüdin aus guter Familie „von trefflichem Herzen und ausge-
bildetem Verstande" unter denen sich befand, die alle Mittwoche
zu einem „angenehmen Zirkel" bei ihm zusammenkamen, wo er
sich „mit all seiner Heiterkeit und Offenheit mitteilte".

Daß gerade die jüdischen Frauen und Mädchen der wohl-

---

[1]) Nach „mündlicher Erzählung des Herrn F. v. L. [Friedrich von
Lupin?] aus dem Munde des Mädchens", 10. März 1800.

habenden Kreise damals besonders bildungseifrig waren, ist bekannt; wir erinnern nur an die berühmten Namen Henriette Herz, Dorothea Mendelssohn, Rahel Levin. Für die Königsbergerinnen bezeugt es Abegg. Er leitet es von dem Umstand ab, daß sie wenig in ihrem Haushalt arbeiten und deshalb viel Zeit haben, Gesellschaften anzunehmen und zu unterhalten. „Daher kommt auch ihre hohe Ausbildung gegen die deutschen Weiber. Sie lesen alles, sie hören alles und mit gespannter Aufmerksamkeit, um es sich zuzueignen und sich auszuzeichnen". Und die Stiftung von Lesezirkeln oder -kränzchen seitens dieser jüdischen Damen — die Männer waren meist durch ihren Beruf oder ihr Geschäft abgehalten — war in Berlin längst an der Tagesordnung.

Mit dem Königsberger Bankhause Wulf (Wolf) Friedländer scheint der Philosoph nur in entfernteren Beziehungen gestanden zu haben. Näher dagegen mit D a v i d   F r i e d l ä n d e r aus Berlin, dem nahen Freunde von Marcus Herz, der Kant schon 1770 eine Schrift des Frankfurter Juristen Kölbele gegen Mendelssohn zustellt und auch später in Kants Briefwechsel bisweilen erscheint. Am 6. November 1787 bittet er Friedländer, seinen Landsmann Bötticher womöglich das Patent für eine von diesem erfundene Spinnmaschine abzukaufen oder den Verkauf zu vermitteln. Für Kants Zartgefühl ist es bezeichnend, daß er, als Friedländers Antwort sich verzögerte, meinte, die Aufschrift ‚An den berühmten   j ü d i s c h e n   Negozianten‘, die er nur der Deutlichkeit halber hinzugesetzt, könne jenen vielleicht verletzt haben (an Herz, 24. Dez. 87). David Friedländer war es, der in einem ‚Sendschreiben an Propst Teller von einigen Hausvätern jüdischer Religion‘ den Vorschlag des Übertritts zum Christentum machte, der damals noch nicht so häufig war als heute.

Jedenfalls galt unser Philosoph, dessen oben erwähnte literarische Äußerungen über das Judentum übrigens sämtlich erst aus den 90er Jahren stammen, um die Mitte der 80er Jahre in den Kreisen der Berliner und Königsberger Judenschaft wie in der öffentlichen Meinung überhaupt als durchaus judenf r e u n d l i c h.   Da nun unter den Spendern der goldenen Medaille sich mehrere israelitische Zuhörer befanden, das Handlungshaus Friedländer in Königsberg die noch fehlende Summe zugeschossen, der jüdische Medailleur Abramson in Berlin sie verfertigt, endlich Mendelssohn das darauf befindliche Sinnbild mit Denkspruch ersonnen hatte, so verbreitete sich das Gerücht, die Berliner Judenschaft habe die Medaille zu seinen Ehren prägen lassen.

Das war natürlich eine törichte Klatscherei. Dagegen ist Tatsache, daß der freigesinnte Philosoph damals bei den geistigen Führern der Königsberger wie der Berliner Judenschaft in großem Ansehen stand. Wir haben schon bei der Besprechung des Jacobi-Mendelssohn-Streites (Kap. 3) gesehen, daß ihn die Freunde „unseres Moses" ohne weiteres zu den Ihrigen zählten. In diesem Sinne schrieb ihm M. Herz am 27. Februar 1786 und schickte ihm zugleich eine Ankündigung betreffs ein Mendelssohn in Berlin zu errichtendes Denkmal. Kant erwidert am 7. April, die Sammlung zu diesem Zweck fände in Königsberg große Schwierigkeiten; er wolle jedoch „versuchen, was sich tun lasse". Auffallend ist nun die am 23. April folgende Notiz des freilich allen Klatsch aufnehmenden, aber doch bona fide schreibenden Hamann an seinen Intimus F. H. Jacobi: „Daß der alte Philosoph die Juden vom Monument ausgeschlossen (?), werden Sie schon wissen." Und noch auffallender die vier Tage später gegebene Mitteilung, Kants Zuhörer Theodor habe ihm „mit viel Umständen das Mißvergnügen vorgehalten, das die hiesige Judenschaft darüber bezeigte, weil er (Kant) sich über die Berlinische Kollekte zu Mendelssohns Monument aufgehalten hätte". Kant hatte wohl schon Ärger genug mit der Sache gehabt, denn er wurde über Theodors Mitteilung „ungemein empfindlich" und ließ der Judenschaft sagen, „daß sie von Rechts wegen die Kosten allein tragen sollte für die Ehre, die man einem jüdischen Philosophen antäte, ihm unter solchen Männern einen Platz einzuräumen". Wie die etwas dunkle Sache zu Ende gegangen ist, wissen wir nicht. Ein Monument hat der wackere Mendelssohn jedenfalls in Berlin bis heute nicht bekommen. Kant scheint sich aber seitdem in dem ganzen Literatenstreit stärker zurückgehalten zu haben.

Doch das waren persönliche Stimmungen und Verstimmungen. Die g r u n d s ä t z l i c h e religiöse Stellung unseres Philosophen zum Judentum, sein echt humanes Verhältnis zu allen wirklich freieren Bestrebungen innerhalb desselben geht aus dem Schlusse eines langen Briefes an denselben Moses Mendelssohn vom 16. August 1783 hervor, mit der wir dies Kapitel beschließen wollen: ,,Ich halte dieses Buch (sc. Mendelssohns ,Jerusalem') vor die Verkündigung einer großen, obzwar langsam bevorstehenden und fortrückenden Reform, die nicht allein Ihre Nation, sondern auch andere treffen wird. Sie haben Ihre Religion mit einem solchen Grade von Gewissensfreiheit zu vereinigen gewußt, die man ihr gar nicht zugetraut hätte, und dergleichen sich keine andere rühmen kann. Sie haben zugleich die Notwendigkeit einer u n b e s c h r ä n k t e n G e w i s s e n s f r e i h e i t zu jeder Religion so gründlich und so hell vorgetragen, daß auch endlich die Kirche unsererseits darauf wird denken müssen, wie sie alles, was das Gewissen belästigen und drücken kann, von der ihrigen absondere, welches endlich die Menschen in Ansehung der wesentlichen Religionspunkte vereinigen muß; denn'' — so schließt dieses klare und entschiedene Bekenntnis zur reinen V e r n u n f t religion — ,,alle das Gewissen belästigende Religionssätze kommen aus der G e s c h i c h t e, wenn man den Glauben an deren Wahrheit zur Bedingung der Seligkeit macht.''

Neuntes Kapitel

Kant als Schriftsteller, Stilist und Briefschreiber

A. Der Schriftsteller

Neben dem Dozenten steht für uns Nachlebende überragend der S c h r i f t s t e l l e r Kant. Den Inhalt seiner Schriftstellerei haben wir in anderen Kapiteln zu würdigen versucht. Mustern wir ihn jetzt als Schriftsteller schlechthin!

Zunächst die ä u ß e r e n Verhältnisse. Auch Kant sind die Schmerzen literarischer Anfänger nicht erspart geblieben, viele Jahre hindurch. Gleich seine erste Schrift mußte drei Jahre lang auf Abdruck warten (Buch I, Kap. 3). Dann traf ihn das unglückliche äußere Schicksal, des ersten größeren Buchs, auf das er sicher die größten Hoffnungen gesetzt (I, S. 103 f.). Die übrigen Schriften seiner ersten Magisterjahre waren offizielle Dissertationen oder Universitätsprogramme, die ihm statt Einnahmen wahrscheinlich nur Kosten verursachten, zudem seinen Namen kaum außerhalb Königsbergs bekannt zu machen geeignet waren. Auch die dem eigenen inneren Drang entsprungenen Schriften der 8oer Jahre haben ihm wohl literarische Anerkennung, aber anscheinend keinen klingenden Lohn gebracht. Das Schreiben von Rezensionen aber lag ihm nicht, wie er gelegentlich selbst bekannte; und auch mit dem Abfassen von Zeitschriften-Artikeln, wodurch heute mancher strebsame Anfänger seine wirtschaftliche Lage zu verbessern sucht, befaßte er sich damals nicht, selbst als Leute wie Wieland mit guten Honorarangeboten an den schon berühmt Gewordenen herantraten: er wollte sich eben nicht von seiner schriftstellerischen Hauptaufgabe abziehen lassen. Erst für diese, für seine Kritik der reinen Vernunft, ist das erste sichere H o n o r a r nachweisbar. Er forderte und erhielt von dem durch Hamanns Vermittlung gewonnenen Verleger Joh. Friedr. Hartknoch (Riga) vier Taler für den Druckbogen. Hartung, der Herausgeber der heute noch bestehenden Hartungschen Zeitung in Königsberg, hatte abgelehnt, als Kant ihm (nach Kraus) ganz treuherzig sagte, er wisse nicht, ob er (Hartung) auf seine Kosten kommen würde. So ist für ein Werk, das die ganze philosophische Welt revolutionieren sollte und das seinen Verfasser länger als ein Jahrzehnt schwerster Geistesanstrengung gekostet hatte, bei einem Umfang von 55 Bogen, ein Honorar von — 220 Reichstalern gezahlt worden! In der Tat ging das Werk in den beiden ersten Jahren so schlecht, daß, wie es heißt, der Verleger schon beabsichtigt hätte, den Rest als Makulatur einstampfen zu lassen! Freilich konnten sich ärmere Leser den Luxus des Ankaufs kaum leisten, da der Ladenpreis 2 Taler 16 Groschen, für auf Schreibpapier gedruckte Exemplare sogar vier Taler betrug. Für die ‚Grundlegung' (1785) und die Kritik der praktischen Vernunft (1788) bekam er von demselben Verlage nachweisbar das gleiche Honorar, vermutlich also auch für die Prolegomena (1783) und die Metaphysischen Anfangsgründe der Naturwissenschaft (1786); während er für die Kritik der Urteilskraft (1790) von der Berliner Firma Lagarde und Friedrich die erhöhte Summe von zwei Dukaten (= etwa 19 Mark) für den Bogen verlangte und auch sofort bewilligt erhielt, die Auflage zu 1000 Exemplaren gerechnet. Die höchste Forderung, die der Philosoph je gestellt hat, betrug 10 Taler pro Bogen für die kleine und in stärkerer Auflage (1500) erschienene Abhandlung, Zum ewigen Frieden' (1795). Da schon im folgenden Jahre eine zweite Auflage nötig wurde, ist der Verleger F. Nicolovius sicherlich auf seine Kosten gekommen. Natürlich wurde bei allen Werken der gleiche Satz auch für die folgenden Auflagen bezahlt, und da die Kritik der reinen Vernunft zu Lebzeiten des Verfassers noch vier, die Grundlegung drei, die beiden folgenden Kritiken sowie die Metaphysik der Anfangsgründe je zwei weitere Auflagen erlebten, so ergibt sich (nach Jünemanns[1])) Berechnung für die sieben genannten Schriften zusammen die anscheinend nicht unbeträchtliche Summe von

---

[1]) F. Jünemann, Kantiana. Leipzig 1909. Abschn. II, S. 31—38.

2516½ Talern. Gleichwohl ist das Honorar ein sehr mäßiges zu nennen; zahlte doch die Jenaer Literaturzeitung, wie wir sahen, drei, Schillers ‚Horen' sogar einen Durchschnittssatz von fünf, ein Höchsthonorar von acht Louisdor (d. h. 120 Mark) für den Bogen. Die Übermittlung an Kant erfolgte gewöhnlich durch das ihm befreundete Bankhaus Toussaint und Laval in Königsberg. Außerdem bekam er noch eine größere Reihe (12—20) Freiexemplare, von denen er einen Teil in der Regel gleich durch die Verleger an die von ihm bestimmten Empfänger gelangen ließ, die übrigen anscheinend freigebig verschenkte. Von der Berliner Monatsschrift bekam er, wie es scheint, statt Honorare die Jahrgänge dieser Zeitschrift unentgeltlich geliefert.

Jede auch nur im geringsten mit unwahren Behauptungen arbeitende Reklame für seine Schriften mißbilligte er aufs äußerste. Als Nicolovius die zweite Auflage der ‚Metaphysischen Anfangsgründe' (1787) als eine „verbesserte und vermehrte" bezeichnet hatte, ließ er in der Literaturzeitung öffentlich erklären, daß sie „ein ganz unveränderter Abdruck" der ersten sei. Ähnlich handelte er bei der Kritik der Urteilskraft (K. an Lagarde, 2. Okt. 92).

Mit seinen V e r l e g e r n stand der Philosoph auch persönlich zumeist in gutem Einvernehmen. Von dem Verkehr mit seinem Mietsherrn Kanter ist schon früher (Buch II, Kap. 4) die Rede gewesen. An dessen Stelle trat dann Johann Friedrich Hartknoch, der, aus einem Studiosus der Theologie Buchhändler-Gehilfe bei Kanter geworden, 1765 eine Filiale in Riga eröffnete, sich aber später selbständig machte. Er, der die meisten Kantischen Schriften der 80er Jahre in Verlag nahm, hat seinen Autor öfters mit allerlei spezifisch russischen Gaben erfreut: einem Pfund feinen Thees (Nov. 1781), einem Tönnchen echten Caviars (Dez. 1783) oder gar einem schwarzen Iltispelz zu einer „Pikesche", — für Kants kleine Statur werde der Stoff vollständig ausreichen, wenn er ihn „von einem ehrlichen Kürschner, der nicht stiehlt", zerschneiden lasse; dazu noch 10 Paar Haselhühner (Jan. 1788)! Mit dem gleichnamigen Sohn, der nach des Vaters Tode (April 1789) das väterliche Geschäft fortsetzte, gab es eine Zeitlang eine Spannung, weil Kant die Kritik der Urteilskraft nicht ihm, sondern Lagarde in Verlag gegeben hatte; vielleicht doch, weil er zu dem „unerfahrenen jungen Menschen", als den sich der Sohn selbst bezeichnet (an Kant, 15. Aug. 1789) nicht genug Zutrauen hatte. Doch glich sich die Sache im Laufe der nächsten Jahre wieder aus, und im September 1795 sehen wir auch ihn den greisen Denker mit zwei Pfund Rigaer „Schnupftobak" erfreuen; die Göttinger Würste seien diesmal ausgeblieben. — Auch Lagarde suchte seinen berühmten Autor durch besondere Gefälligkeiten zu erfreuen. Nicht nur, daß er ihm von der zweiten Auflage der Kritik der Urteilskraft ein besonders kostbar gebundenes Exemplar auf Schreibpapier sandte, das heute noch auf der Kgl. Bibliothek in Königsberg zu sehen ist; sondern er ließ ihm auch im März 1795 durch Scheffner ein besonders für ihn angefertigtes Meisterwerk der Berliner kgl. Porzellan-Manufaktur überreichen: eine heute im Kunstmuseum der Stadt Essen befindliche Tasse mit Deckel und Unterschale. Die Obertasse ist mit einem Brustbild Kants in Medaillonform geziert, die Untertasse mit einer allegorischen Darstellung: die Philosophie, auf einem Throne sitzend, hat die Werke Platos, Leibnizens und Humes zur Seite gestellt und empfängt von einem ihr nahenden kleinen Genius die ‚Kritik der Vernunft'. Kant sprach in einem Schreiben vom 30. März 1795 dem „geehrtesten Freunde" seine freudige Überraschung und seinen verbindlichsten Dank für dieses „im Entwurf sinnreiche, in der Ausführung durch die Porzellanfabrik schöne Produkt der Kunst" aus, das er als „ein Denkmal Ihrer Freundschaft" ansehen werde.

Wie früher schon Kanter und der ältere Hartknoch, so stellte auch Kants letzter Verleger, der junge Friedrich N i c o l o v i u s , der in seiner Nähe wohnte und einen hellen, freundlichen Laden besaß, dem Philosophen gern die literarischen Novitäten leihweise zur Verfügung, wogegen er natürlich auf Verlagswerke aus dessen Feder rechnete. So entschuldigt sich denn Kant auch einmal bei Lagarde, daß er ihm vorläufig nichts weiter in Verlag geben könne: er habe bei seiner „eingezogenen Lebensart täglich einen hinreichenden Vorrat neuen Meßguts, gleichsam als Nahrung statt alles übrigen Genusses, des Abends nötig" und bedürfe hierzu der

„Willfährigkeit eines oder des anderen der hiesigen Buchhändler".
Auch Nicolovius macht ihm 1800 eine Sendung von 16 Göttinger
Würsten zum Geschenk. Wie 1790 gegenüber dem jüngeren Hartknoch (S. 83 f.), so ließ sich der greise Denker übrigens auch gegen
Nicolovius eine gewisse geschäftliche Unregelmäßigkeit, mindestens aber Unvorsichtigkeit zuschulden kommen, indem er von
den drei als ,Streit der Facultäten' bei Nicolovius 1798 erschienenen Abhandlungen nicht bloß die dritte schon vorher Hufeland
zu veröffentlichen, sondern im folgenden Jahre sogar alle drei
Tieftrunk in dessen Sammlung von I. Kants ,Vermischten Schriften' aufzunehmen erlaubte. Man kann es dem hierdurch geschädig-
ten Verleger nicht verdenken, daß er deswegen Tieftrunk ver-
klagte, der in einem ausführlichen Brief den Philosophen inständig
um seine Vermittlung bittet (T. an Kant, 7. Juni 1800). Ob dieselbe zustande gekommen, wissen wir nicht[1]), jedenfalls wurde der
geschäftliche Erfolg des ,Streits' dadurch gemindert; so waren
bei der Versteigerung des Nicoloviusschen Verlags im Jahre 1832
von dieser letzten Kantischen Schrift noch 1100 Exemplare übrig.

Schlimmer wurden Autor und Verleger gemeinsam durch die
damals außerordentlich verbreitete Unsitte des unerlaubten
N a c h d r u c k s geschädigt. Fast sämtlichen selbständigen
Schriften unseres Philosophen ist dies Schicksal begegnet. Beinahe nur die Kritik der reinen Vernunft blieb — wohl ihres Um-
fanges und der infolgedessen zu großen Druckkosten wegen —
davon verschont. Bestanden doch auch, abgesehen von einem
kursächsischen Mandat des Jahres 1773, bis zu dem Erlaß des
preußischen Landrechts (1794) keinerlei rechtliche Schutzbestim-
mungen zugunsten von Autor und Verleger. Vergeblich hat Kant
selbst in einem in der Berliner Monatsschrift Mai 1785 veröffentlichten Aufsatz gegen die ,U n r e c h t m ä ß i g k e i t d e s
B ü c h e r n a c h d r u c k s' die schönsten naturrechtlichen
Gründe ins Feld geführt: es half nichts; seine eigenen Schriften
wurden weiter von unberechtigter Seite flott nachgedruckt. Und

---

[1]) Vgl. über den ganzen Prozeß die eingehende Darstellung von
A. Warda in *Kantstudien* 1919, S. 385—405; dazu Akad.-Ausg. XIII,
S. 509—516.

zwar im Wortlaut: nicht in Umarbeitungen oder Übersetzungen, die er — ebenso wie die Nachahmung oder Vervielfältigungen von Kunstwerken — nicht bestraft wissen wollte. Kants Mangel an jedem Eigennutz und jeder Eigenliebe war vielleicht nicht ganz ohne Schuld daran. Seitdem sein Name in aller Munde war, besonders gegen Ende der 80er Jahre, mehrte sich bei vielen das Verlangen, auch seine früheren und seine kleineren Schriften kennen zu lernen (vgl. die Briefe Reinholds vom 14. Juni 1787, von Nicolovius, 20. Sept. d. J., Bayer in Hildburghausen, 1. Juni 1790, an Blumenbach, 5. Aug. 1790), ohne daß der Philosoph dem irgendwie entgegengekommen wäre. Er besaß sie, wie er in dem letzten Briefe äußert, selber schon längst nicht mehr, „indem ich, bei meinem nachher vorgenommenen Gedankengange, mich darum nicht mehr bekümmert habe und, was vollends die Programmen betrifft, einige derselben so flüchtig hingeworfen worden, daß ich selbst nicht gern sähe, wenn sie wieder ans Tageslicht gezogen werden sollten". Eine Ausnahme machte nur die Naturgeschichte des Himmels, für deren Neuherausgabe durch einen anderen, bei Kants beschränkter Zeit, Nicolovius ihn zu interessieren suchte (20. Sept. 1789). Der Philosoph wandte sich, freilich erst ein Jahr später, an den Berliner Astronomen Bode und, als dieser ablehnte (an Kant, 9. Sept. 1790), an seinen eigenen Schüler Magister Gensichen, der dann 1791 (vgl. Buch II, Kap. 1) einen ‚authentischen Auszug' herausgab.

Kein Wunder, daß spekulative Buchhändler sich die Gleichgültigkeit Kants gegen seine eigenen Geisteskinder zunutze machten. So sah sich dieser denn veranlaßt, im Mai 1790 in einer ‚Anzeige' der Allg. Lit.-Ztg. gegen eine im Leipziger Ostermeßkatalog angekündigte unbefugte Ausgabe seiner ‚Kleinen Schriften, mit erläuternden Anmerkungen' zu protestieren. Er sprach darin ironisch die Hoffnung aus, der ungenannte Herausgeber werde „sich eines anderen besinnen und dem Verfasser selbst diese etwaige Besorgung überlassen", samt den „hinzuzufügenden Anmerkungen, welche die seitdem mit seinen Begriffen von dergleichen Gegenständen vorgegangene Veränderung betreffen dürften"; dagegen stehe es ihm frei, seine (des Herausgebers) e i g e n e

Anmerkungen auch o h n e den Text bekannt zu geben! Der Unbekannte, ein gewisser J. T. Haupt in Neuwied, stand infolgedessen zwar zunächst von seinem Vorhaben ab; als aber dann in den beiden nächsten Jahren die von dem Philosophen angekündigte „authentische" Ausgabe nicht erschien, veranstaltete er dennoch einen Nachdruck von, wie er Kant gegenüber entschuldigend bemerkt, „nur fünfhundert Abdrücken". Von einem älteren Kollegen auf das Unstatthafte seiner Handlungsweise aufmerksam gemacht, bereute er dann sein „fatales Unternehmen", bat Kant, ihm als Anfänger seinen „jugendlichen Leichtsinn" zu verzeihen, versprach, ihm gegen gutes Honorar die Neuauflage selbst zu übertragen und verwünschte die ganze „heillose Zunft der Nachdrucker": allerdings vor allem wohl durch die Furcht bewogen, daß ihm sonst „von Anfang an alle ferneren Geschäfte mit den sächsischen Buchhändlern" abgeschnitten seien (an Kant, 8. Jan. 1793). Kant ließ sich dadurch nicht abhalten, am 6. Juni d. J. in einer öffentlichen Erklärung „an die Herren Buchhändler" das Verfahren Haupts an den Pranger zu stellen, der seine „eigenmächtige Besitznehmung" zwar im voraus schon „mit bitterem Schmerz" getadelt, trotzdem jedoch „in Hoffnung der Verzeihung" nicht ermangelt habe, sie auszuführen.

Noch eine letzte unerquickliche Verlegerstreitigkeit erhob sich in Kants letzten Lebensjahren wegen der Buchausgabe seiner Physischen Geographie. Das Vorwort zur Anthropologie (1798) hatte er mit dem Satze geschlossen: von seiner Physischen Geographie ein ebensolches Handbuch aus „meiner zum Text gebrauchten, wohl keinem anderen als mir leserlichen Handschrift zu liefern", würde ihm bei seinem Alter „kaum noch möglich sein"; hatte dann aber doch seinem früheren Schüler Magister Rink ihre Herausgabe anvertraut. Ehe dieser jedoch damit herauskam, hatte ein Hamburger Buchhändler Vollmer eine vierbändige ‚Physische Geographie nach Kantischen Ideen' (Mainz u. Hamburg, 1801—05), nämlich eine Bearbeitung von drei Nachschriften der Kantischen Vorlesung mit zahlreichen Zitaten und Zusätzen, zu veröffentlichen begonnen, indem er sich auf ein (verlorengegangenes) Schreiben Kants aus dem Jahre 1797 be-

rief. Nach Rink hätte Vollmer Kant ein „ungeheures" Honorar
angeboten, falls er i h m seine Schriften in Verlag geben wollte,
so daß der Philosoph bei Tisch zu seinen Freunden sagte: „Ich
möchte wissen, ob es dem Menschen nur ein Ernst gewesen ist
mit solchen Anerbietungen, oder was er dadurch hat erreichen
wollen." Jedenfalls ließ Kant am 29. Mai 1801 eine ‚Nachricht
an das Publikum' drucken: er könne Vollmers Buch „weder nach
Materie noch nach Form" als sein Werk anerkennen, habe vielmehr die „r e c h t m ä ß i g e Herausgabe s e i n e r Geographie"
Rink übertragen, wie die seiner (bereits erschienenen) Logik
Magister Jäsche. Eine nochmalige Erklärung gegen Vollmer dagegen, zu der Rink ihn im Juli 1802 beredet hatte, erbat er sich
von letzterem zurück, weil er seine letzten Jahre nicht mehr mit
persönlichen Streitigkeiten verbittern wollte[1]).

Kant spricht einmal (an Beck, 2. Nov. 1791) von dem „lei-
digen Troß der Büchermacher". Er selbst hat nie aus bloßem
literarischen Ehrgeiz geschrieben. In die Gewohnheiten seines
eigenen l i t e r a r i s c h e n S c h a f f e n s erhalten wir einen
sehr hübschen Einblick durch die R a t s c h l ä g e , die er in
dieser Hinsicht den Hörern seiner Anthropologievorlesung im
Wintersemester 1779/80, also gerade in dem letzten Entstehungs-
jahr seines Hauptwerks gibt. „Wenn man etwas schreiben will,"
so sagt er hier, „so muß man einige Zeit vorher der Imagination
freien Lauf lassen. Man darf nur gleichsam einen Zettel im Gehirn
anschlagen, die Hauptidee darauf niederschreiben, und dann kann
man unbekümmert in Gesellschaft gehen. Wenn man zu Hause
ist und sich mit dieser Materie beschäftigt, so darf man nur noch
Bücher von ganz anderen Subjekten, z. B. lustige Geschichten,
Reisebeschreibungen usw. zur Hand nehmen. Wird die Imagination schwach, so lieset man in einem solchen Buche. Bisweilen
geschieht es, daß ein einziges Wort, welches darin vorkommt,
ein ganz vortreffliches und meiner Materie passendes Bild exci-
tiert, denn dasjenige, worauf man sich am wenigsten präpariert,
ist das naivste. Bei allem diesem Denken aber muß man einen

---

[1]) Eine in alle Einzelheiten gehende Darstellung s. Akad.-Ausg. XIII,
S. 526—532.

gebrochenen halben Bogen Papier zur Hand haben, worauf man alle Bilder, die zur Materie gehören, promiscue [= durcheinander K. V.] aufzeichnet. Ferner muß man auch einige Intervalle beim Denken haben, die zur Erholung und Stärkung der Imagination ungemein viel beitragen. Auch hüte man sich, das, was man selbst geschrieben hat, oft durchzulesen. (Schriften über die Materie, über welche man nachdenkt, muß man nicht nachlesen, sonst bindet man das Genie.) Und man denke vielmehr immer nur an die Sache selbst und sammle Bilder. Wenn nun alle Materialien zu unserer Sache da sind, so wird beim Durchlesen in uns ein Schéma entspringen, welches wir in kurze Sätze einkleiden und ohne Zwang ausbessern. Ist das Schema richtig, so rekurrieren wir zu unserem Bildermagazine. Nun schreiben wir die Materie ohne nachzusinnen nieder, und fällt uns etwas anderes gleich ein, so lassen wir ein Spatium und notieren mit einem Worte am Rande das, was dazwischen kommen sollte. Darauf sehen wir es durch, füllen das aus, was uns fehlt, schreiben es nochmals ab, polieren es hin und wieder, und so wird es fertig. Wer etwas auf einmal recht gut machen will und dazwischen seine Gedanken anstrengt, der denkt sich dumm und verfehlt seinen Zweck gewiß." Wir fügen sogleich die in der Collegnachschrift hier folgenden Winke zur Lektüre von Büchern mit an, zumal da sie ja doch auch für das Materialsammeln des Schriftstellers in Betracht kommen: ,,Auch beim Bücherlesen ist es ratsam, daß man es erst flüchtig durchliest, wenn man gleich nicht alles versteht; findet man, daß der Autor selbst nachgedacht und nicht bloß geschmiert habe, noch auch alltägliches Zeug erzählt, so liest man es nach einem nicht großen Intervall noch einmal. Man nimmt alsdann eine Bleifeder und notiert sich die vorzüglichsten Stellen, es sei nun eine gute Historie, oder etwas Arges [Artiges? K. V.], oder auch einen schönen Einfall, denn man kann dies alles brauchen" (Schlapp, a. a. O., S. 215 f.).

Wir haben diese Ratschläge ganz hierhergesetzt, weil sie nicht bloß sehr lebendig und allgemeinverständlich formuliert sind, sondern offenbar auch Kants eigene Arbeitsweise, wie wir sie z. B. aus dem Briefe vom Februar 1772 an M. Herz kennen, illustrieren. Ähnliches bezeugen auch die unzähligen ‚L o s e n B l ä t t e r aus Kants Nachlaß‘, die zuerst von Rudolf Reicke ans Tageslicht gebracht worden sind (Altpreuß. Monatsschrift 1889, 1895, 1898) und jetzt einer immer vollständigeren Veröffentlichung in der Akademie-Ausgabe von Kants Werken durch Adickes entgegengehen. Sie zeigen seine Arbeitsweise, in der er sich öfters den richtigen Ausdruck erst zu erschreiben sucht, am unmittelbarsten, und stellen inhaltlich eine Fülle geistvoller und dabei nicht — wie bei gewissen Modernen — geistreich sein w o l l e n d e r , weil auf ein bestimmtes Lesepublikum berechneter, Aphorismen dar.

‚L o s e Blätter‘; „denn nur selten" — so beschreibt sie ihr genauester Kenner unter den Jetztlebenden (Erich Adickes) in der Einleitung in die Abteilung des handschriftlichen Nachlasses der Akademie-Ausgabe (XIV, S. XVIII f.) — „besteht zwischen ihnen eine erkennbare äußere Verbindung, noch seltener einen sie sich durch Numerierung zu größeren Zusammenhängen in geordneten Lagen. Ihr Format ist sehr verschiedenartig: vom Foliobogen und Quartblatt bis herab zu kleinen Papierschnitzeln sind alle Größen vertreten, bald regelmäßig beschnitten, bald unregelmäßig abgerissen." Oft wurden dazu auch leer gebliebene Seiten oder Stellen an ihn gesandter Briefe benutzt. „Auch auf den einzelnen Zetteln fehlt es häufig an innerlicher Einheit; sehr verschiedenartige Gegenstände werden oft nach- oder durcheinander auf einem Blatt behandelt, ein wagerechter Strich von zwei, drei Zentimeter Länge an der linken Seite des Blattes dient dann gewöhnlich als Scheidewand zwischen je zwei Bemerkungen."

Über den mannigfaltigen I n h a l t dieser Losen Blätter schreibt Adickes weiter: „Es war Kants Gewohnheit, auf solchen Zetteln zu vermerken, was ihn in wissenschaftlichen Dingen interessierte, beschäftigte, quälte, aber auch sonst allerlei, was ihm gerade durch den Kopf ging und seinem Gedächtnis ohne solche Nachhilfe leicht hätte entschwinden können. So finden wir denn über die losen Blätter in buntem Wechsel größere und kleinere Entwürfe zerstreut, unermüdlich wiederholte Versuche, einem Problem von hier oder von dort her beizukommen, für die

Darstellung einer neu verarbeiteten Erkenntnis die passendsten
Ausdrücke, die geeignetste Gedankenfolge zu finden, Vorarbeiten
zu seinen Veröffentlichungen aus den verschiedensten Stadien
(von rohen Skizzen bis zur Reinschrift, von der sich der Druck
nur noch durch Kleinigkeiten unterscheidet), Material für seine
Vorlesungen (kurze tatsächliche Notizen zur Unterstützung des
Gedächtnisses, skizzenhafte Entwürfe über größere Gebiete, zum
Teil in Telegrammstil verfaßt, zusammenhängende Ausarbei-
tungen, mit einer Sorgfalt behandelt, als wären sie für die Öffentlichkeit bestimmt), ferner literarische Notizen, Exzerpte, aber auch
Rechnungen und auf Haushalt und sonstige Privatangelegen-
heiten bezügliche Bemerkungen." Die meisten der (zum weitaus
größten Teil der Kgl. und Univ.-Bibliothek zu Königsberg gehörenden) Blätter stammen naturgemäß aus dem letzten Jahrzehnt von Kants schriftstellerischer Tätigkeit, also den 90er,
viele auch aus den 80er, eine Reihe wichtiger noch aus den 70er,
die wenigsten natürlich aus den 60er oder gar den 50er Jahren.

War die Vorarbeit auf den ‚Losen Blättern' oder ‚halben
Bogen' geleistet, so ging es an die erste Niederschrift des Manuskripts, der je nach der Schwierigkeit des Inhalts noch eine
zweite oder vielleicht gar mehrere folgten. Sie wurde wohl meist
in einem Zuge niedergeschrieben, wie wir das z. B. von der Kritik
der reinen Vernunft gehört haben. Für den Druck wurde in der
Regel erst von fremder Hand eine A b s c h r i f t hergestellt.
Wir können das wenigstens für mehrere seiner wichtigsten Werke
mit Bestimmtheit feststellen. Dem Druck der Kritik der reinen
Vernunft z. B. hat sicher eine solche Abschrift zugrunde gelegen;
Kant selbst spricht sowohl bei der ersten Auflage (an Biester,
8. Juni 1781) wie bei der zweiten (an Schütz, 25. Juni 1787)
von Fehlern seines „Abschreibers" bzw. der Abschrift. Ebenso
bei den Prolegomenen. Die der ‚Grundlegung' besorgte sein Zuhörer J. B. Jachmann; doch mögen es auch manchmal die Hände
ungebildeterer Schreiber getan haben, die dann bei dem anscheinend mündlichen Diktat des Verfassers orthographische oder
andere Schnitzer machten. Einzelne Stellen eines größeren Hand-
schrift-Fragments zum ‚Streit der Fakultäten' wenigstens, das

ich bei meiner Herausgabe dieser Schrift in der Akademie-Ausgabe im Original benutzen durfte, lassen beinahe mit Sicherheit darauf schließen, daß die betreffenden Fehler teils durch die ostpreußische Aussprache des Philosophen, teils durch die Unaufmerksamkeit oder Unwissenheit des Schreibers entstanden sind[1]). Der größte Teil der ,Religion innerhalb' ist ebenfalls in einer für den Druck gefertigten, aber mit zahlreichen Korrekturen und Zusätzen von der Hand Kants versehenen Abschrift erhalten; neben den Überschriften der Hauptabschnitte findet sich der Zensurvermerk. Am deutlichsten läßt sich vielleicht die Arbeitsweise des Philosophen an dem handschriftlichen Material zum ,Ewigen Frieden' (1795) verfolgen. In diesem Fall besitzen wir nämlich: 1. V o r arbeiten, von denen einzelne Partien, wenn auch in starker Umarbeitung, in die Reinschrift übergegangen sind, 2. ein auf feines Papier deutlich und schön geschriebenes und zum Teil bereits mit Interpunktion versehenes Fragment von Kants Reinschrift, 3. die als Druckvorlage dienende, von dem Verfasser mit Randbemerkungen und einem (zweiten) Anhang von sechs Seiten versehene A b schrift.

Kants R e c h t s c h r e i b u n g entsprach der in seiner Jugend üblichen — alle ,,affektierte" Veränderung derselben verwarf er als ,,unnütze Beschwerde für den Leser" (Jachmann) —, so daß sie von der in den Druckereien seiner späteren Schriftstellerzeit ziemlich stark abwich. Auffällig ist die starke Vernachlässigung derselben, wie noch mehr der Interpunktion, die ,,so gut wie gar keine ist" (R. Reicke), in den zu seinem Privatgebrauch niedergeschriebenen Notizen oder Gedankenspänen.

Seine H a n d s c h r i f t war, namentlich in seinen jüngeren Jahren, klar, ja schön und fein, und dennoch nicht weich, wie man aus dem Faksimile des ältesten erhaltenen Briefes des 25-jährigen (vom 23. August 1749) sehen kann[2]), und blieb es mehr

---

[1]) Belege s. a. a. O. VII, S. 348.

[2]) In scheinbarem Widerspruch damit steht allerdings die von Rudolf Reicke (Lose Blätter S. 286) hervorgehobene Tatsache, daß zwei Kants Frühzeit entstammende Blätter eine ,,flüchtige und schlechte" Schrift zeigen, die von der ,,ausgeschriebenen, zierlichen, ja schönen Schrift der 70 er und späteren Jahre" stark abweicht. Indes, abgesehen davon, daß

oder weniger bis in sein höchstes Alter. Anders steht es freilich auch hier mit den Notizen in den Handbüchern, von denen Bd. XVI der Akademie-Ausgabe zwei besonders schwierig zu enträtselnde Seiten in Lichtdruck wiedergegeben hat. Auch von den Randbemerkungen zu der (heute im Besitz der Rostocker Universitätsbibliothek befindlichen) Urschrift der Anthropologie konnte ihr Herausgeber Külpe einige nicht entziffern.

Der D r u c k ist bei den größeren, selbständigen Werken Kants aus der kritischen Zeit fast ausnahmslos auswärts erfolgt. „Der Druck ist hier zu teuer, der Transport nachher zu kostbar; daher läßt Nicolovius gewöhnlich in Halle, Jena oder Leipzig drucken", schreibt Abegg 1798. Bei den in Königsberg selbst gedruckten vorkritischen Schriften wurde die K o r r e k t u r natürlich von dem Philosophen selbst besorgt. Seit der Kritik (von der er erst die Aushängebogen und auch diese nur unvollständig erhielt!) fiel sie in der Regel fremden Händen anheim. Die der Kritik der Urteilskraft war zwei früheren Schülern, Kiesewetter und Friedrich Gentz (s. S. 71), in Berlin übertragen. Gewöhnlich jedoch wird sie wohl in den Händen der Setzer und Druckerei-Korrektoren gelegen haben, die auch die Interpunktion willkürlich veränderten. Kant selbst wandte diese in den kritischen Werken „innerhalb der häufig unförmlichen, vielfach latinisierenden Perioden meist sparsam an und, soweit sie vorhanden war, vielfach auch da regellos, wo seine Stilgewohnheiten eine Regelung gestattet hätten" (Erdmann, Ak.-Ausg. III, 559 f.); vielleicht, weil er sich eben darauf verließ, daß sie doch von den fremden Korrektoren einheitlich geregelt werden würde. Um die Korrekturen späterer Auflagen hat er sich schon in der vorkritischen Zeit wenig oder gar nicht gekümmert[1]). Die Drucktypen

---

eine solche Verschönerung der Handschrift im Laufe der Jahre ein seltenes Phänomen sein würde, so weisen diese Seiten auch sonst Spuren von Nachlässigkeit („wiederholtes Ausstreichen und Überschreiben") auf und sind mit blasser Tinte auf grobes Papier, und überdies eben doch bloß für seinen Privatgebrauch niedergeschrieben.

[1]) Vgl. zum ‚Einzig möglichen Beweisgrund' Ak.-Ausg. II, 473 (Menzer), zu den ‚Beobachtungen' ebenda 483, zur Kritik d. prakt. Vern. VI, 499 (Natorp).

wählte er bei wichtigen Werken, wie der Kritik der reinen Vernunft, selbst aus. Bemerkenswert ist die „Vorsorge für die Augen in Hinsicht auf den Druck und das Papier der Bücher", die noch der 74 jährige in einer Nachschrift zu seiner Abhandlung ‚Von der Macht des Gemüts usw.‘ (1798) an den Tag legt. Er eifert darin gegen die Zeitmode eines zu blassen, zu kleinen und zu schmale Lettern tragenden Drucks, auch gegen die lateinische Schrift, weil durch alles dies die Augen der Leser und besonders der „jetzt großen Zahl der Leserinnen, die den Übelstand der Brille noch härter fühlen dürften", verdorben würden. Wie denn auch seine sämtlichen Werke, ähnlich wie, wenn wir nicht irren, auch die unserer Dichter — Klassiker außer Wieland — in d e u t s c h e n Schriftzeichen gedruckt sind.

Doch genug von allen diesen mehr ä u ß e r l i c h e n schriftstellerischen Verhältnissen und Beziehungen. Wichtiger ist uns der Schriftsteller Kant von innen gesehen, d. h. als

B. Der Stilist

Achtzehn Jahre nach Kants Tod bestimmte der Regierungsrat a. D. Schreiber in Königsberg, ein warmer Verehrer des Philosophen, ein namhaftes Legat für den Zweck, daß zum Andenken an den großen Lehrer jährlich von einem als tüchtig befundenen Studiosus der Albertina eine Gedenkrede gehalten werden solle, und zwar abwechselnd in deutscher und in l a t e i n i s c h e r Sprache, damit „diese Kernsprache, die Kant auch liebte, nicht hintangesetzt werde". Und der Philologe A. Ludwich hat in seiner Rede bei der Kantfeier der Königsberger Universität 1889 die Ansicht geäußert, daß diese Liebe Kants „ohne allen Zweifel" vorhanden gewesen sei. Wir haben von einer besonderen Vorliebe unseres Denkers für das Lateinische nichts entdecken können. Kant ist vielmehr auch darin der Mann einer neuen Zeit, daß er, und zwar gleich seine erste Schrift, in der M u t t e r s p r a c h e schreibt.

Wohl ist ihm die Sprache der alten Römer von Kindheit an vertraut, so daß er sie sogar in seinen Reflexionen bisweilen — jedoch nicht häufig und in der Regel nur bei streng logischen

Erörterungen und im Anschluß an das lateinische Compendium —
gebraucht. Aber von seinen Schriften sind doch nur diejenigen
im lateinischen Idiom verfaßt, für welche die alte Gelehrtensprache vorgeschrieben war, d. h. die vier Dissertationen von
1755, 1756 und 1770. Zwei spätere, erst neuerdings gedruckte,
lateinische Reden verdanken gleichfalls ihren Ursprung offiziellen
Gelegenheiten: sowohl die „Opponenten-Rede" bei der Einführung Kreuzfelds (1777) wie die Rektoratsrede De medicina
mentis (1786 oder 1788). Höchst bezeichnend ist vielmehr, daß
der alte Jugendfreund Ruhnken in seinem lateinischen Schreiben
an den clarissimus Cantius vom 10. März 1771 es offenbar als
A b f a l l von den einstigen gemeinsamen Schüleridealen betrachtet, daß dieser deutsch schreibt. „Ihr, die Ihr lieber in der
heimischen als der allgemeinen Gelehrtensprache schreiben zu
müssen glaubt, seid zu wenig auf Euren Ruf und den Nutzen
der Ausländer bedacht". Aber trotz Rufs und Nutzens, trotz
der Engländer, auf deren Urteil er doch so viel gebe, und der
gelehrten Holländer, — Kant schreibt weiter D e u t s c h. Mit
dem eleganten Latein des großen Leydener Philologen kann sich
allerdings dasjenige unseres Kant, dem es mehr auf die Genauigkeit als auf die Schönheit ankommt, nicht messen. Selbst der
für ihn begeisterte Jachmann meint doch: „Sein lateinischer
Stil war etwas schwerfällig, und seinem lateinischen Ausdruck
fehlte es auch an Leichtigkeit, weil er in beiden zu wenig
Übung hatte." Kants Name steht auch unter der Eingabe von
Rektor und Senat an König Friedrich vom 1. Oktober 1781,
die sich g e g e n die Forderung wandte, mindestens einen Teil
der Vorlesungen und alle Repetitorien in lateinischer Sprache zu
halten; sie würden dann einfach von den Studierenden nicht
besucht werden. Schon am 20. Oktober 1780 hatte sich derselbe
Senat, dem auch Kant seit kurzem angehörte, gegen den an-
befohlenen Gebrauch des Lateinischen bei den Disputierübungen
gewehrt, weil es der Dreistigkeit und Zungenfertigkeit den Vorzug
über Solidität des Geistes und der Kenntnisse verleihen würde.
Der Senat vertrat also hier gegenüber einer rückständiger denkenden Regierung — oder vielleicht dem König selber? — die Sache

des Fortschritts. Da man von oben auf dem Verlangen bestand, hat Kant wirklich für die nächsten Semester im Lektionskatalog sein Repetitorium als in lateinischer Sprache abzuhalten angekündigt. Vom Winter 1783/84 an nicht mehr. Ob das Gebot bis dahin wirklich ausgeführt oder an dem gesunden passiven Widerstand der Studenten gescheitert ist, wissen wir nicht. Daß der Philosoph lateinische Sprüche in Studentenalbums schrieb oder Abgangszeugnisse in lateinischer Sprache ausstellte, beweist natürlich ebensowenig eine besondere Vorliebe für die „Kernsprache"[1]).

Allein Kant hat sich auch positiv für den Gebrauch der Muttersprache ausgesprochen und sich mehr, als man selbst im gelehrten Publikum heute gemeinhin davon weiß, mit ihr beschäftigt, sie gekannt und geliebt. „Die d e u t s c h e S p r a c h e", sagt er in einer seiner in weiteren Kreisen noch zu wenig bekannten ‚Reflexionen' (Erdmann II, Nr. 25), „ist unter den gelehrten lebenden die einzige, welche eine Reinigkeit hat, die ihr eigentümlich ist". Deshalb will er sich auch der mit Rücksicht auf die bestehenden Gelehrtensitten nicht ganz zu entbehrenden lateinischen Fachausdrücke lieber „in Parenthese" bedienen: während es in den lateinischen Compendien der ersten Hälfte des 18. Jahrhunderts noch umgekehrt geschah, und erst Thomasius und Christian Wolff das Deutsche in ihre wissenschaftlichen Handbücher eingeführt hatten. Er eifert g e g e n F r e m d - w ö r t e r , deren Gebrauch entweder Geistesarmut oder Nachlässigkeit verrate (ebd. Nr. 27): „Ich frage, ob nicht ein jedes aus einer fremden Sprache entlehnte Wort in einer feierlichen Rede wie ein Spielwort, wie ein Flitter klingt. Die deutschen Namen des Ranges: Botschafter, Feldherr usw. klingen prächtiger. Die deutsche Sprache ist umständlich, nicht weitschweifig, sondern zergliedernd, hat Vielheit der Ausdrücke in Verstandes-

---

[1]) Für die hervorragendsten t. t. seines philosophischen Systems hat er eingestandenermaßen sogar die g r i e c h i s c h e Sprache wegen ihrer reicheren und feineren Ausdrucksfähigkeit vorgezogen (vgl. Antinomie, Amphibolie, Analysis, Empirie, Idee, Noumenon, Phänomenon u. v. a.).

begriffen, die in empirischen taugen nicht, ist methodisch". Wir
sollen anderen nicht nachäffen: „Wir können wohl von den
Franzosen die Leichtigkeit, von den Engländern das Inhaltvolle
annehmen, aber nicht die Manier; wir haben unsere eigene. Wir
müssen unsere Sprache einigen, erweitern, bestimmen, nicht
verändern". Ja, im Zeitalter der französischen Weltsprache wagt
er von der unsrigen die Behauptung: „Sie ist die Sprache der
Verdolmetschung durch Europa. Deutschland liegt in der Mitte."
Welchen Gegensatz zu dem großen Friedrich! — Das Englische
gilt ihm nur als untergeordneter germanischer Dialekt: „Wer nach
England gehe, den Wohllaut der deutschen Sprache zu befördern,
handelt ebenso, als wer einen Schweizer nach Holland schickt,
um ihn zu zivilisieren, oder einen Schwaben nach Tirol, um daselbst der hochdeutschen Sprache obzuliegen." Gutes soll man
dagegen von anderen Sprachen lernen: „Wir müssen das Sanfte
durch eine Analogie mit dem Italienischen annehmen und, anstatt
Artikel und Silben wegzulassen, sie hinzufügen, ohne die Sprache
zu verhunzen und die Aussprache holperig zu machen" (ebd. 28).
Wieviel Sprachinteresse er überhaupt und für seine Muttersprache im besonderen besaß, beweist seine Vorliebe für das E t y -
m o l o g i s i e r e n , das manche Stellen seiner Schriften und
besonders seine Tischgespräche (vgl. Buch IV, Kap. 7) bezeugen.
— Im geselligen Gespräch vermied er auch Provinzialismen keineswegs, scheute sich auch nicht, derbe Volkssprüche im Kreise seiner
Tischgenossen wiederzugeben. Wenn solche heimatlichen Wendungen hier und da auch in seine Schriften hineingeschlüpft sind,
so ist das nicht schade. Im Gegenteil, es gibt ihnen „Erdgeruch".

Kurz: Kant schrieb und sprach, wo es die von ihm freilich
gewissenhaft befolgten amtlichen Vorschriften nicht verboten,
D e u t s c h , und zwar ein klares und verständliches Deutsch,
mit Geist und Humor, Witz und Anmut untermischt, wie die
meisten vorkritischen Schriften, vor allem die ‚Beobachtungen'
und die ‚Träume eines Geistersehers', aber auch das Trostschreiben
an Frau von Funk, die Briefe an Hamann, Lindner, Herder und
manche andere es zeigen. Daher fragt auch Lavater am 8. Febr.
1774: „Warum . . . schreiben Sie nicht, die's so vortrefflich

können?" Die p o p u l ä r e n Schriftsteller galten ihm damals
auch in philosophischen Dingen als Vorbilder. „Man rühmt, daß
in Deutschland der Geschmack in schönen Künsten zugenommen
hat. Aber wo ist der Schriftsteller, der die Geschichte und die
trockensten philosophischen Gegenstände mit Verstand und tiefer
Einsicht doch so schön abhandelt als Hume oder die moralische
Kenntnis des Menschen wie Smith. Hiervon muß man den Anfang machen, indem wir die Muster des spielenden Geistes schon
vor uns haben." Dagegen war er der bilderreichen Sprache des
Gefühls und der Phantasie, wie sie die Hamann und Herder liebten, abgeneigt.   „Die, so die Bewegungen der Einbildungskraft
und das Bildliche sowohl als Gefühlvolle allenthalben einführen,
schwächen den Einfluß des Verstandes und bringen uns wieder
zurück in die phantasievolle, aber bloß schimmernde Denkungsart der Morgenländer" (Ak.-Ausg. XV, Nr. 1355). Ebenso verwarf
er aber anderseits auch den S c h u l stil, den sich abzugewöhnen
man längere Zeit brauche, den „affektierten" und den „nach-
geahmten" Stil, der ja auch im 20. Jahrhundert bei manchen
noch seine Blüten treibt, überhaupt alle Stil m o d e n , wie sie
namentlich in der Dichtkunst — z. B. der gedrungene, schwulstige
und tändelnde — von jeher gewechselt haben. Die Schreibart
muß vor allem Leichtigkeit zeigen; soll etwas gut geschrieben
sein, so darf man die Absicht nicht merken (Schlapp, a. a. O.,
S. 73, 197 u. ö.). Von Deutschen schätzt er besonders den Stil
Mendelssohns: „Es ist nicht jedermann gegeben, so subtil und
doch zugleich so anlockend zu schreiben als David Hume, oder
so gründlich und dabei so elegant als Moses Mendelssohn" (Proleg.,
Vorr., S. 10, vgl. den Brief an Mendelssohn vom 16. Aug. 1783:
„Es ist nur e i n Mendelssohn"). Kein Wunder daher, wenn
ihn Goethe um 1772 unter die Popularphilosophen ersten Ranges
rechnet, zusammen mit Garve, Sulzer und Mendelssohn. Ohne
Zweifel hat also Kant populär zu schreiben v e r s t a n d e n .
    Woher nun der v e r ä n d e r t e Stil in denjenigen Schriften,
aus denen ihn heute die meisten Leser allein kennen, und die
auch er selbst als seine wichtigsten, ja allein maßgebenden angesehen hat, den k r i t i s c h e n ? Warum hier die langen

Perioden, die vielen eingeschachtelten Sätze, durch die man sich nur mit Mühe hindurchwindet? Von denen Zelter am 6. Dez. 1825 Goethe folgendes hübsche Geschichtchen erzählt: Als Kants alter Stubenkamerad von der Studentenzeit her, der Geh. Finanzrat Wlömer, ihn nach 40 Jahren bei Gelegenheit einer Bankrevision in Königsberg besucht, fragt der Philosoph: „Aber hast Du Geschäftsmensch wohl auch einmal Lust, meine Schriften zu lesen?" — Darauf Wlömer: „O ja! und ich würde es noch öfter tun, nur fehlen mir die Finger." — Kant: „Wie versteh' ich das?" — Wlömer: „Ja, lieber Freund, Eure Schreibart ist so reich an Klammern und Vorbedingtheiten, welche ich im Auge behalten muß; da setze ich denn den einen Finger aufs Wort, dann den zweiten, dritten, vierten, und ehe ich das Blatt umschlage, sind meine Finger alle." Der Finanzrat hat sich übrigens doch möglichst viele Schriften seines Jugendfreundes angeschafft (Wl. an Kant, 30. Jan. 1790); und der Philosoph, der selbst über den ihm geltenden Scherz am meisten gelacht haben wird, hat dem Freunde im gleichen Jahre noch ein Exemplar seiner Kritik der Urteilskraft gesandt.

Zum erstenmal tritt der neue Stil hervor in seinem Hauptwerk, der Kritik der reinen Vernunft. Kant selbst ist sich des Unterschiedes von vornherein sehr wohl bewußt gewesen. Vernehmen wir ihn selber darüber. Er weiß, gerade aus den zu seiner Selbstverständigung niedergeschriebenen ,Reflexionen' geht das klar hervor: „Die Methode meines Vortrags hat eine nachteilige Gestalt; sie sieht s c h o l a s t i s c h aus, mithin grüblerisch trocken, ja eingeschränkt, weit vom Ton des Genies verschieden"; sie ist „nicht sehr geschickt dazu, den Leser an sich zu halten und ihm zu gefallen". „Wenn man hin und her blättert, kann nichts pedantischer scheinen, ob es zwar zur Abschaffung alles Pedantischen in Dingen, welche die Natur der Seele, die Zukunft und den Ursprung aller Dinge betreffen, ganz eigentlich abgezielt ist." Wir wüßten kaum, wie der stärkste Verächter des Kantischen Stils sich schärfer aussprechen könnte, als es der Autor hier selbst tut. Und den neuen Stil wie die neue Methode hat er nur nach langem Schwanken und langen Überlegungen gewählt. Er

ist ihm nur „durch Versuche entstanden". Aber er hat ihn mit
vollem Bewußtsein vorgezogen. „Ich habe die S c h u l methode
gewählt und sie der freien Bewegung des Geistes und Witzes
vorgezogen, o b i c h z w a r , da ich wollte, daß j e d e r nach-
denkende Kopf an dieser Untersuchung teilnehmen sollte, fand,
daß die Trockenheit dieser Methode Leser von der Art, welche
geradezu die Verbindung mit dem Praktischen suchen, abschrecken würde." Allein „ich würde, wenn ich auch im
größesten Besitze des Witzes und der Schriftsteller-Reize gewesen wäre, sie hiervon ausgeschlossen haben; denn es liegt mir
viel daran, keinen Verdacht übrig zu lassen, als wollte ich den
Leser einnehmen und ü b e r r e d e n , sondern damit ich entweder gar keinen Beitritt von ihn als b l o ß durch die Stärke
der E i n s i c h t e n zu erwarten hätte". „In der Metaphysik"
aber „muß man subtil sein". Weil der Verstand „hier durch
Subtilität fehlt", muß er auch „dadurch widerlegt werden"; denn
„alle diese Erkenntnis ist a priori und ohne Ableitung von ihren
ersten Quellen unsicher". „Ich habe jederzeit vor Augen gehabt,
daß ich nur die transzend. Philosophie zu bearbeiten habe,
daß die Grenze einer jeden Wissenschaft genau beobachtet werden müsse, und daß die Vermengung nur dazu diene, Blendwerk zu machen. Aber eben dadurch habe ich vieles verloren,
was der Schrift zur Empfehlung hätte dienen können." Ja,
„wenn ich auch wie Hume alle Verschönerung in meiner Gewalt
hätte, so würde ich doch Bedenken tragen, mich ihrer zu bedienen." Er geht sogar so weit, etwas sophistisch zu bemerken:
„Ist es nicht nötig, einige abzuschrecken, bei denen die Sache in
schlechte Hände käme?" Gerade so vorzügliche Stilisten wie
Rousseau und Hume hätten, wie er gelegentlich in seinen Vorlesungen bemerkt (Schlapp, S. 72), ebendadurch den Glanz ihres
Stils ihrer S a c h e , nämlich der Stärke ihrer Argumente, ge-
schadet. — Wir könnten noch manche weitere Stellen über die
Notwendigkeit einer „schulgerechten Pünktlichkeit" aus der Vorrede zur Kritik, aus den Prolegomenen, aus den Briefen vom
Anfang der 80er Jahre hinzufügen, aber ich denke, die angezogenen genügen; sie scheinen uns in ihrer Klarheit und Auf-

richtigkeit um so vielsagender, weil sie von dem Autor, nach manchem Ringen mit sich selbst, nur zur eigenen Verständigung niedergeschrieben worden sind.

Wir wollen die Schwächen von Kants Stil, ebensowenig wie andere seiner Unvollkommenheiten, beschönigen. Es finden sich solche nicht bloß in den drei Kritiken, sondern, davon abfärbend, auch in den anderen Schriften der kritischen Zeit in Menge. So besonders die In- und Nebeneinanderschachtelung von drei, vier, fünf, sechs, ja einmal sogar sieben (!) Nebensätzen innerhalb e i n e r Satzperiode[1]); aber auch Pleonasmen, undeutlich machende Wortstellungen, schwerfällige Wortumschreibungen, Anakoluthe, unnötige Wiederholungen desselben Ausdrucks oder der Konstruktion, wie sich z. B. auf der einen Seite 262 der Kritik der reinen Vernunft (Kehrbach) nicht weniger als 18 Relativsätze, und zwar in bloß drei Satzperioden gezwängt oder auf S. XIX f. der zweiten Vorrede fünf, allerdings nicht besonders störende Genetive[2]) hintereinander finden. Und, was sachlich einschneidender ist, er gebraucht sogar wichtige philosophische Begriffe, wie transzendental, subjektiv, objektiv u. a. nicht immer in demselben Sinne. Dazu die vielfach unübersichtliche Gliederung des Gesamtstoffes, wobei von Symmetrie selten etwas zu spüren ist. Man lese nur das Inhaltsverzeichnis der Kritik der reinen Vernunft mit allen seinen „Teilen", „Ab schnitten", „Abteilungen", „Büchern", „Hauptstücken", „Allgemeinen Anmerkungen" und „Anhängen": was Schopenhauer die gotische Bauart nennt. Oder man stelle sich die im Original überhaupt fehlende Inhaltsübersicht der Kritik der praktischen Vernunft zusammen, bei welcher der erste Hauptteil 168, der zweite bloß 13 Seiten umfaßt und auch die übrige Gliederung so unübersichtlich und unsymmetrisch wie möglich ist[3]). Zu dem

---

[1]) Beispiele für diese und die folgenden Ausführungen s. bei H. E. Fischer, Kants Stil in der Kritik d. r. V. Berlin 1907.

[2]) „Hierin liegt das Experiment einer Gegenprobe der Wahrheit des Resultats jener ersten Würdigung unserer Vernunfterkenntnis a priori."

[3]) Näheres s. in der Einleitung zu meiner Ausgabe (Philos. Bibl. Bd. 38) S. XXVI f.

allen endlich eine oft ermüdende Weitschweifigkeit, Umständlichkeit und Dunkelheit der Darstellung: gewiß Vorwürfe genug, die sich mit Recht gegen die äußere Form von Kants kritischen Schriften erheben lassen.

Ist der Satz: Le stile c'est l'homme richtig, wie sind so auffällige Mängel bei einem Geiste von der Größe und Klarheit Kants, der doch in seinen Vorlesungen, im täglichen Umgang, in seinen vorkritischen Schriften in kurzen, allgemein verständlichen Sätzen zu reden vermochte, zu erklären? Im letzten Grunde doch durch einen Kernzug seines Wesens, seine unbedingte W a h r h a f t i g k e i t und S a c h l i c h k e i t. Weil er das Problem oder den Einzelgedanken von allen Seiten beleuchten, keine vernachlässigen, jedem Einwand sein Recht lassen will, jede im Interesse der theoretischen Gerechtigkeit und inhaltlichen Vollständigkeit ihm notwendig erscheinende Ergänzung oder Einschränkung des Gedankens hinzufügen zu müssen glaubt: deshalb entstehen jene Satzungetüme, die nicht nur unseren ästhetischen Geschmack verletzen, sondern auch das Verständnis öfters erschweren. Es ging ihm, wie Abegg nach seiner Rückkehr aus Königsberg es Wieland gegenüber ausdrückte: während Kant im G e s p r ä c h e mit anderen seine Gedanken mehr verteilte, und so ganz deutlich war, so verfolgte er, wenn er s c h r i e b, ,,die lange Reihe von Ideen, die sich ihm darstellen''. Bekannte doch Wieland, der soeben den Stil des Philosophen als ,,schlecht'' bezeichnet hatte, daraufhin, es gebe ihm auch so: daß er ,,nicht aufhören könne hinzuzufügen, solange er noch nicht lebendig fühle, seine Idee sei bestimmt genug'', so daß auch bei ihm trotz alles Ausstreichens zu lange Perioden herauskämen. Kant sieht eben vor seinem geistigen Auge den ganzen Gedankenkomplex schon als eine Einheit, den der normale Leser erst in seine einzelnen Teile zu zerlegen genötigt ist. Konnten Schriften wie die ,Beobachtungen' ihn beinah als Feuilletonisten erscheinen lassen, so wollen die kritischen Werke eben nur belehren, nicht ergötzen; wollen über z e u g e n, nicht über r e d e n. Seine oft ausgesprochene Abneigung gegen jede Rhetorik läßt ihn alle ,,Blendwerke'', glänzende Antithesen z. B., wie sie der ihm sonst in

manchem verwandte Lessing liebt, verachten. Indem er uns
zugleich in die Werkstatt seiner miteinander ringenden Gedanken
einführt, geht freilich jede Glätte verloren. Nicht die Nachahmung des lateinischen Periodenstils, wie Paulsen meint, ist hier
maßgebend gewesen, sondern jene Gründlichkeit und zugleich
umfassende Denkkraft, die eine für den gewöhnlichen Sterblichen zu lange Gedankenkette auf einmal ergreift und als Ganzes
erschaut. Übrigens sind seine langen Perioden nicht darum immer
auch unübersichtlich; so weist Cohens Kommentar zur Kritik der
reinen Vernunft (S. 178) auf eine „Periode von seltener Länge"
— sie nimmt fast die ganze Seite 646 der 2. Originalauflage ein —,
die gleichwohl in der Durchsichtigkeit des Gedankengangs für
die natürliche Abwicklung und allerdings auch Aufschichtung der
Motive und ihrer Abwandlungen charakteristisch ist. Die Unüber-
sichtlichkeit und Weitläufigkeit findet sich übrigens besonders
an den Stellen, wo er, vom Hauptpunkte abbiegend, auf Neben-
fragen oder Polemik sich einläßt. Seiner uns schon aus den
Vorlesungen („In Summa, meine Herren!") bekannten Neigung zu Exkursen hat er eben auch in den Schriften nicht
immer Herr zu werden vermocht. Im übrigen ist das breite
Sichgehenlassen ein stilistisches Kennzeichen des ganzen Zeitalters. Wir finden es auch bei den anderen großen Schriftstellern der Zeit; um nur die deutschen zu nennen: am stärksten
bei Wieland und Herder, stark auch bei Goethe und Schiller;
nur Lessing bildet, und auch er nur bis zu einem gewissen Grade,
eine Ausnahme.

Daß Kant auch in seinen populären Aufsätzen „immer" mit
einem „gewissen Hang zur Weitläuftigkeit" zu kämpfen hatte,
gesteht er in einem erst in neuerer Zeit aufgefundenen Briefe an
Biester vom 31. Dezember 1784 selbst ein. Er habe in dergleichen
Aufsätzen zwar sein Thema „jederzeit vollständig durchdacht",
aber er sei bei der Ausführung „sozusagen durch die Menge der
Dinge, die sich zur vollständigen Entwicklung darbieten, so belästigt, daß über dem Weglassen manches Benötigten die Vollendung der Idee, die ich doch in meiner Gewalt habe, zu fehlen
scheint". In solchen Fällen verstehe „man sich alsdann wohl

selbst hinreichend, aber man wird anderen nicht verständlich
und befriedigend genug". Der Wink eines nachsichtigen und aufrichtigen Freundes könne einem dann sehr nützen; ein solcher
aber fehlte ihm offenbar bei seinem Hauptwerk. Anfangs wollte
er, wie wir aus Buch II, Kap. 7 wissen, dasselbe viel kürzer
gestalten. Denn „es gehört Mäßigung und Urteilskraft dazu,
nicht alles zu sagen, was man Gutes weiß, und sein Werk nicht
mit allen seinen Einfällen überbürden, damit nicht die Haupt-
absicht darunter leide" (Refl. I, Nr. 22). Außerdem sann er
noch im Januar 1779 „seit einiger Zeit in gewissen müssigen
Zeiten" über die Grundsätze der P o p u l a r i t ä t in Wissenschaften . . ., vornehmlich in der Philosophie, nach und glaubte
schließlich auch eine „andere Ordnung" finden zu können, „als
sie die schulgerechte Methode, die doch immer das Fundament
bildet, erfordert" (an M. Herz). Und er sagte sich: „Das Buch
ist das kürzeste, wodurch ich in der kleinsten Zeit den Gegenstand
begreifen kann" (Refl. I, 17). Darum entschloß er sich, alle
P o l e m i k und alle Z i t a t e auszuscheiden. „Ich habe niemanden angeführt, durch dessen Prüfung ich etwas gelernt habe.
Ich habe gut gefunden, alles Fremde wegzulassen und meiner
eigenen Idee zu folgen. Ich habe nicht wider Systeme gestritten"
— was er indes, z. B. Leibniz und Berkeley gegenüber, doch nicht
buchstäblich befolgt hat —, „ich habe mich selbst nicht zitiert,
sondern alles (sc. Vorkritische) umgeworfen" (ebd. 21). „Das
Anführen der Bücher ist in einem System der transzendentalen
Philosophie beim Entwurf nicht nötig, so wenig wie in einer
Geometrie. Einstimmige [d. h. zustimmende K. V.] Urteile anderer
geben nur da einen Beweisgrund ab, wo es nicht um die Regel,
sondern nur um deren Anwendung, d. i. die Urteilskraft, zu tun
ist" (20). Gegen archivalische Gelehrsamkeit, gegen Philologie
in der Philosophie hatte er überhaupt einen Abscheu: „Ich werde
ja meinen Kopf nicht zu einem Pergament machen, um alte halb
verschollene Nachrichten aus Archiven darauf einzukritzeln.
Einige haben das Geschäft der Registratur, aber endlich muß doch
jemand einen vernünftigen Gebrauch davon machen" (Ak.-Ausg.
XV, S. 388 f.). Trotzdem er aber nur sich „mit seinem Gegen-

stande und nicht mit dem Zuschauer in Gedanken beschäftigen"
wollte (28), so meinte er doch mit Abt Terrasson (s. Vorrede,
S. XII f.), daß manches Buch „viel kürzer sein würde, wenn
es nicht so kurz wäre", und daß infolgedessen sein Vortrag „weit
deutlicher geworden sei, wenn er nicht so deutlich hätte sein
müssen". Mit rührender Dankbarkeit gedachte er darum später
derjenigen seiner Anhänger (wie Reinhold oder auch nur J.
Schultz), die das gediegene Gold seiner tiefgegründeten Untersuchungen in die Scheidemünze der Allgemeinverständlichkeit
umsetzten. Sein immer wiederholter Grundsatz war: „Ich will
nur v e r s t a n d e n sein" (Kr. d. pr. V., S. 12 f.).

Den unleugbaren Stilschwächen des großen Denkers — auch
seine Königsberger Freunde wünschten, daß er einen „besseren
Stil" gehabt hätte — stehen jedoch starke Vorzüge gegenüber. Zunächst: die vielbeklagte „Dunkelheit" liegt doch, wie
auch Eduard Engel in seiner ‚Deutschen Stilkunst' zugibt, weniger an ihm oder gar an seiner Absicht, als vielmehr am
Gegenstande.

Auch F r e m d w ö r t e r belästigen uns durchaus nicht,
wie bei so vielen unserer heutigen Gelehrten, im Übermaße. Man
sehe nur eine beliebige Seite der gefürchteten Kritik der reinen
Vernunft darauf an! Sie sind eher selten, abgesehen natürlich
von den philosophischen Kunstausdrücken (t t.). Aber die ganze
gelehrte Welt schrieb damals — unter dem Einfluß der engeren
internationalen Beziehungen der Gelehrten untereinander —
‚intelligibele Realität' statt ‚gedankliche Wirklichkeit' und redete
von ‚ontologischen Problemen' statt von ‚Fragen des Seins'.
Und mit dem Schmieden n e u e r Wörter, erklärte Kant mit
einer vielleicht zu beklagenden Bescheidenheit, wolle er sich nicht
abgeben. „Neue Worte zu künsteln, wo die Sprache schon so an
Ausdrücken für gegebene Begriffe keinen Mangel hat, ist eine
kindische Bemühung, sich unter der Menge, wenn nicht durch
neue und wahre Gedanken, doch durch einen neuen Lappen auf
dem alten Kleide auszuzeichnen" (Vorrede zur Kr. d. pr. V.),
ist „eine Anmaßung zum Gesetzgeben in Sprachen, die selten
gelingt". Ehe man zu solchem „verzweifelten Mittel" schreite,

solle man lieber in den toten und gelehrten Sprachen sich nach
passenden Ausdrücken umsehen, wozu er selbst dann besonders
die für die feinsten Verzweigungen des Gedankens so reichhaltige
griechische Sprache — man denke nur an so wichtige Ausdrücke
wie: Idee, Ästhetik, Antinomie, Dialektik — benutzt hat. Kant
hat, um mit dem Historiker der philosophischen Terminologie
Rudolf Eucken zu reden, in der Tat durch sein Eingreifen „so
wesentlich Neues geschaffen, daß alles Frühere in gewissem Sinne
als veraltet gelten, alles Folgende an das hier Geleistete anknüpfen
muß" (a. a. O., S. 141) oder, wie wir hinzusetzen möchten, bisher
keinen dauernden Bestand gehabt hat. Kant ist, zusammen mit
Christian Wolff, als Schöpfer der deutschen philosophischen Kunstsprache zu betrachten. Mögen uns ferner auch oft genug die
ausgedehnten Satzgefüge ärgern, bewundernswert bleibt doch
die eiserne Kraft, mit der er die Begriffe nicht bloß durcharbeitet,
sondern zu einem Ganzen auch im Satze zusammenzuschmieden
weiß. Auch sind seine Sätze keineswegs immer langatmig; im
Gegenteil auffallend kurz, da wo der Leser bei einem gewonnenen
Ergebnis verweilen soll. Anders, wo er mit den eigenen und den
Gedanken anderer ringt. Aber auch hier sieht Cohen mit Recht
den Kantischen Stilcharakter in der „Gefaßtheit, der Sammlung
und Überschau der Ideen, während sie aufmarschieren", dem
„Ahnenlassen leisester Motive, die nicht hier zum Durchbruch,
wohl aber zum Durchscheinen kommen sollen" (Cohen, Kants
Einfluß auf die deutsche Kultur. Marburgen Universitäts-Rede.
Berlin 1883).

Und vor allem seine Darstellungsweise ist selbst in dem
systematischen Hauptwerke durchaus nicht so blutlos-abstrakt,
wie wir sie z. B. bei einem philosophisch angehauchten — Historiker unserer Tage, des Zeitalters der „Reizsamkeit", antreffen,
sondern häufig von anschaulicher Fülle. Kant besaß außer
seinem genialen Scharfsinn und riesigen Gedächtnis auch noch
eine erstaunlich große, sozusagen innere A n s c h a u u n g s -
kraft. Wir hörten schon, wie er die nie gesehene Londoner Westminsterbrücke bis in ihre kleinsten Einzelheiten im Kopfe hatte;
und wir hören, daß er — ähnlich wie Schiller in seinem Tell Land

und Leute der Schweiz — in seinen Gesprächen das Land, wo die
Zitronen blüh'n, so gut, wie der beste Kenner, zu schildern wußte.
Weil er die B e g r i f f e in seinem Inneren mit vollendeter
Deutlichkeit vor sich sieht, versucht er auch den Leser — worauf
H. St. Chamberlain in seinem ‚Kant‘ (S. 264) besonders aufmerk-
sam macht — durch immer neue Worte und Gedankengefüge,
die den Begriff nur weiter erläutern sollen, zu der nämlichen an-
schaulichen Erkenntnis zu erheben. Denn, „wir mögen unsere
Begriffe noch so hoch anlegen und dabei noch so sehr von der
Sinnlichkeit abstrahieren, so hängen ihnen doch noch immer
b i l d l i c h e Vorstellungen an, deren eigentliche Bestimmung
es ist, sie . . . zum Erfahrungsgebrauche tauglich zu machen.
Denn wie sollten wir auch unseren Begriffen Sinn und Bedeutung
verschaffen, wenn ihnen nicht irgendeine Anschauung . . . unter-
gelegt würde?" (Anfangssatz der Abhandlung vom Orientieren,
Phil. Bibl. 46 b, S. 147).

Wenn ihm nun aber nach Elise von der Recke die Gabe
verliehen war, im gesellschaftlichen Gespräche „bisweilen sogar
abstrakte Ideen in ein liebliches Gewand zu kleiden", warum
sollte diese Fähigkeit auf schriftstellerischem Gebiete versagt
haben? Nein. Wir finden vielmehr in seiner Sprache öfters
B i l d e r und Gleichnisse von wahrhaft poetischer Kraft, die
gerade dadurch fesseln, daß sie sich ganz einfach und ungesucht
aus dem Zusammenhang ergeben, daß sie die begriffliche Erörterung nicht, wie bei Hamann oder Herder, bestimmen und
beherrschen, sondern sich nur dienend an sie anschließen. Sie
erscheinen darum bezeichnenderweise meist nicht inmitten der
philosophischen Untersuchung, sondern vor Beginn oder nach
Abschluß eines wichtigen Abschnitts; so besonders zahlreich in
der ‚Transzendentalen Methodenlehre‘. Es würde eine Abhandlung für sich erfordern, wollten wir, wie Rudolf Eucken in seinem
sinnvollen Aufsatze ‚Über Bilder und Gleichnisse bei Kant‘, genauer auf diese Dinge eingehen. Allein es würde anderseits unserer
Darstellung der Kantischen Persönlichkeit etwas fehlen, wenn wir
gerade dieser Seite nicht etwas näher gedächten. Der nämliche
Mann, der Goethes Lyrik und Schillers Dramatik nicht beachtet,

der den Vers eines obskuren Dichters von der „wie Ruh' aus
Tugend emporquellenden" Sonne bewundert hat, zeigt hier, daß
er der Fähigkeit zur Schöpfung wahrhaft dichterisch geschauter
Bilder nicht bar war. Wir bringen im folgenden einige Beispiele
zur Veranschaulichung seiner wichtigsten Begriffe, indem wir uns
dabei im wesentlichen auf die Kritik der reinen Vernunft beschränken. Kant spricht von einem Boden (sehr häufig), Feld,
Fußsteig, Grund, Ozean, Probierstein, Zusammenhang bzw. Con-
text, einer Ebene und einer Sphäre der E r f a h r u n g; von
Grenzen, Quellen, Schranken, Stämmen, Wurzeln und dem Ge-
webe der E r k e n n t n i s; von Beispielen als dem „Gängelwagen" der Urteilskraft, von dem Stammbaum des reinen Verstandes, dem Monogramm der reinen Einbildungskraft, dem
Wucherkraut des schönen Scheins, den Flügeln der Vernunft
und der Ideen, der Feuerprobe der Kritik. Von den Bildern aus
dem Gebiet der Baukunst und des „Scheidekünstlers" (Chemikers) ist schon in früheren Kapiteln die Rede gewesen. Die oft
behandelte M e t a p h y s i k wird bald mit einer entthronten
Königin, bald mit einer Matrone, bald mit einer Geliebten verglichen, Blendwerke, Gaukeleien, Hirngespinste, Zauberkünste
ihr nachgesagt, von ihrem „Orakel", ihrem „Kartengebäude" geredet. Auch Bilder aus dem k a u f m ä n n i s c h e n Leben
fehlen bei dem Freunde der Green, Motherby usw. natürlich
nicht. Besonders häufig ist das des Erborgens oder der ‚Ent-
lehnung' (aus der Erfahrung), aber es finden sich auch viele
andere, wie die des Feilbietens oder Feilstehens der Ware, der
Konterbande, des baren Besitzes der Erkenntnis, Kapitals zur
Zufriedenheit, der Barschaft des Lebensgefühls, Scheidemünzen
der geselligen Tugenden, des Haushaltens mit dem Vorrate unseres
Verstandes, des völligen Überschlags unseres geistigen Vermögens.
Und ebenso nahe lagen dem Anwohner eines schiffbaren Stromes
in der Nähe des Meeres begreiflicherweise dem S e e leben entnommene Bilder. So vergleicht er den Dogmatismus mit dem
Schiffer, der sich unbedacht auf die „hohe See" mystischer Erörterungen und den finsteren, uferlosen „Ozean" der Metaphysik
wagt, wo unbemerkte „Seeströme" (d. h. Meeresströmungen)

seinen Lauf verwirren. Nur dem Kritizismus ist es vermöge des
„Kompasses" der Vernunft und durch genaue Benutzung einer
vollständigen „Seekarte" möglich, nach sicheren Grundsätzen
der „Steuermannskunst", das Schiff durch die es umdrohenden
„Klippen" als guter „Pilot" in den „Hafen" zu steuern: während
der Skeptizismus sein Schiff, um es in Sicherheit zu bringen,
„auf den Strand laufen läßt, da es denn liegen und verfaulen mag".

Mit unseren letzten Beispielen sind wir schon in das Gebiet
der G l e i c h n i s s e hinübergeglitten, die ja im Grunde nichts
als weiter ausgeführte Bilder sind. Eins der wichtigsten und berühmtesten, das gegen Schluß der transzendentalen Analytik die
Unterscheidung der Gegenstände in Sinnen- und Verstandesdinge
einleitet, ist ebenfalls aus dem Leben des S e e f a h r e r s entlehnt. Das Land des reinen Verstandes oder der Wahrheit gleicht
einer „Insel", umgeben von dem „weiten und stürmischen Ozeane"
des Scheins, wo manche „Nebelbank" und manches „bald weg-
schmelzende Eis" neue Länder lügt und so den auf „Entdeckungen
herumschwärmenden Seefahrer" unaufhörlich mit leeren Hoffnungen täuscht und in Abenteuer verflicht. Ehe wir uns auf dies
Meer wagen, um es „nach allen Breiten" zu durchsuchen, muß
jedoch noch ein Blick auf die Karte des eben verlassenen Landes
geworfen werden usw. An anderer Stelle wird der Vernunft geraten, sich überhaupt nicht auf jenen „uferlosen" Ozean zu
wagen, sondern ihre Fahrt „nur so weit fortzusetzen, als die
stetig fortlaufenden Küsten der Erfahrung reichen". — Ein besonders beliebtes Bild zur Beleuchtung des unserer Vernunft
natürlichen „Widerstreites" und seiner Lösung ist die Vorstellung
eines P r o z e s s e s: ein Bild, das an so vielen Stellen nach
allen Seiten hin ausgeführt wird, daß sich durch die zuerst von
Vaihinger unternommene Zusammenfügung aller dieser Züge ein
zusammenhängendes Gleichnis ergibt. An die Stelle des „Naturzustandes" der Vernunft, der kein anderes Mittel zur Austragung
ihrer Händel kennt als den Krieg, setzt die Kritik den geordneten Rechtsgang, den „Prozeß". Den „Gerichtshof" bildet die
kritische Vernunft; er besteht aus „Geschworenen", deren jeder
stimmberechtigt ist. Die „Parteien" sind die Dogmatiker mit

ihren verschiedenen Schulen auf der einen, die Skeptiker und
Empiristen auf der anderen Seite. „Streitobjekt" sind die Rechts-
ansprüche der Vernunft auf übersinnliche Erkenntnis, die ihr von
den Skeptikern bestritten werden. Beide Teile suchen als „Doku-
mente" und „tüchtige Zeugen" Vernunft und Erfahrung ins Feld
zu führen und allerlei Argumente zu häufen. Indessen Advokaten-
Kunstgriffe werden von dem kritischen Richter nicht zugelassen,
auch die Berufung auf „Verjährung" des Besitzstandes schlägt
fehl. Denn die „Akten" dieses Prozesses sind im „Archiv" der
menschlichen Vernunft niedergelegt, und das „Rechtsbuch"
bilden die ewigen und unwandelbaren Gesetze der Vernunft. Nach
ihnen fällt schließlich der unparteiische Richter, die Vernunft
selbst, ihre endgültige „Sentenz".

Verwandt damit ist die Darstellung der Metaphysik als eines
Kampfplatzes voll „endloser Streitigkeiten", eines dialektischen
Tummelplatzes, auf dem jeder „rüstige Ritter", der den letzten
Angriff tut, auch den Siegeskranz davonzutragen sicher ist, zumal auf dem Felde der reinen Theologie und Psychologie, obschon
in Wahrheit kein Kämpfer mehr eine ganze Rüstung trägt. Denn
auf dem Gebiete der reinen Vernunft sind beide Teile „Luft-
fechter, die sich mit ihrem Schatten herumbalgen". Sie haben
gut kämpfen; die Schatten, die sie zerhauen, wachsen wie die
Helden in Walhalla, in einem Augenblick wieder zusammen, um
sich aufs neue in unblutigen Kämpfen belustigen zu können.

Wie man aus dem letzten Gleichnis ersieht, fehlt es dem
Stile Kants nicht an echtem Humor und ironischem Witz. Und
zwar nicht nur in Satiren, wie den ‚Träumen eines Geistersehers',
polemischen Flugschriften, wie der gegen Nicolai und populären
Vorlesungen, wie der Anthropologie, sondern auch inmitten
ernstester Untersuchungen; denn die letzte Stelle findet sich
Kr. d. r. V., S. 784. So bringt für denjenigen Leser, der sich durch
die Schwierigkeiten der S a c h e hindurchgerungen hat, die
Lektüre selbst der schwersten Werke unseres Philosophen an
zahlreichen Stellen auch hohen ästhetischen Genuß. Das Pathos
freilich liebt er auch im Stile nicht. Dafür besitzt seine ganze
Persönlichkeit zu viel keusche Innerlichkeit, seine wissenschaft-

liche Art zu viel reine Sachlichkeit. Um so ergreifender wirken
dann die vergleichsweise seltenen, am ehesten noch in den ethischen
Schriften sich findenden Stellen, wo einmal ausnahmsweise sein
innerstes Gefühl, obwohl selbst hier nicht ganz ungehemmt, aber
doch freier hervorbricht, wie etwa in der bekannten Apostrophe
an die Pflicht oder dem berühmten Worte von dem bestirnten
Himmel über mir und dem moralischen Gesetz in mir (vgl. Kap. 2).

Gewiß, Dichternaturen wie unsere beiden großen Klassiker
konnten von dem Stile des späteren, namentlich des alten Kant
nicht erbaut sein, obwohl Goethe in seinem letzten Jahrzehnt
von einem fast kanzleihaften Altersstil selbst nicht frei gewesen
ist. Goethe meint von Kants ‚Verkündigung eines nahen Abschlusses usw.' (1796), daß sie „so wie alles, was von ihm kommt,
die herrlichsten Stellen enthält, aber auch in Komposition und
Stil kantischer als kantisch ist" (an Schiller, 12. Sept. 1797);
und Schiller erwidert: „Es ist in diesem alten Herrn noch etwas
so wahrhaft Jugendliches, das man beinah ästhetisch nennen
möchte, wenn einen nicht die greuliche Form, die man einen
philosophischen Kanzleistil nennen möchte, in Verlegenheit
setzte" (an Goethe, 22. Sept.). Kant war und blieb in diesen
Dingen ein Kind der älteren, auch im Stil von einem gewissen
„Zopf" nicht völlig freien Zeit. Für die öfters hervortretende
„Undeutlichkeit" der äußeren Form aber billigt Goethe ihm den
gleichen Entschuldigungsgrund, den Kant selbst (s. oben S. 105)
für sich anführte, zu: „Den Verstandesphilosophen begegnets und
m u ß es begegnen, daß sie undeutlich aus gar zu großer Liebe
zu Deutlichkeit schreiben" (an Riemer, Nov. 1806). Daß indes
diese Eindrücke nicht die abschließenden für ihn waren, bezeugt
das bekannte spätere Wort zu dem jungen Schopenhauer: „Goethe
sagte mir einmal, daß, wenn er eine Seite im Kant läse, ihm
zu Mute würde, a l s t r ä t e e r in ein h e l l e s Z i m m e r"
(WW., hrsg. von Grisebach II, 167). So hat der große Dichter
— und damit wollen wir von Kant dem S c h r i f t s t e l l e r
Abschied nehmen — trotz allem auch in dem S t i l unseres
Philosophen den Zug wiedergefunden, der einen Grundteil seines
Wesens ausmacht: die i n n e r e K l a r h e i t.

C. Kant als Briefschreiber

Am deutlichsten spricht sich das Wesen eines aufrichtigen Menschen — und zu denen gehörte Immanuel Kant — in seinen B r i e f e n aus. Freilich zählte er nicht zu den großen, nicht einmal zu den eifrigen Briefschreibern. Wenn Steinhausen in seiner bekannten Monographie das 18. Jahrhundert „das Jahrhundert des Briefes" nennt, wenn er zeigt, wie damals, trotz aller Langsamkeit und Umständlichkeit oder Kostspieligkeit der Beförderung, alles in dem Abfassen langer und zahlreicher Briefe schwelgte, so gilt das nicht für unseren Philosophen. Schon der Zahl seiner Briefe nach gehört er nicht zu dieser Gattung. Entschuldigt er sich doch öfters wegen seines „Phlegmas", wegen seiner „gewöhnlichen Nachlässigkeit" im Schreiben und ist auch seinen Freunden in dieser Eigenschaft bekannt. So hat man denn, trotz allen in den letzten Jahrzehnten aufgewandten Spürsinns, alles in allem nur etwa 300 Briefe von seiner Hand gefunden, von denen fast die Hälfte seiner Höhezeit (1781—94) angehört, während auf die 57 ersten Lebensjahre nur ein Siebentel fällt und der Rest den Altersjahren angehört.

Aber auch ihrer Form und ihrem Zweck nach tragen die meisten dieser Briefe kein eigenartiges Gepräge. Kant hat fast keinen von ihnen aus innerstem Drange heraus geschrieben: etwa in der Form ausgedehnter tagebuchartiger Bekenntnisse, wie die Empfindsamen sie liebten, oder der leidenschaftlichen kurzen Zettel oder „Wische", wie sie zur Geniezeit Mode waren. Auch philosophische Bedeutung hat doch nur eine verhältnismäßig geringe Minderzahl, wie beispielsweise die aus den 70er Jahren an Marcus Herz (Buch II, Kap. 7). Die meisten sind Gelegenheitsbriefe, d. h. zu einem bestimmten gerade vorliegenden, oft sehr praktischen Zweck geschrieben. Diesem sozusagen rein sachlichen Charakter der meisten Briefe entspricht der einfache, schlichte, wenn auch nicht knappe, doch sachliche Stil: der sich dem rhetorischen nur einmal, in dem Trostbriefe an Frau von Funk (Band I, S. 88), annähert. Denn ebenso weit wie vom Schwärmerisch-Genialen ist ihres Verfassers Männlichkeit von der Gefühlsweichheit Gellertscher Art entfernt: darin am

meisten Lessing verwandt, der ihn freilich an persönlicher Aus-
geprägtheit und Pointiertheit der Schreibweise weit übertrifft.
Lateinisch zu schreiben, wie so mancher seiner älteren Zeitgenossen (Haller, Klotz, Christian Wolff, Ruhnken, Goethes Vater),
verschmäht er auch im Brief. Und ebensosehr die französischen
Floskeln der vornehmen Kreise, die sich ja fast bis ans Ende
des 19. Jahrhunderts, selbst bei einem Bismarck und Wilhelm I.,
fortgepflanzt haben.

Beinahe z u sachlich sind diese Briefe, nirgends fast von
warmer Bewegung, erst recht nicht von Leidenschaft erfüllt; auch
nicht in seinen jüngeren Jahren und in der Erwiderung auf so
lebhafte Briefe wie die von Hamann und Herder. Schon deshalb stellen sie nicht in dem Maße wie bei Schiller, Herder und
Goethe, Zeugnisse seines S e e l e n lebens dar. Nur selten und
nur für den aufmerksamen Leser bemerkbar klingen solche seelischen Untertöne durch, wie wir sie in einzelnen Briefen an Lindner,
Herz oder Mendelssohn wahrnahmen. Selbst den witzigen, leichten Plauderer, der er im mündlichen Verkehr sein konnte und
bis in seine Altersjahre blieb, erkennt man in ihnen nicht wieder.
Sogar dem Bruder gegenüber bleibt er, wie wir sahen, kühl bis
ans Herz hinan. Briefe, die bloße Empfindungsergüsse anstatt
sachlichen Inhalts enthalten, sind seine Sache nicht; lieber wartet
er in solchen Fällen monate-, ja jahrelang mit der Antwort,
denn ,,Ihnen leere zu schreiben, schien von Ihnen nicht verlangt zu werden", schreibt er am 21. Februar 1772 an Marcus
Herz.

Schlicht, anspruchslos, höflich: aber wahrhaft, ganz wie er
selbst, treten seine Briefe uns entgegen, immer besonnen, niemals
genial. Er ist denn auch selbst weit davon entfernt, sie für bedeutend zu halten, und wir dürfen es ihm aufrichtig glauben,
wenn er sich gegen ihre Veröffentlichung in einer geplanten Ausgabe des Lambertschen oder Mendelssohnschen Briefwechsels entschieden wehrt und ,,gar sehr" bittet, ,,meine Briefe, die niemals in der Meinung geschrieben worden, daß das Publikum sie
lesen sollte, . . . gänzlich wegzulassen" (an M. Herz, 7. April 86,
vgl. auch an Bernoulli, 16. Nov. 81).

Oft sieht es fast aus, als ob er sie nur als ein leidiges, wenn auch notwendiges, Übel betrachtet hätte. In der Tat waren die Anforderungen, die ein Teil der Briefschreiber an seine Zeit und seine Gefälligkeit stellen zu dürfen glaubte, für einen Denker, der seine Muße so nötig und seinen Tag so fest eingeteilt hatte wie er, sehr störend. Ein großer Teil der an ihn gerichteten Briefe, auch schon in der Frühzeit, wünschen von den großem Philosophen, was man von jedem Durchschnitts-Professor oder -Magister erbat: daß er ein wachsames Auge auf studierende Söhne oder sonstige Schutzbefohlene habe, daß er Hauslehrer mit allerlei bestimmten Eigenschaften, einmal sogar eine ,,Gouvernante" besorge, daß er an allen möglichen Zeitschriften mitarbeite und Abonnenten für sie werbe, daß er sich für die oft recht unbedeutenden Opuskula des Unterzeichneten interessiere. Und dies alles natürlich, je berühmter er wurde, um so häufiger. Bis herab zu gewöhnlichen Bettelbriefen von angeblichen Verwandten oder jenem unverschämten ,,verschämten Armen", der sich kurkölnischer Hofrat a. D. Anton Joseph Gilgen nennt und seine weitschweifige Klageepistel mit den Worten: ,,Erschröckliches Schicksal! Geschrieben Unter häufig gefallenen tränen" schließt (7. Juni 1800). So klagte Kant denn seinen Bekannten öfters, daß er ausgedehnte und dazu oft noch schlecht leserliche, unwichtige und inhaltlich ungenießbare Briefe oder gar ganze Abhandlungen zugesandt bekomme, die er beurteilen oder sogar mit Anmerkungen versehen solle (Borowski, S. 99 f.). Seine nächsten Freunde unter den Amtsgenossen, wie Kraus und Schultz, nahmen ihm bisweilen einen Teil der Mühe ab; Kraus schreibt am 27. Dezember 1787 an Schütz in Jena: ,,Herr Kant wollte Sie selbst um diese Gefälligkeit bitten; ich nehme ihm aber, da er so viele andere Briefe zu schreiben hat, diese kleine Mühe ab." Oft wird er natürlich als beste Antwort auf unnütze Briefe — bei denen er obendrein manchmal noch teuere Portokosten für Nichtfrankatur hatte[1]) — das Schweigen vorgezogen

---

[1]) Unvermögende junge Leute, die ihn interessierten, wie J. S. Beck, bat er dagegen ausdrücklich, nicht zu frankieren. Zum Siegeln seiner Briefe benutzte er, wie bei dieser Gelegenheit bemerkt sein mag, seit 1766

haben; einmal (Dezember 1796) hat er auch das vier Druckseiten füllende, in gefühlvollen Redewendungen sich ergehende
und ihn um Leitung seiner ganzen Lebensführung anflehende
Schreiben eines Apothekergehilfen aus Lauban zu dessen Verwunderung mit den Worten, „es scheint mich nicht zu interessieren!" zurückgehen lassen; was den „unaussprechlich liebenden
Verehrer" nicht abhielt, ihm denselben Brief mit einer Nachschrift
nochmals zuzuschicken (SW. XII, S. 133).

Wo er dagegen philosophisches Verständnis und wirklichen
sachlichen Eifer wahrnahm, antwortete er nicht bloß angesehenen
Gelehrten, sondern auch weniger bekannten Laien, ja sogar unbekannten Anfängern gern und bald. Ja noch mehr: auch in
praktisch-sittlichen Fragen vergalt er, wo er Ehrlichkeit der Gesinnung und ernstes Streben nach dem Richtigen bemerkte, das
in ihn gesetzte Zutrauen mit Rat und unter Umständen auch mit
der Tat. In solchen Fällen betrachtete er sich, wie ein Menschenalter zuvor Gellert, als eine Art Beichtvater und suchte dem
Betreffenden, der von ihm Lösung theoretischer Zweifel oder
auch praktischer Gewissensskrupel erbat, nach Möglichkeit zu
helfen. So antwortete er dem wackeren Plücker aus Elberfeld
mit innerlicher Freude auf dessen religiös-sittliche Fragen, während er dem bekehrungssüchtigen Sektierer Collenbusch von ebendort keine Erwiderung zuteil werden ließ. So begleitete er den
jungen Hahnrieder, der sich, um denkbarste Unabhängigkeit von
anderen zu erreichen, anstatt eine sichere Beamtenlaufbahn einzuschlagen, seinen Lebensunterhalt durch eigener Hände Arbeit,
erst als Tischler, dann als Landmann zu erwerben suchte, jahrelang
mit seiner Teilnahme und seinem Rat. So ließ er sich von dem
auch in Goethes Lebensgeschichte („Harzreise') eine gewisse Rolle
spielenden Plessing dessen Herzens- und andere Erlebnisse in ellen-
langen Briefen vortragen und unterstützte ihn sogar mit Geld.

Doch wir haben es in diesem Kapitel nicht mit dem sachlichen I n h a l t von Kants Briefen zu tun. Diese und die an

---

ein Petschaft mit seinem eigenen, in Vaihingers Kantstudien I, 160 ab-
gebildeten W a p p e n , das eine über eine Mauer auf- (oder unter-?) gehende
Sonne und am oberen Rande drei Sterne darstellt.

ihn gerichteten Briefe sind vielmehr als wichtige Quelle für seine
Lebensgeschichte, seine persönliche und philosophische Entwicklung, seine Wirkung auf die Zeitgenossen an den verschiedensten
Stellen unserer Darstellung hinreichend verwertet worden. Wir
möchten deshalb aus dem reichen Stoffe der von Rudolf Reicke
gesammelten drei Bände des Briefwechsels nur noch e i n e n
Fall herausgreifen, der Kant selbst so merkwürdig erschien, daß
er vertrauten Bekannten, wie dem Prediger Borowski und der
Tochter seines Freundes Motherby, Mitteilung davon machte. Er
wird uns zugleich — eine in Kants Leben sonst nicht vorkommende Erscheinung — nicht nur einen tiefen Einblick in eine
leidenschaftliche junge Frauenseele, sondern auch in des Philosophen Beurteilung ihres Herzensromans tun lassen, überdies
auch ein bisher noch fast unbekanntes hübsches Kulturbild von
der Fernwirkung der Kantischen Philosophie bis tief in Österreichs Alpen hinein vor Augen führen.

Einer der ersten von den wenigen, die sich in dem damals
geistig noch recht rückständigen Österreich (vgl. Kap. 6) für die
kritische Philosophie und zwar leidenschaftlich interessierten, war
der im gleichen Jahre wie Schiller geborene Freiherr F r a n z
P a u l   v o n   H e r b e r t in Klagenfurt. Einer kinderreichen,
von Maria Theresia 1767 in den Freiherrnstand erhobenen Kärntener Fabrikantenfamilie entstammend, hatte er als 20 jähriger
mit seinem Sozius Söllner die väterliche Bleiweißfabrik übernommen, in ihr ein verbessertes Verfahren eingeführt und 1785
geheiratet. Im Sommer 1789 aber reiste er, von einem unbe-
zwinglichen philosophischen Drange getrieben, nach Weimar zu
Wieland und von da nach Jena zu Reinhold; ja im Herbst 1790
verließ er auf ein halbes Jahr Weib, Kind und Geschäft, um
in Jena unter Reinhold Kantische Philosophie zu studieren, und
verkehrte in dortigen Professorenkreisen, so auch mit Schiller.
Im Frühjahr 1791 nach Kärnten heimgekehrt, verpflanzte er die
neugewonnenen Anschauungen in seinen Kreis. Der junge Forberg,
bekanntlich später Fichtes radikalster Schüler, schildert in einem
Brief vom 14. Mai 1791 seinem Meister (Reinhold) das Herbertsche Haus begeistert als ein neues Athen: ,,Männer, Jünglinge,

Frauen und Mädchen — kurz alles huldigt der Philosophie! Alle sind bis zum Enthusiasmus für sie eingenommen, und zwar aus den edelsten Beweggründen, aus dem Bedürfnis einer besseren Religion. Ich bin stolz darauf, in diesem Zirkel vortrefflicher Menschen zu sein, wo Musen und Grazien in harmonischem Bunde leben, und wo eine Natürlichkeit und Ungezwungenheit herrscht, die mich immer an das goldene Zeitalter erinnert." Er konnte sich denn auch erst im September von diesem Hause, das „vielleicht in ganz Deutschland wenige seinesgleichen finde", trennen, dem „lebendigsten Beweis für den wohltätigen Einfluß, welchen die kritische Philosophie nicht bloß auf den Kopf, sondern hauptsächlich auch auf das Herz ihrer Verehrer äußert". Die Frömmigkeit freilich sei daraus verbannt; sie habe der Sittlichkeit Platz gemacht, „welcher alle in Worten und Handlungen mit Ehrfurcht huldigen".

Zu den „Grazien" dieses „vortrefflichen Zirkels" gehörte nun auch die am 6. September 1769 geborene Schwester Franz Pauls, M a r i a v o n H e r b e r t , im Familienkreise Mizza genannt. Die eher sanften und lieblichen Züge des anmutigen Gesichts ließen die leidenschaftliche Seele nicht ahnen, die in ihr wohnte und sie noch im Sommer des gleichen Jahres 1791 zu einem verzweifelten Brief an — Kant trieb. Offenbar eine eigenartige, temperamentvolle Natur, hatte sie, „eine idealische Liebe zu realisieren," wie Erhard (17. Jan. 93) an Kant schrieb, sich einem Menschen in die Arme geworfen, der ihr Vertrauen mißbrauchte, und dann, als sie einen zweiten, noch leidenschaftlicher geliebten gefunden, diesem aus Angst, seine Liebe zu verlieren, ihre Verfehlung längere Zeit nicht zu gestehen gewagt. Als sie es schließlich, um vollkommen aufrichtig gegen den Geliebten zu sein, doch getan, hatte sich dessen Liebe abgekühlt und in bloße Freundschaft verwandelt. In dieser Stimmung schrieb die noch nicht 22jährige, wohl veranlaßt durch ihres Bruders und Forbergs Kantbegeisterung, an den Königsberger Denker Ende Juli oder Anfang August 1791 einen leidenschaftlich erregten Brief[1]). Er

---

[1]) Wir verwandeln, ohne im übrigen ihre naturwüchsige Sprache zu ändern, bloß die den meisten Damenbriefen der Zeit eigene fürchterliche

beginnt mit den Worten: ,,Großer Kant. Zu Dir rufe ich wie
ein Gläubiger zu seinem Gott um Hilf, um Trost oder um Bescheid zum Tod." Sie schildert sodann ihren zweiten Geliebten
als ,,einen Gegenstand, der in meiner Anschauung alles in sich
faßte, so daß ich nur vor ihn bebte, . . . alles andere schien mir
ein Tand, und alle Menschen waren vor mich . . . wie ein Ge-
wasch ohne Inhalt." Ihr Herz springe ,,in tausend Stück", und
sie hätte ihrem Leben schon ein Ende gemacht, wenn sie nicht
Kants Schriften, besonders seine Metaphysik der Sitten (gemeint
ist offenbar die ,Grundlegung' von 1785), gelesen, und daraus
den Schluß gezogen hätte, daß sie ihr ,,quälendes" Leben erhalten
müsse. Aber ihre Vernunft verlasse sie gerade, wo sie sie am
nötigsten brauche, und so beschwöre sie ihn, ihr ,,Trost oder
Verdammung" zu spenden, ,,oder Du kannst nach Deinem auf-
gesetzten Imperativ selbst nicht handeln!"

Kant fühlte sich durch den Wahrheitston des herzzerrissenen
Schreibens, das ihm über den Weg von Reinhold durch den
gerade in Königsberg befindlichen Erhard zuging, augenscheinlich mehr als gewöhnlich bewegt; er gab es Borowski mit der
Bemerkung zu lesen, daß ihn dies Schreiben doch ,,vor vielen
anderen" interessiert habe, weil ,,von Wahrheit und Zuverlässigkeit darin die Rede wäre". Von seiner hochinteressanten Antwort
ist erst vor etwa anderthalb Jahrzehnten der Entwurf von A.
Warda in Scheffners Nachlaß gefunden und im 37. Band der
Altpreußischen Monatsschrift veröffentlicht worden. Ob dieselbe
erst im folgenden Frühjahr abgesandt worden ist, wie Warda und
mit ihm die Akademie-Ausgabe vermuten? Uns dünkt es wahrscheinlicher, daß der Philosoph nicht solange gewartet hat.

Er teilt sie, ,,wie es in Predigten gehalten zu werden pflegt",
ein in: Lehre, Strafe und Trost. Die L e h r e ist deshalb von
besonderem Interesse für uns, weil sie seine Ansichten über
Freundschaft, Liebe und Ehe in helles Licht setzt. Wahre Liebe,

---

deutsche Rechtschreibung in die heute übliche. Auf die Wiedergabe der
mir durch Herrn Bibliothekar Dr. Max Ortner (Klagenfurt) zugegangenen
Porträts von Maria und Franz Paul von Herbert mußte leider verzichtet
werden.

sei es eheliche oder ein Liebesverhältnis zwischen Unverheirateten, setze gleiche gegenseitige Achtung voraus; ohne diese ist sie bloß eine „sehr wandelbare sinnliche Täuschung". Eine solche Liebe aber verlangt vollste, rückhaltlose „Herzensmitteilung", die durch keinerlei mißtrauische Zurückhaltung geschwächt ist. Freilich liege ein Mangel an v o l l s t e r Offenherzigkeit, welche die Freundschaft zum Süßesten auf Erden machen würde, in der menschlichen Natur und bedeute daher noch keine Schwäche des Charakters. Anders die Unaufrichtigkeit, zumal wenn sie zur Lüge wird. — Und nun die „S t r a f e". Bereue sie ihre jetzige Offenherzigkeit dem Freunde gegenüber nur um der unglücklichen Folgen willen, so habe sie kein moralisches Motiv. Entspringe dagegen ihre gegenwärtige Reue dem Bewußtsein, nicht recht ge- handelt zu haben, so wolle er ihr Gewissen keineswegs erleichtern; denn als der „moralische Arzt" ihrer Seele, den sie verlange, dürfe er ihr nicht schmeicheln. Anderseits aber sei es auch töricht, „über jener Reue zu brüten" und, „nachdem man schon eine andere Denkungsart eingeschlagen, sich durch die fortdauernden Vorwürfe . . . für das Leben unnütze zu machen". — Solche „Umwandlung der Denkungsart" aber, damit geht die „Strafe" in den „T r o s t" über, würde auch ihren „geliebten Freund" nach einiger Zeit mit verstärkter Liebe zu ihr zurückführen; oder seine Zuneigung war flüchtiger Natur und „mehr physisch als moralisch", sie würde in diesem Fall ohnehin mit der Zeit von selbst geschwunden sein: ein „Unglück", wie unser Philosoph resigniert meint, „dergleichen uns im Leben mancherlei aufstößt, und wobei man sich mit Gelassenheit finden muß". Denn, und damit tritt wieder einmal der innerste Kern von Kants Ethik zutage: Der Wert des Lebens wird, sofern er im G e n i e ß e n des Guten besteht, von dem Menschen überhaupt viel zu hoch angeschlagen; „sofern es aber nach dem geschätzt wird, was wir Gutes t u n können", sollen wir es sorgfältig erhalten und „fröh- lich zu guten Zwecken gebrauchen".

Wie wichtig Kant seine Antwort war, geht daraus hervor, daß er sich vorher einen genauen Entwurf gemacht, in dem viele Verbesserungen des Ausdrucks vorkommen, wie seine erste Ver-

öffentlichung (a. a. O., S. 92—97) beweist; auch daraus, daß er
am 21. Dezember des Jahres 1792 bei Erhard anfragt, „wie Fräulein Herbert durch meinen Brief erbaut worden". Dieser, der
vertrauteste Freund ihres Bruders, hatte indes ihr Mißfallen dadurch erregt, daß er bei Freunden in Wien sich über „einige
mir erzählte Schritte von ihr" aus „bloßer" Weltklugheit, ohne
Gefühl für das bloß „individuell Richtige und Wahre" ausgesprochen hatte. Als er vom Dezember 1791 bis Frühjahr 1792
im Hause Franz Pauls in Klagenfurt weilte, wollte sie ihn nicht
sprechen (Erhard an Kant, 17. Jan. 93). „Herberts Schwester
kenne ich noch nicht, sie kommt nicht zu ihrem Bruder." So
hielt er nur den anderen „Frauenzimmern" (zwei Fräulein von
Dreer) Vorlesungen über Schillers ‚Künstler' und unterhielt sich,
außer mit Herbert selbst, über Kantische Philosophie sehr wenig
(E. an Reinhold, 1. März 92). Er meinte später gegen Kant,
durch zarteres Benehmen ihres Bruders wäre Maria noch zu retten.
So aber sei ihr moralisches Gefühl „mit der Weltklugheit völlig
entzweit", dafür „mit der feineren Sinnlichkeit der Phantasie
im Bündnis" (E. an Kant, 17. Jan. 93).

Ungefähr zur selben Zeit, Anfang 1793, schrieb Maria einen
zweiten, viel ausführlicheren, aber auch viel ruhigeren Brief an
den Königsberger Weisen, den sie diesmal nur mit „Lieber, ehren-
werter Herr" anredet. Sie dankt ihm für seinen ihrem „Gemüte
angemessenen" Rat; die bewiesene Güte und Herzenskenntnis
ermuntere sie dazu, ihm auch „den ferneren Gang meiner Seele
zu schildern". Der „Freind", dem sie einen geraden Charakter,
gutes Herz, tiefen Verstand und mehr Weltschick als sich selbst
nachsagt, habe in der Tat zunächst Kaltsinn, dann freilich „innigste
Freundschaft", jedoch nicht Liebe gezeigt. Dadurch fühle sie
sich zwar beglückt, aber doch nicht zufrieden. Sie fühlt vielmehr
eine „innere Leere" in sich, bei der nichts mehr Reiz für sie hat.
Das ist nicht blasiert oder gar frivol, wie Sintenis (in der Altpreuß.
Monatsschrift) meinte, sondern entspricht gerade tiefstem Gefühl.
Außerdem aber taucht, wie Max Ortner (in einem mir dankens-
werterweise zur Verfügung gestellten, noch nicht veröffentlichten
Manuskripte) sagt, in dieser Seele zuerst die moderne Frauenfrage

auf. Sie, die vielleicht gerade durch die Lektüre Kants zu einer ernsteren Lebensauffassung gekommen war, kommt sich selbst „fast überflüssig" vor, keine einzige Sache erscheint ihr „der Mühe wert, daß sie getan werde", ihr ist, als ob sie „den Trieb zur reellen Tätigkeit, nur um ihn zu ersticken, in sich fühlte". Da sie, durch nichts zu ständiger Arbeit genötigt, den ganzen Tag nichts zu tun hat, so quält sie eine Langeweile, die ihr das Leben unerträglich macht, obwohl sie noch jung ist. Die Naturwissenschaften interessieren sie nicht, weil sie „kein Genie in sich fühlt, sie zu erweitern", sondern nur sittliche Fragen, obschon sie mit ihnen auch „längst fertig" ist. Die Pflichten der Moral auszuüben, falle ihr nicht schwer, denn es koste sie fast keine Überwindung mehr, ihrer Sinnlichkeit zu widerstehen; ihr moralisches Gefühl komme ihr ganz „instinkartig" an, so daß sie sich gar kein Verdienst darum zuschreibt. Ist dies schon echt frauenhaft gedacht, so noch mehr der gegen Schluß des langen Schreibens geäußerte Wunsch: Kant möge in einer etwaigen nochmaligen Antwort doch mehr das I n d i v i d u e l l e als das Allgemeine berücksichtigen; letzteres könne sie schon seinen Werken entnehmen, die sie an der Seite ihres Freundes fühle und verstehe. Vielleicht komme sie in etlichen Jahren nach Königsberg: „dann müssen Sie mir Ihre Geschichte sagen, . . . zu welcher Lebensweise Ihre Philosophie Sie führte, und ob es Ihnen auch nicht der Mühe wert war, sich ein Weib zu nehmen oder sich irgendwem von ganzem Herzen zu widmen noch ihr Ebenbild fortzupflanzen." Aus seinem (bei Bause in Leipzig erschienenen) Porträt lese sie mehr „moralisch r u h i g e n" und „t i e f e n" als S c h a r f sinn heraus, den doch die Kritik der reinen Vernunft verrate; auch ist sie unzufrieden, daß sie ihn nicht „ins mitte Gesicht" sehen kann. Mit der Mahnung, auf seine Gesundheit zu achten, und dem nochmaligen Ausdruck der Dankbarkeit für das „was Sie an uns getan", schließt der die Gefühle der Schreiberin offenherzig widerspiegelnde Brief.

Das dritte und letzte uns erhaltene Schreiben Marias an Kant, ein Jahr später (Anfang 1794) abgefaßt, dankt ihm für die ‚Religion innerhalb usw.' im Namen aller derer, „die sich von

denen so vielfach verstrickten Fesseln der Finsternis losgerissen
haben", und berichtet dann über die „ferneren Fortschritte meiner
Stimmung und Gesinnung". Sie habe früher ihrer widrigen
Schicksale halber Gott angeklagt und sei häufig dem Selbstmord
nahe gewesen, jetzt aber gesundet durch — seine Antinomien-
lehre in Verbindung mit einem festen moralischen Gefühl. Zwar
für sich selbst sehe sie den Tod als das Angenehmste an, aber
um der Moralität und der Freunde willen müsse der reine Mensch
sein Leben zu erhalten suchen. Noch immer plant sie, dereinst
in Begleitung ihres Freundes, von dem sie schon lange getrennt
sei, den Philosophen zu besuchen.

Dieser hat ihr auf die beiden letzten Briefe nicht mehr geantwortet: wohl nicht bloß deshalb, weil, wie sie selbst in ihrem
letzten Schreiben annimmt, „Sie's vermutlich besser verstanden
als ich, daß mir durch Ihre Werke der Weg schon gebahnt ist,
selbst darauf zu stoßen", sondern auch, weil er ihr nichts Neues
und vor allem nichts „Individuelles", d. h. ihr innerstes Sehnen
Befriedigendes zu sagen vermochte. Seine uns bekannte Auffassung vom weiblichen Geschlechte und seine Verstandeskühle
mußten ihm Maria, zumal nach Erhards (s. oben) Charakteristik,
als phantastische Schwärmerin erscheinen lassen. So ist es wohl
auch zu erklären, daß er die beiden ersten Briefe Marias samt
dem erklärenden Schreiben Erhards nach dem Eintreffen des
letzteren der Tochter seines Freundes Motherby mit dem Bemerken zuschickte, daß die Briefe der „kleinen Schwärmerin"
mit ihren „seltsamen Geistesanwandlungen" ihr als ein „Beispiel der Warnung vor solchen Verirrungen einer sublimierten
Phantasie" dienen möchten, die allerdings das „Glück Ihrer Erziehung" bei ihr wohl entbehrlich mache (an Elisabeth M., 11. Febr.
1793). Von den eben zu jener Zeit hervortretenden ersten frauen-
rechtlerischen Bestrebungen — wir erinnern an Mary Wollstone-
crafts Vindication of the rigths of women (deutsch von Salz-
mann, 1792) und Hippels gleichzeitige Schrift ‚Über die bürgerliche Verbesserung der Weiber' — war er kein Freund. Auch
der von Schiller geschätzten Weimarer Dichterin Sophie Mereau
(geb. 1770 oder 1773, † 1806), die hoch zu Roß die Wälder

Thüringens durchstreifte und nach der Scheidung von ihrem
Manne später den Romantiker Clemens von Brentano heiratete,
scheint er auf ihre briefliche Bitte um Mitarbeit an einem von ihr
Ende 1795 geplanten, übrigens erst 1801 zustande gekommenen
Journal nicht geantwortet zu haben.

Das weitere Schicksal des leidenschaftlichen Kärntener Edel-
fräuleins war tragischer Art. Ein tiefer Zug zur Melancholie
muß in der Herbertschen Familie gelegen haben. Sie steigerte
sich im Jahre 1800 zunächst bei Franz Paul zu starker seelischer
Apathie, so daß die Schwester am 1. November d. J. einen verzweifelten Brief an Erhard schrieb: „Seine Seele ist aus den
Angeln gehoben . . . weder seine Kinder noch sonst ein Mensch
vermag etwas über ihn.“ Aber während sein Zustand sich dann
gebessert zu haben scheint, sollte ein ähnlicher bald sie selbst
erfassen. Am 23. Mai 1803 suchte sie, nachdem sie vorher alle
ihre Angelegenheiten geordnet und noch am selben Tage Bekannten ein Frühstück gegeben, bei dem sie ganz munter und aufgeräumt erschienen war, freiwillig den Tod in den Wellen der
Donau. Sie ging, wie ihr Bruder sich in einem Briefe an Erhard
ausdrückt, „als Heldin aus der Welt, weil sie ihr Schicksal nicht
ertragen konnte“. Auch ihr Bruder, welcher übrigens gegenüber
Fichte und seinen Nachfolgern an der Kantischen Philosophie
festhielt, ist nach acht Jahren denselben Weg gegangen. Zur Verzweiflung gebracht durch seine nicht aufhörenden körperlichen
Leiden, machte er am 13. März 1811 zu Triest seinem Leben
durch Erschießen ein Ende.

Viertes Buch

Der alte Kant

Erstes Kapitel

Kants Körper. Beginnendes Alter. —
Die Reaktion in Preußen

Wir haben uns bisher nur ganz gelegentlich mit Kants Äußerem und seinem K ö r p e r beschäftigt. Suchen wir denn, ehe wir ihn in seine Altersjahre begleiten, zunächst ein Bild seiner körperlichen Umstände zu gewinnen.

Kant wird zwar von Borowski als ein Mann „von mittlerer Größe nur" bezeichnet, maß aber nach eines genaueren Beobachters (Jachmann) Zeugnis „kaum fünf Fuß". Der im Verhältnis zur ganzen Gestalt große Kopf trug eine hohe, heitere Stirn unter blonden Haaren, die freilich nach der Mode der Zeit von einer Perücke mit dem Haarbeutel verdeckt waren. Daß sie auch noch bei seinem Tode fast ganz blond waren, zeigt der im Essener Stadtmuseum aufbewahrte Haarring, der aus dem Nachlaß Wasianskis stammt, also echt sein wird. Seine Gesichtsfarbe war frisch, die Wangen zeigten bis ins Alter eine gesunde Röte. Gegenüber Schnorr von Carolsfeld, der ihn 1789 zeichnete, behauptete er, seine eine Gesichtshälfte sei magerer als die andere, was er von dem beständigen Schlafen auf der einen Körperseite bei offenem Fenster herleitete; auf seinen Bildern ist nichts davon zu bemerken, auch ist es keinem sonstigen Beobachter aufgefallen. Die Gesichtszüge waren fein, die Haut hell und so zart, daß man deutlich die Adern der Schläfen durchschimmern sah. Das Schönste in seinem Antlitz aber waren seine, wenn auch nicht besonders großen, hellblauen Augen mit ihrem meist sanften, oft jedoch auch im Feuer des Geistes tief aufleuchtenden Blick und stets kindlich-offenem Ausdruck. Unter der feinen Nase ein freundlich beweglicher Mund, dessen Unterlippe ein

wenig vorsprang; wie denn überhaupt der untere Teil des Gesichts, trotz des schmalen Kinns, einigen Beobachtern zufolge
eine gewisse Sinnlichkeit verraten haben soll, die man dem reinen
Denker nicht zutraut. Seine äußeren Sinne waren von erfreu-
licher Schärfe. Er besaß ein gutes Gehör, eine noch feinere Zunge,
einen scharfen Geruchssinn, und seine Augen, die beide mindestens in der Nähe scharf sahen (bis eins davon in seinen späteren
Jahren die Sehkraft verlor), bedurften bis in sein höchstes Alter
keiner Brille.

Magerer und trockener von Körper als unser Philosoph soll
nach den übereinstimmenden Berichten derer, die ihn genau
kannten, kaum ein Mensch jemals gewesen sein. Sein äußerst
zarter Knochen- und Muskelbau konnte kaum die Kleider festhalten, dabei waren seine Nerven so empfindlich, daß ein frisch
und feucht aus der Presse kommendes Zeitungsblatt einen
Schnupfen bei ihm hervorzurufen imstande war (Jachmann).
Daß seine rechte Schulter etwas höher war als die linke, war wohl,
wie bei manchen Gelehrten, durch sein zu vieles Sitzen am Schreibtisch verursacht. Er scherzte gelegentlich selbst darüber; so auch
über seine dünnen Waden; er trage, sagte er einmal, keine
schwarzen Strümpfe, weil jene in diesen noch dünner erscheinen
würden. Sein Magen war stark. Die sehr flache, ja fast einwärts
gebogene Brust hatte er, wie er meinte, von der Mutter geerbt.
Trotz dieser schwachen Brust und der dadurch eingedämmten
Lunge konnte er seine Stimme, wenn sie auch für gewöhnlich
nicht laut war, doch ziemlich stark erheben.

Seines zarten Körpers ungeachtet, ist Immanuel Kant bis
zu seinem 70. Lebensjahr, ja darüber hinaus niemals eigentlich
krank[1]), d. h. bettlägerig gewesen; wie wir schon wissen, hat er

---

[1]) Gegenüber Wasianski wußte er sich nur eines einzigen Krank-
heits a n f a l l s aus seinen „frühesten akademischen", d. h. ersten Magisterjahren, zu erinnern, nämlich eines „kalten Fiebers", das er sich aber durch
einen weiten Spaziergang, zum Brandenburger Tor hinaus und zum Fried-
ländischen wieder hinein, vertrieben hatte. In seinem Handexemplar
hat Wasianski (S. 134 f.) handschriftlich noch den Schluß von Kants Erzählung hinzugefügt: „Fast zum Niedersinken ermattet, kam er fast ver-
schmachtet ins Friedländische Tor, setzte sich auf eine Bank an der Akzise

ja auch, mit einer einzigen Ausnahme, nie eine seiner Colleg-
stunden versäumt. Das will jedoch keineswegs besagen, daß er
sich etwa einer eisenfesten Gesundheit erfreut hätte. Zahlreiche
Selbstzeugnisse, mindestens aus der zweiten Hälfte seines Lebens,
beweisen das zur Genüge. So spricht er schon am 9. Mai 1767
gegen Herder von seiner „stets wandelbaren Gesundheit". Die
Ablehnung der Erlanger Professur im Jahre 1769 begründet er
mit seiner „schwächlichen Leibesbeschaffenheit". Während der
geistig besonders angestrengten Zeit des folgenden Jahrzehnts
werden diese Klagen in seinen Briefen, natürlich nur vertrauteren
Bekannten, wie dem medizinischen Freunde Marcus Herz gegenüber, immer häufiger. In dem uns schon bekannten bedeutsamen
Schreiben aus dem April 1778 (s. 2. Buch, Kap. 7) faßt er seinen
körperlichen Zustand einmal in das bezeichnende Wort: „auf
schwächliche Art gesund" zusammen. Eine halbe Seite vorher
gebraucht er die ähnliche Wendung: „mein launischer, doch
niemals kranker Körper"; wobei er aber unter „Gesundheit"
ein „sehr eingeschränktes Wohlbefinden, wobei der größte Teil
der Menschen sehr klagen würde", versteht (an Herz, 28. Aug. 78).
Zu Anfang der 80er Jahre, nach Vollendung des ersten großen
Werks, vernehmen wir weniger Klagen aus seinem Munde. Immerhin schildert er am 16. August 1783 dem freilich viel kränklicheren
Mendelssohn den eigenen Zustand fast genau mit den Worten
wie oben: er habe „immer mit Unpäßlichkeit zu kämpfen, ohne
doch jemals krank zu sein": wie er auch zu einer nicht genauer
bestimmten Zeit in Borowskis Gegenwart einmal einer Dame,
die sich nach seinem Befinden erkundigte, erklärte, daß er „eigentlich nie gesund und nie krank sei".

Fragen wir nach dem eigentlichen Grunde dieser ihn beinahe
nie verlassenden und zwar nicht seines Lebensmutes und seiner
inneren Heiterkeit beraubenden, indes doch oft genug an angestrengter Geistesarbeit hindernden „Unpäßlichkeit", so war es,
abgesehen von seinem zarten Körperbau überhaupt, in der Haupt-

---

und bat eine Frau um ein Glas Wasser. Er vergaß in den späteren Jahren
seines Lebens diese Gefälligkeit nicht und hielt das Glas Wasser für das
größte Labsal, das er jemals genossen."

sache doch wohl die bei Leuten von sitzender Lebensweise, zumal bei Gelehrten, häufig sich einstellende „Gelehrtenkrankheit", die mit chronischen Magenbeschwerden, namentlich Verstopfung, und infolgedessen eingenommenem — er sagt einmal: „benebeltem" — Kopfe verbunden ist. Daneben bezeichnete der ältere Kant Bekannten als ein Gefühl, das ihn nie verließe, „ein Drücken unter der Brust, auf dem Magenmunde" oder „Blähungen" in dem letzteren. So hat er im Grunde sein Leben lang mehr oder weniger mit seiner schwächlichen Konstitution zu kämpfen gehabt. Durch welche Mittel gelang es ihm nun, in diesem Kampfe obzusiegen, d. h. die Heiterkeit seiner Seele zu behaupten, und auch ein hohes Alter zu erreichen?

Von Arzneien hielt er im ganzen wenig. Sein Grundsatz war, in erster Linie der N a t u r zu vertrauen „und nur, wenn sie ihren Beistand versagt, zu Mitteln der Kunst Zuflucht zu nehmen" (an Herz, April 78). Ja, er erklärt gelegentlich „Medizin ohne Unterschied" wegen seiner empfindlichen Nerven als „ein Gift vor mich". Daß das jedoch cum grano salis zu nehmen ist, beweist die unmittelbare Fortsetzung der letzten Stelle, worin er dem medizinischen Freunde gegen Ende 1773 mitteilt: er nehme zuweilen, wenn ihn vormittags die Magensäure plage, einen halben Teelöffel Fieberrinde mit Wasser. Den täglichen Gebrauch des Chinins dagegen, den er sich — Rink zufolge auf Anraten seines Freundes Green — einige Jahre zuvor eine Zeitlang angewöhnt, hatte er wieder aufgegeben, nachdem er ein zeitweises Aussetzen des Pulses als Folge desselben verspürt hatte. Im Sommer 1777 und auch noch einmal in seinem Greisenalter ließ er sich ferner von seinem alten Schulfreunde Dr. Trummer in Königsberg Abführpillen verschreiben, deren Rezept Rink noch unter seinen Papieren vorfand, und die er noch in seinem 78. Lebensjahre nahm, obwohl er früher (an Herz, April 1778) „Laxative" als „meine Konstitution sehr angreifend" bezeichnet hatte. Nach Jachmann brauchte er sie gegen jene „Blähungen im Magenmund" seit vielen Jahren „dann und wann", zuletzt täglich eine bis zwei. Daß er in diesen Kleinigkeiten des Lebens sich auch einmal selbst zu widersprechen den Mut hatte, daß er „alles, was in der Apotheke verkauft,

gekauft und gegeben wird", für „Gift" erklärte und dabei doch
seine Tischfreunde „mit ängstlicher Sorgfalt" bat, ihn an das
Einnehmen der Trummerschen Pillen nach genossener Mahlzeit
ja zu erinnern, zeigt eben, daß er nicht der ausgeklügelte Pedant
war, als den manche ihn zu betrachten pflegen.

Mit Ausnahme von Herz und Trummer, bei denen die Gelegenheit es gab, hat er wohl nur selten Ärzte konsultiert. Einmal fragt er Herz über ein Flechtenleiden seines Jugendfreundes
Heilsberg, das er übrigens nach dem Urteil eines anderen Fach-
manns „meisterhaft" beschreibt, um Rat. Noch weniger hat er
berühmte auswärtige Größen, wie Herz ihm einmal riet, befragt,
oder gar, wie Goethe und selbst Schiller, mehr oder minder kost-
spielige Badereisen gemacht. Wenn er mit bekannten medizinischen Gelehrten wie Hufeland in Weimar oder Sömmerring in
Frankfurt in Briefwechsel stand, so handelte es sich um allgemeine
Interessen oder wissenschaftliche Probleme. Mit Ärzten verkehrte
er allerdings im allgemeinen lieber als mit seinen Kollegen von der
theologischen und juristischen Fakultät, zumal wenn sie sich in
der Welt umgesehen, mannigfache Kenntnisse mitgebracht und
als jüngere Leute einen freieren Blick und Empfänglichkeit für
neue Ideen bewahrt hatten: so mit Dr. William Motherby, J. B.
Jachmann, Laubmeyer, Reusch jr., Elsner u. a. Mit verschiedenen
Gelehrten korrespondierte er 1782 über den Entstehungsort der
„Influenza-Epidemie". Neue Methoden, wie die Brownsche, verfolgte er noch in seinem Alter mit regster Teilnahme und erhoffte von den ungeahnten Fortschritten der Chemie zu dieser
Zeit (vgl. Buch III, Kap. 4) auch für die Arzneikunde großen
Nutzen. Noch im Jahre 1800 hat sich der 76 jährige Auszüge
aus einer Schrift Reichs über das Fieber gemacht (Ak.-Ausg. XV,
917), wie schon früher aus Hufelands Makrobiotik für seine Schrift
‚Von der Macht des Gemüts' oder aus Gaubius ‚De regimine
mentis, quod medicorum est' für seine Rektoratsrede von 1786
bzw. 1788.

Mit einzelnen Neuerungen freilich, wie der Kuhpocken-
impfung, vermochte er sich nicht zu befreunden. Er fürchtete
von ihr nicht bloß, wie ja heute noch manche ihrer Gegner, An-

steckung mit tierischem Miasma, sondern meinte sogar, daß die Menschheit durch sie „sich zu sehr mit der Tierheit familiarisiere und der ersteren eine Art von Brutalität im physischen Sinne eingeimpft werden könne" (Wasianski, S. 43, vgl. auch Tugendlehre, § 6). Einige merkwürdige Idiosynkrasien seiner Altersjahre werden gelegentlich noch zu erwähnen sein.

Wie die meisten für sich allein lebenden Junggesellen (beiderlei Geschlechts!) sprach er, wenigstens in seinen späteren Jahren, gern von seinem Körper. Er „rezensierte sehr oft seine körperliche Beschaffenheit, er teilte seinen Freunden jedes körperliche Gefühl und jede Veränderung mit, die sich mit seinem Körper zutrug" (Jachmann, S. 157). Nach dem alten Grundsatze ,Naturalia non sunt turpia' redete er über natürliche Dinge so offenherzig, daß es sogar dem gewiß nicht prüden Hamann auffiel: „sogar von seiner Verdauung unterhält unser lieber Kritiker des Morgens seine Besucher, auch selbst der Gräfin Keyserling vor der Tafel nicht ermangelt (sc. er darüber) zu referieren" (H. an Jacobi, Mai 86).

Im übrigen waren seine gesundheitlichen Grundsätze durchaus verständig. Die „Diätetik", d. h. die Kunst, durch zweckmäßige Lebensweise Krankheiten vorzubeugen, hielt er mit Recht höher als die „Therapeutik", d. i. die Kunst, sie erst nachträglich zu heilen. Was er in seiner bekannten Abhandlung ,Von der Macht des Gemüts usw.' (1798) von allgemeinen Ratschlägen gibt, wird noch heute jeder Verständige, ob Arzt oder Laie, mehr oder weniger unterschreiben. Über Einzelheiten, wie das Kalthalten von Kopf und Füßen, über die Frage, ob Ehestand oder Junggesellentum bekömmlicher, u. a. m., kann man gewiß mit ihm rechten. Aber sein energisches Auftreten gegen Hypochondrie und eingebildete Krankheiten, gegen Langschläferei („das Bett ist ein Nest von Krankheiten"), gegen weichliche Verzärtelung und Verwöhnung des Körpers, selbst im Alter, seine Denkdiät, die wir in Buch III, Kap. 9 schon kennen lernten, seine Empfehlung einer regelmäßigen Lebensweise und so mancher andere gute Rat verdient durchaus Anerkennung und hat gewiß mehr als einem Leser geholfen. Auch, was er von allerlei Einzelmitteln,

als an sich selbst erprobt, angibt, wie Regeln über das Atemholen[1]), Essen und Trinken, Vertreiben der Schlaflosigkeit usw.,
ist der Beachtung wert.

Bei dieser Gelegenheit seien auch einige Mitteilungen über die
S p e i s e n und Getränke, die er bevorzugte, gestattet. Wie wir
bereits wissen, beschränkte er in späteren Jahren sein Essen so
gut wie ganz auf die Mittagsmahlzeit. Über diese berichtet am
ausführlichsten und zusammenhängendsten sein früherer Schüler
Jachmann (S. 166—170). „Kant aß nur einmal im Tage, und
zwar zu Mittage, aber mit einem sehr starken Appetit. Den
ganzen übrigen Tag genoß er nicht das Mindeste außer Wasser.
Sein Tisch bestand aus drei Schüsseln, nebst einem Beisatz von
Butter und Käse, und im Sommer noch von Gartenfrüchten.
Die erste Schüssel enthielt jederzeit eine Fleisch-, größtenteils
Kalbssuppe mit Reis, Graupen oder Haarnudeln. Er hatte die
Gewohnheit, auf seinem Teller noch Semmel zur Suppe zu schneiden, um sie dadurch desto bündiger zu machen. In der zweiten
Schüssel wechselten trockenes Obst mit verschiedenen Beisätzen,
durchgeschlagene Hülsenfrüchte und Fische miteinander ab. In
der dritten folgte ein Braten; ich erinnere mich aber nicht, jemals Wildpret bei ihm gegessen zu haben. Des Senfs bediente
er sich fast zu jeder Speise... Butter und Käse machten für ihn
noch einen wesentlichen Nachtisch aus. . . . Er aß ein feines,
zweimal gebackenes Roggenbrot, das sehr wohlschmeckend war.
Der Käse wurde öfters fein gerieben auf den Tisch gesetzt. . . .
Bei großen Gesellschaften kam noch eine Schüssel und ein Beisatz
von Kuchen hinzu. Die Lieblingsspeise Kants war Kabljau. Er
versicherte mich eines Tags, als er schon völlig gesättigt war,
daß er noch mit vielem Appetit einen tiefen Teller mit Kabljau
zu sich nehmen könnte." Man sieht, unser Philosoph, an das gute
Essen in feinen Gasthäusern gewöhnt, verschmähte auch in seinem
Hause eine gute und reichliche Tafel nicht, deren einzelne Gänge
er selbst anordnete; indes wenn er auch auf gute Zubereitung
und deshalb eine geübte Köchin sah, mochte er doch am liebsten

---

[1]) Die er auch in seinen Vorlesungen empfahl (vgl. Nachlaß XV,
Nr. 1533).

„eine gute Hausmannskost ohne alle Delikatessen". Zu seinen
Leibgerichten gehörten vielmehr Pastinakmöhren mit geräucher-
tem Speck, dicke Erbsen („der muß ja ein Ochs sein, dem das
Gericht nicht schmeckt", erklärte er noch bei seiner letzten
Geburtstagsfeier 1803) mit Schweinsklauen, Teltower Rüben, die
ihm sein Schüler Kiesewetter aus Berlin, und Göttinger Würste,
mit denen ihn von der Leinestadt her sein früherer Famulus
Lehmann sowie der Buchhändler Nicolovius versorgten.

Weniger derb war sein Geschmack in G e t r ä n k e n. Er
war z. B. ein abgesagter Feind des Biers, schon wegen seiner
allzu nährenden Bestandteile, durch die man sich den Appetit
zum Essen verderbe (das Biertrinken sei deshalb ein Essen!);
ja er erklärte es später sogar, ähnlich wie den Kaffee ohne Milch,
für ein langsam tötendes Gift und den Quell aller möglichen
Krankheiten. Dagegen war er ein Liebhaber und Kenner feiner
Weine. Bei Tische trank er in der Regel eine Viertelflasche französischen Rotwein (Medoc), indem er jedesmal nur soviel in sein
Glas goß, als er austrank[1]). Doch wechselte er auch zuweilen
mit Weißwein (Rhein- oder Steinwein) ab, den er sich z. B.
durch den aus Süddeutschland hergezogenen Großhändler Abegg
(Bruder des von uns mehrfach erwähnten Theologen, der ihn 1798
besuchte) kommen ließ. Für seine Gäste stand gewöhnlich Weiß-
wie Rotwein auf dem Tische; für besondere Fälle hatte er sogar
Champagner in seinem Keller.

Auch aus seinen Eß- und Trinkgewohnheiten ergibt sich also:
Kant war in diesen Dingen nicht der steife und ängstliche Pedant,
für den man ihn gehalten hat, Jachmann bezeugt, daß er in
jüngeren Jahren keineswegs besonders regelmäßig lebte, sondern
„vieles auch bloß des Vergnügens wegen" tat; ferner, daß er als
ein guter Selbstbeobachter seine Lebensweise im Lauf der Jahre
je nach den Umständen änderte. Auch mutete er den eigenen

---

[1]) Der alte Freund Berens (Riga) schreibt ihm am 25. Oktober
1788 aus Berlin: Er und seine Frau hätten sich dort bei jeder Gelegenheit
gerühmt, „bei dem größten Philosophen den schönsten roten Wein getrunken zu haben, den wir auf der ganzen Reise nicht wieder gefunden
haben".

Geschmack und die eigenen Gewohnheiten keineswegs anderen zu. Er betrachtete es vielmehr als den obersten Grundsatz seiner „Diätetik": daß „ein jeder Mensch seine besondere Art, gesund zu sein" habe, „an der er ohne Gefahr nichts ändern" dürfe (an Mendelssohn, 16. August 83). Allerdings richtete er, je älter er ward, eine um so genauere Aufmerksamkeit auf seinen Körper, aber doch „aus vernünftigen Gründen" (Jachmann). Er wollte sich eben, obschon er den Wert des Lebens gewiß nicht über Gebühr schätzte, vermeidbare Leiden möglichst ersparen und, ohne besondere Sorge für dessen Verlängerung zu tragen, es doch auch nicht „durch Störung der wohltätigen Natur in uns" mutwillig verkürzen. Wenn er dadurch wirklich zu einem hohen Alter gelangte, so hat er das nicht etwa von Anfang an als sein vornehmstes Lebensziel oder auch nur als möglich angesehen; aber er empfand doch einen gewissen Stolz darüber, seinem schwächlichen Körper durch die Macht der Vernunft soviel Lebenskraft abgerungen zu haben. „Es gibt viele, von denen . . . man sagt, daß sie für immer k r ä n k e l n, nie k r a n k werden können; deren Diät ein immer wechselndes Abschweifen und Wiedereinbeugen ihrer Lebensweise ist, und die es im Leben, wenngleich nicht den Kraftäußerungen, doch der Länge nach, weit bringen. Wie viele meiner Freunde und Bekannten habe ich nicht überlebt . . .", schreibt er von sich selbst 1798 (Streit der Fakultäten, S. 146). Er bezeichnete es seinen näheren Bekannten gegenüber oft als ein „Kunststück", d. h. ein Ergebnis der von ihm aufgewandten „Kunst" und verglich gern die von ihm erreichte Lebensdauer mit den wöchentlichen oder monatlichen Sterbetabellen seiner Vaterstadt, in der ja (nach Baczko) besonders viele alte Leute wohnten.

Das A l t e r hat sich in der Tat bei unserem Philosophen, trotz seines zarten und schwächlichen Körpers, erst verhältnismäßig spät eingestellt. Nachdem ihn die schwere Denkarbeit und wohl auch das Gefühl des Nichtfertigseins gegenüber seinem großen kritischen Werk in den 70er Jahren auch körperlich stärker angegriffen hatte, fühlte er sich im folgenden Jahrzehnt geistig wie körperlich wieder frischer. Wohl schreibt er am 12. September

1785 an Schütz: „Ich bin schon so ziemlich alt und habe nicht mehr die Leichtigkeit, mich zu Arbeiten von verschiedener Art so geschwinde umzustimmen, wie ehedem"; er müsse vielmehr seine Gedanken „ununterbrochen zusammenhalten, wenn ich den Faden, der das ganze System verknüpft, nicht verlieren soll". Und er gewöhnt sich in dieser Zeit, um bessere Nachtruhe zu genießen, daran, die Abende nie zusammenhängender Arbeit, sondern wechselnder und leichterer geistiger Beschäftigung zu widmen. Aber er war doch zu Ende der 80er Jahre noch immer gewohnt, den ganzen — bei ihm sehr langen — Vormittag durchzuarbeiten (an Reinhold, 1. Dezember 1789). Bald darauf muß jedoch ein Umschwung eingetreten sein, der ihn zu strengerem Haushalten mit seinen Geisteskräften nötigte. „Seit etwa zwei Jahren", schreibt er am 21. September 1791 an Reinhold, „hat sich mit meiner Gesundheit, ohne sichtbare Ursache und ohne wirkliche Krankheit, . . . eine plötzliche Revolution zugetragen, welche meine Appetite in Ansehung des gewohnten täglichen Genusses schnell umstimmte, wobei zwar meine körperlichen Kräfte und Empfindungen nichts litten, allein die Disposition zu Kopfarbeiten, selbst zu Lesung meiner Kollegien, eine große Veränderung erlitt. Nur 2 bis 3 Stunden vormittags kann ich zu den ersteren anhaltend anwenden, da sie dann durch eine Schläfrigkeit (unerachtet des besten gehabten Nachtschlafs) unterbrochen wird, und ich genötigt werde, nur mit Intervallen zu arbeiten, mit denen die Arbeit schlecht fortrückt, und ich auf gute Laune harren und von ihr profitieren muß, ohne über meinen Kopf disponieren zu können." Dann folgt der sicherlich richtig erkannte Grund: „Es ist, denke ich, nichts als das Alter, welches dem einen früher, dem anderen später Stillstand auferlegt."

Ob mit diesem Altersgefühl die auffallende Notiz des jüngeren Hamann zusammenhängt: „Minister von Zedlitz soll den Professor Jakob zum Nachfolger (!) Kants bestimmt haben; ein gewisser Magister Pörschke macht sich ebenfalls Aussicht darauf" (an F. H. Jacobi, 30. Jan. 89)? Kant müßte dann ja schon sehr früh an Amtsniederlegung gedacht haben. Aber wie konnten

sich solche Gerüchte in Königsberg verbreiten? Von einer stär-
keren Abnahme seiner Geisteskräfte schon zu Ende der 80 er
Jahre kann auf keinen Fall die Rede sein. Hat er doch noch
in den ersten Monaten von 1790 das Manuskript eines so
schwierigen und genialen Werks, wie die Kritik der Urteilskraft,
vollendet! Aber natürlich machte sich gerade nach dieser auf-
reibenden Geistesanstrengung das zunehmende Alter des bereits
66 jährigen von Jahr zu Jahr mehr geltend. So entschuldigt er
gegenüber einem Dr. Tafinger aus Tübingen, der ihm einen Aufsatz zur Prüfung eingesandt, die Verzögerung der Antwort in
einem nur in Bruchstücken eines Entwurfs erhaltenen Schreiben
von Mitte August 1792: ,,was mir in meinem 50sten Jahre leicht
war: — — kurze Zeit abzureißen und doch nachher wieder — —
[offenbar: *wird sich jetzt nur mit*] Schwierigkeit tun lassen.'' Allein
es ist doch weniger eine wirkliche entscheidende Abnahme der
geistigen Kräfte, als das Bedürfnis und die Notwendigkeit, sich
in Anbetracht der häufigeren ,,Indisposition'' zur Arbeit, die
ihm ,,das Alter zuzieht'', noch stärker geistig zu konzentrieren.
Er fühlt, wie er am 21. Dezember 1792 an Erhard schreibt, den
Beruf in sich, seine Arbeiten zu vollenden und will darum ,,den
Faden derselben, wenn Disposition dazu da ist, nicht gern
fahren lassen''.

So gab er denn seit Sommer 1789 eine seiner beiden wöchentlichen F a c h v o r l e s u n g e n auf und las statt 13 fortan
nur 9 Stunden wöchentlich: im Sommer an den vier Haupttagen
von 7—8 früh Logik nebst einem Repetitorium Samstags zu derselben Stunde, Mittwoch und Sonnabend 8—10 seine populäre
,,Privat''-Vorlesung über Physische Geographie; im Winter in
derselben Weise Metaphysik (nur einmal — 1793/94 — statt
dessen Metaphysik der Sitten, d. h. Ethik) und Anthropologie.
Sein Vortrag war jedoch nicht mehr so lebhaft wie früher. Schon
gegen Ende der 80er Jahre, erzählt Rink, der ihn zwischen 1786
und 1789 gehört hat, ,,verlor sein Vortrag zuweilen an Lebhaftigkeit in der Art, daß man hätte glauben mögen, er werde ein-
schlummern; in welcher Meinung man bestärkt werden mußte,
wenn man in seiner Körperbewegung dann mit einem Male ein

plötzliches Zusammennehmen seiner abgespannt scheinenden Kräfte wahrnahm". Und Fichte gar schrieb, nachdem er am 4. Juli 1791 in einer seiner Vorlesungen hospitiert hatte, in sein Tagebuch: „Sein Vortrag ist schläfrig." Als der junge Reusch Michaelis 1793 auf die Universität kam, fand er die Stimme des Siebzigjährigen schwach; außerdem „verwickelte er sich im Vortrage und wurde undeutlich". Von den Vorlesungen über Logik und Metaphysik, die übrigens auch in jener Zeit noch von 50—80 Zuhörern besucht wurden, faßte der damals freilich erst 15- bis 16 jährige auch inhaltlich nur einzelne Gedanken, die dann wie „ein leuchtender Punkt oder Blitz" in seine Seele gingen. „Dagegen war sein geographisch-physikalischer Vortrag wohlverständlich, ja höchst geistreich und unterhaltend". Zufällig saß in einer der philosophischen Vorlesungen auf einem Platze unmittelbar vor dem Philosophen, den dieser — ähnlich wie den Löbenichtschen Kirchturm von seinem Studierzimmer aus —, um seine Gedanken zu fixieren, fest ins Auge zu fassen pflegte, ein besonders „einfältiger und ungebildeter" Commilitone. Während nun Kant ernsten Blickes auf ihn schaute und seine Stirne tiefes Denken umschwebte, gab der Student, dessen beschränkter Kopf dem Philosophen nicht zu folgen vermochte, seiner langen Weile durch ein langes Gähnen Ausdruck. Das brachte den frei vortragenden Weisen so außer Fassung, daß er heftig äußerte: wenn man sich des Gähnens nicht enthalten könne, so erfordere es die gute Sitte, wenigstens die Hand vor den Mund zu halten. „Für die Folge wurden dann, auf Veranlassung des Amanuensis, die Plätze getauscht" (Reusch, a. a. O., S. 6 f.). — Günstiger urteilte 1795 der uns schon bekannte (vgl. Bd. I, S. 429) 22 jährige Graf Wenzel Purgstall, der einzig, um Kant persönlich kennen zu lernen, Ende April d. J. aus der fernen Steiermark auf einige Wochen nach der Pregelstadt gekommen war: Alles, was dem Vortrag an Form fehle, werde reichlich durch die Vortrefflichkeit des Inhalts ersetzt. „Und wenn man einmal dahin gekommen ist, seine Stimme zu verstehen, so wird es einem nicht schwer, seinen Gedanken zu folgen. Letzt sprach er über Raum und Zeit, und mir war, als hätte ich keinen noch so verstanden als ihn."

Im übrigen wies der Greis jetzt noch öfter als früher solche, die „genaueren Privatunterricht suchten", an jüngere Kräfte unter seinen Anhängern, wie die außerordentlichen Professoren Pörschke und Gensichen oder den Magister Jäsche, dem er 1799 die Herausgabe seiner Vorlesungen über Logik übertrug. Gensichen, ein Schüler von Johann Schulz, war ein tüchtiger Mathematiker; er fertigte 1791 in Kants Auftrag den Auszug aus dessen ‚Naturgeschichte des Himmels' an, um ihn mit einer astronomischen Abhandlung Herschels zusammen herauszugeben. Pörschke, eine liebenswürdige, aufrichtige und gesellige Natur, der später zu Fichte überging, las im Sommersemester 1795 — Mittwoch und Samstag von 6 (!) bis 8 Uhr früh — ein Kolleg über die Kritik der reinen Vernunft.

Das Amt eines Dekans versah Kant zum letztenmal im Jahre 1791; den ihm nie sympathisch gewesenen (s. Buch III, Kap. 8) Senatssitzungen blieb er seit 1795 dauernd fern. Eine einschneidendere Einschränkung seiner geistigen oder doch literarischen Wirksamkeit aber, als durch sein Alter, sollte von a u ß e n kommen.

Beginnender Konflikt mit der Reaktion

Schon vor Friedrichs des Großen Tod bereitete sich eine geistige Reaktion in dem bis dahin so „aufgeklärten" Preußen vor. „Die Schwärmerei wandelt schon mit mächtigen Schritten heran", schreibt bereits am 15. Oktober 1783 der junge Plessing an unseren Philosophen. Jesuiten trieben unter allen möglichen Gestalten ihr Wesen, Geisterbanner und Goldmacher fanden Zulauf in den vornehmsten Berliner Kreisen; der Thronfolger in Potsdam trat in den Geheimorden der Rosenkreuzer ein. Gleichwohl trat in den ersten zwei Jahren nach dessen Thronbesteigung der erwartete Umschwung noch nicht ein. Kant insonderheit wurde, wie wir bereits gehört, bei dem ersten Besuch des neuen Königs in seiner Krönungsstadt von Friedrich Wilhelm II. und dessen erstem Minister Graf Hertzberg mit größter Hochachtung empfangen, erhielt sogar eine besondere persönliche Zulage und die Ernennung zum Mitglied der unter dem alten Fritz ganz

französisierten Berliner Akademie. Auch sein Anhänger Jakob
aus Halle konnte ihm im Juli 1787 von einer Reise nach Berlin
berichten: „Se. Exc. der Minister von Zedlitz hat mich sehr lebhaft aufgemuntert, Ihre Gedanken in Halle bekannter zu machen,
und der Graf von Hertzberg sprach mit großer Wärme von Ihnen."
Und der alte Freund Berens schrieb am 5. Dezember desselben
Jahres aus der preußischen Hauptstadt: „Noch herrscht hier . . .
dieselbe Denk- und Preßfreiheit." Ja, es sieht beinahe aus, als
ob Kant, wie ein Menschenalter später Hegel, kgl. preußischer
Hof- und Staatsphilosoph zu werden im Begriff gewesen wäre,
wenn wir hören, daß Herbst 1788 der junge Kiesewetter im Auftrage des Staatsministeriums nach Königsberg entsandt wurde,
ausdrücklich, um dort die kritische Philosophie an der Quelle zu
studieren und später in Berliner Hof- und Beamtenkreisen zu
lehren.

Und doch war kurz vorher der U m s c h w u n g eingetreten:
an Stelle von Kants freisinnigem Freund und Gönner Zedlitz
war am 3. Juli 1788 zum Justizminister und „Chef des geistlichen Departements" aus „besonderem Vertrauen" des Königs
derselbe Johann Friedrich W ö l l n e r ernannt worden, den
einst eine der berühmten Randbemerkungen des großen Friedrich
als einen „betriegerischen und Intriganten Pfafen, weiter nichts"
gekennzeichnet hatte. Er oder seine Hintermänner hatten es
recht eilig: schon sechs Tage darauf, am 9. Juli, erschien sein
berüchtigtes R e l i g i o n s e d i k t, das darauf hinwies, daß
sogar Lehrer des lutherischen und kalvinischen Glaubensbekennt-
nisses die Grundwahrheiten der Heiligen Schrift zu untergraben
versuchten und, unter dem falschen Schein der „Aufklärung",
in unverschämter Weise unzählige Irrtümer verbreiteten. Zwar
solle die in Preußen von alters her geübte Toleranz und Gewissensfreiheit noch bleiben, jedoch nur so lange, als jeder die eigene
Meinung „für sich behalte" und „sich sorgfältig hütet, andere . . .
in ihrem Glauben wankend zu machen".

Anfangs schien das Edikt in dem freigeistigen Berlin seine
Wirkung völlig zu verfehlen. Wie Berens in einem interessanten
Brief vom 5. Oktober d. J. an Kant schreibt, war es „nicht von dem

geringsten Effekt". Die liberalen Theologen Spalding und Teller
redeten und schrieben freier wie je; ein anderer hatte die Kühnheit, ein Kind, bei dem der Minister selbst Gevatter stand, nach
einem freien Ritual zu taufen; ein vierter gab einen Auszug aus
Luthers Schriften über Denkfreiheit in Glaubenssachen heraus,
worin der Satz vorkam: „die Junker, Bischöfe und Fürsten
sind Narren, die sich in Glaubenssachen was anmaßen". Berens
selbst riet, ähnliche Stellen aus Friedrichs des Großen Schriften
zu veröffentlichen. Da geschah am 19. Dezember 1788 ein neuer
Schlag. Ein von diesem Tage datiertes Z e n s u r - Edikt stellte,
um der „Zügellosigkeit der jetzigen sogenannten Aufklärer" und
der „in Preß f r e c h heit ausartenden Preßfreiheit" Schranken
zu setzen, alle im Inland verfaßten und nach dem „Ausland",
d. i. Nicht-Preußen, eingeführten Schriften unter scharfe Kontrolle;
der König erwarte, daß die Zensur „dem steuere", was „wider
die allgemeinen Grundsätze der Religion, den Staat und die
bürgerliche Ordnung" sei.

Zu einem Konflikt mit dem Königsberger Philosophen schien
es gleichwohl vorerst nicht kommen zu wollen: sei es, daß man
sich an ihn doch nicht heranwagte, oder auch daß Wöllner und
seine Leute die Meinung mancher anderer Orthodoxen teilten,
die Konsequenz von Kants System sei, daß wir „wegen der
Eingeschränktheit unserer Vernunft doch endlich zum blinden
Glauben zurückkehren müßten!" (Buchhändler Meyer aus Berlin
an Kant, 5. Sept. 1788). Konnten sie doch auf des Philosophen
vieldeutigen Satz hinweisen: „Ich mußte das Wissen aufheben,
um zum Glauben Platz zu bekommen." So wurde denn Kiesewetter, als er, von Dankbarkeit für den „Unterricht, die Güte
und Sorgfalt" Kants, seines „zweiten Vaters", erfüllt, im Herbst
1789 nach Berlin zurückgekehrt war, nicht bloß von Hertzberg
— Zedlitz hatte sich schon ganz aus der Öffentlichkeit zurückgezogen —, sondern auch von dem hochmütigen, fast unzugäng-
lichen Wöllner, allerdings erst nach mehreren vergeblichen Gängen,
gnädig empfangen; dieser gedachte auch Kants „mit großer
Achtung" und versicherte ihn, daß es ihn gefreut habe, dem Philosophen „durch die Bewilligung der Zulage einen kleinen Dienst

erweisen zu können". Kiesewetter begann denn auch wirklich bald darauf (am 1. Dezember 1789) seine Vorlesungen über Logik und über die Kritik der praktischen Vernunft vor 20 bzw. 25 Zuhörern. Wöllner hatte ihn „in den prunkvollsten Ausdrücken seiner Gnade versichert"; andere aber rieten ihm, sich in seinen Vorlesungen in acht zu nehmen, zumal da der Minister seine Spione in dieselben schicken würde. Er werde gut tun, die Übereinstimmung von Kants Sittenlehre mit der christlichen zu betonen. Wirklich erschien denn auch gleich in der ersten Vorlesung ein unbekannter junger Mann, der Kiesewetters Vortrag wörtlich nachschrieb und „durch seine emsige Ängstlichkeit" die allgemeine Aufmerksamkeit erregte, künftig aber — wegblieb. In einer gedruckten, dem König zugeeigneten Abhandlung ‚Über den ersten Grundsatz der Moralphilosophie' hob Kiesewetter wirklich die Übereinstimmung des Kantischen Moralgebots mit der Lehre Christi hervor. Er meinte so der Wahrheit nichts zu vergeben und wollte sich anderseits doch nicht durch allzugroße Offenherzigkeit schaden. „Heucheln kann ich und werde ich nicht," schrieb er am 3. März 1790 an Kant, „aber ich werde für die gute Sache tun, was ich kann."

Der erst 23 jährige Kantianer muß wohl doch den den Hofkreisen angemessenen Ton zu treffen verstanden haben; denn er bekam, neben jenen öffentlichen, bald auch verschiedene Privatvorlesungen übertragen, unter anderen bei der Oberhofmeisterin der kleinen Prinzessin Auguste, Baronesse von Bielefeld, einer „jungen schönen Dame", die mit der gewissenhaften Erfüllung ihrer Hofpflichten das Studium, ja das „wirkliche Erfassen" der Geheimnisse des a priori und a posteriori, der analytischen und synthetischen Urteile, der kritischen Theorie von Raum und Zeit zu vereinigen wußte: obwohl man, wie er vielsagend bemerkt, „an unserem Hofe durch Philosophie nicht glänzt" (an Kant, 20. April 90). Durch ihre Vermittlung kam er auch, als Hofmeister des einzigen 17 jährigen Sohnes, in das Haus des Ministers Grafen von Schulenburg und unterrichtete daneben die königlichen Prinzen Heinrich und Wilhelm nebst der eben erwähnten Prinzessin Auguste in den allerdings ungefährlichen Fächern der Geo-

graphie und Arithmetik. Auf diese Weise erfuhr er allerlei, was
hinter den Kulissen vorging, und was er seinem dafür interessierten Meister nach Königsberg zu melden nicht verfehlte: von der
Günstlingswirtschaft am Hofe, der Bigamie des Königs, den
kriegerischen Absichten gegenüber Österreich und Rußland, der
Leere des königlichen Schatzes und anderes mehr.

Uns interessiert mehr, was er von den religiösen Strömungen
am Hofe und im Ministerium berichtet. Während er seine Vorlesungen über Anthropologie, Logik und Kritik der reinen Vernunft fortsetzte, auch den Hofdamen (!) ein Kolleg zu halten
beabsichtigte, glaubte der „an Leib und Seele schwache" König
den Herrn Jesus mehrfach vor sich zu sehen, „saß ganze Stunden
und weinte", während die von ihm getrennt lebende Königin
„oft auf Tisch und Stühlen herumtanzte und Geister sah!" In
den tatsächlich regierenden Kreisen dagegen kämpften die frömm-
lerische und die freiere Richtung um 1790 noch miteinander.
So ließ Wöllner zu Anfang 1790 einen von dem Oberkonsistorialrat Silberschlag ausgearbeiteten orthodoxen Katechismus drucken,
welcher durch eine scharfe Kabinettsorder allen lutherischen
Pfarrern zum alleinigen Gebrauch beim Jugendunterricht anbe-
fohlen ward. Allein seine Einführung fand bei dem in seiner Mehrheit liberal gesinnten Oberkonsistorium einen solchen Widerstand
— viele Räte erklärten, sie würden sich eher kassieren lassen als
ihre Einwilligung geben —, daß mit allen gegen die Stimmen
des Verfassers und des Wöllner willfährigen Präsidenten die
Zurückziehung des Machwerks beschlossen wurde. Freilich ließ
bald darauf Wöllner anstatt dieses „Wisches" (Kiesewetter) —
von dem ein Exemplar auch Kant durch seinen Verleger Lagarde
zuging, das dann als Merkwürdigkeit bei seinen Freunden die
Runde machte — durch den nämlichen Silberschlag einen alten
Katechismus, der „eine Compilation von theologischem Unsinn"
enthält, neu aufarbeiten. Und daß er bewußt auf seinem Wege
fortschritt, bewies das von ihm und seinem Genossen, dem früheren
Breslauer Pfarrer Hermes, am 9. Dezember 1790 an alle Kon-
sistorien der Monarchie erlassene „E x a m e n s s c h e m a" für
Kandidaten der Theologie, das infolge des von ihm verlangten

Bekenntniszwangs, um einen späteren Ausdruck Kants zu gebrauchen, ,,gewissenhafte Kandidaten zu Scharen von geistlichen Ämtern verscheuchte". Am 14. Mai 1791 endlich wurde
zur Überwachung der Stellenbesetzung sowie der in Preußen
zum Druck kommenden Bücher eine besondere ,,Immediat-
Examinations-Commission" eingesetzt, bestehend aus dem eben
erwähnten Hermes, dem Katechismus-Verfasser Silberschlag,
einem Berliner Prediger Woltersdorf und dem aus einer Herrn-
hutergemeinde hervorgegangenen Breslauer Gymnasiallehrer und
Geisterseher Hillmer: lauter bis dahin ganz unbekannten Leuchten,
aber gefügigen oder eifrigen Werkzeugen des neuen Kurses, die
gleichzeitig Titel und Rang von Oberkonsistorialräten erhielten.

Ebenso unbeirrt ging unterdessen unser Philosoph seinen
Weg weiter. Schon im März 1790 hatte er zu Borowskis Schrift
über den Wundermann Cagliostro (den Goethe in seinem ,Gust-
kophtha' verspottete) auf die Bitte seines alten Schülers einen
kurzen offenen Brief ,Über die jetzt so überhandnehmende
S c h w ä r m e r e i und die Mittel dagegen' beigesteuert. Noch
hielt er damals wohl die Unabhängigkeit der Wissenschaft nicht
für ernstlich gefährdet. Denn als Hauptmittel empfahl er, anstatt des oberflächlichen Vielerleilernens in den Schulen, ganz
allgemein das Gründlichlernen des Wenigeren, vor allem aber
Pflege der echten, strengen Naturforschung durch Beobachtung
und Experiment. Den ,,animalischen" Magnetiseur und seine
Gläubigen einer ausführlichen Widerlegung zu würdigen, wider-
spreche der Würde der Vernunft und richte zudem nichts aus;
stillschweigende Verachtung sei derartigem Wahnsinn gegenüber
das einzig Richtige.

Im Juni 1791 schon ging indes in Berlin das Gerücht, eines
der Mitglieder der neuen ,,Immediat-Examinations-Commission",
der Oberkonsistorialrat Woltersdorf, habe es beim König dahin-
zubringen gewußt, daß dem Königsberger Philosophen ,,das
fernere Schreiben untersagt" würde; so erklärte man sich, daß
die von ihm erwartete ,Moral' auf der Ostermesse nicht erschienen war. Indessen Kant ließ sich nicht irre machen, gab
vielmehr in seinem September 1791 in der Biesterschen Monats-

schrift veröffentlichten Aufsatz ‚Über das Mißlingen
aller philosophischen Versuche in der Theo-
dicee‘ seinen Überzeugungen, insbesondere seiner Abscheu
gegen alle Heuchelei in Glaubenssachen, offensten Ausdruck und
erhob den Anspruch für alle Vernunftwesen, jede Lehre zu prüfen,
bevor sie sich ihr unterwürfen. Vor allem die ‚Schlußanmerkung‘
war deutlich auf die neue Examensordnung und den dadurch
verursachten Gewissenszwang gemünzt. Nachdem kurz vorher
das mannhafte Berliner Oberkonsistorium ein indirektes Lob erfahren hat — Hiob würde trotz seiner Frömmigkeit wahrscheinlich von jeder Synode, Inquisition oder Oberkonsistorium (,,ein
einziges ausgenommen‘‘) ein schlimmes Schicksal erfahren
haben —, wird mit deutlicher Beziehung auf jenen Zwang zu
innerer Unwahrhaftigkeit gesagt: ,,Wie bald solche blinde und
äußere Bekenntnisse (welche sehr leicht mit einem ebenso
unwahren inneren vereinbart werden), wenn sie Erwerb-
mittel abgeben, allmählich eine gewisse Falschheit in die
Denkungsart selbst des gemeinen Wesens bringen können, ist
leicht abzusehen.‘‘

Aber der König und die Dunkelmänner seiner Umgebung,
noch dazu geängstigt und aufgeregt durch die gleichzeitige Entwicklung der Dinge in Frankreich, ließen sich durch die besorgten
Warnungen von Preußens größtem Denker auf dem einmal beschrittenen Weg nicht mehr aufhalten. Auf den Wunsch Hill-
mers, der, mittlerweile zum Geheimrat ernannt, zusammen mit
Hermes seit September 1791 des Zensoramtes waltete, waren
schon am 19. Oktober 1791 durch eine besondere Kabinettsorder
auch alle Zeit- und Gelegenheitsschriften, welche von der bisherigen Zensur ,,viel zu leichtsinnig‘‘ und milde behandelt worden seien, den beiden neuen Zensoren unterstellt worden. Die
Folge davon war, daß Nicolais ‚Allgemeine Deutsche Bibliothek‘
ihren Druckort außerhalb Preußens nach Kiel, die ‚Berlinische
Monatsschrift‘ den ihren nach Jena, später Dessau verlegte. Als
das Staatsministerium gegen die von dem Manne, der sich damals
Kaiser von Deutschland nannte, in Hinblick auf die französische
Revolution empfohlene strenge Handhabung der Zensur allerlei

Bedenken zu äußern wagte, wurde es am 21. Februar 1792 mit einer höchst ungnädigen königlichen Kabinettsorder bedacht: Es schiene, als ob die Herren Minister der Aufklärung das Wort reden und die „von so vielen Geistlichen und anderen Aufklärern so dreist unternommenen Verfälschungen der reinen christlichen Religion" als „außerwesentliche" kritische Untersuchungen beschönigen wollten; und doch stehe jedermann das traurige Exempel jenes großen Staates vor Augen, wo der Keim der unglücklichen Revolution in jenen Religionsspöttern zu suchen sei, die noch jetzt von der betörten Nation vergöttert würden; die Minister sollten fest zusammenstehen, um die königliche Willensmeinung in ihrem ganzen Umfang auszuführen. Natürlich knickte daraufhin das Ministerium zusammen, und ein neuer Erlaß vom 5. März verschärfte die Zensur dahin, daß jetzt auch jeder unehrerbietige Tadel der Landesgesetze oder der inneren Verwaltung mit Strenge geahndet werden solle.

Diesem Stand der Dinge gegenüber konnte auch Kant den Ernst der Lage sich nicht mehr verhehlen. Daß man schließlich auch ihn nicht mehr schonen würde, kam immer mehr in den Bereich der Möglichkeit. Schrieb ihm doch schon am 24. Januar 1792 Jakob aus Halle: „Das neu errichtete Religionstribunal ist lange unschlüssig gewesen, ob es nicht Feuer und Schwert gegen Ihre Philosophie gebrauchen soll, und Herr Woltersdorf soll schon eine Schrift fertig haben, in welcher die Schädlichkeit der Kantischen Philosophie auf das Evidenteste dargetan ist." Der Philosoph äußert jetzt selbst zum erstenmal ernstliche Besorgnis bezüglich der Freiheit der Meinungsäußerung. „Neuerdings eröffnet sich", schreibt er am 24. Februar d. J. an Selle in Berlin, „eine neue Ordnung der Dinge, . . . nämlich Einschränkung der Freiheit, über Dinge, die auch nur indirekt auf Theologie Beziehung haben möchten, laut zu denken." Als akademischer Lehrer müsse er die Vorsicht gebrauchen, „alle Versuche dieser Art so lange wenigstens aufzuschieben, bis sich das drohende Meteor entweder verteilt oder für das, was es ist, erklärt hat". Trotzdem sandte er ungefähr zur selben Zeit — leider ist der betreffende Brief nicht erhalten, sondern der Inhalt nur aus der

Antwort Biesters (am 6. März) und einer von Kant approbierten
späteren Darstellung Borowskis zu entnehmen — eine Abhandlung ‚Über das radikale Böse in der menschlichen Natur‘ zur Aufnahme in die ‚Berlinische Monatsschrift‘ an Biester: allerdings mit dem Ersuchen, sie vor dem
Druck der Berliner Zensurbehörde vorzulegen. Da die Monatsschrift seit Anfang des Jahres in Jena, also außerhalb Preußens
gedruckt wurde, so war nach den bestehenden Vorschriften kein
Zwang hierzu vorhanden. Allein der Verfasser wollte „durchaus
auch nicht den Schein einmal haben, als ob er einen literarischen
Schleichweg gern einschlüge und nur bei geflissentlicher Aus-
weichung der strengen Berlinischen Zensur sogenannte kühne
Meinungen äußern" (Kant bei Borowski, S. 233 f.). Ob er nun
aus Vorsicht sicher gehen, oder ob er die Sache gleich von Anfang an zur grundsätzlichen Entscheidung bringen wollte (was
die beiden ersten Absätze der Biesterschen Antwort vermuten
lassen), oder ob er sich, nach dem Inhalt der Abhandlung, seiner
Sache sicher fühlte? Jedenfalls erhielt Biester den von ihm auf
Kants Wunsch der Berliner Zensur eingereichten Artikel bereits
am folgenden Tage von Oberkonsistorialrat Hillmer, dem die
Zensur über die Sachen „moralischen Inhalts" zufiel, mit der
Druckerlaubnis zurück, unter der eigentümlichen Begründung:
„weil er (Hillmer) nach sorgfältiger Durchlesung diese Schrift,
wie die übrigen Kantischen, nur nachdenkenden, untersuchungs-
und unterscheidungsfähigen Gelehrten, nicht aber allen Lesern
überhaupt bestimmt und genießbar finde". So wurde sie denn
in dem Aprilheft der Monatsschrift (S. 323—385) veröffentlicht.

Nicht so gut sollte es der Fortsetzung, dem zweiten Stück:
‚Vom Kampf des guten Prinzips mit dem Bösen usw.‘ ergehen,
das Biester drei Monate später von Kant erhielt und wiederum
der Berliner Zensurbehörde vorlegte: gegen seine eigene Ansicht,
dem Wunsche des Philosophen gehorchend, der sich wohl der
Hoffnung hingab, „als ob die angedrohte Strenge der Zensur
vielleicht nicht so ganz, als befürchtet wird, in Ausübung kommen" werde, zumal darüber „noch kein bestimmtes Edikt" ergangen sei (K. an Lagarde, 30. März 92). Diesmal fand jedoch

Hillmer — übrigens nicht ohne Grund —, daß der Inhalt des Manuskripts „ganz in die biblische Theologie einschlage". Er habe es deshalb, so lautete sein am 14. Juni Biester erteilter Bescheid, seiner Instruktion gemäß mit seinem Kollegen Hermes „gemeinschaftlich durchgelesen", und da dieser sein Imprimatur v e r w e i g e r e , so trete er ihm bei. Der schlagfertige Biester richtete sofort folgenden Tags eine Eingabe an Hermes, in der er anfragte: 1. wodurch der Aufsatz gegen das Zensuredikt vom 19. Dezember 1788 verstoße? und 2. ob Hermes vielleicht ein anderes, der Öffentlichkeit nicht bekanntes Reglement befolgt habe? Worauf Hermes unterm 16. Juni erwiderte: Das Religionsedikt sei seine Richtschnur; weiter könne er sich nicht darüber erklären. Mit Recht fügt Biester seinem alsbald nach Königsberg gehenden Bericht über diesen Entscheid die Worte bei: „Es muß wohl jeden empören, daß ein Hillmer und Hermes sich anmaßen wollen, der Welt vorzuschreiben, ob sie einen Kant lesen soll oder nicht" (B. an Kant, 18. Juni 92).

Es ist ein schönes Zeugnis von dem Freimut des kgl. preußischen Bibliothekars Biester, daß er sofort am 20. Juni gegen diesen Bescheid ein Immediatgesuch an den ihm seiner Gesinnung nach doch bekannten König selbst einreichte, dessen wesentlichste Stücke aus den Akten des Geh. Staatsarchivs von Fromm (a. a. O., S. 28—33) veröffentlicht worden sind. Der Verfasser des ziemlich umfangreichen Schriftstücks weist zunächst darauf hin, daß durch diese willkürliche Handhabung der Zensur nicht sowohl er, als der große, vom König selbst geschätzte Philosoph gekränkt, Preßfreiheit und Wissenschaftsfreiheit aber, offenbar „den Intentionen des Königs zuwider", verletzt seien. Kant nehme bekanntlich einen „so hohen und reinen Grundsatz der Moralität" an, daß „mehrere seiner gelehrten Gegner ihn für die mit Sinnlichkeit bekleideten Menschen zu hoch und zu rein gehalten haben"; daher könne seine neue Ausführung dieses Grundsatzes unmöglich etwas „der moralischen und bürgerlichen Ordnung Zuwiderlaufendes" enthalten. Und, was die Religion betreffe, so dringe Kant in seinem Aufsatz nicht bloß im allgemeinen auf eine Gott wohlgefällige Gesinnung und Handlungsweise, sondern

finde auch sein Moralprinzip insbesondere in der christlichen
Religion und der Bibel, so daß diese dadurch noch ehrwürdiger
erscheine. Wenn somit Kants Schrift nicht gegen den Wortlaut
des Zensuredikts verstoße, so müßten unbekannte Gesetze und
Verordnungen vorhanden sein, um deren Bekanntgebung er
(Biester) bitte. Da diese jedoch unmöglich einem Autor gegenüber, der sie nicht gekannt, rückwirkende Kraft haben könnten,
bitte er dem jetzigen Aufsatz Kants, „gesetzt, daß er auch gegen
ein künftig zu publizierendes Zensuredikt verstieße", für jetzt
doch das Imprimatur gnädigst zu erteilen.

Trotz dieser klaren Gedankenentwicklung wagte das Plenum
des Staatsministeriums, dem auf Biesters Wunsch die Entscheidung über seine Eingabe übertragen ward, diesmal nicht mehr
wider den Stachel zu löcken. Es ließ ihm am 2. Juli, ohne weitere
Begründung, den kurzen Bescheid zugehen, „daß seine Beschwerde
ungegründet befunden worden und es bei dem Ihm verweigerten
imprimatur sein Bewenden habe".

Auf die Kunde hiervon erbat sich Kant, da ja „der Urteils-
spruch Ihrer drei Glaubensrichter unwiderruflich zu sein scheint",
das Manuskript baldmöglichst auf seine Kosten zurück; er beabsichtige, zumal da die Abhandlung ohne die mit ihr zusammenhängende Fortsetzung doch „eine befremdliche Figur" in der
Monatsschrift machen müsse, einen anderen Gebrauch davon zu
machen, „und zwar bald". Während nun Biester sich sofort im
folgenden (August-) Hefte seiner Zeitschrift in einem Artikel über
‚Unbekannte Gesetze' — die Forderung des Gehorsams gegen
solche sei noch wunderbarer als gegen unbekannte Ordensobere —
wider das neueste Vorgehen der Glaubensrichter zur Wehr setzte,
beschritt der bedächtige Philosoph einen umständlicheren Weg.
Er beschloß zunächst die von ihm schon fertig gestellten drei
Abhandlungen, die mit jener ersten vom radikalen Bösen zusammen als ‚Philosophische Religionslehre' ein Ganzes ausmachen sollten, um eine grundsätzliche Entscheidung herbei-
zuführen und zugleich „alle Gerechtigkeit zu erfüllen", d. h. doch
wohl auch gegen alle unliebsamen Weiterungen geschützt zu sein,
einer theologischen Fakultät zur Zensur einzureichen.

Er hatte anfangs, um der heimischen keine Ungelegenheiten zu bereiten, zu diesem Zweck die Göttinger, deren Mitglied Stäudlin er sich geneigt wußte, ins Auge gefaßt, ist aber aus einem unbekannten Grunde davon abgekommen. Dann die Hallenser, deren Dekan J. L. Schulze jedoch kurz vorher Fichtes ‚Kritik aller Offenbarung‘ ebenfalls die Druckerlaubnis versagt hatte. So wandte er sich denn doch, und zwar bereits Ende August d. J., an die theologische Fakultät seiner Vaterstadt, indes ausdrücklich, wie es in dem noch erhaltenen Entwurf seines Schreibens heißt, „nicht sowohl zur Zensur", als vielmehr „zur Beurteilung", ob sie selbst „sich die Zensur derselben anmaße" oder sie der Zensur derjenigen Fakultät, in deren Bereich sie nach ihrem Titel (s. unten) gehöre, d. h. der p h i l o s o p h i s c h e n, überweise. Seiner Meinung nach greife die Schrift nicht in die biblische Theologie ein, da die Aufgabe des Philosophen eine andere als die des Theologen sei und es dem ersteren gestattet sein müsse, „über alles, was Objekt der menschlichen Meinung sein mag, zu vernünfteln". Die Entscheidung fiel, wie er erwartet, in seinem Sinne aus, d. h. das Buch wurde der Gerechtsame der philosophischen Fakultät zugewiesen. Da es Kants Taktgefühl selbstverständlich widerstrebte, sich an die eigene Fakultät, noch dazu an seinen eigenen Schüler Chr. J. Kraus (der gerade Winter 1792/93 das Dekanat führte) zu wenden, so suchte er nunmehr die Druckerlaubnis bei der philosophischen Fakultät zu Jena nach, wo ohnehin schon die erste Abhandlung gedruckt worden war. Wie erst in neuerer Zeit durch Emil Arnoldt festgestellt worden ist, findet sich denn auch auf mehreren Bogen der zum größten Teil noch vorhandenen Kantischen Handschrift das Vidi des Dekans der dortigen Philosophischen Fakultät, Professor Justus Christian Hennings. Kant beeilte nunmehr den Druck, so daß ihm zu einer nochmaligen Durchsicht wenig Zeit blieb. Am 21. Dezember konnte er bereits Reinhold das Erscheinen des Buchs, ohne ihm den Titel schon zu verraten, für die nächste Ostermesse ankündigen; am 28. Februar 1793 war es zur Hälfte gedruckt, wie Schiller, der die fertigen Druckbogen mit Begeisterung las, Freund Körner meldet; und pünktlich zu Beginn der

Ostermesse erfolgte seine Veröffentlichung unter dem veränderten Titel[1]): ‚R e l i g i o n   i n n e r h a l b   d e r   G r e n z e n   d e r   b l o ß e n   V e r n u n f t' im Verlage von Friedrich Nicolovius zu Königsberg.

So scheint die religionsphilosophische Hauptschrift unseres Philosophen fast zufälligen Umständen ihre Entstehung zu verdanken. Dem widerspricht anscheinend der Brief, mit dem der Philosoph das fertige Buch am 4. Mai 1793 an Stäudlin nach Göttingen sendet. Danach hätte er schon „seit geraumer Zeit" einen „Plan" der „ihm obliegenden Bearbeitung des Feldes der reinen Philosophie" entworfen, der auf die Auflösung von vier „Aufgaben" ging: 1. Was k a n n ich w i s s e n? (Metaphysik). 2. Was s o l l ich t u n? (Moral). 3. Was d a r f ich h o f f e n? (Religion). 4. Was i s t der M e n s c h? (Anthropologie). Mit der beifolgenden Schrift habe er nun „die dritte Abteilung seines Planes zu vollführen gesucht". Ein solcher, allerdings dem populären Verstande sehr einleuchtender „Plan" entspricht aber höchstens gelegentlichen Äußerungen in seinen Vorlesungen, dagegen nicht der festen Gliederung des in seinen Hauptwerken niedergelegten kritischen Systems; auch fehlen in ihm Naturteleologie und Kunst, kommt die sonst nirgends erwähnte Anthropologie hinzu und wird die Kritik als ‚Metaphysik' bezeichnet; auch findet sich in dem Buche selbst keine Anspielung darauf. Jedenfalls bildet die ‚Religion innerhalb usw.' nicht in der nämlichen Weise ein Glied seines philosophischen Systems, wie die in seinen drei ‚Kritiken' enthaltene Begründung der Wissenschaft, der Ethik und der Kunst. Sie gibt keine Feststellung oder Begründung des religiösen Prinzips, ja nicht einmal eine Auseinandersetzung mit den Religionen überhaupt, sondern nur mit e i n e r derselben, dem Christentum, wie denn der Brief an Stäudlin

---

[1]) Der anfänglich gewählte Titel ‚P h i l o s o p h i s c h e R e l i g i o n s l e h r e' findet sich in der 1. Auflage noch in den Überschriften der vier Hauptabschnitte wie an den Druckernoten am Fuß der Bogenanfänge. Auch die Vorrede zur 1. Auflage will das Buch als einen Leitfaden der „reinen philosophischen Religionslehre" betrachtet wissen. Erst die zweite Auflage (1794) äußert sich über den v e r ä n d e r t e n Titel.

fortfährt: „.. . . in welcher Arbeit mich Gewissenhaftigkeit und
wahre Hochachtung für die c h r i s t l i c h e R e l i g i o n,
dabei auch der Grundsatz einer geziemenden Freimütigkeit geleitet hat, nichts zu verheimlichen, sondern, wie ich die mögliche
Vereinigung der letzteren mit der reinsten praktischen Vernunft
einzusehen glaube, offen darzulegen.‘‘

Ja, es ist im Grunde genommen sogar etwas noch Spezielleres:
die ihm zum Bedürfnis gewordene g r u n d s ä t z l i c h e A u s -
e i n a n d e r s e t z u n g mit derjenigen Form des Christentums,
in der er aufgewachsen war, in deren Dienst seine theologischen
Zuhörer zu treten bestimmt waren, die ihn rings umgab, und die,
trotz des freigeistigen Friedrichs II. selbst unter ihm und erst
recht natürlich unter seinem Nachfolger die Macht besaß: der
l u t h e r i s c h e n L a n d e s k i r c h e. Es ist sein p e r s ö n -
l i c h e s Werk in ganz anderem Sinne, als die Kritiken. Deshalb konnte er zunächst daran denken, sie, ähnlich wie später
seine politischen Gedanken, lediglich in einer Zeitschrift der
deutschen Gebildeten vorzulegen. Ebendeshalb hängt sie auch
weit enger mit seiner persönlichen religiösen Stellung und Entwicklung zusammen, die wir nunmehr genauer kennen lernen
wollen.

Zweites Kapitel

Kants Religion

Kant ist vom Anfang seiner Gelehrtenlaufbahn an für das
Verhältnis der Philosophie zur Religion interessiert:
jenes Verhältnis, das in Übereinstimmung, aber weit mehr noch
im Kampfe beider, die ganze Geschichte der Menschheit durch-
zieht, der, auch nach einem Worte unseres Philosophen, nie aufhören kann (Streit d. Fak., S. 74). Aber erst mußte er seine
Philosophie in den drei großen Kritiken begründet haben, ehe
er sich in die Auseinandersetzung mit der Religion einließ. Um
diese ganz zu verstehen, müssen wir uns zunächst

1. Seine religiöse Entwicklung

vergegenwärtigen. Lassen wir sein Leben von diesem Gesichtspunkte aus noch einmal kurz an uns vorüberziehen.

Die fromme Mutter macht den Knaben auf Spaziergängen mit
„frommem Entzücken" auf die „Werke Gottes" aufmerksam und
pflanzt so eine „tiefe Ehrfurcht vor dem Schöpfer aller Dinge"
in sein kindliches Gemüt. Ganz haben diese Jugendeindrücke
sich nie in ihm verloren. Für den sogenannten „physikotheo-
logischen" Beweis von Gottes Dasein, aus der zweckmäßigen Einrichtung der Natur, hegt er selbst in der kritischen Periode, in
der er ihn nicht mehr als Beweis anerkennen kann, noch
eine gewisse Sympathie als den „ältesten, klarsten und der gemeinen Menschenvernunft am meisten angemessenen". In der
persönlichen Unterhaltung zeigte er dabei sogar bisweilen „eine
gewisse rührende und gerührte Salbung" (Rink, S. 69). Es ist
ein Gott, rief er einst aus und bewies das aus dem Benehmen
der Schwalbe gegen ihre Jungen, die, wenn sie sie nicht mehr

ernähren könne, ,,sie aus dem Neste stoße, um sie nicht vor ihren
Augen sterben zu sehen" (Hasse, S. 24). In ähnlicher Weise
äußerte er sich über den ,,wunderbar geschlossenen" Auszug der
Raupen 1798 zu Abegg.

Den Geist des Pietismus hatte er zunächst in den Betstunden
des Dr. F. A. Schulz, zu denen seine Mutter ihn mitnahm, noch
weit eindringlicher und dauernder dann während seines achtjährigen Aufenthalts im Fridericianum kennen gelernt (Buch I,
Kap. 2). Interessant ist die schon von Borowski erwähnte und
neuerdings durch eine genaue Vergleichung von Hollmann be-
stätigte Tatsache, daß der 68 jährige Greis den von dem Knaben
gebrauchten Schulkatechismus vor der Abfassung der ,Religion
innerhalb der Grenzen der bloßen Vernunft' nochmals genau
durchgelesen hat: so daß diese Schrift gewissermaßen eine Auseinandersetzung mit seinem Kinderglauben darstellt, mit dem
Katechismus, ,,den wir in unserer Kindheit auf ein Haar inne-
halten und zu verstehen glaubten, den wir aber, je älter und
überlegender wir werden, desto weniger verstehen[1])". Dagegen
muß Hollmanns Annahme, daß Kant das Christentum nur in der
Gestalt des lutherischen Pietismus ,,Königsberger Färbung"
kennen gelernt habe, fallen, seitdem wir wissen, daß er in der
Familie eines reformierten Pfarrers mehrere Jahre seiner Hauslehrerzeit zugebracht hat.

Als Student wendet er sich zwar von der Theologie anscheinend schon früh ab und der Philosophie zu, hört aber immerhin
bei seinem früheren Direktor F. A. Schulz Dogmatik und hat in
Knutzen einen tief religiös gesinnten Lieblingslehrer besessen.
Und wenn auch die Sprüche der stoischen Philosophen aus der
Römerzeit für seinen inneren Menschen größere Bedeutung gewonnen zu haben scheinen, so ist doch die Eintragung in das
Familienbuch bei dem Tode seines Vaters (1746) noch von stark
religiösem Sinne erfüllt.

Wie sehr ihm die Rettung und Rechtfertigung der Religion

---

[1]) So schreibt er, offenbar aus frischer Erinnerung heraus, ein Jahr
nach Abfassung der ,Religion' in dem Aufsatz ,Von dem Einfluß des
Mondes auf die Witterung' (1794).

neben der festen Wahrung des Standpunktes selbständiger Naturwissenschaft auch in den ersten Jahren seiner Privatdozentur
noch am Herzen liegt, haben wir bei Besprechung der Kosmogonie und der Aufsätze über das Erdbeben von Lissabon gesehen. Auch die Nova Dilucidatio (1755), die freilich stark in
Leibniz' Bahnen sich bewegende Abhandlung über den Optimismus (1759) und das größere Werk ‚Der einzig mögliche Beweisgrund' (1763) geben denselben Standpunkt einer überzeugten
innerlichen Religiosität wieder. Aber wie steht es mit seiner
Stellung zum offiziellen K i r c h e n glauben in jener Zeit? Ihm
k ö n n t e er damals nach neueren Zeugnissen doch etwas näher
gestanden haben, als man bisher angenommen hat. Zwar die
Mitteilung des ohnehin kirchlich voreingenommenen Borowski
(S. 199), Kant habe ihm „oft versichert", die kirchliche Liturgie,
besonders die öffentlichen Kirchengebete, „in seiner Jugend mit
Erschütterung und Rührung und mit der festen Überzeugung,
kein Theolog unserer Zeit dürfte Gebete von solcher herrlichen
Art fertigen können, angehört zu haben", ist zeitlich zu unbestimmt gehalten, als daß man sichere Schlüsse daraus ziehen
dürfe: wenn auch der Umstand, daß Borowski am vertrautesten
mit ihm in den Jahren 1755—59 verkehrt hat, auf eben jene
Zeit zu weisen scheint. Auffallender ist eine bisher noch nicht
gedruckte Mitteilung von Kants Schüler und späterem Kollegen
Pörschke (1751—1812), eines nach Abeggs Schilderung „sehr
bestimmten, freimütigen und kühnen Denkers" an diesen, Kant,
dessen langjähriger Schüler er gewesen, und bei dem er noch
(1798) wöchentlich esse, habe ihm (Pörschke) oft versichert:
„E r s e i s c h o n l a n g e M a g i s t e r g e w e s e n u n d
h a b e n o c h a n k e i n e m S a t z e d e s C h r i s t e n t u m s
g e z w e i f e l t ; n a c h u n d n a c h s e i e i n S t ü c k u m s
a n d e r e a b g e f a l l e n ." Dazu ist nun ganz vor kurzem noch
eine weitere Tatsache getreten.

Erich Adickes, der verdiente Herausgeber von Kants hand-
schriftlichem Nachlaß, macht im Vorwort zu Band XVI der
Akademie-Ausgabe darauf aufmerksam, „wie stark sich" in des
Philosophen Randbemerkungen in seinem Handexemplar von

Meiers logischem Compendium, das der junge Magister seinen
Vorlesungen über Logik 1755/56 zugrunde legte, in den gewählten B e i s p i e l e n „der Einfluß der christlich-pietistischen Erziehung in jener Zeit noch bei Kant geltend macht" (a. a. O.,
S. VI). In der Tat tritt in den dem theologischen Gebiet ent-
nommenen Beispielen, die Kant neben oder unter dem Text von
Meiers ‚Auszug aus der Vernunftlehre' (1752), also doch wohl
zum Gebrauch in den Vorlesungen sich notiert hat, kaum ein
Zweifel an den in ihnen erwähnten Kirchenlehren hervor. Wir
berücksichtigen im folgenden die aus Meiers Buch e n t -
l e h n t e n Beispiele im allgemeinen nicht und lassen auch diejenigen fort, in denen er nur als Anhänger Leibnizens und dessen
Lehre von der „besten Welt" erscheint, wonach ihm das Dasein
Gottes und die Unsterblichkeit noch dogmatisch feststehen. Be-
zeichnender, mindestens für seine äußere Stellung zur Kirchenlehre, sind folgende über:

1. Die B i b e l: Die heilige Schrift ist ein göttlich Buch
(a. a. O., Nr. 3268).

2. Die D r e i e i n i g k e i t: Die drei Personen der Gottheit
haben ein Wesen (3407). Falsch schließt, wer aus der Einheit
Gottes gegen die Dreieinigkeit schließt (2194). Man kann gegen
die Dreieinigkeit Zweifel machen; sie sind aber alle beantwort-
lich (2644).

3. E n g e l: Alle Engel sind vernünftig (3250). Was den
Menschen nicht zukommt, kommt auch den Engeln nicht zu (2887).

4. A u f e r s t e h u n g: Als Beispiel dessen, „was vor sich
selbst genommen nicht anders als wahr ist", wird angeführt:
„Der Mensch soll auferstehen" (2274).

5. L e b e n n a c h d e m T o d e: Daß die Menschen nach
dem Tode … das Weltgebäude näher kennen sollen, ist gewiß (243).

6. R e c h t f e r t i g u n g d u r c h C h r i s t u s: Adam war
fehlbar; Christus ist der Sündentilger (3080).

7. R e l i g i ö s e Z w e i f e l: Gegen die christliche Religion
können viele Zweifel gemacht werden, die man nicht beantworten darf (2656, vgl. oben unter 2). — Leset nicht Bücher
der Zweifler (2444).

Ziemlich nahe diesen stark dogmatischen Äußerungen stehen auch solche wie 1958: „Den Heiden fehlt die Kenntnis der rechten Art, Gott zu dienen"; oder bedingungsweise geäußerte Sätze wie 1951: „ob vor der Sindfluth [sic!] Philosophen gewesen", und 2673: es sei eine „gemeine Meinung", daß „das Paradies im Monde gewesen". Oder die Entgegensetzung der Gewißheit eines Gläubigen und der eines Freigeistes (2429), wie denn auch die „Torheit der Freigeister" getadelt wird, zu verkennen, „daß vieles über unseren Horizont erhaben sei" (1962). Auffallend ist ferner, daß Kant folgende von Meier gebrauchte Beispiele unbedenklich übernimmt: „Christus ist Gott" (3251). „Nur die Menschen sind durch Christentum erlöset" (3112). „Die Erbsünde ist das Übergewicht der unteren Kräfte über die oberen" (2975).

Was soll man nun aus diesem Tatbestand schließen? Völlig erwiesen ist damit jedenfalls n i c h t , daß Kant zu jener Zeit auch i n n e r l i c h an keinem der genannten kirchlichen Dogmen keinerlei Zweifel gehegt hätte. Er hatte seine Bemerkungen doch nur als logische Beispiele zum Gebrauch für seine zumeist noch recht jugendlichen, zudem fast sämtlich (21 von 23) theologischen Zuhörern niedergeschrieben, bei denen er die gewohnten kirchlichen Vorstellungen voraussetzen mußte. Allein in tieferem inneren Gegensatz zu den letzteren kann er sich auch nicht befunden haben, sonst hätte er eben jene Beispiele nicht gewählt. Dazu war seine ganze Natur zu aufrichtig. Übrigens drängen sich gelinde Zweifel doch auch schon in seine Notizen ein: Er will (gleich Meier) nichts von einer Widerlegung der kopernikanischen Lehre durch Josuas bekanntes „Stehe stille!" wissen (3457). Es gibt „unvermeidliche Unwissenheiten", z. B. „wo die Hölle sei" (2260). Er bezweifelt, wie Lessing, die Ewigkeit der Höllenstrafen (2642). Er erklärt es für eine „unausgemachte Wahrheit", daß die Seele „ununterbrochen nach dem Tode ihr Denken fortsetze" (2654). Der (echte) Christ läutert seine „dunklen wahren Erkenntnisse" zu „klaren wahren Begriffen" (2342). Und Magister Kant dringt schon damals auf P r ü f u n g und Kritik. Man soll auf niemandes Worte schwören,

nicht sofort Beifall geben oder für ungereimt halten", sondern
prüfen (2552). Wie der Theologe eine „seichte Erkenntnis" zeige,
wenn er „mehr aus den *patribus* [= Kirchenvätern K. V.] als
der heiligen Schrift beweiset" (2445), so könne der Freigeist nicht
aus der heiligen Schrift widerlegt werden; ebenso begehe man
einen Zirkelschluß, wenn man die Wirklichkeit Gottes aus der
Schrift beweisen wolle (3314). Eine gewisse kritische Zurückhaltung spricht doch auch aus der vergleichenden Behauptung:
„Die Unsterblichkeit der Seele ist den Christen gewiß wahr, den
Epikureern gewiß falsch, den Philosophen wahrscheinlich, den
Freigeistern zweifelhaft"; eine noch stärkere aus dem wenige
Zeilen später folgenden Satze: „Die christliche Religion ist in
den Geheimnissen unwahrscheinlich, aber in der historischen
Glaubwürdigkeit wahrscheinlich" (2586). Und auf dem Gebiete
des sittlich-religiösen Handelns klingt mindestens die Subjektivität des Individuums stark mit in der Äußerung: „Wenn man
sagt: G o t t befiehlt dieses zu tun, und man sieht nicht das
V e r g n ü g e n ein, was aus Befolgung dieser Befehle entsteht,
so ists tot" (2820).

Wir stimmen dem Herausgeber dieser bis vor kurzem ungedruckten Randbemerkungen des Philosophen doch nur bedingt
bei, wenn er ihren „großen Wert" darin erblickt, daß sie uns
einen Einblick in Kants Denkweise um die Mitte der 50er Jahre
gewähren, also gerade derjenigen Zeit, aus der uns sonst über das
Persönliche an Kant so wenig Material zu Gebote steht, indem
sie zeigten, „wie stark sich der Einfluß der christlich-pietistischen
Erziehung in jener Zeit noch bei Kant geltend macht" (a. a. O.,
S. V f.). Unseres Erachtens vermögen sie das bisherige Urteil
über Kants religiöse Entwicklung nur zu modifizieren, nicht
gänzlich umzustoßen. Und noch mehr müssen wir uns hüten,
jene angebliche, durch Pörschke überlieferte mündliche Versicherung des greisen Philosophen über seine erst spät eingetretenen Zweifel am „Christentum" allzu wörtlich zu nehmen.
Dem widerspricht schon die entschiedene geistige Kluft zwischen
ihm und Hamann, die aus dem Briefwechsel beider für das Jahr
1759 unleugbar hervorgeht (s. oben 2. Buch, Kap. 1). Mag Kant

sich etwas früher oder später vom biblischen Christentum ab-
gewandt haben: zur Zeit dieses Briefwechsels jedenfalls stand er
schon nicht mehr auf dem Boden desselben. Wie könnte Hamann
ihn sonst als Leugner einer „individuellen, atomistischen und
momentanen" Vorsehung, d. h. eines auch jede „Kleinigkeit"
anordnenden Gottes ansehen, wie gegenüber einem Bibelgläubigen
die Worte gebrauchen: „Fange nicht mit einem Philosophen vom
Herrn C h r i s t o an, denn er k e n n t den Mann n i c h t" (an
Kant, Ende Dezember 1759)[1]). Desgleichen treten in dem besprochenen gemütvollen Trostbriefe unseres Philosophen an Frau
von Funk (Juni 1760) zwar, wie es die Gelegenheit nahelegte,
allgemein-christliche Gedanken, jedoch nicht solche spezifisch
orthodoxer oder pietistischer Färbung auf. Wohl spricht der
letzte Abschnitt von dem „erbaulichen" Ende des „selig Verstorbenen" unter dem Beistande seines „getreuen Seelsorgers",
von dem „Ratschluß des Höchsten", der ihn zu einem „Bürger
des Himmels" gemacht, von der „christlichen Sehnsucht" nach
dem gleichen „seligen Ziele", zu dem andere vor uns gelangt
sind: aber doch nichts von Christi Blut und Gerechtigkeit, vom
Zusammensein mit den Engeln oder anderen seligen Geistern,
von künftiger Auferstehung und anderem mehr, wovon ein Offen-
barungsgläubiger in einem so ausführlichen Briefe bei dem Tode
eines „mit der Standhaftigkeit und feurigen Andacht eines Christen
sanft und selig Verschiedenen" zu reden sicherlich nicht ermangelt
hätte. Statt dessen ist der größte Teil des Schreibens von p h i l o -
s o p h i s c h - religiösen Betrachtungen über die Nichtigkeit alles
Irdischen und ähnlichem durchzogen, wie wir sie auch in einer
jener Reflexionen von 1755/56 sich widerspiegeln sehen: „Ist die
Eitelkeit der Welt wohl vieler Mühe wert?" (3313).

Die entscheidende Wendung nach links scheinen auch hier
— denn ein zwingender Schluß ist bei dem Mangel beweiskräftigen

---

[1]) Gewisse Zweifel an seiner Rechtgläubigkeit verrät doch auch die
feierliche Frage des Dr. F. A. Schultz an ihn gelegentlich seiner Bewerbung um eine Professur (1758): „Fürchten Sie auch Gott von Herzen?"
selbst wenn Kant das nur auf die Gelobung der ihm auferlegten Ver-
schwiegenheit bezogen haben sollte (Borowski S. 35).

Materials nicht möglich — die s e c h z i g e r Jahre gebracht zu
haben. Wir erinnern an den aller Dogmatik absagenden Schlußsatz des ‚Beweisgrundes‘ (1763): Es ist durchaus nötig, daß man
sich vom Dasein Gottes überzeuge; es ist aber nicht ebenso nötig,
daß man es d e m o n s t r i e r e. Und an die noch kräftigere
Absage in den ‚Träumen eines Geistersehers‘ (1766), wo er „alle
lärmenden Lehrverfassungen" von übernatürlichen Gegenständen
„der Spekulation und der Sorge müßiger Köpfe überlassen" will
und den die „Geheimnisse der anderen Welt" zu wissen Begehrer-
den den guten Rat gibt, sich zu gedulden, bis sie — dorthin kommen würden. Man denke auch an seine im vorigen Buche erwähnte poetische Grabschrift auf den Theologen Lilienthal, oder
an die milde, ja anmutige Art, mit der er (nach dem Gedicht
seiner Zuhörer an ihn 1770) vor diesen vom Tode zu sprechen
pflegte. Am deutlichsten aber zeigt uns die mittlerweile voll-
zogene Wandlung (falls man überhaupt von einer solchen reden
kann, jedenfalls ist sie Kants Charakter entsprechend ganz allmählich, langsam aber sicher, „ein Stück nach dem andern", vor
sich gegangen) der schon im 6. Kapitel unseres 2. Buchs (S. 204)
erwähnte Brief vom 28. April 1775 an Lavater.

Er unterscheidet hier, ganz ähnlich wie L e s s i n g , mit
dem er überhaupt in seinen religiösen Anschauungen wesens-
verwandt erscheint, die L e h r e Christi von der N a c h r i c h t ,
die wir über sie besitzen. „Um jene rein herauszubekommen,
suche ich zuvörderst die moralische Lehre abgesondert von allen
neutestamentischen Satzungen herauszuziehen". Diese sei sicherlich die „Grundlehre" des Evangelii, alles übrige nur „Hülfs-
lehre". Erstere sagt, was wir tun sollen, letztere nur, was Gott
getan, um unserer Gebrechlichkeit zu Hilfe zu kommen. Wenn
wir nämlich soviel getan haben, als in unseren Kräften stand,
können wir demütig vertrauen, daß Gott „bei der Heiligkeit
seines Gesetzes und dem unüberwindlichen Bösen unseres Herzens"
notwendig „irgendeine Ergänzung unserer Mangelhaftigkeit" eintreten lassen werde. Die Art, wie er dies ausführe, wissen zu
wollen, sei Vorwitz oder vielmehr Vermessenheit. Die im neuen
Testament überlieferten Wunder und Geheimnisse mögen zu ihrer

Zeit zur Verbreitung der neuen Lehre nötig gewesen sein: jetzt,
wo der Bau da steht, muß das Gerüste wegfallen. Ich kann mein
alleiniges Heil nicht auf h i s t o r i s c h e Nachrichten gründen,
denen ich zeitlich nicht nahe genug mehr stehe, „um solche gefährliche und dreuste Entscheidungen zu tun". Er „gestehe frei:
daß in Ansehung des Historischen unsere neutestamentischen
Schriften niemals in das Ansehen können gebracht werden, daß
wir es wagen dürften, jeder Zeile derselben mit ungemessenem
Zutrauen uns zu übergeben", dadurch aber das „einzig Notwendige", nämlich den m o r a l i s c h e n Glauben des Evangelii,
zu schwächen. Der Religions w a h n besteht in „gottesdienstlichen Bewerbungen", Glaubensbekenntnissen, „Anrufung heiliger
Namen" und anderen „Observanzen", die wahre R e l i g i o n
in der „Reinigkeit der Gesinnung" und der „Gewissenhaftigkeit
eines guten Lebenswandels". Allerdings haben schon die Apostel
die Hilfslehre für die Grundlehre genommen, und „anstatt des
heiligen Lehrers praktische Religionslehre als das Wesentliche
anzupreisen, die Verehrung dieses Lehrers selbst und eine Art
von Bewerbung um Gunst durch Einschmeichelung und Lobes-
erhebung desselben, wowider jener doch so nachdrücklich und
oft geredet hatte, angepriesen".

In diesen und ähnlichen Sätzen (vgl. auch den Ak.-Ausg. X,
S. 171 f. abgedruckten Briefentwurf) haben wir in allen wesentlichen Stücken bereits den Kant der 18 Jahre später veröffentlichten ‚Religion innerhalb der Grenzen der bloßen Vernunft'
vor uns: ein Beweis, daß sich v o n d e r M i t t e d e r 70e r
J a h r e a b s e i n r e l i g i ö s e r S t a n d p u n k t i n d e r
H a u p t s a c h e n i c h t m e h r g e ä n d e r t h a t. Kein
Wunder, denn unser Philosoph hatte jetzt bereits das 50. Lebensjahr überschritten, während sich, auch nach seiner eigenen gelegentlichen Äußerung, die endgültige Weltanschauung des Menschen in der Regel im 40. festgesetzt hat. Es würde daher nicht
bloß zu weit führen, sondern auch für den Leser wenig Interesse
bieten, wenn wir sämtliche weitere Schriften Kants auf religionsphilosophische Äußerungen hin mustern wollten, wie wir das an

anderer Stelle getan haben[1]). Auch den Gedankengang der
Hauptschrift haben wir dort (S. XL ff.) in großen Zügen wiedergegeben. Hier liegt uns die Aufgabe des Biographen ob: die
Hauptzüge seiner Religiosität, kurz Kants R e l i g i o n im ganzen
darzustellen, und zwar zunächst

2. Die Begründung
a) Das Gewissen

Das Nächste und Grundlegendste ist auch hier seine tiefe
W a h r h a f t i g k e i t. Es gibt nicht viele Menschen, die in ihren
Briefen und Schriften das Pathos so wenig lieben wie unser Kant.
Als ihn aber Lavater um sein Urteil über seine (Lavaters) Abhandlung ‚Vom Glauben und Gebet' ersucht hat, da erhebt er sich zu
den fast feierlich klingenden Worten: „Wissen Sie auch, an wen
Sie sich deshalb wenden? An einen, der kein Mittel kennt, was in
dem letzten Augenblick des Lebens stichhält, als die reinste Aufrichtigkeit in Ansehung der verborgensten Gesinnungen des Herzens, und der es mit Hiob für ein Verbrechen hält, Gott zu schmeicheln und innere Bekenntnisse zu tun, welche vielleicht die Furcht
erzwungen hat, und womit das Gemüt nicht in freiem Glauben zu-
sammenstimmt" (an Lavater, 28. April 1775). Und die einzige Apostrophe außer der berühmten an die Pflicht, deren wir uns aus seinen Schriften erinnern, findet sich in der ‚Religion' (1793) und ist
an die — Aufrichtigkeit gerichtet. „O A u f r i c h t i g k e i t, Du As-
träa, die Du von der Erde zum Himmel entflohen bist, wie zieht
man Dich (die Grundlage des G e w i s s e n s, mithin aller inneren
Religion) von da zu uns wieder herab?" Aus diesem Grunde verlangt er ein andermal: „Alle Glaubensbekenntnisse müssen so ge-

---

[1]) In der Einleitung zu meiner Ausgabe der ‚Religion innerhalb
usw.' (Philos. Bibl. Bd. 45), S. XIV—XXII. Es kommen in Betracht:
Kritik der reinen Vernunft (1781), Kritik der praktischen Vernunft (1788),
Kritik der Urteilskraft (1790), die Aufsätze in der Berliner Monatsschrift
1784—86, zwei Aufsätze aus seinem Nachlasse über Wunder und Gebet
aus den Jahren 1788—91, die Abhandlung über die Theodizee (1791),
und vor allem natürlich die Hauptschrift: ‚Die Religion innerhalb der
Grenzen usw.' (1793). Dazu kommen dann die neuen Veröffentlichungen
aus seinem Nachlaß. Auf die letzteren, in weiten Kreisen noch unbekannten,
werden wir uns im folgenden vor allem beziehen.

fordert werden, daß volle Aufrichtigkeit damit verbunden werden kann"; denn ist erst einmal das Gewissen abgehärtet, „worauf will man" dann „Religion gründen"? (Reicke, Lose Bl., S. 31.)

Darum war ihm auch Aufrichtigkeit in religiösen Dingen heilig, wo und bei wem immer er sie antraf. Ich erinnere an die ehrfürchtige Achtung, mit der er zeitlebens über die wahrhafte Frömmigkeit seiner Eltern und des Dr. F. A. Schultz geurteilt hat, an den Gedenkvers auf seinen theologischen Kollegen Lilienthal, an seinen Respekt vor dem „wackeren" Spener, seine Freundschaft mit Hofprediger Schultz und anderen Theologen, auf deren Aufrichtigkeit er sich verlassen konnte. Anderseits war ihm nichts, gerade auf dem Gebiet der Religion, so verhaßt wie Heuchelei. Statt anderer Beispiele sei ein bisher noch unbekanntes aus Abeggs Tagebuch angeführt. An seiner Mittagstafel vom 5. Juli 1798 hatte man von dem Tode eines alten pietistischen Predigers in Königsberg gesprochen, bei dem sich Kants juristischer Kollege, der später als „Denunziant" berüchtigt gewordene Schmalz, vergeblich anzubiedern versucht hatte. Da wandte sich Kant lebhaft an einen der Tischgenossen (Regierungsrat Jensch) mit der Aufforderung: „Erzählen Sie doch, wie der alte rechtschaffene Mann, der durch seine männliche Standhaftigkeit im Tode schon verehrungswürdig gewesen ist, dem Erzschleicher Schmalz mitgespielt hat!" (Es war mit den Worten geschehen: Geld und Silber habe ich nicht und achte den nicht, der alles darauf hält.) Er empfand eben, um mit F. A. Lange zu reden, mehr Sympathie mit „den Stillen im Lande, die im ärmlichen Kämmerlein auf ihren Knien ein Reich suchen, das nicht von dieser Welt ist", als mit „dem reichen Pastor, der den Glauben tapfer zu schirmen, seine Würde wohl zu behaupten und seine Güter klug zu bewirtschaften weiß". Nur im Sinne dieser Begründung der Religion auf den innersten Grund der eigenen Persönlichkeit oder, wie Kant es mit dem alten Worte nennt: auf das Gewissen, im Gegensatz zu aller äußeren Autorität, könnte man Kant einen „Philosophen des Protestantismus" nennen; von kirchlich-konfessioneller Gesinnung kann, wie wir unten noch deutlicher sehen werden, bei ihm keine Rede sein.

b) Geringschätzung des Geschichtlichen

Mit dieser Begründung des Religiösen rein auf das Bewußtsein (Gewissen) des Einzelnen hängt weiter die, übrigens
seiner gleichen Haltung in der Philosophie ganz entsprechende,
Gleichgültigkeit, ja beinahe Abneigung gegenüber dem
H i s t o r i s c h e n in der Religion zusammen. Auch das tritt
schon in seiner vorkritischen Zeit in seinem Urteil über Herders
‚Älteste Urkunde‘ (vgl. Bd. I, 233 f.) hervor. Nicht bloß, daß er
ironisch zweifelt, ob der von Herder ‚‚vermeintlich gefundene
Hauptschlüssel‘‘ auch wirklich ‚‚alle Kammern des historisch-
antiquarisch-kritischen Labyrinths‘‘ öffne: er gibt dem bibelgläubigen Magus auch sehr hübsch zu verstehen, wohin die Konsequenzen eines solchen Standpunktes führen. Es bedeutet eine
Verurteilung aller bloßen Gelehrsamkeit in der Theologie, wenn
er die derb-klaren Worte schreibt: ‚‚Wenn eine Religion einmal
so gestellt ist, daß kritische Kenntnis alter Sprachen, philologische
und antiquarische Gelehrsamkeit die Grundveste ausmacht, auf
die sie durch alle Zeitalter und in allen Völkern erbauet sein muß,
so schleppt der, welcher im Griechischen, Hebräischen usw. . . .
am besten bewandert ist, alle Orthodoxen, sie mögen so sauer
sehen wie sie wollen, als Kinder, wohin er will; sie dürfen nicht
muchsen . . .‘‘ Und es klingt wie eine Vorahnung der erst in
unseren Tagen wenigstens teilweise zum Durchbruch gekommenen
freien, philologisch-unbefangenen Bibelforschung, wenn er prophezeit: Erst, wenn ‚‚freiglaubende Philologen‘‘ sich jener ‚‚vulkanischen Waffen‘‘ bemächtigen würden, werde es mit dem Ansehen
jener ‚‚Demagogen‘‘ zu Ende sein (an Hamann, 8. April 1774).

Noch deutlicher äußert sich ein in die erste Hälfte der 80er
Jahre gehörendes, in weiteren Kreisen noch unbekanntes Loses
Blatt (Ak.-Ausg. XV, Nr. 430). In Ansehung eben jenes ‚‚Histori-
schen der Religion‘‘ müsse sich der bei weitem größte Teil der
Menschen auf a n d e r e verlassen, und sei es darum unmöglich,
je zur völligen Gewißheit zu gelangen. Ähnlich stehe es mit dem
Glauben an eine O f f e n b a r u n g. Entweder wird sie ‚‚durch
Menschen mitgeteilt‘‘, dann beruht sie ebenfalls auf ‚‚historischem
Glauben an Gelehrte‘‘; oder sie wird jedem Individuum besonders

erteilt, dann ist jeder „inspiriert" und kein gemeinschaftlicher
Maßstab möglich. „Es ist aber auch etwas, was sie gar nicht
anderen überlassen, sondern s e l b s t ausmachen müssen, nämlich was ihr G e w i s s e n ihnen erlaubt hierbei anzunehmen."
Hier aber ist völlige Gewißheit nicht bloß möglich, sondern
„schlechthin notwendig". Kann es uns auch keine neuen Erkenntnisse lehren, so kann es uns doch „davon ganz gewiß"
machen, was oder wieviel man „auf seine Seele und Gewissen
bekennen" kann. Eine „gelehrte" Religion kann nie für a l l e
Menschen sein; deshalb wird und muß die Religion einmal dahin
kommen, daß jeder nach seinem bloßem Menschenverstand sie
zu fassen und sich davon zu überzeugen vermag; wie denn auch
(genau wie bei der Sittenlehre, vgl. Buch III, Kap. 2) „nichts
e i n f a c h e r ist als der rein moralische Religionsglaube" (Reicke,
S. 66). Jeder Punkt, der Gelehrsamkeit zur Überzeugung von
seiner Richtigkeit voraussetzt, muß einmal wegfallen, wenngleich
er — ein an Lessings ‚Erziehung des Menschengeschlechts' er-
innernder Gedanke — „vielleicht anfänglich zur Introduktion
nötig war". Dagegen bleibt der theologischen Gelehrsamkeit die
Aufgabe, durch ihre historischen Untersuchungen den „Vorwitz"
zu zügeln und „Hirngespinste" hintanzuhalten.

Genau im gleichen Sinne spricht sich der von uns schon an
früherer Stelle (S. 80) besprochene wichtige Brief an Moses
Mendelssohn vom 16. August 1783 aus: Wenn es dort hieß: „alle
das Gewissen belästigende Religionssätze kommen uns von der
G e s c h i c h t e , wenn man den Glauben an deren Wahrheit
zur Bedingung der Seligkeit macht", so erinnert auch dieser Satz
an das bekannte Wort von Mendelssohns größerem Freund, daß
zufällige Geschichtswahrheiten nie der Grund von ewigen Ver-
nunftwahrheiten werden können.

Aus diesem Gegensatz zur historischen B e g r ü n d u n g
der Religion — die mit dem Fehlen geschichtlichen I n t e r e s s e s
keineswegs identisch ist — erklärt sich auch Kants Mangel an
literarischen Kenntnissen auf dem Gebiet theologischer Dogmatik.
Er, der sonst so Belesene, berührte in seiner im übrigen auf alle
möglichen Gegenstände sich erstreckende Unterhaltung, selbst im

Verkehr mit alten theologischen Bekannten wie Borowski, theologische Untersuchungen, besonders aus dem dogmatischen und exegetischen Fache, nie. Nach des letzteren Zeugnis wäre sein Wissen im Fache der Dogmatik „wirklich nicht" über die Zeit von 1742/43, in der er sie einst bei F. A. Schultz gehört, hinausgegangen. Eine Ausnahme habe in seinen späteren Jahren nur das Studium der Kirchengeschichte gemacht (was also gerade f ü r sein historisches Interesse spricht): als ihn Borowski einst besuchte, legte er gerade den 17. Band von Schröckhs Kirchengeschichte fort und versicherte dem Besucher, sämtliche Bände bis zu diesem gelesen zu haben. Vereinzelt gefielen ihm auch Predigten, wie die des Berliners Spalding und des Engländers Blair. Vielleicht wollte er sich jedoch auch mit Borowski über theologische Gegenstände nicht unterhalten. Denn wir wissen, daß er sich für die m o d e r n - theologischen Bestrebungen seiner Zeit interessiert, daß er z. B. den Wolfenbüttler Fragmentisten, den „Naturalisten" Bahrdt, den später zu nennenden „Zopf-Schulz" und, außer Rousseau, ziemlich sicher auch Lessings und wohl auch anderer theologische Schriften gelesen hat[1]). Einmal wirft er in den Losen Blättern (Reicke, G 18) die bibelkritische Frage auf: „Wer mag wohl der Redakteur der biblischen Schriften gewesen sein?", um darauf zu antworten: „Es muß ein Judenchrist gewesen sein." Ein anderes Mal (ebd. E 73) will er die lokale, zeitliche und nationale Bedingtheit der biblischen Schriftsteller, ja auch Christi und der Apostel selbst, berücksichtigt wissen und führt sehr hübsch gegen den „Mystizismus oder Buchstabenglauben" die Verse 1. Timotheus 1, 4—6 ins Feld, wo von den Allegorien und Geschlechtsregistern gewarnt wird, „die kein Ende haben" und mehr zu unnützem Schulgezänk als zu christlicher Besserung führen. Am radikalsten aber klingt eine frühestens 1796 entstandene Aufzeichnung (a. a. O., E 23),

---

[1]) An Lessing erinnert u. a. auch ein Gedanke aus den Losen Blättern (Reicke, S. 90): Auch die Bibel könne wegfallen, „ohne daß dadurch die Religion ihrem Geiste nach aus der Menschen Kenntnis käme." Im übrigen vgl. über das Verhältnis beider Männer die eingehende Untersuchung von E. Arnoldt in ‚Kritische Exkurse zur Kantforschung'. 1894.

wonach „der Kanon der heil. Schrift, vornehmlich Alten Testaments", „offenbar lange nach Christi Geburt" zustande gekommen sein soll, „selbst die alexandrinische Bibelübersetzung". „Die Juden scheinen in Opposition mit den Christen jenes Werk zusammengeschrieben oder wenigstens kollegiert [wohl = zusammengestellt, K. V.] zu haben."

Ebenso wie die Begründung auf Geschichte wird

c) die Begründung der Religion auf Gefühl von Kant grundsätzlich abgelehnt. Denn Gefühl gilt dieser spröden norddeutschen Natur als das Unklarste, Unbestimmteste, Schwankendste, was es geben kann. Selbst eine so feine und tiefe Fundamentierung wie diejenige Schleiermachers: schlechtsinnige Abhängigkeit vom Universum, hätte ihm nicht genügt. Aus diesem Grund geht ihm auch das Verständnis für das Große am Pantheismus gänzlich ab. Wie er gesteht, er habe in Spinoza „nie einen Sinn bringen können", so hätte er auch für Goethes dichterische Verklärung des pantheistischen Gefühls in Fausts Glaubensbekenntnis an Gretchen schwerlich etwas übrig gehabt. Auf Gefühl läßt sich nach Kant weder Erkenntnis noch Sittlichkeit gründen. Bloße Gefühlsreligion führt nach seiner Überzeugung unausbleiblich zu Schwärmerei und Mystik, in seinen Augen dem denkbar Schädlichsten und Gefährlichsten. Gegen den Vorwurf, seine Religionsphilosophie leiste einer feineren Mystik Vorschub, hat er sich daher aufs Entschiedenste verwahrt. Daß ein solcher Mystizismus sich an keiner Stelle seiner Schriften auch nur im mindesten findet, hat denn auch sein einstiger Zuhörer Jachmann noch zu Lebzeiten des Meisters in einer, von diesem gebilligten und mit einem Vorwort begleiteten, besonderen Abhandlung (1800) dargelegt. Auch im mündlichen Gespräch mit ihm hat Jachmann niemals irgendeine Spur von mystischen Vorstellungen bemerkt; vielmehr hat ihm der Philosoph die ausdrückliche Erklärung abgegeben, daß „keines seiner Worte mystisch gedeutet werden müsse, daß er nie einen mystischen Sinn damit verbinde, und daß er nichts weniger als ein Freund mystischer Gefühle", im Gegenteil jede Neigung dazu als eine Folge

und ein Zeichen „einer gewissen Verstandesschwäche" anzusehen
sei (Biogr. S. 116—119). Die Mitwirkung der Phantasie in religiösen Dingen erschien ihm als eine Abirrung vom geraden Wege
der Vernunft: „Die Phantasie verläuft sich bei Religionsdingen
unvermeidlich ins Überschwängliche, wenn sie das Übersinnliche
. . . nicht an bestimmte Begriffe der Vernunft, dergleichen die
moralischen sind, knüpft, und führt zu einem Illuminatismus
innerer Offenbarungen, deren ein jeder alsdann seine eigene hat,
und kein öffentlicher Probierstein der Wahrheit mehr stattfindet"
(‚Religion innerhalb'). Darum besitzt er auch verhältnismäßig
wenig Interesse für das religions p s y c h o l o g i s c h e Moment.

Eine gewisse Trockenheit der Empfindung ist allerdings von
einem solchen Standpunkt unzertrennlich: sie entspricht seiner
Trockenheit auf dichterisch-künstlerischem Gebiet. Dem Religiösen z. B. in einem Bachschen Oratorium oder einer Messe
Palestrinas, in einem Gemälde Rafaels oder in Paul Gerhardts
‚O Haupt voll Blut und Wunden' dürfte Kant, vielleicht abgeschreckt durch die pietistische Überfütterung seiner Jugend, kaum
Verständnis entgegengebracht haben. Wer mit romantischem
Gefühlsschwung zu seiner kritischen Philosophie kommt, findet
in ihr keine Nahrung. Darum gehen Fichte und Hegel, Schelling
und Schleiermacher andere Wege. Das Gefühl wird von Kant zwar
keineswegs abgewiesen, aber es darf, wie in der Ethik, erst nachträglich hinzukommen. So hat er eine Art religiöser, ehrfurchts-
voller Bewunderung der Schöpfung in der Natur vom Größten
bis zum Kleinsten auch später beibehalten, obgleich in der kritischen Periode das religiöse Gefühl häufiger ein moralisches Gewand erhält und als Dankbarkeit, Demut und Gehorsam zum
Ausdruck kommt (Kr. d. Urteilskraft).

d) Wissen und Glauben

Wie verhält sich nun bei Kant die Religion zum theoretischen
Erkennen?, oder einfacher ausgedrückt: das Glauben zum Wissen?
Bekannt, aber vielfach mißverstanden ist der Satz aus der Vor-
rede zur zweiten Auflage der Kritik d. r. V.: „Ich mußte das
W i s s e n aufheben, um zum Glauben Platz zu bekommen."

Daraufhin haben ihn schon zu seiner Zeit manche „Gläubige" für ihre Partei in Anspruch nehmen zu dürfen geglaubt. Noch häufiger aber findet man heute, nach dem Vorgang Heinrich Heines und leider auch eines Wissenschafters wie Ernst Haeckel, von oberflächlichen Geistern einen krassen Gegensatz konstruiert zwischen dem unerbittlichen D e n k e r , der die Beweise für das Dasein Gottes auf immer vernichtet, und dem anpassungsfähigen M e n s c h e n Kant, der aus zaghafter Nachgiebigkeit auf die Bedürfnisse der Kirche oder aus Mitleid auf die seines alten Lampe Rücksicht genommen habe. Aus dem Zusammenhang gerissen, läßt sich natürlich, wie alle, so auch jener Satz ohne sonderliche Geistesanstrengung in einem derartigen Sinne deuten. Wer indes nur ein wenig in Kants Kritizismus hineingeblickt hat, kann dergleichen Behauptungen nicht aufstellen. „Glaube" bedeutet im kritischen Sinne nichts anderes als den „praktischen", „Vernunft-" oder „moralischen Glauben", der mit dem Kirchenglauben nichts zu tun hat, vielmehr mit ihm in beständigem Kampfe liegt und doch sein oberster Richter und Ausleger sein soll. Dieser aus dem sittlichen Bedürfnis hervorgehender „reine Vernunft-", das ist auf reine Vernunft sich gründende Glaube steht im schärfsten Gegensatz sowohl zu der gänzlichen Unterwerfung der Vernunft unter historische Fakta, wie dem A b e r glauben, als einer vergeblichen „Erleuchtung" von oben, wie endlich auch zu einem auf alle Vernunft und Pflicht verzichtenden „U n glauben" (‚Über das Orientieren', 1786).

Damit sind wir bei dem Kernpunkte angelangt: der

e) Begründung der Religion auf Moral

„Religion ist die Erkenntnis aller unserer Pflichten als göttlicher Gebote": so lautet ihre öfters gegebene Begriffsbestimmung. Wird sie damit nicht zu einem bloßen Anhängsel der Moral gemacht? In gewissem Sinne allerdings. Im System des Kritizismus erscheint die Religion nicht als selbständiges, gleichwertiges Glied wie Wissenschaft, Sittlichkeit und Kunst, sondern als bloßes Zubehör der Ethik, wie wir schon gegen Schluß des vorigen Kapitels angedeutet haben. Gleichwohl fallen Moral und

Religion nicht zusammen: wie das schon dem kritischen Grundprinzip reinlicher Scheidung des Verschiedenartigen (B. III, Kap. 1) entspricht. Die Ethik bedarf keiner religiösen Grundlage. Unter die zum „Prinzip" der Sittlichkeit untauglichen Bestimmungsgründe rechnet die Kritik der praktischen Vernunft ausdrücklich auch den „Willen Gottes" und weist somit jede theologische Begründung der Ethik ab. Und doch „führt" die Moral, wie es an einer anderen Stelle heißt, „unausbleiblich" zur Religion. An sich freilich, so führt Kant aus, brauchten die Menschen nach den möglichen Folgen ihres Tuns und Lassens nicht zu fragen. „Für sie ist's genug, daß sie ihre Pflicht tun, es mag nun mit dem irdischen Leben alles aus sein und wohl gar selbst in diesem Glückseligkeit und Würdigkeit niemals zusammentreffen." Allein, da Glückseligkeit doch schließlich nicht bloß das berechtigte Verlangen jedes endlichen Wesens ist, sondern auch die notwendige Folge der Sittlichkeit sein soll, so müssen wir einen allmächtigen Weltherrscher annehmen, der die „genaue Übereinstimmung des Reiches der Natur mit dem der Sitten" als Oberhaupt beider (G o t t) herzustellen vermag. Und da ferner die oberste Bedingung des in der Welt doch schließlich zu verwirklichenden „höchsten Gutes" völlige Übereinstimmung unserer Gesinnung mit dem Sittengesetze ist, solche „Heiligkeit" jedoch niemandem hienieden möglich, sondern bloß annähernd durch einen beharrlichen „moralischen Progressus" erreichbar ist: so müssen wir auch eine unendliche Fortdauer der Persönlichkeit, mithin U n s t e r b l i c h k e i t der Seele voraussetzen. Freilich, wie der Philosoph ausdrücklich einschärft, nicht als Gewißheit, sondern nur als „tröstende Hoffnung", die derjenige, welcher an jenem „Heiligungs"-Fortschritt bis zu seinem Lebensende aus echten sittlichen Beweggründen angehalten zu haben sich bewußt ist, sich machen darf: „daß er auch in einer über dieses Leben hinaus fortgesetzten Existenz bei diesen Grundsätzen beharren werde". N o t w e n d i g ist es nicht, daß wir existieren, oder gar daß wir ewig existieren, wohl aber daß wir uns des Lebens würdig verhalten. So werden denn das Dasein Gottes und die persönliche Unsterblichkeit — zuweilen wird im Geiste des Zeitalters der Aufklärung noch die „Freiheit" des Willens hinzugefügt, obwohl sie genau genommen systematisch auf einem ganz anderen Blatte steht — als „Postulate" (Forderungen) der praktischen Vernunft aufgestellt, die zwar theoretisch nicht beweisbar, sondern Glaubenssache, sogar nur eine solche „zweiten Ranges" sind, aber doch „dem praktischen Gesetze unzertrennlich anhängen".

Man mag das mit uns für eine Inkonsequenz, für eine Abschwächung der reinen Ethik, ja mit Fichte auch für eine Abschwächung des reinen Gottesbegriffes halten, insofern Gott als Austeiler der Glückseligkeit zum „Geber des Genusses" degradiert wird: eine unlautere Anpassung an die Kirche ist es jedenfalls nicht gewesen, sondern eine Anschauung, die Kant mit nahezu sämtlichen Vertretern der deutschen Aufklärung teilt. Schwerlich ist es eine Nachwirkung seiner Jugenderziehung. Diese und mit ihr das spezifisch Christliche in Kant dürfte in anderen Punkten zu suchen sein. Damit aber kommen wir von der Begründung zur

3. Anwendung

und zwar zunächst zu:

a) Kants Stellung zum biblischen Christentum

Beibehalten finden wir bei ihm aus der biblischen Lehre den Gedanken vom „radikalen", das heißt tief in der Seele des Menschen wurzelnden B ö s e n , der unsere in dieser Hinsicht ganz hellenisch denkenden großen Dichter so abstieß, daß Schiller ihn „empörend" nennt, ein anderes Mal meint, es sei zu verwundern, daß Kants „heiterer und jovialischer Geist" gewisse düstere Jugendeindrücke „nicht ganz verwunden" habe, und ihn mit Luther vergleicht, der sich zwar auch sein Kloster geöffnet, aber dessen Spuren nicht ganz habe vertilgen können (an Goethe, 22. Dez. 98); während Goethe sogar den Ausdruck gebraucht: Kant habe seinen Philosophenmantel, nachdem er ein langes Menschenleben gebraucht, ihn von mancherlei sudelhaften Vorurteilen zu reinigen, nunmehr „freventlich mit dem Schandfleck des radikalen Bösen beschlabbert, damit doch auch — Christen herbeigelockt werden, den Saum zu küssen" (an Herder, 7. Juni 93, einen Monat später an F. H. Jacobi). Beide vergaßen indes, daß der Philosoph sich ausdrücklich gegen eine Gleichsetzung seiner Lehre mit der theologischen von der Erbsünde verwahrt und neben jenem, tatsächlich doch unleugbaren, Urhang des Menschen zum „Bösen", das heißt eigentlich nur Abweichung von den selbstgesetzten guten Grundsätzen, doch auch eine unablässige Gegenwirkung des Guten, sowie, im Unterschied vom Christentum, einen beständigen Fortschritt zum Besseren, im Einzelnen wie in der gesamten Menschheit, annimmt[1]).

An das neutestamentliche Christentum erinnert auch die Lehre von der „Wiedergeburt" eines neuen Menschen in uns und von der fortgesetzten „Heiligung" unseres Wandels, vor allem aber die uns schon an früherer Stelle entgegengetretene Anschauung, daß der Mensch hoffen dürfe, was bei diesem Kampfe gegen das Böse nicht in seinem Vermögen stehe, werde durch „höhere Mitwirkung" ergänzt werden. An die biblische Lehre überhaupt seine Behandlung der alten Hiob-Frage, die in jedem über religiöse Fragen nachdenkenden Menschen von selbst aufsteigen muß: Wie ist das Vorhandensein des Sittlich-Bösen in der Welt mit Gottes Heiligkeit, wie die zahllosen Übel (Krieg, Armut, Elend jeder Art) mit seiner Güte, wie das Mißverhältnis in deren Verteilung, insbesondere die Straflosigkeit der Lasterhaften, mit seiner Gerechtigkeit vereinbar? Die Abhandlung ‚Ü b e r d a s M i ß l i n g e n a l l e r p h i l o s o p h i s c h e n V e r s u c h e i n d e r T h e o d i z e e' (September 1791) antwortet: daß unsere Vernunft zur theoretischen Einsicht in das Verhältnis von Gott und Welt schlechterdings unvermögend ist, eine „Theodizee", das ist Rechtfertigung Gottes aus Vernunftgründen (wie Leibniz sie bekanntlich in seinem gleichnamigen Buche versucht), darum

---

[1]) Die Losen Blätter (bei Reicke, D 13, S. 219) werfen sogar einmal die Frage auf, ob nicht sowohl aus theoretischen als aus p r a k t i s c h e n Gründen ein radikales Böses müsse angenommen, nämlich „nur so müsse gehandelt werden, a l s o b ein solches da sei." Der „Als ob"-Gesichtspunkt spielt überhaupt bei Kant, namentlich in seiner Ideenlehre, eine bedeutende Rolle, vgl. darüber H. V a i h i n g e r , Die Philosophie des Als ob. Berlin 1911, S. 613—733.

immer mißlingen wird, daß wir uns aber in den uns unverständlichen Willen des Weltenlenkers trotzdem gleich Hiob demütig ergeben müssen.

Gleichwohl ist es sehr zweifelhaft, ob Kant auf die bekannte Gewissensfrage von D. Fr. Strauß: ,,Sind wir noch Christen?'' mit Ja geantwortet haben würde. Dem Kern des sogenannten ,,positiven'' Christentum wenigstens, das heißt dem dogmatischen Christentum eines Paulus oder Luther, der E r l ö s u n g durch Christus als den Sohn Gottes steht er durchaus a b l e h n e n d gegenüber. Charakteristisch ist seine Stellung zur

Person Jesu

überhaupt. Gewiß hat er von seiner Kindheit her die persönliche Ehrfurcht vor dem Namen und der Gestalt Jesu bewahrt, und als Borowski in seinem biographischen Entwurf Kants Moral derjenigen des Heilandes zur Seite gestellt hatte, ersuchte der Philosoph ihn, den Namen, ,,davon der eine geheiliget, der andere aber eines armen, ihn nach Vermögen auslegenden Stümpers ist'', beiseite zu lassen, sondern von ,,christlicher'' und ,,philosophischer'' Moral zu sprechen (an Borowski, 24. Okt. 1792). Indes Jesus ist ihm nichts mehr als der hochgesinnte M e n s c h , über dessen Absichten, ob sie bloß religiös waren oder auf eine politische Umwälzung gingen, ob er den Tod gesucht[1]) oder nicht, unter anderen er mit den Autoren der neuesten Hypothesen wie Bahrdt und Reimarus diskutiert, dessen Leiden und Sterben er erörtert, während er seine jungfräuliche Geburt, seine Wundertaten, seine Auferstehung und Himmelfahrt entschieden verwirft. Daß er kein nahes inneres Verhältnis zu der Person des ,,Erlösers'' der Kirche besessen hat, scheint uns auch daraus hervorzugehen, daß er Jesus an keiner Stelle seiner ,Religion innerhalb', und so gut wie nie auch in seinen sonstigen Schriften und dem Briefwechsel beim Namen nennt, sondern lieber die mannigfaltigsten

---

[1]) Vorsätzlich zum Opfer für die Sünden der Menschen sich hinzugeben, könne er gar nicht beabsichtigt haben, sonst müßte seine Lehre die Juden nur haben reizen wollen, sondern er habe es nur ,,drauf gewagt'' (bei Reicke, G 23, am Schluß).

Umschreibungen wie: „Lehrer" oder „Heiliger des Evangelii", „Sohn Gottes", „Menschensohn", „göttlicher Gesandter", „Urbild der Nachfolge" und ähnliche gebraucht. Nur im ‚Streit der Fakultäten' spricht er, abgesehen von einer ganz unwichtigen Stelle (S. 113 Anm. meiner Ausgabe in der Philos. Bibl., Bd. 46 d), einmal (ebd. S. 97) von der „Religion Jesu", und zwar, charakteristisch genug, von der zweifachen Art, „wie Jesus als Jude zu Juden" und „wie er als moralischer Lehrer zu Menschen überhaupt redete".

Anders allerdings in den ‚Losen Blättern', wo er sich intimer vor sich selbst ausspricht. Hier taucht der Name „Christus", ja zuweilen auch „Jesus" öfters auf. Wir heben einige besonders bedeutsame Stellen hervor. „Daß Christus eine Religion hatte und lehrte, ist klar; aber nicht, daß er Gegenstand der Religion habe sein wollen" (E 77). Die „moralische", „seelenbessernde" Vernunftreligion war „diejenige, welche Jesus selbst hatte"; die Geschichtsreligion dagegen „besteht in der Anbetung dieses Jesus", ist also eine Religion „aus der zweiten Hand" (G 19). „Da alle Religion P f l i c h t l e h r e ist, so muß man nachsehen, was Christus z u t u n gelehrt hat, nicht was in seinen Reden zur Theologie, das ist der Theorie von Gott und seiner (Christi) Sendung gehört, die auch mit jüdischen Begriffen vermischt sein konnten oder wenigstens damit konziliert" (G 23). „Das Reich Gottes auf Erden: das ist die letzte Bestimmung des Menschen. Wunsch (Dein Reich komme). Christus hat es herbeigerückt, aber man hat ihn nicht verstanden und das Reich der Priester errichtet, nicht des Gottes in uns." „Christus traktierte die Pharisäer als die größten Verbrecher" (Akad.-Ausg. XV, S. 608 f.).

Die letzte, nach Adickes aus der Mitte der 70er Jahre stammende, Stelle steht in sachlichem Zusammenhang mit einer längeren Ausführung, die ein so deutliches Bild von Kants Auffassung der Jesugestalt gibt, daß wir sie, zumal sie weiteren Kreisen nicht bekannt sein dürfte, in ihrer ganzen Ausdehnung hierher setzen möchten: „Es war einmal ein weiser Lehrer, der dieses Reich Gottes im Gegensatz des weltlichen ganz nahe herbeibrachte. Er stürzte die Schriftgelehrsamkeit, die nichts als

Satzungen hervorbringt, welche nur die Menschen trennen, und errichtete den Tempel Gottes und den Thron der Tugend im Herzen. Er bediente sich zwar der Schriftgelehrsamkeit, aber nur, um die, worauf andere geschworen hatten, zunichte zu machen. Allein ein Mißverstand, der auf diesen zufälligen Gebrauch sich gründete, erhob eine neue, welche das Gute wiederum verhinderte, das er zur Absicht hatte. Obgleich die Schriftgelehrsamkeit sonst gut sein möchte, wenigstens gar nicht dem Wesentlichen nachteilig, so wirkte sie doch, was alle Schriftgelehrsamkeit in Sachen der Religion wirken muß: nämlich Satzungen und Observanzen als das Wesen, welche doch nur hilfeleistende Lehren sind, und der große Zweck ging verloren" (S. 609). Auf die Verderbnis der Jesureligion durch den Paulinismus geht ein nur wenig später entstandenes anderes Loses Blatt: ,,Wollte Gott, wir wären mit orientalischer Weisheit verschont geblieben . . . Es war zwar einmal ein Weiser, welcher sich ganz von seiner Nation unterschied und gesunde praktische Religion lehrte, die er seinen Zeitläuften gemäß in das Kleid der Bilder, der alten Sagen einkleiden mußte; aber seine Lehren gerieten bald in Hände, welche den ganzen orientalischen Kram darüber verbreiteten und wiederum aller Vernunft ein Hindernis in den Weg legten" (a. a. O., S. 345).

Als eine Befreiung der ursprünglichen Jesureligion von solchem ,,orientalischen Kram" wird er es daher betrachtet haben, wenn er in der ,Religion innerhalb' eine, allerdings ganz unhistorische, m o r a l i s c h - s y m b o l i s c h e U m d e u t u n g der Jesusgestalt unternahm. Der ,,Sohn Gottes" bedeutet ihm hier den ,,allein Gott wohlgefälligen Menschen", das ,,Urbild sittlicher Gesinnung", das ,,vom Himmel zu uns herabgekommen ist" und, um das Weltbeste zu befördern, alle Leiden auf sich nahm, ja einmal (Lose Blätter, S. 73) sogar nur den ,,durchs heilige moralische Gesetz erleuchteten gemeinen Mann". Ihm sollen wir in treuer Nachfolge ähnlich zu werden suchen. Die Erlösung kann für uns nie durch einen anderen, sondern nur durch den n e u e n Menschen i n uns, der dem alten ,,abstirbt", stattfinden. Es ist verfehlt, mit Kuno Fischer Kants Religionslehre als „Erlösungs"-Theorie aufzufassen; will man es aber tun, dann ist der wahre „Erlöser" — das Wort findet sich bei Kant nur einmal (Religion, S. 83), und zwar gerade im folgenden Sinn — eben der „neue Mensch" in uns selber. In geradem Gegensatz zu Luthers bekanntem Katechismussatz lehrt unser Denker, daß der Mensch nur aus eigener Vernunft und Kraft dem Schlechten entgegenwirken und zum Guten gelangen kann, daß die „völlige Revolution der Denkungsart" durch ihn selbst erfolgen muß, und jene oben erwähnte „Ergänzung" als durch Gottes Gnade geschehend anzunehmen, selbst als bloße Idee „sehr gewagt und mit der menschlichen Vernunft schwerlich vereinbar ist" (ebd. 224). Sokrates gilt ihm als guter Christ der Idee nach, und ein tugendhafter Polytheismus erscheint ihm wertvoller als ein Monotheismus, der Glaubensbekenntnisse und Observanzen zur Hauptsache macht (Reicke, S. 37 f.)! Wahre Religion kennt keine Furcht oder Angst, keine Gunstbewerbung oder Einschmeichelung, keine falsche Demut, winselnde Reue und Selbstverachtung oder Selbstpeinigung, sondern rüstiges Vertrauen auf die eigene Kraft im Widerstand gegen das Böse.

Wenn Konsequenz nach Kant eine „Hauptobliegenheit des Philosophen" ist, so konnte bei solchen Anschauungen sein

b) Verhältnis zur Kirche

nur ein sehr kühles sein. Wenn Hermann Cohen unseren Denker, im Gegensatz zu Spinoza, nicht bloß wegen seiner Dankbarkeit und Treue gegenüber der religiösen Atmosphäre des Elternhauses lobt, sondern auch meint, Kant habe „in friedlicher Eintracht mit seiner Gemeinde" gelebt, „positiv" gesinnte Geistliche und Theologie-Professoren seien „seine begeisterten Anhänger und Verkünder" gewesen[1]), so kann das doch einen falschen Anschein erwecken. Gewiß, seine friedliche Natur hielt ihn von einem gewaltsamen Bruch mit der Kirche zurück, die ihrerseits in der Zeit der Aufklärung duldsam und — klug genug war, einen Mann wie Kant nicht abzustoßen. Aber im ganzen nimmt er doch,

---

[1]) H. Cohen, Kants Begründung der Ethik. 2. erweiterte Auflage. 1910. S. 466—468.

bei aller seiner i n n e r e n Religiosität oder vielleicht eben
deswegen, eine Stellung ein, die man nur als u n k i r c h l i c h
bezeichnen kann: Nicht nur, daß er sich geradezu mit innerem
Ingrimm gegen die Buß- und Zerknirschungsstimmung, gegen
fromme Kasteiungen und gegen die gehäuften Andachtsübungen
wendet, mit denen man ihm die Jugend verbittert hatte; er verschmähte auch dauernd Kirchen- und Abendmahlsbesuch[1]).
Selbst, wenn nach dem feierlichen Rektoratswechsel die Professoren der Sitte gemäß, nach Fakultäten geordnet, zum Gottesdienst in die Domkirche zogen, pflegte unser Kant, falls er nicht
selber Rektor geworden war, „an der Kirchtüre vorbeizuschreiten"
(Reusch, a. a. O., S. 5). Denn „kirchliche Formen, wie Gebete
und Lobgesänge zu Ehren einer menschlichen Person mitzu-
machen, dazu kann der nicht verbunden sein, dessen Gewissen
es verletzt" (bei Reicke, S. 67). Borowski, der nicht zu den orthodoxen Eiferern zählte, sondern sich als Kants Freund und Verehrer gerierte, bedauert doch ausdrücklich, daß der Philosoph die
christliche Kirche bloß als eine „zu duldende Anstalt um der
Schwachen willen" angesehen, daß er Jesus nicht als Sohn Gottes
und Heiland der Menschheit betrachtet, daß er dem öffentlichen
Gottesdienst nicht beigewohnt und an den „segensreichen Stiftungen unseres Herrn" keinen Anteil genommen habe (Biogr.,
S. 196—202). Und ebenso bezeugt Jachmann (S. 119), daß er
sich „aller äußeren und sinnlichen Religionsgebräuche" enthielt.
„Ob er in seinen früheren Jahren in religiöser Absicht die Kirche
besucht habe, ist mir nicht bekannt[2]). In seinem Alter bedurfte
er wenigstens keiner äußeren Mittel mehr, um seine innere Moralität zu beleben."

---

[1]) Die konfessionellen Verschiedenheiten in der Abendmahlsauffas-
sung waren ihm sehr gleichgültig: „Ob der eine glaubt, daß die Gemeinschaft des Genusses durch bloße Gedanken oder durch die Seelenvereini-
gung des Leibes beim Brot oder durch Verwandlung geschehe, d a s   i s t
a l l e s einerlei" (Lose Blätter, ed. Reicke, S. 93).

[2]) Vgl. auch die 47. der unbeantworteten 52 Fragen, die Jachmann
zwecks einer späteren Biographie am 16. August 1800 an Kant richtete:
„Wurden die kirchlichen Gebräuche je (!) mitgemacht, und wann wurden
sie aufgegeben . . .?" Hier ist die Fassung der Frage schon bedeutsam.

Daß er den Kirchengesang gelegentlich als „Plärren" bezeichnete, haben wir schon gehört. Besonders auffallend aber und nur durch die Erinnerung an seine Jugendeindrücke zu erklären ist die Härte, mit der er, namentlich in einem besonderen, aus Gesprächen mit seinem Zuhörer Kiesewetter (1789—1791) stammenden, Aufsatz ‚Über das G e b e t' urteilt. Es könne höchstens aus subjektiven Gründen denen empfohlen werden, die dadurch wirklich größere Klarheit und lebhaftere Antriebe zur Tugend empfingen. In der Regel sei aber Heuchelei dabei, denn [? K. V.] der Betende stelle sich die Gottheit als etwas vor, was den Sinnen gegeben werden könne; auch schäme er sich, wenn man ihn betend finde, und höre damit überhaupt auf, sobald er Fortschritte im Guten gemacht. Andererseits will er dennoch inkonsequenterweise „in den öffentlichen Vorträgen an das Volk", also in der Kirche, das Gebet beibehalten wissen, weil es — „wirklich rhetorisch von großer Wirkung" sein könne, und man überdies in solchen Vorträgen „zu ihrer Sinnlichkeit sprechen und sich zu ihnen soviel wie möglich herablassen muß". Einen offiziellen B e t tag erklärte er noch in seinen letzten Jahren für „ein ganz überflüssiges Ding, welches alle Sonntage abgekanzelt wird und nichts bewirkt", während ein B u ß tag, „kraftvoll und seeleindringend vorgetragen, ein wahrer Heiligentag, asketisch, disziplinarisch, prophylaktisch und paränetisch" sei[1]). Die ‚Religion innerhalb' unterscheidet sehr scharf von dem als abergläubischer „Fetischdienst" bezeichneten formelhaften gottesdienstlichen Beten den „G e i s t des Gebets", das heißt die aufrichtige Gesinnung, unser ganzes Handeln so zu betreiben, als ob es im Dienste Gottes geschehe, wozu es keiner besonderen Worte und Formeln bedarf.

Auch das S t a a t s kirchentum wird gelegentlich mit scharfen Pfeilen bedacht. Während die natürliche Religion nichts von Glaubensartikeln und Bekenntnisformeln weiß, haben „Regierungen gern erlaubt", die Religion „mit Bildern und kindischem Apparat reichlich versorgen zu lassen", um ihre Untertanen „als bloß passiv" leichter behandeln zu können (Kr. d. U.). „Wenn

---
[1]) Nachgelassenes Werk, Altpreuß. Monatsschrift XXI, S. 415.

. . . die Moral nicht vor der Religion vorhergeht, so macht sich
diese zum Meister über jene, und statutarische Religion wird ein
Instrument der Staatsgewalt (Politik) unter Glaubensdespoten[1]."
Kurz, die Kirche ist „die weite Pforte und der breite Weg, den
viele wandeln". Der Bekenntnisglaube ist für gewissenhafte
Menschen ein schwereres Joch als der ganze „Kram frommer
auferlegter Observanzen" (Rel. 209 f.). Und zwar einerlei, ob
Katholizismus oder Protestantismus. Der erstere ist nur folge-
richtiger und gibt seinen Glauben als allgemeinverbindlich aus,
während der Protestantismus sich auf Freiheit beruft und gleichwohl einer Autorität unterwirft (Lose Blätter, S. 402). Es gibt freilich rühmliche Beispiele von „protestantischen" Katholiken, andererseits noch mehr sehr anstößige von erzkatholischen „Protestanten".

Darum ist es auch kein Wunder, daß unser Held sich an
dem Stande der G e i s t l i c h e n in seinen populären Schriften
und Vorlesungen gerne etwas reibt; besonders an solchen, die
„dem Herrn des Himmels, zugleich aber auch den Herren der
Erde . . . den Hof machen" (Anthropol., S. 238 f.). Noch offenherziger in den nachgelassenen Reflexionen: „Das Evangelium ex-
tendiert unseren Begriff, die Theologen verengen ihn" (Ak.-A. XV,
S. 776). „Der Mensch steht unter seinesgleichen in Ansehung der
Religion und wird von Geistlichen zeitlebens gehudelt (!)" (ebd.
633). „Theologen schreien über Freigeister, sie sollten lieber untersuchen, ob es nicht an ihren eigenen Methoden liegt, die . . . bei
zunehmender Kultur unzulänglich sein" (ebd. 640). Die Priester[2])
sind „jederzeit geneigt, aus dem bloßen Lehrstand in einen
regierenden überzugehen" (Religion innerhalb, S. 151), wo
dann „alles übrige Laie ist" (S. 211). „Von einem tungusi-
schen Schaman [Zauberpriester] bis zu dem Kirche und Staat
zugleich regierenden europäischen Prälaten . . . ist zwar ein mäch-
tiger Unterschied in der M a n i e r , nicht aber im P r i n z i p
zu glauben" (S. 206). Daß er gleichwohl mit einzelnen Theologen,

---

[1]) Schluß der ‚Anthropologie'; vgl. auch ‚Religion', S. 210 f.

[2]) „Der P r e d i g e r ist bloß Religionslehrer, der G e i s t l i c h e
verbindet ‚Seelsorge' damit, der P r i e s t e r gilt als der ausschließliche

wie dem Hofprediger Schulz, den Pfarrern Fischer, Sommer und
Wasianski gern verkehrte, beweist nur, daß er in ihnen die ehrlichen und wohlwollenden Menschen sah.

Übrigens zogen ihn, wie bei dieser Gelegenheit bemerkt sein
mag, auch die liberalen Theologen von der Art der Semler, Teller
und Jerusalem wenig an. Da er ein Feind aller Halbheit und
jedes ,,Synkretismus" war, wird er über die Versöhnungssucht
der Vermittlungstheologen ähnlich geurteilt haben wie Lessing:
,,Man macht uns unter dem Vorwande, uns zu vernünftigen
Christen zu machen, zu höchst unvernünftigen Philosophen . . .
Flickwerk an Stümpern und Halbphilosophen ist das Religions-
system, welches man jetzt an die Stelle des alten setzen will und
mit mehr Einfluß auf Vernunft und Philosophie, als sich das alte
anmaßt" (Lessing an seinen Bruder Karl, 2. Febr. 1774).

Mehr Freude hatte er an radikal-aufklärerischen Theologen. So überwand er seine Unlust am Rezensieren, um das Buch
von Joh. Heinrich S c h u l z : ,Versuch einer Anleitung zur Sittenlehre für alle Menschen ohne Unterschied der Religion' (1783),
und zwar alsbald nach seinem Erscheinen, im Königsberger
,Räsonnierenden Bücherverzeichnis' sympathisch zu besprechen.
Schulz (1739—1823), Prediger in Gielsdorf bei Berlin, im Volks-
mund der Z o p f schulz genannt, weil er aller behördlichen An-
ordnungen zum Trotz die Kanzel nicht in der üblichen Perücke,
sondern mit dem bei den Weltleuten Mode gewordenen Zopfe
betrat, — hatte in seiner Schrift der Überzeugung Ausdruck zu
geben gewagt, daß nicht Religion oder gar kirchliche Lehrmeinung,
sondern nur die Moral allgemeinverbindlich sei. Unseren Philosophen mochte zu seiner Besprechung außerdem der Umstand
reizen, daß Schulz auch sonst ganz neue, erst in unserer Zeit
in weitere Kreise gedrungene Gedanken, wie den von der Rela-

Spender himmlischer Gnadenmittel und wird zum P f a f f e n , wenn er
sich auch noch als geistliche Obrigkeit aufspielt" (Lose Bl., S. 48). — In
diesen Zusammenhang gehören auch seine bitteren Bemerkungen über die
Wirkungen von Predigten im Anthropologiekolleg (vgl. das Sachregister
in meiner Ausgabe der ,Anthropologie', Philos. Bibl., Bd. 44, außerdem
Ak.-Ausg. XV, S. 73 Anm., und S. 119).

tivität aller Erkenntnis, sogar der sittlichen Begriffe, und eine
darauf sich gründende Milieu- und Straftheorie vertrat. Jedenfalls erkennt Kants, allerdings anonym erschienene, Rezension
den Freimut, das Selbstdenken und die Aufrichtigkeit des von der
gesamten Orthodoxie verketzerten Mannes offen an. Was er
an ihm auszusetzen hat, ist sein „Fatalismus", der alles menschliche Tun und Lassen in ein bloßes Marionettenspiel verwandle.
Unter dem Wöllnerschen Regime konnte sich der wackere Mann
nicht halten; obgleich seine Gemeinde und selbst das Kammer-
gericht für ihn eintraten, verfügte des großen Königs beschränkter Nachfolger seine Absetzung. — Auch die Geschichte mit den
„Domnauern" (s. Buch III, Kap. 8) beweist Kants Radikalismus
in seinen Vorlesungen, jedenfalls in der Auffassung eines Teiles
seiner Zuhörer.

c) Zweifel an seinem Gottes- und Unsterb-lichkeitsglauben

So ist denn zu begreifen — zumal da er im Gespräch wie
in seinen Schriften stets das menschliche Nichtwissen in bezug
auf übernatürliche Dinge betonte —, daß man in späteren Jahren,
wenigstens in Königsberger Kreisen, starke Zweifel an seinem
Gottes- und Unsterblichkeitsglauben zu hegen anfing. So versicherte der Buchhändler Nicolovius am 30. Juli 1798 Abegg
(nach des letzteren Tagebuch): „Viele Kantianer konnten aus
Kant nicht kommen [= klug werden? K. V.], wie seine Religionslehre erschienen ist, und auch dessen Rechtslehre. Sie vermuten, er stimme nicht mit sich überein." Abegg verstand Nicolovius dahin, daß Kant nicht mit seinen gedruckten Büchern
übereinstimme. „Vermutlich aber bezog er sich auf die Meinung
der hiesigen Schüler Kants, daß derselbe keinen festen Glauben
an die Unsterblichkeit habe." Noch deutlicher drückte sich
Brahl aus: „Ungeachtet er (Kant) einen Gott postuliert, so glaubt
er selbst nicht daran, und auch die Zukunft achtet er nicht, insofern sie Fortdauer gewähren kann." — „Keinen Gott?", erwiderte Abegg, „an was knüpft er denn alles in der Moral als
an Gott?" „Es ist wahr", sagte Brahl, „in der Metaphysik läßt

er's unentschieden, negiert nicht und bejaht nicht. In der Moral ist er der Meinung, eigentlich komme es auf das i n d i v i d u e l l e B e d ü r f n i s an, er bekämpft in dieser Hinsicht den Schlosser nicht, der ohne eine göttliche Regierung nicht leben kann." — Auch Jachmann gegenüber warf der Philosoph einmal, höchstwahrscheinlich in den 80er Jahren, die Frage auf: Ob er lieber eine Ewigkeit hindurch existieren oder mit seinem Lebensende gänzlich aufhören wolle? Es sei doch „höchst gewagt, sich für einen völlig unbekannten und doch ewig dauernden Zustand zu entscheiden und sich willkürlich einem ungewissen Schicksal zu übergeben, das ungeachtet aller Reue über die getroffene Wahl, ungeachtet alles Überdrusses über das endlose Einerlei und ungeachtet aller Sehnsucht nach einem Wechsel dennoch unabänderlich und ewig wäre" (Jachmann, S. 121 f.). Und ganz ähnlich erklärte er Pörschke, ihm sei der Gedanke einer Ewigkeit ohne Fortschritt der Geistesentwicklung, der ununterbrochenen Einerleiheit, und wäre sie auch hohe Glückseligkeit, ein schrecklicher Gedanke (Schuberts Kantsausgabe XI, 2, S. 180).

Allein das scheinen doch nur gelegentlich geäußerte Gedanken gewesen zu sein, die freilich die Ungewißheit eines gewissenhaften und wahrheitsliebenden Geistes widerspiegeln. „Oft" aber äußerte er sich auch wieder „mit Rührung über die Seligkeit eines besseren Lebens" (Jachmann, S. 122). Zuweilen allerdings auch in leichtem Scherz, wie wenn er einmal in einer Gesellschaft meinte, er würde sich freuen, seinem alten Lampe und ähnlichen ehrlichen Menschen im Jenseits zu begegnen (ebd. 125). Mag man aber auch in der Unsterblichkeitsfrage auf ein non liquet erkennen, so zeigte er sich Jachmann und anderen zuverlässigen Berichterstattern in seinen mündlichen Gesprächen „von dem Glauben an ein höchstes Wesen und an eine moralische Weltregierung durchdrungen", wenngleich er bekannte, ebensowenig als jeder andere „den Unbegreiflichen begreifen und erkennen" zu können.

Vor allem aber möchten wir öfters vorgekommenen Anzweifelungen gegenüber, und zwar in Übereinstimmung gerade mit Jachmann, der ihn mindestens ein Jahr lang aus nächster

Nähe beobachten konnte, e i n s betonen: es widerspricht Kants
Aufrichtigkeit und Wahrheitsliebe durchaus, einen inhaltlichen
Zwiespalt zwischen seinen öffentlichen S c h r i f t e n und seinen
angeblichen P r i v a t m e i n u n g e n anzunehmen. Gewiß,
meint Kant einmal, braucht man öffentlich nicht alles zu sagen,
was man denkt; aber man soll niemals etwas sagen, was man
nicht denkt. Und so müssen wir uns auch in betreff seiner Ansichten über Gott und Unsterblichkeit an das in seinen Schriften
darüber Veröffentlichte halten. Probleme wie das Dasein Gottes
oder gar die Beschaffenheit einer anderen Welt zu studieren,
womit die Menschen im Kindesalter der Philosophie anfingen,
das ist der Punkt, wo wir jetzt lieber endigen möchten (Kr.
d. r. V., Kap. 4 der Transz. Methodenlehre). „G o t t" ist
eben im Sinne des Kritizismus kein substantielles Ding, sondern
eine, wenn auch „subjektiv" notwendige I d e e, das heißt ein
bloß regulatives Prinzip (vgl. Kap. 2 des III. Buches), das man
nicht dogmatisch gebrauchen darf. Sein „Dasein" läßt sich
ebensowenig b e w e i s e n als das Gegenteil. Oder, um einen
Gedanken aus den ‚Losen Blättern' (Reicke, D 18) anzuführen,
in denen Kants Anschauungen manchmal in besonders ursprünglicher Form zum Ausdruck kommen. Man sollte den Begriff von
Gott, „der einmal da ist", aus seinem Gebrauche genetisch entwickeln, von den Anfängen („Furcht, Zauberei, Geister, Priester")
an, bis man schließlich zu dem Ergebnis kommt: Gott ist 1. ein
logisches Ideal, 2. eine notwendige Hypothese für die natürliche,
3. desgleichen für die sittliche Ordnung.

Von irgendwelcher Furcht vor dem Dasein nach dem Tode
war jedenfalls unser Philosoph völlig frei. „Ungeachtet er das
Leben für nichts Kostbares und für sehr beglückend hält", so
fuhr Brahl in den vorhin wiedergegebenen Mitteilungen an Abegg
fort, „ist er doch immer heiter und vergnügt. Ganz hat er sich
in seiner Gewalt; er fürchtet den Tod durchaus nicht. Einer
seiner jüngeren Freunde war neulich kränklich und sah sehr
traurig aus. „O, fürchten Sie sich etwa vor dem Tode? Wie
unrecht! Sehen Sie, ich fürchte ihn nicht, obwohl der Paßwagen
vor der Türe steht."

d) Die sichtbare und die unsichtbare Kirche
Der Zweck der Religionsschrift

Kants Urteil über die tatsächliche geschichtliche Entwicklung der christlichen Kirche, in der ‚Religion innerhalb' (S. 151 f.) lautet, wenigstens für die Zeit bis zur Reformation, so ungünstig wie nur möglich und wird zum Schluß in die Worte zusammengefaßt: „Diese Geschichte des Christentums (welche, sofern es auf einem Geschichtsglauben errichtet werden sollte, auch nicht anders ausfallen konnte), wenn man sie als ein Gemälde unter einem Blick faßt, könnte wohl den Ausruf rechtfertigen: tantum religio potuit suadere malorum (= zu so viel Unheil konnte die Religion den Anlaß geben)!" Allein K i r c h e ist nicht R e - l i g i o n. Und so erhebt sich über der wirklichen, bestehenden, sichtbaren immer wieder das Ideal der unsichtbaren Kirche. Es gibt wohl verschiedene Arten „statutarischen" Kirchenglaubens, „aber nur e i n e einzige, für alle Menschen und in allen Zeiten gültige Religion". „Verschiedenheit der Religionen ein wunderlicher Ausdruck! Gerade, als ob man auch von verschiedenen Moralen spräche" (‚Zum ewigen Frieden', S. 147, Anm.). „Jetzt ist die Religion nichts anderes als eine Zivilisierung durch eine Disziplin"; „endlich" aber wird unser eigenes Bedürfnis „die Moralisierung erzwingen, und zwar durch Erziehung, Staatsverfassung und Religion" (Ak.-Ausg. XV, 641). Und d i e s e Religion wird sein eine solche „des Geistes und der Wahrheit", die in unser aller Herz geschrieben ist, die „die Priester aufhebt und nur die Geistlichen läßt", die „die Satzungen wegnimmt und nur die Vorschrift der Vernunft übrig läßt", die „dem Einfältigsten ebenso klar ist als dem Gelehrtesten" (ebd. S. 898).

Den gleichen Gedanken vertritt die in demselben dritten Kapitel der Hauptschrift entwickelte Idee eines, eben durch jene „unsichtbare Kirche" dargestellten R e i c h e s (oder Volkes) G o t t e s auf Erden. Wenn Cohen[1]) in diesem wohl dem Sprachgebrauch des Pietismus entlehnten, aber doch auch von

---

[1]) Kants Begründung der Ethik. 2. Aufl. S. 479.

Semler und Herder gebrauchten und auch von Kant selbst, wie wir bereits sahen (XV, Nr. 1396) schon um 1773 angewandten Begriff eine Gefahr für die Selbständigkeit des durch Kants Ethik gestifteten rein s i t t l i c h e n „Reichs der Z w e c k e" erblickt, so läßt sich dem entgegenhalten, daß das „Reich Gottes auf Erden" kein messianisches, sondern ein m o r a l i s c h e s, „durch bloße Vernunft erkennbares" Reich sein soll (Relig. 157), daß es „inwendig in uns" sein will, daß es als eine „Gesellschaft nach Tugendgesetzen" gekennzeichnet wird, um dem rastlos sie anfechtenden Bösen entgegenzuwirken (ebd. 106 f.). Aber freilich, als sein „Urheber" (176) und „oberster Gesetzgeber" (115) erscheint Gott, und insofern wird allerdings die volle Autonomie der Sittlichkeit nachträglich beeinträchtigt. Doch das hängt mit der

praktischen Tendenz von Kants ‚Religion innerhalb'

zusammen, die eben kein Glied seines Systems bildet.

Den wirklich großen, h a n d e l n d e n Mann macht die Verbindung von prinzipieller Entschiedenheit des Willens und Schärfe des Geistes mit der Sophrosyne der Alten, der *maze* unserer Altvordern, das heißt dem Blick für das praktisch Erreichbare, der Besonnenheit, die, um ihrem Ziele wirklich näher zu kommen, an das Gegebene anknüpft. Das nehmen wir bei unserem Kant auf allen Gebieten des sittlichen Lebens wahr: in Tugendlehre und Recht, in Pädagogik und Politik; so auch in der Religion. „Der Philosoph . . . muß doch auch auf die Möglichkeit der Ausführung seiner Ideen in der Erfahrung Rücksicht nehmen, ohne welche diese bloß leere Ideale ohne objektive praktische Realität zu sein in Verdacht kommen müßten, mithin keine öffentliche Religion (davon doch der Begriff in den Umfang seines Geschäftes mit gehört) dadurch begründet oder nur als möglich vorgestellt werden könnte." So schreibt Kant in einem erst in unserer Zeit entdeckten nachgelassenen Entwurf[1]) seiner Schrift

---

[1]) Von W. Dilthey in den Rostocker Kanthandschriften gefunden; abgedruckt auch in der Einleitung zu meiner Ausgabe der ‚Religion', S. LXXVII ff.

und enthüllt damit deren innerstes Motiv. Es bedarf daher auch, „um sie ihrem wesentlichen Inhalt nach zu verstehen", keiner Kenntnis des kritischen Systems, sondern nur „der gemeinen Moral" (2. Vorrede, S. 13). Und, wenn auch religionsvergleichende Blicke auf die Antike, den Parsismus, die Religionen der Inder, Juden, Germanen und Naturvölker bei seinen ethnographischen Interessen nicht ausgeschlossen sind, so kommt als „wahre allgemeine Kirche" (S. 185) im Grunde doch nur die christliche in Betracht. In diesem Sinne erklärt denn auch die Vorrede zur zweiten Auflage den von manchen mißverstandenen Titel. Er will von der „Offenbarung", das heißt der kirchlichen Religionslehre ausgehen und diese „als historisches System an moralische Begriffe bloß fragmentarisch halten", um zu sehen, wie weit eine „Verträglichkeit" oder gar „Einigkeit" sich erzielen läßt. Es ist einer jener „Koalitionsversuche", wie sie sich zwischen reiner Rechtslehre und empirisch bedingter Politik, reiner Psychologie und medizinischer Physiologie, und so eben auch zwischen reiner Religions- und geoffenbarter Kirchenlehre „noch immer zutragen" (an Sömmerring, 10. Aug. 1795).

Und da das kirchliche Christentum für ihn nach seiner ganzen Umgebung vor allem in der Form der e v a n g e l i s c h e n L a n d e s k i r c h e in Betracht kam, so ist die Schrift tatsächlich eine Auseinandersetzung mit dieser, deren „Glaubenslehre er in dieser Bearbeitung beständig ins Auge gefaßt" (Entwurf, in meiner Ausgabe der ‚Religion', S. XCI). Daher die das ganze Buch durchziehende Berücksichtigung der B i b e l [1]), be-

---

[1]) K a n t s eigenes B i b e l - E x e m p l a r, eine Baseler Ausgabe von 1751 mit Vorrede von Dr. Hieronymus Burkhardt, war nach seinem Tode an Professor Gensichen und nach dessen Abscheiden (1807) an einen Superintendenten Neumann in Angerburg gekommen, der in den Preußischen Provinzialblättern von 1840 (Bd. 23, 1. Heft) darüber berichtet hat. Leider ist es seitdem verschollen. Nach Neumann hätte Kant „überall in derselben eigenhändig Anmerkungen gemacht", so z. B. gleich das erste weiße Blatt „ganz mit chronologischen Bemerkungen beschrieben", auch „sehr viele Stellen unterstrichen". Was Neumann dann aber S. 84 ff. an Beispielen bringt, ist sehr mager. Die sehr kurzen Glossen zur Genesis scheinen bei Gelegenheit der Abhandlung ‚Mutmaßlicher Anfang der

sonders des Neuen Testaments: nicht weniger als 75 verschiedene
Bibelstellen sind, wie ich (a. a. O., S. 258—260) gezeigt habe,
teils im Wortlaut, teils ohne denselben zitiert. Daher die Behandlung aller wichtigen Dogmen der lutherischen Kirche: der Wiedergeburt, der Rechtfertigung und stellvertretenden Genugtuung,
der Dreieinigkeit, der Lehre von der Berufung und Erwählung,
der Wunder und der Sakramente. Grundsätzlich ist natürlich
auch der k a t h o l i s c h e Glaube nicht ausgeschlossen. So
schreibt er seinem Anhänger, dem katholischen Professor Matern
Reuß (vgl. Bd. I, S. 429) in Würzburg, bei der Übersendung des
Buches in einem freilich nur im Entwurf enthaltenen Bruchstück:
er sei darauf bedacht gewesen, ,,k e i n e r Kirche einen Anstoß
zu geben'', indem er lediglich den Glauben behandle, der sich bloß
auf die Vernunft gründe, mithin unter ,,allen Glaubensarten''
sich behaupten könne und ,,das Herz nicht von dem empirischen
Glauben in Ansehung irgendeiner Offenbarung verschließt, sondern, wenn sie in Einstimmung mit jenem stehend befunden wird,
es für dieselbe offen erhält'' (Briefw. II, S. 416). So hat auch nach
Hippel (S. W. XII, 305) ,,Herr Kant, der denn doch gewiß nicht
glaubt, was die Kirche glaubt, sie oft gegen mich verteidigt''.

Man hat dem Philosophen wegen dieser Stellungnahme oft
den Vorwurf allzu großer Nachgiebigkeit und Vorsicht, ja Schwäch-
lichkeit gemacht. Sicherlich, wenn schon der jüngere Mann, so
ging der Greis schweren äußeren Konflikten, wenn sie ohne Verletzung seiner Grundsätze zu vermeiden waren, lieber aus dem
Wege, wie wir das gelegentlich schon wahrgenommen haben und
später noch deutlicher sehen werden. Und es ist wahr, er gibt
dem jungen Fichte auf dessen, freilich auch eine solche Antwort
provozierende, Anfrage, wie man bei der gegenwärtigen strengen

Menschengeschichte' (1786, vgl. Buch III, Kap. 3) niedergeschrieben zu
sein. Auch die 13 zum Neuen Testament (5 zu Ev. Matthäi, 6 zu Lukas,
2 zu Johannes) sind von keinem besonderen Belang, meist nur interpre-
tierender Art. Ob sie bei der erneuten Lektüre vor vor Abfassung der ,Reli-
gion innerhalb' hingeschrieben sind, ist mir sehr zweifelhaft, da keine
von ihnen dort benutzt ist. — Er selbst sagt einmal auf einem Losen Blatte
von sich: ,,Ich lese die Bibel gern und bewundere den Enthusiasm in ihren
neutestamentischen Lehren.''

Zensur dennoch seinen religiösen Ansichten öffentlichen Ausdruck
geben könne (an Kant, 23. Januar 92), ziemlich gewundene Ratschläge. Er solle einen deutlichen Unterschied zwischen dem dogmatischen und einem rein moralischen Glauben machen, aber ihre
Vereinbarkeit behaupten. „I c h g l a u b e", das heißt, „ich
habe den moralischen Glauben in Ansehung alles dessen, was ich
aus der Wundergeschichtserzählung zu innerer Besserung für
Nutzen ziehen kann"; „hilf meinem Unglauben", das heißt,
„ich wünsche auch den historischen, sofern dieser gleichfalls dazu
beitragen könnte, zu besitzen" (an Fichte, 2. Febr. 92). Desgleichen sind die einschränkenden Nebensätze und Verklausulierungen mit „obwohl", „nur daß", „als ob", „wobei", „oder"
und ähnliches in der ‚Religion innerhalb' an denjenigen Stellen,
wo er sich mit der kirchlichen Dogmatik auseinandersetzt, besonders häufig. Allein derselbe moderne Theologe[1]), der auf diese
eigentümliche Stilmethode hinweist, meint dennoch, daß im ganzen
doch die Grundauffassung des Buches „nicht allzu sehr beeinträchtigt" werde „durch diese Winkelzüge, zu denen eine bor-
nierte Pfaffenwirtschaft und sein korrekt-legitimistischer Sinn
den suveränen und alle diese Menschlichkeiten mit beißender
Ironie betrachtenden Denker genötigt haben" (a. a. O., S. 69).

Nach meiner Meinung läßt sich doch mehr sagen. Kant
trieb nicht bloß die äußere Rücksicht auf die Zensur und das
Gesetz, sondern auch ehrlicher Versöhnungs- und Läuterungs-
eifer, verbunden mit Wirklichkeitssinn. „Ich wollte", so sagt
ein Loses Blatt (Reicke, S. 59), „die Religion im Felde der Vernunft vorstellig machen, und zwar so, wie solche auch in einem
Volke als Kirche errichtet werden könne. Da konnte ich nun
solche Formen nicht füglich erdenken, ohne wirklich vorhandene
zu benutzen." Er will einerseits den „vernünftigen Teil der Menschen", der „bei zunehmender Kultur, man mag ihn nieder-
drücken, so sehr man will, allmählich sehr groß wird", für ein
freier aufgefaßtes Christentum gewinnen, daß sie gleich König

---

[1]) E. Tröltsch in seiner überhaupt für unser Kapitel sehr lesenswerten Abhandlung: ‚Das Historische in Kants Religionsphilosophie'.
Kantstudien IX, S. 21—154.

Agrippa erklären: „Es fehlt nicht viel, daß ich ein Christ würde"
(2. Entwurf zur Vorrede, in meiner Ausgabe S. XCII). Und er
will andererseits den „statutarischen" Glauben der Offenbarungsgläubigen zum reinen Religions- oder Vernunftglauben läutern.
Die christliche Religion besteht aus zwei „heterogenen" Teilen:
1. der rein moralischen Art, Gott zu dienen, 2. der „biblischen"
Religion mit dem „Glauben an Christum sein Verdienst und
Mittleramt usw.". Beide zusammenzuschmelzen, würde ein „ba-
stardartiges" Produkt hervorbringen; „denn es sind in der Tat
zweierlei Religionen". Aber „die eine zum Vehikel [Förderungs-
mittel] der anderen zu machen", soweit es ohne Glaubenszwang
geschieht, „verletzt die Einheit nicht" (bei Reicke, S. 77).

Und nun

e) Die Methode

der ‚Religion', die aus diesem seinem Zwecke folgt.

Da der Ausgang einer gewaltsamen Revolution,
so erklärt ein Loses Blatt (S. 68) sehr offen, „mißlich" ist,
so sei es das Vernünftigste, die Reform zu versuchen, indem man das Moralische aus der Bibel heraushebe, das
Historische aber — „auf sich beruhen lasse". Der philosophische
oder Vernunfttheologe ist im Gegensatz zum biblischen oder
Schrifttheologen zu einer bewußten moralischen Um-
deutung oder Auslegung der christlichen Dogmen berechtigt,
ohne darum der Bibel selbst einen ihr fremden Sinn aufdringen zu
wollen. Ihm heißt „an Christum glauben" nicht mehr: den geschichtlichen Bericht über Jesu Leben als wahr ansehen, sondern:
das Ideal des vollkommenen, Gott wohlgefälligen Menschen in sich
aufnehmen, um es in seinem Handeln zu verwirklichen; denn „des
Menschen Sohn" bedeutet (wie schon eine handschriftliche Bemerkung zu Ev. Joh. 3, 13 in seinem Bibel-Exemplare besagt)
nichts anderes als „die Menschheit in ihrer natürlichen Reinigkeit". Die „stellvertretende Genugtuung" übernimmt der wieder-
geborene „neue Mensch" selber, indem er die ihm durch seine
sittliche Umkehr auferlegten, dem „alten Adam" in uns er-
wachsenden Opfer und Leiden freiwillig auf sich nimmt. Unser
wahrer „Tröster" (Paraklet) ist das Bewußtsein einer lauteren

Gesinnung. Himmel und Hölle sind nur Bilder für das Sittlich-
Gute und Böse. Die Dreieinigkeit läßt sich moralisch als Glaube
an einen heiligen Gesetzgeber, gütigen Regierer und gerechten
Richter begreifen. Ebenso steht es mit den anderen „Heilswahr-
heiten" des Christentums. Vor den sogenannten „Gnadenmitteln"
besteht das wahre Gebet in dem Geist des Betens, das heißt der
sittlichen Gesinnung, die „ohne Unterlaß" unser ganzes Handeln
begleiten soll. Und von den Sakramenten sind Taufe und Abendmahl, ebenso wie das Kirchengehen, nur Symbole der sittlichen
Gemeinschaft, die bloß als Beförderungsmittel des Guten inneren
Wert in sich tragen.

Das ist kein flacher Rationalismus, sondern tiefste und zugleich gesundeste sittlich-religiöse Empfindung, wie sie der Sinnesweise des an Herz und Gemüt unverbildeten Menschen entspricht:
die wahre Religion besteht im guten Lebenswandel des „natürlichen, ehrlichen Mannes". So ist auch die ‚Religion innerhalb'
im letzten Grunde kein „diplomatisches Unternehmen" (Cohen,
a. a. O., S. 489), sondern eine von „Gewissenhaftigkeit und wahrer
Hochachtung für die christliche Religion", aber auch von „ge-
ziemender Freimütigkeit" geleitete „offene Darlegung" seiner
Auffassung, „wie ich die mögliche Vereinigung der letzteren
(sc. christlichen Religion) mit der reinsten praktischen Vernunft
einzusehen glaube" (an Stäudlin, 4. Mai 1793). Sehen wir von
den kleinen Menschlichkeiten des durch die Zensur bedrängten
Schriftstellers ab, so tritt der höhere Zweck einer geistig-sittlichen
Läuterung der gangbaren Religionsvorstellungen zu größerer Reinheit und Tiefe immer leuchtender hervor. Der Kirchenglaube
ist ihm nur die Hülle, aus welcher der Embryo der reinen Religion ans Tageslicht treten soll. Die Bibel kann vielleicht noch
eine Zeitlang als Beförderungsmittel dienen. Aber „es müssen
nach und nach alle Maschinen, die als Gerüste dienten, wegfallen,
wenn das Gebäude der Vernunft errichtet ist" (Ak.-A. XV, S. 616).
„Vor jetzt leben wir noch in der unsichtbaren Kirche, . . . die
Zurückhaltung ist jetzt noch nötig." Aber wenn einmal die „Erfüllung da ist", dann wird „Offenherzigkeit" an ihre Stelle treten,
„die aber gütig ist" und auch „davor aufgenommen wird" (ebd. 614).

Seine Hoffnung setzt der Philosoph dabei zunächst auf einige „wohlgesinnte und gut instruierte mächtige Regenten", die zu gleicher Zeit in Europa regieren würden — Beispiele bot ja das Zeitalter Friedrichs II. und Josephs II. mehrere —, und die von einigen ebenso denkenden Generationen gefolgt wären. Noch mehr aber auf die E r z i e h u n g der kommenden Geschlechter, die „alles auf den einfältigen Begriff eines Gott wohlgefälligen Lebenswandels zurückbringt" (ebd. 898). Daher vor allem sein begeistertes Interesse für die pädagogischen Reformbestrebungen seiner Zeit. Daher auch sein Wunsch, die jungen Theologen möchten, nach Vollendung ihrer Fachstudien, „eine besondere Vorlesung über die reine p h i l o s o p h i s c h e Religionslehre", etwa nach Art seines Buches, hören (1. Vorr. S. 9, vgl. Reflexionen ed. Erdmann II, Nr. 173). Die Hauptaufgabe, die Königsaufgabe im Sinne Platos, fällt eben den P h i l o s o p h e n zu: „S i e müssen die wahren Grundsätze allgemein machen. Die Geistlichen, ihre Schüler, müssen die Religion darnach modeln und die Erziehung der Regenten" (XV, 606). Daß heute noch „in Religionsdingen die meisten unmündig und immer unter der Leitung von fremder Vernunft sind" (ebd. 223), darf den echten Idealisten nicht entmutigen. Denn „i m g a n z e n W e l t l o s s i n d t a u s e n d J a h r e i n T a g. W i r m ü s - s e n g e d u l d i g a n d i e s e m U n t e r n e h m e n a r - b e i t e n u n d w a r t e n" (ebd. 609).

Wirkung der Religionsschrift. Die Kabinettsorder vom 1. Oktober 1794. Stellungnahme Kants

Natürlich erregte die ‚Religion innerhalb usw.' sofort nach ihrer Veröffentlichung das größte Aufsehen. Sie gab, wie Kant selbst bescheiden auf einem ‚Losen Blatte' seines Nachlasses vermerkt, „viel Anlaß zu reden". Schon im folgenden Jahre war eine neue Auflage notwendig geworden.

Alles in allem war sie eine Bekenntnisschrift und wirkte als eine solche: die Anhänger waren begeistert, die Gegner wurden nicht überzeugt. Wir haben an anderer Stelle[1]) Belege dafür zusammengestellt und wollen uns hier nicht wiederholen. Wohl mochte Ammon in Erlangen mit der Behauptung recht haben: Kants Grundsätze seien „unter unseren besseren Theologen" schon zu allgemein, als daß ein plötzlicher Stillstand zu befürchten wäre (an Kant, 28. April 1795). War doch die Anzahl derer nicht mehr gering, die in Königsberg selbst zu des Meisters Füßen gesessen hatten und nun „als Apostel von dannen gingen und das Evangelium vom Reiche der Vernunft lehrten" (Jachmann). Aber es war eine vergebliche Hoffnung Kiesewetters, daß das neue Buch „wenigstens dem elenden Streit der Religionsparteien und der Ketzermacherei ein Ende machen" werde (an Kant, 15. Juni 93). Nur Männer wie Reinhold erklärten, Kants Buch habe ihn den „unbeschreiblichen Trost" gewährt, sich „mit gutem Gewissen, laut und öffentlich einen Christen nennen zu können" (Reinhold an Erhard, 12. August 1793). Die O r t h o d o x e n blieben

---

[1]) Einleitung zu meiner Ausgabe der Schrift (Philos. Bibl., Bd. 45), S. L ff.

bei ihrem Ketzermachen. Wohl hatte schon 1788 der Kantianer
Abicht in einer besonderen Schrift den „Überzeugenden Beweis"
zu führen gesucht, „daß die Kantsche Philosophie der Orthodoxie
nicht nachteilig, sondern ihr vielmehr nützlich sei": da ja die
theoretische Vernunft erkläre, über das Gebiet des Übersinnlichen
nichts aussagen zu können. Ja es gab verstiegene Köpfe wie den
Benediktiner-Pater Johann Baptist Schad in Banz, welche Brot
und Wein des Abendmahls als Phänomena, Leib und Blut Christi
als Noumena auffaßten und behaupteten, daß in Gott als Noumenon auch 1 = 3 und 3 = 1 sein könnten. Und der junge west-
fälische Mediziner Carl Arnold Wilmans schrieb 1797 in Halle
eine Dissertation über ‚Die Ähnlichkeit zwischen dem reinen
Mystizismus und Kants Religionslehre', die er dem Philosophen
mit einem langen, von diesem im ‚Streit der Fakultäten' abgedruckten Briefe zusandte; aber er verstand unter den „reinen
Mystikern" doch nur fromme Menschen, die ohne gottesdienst-
liche Handlungen und biblische Gesetzbücher das „innere Gesetz
ihres Gewissens als Richtschnur und reine moralische Gesinnung
als den wahren Gottesdienst ansahen: ein „Kantianismus", der
bei ihnen freilich durch ihre mystische Sprache verdeckt sei.

Die eigentlich „Rechtgläubigen" jedenfalls, im katholischen
wie im evangelischen Lager, „lästerten" Kant, er suche „die
christliche Religion mit teuflischer Bosheit zu untergraben",
(Plücker an Kant, 15. März 1796). Ebenso entschieden Stellung
nahmen gegen ihn so ehrliche P i e t i s t e n wie der um des
Philosophen Seelenheil besorgte, heute noch in den frommen
Sektirerkreisen des Wuppertals verehrte Dr. Samuel Collenbusch
aus Barmen, der ihm mit naiver Offenherzigkeit das schrieb,
was andere bloß dachten: „Mein lieber Herr Professor! Des
Herrn Kants Vernunftglaube ist ein v o n a l l e r H o f f n u n g
ganz reiner Glaube. Des Herrn Kants Moral ist eine v o n a l l e r
L i e b e ganz reine Moral. Nun entsteht die Frage: In welchen
Stücken unterscheidet sich der Glaube der Teufel von dem Glauben des Herrn Kants? — und in welchen Stücken unterscheidet
sich die Moral der Teufel und die Moral des Herrn P. Kants?"
(an K., 26. Dez. 1794). Während Kant sonst aufrichtig religiösen

Unbekannten, wenn sie Verständnis für seine Auffassung zeigten, zu antworten sich nicht hat verdrießen lassen, hat er dem anmaßenden bergischen Sektierer nicht erwidert. Was diesen nicht abgehalten hat, in seinem Bekehrungseifer noch zwei weitere ausführliche und noch heute nicht uninteressante Schreiben an den „lieben Herrn Professor" loszulassen (30. März 95 und 30. März 96).

Wie alle, die eine Vermittlerrolle, zumal in religiösen oder politischen Dingen, zu spielen versuchen, machte Kant es aber auch denen auf der anderen Seite nicht recht. Wir haben schon gesehen, wie der Hellenismus eines Schiller und noch mehr Goethes, der gerade damals in den Jahren nach seiner italienischen Reise sich so recht mit der schönheitsfreudigen Weltanschauung der Antike durchsättigt hatte und zu „entschiedenem Heidentum" bekannte, Kants Festhalten am „radikalen Bösen" ablehnte. Aber auch die Berliner A u f k l ä r e r vom Schlage Nicolais fanden sich enttäuscht. Seine Kritik der reinen Vernunft hatte ihre schönen Beweise für das Dasein Gottes umgeblasen, seine praktische Vernunft ihre Nützlichkeits- und Glückseligkeitsethik überwunden, seine Kritik der Urteilskraft ihren flachen Kunsttheorien den Rest gegeben. Und nun fühlten sie sich von neuem unzufrieden, da der kritische Philosoph nicht mit alledem in Christentum und Bibel aufgeräumt hatte, was i h r e m „gemeinen Menschenverstand" über die Schnur ging. „Es muß also", schrieb die ‚Neue Allgemeine Deutsche Bibliothek' in einer Besprechung der Schrift, „nach Kants Meinung in Sachen des Kirchenglaubens alles recht hübsch beim Alten bleiben, und die Stützen des religiösen Aberglaubens können nicht abgeschafft, sondern müssen als die unentbehrlichen Fundamente einer moralischen Religion immer beibehalten werden".

Indes die Orthodoxie fühlte doch, daß s i e der eigentlich Getroffene war, und richtete danach ihre Maßregeln. Verhältnismäßig einfach war das innerhalb der k a t h o l i s c h e n Kirche. Als z. B. der geistliche Professor Koller in Heidelberg seine Schüler längere Zeit ungehindert mit Kants Schriften und Grundsätzen bekannt gemacht und schließlich den Satz aufgestellt hatte, aus

bloß spekulativer Vernunft lasse sich Gottes Dasein nicht beweisen, ließ ihn sein Pater Superior, ein Franzose, der Kant nicht
einmal lesen konnte, vor sich kommen. Umsonst erklärte der
ehrliche Priester, daß durch diesen Satz die Religion nicht beeinträchtigt werde, vielmehr unendlich gewinne, umsonst berief
er sich auf die Tatsache, daß man Kants Philosophie an den
bischöflichen Akademien von Mainz und Würzburg mit großem
Beifall lehre. Er ward zum Widerruf, ja sogar zur öffentlichen
Widerlegung (!) seines eigenen Satzes verurteilt und, als er sich
dessen weigerte, ohne weiteres seines Lehramts enthoben.

Verhältnismäßig leicht konnte der Katholizismus derartige
unprogrammäßige Auflehnungen gegen sein innerstes Prinzip kurz
niederschlagen. Gefährlicher mußte die Wirkung Kants der evangelischen Landeskirche und ihren staatlichen Lenkern erscheinen,
besonders wenn sie — Wöllner hießen. Zumal da die Kantische
Richtung weite Kreise des jüngeren Geschlechtes nicht bloß zu
ihren Anhängern zählte, sondern auch zu allerlei Übertreibungen
veranlaßte. Überall kam die moralische Erklärung auf: man
suchte allen möglichen, auch den unbegreiflichsten, Bibelstellen
und Dogmen einen moralischen Sinn unterzulegen. Selbst in den
theologischen Prüfungen wurden die Examinatoren häufig durch
allzu kühne Interpretationsversuche der Kandidaten in Verlegenheit gebracht. Sogar Predigten ,,nach Kantischen Grundsätzen‘‘
wurden gehalten. So war ein Zusammenstoß schließlich unausbleiblich.

Zwar noch Monate nach dem Erscheinen der Schrift schien
er nicht bevorzustehen. Noch am 16. August 1793 riet der Philosoph seinem jungen Freunde Nicolovius, zur Förderung seiner
akademischen Laufbahn sich mit — Herrn von Wöllner bekannt
zu machen, wenn er selbst auch zu diesem ,,keinen Weg einer
unmittelbaren Empfehlung‘‘ besitze! Einige Monate später indes
berichtet der getreue Kiesewetter bereits aus Berlin allerlei Dinge,
die bewiesen, daß ,,wir unter harten Zuchtmeistern stehen‘‘;
insbesondere hatte Hermes selbst Kiesewetters Verleger erklärt,
,,er erwarte nur den Frieden, um mehrere Kabinettsordres, die
er im Pulte habe, ans Tageslicht zu bringen‘‘ (Kiesew. an Kant,

23. Nov. 93). Kants Erwiderung vom 13. Dezember desselben Jahres faßt die Sache noch sehr ruhig auf. Daß der „philosophische" Zensor sich der Anmaßung des theologischen nicht widersetze, sondern mit ihm verbinde, müsse einmal zur Sprache gebracht werden. Vorläufig müsse man sich indes „gedulden, dem Gesetz genaue Folge leisten und die Mißbräuche der literarischen Polizeiverwaltung zu rügen auf ruhigere Zeiten aussetzen".

In der Tat erschien zur Ostermesse des folgenden Jahres die zweite Auflage der ,Religion innerhalb' noch unbeanstandet. Indes es lag doch allerlei in der Luft. Der König hatte bereits im März an Wöllner geschrieben: „Mit Kants schädlichen Schriften muß es auch nicht länger fortgehen." Und der Philosoph sah pessimistischer in die Zukunft, „seitdem die Herren Hermes und Hillmer im Oberschulkollegio ihre Plätze eingenommen, mithin auf die Universitäten, wie und was daselbst gelehrt werden soll, Einfluß bekommen haben" (an Biester, 10. April 94). In der Tat wurden gerade um diese Zeit eine Anzahl strengerer Maßregeln gegen die „Neologen" ergriffen. Die königlichen Fiskale sollten, bei Strafe eigener Kassation, jede Saumseligkeit und Nachlässigkeit in ihrem Vorgehen vermeiden; alle Geistlichen, Universitäts- und Gymnasiallehrer sich in besonderen Reversen zur genauen Befolgung des Religionsediktes verpflichten. In einem königlichen Reskript an die Hallenser Theologen-Fakultät wurde jedes „Moralisieren" in den Predigten, jede rationalistische Erklärung der neutestamentlichen Wunder aufs strengste verpönt; keinem Lehrer an einer königlichen Universität sei es „gestattet, seine Pflicht gegen das heilige Wort Gottes so sehr zu vergessen". Nicolais ,Allgemeine Deutsche Bibliothek', vor weniger als zwei Jahrzehnten noch offiziell für ein „nützliches Werk" erklärt (Buch II, Kap. 6), wurde jetzt als staats- und religionsgefährlich für die preußischen Lande verboten.

Kant hatte Biester noch am 10. April, gleichzeitig mit seinem Briefe, eine unpolitische kleine Abhandlung ,Über den Einfluß des Mondes auf die Witterung' eingesandt, die nur gegen Schluß eine von uns schon (S. 154) berührte ironische Anspielung auf die jetzige Hochschätzung alter Schulkatechismen enthielt. Am

18. Mai ist er bereits auf das Schlimmste gefaßt, ohne indes seine philosophische Gelassenheit zu verlieren: „ . . . überzeugt, jederzeit gewissenhaft und gesetzmäßig gehandelt zu haben, sehe ich dem Ende dieser sonderbaren Veranstaltungen ruhig entgegen . . . Das Leben ist kurz, vornehmlich das, was nach schon verlebten 70 Jahren übrig bleibt; um das sorgenfrei zu Ende zu bringen, wird sich doch wohl ein Winkel der Erde ausfinden lassen." Gleichzeitig schickt er Biester, „ehe noch das Ende Ihrer und meiner Schriftstellerei eintritt", die schon in dem Aprilbrief als „teils kläglich, teils lustig zu lesen" angekündigte Abhandlung ‚Das Ende aller Dinge', die denn auch sofort im Juniheft der Monatsschrift Aufnahme fand. Während sie in ihren beiden ersten Dritteln die bekannten, gegen allen Dogmatismus wie Mystizismus gerichteten Ansichten unseres Denkers über die kirchliche Lehre von den sogenannten „letzten Dingen", wie Ewigkeit, jüngster Tag usw., wiedergibt, wendet sich der Schlußabschnitt in zwar allgemein gehaltenen, aber doch sehr durchsichtigen, nach der Weise Kants mit spöttischer Ironie vermischten Ausführungen gegen die Torheiten des neuen Kurses. Anstatt „die Sachen so zu lassen, wie sie zuletzt standen und beinahe ein Menschenalter hindurch sich als erträglich gut in ihren Folgen bewiesen hatten", schmiedeten jetzt „Männer von entweder großem oder doch unternehmendem Geiste" immer neue Pläne und Entwürfe, um „Religion in einem ganzen Volke lauter und zugleich kraftvoll zu machen": durch A u t o r i t ä t und G e b o t e , unter Verheißung von Belohnungen und Androhung von Strafen. Dadurch gehe aber das Christentum gerade seines innersten Wesens, das heißt seiner sittlichen L i e b e n s würdigkeit (so spricht hier der angebliche „Rigorist" des kategorischen Imperativs) verlustig. Sollte es wirklich einmal dahin mit ihm kommen, so werde das verkehrte „Ende aller Dinge" (in moralischer Hinsicht), eintreten, nämlich, um in biblischer Sprache zu reden, der „Antichrist" sein „auf Furcht und Eigennutz gegründetes", obzwar nur kurzes, „Regiment anfangen".

Bald darauf verbreitete sich, über Preußens Grenzen hinaus, die Kunde, man wolle Kant zur Verleugnung seiner Ansichten, andernfalls zur Niederlegung seines Amtes zwingen. Der bekannte Pädagoge Joachim Heinrich Campe, jetzt Schulrat in Braunschweig, schrieb ihm am 27. Juni von diesem „alle denkenden und gutgesinnten Menschen" empörenden Gerücht. Er wolle zwar „zur Ehre des ablaufenden Jahrhunderts" noch annehmen, daß es eine Erdichtung sei. Sollte es sich aber bewahrheiten, sollte man dem „Lehrer des Menschengeschlechts" den Königsberger Lehrstuhl entziehen, so bitte er (Campe) ihn, sein Haus fortan als das seinige zu betrachten und die Stelle eines „Oberhauptes meiner kleinen Familie" darin einzunehmen. Dort könne er seinen Lebensabend in aller Ruhe, Bequemlichkeit und Unabhängigkeit genießen. Auch an einer anderen Stelle des Braunschweiger Ländchens, an der kleinen Universität Helmstädt, dachte man damals daran, Kant durch eine Berufung an dieselbe ein Asyl zu bieten; nicht nur der freisinnige Theologe Henke, sondern auch Kants philosophischer Gegner G. E. Schulze traten warm dafür ein. Der freudigen Zustimmung des als aufgeklärt geltenden Herzogs Karl Wilhelm Ferdinand hoffte man gewiß zu sein; aber dieser hatte — Angst vor Preußen. Er antwortete: „Es würde offenbar das Ansehen gewinnen, als mißbillige man das Verfahren im Preußischen, als nehme man ganz die Grundsätze an, welche Kant behauptet, als wolle man sie zu verbreiten suchen und die Folgen daran wagen." Und zum Schluß, als Erwiderung auf das ihm vorgehaltene Vorbild des hessischen Landgrafen im Falle Christian Wolffs (1730), die im Munde des preußischen „Manifest"-Generals von 1792 allerdings begreifliche Verquickung mit der Politik: „Wie Wolff nach Marburg ging, war kein Krieg gegen eine Nation, von welcher man der Meinung ist, daß sie zu dem hohen Grad der ausschweifendsten Raserei bloß durch die Wegräumung der Religiosität gelangt ist." So wurde aus diesem Plane nichts. Auf das warmherzige Anerbieten Campes aber, das in Erinnerung an ein ähnliches Anerbieten ihm gegenüber im Jahre 1777 (s. Bd. I, S. 224 f.) gemacht war, erwiderte der Philosoph gerührt und mit dankbarer Wärme, wie sie selten in seinen schriftlichen Äußerungen hervorbricht, am 16. Juli 1794, daß er glücklicherweise keinen Gebrauch davon zu machen genötigt sei.

Er halte die von dem Gerücht behauptete Zumutung bzw. Androhung kaum für möglich, da ihm keine Gesetzesverletzung schuld gegeben werden könne. Auf den äußersten Fall aber sei er von Mitteln nicht so entblößt, daß er ,,Mangels wegen für die kurze Zeit des Lebens, die ich noch vor mir habe, in Sorge stehen und irgend jemanden zur Last fallen sollte, so gern er diese auch aus edler Teilnehmung zu übernehmen gesinnt sein möchte''.

Das oberkirchenrätliche Paar Hermes und Hillmer hatte sein Heil zuerst an der ,,Pflanzschule der irrgläubigen Geistlichen'', der Universität H a l l e , versucht. Beide Herren trafen am 29. Mai sogar persönlich dort ein, nahmen jedoch schon am nächsten Tage vor den Demonstrationen eines Haufens aufgeregter Studenten Reißaus. Seitdem regnete es bis in den Oktober hinein Berliner Verfügungen an die dortigen Universitätsbehörden, deren Vollziehung indes an der Charakterfestigkeit und dem Freimut der theologischen Fakultät scheiterte. Mehr Erfolg hatten sie in K ö n i g s b e r g . Von hier hatte Kants Kollege Hasse (s. B. III, Kap. 7) schon zwei Jahre vorher eine Broschüre ,Über jetzige und künftige Neologie' ausgehen lassen, die freiere Anschauungen vertrat. Jetzt zur Verantwortung aufgefordert, zog er sich feige zurück, bereute sie geschrieben zu haben, wollte sie nur ,,historisch'' verstanden wissen und anderes mehr. Nichtsdestoweniger erhielt er im August 1794 eine ministerielle Verfügung, die ihm befahl, sich ,,in seinem mündlichen Unterricht und in seinen Schriften genau nach dem Religionsedikt zu richten und der Jugend, mehr als bisher geschehen, durch Gehorsam gegen seinen Landesherrn und dessen Befehle vorzugehen, widrigenfalls bei fernerer Renitenz die schon verdienten strengeren Verfügungen gegen ihn unfehlbar erlassen werden''. Eine zweite Untersuchung betraf allerlei Unfug, den angeblich ein paar Königsberger Theologie-Studenten in einer der dortigen Kirchen verübt haben sollten. Ob nun diese Dinge die Aufmerksamkeit der geistlichen Machthaber von neuem auf den Königsberger Weisen gelenkt hatten, oder ob sie jetzt endlich auch an ihn sich heranwagen zu können glaubten: genug, am Tage nach dem Reskript, das den letzterwähnten Fall erledigte, zuckte auch auf ihn, um ein von ihm angewandtes Bild zu gebrauchen, der „Bannstrahl" aus dem Gewölke der „Hofluft" hernieder.

Am 1. Oktober 1794 erging „auf Seiner Kgl. Majestät allergnädigsten Spezialbefehl" folgende von Wöllner ausgefertigte k ö n i g l i c h e K a b i n e t t s o r d e r an den „würdigen und hochgelehrten Unseren Professor, auch lieben, getreuen Kant":

„Unsern gnädigen Gruß zuvor. Würdiger und Hochgelehrter, lieber Getreuer! Unsere höchste Person hat schon seit geraumer Zeit mit großem Mißfallen ersehen: wie Ihr Eure Philosophie zu Entstellung und Herabwürdigung[1]) mancher Haupt- und Grundlehren der heiligen Schrift und des Christentums mißbraucht; wie Ihr dieses namentlich in Eurem Buch: ‚Religion innerhalb der Gränzen der bloßen Vernunft', desgleichen in anderen, kleineren Abhandlungen getan habt. Wir haben Uns zu Euch eines Besseren versehen, da Ihr selbst einsehen müsset, wie unverantwortlich Ihr dadurch gegen Eure Pflicht als Lehrer der Jugend und gegen Unsere Euch sehr wohl bekannte landesväterliche Absichten handelt. Wir verlangen des ehsten Eure gewissenhafteste Verantwortung und gewärtigen Uns von Euch bei Vermeidung Unserer höchsten Ungnade, daß Ihr Euch künftighin Nichts dergleichen werdet zu Schulden kommen lassen, sondern vielmehr Euer Ansehen und Eure Talente dazu anwenden, daß Unsere landesväterliche Intention je mehr und mehr erreicht werde; widrigenfalls Ihr Euch bei fortgesetzter Renitenz unfehlbar unangenehmer Verfügungen zu gewärtigen habt.

Sind Euch mit Gnade gewogen.

Berlin, den 1. Oktober 1794."

Auf dieses ihm am 12. Oktober eingehändigte Reskript erwiderte Kant, unbekannt an welchem Datum, mit einem ausführlichen, auf alle Hauptpunkte der Anklage eingehenden Schreiben, das er — zusammen mit der Kabinettsorder selber — vier Jahre darauf in der Vorrede zu seinem ‚Streit der Fakultäten' im Wortlaut veröffentlicht hat. Als „Lehrer der Jugend", das

---

[1]) In dem Akademie-Ausgabe XI, S. 506 veröffentlichen E n t w u r f folgten hier sogar noch die Worte: „und Entehrung".

heißt in seinen Vorlesungen, habe er sowohl den von ihm zugrunde
gelegten Handbüchern Baumgartens, wie seinem Grundsatz reinlicher Scheidung der Wissenschaften gemäß, Bibel und Christentum überhaupt nicht beurteilt. Seine ‚Religion innerhalb usw.‘ —
auf die „kleineren Abhandlungen" ging er nicht ein — sei für das
große Publikum unverständlich und nur für „Fakultätsgelehrte"
bestimmt, die das Recht freien öffentlichen Urteils „nach ihrem
besten Wissen und Gewissen" behalten müßten; während allerdings die „Volkslehrer" in den Schulen und auf den Kanzeln an
die von den Fakultäten geprüfte, von der Regierung sanktionierte
„öffentliche Landesreligion" gebunden seien. Übrigens könne
sein Buch schon deshalb keine „Abwürdigung" des Christentums
enthalten, weil es „eigentlich" nur eine Würdigung der natürlichen Religion oder des „Wesentlichen einer Religion überhaupt"
enthalte, welches im Moralisch-Praktischen bestehe; von diesem
Gesichtspunkte aus erscheine freilich die Offenbarung, als „an
sich zufällige" Glaubenslehre, als „außerwesentlich", darum aber
nicht als „unnötig und überflüssig". Seiner großen Hochachtung
vor Bibel und Christentum habe er in seinem Buch vielmehr
offenen Ausdruck verliehen, auch die „Unbescheidenheit", gegen
ihre „geheimnisenthaltende" Lehren in Schulen oder auf Kanzeln oder in Volksschriften („denn in Fakultäten muß es erlaubt
sein") Einwürfe und Zweifel zu erregen, getadelt und für „Unfug"
erklärt. Die beste und dauerhafteste Lobrede aber auf das Christentum sei die in seiner Schrift betonte „Zusammenstimmung"
desselben „mit dem reinsten moralischen Vernunftglauben", durch
den das öfters entartete Christentum immer wieder hergestellt
worden sei und allein wieder hergestellt werden könne. Endlich
habe er stets in seinen Schriften nur das gelehrt, was er selbst
mit Gewißheit als wahr erkannt; so sei auch diese seine jetzige
„Verantwortung" von ihm, der jetzt in seinem 71. Jahre vielleicht bald „einem Weltrichter als Herzenskündiger Rechenschaft
geben müsse", mit „völliger Gewissenhaftigkeit" freimütig abgefaßt.

Was schließlich den z w e i t e n Punkt, sein künftiges Verhalten, anbetreffe, so wolle er, um dem mindesten Verdacht

darüber vorzubeugen, „hiermit, a l s E w. K ö n i g l. M a j.
g e t r e u e s t e r U n t e r t a n, feierlichst" erklären: daß er
sich fernerhin „aller öffentlichen Vorträge die Religion betreffend,
es sei die natürliche oder geoffenbarte, sowohl in Vorlesungen
als in Schriften, gänzlich enthalten werde".

Über dies Verantwortungsschreiben unseres Philosophen ist
von jeher sehr verschieden geurteilt worden, von solchen an,
die es in jedem Punkte gerechtfertigt finden, bis zu denen, die
ihm unlautere Nachgiebigkeit vorgeworfen haben. Wer hat recht?

Der erste Teil, die Verteidigung seiner Lehr- und Schriftstellertätigkeit, ist s u b j e k t i v sicher durchaus wahrhaftig.
Von persönlicher Unlauterkeit kann keine Rede sein; das verbietet schon nicht nur Kants Charakter überhaupt, sondern auch
die erhöhte Feierlichkeit, mit der sich am Schluß der Siebzigjährige auf sein gutes Gewissen und seine mögliche baldige Verantwortung vor einem Höheren beruft; überdies auch die spätere Veröffentlichung des Wortlauts durch ihn selbst. Auch hat er nicht,
wie Hasse, feige seine Lehre verleugnet, vielmehr den Vorwurf,
daß er seine Stellung als Lehrer und Schriftsteller mißbraucht,
entschieden abgewiesen. „Öffentlich widerrufen" hätte er, nach
einer Aufzeichnung seines Nachlasses (Reicke, E 73, S. 456),
nur Ausdrücke, die „vielleicht etwas Seelenverderbliches entfalten" könnten, — „wenn ich mir dessen bewußt wäre".

Dennoch befriedigt uns die „Verantwortung" bei einem
K a n t nicht ganz. Gewiß alles, was er zu seiner Verteidigung
anführt, läßt sich mit Gründen belegen. Baumgartens Handbücher, die er seinen meisten Vorlesungen zugrunde legte, ent-
hielten keine Kritik der Bibel oder des Christentums. Von Hillmer selber war der erste Abschnitt seines Buches freigegeben
worden, weil doch nur tiefdenkende Gelehrte die Kantischen
Schriften läsen. Auch die reinliche Scheidung zwischen reiner
Wissenschaft und „Volkslehre", freiem Denken und landesherr-
lichen Bestimmungen usw. hatte er schon in seinem Aufsatz über
die ‚Aufklärung' (1784) als notwendig bezeichnet und in seiner
‚Religion' aufs neue verteidigt. Und seiner Hochachtung vor
Bibel und reinem Christentum an den verschiedensten Stellen

deutlichen Ausdruck gegeben. Auch die Grundtendenz seines Buches verleugnete er nicht, wenn er als das Wesentliche aller Religion das Moralisch-Praktische, als das Zufällige und Außerwesentliche das Historische bezeichnete. Das alles ist richtig, und doch läßt sich gegen seine „Verantwortung" verschiedenes einwenden. Um von Geringerem wie der Tatsache, daß er sich durchaus nicht streng an seine Kompendien hielt und in seinen Vorlesungen über Natürliche Theologie Baumgarten wahrscheinlich überhaupt nicht benutzt hat, zu schweigen, so war seine ‚Religion', trotz aller vorsichtigen Klauseln, tatsächlich doch eine Verurteilung der, wie man heute mit einer von dieser Seite nicht ungewohnten Anmaßung sich auszudrücken pflegt, „positiven" Religion. Auch war das Buch und erst recht die von ihm klugerweise nicht berührten Abhandlungen keineswegs bloß für Fachgelehrte verständlich und wohl auch nicht — bestimmt. Und aufklärerische Volksschriften wie die des „Zopf-Schulz", des Dr. Bahrdt, der Philanthropinisten hatte er, wenn auch nicht vor der Öffentlichkeit, gutgeheißen.

So können wir Kants Verantwortung nicht mit Biester (an Kant, 17. Dez. 94) „edel, männlich, gründlich" finden, sondern nur klug, vorsichtig und geschickt, außerdem, wie bei ihm nicht anders zu erwarten, auch würdig in der Form[1]). Wie steht es nun aber mit dem zweiten, sein zukünftiges Verhalten betreffenden Punkte?

Anzuerkennen ist, daß er es ablehnt, sein „Ansehen" und seine „Talente" fortan dazu anzuwenden, daß die „landesväterlichen Absichten" Friedrich Wilhelms II. „je mehr und mehr" erreicht würden. Aber er warf doch nicht, wie der freilich ganz anders geartete, auch viel jüngere Fichte in ähnlichem Falle, sein Amt den Machthabern vor die Füße, sondern entging dem Dilemma durch ein freiwilliges Schweigeversprechen. War ein solcher Verzicht auf jede öffentliche Äußerung über religiöse Dinge

---

[1]) Ebenso urteilt E. Arnoldt in seinen lesenswerten ‚Beiträgen zu dem Material der Geschichte von Kants Leben und Schriftstellertätigkeit in bezug auf seine Religionslehre usw.'. Ges. Schriften, herausg. von O. Schöndörffer, Bd. VI, S. 105—207.

wirklich notwendig? Schon Biester hat in dem eben erwähnten Briefe gemeint: „Sie bereiten dadurch den Feinden der Aufklärung einen großen Triumph und der guten Sache einen empfindlichen Verlust. Auch, dünkt mich, hätten Sie dies nicht nötig gehabt. Sie konnten auf eben die philosophische und anständige Weise, ohne welche Sie überhaupt nichts schreiben, und welche Sie so vortrefflich rechtfertigen, noch immer fortfahren, über die nämlichen Gegenstände zu reden; wobei Sie freilich vielleicht wieder über die einzelnen Fälle sich zu verteidigen würden gehabt haben. Oder Sie konnten auch künftig bei Ihren Lebzeiten schweigen; ohne jedoch den Menschen die Freude zu machen, sie von der Furcht vor ihrem Reden zu entbinden."

Der Philosoph hat anders handeln zu müssen geglaubt. Können wir seine Stellungnahme zu der Kabinettsorder nun auch nicht besonders loben, so vermögen wir sie doch aus Kants Überzeugungen heraus zu begreifen. Gewiß hat auch sein Alter, sein Ruhebedürfnis, seine Liebe zur Heimat und zu dem seit Jahrzehnten bekleideten Lehramt, die ihn schon 20 Jahre früher verschiedene Berufungen nach auswärts ablehnen ließ, schließlich seine heftigen Konflikten überhaupt abgeneigte Natur mitgesprochen. Aber von einem ängstlichen Kleben an Amt und Gehalt kann bei ihm keine Rede sein. Wie in seinen Briefen an Biester und Campe, so sprach er auch mündlich gegenüber Borowski (S. 138 f.) „mit großer Ruhe" über die Möglichkeit, nicht bloß die ihm von dem König bewilligte Zulage, sondern auch sein ganzes Gehalt zu verlieren, und verbreitete sich bei der Gelegenheit mit Befriedigung darüber, daß seine frühere Sparsamkeit ihn jetzt in den Stand setze, „der Kriecherei nicht zu bedürfen". Wenn er also auf Absetzung im schlimmsten Falle gefaßt war, so muß sein Verhalten tiefere Gründe gehabt haben. Und diese sind in seinem wahrhaft sokratischen Gesetzlichkeitssinne zu suchen. Am bezeichnendsten dafür ist vielleicht die Tatsache, daß er bereits in jenem am 18. Mai 1794, also e h e der Konflikt an ihn herantrat, geschriebenen Briefe an einen vertrauten Gesinnungsgenossen wie Biester, demgegenüber er kein Blatt vor den Mund zu nehmen brauchte, den Satz niederschrieb:

„Wenn neue Gesetze das g e b i e t e n , was meinen Grundsätzen nicht entgegen ist, so werde ich sie ebenso pünktlich befolgen; eben das wird geschehen, wenn sie bloß v e r b i e t e n
sollten, seine Grundsätze ganz, wie ich bisher getan habe (und
welches mir keineswegs leid tut) bekannt werden zu lassen.“
Daß die Entscheidung sich nicht ohne schwere innere Kämpfe bei
ihm vollzogen hat, darauf weist, scheint uns, ein Nachlaßzettel
hin, in dem es heißt: „Widerruf und Verleugnung seiner inneren
Überzeugung ist n i e d e r t r ä c h t i g , aber Schweigen in
einem Falle, wie der gegenwärtige, ist Untertanenpflicht; und
wenn alles, was man sagt, wahr sein muß, so ist darum nicht
auch Pflicht, alle Wahrheit öffentlich zu sagen.“ Das ist der
echte Kant, wie er leibt und lebt: in Fragen des Prinzips entschieden bis zur Schroffheit, in der Art der Ausführung nach-
giebig, soweit er es irgend mit seinen Grundsätzen für verträglich
hält. Und da ein eigentlicher „Widerruf“ nicht verlangt wurde,
so hielt er es mit dem Worte: „Schicket Euch in die Zeit!“:
diese unfreie Zeit, die ihn, wie wir im vorigen Kapitel sahen,
zu den mancherlei Verklausulierungen seiner freiesten Gedanken,
zu seinen gewundenen Ratschlägen an den jungen Fichte veranlaßt hat.

Er hoffte, daß diese böse Zeit über kurz oder lang vorübergehen würde. Ja, er hielt sich durch sein Versprechen nur für
die Dauer der Regierung des zeitigen Königs gebunden. In dieser
Absicht wählte er, wie er selbst gesteht, „vorsichtig“ — v o r -
s i c h t i g war ja überhaupt sein ganzes Verantwortungsschreiben
ausgedacht — den Ausdruck, er gebe seine Erklärung „als E w.
M a j e s t ä t getreuester Untertan“, damit „ich nicht der Freiheit meines Urteils in diesem Religionsprozeß a u f i m m e r ,
sondern nur — so lange Se. Maj. am Leben wäre, entsagte“ und,
wie es in einer Aufzeichnung seines Nachlasses heißt, unter Friedrich Wilhelms Nachfolger „wiederum in meine Freiheit zu denken
eintreten könnte“. Uns Nachlebenden (und doch auch schon
Königsberger Bekannte, wie Borowski) mutet freilich eine solche
gewollte Doppelsinnigkeit des Ausdrucks einigermaßen sophistisch,
um nicht zu sagen fast wie eine jesuitische „Mental-Reservation“

an, die sich mit seiner bekannten rigoristischen Strenge, sogar
der Notlüge gegenüber, wie er sie gerade während jener Schweige-
zeit in einem Aufsatze der Berliner Blätter ('Über ein vermeintes
Recht, aus Menschenliebe zu lügen') noch besonders betonte,
nicht im Einklang befindet. Indes er hat sich dabei offenbar
nichts Schlimmes gedacht, sonst hätte er doch nicht mit solcher
naiven Offenheit diesen listigen kleinen „geistigen Vorbehalt"
selbst aller Welt bekanntgegeben. Wir meinen das behaglich-
schlaue Lächeln zu sehen, mit dem er diese Worte für seine Leser
niederschrieb. War eine solche Kriegslist im Kampfe gegen einen
so gewalttätigen Gegner nicht erlaubt? Unter einer folgenden
Regierung mit liberalen Grundsätzen würde er ja doch seine
frühere Lehr- und schriftstellerische Freiheit wieder besitzen und,
falls sein peinliches Rechtsbewußtsein außerdem noch eine besondere Aufhebung des Schreibverbots gewünscht hätte, so wäre
man auch dem sicher nachgekommen: das konnte er sich bereits
im Oktober 1794 sagen. Wenn er also jenen Zusatz machte,
der seinen Verzicht, wie es eigentlich s e l b s t v e r s t ä n d -
l i c h war, nur für die Zeit der Dauer solcher Regierungsgrund-
sätze aussprach, so geschah es wohl mehr zur Beruhigung seiner
eigenen Gewissenhaftigkeit. Jedenfalls war er sich des Sophis-
mus, der seiner Ausdrucksweise auch meines Erachtens anhaftet,
persönlich nicht bewußt.

Übrigens hoffte er von dem bevorstehenden Frieden mit der
französischen Republik eine günstige Wendung in liberalem Sinne
auch für die innere preußische Politik und damit für seine eigene
Sache. Das kommt in zwei Briefen zum Ausdruck, die er in den
ersten Monaten nach dem „Blitzschlag aus den Gewölken der
Hofluft" geschrieben hat, die deshalb auch für die Kennzeichnung seiner Stimmung in jener Zeit überhaupt von Wichtigkeit
sind. Der erste, vom 24. November 1794, an den Verleger seiner
Kritik der Urteilskraft Lagarde in Berlin gerichtet, bezeichnet
diesem als einen der Gründe, weshalb er ihm gegenwärtig kein
Buch in Verlag geben könne: „daß, da mein Thema eigentlich
Metaphysik in der weitesten Bedeutung ist und als solche Theologie, Moral (mit ihr also Religion), imgleichen Naturrecht (und

mit ihm Staats- und Völkerrecht), obzwar nur nach dem, was bloß die Vernunft von ihnen zu sagen hat, befaßt, auf welcher aber jetzt die Hand der Zensur schwer liegt, man nicht sicher ist, ob nicht die ganze Arbeit, die man in einem dieser Fächer übernehmen möchte, durch einen Strich des Zensors vereitelt werden dürfte." Aber wenn „der Friede, welcher nahe zu sein scheint, eingetreten sein wird", so würden hoffentlich „bestimmtere Verordnungen die Schranken, in denen sich der Autor zu halten hat, genauer vorzeichnen: so, daß er in dem, was ihm noch frei gelassen wird, sich für gesichert halten kann". Bis dahin möge Lagarde sich gedulden; er (Kant) wolle indes seine Arbeiten „in guter Erwartung fortsetzen"[1]).

Noch wichtiger ist der zweite, am 4. Dezember an den Theologie-Professor Stäudlin in Göttingen abgesandte Brief. Stäudlin hatte ihn zur Mitarbeit an einem neu zu gründenden religionswissenschaftlichem Journal mit „uneingeschränktester Preßfreiheit" eingeladen. Diesen Antrag bezeichnet Kant als ihm erwünscht, weil das Ansehen der unter dem „orthodoxen" Georg III., dem Freunde des „ebenso rechtgläubigen Friedr. Wilh. II.", stehenden Universität Göttingen ihm vielleicht „zum Schilde dienen könnte, die Verunglimpfungen der Hyperorthodoxen (welche mit Gefahr verbunden sind) unseres Orts zurückhalten". Er habe eine Arbeit über den prinzipiellen Streit der theologischen mit der philosophischen Fakultät bereits seit einiger Zeit fertig, die eigentlich mehr politisch als theologisch sei. Da sie jedoch eine ganze Anzahl Beispiele anführe, welche „die jetzt unsres Orts in großer Macht stehende Zensur . . . auf sich deuten und verschreien" möchte, so wolle er sie in der Hoffnung, daß ein naher Frieden vielleicht auch auf dieser Seite mehr Freiheit unschuldiger Urteile herbeiführen dürfte, vorläufig noch zurückhalten. Übrigens könnten dem „Übel eines trübseligen Zwangsglaubens", „vielleicht besser als andere mit ihren Demonstrationen", Leute

---

[1]) Ähnlich schreibt er im folgenden Jahr an den Erlanger Theologen Seiler: In der Hoffnung, daß sich die Umstände änderten, strebe er seine eigenen Begriffe (über Religion) immer mehr zu klären (an Seiler, 14. August 95).

wie Stäudlins Kollege Lichtenberg „durch seinen hellen Kopf, seine rechtschaffene Denkungsart und unübertreffbare Laune" entgegenwirken. Gut, daß die „vorhin bei uns so geschätzte", jetzt aber aus Preußen geflohene Denkfreiheit bei so wackeren Männern wie den Göttinger Professoren Schutz gefunden habe!

Kant bezeichnet es bei seiner Veröffentlichung des kgl. Reskripts (1798) als „merkwürdig", daß dasselbe, das er selbst nur seinem „vertrautesten Freunde" (A. Warda vermutet darunter den getreuen Helfer seiner letzten Jahre Wasianski, der ihm jedoch erst später nahe trat) bekannt gab, nicht früher öffentlich bekannt geworden sei. Nun, die Wöllnersche Regierung scheute sich wohl doch, mit ihrem Vorgehen gegen den ersten deutschen Philosophen vor alle Welt hinauszutreten, und begnügte sich mit der vielleicht bis zu dem Grade gar nicht erhofften Wirkung desselben. Im übrigen ging man gleichzeitig gegen seine Anhänger und Kollegen an der Königsberger Universität beinah noch schroffer vor. Sämtliche theologische und philosophische Dozenten der Albertina mußten sich, wie Rink (selbst einer von ihnen) bezeugt, handschriftlich verpflichten, weder über Kants ‚Religion' Vorlesungen zu halten, noch überhaupt etwas vorzutragen, „was damals im preußischen Staate für Irrglauben galt".

Noch bleibt die Frage zu beantworten: ob Kant die freiwillig von ihm versprochene „gänzliche Enthaltung" von allen öffentlichen Äußerungen wirklich durchgeführt hat? Schon Otto Schöndörffer hat (Altpreuß. Monatsschr. 38, S. 134) darauf hingewiesen, daß ihn der Gang seiner alljährlichen Vorlesung über Metaphysik notwendigerweise auf religiöse Fragen führte, und daß er sie in der Tat auch im Wintersemester 1794/95 berührt hat, wie ein von Arnoldt behandeltes Kollegheft beweist[1]).

---

[1]) Anscheinend auch in seinem Sommerkolleg über Logik. Denn in einer 1913 von W. Jerusalem (Wien) aufgefundenen Vorlesungsnachschrift findet sich der Passus: „Es ist demnach U n r e c h t, im Staate zu v e r b i e t e n, daß Menschen Bücher schreiben und etwa z. B. ü b e r R e l i g i o n s s a c h e n u r t e i l e n sollen. Denn da wird ihnen das einzige Mittel genommen, das ihnen die Natur gegeben, nämlich ihr Urteil

Dazu kommt, daß er auch in der zu Anfang 1797 veröffentlichten
‚Rechtslehre‘, ebenso wie in der im Hochsommer des gleichen
Jahres erschienenen ‚Tugendlehre‘, also in beiden Fällen v o r
dem am 10. November d. J. erfolgten Tode Friedrich Wilhelms
II., seinen sittlich-religiösen Ansichten ziemlich ungenierten Ausdruck gegeben hat. Die Rechtslehre verbreitet sich, wenn auch
mit größerer Schärfe erst in der zweiten Auflage von 1798, über
das Verhältnis von Staat und Kirche, die von der Religion als
,,innerer Gesinnung‘‘ scharf unterschieden wird; die Tugendlehre setzt ihren ,,moralischen‘‘ ausdrücklich dem Religions-
Katechismus entgegen und erörtert in ihrem ,,Beschluß‘‘ das
Thema, daß die Religionslehre außerhalb der Grenzen der reinen
Moralphilosophie liege.

Schließlich und vor allem ist eins nicht zu vergessen: hat
Kant auch auf r e l i g i o n s philosophischem Gebiet eine Zeitlang die Waffen niedergelegt, weil er seine religiösen Anschauungen
nicht verleugnen wollte, offenen Widerstand aber für ebenso un-
gesetzlich wie zwecklos hielt, so setzte er doch den Kampf für
seine Überzeugung auf einem anderen Felde fort, und zwar auf
eben dem, das ihm das Vorgehen der Staatsbehörde gegen ihn
nahelegte: dem p o l i t i s c h e n. Um das zu verstehen, müssen
wir seine politischen Ansichten im Zusammenhang kennen lernen.

an fremder Vernunft zu prüfen. Die Freiheit, im Stillen zu d e n k e n,
geben die Leute, die so despotisch tyrannisieren.‘‘ Denken kann ich immer,
was ich will; aber da der ,,logische Egoismus‘‘ sich dem ,,Kriterium‘‘ der
,,allgemeinen Vernunft‘‘ unterwerfen muß, so ,,habe ich auch ein Recht,
meine Gedanken ö f f e n t l i c h v o r z u t r a g e n‘‘ (vgl. Jerusalems
Mitteilungen Kantstudien XVIII, S. 538—542. Die Sperrungen sind von
m i r).

Viertes Kapitel

Kant als Politiker[1])

Das politische Denken der Menschen des 18. Jahrhunderts darf man nicht nach unseren heutigen Begriffen beurteilen. Zumal die in der ersten Hälfte jenes Jahrhunderts Geborenen erscheinen fast sämtlich ohne tieferes staatliches Interesse. Wodurch sollte es auch geweckt werden? Etwa durch das verrottete Heilige Römische Reich deutscher Nation? „Wie lang hälts noch zusammen?" Und wo hätte einer der gebildeten Geister außerhalb des engen Kreises der Regierenden überhaupt die Möglichkeit politischen Wirkens gehabt? So hat denn einer der Besten und Deutschesten dieser Epoche, Gotthold Ephraim Lessing, bekanntlich den Patriotismus als eine „heroische Schwachheit" betrachtet. Und der junge Goethe war während des siebenjährigen Krieges

---

[1]) Gerade mit dieser Seite Kants habe ich mich aus eigener Vorliebe öfters beschäftigt. Da ich im Text nur das Wichtigste hervorheben kann, seien interessierte Leser auf meine folgenden Arbeiten hingewiesen: 1. Kant und Marx. Tübingen 1911, bes. Kap. I, Abschn. 2: Kants politisch-soziale Ansichten. — 2. Kants Stellung zur französischen Revolution in: Philos. Abhandlungen (zu H. Cohens 70. Geburtstag). Berlin 1912, S. 247—269. — 3. Kants kleinere Schriften zur Geschichtsphilosophie, Ethik und Politik (Bd. 47 I der Philos. Bibl.). Leipzig 1913, bes. Einleitung (S. VII—LVII) und Sachregister. — 4. J. Kant, ‚Zum ewigen Frieden'. Mit Ergänzungen aus Kants übrigen Schriften und ausführlicher Einleitung (S. VII—LVI). 2. Aufl. 1922. — 5. Kant und der Gedanke des Völkerbunds. Mit Anhang: Kant und Wilson. Lpz. 1919. — 6. Kant, Fichte, Hegel und der Sozialismus. Berlin 1920.

Von kleineren Aufsätzen: ‚Kant als Politiker' (‚März', 17. Mai 1913). ‚Kantische Randglossen zur Gegenwartspolitik' (ebd. 28. Juni 1913). — ‚Kant und der Krieg' (Forum, Dezember 1914). — ‚Kant über England' (Hilfe, 11. Februar 1915).

nicht preußisch, sondern „Fritzisch" gesinnt; „denn was ging uns P r e u ß e n an?"

Ein Bewunderer Friedrichs ist übrigens auch Kant gewesen. Er widmet ihm zwei seiner Schriften: die Kosmogonie von 1755 und die Inaugural-Dissertation von 1770, wenn auch wohl mehr aus äußeren Gründen, und ohne daß der Wortlaut der Dedikation irgendwelche persönliche Note trüge. Er erwähnt ihn allein von den Fürsten seiner Zeit öfters in seinen Werken, lobt und übersetzt sogar in der Kritik der Urteilskraft eins seiner französischen Gedichte, begreift seinen Entschluß, des Vaterlandes Untergang nicht überleben zu wollen, und erzählte noch im Alter im Kreise seiner Tischgäste gern Anekdoten von ihm, „über dessen Geist er staunte" (Hasse). Was ihn am meisten anzog, war natürlich der vorurteilsfreie Geist Friedrichs II., dessen Vereinigung mit absolutistischer Regierungsweise („Räsonniert, soviel Ihr wollt, aber gehorcht!") er wenigstens nicht ausdrücklich mißbilligte.

Dagegen geht aus keiner einzigen Stelle seiner vorkritischen Schriften oder Briefe eine tiefere Anteilnahme an den gleichzeitigen Weltereignissen, etwa des siebenjährigen Krieges, hervor. Trotzdem ist es keine Frage, daß ihn schon früh p o l i t i s c h e T h e o r i e n beschäftigt haben. So berichtet Schubert, freilich ohne bestimmte Belege beizubringen, Kant habe gleich in seinen ersten Vorlesungen das Studium des damals in Preußen nur sehr wenigen bekannten M o n t e s q u i e u seinen Zuhörern „angelegentlichst" empfohlen und öfters Stellen aus dessen Werken erläutert[1]. In der Tat wird der Verfasser des Esprit des lois in einem der frühesten, vielleicht schon 1759 oder 1760 beschriebenen, Losen Blatte mit hoher Achtung erwähnt, desgleichen wiederholt in dem Geographiekolleg (XV, 586). Von tieferem politischen Verständnis zeugt auch die Bemerkung in dem Vorlesungsprogramm von 1765/66, er werde den Zustand der Staaten und Völker nicht von zufälligen Ursachen wie „Regierungsfolge, Er-

---

[1] W. Schubert, J. Kant und seine Stellung zur Politik. (Raumers Historisches Taschenbuch 1838), S. 582 ff. Der Aufsatz, der sich krampfhaft bemüht, Kant gegen den Vorwurf der Revolutionsfreundlichkeit in Schutz zu nehmen, ist im ganzen ziemlich wertlos.

oberungen, Staatsränken", sondern von demjenigen ableiten,
„was beständiger ist und den entfernten Grund von jenem enthält, nämlich die Lage ihrer Länder, die Produkte, Sitten, Gewerbe, Handlung und Bevölkerung". Für selbstverständlich halten wir es ferner, daß R o u s s e a u s Einfluß sich bei ihm auch
auf das politische Gebiet erstreckt hat; wie früh und in welchem
Maße, muß freilich bei dem Mangel genauerer Nachrichten dahingestellt bleiben; auffallend ist, daß Herders bekannte Schilderung
der Kantvorlesungen von 1762/63 wohl den Emil und die Heloise,
nicht aber den Contrat social erwähnt. Bestimmt nachweisbar ist
Rousseaus politische Wirkung auf ihn erst zu Anfang der 80er Jahre.

Aber es kommt auch, zumal bei Kants starker Eigenart,
weit weniger auf den Nachweis einzelner fremder Einflüsse, als
auf den durchgehenden Grundzug seiner politischen Anschauungen an. Dieser ist aber ohne Frage ein lebhaftes Unabhängig-
keits- und F r e i h e i t s gefühl. Schon 1754 hatte er den „Enthusiasmus der Ehrbegierde . . . und der Freiheitsliebe" der Alten
der „kaltsinnigen Beschaffenheit unserer Zeiten" gegenüber-
gestellt[1]. Besonders lebendig kommt es dann weiter in den
wahrscheinlich aus der zweiten Hälfte der 60er Jahre stammenden Randbemerkungen seines Handexemplars der ‚Beobachtungen‘ (1764) zum Ausdruck, in Sätzen wie den folgenden: „Es
ist kein Unglück, das demjenigen, der der Freiheit gewohnt wäre,
erschrecklicher sein könnte, als sich einem Geschöpfe von seiner
Art überliefert zu sehen, das ihn zwingen könnte, sich seiner
eigenen Willkür zu begeben und das zu tun, was jenes will."
„Daher kann kein Abscheu natürlicher sein, als den ein Mensch
gegen die Knechtschaft hat. Um desgleichen weint und erbittert
sich ein Kind, wenn es das tun soll, was andere wollen, ohne
daß man sich bemüht hat, es ihm beliebt zu machen." „Daß der
Mensch aber gleichsam keiner Seele bedürfen und keinen eigenen
Willen haben soll, und daß eine andere Seele meine Gliedmaßen
beugen soll, das ist ungereimt und verkehrt. Auch in unserer
Verfassung ist uns ein jeder Mensch verächtlich, der in einem
großen Grade unterworfen ist." „Der Mensch, der abhängt, ist

---

[1] ‚Ob die Erde veralte?‘ Philos. Bibl. 49, S. 249.

nicht mehr ein Mensch; er hat diesen Rang verloren, er ist nichts
als ein Zubehör eines anderen Menschen."

Daher denn auch seine begeisterte Anteilnahme an dem
F r e i h e i t s k a m p f e d e r N o r d a m e r i k a n e r gegen
die englische Bedrückung (1776—83), die, auch wenn sie nicht
durch die bekannte Erzählung von seinem Wortwechsel mit Green
(Bd. I, S. 122) bezeugt wäre, aus einer Reflexion vom Ende der
70er Jahre hervorgehen würde. An sich mußte seiner freien politischen Auffassung gerade das englische Staatswesen sympathisch
sein, wie er denn auch schreibt: ,,Wir haben nur seit 100 Jahren
das System der bürgerlichen Verfassung eines großen Staates an
England" (XV, Nr. 1453). Aber ,,in der Geschichte Englands
j e t z i g e r Zeit bringt ihre Unterwerfung von Amerika das
kosmopolitische Andenken derselben weit zurück. Sie wollen:
jene sollen Untertanen von Untertanen werden und auf sich die
Last der anderen abwälzen lassen" (1444).

Seiner, offenbar an Hume und Adam Smith genährten, i n -
d i v i d u a l i s t i s c h e n Staatsauffassung entspricht das in den
Reflexionen der 70er Jahre erscheinende Staatsideal: ,,Das Wesen
aller Regierung besteht darin, daß ein jeder seine Glückseligkeit
selbst besorge und ein jeder die Freiheit habe, in dieser Absicht
mit jedem anderen in Verkehr zu treten. Das Amt der Regierung
ist . . . nur, die Harmonie derselben zu bewirken, und zwar ohne
Prädilektion, nach dem Gesetze der Gleichheit." Zwar ist um der
,,äußeren Erhaltung des Staates willen e i n e Person nötig, die
das Ganze vorstellt"; aber diese ,,Häupter" müssen durch ,,die
Glieder bestimmt werden, welche sie nachher regieren sollen"
(1447). Despotismus ist es, ,,die Untertanen aller eigenen Wahl
und Urteils zu überheben" (1449). Darum ist auch ,,alle bürgerliche Verfassung eigentlich Demokratie" (1446). So stammen denn
schon aus dieser Periode recht scharfe Urteile gegen die F ü r -
s t e n , die ,,keinen Begriff von R e c h t e n haben, die ihnen im
Wege stehen, sondern höchstens von Gütigkeit reden". ,,Man
glaubt, der selbst Gesetze gibt, sei an kein Gesetz gebunden"
(1400). Cäsar sogar wird ein ,,schlecht denkender" Fürst genannt, weil er die Macht, die er sich erworben, ,,nicht selbst

in die Hände eines vernünftig eingerichteten gemeinen Wesens
gab" (1436).

Dieser liberal-demokratischen Staatsansicht entsprang denn
„auch die Lieblingsidee des Herrn Professor Kant", die wir in
den geschichtsphilosophischen Aufsätzen um die Mitte der 8oer
Jahre zum Ausdruck kommen sahen. Freilich auch sein Pessimismus gegenüber der Wirklichkeit ist womöglich noch gestiegen
und offenbart sich am deutlichsten in den zu seiner Selbstverständigung niedergeschriebenen Reflexionen. „Die Welt ist noch
zu unreif zu großen Verbesserungen . . . Freiheit in Religion und
bürgerlichen [d. h. wohl wirtschaftlichen K. V.] Verhältnissen
sind noch das einzige, was interessiert; denn sonst tut kein Staat
etwas vor das Weltbeste, sondern bloß vor sich selbst" (1465).

„Wir sind", was die Menschheit auch heute noch beschämt
eingestehen muß — „in Ansehung des Völkerrechts noch Barbaren.
Wir haben noch kein System der Vereinigung der Religionen. Vornehmlich noch kein Erziehungssystem" (1453). Wie ähnlich schon
ein früheres Loses Blatt (1416) sagt: „Es ist noch immer etwas
Barbarisches an den Staaten, daß sie sich in Ansehung ihrer
Nachbarn keinem Zwange eines Gesetzes unterwerfen wollen . . .
Die Erziehungskunst, Begriffe der Sitten und Religion liegen
noch in ihrer Kindheit. Man hat keinen Monarchen, der etwas
zum Besten des menschlichen Geschlechts tun will, auch nicht
einmal zum Besten des Volks, sondern nur vor das Ansehen des
Staats, also auch nur vor das äußere." Von der Philosophie
allein, wie einst Plato, erhofft er die Rettung: „Die Weisheit
muß den Höfen aus den Studierzimmern kommen" (1436). „Er-
leuchtetere Begriffe, wozu Philosophen und Geistliche beitragen
müssen, können dieses allein bewirken" (1416).

Und nun sollte er wider Erwarten die große politische Umwälzung erleben, die seine Hoffnungen zu erfüllen, seine Ideen
zu verwirklichen schien: das Weltereignis der f r a n z ö s i s c h e n
R e v o l u t i o n. Man kann sich denken, mit welcher Begeisterung er sie begrüßte. Für politische Nachrichten hatte er sich
schon immer interessiert und durch seine Verbindung mit der
„guten" Gesellschaft seiner Vaterstadt Gelegenheit gesucht und

gefunden, solche von Wert zu bekommen; so berichtet ihm z. B. am 18. Januar 1770 General von Lossow brieflich allerlei interessante Neuigkeiten (von der wichtigen Geheimaudienz eines Diplomaten beim König, vom bevorstehenden Bruch zwischen Frankreich und „Engelland" u. a.), ähnlich später Graf Keyserling, in dessen Palais wie in dem Hause des Ministers von Braxein er gewiß oft weitere Gelegenheit dazu hatte. Jetzt aber erfüllte ihn ein wahrer „Heißhunger" nach den neuen Zeitungen (Borowski). Ja, in besonders kritischen Zeitläuften wäre er am liebsten „der Post Meilen weit entgegengegangen", und „man konnte ihn mit nichts mehr erfreuen als mit einer frühen authentischen Privatnachricht" (Jachmann). Neben den Königsberger Lokalblättern, insbesondere der schon damals bestehenden Hartungschen Zeitung, scheint er auch eine Hamburger Zeitung gehalten zu haben (Wasianski); und noch 1798 zeigte er sich „so neugierig auf politische Neuigkeiten, daß Nicolovius ihm den Probebogen der Berliner Zeitung, den er auf der Post etwas früher bekommt, zusenden muß. Und wenn er nicht selbst lesen kann, so fragt er mich, oft hintennach durch ein Billet, ich sollte melden, ob nichts Merkwürdiges vorgefallen sei" (Brahl zu Abegg mündlich, vgl. des letzteren Tagebuch, S. 169). Er fand, wie er am 12. Juni 1798 Jachmann und Abegg erklärte, überhaupt „keine Geschichte lehrreicher, als die ich täglich in den Z e i - t u n g e n lese. Hier kann ich sehen, wie alles kommt, verbreitet wird, sich entwickelt". Wichtige politische Nachrichten, z. B. über Napoleons italienischen Feldzug, suchte er sich aus privater Quelle einige Wochen früher zu beschaffen. Die Hartungsche Zeitung hielt er noch in seinen letzten Lebensjahren. Ja, noch der 78jährige beschäftigte sich, nach einer Notiz in der Handschrift seines Nachgelassenen Werks zu schließen (Altpr. Mon. XXI, 404), mit den gleichzeitigen Verhandlungen des Rastatter Kongresses über die Säkularisation der geistlichen Stifter. Ihr Inhalt war dann „sein angenehmstes Tischgespräch" (Borowski), das er „darüber in allen Gesellschaften mit gleicher Lebhaftigkeit führte" (Jachmann). Dabei verhielt er sich skeptisch gegen Nachrichten, denen Tag und Ort fehlte, zeigte dagegen außerordentlichen Scharfblick in der Beurteilung der Tatsachen wie der handelnden Personen, sogar der militärischen Operationen, und sagte oft „mit wahrhaft prophetischem Geiste" Begebenheiten voraus, „an welche die mitwirkenden Personen vielleicht selbst noch nicht dachten" (Jachmann, 129).

So hatte er insbesondere, was seine ältesten Biographen hervorheben, den stärksten Hemmschuh gegen die Freiheitsbestrebungen des französischen Volkes und damit indirekt auch der übrigen Nationen Europas in der schroff antirevolutionären Politik E n g l a n d s erkannt: Englands, dessen Dichter (Pope, Milton, Butler), Romanschriftsteller (Fielding, Swift), Philosophen (Locke, Shaftesbury, Hume, Hutcheson) er doch so hochschätzte, ja dessen Staatsverfassung er einst — wie Borowski meint, sogar „bis dahin immer mit Enthusiasmus" — gepriesen hatte. Durch seine auswärtige Politik aber schien ihm Pitt, Großbritanniens leitender Minister „nicht sowohl Freiheit und Kultur, als Sklaverei und Barbarei fördern zu wollen".

Vielleicht hat er dabei auch an Englands K o l o n i a l p o l i t i k gedacht. Zwar ist der im ‚Ewigen Frieden' (1795) erhobene Vorwurf räuberischer Kolonialpolitik gegen a l l e Völker gerichtet, denen der Besuch fremder Länder mit deren Eroberung „für einerlei gilt", und die „die Einwohner für nichts rechnen". Aber es ist doch offenbar auf England in erster Linie gemünzt, wenn er dann fortfährt: „In Ostindien brachten sie unter dem Vorwande bloß beabsichtigter Handelsniederlagen fremde Kriegsvölker hinein, mit ihnen aber Unterdrückung der Eingeborenen, Aufwiegelung der verschiedenen Staaten desselben zu weit ausgebreiteten Kriegen, Hungersnot, Aufruhr, Treulosigkeit, und wie die Litanei aller Übel, die das menschliche Geschlecht drücken, weiter lauten mag". Und derartige Gewalttätigkeiten, einschließlich der „allergrausamsten und ausgedachtesten" Sklaverei, ließen sich „Mächte" zuschulden kommen (vielleicht hat er dabei, außer an England, auch an das durch Multatulis ‚Max Havelaar' noch in unserer Zeit an den Pranger gestellte Holland gedacht), „die von der Frömmigkeit viel Werks machen und, indem sie Unrecht wie Wasser trinken, sich in der Rechtgläubigkeit für

Auserwählte gehalten wissen wollen." Ein aus 1797/98 stammendes Loses Blatt des Nachlasses faßt sein Gesamturteil über Volk und Staat von England in die bezeichnenden Worte zusammen: „Die englische Nation (gens), als V o l k (populus) betrachtet, ist das schätzbarste Ganze von M e n s c h e n , im Verhältnis gegeneinander betrachtet. Aber als S t a a t gegen andere Staaten das Verderblichste, Herrschsüchtigste und Kriegserregendste unter allen" (XV, Nr. 1366).

Deshalb begleitete er auch Napoleons Expedition gegen Ä g y p t e n mit gespanntester Teilnahme. Allerdings hielt er sie anfangs in Wahrheit gegen P o r t u g a l gerichtet: „wegen des großen Einflusses Englands auf Portugal" betrachtete schon Kant „dieses Land als eine englische Provinz, durch deren Eroberung England der empfindlichste Streich beigebracht werden könnte" (Wasianski, S. 26). Ein in seinem Nachlaß aufgefundener kleiner Aufsatz, mit dem Titel: ‚Rechtfertigung des Direktoriums der franz. Republik wegen seines angeblich ungereimten Plans, den Krieg mit England zu ihrem Vorteil zu beendigen" (Ak.-A. XII, 407 f.) führt aus, der Zug nach Ägypten sei nur zur Verschleierung dieser Absicht unternommen worden, bis man von Spanien die Erlaubnis zu einem Landmarsch und teilweise auch Seetransport französischer Truppen nach Portugal bekomme. Dem ägyptischen Unternehmen „Bonapartes" sprach er jedenfalls keine lange Dauer zu. Darin hat er sich ja auch nicht geirrt, und die Besetzung Portugals hat Napoleon als Kaiser gleichfalls ausgeführt. Auch gegen Abegg äußerte er am 12. Juni bzw. 5. Juli 1798 mündlich die Ansicht, Bonaparte würde bei Karthagena in Spanien landen, Portugal erobern und dadurch im Herbst den allgemeinen Frieden herbeiführen. Er hält es in diesem Falle — vielleicht im Hinblick auf die starke Opposition gegen den Krieg in England selbst und auf den irischen Aufstand, dem er Erfolg wünschte! — für möglich, daß England zur — Republik würde und sein König nur Kurfürst von Hannover bliebe! „Dann würde England wieder aufblühen, ohne andere zu drücken." Und nachdem er sich noch über manche ihrer Einzelmaßnahmen (Teepreiserhöhung, Verfahren Pitts gegen Sidney Smith) entrüstet, faßte

er sein Urteil über die damalige englische Politik in die denk-
würdigen Kraftworte zusammen: „Die Engländer sind im Grunde
die depravierteste Nation. D i e   g a n z e   W e l t   i s t   i h n e n
E n g l a n d , die übrigen Länder und Menschen sind nur ein
Anhängsel, ein Zugehör . . . Dies alles macht die Engländer jetzo
anspeiungswürdig (!). Ich hoffe, es wird glücken, daß sie gedemütigt werden."

Im geraden Gegensatz zur englischen Politik, empfahl er ein
Bündnis Preußens mit der Republik Frankreich, mit der ersteres
ja seit 1795 in Frieden und Freundschaft lebte. „Wenn nur",
meinte er am 12. Juni 1798 vor seinen Mittagsgästen, „unser
König bald nach Berlin kommt und durch Sieyès' Gründe sich
bestimmen läßt, eine vernünftige Partei zu ergreifen, damit durch
P r e u ß e n und F r a n k r e i c h vielleicht das Kriegführen
unmöglich gemacht werde[1])! Denn R u ß l a n d ist zu bändigen;
es hat kein Geld und kann sich nicht leicht in die auswärtigen
Angelegenheiten mengen, ohne zu erfahren, daß im Inneren Un-
ruhen ausbrechen." Bedenkt man, wie manches hiervon mutatis
mutandis noch auf die europäische Politik zur Zeit des Weltkriegs zutraf, wird man dem als abstrakten Gelehrten geltenden
Weltweisen gewiß realpolitisches Urteil nicht absprechen.

Doch kehren wir zu seiner Stellung zur großen Revolution
zurück! Wie sympathisch sie ihm schon in ihren ersten Anfängen war und wie wichtig er sie gleich anfangs einschätzte,
das bezeugt sein noch wenig bekannter Brief vom 30. Aug.
1789 an Friedrich Heinrich Jacobi, der ihm eine Schrift des
Grafen Windischgrätz ‚Von der freiwilligen Abänderung der Konstitution in Monarchien' zugesandt hatte. In ihr fand Kant sein
eigenes ethisches Prinzip dargestellt; in der „jetzigen Krisis von
E u r o p a" (!) müsse die „zum Teil als wundersam eingetroffene

---

[1]) Der König ist Friedrich Wilhelm III., der damals zu den Huldigungsfeierlichkeiten in Königsberg erwartet wurde. Sieyès war zu jener
Zeit französischer Gesandter in Berlin. Das gute Verhältnis zur Republik
dauerte noch Jahre lang. Noch 1803 stickte, was ihre Biographen allerdings zu verschweigen pflegen, Königin Luise eine Schärpe für den Ersten
Konsul, die sie dem Gesandten Ducrot übergab.

Wahrsagung, zum Teil als weiser Rat für Despoten" von großer
Wirkung sein.

Der Gedanke an das weltgeschichtliche Ereignis im westlichen Nachbarlande beschäftigte ihn so stark, daß er sogar in
der ganz anderen Problemen zugewandten ‚Kritik der Urteilskraft' (1790) darauf zu sprechen kommt. Als Analogie zu dem
naturwissenschaftlichen Begriff des Organismus zieht er dort
(in § 65) den damals noch ganz neuen Begriff der p o l i t i s c h e n
O r g a n i s a t i o n heran. „Sehr schicklich" habe man sich „bei
einer neuerdings unternommenen gänzlichen Umbildung eines
großen Volks zu einem Staat" des Wortes ‚Organisation' häufig
„für Einrichtung der Magistraturen usw. und selbst des ganzen
Staatskörpers" bedient. „Denn jedes Glied soll freilich in einem
solchen Ganzen nicht bloß Mittel, sondern zugleich auch Zweck
und, indem es zu der Möglichkeit des Ganzen mitwirkt, durch
die Idee des Ganzen widerum seiner Stelle und Funktion nach
bestimmt sein." Diese Stelle ist nicht bloß historisch, sondern
auch p h i l o s o p h i s c h h o c h b e d e u t s a m: sie stellt eine
der wichtigsten Weiterbildungen von Kants angewandter Ethik
dar. Der bis dahin, bei aller sozialen Tendenz, im letzten Grunde
doch i n d i v i d u a l e, weil bloß an das Individuum sich
wendende, kategorische Imperativ wird hier deutlich ins Soziale
umgebogen. Kants bisher rein liberalistischer Staatsbegriff (siehe
oben) erhält einen sozialen Inhalt durch den Begriff der Organisation, in der jeder Teil durch die Idee des Ganzen bestimmt ist,
durch die ein V o l k überhaupt erst zum S t a a t wird. Daß
ein solcher politischer Organismus „mehr in der Idee als in der
Wirklichkeit angetroffen wird", tut seiner Wertung keinen Eintrag. Denn auf dem Grunde der I d e e ist ja die gesamte Ethik
d e s Philosophen verankert, der in „sittlichen Dingen nichts für
pöbelhafter" erklärte als die Berufung auf „vorgeblich widerstreitende" Erfahrung.

Gegenüber solcher tief philosophischen Erfassung der Grund-
frage der neuen Staats a u f f a s s u n g bleibt es unwichtig, ob
Kant seiner Begeisterung für die neue Staats f o r m wirklich den
Ausdruck gegeben hat, von dem des redseligen Varnhagen von

Ense Tagebücher (XI, 187) nach Jahrzehnten berichten. Wie
sein Freund Stägemann aus Königsberg ihm erzählt, habe der
Philosoph, als er die Verkündigung der französischen Republik
erfuhr, lebhaft ausgerufen: ,,Herr! Nun lasse Deinen Diener in
Frieden fahren, denn ich habe das Heil der Welt gesehen!'' Eine
so theatralische Gebärde entspricht Kants solider Sachlichkeit
wenig. Wichtiger jedenfalls ist sein Verhalten zu der späteren
Entwicklung der Revolution.

Anfangs wurde die neue Freiheitsbewegung im Westen von
nahezu der gesamten deutschen Bildung aufs freudigste begrüßt:
nicht bloß von den Führern der Aufklärung wie Campe (,,Rousseau
hat die Ruten der Kinder und der — Völker zerknickt''), Wieland, Nicolai, Biester usw., sondern auch von den Klopstock,
Bürger, Herder, Voß, Jacobi, Schiller. Noch weiter ging, abgesehen von den für ihren Profit fürchtenden Geschäftsleuten, das
mittlere Bürgertum, zumal im westlichen Deutschland. Die Begeisterung erfaßte selbst Hof- und Regierungskreise. Hatte doch
die Herzogin von Gotha die Büsten der Revolutionshelden in
ihren Gemächern stehen, und trugen doch aristokratische Damen
Bänder in den Farben der Trikolore. Ja, von der Musik der
Potsdamer Gardes du Corps hörte man das Ça ira blasen, und
der Rektor des Joachimstalschen Gymnasiums in Berlin pries
öffentlich in seiner Königsgeburtstagsrede die Revolution, wobei
ihm der anwesende erste Minister Graf Hertzberg, der Verehrer
Kants, lebhaft applaudierte! Wie weit verbreitet republikanische
Gedanken, trotz einer gewissen Anhänglichkeit an das ,,ange-
stammte'' Königshaus, auch in Königsberg waren, geht daraus
hervor, daß der sehr zahme Prediger und spätere evangelische
Erzbischof Borowski (Kants Biograph) auf einem Spaziergang zu
Hippel äußerte: ,,Ich glaube, im 19. Jahrhundert gibt es keine
Könige mehr.''

Anders, als die Ereignisse der Schreckenszeit die Anhänger
der neuen Ideen auf die Probe stellten. Da wandte sich einer
nach dem anderen von denen, welche die ,,begeisternde Freiheit''
und die ,,löbliche Gleichheit'', die selbst Goethe in seinem ,Hermann
und Dorothea' freudig bewillkommnet hatte, von dem ,,ver-

derbten Geschlechte", von den „Henkersknechten" ab. Sogar
der Dichter der ‚Räuber' und des ‚Fiesko' fühlte sich angewidert
von der krassen Wirklichkeit und zog sich in eine erträumte rein-
ästhetische Idealwelt zurück, die „Ordnung" des biederen deutschen Philisters denen vorziehend, die „dem Ewig-Blinden des
Lichtes Himmelsfackel zu leihen" gewagt hatten. Nicht so Immanuel Kant. Auch er hatte an dem Gang der Dinge in Frankreich manches auszusetzen, auch er wünschte statt der revo-
lutionären Gewaltsamkeiten eine friedlich und gesetzmäßig sich
vollziehende „Evolution". Aber er ließ sich, wie sehr man es
ihm auch verdachte, durch die Ausbrüche politischer Leidenschaft nicht an den großen Grundprinzipien einer weltgeschicht-
lichen Bewegung irre machen. Sein (ihm gegnerisch gesinnter!)
medizinischer Kollege Metzger bezeugte nach seinem Tode „die
Freimütigkeit und Unerschrockenheit, mit welcher Kant seine
der französischen Revolution viele Jahre hindurch . . . günstigen
Grundsätze gegen jedermann, auch gegen Männer von den höchsten Würden im Staat verfocht. Es war eine Zeit in Königsberg, wo jeder, der von der französischen Revolution nicht etwa
günstig, sondern nur glimpflich urteilte, unter dem Namen eines
J a k o b i n e r s ins schwarze Register kam. Kant ließ sich
dadurch nicht abschrecken, an den vornehmsten Tafeln der
Revolution das Wort zu reden". Damit stimmt überein, was des
Philosophen früherer Schüler und späterer Verleger F. Nicolovius
aus dem Jahre 1794 berichtet: daß Kant „noch immer ein völliger Demokrat sei und neulich sogar die Äußerung getan habe,
daß alle Greuel, die jetzt in Frankreich geschähen, unbedeutend
seien gegen das fortdauernde Übel der Despotie, das vorher in
Frankreich bestanden, und daß höchstwahrscheinlich die Jakobiner in allem, was sie gegenwärtig täten, recht hätten". Und
ebenso, was unser Politikus selbst am 12. Juni 1798 zu Abegg
bemerkte, indem er auf das gefährliche Denunziantentum seines
Kollegen Schmalz, dieses „Erzroyalisten" hinwies: „Wenn man
über die französische Revolution seine Ideen frei bekennt, so gilt
man für einen J a k o b i n e r , da es doch im Grunde, wie
andere Lieblingsideen, wenigstens in den ersten Jahren, eine Art

Steckenpferd vieler Menschen gewesen war. Man muß niemand hindern, auf seinem Stecken auch durch die Straßen zu reiten, wenn er nur nicht verlangt, daß man deswegen von dem großen Weg gehe oder gar ihm nachtrabe, wenn man nicht Lust hat dazu." In ganz Königsberg war es noch 1798 bekannt, daß Kant „mit ganzer Seele die Sache der Franzosen liebe, durch alle die Ausbrüche der Immoralität usw. nicht irre gemacht werde zu glauben, das Repräsentativsystem sei das beste" (Abeggs Tagebuch zum 1. Juli 98). — Ähnlich radikal wie er scheint nur sein eifrigster Anhänger, der Hofprediger und Mathematiker Schultz, gestanden zu haben; auch er, notiert Abegg, der ihn sehr hochhält, in sein Tagebuch, „ist ein offener R e - p u b l i k a n e r".

Wie steht es nun bei Kant mit diesem „Republikanismus"? Wie überhaupt mit seiner Stellung zu der wahren Grundlage aller äußeren politischen Erfolge: der i n n e r e n Politik? Ehe wir das an der Hand seiner Schriften entwickeln, seien einige Bemerkungen über sein D e u t s c h tum vorausgeschickt, das noch sehr wenig bekannt sein dürfte. Gewiß hat sich unser verstandesklarer Philosoph niemals etwas aus dem Teutonentum des späteren Klopstock und seiner noch fanatischeren Nachtreter gemacht; auch achtet er, wie wir gleichfalls schon bemerkten, in Übereinstimmung mit dem Geschmack der gesamten Aufklärung, das Mittelalter im ganzen gering, wenn auch in den Reflexionen der 70er Jahre einmal eine bei weitem günstigere Beurteilung der Germanen aus der Völkerwanderungszeit sich findet: „Die rohen Völker waren keine Barbaren, sie nahmen Kultur an, Disziplin, und hatten mehr Gelindigkeit des Naturells mit Freiheitsgeist verbunden und also mehr Fähigkeit und Willen, nach Gesetzen regiert zu werden, als die Römer" (XV, Nr. 1406). Allein auch abgesehen von seiner Anhänglichkeit an die engere Heimat, hat er Verständnis für deutsches Wesen sich stets bewahrt. Das tritt nicht nur in seiner hohen Schätzung der deutschen Sprache (vgl. Buch III, Kap. 9), sondern auch in den Urteilen über den deutschen Charakter hervor, denen wir an zahlreichen Stellen der Anthropologie und der Losen Blätter begegnen.

Er rühmt die Ehrlichkeit, die Häuslichkeit, die Ausdauer, den Fleiß, die Reinlichkeit, die Bescheidenheit, die Gastfreiheit der Deutschen, überhaupt ihren „guten Charakter". Auch in der Wissenschaft zeigten sie gutes Urteil, Dispositionsgabe und Genauigkeit, freilich, da sie zu sehr an Grundsätzen und Regeln klebten, auch Mangel an Genie. Aber „blenden sie auch nicht durch Neuigkeit", so sind sie doch „tüchtig durch Stetigkeit". Und aus seinem Tadel ihrer allzugroßen Fügsamkeit, die sie als Untertanen „leicht zu regieren" und zu drillfähigen Soldaten macht, und die sich oft zu Unterwürfigkeit, Nachahmungs- und Titelsucht steigert, ihrer Pedanterie, des „Tabellenwesens in Ämtern" usw. spricht schließlich doch bloß verhaltene Liebe.

Als eine Haupttugend der Deutschen aber wird gerühmt, daß sie — keinen Nationalstolz besitzen, daß sie „kosmopolitisch aus Temperament sind und kein Volk hassen als höchstens zur Wiedervergeltung" (XV, Nr. 1354). Darum scheint es unserem Philosophen „dem deutschen Charakter wenigstens vor jetzt (!) nicht angemessen, ihm von einem Nationalstolz vorzuschwatzen. Das ist eben ein seinen Talenten wohl anstehender Charakter, keinen solchen Stolz zu haben, ja gar anderer Völker Verdienste eher als seine eigene zu erkennen" (ebd. 1351). Allerdings will die Vorsehung, daß die Völker nicht „zusammenfließen" sollen; ebendeswegen existiert ein „Mechanismus" in der Welteinrichtung, der sie „instinktmäßig" verknüpft, aber auch absondert. Insofern sind „der Nationalstolz und Nationalhaß zur Trennung der Nationen notwendig". Und die „Regierungen sehen diesen Wahn gerne!" Aber Instinkte sind „blind" und „dirigieren" nur „die Tierheit an uns". Sie müssen deshalb „durch Maximen der Vernunft ersetzt werden". Und „um deswillen ist dieser Nationalwahn auszurotten, an dessen Stelle Patriotism und Kosmopolitism treten muß" (1353). Patriotismus und Kosmopolitismus sind also für unseren Kant ein Begriff, wahre Vaterlandsliebe zugleich echtes Weltbürgertum.

Seine politischen Ansichten in systematischer Ordnung aufzubauen, ist Kant durch seine sonstige philosophische

Lebensarbeit verhindert worden, wie er das noch als 77 jähriger
einem Magister Andreas Richter in Wien, der ihm eine solche
„systematische Politik nach kritischen Grundsätzen" im Abriß
vorlegte, ausgesprochen hat. Dagegen hat er sich an so zahlreichen Stellen seiner Schriften und seines Nachlasses über politische Dinge geäußert, daß sich leicht ein Buch danach oder
darüber schreiben ließe. Als politische Schriften im engeren
Sinne kommen in Betracht: 1. Die Abhandlung ‚Über den Gemeinspruch: Das mag in der T h e o r i e richtig sein, taugt
aber nicht für die P r a x i s (Berlin. Monatsschrift, Sept. 1793);
besonders ihr zweiter (Staatsrecht) und dritter Teil (Völkerrecht).
2. Die Schrift ‚Z u m e w i g e n F r i e d e n' (1795). 3. Die ‚Metaphysischen Anfangsgründe der R e c h t s lehre' (1797). 4. Der
‚S t r e i t d e r F a k u l t ä t e n', 2. Abschnitt (1798). Dazu
kommen jedoch noch einzelne Stellen aus anderen Schriften der
90er Jahre (Kritik der Urteilskraft, Religion, Anthropologie), und
vor allem viele aus seinem Nachlaß, teils in Reickes ‚Losen
Blättern aus Kants Nachlaß' (1882 ff., besonders Abteilung F),
teils im 15. Bande der Akademie-Ausgabe veröffentlicht[1].

Der hervorstechendste Grundzug bleibt ihm auch für die
i n n e r e Politik der F r e i h e i t s gedanke. Schon die Kritik
der reinen Vernunft hatte sein Staatsideal in die Worte gekleidet:
„Eine Verfassung von d e r g r ö ß t e n m e n s c h l i c h e n
F r e i h e i t nach Gesetzen, welche machen, daß j e d e s F r e i-
h e i t m i t d e r a n d e r e n i h r e r z u s a m m e n b e-
s t e h e n k a n n (nicht von der größten Glückseligkeit, denn
diese wird schon von selbst folgen), ist doch wenigstens eine notwendige Idee, die man nicht bloß im ersten Entwurfe einer Staatsverfassung, sondern auch bei allen Gesetzen zum Grunde legen
muß" (die Sperrungen von Kant selbst, ed. Vorländer, S. 319 f.).
Das bildet auch weiter den Grundton seines politischen Denkens.
„Der Wille a l l e r" ist ihm mit Rousseau der „Urquell alles

---

[1] Wir können natürlich nur das Wichtigste bringen und verzichten, um den Leser nicht zu ermüden, auf genaue Zitierung der Belegstellen. Man findet die meisten unschwer in meinem ‚Kant und Marx',
S. 18 ff.

Rechts" (Lose Bl.). „Der allgemeine Volkswille ohne Unterschied der Person muß zum Grunde gelegt werden" (E 2, I). „Der Staat ist ein Volk, das sich selbst beherrscht" (ebd. F 4). „Was ein Volk über sich selbst nicht beschließen kann, das kann der Gesetzgeber auch nicht über das Volk beschließen" (Theorie und Praxis). Deshalb gilt ihm auch die patriarchalische Regierung, welche die Bürger wie Kinder behandelt, als die despotischste unter allen im Gegensatz zur „patriotischen", d. i. derjenigen, „wo der Staat selbst seine Untertanen . . . als Staatsbürger, d. i. nach Gesetzen ihrer eigenen Selbständigkeit behandelt". Denn der bürgerliche rechtliche Zustand besteht in der F r e i h e i t eines jeden Gliedes der Gesellschaft als Menschen, seiner G l e i c h h e i t als Untertan, seiner S e l b s t ä n d i g k e i t als Bürger[1]).

Darum verwirft er selbstverständlich aufs entschiedenste alle Standesvorrechte. Da „Geburt keine Tat desjenigen ist, der geboren wird" — man denkt an Beaumarchais' Figaro —, so kann es keine „angeborenen" Rechte geben. Und am wenigsten ein ererbtes Herrenrecht: „Kein Mensch kann durch eine rechtliche Tat . . . aufhören, Eigner seiner selbst zu sein, und in die Klasse des Hausviehes (!) eintreten, das man zu allen Diensten braucht, wie man will, und es auch darin ohne seine Einwilligung erhält, solange man will" (Theorie und Praxis). Die „Rechtslehre" verwirft aufs schroffste alle Leibeigenschaft, Erbuntertänigkeit, Ritterorden, Majorate und Fideikommisse: Dinge, die er ja als Ostpreuße aus nächster Nähe kannte. Der Adel ist ihm „eine temporäre, vom Staat autorisierte Zunftgenossenschaft, die sich nach den Zeitumständen bequemen muß und dem allgemeinen Menschenrechte, das so lange suspendiert war, nicht Abbruch tun darf" (ebd., Anhang). Er wagt es, die Rechtmäßigkeit des

---

[1]) Aus den ‚Losen Blättern' ergibt sich, daß er anfangs auch die B r ü d e r l i c h k e i t , das dritte Losungswort der Revolution, hat festhalten wollen, so S. 219, wo es hinter „Freiheit und Gleichheit" heißt: „und weltbürgerliche Einheit (V e r b r ü d e r u n g), wo die Selbständigkeit innerlich vorausgesetzt wird", vgl. ebd. S. 221, 222 f., 565 f. — Als „Patrioten" bezeichneten sich bekanntlich die französischen Revolutionsfreunde.

ererbten und „befestigten" Großgrundbesitzes anzuzweifeln mit
der anzüglichen Doppelfrage: „Wie es doch zuging, daß jemand
mehr Land zu eigen bekommen hat, als er mit seinen Händen
selbst benutzen konnte (denn die Erwerbung durch Kriegsbemäch-
tigung ist keine erste Erwerbung); und wie es zuging, daß viele
Menschen, die sonst insgesamt einen beständigen Besitzstand
hätten erwerben können, dadurch dahin gebracht sind, jenen bloß
zu dienen, um leben zu können?" (Th. u. Pr.). Selbst dem Landesherrn soll kein Privateigentum an Grund und Boden in Gestalt
von Domänen zustehen.

Das eigentliche Grundmotiv dieses entschiedenen Liberalis-
mus ist bei unserem greisen Denker natürlich nicht ein unge-
zügelter und unbestimmter Freiheitsdrang, vielmehr sein strenger
R e c h t s begriff, oder — im l e t z t e n Grunde — sein k a t e -
g o r i s c h e r I m p e r a t i v; wie denn Schiller einmal gesagt
hat: die „eigentlichen Prinzipien, die einer wahrhaft glücklichen
bürgerlichen Verfassung zum Grunde gelegt werden müssen",
ständen noch nirgendwo anders als — in der Kritik der praktischen
Vernunft (Vorländer, ,Kant, Schiller, Goethe', S. 25). „Alle wahre
Politik ist auf die Bedingung eingeschränkt, mit der Idee des
öffentlichen Rechts zusammenzustimmen. . . . Wehe dem, der eine
andere Politik anerkennt als diejenige, welche die Rechtsgesetze
heilig hält" (Nachlaß). Deshalb verlangt auch das Volk gerechter-
maßen von der Regierung nicht Wohltätigkeit, sondern sein
R e c h t; denn „mit Freiheit begabten Wesen genügt nicht der
Genuß der Lebensannehmlichkeit . . . ob sie gleich, wie folgsame
Schafe, von einem gütigen und verständigen Herrn geleitet, wohl
gefüttert und kräftig beschützt, über nichts, was ihrer Wohlfahrt abging, zu klagen hätten . . ., sondern auf das P r i n z i p
kommt es an, nach welchem es (das Volk) sich solche verschafft"
(Streit d. Fak.)[1]). „Das Recht muß nie der Politik, wohl aber die

---

[1]) Vgl. den Satz aus seinen Vorlesungen über Ethik: „Wenn nie
eine Handlung der G ü t i g k e i t ausgeübt, aber stets das R e c h t
anderer Menschen unverletzt geblieben wäre, so würde gewiß kein großes
Elend in der Welt sein" (bei Arnoldt, Ges. W. V, 294). — Auf Kants Aus-
einandersetzungen mit dem positiven Recht in seiner ,Rechtslehre' können

Politik jederzeit dem Rechte angepaßt werden." Ja, auf die Rechte der Menschen kommt mehr an als „auf Ordnung und Ruhe" (XV, Nr. 1404). Darum müssen die Prinzipien der Staatsverfassung aus R e c h t s begriffen hergeleitet werden; ohne Rechtslehre ist keine Staatslehre möglich (Reicke, F 3). Das „eigentlich für einen Menschen zu große" Amt des Fürsten besteht darin, „das Heiligste, was Gott auf Erden hat, das Recht der Menschen", diesen „Augapfel Gottes", zu verwalten. „Fiat iustitia, pereat mundus", das heißt zu deutsch: „Es herrsche Gerechtigkeit, die Schelme in der Welt mögen auch insgesamt darüber zugrunde gehen" (Z. ew. Frieden). Und die Politik als W i s s e n s c h a f t , im Gegensatz zu der Demagogie des Politikasters, heißt einmal geradezu „das System der Gesetze zur Sicherung der Rechte und Zufriedenheit des Volkes mit seinem inneren und äußeren Zustande"; ein Gesetz aber bedeutet einen „öffentlich deklarierten" von „Macht begleiteten" Willen (Reicke F 4). Dies ist auch der tiefste Grund seiner bleibenden Begeisterung für die große Revolution: „Wahrer Enthusiasmus geht immer nur aufs Idealische und zwar rein Moralische, desgleichen der R e c h t s begriff ist." „Durch Geldbelohnungen konnten die Gegner der Revolutionierenden" — die Söldnerheere der Koalition — „zu dem Eifer und der Seelengröße nicht gespannt werden, den der bloße Rechtsbegriff in ihnen hervorbrachte, und selbst der Ehrbegriff des alten kriegerischen Adels . . . verschwand vor den Waffen derer, welche das Recht des Volkes, wozu sie gehörten, ins Auge gefaßt hatten und sich als Beschützer desselben dachten" (Streit d. Fak., 1798).

Gleichwohl ist Kant n i c h t der r a d i k a l e Demokrat, den man nach allem Bisherigen erwarten sollte. Das liegt zunächst an seinem uns schon aus dem vorigen Kapitel bekannten Wirklichkeitssinn, jener mit dem prinzipiellen Radikalismus des idealistischen Philosophen dennoch verbundenen besonnenen Berücksichtigung des Bestehenden, die allein die Verwirklichung der Grundsätze möglich zu machen verspricht. Vielleicht den

wir hier nicht eingehen. Vgl. darüber meine Einleitung zur ‚Rechtslehre'. Philos. Bibl., Bd. 42, S. XIV ff., XXVI ff.

besten Beweis für diese Verbindung beider Momente in seinem
Wesen gibt die Stelle aus der ‚Religion innerhalb' (S. 220, Anm.),
die sich gegen den „auch wohl" von „klugen" Männern erhobenen
Einwand wendet: das Volk sei zu seiner politischen, die Leib-
eigenen zu ihrer wirtschaftlichen, die Menschen überhaupt z u r
Glaubens - F r e i h e i t   n o c h   n i c h t   r e i f.   „Nach einer
solchen Voraussetzung aber wird die Freiheit n i e eintreten;
denn man kann zu dieser nicht r e i f e n , wenn man nicht
zuvor in Freiheit gesetzt worden ist (man muß frei s e i n , um
sich seiner Kräfte in der Freiheit zweckmäßig bedienen zu können)."
Dabei sieht Kant klar voraus, daß „die ersten Versuche gemeiniglich mit einem beschwerlicheren und gefährlicheren Zustande verbunden sein werden, als da man noch unter den Befehlen, aber auch der Vorsorge anderer stand." So hat er denn
auch „nichts dawider", daß die augenblicklichen Machthaber
„durch die Zeitumstände genötigt", die Befreiung von jenen
„drei Fesseln" (der politischen, der wirtschaftlichen, der religiösen)
„noch weit, sehr weit a u f s c h i e b e n". Allein sie g r u n d -
s ä t z l i c h zu versagen, sei „ein Eingriff in die Regalien der
Gottheit selbst, die den Menschen zur Freiheit schuf". „Bequemer ist es freilich, in Staat, Haus und Kirche zu herrschen,
wenn man einen solchen Grundsatz durchzusetzen vermag. Aber
auch gerechter ?"

   Durchschlagender aber noch als die kluge Rücksicht auf das
Mögliche und Gegebene wirkt bei unserem Philosophen der starke
S t a a t s gedanke, geschichtlich bedingt durch den Einfluß des
straffen fridericianischen Militär- und Beamtenstaats, der doch
in der Person des großen Friedrich zugleich Träger des Toleranz-
und Humanitätsgedankens war, philosophisch-ethisch durch die
strenge Unterordnung des Einzelnen unter den kategorischen
Imperativ des Gesetzes. Es klingt hart, ja geradezu absolutistisch,
wenn er „alle Widersetzlichkeit gegen die oberste gesetzgebende
Gewalt, alle Aufwiegelung, um Unzufriedenheit der Untertanen
tätlich werden zu lassen, allen Aufstand, der in Rebellion aus-
bricht", für „das höchste und strafbarste Verbrechen im gemeinen
Wesen" erklärt, wenn er demgemäß sogar die gewaltsame Er-

hebung der Schweiz, der Niederlande und Großbritanniens gegen
ihre tyrannischen Bedrücker mißbilligt, und es hat denn auch schon
zu seiner Zeit Verwunderung und Tadel hervorgerufen. Allein
die von ihm verteidigte Allgewalt des Souveräns ist bei ihm,
wie übrigens auch bei Rousseau, nur die Allgewalt des „personi-
fizierten" G e s e t z e s, dem gegenüber das zufällige historische
Oberhaupt der Staatsverwaltung, die ja auch aristokratisch (wie
in Venedig) oder demokratisch (der Konvent) sein kann, nur
als sein augenblicklicher „Agent" erscheint (Th. u. Pr., S. 91 A.).
Die „einzige b l e i b e n d e" Staatsverfassung ist die, „wo das
Gesetz selbstherrschend ist und an keiner besonderen Person
hängt" (Rechtslehre, § 52)[1]. Ja im Grunde ist der „wahre Ober-
herr" des Staates „die I d e e der ganzen Gesellschaft oder „der
allgemeine Mensch" (XV, Nr. 1398 bzw. 1399), oder, wie der
Anhang zur 2. Auflage der Rechtslehre sich ausdrückt: „die
Idee einer Staatsverfassung überhaupt". Sie ist es, die jedem
Volk heilig sein muß, und d e s h a l b darf keine subalterne
Gewalt, wenngleich die Organisation des Staates an sich fehlerhaft wäre, dem gesetzgebenden Oberhaupt desselben tätlichen
Widerstand entgegensetzen, sondern „die ihm anhängenden Gebrechen müssen durch Reformen, die er an sich selbst verrichtet,
allmählich gehoben werden" (a. a. O., S. 207).

Diesen Weg einer „dem Ideal des öffentlichen Rechts angemessenen" R e f o r m zieht der Philosoph an sich vor. Man

---

[1] Daß dies in seinem engeren Vaterlande, auch nach der Thronbesteigung des jungen Friedrich Wilhelm III. n i c h t der Fall war, darüber gab er sich freilich keiner Täuschung hin. „D e r W i l l e d e s K ö-
n i g s i s t G e s e t z i m P r e u ß i s c h e n", sagte er im Sommer 1798
zu Abegg, gelegentlich eines Gesprächs über das neue preußische Gesetzbuch. Das könne er nicht glauben, meinte ungläubig der Süddeutsche,
das Gesetz müsse doch ü b e r dem König stehen. „O nein!", erwiderte
Kant, „und zudem, i n w e s s e n H ä n d e n ist doch selbst dieses
Gesetzbuch, wenn es auch dafür erklärt würde, daß es über dem König
wäre." Wie er das meinte, geht aus einer anderen gegenüber demselben
Abegg getanen Äußerung hervor: „Wenn ein Jurist noch so richtig räsonniert (= geurteilt) und geschlossen hat, und es kommt ein: B e r l i n d e
d a t o usw., so muß er seine eigene Vernunft gefangen nehmen und sich
unterwerfen."

darf den „Stand eines mit Ungerechtigkeit behafteten öffentlichen Rechts", ja sogar eine Despotie unter Umständen, z. B.
bei Bedrohung durch äußere Feinde, „solange beharren lassen,
bis zur völligen Umwälzung alles entweder von selbst gereift
oder durch friedliche Mittel der Reife nahe gebracht worden".
Indes wenn nun einmal eine R e v o l u t i o n durch den Lauf
der Dinge herbeigeführt worden ist, so soll man sie als „Ruf
der Natur" benutzen, „eine auf Freiheitsprinzipien gegründete
gesetzliche Verfassung als die einzige dauerhafte, durch gründliche Reform zustande zu bringen" (Z. ew. Frieden, Anhang).

Als die „einzig rechtmäßige" Verfassung sieht Kant das
R e p r ä s e n t a t i v s y s t e m an, obwohl er nicht bis zu den
äußersten Konsequenzen geht, sondern sich mit den Bestimmungen
der französischen Verfassung von 1791 begnügt, die als Vorbedingung für das aktive Wahlrecht die bürgerliche Selbständigkeit verlangte. So schließt auch er alle Angestellte (außer denen
des Staates), alle Dienstboten, Zinsbauern, Tagelöhner und natürlich auch „alles Frauenzimmer" von dem Stand der vollberech-
tigten Staatsbürger aus und versetzt sie in die Klasse der Passiv-
bürger oder, wie er sagt, bloßen „Staatsgenossen". Innerhalb
der Staatsbürger aber soll der Großgrundbesitzer, wie der kleinste
selbständige Handwerker, nur e i n e Stimme haben. Dem
„Corps der Deputierten" kommt natürlich auch die Bewilligung
der Steuern zu; durch öffentliche Beiträge der Vermögenden sind
die Mittel zur Erhaltung derjenigen, „die es selbst den notwendigsten Naturbedürfnissen nach nicht sind", herbeizuschaffen.
Übrigens ist er keineswegs blind gegen die Schäden des parla-
mentarischen Systems bei dem Volke, das „mit seiner Verfassung
groß tut, als ob sie das Muster für alle Welt wäre". Er lobt zwar
den Grundsatz der Ministerverantwortlichkeit, erklärt aber die
„Macht" des g r o ß b r i t a n n i s c h e n P a r l a m e n t s für
eitel „Blendwerk", ausgedacht, um den Absolutismus „unter dem
Schein einer dem Volk verstatteten Opposition mit schönen
Worten zu bemänteln". Das fällt dem Ministerium natürlich
leicht bei Deputierten, die „für sich und ihre vom Minister ab-
hängige Versorgung in Armeen, Flotte und Zivilämtern lebhaft

interessiert und . . . immer bereit sind, sich selbst der Regierung in die Hände zu spielen" (Rechtslehre).

Auf die äußere Staatsform kommt es für das Volk überhaupt nicht so sehr an, als auf die Regierungsweise. Die Hauptsache dessen, was er als „Republikanismus" und sein Verfassungsideal bezeichnet, ist die Montesquieusche Absonderung der ausführenden von der gesetzgebenden Staatsgewalt. Daneben sieht er, in diesem Punkte befangen durch die Rückerinnerung an die Fridericianische Zeit, die Volksrechte in erster Linie verbürgt durch die F r e i h e i t d e r F e d e r , in Schranken gehalten nur durch Hochachtung und Liebe für die Verfassung, und durch den G e i s t d e r F r e i h e i t , der von der Notwendigkeit gesetzlichen Zwanges „durch Vernunft überzeugt zu sein verlangt".

Auch die K i r c h e hat sich unbedingt den Staatsgesetzen zu fügen. Zwar in ihre inneren Angelegenheiten soll sich der Staat nicht einmischen, sondern nur etwaigen Übergriffen, insbesondere Störungen des öffentlichen Friedens, entgegentreten. Kirchliche Stiftungen und Besitztümer aber dürfen nicht auf ewig Bestand haben. „Die Kirche", so schreibt Kant schon einige Jahre vor der Säkularisation der deutschen Bistümer und Abteien in seiner Rechtslehre, „ist ein bloß auf Glauben errichtetes Institut und, wenn die Täuschung aus dieser Meinung durch Volksaufklärung verschwunden ist, so fällt auch die darauf gegründete furchtbare Macht des Klerus weg, und der Staat bemächtigt sich mit vollem Rechte des angemaßten Eigentums der Kirche, nämlich des durch Vermächtnisse an sie verschenkten Bodens." Selbstverständlich darf niemand wegen seines Religionsbekenntnisses von irgendeinem staatsbürgerlichen Rechte oder Vorteil ausgeschlossen, und müssen anderseits die kirchlichen Lasten von der betreffenden Kirchengemeinde, nicht vom Staate, getragen werden. Kurzum: Trennung von Kirche und Staat!

Gegen Ende des 19. Jahrhunderts hat sowohl unter den Philosophen neukantischer Richtung wie unter den sozialistischen Theoretikern eine Richtung eingesetzt, die teils an Kants erkenntniskritische Methode anknüpft, teils aus seiner Ethik s o z i a l i s t i s c h e Folgerungen zieht. Ich selbst gehöre seit 1900 zu der erst-

genannten Gruppe und habe mich an anderer Stelle[1]) über diese
ganze Bewegung ausführlich verbreitet. H i e r haben wir nur
die Frage zu beantworten: Kann der geschichtliche Kant als
Sozialist betrachtet werden?

Schlägt man die Stelle der Kritik auf, an der wir (S. 224)
sein Staatsideal zum erstenmal näher bezeichnet fanden und die,
beiläufig bemerkt, auch die Anfänge von Fichtes politischer Philosophie maßgebend beeinflußt hat (F. an K., 2. April 1798), so
könnte es beinahe so scheinen. Denn au dieser bedeutsamen
Stelle preist er den großartigsten Gedankenwurf des antiken
Sozialismus, P l a t o s R e p u b l i k mit höchst sympathischen
Worten. Anstatt sie als das Hirngespinst eines müßigen Denkers
zu verspotten, „würde man besser tun, diesem Gedanken mehr
nachzugehen und (wo der vortreffliche Mann uns ohne Hilfe läßt)
durch neue Bemühung ins Licht zu stellen, als ihn unter dem sehr
elenden und schädlichen Vorwande der Untunlichkeit als unnütz
beiseite zu setzen." Denn „nichts kann Schädlicheres und eines
Philosophen Unwürdigeres gefunden werden als die pöbelhafte
Berufung auf vorgeblich widerstreitende Erfahrung, die doch gar
nicht existieren würde, wenn jene Anstalten zu rechter Zeit nach
den Ideen getroffen würden . . ." Nicht weniger günstig hat sich
der 74 jährige — also in einem Alter, das nicht gerade an jugendlichen Überschwänglichkeiten mehr zu leiden pflegt — im Streit
der Fakultäten (S. 140 A. meiner Ausgabe in der Philos. Bibl.)
über die wichtigsten zu seiner Zeit bekannten sozialistischen
Utopien geäußert: „Platos Atlantika, Morus' Utopia, Harringtons
Ozeana und Allais' Severambia sind nach und nach auf die Bühne
gebracht, aber nie . . . auch nur versucht worden. . . Ein Staats-
produkt, wie man es hier denkt, als dereinst, so spät es auch sei,
vollendet zu hoffen, ist ein süßer Traum: aber sich ihm immer
zu nähern, nicht allein d e n k b a r , sondern, soweit es mit dem
moralischen Gesetze zusammen bestehen kann, P f l i c h t . . ."
(die Sperrungen von Kant!). Und nach der Abhandlung von 1784

---

[1]) K. Vorländer, Kant und Marx. Tübingen 1911. Vgl. auch meine
Schrift: Kant, Fichte, Hegel und der Sozialismus. Vorwärts-Verlag 1920.

(Bd. I, S. 314 ff.) besteht die „höchste Absicht der Natur" darin, „die Entwicklung aller ihrer Anlagen in der Menschheit zu erreichen", also j e d e m T ü c h t i g e n , und sei es auch der Ärmste und Niedrigste, f r e i e B a h n zu schaffen. Allein wir sehen doch sonst nirgends an bestimmten Begriffen, daß unser Philosoph bewußt über den reinen Rechtsstaat hinaus zu wirtschaftlich-sozialistischen Folgerungen schreitet. Denn wenn er sich auch in der ‚Rechtslehre' (vgl. dazu auch die häufigen Ansätze in den Losen Blättern, bes. S. 251 ff., 283 ff.) mehrfach mit dem Problem der ursprünglichen B o d e n g e m e i n s c h a f t — nicht als Tatsache, sondern als Idee oder Leitfaden — beschäftigt, so ist doch auch diese Idee schließlich nur dazu da, die „Bestimmung des b e s o n d e r e n Eigentums . . . nach Rechtsbegriffen vorstellig zu machen". In der Tat fehlten ja auch für einen wirklich wissenschaftlich ausgedachten Sozialismus zu seiner Zeit noch alle wirtschaftlichen Vorbedingungen: die Maschinenindustrie, die gewaltige Ausbildung des Kapitalismus, das Vorhandensein einer riesenhaften Klasse freier Lohnarbeiter usw. So stellt denn auch die Abhandlung über ‚Theorie und Praxis' S. 89 der r e c h t lichen Gleichheit, die der Philosoph für alle Untertanen fordert, die w i r t s c h a f t liche Ungleichheit gegenüber, die daneben ruhig bestehen bleiben kann und wird. Als Sozialist also kann Kant, trotz seiner Einsicht in die vielfache Ungerechtigkeit der sozialen Zustände[1]), n i c h t bezeichnet werden.

So wichtig und grundlegend aber auch die innere Politik, d. h. die Um- und Ausgestaltung des bestehenden Staats zum

---

[1]) Vgl. folgende Sätze aus einer Nachschrift seiner Vorlesungen über Ethik aus den 80er Jahren: „Man kann an einer allgemeinen Ungerechtigkeit Anteil haben, auch wenn man nach bürgerlichen Gesetzen und Einrichtungen keinem ein Unrecht zugefügt hat. Denn, wenn niemand die Güter des Lebens mit Gewalt und durch Ränke an sich risse, so würden keine Reichen, aber auch keine Armen vorhanden sein." (E. Arnoldt, Ges. Schriften, Bd. V, S. 294 f.) Oder: „Der Mensch muß selbst arbeiten oder andere für ihn; und diese Arbeit wird anderen so viel von ihrer Glückseligkeit rauben, als er seine über das Mittelmaß steigern will" (Fragm. aus s. Nachlaß).

R e c h t s staat, unserem Philosophen ist, so geht sein „kosmopolitisch-patriotischer" Blick doch auf einen umfassenderen Horizont von den beschränkten Grenzen des eigenen Gemeinwesens
zur Gesamtheit aller Kulturstaaten, vom „S t a a t s recht" zum
„V ö l k e r recht", und damit zur „Menschheitsfrage" von K r i e g
und F r i e d e n.

Schon in seiner ersten geschichtsphilosophischen Abhandlung
von 1784 hatte Kant seiner festen Zuversicht Ausdruck
verliehen, daß der natürliche Lauf der Dinge dereinst die Völker
zu einem großen Friedensbunde führen werde. Freilich hatte
der folgende Aufsatz (von 1786, Bd. I, S. 323 ff.) hinzugefügt:
erst nach einer „Gott weiß wann" eintretenden Vollendung der
Kultur, bei deren heutigem Stand der Krieg noch unentbehrlich
scheine[1]). Ähnlich sprach sich die Kritik der Urteilskraft (1790)
aus, während die ‚Religion innerhalb' (1793) ihn als Geißel des
Menschengeschlechts brandmarkt und selbst die Tapferkeit der
Kriegsleute, trotz einer ihr anhaftenden uneigennützigen „Erhabenheit", bloß als die höchste Tugend von „Wilden" ansieht.
Am eingehendsten hatte endlich die gleichzeitige Abhandlung
über Theorie und Praxis ausgeführt, daß zuletzt die finanzielle
Ohnmacht der sich gegenseitig zerfleischenden Staaten sie zwingen
würde, die E n t s c h e i d u n g über Krieg und Frieden in die
Hände des Meistbeteiligten, d. h. des V o l k e s, zu legen,
das sich von selber hüten werde, um bloßer Vergrößerung
oder vermeintlicher „Beleidigungen" wegen Kriege zu beginnen.
Gegen die stets wieder auftauchende Unterjochungssucht und
Rüstungsnotwendigkeit aber bilde das einzige Mittel nicht
das äußerst zerbrechliche „europäische Gleichgewicht", sondern „ein auf öffentliche, mit M a c h t begleitete Gesetze,
denen sich jeder Staat unterwerfen müßte, gegründetes V ö l
k e r r e c h t": wie man sieht, Dinge, an denen sich auch heute

---

[1]) Zum Beleg für diese und die folgenden Ausführungen verweise ich
auf die meiner Sonderausgabe von Kants ‚Zum Ewigen Frieden' (Leipzig 1914,
2. Aufl. 1919) beigefügten ‚E r g ä n z u n g e n' (S. 56—74), die zum erstenmal
eine Sammlung aller Stellen bringen, an denen sich Kant in seinen
Schriften über Krieg und Frieden geäußert hat.

noch die Weisheit europäischer wie amerikanischer „Staatsmänner" abmüht.

Trotzdem hat unser Denker diese höchste politische Frage,
die „Menschheitsfrage des Friedens", 1795 noch einmal in einer
besonderen Schrift behandelt, die man als sein p o l i t i s c h e s
T e s t a m e n t nicht bloß an seine, sondern an alle Zeiten bezeichnen darf: in seinem ‚philosophischen Entwurf': ‚Z u m
e w i g e n F r i e d e n'. Wer diese Abhandlung als eine abstrakte, sentimentale Träumerei betrachtet oder gar mit W. Som-
bart den traurigen Mut hat, sie für ein schwächliches Erzeugnis
der Senilität auszugeben, der hat sie entweder nicht gelesen,
oder er besitzt wenigstens keine Ahnung von Kants Wesen und
Persönlichkeit. Wer unser Buch bis hierher aufmerksam verfolgt hat, weiß, wie sehr dieser anscheinend bloße „Theoretiker"
für politische Tagesfragen interessiert und darin beschlagen, ein
wie guter Menschenkenner er ferner war, der sich viele Jahrzehnte
unter Vornehm und Gering bewegt hatte und wahrhaftig nicht
zu optimistisch in die Welt blickte. Auch in der Abhandlung
selbst zeigen sarkastische Bemerkungen über das tatsächliche
Tun und Treiben in der „großen" Politik häufig genug, wie entfernt der Verfasser von aller Schwärmerei oder Selbsttäuschung
in bezug auf seinen Gegenstand war. Sei es, daß er (wie gleich
im ersten Satze) von den „Staatsoberhäuptern" redet, „die des
Krieges nie satt werden können", und ihn „wie eine Art Lust-
partie aus unbedeutenden Ursachen beschließen", die lieber in
tiefer Demut der Schwere ihres hohen Amtes sich bewußt sein
sollten, falls sie Verstand haben, „welches — man doch voraussetzen muß!" Oder von den „weltkundigen" Staatsmännern,
die selbstgefällig auf den pedantischen „Schulweisen" mit seinen
„sachleeren Ideen" herabsehen und neue Kriegsanlässe aus
archivarischen Dokumenten" mit scharfsichtiger „Ausspähungs-
schicklichkeit" herausklauben oder „aufgeklärt" in beständige
Machtvergrößerung, „durch welche Mittel es auch sei", die Ehre
ihres Staates setzen, und die als „diplomatisches Corps" allezeit
zur Rechtfertigung jedes Krieges bereit sind. Oder von der
„neuen Art von Industrie", daß „auch Staaten einander heiraten

können". Auch hat er bereits erkannt, daß G e l d macht ein vielleicht noch zuverlässigeres Kriegswerkzeug als selbst H e e r e s- und B u n d e s macht, und daß die Staatsschulden eine „sehr sinnreiche Erfindung" zu diesem Zwecke sind. Die „Präliminar-Artikel" des ersten Abschnitts reden von damals, ja auch heute noch zum Teil recht praktischen Fragen: jesuitischen Friedens-schlüssen, Ländertausch, -kauf, oder -vererbung, Vermietung von Truppen, stehenden Heeren oder dem nach Kants Meinung zum Verteidigungskrieg ausreichenden milizartigen Volksheer, gewalt-samer Einmischung in die Verfassung und Regierung anderer Staaten usw. Er w e i ß , daß gegenwärtig noch die Idee eines zukünftigen beständigen Friedenszustandes „als Schwärmerei ver-lacht wird". Auch hatte er wenige Jahre zuvor in der Kritik der Urteilskraft, neben der Barbarei auch die vorläufige Unvermeid-lichkeit, ja den relativen Nutzen des Krieges und sogar eine gewisse Erhabenheit desselben, „wenn er mit Ordnung und Heilighaltung der bürgerlichen Rechte geführt wird", ohne Scheu betont.

Er gründet darum auch seine Hoffnung auf a l l m ä h - l i c h e Herbeiführung eines Rechtszustandes, der schließlich den „ewigen" Frieden einleiten könnte, nämlich eines gesicherten Völkerrechts, gar nicht auf den Edelsinn der Menschen — er er-klärt sogar auf einem Losen Blatte (bei Reicke, S. 584) ethische Ermahnungen an Fürsten oder Untertanen für das „unnützeste Ding unter allen" —, sondern auf die Einsicht in ihren die Ent-wicklung von selbst vorwärts treibenden Egoismus (ebd. S. 599, vgl. auch oben Buch III, Kap. 3). Und auf Herstellung eines festen R e c h t s zustandes, keineswegs auf gefühlsselige „Philanthropie", ist sein ganzes Absehen gerichtet. Der Ausdruck „e w i g e r" Friede aber enthält keine „chiliastische" Schwär-merei, von welcher der besonnene Kant weit entfernt war, son-dern — damit schließt seine Schrift — eine A u f g a b e , die nur in einer „ins Unendliche fortschreitenden" Annäherung „nach und nach" gelöst werden kann.

Wie wenig Kant seinen Friedensgedanken auch n a c h 1795 (wo übrigens der Frieden zwischen Preußen und Frankreich wirklich eingetreten war und Friedensideen auch sonst sozusagen in der Luft lagen) untreu geworden ist, das beweisen seine späteren Schriften, namentlich die R e c h t s l e h r e (1797) und der S t r e i t d e r F a k u l t ä t e n (1798), welche genau die gleichen Grundsätze vertreten. Zur Entscheidung aller künftigen Zwistigkeiten zwischen den Völkern schlägt schon Kant in der ersteren einen permanenten, mit schiedsrichterlichen Befugnissen bekleideten Staatenkongreß im Haag vor.

Kant hat sehr wohl gewußt und es in seiner Friedensschrift ausdrücklich hervorgehoben, daß die Herrschaft der heutigen Mächte noch auf G e w a l t gegründet ist: wenn auch der Rechtsgedanke soweit vorgedrungen sei, daß man ihn wenigstens in der Theorie anzuerkennen sich bewogen fühle, so ersinne man doch „hundert Ausflüchte und Bemäntelungen", um ihm in der Praxis auszuweichen. Er hat diese klare Erkenntnis einmal gegen Abegg am 12. Juni 1798 in die einfachen Worte gekleidet: „Es ist nicht zu erwarten, daß R e c h t vor der M a c h t komme. Es s o l l t e so sein, aber es i s t nicht so." Wenn er t r o t z d e m seine, wie er voraussah, von den „Praktikern" als „sachleer" gescholtenen Ideen in Wort und Schrift seinen Zeitgenossen zu verkünden nicht müde ward, so besaß er keineswegs geringere Weltkenntnis und Weltklugheit als jene, wohl aber — ein gut Stück sittlichen Idealismus d a z u. Und er zog sich trotz seines hohen Alters nicht, wie selbst die Besten seiner Zeit, wie Lessing und Herder, Schiller und Goethe sorgfältig vor der Berührung mit der rauhen politischen Wirklichkeit zurück. Sondern er suchte dem idealen Weltbürgertum, das jene nur in der Welt der D i c h - t u n g verwirklichen zu können meinten, den einzig vernunftgemäßen Ausdruck im bewußten Wirken für eine langsame, aber stetige Annäherung an sein p o l i t i s c h e s Ideal einer „allgemein das Recht verwaltenden bürgerlichen Verfassung" zu geben, deren höchstes und letztes Ziel auf Erden er in einem freien Bund freier Völker erblickte. Es ist sehr leicht, einen politischen „Theoretiker" wie unseren Kant mit dem Satze abzutun, daß er von den „realen Verhältnissen" nichts verstanden habe: schallt doch dieser Vorwurf noch heute jedem entgegen, der ideale Werte in die

politische Praxis einführen will. Aber es ist ebenso leicht wie
falsch. Wir sind augenblicklich von jenem politischen Endziel
Kants weit entfernt. Dennoch bleiben die Worte wahr, die
wir im ‚März‘ Sommer 1913 schrieben: „Unser eigenes politisches
Wirken t r o t z aller menschlichen Torheiten und Unvollkommenheiten" — und setzen wir jetzt hinzu: Schlechtigkeiten und Nie-
drigkeiten —, „trotz aller Fehl- und Rückschläge in dem Lichte
einer ewig vor uns stehenden, wenn auch vielleicht nie völlig
zu lösenden s i t t l i c h e n A u f g a b e zu betrachten: das ist
es, was wir auch heute noch, ja heute mehr denn je von K a n t
a l s P o l i t i k e r lernen können."

Weitere Ausbreitung der Kantischen Philosophie in den 90er Jahren. Beginnende Gegnerschaft

Nachdem einmal, besonders durch die ethischen Schriften, das Eis der Nichtbeachtung gebrochen war, setzte sich die rasche Ausbreitung von Kants Philosophie zu Anfang der 90er Jahre fort.

A. In Deutschland

In J e n a zählte Reinholds Kantkolleg 1790/91 95, im folgenden Winter 107, 1792/93 gar 158 Zuhörer, eine von Kant selbst nie auch nur entfernt erreichte Zahl. Durch Reinholds Übersiedlung (1794) nach K i e l wurde die neue Lehre auch dort verbreitet. In M a r b u r g gewann der treue Bering den Theologen Zimmermann, den Juristen Robert, den Philosophen Creuzer dafür. In G ö t t i n g e n kamen der Ästhetiker Bouterwek und der Theologe Stäudlin hinzu. Den ersteren beglückwünschte Kant in einem schmeichelhaften Briefe vom 7. Mai 1793 zu dem ihm selbst versagten „seltenen" Talent, „scholastische Genauigkeit in Bestimmung der Begriffe mit der Popularität einer blühenden Einbildungskraft vereinigen zu können"; und Stäudlin, der unserem Philosophen seit 1791 seine Schriften zuschickte, hat dieser in wichtigen Briefen (vom 4. Mai 1793 und 4. Dezember 1794) großes Vertrauen erwiesen, ja 1798 sogar seinen ‚Streit der Fakultäten' gewidmet. Das Urteil, das Kants früherer Famulus Lehmann 1799 von Göttingen aus über die dortigen Philosophie-Dozenten fällt, lautete allerdings weniger günstig. Stäudlin gefiel ihm nicht, „weil er zu viel Pfaffenartiges an sich hat". Mit der theoretischen Philosophie sehe es erst recht traurig aus.

„Auf einer Universität von mehr als 900 Studenten kommt nicht einmal ein Kollegium der Logik zustande, geschweige in anderen Teilen der Philosophie. Herr Buhle hat von allen seinen Kollegien nur die Geschichte der Philosophie zustande gebracht, wo er 9 Zuhörer hat, und Herr Bouterwek kein philosophisches Kollegium. Ob nun die Herren hieran selbst schuld sind?" Von denen der letztere „alles mit Zucker der Ästhetik versüßet und ekelhaft macht", der andere „noch immer die Alten presse": „beide aber selbst noch nicht wissen, ob sie Protestanten oder Katholiken der kritischen Philosophie sein wollen (von ihnen selbst beliebte Ausdrücke); ungeachtet sie mir in allen Sätteln gerecht und nicht bloß Kantianer, sondern auch Fichtianer und Gott weiß was nicht noch mehr zu sein scheinen". Freilich stammt diese Schilderung erst aus späterer Zeit (L. an Kant, 1. Jan. und 13. Nov. 99).

Wie sehr Kants Name schon 1793 auch in abgelegeneren Landschaften Norddeutschlands bekannt war, geht aus der kuriosen Tatsache hervor, daß damals im Mecklenburgischen ein angeblicher Magister Kant umherzog, der sich für den — Sohn Immanuels ausgab und „das dortige, besonders das literarische, Publikum brandschatzte". Der Philosoph schickte selbst die Nummer der Jenaer Literaturzeitung, die vor diesem „Vagabonden" warnte, seinem Biographen Borowski zur Verwendung zu. In dem damals noch schwedischen G r e i f s w a l d hielt der Theologe G. Schlegel moralphilosophische Vorlesungen nach Kantischen Grundsätzen (an K., 8. Juni 96).

In H a l l e gewann der Kritizismus um die Mitte der 90er Jahre, außer dem Privatdozenten Morgenstern, einen besonders eifrigen Anhänger in J. H. T i e f t r u n k , der eigentlich zur Versöhnung von Philosophie und Theologie von der Regierung dorthin geschickt war, aber bald — ähnlich wie der früher nach Königsberg gesandte Kiesewetter in Berlin — ganz zu Kant überging und mit dessen Vollmacht seine kleinen ‚Vermischten Schriften‘ in drei Bänden (1797—1799) herausgab, nachdem der Philosoph selbst die noch 1793 bestandene Absicht einer eigenen verbesserten Neuausgabe aus Altersrücksichten aufgegeben hatte. Übrigens interessierte sich in Halle auch der große Philologe Friedrich

August Wolf für die Philosophie Kants, wenigstens für die Kritik der Urteilskraft; Abegg mußte ihm auf seiner Rückreise von Königsberg unter anderem das Äußere Kants, bis auf dessen „kindlichen" Blick, genau beschreiben. — Von der damals noch bestehenden Wittenberger Hochschule sandte ihm seine ersten schriftstellerischen Erzeugnisse der junge W. T. K r u g , der später sein Nachfolger in Königsberg werden sollte. — Nicht weniger ergeben war ihm in dem benachbarten Magdeburg der reformierte Prediger G. S. A. M e l l i n , der 1791 dort eine Gesellschaft zum Studium der kritischen Philosophie stiftete und sich später durch seine ‚Marginalien und Register', namentlich aber sein großes sechsbändiges ‚Wörterbuch der kritischen Philosophie' (1797—1804) als getreuen, wenn auch ziemlich sklavischen, Interpreten Kants erwies. — Von B e r l i n aus diskutierte der kenntnisreiche Kammergerichtsrat E. F. Klein mit ihm brieflich ethische und rechtsphilosophische Fragen, während der wackere Prediger Lüdeke, der Beichtvater der jungen Königin Luise, ihn durch besonders frische und freimütige Briefe erfreute, die er, zumal da sie auch allerlei Interessantes aus hohen Kreisen zu berichten wußten, gern seinen Mittagsgästen vorlas.

In G i e ß e n trat ein gewisser Schaumann, in E r l a n g e n die Theologen Ammon und Schneider, sowie der Privatdozent Goes neu für ihn ein. Sogar in dem katholischen B o n n verkündete Schillers Freund von der „Schrammei" her, der erst 24jährige Rechtsprofessor Bartholomäus Fischenich, eine rheinisch frohe und heitere Natur, begeistert das dort noch ganz neue Evangelium des Kritizismus mit gutem Erfolg; „denn d i e s e Philosophie hat keine anderen Gegner zu fürchten als Vorurteile, die in jungen Köpfen doch nicht zu besorgen sind" (S c h i l l e r an Fischenich, 11. Februar 1793). Durch ihn k ö n n t e auch sein junger Landsmann Beethoven, von dem er Januar eine Komposition an Frau Lotte Schiller sandte, mit Kantischen Ideen bekannt gemacht worden sein, obwohl er Bonn freilich schon vor Fischenichs Rückkehr aus Jena verlassen hat[1]).

---

[1]) Beethoven beabsichtigte schon damals (1793) Schillers ‚Lied an die Freude' zu bearbeiten. „Ich erwarte etwas Vollkommenes," schreibt

Mit Bonn befinden wir uns schon im ‚Katholischen Teutschland‘, aus dem unser Denker im Herbst 1793 von unbekannter Hand ein Blatt, betitelt ‚Katholische Universitäten in Beziehung auf Kantische Philosophie‘ erhielt, das im Frühjahr 1796 durch einen anschaulichen brieflichen Bericht des getreuen Maternus Reuß und seines Freundes C. Stang (s. Buch III, Kap. 6) ergänzt wurde. Aus diesen und anderen von uns gesammelten Nachrichten ergibt sich folgendes Bild:

Ihren Höhepunkt erreichte die kantfreundliche Bewegung, dank den beiden Genannten und ihrem Kollegen Baur, in Würzburg. Als Friedrich Wilhelm II. mit dem Kronprinzen am 18. Juli 1792 die Stadt besuchte und von der Studentenschaft in feierlichem Wichs empfangen wurde, trugen die Bandeliere der philosophischen Fakultät in Latein die Aufschrift: „Königsberg in Preußen und Würzburg in Franken geeint durch die Philosophie." In seiner am 17. August d. J. verteidigten Dissertation erklärte Reuß: Nur in gewissen frommen Konventikeln wage man noch zu behaupten, daß die kritische Philosophie nachteilig für die Religion sei, daß die moderne Sittenverderbnis und — die französische Revolution von ihr herrührten. Und am 1. April 1796 schrieb er Kant: Nach wie vor lehre er, unterstützt von seinem Fürstbischof, theoretische wie praktische Philosophie nach Kants Grundsätzen; ebenso sein Kollege Andres die Ästhetik. Aber auch die Professoren der Theologie und der Rechtswissenschaft modelten fast sämtlich, wo nicht den Inhalt, so doch die Form ihres Vortrages nach kritischen Grundsätzen; sogar in Katechese und Predigt benutze man sie. Um Kantische Philosophie bei ihm zu hören, kämen viele Fremde nach Würzburg. Und nach Stang (an Kant, 2. Okt. 96) waren sogar Frauen und Mädchen „enthusiastisch" dafür eingenommen. „Hier in Würzburg kommt man in viele Frauenzimmergesellschaften, wo . . . Ihr System stets das Lieblingsgespräch ausmacht." Zu den erst durch den Bamberger Professor Damm (S. 243), dann durch Reuß kantisch beeinflußten Theologen gehörte auch der feinsinnige spätere

---

Fischenich an Schiller, „denn soviel ich ihn kenne, ist er ganz für das Große und Erhabene." Der junge Musiker hat die Prophezeiung wahr gemacht.

Weihbischof Z i r k e l , der 1793 „Predigten über die Pflichten
der höheren und aufgeklärten Stände" im Sinne von Kants Sittenlehre veröffentlichte, die vielen Beifall auch im nördlichen Deutschland fanden. So kam es, daß er 1800 einen Ruf an die, offenbar
in Berücksichtigung der neuen polnischen Landesteile, geplante
katholisch-theologische Fakultät zu — Königsberg erhielt: ein
katholischer Bischof als Kollege Kants! Doch lehnte Zirkel ab.

„Ziemlich hell" sah es nach Reuß' Bericht auch auf der
hohen Schule in Bamberg aus, wo Damm vor einem zahlreichen
Hörerkreis aus allen Ständen las; desgleichen in Heidelberg, wo
die Professoren Schmitt und Koch in kantfreundlichem Sinne
wirkten. Um so „finsterer" in B a y e r n , dem katholischen
Schwaben und der katholischen Schweiz; obwohl auch hier einzelne Ausnahmen zu verzeichnen waren, wie der Münchener
Lyzealprofessor Mutschelle, der in mehreren Schriften für die
neue Lehre eintrat und wohl deshalb für eine zweite Professur
in Königsberg in Aussicht genommen war, der Professor Weber
in Dillingen und andere. Allerdings mußten sie im Verborgenen
zu wirken suchen, denn im Umkreis Stattlers (Bd. I, S. 426) waren
Kants Schriften, besonders seine ‚Religion innerhalb', „Konterbande". Um die Finsternis etwas zu lichten, unternahm der
eifrige Reuß eine Reise dorthin und faßte, da die dortigen geistlichen Philosophielehrer nach einem deutschen und gar — protestantischen Kompendium nicht lesen durften, sogar ein „Vor-
lesbuch" über theoretische Philosophie in lateinischer Sprache ab,
das er am 21. April 1797 Kant sandte. Natürlich mußte er in der
Form gebührende Rücksicht auf das ihm erwiesene Zutrauen
seines Fürstbischofs wie das seiner Kollegen nehmen, die jedoch
stolz darauf waren, daß auf i h r e r Hochschule von allen katholischen zuerst Kants Grundsätze öffentlich verkündet worden
seien (Reuß an Kant, 21. April 97). Auch in Mainz, Landshut
und Erfurt lehrten kantfreundliche Professoren. So glaubt denn
ein neuerer süddeutscher Gelehrter, der eine wertvolle, leider
nicht zu Ende geführte Untersuchung über diese Dinge veröffentlicht hat, deren Ergebnisse in den Satz zusammenfassen zu dürfen:
„Kants Philosophie eroberte sich zum Teile Lehrstühle an den

Universitäten — jedenfalls wagte es kein philosophischer und theologischer Lehrer mehr, achtungslos an ihr vorüberzugehen —, fand Eingang in die Erziehungsstätten des Klerus, in die Schulen und Zellen der Klöster und war auch auf dem platten Lande nicht unbekannt" (G. Huber in ‚Kantstudien‘ XI, 12 f.). Ein begeisterter Schüler von Reuß, der 27jährige Graf Benzel-Sternau, veröffentlichte sogar ‚Dichterische Versuche über Gegenstände der kritischen Philosophie‘ (Würzburg 1794), die in antikem Odenmaß 1. deren Stifter, 2. Zeit und Raum als reine Formen der Sinnlichkeit, 3. die Methodologie, 4. die Vernunft, 5. den obersten Grundsatz der Moral und 6. die Spontaneität des Verstandes und der Vernunft besangen!

Weniger erfreulich sah es auch weiter in dem benachbarten Österreich aus. Die kritische Philosophie war dort „als Feindin erklärt", der beschränkte Kaiser Franz „ganz dagegen eingenommen"; als der an der Spitze des Schulwesens stehende Herr von Birkenstock ihm das kritische System anpries, drehte er sich herum und sagte: „Ich will einmal für allemal von diesem gefährlichen Systeme nichts wissen" (Stang an Kant, 2. Okt. 96). Der Grazer Rektor verlor sein Amt, weil er den Kritizismus beschützte; und der dortige Nachdruck von Kants Hauptschriften (1795 ff.) passierte nur deshalb die Zensur, weil man auch die „Widerleger" Kants zu bringen versprach. Als Ben David um die Mitte der 90er Jahre Kant durch Vorlesungen, die er auch im Druck herausgab und in der Form dem gemütlichen Wiener Geschmack anzunähern strebte, in der Donaustadt einzubürgern suchte, strömten zwar alle Kreise der Bevölkerung, auch der hohe Adel, in den Hörsaal der Universität und, als dieser verboten ward, in das Palais des Grafen Harrach; aber bald wurden sie polizeilich untersagt und Ben David zur Rückkehr nach Berlin genötigt.

Ähnlich ging es in Ungarn. Ein Professor von Delling in Fünfkirchen, der nach kritischen Grundsätzen lehrte, vermochte sich zwar einige Jahre gegen die Kabalen der hohen Geistlichkeit zu halten, wurde aber schließlich doch abgesetzt wegen seines „verderblichen, zum Skeptizismus führenden Sy-

stems". Trotzdem brachten die in Jena und Halle studierenden
ungarisch-siebenbürgischen Protestanten die neuen Gedanken
mit in die Heimat. Indes sie durften sich mit ihnen nicht in die
Öffentlichkeit wagen. Es fehlte, wie in Wien, unter den Gelehrten
an dem wünschenswerten Gemeingeist.

Das Herbertsche Haus in K l a g e n f u r t haben wir in
Buch III, Kap. 9 schon kennen gelernt. Der begeisterte Kantianer
Jens Baggesen (vgl. S. 247) und sein Reisegefährte Fernow, der
spätere Jenaer Kunsthistoriker, fanden sich 1794 an der „para-
diesisch-patriarchalischen" Stätte ebenso wohl, wie vordem Erhard und Forberg. Bezeichnend ist, daß auch hier die D a m e n ,
neben Maria von Herbert die beiden Baronessen von Dreer,
sich als verständnisvolle Jüngerinnen der kritischen Philosophie
erwiesen. „Sie haben", schreibt Fernow an Reinhold, „Kants
sämtliche Kritiken sowohl als Ihre Schriften studiert und, wie
aus ihren Gesprächen zu schließen ist, verstanden. Es war mir
zum ersten Male ganz besonders zu Mute, als ich zwei Mädchen
von Kategorien und Antinomien so geläufig sprechen hörte, als
andere gewöhnlich von Putz, Mode und Wetter"; und „sie haben
durch ihre Philosophie ihrer Weiblichkeit keinen Eintrag getan . . ."

Gerade um jene Zeit aber begann in Österreich — der freisinnige Kaiser Josef war seit vier Jahren tot — eine Periode
krassester Reaktion. „Jakobiner"-Furcht und Denunziantentum
feierten ihre Orgien. Denken und Wissenschaft wurden in einem
amtlichen Berichte des Polizeiministers Grafen Pergen für die
Quelle alles Revolutionsgeistes, als die Vernichter aller monar-
chischen Gesinnung und bürgerlichen Ordnung erklärt. Man
nannte in Wien alles „kantisch", was gegen die bestehende Ordnung in Staat und Kirche ging. So wurde natürlich auch das
Herbertsche Haus, das sich offen zu der verfemten „neumodi-
schen" Philosophie bekannte, staatsgefährlicher und umstürz-
lerischer Ideen verdächtigt. Obwohl der Freiherr, ähnlich wie
Kant selbst, auch die schlechteste Regierung nicht eher umge-
stoßen wissen wollte, als die Nachfolge einer besseren mathematisch gewiß sei, mußte, um mit Schiller (an Erhard, 8. Sept. 94)

zu reden, „ein Mensch wie er den Freunden der Finsternis natürlich ein Dorn im Auge sein". Daß er eben anders lebte als andere
Menschen, daß er um 1796 durchziehende französische Offiziere
gelegentlich gastfrei bewirtet hatte, daß er größere Reisen ins
Ausland machte, und nun gar, daß er — Kantianer war, genügte
der k. k. Regierung, ihn für staatsgefährlich zu erachten, Briefe
an ihn zu konfiszieren, zweimal alle seine Papiere mit Beschlag
zu belegen und ihn bis zu seinem Lebensende unter polizeilicher
Aufsicht zu halten.

Als es dann in den Jahren 1796—1799 im Schoße des Unter-
richtsministeriums zu Beratungen über die geplante große Unter-
richtsreform kam, wurde trotz des Widerstandes einzelner „Jo-
sefiner" Kants Philosophie ausdrücklich vom öffentlichen Unterricht ausgeschlossen. Nur polemisieren durfte man natürlich
gegen ihn[1]): wie denn der von seinem Schüler Grillparzer so köstlich geschilderte Wiener Professor Franz Samuel Karpe, ähnlich
dem Jenaer Ulrich (Buch III, Kap. 6) im Kolleg seinen Gegner
Kant mit den Worten persönlich zu apostrophieren pflegte:
„Komm her, o Kant, und widerlege mir diesen Beweis!"

B. Im Ausland

Aber die kritische Philosophie begann jetzt auch jenseits der
deutschen Grenzen sich auszubreiten. Daß sie bereits zu Anfang
der 80er Jahre in K u r l a n d zahlreiche Anhänger fand, haben
wir schon aus dem Munde von Kants Bruder gehört. Viele Kur-
und Livländer studierten in Königsberg, und scheinen vielfach
besondere Verehrer Kants gewesen zu sein, wie denn von ihnen
der neue Professor 1770 das bekannte Huldigungsgedicht erhielt.
Umgekehrt gingen viele Kandidaten nach vollendetem Studium
als Hauslehrer oder Lehrer an öffentlichen Schulen nach dem
benachbarten Kurland. An die „große Schule", das heißt das
Gymnasium der Hauptstadt (Mitau), hatte der Philosoph ja selbst,

---

[1]) Nähere Belege s. bei M. Ortner, Kant in Österreich (1904), S. 18
bis 21, der mich auch auf die den gleichen reaktionären Geist schildern-
den ,Fragmente aus dem Tagebuche eines reisenden Neu-Franken' (Frankfurt u. Leipzig 1798) hingewiesen hat.

schon als ordentlicher Professor, noch einen Ruf erhalten. An
ihr wirkten auch, nachdem Kurland 1795 in russischen Besitz
übergegangen war, bloß deutsche Lehrer, unter anderen ein früherer Schüler Kants, C. W. Cruse. Auch von dem benachbarten
L i v l a n d berichtet ein einheimischer Edelmann, Freiherr von
Ungern-Sternberg, dermalen russischer Reiteroffizier, den die
Kritik der reinen Vernunft nach langem Umherirren aus „den
philosophischen Wäldern und Morästen" herausgeleitet (an Kant
am 12. Mai 1796), daß dort „Ihre Philosophie mit Vergnügen
und Fleiß studiert wird"; was Kant „als einem echten Kosmo-
politen" gewiß Freude machen werde.

Auch in der r u s s i s c h e n Hauptstadt, und nicht bloß
von Deutschen, ward Kants Name jetzt geehrt. Noch ist auf
der Königsberger Universitäts-Bibliothek das schön ausgestattete
Diplom zu sehen, durch das der vir celeberrimus Immanuel Kant
wegen seiner ausgezeichneten wissenschaftlichen Verdienste am
28. Juli 1794 zum auswärtigen Mitglied der Petersburger Akademie der Wissenschaften ernannt wurde. Unterzeichnet war es
von der bekannten Freundin Katharinas II., Fürstin Daschkow
als „Direktor", von J. A. Euler, dem Sohn des von Kant geschätzten Mathematikers und Philosophen, als Sekretär[1]).

Nach D ä n e m a r k war schon im Frühjahr 1792 aus Jena
ein geistvoller junger Landsmann (Hornemann) zurückgekehrt,
um in Kopenhagen „das neue Evangelium zu predigen" (Schiller
an Körner, 15. März 94), der aber schon im Herbst 1793 gestorben
war. Ein besonders begeisterter kleiner Kreis von Kantfreunden
aber bildete sich um den phantasie- und gefühlsreichen Dichter
Jens B a g g e s e n . Diesen erfüllte eine solche Begeisterung
für den Königsberger Philosophen, daß er Ende April 1793 nach
der Pregelstadt reisen wollte, „einzig und allein, um Messias den
Zweiten [!] zu sehen". Als er dann die Reise aufgeben mußte,

---

[1]) Kants in einem Entwurf vom März 1795 (Briefw. III, S. 8) vor-
handenes, übrigens ziemlich kurz gehaltenes Danksagungsschreiben an die
Daschkow scheint nicht an seine Adresse gelangt zu sein; denn er wurde
noch zwei Jahre später von Euler daran erinnert (Kant an Nicolovius
und Nicol. an Kant, 7. Juli 97).

schrieb er an Erhard: „Wie werden Sie mir von dem Manne, der mich nach Christus von allen Gestorbenen und Lebenden am meisten interessiert, erzählen müssen" (B. an Erh., 5. März 93). Er nannte seinen Sohn Immanuel und unterschrieb sich auch selbst öfters mit diesem Vornamen. Er gewann für Kant den aus Schillers Leben bekannten Grafen S c h i m m e l m a n n , dänischen Finanzminister, und dessen Frau Charlotte. Die Gräfin bekannte allerdings dem gemeinschaftlichen Freunde Erhard, den „Apostel der Wahrheit" (Kant) noch nicht ganz zu verstehen, doch ahne sie in der Ferne das „himmlische Feuer" und wolle versuchen, „sich so hoch zu schwingen, als sie ohne Schwindel ertragen könne"; sie hoffe, daß allgemach die trennenden Nebel verschwinden würden. Einig waren diese dänischen Freunde von Schiller und Kant auch in ihrer Begeisterung für die französische Revolution. Baggesen hielt die „Neufranken" schlechterdings für „unüberwindlich von ihren äußeren Feinden" (weniger von den inneren) und wünschte das Wachstum dieses „politischen Christentums"; des Königs Hinrichtung sei zwar subjektiv weder politisch noch gerecht, aber „objektiv" glücklich. Und die Gräfin hält auch 1795 noch ihren Glauben an die Revolution aufrecht; sie baut auf die Vorsehung, die diese „konvulsivische Bewegung zügele", damit „die Menschheit sollte aus dem Traum aufwachen" (an Erhard, 9. März 95). Von Kants ‚Ewigem Frieden' erschien 1796 in Kopenhagen eine dänische Übersetzung mit Kommentar. Eine s c h w e d i s c h e kündigt Kiesewetter dem Philosophen an (an Kant, 11. April 1797).

Auch in H o l l a n d fand der Kritizismus im Laufe der 90er Jahre Anhänger. Der Gelehrte Paulus von Hemert in Amsterdam gab zuerst 1792 einen Abriß von Kants Philosophie, trat seit 1796 lebhafter dafür ein und begründete 1798 im Verein mit anderen ein „Kritisches Magazin" und eine „Kritische Gesellschaft" zur Förderung des Kantianismus. Der Kurator der Universität Leiden, Hieronymus van Bosch, besang in einem lateinischen Gedicht von 328 Hexametern die kritische Ethik (vgl. seinen Brief an Kant vom 6. Juli 1799); ein Baron van Utenhove aus Utrecht schickte ihm, dem premier philosophe de l'Univers, dem Verfasser der „unsterblichen Theorie des Himmels", seine Übersetzung von Lamberts Kosmologischen Briefen (an Kant, 29. Juni 1801). Und ein gewisser Glover aus Driel bei Arnhem berichtet ihm am 16. Februar 1802 über die zunehmende Zahl von Verehrern, die seine Philosophie „auch in Bataviens feuchtem Himmelsstrich" finde — und bittet um seine Erlaubnis, die ‚Metaphysischen Anfangsgründe' in „niederdeutsches" Gewand kleiden zu dürfen. Ein J. Kinker endlich schrieb eine Erläuterung zur Kritik der reinen Vernunft, die 1801 ins Französische übersetzt wurde.

Ungünstiger war der Boden für Kants Lehre in E n g l a n d. Dort fand der junge F. A. Nitzsch, ein Schüler von Kant und Kraus, der 1793 als Privatsekretär eines reichen englischen Gelehrten nach London gekommen war, die Philosophie, abgesehen von ihrem „empirischen" Teil und der Mathematik, „herzlich schlecht". Selbst die beliebtesten philosophischen Schriftsteller gäben dort gewöhnlich ein zusammengestoppeltes Gemisch verschiedenartigster Systeme: von Materialismus, Idealismus, dogmatischem Skeptizismus und anderem; von Kants Werken kenne man nicht einmal die Titel, geschweige denn den Inhalt. Durch diese, bekanntlich auch heute noch in England gewöhnliche, insulare Unkenntnis und Interesselosigkeit gegenüber der theoretischen Philosophie ließ sich der junge Mann gleichwohl nicht abhalten, zu Vorlesungen über Kants Philosophie durch einen gedruckten Prospekt einzuladen, wobei er, um Zuhörer zu bekommen, die drei ersten unentgeltlich zu halten und außerdem freie Aussprache versprach. So zog die erste Vorlesung denn auch eine Menge Leute: ältere Lords und junge Gelehrte, Geistliche und geputzte Damen an, es erfolgte eine lebhafte Disputation, und das Kolleg kam glücklich zustande; ein gleiches im folgenden Winter. — In Halle übersetzte der durch Jakob und Beck in den Kritizismus eingeführte Schotte Richardson verschiedene Abhandlungen Kants ins Englische, um seine Landsleute, „die noch immer in der Empirie ersoffen sind", zum Studium der „einzig wohl gegründeten" Philosophie zu bringen (an Kant, 21. Juni 98). Ebenso in London ein früherer Zuhörer Kants Dr. Anton Willich, der sie ihm als ,,geringes Denkmal'' seiner Hochachtung und Dankbarkeit am 9. September 1798 übersendet.

Auch in einer in Philadelphia (N o r d a m e r i k a) 1803 herausgekommenen Enzyklopädie der Wissenschaften und Künste erhielt die Kantische Philosophie, an der ,,die Philosophen Deutschlands ebenso eifrig hängen wie die Physiker an Newton, die Scholastiker an Aristoteles'', einen besonderen Artikel.

Von der S c h w e i z , deren wissenschaftliches Leben damals wohl noch sehr wenig entwickelt war, können wir nichts Bestimmtes berichten. Denn P e s t a l o z z i , der große Pädagoge, hat zwar tiefe innere Berührungspunkte mit Kant, aber er hatte sie ohne ihn gefunden; er hatte, nach einem Worte Erhards, ,,Kants Geist ohne seine Sprache''.

Sogar nach I t a l i e n war Kants Ruf gedrungen. Nicht nur, daß der kantbegeisterte junge Kunsthistoriker Fernow im Oktober 1795 in Rom Vorlesungen über Ästhetik hielt, wobei er fast die ganze deutsche Landsmannschaft zu Zuhörern hatte, und daß ebendort der bekannte Maler Asmus Carstens Kantische Ideen, nämlich Zeit und Raum, in allegorischen Bildern darstellte (welcher ,,köstliche Spaß'' das Weimarer Dichterpaar zu einem Xenion veranlaßte). Sondern auch die rein ,,italienische Akademie'' zu Siena nahm ihn am 4. April 1798 unter ihre 20 auswärtigen Mitglieder auf, da sie ,,Ihre erhabene Philosophie in Italien bekannt zu machen'' beabsichtige. Auf die Aufforderung, zu diesem Zwecke alle zwei Jahre eine Abhandlung für die Akademie zu liefern (!), wird der 74jährige Philosoph kaum reagiert haben.

In F r a n k r e i c h konnte natürlich während der ersten Revolutionsjahre, zumal man sich mit Preußen im Kriege befand, von irgendwelcher tieferer Einwirkung deutscher Philosophie keine Rede sein. Aber April 1795 hatte die Republik mit dem Königreich Preußen Frieden geschlossen, und schon am 16. Mai kann Goethe seinem kantischen Freunde Schiller mitteilen: im ,Moniteur', dem offiziellen Regierungsblatte, stehe, daß ,,Deutschland hauptsächlich wegen der Philosophie berühmt sei, und daß ein Mr. K a n t und sein Schüler Mr. F i c h t e den

Deutschen eigentlich die Lichter aufsteckten". Zur Michaelimesse
desselben Jahres erschien Kants weltbürgerliche Abhandlung
‚Z u m e w i g e n F r i e d e n‘, die auch das Interesse der Franzosen zu erregen geeignet war. Schon gleich nach ihrer Veröffentlichung schrieb der treue Kiesewetter — der mehrjährige Lehrer
königlich-preußischer Ministersöhne, Prinzessinnen und Hofdamen! — an den Philosophen: „Leid tut es mir, daß diese Schrift
nur den Deutschen bekannt werden sollte . . .; gewiß würde
diese Schrift bei jener großen Nation, die so manche Riesen-
schritte auf dem Wege der politischen Aufklärung gemacht hat,
viel Gutes stiften." Er wolle daher einem seiner Freunde, einen
„hoffnungsvollen jungen Mann", Kenner und Verehrer der kritischen Philosophie, der kürzlich von Berlin nach Paris gegangen
sei, um dort kritische Philosophie zu lehren, anregen, sie zu übersetzen und dort bekannt zu machen (an Kant, 5. Nov. 95). Der
„hoffnungsvolle junge Mann" war vermutlich derselbe „neu
angekommene Kantianer", den ein gleich noch näher zu er-
wähnender, in französische Dienste getretener Landsmann Kants
am Neujahrstage 1796 bei dem berühmten Abbé S i e y è s antraf: ein Herr von Bielefels[1]). Besagter Landsmann Kants war
der Bürochef im Wohlfahrtsausschuß Karl Theremin, der, selber
ein großer Verehrer Kants, bereits am folgenden Tage seinem
Bruder Anton Ludwig Theremin, Prediger in Memel, von dem
im Hause Sieyès' stattgefundenen Gespräche Mitteilung machte.
Es sei viel über Kantische Philosophie gesprochen worden, und
Sieyès, der „sich viel mit Metaphysik beschäftigt hat, ohne je
etwas darüber herauszugeben", habe einige von seinen Grundsätzen angeführt, „worüber der Kantianer bemerkte, sie träfen
mit Kant seinen überein, welches Sieyès sehr zu schmeicheln
schien". Der „Chef des Bureau" zeigte nun sogleich großes
Interesse für die Sache. Er veranlaßte einerseits den von Bielefels, in Paris mit Vorlesungen über Kants Philosophie zu be-

---

[1]) Das ist um so wahrscheinlicher, als zu den begeisterten Schüle-
rinnen Kiesewetters, wie wir aus Kap. I des 4. Buches (S. 142) wissen,
eine „Baronesse von Bielefeld" gehörte, mit deren Namen der des jungen
Barons doch wohl identisch ist.

ginnen und suchte andererseits durch Vermittlung seines Bruders
in Memel einen Briefwechsel zwischen dem berühmten Staats-
mann der Republik und dem Königsberger Denker zustande zu
bringen, in der Überzeugung, daß dadurch „der Philosophie überhaupt und der französischen Nation ein wirklicher Dienst geschehe". Denn eine Nation, welche so viel Empfänglichkeit habe
wie diese, und eine Revolution, „wovon das Schöne und Edele
den Fremden nicht bekannt genug ist, weil sie zu sehr ist be-
sudelt worden", verdienten die Aufmerksamkeit eines Philosophen.
Er regte dann auch die Übersetzung von Kants „Buch" an —
ob damit dessen Hauptwerk oder, was wahrscheinlicher ist, die
Schrift vom Ewigen Frieden gemeint ist, ist zweifelhaft —, die
vielleicht wegen ihrer Terminologie Schwierigkeiten biete. Vielleicht könne auch der Bruder selbst dabei behilflich sein „und
ein Professorat der Kantischen Philosophie würde wahrscheinlich hier gut bezahlt werden". Er solle „dem Herrn Kant" jedenfalls Mitteilung von dem allen machen und ihn um seine Meinung
und seinen Rat ersuchen. Der Memeler Prediger übermittelte
denn auch dem Philosophen das Schreiben seines Bruders und
schloß sich dessen Bitte an; er würde gern die Übersendung
einiger Zeilen an Sieyès vermitteln (an Kant, 6. Febr. 96).

Diese interessanten Beziehungen müssen entweder von Königsberger Bekannten des Philosophen, der z. B. Jachmann davon
Mitteilung machte, oder auch von Paris aus in die öffentlichen
Blätter gebracht worden sein und verdichteten sich bald zu ganz
Deutschland durchschwirrenden ausschweifenden Gerüchten, die
dann wieder Kant zu Ohren kamen. So hatte der Kaufmann
Johann Plücker aus Elberfeld den Blättern entnommen, „daß
die französische Nation durch den Abt (!) Sieyès Sie ersucht habe,
ihre entworfene Konstitutionsgesetze zu untersuchen, das Unnütze wegzustreichen und das Bessere anzugeben" (an Kant,
15. März 1796), während Matern Reuß (Würzburg) gar in „mehreren Zeitungen" gelesen hatte, „daß Sie als Gesetzgeber, als
Stifter der Ruhe und des Friedens nach Frankreich gerufen worden seyn, und dazu von Ihrem König Erlaubnis erhalten haben"
(an Kant, 1. April 96). Daß die Bemühungen Theremins bzw.

Sieyès noch länger fortdauerten, geht aus einem Briefe an Kants Berliner Verleger Lagarde vom 20. Dezember d. J. hervor, wonach man in Paris „sehr wünschte“, mit Kants Schriften näher bekannt zu werden, und „ein gewisser Theremin“ (doch wohl der Memeler Bruder, da der Bürochef „seiner Geschäfte wegen sich diesem Fach nicht ganz widmen“ konnte) eine Übersetzung derselben ins Französische übernommen habe; eine Übersetzung der vorkritischen Schrift ‚Über das Schöne und Erhabene‘ sei bereits erschienen. Lagarde empfahl statt dessen (warum?) eine l a t e i n i s c h e Übersetzung; doch habe ein Leipziger Buchhändler eine solche (wohl die einzige wirklich zustande gekommene von Born) bereits nach Paris gesandt.

Leider scheint aus den schönen Plänen K. Theremins nichts geworden zu sein. Mit den Vorlesungen seines Schützlings von Bielefels wollte es gleich von Anfang nicht recht fort (A. L. Theremin an Kant, 6. Febr. 96), und vor allem — der geplante Briefwechsel zwischen dem Verfasser des ‚Qu'est-ce que le tiers Etat?‘ und dem der Vernunftkritik ist aller Wahrscheinlichkeit nach nicht zustande gekommen. Wenigstens hören wir von beiden Seiten nicht das Geringste davon. Auch Lagarde beklagt sich, daß der Philosoph sein ein halbes Jahr vorher (23. Juni) an ihn gerichtetes Schreiben, das von jenem Wunsche der Pariser handelte, auch das Werk eines französischen Philosophen Montréal begleitete, nicht beantwortet habe. Nach Jachmann (Biographie S. 130 f.) hätte Kant den Briefwechsel mit Sieyès aus patriotischen Gründen abgelehnt: „er wußte es, wie weit ein Staatsbürger, selbst als Weltbürger und Weltweiser, gehen könne und überschritt diese Grenzen nie“. Eine Verletzung seiner staatsbürgerlichen Pflichten kam indessen doch nicht in Frage, da ja zwischen beiden Staaten Friede war; wir möchten eher glauben, daß der Gedanke daran, daß doch nicht viel Praktisches dabei herauskommen werde, außerdem vielleicht das Ruhebedürfnis des 72jährigen ihn zu seiner Zurückhaltung bestimmt hat.

Dagegen kam es nicht bloß zu e i n e r, sondern sogar zu drei Übersetzungen seiner Friedensschrift ins Französische. Eine erste, sehr bald nach der Originalausgabe in Bern erschienene brachte den Text jedoch sehr schlecht und verstümmelt, und auch die zweite 1796 in Paris veröffentlichte war unvollständig. So sorgten Verfasser und Verleger für eine unter ihren Augen bei dem letzteren (Nicolovius) selbst erscheinende (1796), die bereits die Zusätze der zweiten Originalauflage bringen konnte, übrigens von den Parisern als hart empfunden wurde. Auszüge, die der Moniteur, das offizielle Blatt der Republik, aus Kants Schrift brachte, reizten 1798 mehrere französische Gelehrte, nähere Bekanntschaft mit dessen Lehre zu machen; auch das Institut National forderte einen Bericht über das neue System ein und veranlaßte den damals in Paris anwesenden, schon mehrere Jahre vorher durch Schiller für die kritische Philosophie gewonnenen W i l h e l m   v o n   H u m b o l d t , dort eine Vorlesung über Kantische Philosophie zu halten. Daß Kiesewetter in seinem alle diese Dinge dem Philosophen berichtenden ausführlichen Briefe vom 25. November 1798 meint, Humboldt habe bloß die „negative" Seite des Kritizismus dargestellt, überhaupt „nicht das gehörige Zeug dazu" gehabt, beweist natürlich nicht gegen Humboldt, sondern eher gegen den Berliner Damenphilosophen, der seinerseits eine „positive" Darstellung niederschreiben und diese dann mit Hilfe verschiedener Schüler und Freunde ins Französische übertragen wollte. Ganz anders lautet das Urteil S c h i l l e r s , der am 29. Dezember 1797 seinem Briefe an Goethe ein langes Schreiben Humboldts beilegt und dazu bemerkt, daß dieser „mitten in dem neugeschaffenen Paris seiner alten D e u t s c h h e i t treu bleibe". Mit einer gewissen Art zu philosophieren und zu empfinden sei es wie mit einer bestimmten Religion: „sie schneidet ab von außen und isoliert, indem sie von innen die Innigkeit vermehrt". Auf Schillers Mitteilung bezieht sich dann wieder G o e t h e , wenn er ein Halbjahr später dem „citoyen" Humboldt schreibt: „Sie haben, wie ich aus einem Briefe an Schiller sah, der Kantischen Philosophie mitten in Paris energisch genug gedacht . . . als ein erklärter Deutscher" (G. an H., 16. Juli 1798). — Als das Pariser Institut sich endlich dazu entschloß, Kant zu seinem auswärtigen

Mitglied zu ernennen, hatten sich dessen Augen schon geschlossen.

Am meisten jedoch für die Bekanntmachung seiner Landsleute mit der Philosophie Kants hat damals der Lothringer Charles d e V i l l e r s getan, der 1792 als 27jähriger das revolutionäre
Frankreich verließ[1]) und 1815 als Professor in Göttingen gestorben
ist. Er trat schon 1797 literarisch für den Königsberger Philosophen ein und schickte ihm am 12. Mai 1799 eine zusammenfassende französische Darstellung der Kritik der reinen Vernunft
zu, die Rink mit ausdrücklicher Genehmigung Kants in seinem
gegen Herders feindselige ‚Metakritik‘ gerichteten Buche: ‚Mancherley zur Geschichte der metakritischen Invasion‘ (1800) ver-
deutscht wiedergab. Hierdurch ermutigt, schrieb Villers dann
sein zweibändiges Hauptwerk ‚Philosophie de Kant‘ (Metz 1801).
Das Interessanteste aber ist die Nachgeschichte dieses Buches[2]).

Bei einem ihn von dem Ersten Konsul verstatteten vier-
monatlichen Aufenthalt in Paris im selben Jahre 1801 gelang
es ihm nämlich, — diesen selbst für seine Bestrebungen zu interessieren. N a p o l e o n Bonaparte gab Villers den Auftrag —,
sehr bezeichnend für seine Art, auch in wissenschaftlichen Dingen
zu verfahren —, ihm in v i e r Stunden auf v i e r Seiten ein
Aperçu über Kants Philosophie zu liefern. „Der erste Konsul
von ganz Europa“, schrieb Villers an einen Freund, „hat sehr
wenig Zeit zu verlieren, und man gestand mir nur vier Seiten zu,
um ihm zu sagen, worum es sich handelte, und vier Stunden
daran zu denken.“ Schon 1799 bei einem vorübergehenden
Aufenthalt in Genf hatte ein begeisterter, aber unklarer Kantianer Napoleon vergebens für die neue Lehre zu erwärmen gesucht.
Als dieser bald darauf in Lausanne mit einem dortigen Gelehrten
in ein Gespräch geriet, fragte er ihn sehr lebhaft: „Was hält man

---

[1]) Zu den aristokratischen Emigranten gehörte wohl auch ein anderer Verehrer Kants, der Marquis R. de Mesmon, der ihm am 28. März
1798 aus Hamburg schreibt und kantfreundliche Artikel im dortigen Spec-
tateur du nord veröffentlichte.

[2]) Vgl. über das Folgende Vaihingers Kantstudien III, 1 ff.; IV, 360;
V, 249 f.; VIII, 343 f.

in der Schweiz von Kants Philosophie?" Die ehrliche Antwort
lautete: „General, wir verstehen sie nicht." Darauf Napoleon
mit froher Gebärde zu seinem Begleiter: „Haben Sie's wohl
gehört, Berthier? Kant wird hier auch nicht verstanden!" Villers gab nun auf in der Tat äußerst knappem Raum — die als
Manuskript gedruckte, im Buchhandel nicht erschienene und bisher nur in drei Exemplaren aufgefundene Broschüre enthält nur
12 Kleinoktavseiten — einen anerkennenswert klaren[1]) gedrängten Abriß (aperçu rapide) der ‚Grundlagen und der Richtung'
der Kantischen Philosophie, der durch eine scharfe Zurückweisung
des in Frankreich vorherrschenden Lockeschen Empirismus eingeleitet wird. Ob er damit Eindruck auf seinen Auftraggeber
gemacht hat? Schwerlich. Napoleon wird wohl bei seiner verständnislosen Geringschätzung der deutschen „Ideologie" geblieben sein, der er zur nämlichen Zeit (1801), in der er das Konkordat mit der römischen Kirche vorbereitete, gegenüber Pelet den
krassen Ausdruck gab: „Die Religion ist noch eine Art Blatternimpfung, die uns, indem sie unsere Liebe zum Wunderbaren befriedigt, vor den Charlatans und Zauberern bewahrt: die Priester
sind mehr wert als die Cagliostro, die Kant und alle
die deutschen Träumer[2])!"

Selbst in dem fernen Spanien ward Kants Name bekannt. „Wenn ich nicht fürchtete, von Ihnen als Missionar verlacht
zu werden," schreibt Wilhelm von Humboldt am 28. Nov. 1799
aus Madrid an Goethe, „so möchte ich Ihnen sagen, daß ich noch
heute einem Spanier die alleinseligmachende Lehre gepredigt habe."

---

[1]) Wovon sich jeder überzeugen kann, der das von mir 1897 im
Weimarer Goethehause in Goethes Bücherei entdeckte und in den ‚Kantstudien' III, 4—9 veröffentliche Aperçu rapide zu lesen sich die Mühe
nimmt.

[2]) Auf dieser Grundlage beruht anscheinend die von Heine (‚Lutetia', 2. Juli 1842) nach seiner Art geistreich, aber nach der eigenen Phantasie wiedergegebene Version, in der er den „Kaiser" nach der „aufmerksamen Lektüre" der „wenigen Quartseiten" sagen läßt: „Alles dieses
hat keinen praktischen Wert, und die Welt wird wenig gefördert durch
Menschen wie Kant, Cagliostro, Swedenborg und Philadelphia" (der letztere ein berühmter Taschenspieler des 18. Jahrhunderts!).

C. Beginnende Gegnerschaft

So sehen wir Kants Philosophie, nachdem in der zweiten Hälfte der 8oer Jahre das Eis der Nichtachtung gebrochen, im folgenden Jahrzehnt ihr Licht nach allen Seiten hin ausstrahlen. Und doch läßt sich nicht leugnen, daß bei alledem ihre Wirkung allgemach mehr in die Breite als in die Tiefe ging. Bei manchen gerade der Begeistertsten erwies sich der anfängliche Enthusiasmus nur als ein Strohfeuer: so, um von Naturen von der Art Jean Pauls ganz zu schweigen, auch bei Jens Baggesen (S. 247f.), der schon 1796 unter höfischen Einflüssen ,,beide Revolutionen, die philosophische sowohl als die politische, fast ganz aus seinem Gesichtskreis verlor", so daß er ,,seitdem weder in Kant noch im Moniteur gelesen hat" (Reinbold an Erhard, 1. Juni 96), sondern zu Baaders Theosophie überging. Andere gingen in ihrem Popularisierungseifer gar zu weit und verflachten, wie der gute Kiesewetter, wenn er nicht bloß den ,Versuch einer leichten Darstellung der Hauptsätze von Kants Philosophie' (den sich auch Schiller am 4. Mai 1793 bei Göschen bestellt), sondern auch eine ,,faßliche Darstellung" derselben ,,für — Uneingeweihte" (Berlin 1795—1803) verfaßte, die bis 1824 vier Auflagen erlebte. Es traf unseren Philosophen, wie so manche Geistesgrößen, das tragische und doch natürliche Schicksal, daß gerade die Tüchtigsten und Bedeutendsten unter seinen Jüngern eigene Wege einzuschlagen begannen, während nur die weniger selbständigen Naturen — die Jakob, Kiesewetter, Mellin, Johann Schultz, Tieftrunk und andere — bei ihm ausharrten und ihn gegen Abweichende noch schärfer abzuschließen bestrebt waren.

Kant selbst hat, mindestens bis tief in seine kritische Epoche hinein, anders gedacht. Er wollte keine Philoso p h i e , sondern philoso p h i e r e n lehren, mochte keine ,,Gypsabdrücke von einem Menschen", eiferte gegen alle bloße Nachbeterei, verwarf das ,,Geschrei der Schulen". So hat er gewiß auch seine eigenen Nachbeter nicht besonders hochgeschätzt: von demjenigen wenigstens, auf den Schillers bekanntes ,,Kärrner"-Wort besonders zielt (Ludwig Jakob in Halle), sprach er mit Hamann ,,sehr gleichgültig" (Hamann an Jacobi, 11. Nov. 86) und hat ihm, als er später seine Protektion zur Erlangung einer Göttinger Professur suchte (an Kant, 7. Dez. 96), offenbar so deutlich seine Meinung über Universitätsintriguen gesagt, daß Jakob sich in seinem nächsten Brief (vom 2. Januar 97) fast wie ein geprügelter Hund scheu zurückzieht. Ebensowenig hat er sich über die Scheinwirkung seiner Philosophie auf grundsätzlich Andersdenkende, z. B. gläubige Katholiken, Illusionen hingegeben; er sagte darüber zu seinem jüngeren Kollegen Pörschke (nach Abeggs Tagebuch): „Die Leute glauben in meinen Schriften, die sie wie die Bibel nicht recht verstehen, zu finden, was sie suchen, und darum haben sie mich gerne, weil ein anderer aus ihrer Mitte nicht widerlegen kann, weil er das Gegenteil nicht zu finden versteht."

Indessen schließlich entging doch auch er nicht der Schwäche, die den meisten Genies, besonders aber wissenschaftlichen Schulhäuptern, je älter sie werden, um so mehr anzuhaften pflegt: daß sie, die viel Verehrten und Bewunderten, Widerspruch gegen ihr Eigenstes, ihr „System" immer weniger zu vertragen vermögen, am wenigsten bei den bisherigen Jüngern. Es braucht das bei Kant nicht eigentlich Rechthaberei gewesen zu sein. Sondern, wie er seinem Schüler Jachmann schon in den 80er Jahren und später (vgl. an Reinhold, 28. Nov. 94) öfter selbst gesteht, er vermochte nur mit äußerster Mühe sich aus dem von ihm in langjähriger Arbeit geschaffenen eigenen System heraus- oder gar in ein anderes hineinzudenken; aus diesem Grunde überließ er auch meist Freunden und Schülern die Verteidigung seiner Philosophie gegen Angriffe der Gegner. Das erscheint dann nach außen hin als Starrheit oder Wortklauberei und war geeignet, selbständige Persönlichkeiten abzustoßen. So kam es, daß selbst unter den Königsberger Universitätsphilosophen nur einige jüngere Dozenten, die eben noch seine Schüler gewesen waren, wie Gensichen, Jäsche, Rink, auf des Meisters Worte schwuren, dagegen die Älteren, wie Kraus und Pörschke, keineswegs Kantianer im engeren Sinne waren. Der letztere mußte, wie er Abegg am 13. Juni 1798 erzählte, sehr vorsichtig sein, wenn er ihm abweichende Ansichten entwickelte: „Kant, in Rücksicht seines Charakters ein Muster, kann Widerspruch nicht wohl vertragen."

Ähnlich ging es Kant mit seinem ältesten Schüler und Freunde
M a r c u s H e r z. Gewiß, freundliche Beziehungen blieben bestehen. Beide sandten sich bei Gelegenheit — etwa durch den
fleißig mit Kant korrespondierenden Kiesewetter oder einen nach
Königsberg reisenden Gelehrten — Grüße zu, schickten einander
einzelne ihrer Werke, wie der Philosoph seine Kritik der Urteilskraft, Herz seine Schriften über den Geschmack und über den
Schwindel. Aber Herz war ein vielbeschäftigter Arzt, der nicht
viel Muße für die Philosophie mehr übrig hatte, wenngleich er
„scharfsinnige Köpfe seiner Nation", wie Maimon oder Ben David,
„um sich sammelte" (Erhard an Kant, 6. Nov. 91). In dem
letzterhaltenen Briefe Herzens vom 25. Dezember 1797 — der
letzte Kants stammt schon aus 1790 — äußert sich noch einmal
das Andenken an die einstige Königsberger Zeit mit beinahe
überschwenglichem Gefühl: er möchte ihm noch einmal sagen,
„welche Seligkeit die Erinnerung an die ersten Jahre meiner Bildung unter seiner Leitung noch immer über mein ganzes Wesen
verbreitet, und wie brennend mein Wunsch ist, ihn in diesem
Leben noch einmal an mein Herz zu drücken", anstatt daß er
jetzt — „in d e m B e r l i n v e r s a u e r n" müsse. Allein
seine Stellung zu der S a c h e Kants war doch, wohl nicht ohne
Schuld des Mendelssohnstreites (Buch III, Kap. 3), offenbar ziemlich kühl geworden. Das geht aus der Weise hervor, wie er sich
im Mai 1798 in Gegenwart des nach Königsberg reisenden Abegg
über die „Kantianer" äußerte: sie hätten wenige ehrwürdige gute
Menschen hervorgebracht, eher die Leibniz-Wolffsche Philosophie; Mellin scheine ja wirklich ein guter Mann zu sein, aber
sonst kenne er außer Kant selbst keinen, den er wegen seines
Charakters verehren könnte. — Und wie nahm der Philosoph
die ihm von Abegg mündlich überbrachten Grüße des einstigen
nächsten Vertrauten auf? Doch eigentlich nicht viel wärmer
als die eines guten Bekannten: „O, er ist ein gutgesinnter Mann,
der mich bei jeder Gelegenheit grüßen läßt. Wie geht es ihm?"
Darauf Abegg: „Er wohnt in einem Gartenhause des Tiergartens,
hat eine schöne geistreiche Frau" (die schöne Henriette hatte
Kant n i c h t grüßen lassen, sie schwärmte schon damals für

Jean Paul und die Romantik, haßte die „trockene kalte Aufklärung") und „ist allgemein verehrt". Und Kant: „Das ist
mir lieb. Deswegen habe ich manchmal gern den Besuch eines
Fremden, weil er mir solche Nachrichten aus eigener Ansicht erteilen kann." Herz starb ein Jahr vor Kant, am 26. Januar 1803.
Nach seinem Tode kaufte der König für 2000 Taler seine Sammlung wertvoller physikalischer Instrumente und schenkte sie der
Stätte, an der Herz einst seine Weisheit geschöpft hatte: der
Universität Königsberg.

Daß Männer wie der ihm persönlich nicht näher getretene
M a i m o n , nach anfänglicher Begeisterung, sich wieder von
ihm abwandten, konnte unser Philosoph leicht verschmerzen.
Er meinte: Was „ein Maimon mit seiner N a c h besserung der
kritischen Philosophie (dergleichen die Juden gerne versuchen,
um sich auf fremde Kosten ein Ansehen von Wichtigkeit zu
geben) eigentlich wolle", habe er nie recht fassen können und müsse
dessen „Zurechtweisung" anderen überlassen (an Reinbold, 28.
März 94). Schmerzlicher mußte ihn berühren, daß derselbe
R e i n h o l d , der seine Lehre zuerst in weitesten Kreisen verbreitet, auf den er die größten Hoffnungen gesetzt, über die
‚Kritik' hinausgehend, andere Wege einschlug. Reinhold klagte
zuerst, Kant ziehe andere, die bloß „sein Echo" seien, ihm vor
(an Erhard, 7. Aug. 1791). Kant redet ihn noch im Mai 1793
„Teuerster Herzensfreund" an, spricht aber vier Jahre später
schon von ihm und Fichte als seinen „hyperkritischen Freunden"
(an Tieftrunk, 13. Okt. 97) und noch schärfer, nachdem Reinhold wiederholt seinen Standpunkt gewechselt, ein Jahr später
(19. Okt. 98) gegen Kiesewetter: „Ich höre . . ., daß Reinhold,
der Fichte seine Grundsätze abtrat, neuerdings wiederum anderen
Sinnes geworden und rekonvertiert habe. Ich werde diesem Spiel
ruhig zusehen und überlasse es der jüngeren und kraftvollen Welt,
die sich dergleichen ephemerische Erzeugnisse nicht irren läßt,
ihren Wert zu bestimmen." — Auch der anfangs für ihn begeisterte J. S. B e c k erregte, obwohl er mit seinem
‚Einzig möglichen Standpunkt, aus welchem die kritische Philosophie beurteilt werden muß' (1796), Kants wahre Meinung nicht

bekämpft, sondern nur verdeutlicht zu haben glaubte, und mit den „neuen philosophischen Irrlichtern" nicht in eine Klasse gesetzt zu werden wünschte, doch durch seine Abweichungen des Meisters Unzufriedenheit. Dieser erklärt zwar einmal sehr hübsch an Tieftrunk (12. Juli 97): seine „Liebe und Achtung für Herrn Beck" bewahren zu wollen, „denn was sollen uns alle Bearbeitungen und Streitigkeiten der Spekulation, wenn die Herzensgüte darüber einbüßt?" Aber er ließ sich dann doch, wie es scheint, durch Johann Schultz und andere Kantianer strikter Observanz bewegen, auch ihn mit dem Bannstrahl zu treffen, den er am 7. August 1799 gegen F i c h t e schleuderte.

Damit sind wir bei diesem bedeutendsten philosophischen Nachfolger Kants angekommen, und es geziemt dem Biographen des letzteren wohl, das persönliche Verhältnis beider etwas näher zu beleuchten, zumal die Art, wie es sich anknüpfte und wie es abbrach, für beide Männer charakteristisch ist. Auch Fichte war für die Kantische Philosophie, die er erst 1790 durch einen Zufall kennen gelernt, vor allem durch ihre F r e i h e i t s lehre gewonnen worden. Er fühlte sich durch sie wie erlöst, die durch Kant bewirkte „Revolution in seinem Kopfe und Herzen" machten ihn, der sich damals von einem Tag zum andern „verlegen um Brot befand", zu „einem der glücklichsten Menschen auf dem weiten Runde der Erden" (März 1791). Es drängte ihn nun, den Mann, „den ganz Europa verehrt, den aber gewiß in ganz Europa wenig Menschen so lieben wie ich" (an Kant, 18. Aug. 91), persönlich kennen zu lernen. Kurz entschlossen gibt er Ende Juni seine Warschauer Hauslehrerstelle auf, langt am 1. Juli in Königsberg an, wird bei seinem ersten Besuche drei Tage darauf von dem Meister „nicht sonderlich" aufgenommen und ist auch von seinem Kollegvortrag enttäuscht: „seine Kollegien sind nicht so brauchbar wie seine Schriften". Er überschickt ihm dann sechs Wochen später als besseres „Empfehlungsschreiben" das inzwischen in tiefster Zurückgezogenheit ausgearbeitete Manuskript seines ‚Versuchs einer Kritik aller Offenbarung'. Kant empfängt ihn nun „mit ausgezeichneter Güte", lädt ihn zu Tische, bemüht sich, den in Königsberg völlig unbekannten

jungen Mann in die gelehrten und gesellschaftlichen Kreise einzuführen. Dann geschieht etwas Merkwürdiges. Fichte sieht sich
ohne Geld und wendet sich nun an den Mann, „dem ich alle
meine Überzeugungen und Grundsätze, dem ich meinen Charakter bis auf das Bestreben, einen haben zu wollen, verdanke",
kurz an Kant mit der Bitte, ihm — die Kosten für die Rückreise
in die sächsische Heimat, wo er sich um eine Dorfpfarre zu be-
werben gedenke, „gegen Verpfändung meiner Ehre" bis nächste
Ostern vorzustrecken (2. Sept. 91). Der Philosoph handelte
äußerst taktvoll: er ersparte dem Bittenden das immerhin De-
mütigende eines Darlehens, bewirkte dagegen durch den Einfluß
Borowskis, daß dessen Schwager, der Buchhändler Hartung,
Fichtes Manuskript in Verlag nahm und verschaffte ihm überdies, durch die Vermittlung des Hofpredigers Schultz, noch eine
besonders günstige Hauslehrerstelle bei einem Grafen Krockow
in der Nähe von Danzig.

Die Schrift aber, die um Ostern 1792 — durch ein Versehen
oder durch eine Spekulation des Verlegers? — anonym erschien,
sollte ihren Verfasser mit einem Schlage berühmt machen. Sie
wurde infolge ihres Titels, Verlagsortes und ihrer allgemeinen
Tendenz selbst von Kennern für ein Werk K a n t s gehalten,
dessen Religionsphilosophie man gerade damals mit Spannung
erwartete, und von Hufeland in der Literaturzeitung gewaltig
gepriesen. Als nun Kant selbst in einer der nächsten Nummern
(31. Juli 92) den Sachverhalt aufdeckte und Fichte einen „geschickten Mann" nannte, wurde dieser mit einem Male berühmt,
Mitarbeiter an der Literaturzeitung und nach Reinholds Weg-
gang dessen Nachfolger an der Jenaer Universität.

Dort vollzieht sich dann seine hier nicht weiter darzustellende
philosophische Abwendung von Kant. Persönlich blieb das Verhältnis zunächst noch ein gutes. Am 20. September hat er dem
„großen und guten Mann" noch versichert, daß „der Gedanke
an Sie immer mein Genius sein wird", bei der Übersendung seiner
‚Wissenschaftslehre‘ (Oktober 1794) nennt er ihn den „Meister"
gegenüber dem „Nachfolger", und noch im Sommer 1796 gibt
er seinem am 18. Juli geborenen einzigen Sohn den Namen Im-

manuel. Allein schon 1794 ziehen die strengen Kantianer in Jakobs ‚Annalen' gegen ihn zu Felde, abfällige Urteile Kants gelangen zu seinen Ohren, der Briefwechsel versiegt immer mehr. Gegen Ende 1797 entschuldigt sich Kant wegen langen Schweigens und gibt ihm, wenn auch in freundschaftlicher äußerer Form, zu verstehen, daß er (Kant) „die Subtilität der theoretischen Spekulation", zumal deren neueste „äußerst zugespitzte apices [= Gipfel]", gern anderen überlasse; Fichte möge, nachdem er „die dornigen Pfade der Scholastik durchwandert" habe, nunmehr sein „treffliches Talent" populärer Darstellung „kultivieren". Worauf Fichte sofort, ebenfalls in der Form freundlich, in der Sache aber womöglich noch schärfer, erwidert: er denke gar nicht daran, der „Scholastik" den Abschied zu geben, treibe sie vielmehr „mit Lust und Leichtigkeit"; sie „stärke und erhöhe" seine Kraft (an Kant, 1. Januar 98).

Doppelt interessant ist unter diesen Umständen der bisher noch nicht gedruckte Bericht, den Abegg von seinen Besuchen bei Fichte und Kant im Sommer 1798 liefert. In Jena, das er auf der Hinreise nach Königsberg berührte, unterhielt sich Fichte, „ein kleiner, wohlgepflegter, ganz lebendiger Mann mit etwas starker, breiter Nase und großen, mehr grauen als braunen Augen und schwarzem, etwas krausem Haar", mit ihm ganz zutraulich, so daß es ihm unmöglich an Milde und moralischer Güte fehlen könne, wie viele seiner Gegner behaupteten. Abegg werde sich gewiß freuen, in Königsberg Kant zu sehen, gern wolle er ihm an Kant, Schultz und andere Empfehlungsschreiben mitgeben. Schon der Kupferstich Kants zeige ihn, „wie er ist, selbst mit seinen Fehlern, mit seiner Dunkelheit und Verworrenheit". Dann machte er noch einen Scherz darüber, daß der vorige König bei der Huldigung Kant „als dem Fürsten unter den Philosophen" doch bloß 200 Taler Zulage verliehen habe, ging aber im übrigen auf sein eigenes Verhältnis zu dem kritischen Philosophen nicht ein. Offenherziger äußerte sich Kant, nachdem er Fichtes Empfehlungsbrief gelesen, gegen den Überbringer. „Das ist", sagte er, „nun so ein Kompliment. Auch schreibt er mir immer höflich, aber eine Bitterkeit läuft mit unter,

daß ich mich nicht ü b e r ihn oder gar f ü r ihn erkläre. Ich
lese seine Schriften nicht alle, aber neulich las ich die Rezension
seiner Schriften in der Jenaer Literaturzeitung. Ich wußte beim
ersten Male nicht recht, was er wollte; ich las zum zweitenmal,
und oft glaubte ich: nun werde ich etwas brauchen. Aber es
war nichts. Den Apfel vor dem Munde hält er und gibt keinen
Genuß. Es kommt auf die Frage am Ende hinaus: mundus ex
aqua. Er bleibt immer im allgemeinen, gibt nie ein Beispiel und,
was noch schlimmer ist, kann keines geben; weil dasjenige nicht
existiert, das zu seinem allgemeinen Begriffe paßte." Bleiben
Kants philosophische Erörterungen gewiß auch oft im ,,allge-
meinen" stecken, so ist doch Fichtes Art hier sehr gut und anschaulich charakterisiert, und dabei ohne Bitterkeit.

Anders in der ö f f e n t l i c h e n E r k l ä r u n g vom 7.
August des folgenden Jahres, durch die es zum endgültigen Bruche
kam. Die Veranlassung war die förmliche Aufforderung eines
Rezensenten in der Erlanger Literaturzeitung vom 11. Januar
1799: Kant möge sich doch endlich darüber erklären, ob seine
Lehre ,,buchstäblich" zu nehmen sei, oder ob Fichte (oder Beck)
mit seiner Auffassung derselben recht habe. Darauf erklärte Kant
in der Jenaer Literaturzeitung vom 7. August in den schärfsten
Worten Fichtes Wissenschaftslehre für ,,ein gänzlich unhaltbares
System", das nichts als bloße Logik sei, er sage sich von allem
Anteil an solcher Philosophie los. Allerdings sei die Kritik ,,nach
dem Buchstaben" zu verstehen und setze nichts anderes als einen
zu dergleichen abstrakten Untersuchungen hinlänglich kultivierten
Menschenverstand voraus. Er sei überzeugt, daß ihr ,,kein Wechsel der Meinungen, keine Nachbesserungen oder ein anders ge-
formtes Lehrgebäude bevorstehe, sondern das System der Kritik
auf einer völlig gesicherten Grundlage ruhend, auf immer befestigt und auch für alle künftige Zeitalter zu den höchsten
Zwecken der Menschheit unentbehrlich sei". Das sind stolze
Worte, die unser Philosoph mit d i e s e m Grade von Sieges-
gewißheit früher nicht ausgesprochen hat. Indessen er mochte
sich zu scharfer Grenzscheidung im Interesse seiner S a c h e
berechtigt fühlen. Weniger schön vom allgemein menschlichen

Standpunkte aus und nur durch den Einfluß übereifriger, zuträgerischer Freunde zu erklären war die Art und Weise, wie er damit auch einen p e r s ö n l i c h e n Angriff auf Fichte verband: Es gebe nicht bloß gutmütig-tölpische, sondern bisweilen auch „betrügerische, hinterlistige, auf unser Verderben sinnende und dabei doch die Sprache des Wohlwollens führende sogenannte Freunde, vor denen und ihren ausgelegten Schlingen (!) man nicht genug auf seiner Hut sein kann". Das war, wenn es auf Fichte gehen sollte, entschieden ungerecht. Es war um so weniger am Platze, als Kant, wie er noch am 5. April 1798 an Tieftrunk schrieb, Fichtes Wissenschaftslehre nur aus der Rezension in der Allgemeinen Literaturzeitung kannte. Mochte er in diesem Briefe sie nicht übel mit einer „Art von Gespenst" vergleichen, „was, wenn man es gehascht zu haben glaubt, man keinen Gegenstand, sondern immer nur sich selbst, und zwar auch hiervon nur die Hand, die danach hascht, vor sich findet", mochte er schon ihren Titel als „Wissenschaftswissenschaft" verspotten: zu so persönlichen Invektiven hatte er kein Recht.

Dem gegenüber hielt sich Fichtes Erwiderung, der er die Gestalt eines offenen Briefes an den ihm damals noch befreundeten Schelling gab, in maßvollen Grenzen, indem sie auf einige sachliche Einzelheiten einging und zum Schluß auf die psychologische und historische Bedingtheit aller philosophischen Systeme hinwies. In unschönem Widerspruch zu dieser, bei einem so selbstbewußten Charakter wie dem Fichtes auch ganz ungewohnten, Mäßigung steht freilich die entgegengesetzte Art, wie er sich gleichzeitig in Privatbriefen ausließ, indem er gegen Schelling Kants Lehre, falls man sie nicht in Fichteschem Sinne auffasse, für „totalen Unsinn", gegen Reinhold gar den Königsberger Weisen für „doch nur einen D r e i v i e r t e l s k o p f" erklärte, der sich recht „kräftig prostituiert" habe.

Jedenfalls: der persönliche wie sachliche Bruch zwischen beiden war unheilbar vollzogen. Die Philosophie des beginnenden 19. Jahrhunderts aber folgte mehr den Spuren des Jüngers als des Meisters.

Sechstes Kapitel

Ende der Lehrtätigkeit. Letzte Schriften
Das unvollendete Nachlaßwerk

I.

Schon in den letzten Semestern seiner Lehrtätigkeit beendete
der fleißige und gewissenhafte Dozent, der bis dahin vier Jahrzehnte lang so gut wie nie eine Kollegstunde ausgesetzt hatte,
seine Vorlesungen früher als sonst. Während er vordem das
Wintersemester oft vom Oktober bis in den April hinein ausgedehnt hatte, schloß er 1795/96 schon am 26., 1794/95 bereits
am 21. Februar. Im Sommer 1796 las der 72jährige zum letztenmal über die gewohnten Gegenstände: von 7—8 morgens Logik
vor etwa 40 Zuhörern, ohne Angabe der Stunde Physische Geographie; das außerdem übliche ,Examinatorium' hat er nicht
mehr abgehalten, ja nicht einmal mehr angekündigt. Aber auch
die Vorlesungen brach er früher als gewöhnlich ab: die geographische bereits am 18., die logische am 23. Juli. An letzterem
Tage, also am 23. J u l i 1796 h a t K a n t — so dürfen wir
nach den Universitätsakten heute, gegenüber den unrichtigen
oder schwankenden Darstellungen der bisherigen Biographen,
fast mit Gewißheit behaupten — z u m l e t z t e n m a l d a s
p h i l o s o p h i s c h e K a t h e d e r b e t r e t e n: gewiß nicht
aus Gemächlichkeit, wie er ,,nach einem und einem halben Jahre"
im Dezember 1797 an Fichte schreibt, sondern unter dem Zwange
des Alters. Für die drei nächsten Semester hat er zwar Metaphysik bzw. Logik und Geographie im Lektionskatalog noch an-
gezeigt, jedoch von vornherein mit dem Zusatz: modo per vale-
tudinem seniumque liceat, das heißt falls es Gesundheit und Alter
erlauben. Und in den Akten des Berliner Oberschulkollegiums, in

denen die Professoren über die g e h a l t e n e n Vorlesungen zu
berichten hatten, findet sich für die nämlichen drei Semester
von Kants eigener Hand eingetragen: „Ich habe Alters und Unpäßlichkeit halber keine Vorlesungen halten können" bzw. „hat
wegen Schwäche des Alters nicht lesen können", „hat Alters
und Krankheit halber nicht Vorlesungen halten können". Zum
Überfluß wird dieser Sachverhalt auch noch durch bisher ungedruckte Briefe von Kants Freund Goeschen an seinen auswärts studierenden Sohn bestätigt, dem er sowohl am 2. Februar
wie am 15. Juni und am 7. Oktober 1797 die Neuigkeit mitteilt,
daß Kant nicht mehr lese; das letzte Mal mit den Worten: „Auf
der hiesigen Academie ist alles noch bei dem alten . . . und die
Academie hat weiter keinen Verlust, als daß Kant in dieser Welt
nicht mehr lieset, erlitten." Für die beiden folgenden Semester
(1798 und 1798/99) ist ein ähnlicher Vermerk in den Akten durch
Mangelsdorff bzw. Reusch — wohl die jeweiligen Dekane der
Fakultät — gemacht. Vom Sommer 1799 an findet sich auch
Kants Name in dem Vorlesungs-Verzeichnis nicht mehr aufgeführt.

Das Amt eines Dekans hatte er schon seit 1791 nicht mehr
bekleidet (vgl. Buch III, Kap. 8). Und als zu Ostern 1796 an
ihn wiederum die Reihe kam, Rektor zu werden, lehnte er die
ihm vom Senat angetragene Würde durch ein noch erhaltenes
Schreiben an den derzeitigen Rektor, den Mediziner Elsner, ab,
„da ich, durch die Schwächen meines Alters gedrungen, mich
zu Führung desselben für unvermögend erklären muß". Weil
jedoch auch Elsner die ihm von seiten des Philosophen durch
Vermittlung von Kraus nahegelegte Weiterführung des Amtes
im N a m e n Kants mit Rücksicht auf seine Arbeiten nicht
annehmen zu können erklärt (Elsner an Kant, 23. Februar 1796),
so verzichtet dieser ausdrücklich auch auf alle „Emolumente",
mit der Bitte, ein anderes Fakultätsmitglied zu wählen (K. an E.
26. Febr.).

In den Kreisen der Studierenden hatte man anscheinend
bis Sommer 1797 noch eine Wiederaufnahme der Vorlesungen
für möglich gehalten. Wenigstens fand erst in diesem Sommer

eine offenbar ganz spontan von der Studentenschaft Königsbergs
veranstaltete A b s c h i e d s f e i e r l i c h k e i t zu Ehren des
scheidenden Lehrers statt. Am 14. Juni 1797 zog die gesamte
studierende Jugend in feierlichem, von mehreren Musikkorps be-
gleitetem Zuge vor das stille Haus in der Prinzessinstraße. Als
ihr erwählter Redner begab sich der 20jährige Graf Heinrich
Lehndorff in die Wohnung Kants, um ihm nicht bloß im Namen
der Studierenden, zu denen er wie ein Vater gesprochen, sondern
,,als Redner einer Welt'' für ,,50 arbeitsvolle Jahre'' zu danken,
die er der ,,Wahrheit und Aufklärung'' geweiht. Er gab ihm
statt allen Dankes die ,,feierliche Versicherung, daß Ihre Lehren
nie aus unseren Herzen weichen werden, sondern daß unser
eifrigstes Bestreben dahin gehen soll, der Nachwelt durch unsere
Handlungen zu zeigen, daß wir Ihrer würdig waren''. Während
von den unten versammelten Studenten ein dreimaliges jubelndes
,,Vivat'' angestimmt wurde, überreichte er sodann dem Jubilar
ein zu diesem Zwecke verfaßtes, sechsstrophiges Poem[1]). Der
,,alte Veteran'' war, um mit den Worten Goeschens zu reden,
noch ,,heiter und recht munter und nahm die Ehre, die man
ihm erwies, mit vieler Freude entgegen'' (Ungedruckter Brief
Goeschens an seinen Sohn, 15. Juni 1797).

Ein Irrtum war es freilich, wenn es in demselben Briefe heißt:
die ,,herrliche und feierliche Musik'' wäre ihm, ,,noch immer
dem Liebling sowie Stern erster Größe unserer Akademie'', aus
dem Grunde dargebracht worden, weil er am 14. Juni vor 50
Jahren ,,sein Auditorium eröffnet'' habe. Das war vielmehr,
wie wir wissen, erst im Herbst 1755 geschehen. Sondern man
hatte sich ausgerechnet, daß Kants S c h r i f t s t e l l e r tätigkeit jetzt gerade ein halbes Jahrhundert umfasse: allerdings ziemlich künstlich und nicht recht zutreffend, indem man als deren
Anfangszeit das Datum der Vorrede seiner ersten Schrift (22. April
1747), und nicht deren wirkliches Erscheinungsjahr (1749) annahm. Deshalb steht über der abschriftlich erhaltenen Rede

---

[1]) Die Rede Lehndorffs ist zum erstenmal in der ,Altpreußischen
Rundschau' 1913, 7. Heft, S. 224 f. veröffentlicht worden, das Gedicht
in der Akad.-Ausg. von Kants Werken, Bd. XII, S. 433—435.

des jungen Grafen: „Rede, welche ich dem Professor Immanuel
Kannt [sic!] bey Gelegenheit seines 50ten Schriftsteller-Jahres
im Nahmen der Universitaet ausarbeitete und hielt." Aus demselben Grunde hieß es in dem „Carmen", das ihn vorher als „der
Erde allergrößten Geist", der selbst einen Plato und Newton
weit hinter sich ließ, gepriesen:

> „Mehr denn a c h t z e h n t a u s e n d Tage schon
> Sind als Lehrer ruhmvoll Dir entflohn,
> Und noch blickt Dein Geist mit Jugendfülle
> In das Heiligtum der höchsten Wahrheit,
> Hellt das Dunkelste mit lichter Klarheit,
> Trotz dem Schwanken seiner schwachen Hülle."

Allein, wenn Kant auch seine Vorlesungen eingestellt, auf
die Bekleidung des Dekan- und Rektoramtes freiwillig verzichtet
hatte und seit 1795 auch die allwöchentlichen Senatssitzungen,
an denen er ja niemals gern teilgenommen, nicht mehr besuchte,
hatte er doch keine Lust, sich zwangsweise aufs Altenteil setzen
zu lassen, wie es von gegnerischer Seite bald nach dieser Abschiedsfeier versucht wurde. Im November 1797 beantragte nämlich unter dem Rektorat Metzgers der Universitätskanzler (Holtz-
hauer), daß die bisher unbesetzt gebliebenen Senatsstellen Kants
und seines in gleichem Falle befindlichen theologischen Kollegen
Reccard künftig durch zwei „Adjunkten" besetzt werden sollten.
In einer ausführlichen und geharnischten Erklärung wies der
greise Philosoph diesen Antrag als „unrichtig in seiner Angabe,
widersprechend in seinem Plane und beleidigend in seiner Zumutung" energisch zurück. Er und Reccard hätten sich durch
ihr Fehlen im „Sessionszimmer" keineswegs für emeriti — wie
der Ausdruck „auf Reichsuniversitäten" laute —, das heißt für
Leute erklären wollen, die, nachdem sie „gänzlich von der Akademie Abschied genommen, jubiliert, das ist in den Ruhestand
gebracht und auf Pension gesetzt" sind: „ein Gebrauch, der bei
uns unerhört ist und auch immer bleiben wird" (Kant an den
Rektor, 3. Dez. 1797). So verstand der alte Veteran, wo es galt,
sich seiner Haut zu wehren. Das ostpreußische Ministerium erteilte denn auch auf einen wiederholten Antrag Holtzhauers

diesem die gebührende Antwort: daß es nicht „gemeinet" sei, „denen Professoren Reccard und Kant, welche der Academie viele Jahre hindurch mit Ruhm und Nutzen gedient haben, und zu denen Wir das Vertrauen hegen können, daß sie, soviel ihre Kräfte es gestatten, auch darin fortfahren werden, Gehülfen für ihre akademischen Geschäfte beizuordnen, zumalen sie selbst darum nicht angesuchet haben" (31. Juli 1798).

Es kam Kant in diesem Falle wohl mehr auf das Prinzip an. Denn als im November 1801 sein weit jüngerer Freund und Kollege Kraus seine Senatorenstelle niedergelegt hatte und damit zwei von den vier Senatssitzen der Fakultät tatsächlich unbesetzt zu sein drohten, folgte er der Anregung eines Schreibens von Rektor und Senat, das ihm die sogenannten „Emolumente" bis an sein Lebensende überließ, und verzichtete auch seinerseits auf seine Stelle, in die dann Hasse einrückte. Das von ihm nicht mehr geschriebene, sondern nur noch unterzeichnete, vom 14. November 1801 datierte Schriftstück bildet, soviel bisher bekannt, die letzte amtliche Erklärung Kants [1]).

2. Die letzten selbständigen Schriften (1796—1798)

In einem jener ungedruckten Briefe Goeschens an seinen Sohn vom 2. Februar 1797 heißt es im Anschluß an die Bemerkung, daß Kant dieses Semester nicht lese und, wie es heißt, überhaupt nicht mehr lesen werde, weiter: „Er will den kleinen Überrest seines Lebens dazu verwenden, seine Papiere in Ordnung zu bringen und seinen literarischen Nachlaß dem Verleger übergeben." Denen, die ihn nach seinen gelehrten Arbeiten fragten, hatte er selbst schon 1794 geantwortet: „Ach, was kann das sein! Sarcinas colligere! Daran kann ich jetzt nur noch denken!" In

---

[1]) Auf dem 9. Bogen des 1. Convoluts seines Opus postumum findet sich, allerdings nachträglich durchstrichen, der Passus: „Da ich wegen körperlicher Schwäche den Sessionen des Acad. Senats nicht beiwohnen kann, so will ich mir gern gefallen lassen, daß der Herr Consistorial Rath Hasse in diese von mir verlassene Stelle aszendiere." — Am 30. Juli 1801 teilt ihm die philosophische Fakultät mit, daß sie ihm die sogenannten Fakultäts- und Initiations-Emolumente belasse, nur nicht die Dekanatsgebühren.

der Tat könnte man seine Schriften von 1796 ab als das „Bündel schnüren" eines, der sich zum Aufbruch rüstet, bezeichnen.

Zwei Abhandlungen, die er 1796 und 1797 seiner alten ‚Berlinischen Monatsschrift' zur Veröffentlichung übergab, verteidigen seinen Standpunkt gegen die allmählich — übrigens ganz wie ein Jahrhundert später — gegenüber der kritisch-wissenschaftlichen Denkart wieder aufkommende, nur jetzt noch viel anmaßender als im vorigen Jahrzehnt (Herder) auftretende G e f ü h l s -philosophie. Bereits in den 70er und 80er Jahren hatte er die „Genieschwünge" als die bequeme Sinnesweise derer bezeichnet, welche sich über die methodische, schulmäßige, wissenschaftliche A r b e i t hinwegsetzen zu dürfen meinen. Jetzt gegen Ende seiner schriftstellerischen Laufbahn zog er noch einmal für s e i n e Ansicht vom Wesen wissenschaftlicher Philosophie gegen sie zu Felde in dem Aufsatz:

Von einem neuerdings erhobenen vornehmen Ton in der Philosophie (Mai 1796)

„Vornehm" nennt er diejenigen „Philosophen", welche nicht schulmäßig, das ist methodisch, in langsamem und bedächtigem Fortschreiten arbeiten, sondern geniemäßig aus dem Orakel ihres Inneren schöpfen wollen, die nicht „durch die herkulische Arbeit der Selbsterkenntnis von unten hinauf", sondern „sie überfliegend durch eine sie nichts kostende Apotheose von oben herab" beweisen, die sich nicht durch Kritik der eigenen Vernunft zu einer sehr notwendigen Bescheidenheit herabstimmen lassen, sondern als „Philosophie der Vision" die Spitze der Einsicht durch einen kühnen Schwung ohne Mühe erreichen zu können glauben: „Weg mit der Vernünftelei aus B e g r i f f e n , es lebe die Philosophie aus G e f ü h l e n , die uns geradewegs zur Sache selbst führt!" Auf das „Formale in unserer Erkenntnis", das dem Kritizismus „das hauptsächlichste Geschäft der Philosophie" ist, sehen sie verächtlich als auf eine „Formgebungs-Manufaktur" herab, und arbeiten statt dessen lieber mit ihrer den Gegenstand „unmittelbar und auf einmal" fassenden „intellektuellen" Anschauung; statt mit scharfen Beweisen, mit Ahnungen, Wahrscheinlichkeiten,

Analogien. Wie in der theoretischen Erkenntnis, so auch in der
E t h i k. Die kritische Ethik verschmäht keineswegs das sittliche Gefühl. Aber sie will es erst durch Philosophie, durch ge-
klärte Begriffe in Bewegung und Kraft versetzen; die „aller-
neueste deutsche Weisheit" dagegen will die Menschen nicht erst
„gewisser", sondern durch ein geheimnisvolles Gefühl sofort
„besser" machen. Gewiß erstreben auch die Gegner im Grunde
dasselbe Ziel, den Menschen weise und rechtschaffen zu machen:
„die verschleierte Göttin, vor der wir beiderseits unsere Knie
beugen, ist das moralische Gesetz in uns in seiner unverletzlichen
Majestät". Allein der kritische Philosoph sucht es „nach logischer Lehrart auf deutliche Begriffe zu bringen", der andere
personifiziert es ebenso wie im Theoretischen, zu einer verschleier-
ten Isis, die man nur „ahnen" kann. Mit Unrecht berufen sie
sich dabei, im Gegensatz zu dem „prosaischen" Zeitalter, das nur
das vor den Füßen Liegende und mit Händen Greifbare aner-
kenne, auf die poetische Philosophie Platos.

Kant hatte mit seiner Polemik, in der er keinen Namen
nennt, in erster Linie Goethes Schwager Johann Georg S c h l o s -
s e r (geb. 1739) im Auge, der sich in früheren Jahren als badischer Beamter manche Verdienste um die Volkserziehung erworben, aber seit seinem Übergang zur reinen Schriftstellerei
(1794) in einen platonisierenden Gefühlsmystizismus hineingeraten war. Daneben den jüngeren Stolberg (Friedrich), der
damals, um das Gleichnis der Xenien zu gebrauchen, von Apoll
aus dem Parnaß gejagt, dafür ins Himmelreich einging. Schlosser,
obwohl nicht genannt, sondern nur zitiert, fühlte sich durch Kants
Aufsatz so gereizt, daß er nun seinerseits zum Angriff überging.
Er warnt in einem „Schreiben an einen jungen Mann, der die
kritische Philosophie studieren wollte" (1792), seinen fingierten
Adressaten vor dem Sirenengesang der neuen Philosophie, vor
deren Selbständigkeits- und Freiheitssucht, die sogar den Unterschied der Stände niederreißen wolle, vor ihrer Verachtung des
gesunden Menschenverstandes und — als ob dies auch sirenen-
haft-lockend wäre! — vor ihren dürren Abstraktionen, ihrer
schweren Sprache, ihren strengen Begriffen, die nicht für den

Weltgebrauch paßten, ihrer Moral, die eine verunglückte Nachahmung Shaftesburys sei. Bis dahin ruft die breite Sentimen-
talität des Stils und die Beschränktheit des Standpunktes mehr
das Gefühl der Langeweile bei dem heutigen Leser hervor; dann
aber beginnt ein häßliches Denunzieren, das sich an Kants Person
vergreift. Ein Mann, der wie Kant das Christentum zerstöre
und an seiner Stelle ein düsteres Labyrinth unfruchtbarer Spekulationen öffne, der mit seinem Deismus schon die Dorfprediger
vergifte, maße sich an, Menschen zu leiten, Menschenglück verbreiten zu wollen: ein solcher Philosoph dürfe ein christliches
Lehramt nicht behalten!

Kant regte sich über diesen Angriff keineswegs so auf, wie
ein Rezensent des Jenaer ‚Philosophischen Journals‘, der Schlossers ‚Schreiben‘ eine „an Inhalt und Ausdruck nicht bloß p l e -
b e j i s c h e, sondern wahrhaft p r o l e t a r i s c h e Schand-
schrift“ nannte, die „außer den ungeschicktesten und abgenutz-
testen Verdrehungen der kritischen Philosophie nichts wie Schmä-
hungen gegen Kants Person und denunzierende Verleumdungen
gegen alle Philosophen“ enthalte. Er zerschmetterte die Gegner
auch nicht mit witziger Bosheit, wie der damals noch in Fichtes
Bahnen wandelnde Friedrich Schlegel, der das Schlossersche
„Libell“ für ein „unübertreffliches Muster des g e m e i n e n
Tones“ erklärte und auch die philologischen Blößen des „neu-
orphischen Christianismus“ glänzend abfertigte. Aber er hielt
es doch für angebracht, ihm einen kleinen Denkzettel zu verab-
reichen, und er tat dies in dem kurzen — wenig mehr als die
Hälfte des vorigen umfassenden — Aufsatz:

V e r k ü n d i g u n g   d e s   n a h e n   A b s c h l u s s e s   e i n e s
T r a k t a t s   z u m   e w i g e n   F r i e d e n   i n   d e r   P h i l o -
s o p h i e
im Dezemberheft 1796 der Berlinischen Monatsschrift, das jedoch,
durch das bevorstehende Eingehen derselben veranlaßt, erst Ende
Juli 1797 (als Schlußheft dieser Zeitschrift überhaupt) erschien.

Auch hier behandelt er den Gegner seinem Verdienst entsprechend nur nebenbei auf den letzten Seiten, und mehr mit

überlegenem, feinem Humor als in ärgerlichem Tone, die Angriffe desselben „bloßer Unkunde", nur „vielleicht auch etwas
bösem Hang zur Schikane" zuschreibend. Die Hauptsache ist
ihm, wie immer, nicht die Person, sondern die S a c h e. Ein
bißchen Zank philosophischer Schulen könne vielleicht sogar als
eine wohltätige Veranstaltung der Natur angesehen werden, von
der Philosophie die Gefahr des Verfaulens bei lebendigem Leibe
abzuwenden. Allein eine bestimmte Philosophie als Heilmittel
zu verordnen, dürfe sich doch nur der „zunftgerechte Arzt",
nicht der „bloße Liebhaber" anmaßen, der in einer Kunst Pfu-
scherei treibe, von der er nicht einmal die ersten Elemente kenne.
Zu solcher Medizin tauge aber weder der Dogmatismus, „ein
Polster zum Einschlafen und das Ende aller Belebung", noch
der Skeptizismus, der „alles ungebraucht zur Seite legt", noch
der Moderatismus, der in Wahrscheinlichkeiten macht und zu
gar nichts gut ist. Die kritische Philosophie dagegen sei nicht
bloß ein fortwährendes Belebungsmittel des Geistes, sondern er-
öffne auch die Aussicht zu einem ewigen Frieden unter den Philosophen, indem sie die Ohnmacht der theoretischen Gegenbeweise
mit der Stärke ihrer eigenen praktischen Gründe aufzeige. Denn
Philosophie als Weisheitslehre bestehe in der Befolgung des übersinnlichen Sittengesetzes. Erste Bedingung alles theoretischen
wie praktischen Philosophierens müsse unbedingte W a h r -
h a f t i g k e i t der Philosophen sein. „Das Gebot: D u s o l l s t
(und wenn es auch in der frömmsten Absicht wäre) n i c h t
l ü g e n, zum Grundsatz in die Philosophie als eine Weisheitslehre innigst aufgenommen, würde allein den ewigen Frieden in
ihr nicht nur bewirken, sondern auch in a l l e Zukunft sichern
können." Mit diesen so recht sein innerstes Wesen offenbarenden
Worten schließt Kant die letzte im engeren Sinne philosophische
seiner kleinen Abhandlungen. Auf ein neues „Sendschreiben"
Schlossers „an einen jungen Mann usw." hat er nicht mehr reagiert.

In diesem letzten Streite des alten Philosophen mit der Ge-
fühls- und Glaubensphilosophie standen auf seiten von Freiheit
und Vernunft nicht bloß, wie selbstverständlich, Biester und die

Aufklärung, sondern auch unsere beiden klassischen Dichter.
Goethe insbesondere, obwohl Schlossers eigener Schwager, fand
Kants Aufsatz: ‚Über den vornehmen Ton' „ganz allerliebst"
(an H. Meyer, 30. Okt. 96). Auch durch ihn werde „die Scheidung dessen, was nicht zusammengehört, immer lebhafter befördert" (an Schiller, 26. Juli 96). „Auch" durch ihn; denn auch
die gleichzeitigen Xenien sorgten dafür. Obgleich Schlosser darin
„nie genauer bezeichnet" wurde, „als eine allgemeine Satire auf
die Frommen erfordert" (Schiller an G., 31. Juli 96), ging doch
direkt auf Kants Schrift das bekannte Epigramm:

> „Vornehm nennst Du den Ton der neuen Propheten? Ganz richtig.
> Vornehm philosophiert heißt wie Rotüre gedacht."

Auch Kants zweite Abhandlung, der ‚Traktat', machte mit
seinen „herrlichen Stellen" (Goethe) und „trefflichen Einfällen"
(Schiller) beiden Dichtern großes Vergnügen. Goethe meinte nur
Schlosser wenigstens gegen den Vorwurf der Unredlichkeit in
Schutz nehmen zu müssen, während der radikalere Schiller „bei
allen Streitigkeiten, wo der Supranaturalism von denkenden
Köpfen gegen die Vernunft verteidigt wird", auch „in die Ehr-
lichkeit ein Mißtrauen zu setzen" geneigt ist.

Am kennzeichnendsten aber für Schillers Stellung zu den
kritischen Grundwahrheiten auch in den Jahren, wo er nicht
mehr unter dem unmittelbaren Einflusse Kantischen, sondern
weit mehr Goetheschen Denkens steht, ist der ausführliche Brief
Schillers an Goethe vom 9. Februar 1798 über das zweite Schlossersche Sendschreiben. Wir lassen die äußerst scharfen persönlichen Bemerkungen gegen letzteren weg und geben nur die sach-
lich-philosophischen Ausführungen wieder: „Was soll man dazu
sagen, wenn nach so vielen . . . Bemühungen der neuen Philosophen, den Punkt des Streites in die bestimmtesten und eigentlichsten Formeln zu bringen, wenn nun einer mit einer Allegorie
anmarschiert kommt, und was man sorgfältig dem reinen Denk-
vermögen zubereitet hatte, wieder in ein Helldunkel hüllt, wie
dieser H. Schlosser tut." „Es ist wirklich nicht zu verzeihen,
daß ein Schriftsteller, der auf eine gewisse Ehre hält, auf einem
so reinlichen Felde, als das philosophische durch Kant

geworden ist, so unphilosophisch und so unreinlich sich betragen darf." Und nun folgen Sätze von ganz besonderem Wert, weil sie das Verhältnis des D i c h t e r s zum P h i l o s o p h e n überhaupt charakterisieren: „Sie und wir andern rechtlichen Leute wissen z. B. doch auch, daß der Mensch in seinen höchsten Funktionen immer als ein verbundenes Ganzes handelt, und daß überhaupt die Natur überall synthetisch verfährt, — deswegen aber wird uns doch niemals einfallen, die Unterscheidung und die Analysis, worauf alles Forschen beruht, in der Philosophie zu verkennen, so wenig wir dem Chemiker den Krieg darüber machen" — derselbe Vergleich findet sich öfters auch bei Kant —, „daß er die Synthesen der Natur künstlich aufhebt". „Aber diese Herren Schlosser wollen sich auch durch die Metaphysik hindurch riechen und fühlen, sie wollen überall synthetisch erkennen, aber . . . diese Affektation solcher Herren, den Menschen immer bei seiner Totalität zu behaupten, das Physische zu vergeistigen und das Geistige zu vermenschlichen, ist, fürchte ich, nur eine klägliche Bemühung, ihr armes Selbst in seiner behaglichen Dunkelheit glücklich durchzubringen." Und G o e t h e geht zwar in seiner Antwort am folgenden Tage nicht näher auf das Thema ein, weil ihm — eine Redoute seine „Fakultäten schlimmer voneinander getrennt hat, als die Philosophie nur immer tun kann", aber er nennt Schillers „lieben" Brief „sehr erfreulich und erquicklich" und fällt das Gesamturteil: „Mir war die Schlossersche Schrift nur die Äußerung einer Natur, mit der ich mich schon seit 30 Jahren im Gegensatz befinde."

In das Jahr 1797 fällt außerdem noch ein ausführliches Werk Kants:

die Metaphysik der Sitten,

zunächst in zwei gesonderten Teilen: den ‚Metaphysischen Anfangsgründen der R e c h t s l e h r e' gegen Anfang, und den ‚Metaphysischen Anfangsgründen der T u g e n d l e h r e' im August dieses Jahres erschienen. Da wir ihre wichtigsten Gedanken bereits in der Schilderung des Ethikers und Politikers Kant zur Sprache gebracht haben, da andererseits die (in unserer Ausgabe, Bd. 42 der Philos. Bibl. erzählte) Entstehungsgeschichte des Buches nichts biographisch Interessantes bietet, so bleibt uns nur noch wenig über den Inhalt nachzutragen.

Rechts- und Tugendlehre entsprechen der äußeren Gesetzgebung und Verpflichtung einer-, der inneren andererseits. Ein vollständiges System der Rechtsphilosophie und Ethik will das Werk nicht geben, sondern nur die philosophische Einleitung dazu. Mit Kants den gleichen Stoff behandelnden Vorlesungen über Naturrecht bzw. Moral scheint es wenig gemeinsam zu haben; doch sind die juristischen Fachausdrücke dem in dem Naturrechts-Kolleg benutzten Kompendium von Achenwall entnommen. Ein großer Teil der an das römische Recht sich anlehnenden privatrechtlichen Erörterungen ist recht trocken-abstrakter Natur; am interessantesten die Paragraphen über das Bodenbesitzrecht, das Geld, das Eltern- und Hausherrenrecht. Das öffentliche Recht wird mit ausdrücklicher Beziehung auf die bewegte Zeit, die noch kein abschließendes Urteil erlaube, kürzer behandelt, am kürzesten das Völker- und Weltbürgerrecht. Im S t r a f recht huldigt Kant der strengen Vergeltungstheorie (puniatur, quia peccatum est), tritt insbesondere nachdrücklich für die Todesstrafe ein. Der entgegengesetzte Standpunkt des Italieners Beccaria scheint ihm aus teilnehmender „Empfindelei einer affektierten Humanität" hervorzugehen, ja auf Sophisterei und Rechtsverdrehung hinauszulaufen; höchstens die Bestrafung von Kindesmord und Duell mit dem Tode erscheint ihm „zweifelhaft". Das Begnadigungsrecht solle der Souverän nur bei Beleidigungen seiner eigenen Person ausüben.

Gegen Ende seiner literarischen Tätigkeit fand sich Kant noch bewogen, mit einer der Gefühls- und Glaubensphilosophie entgegengesetzten Seite abzurechnen: mit der „Philosophie" des platten Menschenverstandes, wie ihn speziell Herr N i c o l a i betrieb. Wir erinnern uns, daß unser Philosoph in den 60er und 70 er Jahren in, wenn auch kühlen, so doch freundlichen Beziehungen zu ihm und seiner „Allgemeinen Deutschen Bibliothek" gestanden hatte; wie dann während des Jacobi-Mendelssohn-Streites um 1786/87 eine gewisse Spannung gegenüber den extremen „Nicolaiten" eingetreten war. Seitdem war der literarisch

allzu einflußreiche Mann immer mehr in selbstgefällige Eitelkeit
verfallen, betrachtete sich als den allein berufenen Wächter des
gesunden Menschenverstandes und guten Geschmacks und be-
krittelte mit hämischem Spott alles, was über seinen beschränkten Gesichtskreis hinausging. Wie gegen die klassische Dichtung,
so richtete er jetzt seine Angriffe auch gegen die klassische Philosophie, die er in einem Roman ‚Geschichte eines dicken Mannes'
(1794) lächerlich zu machen suchte. Schon in der Vorrede zur
‚Rechtslehre' hatte Kant die Spöttereien Nicolais, ziemlich milde,
gestreift: Über den unpopulären Pedanten, der mit den Kunstausdrücken der Vernunftkritik außerhalb der Wissenschaft Unfug treibe, wie es „einige Nachäffer" der kritischen Philosophie
täten, lasse sich allerdings viel lustiger lachen als über den un-
kritischen Ignoranten, der steif an seinem alten papierenen System hänge und nichts Neues aufkommen lassen wolle. Aber
Nicolai verstärkte seine plumpen Witzeleien in einem neuen gegen
die kritische Philosophie gerichteten Opus: ‚Leben und Meinungen
Sempronius Gundiberts' (1798). Da hielt es unser Denker doch
für angebracht, den anmaßenden Vielschreiber und Verleger in
zwei offenen ‚Briefen an Herrn Friedrich Nicolai' zurechtzu-
weisen. Sie trugen den Titel ‚Über die Buchmacherei'
(1798). Während der erste nur mittelbar gegen Nicolai gerichtet
ist, in dem er einen von diesem herausgegebenen Angriff des bekannten Osnabrückers Justus Möser auf Kants politische Anschauungen über den Erbadel zurückweist, so geißelt der zweite
scharf und derb einmal den profithungrigen Verleger, der
in seinem literarischen Fabrikbetrieb nicht sowohl auf den inneren
Gehalt seiner „Ware" als auf die „Liebhaberei des Tages" und
den geschwinden „Abgang" sieht, und dem zu solcher „Buchmacherei" jedes Mittel recht ist. Dann aber auch den Autor, der,
selbst in der Philosophie völlig unfähig und unwissend, die Tatsachen auf den Kopf stellt, bloß um recht viel Neugierige durch „die
Seltsamkeit des Spektakels" anzulocken, die sich freilich zuletzt von
dem sie schließlich anekelnden Possenspiel angewidert abwenden.

Kant hatte auch in diesem Falle nicht bloß seine engeren
Anhänger, wie den jungen Mediziner Erhard (der Kants Philo-

sophie in Nicolais Munde in einem offenen Brief an letzteren mit der von einem Stümper verfertigten Karikatur eines schönen und reizenden Mädchens verglich!), auf seiner Seite, sondern auch die beiden Weimarer Dioskuren. Schon 1795 hatte Schiller getadelt, daß Nicolai mit seinen „Platitüden" „alles unbesehen, das Gute wie das Horrible, was die Kantische Philosophie ausgeheckt, in einen Topf werfe" (an Goethe, 1. Nov. 1795). Jetzt antwortete ihm Goethe auf die Zusendung von Kants ,Sendschreiben' mit folgenden, auch allgemeines Interesse bietenden Sätzen: „Kants Zurechtweisung des Salbaders ist recht artig. Es gefällt mir an dem alten Manne, daß er seine Grundsätze immer wiederholen und bei jeder Gelegenheit auf denselben Fleck schlagen mag. Der jüngere, praktische Mensch tut wohl, von seinen Gegnern keine Notiz zu nehmen; der ältere, theoretische muß niemanden ein ungeschicktes Wort passieren lassen. Wir wollen es künftig auch so halten" (an Schiller, 28. Juli 98).

Die letzte von Kant selbst herausgegebene Schrift, wenn wir von der ungefähr gleichzeitig veröffentlichten Vorlesung über Anthropologie absehen[1]), ist der im Spätherbst 1798 erschienene

,Streit der Fakultäten'

Gewiß lassen sich an dieser letzten Schrift einzelne Schwächen herausfinden. Sie zeigt, wie die meisten Schriften seiner Altersjahre, eine gewisse Weitschweifigkeit, wie sie einem geistvollen Greise leicht eigen ist; auch Mängel in der Disposition, die sich zum Teil daraus erklären lassen, daß die Gesamtschrift aus drei, wie Kant selbst sagt, „in verschiedener Absicht, auch zu verschiedenen Zeiten" verfaßten Abhandlungen erst nachträglich zusammengefügt worden ist. Der auffallendste ist vielleicht der, daß in dem zweiten, den ,Streit der philosophischen Fakultät mit der juristischen' behandelnden Abschnitt von dieser

---

[1]) Der ,Streit der Fakultäten' wurde eher gedruckt, wie eine Stelle von Abeggs Tagebuch zeigt. Unterm 30. Juni 1798 berichtet Abegg: „Von Kants Schriften ist er (sc. Nicolovius) jetzo der Verleger, und der Streit der Fakultäten wird nächstens im Druck fertig sein. Dessen Anthropologie hat er vor 14 Tagen im Manuskript abgeschickt."

letzteren überhaupt mit keiner Silbe die Rede ist, sondern die rein geschichtsphilosophische, übrigens hier nur „erneuerte" Frage aufgeworfen wird: Ob das menschliche Geschlecht im beständigen Fortschritt zum Besseren sei? Indes es kommt hier weder auf die ziemlich verwickelte Entstehungsgeschichte der Schrift an, die wir in unseren beiden Ausgaben derselben[1]) genau auseinandergesetzt haben, noch auf die zahlreichen wertvollen Einzelgedanken, die bereits vielfach in verschiedenen Kapiteln dieses Buches berücksichtigt worden sind: sondern auf das, was sie als Ganzes, als Abschluß von Kants philosophischer Schriftstellerei bedeutet.

Das aber beruht auf einem Gedanken, der die ganze Lebensarbeit unseres Philosophen veranlaßt, beflügelt und von Anfang bis Ende begleitet hat: der Auseinandersetzung seines, des philosophischen, mit den beati possidentes der praktischen Berufe, in seiner Sprache: des ‚Streits' der immer noch als „untere" gering geschätzten philosophischen mit den alten, im Besitz der Macht befindlichen sogenannten „oberen" Fakultäten. Die R e g i e -r u n g interessiert am meisten, was ihr den stärksten und dauerndsten Einfluß auf das Volk verschafft; sie behält sich daher das Recht vor, die Lehren der „oberen Fakultäten" zu sanktionieren, die von ihr abhängig bleiben. Es muß deshalb in der Republik der Gelehrten eine Fakultät geben, welche, u n a b -h ä n g i g von den Befehlen der Regierung, diese zu kritisieren die Freiheit hat und darin „keinen Scherz versteht", welche ihre Lehren nicht gleich jenen aus der Bibel, dem Landrecht und der Medizinalordnung, sondern aus der Vernunft schöpft, jenen ihre glänzenden, vorgeblich aus der Vernunft entlehnten Federn abzieht und mit ihnen „nach dem Fuß der Gleichheit und Freiheit verfährt". Ihr Zweck ist nicht, wie bei jenen, die N ü t z l i c h -k e i t, sondern die W a h r h e i t. Will man die Philosophie mit den Scholastikern als „Magd" der Theologie bezeichnen, so ist es eine Magd, die der „gnädigen Frau" nicht die Schleppe nach-, sondern die Fackel voranträgt! Den Beamten kann es,

---

[1]) In meiner Ausgabe von Kants Werken (Philos. Bibl.), Bd. 46 d, S. XI—XXI, und in der Akademie-Ausgabe VII, S. 337—342.

wie schon die Schrift über die Aufklärung (s. Buch III, Kap. 3)
gelehrt hatte, verwehrt werden, der Regierung öffentlich zu widersprechen; der philosophischen Fakultät darf, ähnlich wie der
Opposition der Linken im Parlamente, die Freiheit der Kritik
nicht geschmälert werden. Der „Streit“, das heißt der innere
Gegensatz zwischen beiden Teilen, wird zwar nie aufhören, aber
er muß „gesetzmäßig“, das heißt unter voller Wahrung der Rechte
der Vernunft, geführt werden. In diesem Falle wird er auch dem
Ansehen einer unparteiischen Regierung niemals Abbruch tun,
vielmehr nur zu ihrem Vorteil, nämlich zur Eintracht zwischen
Wissenschaft und Staat dienen, indem letzterer in der ersteren
seine beste innere Stütze und Ratgeberin erblickt.

Die Anwendung dieser Grundsätze, die zugleich der
von Kant immer wieder gepredigten Notwendigkeit reinlicher
Scheidung der einzelnen Wissenschaften entspricht, führt zu den
von unserem Philosophen längst geforderten, uns bekannten Folgerungen und braucht darum nicht mehr im einzelnen dargestellt zu werden. Um nur das Wichtigste zum Schluß noch einmal kurz zusammenzufassen: Auf dem Gebiete der Religion
müssen alle der praktischen Vernunft widersprechenden Lehren
moralisch, das ist von dem „Gott in uns“ ausgelegt werden.
Der Glaube an Unbegriffenes hat an sich keinen sittlichen Wert,
auf das Tun kommt alles an. Und dies Tun muß aus des Menschen eigener Kraft entspringen; nur im Notfalle mag man allenfalls eine übernatürliche „Ergänzung“ dieser Kraft annehmen,
von der wir jedoch niemals wissen können, worin sie bestehe. —
Im Recht oder vielmehr in der Politik ist die Losung: Idealismus des Ziels bei weitgehendem Wirklichkeitsverständnis. Ein
dem natürlichen Rechte der Menschen gemäß organisiertes Ge-
meinwesen ist kein „leeres Hirngespinst“, sondern bleibt die
„ewige Norm“ für alle bürgerliche Verfassung. Nach ihr müssen
wir trotz aller Schwierigkeiten wenigstens hinstreben. Ganz kann
die Menschheit ihren Fortschritt zum Besseren nicht mehr rückgängig machen, seit das große Ereignis der französischen Revolution eingetreten ist: „ein solches Phänomen vergißt sich nicht
mehr“. Einen dauernden Umschwung erwartet Kant freilich nicht

durch gewaltsame Revolution von unten, sondern auf dem Wege allmählicher Entwicklung („Evolution") „nach einem überlegten Plane der obersten Staatsmacht". — Endlich zeigt sich die Oberherrschaft der Philosophie auch gegenüber der M e d i z i n dann, wenn die „Macht des Gemüts" oder, wie es später genauer heißt, der V e r n u n f t , seiner krankhaften oder auch bloß sinnlichen Gefühle „Meister zu sein", unsere Lebensweise bestimmt: während die Heilkunde, falls sie die Hilfe nur in rein apothekarischen oder chirurgischen Mitteln sucht, „bloß empirisch und mechanisch" bleibt. Das ist auch hier bei aller anmutigen Plauderei, die, unterstützt durch Selbstbeobachtungen am eigenen Körper, diese volkstümlich geschriebene, auch als Sonderschrift herausgegebene und vielgelesene Abhandlung ‚Von der Macht des Gemüts' kennzeichnet, der beherrschende und sie mit den beiden anderen verbindende Grundgedanke.

So erhält die philosophische Lebensarbeit Kants gerade durch den ‚Streit der Fakultäten' einen ihrer würdigen Abschluß. Er gilt seiner ersten und letzten, seiner einzig dauernden Liebe: der P h i l o s o p h i e . Wie er schon als Jüngling den Mut hatte, im Gegensatz zu dem üblichen Brauch sich auch äußerlich zu der verachteten, „unteren" Fakultät zu bekennen, wie er lange Jahre der Bedürftigkeit und der gewaltigsten Geistesanstrengung ertragen hat, um nur der geliebten Herrin dienen zu können, in die er „das Schicksal hatte, verliebt zu sein", so hat er ihr auch in dieser letzten selbständigen Schrift das schönste Denkmal gesetzt.

3. Weitere Veröffentlichungen

Was danach noch von ihm gedruckt wird, das sind in der Hauptsache Vorlesungs-Kompendien. Er selbst gab noch, fast gleichzeitig mit dem ‚Streit', sein Handbuch der A n t h r o - p o l o g i e heraus, dessen Inhalt er jetzt, wo er selbst das Kolleg nicht mehr las, dem Drängen seiner Verehrer vorzuenthalten keinen Anlaß mehr hatte. Infolge ihres populären Tones, der zahlreichen geistreichen Einfälle und witzigen Anekdoten, aber auch des Verfassers ebenso scharfsinniger wie tiefer Menschenkenntnis und Menschenbeobachtung gewann sie sich rasch die

Gunst des Publikums; schon nach anderthalb Jahren waren die 2000 Exemplare der ersten Auflage vergriffen und mußte, trotz eines inzwischen wie üblich erfolgten Nachdrucks, eine neue ebenso starke Auflage erscheinen[1]).

Mit Recht wollte er die letzte Kraft seines Alters nicht auf die im Publikum begehrte Fertigstellung seiner übrigen Vorlesungshandschriften für den Druck verwenden. Er übergab sie daher dienstwilligen früheren Schülern und jetzigen Kollegen zur Veröffentlichung. So wurden die L o g i k 1800 von G. B. Jäsche, die P h y s i s c h e G e o g r a p h i e 1802 und die Bemerkungen ‚Über P ä d a g o g i k‘ 1803 von F. Th. Rink herausgegeben. Die letztere kleine Schrift vermag auch den heutigen Leser noch durch die übersichtliche Zusammenstellung seiner von uns bereits an früherer Stelle (Buch II, Kap. 6) gewürdigten gesunden Erziehungsgrundsätze zu fesseln. Die beiden übrigen Ausgaben dagegen sind so unkritisch bzw. nachlässig hergestellt, daß sie in dieser Form kaum als Werke Kants gelten können. Hoffentlich wird die Veröffentlichung eines authentischeren Textes in der Akademie-Ausgabe erfolgen.

Rink hat ein Vierteljahr nach Kants Tode auch dessen in der ersten Hälfte der 90er Jahre verfaßte, aber nicht vollendete Bearbeitung des Themas der P r e i s s c h r i f t der Berliner Akademie (1788) ‚Über die Fortschritte der Metaphysik seit Leibniz und Wolf‘ veröffentlicht. Weshalb der Philosoph diese Bearbeitung nach verschiedenen Ansätzen dazu (Rink reiht nicht weniger als drei Handschriften einfach aneinander) schließlich aufgegeben hat, ist nicht mit Sicherheit zu ermitteln. Mehr als die zunehmenden Altersbeschwerden hat ihn doch wohl die Überzeugung dazu bestimmt, daß die Metaphysik bis einschließlich Wolff überhaupt keine Fortschritte gemacht, und deshalb ohne eine vollständige Kritik der Vernunft die Aufgabe eigentlich gar nicht zu behandeln sei (S. 147 und 151 meiner Ausgabe, Phil. Bibl. 46 c). Auch wollte er sich wohl nicht der Gefahr aussetzen,

---

[1]) Diejenigen, welche sich für Entstehung, Charakter und Aufnahme des Buches (z. B. bei Goethe) näher interessieren, seien auf die Einleitung zu meiner Ausgabe desselben (Bd. 44 der Philos. Bibl., 1912) verwiesen.

mit minderwertigen Bewerbern zu konkurrieren und zu guter
Letzt womöglich noch von den Preisrichtern hintangesetzt zu werden, die in der Tat Anfang Oktober 1795 den ersten Preis einem
entschiedenen Wolfianer, und nur den zweiten und dritten den
dem Kritizismus näher stehenden Abicht (Erlangen) und Reinhold (Kiel) zusprachen. Wie das Ganze jetzt dasteht, ermangelt
es ebensosehr eines übersichtlichen Gedankenganges wie der stilistischen Feile, so daß es trotz mancher feiner Einzelgedanken
nur für den Fachmann von Wert ist. Freuen wir uns, daß wir
statt dessen aus der Zeit von 1793—1795 seine Religionsschrift
und seine wichtigen politischen Abhandlungen (s. Kap. 2 und 4)
empfangen haben.

Die Antwort auf weitere philosophische Angriffe überließ er
in seinen letzten Jahren seinen Anhängern. Schon im Mai 1797
hatte er in einer öffentlichen Erklärung einen gewissen Schlettwein zu Greifswald, der ihn in dreister Weise zu einer literarischen
Fehde herausgefordert hatte, falls er sein „Sturmlaufen" nicht
lassen könne, an Hofprediger Schultz verwiesen. Auf die hämi-
schen und verbitterten Angriffe, die der alte Gegner H e r d e r
in seiner ‚Metakritik' (1799) gegen die Kritik d. r. V., in der ‚Kalligone' (1800) gegen Kants Ästhetik richtete, hat er überhaupt
nicht mehr geantwortet, Rink und anderen Freunden es über-
lassend, in ‚Mancherlei zur Geschichte der metakritischen Invasion' (1800) dagegen vorzugehen. Was er selbst Herder prinzipiell zu sagen hatte, hatte er längst in seiner Rezension von
dessen ‚Ideen' (Buch III, Kapitel 6) erledigt.   Übrigens stellte
sich nicht bloß Schiller, sondern auch Goethe in diesem Streite
durchaus auf die Seite unseres Philosophen.   Die neue Zeit
ging über den altgewordenen Weimarer Generalsuperintendenten
hinweg.

Aus dem Jahre 1800, also Kants 76. Lebensjahre, stammen
die beiden letzten schriftstellerischen Äußerungen, die noch bei
seinen Lebzeiten in Druck gekommen sind. Es sind: 1. ein vom
14. Januar 1800 datiertes V o r w o r t zu seines „ehemaligen
fleißigen und aufgeweckten Zuhörers, jetzt sehr geschätzten
Freundes" Reinhold Bernhard J a c h m a n n s ‚Prüfung der

Kantischen Religionsphilosophie'; 2. eine (undatierte) N a c h -
s c h r i f t zu dem 1800 bei Hartung erschienenen ‚Littauisch-
Deutschen und Deutsch-Littauischen Wörterbuch' von Christian
Gottlieb M i e l c k e , Kantor in Pillkallen. Beide nur je eine
Druckseite stark, und beide doch die Persönlichkeit Kants zum
Schlusse noch einmal recht widerspiegelnd.

Die „Nachschrift eines Freundes" — so bezeichnet sich der
weltberühmte Denker in dem Wörterbuch des bescheidenen Kan-
tors von Pillkallen — beweist, daß Kants angeblich abstrakter
Kosmopolitismus verbunden war mit vollem Verständnis für die
politische, geschichtliche und sprachliche Bedeutung „eines uralten, jetzt in einem engen Bezirk eingeschränkten und gleichsam
isolierten Völkerstammes", dessen „unvermengte Sprache" es
daher im Schul- und Kanzelunterricht zu erhalten gelte. Und
seine aufrechte, im besten Sinne demokratische Gesinnung zeigt
sich in seiner Würdigung des freimütig-selbstbewußten Volks-
charakters des „preußischen Littauers" (Masuren), der „von
Kriecherei weiter als die ihm benachbarten Völker entfernt, gewohnt ist, mit seinen Oberen im Tone der Gleichheit und vertraulichen Offenheit zu sprechen".

Theoretisch bedeutsamer ist die Vorrede zu Jachmann, die
sich noch einmal zu wahrhaft philosophischer Höhe erhebt. Nicht
bloß, weil sie in Übereinstimmung mit der Tendenz des Buches
jede Verwandtschaft seiner Religionsphilosophie mit mystischen
Anschauungen zurückweist, sondern vor allem wegen des Grundes,
aus dem sie das tut. Das „selige Träumen", das „süße Genießen"
des Mystikers steht in geradem Gegensatz zu der Aufgabe des
P h i l o s o p h e n , die in mühsamer Vernunftarbeit und angestrengter Forschung besteht. Nicht von oben herab, durch „In-
spiration" wird dem Menschen die Weisheit „eingegossen", sondern von unten hinauf muß er zu ihr durch die „innere Kraft
seiner praktischen Vernunft" emporklimmen. So errungen, in
ihrer buchstäblichen Bedeutung als Weisheitslehre, hat die Philosophie einen u n b e d i n g t e n Wert, „denn sie ist die Lehre
vom E n d z w e c k der menschlichen Vernunft, welcher nur
ein einziger sein kann".

So bilden diese beiden letzten, erst 1860 durch Rudolf Reicke bekanntgemachten literarischen Äußerungen Kants — die eine in der unbewußten Hervorkehrung seines persönlichen und politischen Unabhängigkeitssinnes, die andere in der Bestimmung der letzten Aufgabe der Philosophie überhaupt —, trotz der Geringfügigkeit ihres äußeren Anlasses, einen nicht unwürdigen Abschluß der schriftstellerischen Tätigkeit dieses großen Denkerlebens.

4. Das unvollendete Nachlaßwerk

Wir haben uns zum Schluß noch mit dem u n v o l l e n - d e t e n N a c h l a ß w e r k e (dem sogenannten Opus postunum) zu befassen, an dem der greise Philosoph in seinen letzten Lebensjahren gearbeitet hat: obwohl das keine gerade leichte Aufgabe ist[1]).

Dies umfassend gedachte Werk sollte nach zwei Briefen aus dem Herbst 1798 — an Garve vom 24. September, an Kiesewetter

---

[1]) Hier nur das Nötigste über die äußere Überlieferung und teilweise Veröffentlichung der Handschrift. Um 1865 kam sie aus der Hinterlassenschaft von Konsistorialrat Schoen (S. 340) in die Hände von R u d o l f R e i c k e (Königsberg), der in drei Jahrgängen der ‚Altpreußischen Monatsschrift‘ (1882—1884) unter dem Titel ‚E i n u n g e d r u c k t e s W e r k v o n K a n t a u s s e i n e n l e t z t e n L e b e n s j a h r e n‘ etwa zwei Drittel des Ganzen, nämlich neun von den 13 „Konvoluten" auf nahezu 700 Druckseiten mit Hilfe E. A r n o l d t s herausgegeben hat: übrigens an einer Reihe von Stellen zusammenhanglose Worte und außerdem einen Teil der gerade für den Biographen wertvollen „Allotria", das heißt mit dem Werk nicht in Zusammenhang stehenden Notizen, auslassend und an zahlreichen anderen Stellen den Text durch willkürliche Konjekturen verändernd. So steht der Leser, namentlich der Laie, vor ihr wie vor einem Labyrinth, das er selbst erst enträtseln soll. Darum sollte man nicht mit Kuno Fischer, der früher durch sein Ansehen das Urteil des großen, auch des philosophischen, Publikums fast ausnahmslos bestimmt hat, über das Unternehmen des Pastors A l b r e c h t K r a u s e (Hamburg) schlechtweg aburteilen, der das Manuskript um 1884 von einem Enkel Schoens gekauft und reiche Auszüge aus demselben unter dem Titel ‚D a s n a c h g e l a s s e n e W e r k I. K a n t s: V o m Ü b e r g a n g e v o n d e n m e t a p h y s i s c h e n A n f a n g s - g r ü n d e n d e r N a t u r w i s s e n s c h a f t z u r P h y s i k m i t

vom 19. Oktober — sein „kritisches Geschäft beschließen" und
eine in seinem System noch befindliche „Lücke" ausfüllen. Er
hat bis mindestens in das Jahr 1801, wahrscheinlich aber bis 1803
hinein eifrig daran gearbeitet. Hasse, einer seiner häufigsten
Besucher in den letzten Jahren, sah es „mehrere Jahre" lang
in mehr als 100 dicht beschriebenen Foliobogen, auf seinem Arbeitstische liegen und fand ihn oft noch, wenn er sich zum Mittagessen einfand, daran schreibend. Kants eigenes Urteil darüber
lautete sehr verschieden. Zu Jachmann sprach er, anscheinend
in früherer Zeit, „mit einer wahren Begeisterung" über dies Werk,
das den „Schlußstein seines ganzen Lehrgebäudes" bilden und
die Haltbarkeit und Anwendbarkeit seiner Philosophie „völlig
dokumentieren" sollte; und Hasse gegenüber nannte er es
in den letzten Jahren „sein Hauptwerk, ein Chef d'oeuvre",
das sein System zu einem Ganzen vollende und nur noch zu redi-

Belegen populär-wissenschaftlich dargestellt'
(Frankfurt 1888) veröffentlicht hat. Gewiß ist Krauses eigene „populäre
Darstellung" wissenschaftlich ziemlich wertlos. Aber er hat sich wenigstens das e i n e Verdienst erworben: durch die Art der A n o r d n u n g ,
in der er den Kantischen Text bringt, zum erstenmal Ordnung in das
Durcheinander der Handschrift gebracht, ja eine klare sachliche Übersicht
über den naturphilosophischen Teil der veröffentlichten Stücke gegeben
zu haben. Auf jeden Fall aber ist im Interesse der Wissenschaft aufs tiefste
zu bedauern, daß anscheinend auch für die Zukunft keine Aussicht besteht,
den gesamten Text des Nachlaßwerkes in authentischer Form der großen
Akademie-Ausgabe von Kants ,Gesammelten Schriften' einverleibt zu sehen
     N a c h s c h r i f t . Mehrere Jahre, nachdem wir dies geschrieben,
ist eine wichtige Neuveröffentlichung von dem verdienten Herausgeber
des Kantischen Nachlasses in der Akademie-Ausgabe, Professor E r i c h
A d i c k e s in Tübingen, erschienen, auf die in Zukunft alle diejenigen
werden zurückgehen müssen, die sich mit Kants Nachlaßwerk beschäftigen
wollen. Es erfüllt mich mit Genugtuung, daß Adickes, der das Nachlaßwerk genau studiert, auch eine Woche lang in Hamburg das M a n u s k r i p t
einzusehen Gelegenheit hatte, in seinem Urteil über den Wert des Ganzen
im wesentlichen denselben Standpunkt teilt wie ich, ja diesen Wert beinahe noch höher anschlägt, namentlich 1. in bezug auf die noch reinere
Durchbildung der Moral, während die Religion ganz auf das Gebiet des
persönlichen G l a u b e n s verwiesen wird, wie 2. in der Richtung auf
die noch stärkere Ausbildung des theoretischen Idealismus. (E. A d i c k e s ,
K a n t s O p u s p o s t u m u m d a r g e s t e l l t u n d b e u r t e i l t . Berlin 1920, 855 S.)

gieren sei (Hasse, S. 19). Ähnlich meinte er zuweilen gegen Wasianski, nach dessen Ansicht er freilich „das Geschriebene selbst
nicht mehr beurteilen konnte", es bedürfe nur noch der letzten
Feile: während er zu anderer Zeit wieder es nach seinem Tode
verbrannt wissen wollte. Professor Schultz, dem Wasianski als
bestem Dolmetscher Kants nach dessen Hingang die Handschrift
zur Beurteilung vorlegte, riet von einer Veröffentlichung ab, da
es nur „der erste Anfang eines Werkes" und „der Redaktion
nicht fähig" sei (Was., S. 195). Der letztere Punkt stimmt besser
als der erstere. Bemüht man sich nämlich in den, zunächst
einen verworrenen Eindruck machenden, Inhalt einzudringen,
so entdeckt man, daß weit mehr als der erste Anfang eines Werkes
vorhanden ist, daß sogar z w e i verschiedene Themata behandelt werden: ein natur- und ein allgemeinphilosophisches.

Der bei weitem größte Teil der Gesamtmasse enthält Materialien zu dem geplanten n a t u r philosophischen Werk, das
die Lücke zwischen den 1786 erschienenen ‚Metaphysischen Anfangsgründen der Naturwissenschaft' und der Physik im
engeren Sinne ausfüllen will. Zur Beschleunigung seiner Abfassung ist Kant wahrscheinlich durch S c h e l l i n g s damals
in rascher Folge erscheinende naturphilosophische Schriften
(1797: ‚Ideen zu einer Philosophie der Natur'; 1798: ‚Von der Weltseele'; 1799: ‚System der Naturphilosophie') veranlaßt worden.

Als Grundprinzip für die Physik wird eine durch den ganzen
Weltraum kontinuierlich verbreitete, alle Körper gleichmäßig
durchdringende bzw. erfüllende, mithin keiner Ortsveränderung
unterworfene Materie angenommen. Ohne diese, bald Äther, bald
„Wärmestoff" genannte, Urmaterie, die uranfänglich bewegende
Kräfte besitzt, würde kein Sinnengegenstand, keine Erfahrung
möglich sein. Der Wert der M a t h e m a t i k für die Naturwissenschaft erscheint eingeengt: sie stellt keinen „Kanon", sondern nur ein „vielvermögendes Instrument" für die Naturwissenschaft dar. „Mathematische" Naturwissenschaft ist, buchstäblich verstanden, ein Unding; sie bedeutet bloß, daß die Bewegung
mathematisch behandelt, nämlich gemessen werden kann, vermag dagegen keine der Materie eigene (dynamische) Kräfte in

das System hineinzubringen. Die Naturwissenschaft als (philosophia naturalis, auch wohl geradezu als „Physik" bezeichnet) wird in immer aufs neue sich wiederholenden Definitionen bestimmt als ‚Wissenschaft von den bewegenden Kräften im Weltraum', als ‚System der bewegenden Kräfte der Materie' oder ‚Erfahrungswissenschaft von den bewegenden Kräften der Natur, insofern die Materie ein nicht künstliches, sondern natürliches System ausmacht' u. ä.

Nach weit ausgesponnenen, sehr häufig sich wiederholenden methodischen Erörterungen, die zum Teil unmittelbar an die Kritik der reinen Vernunft, zum Teil an die ‚Metaphysischen Anfangsgründe' von 1786 anknüpfen, über die Möglichkeit des Überganges von der Metaphysik zur eigentlichen Physik, nach weiteren Untersuchungen über Erkennbarkeit, Existenz und Wesen der Materie wird dann als Kern des Ganzen der Begriff und das nach den bekannten vier Kategorien der Quantität, Qualität, Relation und Modalität eingeteilte Elementarsystem der „bewegenden Kräfte" der Materie entwickelt. Das alles geschieht unter so zahlreichen Wiederholungen des nämlichen Gegenstandes, daß nach Ausscheidung derselben der Inhalt des Ganzen, Reickes Schätzung zufolge, sich von etwa 100 auf kaum — 20 Foliobogen reduzieren würde. Wir müssen es dem Urteil der Fachleute überlassen, ob sie in den oft überlang sich ausspinnenden Meditationen des greisen Denkers fruchtbare Anregungen für die Naturforschung finden werden. Uns haben die meisten, insbesondere die nachweislich älteren, noch aus den 90er Jahren stammenden Niederschriften keinen wesentlich anderen Eindruck gemacht als die übrigen ‚Losen Blätter' aus dieser Zeit, das heißt i n h a l t - l i c h gegenüber den gedruckten Schriften nichts prinzipiell Neues bietend; wohl aber eine Reihe scharfsinniger oder anregender Einzelgedanken, in der F o r m zahlreiche Wiederholungen, neue Ansätze des gleichen Gedankens, Anakoluthe und andere Stillosigkeiten.

Auf die zahlreichen wertvollen Einzelgedanken können wir natürlich nicht eingehen; nur e i n e n besonders wichtigen methodischen Grundzug möchten wir nachdrücklich betonen, der

unseres Wissens noch von keinem Gelehrten[1]) hervorgehoben
worden ist: der m e t h o d i s c h e I d e a l i s m u s, der Kants
Philosophie von allen anderen unterscheidet, erscheint gerade in
dem Nachgelassenen Werk, also bis zum Ende seiner philosophischen Denkarbeit, nachdrücklichst f e s t g e h a l t e n. Wir heben im folgenden die wichtigsten Belegstellen[2]) heraus: Die Erfahrung wird g e m a c h t, nicht g e g e b e n (79). Wir m a -
c h e n s e l b s t die Gegenstände als Erscheinungen durch die
Kategorien (84 b). Auch die Physik muß ihr Objekt selbst machen
nach einem Prinzip der Möglichkeit der Erfahrung (166, vgl. 300). Wir
können aus den Sinnenvorstellungen, welche die Materie der Erkenntnis ausmachen, nichts herausheben, als was wir selbst hin-
eingelegt haben (97 c, vgl. 245). Die Vorstellungen der Sinnen-
objekte kommen nicht ins Subjekt hinein, sondern sie und die
P r i n z i p i e n ihrer V e r k n ü p f u n g untereinander w i r -
k e n zur Erkenntnis dessen hinaus, um Gegenstände als Erscheinungen zu denken (91, vgl. 67, 233 b). Und zwar f ä n g t
(l o g i s c h betrachtet) der V e r s t a n d mit dem Selbstbewußtsein, diesem l o g i s c h e n Akte a n, an welchen sich
dann das Mannigfaltige der äußeren und inneren Anschauung
anlehnt (171 in Verbindung mit 84 und 298 a). Demnach ,,muß
man vom F o r m a l e n anfangen, um zu wissen, wie man das
Materiale suchen soll" (140)[3]). Auch Raum und Zeit sind A k t e
des Subjekts (102), ,,Aktus, wodurch das Subjekt sich selbst zum
Behuf möglicher Erfahrung selbst setzt a priori und sich zu einem
Gegenstande konstituiert" (98). Die Prinzipien der Möglichkeit
der Erfahrung . . . sind subjektiv und d a d u r c h objektiv (102,
vgl. 245); und das vollzieht sich vermittelst der Kategorien, die
,,sich selbst (das Subjekt) zum Objekt konstituieren" (253).

[1]) Wie denn überhaupt in der Legion der Kantliteratur das Opus
postumum allein noch wenig behandelt worden ist (vgl. jedoch S. 287 Anm.).

[2]) Wir zitieren nach den N u m m e r n von Krauses Ausgabe,
die ihrerseits auf den Ort in Reickes Ausgabe genau verweist.

[3]) Wie denn ein gleichzeitiges (um 1798/99) Loses Blatt (bei Reicke,
G 3, S. 11) sagt: ,,Man könnte mit Hrn. Beck von den K a t e g o r i e n
a n f a n g e n." Die heutige ,Marburger Schule' H. Cohens und P. Natorps ist dem gefolgt.

Dabei will jedoch Kant nichts von einem subjektiven Idealismus wissen, der die Wirklichkeit der Gegenstände bezweifelt (258). Es ist vielmehr „in der transsz. Philosophie e i n e r l e i , ob ich die Sinnenvorstellungen idealistisch oder realistisch zum Prinzip mache, denn es kommt nur auf das Verhältnis der Gegenstände u n t e r e i n a n d e r , nicht zum Subjekte, an (97 b). Selbstverständlich „existiert" auch nach Kant „ein Sinnenobjekt a u ß e r uns", dessen „objektive Realität" aber l o g i s c h , nicht physisch begründet ist (269). Denn wir machen die Erfahrung selbst (s. oben) „nach einem formalen Prinzip der Zusammensetzung der empirischen Vorstellungen", von der wir nur „w ä h n e n", sie „durch Observation und Experiment gelernt zu haben", während wir sie in Wahrheit „nicht a u s der Erfahrung, sondern umgekehrt f ü r diese und zum Behuf derselben nach Prinzipien zu einem objektiven Ganzen der Sinnenvorstellungen verbinden" (245, vgl. 166, 242 ff., 300, 371). „R e i n" bedeutet „Einheit der durchgängigen Verbindung" (305), a p r i o r i „notwendige Voraussetzung" zum Behuf möglicher Erfahrung bzw. des Experiments (416). Das Zusammengesetzte kann als solches niemals durch bloße Anschauung, sondern nur durchs Zusammen s e t z e n , mit Bewußtsein der E i n h e i t dieser Verbindung, erkannt werden (365), weshalb denn auch die Zusammen s e t z u n g , nicht das Zusammengesetzte, z u e r s t gedacht werden muß; das ist der neue, kritische Sinn des alten scholastischen Prinzips: forma dat esse rei (369 d). Auch der „Als-ob"-Gesichtspunkt tritt kräftig hervor (vgl. Vaihinger, a. a. O., S. 721—733). Wir sehen mithin alle kritischen Grundbegriffe und Grundansichten in dem Nachlaßwerke, zum Teil in noch prägnanterer Form, wiederkehren.

Aber wir nehmen daneben doch noch eine n e u e Tendenz wahr, die freilich bei Kants unmittelbaren Nachfolgern eine weit bedeutendere Rolle gespielt hat: die von der K r i t i k zum S y s t e m . Im Grunde ist ja in den drei „Kritiken" das System schon enthalten. Denn es „dürfen", wie das Kapitel von der Architektonik der reinen Vernunft (Kr. 860 ff.) ausführt, „unter der Regierung der Vernunft unsere Erkenntnisse überhaupt keine

Rhapsodie, sondern sie müssen ein S y s t e m ausmachen"; und s y s t e m a t i s c h e E i n h e i t „ist dasjenige, was gemeine Erkenntnis allererst zur W i s s e n s c h a f t , das ist aus einem bloßen Aggregat derselben ein System macht", das aus einem und demselben Prinzip folgt, nach notwendigen Gesetzen zusammenhängt, und in dem allererst die Vernunft Ruhe findet. Trotzdem hatte die Kritik an mehreren Stellen, die man im Sachregister meiner Ausgabe (Hendel, Halle) findet, auf ein künftig noch zu lieferndes System, eine „Metaphysik" der Natur und der Sitten, hingewiesen. Die letztere (eigentlich, wie wir in Buch III, Kap. 2 sahen, nur eine angewandte Ethik) war dann 1797, von der ersteren 1786 die ‚Anfangsgründe' herausgekommen. Durch sein Manuskript vom ‚Übergang von den metaphysischen Anfangsgründen der Naturwissenschaft zur Physik', das in der Tat in der Krauseschen Zusammenstellung bereits ziemlich weit ausgebaut erscheint, glaubte er nun jene Lücke ausgefüllt zu haben. Gleichwohl fühlte er sich auch dadurch noch nicht völlig befriedigt. „Es liegt in meinem Plane und sozusagen in meinem natürlichen Beruf, mich, was Philosophie betrifft, innerhalb der Grenzen des a priori Erkennbaren zu halten", aber „das Feld derselben womöglich auszumessen und in einem Kreise, der einfach und einig ist, einem nicht willkürlich ausgedachten, sondern durch reine Vernunft vorgezeichneten S y s t e m darzustellen" (bei Krause, Nr. 15).

Offenbar hat zu diesem „Plan" das Auftauchen der neuen „Systeme" seiner Nachfolger: der Reinhold, Fichte, Schelling usw. mit beigetragen, anscheinend wieder besonders S c h e l l i n g s 1800 erschienenes ‚System des transzendentalen Idealismus', das in dem Manuskript zweimal mit vollem Titel zitiert wird. So erscheinen denn neben jenem schon ziemlich weit ausgeführten naturphilosophischen Werk, das in dem bisher Veröffentlichten bei weitem den meisten Raum einnimmt, die Anfänge eines z w e i t e n Werkes a l l g e m e i n - philosophischen Charakters, an dem er anscheinend erst in seinen allerletzten Jahren, von 1801—1803, gearbeitet hat. Es wird — an die eigene „transzendentale" Methode, aber doch auch an den Titel von

Schellings Werk anklingend — gewöhnlich als ‚T r a n s z e n d e n
t a l - P h i l o s o p h i e‘, genauer ‚System der Transzendentalphilosophie‘, auch ‚Der Transzendental-Philosophie höchster
Standpunkt‘, aber auch als ‚System der reinen Philosophie,‘
mehrmals auch mit dem auffallenden Nebentitel ‚Zoroaster‘ bezeichnet: im ersten Konvolut finden sich nach Reickes Zählung
ungefähr 30 Ansätze zur Formulierung! Und da das Letzte,
wozu des Menschen Gedanken gelangen können, die drei Ideen:
Gott (selbst wenn man sein Dasein leugnet), die Welt und der
Mensch selbst als vernünftiges Wesen sind, so zerfällt es in drei
Abschnitte: 1. „Gott, 2. die Welt und 3. ich selbst, der
Mensch als m o r a l i s c h e s (an einzelnen Stellen auch:
d e n k e n d e s) Wesen".

In einem G e g e n s a t z zu seinem kritischen Lebenswerk
stehen die Ausführungen der Handschrift n i c h t. Denn die
drei genannten Ideen werden ausdrücklich ‚Dichtungen‘ der
reinen Philosophie oder reinen Vernunft genannt, die nur behufs
der „Einheit möglicher Erfahrung" erdacht sind. Sie haben also
genau den gleichen Sinn wie die regulativen Ideen der transzendentalen Dialektik, als deren Fortsetzung man das geplante ‚System der Transzendental-Philosophie‘ ebenso betrachten könnte, wie das naturphilosophische Werk ‚Vom Übergang‘ als Fortsetzung der Lehre von den Grundsätzen gelten kann.

Deutlich ausgeführt sind in dem Entwurf nur eine Anzahl
Paragraphen des ersten Abschnittes: über G o t t. „Gott" erscheint auch hier als bloße I d e e oder, wie es an einer Stelle
(Reicke, S. 412 Anm.) besonders klar heißt: „Gott ist n i c h t ein
W e s e n a u ß e r mir, sondern bloß ein G e d a n k e i n m i r."
Ausdrücklich wird darum auch der Gegensatz zu dem Pantheismus Schellings (Weltseele) und des damals viel gefeierten Spinoza betont. Trotzdem ist der Idee Gottes „nicht Persönlichkeit
zu attribuieren", sondern „die Idee von Gott als lebendigem
Gott ist immer das S c h i c k s a l, welches dem Menschen unausbleiblich bevorsteht". Auch sonst finden sich höchst interessante Gedanken, wie wenn die Frage aufgeworfen wird: „Ob
Gott auch einen guten Willen dem Menschen geben könne?"

mit der Antwort: „Nein, sondern der verlangt Freiheit.“ Oder
welch weite Perspektive ergibt sich aus folgender Parallele zwischen theoretischer und praktischer Idee: „Der kategorische Imperativ (die Freiheit des Menschen) eine Idee analog der Newtonschen Attraktion durch den leeren Raum“ (Reicke, S. 336 Anm.)!
Und solcher Gedankenblitze ließen sich noch eine ganze Reihe
anführen.

Jeder Leser dieser Kantischen Aufzeichnungen wird erkennen,
wie recht ein Professor Mehmel aus Erlangen hatte, wenn er nach
seiner Rückkehr aus Königsberg Wilhelm von Humboldt erzählte,
der 71jährige Denker habe „noch eine ungeheuer große Menge
unbearbeiteter Ideen im Kopfe, die er noch . . . alle in einer gewissen Reihe bearbeiten wolle“ (Humboldt an Schiller, 5. Okt.
95); und wie oberflächlich Kuno Fischer das Opus postumum
eingesehen haben muß, wenn er es für ein ziemlich wertloses
Erzeugnis von Kants „Senilität“ erklärt. Gewiß, namentlich
das am spätesten entstandene zuoberst liegende, 11 Bogen umfassende Konvolut, an dem der Greis, nach dem Umschlag (vom
22. Mai 1801) zu schließen, vielleicht erst von diesem Jahre an
und sicher bis in sein letztes, achtzigstes Lebensjahr gearbeitet
hat, enthält manche tragische Spuren von der erschöpften Kraft
des einst so gewaltigen Geistes. Nach Rudolf Reicke findet sich
bei keinem anderen „so viel ausgestrichen, über- und zwischen-
geschrieben, so dicht und mit so kleiner, bisweilen unleserlicher
Schrift, daß das Ganze buntscheckig aussieht und das Auge beim
Lesen ermüdet“. Und, was mehr als diese nicht nur bei
dem früheren Kant, sondern sicherlich auch bei vielen
heutigen Gelehrten vorkommenden Äußerlichkeiten besagen will:
„Ermüdend wirkt auch der Inhalt. Wohl mehr als 60mal versucht Kant den Titel für sein Werk [gemeint ist das z w e i t e.
K. V.] zu fixieren . . . noch viel häufiger, mindestens 150mal,
müht er sich ab, eine Definition der Transzendental-Philosophie
zu geben und den Gegenstand derselben zu bestimmen.“ Zuletzt
gehorcht ihm, wie wir hinzufügen möchten, auch die Feder nicht
mehr. Er verschreibt sich öfters, besonders bei den eingestreuten
Gedächtnisnotizen (‚Allotriis‘); z. B. „das von Rhodsche Sti-

*d*endium" — „Ein V*l*igilantius" — „Olbers P(l)anet" (S. 310) und vor allem (S. 311): „Im 80 sich sechsten [sic!] Jahr meines Alters Nach dem die 70sechsicher und auch die 70siebscher verlaufen."

Indes die letzterwähnten Stellen sind doch nur Ausnahmeerscheinungen fortgeschrittener Altersschwäche aus seinem letzten Lebensjahre. Und was die häufigen Wiederholungen und Formulierungsversuche eines und desselben Gedankens betrifft, so ist immerhin zu bedenken, daß er diese Bogen bloß für seinen eigenen Gebrauch niederschrieb, und daß sie sich, wenngleich bei weitem nicht in dem Maße, auch in seinen früheren Losen Blättern finden. Schließlich gelingt ihm doch eine durchaus klare und wertvolle Bestimmung der ‚Transzendental - Philosophie' als desjenigen „philosophischen Erkenntnissystems, welches a priori die Gegenstände der reinen Vernunft in einem System notwendig verbunden darstellt". Jedenfalls darf der Eindruck der s p ä t e s t e n Niederschriften nicht unser Urteil über das Ganze bestimmen. Wer sich auch nur einigermaßen in die allerdings nicht leichte Lektüre des Nachlaßwerkes vertieft hat, der wird seine Bedeutung weder über- noch unterschätzen. Er wird es zwar nicht mit A. Krause für die „tiefste und folgenschwerste aller Schriften Kants" oder für „ein Riesenwerk" erklären, das „jeden Sachkundigen zum Staunen und zur Bewunderung hinreißen müsse", aber noch viel weniger mit Kuno Fischer von dem „traurigen und öden Anblick des nachgelassenen Kantischen Werkes" reden. Er wird das unvollendete Erzeugnis seines höchsten Alters gewiß den großen kritischen Werken seiner Reife- und auch den geistvollen Schriften seiner Werdezeit nicht gleichstellen; aber er wird sich freuen, in ihm zahlreichen Bestätigungen, ja hier und da sogar glücklichen neuen Formulierungen seiner philosophischen Methode und daneben einer ganzen Reihe von interessanten, seinen Geistesreichtum auf allen Gebieten menschlicher Weisheit verratenden Bemerkungen zu begegnen, den ihm auch das hohe Greisenalter nur geschwächt, nicht geraubt hat.

Siebentes Kapitel

Tischgesellschaften und Tischreden
Letzter geselliger Verkehr

Seitdem zu Ende der 80er Jahre Kraus sich von dem gemeinsamen Mittagsmahl in Kants Haus zurückgezogen hatte, begann dieser — wenn er, wie es immer mehr die Regel ward, daheim speiste — sich zur Gesellschaft mehrere, gewöhnlich drei oder vier „guter Freunde" (so lautet sein eigener, 1792 hinzugefügter Beisatz zu der betreffenden Stelle von Borowskis Biographie) einzuladen. Jedenfalls nicht wesentlich mehr; denn, damit jeder etwas von dem anderen habe, müsse die Tischgesellschaft klein sein, dürfe die Zahl der Gäste nicht unter die Zahl der Grazien, aber auch nicht über die der Musen hinausgehen[1]). Sein großer Eßtisch, der heute in der Lesehalle des Königsberger Tiergartens steht, und der auch auf dem Gemälde Doerstlings nachgebildet ist, hätte allerdings auch einer größeren Anzahl Platz gewährt, und in der Tat waren zur Feier seines letzten Geburtstages (22. April 1803) sämtliche erreichbaren Tischfreunde, etwa 18 an der Zahl, daran vereinigt. Das war jedoch nur eine Ausnahme; schon des Philosophen anständiges, aber einfaches Tischgerät wäre auf große Gesellschaften gar nicht eingerichtet gewesen: in seinem gerichtlich aufgenommenen Nachlaß fanden sich nur neun silberne Löffel.

Seine wechselnden Tischgenossen ließ er absichtlich stets erst am Morgen des nämlichen Tages einladen, weil er nicht wollte, daß sie, „die so gut seien, mit ihm vorlieb zu nehmen", seinet-

---

[1]) So in der Anthropologie, deren unterhaltende Beschreibung einer idealen Tischgesellschaft (§ 88, S. 219—224) man überhaupt als Illustration zu unserer folgenden Schilderung durchlesen möge.

wegen eine andere Einladung ausschlügen. So schickte er 1798 auch zu Abegg am selben Morgen früh seinen Bedienten: ob er auch sicher kommen würde; ein andermal bat er ihn, im Falle der Verhinderung gleich selbst einen anderen Tag zu bestimmen.

Die Geladenen versammelten sich ¾1 in seinem Studierzimmer. Er selbst war stets im Gesellschaftskleid. Unpünktlichkeit vermerkte er übel, zumal da er selber seit 24 Stunden nicht gegessen und infolgedessen starken Appetit hatte. Dann rief er der Köchin zu: „Es ist drei Viertel!", mahnte den Bedienten zum Anrichten und gab ihm selbst die silbernen Löffel aus dem „Büro", einem aufklappbaren, mit vielen Fächern versehenen Schreibsekretär (heute im Kant-Zimmer zu Königsberg); sein eigener Eßlöffel — heute auf der Universitäts-Bibliothek — war mit seinen Initialen versehen. Sobald alles bereit war, trat Lampe feierlich in die Tür mit dem Rufe: „Die Suppe ist auf dem Tische!" Dann ging man sofort, die Gäste voran, in das Eßzimmer und setzte sich dort ohne weiteres an den Tisch; „wenn man Anstalten zum Beten machen wollte, so unterbrach er sie durch Nötigen zum Sitzen" (Hasse). Waren bloß zwei Gäste da, was in seinen letzten Jahren die Regel wurde, so saß Kant gegen das Fenster, die beiden anderen zu seinen Seiten einander gegenüber. Mit dem Worte „Nun, meine Herrn!" nahm er die Serviette in die Hand und lud zum Zulangen ein, wobei er alles Komplimentieren und Sichzieren haßte. Von dem Inhalt des von ihm selbst gemachten Küchenzettels[1]) haben wir schon im ersten Kapitel dieses Buches berichtet. Was jedoch die eigentliche Würze dieser Tischgesellschaften bildete und dieselben bald in ganz Königsberg und darüber hinaus berühmt machte, war die geistige Nahrung, die er seinen Gästen gab.

Wie früher in anderen Häusern, so war er jetzt auch im eigenen die Seele der Gesellschaft. Von Wasianski wird ihm sogar eine gewisse Methode in deren Leitung nachgesagt. In der

---

[1]) Selbstverständlich gab es auch hierin mannigfache Abwechslung; er merkte sich Lieblingsgerichte seiner Gäste und ließ sie dann für diese zubereiten; durch freimütige Äußerung eigener Wünsche machte man ihm Vergnügen.

Studierstube und bei dem Gang nach dem Speisezimmer sprach man zunächst vom — Wetter (was Kant auch an zwei Stellen seiner Anthropologie rechtfertigt). Dann, sobald man gemütlich bei der Suppe saß, begann er mit Worten wie: ,,Nun, meine Herren und Freunde, lassen Sie uns auch etwas sprechen! Was gibts guts Neues?" eine allgemeine Unterhaltung einzuleiten. Er pflegte zu sagen, man müsse vom Kalbsbraten anfangen und den Diskurs beim Kometen, ohne Unterbrechung des Zusammenhangs, endigen können! Natürlich ließ man, schon aus bloßer Ehrfurcht, aber auch aus Interesse, den großen Gelehrten oft allein reden. Er selbst maßte sich das keineswegs an, sondern unterhielt sich mit jedem über das, was den Betreffenden nach seiner Meinung besonders interessierte, ohne jedoch das allgemeine Interesse aus dem Auge zu verlieren. Öfters hob er besonders fesselnde Neuigkeiten oder Briefe, die er erhalten, als Leckerbissen für den Nachtisch auf. Vor allem war er besorgt, keine ,,Windstille", das heißt ein Aufhören der Unterhaltung, eintreten zu lassen. Und, wie er selbst sich bei Tische keineswegs als ernsten Denker, sondern als zwanglosen Plauderer gab, so wünschte er Offenheit und Ungezwungenheit auch bei seinen Gästen.

Die Gegenstände der Unterhaltung waren ebenso vielfältig wie sein Wissen. Wir werden später einige besonders anschauliche Berichte über Tischgespräche mit Kant im Zusammenhang wiedergeben und wollen deshalb hier nur deren bevorzugteste Gebiete nennen. Dahin gehörte zunächst das große und mannigfaltige Feld der Naturwissenschaften, namentlich deren neueste astronomische, elektrochemische, medizinische Entdeckungen. Desgleichen anziehende kleine und große Züge aus dem Gebiet der Völkerkunde. Wenn Hasse aus Kants Gesprächen mit ihm in seinen letzten Jahren besonders viele Etymologien, das heißt oft recht gewagte Wortableitungen erwähnt, so mag das mit der Tatsache zusammenhängen, daß Hasse selbst Sprachgelehrter war. Daß übrigens Kant das ,,Etymologisieren" liebte, weiß jeder Kenner seiner populären Schriften, namentlich der Anthropologie. Das Gebiet aber, in dem er seit Beginn der großen Revo-

lution nicht bloß in seinen Gedanken, sondern auch in seinen
Gesprächen „fast schwelgte", war das der P o l i t i k (vgl. Kap. 4).
Über die äußere Politik redete er oft so scharfsinnig wie ein kluger
Diplomat; ja sogar in militärischen Dingen sah er manchmal
Gang und Zweck der Operationen richtig voraus. Übrigens zeigte
er beim Zeitungslesen eine wichtige, noch heute auf diesem Feld
den größten Gelehrten oft fehlende, Eigenschaft: seine k r i -
t i s c h e Ader: „einer Nachricht, der Tag und Ort fehlte, sie
mochte übrigens so wahrscheinlich sein, als sie wollte, traute
er nie und hielt sie nicht der Erwähnung wert" (Wasianski).

Mit dem Ernste wußte er aber auch den S c h e r z „meister-
mäßig zu vereinen" (Scheffner). Er „heiterte durch sehr ausgebreitete Belesenheit, durch einen unerschöpflichen Vorrat von
unterhaltenden und lustigen Anekdoten, die er ganz trocken,
ohne je selbst dabei zu lachen, erzählte und durch eigenen echten
Humor und treffende Repliken jede Gesellschaft auf" (Reichardt).
Gern erzählte er z. B. Anekdoten über Friedrich den Großen.
Verhaßt war ihm nur eigentlicher Klatsch, z. B. über Stadt-
neuigkeiten. Er wußte gut, ja „mimisch" (Hamann) zu erzählen
und verschmähte es dabei auch nicht, den heimischen Dialekt
zu gebrauchen oder den jüdischen nachzuahmen, auch gelegentlich recht derbe Volksreime wiederzugeben. Bei dieser Gelegenheit wollen wir übrigens aus jenem altväterisch-komischen
Hochzeitsgedichte Richeys (s. Buch III, Kap. 5), das er noch
in seinen letzten Jahren auf Wunsch alter Freunde öfters zum
Besten geben mußte, eine auf die philosophischen Hagestolzen
gehende Stelle zitieren:

> „Der neuen Weisheit größte Helden
> Gehn mit Ideen nur zur Trau,
> Ich selbsten, ohne Ruhm zu melden,
> Ich selbsten habe keine Frau",

der dann aber doch die versöhnende Schlußwendung folgte:

> „Die Regel bleibt: Man muß nicht freien,
> Doch excipe [d. h. nimm aus] s o l c h w ü r d i g Paar!"

Übrigens, wenn Reichardt und Voigt hervorheben, daß Kant
bei solchen humoristischen Wiedergaben nie oder „fast nie" ge-

lacht habe, so zeugt das nur für seinen trockenen Witz. Dagegen
war er durchaus keine so ernsthafte Natur, daß er in Gesellschaften überhaupt nicht gelacht hätte; er lachte eben über die
Einfälle anderer.

Darin jedenfalls stimmen alle Berichterstatter überein, daß,
wer ihn nicht kannte, an seinen Tischreden schwerlich den gelehrten Denker erkannt hätte. Wohl aber den geistvollen Kopf,
der jedem, auch dem geringfügigsten, Gegenstand einen Sinn zu
geben verstand. Wurden im Laufe eines ernsteren Gespräches
vernünftige Einwände gegen ihn erhoben, so veranlaßten sie ihn
zu dessen größerer Lebhaftigkeit. Hartnäckigen Widerspruch
vertrug er allerdings, je älter er wurde, um so weniger. Schweifte
er selbst zu weit vom Thema ab, so war er dem Freunde dankbar,
der ihn durch eine kurze Bemerkung wieder darauf zurückführte.

Fachmäßig gelehrte Unterhaltung hätte auch gar nicht zu
dem H ö r e r k r e i s gepaßt, den der alte Philosoph an seinem
Tisch zu sehen pflegte. Er war, wie sein Umgang von jeher,
aus allen Ständen zusammengesetzt: „Dienstmännern", das heißt
höheren Beamten, Kollegen, Kaufleuten, Ärzten, Philologen, einzelnen Geistlichen, gelegentlich auch Studierenden; denn er liebte
bis in sein hohes Alter die frische Jugend. Seine alten Freunde
waren nur zum Teil noch am Leben, dagegen manche neue hinzugekommen. So unter den Kollegen zu Kraus und Hagen drei
frühere Zuhörer: der 1752 geborene K. L. P ö r s c h k e , eine
liebenswürdige, offene Natur, der einst Kants Logik 6mal, seine
Metaphysik 5mal hintereinander gehört hatte, jetzt aber nicht
mehr auf Kants Worte schwur, übrigens auch, im Gegensatz
zu manchen anderen, nichts auf Äußerlichkeiten und Beliebtheit
nach oben gab, seit 1787 Magister, später außerordentlicher Professor an der Albertina. Weiter der Herausgeber seiner Physischen
Geographie und Pädagogik (s. Kap. 6) F. Th. R i n k , 1792/93
und wieder 1795—1801, gewöhnlich zweimal wöchentlich; und der
Mathematiker G e n s i c h e n , dem er seine Bücherei vermachte.

Von höheren Verwaltungsbeamten und Juristen (außer Hippel): der Lizentrat Johann B r a h l (geb. 1754), ein feiner, auch

literarisch bewanderter Kopf; der freundliche und kluge Bürgermeister B u c k , Sohn seines einstigen Rivalen bei der Professor-
wahl und Schwager Wasianskis; der spätere Regierungsdirektor
J. G. F r e y (1762—1831), damals noch Mitglied des Stadt-
gerichts, freidenkend, vielseitig gebildet und doch bescheiden,
später Hauptmitarbeiter an der preußischen Städteordnung
von 1808; der klar verständige Stadt- und Kriminalrat J e n s c h,
und vor allem der Regierungs-, das heißt Oberlandesgerichtsrat
V i g i l a n t i u s , der noch als erwachsener Mann alle Vorlesungen Kants, wie die von Kraus und Hagen, hörte und neben
seiner vielseitigen Bildung insonderheit ein vorzüglicher Jurist
war. Seiner gerne gewährten Hilfe bediente sich unser Philosoph
in allen Rechtssachen, z. B. bei der Aufstellung seiner testa-
mentarischen Verfügungen, „da ich im gerichtlichen Fache ein
Kind bin" (Kant an Vig., 27. Febr. 1798).

Von K a u f l e u t e n besuchten ihn nach Ruffmanns Tode
(1794) noch: Friedrich Conrad J a c o b i , der Neffe und Gesamt-
erbe seines alten Freundes (s. Buch II), der ihn in Geldangelegen-
heiten beriet, und dessen Schwiegersohn Gädecke; sein Verleger
Nicolovius, der alte Freund M o t h e r b y , der am 27. Mai 1799
starb, und dessen ältester Sohn John (Joseph). Interessanter
waren die beiden jüngeren Söhne: der reich begabte und geist-
voll lebendige Mediziner William, der am 22. April 1805 die heute
noch bestehende Königsberger Kantgesellschaft ins Leben rief,
und der Sprachlehrer Robert, der sich später in den Freiheits-
kriegen auszeichnete und bei Leipzig fiel. — Von P ä d a g o g e n,
die damals ja noch keinen besonderen Stand bildeten, erwähnt ein
Berichterstatter noch den Inspektor der Armenschulen Ehren-
both, dessen früher Tod dem Philosophen besonders naheging. —
Von Ä r z t e n zählten zu Kants Kreise außer dem jungen Dr.
Motherby mehrere andere tüchtig in der Welt herumgekommene
und mit dem neuesten Stand ihrer Wissenschaft vertraute junge
Männer, wie der ältere Jachmann, ein Sohn seines Kollegen
Reusch, ein Dr. Laubmeyer und Professor Elsner. Der jüngere
Jachmann, sein einstiger Schüler und späterer Biograph, später
Provinzialschulrat in Königsberg, leitete damals ein Erziehungs-

institut bei Danzig. — Von G e i s t l i c h e n scheint Borowski niemals zu der regelmäßigen Tafelrunde unseres Weisen gehört zu haben, dagegen außer Wasianski, den wir noch genauer kennen lernen werden, der wackere Pfarrer des Vorortes Haberberg Sommer (1754—1826), der Kant schon lange kannte und tüchtige Kenntnisse in der Meteorologie und Astronomie besaß; zu seiner Übersetzung von Herschels Schrift über das Weltgebäude hat der Philosoph ein Vorwort geschrieben. — In den letzten Jahren kamen noch der mehrfach erwähnte Orientalist Hasse und, als jüngster von allen der jüngere Reusch, später Geheimer Oberregierungsrat in Königsberg, hinzu, dessen hinterlassener Schrift ‚Kant und seine Tischgenossen‘ wir einen Teil der im vorigen benutzten Daten verdanken, ferner der Regierungsrat Schreiber.

Von w e i b l i c h e n Tischgästen hören wir, wie zu erwarten war, bei dieser Junggesellenwirtschaft nichts; denn die Nachricht von der jungen Jüdin (Buch III, Kap. 8) ist doch ziemlich apokryph. Eheabsichten hatte Kant, wie wir uns erinnern, seit zwei Jahrzehnten Valet gesagt und wandte sich geärgert ab, falls man ihn noch in seinem Alter in zudringlicher Weise zum Heiraten aufmunterte, ja verließ wohl gar eine Gesellschaft, ,,in welcher ihm auch nur im Scherz dazu Vorschläge geschahen". Es müßte denn in so naiv-drolliger Weise geschehen sein, wie es einmal der Lazarettpfarrer Becker machte. Dieser, ein gutmütiger Mann, der öfters Kants Wohltätigkeitssinn für seine Armen in Anspruch nahm, versuchte unseren Philosophen noch in dessen 69. Jahre zur Ehe zu bekehren. Er zog bei einem Besuche eine selbstverfaßte Broschüre aus der Tasche, die er hauptsächlich für Kant habe drucken lassen, und die betitelt war: ‚Raphael und Tobias, oder das Gespräch zweier Freunde über den Gott wohlgefälligen Ehestand.‘ Kant war gutmütig genug, sie freundlich entgegenzunehmen, ja sogar den Verfasser für die gehabte Mühe und die Druckkosten zu entschädigen. ,,Die Wiedergabe dieses Vorfalles bei Tische war die scherzhafteste Unterhaltung, deren ich mich erinnere," sagt Jachmann.

Dagegen war er keineswegs ein so eingefleischter Hagestolz, daß es ihm an Sinn für weibliche Anmut und Schönheit gefehlt hätte. „An Miß A., welche sich einige Zeit im Hause seines Freundes Motherby aufhielt und für dessen ältesten Sohn zur Braut bestimmt war, fand Kant noch nach seinem 70. Jahre ein so besonderes Wohlgefallen, daß er sie bei Tische stets auf der Seite seines gesunden Auges neben ihm Platz zu nehmen bat" (Jachmann, S. 96). Einer Tochter desselben Hauses Fräulein Elisabeth Motherby, sandte er am 11. Februar 1793 die Briefe Marias von Herbert (Buch III, Kap. 9). Besonders gern unterhielt er sich auch mit der jungen Freundin einer Tochter Wasianskis und fragte nach ihr, wenn sie nicht da war. Als er einst in seinen letzten Jahren aus Schwäche auf der Straße hingefallen war und zwei unbekannte Damen — es waren ein Fräulein von Oelsnitz und ein Fräulein von Lietzen — ihm aufgeholfen hatten, „präsentierte" er, wie Wasianski sich ausdrückt, „noch den Grundsätzen seiner Artigkeit treu, der einen die Rose, die er eben in der Hand hatte, die sie mit überaus großer Freude annahm und zum Andenken aufbewahrt". — Übrigens war er, wie bei dieser Gelegenheit erwähnt sein mag, auch ein Kinderfreund. So pflegte er im Hause Motherbys dessen Enkel wie ein guter Großvater durch allerlei kindliche Reden und Scherze zu erheitern, oder erfreute die kleinen Kinder des älteren Jachmann, die ihn besuchen mußten, mit allerhand kleinen Geschenken.

Weit weniger machte er sich aus den mit seiner zunehmenden Berühmtheit sich häufenden Besuchen unbedeutender, wenn auch vornehmer, durchreisender Fremder, die eben nur den berühmten Mann gesehen und gesprochen haben wollten. Übrigens sah er auch in diesem Punkte auf die Erfüllung gewisser Formen. Als ihm Graf Stolberg, aus Ärger über Kants kurz vorher erschienene Abhandlung über den ‚Vornehmen Ton' (S. 271 f.), auf seiner Durchreise nach Petersburg keinen Besuch gemacht hatte, folgte der Philosoph auch nicht der Einladung in die Gesellschaft, die sein Verleger Nicolovius, um den vornehmen Reisenden zu „fetieren", gab. Anders, wenn der Besuch wirklich etwas für ihn bedeutete. So erfreute noch den 78jährigen der des Gesandten der französischen Republik Otto, der über Königsberg nach Schweden reiste, desgleichen aber auch der Besuch manches wirklich wiß-

begierigen Mannes, der mitunter seinetwegen allein nach der
Pregelstadt gekommen war, und der dann allein oder mit anderen an seine Tafel geladen wurde.

Da für ihn das Mittagsmahl hauptsächlich doch nur Mittel
zum Zweck der geistigen Unterhaltung war, so dehnte er es gern
bis in die vierte Nachmittagsstunde, zuweilen auch noch länger
aus. Er selbst hatte die größte Freude, wenn seine Gäste, um mit
Wasianski zu reden, ,,froh und heiter, an Geist und Leib gesättigt,
nach einem sokratischen Mahle seinen Tisch verließen''. Die
geistreichen Gedankenblitze, die neuen Ideen, die mannigfachen
Kenntnisse, mit denen sich jeder an Kants Tisch bereichern
konnte, wirkten auf einzelne Teilnehmer derart, daß sie dieselben
möglichst bald aufzeichneten. Einzelne solcher Aufzeichnungen
sind uns glücklicherweise erhalten geblieben. Es wäre eine ver-
dienstliche Aufgabe für Kantfreunde, sie zu sammeln und wie
man es mit Luthers Tischreden oder Goethes Gesprächen getan
hat, einem größeren Publikum zugänglich zu machen. Wir glauben das Kapitel nicht besser beschließen zu können, als wenn
wir einige besonders lebendige Schilderungen hier im Zusammenhange zum Abdruck bringen und dadurch dem Leser die Möglichkeit geben, sich selber ein anschauliches Bild zu machen.
Die beiden ersten stammen von jüngeren Männern aus den Jahren
1794 und 1795, die letzte, wertvollste und ausführlichste von
einem besonders klaren und objektiven Beobachter, dem schon
mehrfach erwähnten badischen Theologen Abegg, aus 1798.

Im Jahre 1794 — das genauere Datum wird nicht genannt —
fuhr der 23jährige Bergbaubeflissene Friedrich v o n L u p i n ,
einem alten Patriziergeschlechte des schwäbischen Reichsstädt-
chens Memmingen entstammend, mit Empfehlungsbriefen der
Göttinger Gelehrten Blumenbach, Kästner, Heyne und Lichtenberg sowie des Geologen Werner versehen, vor Kants Wohnung
vor, der ihn im Schlafrock empfing. Das nähere Interesse des
Philosophen erregte er erst durch das eifrige ,,Auskramen'' seiner
dem ,,Weisen, der nie in eine Grube hinab- noch auf einen Berg
hinaufgestiegen war'', vielfach neuen mineralogischen Kenntnisse,
und genoß so schließlich den ,,Triumph'', von dem ,,König in

Königsberg zur Tafel gezogen", mit anderen Worten für den folgenden Tag zum Mittagsessen eingeladen zu werden. Wir geben nun dem Gaste selbst das Wort.

„Als ich mich des andern Tages zur gesetzten Stunde bei dem verheißenen Ehrenmahle einfand, traf ich den Weltweisen sorgfältig angezogen und gut aufgeputzt; auch empfing er mich im Tone des gastgebenden Hausherrn mit einer aus dem Inneren hervorleuchtenden, ihm sehr wohl anstehenden stolzen Haltung. Er schien ein anderer als gestern im Schlafrocke zu sein; an Leib und Seele weniger trocken, wenn er gleich in dem Anzuge noch abgemagerter und dürrer aussah. Aber seine hohe, heitere Stirn und seine klaren Augen waren dieselben und krönten und belebten den kleinen Mann, über den ich — freilich nur wie ein Schatten hinausragte. Wir hatten uns kaum zu Tische gesetzt und ich mich mannhaft zusammengenommen, soviel es sein konnte, ein kleiner Geist zu sein, so bemerkte ich bald, daß große Geister nicht bloß von der Luft leben. Er aß nicht nur mit Appetit, sondern mit Sinnlichkeit" (Lupin wußte wohl nicht, daß der Philosoph nach seiner Gewohnheit seit 24 Stunden nichts gegessen hatte). „Der untere Teil seines Gesichts, die ganze Peripherie der Kinnbacken drückte die Wollust des Genusses auf eine unverkennbare Weise aus; ja sogar einige der geistreichen Blicke fixierten sich so bestimmt auf diesen oder jenen Imbiß, daß er in diesem Augenblicke rein abgeschlossen ein Mann der Tafel war. Er ließ sich seinen guten, alten Wein auf dieselbe Weise schmekken. . . Nachdem Kant der Natur den Tribut bezahlt und zuvor nicht viel gesprochen hatte, ward er sehr gesprächig. Ich habe wenige Männer in diesem Alter gesehen, die noch so munter und so beweglich gewesen wären wie er, und doch war er dabei trocken in allem, was er sprach; so fein, so witzig auch die Bemerkungen waren, die er selbst über das Gleichgültigste ausstreute, so trocken waren sie angebracht; einige Anekdoten kamen dazwischen wie gerufen, wie für den Augenblick hervorgesprungen, man glaubte, das Ernsthafteste werde nun kommen, und man konnte sich des Lachens nicht enthalten. Er sprach nun in einem fort auch mir zu, es mir besser schmecken zu lassen; besonders bei einem großen Seefische, wobei er des reichen Juden gedachte, der zu seinem Gaste sagte: „Essen Sie, essen Sie, es ist ein seltener Fisch, bezahlt und nicht gestohlen." Als ihn dann der junge Gast mit dem, wie er meinte, psychologisch interessanten Fall eines mit einer fixen Idee behafteten Handwerksburschen, den er Tags zuvor im Irrenhause gesehen, unterhalten wollte, sagte Kant ablenkend: „Lassen wir den unglücklichen Gesellen, und sind wir gescheit!"

„Das war gerade ein Zug des großen Mannes", so schließt Lupin seine Schilderung ab, „daß sein tiefes Denken der heiteren Geselligkeit keinen Abbruch tat; er war lauter reine Vernunft und tiefer Verstand, aber damit weder sich selbst noch anderen lästig. Um fröhlich in seiner Gesellschaft zu sein, durfte man ihn nur ansehen und ihm zuhören; um tugendhaft zu sein, ihm nicht bloß auch seine Worte glauben, nur ihm nachfolgen und mit ihm denken, denn kaum hat wohl ein Mensch sittlicher und froher gelebt als er. . . Als ich des anderen Tages von ihm Abschied nahm, war es mir, als ob er mich zur Tugend einweihen wollte. Hier offenbarte sich in wenigen Worten der kategorische Imperativ seines moralischen Sinnes und ein ernster Eifer gegen allen und jeden Eudämonismus. Rein und in sich abgeschlossen, reichte er mir zum Abschiede freundlich die Hand."

Kürzer ist der Bericht des jungen steirischen Grafen Wenzel Gottfried v o n P u r g s t a l l, der, mit Empfehlungen Reinholds (Kiel) versehen, im Frühjahr 1795 seine „Wallfahrt" nach Königsberg antrat. Bei seinem am 18. April — schon ½8 Uhr vormittags! — stattfindenden Antrittsbesuch empfing ihn der „Patriarch", in gelbem Schlafrock mit rotseidener „polnischer" Binde, sehr freundlich und natürlich, „durchflog Reinholds Brief, sprach sehr viel — s c h w ä t z t e beinah, meist von Kleinigkeiten, scherzte mit sehr viel Witz und sagte einige ganz originelle Bemerkungen über Schwärmerei und besonders über die gelehrten Damen und ihre Krankheiten". Von da ab wurde Purgstall jeden vierten Tag zu einem „patriarchalischen Mahle" bei Kant eingeladen. Einmal schreibt er um $4^{1}/_{4}$ Uhr „nach Tische": „Soeben komme ich vom — Patriarchen, spreche mit ihm nie

von theoretischer Philosophie, sondern von anderen Dingen, auch
kaum von Reinhold, aber viel von Erhard." Er „scheint abstrakte Gespräche nicht zu lieben". Ein andermal: Kant sei trotz
seiner hohen Moralität und Humanität in manchem doch ein
echter Professor. „So kann er z. B. nicht mehr reden h ö r e n ,
wird ungeduldig, wenigstens auf einen Augenblick, wenn jemand
etwas besser zu wissen glaubt, spricht unaufhörlich allein und
weiß alles über alle Länder, Orte, Weltteile usw., z. B. er wußte
besser als ich, was für Federvieh wir (sc. in Steiermark) haben,
wie das Land aussieht, auf welcher Stufe der Aufklärung der
katholische Geistliche steht usw. Über alle diese Dinge widersprach er mir." Außerdem ist noch eine wertvolle Charakter-
schilderung Kants als Menschen und Philosophen von desselben
Purgstall Hand erhalten (abgedruckt Altpreuß. Monatsschrift XVI,
S. 612): „Er ist gewiß ehrlich, seine Seele ist rein, er ist kindlich und
hält sich selbst für keinen großen Mann. Dies sagen auch alle, die
ihn genau kennen. Er hat sich also über diesen Punkt eine in ihrer
Art einzige Unschuld — es gibt keinen besseren Ausdruck dafür —
erhalten. Er hat sehr viel Menschenkenntnis, hat die Welt studiert und weiß über viele andere Dinge, die nicht in sein Fach
gehören, vortrefflich zu reden. Er allein ist ein wahrer spekulativer Philosoph, und man muß auch nur ein solches speku-
latives — im wahren Sinne des Wortes, nicht ein spaltender
Kopf — Genie sein, wenn man seiner Menschlichkeit und Sittlichkeit unbeschadet sich ins Gebiet der spekulativen Philosophie
als Selbsterfinder, nicht als bloß Leser und Verstecher, wagen
will . . . Es wird nur alle Jahrtausende ein K a n t geboren,
und die Natur hat dies sehr weise sich eingerichtet, denn es ist
der Menschheit auch nur alle Jahrtausende ein spekulativer Philosoph nötig."

Den ausführlichsten und lebendigsten Bericht über Kants
Unterredungen aber besitzen wir in dem, als Ganzes leider noch
u n g e d r u c k t e n , Tagebuch des badischen Theologen Johann Friedrich A b e g g , der im Sommer 1798 seinen in Königsberg als Großkaufmann (Weinhändler) ansässigen Bruder Georg
Philipp Abegg besuchte und sich vom 28. Mai bis 9. Juli in Ost-

preußens Hauptstadt aufhielt. Er war in diesen sechs Wochen, abgesehen von seinem längeren Antrittsbesuch am 1. Juni, dreimal bei Kant zum Mittagsmahl geladen: am 12. und 14. Juni und am 5. Juli. Seine Schilderungen haben den Vorzug, in der Regel gleich am selben oder nächsten Tag niedergeschrieben zu sein. Sie machen den Eindruck vollster Wahrhaftigkeit, Zuverlässigkeit und Urteilsfähigkeit und sind dabei höchst anschaulich gehalten. Eingeführt wurde Abegg am 1. Juni vormittags um 10 bei dem Philosophen durch den Oberstadtinspektor Brahl, nachdem dieser ihn vorher von Abeggs Absicht unterrichtet hatte, denn er ließ nicht mehr jedermann vor. Abegg schildert Kants Äußeres mit den Worten: „Es trat mir ein Mann mittlerer Größe, sehr vorwärts gebückt, mit freundlich lebhaftem Angesicht entgegen", dem er dann zunächst Fichtes Empfehlungsschreiben (vgl. S. 263) überreichte. Auf dem Rückweg erzählte ihm Brahl noch vielerlei Interessantes von Kants politischen, religiösen und sittlichen Ansichten wie von seinen Lebensgewohnheiten, was wir zum großen Teil an seinem Orte bereits mitgeteilt haben.

Am 12. Juni traf er beim Mittagsmahl außer Brahl auch den Dr. med. Jachmann, „einen schönen und überaus geschickten Mann". Die von dem Philosophen sehr rege geführte Unterhaltung betraf das Verschiedenste: den nur eine Woche vorher stattgefundenen Einzug des jungen Königspaares, die Gewinnung des Bernsteins, das neue Unternehmen Bonapartes, über das damals alle Welt Vermutungen anstrebte, das neue preußische Gesetzbuch, die neueste Geschichte überhaupt, den „Erzroyalisten" Schmalz, den Rheinwein, von dem zu Ehren des Gastes aus der Rheingegend eine gute Flasche geleert wurde, und anderes. Auch Kant mißbilligte, daß der neue König nicht nach gut militärischer Sitte eingeritten oder wenigstens im offenen Wagen gefahren war. Er selbst hatte sich natürlich an den zahlreichen Huldigungsfeierlichkeiten nicht beteiligt. Von einigem Interesse dürfte es sein, daß die K ö n i g i n L u i s e den berühmten Philosophen kennen zu lernen wünschte; allein dieser ließ sich nicht — durch den in sein Haus gesandten Kammerlakaien — auf das Schloß befehlen. Mit gelassener Ironie erzählte er seinen Mittagsgästen:

„Ich bin höflich gegen jedermann. Dieser Besuch fiel mir aber doch etwas auf. Von seiten dieses Mannes war es auch etwas Insolenz, besonders da er sich anbot, mich bei der Königin vorzuführen. Aber er war sonst ein wohlgebildeter Mensch[1]." Die Auseinandersetzung über den Bernstein schloß sich an die Tatsache an, daß man der Königin einen Bernsteinschmuck für den Ball im Moskowitersaal des Schlosses geschenkt hatte. Kant meinte, man hätte ihr lieber eine Sammlung von besonders merkwürdigen Stücken, z. B. mit darin befindlichen seltenen Fliegen, verehren sollen, was dann vielleicht Anlaß zu Veranstaltung wertvoller Forschungen gegeben hätte. Dann verbreitete er sich über die Gründe dieser auffallenden Tatsache und gab auf Abeggs Fragen genauen Aufschluß über die Art, dies Gold der Ostsee zu gewinnen.

Am 14. Juni war die Unterhaltung wiederum „von der mannigfaltigsten Art". Sie betraf Politisches, wie die Expedition Bonapartes und den Egoismus der englischen Politik (s. Kap. 4), Soziales wie die Beurteilung der Juden (Buch III, Kap. 8) oder die ungerechte Bevorzugung vornehmer Verbrecher, allerlei Lebensgewohnheiten Kants, den Freimaurerorden. Am Schlusse des Mahles, das von 1 bis nach 4 Uhr dauerte, überreichte er Abegg zwei Rosen aus seinem Garten, die dieser sich natürlich „zur lebendigen Erinnerung an seine mir erzeigte Güte" aufbewahrte.

Wir geben nun zum Schluß die Schilderung des l e t z t e n Mittagsmahles, am 5. Juli 1798, i m Z u s a m m e n h a n g: „Gegen 1 Uhr ging ich zu Professor Kant. Er war überaus freundlich. Ich mußte mich zu ihm setzen, und er freute sich über die übersandten Proben von Steinwein. Kriminalrat Jensch und Prediger Sommer speiseten mit. Von Kaiser Paul[2]) gibts wieder

---

[1]) Es wäre nicht ohne Interesse festzustellen, ob dieser „sonst wohlgebildete Mensch" vielleicht identisch war mit dem späteren berühmten Bildhauer Christian R a u c h, der in der Tat damals als Lakai in den Diensten der Königin stand und sich, wie von anderer Seite berichtet wird, 1798 den berühmten Denker zeigen ließ, den er dann ein halbes Jahrhundert später in Erz gebildet hat.

[2]) Paul I. von Rußland (1796—1801).

viel Originelles zu reden. Zwar nicht im guten: es gibt auch originelle Tollheiten. Doch glaubt Kant, Bonaparte würde bei Spanien landen und Portugal erobern, und dann würde im September allgemeiner Friede sein. Er findet es nicht unwahrscheinlich, daß England r e p u b l i k a n i s i e r t (!), und der König Kurfürst von Hannover ist und bleibt. Dann würde England wieder aufblühen, ohne andere zu drücken. Den Aufstand in Irland hält er für rechtmäßig; wünscht und hofft, daß die Schotten gemeine Sache mit ihnen machen möchten. Die letzteren erhebt er gar sehr gegen die Engländer. Sie sind wißbegierig, fleißig und achten auf fremde Menschen und Sachen. Die Engländer sagen: Wenn man den Schotten im Sack durch Europa trägt, hat er doch, wenn er zu Hause kommt, die Sprachen gelernt. — [Dann folgen einige Zeilen betreffend zwei unbekannte Persönlichkeiten, deren Namen nicht genau zu entziffern sind.] — Von den Kohlen, wenn sie gut ausgebrannt sind, redete Kant auch und Prediger Sommer. Pulverisierte Kohlen ziehen alles Faulartige aus dem Körper. Ein Abenteuer: Kant reisete mit einem Rehbraten. Er stank schon. Er wickelte ihn in Kohlen. Auf der nächsten Station hatte sich der faule Geruch verloren, und er schmeckte delikat. Eier, in Kohlenstaub gesteckt, halten sich länger. Kohlenstaub mit etwas Rosenhonig vertreibt das Zahnweh, besonders wenn die Zähne skorbutisch sind. Kant will dem Hofprediger Schultz, der Zahnweh hat, das Rezept schicken... Ich mußte ihm das Verhältnis des Adels zu den R e i c h s - s t ä n d e n in dem ganzen Reiche auseinandersetzen, weil er einige Stellen in der Zeitung nicht recht verstehen konnte. — Als eine sehr interessante und angenehme Lektüre empfahl er uns Meiners ‚Über den Zustand der Russen‘, zwei Teile. Es ist ihm leid, daß er nur noch einige Bogen in diesem Werke zu lesen hat. Über Tabak r a u c h e n , Schnupfen, Betelkauen: Bemerkung, wie es immer etwas abführe. Ich bemerkte ihm, daß die Türken und Rotmäntler alles hinunterschluckten. Es ist wohl mehr ein Ableiten der Gedanken, die nicht zur Sache gehören, ein sanftes Bewegen der Seele durch die leichte Beschäftigung der Organe, die gekitzelt werden. — Er ließ mir Rheinwein holen,

den er sehr lobte. Mit dem Baron Brose, der vom Dresdener
Hofe so recht die Erbärmlichkeit der Höfe gesehen und gefühlt
hatte, trank er oft ein Glas Rheinwein. Sie begeisterten sich
miteinander [vor der Karte?]. Er war Sprachenkenner, Arzt,
Chymikus. Er hatte ganz eigentlich Sentiment. — „Daß es mit
der f r a n z ö s i s c h e n R e p u b l i k gut gehen müsse, glaubte
man lange, und man glaubte es, weil man es so sehr wünschte.
Aber wie verschieden sind diese Wünsche selbst von denen, welche
p r e u ß i s c h e P a t r i o t e n fühlten, wenn ihr König in die
Schlacht zog. Hier hat die Freundschaft doch Anteil." — Wir
sehen, sagte Jensch, die unendlichen Folgen der Kreuzzüge, der
Reformation, und was ist dies gegen das, w a s w i r j e t z o
e r l e b e n? Welche Folgen muß dies haben! — „Gewiß u n -
e n d l i c h g r o ß u n d w o h l t ä t i g, sagte Kant. Die R e -
l i g i o n wird keinen Verlust mehr haben, und alles wird nach
f r e i e r Ü b e r z e u g u n g geschehen. Die Natur der Text,
und von den früheren Religionskenntnissen wird man beibehalten,
was man für gut erachtet. Die Bibel wird immer viel Autorität
haben, und sie ist auch das beste Buch von dieser Art . . . Nichts
Privilegiertes. — — Die Schweizer wollen nichts geben, und
doch soll ihre Republik durch französische Soldaten gegründet
und erhalten werden. Wollen die Franzosen auch diese Truppen
noch nähren? — Es ist gut, daß man manchmal zur Ordnung
der Lebensgeister Wein trinke."

„Nach 4 Uhr standen wir erst auf. Ich nahm Abschied und
dankte mit Rührung für die mir bewiesene Gewogenheit und
Güte. Er versicherte mich seines Wohlwollens, seines guten An-
denkens. . . . Immer preise ich mich glücklich, ihn kennen gelernt zu haben, von ihm Beweise von Achtung und Wohlwollen
erfahren zu haben! Zum letztenmal habe ich ihn wahrscheinlich
hier gesehen! Oft werde ich an ihn denken, ihn mir vorschweben
lassen und werde ihn wieder suchen, wenn und wo noch etwas
jenseits zu suchen und zu finden ist."

Achtes Kapitel

Die letzten Jahre (1799—1804)
Tod und Begräbnis

Aus dem außerordentlich lebensvollen Abeggschen Tagebuche gewinnt man den Eindruck, daß der greise Philosoph im Sommer 1798 trotz seiner 74 Jahre geistig noch recht frisch war. Sein ausgezeichnetes Gedächtnis allerdings hatte schon damals nachzulassen begonnen. „Kant lieset seine Schriften nicht mehr," erzählte Professor Pörschke seinem Besucher Abegg, „vergißt, was er geschrieben, versteht auch nicht auf der Stelle recht, was er ehemals wollte sagen." Aber, sobald er wieder die Feder in die Hand nahm, schrieb er, so meinte Scheffner, doch wieder „zusammenhängend und mit alter Kraft". Zeuge die Anthropologie und der ‚Streit der Fakultäten', die freilich zum größeren Teil aus schon früher ausgearbeitetem Material bestanden, sowie die Polemik gegen Nicolai (Kap. 6).

Und doch fällt gerade in den Herbst dieses Jahres ein erschütterndes Zeugnis von des Denkers eigenem Empfinden des beginnenden Verfalles seiner Geisteskraft. Es war am 21. September 1798, als er dem gleichfalls leidenden Garve, der ihm für die Zusendung der ‚Macht des Gemüts' gedankt und bei dieser Gelegenheit sein eigenes schweres Leiden geschildert hatte, in folgender Weise antwortete: „Ich weiß nicht, ob . . . das Los, was mir gefallen ist, von Ihnen nicht noch schmerzhafter empfunden werden möchte, wenn Sie sich darin in Gedanken versetzten; nämlich für Geistesarbeiten, bei sonst ziemlichem körperlichen Wohlsein, wie gelähmt zu sein: den völligen Abschluß meiner Rechnung in Sachen, welche das Ganze der Philosophie (sowohl Zweck als Mittel anlangend) betreffen, vor sich liegen

und es noch immer nicht vollendet zu sehen, obwohl ich mir der
Tunlichkeit dieser Aufgabe bewußt bin: ein T a n t a l i s c h e r
Schmerz, der indessen doch nicht hoffnungslos ist" (über das
unvollendete Werk s. sechstes Kapitel). Sein sogenanntes „Ge-
sundsein" sei also im Grunde mehr ein „Vegetieren", das heißt
Essen-, Gehen- und Schlafenkönnen als wirkliches geistiges Leben.

Dazwischen kamen dann wieder bessere Tage. So schreibt
er bloß vier Wochen später an den getreuen Kiesewetter: „Mein
Gesundheitszustand ist der eines alten, nicht kranken, aber doch
invaliden, vornehmlich für eigentliche und öffentliche Amts-
pflichten ausgedienten Mannes, der dennoch ein kleines Maß von
Kräften in sich fühlt, um eine Arbeit, die er unter Händen hat,
noch zustande zu bringen." Auch im übrigen ist dieser Brief
vom 19. Oktober durchaus klar und frisch geschrieben.

Das Jahr 1799 scheint eine merkliche Abnahme seiner Geisteskraft gebracht zu haben. Von den wenigen und kurzen Briefen,
die aus diesem Jahre erhalten sind, klagt ein solcher vom 24.
Januar dem alten Freund Scheffner, daß „meine mich noch
immer schikanierende Unpäßlichkeit" zwar „nicht eben zum Tode
hindeute", ihn aber doch „zur Arbeit und für die Gesellschaft
unlustig" mache. Und in einem etwas längeren Schreiben aus
dem Mai d. J. an den jungen Arzt C. A. Wilmans in Bielefeld
entschuldigt er sich, daß er einen zweiten Brief desselben — den
ersten ‚Von einer reinen Mystik in der Religion' hatte er im ‚Streit
der Fakultäten' abdrucken lassen — so lange nicht beantwortet
habe, mit „einer mir jetzt nicht ungewöhnlichen Zerstreuung";
übrigens könne er sich auch in „Sinn und Behauptung" des von
Wilmans hervorgehobenen Satzes „schlechterdings nicht versetzen". Ja, einmal äußerte er schon in diesem Jahre in Gegenwart Wasianskis: „Meine Herren, ich bin alt und schwach. Sie
müssen mich wie ein Kind betrachten."

Fragen wir uns nun, ob eine bestimmte Krankheit diesem
in den folgenden Jahren sich immer mehr steigernden Schwäche-
gefühl zugrunde lag und hören wir zu diesem Zweck zunächst
den greisen Denker selber, so sehen wir, daß er sein Übel Ende
1799 als eine „spastische [= ziehende] Kopfbedrückung, gleich-

sam einen Gehirnkrampf" (an Erhard 20. Dez. 99, ähnlich an
Lehmann 2. Sept., an Kiesewetter Anfang November d. J.)
beschreibt. Auch eine Theorie über dessen Ursache hatte er sich
zurechtgelegt und äußerte sie in Briefen und noch häufiger, fast
täglich, im Gespräch mit ihn besuchenden Freunden. Hätte er
bloß von einem „kopfbedrückenden epidemischen Katarrh", wie
schon früher an Hufeland (19. April 1797) gesprochen, so brauchte
man sich nicht zu wundern. Er leitete aber jenen Gehirndruck
merkwürdigerweise von einer seit 1796 aufgetretenen besonderen
Elektrizität der Luft ab, die damals auch, wie in der Erlanger
Gelehrten-Zeitung ausgeführt worden sei, den Tod auffallend
vieler — Katzen, dieser an sich „elektrischen" Tiere, veranlaßt
habe. In diese Theorie bohrte er sich immer tiefer hinein, da die
Bekannten, aus Zartgefühl und um ihm die dadurch genährte
Hoffnung auf Besserung seines Zustandes nicht zu rauben, ihm
nicht geradezu widersprachen; geschah es einmal, wie z. B. seitens
des jungen Mediziners Jachmann, so konnte er ernstlich böse werden.

Schon damals sahen tiefer blickende Freunde in jenem Kopf-
druck mit Recht eine ganz natürliche Alterserscheinung (z. B.
Wasianski, S. 50), und eben Dr. Jachmann hat ihn auf die Erscheinungen des Marasmus aufmerksam gemacht. Auch Hufeland, den er in einem erst 1908 aufgefundenen Briefe vom 6. Februar 1798 bei Übersendung seiner Abhandlung ‚Von der Macht
des Gemüts' um medizinische Ratschläge bat, von deren Befolgung er allerdings „wenig erwarte", sah Kants Leiden als durch
„Nervenschwäche des Alters" verursachte Kopfkongestionen an
(Kantstudien XIII, 311). In neuerer Zeit hat dann H. Bohn,
Professor der Medizin in Königsberg, es wahrscheinlich gemacht,
daß der Philosoph in seinen letzten Lebensjahren an der vorzugsweise Greise befallenden Entzündung der inneren Fläche der
harten Hirnhaut (Pachymeningitis interna) gelitten hat[1]).

War Kant schon früher auf den eigenen Körper sehr aufmerksam gewesen, so verfolgte er jetzt literarische Neuerscheinungen auf medizinisch-chemischem Gebiete mit noch eifrigerer

---

[1]) ‚Kants Beziehungen zur Medizin', abgedruckt in Altpreuß. Monatsschr. IX, 609—627.

Teilnahme, wie auch die neuesten Veröffentlichungen aus seinem
Nachlaß (Ak.-Ausg. XV, 954—980) beweisen. Noch Anfang März
1802 kaufte er sich eine Schrift Augustins ‚Vom Galvanismus
und dessen medizinischer Anwendung‘ (1801) und versah sie mit
Randbemerkungen, bat auch Wasianski „noch in den letzten
Zeiten“, ihm Auszüge aus ähnlichen Schriften zu machen. Überhaupt ist in den ‚Losen Blättern‘ aus Kants letzten Jahren öfters
von Galvanismus und Luftelektrizität die Rede (ebd. S. 977 A.),
zum Datum des 26. Februar 1802 z. B. notiert, daß „Herr Dr.
Reusch jetzt den Galvanism bearbeitet“. Die Erregbarkeits-
theorie des Schotten Brown, die seit 1790 in Deutschland bekannt
ward, erschien ihm der Einfachheit ihres Grundprinzips wegen
als einer der größten Fortschritte der Medizin.

Die vom 14. Januar 1800 datierte Vorrede zu der Schrift
seines Schülers Jachmann, sowie das im gleichen Jahre erschienene Vorwort zu Mielckes Litauischem Wörterbuch (S. 285)
zeigen ihn geistig durchaus noch auf der Höhe. Auch das Schreiben vom 2. April an seinen Kollegen Hagen, gewisse physikalisch-
chemische Experimente betreffend, läßt noch keine Abnahme
seiner geistigen Kräfte und Interessen vermuten. Bald darauf
jedoch muß eine Minderung derselben eingetreten sein. Ein Herr
von Delern, der ihn auf der Rückreise aus Rußland im Mai 1800
besuchte, fand „an ihm einen Greis, dessen physische und intellektuelle Kräfte bereits sehr abgenommen hatten, obgleich er
noch fortfuhr zu schreiben und man noch über alle Gegenstände
mit ihm sprechen konnte. Damals schien besonders — der Thermometer und die Politik seine Aufmerksamkeit auf sich zu ziehen[1].“ Dieser Besucher, der vielleicht gerade als Fremder ein
schärferes Auge für Kants Hinfälligkeit besaß, führt den Rück-
gang von dessen Kräften auf einen „Fall auf dem Eise“, das heißt
der glattgefrorenen Straße zurück, „den er kurz vorher getan
hatte“; Jachmann spricht von einem Fall um eben dieselbe
Zeit („im April oder Mai 1800“, S. 215) im Zimmer, und erzählt,

---

[1] Aus seiner Reisebeschreibung im ‚Geographischen Tubus‘, Bd.
XIII, S. 181. Ich verdanke diesen Hinweis Herrn von Langern auf
Rudolfswerth (Krain).

von da ab sei der Philosoph nicht mehr aus dem Hause gegangen. Bis dahin hatte er noch immer seine Spaziergänge beibehalten, wenn er sie auch auf die Nähe, anfangs noch das „Lizent", wo ein unbekannter Verehrer eine Bank zum Ausruhen für ihn aufstellen ließ, zuletzt auf den „Königsgarten" unweit seines Hauses eingeschränkt hatte. Er hatte sich dabei, um fester auszuschreiten, ein gewisses senkrechtes Aufstampfen beim Gehen angewöhnt. Als er nun dennoch gefallen war und sich dabei eine Stirnwunde zugezogen hatte, wäre er, wie Jachmann erzählt, zuerst wegen des verunzierenden Pflasters nicht mehr ausgegangen und hätte sich dadurch des Gehens so entwöhnt, daß er nun „schlechterdings behauptete, er hätte nicht mehr die Kräfte dazu".

Ein Brief an Kiesewetter vom 8. Juli dieses Jahres geht zwar auf die von diesem übersandte ‚Widerlegung der Herderschen Metakritik' nicht ein, und ist nur kurz, spricht sich aber verhältnismäßig zufrieden mit seinem „77. Jahre" aus, „wo Leibesschwächen (die gleichwohl noch nicht auf ein nahes Hinscheiden deuten) meine letzten Bearbeitungen erschweren, aber, wie ich hoffe, doch nicht rückgängig machen sollen". Er äußert sich sogar ganz behaglich über die von Kiesewetter geschickten, am letzten Sonntag „wie gewöhnlich, zwischen zwei Freunden" mit Vergnügen verspeisten Teltower Rüben; wie denn überhaupt in den wenigen erhaltenen Kantbriefen dieses Jahres weniger von Philosophie als von Dank für Göttinger Würste (an Lehmann, 13. März, und Nicolovius, 2. April 1800), getrocknetem Obst (Lehmann), Passenheimer Rüben (Jensch) und ähnlichen „Artikeln meines Hauswesens" die Rede ist; oder von der Anbringung einer Fenstergardine, „weil mich die Sonne von meinem Schreibtisch verjagt" (an Wasianski, 12. Dezember 1800). Wichtiger ist ein im Entwurf erhaltenes Schreiben an den Anatomen Sömmerring vom 4. August d. J. An den Dank für übersandte „kostbare literarische Geschenke", die er zum Teil seinem jungen Freunde Dr. med. Motherby überlassen, schließt sich zunächst eine Entschuldigung der verspäteten Antwort mit seiner die drei letzten Monate hindurch „den Gebrauch meines Kopfes zwar nicht s c h w ä c h e n d e n, aber im hohen Grade h e m m e nd e n Unpäßlichkeit", die er auch hier der schon „vier Jahre hindurch fortgewährten", sein Nervensystem „einem Gehirnkrampf ähnlich" affizierenden „Luftelektrizität" zuschreibt; die jetzt „auch die mechanischen Muskelkräfte der Bewegung (das Gehen) in meinem 77. Lebensjahre, bei sonstiger nicht krankhafter Leibesbeschaffenheit, beinahe unmöglich" mache! Dann aber verliert sich der Entwurf, indem er auf eine uns hier nicht näher interessierende literarische Streitsache übergeht, in allerlei formell und gedanklich unklare, mit stilistischen und grammatischen Mängeln behaftete Sätze wie: „Nun zur Sache nämlich die [!] an mich ergehende Aufforderung selbst. Eine Erklärung meiner seits: daß ich gar nicht gesonnen sei mir [!] durch meinen Brief zu verstehen zu geben daß Sie Ihr Werk als etwas Absurdes ja nicht drucken lassen sollten, und daß [!] ich es [?] einmal bei Gelegenheit äußerte"; später ist noch die Rede von „„den Jahrbüchern der preußischen Monarchie, die bei Unzer in Berlin herauskommt (!)"; dann bricht der Entwurf plötzlich ab: wohl, weil der Greis seine mindestens zeitweilige Schwäche selber fühlte.

Nach Hasse, der seit 1801 jede Woche ein- oder zweimal sein Tischgast war, wurde er seit diesem Jahre „merklich kraftloser", und waren seine Gedanken nicht mehr so geordnet wie sonst: „wenn auch nicht selten helle Einsichten wie Blitzstrahlen ihm durch den Kopf fuhren, die von seinem ungemeinen Scharfsinn zeugten" (S. 8). Seine Schwäche offenbarte sich vor allem in einer weiteren starken Abnahme seiner Gedächtniskraft. Er fing an, Erzählungen mehr als einmal an demselben Tage zu wiederholen. Während sich die Eindrücke der Gegenwart und des späteren Alters abschwächten, standen ihm, wie es bei den meisten Greisen zu gehen pflegt, Ereignisse aus seiner Knabenzeit deutlich vor Augen; so konnte er auch lange, in der Schule gelernte, deutsche und lateinische Versreihen, letztere besonders aus Vergil und Lukrez, ohne Anstoß hersagen, während ihm soeben Gesprochenes entfiel. Als Jachmann 1801 von Königsberg fortzog, mußte er dem alten Lehrer seine neue Amtsbezeichnung und Adresse umständlich in die Feder diktieren. Schon damals fühlte Kant, und zwar, wie sein Biograph mit Recht bemerkt,

„vielleicht unangenehmer als bei noch größerer Schwäche", daß ihm bisweilen die Gedanken ausgingen; er glaubte sich dann entschuldigen zu müssen, „daß ihm das Denken und Begreifen schwer würde".

Bereits 1800 hatte er aus diesem Grunde begonnen, sich kleiner Gedanken- oder „Memorien"-Zettel zu bedienen, auf denen er zunächst die Namen der zahlreichen ihn besuchenden Fremden, allmählich aber alle möglichen Kleinigkeiten aufzuschreiben pflegte, die ihm einfielen oder die er von anderen gehört hatte, sowohl um sie selbst besser zu behalten als auch besonders, um für mannigfaltigere Unterhaltung seiner Tischgäste zu sorgen. Solcher Zettel, oft auch Briefumschläge oder abgerissene Papierstücke, waren es schließlich so viele geworden, daß er sie beim Ausweißen seiner Studierstube sämtlich verbrennen lassen wollte. Wasianski rettete sie dann für sich selber und druckt als Beispiel den Inhalt eines derselben ab, indem er aus Zartgefühl (leider!) wegläßt, „was sich entweder auf seine Küche bezieht oder doch nicht fürs Publikum gehört (S. 48). Auch wir geben ihn im folgenden, um dem Leser ein recht anschauliches Bild zu bieten, im Wortlaut wieder: „Stickstoffsäure ist eine bessere Benennung als Salpetersäure. Requisita des Gesundseyns. Clerici, Laici. Jene Regulares, diese Seculares. Von der ehemaligen Belehrung meiner Schüler, Schnupfen und Husten gänzlich zu verbannen (Respiration durch die Nase). Das Wort Fußtapfen ist falsch; es muß heißen Fustappen. Der Stickstoff (Azote) ist die säurefähige Basis der Salpetersäure. Der Winterpflaum ($\varphi\lambda o\mu o\varsigma$), den die Schafe von Angora, ja sogar die Schweine haben, die in den hohen Gebirgen von Caschmir gekämmt werden, weiterhin in Indien unter dem Namen Shalws, die sehr theuer verkauft werden. Aehnlichkeit des Frauenzimmers mit einem Rosenknöspchen, einer aufgeblühten Rose und einer Hagebutte. Vermeinte Berggeister, Nickel, Kobolt, Duroc" usw.[1]). Der praktische Wasianski machte ihm später, statt der abgerissenen

---

[1] Schubert, der außerdem noch den Inhalt eines noch ausführlicheren Gedächtniszettels gibt, setzt hinter dem Worte Duroc noch hinzu: „Bonaparte, das französische Konsulat".

Papierstücke, hübsche Büchelchen aus einem Bogen Postpapier in Sedezformat[1]).

Auch die Körperschwäche des Greises nahm jetzt merklich zu. Insbesondere seine Füße versagten ihm immer mehr den Dienst. Er fiel im Gehen wie im Stehen, wenn auch glücklicherweise fast stets, ohne sich zu verletzen, so daß er zu scherzen pflegte, er könne wegen seines leichten Gewichtes überhaupt nicht schwer fallen. Öfters, wenn er aus Mattigkeit vormittags auf seinem Stuhle einschlief, fiel er auch von diesem, bis er mit einem Armstuhl vertauscht wurde. Auch geriet einmal, als er, beim Lesen eingenickt, einer Kerze zu nahe gekommen war, seine baumwollene Nachtmütze in Brand, wobei er sich jedoch mit großer Kaltblütigkeit benahm, indem er sie mit den bloßen Händen auf den Zimmerboden beförderte und dort austrat. Bei der Gelegenheit sei bemerkt, daß Kant, wenigstens in seinem Alter, zwei Schlafröcke übereinander trug; ferner, daß er sehr reinlich war, sich unter anderem täglich zweimal wusch und seinen Mund durch Gurgeln mit dem von ihm als „styptisch" (salzsauer) bezeichneten Wasser des nahen Schloßbrunnens reinigte.

Infolge seiner wachsenden Unbehilflichkeit nahm der einst so Selbständige jetzt für allerlei kleine häusliche Vorrichtungen die gern gebotene Hilfe seiner Freunde an: so stopfte ihm Kriminalrat Jensch jeden Donnerstag die Pfeifen für die ganze Woche, Frau Professor Pörschke besorgte ihm das Trocknen von Erbsen und Bohnen, Kaufmann Motherby junior Kabljau und englischen Käse, Jacobi Rheinwein, Regierungsrat Vigilantius die Quittungen an das Oberschulkollegium (für die von Berlin gezahlte Gehaltszulage), Bürgermeister Buck die Sterblichkeitstabellen der Stadt. Am wichtigsten aber sollte für ihn der Mann werden, dem wir in diesen wie in manchen anderen Nachrichten über sein Alter bisher schon gefolgt sind: der Diakonus an der Tragheimer Kirche Wasianski.

Ehregott Andreas Christoph W a s i a n s k i , geb. 1755,

---

[1]) Eins derselben wurde 1810 von Dr. Motherby (Kants S. W., XI, S. 162—164) G o e t h e geschenkt, der es als „Heiligtum" aufbewahrte.

war 1773—1780 Kants Zuhörer und einen Teil dieser Zeit über
auch sein Amanuensis gewesen, aber erst seit 1790, wo beide auf
Professor Pörschkes Hochzeit zufällig zusammentrafen, ihm wieder nähergetreten. Er besaß, außer seinen theologischen, nicht
nur gute Sprachkenntnisse — er dichtete deutsche wie lateinische Verse (so noch 1824 fließende lateinische Distichen zum
100. Geburtstage Kants), sondern war auch in Physik und Chemie
bewandert, und vor allem von großem praktischen, besonders
mechanischem Geschick: wie er denn unter anderem einen sogenannten ,,Bogenflügel" (Bd. I, 390) erfand und selbst verfertigte.
Er hat noch das 50jährige Jubiläum seiner 1780 begonnenen
Pfarrtätigkeit an der Tragheimer Gemeinde feiern können und
starb hochbetagt 1831. Zu diesem in seiner Nähe wohnenden
Manne, der sich stets gefällig zeigte und nach Kants eigenem Ausdruck ,,in allen Dingen Rat wußte", zog es den jetzt das Gefühl
der eigenen Schwäche immer stärker empfindenden Philosophen
je länger, je mehr. Er, der früher Freundesbesuche ungern außer
der Zeit empfing, weil er dieselbe streng abgemessen hatte und
in seinen Arbeiten nicht gestört sein wollte, bat jetzt den freundlichen Nachbarn, falls es ihm seine Zeit erlaube, doch öfters bei
ihm vorzusprechen, um nach ihm zu sehen. So kam denn Wasianski fast täglich auf eine halbe Stunde — in der Regel zwischen
9 und 10 Uhr vormittags, zuweilen aber auch schon nach 5 Uhr
früh —, um sich seiner häuslichen Angelegenheiten anzunehmen,
ihm die Federn zu schneiden, für Reparaturen im Hause, Ordnung seiner Wäsche und Kleidungsstücke zu sorgen und ähnliches;
besonders angenehm war es Kant, daß Wasianski seine Wünsche
so schnell (,,auf der Stelle") erfüllte. Was aber das Wichtigste
war, der Philosoph hatte in ihm einen Mann gefunden, der ihn
selbst, was bei seinen jetzt stärker hervortretenden Eigenheiten
manchmal nicht leicht war, richtig zu behandeln wußte: freundlich und doch ohne jede Schmeichelei, mit Zartgefühl und doch
auch Beharrlichkeit und Konsequenz, ohne seinen Widerspruch
zu reizen und doch mit Freimut und Offenherzigkeit.

Wer alle die kleinen Züge, in denen sich dies im Verkehr
beider in Kants letzten Jahren bis zu seiner Todesstunde kund-

gab, kennen lernen will, der lese die ausführliche Schilderung,
die der getreue Helfer von ‚Immanuel Kant in seinen letzten
Lebensjahren'[1]) gegeben hat: zwar keine „unvergängliche" (H. St.
Chamberlain), aber eine treue und zuverlässige, mit dem Gefühle
warmer Verehrung und doch „ohne alle Schminke" abgefaßte,
freilich keinen bedeutenden Schriftsteller, aber einen feinfühligen
Beobachter verratende Darstellung, die dem Leser den großen
Denker im Hausgewande vor Augen führen will.

Vor allem übertrug der Philosoph ihm am 8. November 1801
— er schenkte ihm zum Andenken an diesen Tag seine große
goldene Medaille[2]) — die Besorgung aller seiner Geldangelegen-
heiten, vertraute ihm den bis dahin nur seinem Bankier bekannten
Bestand seines Vermögens an und übergab ihm die Schlüssel
seines Geldschrankes, die jedoch der taktvolle Mann nur bei notwendigen Zahlungen gebrauchte. Im folgenden Monat ernannte
er ihn auch, an Stelle der früher benannten Professoren Gensichen
bzw. Pörschke, zu seinem Testaments-Vollstrecker (Nachtrag
vom 14. Dezember 1801, in dem ausdrücklich festgestellt ist,
daß gegen des Testators Dispositionsfähigkeit „gar kein Bedenken obwaltet"; Ak.-Ausg. XII, 412—414). Er war mit ihm so
zufrieden, daß er einst Scheffner fragte, ob er sich nicht auch
„einen Wasianski zulegen" wollte. „Sie glauben es nicht, wie
vortrefflich es ist, einen Freund gefunden zu haben, dem man
sein ganzes Hauswesen überlassen kann" (Scheffners Selbstbiographie, S. 406). In allen wichtigeren, besonders den juristischen, Angelegenheiten zog übrigens der bescheidene und
gewissenhafte Prediger den Regierungsrat Vigilantius zu
Rate.

Ende Januar 1802 trat eine große Umwälzung in Kants
Haushalt ein: der langjährige Diener Martin L a m p e mußte

---

[1]) Königsberg, bei Fr. Nicolovius 1804, 224 Seiten Klein-Oktav.
Dazu hat P. Czigan die handschriftlichen Bemerkungen aus Wasianskis
Handexemplar in den ‚Sitzungsber. der Altertumsgesellschaft Prussia',
17. Heft (Königsberg 1892) veröffentlicht.

[2]) Vgl. Buch III, Kap. 8. Das Schenkungsdokument ist abgedruckt
Ak.-Ausg., XII, 418.

entlassen werden. Nach mehr als 40jähriger Dienstzeit hatte er
das Gefühl seiner Unentbehrlichkeit bekommen. Er „mißbrauchte
die Güte seines Herrn auf eine unedle Art, drang ihm Zulagen ab,
kam zur unrechten Stunde nach Hause, zankte sich mit der Auf-
wärterin und wurde überhaupt mit jedem Tage unbrauchbarer
zur Bedienung seines Herrn" (Wasianski, S. 103). Er begann
zu trinken[1]) und er, der seinen greisen Herrn stützen und halten
sollte, konnte sich oft selbst nicht gerade auf den Beinen halten.
Zudem war ihm, seitdem er nur von Wasianski Geld fordern
durfte, manche frühere Bereicherungsmöglichkeit abgeschnitten.
Alle Bitten und Warnungen Wasianskis und seiner Gattin waren
vergeblich. Trotzdem hätte der Philosoph den Alten, dem er in
seinem Testament von 1798 ein Jahrgeld von 200 Gulden, im
Falle von Lampes Ableben dessen Frau die Hälfte dieser Summe,
im Falle des Todes beider ihren Kindern ein Kapital von 1000
Gulden vermacht hatte, vielleicht noch kurze Zeit behalten,
wenn Lampe sich nicht eines Tages, im Januar 1802, so gegen
ihn „vergangen" hätte, daß er sogar dem treuen Wasianski es
mitzuteilen sich schämte. So bestand jetzt Kant selbst auf seiner
sofortigen Entlassung, die denn auch alsbald ins Werk gesetzt
werden konnte, da der kluge Wasianski sich für diesen Fall bereits vorgesehen und einen neuen, verständigen und anstelligen
Diener, namens Johann Kaufmann, in Bereitschaft hatte, den er
am Tage vor seinem Eintritt mit allen Gewohnheiten seines neuen
Herrn bis ins kleinste vertraut machte. So ging denn das bei
Kants Altersschwächen und eingewurzelten Eigenheiten wirklich

---

[1]) Auf einem Gedächtniszettel Kants aus den letzten Jahren (bei
Schubert in Kants S. W., XI, 163) finden sich die Notizen: „Herrn Kriminalrat Jensch zu fragen, wie mein versoffener Bedienter (Lampe) abgeschafft werden soll"; und: „Es ist nicht wahrscheinlich, daß ein anderer
suchen werde, den L a m p e mir abspenstig zu machen und ihn . . . für
sich selber anwerben sollte. Denn er ist der Geschicklichkeit nach ein
schlechter Bediente, 1. weil er nicht lesen und schreiben kann, 2. weil er
obzwar o h n e , ja gar w i d e r meine Bewilligung, b e w e i b t ist."
Auch das Abdringen verhältnismäßig bedeutender wöchentlicher Geld-
zulagen durch Lampe ist jetzt durch Warda urkundlich nachgewiesen
(vgl. Kantstudien III, 260).

„kühne Wagstück" glücklich von statten. Der gute Wasianski
kam am folgenden Tag (1. Februar), damit Kant nicht durch
das Eintreten einer fremden Person erschreckt würde, schon um
4 Uhr früh und blieb auch den größten Teil desselben da, um alles
zu überwachen. Da der neue Diener sich als verständig, ja im
Gegensatz zu dem ungebildeten Lampe verhältnismäßig unterrichtet und auch praktisch anstellig erwies, ging die Sache auch
weiter gut. Übrigens erhielt der entlassene Lampe doch noch
40 Taler Pension und in seinem Dienstschein den Passus: „Er
hat sich treu, aber für mich nicht mehr passend verhalten."
In dem betreffenden Testamentsnachtrag vom 22. Februar 1802
wird Kant als „bei noch gesunden Seelen- und Leibeskräften
gegenwärtig gefunden" bezeichnet.

Im Frühling 1802 führte Wasianski den Greis, um ihn wieder
an ein wenig Bewegung in frischer Luft zu gewöhnen, in seinen
Garten; allein der Philosoph fühlte sich in diesem, den er seit
Jahren nicht mehr betreten hatte, so fremd und in der freien
Luft so beklommen, daß er bald nach der gewohnten Umgebung
des Studierzimmers zurückverlangte; doch hat er später noch
einige Male in ihm eine Tasse Kaffee getrunken. Naturgefühl
scheint er im Alter wenig mehr besessen zu haben. Er sehnte
sich nicht, wie andere, nach dem Eintritt des Frühlings, sondern
meinte gleichgültig zu Wasianski: „Das ist ja alle Jahre ebenso."
Ermutigt durch die Erfahrung mit dem mehrfachen Aufenthalt
in freier Luft, suchte der getreue Helfer ihn beharrlich zu einer
Wagenfahrt ins Freie zu bereden, die endlich im Juli d. J., im
Verein mit Professor Hasse, auch ins Werk gesetzt ward. Sie
ging an einem schönen Sommernachmittag nach dem eine halbe
Stunde vor dem Steindammer Tor gelegenen Sommerhaus Wasianskis. Der greise Philosoph fühlte sich wie verjüngt, als er
während der Fahrt die Türme und öffentlichen Gebäude der Stadt
wiedersah, genoß eine Tasse Kaffee sowie einige Tassen dünnen
Tees, rauchte sogar eine halbe Pfeife Tabak und freute sich an
dem Gesang der Vögel, die er gut voneinander zu unterscheiden
wußte. Die gleiche Fahrt wurde bis zum Herbst noch einigemal
wiederholt; er wurde zwar müde davon, schlief aber in der nächsten

Nacht besser und hatte tags darauf bessere Stimmung und stär-
keren Appetit. Hatte er dem Bräutigam seiner Nichte, Pfarrer
Schoen in Kurland, am 28. April noch geschrieben: „Meine Kräfte
nehmen mit jedem Tage ab, meine Muskeln schwinden", so äußerte
er sich jetzt zu Hasse einmal ganz zufrieden: er habe „alle vier
Requisiten eines gesunden Menschen: guten Appetit, guten Schlaf,
gute Verdauung und Schmerzlosigkeit".

Auch in geistiger Beziehung fand ihn Hasse bei seinen Besuchen in diesem Sommer öfters noch auffallend frisch. So teilt
er in seinen ,Merkwürdigen Äußerungen Kants' (S. 20 ff.) eine
längere interessante Unterhaltung vom 15. Juni über Namen und
Begriff der Philosophie mit, in der freilich vor allem der etwas
eitle Berichterstatter sein etymologisches Licht leuchten ließ.
Kant erzählte, er habe an demselben Morgen „viel über den Begriff G o t t gedacht und geschrieben". Es sei ihm zwar „sehr
schwer" geworden, er leite das aber von der Schwierigkeit des
Gegenstandes, nicht von seiner Denkschwäche her. Eine andere
Unterhaltung am Buß- und Bettag — damals zwischen Ostern
und Pfingsten — betraf eben diese kirchliche Einrichtung. Anfangs spöttelte der Philosoph darüber, meinte aber dann, sie
könne doch nützen, wenn jeder an diesem Tage an seine Schuld
besonders lebhaft erinnert und zum möglichsten Wiedergutmachen
derselben nachdrücklich angehalten würde[1]).

Im folgenden Winter (1802/03) klagte er wieder mehr über
das Auftreten seines alten Übels, der „Blähungen auf dem Magenmunde". Nach Notizen seines Nachlasses lagen sie auf seinem
Magen wie eine unverdauliche Speise, „gleich einem Stein", als
eine „unerträgliche Plage", die „alles Gedeihen der Speise verhindere" und ihm auch starke Schlaflosigkeit verursachte. Am
7. Oktober d. J. besuchte ihn auf einer Reise von Danzig nach
Dorpat ein Verehrer, der junge Professor Morgenstern. Kants
alte Freunde hatten ihm davon abgeraten, weil Kant schon so
schwach sei. Doch ging er nach Tisch, wo der Philosoph sich

---

[1]) In diese Zeit fallen höchstwahrscheinlich die Partien des Nachgelassenen Werkes, die von Gott handeln, mit den eingestreuten Bemerkungen über den Buß- und Bettag.

gewöhnlich etwas frischer fühlte, auf kurze Zeit zu ihm. Kant empfing ihn freundlich und erkundigte sich nach Danziger Bekannten. Er versicherte seinem Gaste unter anderem, daß er keine Furcht vor dem Tode habe. Er fühlte sich jetzt oft lebensmüde: er könne, so klagte er Wasianski, der Welt nichts mehr nützen und wisse nicht, was er mit sich anfangen solle. Gegen Wintersende wurde er in seinem, jetzt zum erstenmal geheizten, Schlafzimmer teils durch läppische Einfälle (Schulschnurren, Gassenhauer und anderes) am Einschlafen gehindert, teils durch schreckende Träume aus dem Schlafe gestört, ja aus dem Bett bis ins Vorhaus gejagt. Auf Wasianskis Rat gewann er es schließlich über sich, seinen Diener im selben Zimmer schlafen zu lassen, auch nachts eine Kerze zu brennen. Auch sein sonst so guter Appetit ließ nach. Mit Ungeduld erwartete er das Kommen der wärmeren Jahreszeit, weil er von einer Wiederholung der vorjährigen Ausfahrten (,,großen Reisen", wie sie ihm jetzt vorkamen) Besserung erhoffte. Als die Grasmücke, die sonst immer mit dem Frühling in der Nähe seines Fensters erschien, diesmal ausblieb, seufzte er wehmütig: ,,Mein Vögelchen kommt nicht!", als ob er geahnt hätte, daß auch er kein neues Frühjahr mehr erleben werde.

Zu Anfang 1803 empfing er allerdings noch Fremdenbesuche, darunter sehr vornehme. Und noch am 3. März d. J. hatte er mit Hasse eine noch durchaus klare zusammenhängende Unterhaltung über seinen Grundsatz der moralischen Auslegung der Bibel, an dem er durchaus festhielt — wäre die Bibel nicht schon da, meinte er, würde sie überhaupt nicht geschrieben zu werden brauchen! —, sowie über das radikale Böse: ,,Am Menschen sei nicht viel Gutes. Jeder hasse den anderen, suche sich über seinen Nebenmenschen zu erheben, sei voll Neid, Mißgunst und anderer teuflischer Laster. Homo homini, nicht deus, sondern diabolus." Jeder solle vielmehr in seinen eigenen Busen greifen. Auch freute er sich schon lange vorher auf die von Wasianski in die Hand genommene Feier seines letzten Geburtstages am 22. April dieses Jahres, zu der man alle seine Tischfreunde eingeladen hatte, namentlich auf einzelne, lange nicht mehr von ihm gesehene,

wie den Kriegsrat Scheffner. Als aber dann der große Tag gekommen war, bemühte er sich zwar, froh zu sein, fühlte sich
jedoch von der Unterhaltung der ihm ungewohnten zahlreichen
Gesellschaft bald so angegriffen, daß er nicht den erhofften Genuß
davon hatte und erst zu sich selbst kam, als er danach im Schlafrock mit Wasianski allein in seinem Studierzimmer saß, und sich
mit ihm über die seinem Diener und seiner Köchin zu gebenden
Geschenke besprach.

Von nun an ging es mit dem großen Geiste immer mehr
abwärts. Wohl machte er im Juni wieder eine Wagenfahrt nach
jenem Sommerhause Wasianskis, dann auch mehrmals, zum
letztenmal im August, in Hasses Garten. Aber diese kurzen
Fahrten, die er v o r ihrer Ausführung weit hatte ausdehnen
wollen, griffen ihn so an, daß er sich bald mit dem wiederholten
Ausruf: „Hat's denn noch kein Ende?" nach Hause sehnte; in
Hasses Garten erkannte er fast keinen der Kollegen mehr, die
sich zu seiner Begrüßung dort eingefunden hatten. Auch die
Mittagsmahlzeiten, zu denen stets nur noch zwei Freunde eingeladen wurden, verliefen jetzt in einer für die Teilnehmer recht
traurigen Art. Nachdem der Bediente den Greis aus der Studierstube in das Speisezimmer geführt und man sich niedergesetzt
hatte, fing er zwar, wie sonst, zu sprechen an, aber ganz leise,
undeutlich und unzusammenhängend, oft in wache Träumereien
übergehend. Schwach und schwerhörig, wie er geworden war,
vermochte er keine zusammenhängende Unterhaltung mehr zu
führen. Er sprach daher gewöhnlich allein, wobei die Beschaffenheit der Speisen oder dunkle Äußerungen über seinen Gesundheitszustand die Hauptrolle spielten. Nach einer guten halben
Stunde pflegte er völlig zu ermüden und wurde in sein Studierzimmer zurückgebracht. „Die Tischgenossen schieden mit trübem
Gefühl von der sinkenden Größe des Mannes, mit tiefem Nachdenken über das Unterliegen des Riesengeistes unter der von
Jugend auf zarten körperlichen Hülle, die er bis gegen das 80. Jahr
erhalten hatte, wo die Macht des Gemüts der Gefühle nicht mehr
Meister werden konnte" (Reusch, S. 9 f.). Zuletzt wurden nur
noch die ältesten Bekannten zum Mittagessen zugezogen.

Mit der zunehmenden Kraftlosigkeit ging allmählich auch der Lebensmut verloren. So erklärte er Hasse am 2. Juni 1803: „Mit mir kann es nicht mehr lange dauern, ich werde täglich schwächer." Fremde empfing er jetzt überhaupt nicht mehr, oder falls sie sich durchaus nicht abweisen lassen wollten, nur auf kurze Zeit stehend, oder er trat auf einen Augenblick in das Vorzimmer, um ihnen zu sagen: „Was sehen Sie doch an mir altem Manne? Ich bin schwach und matt." Ein andermal sagte er zu Hasse: „Das Leben ist mir eine Last, ich bin müde, sie zu tragen. Und wenn diese Nacht der Todesengel käme und mich abriefe, so würde ich meine Hände aufheben und sagen: Gott sei gelobt!" Todesfurcht kannte er nicht. „Meine Herren," sagte er einmal, „ich fürchte nicht den Tod, ich werde zu sterben wissen . . . Ja, wenn ein böser Dämon mir im Nacken säße und mir ins Ohr flüsterte: Du hast Menschen unglücklich gemacht! Dann wäre es etwas anderes." Dennoch hielt er es für unrecht, sich selbst das Leben zu nehmen. Von dem etwas neugierigen Hasse gefragt, was er sich von dem Dasein nach dem Tode verspräche, erwiderte er nach einigem Zögern: „Nichts Bestimmtes", ein andermal: „Davon weiß ich nichts."

Rührend ist es mit anzusehen, wie sich sein Geist bis zuletzt immer wieder gegen die ihn niederdrückende Schwäche zu wehren suchte. Anfangs gelang es ihm wohl noch. So konnte er etwa ein Jahr vor seinem Tode, bei einem Besuche Scheffners, einmal das rechte Wort im Gespräch nicht finden. Aber, als ihm der Besucher einhelfen wollte, ergriff er seine Hand und sprach: „Nein, mein lieber Freund, helfen Sie mir nicht, mein Kopf muß selbst damit heraus." Und er wandte dann den Ausdruck so lange, bis er den richtigen fand, den er mit einem zufriedenen: „Sehen Sie wohl, mein Freund" begleitete. Gerade er, dem Selbständigkeit und Unabhängigkeit immer als das Höchste gegolten, empfand seine wachsende Hilflosigkeit aufs schmerzlichste. Er stieß oft laute Seufzer aus, sprach von der Abhängigkeit und Vormundschaft, unter der er stehe, wollte sich dem Arm seines ihn führenden Dieners entwinden, allein stehen und gehen, alles selbst tun. Sein Geist war willig, allein der arme Leib zu schwach.

Indes allmählich ging es auch mit seinen Geisteskräften immer mehr abwärts. Erschütternd wirkt der Bericht, den Jachmann im 17. Briefe seiner Biographie von dem letzten Besuche bei dem verehrten Lehrer vom 1. August 1803 gibt. Mit schwankendem Schritt trat der gebückte Greis auf den einstigen Lieblingsschüler zu. Dieser umarmte und küßte den lange nicht Gesehenen, aber der Philosoph, „der Stolz und das Glück meines Lebens . . . mein Kant", erkannte ihn nicht mehr! Trotz aller Bemühungen von beiden Seiten, trotzdem Jachmann ihn an vieles gemeinsam Erlebte erinnerte, gelang es nicht. Selbst als der Besucher von den einfachsten und vertrautesten Dingen, kleinen körperlichen Umständen, über die er sonst gern sprach, zu reden anfing, „blieben ihm die Gedanken stehen, und er konnte zu manchem kleinen Satze nicht das Schlußwort finden, so daß seine um diese Zeit auf Wasianskis Veranlassung ins Haus genommene hochbejahrte Schwester, die hinter seinem Stuhle saß und dasselbe Gespräch vielleicht schon oft gehört hatte, ihm das fehlende Wort vorsprach, welches er dann selbst hinzufügte"!

Nicht lange vorher war er während einer Abwesenheit des Bedienten so stark gefallen, daß Gesicht und Rücken Wunden davontrugen, deren Schmerz er übrigens mit stoischer Gelassenheit ertrug. Auch die Sehkraft seines rechten Auges — die des linken hatte er schon seit Jahren eingebüßt — nahm um diese Zeit merklich ab, so daß er zu seinem größten Schmerz das sieben Jahrzehnte hindurch so gewohnte Lesen und Schreiben gänzlich aufgeben mußte. Das letzterhaltene Schriftstück von seiner Hand, das sich mit Sicherheit datieren läßt, ist eine eigenhändig geschriebene testamentarische Erklärung zugunsten Wasianskis vom 29. Mai 1803 (Ak.-A. XII, 416). Leseversuche mit den verschiedensten optischen Gläsern halfen nichts. Wenn man in den Augusttagen 1803 Kant beobachtete, „wie er kaum einen Schritt, auch selbst bei Unterstützung und Leitung, mehr gehen, kaum mehr aufrecht sitzen, vor Schwäche kaum mehr verständlich werden konnte, so sollte man glauben, letztere hätte nicht mehr zunehmen können, und der heutige Tag müsse der letzte sein"

(Was. 159). Und doch sollte dies langsame Sterben noch ein halbes Jahr dauern.

Wie seine Augen, so begann auch sein sonst so guter Magen ihm allmählich den Dienst zu versagen: kein Fleischgehacktes konnte ihm, zumal da ihm auch fast sämtliche Zähne fehlten, weich und mürbe genug sein. Zugleich verlor sich auch immer mehr der Geschmack, so daß die einst so feine Zunge nicht mehr Süß und Sauer zu unterscheiden vermochte; zuletzt auch aller Appetit. Am Morgen des 8. Oktober erlitt er — nach Wasianskis Vermutung, weil er tags zuvor trotz des Abratens seiner Tischgenossen übermäßig viel von einer Lieblingsspeise (geriebenem englischen Käse) gegessen hatte — zum erstenmal in seinem Leben einen ernsten Krankheitsanfall. Er glitt aus dem Arm seiner ihn führenden Schwester plötzlich zu Boden und fiel in eine todesähnliche Ohnmacht, die etwa eine Stunde währte, und von der er sich erst gegen Abend allmählich erholte. Er blieb zwar nur vier Tage bettlägerig, ohne etwas zu genießen, sah auch vom 13. Oktober ab die gewohnten zwei Tischgäste wieder bei sich, erlangte aber nicht wieder die frühere Heiterkeit. An seinem einst so geistreich belebten Mittagstische herrschte jetzt oft dumpfe Stille, da er selbst sich nur schwer verständlich machen konnte und andererseits auch nicht gern sah, wenn seine beiden Tischgäste sich bloß untereinander unterhielten, ohne daß er sie verstehen konnte. Im Gegensatz zu früher nahm er die Gerichte hastig zu sich und eilte schon um 2 Uhr nachmittags zu Bette, um einige Stunden unruhig zu schlafen, dafür aber nachts „wohl 20mal" aufzustehen, indem er sich ruhelos und ohne zu wissen, was er wollte, umherführen ließ. Übrigens war sein (gewärmtes) Studierzimmer jetzt auch sein Eß- und Schlafzimmer geworden.

Bei der Gelegenheit mag die eigentümliche Art seines Schlafengehens berührt werden, die er sich in den letzten Jahren angewöhnt hatte. Er zog sich mit Hilfe seines Bedienten, der dabei ganz bestimmte Obliegenheiten hatte, aus, und hing, ehe er sein Oberhemd ablegte, seine alte, aber gutgehende Taschenuhr an einen Nagel zwischen Barometer und Thermometer, denn er wollte gern „alle Zeit- und Wetterbestimmungen nebeneinander

haben". Dann setzte ihm sein Diener eine, im Winter zwei Nacht-
mützen auf, er band sich mit dessen Hilfe sein Nachthalstuch
in einer ganz bestimmten Weise um und zog seinen Unter- und
Oberschlafrock an, deren letzterer mit einer roten Leibbinde ge-
gürtet ward. Darauf nahm er im Vorzimmer seine Verdauungs-
pillen ein und rechnete noch etwas mit seiner Köchin, um sich
sodann schlafen zu legen. In den letzten Monaten, wo jede Nacht
an seinem Lager Wache gehalten werden mußte, zog Wasianski
zur Erleichterung des schon den Tag über stark angestrengten
Dieners noch einen Schwestersohn des Philosophen zu, der gegen
reichliches Entgelt und Abendessen mit Johann im Wachen ab-
wechselte.

Trotz seiner großen Schwäche strahlte in hellen Augenblicken
Kants Geist zuweilen noch wunderbar aus der gebrechlichen Hülle
hervor; und noch mehr sein gutes Herz, indem er seinen pflicht-
eifrigen Bedienten mit allerlei Geschenken belohnte und dem getreuen Wasianski für jede Hilfe gerührten Dank bezeigte, den er
öfters, mit der Uhr in der Hand an der Türe sitzend und die Minuten zählend, sehnlichst erwartete. Auf einem Bogen seines
nachgelassenen Werkes findet sich die rührende Selbsterinnerung
vermerkt: „Den Herrn Diak mit Artigkeit aufzunehmen"; wie
in seinem Tagebüchlein von 1803 die Notiz: „Hr. V(igilantius)
sowohl in Ansehung seiner Laune und Denkungsart als auch
seiner Einsicht, als Menschenfreund und in Geschäften eine seltene Erscheinung." Hatte er in früheren Tagen manchmal mit
Aristoteles behauptet: „Meine lieben Freunde, es gibt keinen
(sc. wahren) Freund", so gestand jetzt der Hilfsbedürftige seinem
Wasianski, er habe eingesehen, daß Freundschaft keine „Chi-
märe" sei.

Im Dezember 1803 vermochte er seinen Namen nicht mehr
leserlich zu schreiben. Wasianski ließ sich daher für die Fälle
notwendiger Unterschriften unter Quittungen und dergleichen
eine Generalvollmacht ausfertigen; die Unterschrift unter dieser
ist der letzte Federstrich, den die Hand des alten Philosophen
getan hat. Nach und nach begannen seine sämtlichen Sinne
zu versagen. Speisen und Löffel, die sein schwaches Auge nicht

mehr fand, legte ihm der treue Helfer vor bzw. in die Hand. Auch sein bis vor kurzem noch ziemlich gutes Gehör schwand dahin, und seine Stimme war selbst aus der Nähe kaum zu verstehen. Zudem drückte er sich immer dunkler und unverständlicher aus, konnte auch immer weniger erfassen, was man zu ihm sprach. Am ehesten merkwürdigerweise noch gelehrte Fragen aus den Fächern, mit denen er sich in den letzten Jahren am meisten beschäftigt hatte: Physik, Naturgeschichte, physische Erdkunde und Chemie. So vermochte er noch in den letzten Zeiten die Keplerschen Gesetze ohne Anstoß herzusagen, gab auch noch sechs Tage vor seinem Tode bei Tisch ganz klare Auskunft über die Lebensweise der Berbern in Algier. Sonst begann er in seinen beiden letzten Wochen allerlei Zweckloses zu tun, z. B. seine Kleidungsstücke zu öffnen und zu schließen. Auch seine nächste Umgebung zu verkennen: zuerst seine Schwester, dann Wasianski, zuletzt den Diener. Vom 3. Februar an aß er so gut wie gar nichts mehr. Als ihn an diesem Tag sein Arzt, der Professor der Medizin und derzeitige Universitätsrektor Elsner besuchte, suchte Kant ihm in allerlei unzusammenhängenden, bloß dem gerade anwesenden Wasianski verständlichen Worten seine Dankbarkeit dafür auszudrücken, daß er bei seinen mannigfachen „beschwerlichen Posten" ihm so „viele Güte" bezeige. Auch wollte er trotz seiner Schwäche sich nicht niedersetzen, bis sein Arzt Platz genommen. Mit erzwungener Sammlung seiner letzten Kräfte brach er dann in die so recht sein ganzes Wesen bezeichnenden Worte aus: „Das Gefühl für Humanität hat mich noch nicht verlassen."

Die letzten acht Tage waren eigentlich nur ein langsames Hinsterben. Am Sonntag, den 5. Februar, saß er mit seinen beiden Getreuesten, Wasianski und Vigilantius, noch mit Mühe bei Tisch, jedoch ohne etwas zu genießen. Als ihn der erstere in seine Kissen gebettet hatte, gebrauchte er noch seine beliebte lateinische Wendung: Jetzt sei alles in bester Ordnung „testudine et facie, wie in der Schlachtordnung". Tags darauf war er schon viel schwächer und stumpfer: „verloren in sich selbst, saß er mit starrem Blicke da, ohne etwas zu reden". Nur wenn auf wissenschaftliche Dinge die Rede kam, gab er bisweilen Zeichen, daß er noch da sei. Sonst war er in den letzten Jahren manchmal etwas unwirsch gewesen, sobald seine Diener ihm etwas nicht recht machten, wollte er böse werden, ohne es eigentlich zu können. Jetzt hörte auch das auf, er blieb gegen jedermann ganz gelassen. Seit dem 7. Februar blieb er — ausgenommen eine kurze Weile am folgenden Mittag, wo er vergebens einen Löffel Suppe zu genießen versuchte — im Bett. Am Donnerstag zeigte sein Antlitz schon den hippokratischen Zug, auch blieb er seitdem meist ohne Bewußtsein. Freitag vormittag erkannte er noch Wasianski, erwiderte dessen Morgengruß und streichelte ihm liebevoll die Wange. Als der Getreue ihn am folgenden Tage fragte, ob er ihn noch kenne, vermochte er nicht mehr zu antworten, reichte ihm jedoch — etwas ganz Ungewöhnliches bei ihm — seinen blassen Mund zum Kusse. Der Freund blieb auch in der letzten Nacht, vom 11. auf den 12. Februar, am Lager des Sterbenden und reichte ihm öfters zur Erquickung einen Löffel mit einer Mischung von Wein, Wasser und Zucker, bis er zuletzt leise sagte: ,,E s i s t g u t.'' Das waren die letzten Worte, die aus Kants Munde kamen. Gegen 4 Uhr früh gab er sich eine andere Lage, in der er von da an unbeweglich bis zu seinem Tode verharrte. Bald darauf begann der Puls schon auszusetzen, aber erst um 10 Uhr vormittags brach sein Auge, und um 11 Uhr tat er in Gegenwart seiner letzten Pfleger (seiner Schwester, des Neffen, des an seinem Bette knienden Wasianski, des herbeigerufenen Dieners und des eben eingetretenen Vigilantius) den letzten Atemzug. Sein Tod war nach dem Zeugnis Wasianskis (S. 207) ,,ein Aufhören des Lebens'', aber nicht ,,ein gewaltsamer Akt der Natur''.

Schon die letzten Tage über bangte ganz Königsberg um das Leben seines größten Sohnes. Nun verbreitete sich die Todesnachricht schnell von Mund zu Mund. Sie wirkte auf die gesamte Einwohnerschaft, vom Vornehmsten bis zum Geringsten. Der Tag, ein Sonntag, war besonders klar und wolkenlos, ein einziges zartes Wölkchen schwebte im Zenit des tiefblauen Himmels. Darauf soll ein Soldat auf der Schmiedebrücke die Umstehenden mit den Worten aufmerksam gemacht haben: „Seht, das ist die Seele Kants, die gen Himmel fliegt[1])."

Die erste öffentliche Kunde von Kants Abscheiden brachten die ‚Kgl. Preuß. Staats-, Krieges- und Friedens-Zeitungen' (jetzige ‚Königsberg. Hartungsche Zeitung') vom Montag, den 13. Februar, an der Spitze des Blattes unter dem 12. Februar: „Heute Mittags um 11 Uhr starb hier an völliger Entkräftung im 80sten Jahre seines Alters Immanuel Kant. Seine Verdienste um die Revision der speculativen Philosophie kennt und ehrt die Welt. Was ihn sonst auszeichnete, Treue, Wohlwollen, Rechtschaffenheit, Umgänglichkeit — dieser Verlust kann nur an unserem Orte ganz empfunden werden, wo also auch das Andenken des Verstorbenen am ehrenvollsten und dauerhaftesten sich erhalten wird." In den beiden folgenden Nummern vom 16. und 20. Februar erschien dann die eigentliche Todesanzeige:

Den 12. Februar c. Mittags um 11 Uhr starb Herr Professor Immanuel Kant, alt 79 Jahre 10 Monate, ohne vorhergegangene Krankheit an der eigentlichen Entkräftung vor Alter.

---

[1]) Reusch, a. a. O., S. 11. Nach Wasianski (S. 213) wäre das Sterbebett des großen Mannes von dem unheimlichen Zwielicht einer fast totalen Sonnenfinsternis beleuchtet worden, allein das scheint in dem Zusammenhang des Textes schon auf den Tag vorher (11. Februar) zu gehen. (Dies wird mir nachträglich durch eine genaue kalendarische Feststellung meines Freundes A. Warda-Königsberg bestätigt.) So paßt das poetische Bild Professor Rhesas: „Er fiel — an jenem Unglückstage, Barg sich die Sonne im Schattenschleier" freilich nicht. Im Anschluß an die Erzählung Reuschs hat Schopenhauer 1820 ein stimmungsvolles kleines Gedicht verfaßt:

An Kant.

„Ich sah Dir nach in Deinen blauen Himmel,
Im blauen Himmel dort verschwand Dein Flug,
Ich blieb allein zurück in dem Gewimmel,
Zum Troste mir Dein Wort, Dein Buch.

„Da such' ich mir die Öde zu beleben
Durch Deiner Worte geisterfüllten Klang:
Sie sind mir alle fremd, die mich umgeben,
Die Welt ist öde und das Leben lang."

Im Namen seiner hiesigen und abwesenden Verwandten meldet diesen Todesfall seinen gesamten Freunden

der Diakonus W a s i a n s k i ,

als Cur. Fun.[1]) und Executor Testamenti.

Von dem Lebenden hatte in der letzten Leidenszeit sein getreuer Helfer allen störenden Besuch ferngehalten. Der Anblick des allverehrten Toten sollte niemandcm versagt werden. So wurde denn seine sterbliche Hülle, in ein Sterbegewand gehüllt, aus dem Studierzimmer in den geräumigen Speisesaal gebracht und dort auf zwei Decken, einer schwarzen und einer weißen, spitzenbesetzten, welche die Älterleute des Schneidergewerkes, „weil es für Kant wäre", freiwillig hinzugaben, feierlich aufgebahrt. Sein Haupt ruhte auf dem seidenen Kissen, auf dem ihm einst seine Zuhörer ihr Gedicht überreicht hatten, und das ihm auch ins Grab mitgegeben ward; zu seinen Füßen legte ein Unbekannter ein etwas hochtrabendes, „den Manen Kants" geweihtes Gedicht nieder. Es begann nun eine Reihe von Tagen hindurch eine förmliche Wallfahrt von Vornehm und Gering, vom frühen Morgen bis zum Abenddunkel: jeder wollte den berühmten Philosophen noch einmal sehen, manche kamen sogar mehrmals wieder. Allgemein und groß war das Staunen über die gänzliche Abgezehrtheit seines Körpers. Das Gesicht war nur wenig entstellt. Professor Knorre von der Kunstschule nahm einen Gipsabguß seines Kopfes; der Prosektor der Universität Kelch untersuchte und beschrieb seinen Schädel nach Gallscher Methode[2]).

Infolge dieser Trockenheit konnte der Leichnam, ohne zu verwesen, noch 16 Tage über der Erde bleiben, denn erst am 28. Februar fand das B e g r ä b n i s statt. Kant selbst hatte,

---

[1]) Curator Funeris = Besorger des Leichenbegängnisses.

[2]) In einer besonderen Abhandlung: Über den Schädel Kants. Ein Beitrag zur Gallschen Hirn- und Schädellehre. Königsberg 1804. Eine ausgezeichnete Untersuchung von fachmännischer Genauigkeit an dem 1880 wieder ausgegrabenen Schädel haben dann der Anatom C. Kupffer und sein Schüler F. Bessel-Hagen unter dem Titel ,Der Schädel Kants'

nach einem noch erhaltenen Zettel aus dem Jahre 1799, ein ganz einfaches und stilles Begräbnis den dritten Tag, nach meinem Tode, unter Begleitung zweier oder dreier Kutschen mit meiner (!) dazu erbetenen Umgangsfreunde früh Vormittags auf dem neuen Friedhof am Steindammschen Tor gewünscht. Reg.-Rat Vigilantius oder Professor Rink möchten, ohne Einmischung seiner Verwandten, die Güte haben, für die vor der Hin- und nach der Rückfahrt im Sterbehause zu reichenden „anständigen Erfrischungen" sorgen. Indes hatte er, auf Wasianskis Vorstellungen, später diesem die gewünschte Vollmacht, alles nach Gutdünken zu erledigen, gegeben: weil ihm diese äußeren Dinge überhaupt ziemlich gleichgültig waren. Nun aber wollten es vor allem die Studierenden sich nicht nehmen lassen, dem berühmtesten Lehrer der Albertina eine würdige Totenfeier zu veranstalten. Nachdem schon mehrere andere „diesen Gedanken gefaßt und — aufgegeben hatten", bildete sich ein Ausschuß unter dem Vorsitz des Kandidaten der Theologie Böckel aus Danzig, um das Nötige in die Wege zu leiten. Sie scheinen jedoch, wie es bei solchen Gelegenheiten leicht zu gehen pflegt, auf allerlei Eifersüchteleien und

---

im ‚Archiv für Anthropologie', XIII, 4 (August 1881), S. 359—410 geliefert. Die Hauptergebnisse (vgl. S. 398 f.) sind folgende:

1. Die Schädelkapsel ist allseitig abgerundet, nach Umfang und Kapazität (1740 ccm gegenüber einem Durchschnitt der preußisch-litauischen Schädel von 1400) besonders groß.

2. Bei mittlerer Länge und Höhe, zeigt er auffallende Breite (ausgeprägte Brachykephalie).

3. Und zwar besonders über den Mittel- und Hinterkopf hin, während Vorderkopf und Stirn nur gewöhnliche Breite besitzen.

4. Die Stirn insbesondere ist weder breit noch besonders hoch, noch, abgesehen von der Schläfengegend, gewölbt.

5. Besonders stark entwickelt war also der Hinterkopf. Demnach war

6. das Hirn im Scheitel- und Okzipital-Lappen besonders stark entwickelt.

7. Die rechte Seite des Schädels überwiegt der Wölbung wie dem Umfang nach.

8. Das Gesicht ist orthognath (das heißt geradlinig ohne Vorspringen der unteren Partien) und zeigt, bei im übrigen greisenhaftem Charakter, eine beträchtliche Jochbreite und eine bedeutende Höhe der Augenhöhlen.

andere unerwartete Hindernisse gestoßen zu sein — außerhalb
ihrer Kreise unterstützte sie anscheinend nur Königsbergs Oberbürgermeister von 1813, der damalige Regierungsrat Heide-
mann —, so daß sie gemäß öffentlicher Bekanntmachung die
Feier vom 23. auf Dienstag, den 28. Februar, verschieben mußten.

Ein so großartiges Leichenbegängnis hatte Königsberg noch
nicht gesehen. Schon mehrere Stunden vor dem auf die dritte
Nachmittagsstunde angesetzten Beginn der Feierlichkeiten waren
die vom Schnee gesäuberten Straßen von einer zahllosen, trotz
der Kälte unbewegt ausharrenden Menschenmenge erfüllt, die
übrigens ein durchaus würdiges Benehmen an den Tag legte.
Der Trauerzug nahm, unter dem Geläute sämtlicher Glocken
der Stadt, seinen Anfang vom Sterbehause, wo nur die nächsten
Freunde sich eingefunden hatten. Von der nahen Schloßkirche
schlossen sich die eingeladenen Notabeln: die höheren Beamten,
darunter der Gouverneur von Preußen, General von Brünneck
(Kants langjähriger Bekannter), die Geistlichen, viele Offiziere,
Deputierte der Kaufmannschaft und zahlreiche andere angesehene
Männer an: jedoch alle, dem demokratischen Sinne des Verstorbenen entsprechend, ohne alle Rangordnung. Von der Universität kamen die Studierenden gezogen. Den Trauerzug, dem eine
Militär-Abteilung voranschritt, eröffneten die Trauermarschälle
der Studentenschaft in großem Wichs, hinter ihnen ein Musikkorps. Dann folgte der in schwarzes, mit Fransen und Quasten
besetztes Tuch geschlagene Sarg, von zwölf Studenten getragen.
Eine ovale Platte trug die vergoldete Inschrift: Cineres mortales
immortalis Kantii, eine zweite am Fußende die Worte: Orbi
datus XXII. Aprilis 1724, ereptus XII. Febr. 1804. Unmittelbar
hinter dem Sarge schritten zwei — nach anderer Angabe zwei
Paar — Verwandte, dann die Tischfreunde und die näheren Bekannten, etwa zwei Dutzend an der Zahl. An sie schloß sich der erste
studentische Redner sowie der Träger des von Böckel gedichteten
Trauerkarmens, darauf, dem zweiten Redner (Böckel) und einem
zweiten Trauermarschall folgend, das übrige Trauergefolge. Es
war ein klarer Wintertag. Durch die Hauptstraßen der Altstadt
und des Kneiphofs bewegte sich der Zug zur Dom- und Uni-

versitätskirche, an deren Portal er von dem akademischen Senat
— Kurator, Rektor und Kanzler an der Spitze — empfangen
und unter feierlichen Trauerklängen in das würdig ausgestattete,
durch Hunderte von Kerzen erhellte Innere geleitet wurde.

Hier vollzog sich die eigentliche Trauerfeier. Auf einem neben
den gewöhnlichen Professorensitzen aufgeschlagenen Podium zwischen mehreren Postamenten, deren mittleres die Hagemannsche
Kantbüste trug, ward der Sarg niedergelassen; auf einem nahen
Altar lagen die bedeutendsten Werke des Toten. Nach einem
musikalischen Vorspiel hielt der junge von Schroetter eine Ansprache in gebundener Rede. Darauf folgte, vom Gesangpersonal
der Oper unter Leitung des Musikdirektor Hiller vorgetragen, eine
Trauerkantate, deren — ursprünglich auf den Tod König Fried-
rich Wilhelms II. gedichteter — Text durch Böckel die nötigen
Änderungen erfahren hatte. Daran schloß sich die den Dank
an das Trauergefolge mit warmen Gedenkworten zu Ehren des
Entschlafenen verbindende Hauptansprache des redebegabten
„Entrepreneurs". Währenddessen überreichte Studiosus Graf
Truchseß dem Kurator, Oberburggrafen von Ostau, das in Di-
stichen verfaßte Trauerkarmen („Empfindungen am Grabe
Kants"). Unter den Klängen eines zweiten von Hiller vertonten
Chorals wurde schließlich der Sarg nach der an der Nordseite
des Doms befindlichen akademischen Grabstätte, dem sogenann-
ten „Professoren-Gewölbe", getragen, wo er — dem Sinne des
Verstorbenen gemäß — ohne weitere kirchliche Zeremonien im
Beisein der Professorenschaft in die ihm bestimmte Gruft gesenkt
ward. Traurig standen Kants Freunde dabei, als die hartgefro-
renen Erdschollen in das Grab hinabfielen (Scheffner).

Hatte die Studentenschaft aus eigenem Antrieb die Bestattungsfeier in die Hand genommen, so wollte doch auch der
Senat nicht ganz zurückbleiben. Er faßte in einer außerordentlichen Sitzung vom 20. Februar den — wie es heißt, in den Annalen der Universität ohne Präzedenzfall dastehenden! — Beschluß, eine besondere Gedenkfeier am Geburtstage Kants, das
heißt, weil dieser auf einen Sonntag fiel, am folgenden Tage
(dem 23. April) im großen Hörsaale der Akademie abzuhalten

und die Hagemannsche Marmorbüste des Philosophen an diesem
Tage endgültig dort aufzustellen. Die Einladung, die eine kurz-
gefaßte, aber warmherzige Würdigung Kants enthielt, ließ Professor Johann Schultz ergehen, während Pörschke ein Gedicht
beisteuerte. Die Gedächtnisrede dagegen hielt leider kein dem
Toten als Freund oder Philosoph nahestehender Kollege wie
Kraus, sondern der offizielle Festredner der Universität, Professor
der Eloquenz Samuel Gottlob Wald. Sie ist daher auch weniger
ihres Gedankeninhalts halber bemerkenswert, als wegen verschiedener schriftlicher Beiträge, die eine Reihe persönlicher
Freunde des Philosophen über Einzelheiten aus dessen Leben
dem damit wenig vertrauten Redner geliefert haben[1]).

*   *   *

Kant hat zwei T e s t a m e n t e gemacht: das ältere, am
29. August 1791 beim Stadtgericht niedergelegte, dessen Inhalt
uns nicht bekannt ist, wurde durch das spätere, am 26. Februar
1798 niedergeschriebene, am 28. dem akademischen Senat feierlich übergebene aufgehoben. Das eigentlich Charakteristische
dieses „letzten Willens", dessen Einzelheiten man in der Akad.
Ausgabe der Werke XII, S. 408—411 nachlesen kann, ist, daß
das ziemlich bedeutende Vermögen von 42 930 Gulden, dazu das
schuldenfreie Wohnhaus nebst Hof und Garten „auf dem Prin-
zessin-Platz", abgesehen von einigen gleich zu erwähnenden Le-
gaten, nach gut bürgerlicher Sitte ganz an die ihm innerlich
doch so wenig nahestehenden Blutsverwandten, die eine Hälfte
an die Schwester und die Schwesterkinder, die andere an den
Bruder und die Bruderkinder, fallen sollte. Auch die Legate waren
nicht etwa wissenschaftlichen oder sonstigen allgemeinen Zwecken
oder wohltätigen Stiftungen zugewandt, sondern nur der alte
Diener Lampe mit einer Jahrespension von 400 Gulden und der
Testaments-Vollstrecker (Gensichen, evtl. Pörschke) für seine
Mühewaltung mit einer Summe von 1500 Gulden bedacht. Diese

---

[1]) Sie sind zusammen mit der Rede, nach Walds Handschrift, zuerst von Rudolf R e i c k e unter dem Titel ,K a n t i a n a , Beiträge
zu J. Kants Leben und Schriften' (Königsberg 1860) veröffentlicht worden.

Grundsätze blieben auch für die folgenden Nachträge maßgebend. Ein erster vom 14. Dezember 1801 setzt Wasianski als „Curator funeris und executor testamenti" ein und vermacht ihm 2000 Taler, desgleichen der Köchin Louise Nitzschin 2000 Gulden. Ein zweiter vom 22. Feburar 1802 trifft die Änderung bezüglich Lampes (s. oben S. 323) und erhöht die Pension der Schwester. Zwei weitere kurze handschriftliche Erklärungen vom 3. Mai 1802 und vom 7. Februar 1803 bestimmen eine Summe für Lampes Nachfolger, die letzte vermacht Wasianski außer den bereits für ihn ausgesetzten 2000 Talern noch ein Zwanzigstel des Gesamtnachlasses.

Die notarielle Eröffnung des Testamentes erfolgte drei Tage nach dem Tode, am 15. Februar, die Auktion des hinterlassenen Mobiliars in den Tagen vom 12. bis 14. März, die endgültige, neuerdings bekannt gewordene[1]), mit genauerem Inventar-Verzeichnis versehene Abrechnung des Justiz-Commissarius Radke am 17. September d. J. Das Vermögen, das teils bei dem Handlungshause Green und Motherby (zu 6%), teils als Hypothek auf das Rittergut Garbenimken, teils bei der Königsberger Zucker-Raffinerie, also ziemlich gleichmäßig in Handel, Landwirtschaft und Industrie angelegt war, hatte sich in den letzten sechs Jahren von 42 930 auf 52 987 Gulden vermehrt; dazu kam das Haus mit Garten, das weit über den Taxwert (5589 Gulden) dem Kaufmann J. Chr. Richter als Höchstbietenden für 10 110 Gulden zugeschlagen wurde. Freilich gingen beinahe 1200 Gulden auf die Begräbniskosten, von den 100 Stück Trauerbillets und den Douceurs an drei Bediente für ihr Herumtragen bis zu den Kosten für den doppelten Sarg mit seinen Wappen, Griffen, Tuchbeschlag, Quasten und Fransen, und von den „feinen Weinen", dem Kaffee und Konfekt zum Totenmahl bis zu der „Tonne Bier" und den Trinkgeldern, die den Kutschern und Bedienten am Tage des Begräbnisses gespendet wurden.

---

[1]) In den ‚Sitzungsberichten der Kurländischen Gesellschaft für Literatur und Kunst usw. aus dem Jahre 1900'. Mitau 1901. S. 81—108. (Wir verdanken ihre Kenntnis, wie die so vieles anderen, dem bewährten Kantforscher A. Warda. Die Urschrift befindet sich auf der Kgl. und Univ.-Bibliothek in Königsberg.)

Erben waren, wenn wir von den Legatempfängern: Wasianski, Professor Gensichen (dem Erben der Bibliothek), den Dienern Lampe und Kaufmann und der Köchin Louise Nitzschin[1]) absehen, neben der Schwester Barbara Theuerin, die außer ihrer Versorgung im St. Georgs-Hospital bis zu ihrem Tode eine Jahrespension von 300 Gulden empfing, einerseits die vier Schwesterkinder: die beiden Schuhmachermeister Johann Christian und Samuel Gottlieb Krönert, die Frau Schiffskapitän Maria Dorothea Geelhaar geb. Krönert, und die unverheiratete Luise Charlotte Krönert († 1807), sämtlich in Königsberg. Andererseits die vier Kinder des Bruders: die Frau Sekretär Amalie Charlotte Rickmann, die Frau Pastor Minna Charlotte Schoen, Herr Friedrich Wilhelm Kant und Frau Zoll-Inspektor Henrietta Stuard in Libau, sämtlich in Kurland wohnend. Jeder dieser acht Erben erhielt 5000 Gulden, so daß sie wohl aller etwaigen pekuniären Sorgen vorläufig enthoben waren. Daß die beiden Gebrüder Krönert sich sofort einen Vorschuß von je 2100 Gulden auszahlen ließen, läßt allerdings darauf schließen, daß sie sich in wenig günstiger Lebenslage befanden. Dennoch scheint der Überlebende von ihnen sich in seinen letzten Lebensjahren wieder in bedrängten Verhältnissen befunden zu haben, da er durch die Königsberger Kantgesellschaft von 1829 bis zu seinem August 1831 an der Cholera erfolgten Tode eine Unterstützung erhielt, die dann nach seinem Tode seiner Tochter, einer Klempnermeisterswitwe Steil zuteil wurde.

In gehobenere Lebensstellungen als Gattinnen eines mittleren Beamten, Pfarrers und Inspektors kamen die drei Töchter des Bruders. Eine Tochter der Henrietta Stuard heiratete sogar einen Baron Korff; sie verehrte Weihnachten 1855 eine von dem Philosophen stammende Tabaksdose König Friedrich Wilhelm IV., der sie der Kgl. Bibliothek Berlin überwies. Nachkommen der Töchter lebten noch 1909 in Libau und Riga. Der einzige männliche Stammhalter der Familie, Friedrich Wilhelm Kant, beim Tode des Oheims 22jährig, wurde nicht, wie sein Vater gedacht,

---

[1]) Es muß ihr bei dem Philosophen gut gegangen sein, denn sie hatte den Lohn der letzten dreiundeinhalb Jahre sich aufsummieren lassen.

Mediziner, sondern Kaufmann, gründete später ein selbständiges
Geschäft in der kurischen Hauptstadt Mitau und starb in Riga
1847. Eine Tochter von ihm, Fräulein Charlotte Benigna Kant,
starb 1899 in einem Mitauer Damenstift; ein Neffe derselben,
der ebenfalls den Namen Kant trug, lebte zu Ende des 19. Jahrhunderts in Tiflis. Ein Urenkel Johann Heinrichs soll vor einigen
Jahren noch als Kaffeeplantagenbesitzer bei Panama gelebt haben.

Bei der — Versteigerung von Kants Mobiliar wurde, wie es
bei berühmten Männern zu gehen pflegt, ,,das Mehreste weit
über den Wert bezahlt'' (Borowski); auch von auswärts gingen
eine Reihe Aufträge ein. Daß Ringe mit dem Haar des Toten
sich im Laufe weniger Tage stark vervielfältigten, berichtet Jachmann in der Form: ,,Von dem Silberhaar des Verblichenen flicht
man gegenwärtig Ringe, und ihr Absatz soll reißend sein: ich glaube
aber, daß es mit den Haaren Kants ebenso wie mit den ehemaligen
Reliquien der Heiligen gehen wird, und daß bald mehr Kantische
Haarringe im Publiko sein werden, als Kant in seinem ganzen
Leben einzelne Haare gehabt hat'' (S. 188). Fest steht aus dem
Inventarbericht nur, daß den vier studentischen ,,Entrepreneurs''
der Bestattungsfeier zum Andenken vier goldene Haaringe überreicht wurden. Von Summen, wie sie heute für solche Reliquien
gezahlt werden, kann jedenfalls keine Rede sein. Kamen doch
auch bei der gesamten, drei Tage währenden Auktion im ganzen
nur 507 Taler = 1521 Gulden heraus, wovon mehr als ein Drittel
auf die von den Krönerts erworbenen Stücke, offenbar Möbel
oder praktischen Hausrat, fiel. Von sonstigen auf der Auktion
verkauften Gegenständen erwähnt die notarielle Aufstellung noch:
eine vorzügliche, ihrem bloßen Gebrauchswert nach vom Uhr-
macher auf 100 Gulden geschätzte ,,englische silberne, zwei-
gehäusigte'' Taschenuhr, eine Tabaksdose aus weißem Email,
ein Brennglas und eine Brille mit Schildpattrahmen, ein paar
schadhafte messingene Federn zum Strumpfhalten, ein paar goldene Ärmelknöpfe, neun silberne Eßlöffel, zwei silberne Teelöffel,
einen kleinen Punschlöffel.

Jedenfalls hat damals die Pietät nicht in dem Maße, wie
bei Schiller oder gar Goethe, die freilich beide Familie besaßen,

ihres Amtes gewaltet. Es haben sich, um das zunächst zu erwähnen, nur verhältnismäßig wenige Gegenstände seines täglichen
Gebrauchs erhalten. Die Königliche und Universitätsbibliothek
seiner Vaterstadt bewahrt seine Tabakdose, einen Eßlöffel, ein
kleines Gerätebesteck, darunter ein winziges elfenbeinernes Schreibtäfelchen mit einigen Zeilen gelehrten Inhalts von seiner Hand,
und die beiden ihm überreichten studentischen Adressen vom
21. August 1770 und 14. Juni 1797. Das dortige Prussia-Museum:
sein bei der Auktion von einem Schuhmacher (einem seiner Neffen?) erstandenes Schreibpult, ein Paar Handschuhe, den im Haus
gebrauchten Hut, seinen Spazierstock, eine (von Wasianski abgeschnittene) Haarlocke und 15 Knöpfe seines Rockes. Das
Essener Stadtmuseum besitzt als Geschenk des dortigen Eisen-
bahnpräsidenten, eines Nachkommen Wasianskis: 1. Einen rot-
goldenen Ring mit der Inschrift I. Kant Den(atus) XII. Febr.
1804, in dessen Glaskapsel man ein Strähnchen h e l l b l o n d e n
Haares des Philosophen sieht; 2. die noch heute helltönende,
etwa 9 Zentimeter hohe Tischglocke Kants; 3. die in der kgl.
Berliner Porzellan-Manufaktur hergestellte kunstvolle T a s s e ,
die Kant Frühling 1795 von Lagarde zum Geschenk erhielt (siehe
S. 84), das ihm große Freude bereitete (vgl. seinen Dank an Lagarde,
30. März 95). Die Obertasse trägt sein eigenes wohlgetroffenes
Bild (nach Vernet), von einem Blütenkranze eingerahmt, die
Untertasse die auf einem Throne sitzende Philosophie, die in der
Rechten einen Zirkel trägt und der ein Putte die aufgeschlagene
‚Kritik der Vernunft' bringt.

Die, wie wir wissen, nur geringfügige B ü c h e r e i des Philo-
sophen — ihr Gesamtwert wurde von dem gerichtlich bestellten
Antiquar auf nur 166²/₃ Taler (500 Gulden) geschätzt — war
dem außerordentlichen Professor Gensichen vermacht worden.
Ihm, Wasianski und Kants Verleger im letzten Jahrzehnt, Fr.
Nicolovius, fielen auch die hinterlassenen, — nach Schubert XI,
S. 217 mehrere Tausend — Losen Blätter, überhaupt alles Hand-
schriftliche zu. Als Gensichen drei Jahre nachher seinem Lehrer
in den Tod folgte, kaufte die Universitätsbibliothek die in seinem
Besitz gewesenen Handschriften an, während die von Kant ge-

brauchten und vielfach engbeschriebenen (s. Buch III, Kap. 9) Vorlesungs-Kompendien anderweitig verkauft wurden, unter anderem teilweise an die Universitätsbibliothek in Dorpat kamen. Wasianski hatte viele einzelne Papiere, die er für wertlos hielt, nach dem Tode des Philosophen als Erinnerungsblätter an ihn verschenkt; die Hauptmasse des in seinem und seines Schwagers, Bürgermeister Buck, Besitz Gewesenen wurde nach ihrem Tode (1831 bzw. 1827) der heimischen Universitätsbibliothek geschenkt. Dagegen ist von dem Nicolovius († 1836) verbliebenen und ungeordnet gelassenen Material nur ein Teil von Schubert für die Universitätsbibliothek angekauft und so gerettet worden; der andere war in die massenhafte Makulatur des langjährigen Verlegers hineingeraten, „die zentnerweise an mehreren Tagen verkauft und von Gewürzkrämern erstanden wurde" (Schubert, a. a. O., S. 218). So ist damals durch die Nachlässigkeit von Königsberger Buchhändlern und Gelehrten vielleicht manches kostbare Material, das man jetzt mit Gold aufwiegen würde, verlorengegangen. Nur durch einen glücklichen Zufall ist z. B. das wertvolle Handexemplar des Philosophen von seinen ‚Beobachtungen über das Gefühl des Schönen und Erhabenen' durch den Prediger Andersch in einem Krämerladen gefunden und Schubert geschenkt worden.

Noch trauriger ist es Kants W o h n h a u s ergangen. Schon Jachmann hat sein verwundertes Bedauern darüber ausgesprochen, daß „sich kein Patriot gefunden hat, der das Haus, in welchem der Weise wohnte, und aus welchem er seine Weisheit der Welt verkündigte, zu einem edlen, des großen Mannes würdigen Zweck gekauft hat. Es ist zum Gasthause bestimmt worden, wo ein Billard und eine Kegelbahn angelegt ist" (S. 188 f.). Es wurde zu einem gewöhnlichen, vorzugsweise von Studenten besuchten Kaffeehaus mit der Überschrift Au billard royal, und in demselben Saal, wo Kants Stimme so oft von seinem Katheder getönt, huldigte man Bier, Tabak, Karten- und Billardspiel; was schon im selben Jahre von einem unbekannt gebliebenen Kollegen Kants in einem satirischen „Trinklied" gegeißelt wurde. Und zwar muß diese Verunglimpfung von Kants Andenken schon sehr bald nach seinem Tode geschehen sein, denn Jachmanns Vorwort ist vom 8. Juni 1804 datiert! Der neue Besitzer war ein Gastwirt Meyer. Von diesem kaufte es 1835 ein Zahnarzt Döbbelin, der es erneuerte und mit einer Marmor-Gedenktafel versehen ließ, welche die Inschrift trug: „Immanuel Kant wohnte und lehrte hier von 1783 bis zum 12. Febr. 1804." Eine Zeitlang befand sich auch ein Erkundigungsbüro darin. Umsonst machte Rosenkranz, Kants langjähriger Nachfolger auf dem philosophischen Lehrstuhle (1833—1879), den Vorschlag, wenigstens e i n Zimmer als Erinnerungsraum an den großen Toten mit einer Sammlung seiner Werke in allen Ausgaben und Übersetzungen, seines Nachlasses und seiner Briefe, aller Bildnisse und Reliquien (von denen sich unter anderem Kants Zopf und Spazierstock im Besitze seines Kollegen Schubert befanden) anzulegen. Erst unsere Zeit hat sich der jetzt viel schwierigeren Aufgabe solcher Sammlung unterzogen. Das Traurigste aber ist im Jahre des Heils 1893 geschehen: im April dieses Jahres ist, ohne anderen Widerstand als den des damaligen Vorsitzenden der Königsberger Kantgesellschaft (Dr. Otto Schöndörffer), mit Genehmigung von Bürgermeister und Rat, Kants Wohnhaus niedergerissen worden! An seiner Stelle erhebt sich jetzt ein modernes Geschäftshaus.

Auch Kants G r a b s t ä t t e sollte keine ungestörte Ruhe genießen. Zunächst wurde der Grabstein während der Franzosenzeit (1807), aus Besorgnis vor etwaigen Räubereien, eine Zeitlang entfernt. Dann aber ward 1809 das „Professorengewölbe", auf Anregung von Kants altem Freund Scheffner, in eine offene Halle, Stoa Kantiana genannt, verwandelt, in welche Sommers die Linden des Kollegienplatzes ihren Duft strömten, und auf deren Steinplatten bei Regenwetter die Professoren und Studenten während der Vorlesungspausen sich zu ergehen pflegten. Auf ihrem östlichen Flügel in einem abgegitterten kapellenartigen Raume wurde nun der Sarg in die Erde gesenkt.

An Kants nächstem Geburtstag, dem 22. April 1810 — es war der erste Ostertag — versammelten sich die Freunde Kants, die Mitglieder der Universität (Professoren und Studenten) und viele andere Männer aus allen Ständen im nahe gelegenen

Auditorium maximum. Hier würdigte Kants derzeitiger Nachfolger auf dem philosophischen Lehrstuhl, der bekannte Philosoph J. Fr. H e r b a r t , damals Rektor der Albertina, in ausführlicher Rede — nicht ohne Kritik, doch voll warmer Anerkennung — die philosophischen Verdienste seines Vorgängers.
Dann begab sich die Versammlung, von ernster Musik empfangen,
hinab in die Halle, wo im Namen der Kantfreunde deren ältester,
J. G. Scheffner , den von diesen gestifteten Grabstein aus
grauem schlesischen Marmor, auf dem die Hagemannsche Büste
aus Carrarischem Marmor aufgestellt war, mit einer kurzen Ansprache enthüllte.

Sieben Jahrzehnte später sollte eine nochmalige Störung von
Kants Grabesruhe stattfinden. Da im Laufe der Jahre die schon
bald vernachlässigte Stoa Kantiana stark verfallen war, wurde
1880 an deren Ostende eine neue, einfache Kapelle in gotischem
Stil erbaut und in deren Gewölbe die Überreste des Philosophen,
deren Auffindung und Ausgrabung nicht ohne Schierigkeiten be-
werkstelligt werden konnte, am Totensonntag, 21. November d. J.,
in aller Stille von neuem beigesetzt. Über dem Grabstein steht
eine Nachbildung der in das Senatszimmer der Universität gekommenen Hagemannschen Marmorbüste Kants von Siemering;
auf die Wand dahinter ist eine Kopie von Rafaels ‚Schule von
Athen' gemalt, auf der gegenüberliegenden Wand liest man die
berühmten Worte aus der Kritik der praktischen Vernunft: ,,Der
bestirnte Himmel über mir und das moralische Gesetz in mir[1])."

Merkwürdig wenig Aufsehen erregte Kants Tod außerhalb
Königsbergs, im übrigen Deutschland. Mögen die großen politischen Zeitereignisse, mag das langsame Dahinsterben des Weisen, mag die Bewunderung neuer philosophischer Größen der

---

[1]) In ihrem gegenwärtigen Zustand freilich wirkt die Kantkapelle,
die Halle selbst ist 1898 abgebrochen worden, zumal sie wieder infolge
von Witterungseinflüssen sehr gelitten hat, recht wenig stimmungsvoll
oder gar erhebend, im Gegenteil dürftig und nüchtern. Schon im Januar
1898 verhandelte daher die Königsberger Stadtverordneten-Versammlung
über einen Antrag des Magistrats, die Kapelle abzubrechen und das Grab
in den Dom zu verlegen, doch wurde der Antrag abgelehnt (vgl. den Bericht darüber ,Kantstudien' XIII, 170—173). Seit etwa Ende 1913 war

Grund gewesen sein: wir finden die Tatsache in den Briefen berühmter Zeitgenossen, z. B. Goethes und Schillers, nirgends erwähnt. Und von auswärtigen Gedenkschriften sind uns nur zwei unbedeutende bekannt: die eine von dem übrigens auch vom Kantianismus abgeschwenkten Göttinger Ästhetiker Bouterwek; die andere eine in Klopstock-Ossianscher Bardenpoesie schwelgende Totenklage des Altenburger Gymnasialprofessors F. A. Ch. Mörlin.

Aber auch die eigene Universität hat der Philosophie ihres größten Lehrers auffallend wenig gedacht. Zwar las Kraus bis zu seinem frühen Tode (1807) noch jeden Sommer Moralphilosophie nach Kants Tugendlehre, und Magister Lehmann, Kants früherer Famulus, behandelte noch einige Jahre in seinen Vorlesungen die kritische Philosophie, die andererseits der jetzt wieder auftauchende Wlochatius (Bd. I, S. 204) in jedem Semester zu „widerlegen" versprach (refutare conabitur). Allein von Herbst 1807 bis Sommer 1865 ist kein Kolleg über Kants Lehre gelesen worden, wenn wir von dem Herbartianer Taute absehen, der sie zwischen 1826—1831 und 1843—1855 zuweilen, aber teilweise auch nur zugleich mit derjenigen von Fichte, Schelling, Hegel behandelte. Kants unmittelbarer Nachfolger war der ehrenwerte, aber oberflächliche Vielschreiber Wilhelm Traugott Krug, der sich zwar im allgemeinen zum Kritizismus bekannte, aber zu dessen Vertiefung nichts beigetragen hat, übrigens schon wenige Jahre später nach Leipzig ging. Ihm folgte Herbart, der bekanntlich

---

nun eine starke Bewegung im Gange, den Gebeinen des größten deutschen Philosophen endlich eine endgültige w ü r d i g e Ruhestätte zu bereiten, sei es im Chor des Domes oder, wofür die Mehrzahl der Kantforscher sich aussprach, in einer eigenen, freien Grabstätte, einem künstlerisch auszustattenden Kantmausoleum. Durch den Ausbruch des Krieges ist diese Frage, wie so viele andere, vorläufig vertagt worden. Vgl. Goldstein in ‚Kantstudien' XIX (1914), S. 285 ff., 439 ff. — N a c h s c h r i f t vom März 1924: Inzwischen ist die Kapelle von 1880 abgebrochen und an ihrer Stelle, nach Plänen von Prof. Lahrs, eine neue, von hohen Sandsteinpfeilern getragene Halle errichtet worden, die in ihrem Innern einen schlichten Sarkophag bergen, jedermann zugänglich sein und am 200. Geburtstage des Philosophen (22. April 1924) eingeweiht werden soll.

andere Bahnen eingeschlagen und trotz seiner 24jährigen Lehrtätigkeit an der Albertina niemals über Kant gelesen hat. Erst der geistig sehr bewegliche Karl Rosenkranz, der als 28jähriger im Jahre 1833 Herbarts Nachfolger wurde, hat, obwohl selbst Hegelianer, gleich in den ersten Jahren seiner mehr als 45jährigen Königsberger Dozententätigkeit Kants Andenken erneuert, vor allem die erste Gesamtausgabe seiner Werke angeregt und dann im Verein mit seinem Kollegen W. Schubert (1838—1842) durchgeführt. Im übrigen aber haben sich von sämtlichen Königsberger Doktor-Dissertationen bis 1915 nur — fünf (in den Jahren 1807, 1872, 1898 und 1905!) mit Kantischer Philosophie beschäftigt, hat sich von den philosophischen Prüfungsaufgaben selbst der letzten 25 Jahre nach der Feststellung A. Rosikats noch nicht der zwölfte Teil auf Kant bezogen. Und von den beiden Königsberger Gelehrten, die am meisten zur Aufstellung von Kants Leben und Schriften getan, stand Rudolf Reicke als Bibliothekar außerhalb des akademischen Lehrkörpers, während Emil Arnoldt ihm nur einige Jahre (1874—1878) als Privatdozent angehört hat, wegen seiner freiheitlichen politisch - religiösen Gesinnung aber nicht befördert worden ist.

An einer anderen Stelle ist das Andenken an den Verewigten besser gepflegt und hochgehalten worden: in der am 22. April (Kants Geburtstag) 1805 von Dr. W. Motherby begründeten K ö - n i g s b e r g e r ,G e s e l l s c h a f t d e r F r e u n d e K a n t s‘, begründet, „auf daß sein Wert als Mensch und Freund nimmerdar vergessen werde, so wie er der Welt als vorzüglicher Denker unvergeßlich und unauslöschbar sei“. Von den vier nächsten Jahren allerdings schweigt die Überlieferung, seit dem 22. April 1810 aber versammelt sich alljährlich diese Königsberger Kantgesellschaft zu einem feierlichen Erinnerungsmahle, um den Worten eines Festredners — seit 1864 des durch das Bohnenlos erwählten „Bohnenkönigs“[1]) — über irgendein Kants Leben oder

---

[1]) Der Bohnenkönig existierte schon seit 1814, doch hatten gewöhnlich Fachmänner den Vortrag (falls ein solcher gehalten wurde) übernommen: so Herbart sechsmal, Schubert dreimal, Rosenkranz, „der König der Redner“, gar 14mal!

Lehre betreffendes Thema zu lauschen. Aus diesem Kreise sind auf solche Weise eine ganze Reihe zum Teil wertvoller Beiträge zur Biographie oder Philosophie Kants hervorgegangen; die meisten davon sind in der zu Königsberg erscheinenden ‚Altpreußischen Monatsschrift' veröffentlicht worden (es wäre sehr zu wünschen, daß eine Sammlung der wertvolleren unter ihnen erschiene).

Und wie die erste große Sammelausgabe von Kants Werken zuerst in dieser Tafelrunde (1836) angeregt worden ist, so verdankt einer Anregung desselben Rosenkranz eben daselbst im Jahre 1852 das Königsberger K a n t d e n k m a l seine Entstehung. Im folgenden Jahre bildete sich ein Ausschuß, bestehend aus den beiden Kantherausgebern Rosenkranz und Schubert, dem Obertribunalsrat (späteren ersten Reichstags- und Reichsgerichts-Präsidenten) Simson, Professor A. Hagen und anderen. Die Herstellung wurde dem bereits 76jährigen berühmten Rauch übertragen, der denn auch die künstlerischen Schwierigkeiten — vor allem bestehend in der bei realistischer Auffassung keineswegs imponierenden Gestalt des Weisen, noch dazu im Zeitkostüm mit Perücke, Haarbeutel, Kniehosen und Schuhen — zu überwinden verstand und ein lebensvolles Modell des Philosophen schuf. Das 1855 in Bronze vollendete Werk kam jahrelang nicht zur Aufstellung, weil man sich über den Platz — Philosophendamm, Altstädtischen Kirchplatz oder einen anderen — nicht einigen konnte, bis es dann 1862 an der Nordwestseite des Schlosses nahe seinem Wohnhaus aufgestellt ward. Seit 12. September 1884 steht es, etwas im Grün der Anlagen versteckt, auf dem heutigen „Paradeplatze" (dem alten „Königsgarten") unweit der neuen Universität.

An Kants 100jährigem Todestage, dem 12. Februar 1904, fand dann unter Teilnahme der Universität, der Spitzen der städtischen und staatlichen Behörden und vieler Kantfreunde von fern und nah eine große Gedenkfeier statt, über die alle Zeitungen berichteten. Seitdem mahnt von der sogenannten Zyklopenmauer des Schlosses eine hohe Erztafel, die an dieser Stelle,

einer der verkehrsreichsten Königsbergs, Vorübergehenden an
die unsterblichen Worte:

Zwei Dinge erfüllen das Gemüt mit immer neuer und
zunehmender Bewunderung und Ehrfurcht, je öfter
und anhaltender sich das Nachdenken damit beschäftigt:

Der bestirnte Himmel über mir

und

das moralische Gesetz in mir.

Schlußkapitel

Kants Persönlichkeit. Seine Nachwirkung

Schon denen, die ihm persönlich näher standen, fiel auf,
daß bei Kant in einem Maße, wie selten bei einem Menschen,
Leben und Lehre, Denken und Handeln e i n s waren: so entschieden hatten in ihm Geist und Wille den Sieg über den Körper,
die Grundsätze den Sieg über Neigungen und Gefühle davon-
getragen. Fragen wir, welche Grundeigenschaften seiner Persönlichkeit in gleicher Weise wie seiner Philosophie das Gepräge
geben, so treten uns vor allem vier entgegen: die W a h r h a f -
t i g k e i t , S e l b s t ä n d i g k e i t , E i n h e i t l i c h k e i t
und V e r n u n f t g e m ä ß h e i t seines Wesens.

I.

Ausgangspunkt und Voraussetzung alles anderen ist seine
tiefgewurzelte W a h r h a f t i g k e i t . Wahrheit ist ihm die
,,Grundvollkommenheit", die ,,erste Bedingung" (Ak.-Ausg. XV,
671)[1]. Unaufrichtigkeit gilt ihm als der schlimmste Fehler eines
Gelehrten und veranlaßt ihn zu aufgebrachten Zornesworten
(gegen Eberhard). Er selbst war im persönlichen Verkehr von
einer fast naiven Offenherzigkeit. ,,Kant ist bei aller seiner Lebhaftigkeit ein treuherziger, unschuldiger Mann" (Hamann).
,,Seine Gewohnheit ist, alles, was man ihm sagt, ohne ausdrücklich Stillschweigen zu verlangen, wieder zu erzählen" (Pörschke

---

[1] Wir beziehen uns im folgenden, um nicht Bekanntes zu wiederholen, meist auf weiteren Kreisen noch unbekannte, zum Teil überhaupt
erst in neuerer Zeit aus seinem Nachlaß veröffentlichte Reflexionen, die
der Leser besonders in Bd. XV der Akademie-Ausgabe findet. Wir verzichten in der Folge auf ermüdende Stellen-Zitate.

zu Abegg). Einen wichtigen Brief Mendelssohns gibt er seinem philosophischen Gegner unbedenklich zu lesen, bloß gegen das Versprechen, keinen Mißbrauch damit zu treiben; ja er teilt ihn sogar dem verschlossenen und mißtrauischen Hippel mit, „der sich über Kants Vertrauen wunderte" (Hamann an Jacobi, 5. Nov. 85). In dieser Hinsicht war er, wie oft die großen Genies, bei aller Weltkenntnis und Weltklugheit doch beinahe wie ein Kind, wie denn die K i n d l i c h k e i t seines Wesens, die sich auch in seinem Blicke ausprägte, von neuen wie von langjährigen Bekannten (Graf Purgstall, Pörschke, Scheffner) in gleicher Weise hervorgehoben worden ist. Damit hängt auch die vollendete R e i n - h e i t seines Denkens und seiner Rede zusammen, die ihn die Dinge, z. B. auch die geschlechtlichen, offen bei ihrem Namen nennen läßt, was gerade seine innere Keuschheit beweist; nach dem Muster der Antike: „Keuschheit in den Ohren; die Alten nicht", wie ein Wort des Nachlasses sagt. Seinem Wahrheitssinn entsprang die Abneigung gegen alles Pathos und alle Rhetorik, seiner Aufrichtigkeit die Gegnerschaft gegen alle geheimen Gesellschaften.

Dasselbe Wahrheitsstreben nun, das ihn im persönlichen Verkehr „Vorurteile, von den er sich leicht begeistern läßt" (!), zu widerrufen und abzulegen nicht scheuen (Hamann), das ihn stets über die Person die Sache stellen ließ, begleitet auch seine gesamte philosophische Arbeit von Anfang bis zu Ende. „Das oberste Prinzip der Buchmacherei, namentlich aber in der Philosophie ist E h r l i c h k e i t", sagt noch sein Nachlaßwerk: „keine Schwächen der Beweisgründe zu verhehlen und keine Meinungen, die temporär sind, für Gewißheit auszugeben". Er konnte mit vollem Rechte schreiben: „Unsere Methode befördert . . . die A u f r i c h t i g k e i t." Daher seine Abneigung gegen den Hochmut des metaphysischen Dogmatismus, sein zeitweiser Übergang zum Skeptizismus oder vielmehr zur „skeptischen Methode", die „auf Gewißheit geht", sein notwendiges Weitergehen zum Kritizismus, der die reinliche Scheidung zwischen Wissen und Glauben trifft und den „sicheren Weg der Wissenschaft" einschlägt.

Denn, wer von Grund aus wahrhaft ist, der ruht nicht eher, als bis er den Dingen auf den Grund gekommen ist, volle K l a r - h e i t des Erkennens erreicht hat. Darum, vom Beginne von Kants philosophischer Laufbahn an, sein stetes Dringen auf Klarheit, auf „Deutlichkeit der Begriffe". Deshalb auch, bei aller teilweisen Verschnörkelung des Stils (Buch III, Kap. 9), die helle Durchsichtigkeit der Gedanken, die einen Goethe dem jungen Schopenhauer bekennen ließ: „Wenn ich eine Seite im Kant lese, ist mir zu Mute, als träte ich in ein helles Zimmer." Ja eben daher, aus dem Drang nach unbedingter Wahrheit, nach strengster Gewissenhaftigkeit auch im Ausdruck, stammt jene den Leser anfänglich oft abschreckende Umständlichkeit der kritischen Sprache, die seiner Unterhaltung durchaus nicht eigen war. Als ein unumgängliches Erfordernis echter Wissenschaft gilt ihm eben die G r ü n d l i c h k e i t , um derentwillen er selbst seinen Hauptgegner, Christian Wolff, dessen Philosophie zu stürzen seine erste Aufgabe war, an einer wichtigen Stelle (zweite Vorrede zur Kritik der reinen Vernunft) preist als den „Urheber des bisher noch nicht erloschenen Geistes der Gründlichkeit in Deutschland". Und darum andererseits seine gründliche Abneigung, philosophische Fragen auf „geniemäßige Art" zu behandeln, auf welche „Ehre" er gern Verzicht tue. „Einsichten sind bloß die Wirkung der anhaltenden A r b e i t und Geduld."

II.

Gewißheit, soweit sie dem Menschen möglich ist, kann er nur aus der innersten Tiefe des eigenen Ich schöpfen. Wahrheitssinn und Klarheitsdrang, die den Dingen auf den Grund gehen, sind darum unauflöslich verbunden mit festem Aufsichselbststehen. S e l b s t ä n d i g k e i t charakterisiert demgemäß ebenso Kants Lebensgang — „er ward alles durch sich selbst" (Jachmann) — und seine Lebensführung wie seine Philosophie: von seiner ersten kraftbewußten Jugendschrift bis zu dem letzten Alterswerk. Hume, Rousseau und andere können ihm wohl wichtige Anstöße geben, vermögen aber nicht sein innerstes Wesen umzugestalten. Selbständige Prüfung gehört zum Wesen des

Kritizismus, der ja schon seinen Namen vom Prüfen und Scheiden trägt; sie treibt ihn vom Dogmatismus — ein Spinoza ist
ihm deshalb unverständlich — hinweg zur Wertschätzung der
M e t h o d e anstatt des fertigen „Systems"; des Philosophierens,
das er seinen Schülern und Lesern immer wieder ans Herz legt,
anstatt „der" Philosophie; wie er denn auch seine eigenen „bloß
nachbetenden" Anhänger geringschätzt (an Reinhold, 21. Sept. 91).
Methode heißt, nach dem griechischen Ursprung des Wortes: das
den Dingen (bis auf den Grund) Nach g e h e n , bleibt also in
beständiger Bewegung, Entwickelung. Sie ist in Kants Philosophieren, im Einzelnen wie im Ganzen, die stets vorwärts trei-
bende und zugleich schaffende Kraft. Nichts bleibt ihr bloß
„gegeben"; alles ist „spontan", das heißt aus dem Denken heraus,
von neuem zu e r z e u g e n in Wissenschaft, Sittlichkeit
und Kunst. Daher verrät es ein feines Verständnis seines innersten Wesens, wenn einer seiner Freunde von Kant sagte: „er
lernte immer fort, erneuerte sich täglich" (bei Schubert XI 2,
180).

Diese nicht draußen suchende, sondern aus dem eigenen
Innern beständig neu hervorbringende geistige Schöpfertätigkeit ist
es, die seine Weltanschauung zum I d e a l i s m u s , freilich
dem kritischen, macht; denn die „größte Handlung" unseres
„dirigierenden Verstandes" besteht in der „ganzen Bestimmung
unserer theoretischen und praktischen Natur".

„Die Welt ist das, wozu wir sie machen." Von der t h e o -
r e t i s c h e n Bedeutung dieses gewaltigen Satzes, von der dadurch bewirkten kopernikanischen „Revolution der Denkungsart"
ist das Nötige schon im ersten Kapitel des dritten Buches gesagt worden. Und noch sind Kants heutige Nachfolger, vor allem
die Neukantianer der sogenannten „Marburger" Schule, daran,
diesen das philosophische System selbst erst erzeugenden logischen oder methodischen Idealismus noch strenger zu begründen und allseitiger auszubauen. Noch gewaltiger jedoch ist seine
p r a k t i s c h e Bedeutung auf dem Gebiete der Ethik und der
durch sie bestimmten Welt des Wollens und des Handelns. Wenn
F r e i h e i t im Nachlaß einmal als „das Vermögen" erklärt

wird, „sich durch die intellektuelle Willkür allein zu bestimmen",
oder an einer anderen Stelle derjenige „frei" genannt wird, „so
von sich selbst abhängt", wenn der Wahlspruch der Aufklärung
lautet: Habe den M u t , Dich Deines eigenen Verstandes ohne
Hilfe eines anderen zu bedienen, so schlägt eben hier die theoretische Selbständigkeit unmittelbar in die praktische um. Nicht
bloß in der Philosophie, auch im Leben sollen wir endlich einmal
aus der von uns selbst verschuldeten Unmündigkeit heraustreten:
der häuslichen in der Familie, der bürgerlichen im Staate, der
„frommen" in der Kirche (XV, 898); denn e i n m a l müssen
doch alle diese Übel ein Ende haben. Diese Mündigkeitserklä-
rung des Menschen auf allen Gebieten war es, die unter anderen
unseren Schiller so ergriff, daß er gegen Goethe äußert: Nie sei
ein größeres Wort gesprochen worden als das Kantische: Bestimme Dich aus Dir selbst!

Freilich bedeutet dies „Du selbst" bei unserem kritischen
Philosophen nicht das unbeschränkte Ich der Romantiker von
Friedrich Schlegel und Schelling bis zu Stirner und Nietzsche
oder gar den in der großen Weltenwende seit 1914 kläglich zu-
sammengebrochenen modernsten Vertretern des schrankenlosen
„Sichauslebens" ihrer eigenen kleinen Persönlichkeit. Sondern
es ist das Ich, im Theoretischen gezügelt durch die strenge Wissenschaft, im Praktischen durch das selbstgegebene Pflichtgesetz
des kategorischen Imperativs. Denn „der Wert des Lebens besteht in dem, was man tut, nicht in dem, was man genießt".
Darum heißt „der praktische Philosoph, der Lehrer durch Weisheit in Lehre und Beispiel", der „eigentliche" Philosoph, der
„Lehrer im Ideal", und hat, wenn es um die „letzten Zwecke
der menschlichen Vernunft" geht, die praktische Vernunft den
Vorrang („Primat") vor der theoretischen.

Es ist nach allem früher Gesagten unnötig, die Durchführung dieses Kantischen Freiheits-, das heißt Selbstgesetzgebungs-
Prinzips auf theoretischem, ethischem, politischem, religiösem und
pädagogischem Gebiet hier nochmals zu beleuchten. Werfen wir
lieber, an der Hand eigener Aussprüche oder zuverlässiger Zeugnisse, noch einen Blick auf dessen persönliche Grundlage: Kants

Selbständigkeits- und Unabhängigkeitssinn. Lieblingswahlsprüche
von ihm sind das: ,Quod petis, in te est, ne tu quaesiveris extra'
des Persius, das ,Mihi res, non me rebus subiungere conor' des
Horaz. „Nur was wir selbst machen", schreibt er 26. Januar 1796
an Plücker, „verstehen wir aus dem Grunde". „Sich nicht an die
Nachrede, das seichte oder boshafte Urteil anderer kehren", heißt
es ein andermal. Aberglaube ist Feigheit, weil Faulheit der Vernunft, selbst zu denken. Ein mutiger Mensch „hofft und fürchtet
nichts, ein feiger alles". Dieser Mannhaftigkeit seiner Gesinnung entspringt seine Vorliebe für das ,Sustine et abstine' der
stoischen Ethik. Tugend ist „moralische Gesinnung im Kampfe",
ist „die moralische Stärke in Befolgung seiner Pflicht", und zwar
muß sie, gerade wie auf theoretischem Gebiet die Wissenschaft,
stets aufs neue von uns e r z e u g t werden, „immer ganz neu
und ursprünglich aus der Denkart hervorgehen" (Anthropologie).
Als wahrhaft selbständige Natur haßt er alle Schmeichelei und
Kriecherei, allen Hochmut und Dünkel, sei es bei den Großen
der Erde oder den Gelehrten — er verurteilt die Verbindung
der letzteren mit den ersteren oder mit den „Politikern vom
Handwerk" (an Kiesewetter, 15. Okt. 95) —, und bekämpft alle
sogenannten Standesunterschiede, „die doch größtenteils von der
Meinung abhängen" (desgl. 28. Juni 96). Nie anmaßend, sondern
kritisch gegen sich selbst, zeigt er sich gegen andere, schon aus
Achtung vor ihrer Persönlichkeit, bescheiden, dienstfertig, gefällig, uneigennützig. Dagegen besitzt er nicht die christliche,
vielleicht mehr paulinische Tugend der Demut, sondern hat sie
öfters als bedauernswerte Selbstentwürdigung getadelt.

Gewiß hat Kant an sich selbst gedacht, wenn er einmal
(XV, S. 528) den „hohen" Geist als den beschreibt, „der an
keinem Dinge hängt und durch nichts in Ansehung seiner großen
Absicht . . . zurückgehalten wird, nicht durch Furcht, Eigennutz
und Eitelkeit". Ähnlich sahen wir ihn ja in den ,Träumen eines
Geistersehers' und dem beinah gleichzeitigen Briefe an Herder
sich äußern. Deshalb ist er, trotz aller sozialen und Staatsgesin-
nung (s. Kap. 4), im letzten Grunde, als Persönlichkeit, doch
I n d i v i d u a l i s t.   Ja, wir dürfen wohl noch mehr sagen.

Aus seinen Briefen wie aus seinen Werken spricht an einzelnen Stellen deutlich wahrnehmbar ein Zug der Einsamkeit des über seine Umgebung geistig weit hinausgewachsenen Genies, die zu seiner Kühle gegen die Blutsverwandten und vielleicht auch zu seinem Junggesellentum — ähnlich wie bei Spinoza, Schopenhauer, Nietzsche — mit beigetragen hat[1]). Um so mehr ziehen sich dann solche überragenden Geister auf den innersten Kern ihrer Persönlichkeit, auf ihr eigentlichstes Lebenswerk zurück.

III.

Ernstes, den Dingen auf den Grund gehendes Klarheits- und Wahrheitsbedürfnis bringt den Menschen nicht bloß zu geistiger Selbständigkeit, sondern läßt ihn auch nicht eher ruhen, als bis er zu möglichster Einheitlichkeit und Folgerichtigkeit seines Denkens und Handelns durchgedrungen oder, mit Kantischen Worten, zur ,,Gründung eines Charakters" gelangt ist. So war es auch bei unserem Kant.

Natürlich hat auch bei ihm in dieser Hinsicht eine seelische Entwicklung stattgefunden. Wir wissen zu wenig aus seinen jüngeren Jahren, als daß wir bestimmte Behauptungen wagen dürften. Nur eins läßt sich mit großer Wahrscheinlichkeit vermuten, nämlich daß bei dem anscheinend so ,,nüchternen" und besonnenen, trockenen Kant diese ,,Gründung seines Charakters" nicht ohne heftige Gemütsbewegungen vor sich gegangen ist. Darauf lassen nicht bloß diejenigen Stellen seiner Ethik, an denen er eine völlige ,,Revolution der Denkungsart" für den neuen, sittlich wollenden Menschen fordert, sondern deutlicher noch eine anscheinend bisher fast[2]) nirgends beachtete Stelle seiner Anthropologie in dem Abschnitt ,Von dem Charakter' (S. 238 meiner

---

[1]) So auch F. A. Schmid in seiner feinsinnigen Studie ,Kant im Spiegel seiner Briefe' (Kantstudien IX, 307—320), die, obwohl wir dem Verfasser nicht in allen Punkten beipflichten, als Charakteristik Kants sehr schätzenswert ist.

[2]) Außer bei Weininger (,Geschlecht und Charakter', Wien 1905, S. 209). Ich halte es für gerecht, darauf hinzuweisen, daß dies Buch des bekannten Antifeministen manche wertvolle Bemerkung über Kants Persönlichkeit enthält.

Ausgabe) schließen. Dort äußert er sich mit einer Ergriffenheit, die — gerade weil sie in seinen Schriften so selten ist — nur aus eigenem inneren Erleben herrühren kann, über eben diese „Gründung eines Charakters" beim Menschen. Er nennt sie „gleich eine Art Wiedergeburt", verbunden mit „einer gewissen Feierlichkeit der Angelobung, die er sich selbst tut", so stark, daß sie „die S t u n d e , in der diese Umwandlung in ihm vorging, gleich einer neuen Epoche ihm u n v e r g e ß l i c h mache". Und weiter: die Festigkeit in Grundsätzen könne nicht nach und nach, sondern nur „gleichsam durch eine Explosion, die auf den Überdruß am schwankenden Zustande des Instinktes auf einmal erfolgt", bewirkt werden.

Den Zeitpunkt, in dem sich diese „Art Wiedergeburt" in Kants Innerem vollzog, dürfen wir uns wohl nicht zu früh denken. Wie sich überhaupt die Weltanschauung eines Mannes in der Regel nicht vor dem 30. Jahre festzusetzen pflegt, so meint auch Kant an unserer Stelle, es würden „vielleicht nur wenige sein", die sie (die „Umwandlung") „vor dem 30. Jahre versucht", noch wenigere, „die sie vor dem 40. fest gegründet haben" (vgl. Ak.-A. XV, 873, wo sie dem 40. zugeschrieben wird). Damit würde stimmen, was wir im 1. Kapitel des zweiten Buches aus jener bedeutsamen Stelle in dem Briefe an Lindner vom 28. Oktober 1759 geschlossen haben. Einigermaßen bestätigt würde eine solche Annahme durch eine anscheinend um die n ä m l i c h e Zeit auf den Umschlag eines Briefes von demselben Lindner vom 20. Oktober 1759 geschriebene Notiz: „Man muß bei einerley Maximen bleiben" (Ak.-Ausg. XV, Nr. 1343). Allerdings könnte die entscheidende Wendung auch erst einige Jahre später durch die tiefgreifende Wirkung Rousseaus, die ja nahe seinem 40. Lebensjahre eintrat, veranlaßt worden sein. Längere Zeit vollzogen ist sie jedenfalls schon im Jahre 1766, an dessen 8. April er die bekannten Worte an Mendelssohn schreibt, daß die „wetterwendische" Gemütsart diejenige sei, in die er niemals geraten werde.

Die Gründung eines Charakters aber, so fährt jene Anthropologie-Stelle fort, bedeutet: „Absolute E i n h e i t des inneren Prinzips des Lebenswandels überhaupt . . . Fragmentarisch ein

besserer Mensch werden zu wollen, ist ein vergeblicher Versuch."
„In der Einheit des Charakters besteht die Vollkommenheit des
Menschen", lautet eine Notiz aus der Zeit um 1777 (XV, S. 533).
Deshalb ist „das Erste, was der Mensch tun muß, daß er die
F r e i h e i t unter Gesetze der E i n h e i t bringt; denn ohne
dieses ist sein Tun und Lassen lauter Verirrung". Aus diesem
Grunde wird daher auch — an zahlreichen Stellen der Schriften
wie des Nachlasses — immer wieder der Charakter, das heißt
der Wille nach G r u n d s ä t z e n , dem „Naturell" oder Tem-
perament, als dem Willen nach I n s t i n k t , entgegengesetzt. Der Charakter muß das Naturell „dirigieren"; er allein
macht den Wert des Menschen aus. Ja, der „rigoristische" Ethiker
Kant schätzt den bösen Charakter höher als den gutmütigen
Schwächling (Anthropol., S. 236 f.) — Schwäche ist noch keine
Tugend — und versteigt sich zu dem Ausspruch: „Es ist eher
zu ertragen, daß jemand böse in Grundsätzen ist, als im Guten
inkonsequent" (XV, S. 542). So ward denn auch seine eigene
Lebensführung mehr und mehr „eine Kette von Maximen" (Jachmann); und doch machte er auf keinen seiner Schüler oder Bekannten, von dem jungen Herder bis zu Abegg, den Eindruck
eines eigentlichen Pedanten, über die er sich im Gegenteil in
seinen Schriften und Gesprächen (Abegg) lustig machte.

Von Pedanten, z. B. gelehrten Philologen ohne Weltkenntnis,
versprach er sich auch in der P h i l o s o p h i e nicht viel. Man
könne sich wohl dem allgemeinen Geschmack anbequemen, ohne
Nachteil der Gründlichkeit (XV, 531). „Ermahnungen" findet
er langweilig (ebd. Nr. 1192). Das Genie vermöge sogar trockenen
Prinzipien Schwung zu geben. Aber vorher — und damit kommen wir zur Hauptsache zurück — müssen eben diese Prinzipien
fest gegründet sein, und das kann nur auf s c h u l -, nicht auf
g e n i e mäßige Art geschehen, und zwar durch eiserne Konsequenz. „K o n s e q u e n t zu sein", so lautet das berühmte
Wort in der Kritik der praktischen Vernunft (S. 30), ist „die
größte Obliegenheit eines Philosophen", die gleichwohl am seltensten angetroffen werde. Und dem letzten Jahrzehnt seines
Lebens entstammt das rückschauende Wort: „Die kritische Philo-

sophie, wenn man einmal nur kurz die Schule derselben gemacht hat, dient dazu, in alle seine Geschäfte Ordnung, Zusammenhang und Methode zu bringen."

IV.

Konsequenz bedeutet Einheit des Prinzips, Einheitlichkeit der Lehre, Einhelligkeit der Grundsätze. Grundsätze aber werden — in Leben wie Lehre — gesetzt durch V e r n u n f t. Ein Charakter ist nach Kant um so ausgeprägter, je mehr in ihm die Vernunft über die Leidenschaften und Neigungen triumphiert. Nicht immer ist das bei ihm schlechthin der Fall gewesen. Wir haben den Einfluß Rousseaus auf ihn kennen gelernt, und wenigstens vom Enthusiasmus rühmte noch der 40jährige, daß ohne ihn nie etwas Großes ausgerichtet worden sei (‚Über die Krankheiten des Kopfes‘, 1764). Allein er hatte, und zwar gerade während der Zeit, in der er in jahrelanger schwerster Gedankenarbeit sein System schuf, eingesehen, daß auf Gefühl und Genie keine Philosophie zu begründen ist. Darum wendet er sich von Rousseau ab. Darum läßt er sich auch als Mensch, je länger je mehr, von seiner selbst gesetzten Lebensaufgabe erfassen, so sehr, daß er sein Leben immer grundsatzmäßiger gestaltet, den Neigungen und Gefühlen immer weniger Einfluß eingeräumt hat.

Daher seine grundsätzliche Ablehnung alles „Gefühlvollen", der „phantasievollen", „schimmernden" Denkungsart (XV, 591). Daher sein von uns gekennzeichnetes Verhältnis zur Dichtung, den bildenden Künsten, der Musik, seine gehaltene Naturfreude, sein kühles Verhältnis zu den Geschwistern und so manche andere ähnliche Züge, die uns im Laufe unserer Darstellung begegnet sind, und die sich naturgemäß mit seinen zunehmenden Jahren verstärken. „Voll an Empfindung", für Goethe das Kennzeichen des echten Dichters, bedeutet unserem Philosophen — „leer an Gedanken" (XV, 105). Der Verstand ist die „oberste Kraft der Seele", und es ist traurig, wenn er, „der große Herr", hinter dem Pöbel der Leidenschaften einhergeht.

Am stärksten tritt dieser Zug naturgemäß in der Ethik hervor. Und zwar schon in den 70er Jahren, wie eine Reihe bisher größtenteils noch unbekannter Veröffentlichungen aus dem Nachlaß beweisen, von denen wir einige besonders prägnante hier folgen lassen: „Weichmütigkeit" ist „das falsche Mitleid" und die „Modepanacee" und „Herzstärkung unserer Moralisten" (XV, 517). Es ist „eine Art Opium, welches ein erträumtes Wohlbefinden wirkt und zuletzt das Herz welk macht". Nichts ist allem C h a - r a k t e r mehr entgegen. „Man muß den steifen Nacken unter die Pflicht beugen. Es gibt keine Tugend als im wackeren Herzen und kein wacker Herz ohne Macht der G r u n d s ä t z e." „Gefühle machen das Gemüt reizbar, aber bessern nicht das Herz und bilden keinen C h a r a k t e r". Die „Gutherzigkeit macht es nicht aus", sondern Achtung vor dem menschlichen R e c h t , n i c h t aus R e l i g i o n , sondern aus M e n - s c h e n p f l i c h t . Selbst die Tugend ist erst dann die rechte, wenn sie nicht dem Enthusiasmus der Großmut, sondern „kalter Überlegung nach Grundsätzen" entspringt.

Diese stete Beziehung auf Grundsätze, so gerechtfertigt sie einer so gefühlsseligen Zeit wie der seinigen gegenüber sein mochte, hat entschieden etwas Nüchternes, ja Hartes: zumal wenn man sich vorstellen soll, daß er „nicht die gewöhnlichste Handlung mechanisch und nach Herkommen und altem Brauche, sondern immer nach eigenem Räsonnement und womöglich nach einer von ihm verbesserten Methode" ausgeführt hätte. — Allein abgesehen davon, daß sich diese Äußerung Dr. Elsners (bei Jachmann, S. 203) in ihrem dortigen Zusammenhang mehr auf seine medizinische Selbstbehandlung zu beziehen scheint, beweist sie doch wieder vor allem seine selbständige und konsequente Art. Und wenn einzelne Bekannte seiner Altersjahre zu Abegg meinten, Kant habe sich „zu hoch hinauf philosophiert", als daß er z. B. warme Freundschaft und Liebe zu fühlen vermöge, so liegt das mit an der spröden, wir möchten sagen keuschen norddeutschen Art, die das innerste Gefühl gern verbirgt, „anderen nicht preis gibt" (XV, 518). Jenen unmittelbaren Ausdruck des Gefühls freilich, den wir an unseren großen Männern lieben, ja auch das tiefere Verständnis für das Unmittelbare und Unbewußte unseres Gemütslebens vermissen wir an seiner kühl-verständigen Art.

Dagegen hat es ihm an lebhaftem Gefühl für das als recht Erkannte, für „das, was nach Grundsätzen gebilligt und mißbilligt wird" (XV, 733) keineswegs gemangelt. Er verübelt selbst dem Manne nicht die „Träne im Auge", sobald die Leiden anderer oder das schwächere Geschlecht ihn „zur Teilnehmung rühren" (Anthropol., S. 189, 199). Er empfindet sogar Begeisterung für das, was sein s o l l , für das reine Gute, insbesondere für seine politischen Ideale. Wie hätte er sonst „jahrelang" und im Widerspruch mit den anderen „der Revolution das Wort reden" sollen! Wie hätte er jene mächtige Wirkung auf seine Zuhörer und Leser entfalten können, die nun schon mehr denn anderthalb Jahrhunderte für die Großartigkeit seines Wesens zeugt!

Damit stehen wir im Grunde schon bei einer anderen Frage, der nach seiner seelischen Naturanlage, seinem T e m p e r a m e n t .

V.

Es ist allerdings die Frage, ob man überhaupt von einem vorherrschenden Temperamente bei unserem Philosophen sprechen darf: so sehr wird bei ihm das „Naturell" durch den Charakter „dirigiert" und beherrscht. Immerhin, da Kant selbst in seinen populären Schriften und den ‚Reflexionen' häufig und gern die Lehre von den sogenannten „Temperamenten" anwendet, möge sie auch hier zur bequemeren Kennzeichnung seiner seelischen Anlage dienen.

Am wenigsten besaß er sicher von dem stärksten, dem „cholerischen" Temperament, obwohl ausnahmsweise auch er, sei es in scharf zugespitzten Diskussionen, noch mehr aber bei Dingen, die sein sittliches Gefühl empörten, in Hitze geraten konnte. Vom Phlegmatiker war ihm die gute Seite eigen: der oft von ihm gepriesene G l e i c h m u t , der nicht mit Gleichgültigkeit und noch weniger mit Empfindungslosigkeit zu verwechseln ist. Auch ein gewisses mit dem Alter zunehmendes Ruhebedürfnis, das ihn an die gewohnte Umgebung fesselt, alle Rufe nach auswärts, überhaupt alles, was ihn aus seinen Gewohnheiten heraustreiben könnte, immer entschiedener ablehnen läßt, könnte man hierher ziehen; indes hängt diese Abweisung alles dessen, was ihn von

der einmal gewählten Bahn und Lebensaufgabe abzulenken vermocht hätte, doch zu sehr mit seinem in den beiden vorigen Abschnitten charakterisierten bewußten Überlegen und Wollen zusammen, als daß man von einem natürlichen Kaltsinn oder gar
Quietismus reden könnte.

Aber war Kant nicht — wie Vaihinger (Kantstudien II,
139 ff.) gefragt hat — vorherrschend M e l a n c h o l i k e r ? In
der Tat schreibt er sich, an einer Stelle der ‚Macht des Gemüts‘
(S. 152) eine „natürliche Anlage zur Hypochondrie“ zu, die „in
früheren Jahren bis an den Überdruß des Lebens grenzte“. Allein
er leitet dieselbe doch gerade an dieser Stelle von rein körperlichen Ursachen, nämlich seiner „flachen und engen“, die Bewegung des Herzens und der Lungen einengenden Brust her und
erzählt, wie er durch den festen Vorsatz ihrer Meister geworden
sei. Auch die in den ‚Beobachtungen‘ (1764) vorkommende Schilderung des Melancholikers, auf die Vaihinger sich bezieht, erinnert vielfach an Kant selbst, wie auch wir bei ihrer Erwähnung
(Buch II, Kap. 3) betont haben. Außer dem Briefe von 1759
an Lindner könnte man noch manche andere pessimistische
Äußerung über den Wert des menschlichen Lebens hierher
ziehen; wie denn überhaupt ein Zug zur stillen Resignation gewiß
zuweilen bei ihm hervortritt. Warum sollte er auch nicht, wie
fast jeder tiefer empfindende Mensch, besonders in den Über-
gangsjahren zum Mannesalter, melancholische Stimmungen oder
gar Perioden durchgemacht haben?

Indes der Kant der Reifezeit zeigt doch, in Leben und Lehre,
ein vorherrschend anderes Gepräge. Während er sich „in der
Brust beklommen fühlte“, herrschte „im Kopf doch Ruhe und
Heiterkeit“. Diese r u h i g e , innere und äußere, H e i t e r -
k e i t ist es, die den Grundzug seines Wesens ausmacht. Er
besitzt die köstliche Gabe des Humors und liebt sie auch bei
anderen; daher die frühe und bis ins Alter bewahrte Vorliebe
für die humoristischen und satirischen Schriftsteller, zumal die
behagliche Breite der Engländer. Lachen dünkt ihm besser als
Weinen, „Demokrit besser als Heraklit“ (XV, 622), und es ist
nützlicher, die Torheiten der Menschen, die eigenen nicht aus-

genommen, zu belachen und doch ihr Freund zu bleiben, anstatt sie
„gleichsam mit Furien zu verfolgen" (ebd. S. 215 Anm.). Daß diese
seelische Heiterkeit, um mit seinem eigenen Ausdruck zu reden,
„auch in der Gesellschaft . . . sich mitzuteilen nicht ermangelte",
bezeugen alle diejenigen, welche seinen persönlichen Umgang zu
genießen das Glück hatten. Besonders drastisch der in seinen Ausdrücken immer etwas derbe Hamann in dem mehrerwähnten Briefe
an Jacobi vom 9. April 1786: „Er plaudert lieber, als er hört
. . . Er ist ein sehr angenehmer Schwätzer in Gesellschaften und
könnte es noch unterhaltender für das Publikum sein."

Als die drei besten „Güter der Seele" bezeichnet er zu Anfang der 70er Jahre einmal zusammenfassend: „einen gesunden
Verstand, ein fröhlich Herz, einen freien, über sich
selbst herrschenden Willen" (XV, 320, vgl. S. 257, 258). Reue
und Askese sind ihm verhaßt, weil unfruchtbar: „Laßt uns also
unser Leben wie ein Kinderspiel ansehen, in welchem nichts
ernsthaft ist als Redlichkeit, ein gut Herz und Wohlanständig-
keit (Pflicht gegen sich selbst)" (ebd. 213). Und sein Verhalten
gegen die Mitmenschen faßte er am liebsten — wie wir sahen,
noch in seinen letzten Tagen — in das Wort „Humanität"
zusammen, das er einmal mit den einfachen Worten erklärt:
„Wechselseitiges Wohlwollen, mit gegenseitiger Achtung verbunden"; wie er denn auch von sich selbst gern mit dem Terenz-
Wort bekannte: Homo sum; humani nihil a me alienum puto
(Ich bin ein Mensch, nichts Menschliches ist mir fremd)!

VI.

Wichtiger als die etwas zweideutige Temperamentsfrage, ob
Kant mehr Sanguiniker oder mehr Melancholiker gewesen sei, ist
die andere: wie er sich zu Welt und Menschen überhaupt gestellt
hat; ob im Sinne des Pessimismus oder des Optimismus.

In der Beurteilung der Menschheit, wie sie tatsächlich ist,
zeigt unser Weiser recht häufig sich stark pessimistisch.
Die Welt erscheint ihm als ein „Narrenspital"; er wirft die Frage
auf, „ob nicht alle Menschen in gewisser Weise gestört sind",
und der Mensch nicht nach Haller „ein zweideutig Mittelding

von Engeln und Vieh" sei (XV, 211). „Kleinigkeiten", so sagen
andere Reflexionen des Nachlasses, „machen das Wichtige ihres
Lebens aus", von Grundsätzen r e d e n sie nur, sie sind „voll-
gepfropft von Torheit". In der menschlichen Natur steckt
eine „große Portion Wind", die „in allen Teilen derselben ihren
Sitz genommen hat". ,Mundus vult decipi', nur die Einbildung macht die meisten glücklich. Der Mensch ist „von
Natur böse". „Die größten Übel tun sich die Menschen
untereinander an". So ist denn auch des Menschen Bestimmung nicht, „hier jemals glücklich zu werden", sondern
er ist das „geplagteste unter allen Geschöpfen". Und wie aus
eigener Erfahrung gesprochen, klingt der Satz: daß der, „so
durch das g u t e E n d e seines Lebens wegen der V e r d r i e ß -
l i c h k e i t e n d e r j ü n g e r e n J a h r e sich schadlos gehalten glaubt, doch auf eben die Bedingungen das geführte Leben
nicht wieder anfangen würde". Und doch haben ihn seine
Altersbekannten für einen glücklichen, ja einen der glücklichsten
Menschen gehalten. Ob er selbst sich diese Frage wohl aufgeworfen hat? Vielleicht ist er der Größe seines Glückes, das freilich nicht im Genießen, sondern in der vollen Erfüllung seiner
Lebensaufgabe lag, sich gar nicht bewußt geworden. Oder vielleicht w o l l t e er auch gar nicht glücklich (im gewöhnlichen
Sinne des Wortes) sein. Absolute Zufriedenheit galt ihm als
„Stillstand aller Triebfedern oder Abstumpfung der Empfindungen"; Schmerz dagegen als „der Stachel der Tätigkeit", in
der wir „allererst unser Leben fühlen" (Anthropologie).

Seine Endentscheidung liegt jedenfalls trotz alledem in der
Richtung des O p t i m i s m u s. Trotz seiner Einsicht in die
„Verderbtheit der schlimmen Rasse, welche Menschengattung
heißt" (Schluß der Anthropologie) — eine Einsicht, die sich nicht
bloß bei dem Urheber dieses Wortes, dem großen Friedrich, son-
dern auch bei dem greisen Philosophen mit zunehmenden
Jahren gesteigert hat —, hält er im letzten Grunde an seinem
Rousseauschen Glauben an die ursprünglich gute Anlage der
Menschennatur, vor allem aber an seinem Z u k u n f t s g l a u b e n
fest. „Der Mensch hat keine unmittelbare Neigung zum Bösen,

aber das Gute liebt er aufrichtig und unmittelbar. Das Böse
zieht er aus Verleitung, mit innerem Widerwillen, vor." Diese
Reflexion (XV, S. 614, Nr. 1409) entstammt allerdings (nach
Adickes) noch den 70er Jahren. Aber Kants gesamte Geschichtsphilosophie und Ethik, sein politischer und religiöser Glaube sind
nur unter der Voraussetzung seines festen Glaubens an die Macht
und den endlichen Sieg des Guten denkbar. Gerade die Tatsache, d a ß wir jenes wegwerfende Urteil über die Menschengattung, wie sie i s t , fällen, beweist nach ihm unsere „moralische Anlage". So steht denn bei ihm, wie bei allen großen
Naturen — sei es religiösen wie Augustin oder Luther, sei es
Staatsmännern wie Friedrich der Große oder Bismarck, sei es
Dichtern wie Schiller oder Philosophen wie dem Redner an die
deutsche Nation — neben der p e s s i m i s t i s c h e n Beurteilung der W i r k l i c h k e i t oder Gegenwart der unerschütter-
liche o p t i m i s t i s c h e Idealismus des Z i e l s :

„Ich glaube festiglich, daß alle Keime des Guten noch entwickelt werden sollen. Sie liegen in uns; der Mensch war vor
das gesellschaftliche Ganze geschaffen. Dieses muß einmal die
größte Vollkommenheit erlangen und darin jeder einzelne. Alsdann dauert sie immer" (XV, 784). Und als die Bedingungen
einer „allgemeinen Verbesserung" gelten ihm: Freiheit der Erziehung, bürgerliche Freiheit und Religionsfreiheit. Freilich —
„noch sind wir ihrer nicht suszeptibel" (ebd. 899, vgl. überhaupt
S. 885—899).

Doch er vertraut auf die J u g e n d , hofft von ihr Verbreitung seiner Philosophie, bleibt mit ihr bis in seine höchsten
Jahre in Verkehr und — bleibt im Inneren selbst jugendlich.
Das erkannte Schiller an, wenn er noch 1797 in dem „alten Herrn",
trotz seines philosophischen „Kanzleistils", etwas „wahrhaft
Jugendliches" entdecken wollte; und Goethe, der ewig Junge,
hat noch ein Jahr später ähnlich über ihn geurteilt (an Schiller,
28. Juli 1798). Es lebte eben auch in Kant etwas:

> „Von jener Jugend, die uns nie entfliegt,
> Von jenem Mut, der früher oder später
> Den Widerstand der dumpfen Welt besiegt . . ."

Wenn Schiller am 5. Mai 1795 an den ihm allzu enthusiastischen Erhard schreibt: „Glühend für die I d e e der Menschheit, gütig und menschlich gegen den e i n z e l n e n Menschen, und gleichgültig gegen das ganze G e s c h l e c h t , wie es w i r k l i c h vorhanden ist — das ist mein Wahlspruch": so gelten die beiden ersten Attribute auch für Kant. Nur „gleichgültig" gegen die vorhandene Menschenwelt würde er sich wohl kaum genannt haben, ob der 74jährige gleich in der Anthropologie (S. 288) meint, daß „nicht viel damit zu prahlen sei". Aber, feuriger als Schiller und Goethe in ihren letzten Jahren, verlor er trotzdem seinen Glauben auch an die gegenwärtige Menschheit nicht. Derselbe 74jährige schließt im ‚Streit der Fakultäten' seine Beweisführung mit den nachdrücklichen Worten: „Es ist also ein nicht bloß gutgemeinter und in praktischer Absicht empfehlenswürdiger, sondern a l l e n U n g l ä u b i g e n z u m T r o t z auch f ü r d i e s t r e n g s t e T h e o r i e h a l t b a r e r Satz: daß das menschliche Geschlecht im F o r t s c h r e i t e n z u m B e s s e r e n immer gewesen sei und so fernerhin fortgehen werde . . ."

* * *

Nur aus einer solchen Persönlichkeit konnte eine Philosophie hervorgehen, die so gewaltig, wie bisher keine zweite, den deutschen, ja bis zu einem gewissen Grade den europäischen Geist befruchtet hat. Die unmittelbare Wirkung der neuen Lehre auf die Zeitgenossen haben wir bereits an verschiedenen Stellen geschildert. Aber die mittelbaren N a c h w i r k u n g e n gingen weit über diese ersten Eindrücke hinaus. Nur in kurzen Strichen versuchen wir sie hier zu zeichnen.

Es hieße einen großen Teil der Kirchengeschichte des 19. Jahrhunderts schreiben, wenn wir die wichtige Einwirkung Kants auf die T h e o l o g i e darlegen wollten. Der Kantische „Vernunftglaube" (Rationalismus) blieb fast ein halbes Jahrhundert hindurch in der theologischen Wissenschaft wie im evangelischen Gemeindeleben vorherrschend, ja selbst auf den Katholizismus nicht ohne Einfluß. — In der P h i l o l o g i e ist Gottfried Her-

manns künstlerische Auffassung der antiken Sprachformen durch
Kants Ästhetik befruchtet worden, über die er in seinen jungen
Jahren Vorlesungen gehalten hat; auch sonst hat er sich zur
Methode wie zur Ethik des Königsbergers bekannt. Ähnlich steht
es, wie wir schon wissen, mit Wilhelm von Humboldt. Aus allen
seinen Arbeiten, den ästhetischen wie den sprachwissenschaft-
lichen, spricht derselbe Kantische Geist, wie aus seinem politischen Denken und Schaffen. — Von Vertretern der G e -
s c h i c h t s forschung der nächsten Epoche hat vor allem Nie-
buhr, ihr erster Lehrer an der neuen Berliner Universität, von
späteren, wenigstens in seiner ethischen Auffassung, auch Schlosser unter Kants Einfluß gestanden. — Von den R e c h t s -
gelehrten haben sich Thibaut, der noch selbst 1793 zu des Meisters
Füßen gesessen, der Begründer der historischen Rechtsschule Hugo
und der Urheber der modernen Strafrechtswissenschaft Anselm
Feuerbach lebenslang dankbar als, wenn auch selbständige, Anhänger des großen Philosophen bekannt. — Wie befruchtend für
die organische Naturwissenschaft Kants Kritik der teleologischen Urteilskraft war, haben wir schon aus Goethes Mund
vernommen (Bd. I, S. 356 ff.). Aber auch der Anatom Sömmerring,
der Entdecker der Pflanzenzelle Matthias Schleiden (als Schüler
von Fries) und der Begründer der modernen Physiologie, Johannes Müller, haben Kants Einwirkung erfahren.

Die tiefgehendste Wirkung der Kantischen Lehre jedoch war
diejenige, die ihr sittlicher Inhalt auf den politischen G e i s t
d e r   p r e u ß i s c h e n   R e f o r m -   u n d   E r h e b u n g s -
z e i t   seit 1807 ausübte. Die deutschen Dichter und Denker
hatten abseits gestanden von dem staatlichen Leben: jetzt wirkten sie — was Kant selbst versagt geblieben war — in Wort
(Fichte) und Tat (Humboldt) mächtig auf die politische Gegenwart ein. Und die neue Bewegung ging zum großen Teil von dem
letzten Zufluchtsort der preußischen Regierung im Jahre 1807,
von Königsberg aus. Kein Geringerer als der Ostpreuße Boyen
bezeugt es, daß in seiner Heimat erst durch die große Niederlage
von 1806/07 die Stände einander näher gebracht und ,,durch
die Universität und einige ihrer vorzüglichen Lehrer wie Kant,

viele moralische Rechtsbegriffe und gesunde staatswirtschaftliche
Ideen[1]) unter den Gebildeten jenes Landes und besonders den
neu angestellten Beamten verbreitet" wurden. Es war in der Tat
ein ganz neues Geschlecht, diese jungen Beamten und Offiziere,
die aus Kants Hörsaal oder von dem Studium seiner Schriften
hinausgingen zu ihrem praktischen Beruf. Sie waren es, die dem
Geiste weichlicher Tatenscheu, eigennützigen Genießens und politischer Teilnahmlosigkeit, der gerade unter den Gebildeten tief
eingerissen war, die Gesinnung des kategorischen Imperativs:
straffe Männlichkeit, spartanische Genügsamkeit, Freiheitsliebe
und die strenge Zucht und Pflichterfüllung, vor allem aber die
freiwillige begeisterte Unterordnung unter das Ganze, entgegen-
setzten.

Es ist kein Zufall, daß gerade in Kants ostpreußischer Hei-
matprovinz die neue Bewegung zuerst um sich griff, und daß
dort diejenigen Männer an deren Spitze standen, die noch seinen
persönlichen Umgang genossen hatten: so die beiden von Schroetter, der Provinzialminister und der Kanzler, so der Schöpfer der
neuen Städteordnung, der Königsberger Polizeidirektor Frey,
der Oberfiskal Mosqua, der für eine völlige Erneuerung der militärischen Erziehung eintrat, so ihr langjähriger Oberpräsident
Theodor von Schön, der „von Jugend auf Kantischen Geist ein-
geatmet hatte" und auch stets begeisterter Kantianer geblieben
ist. Als Stein Anfang Oktober 1807 nach Memel kam, fand er
das berühmte Edikt zur Bauernbefreiung in der Hauptsache
schon fertig vor[2]).

Und zu den Staatsmännern und Beamten traten die M i l i -
t ä r s. Den jungen Heinrich von Kleist freilich trieb die Kantische Philosophie gerade aus dem Soldatenhandwerk hinaus.

---

[1]) Dabei ist wohl vor allem an Freihandels- und Gewerbefreiheits-
Lehren zu denken, die im Geiste, von Adam Smith übernommen und
im Sinne Kants, namentlich von Kraus, verkündet wurden.

[2]) Noch am 23. Dezember 1842 schreibt Varnhagen in sein Tagebuch:
„daß die Provinz Preußen so unverbesserlich auf Konstitution versessen
ist, wird teils dem unmittelbaren Einwirken des Herrn Schön, teils dem
Nachwirken des K a n t i schen Geistes, der die ganze Provinz durchdrungen hat, beigemessen".

Andere aber wußten mit ihrem militärischen Beruf tiefgehendes Bildungsstreben zu vereinen. So hatten im Frühjahr 1795 deutsche Reiteroffiziere, wie der mit Schiller befreundete Major von Funk und sein Kamerad Thielmann (der spätere General) in ihrer Feldequipage alle möglichen Kantischen, Fichteschen und Reinholdschen Schriften. „Kant müßte es doch Spaß machen," schreibt G. Körner bei dieser Mitteilung an Schiller (27. April 1795), „wenn er wüßte, daß er auch am Rhein unter den Husaren verehrt und studiert würde; und zwar von zwei Offizieren, die sich in ihrem Fache sehr auszeichnen." — Ein anderer, der als Feldmarschall gestorbene von Knesebeck, war nach Varnhagen von Ense „unter den jüngeren Offizieren der erste, der sich zu Kants Lehren hielt"; er hatte sie durch den jungen Schön in Königsberg kennen gelernt und nahm d e s h a l b , wie ein Zeitgenosse sich ausdrückt, „Scharnhorsts Ideen" eifrig in sich auf. — Wenn wir auch von speziellen Kantstudien Scharnhorsts nichts wissen, so wirkten doch unter ihm an der Kriegsakademie zwei Kantianer: der uns schon bekannte Kiesewetter als Lehrer der Philosophie und Mathematik, E. G. Fischer als solcher der Mathematik und Physik. — Scharnhorsts Mitarbeiter aber an der Heeresreform, der spätere Kriegsminister und Organisator der allgemeinen Wehrpflicht, Hermann von B o y e n , hatte 1788/89 bei Kant Anthropologie gehört und aus seinem Munde jenes Humanitätsideal in sich aufgenommen, dessen Vereinigung mit dem Berufe des preußischen Offiziers sein Lebensziel ward. Er vertrat schon 1799 in einer Schrift ‚Über die militärischen Gesetze' den Grundsatz, daß auch der Soldat als „vernünftiges Wesen" zu behandeln sei, und daß dasjenige Heer auch die beste Disziplin haben werde, „welches die vollständigste und menschlichste Gesetzgebung hat". Auch in seinem späteren Leben hat „der Stille, Bescheidene, Feste" (E. M. Arndt) sich selbst durch die bittersten Erfahrungen an seinem zuversichtlichen Glauben an den Fortschritt der Menschheit und den endlichen Sieg des Guten nicht irremachen lassen. — Ein Nachfolger Kants, wenn auch nicht im Schulsinne, war endlich auch der größte, bisher noch unübertroffene preußische Kriegstheoretiker Karl von C l a u s e w i t z.

Was er in seinem berühmten Werk ‚Vom Kriege' über Genie, Charakter, Kritik, Methode, System, das Verhältnis zwischen Theorie und Erfahrung und über „moralische Größen" sagt, ist zwar nicht in Kants Worten formuliert, aber in seinem Sinne gedacht.

Während so in der leider nur vorübergehenden Reformepoche des preußischen Staates der Gedanke des kategorischen Imperativs zu siegreichem Durchbruch kam, waren auf Kants eigenstem Gebiet, der Philosophie, andere geistige Mächte an die Stelle des Kritizismus getreten. Die Philosophie und bald, ihr folgend, mehr oder weniger auch die übrigen Geistesgebiete: die Religion, Geschichte, Politik und vor allem die Dichtung gingen aus dem Zeichen der Klassik in das der R o m a n t i k über. Die kritische Philosophie schien schon bei dem Tode ihres Schöpfers, abgesehen etwa vom theologischen Rationalismus, fast vergessen. Aber auch die Philosophie der Fichte, Schelling, Hegel geriet trotz des Fruchtbaren, das sie namentlich zum Verständnis des geistigen und geschichtlichen W e r d e n s beigetragen, infolge ihrer Geringachtung der positiven Wissenschaft schließlich auf ein totes Gleis. Der Alleinherrschaft der Hegelschen Spekulation in den 30er folgte der Tiefstand der deutschen Philosophie in den 50er Jahren des 19. Jahrhunderts. Dann aber kam, nach dem Gesetz der geistigen Wellenbewegung, der Rückschlag in Gestalt einer philosophischen S e l b s t b e s i n n u n g.

Und nun erinnerte man sich ganz naturnotwendig des Mannes, der 80 Jahre zuvor die schlichten Grundsätze ernster Wissenschaft und Ethik verkündet hatte, welche von der nachfolgenden Entwicklung im Rausche der Spekulation zu ihrem eigenen Schaden vernachlässigt worden waren. Von den verschiedensten Seiten her erhob sich Ende der 50er und Anfang der 60er Jahre der Ruf: Z u r ü c k a u f K a n t! Frühere Anhänger Hegels wie der besonnene Eduard Zeller, Gegner desselben wie Rudolf Haym, Herbartianer wie Drobisch waren einig in dieser Losung; Naturforscher wie Helmholtz und Zöllner begannen, sich auf Kant zu berufen; Schopenhauer, der eben damals berühmt zu werden anfing, wies nachdrücklich auf ihn hin; ebenso Kuno Fischer in seiner vielgelesenen Geschichte der neueren Philosophie. Den prägnantesten Ausdruck gab dieser neuen Zeitrichtung innerhalb der Gelehrtenrepublik der junge Otto Liebmann in seiner Erstlingsschrift ‚Kant und die Epigonen‘ (1865), in der jedes Kapitel mit dem Refrain schloß: Also muß auf Kant zurückgegangen werden! Für die allgemeine Weltanschauung aber des kritischen Idealismus wirkte noch durchschlagender, wenn auch nicht im Schulsinne, Friedrich Albert L a n g e s vortreffliche ‚Geschichte des Materialismus und Kritik seiner Bedeutung in der Gegenwart‘ (1866, 2. Aufl., 1873—1875). Bis dann Hermann C o h e n (Marburg) in seiner ‚Kants Theorie der Erfahrung‘ (1871) mit tiefschürfender, streng methodischer Arbeit auf den urkundlichen Kant zurückging und eine neue Epoche des Kantianismus heraufzuführen begann.

Seitdem hat die Kantische Philosophie geradezu eine W i e - d e r a u f e r s t e h u n g erlebt. Das Wort, das Kant einst, noch in der Zeit seines Ringens, geschrieben: ‚‚Vom Martertum der Philosophie‘‘ ‚‚die vor die jetzige Zeit vergeblich und nur nützlich vor die künftige schreibt‘‘, hatte sich nur einen Teil der 8oer und 9oer Jahre hindurch für ihn erfüllt. Jetzt sollte die Prophezeiung buchstäblich wahr werden, die er einst im Beginn seines abnehmenden Ruhmes zu Stägemann geäußert: ‚‚Ich bin mit meinen Schriften um ein Jahrhundert zu früh gekommen; nach 100 Jahren wird man mich erst recht verstehen und dann meine Bücher aufs neue studieren und gelten lassen.‘‘ Noch stehen wir mitten in dieser Bewegung, die — im Gegensatz zu der vor 100 und mehr Jahren — mehr in die Tiefe als in die Breite gegangen ist, deshalb auch länger angedauert hat und noch weitere Dauer verspricht. Wie befruchtend die kritische Methode in den letzten Jahrzehnten auf die verschiedensten Wissenschaftsgebiete gewirkt hat und noch wirkt, weiß jeder, der im wissenschaftlichen Leben steht. Um nur einiges Wichtige zu nennen, so hat auf dem Felde der t h e o l o g i s c h e n Wissenschaft kein Geringerer als Albert Ritschl, der Begründer der in Kants erkenntniskritischen Bahnen wandelnden Ritschlschen Schule, der ‚Fortbildung der Erkenntnismethode der Ethik durch Kant‘ die Bedeutung ‚‚einer praktischen Wiederherstellung des Protestantismus" zugesprochen, und nach Tröltsch „ringt noch heute die evangelische Kirche mit denselben Problemen". In der Naturwissenschaft folgte, noch entschiedener als sein Lehrer Helmholtz, der früh verstorbene Heinrich Hertz (Prinzipien der Mechanik, 1894) den Spuren Kants, während sodann die neukantischen Philosophen selbst (Natorp, Cassirer, Bauch und andere) den Zusammenhang mit den exakten Wissenschaften zu pflegen begannen. Von den Juristen bezeugte der Königsberger Liebenthal in seiner Kantgeburtstags-Rede von 1897 zusammenfassend, daß „Kantischer Geist in unserem heutigen bürgerlichen Recht lebt und herrscht". Seitdem hat namentlich Rudolf Stammler in mehreren großen Werken (Lehre vom richtigen Recht, 1902, Theorie der Rechtswissenschaft, 1911) die Rechtsphilosophie im Geiste von Kants transzendentaler Methode auszubauen unternommen. Dasselbe hatte er schon vorher in ‚Wirtschaft und Recht' (1896) nach der sozialphilosophischen Seite hin in kritischer Auseinandersetzung mit dem marxistischen Sozialismus versucht. Im Zusammenhang damit steht die starke neukantische Bewegung innerhalb des letzteren, der von seiten der Neukantianer namentlich Staudinger und Vorländer entgegenkamen; ferner Natorp, der in seiner ‚Sozialpädagogik' (1899) den kritischen Idealismus zugleich nach der pädagogischen Seite — gegen Herbart — weitergebildet und damit unter der Volksschullehrerschaft zahlreiche Anhänger gewonnen hat. Die stärksten Wirkungen hat natürlich dieser zweite Siegeszug des Kritizismus innerhalb der Philosophie selbst, von Kantianern im strengsten bis zu solchen im weitesten Sinne, entfaltet: so mannigfache und zahlreiche, daß sie an dieser Stelle nicht dargelegt werden können. Nur so viel sei gesagt: daß namentlich gegenüber dem zeitweise stark vertretenen Psychologismus heute, dank dem Durchdringen Kantischer Methode, der auf rein objektive Geltung drängende logische (erkenntniskritische) Charakter der eigentlichen Philosophie immer mehr wissenschaftliches Gemeingut zu werden beginnt; und daß auch die Gegner, kurz nach einem Worte Natorps, „jeder, der in der Philosophie vorwärts will, eine Auseinandersetzung mit der Philosophie Kants als seine erste Pflicht erkennt".

Wie sie die verschiedensten Zweige der Philosophie und ihrer Nachbargebiete in Deutschland befruchtet hat, so hat die neue Kantbewegung auch, obgleich in sehr verschiedenem Maße, nach beinahe allen Ländern Europas und über dessen Grenzen hinaus von der Union bis zu dem fernen Japan hinübergegriffen. Es fehlt der Raum, dies hier im einzelnen nachzuweisen; wir haben an anderer Stelle eine Überschau gegeben. Wer sich auch nur einen flüchtigen Einblick in den Umfang dieser Beziehungen verschaffen will, der lese etwa die Berichte über die Ausdehnung der Jahrhundertfeier von Kants Todestag (12. Februar 1904) in den ‚Kantstudien', oder durchblättere in eben dieser 1896 von Vaihinger zur Pflege des Kantstudiums im weitesten Sinne gegründeten Zeitschrift die Mitgliederliste der 1904 zu gleichem Zwecke begründeten ‚Kantgesellschaft'; wer Genaueres erfahren will, vertiefe sich in die ebendort von Angehörigen der betreffenden Länder geschriebenen Berichte über England, Frankreich, Holland, Nordamerika, Schweden, Spanien usw. In der Tat:

„Schon längst verbreitet sich's in ganze Scharen
Das Eigenste, was ihm allein gehört."

Doch auch ein anderes Wort aus Goethes herrlichem Nachruf auf seinen Freund dürfen wir auf Immanuel Kant anwenden, das: „Er war u n s e r." Denn so wenig es dem Sinne unseres weltbürgerlich gesinnten Philosophen entsprechen würde, wenn wir ihn für unser Volk und Land allein in Anspruch nehmen wollten, so sind doch die tiefsten Züge seiner Persönlichkeit, die wir in diesem Buche darzustellen uns bemühten, so eng und unzertrennbar mit deutschem Wesen verwoben, daß er ganz vielleicht doch nur von einem Deutschen oder mindestens einem, der sich in deutsche Geistesart hineinzuleben verstanden, begriffen werden kann. Aber deutscher Art ist eben — das hörten wir von Kant selber — die Weite des Blickes und die Weite des Gemüts eigen, welche die gesamte Menschheit umfaßt. Und so wollte seine Lebensarbeit der ganzen Menschheit ohne Unterschied der Nationen und der Stände, der Gelehrten und der Ungelehrten dienen. So kommt es, daß heute die von ihm aufgeworfenen Probleme die Köpfe der scharfsinnigsten Gelehrten beschäftigen und zugleich doch seine sittlichen Grundsätze in deutsche und französische Dorfschulen gedrungen sind, daß seine Philosophie die Köpfe unserer sozialistischen Jugend beschäftigt. Kants Leib ist begraben, sein Geist lebt.

Freilich viele von denen, die ihn preisen, rufen nur seinen N a m e n an. Noch ist vieles, sehr vieles von dem, was er erstrebte, nicht erreicht; ja, im Augenblick sieht es sogar besonders trübe damit aus. Neben den aufstrebenden sind alle Mächte des philosophischen, politischen und religiösen Rückschritts eifrig am Werke. Kant muß in viel stärkerem Maße als bisher zur Macht in unserem L e b e n , dem des Einzelnen wie des ganzen Volkes wie am letzten Ende der gesamten Menschheit, werden. Das Eine vor allem, was den innersten Zug seines Wesens ausmacht: die geistige und sittliche S e l b s t b e s t i m m u n g , ist bei den Einzelnen wie bei den Völkern, erst im Werden begriffen, ist bei den meisten nur triebhaft vorhanden, muß erst zu vernünftigem Wollen gesteigert werden.

Das darf uns jedoch nicht entmutigen, soll und muß uns im Gegenteil zu erhöhter Tätigkeit anspornen. Denn wir wissen von Kant: „Im ganzen Weltall sind tausend Jahre ein Tag." Wir aber „müssen geduldig an diesem Unternehmen arbeiten und warten". Und so wollen wir weiter aus seinem klaren, großen und tiefen Wesen schöpfen; denn das echte Genie ist unerschöpflich und strahlt ein Licht aus, das seine Wirkungen in die Unendlichkeit erstreckt:

> „Er glänzt uns vor, wie ein Komet entschwindend,
> Unendlich Licht mit seinem Licht verbindend."

Anhang

Es kann nicht im entferntesten meine Absicht sein, in diesem A n -
h a n g eine Übersicht über die unermeßliche und jährlich noch stärker
anschwellende Kant-Literatur geben zu wollen. Insbesondere was die, hier
vor allem im ersten Teile des dritten Buches behandelte, L e h r e Kants
angeht, muß ich von vornherein auf meine eigene ausführlichere Darstellung derselben in meiner ‚Geschichte der Philosophie‘ (Leipzig, F. Meiner,
6. Auflage, 1921) Band II, §§ 30—43 verweisen, wo sich auch die wertvollste Literatur verzeichnet findet. Wer weitere Einzelliteratur begehrt,
findet sie am ausführlichsten, wenn auch durchaus noch nicht vollständig,
in dem bekannten ‚Grundriß der Geschichte der Philosophie‘ von F. Ueber-
w e g , Band III, dessen vierter, in der neuesten (12.) Auflage (1924) von
W i l l y M o o g bearbeiteter, Abschnitt ‚Der Kritizismus Kants‘ auf 40
enggedruckten großen Seiten etwa 1800 Schriftentitel bringt. Eine Anzahl Novitäten von Ostern 1924 bringt der zum Kant-Jubiläum von
dem Verlag Felix Meiner herausgegebene ‚Gesamtkatalog der deutschen
philosophischen Literatur‘, bes. auf S. 11 bis 20.

Die einzige Kant - A u s g a b e , die mit ausführlichen Einleitungen
und Sachregistern zu den einzelnen Werken ausgestattet ist, ist die von
mir in Verbindung mit mehreren anderen Fachmännern herausgegebene
der ‚Philosophischen Bibliothek‘ (10 Bände, F. Meiner, Leipzig). Zu einer
völligen Kenntnis Kants muß freilich auch die Bekanntschaft mit seinem
N a c h l a ß hinzukommen, der vor 1911 nur teilweise in den öfters von
mir zitierten, von dem um die Kant-Philologie hochverdienten Königsberger Oberbibliothekar R u d o l f R e i c k e in der ‚Altpreußischen
Monatsschrift‘ veröffentlichten ‚Losen Blättern aus Kants Nachlaß‘ (1889ff.)
und den von B e n n o E r d m a n n herausgegebenen ‚Reflexionen Kants
zur kritischen Philosophie‘ (1882 und 1884) vorlag und jetzt eine vollständige, peinlich genaue und mit umfassenden Anmerkungen ausgestattete
kritische Ausgabe durch Professor Erich Adickes (Tübingen) erfahren hat,
in der von der Berliner Akademie der Wissenschaften veranstalteten großen
Ausgabe von Kants Gesammelten Schriften (von mir meist abgekürzt als
‚Ak.-Ausg.‘ zitiert). Von ihr liegen, durch den Weltkrieg aufgehalten,
bis jetzt vor: 1. Reflexionen zur Mathematik, Physik, Chemie, Physischen
Geographie (Bd. XIV, 1911, 637 Seiten). 2. Zur Anthropologie (Bd. XV,
in 2 Teilen, 1914, zusammen 982 Seiten). 3. Zur Logik (Bd. XVI, 1914,
875 Seiten).

Ich beschränke mich also im folgenden in der Hauptsache auf Angaben über die Q u e l l e n und L i t e r a t u r zum **Leben** Kants.

A. Quellen

Da ich die bis 1805 erschienenen kantbiographischen Darstellungen
in meiner schon im Vorwort S. IV genannten kritischen Studie: ‚Die ältesten Kantbiographien' (Berlin, Reuther u. Reichard, 1918) eingehend
behandelt, auch in der Quellen-Übersicht zu meiner kleineren Kantbiographie (Kants Leben, Leipzig 1911) kurz charakterisiert habe, so begnüge
ich mich hier mit ihrer Aufzählung. Auf sie beziehen sich die im Texte
zitierten Namen: Borowski, Jachmann, Wasianski, Rink usw. Ich grup-
piere nicht chronologisch, sondern nach der Bedeutsamkeit.

1. Darstellung des Lebens und Charakters Immanuel Kants von Ludwig
   Ernst B o r o w s k i , Kgl. preußischem Kirchenrate. Von Kant selbst
   genau revidiert und berichtigt. 276 Seiten. [Hauptquelle für die ältere
   Zeit.]
2. Immanuel Kant, geschildert in Briefen an einen Freund von Reinhold
   Bernhard J a c h m a n n. 220 Seiten. [Zuverlässigste Quelle für die
   80er Jahre.]
3. Immanuel Kant in seinen letzten Lebensjahren. Ein Beitrag zur Kenntnis seines Charakters und seines häuslichen Lebens aus dem täglichen
   Umgang mit ihm, von E. A. Ch. W a s i a n s k i. 224 Seiten. [Für
   die letzten Lebensjahre.]

   1.—3. erschienen bald nach Kants Tode unter der gemeinsamen
Überschrift ‚Immanuel Kant' im Verlage von Friedrich Nicolovius (Königsberg 1804).

4. F. Th. R i n k , Ansichten aus I. Kants Leben. Königsberg 1805. 150 S.
5. J. G. H a s s e , Merkwürdige Äußerungen Kants. Von einem seiner
   Tischgenossen. Königsberg 1802.
6. Fragmente aus Kants Leben. Ein biographischer Versuch. Königsberg
   1802 [von Dr. med. J. Ch. M o r t z f e l d].
7. Äußerungen über Kant, seinen Charakter und seine Meinungen. Von
   einem billigen Verehrer seiner Verdienste. 1804 [wahrscheinlich von
   dem Kant wenig günstig gesinnten Professor der Medizin M e t z g e r].
8. Immanuel Kants Biographie. 2 Bde. Leipzig, Weigel, 1804 [anonym,
   kompilatorisch, wenig zuverlässig].
9. Kants Leben. Eine Skizze. In einem Briefe eines Freundes an seinen
   Freund. Aus dem Englischen. Altenburg, Richter, 1799. 32 Seiten
   [ziemlich wertlos].

   Wertvoller die erst geraume Zeit nach Kants Tode veröffentlichten:
10. Kant und seine Tischgenossen. Aus dem Nachlasse des jüngsten der-
    selben, Geh. Ob.-Reg.-Rats Dr. Chr. F. R e u s c h. Königsberg 1848
    [Sonderabdruck aus den Neuen Preuß. Provinzial-Blättern].

11. K a n t i a n a , Beiträge zu I. Kants Leben und Schriften, herausg.
von R u d. R e i c k e. Königsberg 1860. Darunter die am 23. April
1804 zu Ehren des Philosophen gehaltene Gedächtnisrede von Prof.
S. G. W a l d (S. 1—26), besonders wertvoll durch die von Freunden
Kants gelieferten Materialien (S. 29—65).

Die zuverlässigste, reichhaltigste und unmittelbarste Quelle aber zur
Kenntnis von Kants Lebensgang und noch mehr seiner Persönlichkeit
liefert der in Band X—XII der Akademie-Ausgabe mit musterhafter
Korrektheit von R u d o l f R e i c k e (1900—1902) herausgegebene
B r i e f w e c h s e l , der jetzt — einschließlich der Nachträge , — über
900 Nummern umfaßt; wozu noch eine Reihe handschriftlicher und öffentlicher Erklärungen, Denkverse und amtlicher Schriftstücke treten. Dazu
ist 1922 der für den Kanthistoriker ganz besonders wertvolle Ergänzungs-
band (XIII) gekommen, der die in langjähriger Arbeit von Reicke, seiner
Nichte Fräulein Rose Burger und Paul Menzer (Halle) mit der Unterstützung A. Wardas (Königsberg) gesammelten A n m e r k u n g e n , d. h.
Erläuterungen aller Art zu den in dem Briefwechsel vorkommenden Personen, Büchern usw., enthält. Die ‚Philosophische Bibliothek' hat Ostern
1924 eine zweibändige Auswahl-Ausgabe des Briefwechsels aus der kun-
digen Hand O. Schöndörffers gebracht.

Eine h a n d s c h r i f t l i c h e Quelle von besonderem Werte, die
i c h bisher a l l e i n habe ausschöpfen können, ist das leider noch ungedruckte R e i s e - T a g e b u c h , das der Kreuznacher Pfarrerssohn
Johann Friedrich A b e g g (1765 bis 1840), seit 1794 Pfarrer im Badischen,
später Professor der Theologie in Heidelberg, geführt hat, als er im Sommer 1798 seinen Bruder Georg Philipp (Weingroßhändler) in Königsberg
besuchte. Die Reise ging u. a. über Jena (Besuch bei Fichte), Weimar
(Goethe, Frau Schiller, A. W. Schlegel), Leipzig (Jean Paul, Gottfr. Hermann), Berlin (Marcus Herz, Biester u. a.). Der Aufenthalt in Königsberg
dauerte vom 28. Mai bis 9. Juli. Weiteres im Text II, S. 307—311. Die Auszüge im 16. Bande des Euphorion (herausg. von Sauer-Prag) sind nicht
bloß ganz unvollständig, sondern auch durchaus inkorrekt. Mir war durch
die Güte eines Enkels, des Admiralitätsrats Dr. Abegg (Berlin), ein wochen-
langer Gebrauch des durch Anschaulichkeit wie Zuverlässigkeit hervorragenden Tagebuchs gestattet.

B. Literatur zu Kants Leben
nebst einzelnen biographischen Nachträgen

G e s a m t darstellungen von Kants L e b e n , außer den beiläufigen
in den Geschichten der Philosophie oder den Kant-Monographien von
F. Paulsen, M. Kronenberg u. a., gab es außer der heute gänzlich veralteten von W. Schubert (Bd. XI, 2 der Ausgabe von Kants Werken durch
Rosenkranz und Schubert) n i c h t , bis 1911 mein ‚K a n t s L e b e n'

(2. Auflage, 1922, 3. Auflage steht für 1924 bevor) erschien. Auch das 1918 veröffentlichte, in vieler Beziehung ausgezeichnete Buch von Ernst Cassirer, ‚Kants Leben und Lehre', legt doch den Hauptton auf die letztere und setzt außerdem philosophisch schon einigermaßen geschulte Leser voraus.

Die folgende Literatur-Übersicht zu den einzelnen Kapiteln erstrebt, dem im Vorwort S. IV verkündeten Grundsatze gemäß, keineswegs Vollständigkeit, sondern verzeichnet nur diejenigen, dem größeren Publikum wohl meist unbekannten, Werke, die mir bei meinen jahrelangen Studien zum Leben des großen Philosophen förderlich gewesen sind, deren Kenntnis ich zum Teil meinen Königsberger Kantfreunden Arthur Warda, Otto Schöndörffer und anderen verdanke. An vielen Stellen mache ich auch auf Nachweise in dem auf Seite 377 charakterisierten Band XIII der Akademie-Ausgabe aufmerksam, der erst 1922 erschien.

Der an sich recht langweiligen Zusammenstellung der Schriftentitel sind, gewöhnlich unter Verweis auf die betreffenden Seitenziffern des Textes, eine Anzahl kleinerer biographischer Ergänzungen angereiht, die in den Text selbst nicht mehr eingefügt werden konnten, übrigens fast durchweg unerheblicher Natur sind.

Erstes Buch

Kapitel 1

C. Stein, Das alte Königsberg. Eine ausführliche Beschreibung der drei Städte Königsberg samt ihren Vorstädten und Freiheiten, wie sie anno 1644 beschaffen waren. Zum erstenmal ins Deutsche übertragen von Arnold Charisius. Königsberg 1911.

Ludwig von Baczko, Versuch einer Geschichte und Beschreibung der Stadt Königsberg. Königsberg 1787. Zweite, völlig umgearbeitete Auflage, ebd. 1804.

K. Rosenkranz, Königsberger Skizzen. 2 Bände. 1842.

Jung, Königsberg und die Königsberger. Leipzig 1846.

Dullo, Kants Umgebung. Vortrag in d. Königsb. Kantgesellschaft, 1901, abgedruckt in der Königsb. Hartungschen Zeitung vom 19. Mai 1910.

Kants schottische Abstammung ist jetzt archivarisch sichergestellt. Wie mir Joh. Sembritzki (Memel) am 15. 8. 1918 schrieb, hat er aus den Akten des Königsberger Staatsarchivs (Et. Min. 98d W 2) ermittelt, daß Immanuels Urgroßvater Richard Kant zur Schwedenzeit (1629—1635) mit vielen anderen Schotten nach Ostpreußen gekommen und dort um 1635 die Tochter des Krügers Enoch Lieder(t) in Werden geheiratet hat. [Leider war ich durch widrige Umstände gehindert, diese Bemerkung schon in den Text aufzunehmen.]

Um die urkundliche Feststellung von Kants Vorfahren hat sich

J. S e m b r i t z k i (Memel) überhaupt durch Veröffentlichungen im ‚Memeler Dampfboot‘ (seit 1897) und der Altpreuß. Monatsschrift besonders verdient gemacht. Sie sind wieder abgedruckt in ‚Kantstudien‘, Bd. II, 381 f., IV, 472 f., V, 272, VII, 170. Vgl. auch Arnoldts Gesammelte Schriften (herausg. von O. Schöndörffer), Bd. III, 2, 105 ff.

Zu S. 15 unten: Kants Vater wurde nicht Ende Dezember 1682, sondern 3. Januar 1683 in Memel geboren.

K a p i t e l 2

F. P a u l s e n , Geschichte des gelehrten Unterrichts. 2 Bde. 2. Aufl. 1896.

G. Z i p p e l , Geschichte des Königlichen Friedrichs-Kollegiums zu Königsberg 1698—1898. Königsberg 1898.

G. E l l e n d t , Einige Nachrichten über das Kgl. Friedrichs-Kollegium und seine Gebäude (1698—1892). In der Festschrift zur Einweihung des neuen Gebäudes 1. Okt. 1892. Königsberg 1892.

M ö l l e r , Die rhetorischen Schulaktus. Progr. des Altstädt. Gymnasiums. Königsberg 1878.

Listen von den Lehrern des Fridericianums zu Kants Zeit, von seinen Mitschülern in den oberen Klassen und von seinem ‚Schul-Avancement‘ s. in Reickes ‚Kantiana‘, 1860, S. 43—47.

Über den ersten Abschnitt von Kants Leben überhaupt handelt E m i l A r n o l d t , Kants Jugend und die ersten fünf Jahre seiner Privatdozentur. Königsberg 1882.

K a p i t e l 3

Über die Königsberger U n i v e r s i t ä t s v e r h ä l t n i s s e im allgemeinen: D. H. Arnoldt, Historie der Königsbergschen Universität. 2 Bde. 1740/46, und (für die spätere Zeit) Goldbeck, Nachrichten von der Königl. Universität zu Königsberg i. Pr. 1782. Eine Ergänzung dazu bietet die anonyme Schrift: ‚Über die Universität Königsberg‘. Ein Nachtrag zu Arnoldt und Goldbeck. Königsberg 1804.

Ferner: P. Stettiner, Aus der Geschichte der Albertina 1544—1894. Königsberg 1894. Im übrigen wertvoll: Benno Erdmann, Martin Knutzen und seine Zeit. Leipzig 1876.

Über die äußeren Verhältnisse des Studenten Kant s. den Bericht seines Freundes Heilsberg in Reickes Kantiana, S. 48—51, und Emil Arnoldt, Kants Jugend usw. S. 144—156. — Über die Frage von Kants Theologie-Studium vgl. B. Erdmann, a. a. O., S. 133—139; E. Arnoldt, a. a. O., S. 126—139; K. Vorländer, Kants Leben (2. Aufl., 1921), S. 16—19.

K a p i t e l 4

Die wichtige Schrift von B. Haagen ist S. 65 Anm. zitiert. Außerdem vgl. Arnoldt, a. a. O., S. 165—178. — Zu S. 73: Die von Albrecht von Haller

geleiteten berühmten ‚Göttingischen Zeitungen von Gelehrten Sachen'
brachten in der Tat am 13. April 1750 ein wahrscheinlich von Haller
selbst herrührendes Referat über Kants Erstlingsschrift (37. Stück, S. 290
—294). Eine zweite Besprechung in den Leipziger Nova Acta Eruditorum
vom 1. März 1752 (S. 177—179) war im wesentlichen abfällig; sie bezeichnete u. a. Kants Gedanken von der Möglichkeit eines mehr denn dreidimen-
sionalen Raumes als Träumereien.

Zu S. 81 Mitte: A. W a r d a , Zur Frage nach Kants Bewerbung
um eine Lehrerstelle an der Kneiphöfschen Schule. Altpreuß. Monatsschr., Bd. 33 (1911), S. 578—614.

Zweites Buch

K a p i t e l 1

Über Kants V o r l e s u n g e n überhaupt vgl. E m i l A r n o l d t ,
Kritische Exkurse im Gebiete der Kantforschung. Königsberg 1898,
S. 269—423. — Zu S. 85: D é n i n a , La Prusse littéraire sous Frédéric II.
Berlin 1790. Bd. 2, S. 305, Ak.-A., XIII, 262f. — Zu Hamann (S. 90ff.)
vgl. die drei Ausgaben desselben von F. Roth (1821—1843), M. Petri,
(1872—1874) und Gildemeister (1857—1874, 2. Aufl., 1875 ff.), insbes.
den 4. Abschnitt des 6. Bandes der letzteren: Hamann und Kant. Ferner
die neueren Schriften von H e i n r . W e b e r , Hamann und Kant.
München 1904, und: Neue Hamanniana (aus dem Nachlaß F. Roths).
München 1905. U n g e r , Hamann und die Aufklärung. 2 Bde. Jena 1911.

Zu Kants n a t u r w i s s e n s c h a f t l i c h - g e o g r a p h i s c h e n
Studien: K. D i e t e r i c h , Kant und Newton. Tübingen 1878. P.
M e n z e r , Kants Lehre von der Entwicklung in Natur und Geschichte.
Berlin 1911. E. A d i c k e s , Kants Ansichten über Geschichte und Bau
der Erde. Tübingen 1911. D e r s., Untersuchungen zu Kants Physischer
Geographie, ebd. 1911, und: Ein neu aufgefundenes Kollegheft nach Kants
Vorlesung über Phys. Geographie, ebd. 1913. Weitere Notizen aus Kants
Nachlaß über Phys. Geographie s. in Ak.-Ausg., Bd. XIV, S. 539—635. —
G. G e r l a n d , I. Kant, seine geographischen und anthropologischen
Arbeiten. 12 Vorlesungen. In: Kantstudien X, 1—43, 417—547. Vor
kurzem ist endlich auch Kants ‚Physische Geographie' (nach der Aus-
gabe Rinks) in Bd. IX der Ak.-Ausg. erschienen.

K a p i t e l 2

G. K r a u s e , Der preußische Provinzialminister Freiherr von
Schroetter. Programm des Kneiphöfschen Gymnasiums. Königsberg 1898. —
A. R o s i k a t , Kant und der Kaufmann. Sonntagsbeil. der Königsb.
Hartungschen Zeitung vom 30. Juli und 6. August 1911. — Über Kant
und die F r a u e n s. außer den ‚Beobachtungen' (1764) zahlreiche Stellen
der Anthropologie (1798), bes. aber des Nachlasses Akad.-Ausg., Bd. XV.

(Eine Auswahl davon bringt meine Sammlung ‚Kants Weltanschauung aus seinen Werken‘, Darmstadt 1919.) Über seine Beziehungen zu Frau Jacobi vgl. namentlich Hippels Briefe (Bd. 13 von dessen Sämtl. Werken). Außerdem orientierten mich dankenswerte briefliche Mitteilung von deren Enkel, Herrn Amtsgerichtsrat Goeschen in Merseburg, der auch Photographien seiner Großeltern für mein früher als illustriert gedachtes Werk zur Verfügung gestellt hatte. — Über H i p p e l vgl. F. Jos. S c h n e i - d e r , Th. G. von Hippel in den Jahren 1741—1781. Prag 1911. Ein Buch, das überhaupt in das geistige und gesellschaftliche Leben Königsbergs um die Mitte des 18. Jahrhunderts vortrefflich einführt. Zu Ostern 1924 hat die ‚Deutsche Gesellschaft‘ in Königsberg eine neue Preisaufgabe: ‚Kant und Hippel‘ gestellt.

Kapitel 3

Ein genaues Verzeichnis sämtlicher von Kant angekündigter Vorlesungen, mit wertvollen begleitenden Zusätzen, gibt Emil Arnoldt in Bd. V, 2 seiner Gesammelten Schriften, herausg. von O. Schöndörffer. — Über Kant und R o u s s e a u s. K. D i e t e r i c h , Kant und Rousseau. Tübingen 1876. K a r l V o r l ä n d e r in ‚Neue Zeit‘, 1919, Nr. 20 ff. — Zu S. 146: Über H e r d e r als- Schüler Kants vgl., außer Hayms großer Herder-Biographie, auch S u p h a n in Ztschr. f. deutsche Philol., 1872, S. 225—237. — Zu S. 168 ff.: Ein wichtiger Briefentwurf Lamberts (an Kant), jetzt veröffentlicht in Ak.-Ausg. XIII, S. 28—30.

Kapitel 4

S. 175 f.: Zur Besetzung der Poesie-Professur s. Ak.-A. XIII, S. 23 f. und A. Warda, Altpr. Mon. 48, S. 557 ff. — A. W a r d a , Kants Bewerbung um die Stelle des Subbibliothekars an der Schloßbibliothek. Altpr. Mon. 36, S. 473—524. Über den Inhalt der Schloßbibliothek s. L. v. B a c z k o , Beschreibung Königsbergs. 1787. Über Kants Gehalts- und Vermögensverhältnisse s. den genauen aktenmäßigen Nachweis von A. W a r d a , Altpr. Mon. 38, 399—432. — S. 181 ff.: Über den Buchhändler Joh. Jak. K a n t e r (1738—1786) s. H a g e n in Neue Preuß. Provinzialblätter, 1850, S. 232—252. — Zu S. 186 f.: Über Kants Berufung nach E r l a n g e n s. Ak.-A. XIII, S. 38 f. — In J e n a stand Kants Name schon 1765 auf der Vorschlagsliste (ebd. S. 41).

Kapitel 5

S. 190: Kant wurde jedoch bereits am 2. Mai 1770 in feierlicher Senatssitzung in sein neues Amt eingeführt (Ak.-A. XIII, 43 f.).

Über die Familie K e y s e r l i n g vgl. E. Fromm in Kantstudien II, 145 ff. Ein lebensvolles Porträt der Gräfin sollte, mit Genehmigung des Grafen H. Keyserlingk-Rautenburg, nach einem von der Firma Gott-

heil (Königsberg) gefertigten photographischen Abzug, unserem Buche einverleibt werden; leider ist es durch die im Vorwort geschilderten Verhältnisse nicht dazu gekommen.

Kants Entwurf zu seiner lateinischen Opponenten-Rede gegen
K r e u z f e l d vom 28. Februar 1877 wurde zuerst von A. W a r d a
in Altpr. Mon. 47, S. 663—670, dann in Ak.-A. XV, 901—935 nach der
Handschrift Kants veröffentlicht; ins Deutsche übersetzt, mit erklärenden
Anmerkungen, von Bernh. A. Schmidt in Kantstudien XVI, 7—21.

K a p i t e l 6

Außer den bekannten allgemeinen Werken von H. H e t t n e r (der
in seiner noch immer äußerst lesenswerten Literaturgeschichte des 18.
Jahrhunderts z. B. eine besonders gute Charakteristik M. Mendelssohns
gibt), Karl J u s t i (Winckelmann und seine Zeitgenossen, Band I), Bieder-
mann (Deutschland im 18. Jahrhundert) und S t e i n h a u s e n (Kultur-
geschichte) über die geistige Bewegung des 18. Jahrhunderts, sowie R.
Hayms und E. Kühnemanns Herderbiographien, hat speziell für die Genie-
periode manchen Stoff geboten: O. S c h l a p p , Kants Lehre vom Genie,
Göttingen 1901, vor allem aber Kants mannigfache, noch wenig benutzte
Äußerungen in Bd. XV (Nachlaß) der Akademie-Ausgabe, besonders
S. 397—418. Vgl. auch O. Schöndörffer, Kants Definition vom Genie.
Altpreuß. Monatsschr. 30, S. 278—291.

Über Kant und L e s s i n g vgl. E. Arnoldt, Kritische Exkurse im
Gebiete der Kantforschung. Königsberg 1894. S. 193—268. Über G o e t h e
und Kant s. m e i n Buch: Kant, Schiller, Goethe. Leipzig 1907. 2. Aufl.
1923. Über Kant und L a v a t e r vgl. G. Finsler im ‚Kirchenblatt für
die reformierte Schweiz‘, 1891, Nr. 29 und 30. — Über Markus H e r z
und seinen Kreis vgl. auch F ü r s t , Henriette Herz. Ihr Leben und ihre
Erinnerungen. Berlin, 2. Auflage, 1858. Über Kants Beziehungen zur
E r z i e h u n g s r e f o r m und die Entstehung seiner Schrift ‚Über
Pädagogik‘ s. die Einleitung zu meiner Ausgabe derselben in Bd. 50 der
Philosoph. Bibliothek.

K a p i t e l 7

Die wichtigsten Daten zur E n t s t e h u n g s g e s c h i c h t e der
K r i t i k d e r r e i n e n V e r n u n f t gibt B. Erdmann in seiner Einleitung zu Band IV der Akademie-Ausgabe, S. 569—587. Eine kurze Skizze
s. auch in meiner Ausgabe (O. Hendel, Halle, 1899), S. VI—X. Ausführlicher E. Arnoldt, Kritische Exkurse. S. 99—189.

Drittes Buch

K a p i t e l 1

Über Kants Verhältnis zur M a t h e m a t i k geben wir ausnahmsweise, weil sie sonst schwer zu finden, folgende Literatur: E. Adickes,

Einleitung zu seiner Ausgabe von Kants Reflexionen zur Mathematik,
Band XIV der Akad.-Ausg., S. 1—61. Alfred M e n z e l , Die Stellung
der Mathematik in Kants vorkritischer Philosophie, in Kantstudien XVI,
139—213. Ernst C a s s i r e r , Kant und die moderne Mathematik.
Kantstudien XII, 1—49.

Kapitel 2

Über die Wirkung der Kantischen E t h i k auf die Zeitgenossen
s. u. a. meine Einleitungen zu Bd. 38 (Kritik d. prakt. Vernunft), 41
(Grundlegung), 42 (Metaphysik der Sitten) der Philos. Bibliothek.

Kapitel 3

Über die B e r l i n i s c h e M o n a t s s c h r i f t vgl. Jos. H a y ,
Staat, Volk und Weltbürgertum in der Berlinischen Monatsschrift. Berlin 1913.

Zu dem J a c o b i - M e n d e l s s o h n - S t r e i t s. jetzt vor allem:
Heinrich S c h o l z , Die Hauptschriften zum Pantheismus-Streit zwischen
Jacobi und Mendelssohn. Neudrucke der Kantgesellschaft, Bd. VI, mit
ausführlicher Einleitung des Herausgebers. Vgl. auch die zahlreichen
Einzelanmerkungen zu den betr. Briefwechsel-Stellen in Akad.-Ausg. XIII,
S. 151 ff., 159 ff., 176 ff.

Von der Selbst-Beweihräucherung innerhalb des Kreises der Berliner
Aufklärer zeugt u. a. Nicolais bekanntes Sinngedicht:

> „Es ist ein Gott, das sagte Moses schon;
> Doch den Beweis gab Moses Mendelssohn.‟

Zu S. 319 f.: Weitere Derbheiten H e r d e r s gegen Kant s. Akad.-
Ausg. XIII, 142.

S. 338: Auch in Herders ‚Gott‘ finden sich wiederholte Angriffe
gegen Kant (Ak.-A. XIII, 241).

S. 338 f.: Daß der polemische Ton ihm „überhaupt nicht natürlich‟
sei, spricht er u. a. in einem Briefe an Reinhold vom 28. Dezember 1787
(XIII, 208 f.) aus.

Kapitel 4

Prof. R. Ellinger in einer noch ungedruckten Kantgeburtstagsrede in
der Königsberger Kantgesellschaft vom 22. April 1913, in die ich mit Erlaubnis des damaligen „Königs‟ dieser Gesellschaft Einsicht nehmen durfte.

Zu S. 363 ff.: Daß Kant auch für die M i n e r a l o g i e interessiert
war, ergibt sich aus einem neu aufgefundenen Briefe an den Bergrat Karsten
in Berlin vom 16. März 1795 (XIII, 599 f.).

Kapitel 5

Auch für das ästhetische Gebiet liegen im Nachlaß (Bd. XV) zahlreiche Reflexionen des Philosophen vor, die im Text nur zum Teil verwandt werden konnten.

Kants D e n k v e r s e und Album-Eintragungen sind Ak.-Ausg. XII, S. 421 ff. abgedruckt, vgl. dazu die Anmerkungen Bd. XIII, S. 572—574 und S. 581—586.

Zu S. 370: Literatur ist erst spärlich vorhanden. Einen Anfang hat gemacht: L. F r i e d l ä n d e r , Kant in s. Verhältnis zur Kunst u. schönen Natur. Preuß. Jahrb. 1867, S. 113—128. Einen besonderen Ausschnitt behandelt A. R o s i k a t , Kants Kr. d. r. V. und seine Stellung zur Poesie. Königsberg 1901. Manchen Stoff bietet O. S c h l a p p , Kants Lehre vom Genie und die Entstehung der Kritik der Urteilskraft. Göttingen 1901.

Zu S. 389, 393: Reichardt bekennt in einem interessanten Artikel des ,Musikalischen Kunstmagazins' (Berlin 1791) seine tiefgehende theoretische Anregung durch Kant.

Kapitel 6

Die erste zusammenhängende Gesamtdarstellung der Nachwirkungen von Kants Lehre gab 1842 K. R o s e n k r a n z in seiner ,Geschichte der Kantischen Philosophie' (Bd. 12 der Gesamtausgabe der Werke von Rosenkranz und Schubert). Für Einzelheiten bietet seit 1922 eine Fundgrube der Anmerkungen-Band (XIII) von Kants Briefwechsel. Über die nächsten Wirkungen seiner Kritik der reinen Vernunft s. auch B. E r d m a n n , Kants Kritizismus in der 1. und 2. Auflage der Kr. d. r. V. 1878.

Zu S. 413 (Heydenreich) s. Ak.-A. XIII, 269 f.. 336, 355. — Zu S. 420 ff. (Marburger Verbot der Kantischen Philosophie) ebd. S. 182—187.

Kapitel 7

Über Kants W o h n h a u s und dessen Schicksale orientiert Walter K u h r k e , Kants Wohnhaus. Berlin 1917. Der praktische Sinn, den der Philosoph bei den notwendigen Umbauten und Reparaturen bewies, geht aus den Ak.-A. XIII, S. 128 und 133 wiedergegebenen Bemerkungen und rechnerischen Notizen hervor. Vgl. noch ebd. S. 137 f.

Über Kants B r u d e r Johann Heinrich Kant und dessen Familie s. V. D i e d e r i c h s in Baltische Monatsschrift, Bd. 40 (1893), S. 535 bis 562. Über die Schwestern vgl. E. Arnoldt, Ges. Schr. III, 108 f. und Ak.-A. XIII, S. 59.

Ich setze einen

Stammbaum der Familie Kant

hierher, soweit er sich nach den — namentlich über die Schwestern nicht völlig sicheren — Nachrichten hat aufstellen lassen.

Urgroßvater: Richard Kandt, Krugbesitzer in Werden
† vor 1670

Großvater: Hans Kant, Riemer in Memel   Caspar Reuter verh. mit Regina
† 22. März 1715   (aus Nürnberg)   (1623—1735)
(1670—1729)

Vater: Johann Georg Kant   verh. mit   Anna Regina Reuter
13. Nov. 1715
geb. in Memel 3. Jan. 1683   geb. 16. März 1697
† in Königsberg 24. März 1746   † 18. Dezember 1737

1. Totgeborene Tochter   2. Regina Dorothea   3. Johann Friedrich
1. November 1717   geb. 4. Juli 1719   geb. 10. April 1722
† 7. Februar 1723

4. Immanuel   5. Maria Elisabeth   6. Anna Katharina
geb. 22. April 1724   geb. 2. Jan. 1727, verheir.   10. Aug. 1728
† 12. Februar 1804   1752 mit dem Schuh-   — 22. Febr. 1729
machermeister Kröhnert
† Juli 1796

2 Söhne (Schuhmacher) u.
3 Töchter (vgl. II, S. 340)

7. Anna Luise   8. Katharina Barbara
geb. 15. Februar 1730,   geb. 15. Sept. 1731
verheiratet mit dem   1772 verheiratet mit
Zeugmachermeister   dem Perückenmacher
J. Chr. Schultz   Teyer (Theuer)
† kinderlos 18. Jan. 1774   † 28. Januar 1807

9. Johann Heinrich, geb. 28. Nov. 1735   verh. mit   Maria Reimer
† als Pfarrer in Alt-Rahden (Kurland)   geb. Havemann
22. Februar 1800

1. Amalie Charlotte   verh. mit   Gerichtssekretär Ri(e)ckmann
geb. 1775   (1765—1830)

2. Minna Charlotte   verh. mit   Pastor Schoen
geb. 1779   geb. 1775

3. Friedrich Wilhelm Kant
geb. 1781, † als Kaufmann in Riga 1847

Charlotte Benigna Kant, † 1899 in Mitau

4. Henriette, geb. 1783   verh. mit   Zollinspektor Fr. Stuard

Über K r a u s s. das im Text öfters zitierte Buch von J o h. V o i g t , Das Leben des Professor Chr. Jak. Kraus. Königsberg 1819; außerdem G. K r a u s e , Beiträge zum Leben von Chr. J. Kraus. Königsberg 1881.

Über J o h a n n S c h u l t z s. Ak.-A. XIII, 55 f. — Von S c h e f f - n e r liegt, außer seiner Selbstbiographie („Mein Leben'. Königsb. 1821), jetzt, wenn auch noch nicht vollendet, sein Briefwechsel vor: ‚Briefe an und von Joh. George Scheffner‘, herausgegeben von A. Warda. München, Duncker u. Humblot. Bd. I, 1916—1918. Über H i p p e l s. zu Buch II, Kap. 2.

Kapitel 8.

Daß Kant im amtlichen Verkehr die hergebrachten Formen, z. B. die lateinische Anrede an seine Kollegen, beobachtete, zeigen unter anderem seine XIII, S. 116 und 121 veröffentlichten Schreiben. Am 15. Oktober 1791 bittet er bezeichnenderweise seinen noch nicht 30jährigen Kollegen Wald um Belehrung in einer Verwaltungssache (XIII, S. 308 f.).

S. 43: Kants Aufnahme in die Akademie hatte der ihn verehrende Minister Graf Hertzberg gegen den anfänglichen Widerspruch des bigotten Königs durchgesetzt (XIII, 189 f.).

S. 54: Zu der ‚Turnus‘-Theorie vgl. die ausführlichen Gutachten von Kraus und Reusch XIII, S. 166—170.

Eine Auswahl aus Kants A m t l i c h e m S c h r i f t v e r k e h r gibt Ak.-Ausg. XII, S. 418—441; vgl. dazu die Anmerkungen XIII, S. 586—596.

Kapitel 9

Zu Bd. II, S. 81 ff.: F. J ü n e m a n n, Kant und der Buchhandel. Börsenblatt für d. deutschen Buchhandel 1905, vom 20. Juni (Nr. 140). Dann in die Sammlung ‚Kantiana‘ (Leipzig 1909) aufgenommen.

Zu S. 96 A.: In der g r i e c h i s c h e n G r a m m a t i k scheint Kant, infolge der mangelhaften Vorbildung auf dem Fridericianum, nicht fest gewesen zu sein. Nicht nur, daß sehr selten griechische Buchstaben in seinen Werken und Nachlaß-Notizen vorkommen: er hat auch einmal, in einem noch erhaltenen Briefe vom 29. April 1790 an seinen Verleger Nicolovius, geradezu eine Verschlimmerung des richtigen πρότερον in das falsche πρώτερον verlangt! Und die Jenaer Literaturzeitung vom 11. 8. 1790 hat gleichfalls, ohne diesen groben Fehler zu bemerken, diese ,,Verbesserung‘‘ in ihrem Druckfehlerverzeichnis gebracht! (XIII, 267 f.) Ja, selbst die ‚Erläuterung‘ der Akademie-Ausgabe VIII, 495 zu der Stelle — die sich im Vorwort von Kants Schrift gegen Eberhard findet — läßt eine klare Einsicht in die Sachlage vermissen.

Zu S. 107 ff.: Euckens Aufsatz wurde aufgenommen in seine ‚Beiträge zur Einführung in die Geschichte der Philosophie‘ (Leipzig 1906), S. 55—82. Zahlreiche Beispiele bietet auch Vaihingers Kommentar zur Kr. d. r. V. Vgl. auch die betreffenden Artikel in den Sachregistern meiner Kantausgaben.

Über die ,,rauhe Schulsprache‘‘ der ‚Kritik‘ äußert sich Kant selbst an manchen Stellen, besonders offen in einem Briefe an Kästner vom Mai

1793, zu dem Ak.-Ausg. XIII, S. 343 f. einen neuen Entwurf veröffentlicht hat.

Viertes Buch

Kapitel 1

Zum Anfang: L. Woltmann, Der physische Typus I. Kants. Polit.
Anthropol. Revue, III, 1904, S. 419—423.

Zu S. 130 ff.: Medizinisches Interesse verrät sich vielfach in Kants
Schriften und Briefwechsel. Vgl. zu dem letzteren z. B. Ak.-A. XIII,
S. 60, 84, 113, 158 f., 443 f., 446, 448, 475, 495, 498, 502, 518, 522. Vgl.
auch die Kantgeburtstagsrede von Prof. Bohn in Altpr. Monatsschr. IX
(1872).

Zu S. 139 ff.: Vgl. Kants Brief an Plessing vom 3. Februar 1784
und die dazu gegebenen Erläuterungen XIII, S. 129—131.

Zu S. 143: Über die Zustände am Hofe Friedrich Wilhelms II. vgl.
weiter XIII, S. 254 f., 261, 270, 301. Zu der Katechismus-Angelegenheit
s. ebd., 260 und 266.

Zu S. 148: E. Fromm, I. Kant und die preußische Zensur. Hamburg
1892. E. Arnoldt, Ges. Schriften, Bd. VI, S. 1 ff.

Kapitel 2

Zu Kants r e l i g i ö s e r E n t w i c k l u n g vgl. auch meine übersichtliche Darstellung in der Ausgabe der ‚Religion innerhalb usw.' in
Bd. 45 der Philos. Bibliothek.

Kapitel 3

S. 193 f.: S. Collenbusch (1724—1803) war damals schon erblindet
(XIII, 388).

Kapitel 4

Zu S. 213 f.: Ich kann mich nicht enthalten, wenigstens noch einige
weitere politische Gedanken Kants aus dem reichen Material in Band XV, 2
der Akademie-Ausgabe hier anzufügen:

Deutschland als Mittelpunkt eines ,,Völkerbundes, der allgemein werden kann" (S. 591). Kants Ideal, das er für die Zukunft voraussieht, ist
der Staat als ,,ein Körper freier bürgerlicher Gesellschaften, welcher wiederum mit noch größeren ein Corps ausmacht, so wie die Systeme der
Sterne" (S. 607). ,,Der Mensch erreicht wirklich all seine ganze Natur-
bestimmung, d. i. Entwicklung seiner Talente, durch den bürgerlichen
Zwang. Es ist zu hoffen, er werde auch seine ganze moralische Bestimmung durch den moralischen Zwang erreichen" (S. 608). ,,Ich glaube,
daß sich die gelehrte Welt so weit verfeinert habe, die Kriegsehre nicht
mehr mit der Achtung anzusehen und daraus einen wichtigen Punkt der
Geschichte zu machen" (S. 627). ,,Der Despotismus ist ein Zwang, die
Untertanen aller eignen Wahl und Urteils zu überheben. Ein Despot,

der seine Untertanen glücklich macht, macht sie bloß nach seinem eignen Geschmack glücklich, ohne den ihrigen zu Rate zu ziehen" (S. 633).

Zu dem U t o p i s m u s: „Der sich allem bequemende Leichtsinnige hält den ehrlichen Mann, z. B. T h o m a s M o r u s, vor einen Phantasten. Die Phantasterey im Erhabenen ist Enthusiasmus" (S. 706).

Zu den politischen Anschauungen der Zeit vgl., außer der zu Buch III, Kap. 3 zitierten Schrift von J. Hay, u. a. W. W e n c k, Deutschland vor 100 Jahren. Leipzig, Grunow, 1887.

K a p i t e l 5

S. 240f.: Über Tieftrunk vgl. G. K e r t z, Die Religionsphilosophie Tieftrunks. Berlin 1907 (Erg.-Heft der Kantstudien Nr. 4), S. 248ff. Zu Kant in H o l l a n d s. Ak.-A. XIII, 279—282, 300, 497, 503 u. 524f.; in E n g l a n d ebd. S. 459, 482 f., 485; in I t a l i e n (der Gründer der Akademie von Siena, der an Kant schrieb, war ein Graf Vargas), S. 478 f.; in F r a n k r e i c h ebd. S. 423 f., 443, 490 f., 496. Aus dem Jahre 1801 ist inzwischen noch ein Dankbillet des 77jährigen Philosophen an Villers bekannt geworden (XIII, 523).

S. 261 ff.: Zur Abwendung F i c h t e s von Kant vgl. XIII, 350, 371, 466 f., 501, 511, 516, 542—550; von Beck (S. 260 f.) XIII, 396, 437, 451, 459, 463, 502, 521.

K a p i t e l 6

S. 266: A. W a r d a, Wann hörte Kant zu lesen auf? Altpr. Mon. 38, S. 84 ff.

S. 268: Zur Abschiedsfeier vgl. Ak.-A. XIII, 579—581.

S. 269 f.: Zur Adjunkten-Angelegenheit s. die Akten XIII, 593—595.

S. 280 oben: Nur auf die durch Ak.-A. XIII, 479—481 neu bekannt gewordenen Verhandlungen über die ihr von Kant zur Zensur überreichte Schrift sei noch hingewiesen.

S. 284: W i e l a n d stand in dem letzten Streit Herders gegen Kant, im Gegensatz zu Schiller und Goethe auf der Seite des ersteren, vgl. Ak.-A. XIII, 501.

S. 291 f.: Zur Frage, ob K r i t i k oder S y s t e m: Kant erklärt in einem an den „Nestor aller philosophischen Mathematiker Deutschlands" A. G. Kästner gerichteten Briefe vom 5. August 1790 ausdrücklich, daß seine Bemühungen zwar „b i s h e r auf K r i t i k gerichtet" gewesen seien, daß er jedoch, wenn er so lange lebe, vorhabe, „die Metaphysik in einem zusammenhängenden S y s t e m e aufzustellen".

K a p i t e l 7

S. 304 ff.: L u p i n s Besuch bei Kant (Auszug aus s. Selbstbiographie von 1844), abgedr. in Altpr. Mon. 38, 7. und 8. Heft. — S. 306 f.: P u r g s t a l l s Brief über Kant ebd. Bd. 16 (1879), S. 607—612. — Über A b e g g s. oben S. 377.

Kapitel 8

Über die letzten Jahre und den Tod gibt den zuverlässigsten und ausführlichsten Bericht, als Augenzeuge, W a s i a n s k i in seiner S. 376 angeführten Biographie Kants.

S. 319 Anm.: Über das in Goethes Besitz gekommene Sedezbüchlein Kants s. mein Buch 'Kant, Schiller, Goethe' (2. Aufl.), S. 202 f.

S. 330 unten: Vgl. A. W a r d a , Der letzte Federstrich I. Kants. Königsberg 1919.

S. 334 ff.: Über das L e i c h e n b e g ä n g n i s s. den ausführlichen Originalbericht des „Entrepreneurs" E. G. A. B ö c k e l , Die Todtenfeyer Kants. Königsberg 1804. Vgl. außer Jünemanns 'Kantiana' jetzt die neueste aktenmäßige Darstellung von A. W a r d a , I. Kants letzte Ehrung. Königsberg 1924.

S. 338 f.: Zu den verschiedenen Testamenten s. noch weitere Entwürfe nebst Anmerkungen dazu Ak.-A. XIII, S. 553—570.

S. 342 oben: Die genannten Kantreliquien sind jetzt in einem besonderen Kant-Zimmer in der alten Universität untergebracht.

S. 342 unten: Ein Verzeichnis der von dem Philosophen hinterlassenen Bücher hat, nach dem Versteigerungskatalog der Bibliothek Gensichens (April 1908), A. W a r d a veröffentlicht unter dem Titel 'Imman. Kants Bücher'. M. Breslauer, Berlin 1922.

S. 346 f.: Über die Königsberger 'Gesellschaft der Freunde Kants' vgl. A. H e n s c h e in Altpr. Mon. 1867, S. 238 ff., und A. D ö h r i n g , ebd. 42 (1905), S. 403—432.

S. 348 oben: Die Altpreußische Monatsschrift ist leider gegenwärtig — hoffentlich nur auf kurze Zeit — eingegangen.

S c h l u ß k a p i t e l

Zu dem Gesamtinhalt vgl. noch m e i n e Sonderschrift: 'Kant als Deutscher'. Darmstadt 1918.

Zu S. 367 ff. sind zu vergleichen die bekannten großen Biographien S t e i n s und S c h a r n h o r s t s von Max Lehmann, G n e i s e n a u s von H. Delbrück und die Lebenserinnerungen B o y e n s , herausg. von Nippold; auch die mit zahlreichen guten Porträts ausgestattete populäre Zusammenfassung F. Meineckes: 'Das Zeitalter der deutschen Erhebung'. Bielefeld 1913. Die im Oktober 1913 von der Kantgesellschaft (Halle) ausgeschriebene Preisaufgabe: 'Der Einfluß Kants und der von ihm ausgehenden deutschen idealistischen Philosophie auf die Männer der Reform- und Erhebungszeit' hat, teils infolge des Krieges, teils wohl auch ihrer Umfänglichkeit und Unbegrenztheit, erst im Jahre 1921 drei Bearbeiter gefunden, jedoch nach dem Urteil der Preisrichter (Kantstudien 1922, S. 524—527) zu keiner der Drucklegung werten Arbeit geführt.

S. 373, Zeile 9 v. o.: K. Vorländer, Geschichte der Philosophie (6. Aufl.), Bd. II, § 73.

Personen-Register

Sperrdruck bedeutet die Hauptstellen. Die Namen des Literatur-Anhangs sind in das folgende Personen-Register n i c h t aufgenommen.

A.

Abegg, J. F. (badischer Theologe) I 139, 145, 208, 249, 377, 383, 389, 406; II 10 f., 13, 15, 26, 31, 34, 39, 42, 73, 77 f., 91, 102, 154, 155, 279A., 297, 304, **307 ff.**, 312, 350, 358, 360

Abegg, Philipp (Bruder des Vorigen, Weinhändler in Königsberg) II 134, 307

Abel (Prof. in Stuttgart) I 425

Abicht (Prof. in Erlangen) I 412, 425; II 284

Abramson II 79

Achenwall II 56, 277

Ackermann (Schauspieler) I 217A., 379

Addison I 376, 386A.

Adickes, Erich I 107, 110f., 111f., 165, 229, 243, 271, 274, 365, 376; II 57 f., 60 ff., 68, **90 f.**, 155 f., 158, 287A.

Adler, Max I 316

Agrippa (König) II 189

Albrecht, Herzog von Preußen I 5 f., 178 f.

d'Alembert I 42A., 60 f., 391

Allais s. Vairasse

Ammon (Mathematiker in Königsberg) I 50

Ammon (Theologe in Erlangen) II 198, 241

Anakreontiker I 373

Andersch (Pfarrer in Judtschen) I 65, 67

Andersch (Kaufmann in Königsberg) I 7

— (Pfarrer in Königsberg) II 343

Andres II 242

Arago I 105

Ariost I 377

Aristides I 163

Aristoteles I 257, 276, 305, 364; II 26, 250, 330

Aristoteliker I 50

Arndt, E. M. II 369

Arnoldt, Emil I 51, 82A., 218, 306A., II 34A., 65 f., 150, 166A., 203A., 208, 233A., **347**

Äschylus I 379

Auerswald, von I 202, 203; II 30, 32

Augustin (Kirchenvater) II 365

— (Naturforscher) II 315

B.

Baader II 257

Bach, Joh. Seb. I 388; II 168

Baczko, Ludw. von I 6, 11, 14, 41, 140, 182, 200; II 41, 54, 67, 70 f., 135

Baggesen, Jens I 308, 428

Bahrdt, K. I **413 f.**; II 166, 173

Ballath, geb. Fritz I 131

Bibliographie* zur Biographie Immanuel Kants

von Rudolf Malter

Ak   Kant's gesammelte Schriften. Hrsg. v. d. Königlich Preußischen Akademie der Wissenschaften.

Akten   Akten des 4. Internationalen Kant-Kongresses Mainz 6.—10. April 1974

AM   Altpreußische Monatsschrift.

CAG   Collegium Albertinum Göttingen. Beiträge zum Immanuel-Kant-Gedenkjahr 1974. Beiheft zum Rundbrief der Gemeinnützigen Gesellschaft Albertinum in Göttingen vom 30. Juni 1975.

GAZ   Gedenkblatt der Königsberger Allgemeinen Zeitung: Immanuel Kant, 22. April 1724 — 22. April 1924.

JK   Jahrbuch der Albertus-Universität Königsberg.

KE   Immanuel Kant zu ehren. Hrsg. v. J. Kopper und R. Malter. Frankfurt 1974.

KHZ   Königsberger Hartungsche Zeitung.

KS   Kant-Studien.

NPrPrBl   Neue Preußische Provinzialblätter.

OPrBl   Das Ostpreußen-Blatt.

RPhAlm   Reichls Philosophischer Almamach auf das Jahr 1924. Immanuel Kant zum Gedächtnis. 22. April 1924. Darmstadt 1924.

[. . .]   Bemerkungen des Bibliographen.

1. Abegg, Johann Friedrich: Reisetagebuch von 1798. Erstausgabe. Hrsg. v. Walter und Jolanda Abegg in Zusammenarbeit mit Zwi Batscha, Frankfurt 1976. (Früherer Teildruck: Johann Friedrich Abeggs Reise zu deutschen Dichtern und Gelehrten im Jahre 1798. Nach Tagebuchblättern mitgeteilt von H. Deiter, in: Euphorion 16, 1909, 732—745; 17, 1910, 55—68).

2. Adamson, Robert: Artikel „Kant", in: Encyclopedia Britannica, Vol. 13, 1941, pp. 265—267.

3. Adickes, Erich: Kant als Mensch. Zu Kants hundertjährigem Todestage (12. Februar 1904), in: Deutsche Rundschau 118, 1904, 195—211.

4. Albinus, Ulrich: Gestaltwandel des Kantgrabmals, in: Königsberger Bürgerbrief XI, 1974, 7—9.

5. An Herrn Professor Kant, da er zum erstenmal Rector der Königsbergischen Universität wurde. Von einigen seiner Schüler. Königsberg, den XXIII. April 1786, in: Ak. XII, 404—406 [vgl. auch Ak. XIII, 576 f.].

6. Anderson, Eduard: Das Kantzimmer. Verzeichnis der Kant-Andenken im Stadtgeschichtlichen Museum der Stadt Königsberg. Hrsg. vom Stadtgeschichtlichen Museum der Stadt Königsberg 1936.

---

* Die Bibliographie bezieht sich nur auf den Vorländer-Text

7. Anderson. Eduard: Ein unbekanntes Kantbildnis, in: KS 37, 1932, 309 f.
8. Anekdote von Kant, in: Der Preußische Hausfreund 1811, Nr. 68, abgedruckt in: KS 6, 1901, 124.
9. Archenhold, F.S.: Sechs Kant-Bilder aus der Archenholdschen Bildnissammlung, in: Das Weltall 24, 1924, Heft 2, 33–34.
10. von Archenholtz, J.W.: Annalen der Brittischen Geschichte des Jahres 1795. Als eine Fortsetzung des Werks England und Italien. Bd. 16, Tübingen 1798, 131; abgedruckt in: KS 6, 1901, 125.
11. Arnoldt, Emil: Kant's Jugend und die fünf ersten Jahre seiner Privatdocentur im Umriss dargestellt, in: AM 18, 1881, 606–686; abgedruckt in: Gesammelte Schriften. Hrsg. v. Otto Schöndörffer. III, 2. Abteilung, Berlin 1908, 103 ff.
12. Arnoldt, Emil: Kritische Exkurse im Gebiete der Kant-Forschung, Teil I., in: Gesammelte Schriften IV; Teil II, in: Gesammelte Schriften V.
13. Arnoldt, Emil: Beiträge zu dem Material der Geschichte von Kants Leben und Schriftstellertätigkeit in bezug auf seine ,,Religionslehre" und seinen Konflikt mit der preussischen Regierung, in: Gesammelte Schriften VI, Berlin 1909, 1–207.
14. Aschmann, Harry: Zur Herkunft des Namens Kant, in: Memeler Dampfboot (Oldenburg) 126, Nr. 8, 20. Aug. 1974, 152/153.
15. Die Aufstellung der Kantstatue, in: NPrPrBl 3. Folge, Bd. I, 1858, 35–41.
16. Augé: Dr. med Samuel Collenbusch und sein Freundeskreis. Beiträge zur Geschichte des christlichen Lebens in der rheinisch-westfälischen evangelischen Kirche von der Mitte des 18. Jahrhunderts an. II. Abt. Neukirchen 1907, 92 ff.
17. Baczko, Ludwig von: Versuch einer Geschichte und Beschreibung der Stadt Königsberg. Königsberg 1787–1790.
18. Baczko, Ludwig von: Geschichte meines Lebens. Königsberg 1824, 3 Bde. [vor allem I, 187–188; 220 f.; 222 f.; 268; II, 3, 13 f., 35; 58 f.; 84; 99 f.; 137 f.; III, 300].
19. Bahnsen, Julius: Aus Immanuel Kants Leben, in: AM 18, 1881, 137 f.
20. Bauch, Bruno: Die Persönlichkeit Kants, in: KS 9, 1904, 196–210.
21. Bauch, Bruno: Immanuel Kant. Zweite unveränderte Auflage. Berlin-Leipzig 1921, 7–34.
22. [Benninghoven, Friedrich]: Immanuel Kant. Leben-Umwelt-Werk. Ausstellung des Geheimen Staatsarchivs Preußischer Kulturbesitz aus Beständen der Stiftung preußischer Kulturbesitz, der Bayrischen Staatsbibliothek, München, des Hauses Königsberg in Duisburg und anderer Leihgeber zur 250. Wiederkehr von Kants Geburtstag am 22. April 1974. Zusammenstellung und Katalog: Friedrich Benninghoven. Berlin 1974.
23. Benninghoven, Friedrich: Immanuel Kants Leben, in: s.Nr. 22, 13–25.
24. Berens, Johann Christoph: Bonhomien. Mitau 1792, 82 ff.
25. [Bernoulli, Johann] Johann Bernoulli's Reisen durch Brandenburg, Pommern, Preußen, Curland, Rußland und Pohlen, in den Jahren 1777 und 1778. Dritter Band. Reise von Danzig nach Königsberg, und von da nach. Petersburg. Leipzig 1779, 45–47; 66 f.
26. Bessel-Hagen, F.: Die Grabstätte Immanuel Kants mit besonderer Rücksicht auf die Ausgrabung und Wiederbestattung seiner Gebeine im Jahre 1880, in: AM 17, 1880, 643–670.
27. Ein Besuch Lupin's bei Kant. Mitgeteilt von R.B., in: AM 38, 1901, 604–615.

28. Beyer, Johann August von: An Wolfia (1789), abgedruckt in: Ak. 13, 241/ 242.
29. Biehahn, Erich: Zwei unbekannte Kantbildnisse der Deutschen Staatsbibliothek, in: KS 53, 1961/62, 127/128.
30. [Bloch, Iwan] Napoleon und Kant, in: KS 8, 1903, 343.
31. Bobrik, Benno: Immanuel Kant's Ansichten über das weibliche Geschlecht, in: AM 14, 1877, 593–612.
32. Böckel, E.G.A. [Hrsg.]: Die Todtenfeyer Kant's. Königsberg 1804.
33. [Böckel, E.G.A.] Empfindungen am Grabe Kants, in Nr. 32, 29–31 [abgedruckt in: KE 43–44].
34. [Böckel,E.G.A.] Rede des Studenten Böckel, in: Nr. 32, 38–42 [abgedruckt in: KE 48–49].
35. Böttiger, C.A.: Skizzen zu Klopstocks Porträt, in: Minerva. Taschenbuch für das Jahr 1816, 8. Jg. Leipzig 1816.
36. Böttiger, K.W., [Hrsg.] Literarische Zustände und Zeitgenossen. In Schilderungen aus Karl August Böttiger's handschriftlichem Nachlasse. Hrsg. v. K.W. Böttiger. Erstes Bändchen, Leipzig 1838, 132 f.
37. Bohn, Heinrich: Über Kant's Beziehungen zur Medizin, in: AM 9, 1872, 609–627.
38. Borkowski, Heinrich: Kants Grabstätte – die Professorengruft – Die Stoa Kantiana, in: Mitteilungen des Vereins für die Geschichte von Ost- und Westpreußen 10, 1936, 65–69.
39. Borowski, Ernst Ludwig: s.Nr. 178.
40. Borowski, Ernst Ludwig: Über die allmählichen Fortschritte der gelehrten Cultur in Preußen bis zur Kantischen Epoche, in: Preußisches Archiv. Hrsg. von der Königl. Deutschen Gesellschaft zu Königsberg in Preußen. 4. Jg. 1. Bd. Königsberg 1793, 95–166.
41. Bouterwek, Friedrich: Immanuel Kant. Ein Denkmal. Hamburg 1805 [Neudruck Bruxelles 1969].
42. Braatz, E.: Johann Daniel Metzger in Königsberg, in: Verhandlungen der Gesellschaft Deutscher Naturforscher und Ärzte. 82. Versammlung zu Königsberg, 20.–26. September 1910. 2. Teil. 2. Hälfte. Medizinische Abteilungen, Hrsg. v. L. von Criegern. Leipzig 1911, 93–98.
43. Brandes, Johann Christian: Meine Lebensgeschichte. München 1923, 339–342.
44. Bray, Graf von: s. Vaihinger, Nr. 428.
45. Breysig, K.: Der Aufbau der Persönlichkeit von Kant. Aufgezeigt an seinem Werke. Ein Versuch zur Seelenkunde des Gelehrten. Stuttgart-Berlin 1931.
46. Brock, Erich: Kants praktische Philosophie, in: Neue Züricher Zeitung Nr. 182, 21.4.1974 [vgl. auch Brock, Erich: Nochmals zu Kants Ende, in Neue Züricher Zeitung, 11. Mai 1974].
47. Bruchstücke über Kant's und Garves Schreibart, aus einem Briefwechsel, in: Der Kosmopolit, 2. Bd. 5. Stk. Mai 1798, 459–463.
48. Brückmann, Rudolf: Kants Leben und Wirken. Gedenkschrift zu seinem zweihundertsten Geburtstage dem deutschen Volke und seiner Jugend gewidmet von Dr. R. Brückmann. Zweite Auflage, Königsberg 1924.
49. Brünneck, Magnus von: Erinnerungen, in: Von Preußens Befreiungs- und Verfassungskampf. Aus den Papieren des Oberburggrafen Magnus von Brünneck. Von Prof. Dr. Paul Herre. Berlin 1914, 142.

50. [Bürger, Gottfried August]: Briefe von und an Gottfried August Bürger. Ein Beitrag zur Literaturgeschichte seiner Zeit. Aus dem Nachlasse Bürger's und anderen, meist handschriftlichen Quellen, herausgegeben von Adolf Strodtmann. 3. Bd., Briefe von 1780—1789, Berlin 1874, 189; 192—195.

51. Buggenhagen, Arnold von: Immanuel Kant. Erinnerung zum 250. Geburtstag, in: Deutsche Zeitung (Saõ Paulo), Sonntag 24. November 1974.

52. Buggenhagen, Arnold von: Der alte Kant, in: Deutsche Zeitung (Saõ Paulo), Sonntag, 12. Januar 1975.

53. Buggenhagen, Arnold von: Letzte Äußerungen Kants über die Bibel, den Tod und Gott, in: Deutsche Zeitung (Saõ Paulo), Sonntag, 19. Januar 1975.

54. Burdach, Karl Friedrich: Blicke ins Leben. 4. Bd. Selbstbiographie. Nach dem Tode des Verfassers herausgegeben. Leipzig 1848. 46 f.

55. Burger, R.: Zeitgenössische Notizen über Kant, in: KS 6, 1901, 124—125.

56. Burghoff, Lothar: Ein Denker, den wir Kommunisten achten. Vor 250 Jahren, am 22. April 1724, wurde der große Philosoph Immanuel Kant geboren, in: Das Volk (Erfurt) 29, 1974, Nr. 95, 22.4.1974.

57. A Calendar of Significant Events in the Life of Immanuel Kant, in: The Proceedings of the Heraclitean Society. Vol. 1, Nr. 4, 1974, 220—222.

58. Cantatine zur Gedächtnißfeyer des Hundertjährigen Geburtstages des unvergesslichen Weisen Immanuel Kant im Kreise seiner Freunde, Schüler und Verehrer gefeyert am 22ten April 1824. Königsberg 1824.

59. Cassirer, Ernst: Kants Leben und Lehre. Berlin 1918,[2] 1921. Reprograf. Nachdr. Darmstadt 1974. 1975.

60. Chatterji, Pritibushan: Immanuel Kant — His Life and Philosophy. A Brief Survey, in: Immanuel Kant. Proceedings of the Seminars at Calcutta and Madras in September and Dezember 1974. Edited by Herbert Herring. Madras 1975, 13—23.

61. Clasen, Karl-Heinz [Bearb.]: Kant-Bildnisse. Mit Unterstützung der Stadt Königsberg, hrsg. von der Königsberger Ortsgruppe der Kant-Gesellschaft. Königsberg 1924.

62. Clasen, Karl-Heinz: Die Kant-Büste von Emanuel Bardou, in: Ostdeutsche Monatshefte 5, 1924, 14—20.

63. Clasen, Karl-Heinz: Wie sah Kant aus? In: Leipziger Illustrierte Zeitung vom 17. April 1924, 365—366.

64. Clasen, Karl-Heinz: Das Kantdenkmal Christian Rauchs, in: GAZ 22.4. 1924.

65. Clasen, Karl-Heinz: Das Kantbilder-Werk, in: RPhAlm 238—242.

66. Conrad, Georg: Beiträge zur Biographie des Kaiserlich Russischen Geheimen Rats Heinrich Christian Reichsgrafen von Keyserling und seiner zweiten Gemahlin Charlotte Caroline Amelie, geb. Reichs-Erb-Truchseß Gräfin zu Waldburg, verw. Gräfin von Keyserling, in: AM 48, 1911, 77—114; 185—220.

67. Courtès, Francis: Kant et l'Académie de Berlin en 1763, in: Les Études Philosophiques 1967, Nr. 1, 197—202.

68. Czygan, Paul: Wasianskis Handexemplar seiner Schrift: Immanuel Kant in seinen letzten Lebensjahren, in: Sitzungsberichte der Altertumsgesellschaft Prussia 17. Heft, Königsberg 1892, 109—140.

69. Danz und Gruber: Charakteristik Johann Gottfried von Herders. Hrsg. von J.G. Gruber. Leipzig 1805, 172 f.

70. Demmler, Theodor: Emanuel Bardous Kantbüste vom Jahr 1798, in: KS 29, 1924, 316—320.
71. Dénina, Carl Joh. Maria: La Prusse littéraire sous Frédéric II. Tome second, Berlin 1790, 305—308.
72. Denksteine: 1. Kant 2. Mehr als Kant, in: Der Neue Teutsche Merkur vom Jahr 1804. Hrsg. v. C.M. Wieland. Zweiter Band. Weimar 1804, 152—155.
73. Diederichs, Victor: Johann Heinrich Kant, in: Baltische Monatsschrift (Reval), 35. Jg., 40. Bd., 1893, 535—562.
74. Diederichs, Victor: Kants Briefwechsel mit seinem Bruder, in: Baltische Monatsschrift 35. Jg., 40. Bd., 1893.
75. Diestel, G.: Nachlese, in: KS 3, 1899, 163—167.
76. Diestel, G.: Das „Dresdener Kantbild" — ein Werk der Elisabeth von Stägemann, in: KS 6, 1901, 113/114.
77. Dilthey, Wilhelm: Der Streit Kants mit der Censur über das Recht freier Religionsforschung. Drittes Stück der Beiträge aus den Rostocker Kanthandschriften, in: Archiv für Geschichte der Philosophie 3, 1890, 418—450.
78. Distel, Theodor: Das endlich aufgefundene Original von Schnorrs Kant-Zeichnung, in: KS 14, 1909, 143—144.
79. Dorow, Wilhelm: Reminiscenzen. Leipzig 1842, 271—286.
80. Dullo: Kants Umgebung, in: KHZ 19.5.1910 [Zit. nach Vorl. II, 378].
81. Dyroff, Adolf: Worauf beruht Kants Genialität? bon 1924.
82. Ebel, Wilhelm: Kant und Göttingen, in: CAG 23—27.
83. Ebertin, Reinhold: Kosmogramm und Kosmopsychogramm, in: Kosmobiologie 24, 1957/58, 45—52.
84. Ehmer, W.: Kants Abstammung, in: KS 30, 1925, 464—467.
85. Die Entstehung der Stoa Kantiana. Zum Gedenken an die 249. Wiederkehr des Geburtstages von Immanuel Kant am 22. April, in: OPrBl, Jg. 24, Folge 16, 21.4.1973.
86. Erdmann, Benno: Zur Orientierung über meine Recension von E. Arnoldts Schrift „Kant's Jugend u.s.w.", in: AM 19, 1882, 489—494.
87. Erdmann, Oskar: Über die Stellung F.M. Klingers zur Kant'schen Philosophie, in: AM 15, 1878, 57—65.
88. Erhard, Johann Benjamin: Denkwürdigkeiten des Philosophen und Arztes Johann Benjamin Erhard. I., in: K.A. Varnhagen von Ense: Ausgewählte Schriften, 15. Bd., 2. Abtlg.: Biographische Denkmale. 9. Teil (3. vermehrte Auflage.) Leipzig 1874. II. 16. Bd., 2. Abtlg., 10. Teil. Leipzig 1874.
89. Erinnerungen an den großen Denker. Karl Vorländers große Kant-Biographie erscheint wieder, in: Bremer Nachrichten 27.3.1974 und in: Nordsee-Zeitung (Bremerhaven) 3.4.1974.
90. Ernst, Klaus: Kants Altersschicksal und die Freunde Hiobs, in: Neue Züricher Zeitung, 2. Mai 1974.
91. Essers, Volkmar: Kant-Bildnisse, in: s. Nr. 22, 39—63.
92. Etwas über Immanuel Kant. (Aus einem Briefe), in: Jahrbücher der preußischen Monarchie unter der Regierung Friedrich Wilhelms des Dritten. Jahrgang 1799. Erster Band. Januar—April, Berlin 1799, 94—99.
93. Falckenberg, Richard: Kants Berufung nach Erlangen, in: KS 7, 1902, 364—365.
94. Ferrari, Jean: Kant et la récension Garve Feder de la Critique de la raison pure, in: Les Études Philosophiques 19, 1964, 11—32.

95. Ferrari, Jean: Herder et Jacobi. Correspondants de Kant, in: Les Études
     Philosophiques 1968, Nr. 2, 197—212.
96. Ferrari, Jean: La bibliothèque de Kant et les sources francaises de sa philo-
     sophie, in: Les Études Philosophiques 1971, Heft 1, 477—482.
97. Fessler, Ignaz Aurel: Dr. Fessler's Rückblicke auf seine siebzigjährige
     Pilgerschaft. Ein Nachlaß an seine Freunde und an seine Feinde. Breslau
     1824.
98. Fest, Johann Samuel: Biographische Nachrichten und Bemerkungen über
     sich selbst. Nach dessen Tode herausgegeben von M. Christian Victor
     Kindervater. Leipzig 1797, 143ff.
99. Festschrift zur 275. Wiederkehr des Gründungstages des Friedrich-Kolle-
     giums zu Königsberg i.Pr. 1968—1973. Hrsg. v. der Gemeinschaft ehe-
     maliger Friderizianer. Hamburg 1973.
100. [Fichte, Johann Gottlieb]: Johann Gottlieb Fichte's Leben und literari-
     scher Briefwechsel. Von seinem Sohne Immanuel Hermann Fichte. Zweite
     sehr vermehrte und verbesserte Auflage. 1. Bd.: Das Leben. Leipzig 1862.
     2. Bd.: Actenstücke und literarischer Briefwechsel. Leipzig 1862.
101. Fichte, Johann Gottlieb: Tagebuch meiner Osterabreise aus Sachsen nach
     Pohlen, U. Preussen, in: Nachgelassene Schriften 1780—1791. Hrsg. v.
     Reinhard Lauth und Hans Jacob unter Mitwirkung von Manfred Zahn.
     Bd. 1. Stuttgart—Bad Canstatt 1962.
102. Fischer, Kuno: Geschichte der neueren Philosophie. Jubiläumsausgabe.
     4. Band. 4. Auflage. Heidelberg 1898, S. 38 ff.
103. [Forster, Johann Georg]: Johann Georg Forsters Briefwechsel. Nebst
     einigen Nachrichten von seinem Leben. Herausgegeben von Th. H. geb.
     H. In zwei Theilen. Leipzig 1829.
104. [Forster, Johann Georg]: Georg Forster's Briefwechsel mit Sömmering,
     hrsg. v. Hermann Hettner. Braunschweig 1877.
105. Forstreuter, Kurt: Kant und die Völker Osteuropas, in: JK 8, 1958,
     104—121.
106. Forstreuter, Kurt: Ein Bildnis Kants in Holland, in: Preußenland 1,
     1963, 29—32.
107. Der Freimüthige oder Ernst und Scherz. Hrsg. v. A.v. Kotzebue und
     G. Merkel. Berlin 1804. Nr. 43, 1. März, 169—171: Kant, in seiner letzten
     Lebenszeit. Brief aus Königsberg vom 15. Febr. 1804. Ergänzungen:
     Nr. 51, 12. März, S. 204; Nr. 61, 26. März, S. 243—244; Nr. 93, 20. Mai,
     S. 369—370: Kants Vollendung von Heinrich August Toepfer.
108. Friedländer: Geschichte der Münze auf Kant (zur Berichtigung einer
     Nachricht in Hrn. Wasianski's Schrift), in: Neue berlinische Monatsschrift
     1805, Vol. 13, Mai, S. 398—400.
109. Frischeisen-Köhler, Max: Probleme und Aufgaben der Kant-Forschung,
     in: RPhAlm 46—86.
110. Fritzsch, Th.: Kant im Urteile seiner Zeitgenossen, in: Pädagogische
     Studien. Neue Folge 45, 1925, 34—36.
111. Fritzsch, Th.: Kant und die Philanthropisten, in: Pädagogische Studien.
     Neue Folge 45, 1924, 129—147.
112. Fromm, Emil.: Immanuel Kant und die preussische Censur. Nebst kleine-
     ren Beiträgen zur Lebensgeschichte Kants. Nach den Akten im Königlich
     Geheimen Staatsarchiv zu Berlin. Hamburg und Leipzig 1894; enthält
     außerdem: Kants Bewerbung um das Unterbibliothekariat an der Königlich-
     lichen Schloßbibliothek 56—59; Aus den Vorlesungsverzeichnissen der

Universität Königsberg, 60—62; Kants Gehaltsverhältnisse, 62—64.

113. Fromm, Emil: Zu Kants Brief an die Kaiserin Elisabeth, in: KS 2, 1898, 386—387.

114. Fromm, Emil: Das Kantbildnis der Gräfin Karoline Charlotte Amalia von Keyserling, in: KS 2, 1898, 145—160.

115. Fromm, Emil: Bitte um Materialien zu einer Kant-Biographie, in: KS 2, 1898, 387—388.

116. Fromm, Emil: Zur Vorgeschichte der Königlichen Kabinetsordre an Kant vom 1. Oktober 1794. Neue Mitteilungen, in: KS 3, 1898, 142—147.

117. Fülleborn, G.Gst.: Immanuel Kant. Nebst einigen Bemerkungen über die Kantische Philosophie. Breslau 1799.

118. [Garve, Christian]: Briefe von Christian Garve an Christian Felix Weiße und einige andere Freunde. 1. Teil. 2. Teil, Breslau 1803.

119. Gause, Fritz: Kants Freunde in der Königsberger Kaufmannschaft, in: JK 9, 1959, 49—67.

120. Gause, Fritz: Kant und die Frauen, in: Ostdeutsche Monatshefte 28, 1962, 37—42.

121. Gause, Fritz: Kant als Schüler des Friedrichskollegiums, in: Blätter des Landfermann-Bundes Duisburg und der Königsberger Friderizianer, Februar 1964.

122. Gause, Fritz: Die Geschichte der Stadt Königsberg in Preußen. II. Bd. Von der Königskrönung bis zum Ausbruch des Ersten Weltkrieges. Köln—Graz 1968.

123. Gause, Fritz: Immanuel Kant 1724—1804, in: Große Deutsche aus Ostpreußen. Hrsg. v. Wilhelm Matull. München o.J. [1970], 44—53.

124. Gause, Fritz: Kant und Königsberg. Ein Buch der Erinnerung an Kants 250. Geburtstag am 22. April 1974. Leer/Ostfriesland 1974.

125. Gause, Fritz: Der Urgroßvater Kants war Krüger. Die Vorfahren des großen Philosophen waren kurischer Abstammung, in: OPrBl, Jg. 25, Folge 1, 5.1.1974, 11.

126. Gause, Fritz: Die Vorfahren Immanuel Kants, in: Der redliche Ostpreuße 25, 1974, 19—23.

127. Gehrmann, Karlheinz: Immanuel Kant und Königsberg. Zum Gedenken an Kurt Stavenhagen, in: Ostpreußenwarte 6, 1955, Nr. 6, 6—7.

128. [Gentz, Friedrich von]: Briefe von und an Friedrich von Gentz. Auf Veranlassung und mit Unterstützung der Wedekind-Stiftung zu Göttingen, hrsg. v. Friedrich Carl Wittichen. 1. Bd.: Briefe an Elisabeth Graun, Christian Garve, Karl August Böttiger und andere. München-Berlin 1909. — 2. Bd.: Briefe an und von Carl Gustav von Brinckmann und Adam Müller. München-Berlin 1910.

129. [Gladau, O.C.] Trauer-Cantate bey der Leichenbestattung Kant's, den 28. Februar 1804, in der Universitätskirche aufgeführt von O.C. Gladau. Königsberg 1804 [abgedruckt auch in: s. Nr. 32]

130. [Goldbeck, Johann Friedrich] Litterarische Nachrichten von Preußen. Hrsg. v. J.F. Goldbeck. 1. Theil. Leipzig-Dessau 1781, 63 f.; 2. Teil, Leipzig-Dessau 1783, 43; 235 f.

131. [Goldbeck, Johann Friedrich] Nachrichten von der königlichen Universität zu Königsberg in Preußen und den daselbst befindlichen Lehr-, Schul- und Erziehungsanstalten. Hrsg. v. J.F. Goldbeck. Dessau 1782.

132. Goldschmidt, Hermann Levin: Immanuel Kants Leben, in: Zürichsee-Zeitung Nr. 129, 7.6.1974, 7.

133. Goldstein, Ludwig: Kants Grabstätte, in: KS 19, 1914, 285—291.

134. Goldstein, Ludwig: Eine Rundfrage über Kants Grabstätte. Mit einer Abbildung von Kants Grabkapelle, in: KS 19, 1914, 439—441.

135. Goldstein, Ludwig: Kants Sommerfrische, in: KS 33, 1928, 421—427.

136. Gottschewski, Gerhard: Immanuel Kant und seine Vaterstadt, in: Mindener Tageblatt Nr. 92, 20.4.1974.

137. [Grau, Kurt Joachim] Kant-Anekdoten. Gesammelt von Kurt Joachim Grau. Berlin 1924.

138. Grigoleit, Eduard: Zur Abstammungsfrage Immanuel Kants, in: Genealogie und Heraldik 2, 1950, Heft 14, 213—221.

139. Grohmann, Johann Christian August: Dem Andenken Kants. Oder die neuen philosophischen Systeme in ihrer Nichtigkeit. Berlin 1804. (Nachdruck Bruxelles 1969).

140. Grünthal. E.: Die senile Gehirnerkrankung Immanuel Kants, in: Confinia psychiatrica 14, 1971, Heft 1, 36—63.

141. Grunert, W.: Das Insterburger Kantbild, in: JK 12, 1962, 339—340.

142. Haagen, Bernhard: Auf den Spuren Kants in Judtschen. Ein Beitrag zur Lebensgeschichte des Philosophen, in: AM 48, 1911, 382—411; 528—556,

142a. Hagen, A.: Gedächtnißrede auf William Motherby, in: NPrPrBl Bd. 3, 1847, 131—144.

143. Hagen, Karl: Kantiana, in: NPrPrBl 6, 1848, 8—12.

144. Hamann, Johann Georg: Briefwechsel. Hrsg. v. Walther Ziesemer und Arthur Henkel. 6 Bände, Wiesbaden 1955—1975.

145. Harich, Walther: Das Königsberg Kants, in: GAZ, 22.4.1924, 20—22.

146. Hasenclever, Adolf: Ungedruckte Briefe Theodor Schöns an den Hallenser Professor Ludwig Heinrich von Jakob, in: Forschungen zur Brandenburgischen und Preußischen Geschichte. Neue Folge der „Märkischen Forschungen" des Vereins für Geschichte der Mark Brandenburg 31, 1919, 345—373.

147. Hasse, Johann Gottfried: Letzte Äußerungen Kant's von einem seiner Tischgenossen. Königsberg 1804, Zweyter Abdruck. — Neuausgabe: Der alte Kant. Hasse's Schrift: Letzte Äußerungen Kant's und persönliche Notizen aus dem opus postumum. Hrsg. v. Artur Buchenau und Gerhard Lehmann. Berlin-Leipzig 1925.

148. Heintel, Erich: Immanuel Kant und Johann Georg Hamann als Briefpartner, in: Antaios 5, 1963, 469—475.

149. Heller, Josef: Kants Persönlichkeit und Leben. Versuch einer Charakteristik. Berlin 1924.

150. Hensche, August: Kant und die Kantgesellschaft. Rede an Kant's Geburtstag, den 22. April 1867, in der Kant-Gesellschaft zu Königsberg gehalten, in AM 4, 1867, 238—248.

151. [Herbart, Johann Friedrich] Rede an Kant's Geburtstag, von Herbart gehalten in der Kant-Gesellschaft zu Königsberg den 22. April 1823, in: Johann Friedrich Herbart: Sämtliche Werke. In chronologischer Reihenfolge hrsg. v. Karl Kehrbach und Otto Flügel. Bd. 5, Langensalza 1890, Nachdr. Aalen 1964, 125—126.

152. Herbart, Johann Friedrich: Rede, gehalten am Geburtstag Kants, 22. April 1832, in: Sämtl. Werke 10, 23—28.

153. Herbart, Johann Friedrich: Rede, gehalten am Geburtstag Kants, 22. April 1833, in: Sämtl. Werke 10, 31—38.

154. Herbart, Johann Friedrich: Zwei kleinere Reden zum Gedächtnis Kant's: I (1824), 108—111; II (Am 22ten April 1833), 112—121, in: Kleinere philosophische Schriften und Abhandlungen, nebst dessen wissenschaftlichem Nachlasse. Hrsg. v. Gustav Hartenstein. Leipzig 1843.

155. Herder, Johann Gottfried: Briefe zu Beförderung der Humanität. Sechste Sammlung, Brief Nr. 79, in: Sämtliche Werke, Bd. XVII. Hrsg. v. Bernhard Suphan, Hildesheim 1967 [Reprographischer Nachdruck der Ausgabe von 1881], 404 f.

156. Herder, Johann Gottfried: [Anhang zu] Briefe zu Beförderung der Humanität. Anhang. Zurückbehaltene und „abgeschnittene" Briefe. Meist ungedruckt. 1. Erste Sammlung nach der ursprünglichen Anlage vom Jahre 1792. Briefe 20—22. Kant und seine Schule, in: Sämtliche Werke XVIII, 323 ff.

157. [Herder, Johann Gottfried] Johann Gottfried von Herder's sämmtliche Werke. Zur Philosophie und Geschichte. Zwanzigster Theil. Stuttgart und Tübingen 1830. Erinnerungen aus dem Leben Joh. Gottfrieds von Herder. Gesammelt und beschrieben von Maria Carolina Herder, geb. Flachsland. Hrsg. durch Johann Georg Müller. 1. Teil, 66 ff.; 3. Teil, 122 ff.

158. [Herder, Johann Gottfried] Johann Gottfried von Herder's Lebensbild. Sein chronologisch-geordneter Briefwechsel, verbunden mit den hierhergehörigen Mittheilungen aus seinem ungedruckten Nachlasse, und mit den nöthigen Belegen aus seinen und seiner Zeitgenossen Schriften. Hrsg. v. seinem Sohne Dr. Emil Gottfried von Herder. Ersten Bandes erste Abtheilung. Erlangen 1846, 126 f., 134 ff., 160 f.

159. [Herder, Johann Gottfried] Aus Herders Nachlaß. Ungedruckte Briefe von Herder und dessen Gattin, Goethe, Schiller, Klopstock, Lenz, Jean Paul, Claudius, Lavater, Jacobi und andern bedeutenden Zeitgenossen. Hrsg. v. Heinrich Düntzer und Ferdinand Gottfried von Herder. Erster Band: Goethe, Schiller, Klopstock, Lenz, Jean Paul, Claudius. Frankfurt 1856. Zweiter Band: Lavater, Mendelssohn, Fr. H. Jacobi, J.G. Zimmermann, G. Forster, August Herder. Frankfurt 1857. Dritter Band: Herders Briefwechsel mit seiner Braut. Frankfurt 1857.

160. [Herder, Johann Gottfried] Von und an Herder. Ungedruckte Briefe aus Herders Nachlaß. Hrsg. v. Heinrich Düntzer und Ferdinand Gottfried von Herder. 1. Band: Herders Briefwechsel mit Gleim und Nicolai. Leipzig 1861. 2. Band: Herders Briefwechsel mit Hartknoch, Heyne und Eichhorn, Briefe an Grupen, Herders Gattin und J. Müller, nebst Briefen von Fr. L. W. Meyer und A. von Einsiedel. Leipzig 1861. 3. und letzter Band: Herders Briefwechsel mit Knebel, Karl von Dalberg, Joh. Friedr. Hugo von Dalberg, einzelne Briefe an Herder, ungedruckte Gedichte und Uebersetzungen Herders, hodegetische Abendvorträge Herders, aus Briefen von Herders Gattin an J.G. Müller, Herders Antwort an den Kirchenconvent der Petersgemeinde zu Petersburg. Leipzig 1862.

161. [Herder, Johann Gottfried] Herders Briefe an Joh. Georg Hamann. Im Originaltext hrsg. von Otto Hoffmann. Berlin 1889.

162. [Herder, Johann Gottfried] Herders Briefe. Ausgewählt, eingeleitet und erläutert von Wilhelm Dobbek. Weimar 1959.

163. [Herder, Johann Gottfried] [Vorlesungsnachschrift hrsg. v. H.D. Irmscher s. Nachtrag II]

164. Hermanowski, Georg: Mein schönes Frauenzimmercher. Ein Versuch über Kant, dem man nachsagt, er sei ein Weiberverächter gewesen, in: OPrBl, Jg. 20, Folge 27, 5. Juli 1969, 5.

165. Herrmann, Christian: Immanuel Kant. Sein Leben und Wirken, in: Der Arbeitgeber 14, Nr. 8, 15. April 1924, 141–143.

166. Hesse, Otto Ernst: Begegnungen mit Kant. Vier Novellen um den Philosophen. München 1974 [Neuausgabe der 1928 unter dem Titel „Symphonie des Greisenalters" erschienenen Novellen].

167. [Heydeck] Die Grabstätte Kants. Vortrag des Professor Heydeck (Altertumsgesellschaft Prussia in Königsberg 1880. Sitzung vom 22. October 1880), in: AM 18, 1881, 688–689.

168. Heydenreich, K.H.: Charakteristik der größesten Weltweisen unseres Jahrhunderts, in: Historischer Calender für das Jahr 1794. Geschichte des achtzehnten Jahrhunderts, Leipzig [1794?] 145 ff. [Vgl. auch LVI–LXII].

169. Hicks, Joe H.: Old Lampe's Consolation. Ruminations on Kantian Piety, in: Akten II, 381–387.

170. Hildebrandt, Kurt: Über Kants Charakter, in: KS 49, 1957/58, 182–197.

171. [Hippel, Theodor Gottlieb von] Hippels sämmtliche Werke. 12. Band: Hippel's Leben. Berlin 1835; 13. Band: Hippel's Briefe. Briefe an Scheffner. Berlin 1838; 14. Band: Hippels Briefe von 1775–1785. Berlin 1839.

172. [Hippel, Theodor Gottlieb von] Ein Abend in der Gesellschaft Alt-Königsbergs 16.12.1788. [Titel nicht von Hippel]. Niedergeschrieben am gleichen Tage, in: RPhAlm 214–226; Originalstelle: Scheffner-Briefwechsel s. Scheffner, Briefwechsel, Bd. 1, 294 ff [abgedruckt auch in: Reminiszenzen. Goethe's Mutter; nebst Briefen und Aufzeichnungen zur Charakteristik anderer merkwürdiger Männer und Frauen. Hrsg. v. Dorow. Leipzig 1842].

173. [Hogendorp, Dirk van] Mémoires du Général Dirk van Hogendorp, publiés par son petit-fils M.le Comte D.C.A. van Hogendorp. La Haye 1887, 15 f.

174. Hogendorp über Kant, in: AM 25, 1888, 697.

175. Horneffer, Ernst: Der Platonismus und die Gegenwart. Kassel 1920, 66–71.

176. Hubatsch, Walther: Kant und Königsberg, in: Königsberger Bürgerbrief 11, 1974, 2–7.

177. Hubatsch, Walther: Der Freiherr vom Stein und Kant, in: JK 11, 1961, 173–178.

178. Immanuel Kant. Erster Teil: Darstellung des Lebens und Charakters Immanuel Kants von Ludwig Ernst Borowski. Von Kant selbst genau revidiert und berichtigt. Zweiter Teil: Immanuel Kant geschildert in Briefen an einen Freund von Reinhold Bernhard Jachmann. Dritter Teil: Immanuel Kant in seinen letzten Lebensjahren. Ein Beitrag zur Kenntnis seines Charakters und häuslichen Lebens aus dem täglichen Umgang mit ihm von E.A.Chr. Wasianski. Königsberg 1804. – Neuausgaben: Immanuel Kant. Ein Lebensbild nach Darstellungen der Zeitgenossen Jachmann, Borowski, Wasianski. Hrsg. v. Alfons Hoffmann. Halle 1902, ²1907. – Immanuel Kant. Sein Leben in Darstellungen von Zeitgenossen/ Die Biographien von L.E. Borowski, R.B. Jachmann und A.Chr. Wasianski. Hrsg. v. Felix Groß. Berlin 1912 [Reprograf. Nachdruck dieser Ausgabe Darmstadt 1968, 1974]. – Wer war Kant? Drei zeitgenössische Biogra-

phien von Ludwig Ernst Borowski, Reinhold Bernhard Jachmann und E.A.Chr. Wasianski. Hrsg. v. Siegfried Drescher. Pfullingen 1974. — Gekürzte Ausgabe: Immanuel Kant in Darstellungen seiner Zeitgenossen. Neubearbeitet und gekürzt von Paul Landau. Berlin o.J. — Einzelneudrucke der Biographien in der Reihe „Aetas Kantiana" (Bruxelles): Borowski 1968; Jachmann 1968.

179. Immanuel Kant, in: Neue berlinische Monatsschrift XI, April 1804, 277—291.

180. Immanuel Kant 1724—1804. Der gestirnte Himmel über uns, das Gesetz des Handelns in uns, in: Lebensbilder großer Deutscher. Sie leben fort in ihren Werken. Stuttgart, zweite unveränderte Auflage 1973, 129—132.

181. Immanuel Kant und sein Königsberg. Das letzte Buch aus Fritz Gauses Feder — Es gilt dem größten Sohn der Pregelstadt, in: OPrBl, Jg. 25, Folge 47, 1974, 23. Nov., 11.

182. Immanuel Kant zu ehren. Hrsg. v. Joachim Kopper und Rudolf Malter. Einleitung von Rudolf Malter. Frankfurt 1974.

183. Immanuel Kants Biographie. Erster Band. Zweiter Band. Leipzig 1804.

184. Immanuel Kants Gedächtnissfeyer zu Königsberg am 22sten April 1810. Königsberg 1811. [Nachdruck Amsterdam 1969].

185. Immanuel Kants Grabmal in Königsberg, in: Welt am Sonntag (Berlin-W) 21.4.1974.

186. [Isler, Hrsg.] Briefe von B. Constant — Görres — Goethe ... Auswahl aus dem handschriftlichen Nachlasse des Ch.de Villers. Hrsg. v. M. Isler. Hamburg 1879.

187. Jachmann, Reinhold Bernhard: s. Nr. 178.

188. [Jachmann, Reinhold Bernhard, — Kiesewetter, Johann Gottfried Carl Christian] Unserm verehrungswürdigen Lehrer dem Herrn Professor Immanuel Kant, zur Feyer Seines 66sten Geburtstages geweiht von R.B. Jachmann und J.G.C. Kiesewetter. Den 22. April 1789. Königsberg, in: Ak. 12, 407—409.

189. Jachmann, Reinhold: Ein ähnliches Portrait Kants, in: AM 1, 1864, 464—465.

190. [Jacobi, Friedrich Heinrich] Friedr. Heinr. Jacobi's Briefe an Friedr. Bouterwek aus den Jahren 1800 bis 1819. Mit Erläuterungen hrsg. v. W. Mejer. Göttingen 1868.

191. [Jacobi, Friedrich Heinrich] Aus F.H. Jacobi's Nachlaß. Ungedruckte Briefe von und an Jacobi und andere. Nebst ungedruckten Gedichten von Goethe und Lenz. Hrsg. v. Rudolf Zoeppritz. Erster Band. Leipzig 1869.

192. [Jacobi, Friedrich Heinrich] Friedrich Heinrich Jacobi's auserlesener Briefwechsel. In zwei Bänden. Erster Band: Bern 1970 [Nachdruck der Ausgabe Leipzig 1825—1827].

193. [Jacobsen J.] Herrn Prof. Benno Erdmann's Polemik gegen Emil Arnoldt besprochen von J. Jacobsen, in: AM 19, 1882, 313—317.

194. Jacoby, Johann: Kant und Lessing. Eine Parallele, in: NPrPrBl 3. Folge, Bd. III, 1859, 352—264.

195. Jaspers, Karl: Kant. Leben, Werk, Wirkung, München 1975.

196. [Jenisch, Daniel] Diogenes' Laterne. Leipzig 1799, 151; 364 ff.

197. Jenisch, Erich: Kants Beziehungen zu Königsberg, in: Leipziger Illustrierte Zeitung, 17. April 1924, 364.

198. Jünemann, Franz: Kantiana. Vier Aufsätze zur Kantforschung und Kantkritik nebst einem Anhange. Leipzig 1909. Enthält: I. Kant als Dichter, 1—24; II. Kant und der Buchhandel, 25—53; III. Der problematische Wert des Kantischen Idealismus, 54—63; IV. Kants Tod, seine letzten Worte und sein Begräbnis, 64—90. — Anhang: Die Kantgesellschaft, 91—97.

199. Kästner, Abraham Gotthelf: Briefe aus sechs Jahrzehnten 1745—1800. Berlin-Steglitz 1912.

200. Kant im Logikkolleg des Magisters Pörschke (Wintersemester 1791/92) nach einem neuaufgefundenen Kollegheft, in: Philosophischer Kalender für 1925. Im Zeichen Immanuel Kants. Hrsg. v. Arnold und Elisabeth-Maria Kowalewski, Berlin 1925, 146—150.

201. Kant im Urteil der Dichter seiner Zeit. Zusammengestellt von Gerhard Birnbaum, in: Deutsche Akademische Rundschau, Jg. 6, 12. Semesterfolge, Nr. 7, 1925, 8—10.

202. Kantreliquien, in: KS 3, 1899, 260.

203. Kant-Medaille zum Gedächtnis-Jahr, in: OPrBl, Jg. 25. Folge 22, 1.6.1974, 16.

204. Kant und Herz. An Herrn Bibliothekar Biester, in: Neue berlinische Monatsschrift, Bd. 13, 1805 (Februar), 149—153.

205. Kants Impulse, in: RPhAlm 19—45.

206. Kants Leben, eine Skizze. In einem Briefe eines Freundes an seinen Freund. Altenburg 1799 [Neuausgabe Leipzig und Altenburg 1809].

207. Kant's Ruhestätte, in: AM 14, 1877, 384.

208. Kapp, Friedrich: Aktenstücke zur Geschichte der preußischen Censur- und Preß-Verhältnisse unter dem Minister Wöllner. Mitgeteilt von Friedrich Kapp. Erste Abteilung: 1788—1793, in: Archiv für Geschichte des Deutschen Buchhandels IV, 1879, 138—214. Zweite Abteilung: 1794—1796, in: ebd. V, 1880, 256—306.

209. [Karamsin] Briefe eines reisenden Russen, von Karamsin. Aus dem Russischen von Johann Richter. Erstes Bändchen Leipzig 1799, 57—63 [Weitere Ausgabe: Nikolai Michailowitsch Karamsin: Briefe eines russischen Reisenden. Berlin 1959, ² 1964].

210. Karl, G.: Kants Elternhaus, in: KHZ 20.4.1924.

211. Kath, Lydia: „Zuerst kommt der Staat . . ." Eine heitere Geschichte um Immanuel Kant, in: OPrBl, Jg. 21, Folge 41, 10.10.1970, 5.

212. Kausch, Joh. Jos.: Ode auf den Herrn Professor Kant, in: Schlesiens Bardenopfer für 1787. Gesammelt und auf eigene Kosten herausgegeben von Kausch [abgedruckt in: KS 16, 521].

213. Kayser, Rudolf: Kant. Wien 1935.

214. Keber, W.G.: Nachrichten und Bemerkungen den Geheimen Kriegsrath von Hippel betreffend. Ein Nachtrag zu seiner Biographie im Nekrolog. Königsberg 1802, 667.; 947.

215. [Keil, Robert] Wieland und Reinhold. Original-Mitteilungen als Beiträge zur Geschichte des deutschen Geistesklerus, hrsg. von Robert Keil. Leipzig 1885.

216. Kelch, Wilhelm Gottlieb: Ueber den Schädel Kants. Ein Beytrag zu Galls Hirn- und Schädellehre. Königsberg 1804 [Neudruck Königsberg 1924].

217. [Keyserling]: Aus den Tagebuchblättern des Grafen Alexander Keyserling. Philosophisch-religiöse Gedanken mit einzelnen Zusätzen aus Brie-

fen. Hrsg. v. seiner Tochter Freifrau Helene von Taube. Mit einer Lebensskizze, verfaßt von Graf Leo Keyserling. Stuttgart 1894.

218. Kinkel, Walter: Moses Mendelssohn und Immanuel Kant, in: KS 34, 1929, 391–409.

219. Kipfmüller, Bertha: Kants Mutter, in: Frauenbildung 4, 1905, 49–59.

220. Koester, Otto: Die Nacht eines Philosophen, in: KHZ 20.4.1924.

221. Köstlin, Karl: Ein Hymnus auf Immanuel Kant 1797, in: Archiv für Geschichte der Philosophie 2, 1888, 246–248.

222. Kolbow, Heinrich: Johann Daniel Heinrich Metzger. Arzt und Lehrer an der Albertus-Universität zur Zeit Kants, in: JK 10, 1960, 91–96.

223. [Kossmann, E. F.] Ein unbekannter Brief Kants an Biester über Dirk van Hogendorp. Mitgeteilt von E.F. Kossmann, in: AM 41, 1904, 94–100.

224. Kowalewski, Arnold: Kant und Borowski, in: KHZ 20.4.1924.

225. Kowalewski, Arnold: Vom Heimatgeist in der Kantischen Philosophie. Festrede in der Königsberger Ortsgruppe der Kantgesellschaft zum 200. Geburtstage Kants, in: Philosophischer Kalender (s.Nr. 200), 107–116.

226. [Krause, Gottlieb] Beiträge zum Leben Christian Jakob Kraus. Hrsg. von Gottlieb Krause, in: AM 18, 1881, 53–96; 193–224.

227. Krawczynski: Kant und der Russe Karamsin, in: Kölnische Volkszeitung, 27. April 1924, Nr. 313.

228. Kronenberg, M.: Kant und Friedrich Wilhelm II., in: Das freie Wort 3, 1903/4, 304–311.

229. Kronenberg, M.: Kant. Sein Leben und seine Lehre. München [6] 1922.

230. [Krug, Traugott] Meine Lebensreise. In sechs Stationen zur Belehrung der Jugend und zur Unterhaltung des Alters beschrieben von Urceus. Nebst Franz Volkmar Reinhard's Briefen an den Verfasser. Leipzig 1825.

231. Kügelgen, C.W. von: Kant als Prediger und seine Stellung zur Homiletik, in: KS 1, 1897, 290–295.

232. Kügelgen, C.W. von: Kants Brief an die Kaiserin Elisabeth von Rußland, in: KS 1, 1897, 295–297.

233. [Küttner, Karl August] Charaktere teutscher Dichter und Prosaisten. Von Kaiser Karl, dem Großen, bis aufs Jahr 1780. Erster Band. Berlin 1781, 371–373: Immanuel Kant.

234. Kuhrke, Walter: Kant und seine Umgebung. Königsberg 1924.

235. Kuhrke, Walter: Kants Wohnhaus. Zeichnerische Wiederherstellung mit näherer Beschreibung. Königsberg [2] 1924.

236. Kurschat, Heinrich A.: Vor 250 Jahren wurde Kant geboren. Schotte oder Memelländer? Das Rätsel um Immanuel Kants Heimat und Familie ist noch ungelöst, in: Memeler Dampfboot 126, 1974, 73–74.

237. Lange, Antje: Kants Briefwechsel mit Frauen. Beitrag zu einer statistischen Auswertung des Kantischen Briefwechsels mit Hilfe des ‚Personenindex zu Kants gesammelten Schriften‘, in: Untersuchungen zur Sprache Kants. Hamburg 1970, 168–179.

238. Lange, Erhard: Georg Forsters Kontroverse mit Immanuel Kant, in: Deutsche Zeitschrift für Philosophie 12, 1964, 965–980.

239. Lasson: Friedrich Nicolai im Kampfe gegen den Idealismus, in: Archiv für das Studium der neueren Sprachen und Literatur 32, 1862, 257–286.

240. Lehmann, Gerhard: Kants Lebenskrise, in: Neue Deutsche Hefte, Oktober 1954, 501—508 [abgedruckt in: G. Lehmann: Beiträge zur Geschichte und Interpretation der Philosophie Kants, Berlin 1969, 411—421].

241. Lehmann, Gerhard: Diaconus Wasianski. Unveröffentlichte Briefe, in: Kritik und Metaphysik. Studien. H. Heimsoeth zum 80. Geburtstag. Hrsg. v. Friedrich Kaulbach und Joachim Ritter. Berlin 1966, 76—98.

242. Lehmann, Gerhard: Zur Frage der Systematik in Kants Metaphysikvorlesungen, in: Akten I, 140—154.

243. [Lehndorff, Heinrich Graf von] Rede des Grafen Heinrich Lehndorff anläßlich der Kantfeier Juni 1797, in: Ak. 13, 579/580.

244. Lenz, [Jacob] Michael Reinhold: Als Sr. Hochedelgebohrnen der Herr Professor Kant, den 21.sten August 1770 für die Professor-Würde disputierte, in: Ak. 12, 427—42 [abgedruckt u.a. in: KE 39—40].

245. [Lenz, Jacob Michael Reinhold] Briefe von und an J.M.R. Lenz. Gesammelt und herausgegeben von Karl Frege und Wolfgang Stammler. Bd. 1, Leipzig 1918, 14.

246. Lewald, August: Ein Menschenleben, in: August Lewald's gesammelte Schriften. In einer Auswahl. Erster Band. Leipzig 1844. Erster Teil: Knabenjahre-Jünglingsjahre, 86—147.

247. [Lichtenberg, Georg Christoph] Lichtenbergs Briefe. Hrsg. v. Albert Leitzmann und Carl Schüddekopf. 1. Bd. 1766—1781, Leipzig 1901; 2. Bd. 1782—1789, Leipzig 1902; 3. Bd. 1790—1799, Leipzig 1904.

248. Lichtigfeld, A.: Immanuel Kant's Jewish Contemporaries, in: South African Jewish Times, August 1975, 37—38.

249. Lichtigfeld, A.: On Kant's 250th Birthday, in: UNISA-Bulletin 9, Nr. 2, Sept. 1974, 26.

250. Liebert: Kants Grab, in: KS 28, 1923, 481.

251. [Liebeskind, Johann Heinrich] Rückerinnerungen von einer Reise durch einen Teil von Teutschland, Preußen, Kurland etc. Strasburg 1795.

252. Lind, Paul von: Eine erfüllte Prophezeiung Kants, in: KS 3, 1899, 168—175.

253. von Lind, P.: Ein Stägemannsches Kantbild, in: KS 3, 1899 255—256.

254. von Lind, P.: Das Kantbild des Fürsten von Pless, in: KS 4, 1900, 102—106.

255. Lindau, H.: Kant kein Deutscher? In: KS 20, 1915, 447—448.

256. Lippmann, Edmund O. von: Untersuchung von Kants Schädel gemäß Galls Lehre durch Dr. W.G. Kelch, in: KS 15, 1910, 542—543.

257. Lomber, Wilhelm: Immanuel Kants letzte Lebensjahre und Tod. Königsberg 1923.

258. Lomber, Wilhelm: Immanuel Kant als Mensch, in: Deutsche Presse-Korrespondenz 1924, Nr. 16, 17. April, 24—25.

259. Lomber, Wilhelm: Die Grabstätte Immanuel Kants auf Grund authentischer Quellen dargestellt. Nebst den zu Kants Gedächtnis gehaltenen akademischen Reden. Königsberg 1924.

260. Lubowski, Karl: Ein neues Kantbildnis, in: KS 3, 1899, 160—163.

261. [Lupin, Friedrich von] Selbst-Biographie des Friedrich Freiherrn v. Lupin auf Illerfeld. Erster Theil. Weimar 1844, 247—260.

262. [Maimon, Salomon] Salomon Maimons Lebensgeschichte. Berlin 1792/93.

263. Malter, Rudolf: Kant in der biographischen Forschung, in: s. Vorländer, Nr. 448, 3. Aufl., XIII—XXV.

264. Malter, Rudolf: Ein Philosoph wird geehrt. Philosophiegeschichtlich-kulturhistorische Bemerkungen zu Kantehrungen und Kantjubiläen, in: Zeitschrift für Religions- und Geistesgeschichte 27, 1975, 289—304.

265. Malter, Rudolf: Philosophieren im Ichverzicht. Überlegungen zum Kantjahr, in: Universitas 31, 1976, 757—760.

266. Matthisson, Friedrich von: Erinnerungen. 2. Teil. Neueste Ausgabe. IX. Reise von Lausanne nach Aosta 1801. Wien 1815, 69—70.

267. Mecklenburg, G.: Kants letzte Aufzeichnungen, in: KS 61, 1970, 93—96.

268. [Meierotto, J.H.L.] Versuch einer Lebensbeschreibung J.H.L. Meierotto's. Hrsg. v. Friedrich Leopold Brunn. Berlin 1802, 337 f.

269. [Meißner, Julius Gustav] Charakterzüge und interessante Szenen aus dem Leben denkwürdiger Personen der gegenwärtigen und verflossenen Zeit. Hrsg. v. Julius Gustav Meißner. Wien 1800. Teil 1, Nr. 17: Immanuel Kant, 168—179.

269a. Menzer, Paul: Zu Kants Zensurschwierigkeiten, in: KS 23, 1919, 380—382.

270. Menzer, Paul: Kants Persönlichkeit, in: KS 29, 1924, 1—20.

271. Merkel, G.: Darstellungen und Charakteristiken aus meinem Leben. Bd.1, Leipzig 1839, 187 ff.

272. [Meschede, Franz] Kant und sein Schädel, und die Eigenart seiner geistigen Veranlagung. Nach einem hinterlassenen Ms. des verstorbenen Psychiaters an der Universität Königsberg i.Pr. des Geh. Medizinalrates Prof. Dr. Franz Meschede. Hrsg. v. Apotheker Franz Meschede. Münster 1924.

273. [Metzger, Johann Daniel] Äußerungen über Kant, seinen Charakter und seine Meinungen; Von einem billigen Verehrer seiner Verdienste. o.O., o.J. [Königsberg 1804].

274. [Metzger, Johann Daniel] Über die Universität zu Königsberg. Ein Nachtrag zu Arnold und Goldbeck. Königsberg 1804.

275. Metzke, Erwin: Immanuel Kant und Johann Georg Hamann, in: E. Metzke: Coincidentia oppositorum. Gesammelte Studien zur Philosophiegeschichte. Hrsg. v. Karlfried Gründer. Witten 1961, 294—319.

276. Meyer, William: Zu Kants Ahnentafel, in: Familiengeschichtliche Blätter, Jg. 22, Heft 5/6, 1924, Sp. 79—84.

277. Meyer, W.: Kants Urgroßmutter Anna Mielcke, in: Altpreußische Geschlechterkunde 1927, 121—122.

278. Michelis: Kant — Hauslehrer in Judtschen? In: KS 38, 1933, 492—493.

279. Minden: Über Porträts und Abbildungen Kants. Königsberg 1868.

280. Minden: Die Grabstätte Kant's, in: AM 7, 1870, 274—275.

281. Minden, D.: Der Humor Kant's im Verkehr und in seinen Schriften, in: AM 8, 1871, 345—361.

282. Mörlin, Friedrich August Christian: Kant's Todtenfeier. Altenburg 1804.

283. Monka, Eugen: Blumen auf dem Grabe Kants, in: Freie Presse (Buenos Aires) 7.4.1974.

284. [Morgenstern, Karl] Professor Karl Morgensterns Tagebuch einer Reise von Danzig nach Dorpat, in: AM 52, 1916, 540—551; 53, 1917, 197—223.

285. Mortensen, Hans — Mortensen, Gertrud: Kants väterliche Ahnen und ihre Umwelt, in: JK 3, 1953, 25—57.

286. [Mortzfeld, Dr. J.Chr.] Fragmente aus Kants Leben. Ein biographischer Versuch. Königsberg 1802.

287. Motekat, Helmut: Das geistige Antlitz Königsberg in Preußen. Idee und Bewährung. Diss. Göttingen 1946.

288. Motekat, Helmut: Immanuel Kant in seiner Stadt, in: CAG 7—21.

289. Mühlpfordt, Herbert Meinhard: E.T.A. Hoffmanns letzter Besuch in Königsberg, in: JK 15, 1965, 308—312.

290. Mühlpfordt, Herbert Meinhard: Cineres mortales immortalis Kantii, in: OPrBl, Jg. 18, Folge 6, 11.2.1967, 10.

291. Mühlpfordt, Herbert Meinhard: Das Kantdenkmal zu Königsberg, in: JK 20, 1970, 203—210.

292. Mühlpfordt, Herbert Meinhard: Der Philosoph von Königsberg. Immanuel Kant. Zum 250. Geburtstag, in: Deutsche Wochen-Zeitung 19.4.1974.

293. Mühlpfordt, Herbert: Immanuel Kants Grabstätte. Geschichte der Umbettung und Neugestaltung, in: Deutsche Wochen-Zeitung 3.5.1974.

294. [Mühlpfordt, Herbert Meinhard] Kant nannte ihn einen „Zentralkopf". Herbert Meinhard Mühlpfordt zum 180. Todestag des Theodor Gottlieb von Hippel am 23. April, in: OPrBl. Jg. 27, Folge 17, 24.4.1976, 10.

295. Nadler, Josef: Geistiges Leben von der Krönung Friedrich I. bis zum Tode Kants. in: Deutsche Staatenbildung und deutsche Kultur im Preußenlande. Hrsg. v. Landeshauptmann der Provinz Ostpreußen. Königsberg 1931, 131—336.

296. Neckien, Ferdinand: Die richtige Geburtszeit Kants, in: Kosmobiologie 24, 1957/58, 23—25.

296a. Nesselmann: Über einige Denkmünzen. 1. Auf Kant, in: NPrPrBl 3, 1847, 51 f.

297. Neumann, Arno: Lichtenberg als Philosoph und seine Beziehungen zu Kant. Zur Feier seines hundertjährigen Todestages, in: KS 4, 1900, 68—93.

298. Neumann, Rudolf — Kurschat, H.A.: Als die Kants und Ogilvies nach Preußen kamen. Erinnerung an die Schotteneinwanderung in Preußen, in: Memeler Dampfboot, 126. Jg., 20.2.1975, 24—25.

298a. Paleikat, Georg: Ein Kuriosum aus Kants Lehrtätigkeit, in: KS 24, 1920, 415—417.

299. Palme, Anton: Ein Besuch Karamsin's bei Kant, in: KS 5, 1901, 120—122.

300. von Pantzer, Gerhard: Baltische Nachkommen aus der Familie Immanuel Kants, in: Ostdeutsche Familienkunde, Jg. 14, Bd. 4, 1966, 184—185.

301. Paulsen, Friedrich: Immanuel Kant. Sein Leben und seine Lehre. Stuttgart. 5. Aufl. o.J.

302. Peters, W.S.: I. Kants Verhältnis zu Lambert, in: KS 59, 1968, 448—453.

303. [Plessing] Friedrich Victor Leberecht Plessing. Briefe von ihm und an ihn. Hrsg. v. Otto Drude. Duisburg 1970.

304. [Pörschke, Karl Ludwig] Der Gedächtnißfeyer Immanuel Kant's geweiht, im Namen der Königlichen Landes-Universität, von Karl Ludwig Pörschke, der Dichtkunst Professor. am 23sten April 1804. Königsberg 1804.

305. [Pörschke, Karl Ludwig] Vorlesung bey Kants Geburtstagsfeyer, den 22sten April 1812. Von Herrn Professor Pörschke, in: Königsberger Archiv für Philosophie, Theologie, Sprachkunde und Geschichte, von F. Delbrück, K.D. Hüllmann, J.F. Krause und J.S. Vater. Königsberg 1812, 536—544.

306. Poster, Mark: Kant's Crooked Stick, in: Psychoanalytical Review 61, 1974, 475—480.

307. Prantl, Karl: Daniel Wyttenbach als Gegner Kants, in: Sitzungsberichte der philosophisch-philologischen und historischen Classe der k. [öniglich] b. [ayrischen] Akademie der Wissenschaften zu München, Jg. 1877, 264—286.

308. [Purgstall, Wenzel Gottfried von] Ein Brief über Kant. Mitgeteilt von Karl Hugelmann, in; AM 16, 1879, 607—612.

309. Rahden, Frhr. von: Stammtafel der Familie Kant, in: Jahrbuch für Genealogie, Heraldik und Sphragistik, Jg. 1899, Mitau 1901, 176—177, 180.

310. Rahden, Alexander von: Inventarium über den Nachlaß des allhier am 12. Februar 1804 verstorbenen Herrn Prof. Immanuel Kant, ausgefertigt von Justiz-Commissar Radke, in: Sitzungsberichte der Kurländischen Gesellschaft für Literatur und Kunst 1900. Mitau 1901, 81—108.

311. Rebmann, A.G.F. von: Obscuranten-Almanach auf das Jahr 1800. Paris o.J., IV.

312. Recke, C.E.C. von der: Über C.F. Neanders Leben und Schaffen. Eine Skizze von C.E.C. Freyin von der Recke, geborene von Medem. Berlin 1804, 108—110.

313. Regiomontanus: Immanuel Kants Heim, in: GAZ 22.4.1924, 22—23.

314. Reichardt, Johann Friedrich: Kant und Hamann, in: Urania. Taschenbuch für Damen auf das Jahr 1812, [abgedruckt auch in: Josef Müller-Blattau: Hamann und Herder in ihren Beziehungen zur Musik. Mit einem Anhang ungedruckter Kantatendichtungen und Liedmelodien aus Herders Nachlaß. Königsberg 1931, 35—39].

315. Reicke, Rudolf: Fichte's erster Aufenthalt in Königsberg, in: Deutsches Museum (Leipzig) Bd. 1, 721—736; 767—785 [zit. nach Ak Bd. 13].

316. [Reicke, Rudolf, Hrsg.] Kant von einem seiner Jugendfreunde geschildert [Brief Heilsbergs an S.G. Wald, 17.4.1804], in: NPrPrBl, 3. Folge, Bd. I, Königsberg 1858, 379—383.

317. Reicke, Rudolf: Kantiana. Königsberg 1860.

318. Reicke, Rudolf: Reinhold Lenz in Königsberg und sein Gedicht auf Kant, in: AM 4, 1867, 647—658.

319. [Reicke, Rudolf] Scheffner über Herders Metakritik. Mitgeteilt von Rudolf Reicke, in: AM 18, 1881, 438—445.

320. Reicke, Rudolf: Das Kant-Porträt des Grafen Keyserling auf Rautenberg. in: Sitzungsberichte der Altertumsgesellschaft Prussia, Heft 20, 1895/96, 109—111.

321. Reicke, Rudolf: Zu Kants Brief an die Kaiserin Elisabeth, betr. die Kypke'sche Professur, in: KS 1, 1897, 487—488.

322. Reicke, Rudolf: Briefe von T.G. Gisevius an L.E. Borowski, in: AM 37, 1900.

323. Reusch, Christian Friedrich: Historische Erinnerungen, in: NPrPrBl 6, 1848, 288 ff. [erschienen auch unter dem Titel: Kant und seine Tischgenossen. Aus dem Nachlaß des jüngsten derselben, des Geh. Ob.-Reg.-Rats Dr. Chr. F. Reusch. Königsberg o.J.; Nachdruck Bruxelles 1973].

324. Reusch, Christian Friedrich: Über das Erlöschen historischer Erinnerungen, in: NPrPrBl 5, 1848, 45—46.

325. [Richter, Günter]: 4. Internationaler Kant-Kongreß Mainz. Immanuel Kant. Katalog der Ausstellung, herausgegeben von der Kant-Gesellschaft e.V. in Verbindung mit dem Kulturdezernat der Stadt Mainz und der Universitätsbibliothek Mainz. Mainz 1974. Ausstellung und Katalog: Dr. Günter Richter, Vorwort: Gerhard Funke.

326. Rink, Friedrich Theodor: Ansichten aus Immanuel Kant's Leben. Königsberg 1805.

327. Rink, Friedrich Theodor: Mancherley zur Geschichte der metacritischen Invasion von Johann George Hamann genannt Magus in Norden, und einigen Aufsätzen, die Kantische Philosophie betreffend. Nebst einem Fragment einer älteren Metacritik. Königsberg 1800. [Nachdr. Bruxelles 1968].

328. [Rink, Friedrich Theodor] David Ruhnken. Bearbeitet nach Daniel Wyttenbach, in: Tiberius Hemsterhuis und David Ruhnken. Biographischer Abriß ihres Lebens. Für Freunde der Humanität und des Studiums der Alten insbesondre, bearbeitet von Friedrich Theodor Rink. Königsberg 1801, 80 f.

329. Ritzel, Wolfgang: Wie ist eine Kant-Biographie überhaupt möglich? In: KS 62, 1971, 98—112.

330. Ritzel, Wolfgang: Kant und das Problem der Individualität, in: KS-Sonderheft, Akten des 4. Internationalen Kant-Kongresses Mainz, 6—10. April 1974, Teil I, 229—246.

331. Ritzel, Wolfgang: „Kants Leben". Bemerkungen zum Neudruck der „kleinen" Kant-Biographie Karl Vorländers, in: KS 66, 1975, 121—127.

332. Ritzel, Wolfgang: Immanuel Kant. Zur Person. Bonn 1975.

333. Röhrdanz, Günther: Die Stellung Kants in und zu der Presse seiner Zeit. München 1936.

334. Rosenkranz, Karl: Königsberger Skizzen. Danzig 1842. [Nachdruck dieser Ausgabe, 2 Teile in einem Band; Auswahlausgabe hrsg. v. E. Holtz, Königsberg 1940/41].

335. Rosenkranz, Karl: Kant und Hamann, in: NPrPrBl, 3. Folge, 2. Bd. 1858, 1—28.

336. Rosikat, A.: Kants Beziehungen zum Kaufmannsstande, in: KS 16, 1911, 519—520.

337. Rosner, Willy: Immanuel Kant — einst in Königsberg. Zum 250. Geburtstag am 22. April 1974. in: Schleswig-Holsteinische Landeszeitung 20.4. 1974.

338. [Schad, Johann Baptist] Joh. Baptist Schad's Lebensgeschichte, von ihm selbst beschrieben. Fürsten, Staatsmänner, Religionslehrern und Erziehern vorzüglich gewidmet. Neue, durchaus umgearbeitete, mit Reflexionen über die, in unsern Tagen interessanten, Gegenstände begleitete Auflage. 3 Bde., Altenburg 1828.

339. [Scheffner, Johann George] Mein Leben, wie ich Johann George Scheffner es selbst beschrieben. Leipzig [gedruckt 1816] 1823.

340. Scheffner, Johann George: Nachlieferungen zu meinem Leben nach bestem Wissen und Gewissen, stets mit kräftigem Wollen, oft mit schwachem Können. Leipzig 1884, 10.

341. [Scheffner, Johann George] Briefe an und von Johann George Scheffner. Hg. v. Arthur Warda. 1. Bd. A—K, München/Leipzig 1918; 2. Bd.: L—M, ebd. 1926; 3. Bd.: N—P ebd. 1927/28; 4. Bd., hrsg. v. Arthur Warda und Carl Diesch: R—Z., ebd. 1931; 5. Bd. Königsberg 1937, hg. v. Arthur Warda und Carl Diesch. 1. Teil: Würdigung, Anmerkungen und Nachtrag. 2. Teil: Nachträge zu den Anmerkungen, Chronologisches Verzeichnis der Briefe, Namenregister.

342. Scheffner, Johann George: Gedanken und Meynungen über Manches im Dienst und über andere Gegenstände. Von A. Erstes Bändchen. Königsberg 1802. Zweites Bändchen Königsberg 1806.

343. Schelling, Friedrich Wilhelm Joseph: Immanuel Kant, in: Schellings Werke. Nach der Originalausgabe in neuer Anordnung hrsg. von Manfred Schröter. 3. Hauptband. Schriften zur Identitätsphilosophie 1801—1806. München 1927 [unver. Nachdr. 1965] 585—594.

344. Schilling, Kurt: Kant. Persönlichkeit und Werk. Drei gemeinverständliche Vorträge. München 1942.

345. Schleiz, Fr.: Beobachtungen zur Sprache Kants mit Berücksichtigung der ostpreußischen Eigentümlichkeiten. Diss. masch. Königsberg 1925.

346. Schmid, Friedrich Alfred: Kant im Spiegel seiner Briefe, in: KS 9, 1904, 307—320.

347. Schmidt, K. Ed.: Zur Kantfeier im Juni 1797, in: Altpreußische Rundschau, Jg. 1912/1913, 223—226.

348. Schneider, Wolfgang: „Doctor der Weltweisheit". Bemerkungen und Ansichten zur Person des Immanuel Kant, in: Sonntag 28, 1974, Nr. 18, 14.7.1974, 9.

349. [Schön, Theodor von] Aus den Papieren des Ministers und Burggrafen von Marienburg Theodor von Schön. 1. Teil. Halle 1875, 1—110: Selbstbiographie bis zur Ernennung zum Oberpräsidenten von ganz Preußen (Provinz). Von 1773 bis ins Jahr 1827 hinein.

350. [Schön, Theodor von] Studienreisen eines jungen Staatswirtes in Deutschland am Schlusse des vorigen Jahrhunderts. Beiträge und Nachträge zu den Papieren des Ministers und Burggrafen von Marienburg Theodor von Schön. Von einem Ostpreußen. Leipzig 1879.

351. [Schön, Theodor von] Briefe von Schön an Karl Lehrs. Mitgeteilt von Franz Rühl, in: AM 15, 1878, 632—641.

352. Schöndörffer, Otto: Kants Leben und Lehre. Leipzig 1924.

353. Schöndörffer, Otto: Der elegante Magister, in: RPhAlm 65—86.

354. Schöndörffer, Otto: Unbekannte Anekdoten über Kant, in: RPhAlm 177—178.

355. Schöndörffer, Otto: Das Kantzimmer in Königsberg, in: RPhAlm 227—235.

356. Schoeps, Hans-Joachim: Beinahe, Kants Berufung nach Erlangen, in: KS 49, 1957/58, 279—281.

357. Schricker, August: Wie Kant beinahe geheiratet hätte. Kultur-historische Novelle. Mit einem Vorwort neu hrsg. v. Hans Vaihinger. Leipzig 1924.

358. Schrötter, Frhr. von: Rede [am Grab Kants], in: Nr. 32, 32—37 [abgedruckt in: KE 45—47].

359. Schubert, Friedrich Wilhelm: Immanuel Kant's Biographie. Zum großen Teil nach handschriftlichen Nachrichten dargestellt. Leipzig 1842.

360. Schubert, Friedrich Wilhelm: Die jährliche Feier von Kant's Geburtstag durch eine von seinem Andenken gebildete Gesellschaft in Königsberg, in: NPrPrBl 1, 1846, 454—465.

361. Schubert, Friedrich Wilhelm: Immanuel Kant und sein Verhältnis zur Provinz Preußen. Vortrag am 6. Dezember 1853 zum Besten des evangelischen Gustav-Adolf-Vereins in Königsberg gehalten, in: NPrPrBl 5, 1854, Januar—Juni 193—219.

362. [Schubert, Friedrich Wilhelm, Hrsg.] Die Occupation Königsbergs durch die Russen während des siebenjährigen Krieges. Zur Erinnerung an die Zustände unserer Stadt vor hundert Jahren, nach dem handschriftlichen Berichte eines Augenzeugen [=Johann George Bock], in: NPrPrBl, 3. Folge, Bd.1, 1858, 153—178; Bd. 2, 1858, 59—78; 140—153.

362a. Schubert, Friedrich Wilhelm: Die Auffindung des letzten größeren Manu-
      scripts von Immanuel Kant, in: NPrPrBl 3. Folge Bd. 1, 1858, 58—61.
363. Schütz, Christian Gottfried: Darstellung seines Lebens, Charakters und
      Verdienstes nebst einer Auswahl aus seinem litterarischen Briefwechsel
      mit den berühmtesten Gelehrten und Dichtern seiner Zeit. Hrsg. v. seinem
      Sohne Friedrich Karl Julius Schütz. 1. Bd. Halle 1834, 2. Bd. Halle 1835.
364. Schütz, Fritz: Immanuel Kant, Studiosus Philosophiae in Judtschen.
      Eine neue Spur, in: KS 37, 1932, 227—229.
366. Schultz, Uwe: I. Kant in Selbstzeugnissen und Bilddokumenten. Rein-
      bek 1965.
366. Schultze, P.G.: Eine echte bibliophile Kostbarkeit. Reinhold Lenz in
      Königsberg und sein Gedicht auf Immanuel Kant — Gedruckt bei Kanter,
      in: OPrBl, Jg. 25, Folge 39, 28.9.1974, 10.
367. Schulz, Eberhard Günter: Kant und die Berliner Aufklärung, in: Akten II,
      60—80.
368. Schulz, Eberhard Günter: Christian Garve und Immanuel Kant. Gelehr-
      ten-Tugenden im 18. Jahrhundert, in: Jahrbuch der Schlesischen Fried-
      rich-Wilhelms-Universität zu Breslau 5, 1960, 123—188.
369. Schulz, Hans Ferdinand: Kant, Friedrich Nicolai und die Buchmacherei,
      in: Börsenblatt des deutschen Buchhandels 22, 1966, Nr. 51a, 67—75.
370. Schulz [Schultz], Johann: Zur Gedächtnißfeyer Immanuel Kant's wei-
      land ordentlichen Profeßors der Logik und Metaphysik etc. ladet auf den
      23sten April um Eilf Uhr in den großen akademischen Hörsaal den Er-
      lauchten Curator der Universität und Alle, welchen das Andenken des
      Verewigten theuer ist im Namen der Königlichen Albertus-Universität
      ehrerbietig ein. Johann Schulz, Hofprediger und ordentlicher Profeßor
      der Mathematik, Königsberg 1804.
371. Schumacher, Bruno: Geschichte des Friedrich-Kollegiums zu Königsberg
      (Pr.) 1698 bis 1945. Zur Feier der 250jährigen Wiederkehr des Gründungs-
      tages (11. August 1698). Hamburg 1948.
372. Schumacher, Bruno: Der 12. Februar 1945, in: JK 5, 1954.
373. [Schwarz, Sophie] Briefe einer Curländerin. Auf einer Reise durch Deutsch-
      land. Zwei Theile. Berlin 1791.
374. Selle, Götz von: Kants Persönlichkeit im Lichte einiger neuester Kant-
      literatur, in: Deutsche Akademische Rundschau 6. Jg., 12. Sem.-Folge,
      15. Jan. 1925, Nr. 7, 12—13.
375. Selle, Götz von: Geschichte der Albertus-Universität zu Königsberg in
      Preußen. Zweite, durchgesehene und vermehrte Auflage. Würzburg 1956.
376. Sembritzki, Johannes: Kant's Vorfahren, in: AM 36, 1899, 469—477;
      645; [vgl. KS 4, 1900, 472—473].
377. Sembritzki, Johannes: Neue Nachrichten über Kant's Großvater, in:
      AM 37, 1900, 139—141; [vgl. KS 5, 1901, 272].
378. Sembritzki, Johannes: Kant's Großvater, in: AM 38, 1901, 312—313.
379. Sembritzki, Johannes: Scheffner-Studien, in: AM 48, 1911, 351—377.
380. Sintenis, Franz: Maria von Herbert und Kant. Eine Studie, in: AM 16,
      1879, 270—285.
381. A Sketch of Kant's Life, in a Letter from one Friend to another, from the
      German by the Translator of the Metaphysics of Morals by Em. Kant.
      Altenburgh 1799.
382. Sonnemann, Ulrich: Immanuel Kant, in: Die Großen der Weltgeschich-
      te, hrsg. v. Kurt Fassmann unter Mitwirkung von Max Bill, Hoimar von

Dithfurth, Hanno Helbling, Walter Jens, Robert Jungk, Eugen Kogon. Zürich 1975, 659—675.

383. [Sowden, Benjamin] Memoirs of Immanuel Kant, in: The Monthly Magazine; or, British Register XIX, Nr. 128, May 1805, 354—361.

384. Spiegel, Ludwig: Kants Maßregelung, in: Archiv für Rechts- und Sozialphilosophie 17, 1923/24, 337—342.

385. Spiero, Heinrich: Die Familie Lewald. Ein Beitrag zur Königsberger Familiengeschichte, in: AM 48, 1911, 318—324.

386. Spranger, Eduard: W. v. Humboldt und Kant, in: KS 13, 1908, 57.

387. Spruth, Botho: Immanuel Kant als Mensch und Denker, in: Die deutsche Nation in Geschichte und Gegenwart [vormals: Deutsche Hochschullehrer-Zeitung] 22, 1974, 17—21.

388. Stägemann, Elisabeth von: Erinnerungen für edle Frauen. Nebst Lebensnachrichten über die Verfasserin und einem Anhange von Briefen. Erster Band. Leipzig 1846.

389. Stapel, Wilhelm: Die kantische Ironie, in: Deutsches Volkstum, 4. Heft, April 1924, 137—140.

390. Stavenhagen, Kurt: Kant und Königsberg. Göttingen 1946.

391. Steiner, Dieter: Kaliningrad ist nicht Königsberg, in: Stern Magazin (Hamburg) Heft 29, 20. Jg. Juli 1969, 26—34; 138—139.

392. Stettiner: Kants Grabstätte, in: GAZ 22.4.1924, 24.

393. Sticker, G.: Zur Pathographie Immanuel Kants, in: Verhandlungen der Gesellschaft Deutscher Naturforscher und Ärzte. 82. Versammlung zu Königsberg 20.—26. September 1910. 2. Teil. 2. Hälfte. Medizinische Abteilungen. Hrsg. v. L. von Criegern. Leipzig 1911, 92—93.

394. Die Stoa Kantiana, in: AM 10, 1873, 286—287.

395. Stolberg, Friedrich Leopold Graf zu: Briefe, hrsg. v. Jürgen Behrens. Neumünster 1966, Brief Nr. 350 u. passim.

396. Stuckenberg, J.H.W.: The Life of Immanuel Kant. London 1882.

397. Suphan, B.: Herder als Schüler Kants, in: Zeitschrift für deutsche Philologie 4, 1872, 225—237.

398. Tausende schritten hinter dem Sarg . . . bei der Beisetzung Immanuel Kants. Er starb vor 170 Jahren in Königsberg, in: OPrBl, Jg. 25, 9. Febr. 1974, Folge 6, S. 11.

399. Thibaut, A.F.J.: Über die sogenannte historische und nicht-historische Rechtsschule. Heidelberg 1838 [abgedruckt aus: Archiv für civilistische Praxis, 21. Bd., 3. Heft], 37 f.

400. Thom, Martina: Immanuel Kant. Leipzig-Jena-Berlin 1974.

401. Thomson, Erik: Kant und seine Beziehungen zum Baltikum, in: Ostdeutsche Monatshefte 23, 1957, 293.

402. [Tschackert, Hrsg.] Ein ungedrucktes Schreiben der philosophischen Fakultät zu Königsberg an Immanuel Kant. Mitgeteilt von Prof. Dr. Tschackert, in: AM 23. 1886, 486.

403. [Ulrich, O., Hrsg.] Charles de Villers. Sein Leben und seine Schriften. Ein Beitrag zur Geschichte der geistigen Beziehungen zwischen Deutschland und Frankreich. Mit Villers Lettre à Mademoiselle D.S. Sur l'abus des grammaires dans l'étude du français, et sur la meilleure méthode d'apprendre cette langue. Hrsg. v. O. Ulrich. Leipzig 1899.

404. Um Kants Grab. Eine Erklärung der Kant-Gesellschaft, in: KS 19, 1914, 284—285.

405. Ein unbekanntes Kantbild, in: KS 20, 1915, 337.

406. Unger, Rudolf: Kant und Hamann. Zur Problematik persönlicher Beziehungen in der Geistesgeschichte, in: KHZ 20.4.1924.

407. Unger. R.: Zur Geschichte der „Gesellschaft der Freunde Kants" in Königsberg i.Pr., in: Festgabe. Philipp Strauch zum 80. Geburtstage am 23. September 1932 dargebracht von Fachkollegen und Schülern. Hrsg. von Georg Baesecke und Ferdinand Joseph Schneider. Halle 1932, 137—144.

408. Vaihinger, Hans: Kants Philosophie im Briefwechsel von Zeitgenossen, in: Philosophische Monatshefte 16, 1880, 484—491.

409. [Vaihinger, Hans] Briefe aus dem Kantkreise. Mitgeteilt von Dr. Hans Vaihinger, in: AM 17, 1880, 286—299.

410. Vaihinger, Hans: Kants Wappen, in: KS 1, 1897, 160.

411. Vaihinger, Hans: Die Kantmedaille mit dem schiefen Turm von Pisa, in: KS 2, 1898, 109—115 [vgl. KS 2, 1898, 376—377].

412. Vaihinger, Hans: Kant als Melancholiker, in: KS 2, 1898, 139—141 [vgl. auch KS 2, 1898, 380—381].

413. Vaihinger, Hans: Ein neues Kantbildnis, in: KS 2, 1898, 142.

414. Vaihinger, Hans: Emanuel oder Immanuel Kant? In: KS 2, 1898, 377—378.

415. Vaihinger, Hans: Etwas über Kants Vorfahren, in: KS 2, 1898, 381—382.

416. Vaihinger, Hans: Wieder ein neues Kantbild, in: KS 2, 1898, 490—491.

417. Vaihinger, Hans: Eine Schülerin Kants im Keyserling'schen Hause, in: KS 2, 1898, 498.

418. Vaihinger, Hans: Wiederauffindung des ältesten Ölbildes von Kant, in: KS 3, 1899, 255.

419. Vaihinger, Hans: Ein Vernet'sches Kantbild, in: KS 1899, 256.

420. Vaihinger, Hans: Kants Wappen, in: KS 3, 1899, 260.

421. Vaihinger, Hans: Ein neuaufgefundenes Miniaturbild von Kant, in: KS 3, 1899, 370—371.

422. Vaihinger, Hans: Wieder ein neues Kantbild, in: KS 4, 1900, 355—357.

423. Vaihinger, Hans: Charlotte Benigna Kant, in: KS 4, 1900, 360.

424. Vaihinger, Hans: Neues über Kants Vorfahren, in: KS 4, 1900, 472—473.

425. Vaihinger, Hans: Miniaturbildnis Kants im Besitze von A. Warda in Königsberg i.Pr., in: KS 4, 1900, 475—476.

426. Vaihinger, Hans: Das Simon'sche Kantbild, in: KS 6, 1901, 110—112.

427. Vaihinger, Hans: „Kant und seine Tischgenossen" [zum Gruppenbild Dörstlings], in: KS 6, 1901, 112—113.

428. Vaihinger, Hans: Der Graf von Bray über Kant, in: KS 1901, 123.

429. Vaihinger, Hans: Die neue Kantbüste in der Berliner Siegeshalle, in: KS 5, 1901, 138—141 (vgl. auch KS 6, 1901, 114—115).

430. Vaihinger, Hans: Das Helmholtz-Zeller'sche Kantbild, in: KS 5, 1901, 143—144.

431. Vaihinger, Hans: Neue Nachrichten über Kants Großvater, in: KS 6, 1901, 272.

432. Vaihinger, Hans: Ein bisher unbekanntes Kantbildnis, in: KS 7, 1902, 168.

433. Vaihinger, Hans: Das Collin'sche Kantrelief, in: KS 7, 1902, 382—384 (vgl. auch ebd. 505).

434. Vaihinger, Hans: Die Mattersbergersche Kantbüste, in: KS 10, 1905, 236—237.

435. Vaihinger, Hans: Das Puttrich'sche Kantbild, in: KS 11, 1906, 140 [vgl. auch ebd. 292].
436. Vaihinger, Hans: Kants Grabstätte, in: KS 12, 1907, 264.
437. Vaihinger, Hans: Der Kampf um Kants Grab in Königsberg, in: KS 13, 1908, 167–175.
438. Vaihinger, Hans: Das Original von Schnorrs Kantbild, in: KS 14, 1909, 143.
439. Vaihinger Hans: Idee zu einem Kantmausoleum, in: KS 19, 1914, 442–443.
440. Vaihinger, Hans: Als-ob-Stellen bei Th. G. von Hippel, in: Annalen der Philosophie und der philosophischen Kritik 4, 1924, 269–271.
441. Valentin, Hans: Karl Gottfried Hagen und Kant, in: Vorträge der Hauptversammlung der Internationalen Gesellschaft für Geschichte der Pharmazie in Hamburg-Harburg 14.–17.6.1949. Eutin 1950.
442. [Varnhagen von Ense, K.A.] Aus dem Nachlaß Varnhagen's von Ense. Tagebücher von K.A. Varnhagen von Ense. Elfter Band. 1972
443. Dem verehrungswürdigen Herrn Professor I. Kant aus Hochachtung und Liebe dargebracht von sämmtlichen Studierenden der hiesigen Universität. Den 14. Juni 1797. Königsberg, in: AK. 12, 410–412.
444. Verzeichniß der Bücher des verstorbenen Professor Johann Friedrich Gensichen, wozu auch die demselben zugefallene Bücher des Professor Kant gehören . . . Königsberg 1808 [Neudruck Amsterdam 1968].
445. Villers, Charles: Emmanuel Kant, in: Archives littéraires de l'Europe, t. 1, III, 1804, 389–397.
446. [Voigt, Johannes] Das Leben des Professors Christian Jacob Kraus, öffentlichen Lehrers der practischen Philosophie und der Cameralwissenschaften auf der Universität zu Königsberg aus den Mitteilungen seiner Freunde und seinen Briefen. Dargestellt von Johannes Voigt. Königsberg 1819.
447. Vorländer, Karl: Neue Zeugnisse Goethes Verhältnis zu Kant betreffend, in: KS 3, 1899, 311–319.
448. Vorländer, Karl: Immanuel Kants Leben. Leipzig 1911, ²1921. Dritte unveränderte Auflage. Mit einer Einleitung, Auswahlbibliographie und Quellentexten hrsg. von Rudolf Malter. Hamburg 1974.
449. Vorländer, Karl: Kant als Deutscher. Darmstadt 1919.
450. Vorländer, Karl: Die ältesten Kant-Biographien. Eine kritische Studie. Berlin 1918.
451. Vorländer, Karl: Neue Zeugnisse über Kants Persönlichkeit, in: KS 23, 1919, 135–142.
452. Vorländer, Karl: Kant-Schiller-Goethe. 2., verbesserte und vermehrte Auflage. Leipzig 1923.
453. Vorländer, Karl: Kant und die Frauen, in: Hochschulwissen 1, 1924, Heft 4, 162–164; ders.: Kants äußere Lebensweise, ebd. 164–166 [beide Beiträge sind Auszüge aus Nr. 456].
454. Vorländer, Karl: Immanuel Kants Lebensgang, in: GAZ 6–9.
455. Vorländer, Karl: Eine neue Kantbiographie, in: RPhAlm 236–238.
456. Vorländer, Karl: Immanuel Kant. Der Mann und das Werk, 2 Bde., Leipzig 1924.
457. [Wald, Samuel Gottlieb] Wald's Gedächtnißrede auf Kant (23. April 1804), in: Reicke, Kantiana 3ff. [abgedr. in: KE 50–75].

458. Warda, Arthur: Zur Frage nach Kants Bewerbung um eine Lehrstelle an der Kneiphöfischen Schule, in: AM 35, 1898, 578—614.
459. Warda, Arthur: Kants Bewerbung um die Stelle eines Subbibliothekars an der Schloßbibliothek, in: AM 36, 1899, 473—524.
460. [Warda, Arthur] Eine historische Kant-Silhouette. Mitgeteilt von Arthur Warda, in: AM 37, 1900, 141—142.
461. Warda, Arthur: Ergänzungen zu E. Fromms zweitem und drittem Beitrag zur Lebensgeschichte Kants, in: AM 38, 1901, 75—95; 398—432.
462. Warda, Arthur: Zur Frage: Wann hörte Kant zu lesen auf? In: AM 41, 1904, 131—135.
463. Warda, Arthur: Aus dem Leben des Pfarrers Christian Friedrich Puttlich. II. Teil, in: AM 47, 1910, 262—308.
464. [Warda, Arthur] Zwei zeitgenössische Gedichte auf Kant. Mitgeteilt von A. Warda, in: KS 16, 1911, 521.
465. [Warda, Arthur] Blätter der Erinnerung an Christian Jacob Kraus. Mitgeteilt von Arthur Warda, in: AM 48, 1911, 24—36.
466. Warda, Arthur: Zwei Mitteilungen zur Biographie Kants, in: AM 48, 1911: I. 378—381; II. 557—561.
467. Warda, Arthur: Der letzte Federstrich I. Kants. Königsberg 1919 [Zit. nach Vorl. II, 389].
468. Warda, Arthur: Immanuel Kants Bücher. Mit einer getreuen Nachbildung des bisher einzigen bekannten Abzuges des Versteigerungskatalogs der Bibliothek Kants. Berlin 1922.
469. Warda, Arthur: Kant und Scheffner, in: KHZ 20.4.24.
470. Warda, Arthur: Immanuel Kants letzte Ehrung. Aktenmäßige Darstellung. Königsberg 1924.
471. Wasianski, s. Nr. 178 [vgl. die Ausgaben von Fritz Gusche. Königsberg 1943 und von Walter Kern. Zürich 1945].
472. Weinhandl, Ferdinand: Zur erstmaligen Veröffentlichung der bisher unbekannten Kant-Miniatur von Springer, aus dem Besitz des Barons Heinrich von Hammer-Purgstall, Schloß Hainfeld/Steiermark, in: KS 42, 1942/43.
473. Weischedel, Wilhelm: Kant oder die Pünktlichkeit des Denkens, in: Wilhelm Weischedel: Die philosphische Hintertreppe. 34 große Philosophen in Alltag und Denken. 1966, 3., erweiterte Auflage. München 1973, 213—225.
474. Weischedel, Wilhelm: Immanuel Kant — Denker und Mensch. Zum 250. Geburtstag des Philosophen am 22. April, in: Der Tagesspiegel 21.4.1974.
475. Weiss, Hellmuth: Das Königsberg Kants in den Augen eines jungen russischen Teilnehmers am siebenjährigen Kriege, in: JK 17, 1967, 49—62.
476. Wichert, Ernst: Verse Kant's und an Kant, in: AM 15, 1878, 377—395.
477. Williams, Harvey: Some Thoughts of the Life and Character of Immanuel Kant (1724—1804), in: The Proceedings of the Heraclitean Society 1, 1974, 224—241.
478. Wistinghausen, Henning von: Nachkommen des Bruders von Immanuel Kant, in: Ostdeutsche Familienkunde 5, 1968, 41.
479. Witt, Berta: Kant als Mensch, in: Ostdeutsche Monatshefte 5, 1924, 65—67.
480. Wyttenbach, Daniel: Vita Davidis Ruhnkenii auctore Daniele Wyttenbachio. Lugduni Batavorum et Amstelodami 1799, 10—11.

481. Woltmann, L.: Der physische Typus I. Kants, in: Polit. Anthropol. Revue III, 1904, 419—423 [Zit. nach Vorl. II, 387].

482. Zeitgenossen über Kants Persönlichkeit, in: RPhAlm 173—176.

483. Zeitung für die elegante Welt 1804: Nr. 7: Kant, 54—55; Nr. 45: Auch etwas über Kants Begräbnis, 356—359; Nr. 46: Rede, am Grabe Kants gehalten und verfasst vom Freiherrn von Schrötter; Nr. 68: Anekdote von Kant, 544; Nr. 69: Kants Gedächtnisfeyer zu Königsberg, 552; Nr. 87: Wie man Kants Andenken ehrt, 694—697; Nr. 101 und 102, S. 807, 808, 816—18: Ein gutes Wort für Königsberg.

Verzeichnis der Bibliographien zum Werk Immanuel Kants

von Heiner Klemme

Die nachfolgende Bibliographie will eine Orientierungshilfe für die Suche nach Titeln von und über Kant geben. Verzeichnet sind neben allgemeinen, nach Vollständigkeit strebenden Bibliographien (Abschnitt A) ausgewählte Bereichsbibliographien (Abschnitt B). Weitere Spezialbibliographien können über die in den Kant-Studien (im folgenden »KS«) erscheinenden Jahresbibliographien ermittelt werden.

A. Allgemeine Bibliographien

Adickes, Erich: German Kantian Bibliography. Boston 1895-1896 [Nachdruck: Würzburg 1970].
— Verzeichnet mehr als 2800 Titel von und über Kant bis 1887.
Boswell, Terry: A Bibliography of English Translations of Kant. In: KS 82, 1991, 228-247.
Brugger SJ, Walter: Scholastische (und an der christlichen Philosophie orientierte) Literatur zu Kant seit 1920 [1905-1955]. In: Lotz SJ, J.B. (Hrsg.): Kant und die Scholastik heute. Pullach b. München 1955, 256-274.
Dietzsch, Birgit/Dietzsch, Steffen: 25 Jahre Kant-Literatur in der Deutschen Demokratischen Republik. 1949-1974. Eine Bibliographie. In: Deutsche Zeitschrift für Philosophie 22, 1974, 1485-1495.
Dietzsch, Birgit: Kant-Literatur in der DDR. 1975. In: Deutsche Zeitschrift für Philosophie 24, 1976, 206-210.
Gabel, Gernot U.: Theses on Kant accepted for Higher Degrees by the Universities of Great Britain and Ireland, 1905-1980. In: KS 75, 1984, 375-378.
—: Thèses de doctorat sur Kant soutenous devant des universités françaises, 1886-1976. In: KS 76, 1985, 235-238.
—: Niederländische Dissertationen zu Kant, 1925-1980. In: KS 77, 1986, 133-134.
—: Immanuel Kant. Ein Verzeichnis der Dissertationen aus den deutschsprachigen Ländern 1900-1980. 2. Auflage. Köln 1987.
—: Indian Dissertations on Kant, 1957-1982. In: KS 79, 1988, 128.
—: South African Theses on Kant, 1933-1985. In: KS 79, 1988, 386.
—: Kant. An Index to Theses and Dissertations Accepted by Universities in Canada and the United States 1879-1985. Köln 1989.
—: Theses on Kant. Accepted by Universities in Australia and New Zealand, 1918-1987. In: KS 81, 1990, 516-517.
Heismann, Günter: Dissertationen zur Kantischen Philosophie 1954-1976 [Anhang: Nachträge zu der Bibliographie von Lehmann/Hermann, 370-376]. In: KS 70, 1979, 356-376.
Lehmann, K.H./Hermann, Horst: Dissertationen zur Kantischen Philosophie [1885-1953]. In: KS 51, 1959/60, 228-257.
Malter, Rudolf: Bibliographie der deutschsprachigen Kant-Literatur 1957-1967. In: KS 60, 1969, 234-264 und 540-541 [mit einem Verzeichnis älterer Bibliographien, S. 234 Fußnote].
—: Kant-Bibliographie 1968 [mit Ergänzungen]. In: KS 61, 1970, 536-549.
—: Kant-Bibliographie 1969 [mit Ergänzungen]. In: KS 62, 1971, 527-542.

—: Kant-Bibliographie 1965-1969. In: Beck, L.W. (Hrsg.): Proceedings of the Third International Kant Congress. Dordrecht 1972, 16-46.

—: Kant-Bibliographie 1970 [mit Ergänzungen]. In: KS 63, 1972, 515-534.

—: Kant-Bibliographie 1971 [mit Ergänzungen]. In: KS 64, 1973, 520-536.

—: Kant-Bibliographie 1972 [mit Ergänzungen]. In: KS 65, 1974, 491-514.

—: Kant-Bibliographie 1973 [mit Ergänzungen]. In: KS 67, 1976, 120-140.

—: Kant-Bibliographie 1974. In: KS 68, 1977, 217-273.

—: Kant-Bibliographie 1975 [mit Ergänzungen]. In: KS 69, 1978, 472-515.

—: Kant-Bibliographie 1976-1978. In: KS 72, 1981, 207-255.

—: Kant-Bibliographie 1979 und 1980. In: KS 74, 1983, 97-131.

—: Kant-Bibliographie 1981. In: KS 76, 1985, 480-514.

—: Kant-Bibliographie 1982. In: KS 78, 1987, 231-258.

—: Kant-Bibliographie 1983-1984. In: KS 78, 1987, 340-381.

—: Kant-Bibliographie 1985. In: KS 78, 1987, 498-514.

—: Kant-Bibliographie 1986. In: KS 79, 1988, 499-517.

—: Kant-Bibliographie 1987. In: KS 80, 1989, 499-516.

—: Ergänzungen zur Kant-Bibliographie 1985-1987. In: KS 81, 1990, 117-125.

—: Kant-Bibliographie 1988. In: KS 81, 1990, 496-515.

—: Kant-Bibliographie 1989. In: KS 82, 1991, 491-513

Reicke, Rudolf: Kant-Bibliographie für die Jahre 1890-1894. In: Altpreussische Monatsschrift, NF 32, 1895, 555-612.

Warda, Arthur: Die Druckschriften Immanuel Kants (bis zum Jahre 1838). Wiesbaden 1919.

B. Auswahlbibliographien

Albrecht, Michael: Bibliographie. In: ders.: Kants Antinomie der praktischen Vernunft. Hildesheim, New York 1978, 233-243.

Ameriks, Karl: Recent work on Kant's theoretical philosophy. In: American philosophical quarterly 19, 1982 1-24 (verzeichnet 174 Titel, S. 19-24).

Aschenberg, Reinhold: Über tran :endentale Argumente. Orientierung in einer Diskussion zu Kant und Strawson. In Philosophisches Jahrbuch 85, 1978, 331-358 (bes. 332-334).

Beiküfner, Karin (unter Mitarbeit von Peter Braun): Bibliographie [zum sog. Opus postumum]. In: Forum für Philosophie Bad Homburg (Hrsg.): Übergang. Untersuchungen zum Spätwerk Immanuel Kants. Frankfurt/Main 1991, 231-244.

Gerhardt, Volker/Kaulbach, Friedrich: Literatur. In: dies.: Kant. Darmstadt 1979, 157-176.

[Guyer, Paul]: [Selective] Bibliography. In: ders. (Hrsg.): The Cambridge Companion to Kant. Cambridge 1992, 449-471.

Immanuel Kant und seine Zeit. Münster: Stenderhoff 1975 (Antiquariatskatalog 284).

Kantian Ethical Thought: A Curricular Report and Annotated Bibliography. Tallahassee: Council for Philosophical Studies 1984.

Klemme, Heiner: Bibliographie. In: Immanuel Kant: Kritik der praktischen Vernunft. Hrsg. von K. Vorländer. 10. Auflage. Hamburg 1990, XIX-XXXIV.

—: Bibliographie. In: Immanuel Kant: Kritik der reinen Vernunft. Hrsg. von R. Schmidt. 3. Auflage. Hamburg 1990, 767-791.

—: Bibliographie. In: Immanuel Kant: Kritik der Urteilskraft. Hrsg. von K. Vorländer. 7. Auflage. Hamburg 1990, XIX-XXXIV.

—: [Annotierte] Bibliographie. In: Immanuel Kant: Die Religion innerhalb der Grenzen der bloßen Vernunft. Hrsg. von K. Vorländer. Mit einer Einleitung von H. Noack. 9. Auflage. Hamburg 1990, 253-276.

—: Bibliographie. In: Immanuel Kant: Über den Gemeinspruch ... - Zum ewigen Frieden. Mit einer Einleitung, Anmerkungen, Bibliographie und Registern kritisch hrsg. von H. Klemme. Hamburg 1992, LXIII-LXXXIV.

Klenner, Hermann: Bibliographie. In: Immanuel Kant: Rechtslehre. Schriften zur Rechtsphilosophie. Hrsg. und mit einem Anhang versehen von H. Klenner. Berlin 1988, 588-623.

Kreimendahl, Lothar: Literaturverzeichnis. In: ders.: Kant - Der Durchbruch von 1769. Köln 1990, 269-297.

Küsters, Gerd-Walter: Auswahlbibliographie. In: ders.: Kants Rechtsphilosophie. Darmstadt 1988, 147-164.

Malter, Rudolf (in Zusammenarbeit mit Achim Köddermann u. Olav Wiegand): Selected Kant Bibliography 1981-1985. In: Funke, G./Seebohm, Th. M. (Hrsg.): Proceedings of the Sixth International Kant Congress. Vol. I: Invited Papers. Washington 1991, 258-341.

Nagl, Ludwig: Auswahlbibliographie. In: Heintel, P./Nagl, L. (Hrsg.): Zur Kantforschung der Gegenwart. Darmstadt 1981, 527-552.

Rischmüller, Marie: Literaturverzeichnis. In: Immanuel Kant: Bemerkungen in den »Beobachtungen über das Gefühl des Schönen und Erhabenen«. Neu hrsg. und kommentiert von M. Rischmüller. Hamburg 1991, 277-290.

Röhrl, Wolfgang: Bibliographie zum Thema »transzendentale Argumente«. In: Schaper, E./Vossenkuhl, W. (Hrsg.): Bedingungen der Möglichkeit. »Transcendental Arguments« und transzendentales Denken. Stuttgart 1984, 277-280.

Schnoor, Christian: Literaturverzeichnis. In: ders.: Kants Kategorischer Imperativ als Kriterium der Richtigkeit des Handelns. Tübingen 1989, 303-326.

Schultz, Uwe: Bibliographie. In: ders.: Immanuel Kant. Mit Selbstzeugnissen und Bilddokumenten dargestellt. Reinbek b. Hamburg 1965 [u.ö.], 168-182 [in neueren Auflagen mit einem »Nachtrag zur Bibliographie«, 183-187].

Totok, Wilhelm: Immanuel Kant. In: ders.: Handbuch der Geschichte der Philosophie. 5. Bd.: Bibliographie 18. und 19. Jahrhundert. Frankfurt/Main 1986, 44-145 (mit einem Verzeichnis weiterer Spezialbibliographien S. 44-45).

Ueberweg, Friedrich: Grundriss der Geschichte der Philosophie. 3. Teil: Die Philosophie der Neuzeit bis zum Ende des Achtzehnten Jahrhunderts. 12. Auflage. Völlig neubearbeitet von M. Frischeisen-Köhler und W. Moog. Berlin 1924, 709-758 (Bibliographie).

Walker, R.C.S.: A Selective Bibliographie on Kant. Oxford 1975.

Waschkies, Hans-Joachim: Literaturverzeichnis. In: ders.: Physik und Physikotheologie des jungen Kant. Die Vorgeschichte seiner Allgemeinen Naturgeschichte und Theorie des Himmels. Amsterdam 1987, 612-685.

Wüstehube, Axel: Bibliographie. Neuere Literatur zur theoretischen Philosophie Kants (1976-1986). In: Forum für Philosophie Bad Homburg (Hrsg.): Kants transzendentale Deduktion und die Möglichkeit von Transzendentalphilosophie. Frankfurt/Main 1988, 303-322.

Zehbe, Jürgen: Literaturhinweise. In: Immanuel Kant: Geographische und andere naturwissenschaftliche Schriften. Mit einer Einleitung hrsg. von J. Zehbe. Hamburg 1985, 176-187.

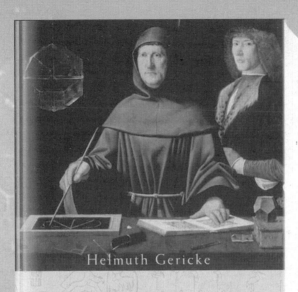